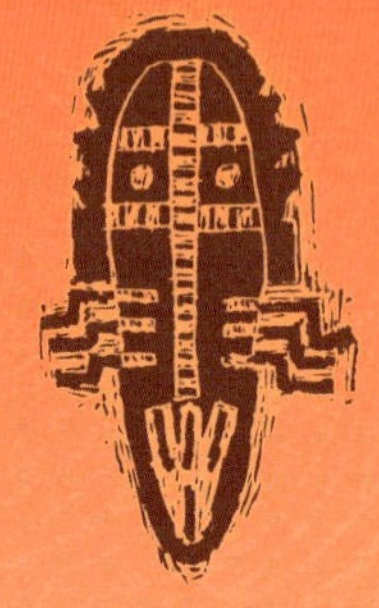

本译著系2022年度教育部人文社会科学研究青年项目『清代国家权力影响下萨满教变迁研究』（2022YJC730006）阶段性成果。

通古斯人的心智丛（上）

PSYCHOMENTAL COMPLEX OF THE TUNGUS

[俄罗斯] 史禄国 / 著
Sergei M. Shirokogoroff
于 洋 / 译

社会科学文献出版社
SOCIAL SCIENCES ACADEMIC PRESS (CHINA)

译者导言

史禄国（Shirokogoroff，1887–1939），俄罗斯帝国时期人类学家，现代人类学奠基人之一，通古斯研究国际权威。史禄国出身于俄罗斯中部小镇苏兹达尔的一个帝俄末期的世家。他在少年时期接受了“古典教育”，学习了数理化文史哲的基础知识，掌握了接通欧洲文化的各种语言工具。1906年，史禄国赴法留学，先后在巴黎大学、巴黎人类学学会学习，1910年获语文学博士学位。回国后，他在俄罗斯科学院民族学与人类学研究所任职。

1912年至1918年，史禄国先后对后贝加尔地区、阿穆尔州、雅库茨克州以及中国东北地区的北通古斯人、瑷珲地区的满族人进行长期的实地考察，范围涉及体质、语言、考古和民族志学多个方面。十月革命之后，他来到远东大学民族学与地理学研究室工作，一直在符拉迪沃斯托克（海参崴）居住，直至1922年移居中国。此后，史禄国先后在厦门大学国学院、中山大学历史研究院、中央研究院历史语言研究所工作，参与了中国人类学的早期建设工作。1930年，史禄国迁居北平，不久转入清华大学，任社会学与人类学系教授，直到1939年10月逝于北平。

史禄国眼中的人类学，包罗的内容十分广泛，联系的相关学科构成复杂，主要由民族志学、民族学和关于人类的总体理论共同组成。在与诸多现代人类学理论范式的比较中，他提出了具有独创性的“族团化理论”，自称“民族学学派”。他提出，人类学的研究对象应是“族团”，基本特征是“讲相同的语言、相信共同的来源、有意识地维系共享的习俗体系和社会系统并将之解释为传统的人群单位；通过这些要素，这类人群单位与其他单位相区别，伴随着其变化（成长或衰落），民族志的、语言的和体质的改变都在其中进行”[①]。史禄国进一步强调，族团不是静态封闭的实体，而是始终在适应自然环境、人文环境和族际环境的过程中变化，其内部的人口、土地和文化适应所构成的平衡亦会导致族团的变化。因此，族团化理论的任务是探索族团和民族志现象变化的一般规律。

他选择以通古斯各族团为研究个案，把族团化理论落实到经验研究中，出版了一系列涉及不同主题的通古斯研究著作，涉及体质人类学（《北中国的人类学》*Anthropology of Northern China*，1923）、历史变迁（《北通古斯人的迁徙——果尔德人及其相邻族体》*Northern Tungus Migrations. The Goldi and Their Ethnical Affinities*，1926）、社会组织（《满族的社会组织》*Social Organization of Manchus*，1924；《北通古斯人的社会组织》*Social Organzation of Northern Tungus*，1933）、语言人类学（《乌拉尔—阿尔泰假设的民族志学与语言学诸方面》*Ethnological and Linguistical Aspects of Ural—Altaic Hypothesis*，1931）[②]、精神文化（《通古斯人的心智丛》*Psychomental Complex of the Tungus*，1935）等方面，实现了理念和实证的统一。

史禄国受到中国学者的关注，始于20世纪80年代，从那时起，陆续有一些著作和相关文章得到译介。[③] 但是，对于那些需要深入了解、系统研究史禄国的中国读者来说，这些努力远未达到目的。史禄国的通古斯研究是一个完整的体系，族团化理论只是他提出的研究骨架，除了我们比较熟悉的社会组织研究，后续的其他通古斯研究文本也与史禄国的族团化理论互涉关联，共同诠释了史禄国人类学的思想体系和学术价值。只有了解他的全部著述，我们才能就其中的某一观点给出恰当的解释，在“旧理论”中挖出“新见解”，从而为学界所用。在尚待译介的诸多著作“基石”中，《通古斯人的心智丛》是比较重要的作品之一。

---

① Sergei M. Shirokogoroff, *Ethnic Unit and Milieu—A Summary of the Ethnos*, Shanghai: Edward Evans and Sons, 1924, p. 5.

② 此文献，正文中简称为《民族学与语言学诸方面》。

③ 吴有刚、赵复兴、孟克译《北通古斯人的社会组织》，内蒙古人民出版社，1984；高丙中译《满族的社会组织》，商务印书馆，1996。此外，还有若干译文发表。

《通古斯人的心智丛》一书于1935年由劳特利奇公司出版，主体由四部分加导论和结论构成，包括156个小节，末尾附有通古斯语词汇表（相当于一部小词典）和神灵索引等。这部著作出版之后，曾一度引起域外学者的关注，例如塞里格曼（B. Z. Seligman）[①]、霍普金斯（L. C. Hopkins）[②]、叶乃度（Eduard Erkes）[③] 等都在短篇书评中介绍了这部著作的基本内容，尤其肯定了史禄国在萨满教这一有趣的民族志现象研究上的贡献，进而提出了某些有价值的观点。例如，德国汉学家叶乃度，根据史禄国对通古斯人早期迁徙历史的分析，推测通古斯人的天神和祖先信仰源于早期中国文明，并一直受汉文化影响，而通古斯人的萨满教则是在适应西伯利亚的自然与人文环境的过程中，从原始土著民族中采借而来的。[④] 在史禄国看来，心智丛由"对特定环境反应所形成的心理和精神方面的文化要素"（导论第2页）[⑤] 构成。在描述通古斯人心智丛的过程中，史禄国充分考虑了通古斯人对其相邻族体诸如满族人、汉人和俄国人的反应态度，通古斯人的心智丛远非简单的原始文化，而是变动的自然环境、社会结构以及信仰观念共同促成的心理类型，这种心理结晶体现在一般的通古斯人以及萨满的观念、态度和行为之中。

史禄国是训练有素，并对通古斯人有着极高热情的民族学家。由于特殊的语言天赋，他掌握了不同的通古斯族团的方言，能够平行地理解、转译通古斯人的语言，赢得了各通古斯族团的信任，建立了友谊，这也是本书可以成功展现大量一手资料的原因。在本书的前言和导论部分，史禄国探讨了人类学的一般框架和方法，详细阐述了族团化理论的基本内容。在第一部分，史禄国讨论了通古斯人基于对其所依赖的自然环境和社会环境

① B. Z. Seligaman, "Psychomental Complex of the Tungus by S. M. Shirokogoroff," *Man*. Vol. 38 (Aug. 1938): 139–140.

② L. C. Hopkins, "Psychomental Complex of the Tungus by S. M. Shirokogoroff," *Journal of the Royal Asiatic Society of Great Britain and Ireland*, No. 1 (Jan., 1938): 151–153.

③ Eduard Erkes, "Psychomental Complex of the Tungus by S. M. Shirokogoroff," *Artibus Asiae*, Vol. 7. No. 1/4 (1937): 324–326.

④ Eduard Erkes, "Psychomental Complex of the Tungus by S. M. Shirokogoroff," *Artibus Asiae*, Vol. 7. No. 1/4 (1937): 326.

⑤ 页码系指相关文句在中译本中的页码。以下见于此中译本的引文不再注明。

的反应而形成的心智要素。第二部分和第三部分，他讨论了通古斯人基于神灵和灵魂假设所形成的信仰观念和实践。第四部分，史禄国专门讨论了萨满教，最为完整且详细地呈现了这一现象，它既是一种氏族的文化制度，也是个体或大众的心理现象。

在本书中，他挑战了19世纪末至20世纪初的“萨满精神病理说”，基于对通古斯人萨满教的系统考察，指出所谓的“北极歇斯底里”与疾病毫无关联，而是由“掌控神灵”“入迷”等文化要素构成的习俗。史禄国假设，通古斯人中萨满教的起源与公元10世纪前后佛教因素在东北亚地区的传播和刺激密切相关，最初在契丹人和女真人中形成，进而逐步传播到更遥远东北方向的其他通古斯族团中。他借助“心智丛”概念，通过实地考察萨满的仪式实践，综合分析相关历史资料，指出萨满教是通古斯人逐渐积累的管理心智失衡的无意识文化创造，萨满是生理—心理健康的精神治疗者，有能力巩固社会团结，从混乱中创建生活秩序。毫不夸张地说，这部分可以称得上是萨满教研究史上的里程碑式著作，具有极高的学术价值和理论创新意义，是萨满教研究者的重要参考书。

以下，我主要从人类学学科的角度，阐述史禄国萨满教研究的基本特点、理论体系、方法论、学术价值和影响。

一　质疑萨满教研究的“精神病理说”

在有关萨满教的早期考察报告中，来自不同语境的萨满教表现多种多样，人们只能根据某些类似元素对萨满教进行概括，其中萨满在仪式中的歇斯底里表现最为引人注目，这导致很多学者把萨满的歇斯底里行为作为萨满教的关键特征进行描述。1901年，在由博厄斯（Franz Boas）发起的俄美学者合作的杰瑟普北太平洋考察（Jessup North Pacific Expedition）中，博格拉兹（Bogoraz）在西伯利亚东北部的楚科奇人中开展研究，萨满教是其观察内容的重要部分。在其英文著作《楚科奇人》（*The Chuckee*）中，他指出神经质和极度兴奋秉性者最容易受萨满征召的影响，楚科奇人中的萨满要么紧张不安，要么明显精神不正常，要么是彻底疯了。萨满在其技艺中使用的欺骗手段与疯子使用的欺骗手段十分相似，他们是患有神经症、癫痫或完全精神分裂的男女，而萨满教则是“通过选择精神不稳定者所创造的宗教形式”[①]。同一时期的祖夫（V. F. Zuev）也评价了西伯利亚地区人们的“疯狂”现象：所有的西伯利亚土著饱受歇斯底里痛苦，萨满表现了这种疾病的极端状况；当受到一些刺激时，萨满会变得疯狂无理智，他飞驰、旋转，并不停地喊叫。[②]

19 世纪末到 20 世纪上半叶，学界普遍从现代医学、心理学和精神病学的角度看待萨满教。18 世纪和 19 世纪在西伯利亚和北美进行考察的探险家经常提及土著民众容易冲动、精神紧张和情绪不稳定的倾向，认为其原因是“恶劣的北极环境”（寒冷和冬季的黑暗长夜）、“北极物质条件的匮乏”、“营养问题”甚至是“性病”（如梅毒患者的脑功能紊乱）等，[③] 指称这一现象最流行的术语是“北极歇斯底里”（arctic hysteria）。某些俄罗斯学者根据西伯利亚雅库特人的当地用法，试图把“北极歇斯底里”区分为常规癔症和模仿性狂躁症，分别称“莫讷瑞克”（menerik）和“厄莫里亚克”（emeriak），表示“疯狂者”和“模仿狂”。一些希望用实证语言对这一疾病分类的学者用拉丁词 *chorea imitatoria*（舞蹈症模仿病）表示“模仿狂”，而用 *hysteria cum demonomania*（癔症兼恶灵附体）表示常规癔症。除了博格拉兹，埃奥奇尔森（Iochelson）、查普利卡（Czaplicka）、奥尔马克斯（Ohlmarks）、普利克隆斯基（Priklonskiĭ）等学者都将萨满的个人精神问题置于理解萨满教的核心位置，认为萨满教是与“北极歇斯底里”有关的精神病理现象。一些民族志记录者甚至把萨满比作需要“驯化”的野生动物，推荐使用电击身体，鞭打，放血后伤口上涂松脂、芥末、胡椒粉或者醋等重要的休克疗法予以治疗。[④]

史禄国较早对萨满北极歇斯底里的疾病观点予以质疑。作为文化相对

① V. G. Bogoraz, *The Chukchee*, New York: AMS, 1975, p. 429.

② Andreia Znamenski, *The Beauty of the Primitive—Shamanism and Western Imagination*, Oxford: Oxford Univesity Press, 2007, p. 11.

③ Andreia Znamenski, *The Beauty of the Primitive—Shamanism and Western Imagination*, p. 87.

④ Andreia Znamenski, *The Beauty of the Primitive—Shamanism and Western Imagination*, p. 84.

主义者，他指出，西方学者所谓亚种的不正常和怪异行为，在土著的文化语境中却可能是完全正常的。在质疑北极歇斯底里医学化的过程中，强调如果我们不理解西伯利亚土著社会心理的“基本‘机制’及其发挥‘正常’功能的大量细节，仅通过人们的一般态度来判断个人的心理是否正常是无效的”（502 页），主张在给其不同寻常的行为贴上标签之前，更好的做法是询问土著自身对歇斯底里发作的看法。对于“北极歇斯底里”的形成原因，史禄国拒绝毫无约束地泛求于自然（生理、心理）等方面，而是必须到土著思考和行为的最重要根源社会生活中去发现，这构成了他从土著视角对西伯利亚南部后贝加尔地区和中国东北的通古斯人萨满教进行考察的前提条件。

史禄国指出，与西伯利亚的其他土著群体相同，通古斯人中也流行“模仿狂”和“疯狂者”现象。作为“北极歇斯底里”的一种特殊状况，通古斯人称“模仿狂”为“奥伦”（oloŋ），表示因环境突然改变带来惊吓而发生的不能控制地模仿不同寻常、让人惊讶和出乎意料的语言或动作（第 507、522 页）。最初被模仿的语言和动作可能由某一想获得模仿反应的人做出，受影响者一定未对其模仿动作做准备。例如，年轻妇女在公众场合（尤其是男性在场时）彼此模仿“淫秽语言”，某位年轻男性在公众场合表演“手淫”，甚至有人模仿迅速将小米饭塞满口中而表现出吞咽困难且不能呼吸的情状。史禄国观察到，在模仿行为发生的过程中，模仿者的意识经历短暂的失衡，行为主体会突然模仿意料之外的动作或语言，随后其意识立即恢复，在周围观众认可的前提下，主动把自己认同为“表演者”，所模仿的内容按照社会惯例是平时不能表达的性欲或社会层面的抗议，甚至只是简单的消遣。因此，通古斯奥伦现象并非病理意义上的“秽语症”或“模仿性狂躁症”，而是把隐私的信息包装成“奥伦”形式的表演，它通过打破禁忌为枯燥乏味的生活增添活力。

通古斯人中还存在“惯常的歇斯底里”，通古斯语中欠缺相应词语，其发作主要表现为“神灵附体”，会“唱特定曲调（有节奏地）、说特定词语（用观众听懂的语言）、坐在地上或床上、用头发遮住脸等”（第 527 页），围观的人非常能理解这些象征性的身体和声音语言。例如某位女孩想嫁给爱慕之人，但周围人反对这场婚姻。作为一种解决之道，她以神灵的口吻向周围人传达隐藏的愿望。史禄国评价道：这种发作往往伴随着自我兴奋的过程，发作者借此想象自己的苦痛（第 525 页），这会使欧洲人联想到发脾气而非歇斯底里。相信神灵存在，认为神灵可以附体，是与传统形式的特定行为类型有关的，如果这些人能够证明“掌控神灵”，则可成为萨满。

此外，史禄国还总结了通古斯人中“歇斯底里”发作的典型特征。首先，歇斯底里只在成人中发作，儿童和老人在某种程度上没有这种行为；其次，在遇到饥荒、流行病等危机时，通古斯人不会做出任何歇斯底里行为，而是尽力克服危机，只有在相对安适的生活中，歇斯底里才会发作；再次，歇斯底里是集体事件，绝不会在无人处发生；最后，歇斯底里发作者从来不会伤害自己，而是睁开一只眼睛观察其行为对观众的影响效果。

基于上述认识，史禄国批评当时的学者把北极歇斯底里视为疾病，而他解释为编码的信息，建议欧洲学者学会接受土著社会的歇斯底里理解。他的结论是，通古斯人病理学意义上的歇斯底里十分罕见，大多数情况是“放松”或基于特定观念的行为模式，是通古斯人最大限度发展出来的生存适应活动。总之，北极歇斯底里是文化元素，不属于医疗上的病理学范畴，萨满教与疾病毫无关联，而是通古斯人经常理解的习惯或习俗。

二 “萨满教”的核心要义

“萨满”（shaman）一词的起源最初可追溯至西伯利亚通古斯人中的šaman 或 haman，他们用这个词表示男女两性灵性实践者。当地的俄国人使用这个词表示所有西伯利亚土著群体的灵性治疗者，通过 18 世纪西伯利亚的德国探险家和科学家的记录，“萨满”一词进入西方社会，西方人了解到西伯利亚萨满降神会的完整描述。通过简单的类比，西方学者创造了“萨满教”（shamanism）一词，把北美土著群体的灵性实践也贴上萨满教的标签，甚至把巫术、魔术、巫医等现象也纳入萨满教的范畴之内，萨满教的名义下包括了超出宗教理解范围的“各种医疗实践，甚至未被理解的以及有时用‘巫术’表示的一些文化丛”（第 558 页）。史禄国指出，由于西方学者的武断建构，萨满教知识始终是碎片化的积累和描述，不利于相关理论假设的解释和分析的稳步进行。他决定放弃在十分宽泛的意义上使用“萨满教”一词，主张清除萨满教中渗入的各种“赘生物”（将萨满教与巫术、魔术、巫医联系在一起的观点）。史禄国返回萨满教考察的起点，即通古斯人现实生活的民族志现场，在通古斯人的一般理论和现实处境中，在通古斯人更为广阔的文化体系中，重新理解萨满教的核心要素，考察后者所形成的文化丛的运作逻辑。

“心智丛”概念是史禄国描述和分析通古斯人萨满教的方法工具。一般而言，民族志学意义上的文化丛和文化要素可以分为物质（技术）文化、社会组织和精神文化三种类型。萨满教属精神文化类别，他指出：

> “心智丛”概念，指称对特定环境反应所形成的心理和精神方面的文化要素。作为整体的环境及其构成要素可以是变动的，也可是稳定的；可以是动态的，也可是静态的。为了方便论述，我将这些文化要素分成两组，即：(1) 一组反应态度，它们虽然在特定的范围内会发生变动，却是持久的、明确的；(2) 一组观念，这组观念定义了特定的精神态度，被视为特定族团（甚至个人）的理论体系。（导论第 2 页）

史禄国之前和同时代的学者，相继提出了研究所谓“原始民族”精神文化的不同理论尝试。他指出其中一些主要理论范式的缺陷，例如“万物有灵论”不是从整体文化的角度看问题，而是把一部分事实从整体文化中拆分出来放到“原始主义”的类别之中，这一概念过于宽泛，被当作一个完善的知识体系、一种哲学应用到对不同文化类型的解释中，导致遮蔽了“万物有灵论”在不同族团中的地方性变体；马林诺夫斯基的“功能理论”，从心理机制方面把文化丛拆解成单独的要素进行分析，不但不能分析文化要素的历史起源，而且对理解整体的文化丛维系机制毫无帮助；涂尔干的“社会事实”理论把文化视为“超有机体”，忽视了它与生命和物质环境之间的关系，等等。

基于上述理论范式的缺陷，史禄国试图以族团为单位，进行心智方面的整体考察，分析心智丛的构造模式和功能机制。“智力”所表示的现象只能是抽象的，但是精神文化现象也与族团和个人的心理相关，为了突出族团的精神文化也涉及心理和生理现象，史禄国创构了“心智”概念，用于描述和分析特定的（和变动的）生理要素对族团环境整体适应而形成的文化要素。此概念也颠覆了涂尔干最初将文化问题从心理学和生物学中分离出来的决定，挑战了人类学家对人类行为进行心理解释和实验的抵触情绪。

他所称通古斯人的心智丛的基本哲学观念，包括物活力、生命、灵魂和神灵。物活力观念认为物质分为物质要素和非物质要素，其中非物质要素为物活力；在物质世界里，与矿物不同，植物和动物是有生命的；动物和人有灵魂；还有一种非物质存在是神灵，它具备人类的性格、欲望、思想和意志。在基本哲学观念的基础之上，通古斯人的心智丛衍生出实证知识和假设知识，两者彼此互嵌，融为一体。通古斯人的实证知识建立的过程为：观察—假设—假设实验—确定结论。对于与食物来源和生计维系直接相关的事实，如自然环境、动物、植物、气候以及地貌地形等，他们都形成了相当精准的实证知识。通古斯人的假设知识则不同，某些假设知识得到了普遍的认可，而另一些假设只是得到部分人（甚至是个人）的认可，“如果不一致的情形被揭露出来，那些被接受为真理与带着怀疑态度接受的假设，很容易被立即拒绝”（第839页），通古斯人中大部分假设知识的基础是神灵和灵魂观念。

通古斯的假设知识的内容十分广泛，例如基于灵魂理论形成的有关生育、疾病和死亡的理论与实践；基于不同类型神灵如最高神灵、主宰神灵、祖先神灵、萨满所掌控的神灵的理论与实践。萨满教是这些假设知识的分支系统，为了廓清萨满教文化丛的边界，史禄国从萨满其人出发，以萨满管理神灵和灵魂实践所形成的文化要素群为中心，提出了萨满教的定义。他指出：

> 在所有通古斯群体的语言中，（萨满）这个词语表示掌控神灵的男女两性，他们可以自如地让神灵附体，运用自身力量对神灵施加影响，以满足自身的利益，尤其帮助遭受神灵侵害者；这一能力，主要体现在萨满拥有特殊的与神灵沟通的方法。（第559页）

从这个定义出发，萨满教包括如下特征：

> （1）萨满是神灵的掌控者；（2）萨满要拥有一定数量被其掌控的神灵；（3）在萨满教中，有一套复杂的与神灵交往方式以及器物，这些知识为萨满所属的人群单位所认同，并被传承下去；（4）萨满知晓一套其实践所依凭的理论；（5）萨满承担特殊的社会作用。（第 568 页）

综上，史禄国在通古斯人整体文化背景下建构了完整的萨满教文化丛。通过严格的定义，容易与萨满教混为一谈的“玛法信仰”“风水信仰”“巫师”等现象自然被排除在萨满教范围之外。萨满教文化丛，呈现出多元的面向，是回应心智困扰的“医疗技艺”、管理族团心智平衡的“好的政府”、解释环境现象的哲学等等。由于萨满教中缺乏伦理要素，任何不反对神灵观念的宗教，都能与萨满教共存。当时，还有一种比较流行的观点，认为萨满教是“原始宗教”，史禄国认为这只是假设，不能通过具体经验澄清或证明其中的观点。因此，他利用不同来源的资料从不同角度考察通古斯人萨满教文化丛的历史起源，得出结论认为，萨满教不是“进化”过程中的原初文化丛，而是特定历史时期由通古斯人在回应族团的急剧变迁过程中借用佛教因素所创造的派生性文化丛。

三 “佛教关联”：萨满教历史起源的假设

19 世纪大多数东方学者如科尔泽（La Croza）、格奥尔吉（Georgi）、马克斯·缪勒（Max Müller）、雷慕沙（P. Albel Remusat）等猜想通古斯语中的 saman 是梵文 śramana 的派生词，后者在传播的过程中逐步由游牧的鞑靼人所改变。当然，在许多情况下，这种分析在当时只是一种猜测。不久后如斯考特（W. Schott）强烈反对凭借直觉提出此假设，提出对应两个词语的萨满教和佛教教派之间有本质的不同，而且在词语的传播链条上，中亚地区缺少萨满教和佛教（喇嘛教）联系的证据。他认为 sam 对应突厥语 kam，saman 的含义与 sambi（满语口语）“知道”有关。劳费尔（B. Laufer）比较了通古斯语中的 saman（šaman、xaman）、蒙古语中的 šaman 以及突厥语中的 kam，认为这些词语关系密切，是北亚地区独立发生的词汇。朗哥赖（L. Langlès）同样指出，满族人的 Saman 和 Sama 与巫师相似，类似突厥语中的 kam、kammea、Gham 等。（第 561 页）

面对上述论争，史禄国重新接续了“saman 一词源于梵文 śramana”的早期假设。他分析 saman 一词在不同通古斯群体中的变异形式，归纳出它们的共同词根 sama。史禄国还发现，通古斯语中缺乏其他由 saman 衍生的词汇，由此他推断，saman 一词是在通古斯人借用外来词过程中语义变化的结果。面对中亚地区缺乏萨满教和佛教联系的疑问，史禄国提供了新的证据予以反驳。他补充道，米列特（Meillet）最先指出吐火罗语 samāne 和通古斯词语 saman 的相似性，罗森伯格（Rosenberg）独立指出粟特语（šmn = šaman）和通古斯语中 saman 一词的相似性。（第 561 页）因此，史禄国主张 saman 和 śramana 之间的间接关联是可能的。

尽管如此，要还原解释 śramana 从中亚到通古斯人中的迁移过程是不可能的，为了进一步证明这一推论的可能性，史禄国综合民族志和历史方面的资料做多重证据的发掘。他指出，通古斯人萨满教中的大量文化要素源自佛教。萨满教中的许多神灵源自佛教，例如，北通古斯人表示神灵的 burkan、赫哲人表示神灵的 pučku、满族人中的 fučihi，都是“buddha”的变形；北通古斯人中的神灵九头莽伊与佛教有关；奥罗奇人中也可见到九头莽伊，甚至直接称萨满为“喇嘛”。

此外，史禄国认为，北通古斯人称萨满掌控的神灵为 seva、seven 等，赫哲人称萨满掌控的神灵为 seon，这些词皆源自印度教中的“šiva”（湿婆神）。满族人中的 enduri（恩都立）源自印度教中“indra”（因陀罗神）。不仅如此，通古斯人的萨满器物亦体现了佛教的影响。在萨满教实践中必不可少的铜镜，源于喇嘛教，它在萨满教中十分重要，以至于只要有铜镜，萨满可以在没有服饰和鼓的情况下进行表演。通古斯萨满头饰上的五个佛形象或花朵、萨满服上的蟒蛇装饰、万字符以及萨满使用的器具都与佛教有关。

基于佛教和萨满教密切关联的认识，史禄国考察了佛教在东北亚地区的传播和持续影响进程。在史禄国调查的时代，佛教早已广泛地渗透东北亚的各个地区。通过追溯历史，他发现，公元 4 世纪，佛教传播到朝鲜地区；公元 10 世纪下半叶，佛教传入回鹘人中；13 世纪，佛教传入蒙古人中。在佛教经中亚传入东北亚的过程中，契丹人和女真人起到非常重要的作用。中亚和东亚的关系通过契丹人建立联系，这一关联此后由其他族体继续维系。作为回鹘人的政治继承者，契丹人十分了解佛教，达斡人中可见 samāŋ、samán 以及 burxan 等词并非偶然。女真人从中国中原和中亚地区也接受了佛教。满族人称，萨满教于 11 世纪出现在他们的生活中，这与《三朝北盟汇编》中的“珊蛮”（萨满）的记载相吻合。史禄国推测，萨满教的出现与佛教在契丹人和女真人中的传播是同步发生的。接着，以契丹人为核心形成的萨满教模式传播到索伦人、库玛尔千人、毕拉尔千人、后贝加尔地区的游牧通古斯人以及驯鹿通古斯人中，以女真人为核心形成的萨满教传播到果尔德人、奥罗奇人、乌德赫人以及吉里亚克人中。不过，史禄国强调，佛教和萨满教之间的区别是本质性的，不能把萨满教看成佛教的直接变形或者说是对佛教的“模仿”，而是佛教为萨满教的传播提供了特定的模式和普遍的借用要素。

总之，史禄国认为，通古斯萨满教是“一个相对晚近的派生现象，这一现象似乎是从西方传播到东方，从南方传播到北方的，它包括许多从佛教借引来的文化要素……”[①] “在通古斯语族和其他萨满教徒极具泛灵论哲学特征的心理学中，萨满教根深蒂固。但是，在北亚族体中，以现有形式存在的萨满教确实是佛教渗入的结果之一”，是“佛教刺激了萨满教的形成”[②]。那么，通古斯人通过借用佛教因素创构萨满教的动力是什么？这涉及萨满教的功能问题。对此，史禄国描述道：

> 满洲地区和阿穆尔地区的考古学呈现了这一变化的图景，包括族团的上升和衰落、族团数量的突然增加和减少、政治中心和人口的变化、族团的消亡以及城址的摧毁。这一不稳定长达几个世纪，主导性的

① N. D. Mironov and S. M. Shirokogoff, “Śramana-Shaman: Etymology of the word ‘Shaman’,” *Journal of the North China Branch of the Royal Asiatic Society*, Vol. LV (1924): 128.

② N. D. Mironov and S. M. Shirokogoff, “Śramana-Shaman: Etymology of the word ‘Shaman’,” *Journal of the North China Branch of the Royal Asiatic Society*, Vol. LV (1924): 129.

> 族团化过程从一个族团转移到另一个族团。……似乎清晰的是，经历突变的族团非常愿意向相邻族团学习可以保证其生存的知识，比其他任何族团都容易成为在不同来源文化要素基础上生长新文化丛的最好土壤。如同当下的满族人和通古斯人一样，他们易把个人和族体的不幸与新神灵相联系？作为具有强烈生物阻抗能力的族体——一切族体崩溃后衰落下来的证据——难道不会用所有手段掌控和驱逐神灵？（第 589 页）

史禄国基于史料分析指出，在萨满教产生之前，女真人社会中只有对天地的献祭和操纵死者灵魂的信仰活动，掌控神灵以及自如地让神灵附体是女真人在佛教刺激下创造萨满教的过程中发明的新要素。这些要素帮助女真人对抗主要由族际压力和族团快速变迁引起的心智不稳定。为了证明其判断，他通过 20 世纪初期的实地考察资料，细致地探讨了萨满实践和萨满教的功能。

四　萨满实践与萨满教的功能

史禄国指出，通古斯萨满教实践所处理的问题往往关涉通古斯人中群体或个人的心智紊乱。通古斯人的基础环境（如迁徙或季节变化）、派生性环境（食物供应方式或社会体系等）和第三级环境（族际环境或心智丛要素的增加或减少）的变化，都需要群体或个人的持续再适应。如果群体或个人的心智丛不能予以及时的调整和回应，则可能发生心智失衡，当心智失衡发生时，神灵施加伤害的观念深入人心，通古斯人中会发生如下情形：随着不同地区生活中的不幸（例如狩猎失败、驯鹿减少、暴力事件、传染病等）逐渐积累，人们往往失去理性思考能力，严重且无法解释的疾病在族团内发生，成年人陷入精神紧张状态，做出无法解释的暴行，甚至犯罪，普遍亢奋的情绪蔓延，伴随着歇斯底里倾向，此病态行为和其他不幸增长的结果是死亡，族团的正常生活秩序停止，有时整个族团处于毁灭的危险之中，甚至会持续数年。

他发现，通古斯人用神灵对群体和个人的心智失衡进行分析和分类（象征），把困扰归因于某一类神灵或者某一组复杂的神灵。通古斯人将疾病分为两类：一是强调生物医学本质论的外科治疗和用药知识，包括骨头、皮以及软组织受伤、生理紊乱、传染病及妇科疾病等；二是群体或个人的心智失衡现象，这需要求助于萨满医治。萨满文化观念为理解心智失衡及治疗实践提供了象征性桥梁，它把人们的文化环境、社会关系和内在体验循环连接。心智失衡并非纯粹的病理现象，而是社会心理现象。严重疾病、生存威胁、社会支持受损都需要人们重新赋予生活以“活力”。“活力”的源泉即萨满基于灵魂观和神灵观对心智失衡的“根源”予以命名和解释，这具有阐述治疗对象，并组织一套社会反应和治疗活动的作用。

通古斯人的基本社会单位是氏族，萨满依托氏族而存在，每一氏族一般只有一位萨满。在获得萨满身份之前，萨满候选人一般会经历心智失衡阶段，在这一阶段，萨满候选人被视为“病人”，经过萨满师傅的教导和个人实践，萨满候选人逐渐掌握神灵知识和抵御神灵的方法，可以根据自身的意愿召唤神灵，达到入迷状态，得到氏族成员公共意见的认可后，成为真正意义的萨满。萨满是氏族社会中处理心智失衡问题的专家，他们主要通过试错的方法，经过长时间的适应，创造性地发挥其功能。因此，萨满教是未被通古斯人认知前提下的一种心智丛的自我管理机制，史禄国把萨满比喻为氏族心智生活的“安全阀”。

萨满处理的“疾病类型”主要包括神灵侵害、灵魂失调、触犯禁忌、巫术迫害，其表演包括占卜各种困扰的原因与预测未来、治疗“病人”、把死者的灵魂送往阴间并管理灵魂、献祭、管理神灵（包括掌控）。（第652~670页）在诊断的过程中，萨满会只处理那些暗示、臆测及劝说起作用的病例。除了使用一般的逻辑推理，萨满也使用直觉判断、“远距交流”、自我暗示的梦以及入迷等手段达到诊断的目的（第748~755页）。萨满举行的表演的目的包括恢复并保持灵魂平衡，使施害的神灵变得中立，安魂，管理、驱逐或掌控神灵，祭祀主宰神灵等，涉及去往上界的仪式、去往下界的仪式以及与此界神灵沟通的仪式。

如果与现代的职业医生相比，萨满相当于一名心理医生，但与现代心理医疗不同的是，通古斯萨满的医疗包括不同的理论和观念模式，萨满的诊断是基于既有文化图景解释心智失衡。不过，就治疗效果而言，萨满医疗知识是否“理性”并不重要，只要萨满所属的氏族成员相信他、接受他，对萨满诊断持深信不疑的态度，治疗仪式就会产生预期的效果。在治疗实践的过程中，萨满使用的入迷技术十分重要，处于入迷状态的萨满，相信神灵在其体内，像神灵一样思考和行动，其原有人格监督另一个人格，此状态不能转化成歇斯底里，也不能压制入迷，是自发的双重人格状态。在萨满处于入迷状态时，有专门的助手不断击鼓维持萨满的入迷状态，同时控制观众的反应和行为。在萨满入迷的戏剧化表演中，病人和观众跟随着萨满对神灵世界的干预进程，彼此形成通感式的感受。在仪式高潮阶段的歌声中，病人与观众接近了萨满教状态，萨满掌控了病人和观众的意志，这实则是萨满无意识使用的催眠术，催眠体验给病人提供了极好的心理氛围和屏蔽外界信息的作用，萨满的暗示更容易实施，其象征性言语和动作被整合到病人的思维和情感之中。与此同时，病人结合自我的信念，相信致病的因素已除，重新振作起来，缓解或结束了心智失衡困扰。

值得一提的是，史禄国讨论了萨满入迷中的生理变化问题。他发现，萨满在入迷的过程中，会经常哭泣，脉搏跳动得很快，但如果是深度入迷，萨满的脉搏跳动会减慢，变得很弱，有时甚至很难感受到萨满脉搏的跳动。某些年老的萨满在穿上沉重的萨满服之后，几乎不能走动，但是在神灵附体之后，却能够轻松地移动，速度很快。史禄国见过一位半聋半盲的萨满，他身体很弱，在无人搀扶的情况下不能行走，但穿上 40 公斤的萨满服召请神灵附体后，突然改变状态，像年轻一样跳跃和舞蹈，声音十分高亢。史禄国还对某位处于入迷状态的满族女萨满候选人的生理变化做过实验，他用针扎她的指尖，萨满没有疼痛的感觉。萨满在入迷之后肌肉有巨大的张力，能够跳 1 米多高。被附体的萨满在烧红的铁、火炭上走，身体只受到轻微的影响，不会受伤。总之，他发现了萨满入迷状态下的生理状况与常人不同，体力明显增强。

总之，史禄国把萨满教视为通古斯人心智丛的自我管理机制。尽管萨满教背后存在更为深层的造成心智失衡的原因，但在维系心智平衡的意义上，萨满教发挥了心智丛自我管理的功能。

史禄国还强调，萨满教文化丛并非静止固定的，不同族团和氏族的萨满通过神灵的“维系机制”（保持旧神灵）和“遗失机制”（采借或发明新神灵），不断保持自身的灵活性，以应对变化的环境，提出新的解释。与此同时，萨满教也一直遭受其他知识体系的攻击，例如当时学校的科学教育、基督教、玛法信仰等是与萨满教竞争的文化丛，来自政府的政令也在挤压萨满教。面对这种情状，他提出建议，应该避免以极端的形式取缔萨满教，因为如果这样，则意味着取缔了族团心智丛的“安全阀”，会给族团带来毁灭性的打击。他更希望看到的是，通过渐进的方式，在未来，通古斯人中出现新的功能性集团，创造出代替萨满教的管理心智丛的“正当性”机制。

五　史禄国萨满教研究的影响

史禄国之后，萨满教研究范式出现了裂变的趋势，比较宗教学、心理学和民族志学视野下的萨满教研究并行不悖，互为补充。[①] 但事实上，史禄国萨满教研究的许多观点被后来的学者以不同的方式所坚持。我们不难从相关研究的代表性作品中发现史禄国的影响。

宗教现象学家米尔恰·伊利亚德（Mircea Eliade）在比较世界各地的萨满教现象之后，提出萨满与神灵沟通的“疯狂”“昏迷”“入迷”行为是萨满教的基础或总根源（这个要素是史禄国相对忽视的），作为宗教现象的基础，这个总根源是普遍的，萨满教并非北极地区独有的现象。通过强调入迷、天界飞行、多层宇宙、宇宙核心等要素，伊利亚德在世界性的宗教和神话象征中概括出这些“普遍平行”的要素，把它们作为全球萨满教的普遍支柱。[②] 在面对史禄国的通古斯萨满教资料及观点时，伊利亚德采取了调和的态度。他认为，史禄国认为的“佛教促进了通古斯萨满教的形成”是正确的，但需要注意的是，萨满教并不是由佛教派生的，而是通古斯人中古老的萨满教原型在佛教的冲击下发生了变形，因此，“喇嘛教对通古斯萨满教的影响主要体现在通古斯人赋予‘神灵’的重要性上，以及掌控神灵

① 参见 Jane Monnig Atkinson, “Shamanisms Today,” *Annual Review of Anthropology*, Vol. 21 (1992): 307-330。

② 孟慧英：《伊利亚德萨满教研究的基本特点与影响》，《世界民族》2013 年第 6 期。

和体现神灵的技艺中”[①]。可以看出，伊利亚德试图调和萨满教的普遍性及其在不同语境中的丰富性。

20世纪下半叶，萨满教的生理—心理研究逐渐流行，这个过程中西方人关于萨满精神病理说的观点有了重要转变，进一步证实了史禄国关于萨满是健康的人的观点。麦克·文科尔曼（Michael Winkelman）一直探讨萨满的入迷问题，试图在大脑中找到它的起源和机制。他提出，丘脑下部既控制交感神经系统（在觉醒状态下工作），又控制副交感神经系统（在放松和睡觉时工作）。通过瞬时发送化学信息到肾上腺髓质，丘脑下部可以使肌肉放松，使心率和呼吸放缓，在睡眠状态中保护身体的能量。他认为，可以将萨满降神会上的身体衰竭看作副交感神经突然完全支配身体的例证，这种情况只能在丘脑下部交感神经系统逐渐回到支配状态时才能慢慢恢复。至关重要的是，一旦第一次发生副交感神经系统传导障碍，日后大脑对它的抵抗就会降低，所以萨满能训练自己的大脑不费力地达到入迷状态，几乎能自动呼应仪式行为，通过唱歌、跳舞和击鼓，萨满能够控制昏迷状态的开端和结束。[②]

与此同时，民族志学的文献中不再出现萨满教的普遍化理论。民族志学家普遍反对出于分析的目的而使用跨文化分类。他们认为不存在统一的、同质性的萨满教形式，这种分类忽略了萨满教的历史、文化和社会背景，主张在更广阔的文化框架和社会过程中理解萨满教式的话语和实践。例如陶西格（Taussig）呈现了萨满教作为一种区域性话语，对主导哥伦比亚多元族群的新殖民主义的回应，而非单纯地讨论文化功能。[③] 刘易斯（Lewis）把非洲地区萨满教依赖附体的传统归因于妇女社会地位的边缘化和权力丧失。[④] 同类研

① 〔美〕米尔恰·伊利亚德：《萨满教——古老的入迷术》，段满福译，社会科学文献出版社，2018，第503页。

② 转引自孟慧英《在几组对立的思考中认识萨满教》，载金泽、陈进国主编《宗教人类学》（第二辑），社会科学文献出版社，2010，第319~320页。

③ M. Taussig, *Shamanism, Colonialism, and the Wild Man: A Study in Terror and Healing*, Chicago: Chicago University Press, 1987.

④ I. M. Lewis, *Ecstatic Religion: An Anthropological Study of Spirit Possession and Shamanism*, 2nd ed, London: Routledge, 1989.

究案例还有很多，在此不一一列举。

总之，史禄国的《通古斯人的心智丛》影响了萨满教研究的所有方面和历史走向，尽管后来学者对它提出过各种批评，但他在这个领域的突出作用却是不容忽视的，这部著作作为萨满教研究史上的重要学术遗产是当之无愧的。

六　翻译的原则和相关说明

本书对于仅在语言学意义上记录一个语词而不作为名词概念使用的通古斯词语一律不译。翻译的难点则在于同一个通古斯词语可能有多个拉丁文拟音，主要是前后鼻音的差别、塞音与擦音的区别、元音宽窄的变化等，史禄国在不同段落有不同的记录。这种情况不宜严格按照发音的细微差异翻译为不同的词，因此对于这种情形的词，本书一般确立一个主译名，并视特殊语境使用次译名，如表示神位的概念一般译为“萨瓦吉”，但在第107小节满洲驯鹿通古斯方言环境中则使用“色瓦吉”。不过，对于原书不统一而无法还原的拟音，译本一律照录。又如原书前言所言，有些是可明显辨识的不一致甚至是错误，史禄国未作处理，译本亦照录。另外，例如第114页的拼写中有turú、turu两个词形；第138页复述表示麋鹿的词有tok'i，而前页出现的词形是tōki，这些情况均无法判定是否属于上述情形，译本也予以照录。以下对几个重要概念的翻译加以介绍。

1. 族团（ethnic unit）。族团的定义整合了社会、文化和体质特征，既强调客观存在的人群基础，又强调共同主观性的身份认同，是史禄国人类学考察的基本单位。为了区别于“族群”“民族”等概念，本书把这个词译为“族团”。

2. 族团化（ethnos）。史禄国的人类学理论主要的研究单位是族团，在他看来，族团不是静态的实体，而是始终处在不断的变化过程之中，其内部构成要素技术、人口和文化适应，外部构成要素族际压力等都会导致族团的变化，他把可能导致族团变化的过程称ethnos，因此，本书把这个词译为“族团化”。

3. 族体（ethnic group）。族体不是人类学实地考察的直接单位，而是需要调查者通过分析判断才能认识到的人群单位，是由族团构成的上一层级的人群单位。本书中出现的满族人、北通古斯人、蒙古人都可称为族体。

4. 神位（placing）。本书使用这个词表示萨满实践中安置神灵的“容器”。当神灵未安置在其中时，它们不具有神圣性。我国学界较多地称这类“容器”为神偶，为了精准地体现史禄国的理解，本书把这个词译为“神位”。

5. 玛法信仰（mafarism）。该词是指通古斯人中晚近出现的与萨满教竞争的信仰系统，即东北地区的地仙信仰，其基本观念认为动物可借助长期的肉身修炼而成为神灵，地仙附体的治疗活动承担者称玛发。本书把此现象译为“玛法信仰”。

6. 奥伦现象（olonism）。通古斯语中使用oloŋ（奥伦）表示因环境突然改变带来的惊吓而发生的不能控制地模仿不同寻常、让人惊讶和出乎意料的语言或动作。史禄国把基于模仿行为形成的文化现象称olonism，本书译为“奥伦现象”。

另外，原书在对参考资料进行注释时较少写出完整的信息，多数情况下是取相关文献的前面几个词语代指，有时还仅注明参见《北通古斯人的社会组织》一书的注释，对于这些情况，译本中一般直接给出所征引文献的完整书名译名，并在文后参考文献相关条目中写出此中文译名，以方便阅读。

由于译者水平有限，错误与疏漏之处在所难免，当然，责任在于译者，真诚期待各位读者不吝指正！

前　言

最初，我并未打算为这部著作写一篇前言。因此，我把通常在前言中需要探讨的问题都放在了导论部分的第三节。但是，在阅读完整部著作，尤其是导论部分后，为了增进读者的理解，我认为有必要增加某些解释。事实上，我在“理论影响调查工作”（第 3 小节）部分的评论，可能会给读者带来误解，认为我完全不同意所有前辈和同时代的学者以及其他精通各种理论的人。整体民族志科学当然会对原始数据的搜集有帮助，这点我不需要强调，至少对于致力搜集和分析一手资料的民族志学者而言是这样的。在世界各地不同族团和族体中搜集的一手资料、大量的理论作品以及在博物馆中发现的民族志材料，将民族志研究者放在一个新的位置上。无论是对理论工作，还是对进一步的资料搜集，这都是非常有利的。然而，这些有利条件也给现代意义上的民族志研究者提出艰巨的任务。民族志不再是新的领域：观察者不会再那么天真烂漫，只顾从欧洲人的心境出发，一味搜猎异国情调和奇闻趣事；他也不允许自己沉湎于由想象堆砌的人工构造物，或许这些构造能满足个人的审美感觉，但是毫无用处，甚至对科学是危险的，他也不能是除了“搜集材料”之外别无目的的搜集者，因为这种态度很快会导致徒劳的精力耗费，这或许已经成为一种需要克服的危机行为。此外，他不能拒绝面对现实生活，尽管有时如此，像一名历史学者经常做的，因为民族志研究已经不再是一门与“文明人类”无关的“关于原始部落的科学”。19 世纪“旧式”的民族志研究不再有生命力，当今的民族志—历史学家正在尽可能地从事对以往文化丛的重建工作；田野民族志工作者则竭力用理论武装自己，描述和分析“活态”文化丛的功能和历史方面。在这个意义上，民族志研究者近似于历史学家和在所谓文明化的族体中从事各种文化研究的专家。实际上，目前对文化丛的研究不同于以往，但它仍局限于文化丛的某些特殊现象。对习惯法的研究只是出于立法编纂的需要，或出于其他实际应用的目的；对于社会组织、语言、艺术、各种各样的技术等方面的研究都受到了不同目的的驱动；甚至对生产技术以及与之相伴随的经济过程的研究也是如此。这些研究实则都是从不同方面讨论同一现象，即“人的文化适应”，这使民族志研究者获得了新生，并刺激了新型民族志科学的生成。毫无疑问，实用需求为民族志学者和民族志研究的存在赋予合理性，对这个问题我暂且不论，因为就这里要讨论的问题而言，探讨民族志研究的“哲学假设”更重要。流行的理论观念，甚至通行于思维最清晰的人群中的一般概念是：首先，除了所熟悉的欧洲文化，其他所有的文化丛都是相对简单原始，因此任何一个受教育者都能够理解并描述它们；其次，通过对其进行研究，书写当代人类文明史得以可能。然而，民族志研究者会立即发现，假定的原始民族文化并非如初次接触时所看到的那样简单。奇怪的是，一大群民族志学者对研究对象分门别类地进行研究，专注于“物质文化”“社会组织”“宗教”“语言”，甚至是“民俗”“装饰艺术”“家庭”“原始经济”等不同领域，如此，他们很快沦为处理“原始现象”的较低层次的哲学家、工艺学家、语言学家等。不过，通过创造，在强大的生存压力下，民族志学者已成功地割断与旧有“哲学假设”的联系，通过民族志事实积累而存活下来，而民族志事实（以我的理解）正是民族学的基础。知识的增长也使民族志研究者认识到，通过一种简单的方式建立假设，并重构历史的做法是不够的；他们也意识到，民族志工作者不能仅仅将目光投向“原始民族”，而应该被其所关注的对象吸引住，因为正是这些成为研究对象的族体给了他们最初的“教育”，练就了他们的思维方法。对民族志这种拓展的反对之声随之而起，他们认为这种民族志研究的领域过于宽泛，没有人能够胜任。然而，这种反对并非基于科学的推理，而是出于唯恐不能胜任的焦虑。毋庸置疑，想掌握文化丛的方方面面是不可能的，不过在我看来，这其实也是不必要的。无论我们如此定义的民族志研究是否存在，事实是不能改变的。这种境况在很大程度上也存在于其他知识领域。例如，过去，一位植物学家需要了解所处时代的所有植物，而今天则可能只了解一部分植物分类；过去，一位化学家可能知道所处时代所有的有机化合物，而在今天却没有人能够做到这一点，因为每一天都会有新的有机化合物被发现。但是，没有人会由此认为植物学和有机化学不能存在了，甚至认为它们已经不存在。恰如一个谨慎者遇到大量已知和未知的民族志事实时所表现的那样。

我们必须承认民族志研究已经达到了上述的状态，而且这也意味着民族志工作者身上一种新的态度的出现。

在这里，我将做出进一步的论述。过去，成为一位植物学家不需要受生物、化学、物理、显微技术甚至是应用数学方面的训练，而如今，他们必须经过这些训练才能成为现代植物学家；同样，化学家在取得发现的过程中不需要物理学、化学物理和数学方面的训练。结论很明显：现在，如果某人想在其从事的领域有发现，成为一名植物学家或一名化学家（有机的），而不是成为植物学博物馆或化学实验室内有资格的“仆人”（现在需要这类专门化的工人），要比过去更难。后者正如军舰上需要的很大比例有技能的专家，这些人甚至受过很高（相当于欧洲的大学）的教育。民族志研究的处境有什么不同?

还存在另一个方面的问题。19 世纪初，让一个年轻人去得到如今一名中学生在进入大学之前所掌握的物理学的知识是无法想象的，而当今的大学所研究的问题已经超越了一个世纪之前教授们所涉及的范围。由此推论，当论及民族志时，其方法被认为应该是臻于完美的而实际上却不可能被做到。由于民族志研究的普遍原则和纲要已经形成且被确认，而且就观察的技术而言，新的调查方法已经产生，原来存在的大量问题已经不再是问题，民族志研究明显可以向更深层次迈进。如果没有理论基础，现代意义上的物理学将不会存在，对于民族志研究而言同样如此。因此，必须清楚区分民族志研究的两个方面。一方面是对新的事实材料的搜集，这意味着民族志调查应受到特定的理论训练，同时也应掌握现代的调查方法。另一方面是关于方向的选择，这意味着有广泛的理论准备和关于调查对象的知识，以及对方法的熟练掌握。就搜集材料而言，当然不能像过去所做的那样，运用“试错”（trial-error）的方法，然而，必须找到基于理论得以证成的具体方法，如果民族志研究不想走向衰落的话，就必须如此。民族志研究并不是不可能实现这一点，在该领域我们已经有了一些成功的例子。例如，过去要花费许多年的时间来记录一个族团的“习惯法”，而在运用当下法理学知识工具的情况下，花几周的时间就能完成这一任务；过去，描述一种方言（包括词语、语音和形态学）要花费数年的时间，而在熟悉普通语言学的情况下，不到几周时间就能把这项任务完成。对社会组织、经济活动和技术公司的研究也是如此。有的研究者虽然为搜集事实做好技术准备，但如果对理论不十分精通，就容易陷入一种机械性地自动搜集新材料的状态，而这样的新材料有时也会变得多余。事实上，民族志研究者仅仅是事实搜集者，甚至不总是一个分析者。众所周知，民族志研究搜集到的事实由于数量多而不能被分析的例子比比皆是。因此，相较于要在短时间内完成资料搜集而言，能够判断所需资料的数量同样重要。过分地对事实进行搜集很容易变成“资料搜集狂”。虽然事实材料很可能引人入胜，并被巧妙地呈现出来，但如果对科学的一般趋势加以漠视，这些事实材料也会成为累赘。我可举一个荒谬的例子，即一位植物学家去测量每一棵树上的每一片叶子。这项工作可能是精确的、辛苦的，甚至是英雄般的，却是无用的，因为运用生物统计学的方法可节省工作时间。民族志调查者可能要花费一生的时间对一个人的语音变化做精确的记录，但这对语言属性的研究不会产生任何知识贡献，因为有关语言的基础理论已经被发现。以此类推，为了探索方言的变化，逐村逐庄、挨家挨户地进行调查，与植物学家对叶子进行逐个测量没有什么不同。当然，一个人甚至可能通过搜集邮票、旧钢笔和留声机唱片获得超越物质享受的乐趣，但是，我从来没听说过哪个热衷于搜集邮票、旧钢笔和唱片的人对金融、钢铁和音乐做出了什么贡献。有人有时在民俗搜集中也发现了同一兴趣，在民族志研究中也是如此；但是如果这种乐趣转变成一种搜集狂热，而且该群体中的许多人都深陷其中的话，那么我将怀疑这种状况可以被认为是完全无害的。那些业余的斗鸡和赛跳蚤者以及从事各种形式赌博的人，可能会在他们所从事的活动中获得乐趣，但是其水平的提高并不足以使这种活动在社会（族体）中获得正当性。在族际压力增长的情况下，如果一个群体的思想层也受到上述活动的影响，那么，这些看起来并没有害处并且具有审美激情的活动可能会使整个族团停滞或麻痹。因此，这种无目的的民族志资料搜集倾向的正当性获得令人堪虑，如果民族志学者是对社会有用的一员，那么这种搜集方式就不能被认为对科学有贡献，并对调查者所属群体完全无害；尽管如此，这种激情亦可被那些科学管理者所利用。通过指出上述看起来似乎矛盾的类似情形，我想要说明的是，如果民族志研究者背后没有理论指导，那么本可有用的一种文化现象就会转向过度生长而步入颓势，比如，民族志搜集工作。正如植物学和植物分类学领域的合格匠人、化学领域的合格技师、有机化学领域的实验操作员，在这些技术人员背后，有普通生物学和普通化学作为其理论指导，民族志搜集者也需要科学指导。事实上，民族志的历史一直反映这种状况。一方面，如前文所述，民族学领域的块状剥离导致了学科分化的趋势，并且“专家们”想通过该种方式来简化他们的工作，从而保持一种不受控制的工作状态；另一方面，存在对理论家干预的公开抗议，“专家—民族志学者”群体业已形成。第一种趋势不需要解释，但对后者却须略加讨论。正如前文所述，必须承认的是，解除理论家干预的趋势根源于理论家并没能给民族志材料搜集者一个正确的理论导向，民族志材料搜集者的速度远超过理论家。再者，理论家对事实材料也不够熟悉。理论是可以有一个试错阶段的，搜集资料也是如此。但是，除此之外，又产生了与抗议理论化与专门化趋势相伴生的其他一些问题——理论指导的缺位。一些基本问题如调查单位的选择、方言的记录、文化丛形成的机制、文化要素如何传播、如何记录的问题都没有答案，与此同时，虽然理论家们没有看到“原始人”，但是他们一直都争论原始杂婚、事物的起源、母权制和父权制、图腾和原始心智进化等问题，还包括 19 世纪涌现的其他一些数以百计的有关哲学趋势的有趣问题。近期关于“心理学方法”、传播和平行论、“身体”和“心灵”，以及其他“问题”的讨论，完全不能满足民族志研究者理论指导的需求。

上述问题的答案可能仅仅通过一门通论性科学——作为一门有关族体

(族团)与民族志现象变化理论的民族学——就能获取,其中有单独的一块被用来处理在(科学)知识体系中和分类原则中如何定义民族学当前状态这一问题,它覆盖了人类生存问题的所有表象,(主张)对人群不能抽象处理,而要将人置于文化丛中和作为具体的个人加以看待,正如他们在日常生活中被观察到的那样。因此,族体的物质状况与文化丛就不能因生物适应形式的不同而遭到人为割断。当然,这门学科比其他任何分支学科都需要更多的基础工作,尽管有时我们也记得由于同样的原因,普通生物学、物理化学乃至普通语言学都被错误地怀疑过,甚至对它们存在的必要性都产生了疑问。但是这种通论学科迟早会被创立出来,否则依靠它们的派生性学科诸如人类学、民族志研究、民俗学和语言学与其他一些学科将恶性膨胀,以致在未经分析和未加分类处理的也许还是毫无用处的资料中窒息,此类资料泛滥的现象已经显现出来。一来,在分析理论中能够看到一种自我克制的倾向,例如倾向于把民族学当作一门简单的"历史"学科看待,或者将其建立在文化运作内部机制的基础之上,比如功能主义(这不过是"功用"这个老掉牙词语的新提法);二则,如著名的"本能图示"理论,例如"饥饿""性"等,这与"基本观念"(Elementargedanke)以及民族志中所谓"内部人证词"有关,抑或使民族志研究成为一种"应用民族志"为政府管理部门服务,甚至定位更为狭窄,使民族志工作服务于政治党派。

民族志当然有它的历史学目标,但将其等同于"历史学"是不可能的。首先,历史学不是民族志唯一的目的,就一些专家——历史学者来说,他们要做的事情还不是很清楚——是逐个事实地记录,还是记录看起来重要的东西;是创造一种"历史哲学",或分析事实,还是操作"价值体系";是分析"地理学"以及"种族"迁徙,还是为政治宣传服务使它成为"应用历史学"。

历史学有它自身的方法论问题。在诸如文献真实性确认、事实序列编排、年代学以及分类方法等方面,像知识领域的任何分支学科一样,历史学都用自己的方法搜集和描述事实。但是,历史学家却没能创造一门通论性学科来指导其研究(由于自身学科的复杂性以及历史学家所要处理的材料太过复杂)。在这方面,历史学家的处境与寻找指导的民族志学者并无不同。尽管就研究方法而言，历史学家的经验已经足够多，并对任何一门研究连续性事实的科学都有用处。但是，19 世纪历史学的研究方法已不能在当今使用，因为它不能充分地处理很多事实。比如，对于两个不同历史阶段人口变动情况，当民族志学者提出族团人口组成分析时，历史学家不能漠视他的结论；历史学家也不能漠视考古学家对考古地层中发现的物种的分析。人类学者、民族志学者和古生物学家的方法不是 19 世纪历史学者的方法。今天的历史学者，如果想处在现代科学的水平上，必须在他的判断中应用“科学家们”使用的方法。这意味着现代历史学者的研究范围比 19 世纪的历史学家宽广得多。实际上，历史学家不能将自身仅局限在“历史学的方法”之内。过去曾经试图将“历史学”与“科学”割裂开来的分界线如今已经消失了，还在坚持这种将二者截然分开态度的，要么是那些没有掌握“科学”方法的人，要么是那些不愿意承认通过特定知识分支而认知事实本质的科学及其相关方法的人。

毫无疑问，理解文化丛内部机制是民族志研究者应履行的基本任务。是的，它可能仅仅是“功能的”或者是取“内部人证词的”、享乐主义的、物质主义的、历史学的等等，就好比光线只能从一个方向进入，但终将照射全景。因为，现在人们已经意识到不能再无视文化的整体面貌，人们也认识到用单一的方式理解文化丛的内部机制是不充分的。文化运作的“动因”有时内生于文化丛内部，有时远在内部机制之外。从这个角度来说，唤起民族志研究者对“人类生物学”、“环境地理”以及“历史学”的关注，也就是说，对外部的、非“文化的”环境的关注显得十分必要。有趣的是，即便如此，上面提到的“专门化”趋势还是被民族志研究者们牢牢地抓着不放。

我不需要再纠在民族志研究的“实用价值”这个问题上裹足不前，有鉴于此，民族志研究者为了获得管理者的支持已一再强调，管理者并不知道心智丛的内部机制如何微妙——不是其他元素，正是心智丛成为文化科学诞生的诱因，而文化科学的功能仅与认知相关联，而无其他实用性目的。认知冲动一直都存在，它构成文化机制的一个要件，但民族志研究者的工作动因不应仅限于认知这一方面，如果那样也将伤害到民族志工作者和民族志这门学科。事实上，任何一个心智健全的人都不会用一位有学识的工程师来钉钉子，用一位物理学家来修打印机。而民族志研究一旦成为实现“实用价值”的工具，它的科学功能就会中止，它的结论也因此不再可信。甚至，这种“实用主义”取向不可避免会导致民族志研究者走向更加狭窄的专门化，而不再称得上是民族志研究者。如前文所述，这样的民族志研究在没有被冠以民族志研究的名称的情形下已经存在很长一段时间了。转向新型民族志学和民族志调查，仅仅是一种无意间试图阻止民族志材料泛滥想法的表露；至于“视野狭窄化”这一话题，体现的也是这样一种不鼓励其泛滥的态度；还有，需要防止民族志研究演变为一种简单的“历史学”。

不只是民族志研究处于上述状态。大量其他“人文学科”，例如社会学、历史学甚至是部分经济学门类和其他学科，都在努力摆脱虚构的理论渊薮纠缠，试图从中找到自己的问题所在；而那些理论都源于采用人为的方法去应对新的社会事实和调查方法。这并不能像某些人所说的那样算作一条思路，却是一个危机：用旧有的分析和归纳方法已经不能覆盖个别学科以及某些分支学科所获取的材料。心理学已经树立了一个典范，它已与哲学融会贯通，在这个过程中，摆动幅度之大的确还带来了学科视野的窄化和专门化。当然，这只是一种暂时的反映。

假如这种状态在民族志研究中持续下去，那么它将会造成想象力的停滞。而且，如果民族志研究不强化理论并使自身条理化，它将会在大量的材料中失去方向。美国的社会学是一个非常有趣的例子，尽管社会学中现在还充斥了各种仅具历史旨趣的理论，以及集纳了大量分析两个人或多个人交往互动现象的事实材料，但诸如社会组织理论和社会功能理论等理论社会学单薄的躯干，已经无法通过运用旧有的研究方法获得增益，好在诸如“社会的”“社会”等关键词恰恰比其字面的简单涵义要更强一些。“社会科学”现已覆盖了由现代社会功能产生的所有实际问题，而“社会学”正试图解决这些问题。诸如警察、道德评议员、市政职员、避孕用具销售代理商、广告代理商、劳工监护员，甚至是普通教师的功能都被转换成“社会工作”，他们的活动必须被置于社会学的框架中进行理解。由于“应用社会学”的可怕混淆，以“社会学原理”的形式所进行的理论的辩护完全淹没了原本贫乏的理论。随着附加物的不断累积，那些半懂不懂的人秉持“实务主义”衍生出的毒瘤，卷帙浩繁的“理论”收纳范围已扩张到上至柏拉图下至去年出的新著，而真正的理论却从未产生。当然，从历史角度看这些理论很有意思，但要想处理它们首先得是个史学家或民族志学家。许多出色的化学家并不知道17世纪和18世纪各种炼丹术的原理。当代被奉为圭臬的卢梭、孟德斯鸠以及其他一些人，其实是些不经意间被挑选出来的旧时“思想家”，他们遭到了“社会科学”的可怕扭曲，这种扭曲已被强加于年轻一代身上，我们并没有给予年轻人一门简单的社会学。正如在民族志领域中所遇到的那样，我们看见了同样严重的理论缺乏，同样过早的专业化趋势以及同样的“应用主义”，这使得现代“社会学”也不可能被掌握，它所缺乏的坚实的理论，犹如材料的一片汪洋大海。可能在很长的一段时间内，社会学因与这种现状纠缠不清而终至瘫痪。

对于民族志研究来说，摆脱这样一种困境还不算太晚。首先，在过去几十年里，大量的民族志研究方法已经被尝试，并且被证明是有用的。民族志研究方法取得很大进步，民族志研究者应用诸多方法，如技术知识、语言学分析、心理学分析，必要时采取数据模型，还有历史学方法等；在选择材料和族团时不带偏见，尽量“客观”，不置可否；他对文化进行全貌观察，也考察民族志本身。但是民族志研究需要的是理论，是前面所定义的那种民族学。想填平人类生存的物质条件与族体所创造的特殊适应功能——文化适应之间的鸿沟，这超出了民族志的能力，却是其使命之一。

若将民族学视为焦点，不同学科之间的关系可以如下页图所示。遗憾的是，各门学科的关系以及学科之间的相互关系不能用一个简单的图表，通过二维的方式来演示，还需要一个三维图示才能展现。这里，我们仅能给出不同学科之间的一个大概关系，每个学科都可被视为中心点。

从图中可以看出，我将人类学从作为动物学分支，归入民族学这门描述性的学科，因为它是关于族体（亦即族团）后天性适应问题的一个具体研究部门。一度构成旧式民族学研究内容的“种族史”的一部分内容必须归入古生物学和人种史。当然，民族学的内容涵盖甚广，它包括：人类群

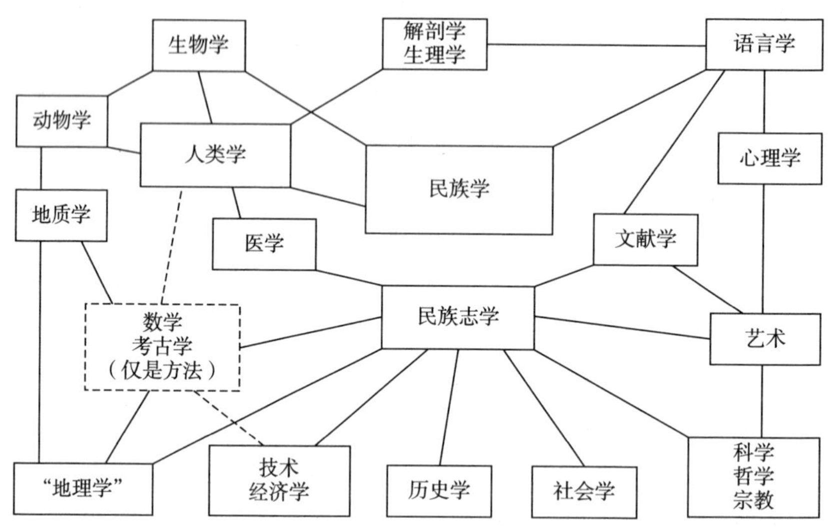

体的分类方法、族团平衡和族际平衡、体质演变、功能演化（尤其是文化变迁）、整体均衡系统（这个问题不能由人类学家或民族志学者单独拉出去研究）、流动人口的行为与文化要素及文化丛的传播等。如果这些问题及早得到阐释，大量的“问题”，如“环境影响”、“人文地理学”、“遗传与环境”、“传播与平行”等诸多问题就不会出现。对民族志现象的重要归纳与分析描述工作早已有之，因此，在这个意义上，民族学在还没有被认识的时候就已存在了。事实上，各种各样的问题在这个意义上在民族学未被认识的时候就已经存在了。事实上，各种各样的问题在人类学、民族志、语言学、考古学、历史学甚至是我们所知的 19 世纪的民族学中已经得到回答，我更倾向于有一个严格的学科界限。因为旧式的人类学——人的科学——像 19 世纪的自然哲学那样显得过度膨胀。至少在当下，没有一个名称比“民族学”更合适了。当然，反对意见主要认为这需要民族学家做太多的初步工作，但对此我们无能为力。如前所述，同样的反对声音在普通生物学出现的时候也出现过。理论上可以预见到，不同领域专家们会发出何种反对的声音，但不会阻止（可能仅仅会推迟）科学的诞生，因为生命比个体的力量强大，而科学是有生命的。我不认为将来会出现一个庞大的民族学家群体，但通过与其他学科领域进行类比，可以假定，如同以往，在以下领域会涌现一批专家：人类学、语言学、民族志研究，甚至是颅骨研究、爱斯基摩语法以及社会组织，他们的科学贡献都将十分重要。

与普通生物学一样，民族学会在一定程度上成长为一门科学，这一点确定无疑，它是科学总体发展的一个自然结果。如果生物学衰退了，文化丛也一起衰败，或者文化丛被整体改造，科学也被取代，也就无所谓与民族学的相关问题了。然而，民族学家、人类学家以及语言学家的数量正在增长，这要归功于新的族团（至少部分的）被纳入同一个文化圈的视野范围之内——日本、印度和中国研究者正在产生，他们可能会对只有民族学才能给出的答案感到满意。

回顾人类学、民族志研究以及民族学正式面世以来所取得的成就，必须承认上述学科当今取得进步应归功于辉煌的过去。通过四代学者的努力，各个方向的深度调查工作成果丰硕。从体质特征和文化特征的角度对遍及地球的各个族体进行总体性描述是可能的；人类体质和文化资料的大量采借消除了我们对自己陷于无知的担心；调查方法是完善的，民族学基础已经奠定。

在本书的前言中，我不再重复在《北通古斯人的社会组织》与《满族的社会组织》中所叙述的内容。现在我想强调的是，我处理的并不是过去的文化现象，我的观点是在调查过程中和调查结束后提出的。但是，在我较早的作品中，我并未像现在这样触及本书讨论的问题。其中的原因有三个方面，即现在理论讨论的空间更宽广；呈现的事实更多；经过我此前的著作，我对于自己观点的独特性（通常只是我个人的观点）更为习惯。在我此前出版著作的相关评价中，我注意到出现了一种有意将我纳入某一学派的意图。我认为有必要说明的是，作为一个民族志研究者，我认为自己属于"民族学学派"（我所理解的）。当然，在民族志中可以没有"观点"，仅提供一种看待事物的可能性——一种民族学的阐释。

在最后一遍校对的过程中，我遇到一些印刷上的错误。遗憾的是，在目前的印刷水平下，这是不可避免的。其中一部分我在术语表和索引中做了更正，但读者可以辨识的某些明显错误，我并未更正。这次，我在很大程度上缩减了术语表和索引的范围。我必须恳请读者包容我的英语写作水平。在这方面，詹姆森（R. D. Jameson）教授帮我润色了本书的前 82 页，经由他的推荐温菲尔德（Wingfield）女士帮助我润色了第 83~494 页，克勒梅（W. O. Klemm）先生则帮我润色本书的剩余部分。我对他们深表感谢。任何一位熟悉此类出版物的目前处境者，都会想到出版社的经理罗曼诺夫斯基（B. A. Romanovsky）先生，他是出版工作的监督者，我向他深表感谢。

在出版前，本书经历了长期准备。资料搜集完成后，如果不经过语言学分析，则不能被利用。而且，本书的写作过程一再拖延，因为我认为有必要先出版通古斯人文化适应的其他著作，尤其是通古斯人群体分类的著作。因此，在所有准备性工作完成后，我才于 1932 年至 1933 年分析资料，进行写作。在那段时间，我有意避开阅读任何和本书主题相关的新著作。其实，新著作的新观点有时可能会让人迷失。但是，在完成写作后，我仔细阅读了某些新著作，例如马雷特（R. Marret）、雷丁（P. Radin）和其他作者的作品，我确信不需要为本书增加任何新的说明和阐释。由于这一原因，读者在我的著作中看不到新近出版的参考文献，我对它们的一般态度已在前言和导论部分澄清。

读完这部作品，我后悔第一部分、讨论实证知识的部分以及讨论多元假设的第 15 节写得过于简略。但是，缩短解释是必要的，因为这部著作已经远远超过了一般著作的长度。我曾有过如下主张，即推荐读者阅读他们感兴趣的某些章节和部分，但在阅读完整部著作后，我放弃了该想法，因为通古斯人的心智丛必须作为一个整体的文化丛被理解，只读其中的单独章节和篇幅，可能会导致曲解通古斯人的心智丛与作者的思想。

作者

1935 年 6 月于中国北平

目　录

导　论

第一部分　实证知识

第二部分 假设

第三部分　假设知识的实践结果

第四部分 萨满教

结 论

附　录

导 论

第 1 节 调查心智丛的困难

1. 心智丛

目前，人们对民族志现象的性质，它所包含的文化丛与文化要素基本持一致意见。它们是习得的知识、实践以及可观察的行为表现。这些知识可通过代际传承，从相邻族团采借，甚至由族团成员中的个人创造。与其他人群单位相同，族团拥有一组继承下来的生理—心理要素，后者在为民族志现象的创造提供可能性的同时，也施加了限制。正如在人群单位由以产生的过程［这一过程，我称为族团化（ethnos）］中所观察到的，作为人类的一种适应形式，心智丛具有纯粹的精神特征。由于民族志现象的文化丛和文化要素有各自的功能，不能对其进行静态抽象的理解。在描述文化要素构成的文化丛时，有必要考察其中的功能机制。

民族志文化丛包括许多文化要素。为了描述和观察的方便，我们有必要以某种方式对这些文化要素进行分类。将民族志文化丛和文化要素分为物质（技术）文化、社会组织以及“心智”丛是十分机械的；正如我在

《北通古斯人的社会组织》中提到的，物质文化、社会组织以及心智丛构成了一个特定的系统，一个十分平衡的整体，所有文化要素在某种程度上都是“适应性”的，不能单独地理解某一文化要素。在对这个问题的理解上，我们将文化丛视为相互作用的，尽管文化要素是不能行动的，但文化持有者一直在行动。上述内容充分表明了我的观点，我在民族志要素分为三种类型的前提下讨论心智丛，仅是出于对事实进行解释的目的。

我用“心智丛”概念，指称对特定环境反应所形成的心理和精神方面的文化要素。作为整体的环境及其构成要素可以是变动的，也可是稳定的；可以是动态的，也可是静态的。为了方便论述，我将这些文化要素分成两组，即：（1）一组反应态度，它们虽然在特定的范围内会发生变动，却是持久的、明确的；（2）一组观念，这组观念定义了特定的精神态度，可被视为特定族团（甚至个人）的理论体系。一个族团的心智丛对整体的人群单位发挥特定功能。它保证或者更好地表明了族团的存在。事实上，心智丛在变动的环境中发挥适应功能，通过坚决抵制和灵活变通使族团保持足够的敏感性。

本书搜集和呈现的民族志事实具有特殊性。物质文化研究是描述、拍照、记录与分析一组物体；社会组织研究是要描述一组作为固定规范复合体的社会关系；而对构成心智丛的心理和精神要素的研究，要描述的内容局限于态度和观念，仅有部分内容可通过描述行为、习俗和规范得到表达，很少能通过拍照呈现。因此，与其他类别民族志现象相比，反映心智丛的材料十分不同。尽管我需要经常论及心智丛与物质文化、社会组织文化要素之间的关系，但也要对其进行单独研究。与物质文化、社会组织的构成相比，心智丛包括的文化要素有时缺乏稳定性，而且其包含的文化要素数量十分庞大，而重要性不高——单独来看的话。构成心智丛的文化要素，例如关于人死后生活的理论可能变化，甚至完全改变，却不会影响到其他文化丛；又如，物质文化可以通过吸收新的知识而发生改变，但不会对民族志现象整体带来负面影响；这一规律也适应于艺术现象。不过，这却不适用于对狭义心灵秩序的解释。

心智丛所含要素的不稳定性是十分普遍的——它们经常借自相邻族

团，尤其表现在采借的文化要素与现有的文化丛间无明显冲突的情况下。例如，已经变得十分普遍的欧洲科学，正在成为处在欧洲文化压力下族团心智丛不稳定性的来源之一。在族团之间的交流有限，并且族际压力很小的情况下，不同类型的文化丛都是稳定的，尤其是心智丛，要比那些处在强烈压力下的族团稳定得多。这一特征在族团急剧的变迁过程中表现得很明显。

2. 调查困难在于材料的性质

很久以前，人们就认识到研究心智丛的重要性；但对于不同族团的心智丛，我们远没有形成准确的认识。需要承认的是，对不同族团心智丛的某一方面，已经有很不错的描述，例如民俗、“宗教”等。但对非欧洲族团心智丛的系统呈现还没有成功的作品。其中主要原因在于缺乏充分的调查，但更重要的是方法论错误，即假设“原始人”“未开化者”“野蛮人”与“文明人”之间的思维方式是相对的。当然，在将多种心智丛划分为不同的理论类型失败后，调查者的处境在某种程度上有所改善，因为他们认识到必须尽可能地摆脱用自身的文化标准去推断观察到的事实，尤其是必须摆脱对事实进行有意或无意的筛选。对于观察者而言，理解心智丛十分困难。首先，观察者必须忘记自身的文化，不加选择地记录事实。如果可以比喻的话，观察者要像一台机器，对观察到的事实不持正面或负面的评价，不干预观察和记录的过程。这一要求似乎是不切实际的，因为人不能完全摆脱生存环境，也不能使自身完全机械化。我提这一要求，是指一个调查者应有的理想状态而非先决条件，换言之，不能调查（观察）已经开始了，调查者还不清楚该如何完成这一工作，及这一工作的相关要求。

达到调查目的之前，在对资料进行初步搜集的过程中，调查者需要经历学习语言的难关。学习语言涉及语法规则、语音以及词语，但这只涉及时间和记忆，没有太大困难；真正的困难是对语义变化的掌握，从字面上说，即词意的细微差别以及能体现心智丛微妙要素的句法。其实，有许多文献是不能被翻译成其他语言的。众所周知，这一困难表现在对印度、中国以及希腊哲学条目的翻译过程中，如对涅槃、道、逻各斯（柏拉图）的解释颇费口舌，需要花很长时间，如果不回到这些词语最初被创造的语境中，仍会存在困难。当然，这一困难不仅在于这些观念在当地文化中的复杂性，也因为它们属于异文化体系，甚至在调查者自身的语言环境中，词语的意义也会随时间变化很大，需要对文本做很长的注释。以汉语书面语言为例，如果一个人不是自童年期就生活在书面语言写作的环境中，是不可能获得十分娴熟的知识的，尤其是那些独立于口语传统的文言文，它在中国文化之上独立运行，又深深地植根于中国文化。这使理解和消化这些语言难上加难。学习汉语书面语言比非欧洲族团学习建立在正式逻辑推理之上的欧洲科学更困难。在某种程度上，这一道理也适用于欧洲人学习非欧洲族团的语言。这体现在普通语言学和哲学中，民族志研究者从未做出简练的、重要的理解。

另一个原因是，陌生的词语来自异文化，在翻译的过程中这些词语要经过翻译者的“心灵”（文化丛）渠道加工。我在《民族学与语言学诸方面》（1931 年）中对这个观点做出过更详细的阐述。其实，如果我们从思考方式和反应角度理解心智丛，将它理解为一个条件反射系统，将语言理解为“启动”系统，那么言说者语言的功能就是唤起听者的反应（可以通过不同的方法“唤起”——听觉、视觉和其他）。显然，在翻译词语时，处于不同心智丛中的人会产生各自的反应链条，翻译过来的词语涵义可能比原意更为宽泛或狭窄。而且，翻译过程只是部分受意识控制，主要是在前意识和潜意识状态下完成。这一过程受到心理学意义上的潜意识结构影响，甚至有时受到狭义的生理学因素影响。因此，我们经常听到一句来自实际经验的结论：“如果我们不爱上一个人，是无法了解他（语言）的。”在调查的过程中，对调查对象的爱是成功的首要条件之一，因为在理解异文化的过程中，那些讨厌研究对象的研究者将会遇到处于潜意识中的障碍，如恐惧、嫌弃和厌恶等。身体（种族意义上）间的差距越大，文化间的差距越大，成功调查的可能性就越小。但是，我不赞成用爱去消除接近异文化的心理障碍，因为这不能帮助调查者。而且，同情要素会影响到秉持科学和真诚态度的调查者之研究结果，许多“爱”其调查对象的调查者（尤其是民族志学领域的[①]）曾做出大量的错误描述，在很大程度上变成了欧洲文化中的情绪上的天真。[②] 同情的结果是，异文化中那些与调查者自身文化相冲突的要素被拒绝，或被证明具有抚慰心灵的功能，因为对自身文化的热爱是维系族团（或仅是群体）存在的典型机制。因此，当调查者的文化与研究对象的文化相似，或与研究对象间存在个人联系和依赖关系时，就会被调查对象所束缚，同情心会影响到调查者。在此意义上就调查者的观察而言，不同文化之间越接近，体质（种族）特征越接近，调查成功的机会就越小。同样需要指出，在同情要素的支配下，调查者在明显相异的人群间调查也不是很理想；因为调查者可能会陷入多愁善感的情绪中，甚至没有能力记录事实。

在民族志研究工作中，对调查对象语言进行初步研究的困难至今未被克服。一旦特定文化中的意义、术语和观念被澄清，需要将之翻译成研究者处理问题所涉及语境的语言；在调查者的心中，这些术语必须以科学方式呈现。当然，术语的选择和翻译方式在于调查者的知识和技艺，也取决于科学的进步程度。有时候，翻译的难度很大，甚至容纳、反映欧洲文化中最多要素的最好词典，也只能给出近似的含义，同时需要参考一系列的同义词。遗憾的是，目前这类完善的词典是不存在的，因此外国人必须综合运用有名的如牛津词典、韦氏词典、拉鲁斯词典、迈耶百科词典等。

（对于掌握某种欧洲语言的研究者而言）理解非欧洲人群的语言更加困难，因为后者还没有被编成上文所说的“大辞典”。对在异文化中遇到的所有术语和“观念”，尤其是那些与心智丛相关的部分，真的能够做出绝对精确的翻译吗？我持否定观点。正如一些笑话和寓言被翻译之后，不只失去了自身的味道，甚至会产生相反的效果，研究者只能给出对于读者而言平淡且没什么思想的大体相近的翻译。

---

① 民族志研究者受到影响最大的原因是族团之间的竞争状态（这类竞争并不一定是血腥的、悲剧的），而且，人类不同“种族”间的竞争很自然。相比之下，动物学家要比研究人群的调查者方便得多，因为除了调查很少的驯养动物和猴子智力，他们对于软体动物甚至是哺乳动物没有“厌恶”，也没有“爱”。但是，优越性、竞争的观念也经常会影响到动物学家的工作。

② 这种情况体现在居住于所谓“原始民族”，以及中国和其他边缘人群的传教士中。

因此，从语言方面看，即使调查者很好地掌握了语言，对资料的搜集和分析也是十分困难的，但并不意味着完全没有可能，尤其是一些特殊专题。成功的条件之一就是调查者及其读者千万不能从自身的文化观点理解异文化。

我们发现，观察和记录其他族团的心智丛事实有很大困难。不过，那些将观察视为简单、容易的人不同意这一观点。这些人会被他们接受的事实误导，也就是说，他们将“观察”理解为对事实的正面或负面的态度。例如，当我们需要对国际关系做真正的理解时，困难就很明显。事实上，由于理解异文化的困难，在外交官[①]的实际活动中，理解两个拥有相同或相近文化丛国家之间的关系都存在巨大的困难；当文化丛之间的差异大时，理解的困难会变得几乎不可逾越。这体现了那些在“原始的”和“野蛮的”族团（以及人群）中旅行之人的处境，他们往往从文化优劣的观点看待不同的文化丛。不过，就算调查者不抱持优劣观念，将调查对象视为其不熟悉的遥远文化丛，还是不能克服其中的困难，因为调查者会有选择地记录事实。由于精力有限，调查者不可能将听到和看到的所有事实全部记录下来，因此有选择地记录事实不可避免。观察者不得不对一些事实给予更多的关注，而相对较少关注另一些事实。在多种因素的影响下，调查者关注的是一组经由选择的事实。这些事实之所以进入调查者的视野，是因为在每一具体研究中，调查者的起点都是从自身文化出发。随着观察经验的积累，调查者可能会从自身的文化中获得一定的独立性；但并非所有的调查者都能做到这点，因为这需要长时间的经验、个人的意志力以及观察者的巨大努力。[②] 从理论上说，如果民族志

① 需要指出的是，“理解”和“误解”不体现在外交的行为方式上，而是事实上调节的成功或失败。一个有趣的事实是，真正优秀的外交官正是通过语言的交谈寻求到不同国家之间的共同利益。在这种情况下，外交官所选择的语言是双方都能理解的语言，而不管这一语言是否为各自的本土语言。我指出这个例子的前提是，外交官是“诚实的”。

② 为了使初步调查工作便利，不同国家的调查者往往带着问题清单调查。有独立思维的调查者，在完成清单上的问题后，可继续调查其他方面；但对于一些生手而言，其思维可能受清单上问题设计者的限制，这给事实搜集与研究结论带来灾难性的影响。那些有独立思维的观察者，可在没有问题清单的情况下工作，而依靠问题清单的观察者，可能失去进一步提高自身观察的能力，同时对获得异文化族团的知识产生某种程度的负面影响。当我们处理心智丛这样复杂的问题时，问题清单是远远不够的。问题清单只适合帮助调查了解从静态观点考察（尤其像地理分布）的问题。

学者在事实选择上有个人偏好，对事实有强烈的个人反应，并从个人立场（或者他所属的族团）得出结论，那么其研究作品只有一个价值，即它反映了作者的文化，而不是被调查族团的文化。作为一部民族志作品，它没有任何价值；但作为民族志资料，却可用来研究其作者所属族团的民族志现象。目前的民族志学成果中绝大多数是这样的作品。

对心智丛的彻底调查，也需要我们充分考虑时间和设备问题。显然，几周之内是不能完成这项工作的，过去这项工作需要许多调查者。其实，对“时间”的要求需要特别修正，因为其他条件也会影响到搜集材料的数量：个人的观察能力（个人的性格特点、所属文化特征），对民族志研究的熟悉程度（不仅仅包括记忆各种理论和假设），以及与调查对象建立良好关系的能力。一些例子中，调查者在某一人群中待了很多年，却对该群体的文化一无所知，甚至不能理解这一人群最简单的态度。最近有人提出，调查者一定要花费很长时间（按照年来计算）在同一个人群中调查，才能够了解他们；认为观察者的个人素质是不重要的。派大量调查员通过问卷做科学调查的观念最近十分流行，在某种程度上反映了量化研究代替质性研究的趋势。这种方法的实用性很小，因为它是一种不需要动脑的田野作业模式。即使对有能力的调查者而言，也有一个最短的调查时限，但这一时限是可以变化的。不同人群的文化容量是不同的，在具有文化相似性的群体中穿梭调查，比在一个人群中蹲点研究要收获得更多。这个最短时限包括学习语言（这取决于调查者的能力），以及为描述文化丛而搜集足够事实所需的时间。我认为，对于一个调查者而言，一些调查需要几个月的时间就足够，而另一些调查需要很多年。因此，不存在固定的最短调查时间，调查者需要自己决定是否掌握了调查的心智丛，还有哪些方面需要进一步研究。有时候在最短的时限范围内是不能获得足够的调查材料的，如果被调查人群处在族团解体状态，调查者必须调整调查方向，没人能帮他找到实际的解决办法。①

① 由于这一原因，那些执行他人设计的调查路线和时间安排的（年轻）调查员是没有独立性的。这也表明，调查者在调查路线和时间安排上没有理论准备，这通常与过度自信及对各种理论的无知紧密相关。显然，如果调查者不能自己决定调查路线和时间安排，他通常也不能够完成调查。其上级人员的错误是给调查者指派了不能胜任的工作。

有时人们相信民族志研究在科学意义上的成功首要条件是资金。那些不熟悉民族志研究性质的人相信，研究资金越多越好。这个观点是绝对错误的。这种工作的资金过于充裕可能会对调查结果产生不利影响，真正需要的是好的调查设备，后者取决于调查地点的环境。例如，与在高山峻岭、河畔的以及定居村落的调查相比，在大草原调查需要不同类型的设备。如果设备不成为调查者负担的话，调查工作将会是更成功的。那些十分昂贵、看起来先进和科学的器具，如果没有实用价值，也不过是无用的玩具。因此，在这个意义上，实际调查工作会受到限制：一个笨重的设备有时会影响调查结果。调查者惯用金钱作为调查手段，然而金钱并不会帮助搜集资料。滥送礼物甚至会给一些人可乘之机，对调查产生不好的影响。如果作为调查对象的群体或个人能从调查中得到报酬或可观收益的话，他们可能会为了获利而提供错误的信息。[①] 一项科学调查如果变成对调查者的利用，会对调查结果产生很大影响。我也遇到过一些宣称只能花费很少资金的调查者，因为科学工作是需要以英雄方式完成的行动。因此，调查者一定不能在意食物、舒适的睡眠以及医疗帮助等。[②] 实际上，调查的条件必须与当地的环境条件和个人的品位相协调，调查者必须准备好克服特定的困难和贫困。

同时，调查者千万不要让其调查活动变成一种职业，因为这样调查者会失去工作的动力及对调查的热爱。由于这个原因，有很多的调查者在没辞职的情况下，成为没有效率的旅行者，大多数人不再是调查者，而是依靠简单的旅行工作生活。因此如果有大量的调查基金支撑调查，就会会集

---

① 甚至购买有民族志价值的物品都充斥着令人不快的“商业”和“利润”之气息。因此，我的大部分物品是我在所调查人群中居住的最后日子里买来的。如果这种购买十分重要的话，调查者购买能力的消息可能会传播到很远，以至影响进一步的调查，调查者千万不要使自己变为一个标本的搜集者。所以，尽管我有很强的购买能力，但我总是避免购置大量的物品。

② 我在调查过程中曾遇到过一个调查者，我不想说出他的名字，其目的是调查山上针叶林地带的一个特定人群。由于抱持着科学工作这一观念，他只随身携带了一些猪油及黑麦面包，除了一件羊皮外套（非常重，不适用于旅行），没有帐篷和睡觉的住所。他还有一匹驮物品的马，一个很像无赖的向导，他们步行。两三周后，他们没有遇到想要找的调查对象，不得不返回。两人由于不充分的食物，以及极差的居住条件而筋疲力尽。

一些根本不能成为科学家，而喜欢“闲适”生活的职业调查者。①

那种认为只要有充足的资金用来购买设备、旅行以及“购买”信息，任何人都能从事调查工作的观念往往会带来调查的失败。其实，这些观念吸引了大量闲适生活的“爱好者”，其工作成果用大量的广告、图片以及演讲包装，让人觉得这些人是一群无知的家伙。这样的状况不会持续很久，最后的结果只会是贫乏的材料、数百万美元的花费以及某些个人的暴富。真正调查者的作品，是进一步科学调查的基础。②

搜集好资料后，就要对事实进行分析和分类。在这一阶段，民族志研究工作仍面临着严重的阻碍，即事实与已有理论的相互适应问题。这些理论概念与孕育民族志学族团的文化丛没什么不同。其实，民族志学理论的变化与其他知识分支的变化是平行的，如物理学、化学等自然科学学科的理论都部分支配了民族志事实和科学的法则。同时，有关文化丛现象的科学常常与比较流行的文化观念有关，这反映了科学知识的进步比普遍意义上心智丛的变化程度要低。当民族志研究者与所属族团的流行观点冲突时，就会面临被误解的危险，并遭到拒绝。由于民族志学者的特殊位置，民族志学所蕴含的理论应被视作对所观察事实的族团反应，就像中世纪的宇宙起源论反映了文化持有者的民俗及其对伦理哲学体系的适应。因此，当观察者以某一理论观点来接近民族志事实时，他在很大程度上冒着对观察到的事实进行失败解释的风险。③ 像进化论、涂尔干的理论、弗洛伊德的理论以及其他理论，尽管有着科学的外表，但实际上可能是失败的。事实上，最好的成果可能是运用行为主义者的方法（倘若这一方法不是用来证明某

① 我曾经遇到过一位“有名的”考古学家向我坦白，他加入一个资金充足的探险队，会得到丰厚的报酬，是为了在某个大城市过安逸的生活。毫无疑问，他参与这一探险的成果几乎不会有科学价值。

② 对于那些已经经历了这一阶段的国家，在调查技术的认识方面不会再存在危险，而那些没有到达这一阶段的国家要面对这一危险。在所有这类粗俗的案例中，欧洲的情况最差。

③ 这里对民族志现象分析的困难在于，这要求民族志研究者拥有关于事实的详尽知识，对现有理论有全面的了解，从民族志学的观点分析事实，在全部民族志文化丛中，分析哪些是“创造的”，哪些是适应性的。在民族志研究的历史上，很少有人能够做到上述要求。缩短民族志研究者自我教育过程的最有效办法是积累大量事实，对于那些已经能够不处在形成科学“法则”阶段、拥有很长历史、有先进的方法论的科学进行全面的学习。

一先在理论）获得的。[①]因此，我们有必要对理论和方法做出区分。上述探讨的结论很明显，民族志研究者搜集资料的道路是艰难的；对搜集到的事实进行分析的过程更难。

3. 理论影响调查工作

正如前面所述，由于民族志观察者与被观察的族团处于不同的文化丛中，这对他们的调查和异文化分析带来巨大困难，对初入行者尤其如此，甚至对那些有调查经验者而言，即使已经有了现成的理论，仍会面临困难。这些理论会对调查者产生影响，在很多情况下，它们限制了民族志研究的视野。

进化论对说不同语言调查者得出不同结论及研究假设的不可避免之影响，我在这里不再重复。[②] 曾一度主导民族志学者的对民族志现象进行的一元论解释（诸如经济的、地理的之类）目前已让位给其他理论体系，但这些理论的复苏仍有可能，不时重现并影响调查者。[③]

① 在许多最近出版的民族志研究著作的题目中，人们会经常看到关于“适应”的有趣案例。行为主义的方法包括不带假设地记录，但是，那些看似运用这些方法的民族志学者，其实却选择了适合预设理论的事实，使研究结果看似有一个行为主义的外表，读者因此往往不能判断这一理论使用的正确程度。

② 参见《民族学与语言学诸方面》第三章。

③ 尽管这些理论已经废弃了，但的确会重新出现。从民族学的观点来看，其中一个有趣的案例是“经济的解释”及其进一步变形的“阶级斗争”理论，今日在控制苏联的共产党中复苏。从历史上看这是19世纪初学者的副产品，具有推测性质，它吸收前达尔文理论中“斗争”和“灾难”变化的观点，是具有现代形式的伪科学，新的政治团体要利用这一理论反对他们的前辈，以“改革”欧洲社会体系。这个理论在当下民族志学者中复苏有两个原因：其一，苏联整体文化环境的恶劣（如食品和衣物供应的减少，受教育人口数量的减少，社会组织的简化等）导致了科学批评水平的降低；其二，像在其他地方一样，党的政治压力过大，没有能力引领科学发展。事实上，这一理论大大地削弱了民族志作品的科学性，不过也可以这么说，这是一个解体单位（由不同族团构成的群体）内部发生的反常现象，不符合现代科学的发展态势。而且，这一理论没有生存的机会，这种情况只有在文化丛解组以及族团（以及族体）解体的情况下发生，这一条件下民族志作为知识的一个特殊分支，会成为十分肤浅的奢侈物，民族志研究者达不到基本的理论训练要求。这一理论与其他文化要素及相关民族志研究者将会消失，不会像其他族团文化中培育出的科学那样，对民族志学产生任何影响。我不需要再讨论地理一元论者，这些人由于缺乏通识教育，没有成为真正的地理学者（拥有广泛的博物学知识）以及民族志学者（除了通识教育外，还需要语言学、“人文学科”的训练）。

“万物有灵论”由爱德华·泰勒提出，并经安德鲁·朗格进一步发展，尤其通过弗雷泽先生对调查者产生很大的影响。这些理论不是将事实整合到一起，而是将一部分事实拆分出来放到“原始主义”的类别中，同时，这是一个过于宽泛的概念，构成不同类型文化丛的背景。万物有灵论在这些文化丛中体现了不同的变体，及各自的地方性阐释。对“物活力”（animus）、神灵的认知也过于一般化。在任何文化丛中选择例子都能说明这一理论。但是，如果我们将“万物有灵论”看作一个完善的思维体系、一种哲学，它就会遮蔽不同族团自身的理论。事实上，万物有灵论可能是基于特定族团环境之理论体系的一个边缘部分。神灵（“物活力”）可能有不同的起源和属性，例如，基督教不同教派的“神灵”，蒙古人佛教中的“神灵”以及澳大利亚的“神灵”。这些神灵在本质上是不同的，哪怕这些观念都基于同一个假设即神灵的存在，这些假设是人类（甚至是人类祖先）在远古时代确定的。[①] 尽管如此，19 世纪的理论家们通过搜集不同族团中“万物有灵论”的事实，来建立万物有灵论的理论假设，这实则只是欧洲文化的产物。这些理论并没有超出欧洲的科学观念。除了“物活力”的基本假设，没有一个现存的文化丛能够与万物有灵的理论框架相适应。尽管如此，欧洲的民族志研究者在遇到新的族团时，总会在这些理论的帮助下通过寻找新的证据来证实他们的理论。事实并不缺乏，因此民族志研究者经过选择后，自然增加了“证据”的数量。处在相同位置上的通古斯人、澳大利亚人、美洲土著以及其他人群也想在欧洲文化中寻找新的证据来证明自身的“万物有灵论”。最近，一些通灵论作家也有类似的奇怪举措，他们在“科学文化丛”之外搜集需要的事实，来支持他们自己的万物有灵体系。他

① 通过对旧石器时代葬礼的观察，我们推断尼安德特人中拥有神灵观念，所以这一观念的起源无从考证。关于“万物有灵论”起源的假设自然是基于推理而不是事实。人类学家认为尼安德特人与智人不是一个物种，所以我们不能断言神灵假设在目前人类更早的祖先中不存在。今日我们调查的族团与欧洲各族团一样是现代的，因此，如果我们不能确定“原始”人群中有古老文化丛存在的证据，就不能通过对这些族团的调查来重建神灵观念的起源。理解心智丛中神灵观念的作用不需要探求其起源，因此探寻这一假设的起源是无用的，我们没有办法恢复和重建万物有灵论最初的面貌。只有理解这一文化丛，我们才能弄清楚它被创造的过程及原因，它最初的功能和意义。从那时起，“物活力”的假设代代相传，从一个族团传播到另一个族团，甚至在不同的物种间传播。

们不想，抑或不能接受整体科学文化丛，但这却剥夺了他们理解科学文化丛的可能性。与之类似，还有一些调查者在19世纪末万物有灵论的指导下调查异文化的心智丛，他们自然保持着对万物有灵论的信仰，再次用异文化中所选择的事实来支持这一理念，其实这些事实在调查者自身的文化中也存在。这么做不能达到深入理解异文化的目的，正如通灵论者不能理解在没有“高位神”假设的情况下，科学文化丛也可发挥作用。

另一种理论，对调查者而言很可能更危险，即认为“原始思维”存在，比较普遍的观点认为调查对象的思维与调查者尤其是理论家的思维是不同的。只有对整个文化丛进行认真的研究后才能理解调查对象的思维，思维是基于整体文化丛形成的，调查者只有完全理解了其中的机制（逻辑）才能够认识调查对象的思维。与“万物有灵论”学者相同，源自旅行家和调查者的事实可能被选择出来支持新的“原始思维”的理论，但这一理论属于欧洲文化丛或者说是欧洲民族志文化丛的一部分。与进化论假设相一致，列维·布留尔认为人类经历了前逻辑阶段，并通过马赛克式的工作进行了假设构建，其处境比做类似工作建立“万物有灵论”的前辈更为艰难，因为“原始思维”理论所能用到的事实没有用以建立“万物有灵论”的多。因此，他不得不用一些来源有争议的事实，其中对有些事实的理解是错误的。尽管有大量事实能用于建构与“原始思维”相反的理论，却没有被考虑。无须惊讶的是，在这一理论的引导下，人们发现世界上有很多民族拥有“原始思维”，所以这个理论持续地获得了很多追随者。实际上，维系这一理论的事实，与支撑与其相反理论的事实是同样多的；这个理论成功的原因在于假设，即认为由于人类经历了一系列连续的阶段，文化相应也经历了这些阶段，正如那些生物学家通过比较灭绝的和活着的同源物种的骨头说明动物的进化过程，民族志事实也得到相似的研究。正如研究原始思维的作家所描述的那样，这一基于类比产生的削足适履的假设和理论，可能通过“原始思维”的类比得到更好的理解。通过有机体和身体现象进行类比是十分危险的，因为我们不能从民族志现象中区分出类似的或同源的现象，我们对这些文化丛的调查还很少，对于那些能在孤立文化丛之间建立的“链接”，我们所知甚少。不过，即便我们成功地建立了文化演变的序列，这也与进化无关，因为它们不是有机的、物理的现象，它们只是一个功能。很明显，如果文化丛内部平衡得以维系，并表现为很好的适应形式，文化要素可能形成有机的文化丛。但不同文化丛中的各文化要素的重要性和意义是不同的。一个采借的文化要素可能被整合到一个完全不相关的文化丛中，同一文化要素在新的文化丛中完全改变了功能。很明显的是，在发现此类不稳定要素的过程中，我们可能对其功能、意义和起源形成错误的认识。因此，每次从文化丛中选取文化要素，都要核对它们的现在和过去的形态，及其在文化丛中的意义、角色和起源。换言之，研究者必须先调查文化丛，并对其中的要素进行认真的研究。列维·布留尔在建构其理论的过程中，只是选择了适合其理论的事实。从方法论的立场看，其方式与前辈学者间没有多么大的差异。但是，这一理论对调查者的影响比相对简单的“万物有灵论”危险，因为“原始思维”理论看起来比“万物有灵论”更科学，它所处理的事实与理论之间更加匹配，并更具现代科学民族志的形式。尽管列维·布留尔提出这一理论，很多学者并没有接受，民族志研究者也没对其认真讨论，但我们不能轻易忽略这一理论，因为它是19世纪末和20世纪初涂尔干系列作品最初提出的一些概念的表现。对于涂尔干而言，社会（文化的化身）是一个超有机体，有自身的生命、历史和机制等，是非物质性的。一整代民族志研究者都追随这一关于民族志现象的新观点，这意味着文化丛的存在和生命与物质环境间没有关系。因此，列维·布留尔的理论应该被拒绝，但这并不意味着其论述的方法也应被拒绝。实际上，这些观点在一些历史学家、民族志学家以及社会学家的作品中，有时以巧妙的形式呈现。①

马林诺夫斯基在新的心理学派的影响下创造了新的方法，从另一角度挑战了上述问题，即从心理机制方面理解文化要素构成的“丛结”。首先，这种方法不能解决民族志要素的起源问题，马林诺夫斯基认为这是民族志研究的目标之一，但这些努力所形成的结论仅是理论假设，与“万物有灵论者”“进化论者”和“原始主义者”的观点并没有本质的差别。事实上，

① 参见如葛兰言的作品。

理解社会的心理机制，并不需要了解构成心智丛的要素的起源，但如果将心智丛拆解为一个个单独的要素并进行心理学分析，对理解整体文化丛的维系机制没有任何帮助。那些追求新观念趋势的民族志研究者将会在理论和假设的建构中迷失自我，这种情况在心理分析的创造者中已经发生，尤其是弗洛伊德，他已经对难以理解的民族志现象如族外婚、回避习俗等尝试解释；这一方法是用新的术语整合过去和现在的事实，对理解文化丛整体没有任何帮助，而是过于强调文化的某个方面——就像有经验的艺术家，能够利用不同颜色的光在同一个舞台上制造不同的画面，产生不同的舞台效果。[①]

我并不是说，民族志学者不能用心理学方法；但这一方法的具体应用应局限在民族志工作的特殊方面，当合适时，它是一个好的、成功的方法，心理学的方法只是一种好的技术性方法，千万不能滥用。[②]。

我已经论述了民族志研究者在研究通古斯人萨满教时运用“心理学”方法产生的负面影响。在论述萨满教的相关章节中，我将分析民族志研究者在这一个案中的态度。这里我想指出，通过运用心理学的方法，施特忍堡认为萨满教的基础是性情结。如果考虑到通古斯人的整体文化事实，这一理论观点便难以立足，因此他按照弗雷泽、列维·布留尔以及其同时代使用“马赛克”方法学者的方式，选择特定的事实立论。当然，我们在理解一般心智丛时，不能排除性情结，但这不是诸多族团中萨满教起源及其存在的唯一原因。这种观念趋向也是欧洲文化丛的一部分，在民族志调查中它可能会转移调查者对异文化整体的关注，导致其专门关注其中的文化要素。

历史—文化的方法（也称“历史—民族志的”、“文化圈”方法），主要由格雷布纳、施密特提出，尤其关注“历史—民族—文化”问题，这一

① 例如，最近理查兹（A. I. Richards）所著的“Hunger and Work in a Savage Tribes. A functional Study of Nutrition among the Southern Bantu”，London，1932。

② 很显然，我所用的术语“功能的”比马林诺夫斯基及其追随者要宽泛。必须强调的是，同一个“听觉”启动词——“功能”“功能的”等，在不同的条件反射链条中，有不同的“意义”。在阅读完整部著作之后，大家会了解我用这些术语的全部“意义”。

方法十分有用，但如果调查者将自身只局限在这一方法上，也会对调查产生不利的影响。在对一个可能从来没有存在过的文化丛进行形式意义上重构的过程中，调查者可能忽略了对文化丛内部机制及其“功能”的考察。因此，与对待现代心理学方法的态度相同，在使用这个方法时，我们不要忘记了民族志文化丛的其他方面。

一些学者并没有完全抛弃旧理论，而是尝试在此基础上建立新理论。如弗朗兹·博厄斯，他拒绝进化论的某些方面，用新的假设代替了进化论的弱点，同时保留了进化论中的进步观念以及一些其他观点。[①] 另一个学者是罗维，他坚定地拒绝了进化论，但他在列举各种形式“宗教”和“社会组织”的路上并没有走得更远，同时他保留了“原始主义”观点。罗维的理论也许可被称作“包含所有可能性”的理论，他甚至认为，民族志学者不再需要搜集新资料，尽管对文化丛的调查与分析，甚至简单的描述还没有开始，也不需要这方面的资料了，[②] 之前搜集到的事实需要引起重视。罗维的理论值得特别关注，因为它复兴了早期的“理性主义”学派，他提出了通过“效用”来定义制度的存在。[③] 一个更为折中的例子是克鲁伯的作品，他努力将民族志研究带回到文化有机体[④]的概念中，同时以充分的理由提出了动物中的文化问题。

一项成功调查的最大理论障碍，很可能是将调查人群分成“原始”“文

---

① 参见 F. Boas, “The Mind of Primitive Man,” 1916，以及他在“*Encyclopaedia of Social Science*”中的文章“Anthropology”（1930）。博厄斯的“关键方法”是搜集资料的技术，而对民族志现象的分析则是不成熟的。

② 参见 R. H. Lowie, “Primitive Society”，及“Primitive Religion”。

③ 民族志现象的合理化不仅是调查者的特点，而且那些正在经历迅速变化的族团也会将自身民族志现象合理化，事实上，当一个族团正在经历迅速的变化时，人们没有时间把文化要素想象成静态的，如最高神灵或者半神化的祖先。这类族团更倾向于通过理性算计来解释族团的文化现象。这是一些正在经历变迁的现代族团之特征。民族志调查者对不同族体中观察到的民族志现象做理性化的解释也很普遍。合理化的形式之一是对这些现象进行实用主义的解释。这一态度与民族志调查者自身所属族团的文化特征紧密相关。其实，这类单位应该是族团的（构成单位之一）类型之一。（参见后文第 2 节第 5 小节）。我不再分析这个理论，因为其方法论缺陷很明显。

④ A. Kroeber, “Historical Reconstruction of Culture Growth and Organic Evolution,” *in American Anthropologist*, Vol. 33, No. 2, 1931, pp. 149-156.

明”“高级”“低级”等类别。其实，这些理论的产生有深刻的、存在于欧洲文化丛中的民族志意义上的原因，民族志研究者采取了自身文化的观点。在不同族团中的许多调查得到的事实已摧毁了“原始”理论观念，让许多调查者改变了调查方式。此前，他们只注意到不同族团中思维和行动的相似性，忽略了差异性。这种支持或反对某一命题的方法即是选择一些事实构造马赛克式的图景，是对事实的重构。① 当然，这两种命题都会被不同类型的读者（包括调查者）从自身文化出发而接受，正如“万物有灵论”的不同理论观点都有追随者。

这些理论将不同的族体和“文明”做高低优劣的区分，其中蕴含的明显缺陷导致新的区分观念的形成。其实，根据“进步”“发展”“进化”确定不同族体位置的旧理论框架，始终把学者所属的族体确定为进步链条的顶端，目前这一理论框架经调和之后，仍然以貌似科学的外表继续存在。例如，新的理论面对不同民族志文化丛间的差异，不再是对其他族团的否定和反驳，而是在不改变旧假设基础上做定量分析，认为数量越多越好。此外，还存在一种关于文化差异的动态观念。丹尼克尔在《世界上的种族和民族》（第二版）中，根据文化的变化速度，将人群分为：文化变化缓慢的人群、文化明显进步的人群（相对慢）、文化进步迅速的人群。根据这个划分标准，汉人、马来人、蒙古人以及古埃及人属于半文明化的中间人群。这一分类是纯粹的简单假设，因为没人对其中讨论的文化变化速度做测量；并且，在讨论文化变化速度时，这一理论没考虑人口和族际压力，因此毫无意义。欧洲人当然会将自身置于这一分类中的首要位置。根据此分类，不同的族团（国家、民族）的分类与摩尔根、维尔康特过去的分类并无差别，也有一些学者因某一人群中缺少某种文化要素，就将其视为低级的。事实上，这种分类的发生，源于争做“第一”的欲望（一个有趣的心理情结）。因此，这种方式是不科学的，它只是以科学的外表来合理化价值判断。如果我们认真研究其他文化，也会发现其中存在认为自身文化优于欧

① 参见如 O. Leory，“La Raison Primitive, Essai de Refefutation de la Théorie du Prélogisme,” Paris, 1927。

洲文化的态度，如印度和中国。

尽管这些努力都是为了建立一种新方法，却显示出了欧洲旧文化丛中不可逾越的优越性意识。这方面的研究如汉金斯①和罗维的作品，其中“原始的”“文明的”分类占据重要位置。

关于优劣的评估问题与“进步”观念紧密相关。它假设从低级向高级、从简单到复杂、从野蛮向文明的运动，正如人们通常所理解的从坏到好的过程。这个观念要比“进化”的含义狭窄，在“乐观者”的眼中早期阶段要“坏”于后期阶段，而“悲观者”的观点则相反。② 这种情结深深植根于欧洲和其他族团的文化中。它很可能有“潜意识”层面的根源，即儿童的成长、“本能”的积累（食物等）。让我们举一些例子。如果特定族团或一组族团的身高是正向发育（身高的增加是最明显的），这会给族团带来很大的满足感；如果身高情况向负向发展，就会带来一种“退化”的恐惧。但是，我们并不确切知道对于族团的自我维系来说哪一个方向是更好的。生物学意义上的每一次变化都表明了族团正在经历某一过程，因此在这一节点上族团处于相对不稳定状态，我们不能确定接下来会发生什么。正面和负面的变化都可能同时导致族团的生存或衰退，其中的问题是：在何种条件下族团会更好地适应生存，在何种条件下则会衰退？其他的变化也涉及同样的问题，包括静态身体（形态学的）以及功能的（文化的和

---

① 参见 F. H. Hankins，“The Racial Basis of Civilization”。这样的作品十分有趣，因为它反映了美国特定群体的观念，这个群体正处在族团的形成过程中，新族团的文化要素源自不同的文化丛。不过，汉金斯这部著作的标题和内容既不是“种族的”，也不是“歧视的”，而是认为需要与这些观念做斗争。这样的作品并不少。最近出版的一些小册子、文章甚至著作中，作者都从正面或反面运用这些观念，实际上强化了作者所属族团（或者他们认为自身所属的）的优势地位，弱化了他们实际上或想象的敌人（族团的，甚至仅是职业性的群体）。这些出版物为愿意花时间研究族团之间挑衅和防卫态度的民族学家提供了很好的资料。我希望将来能回过头来研究这个问题。

② 态度的改变主要在于族团行为的一般趋势。如果一个族团在与其他族团构成的环境中正处在成长的阶段，那么，很有可能就会出现“乐观”的行为，失去内部平衡的族团（尤其在人口增长曲线弯曲后）则可能出现“悲观”行为，在特定的族际压力环境下，会导致族团失去重要的抵抗能力和瓦解（内部）。事实上，人口聚集是由个体构成的，所以族团行为的改变会影响到个体，同时也与个人的反应和一般条件相关联。因此，纯粹的心理学和精神病理学的方法是不能分析族团态度变化的起源的。

生理学的）问题。唯一的客观判断方式即考察这一过程导致了族团的维系还是衰落，从这个角度说明族团的这一经历对单位和个人来说是“好”还是“坏”。[①] 也许我们认为身材的过度发育会带来生存方面的优势，但第四纪的巨象和巨鹿的案例告诉我们，身型可能会导致适应的困难。同时，身材的矮小化也可能是好的，这尤其表现在生存竞争中，不过我们也知道，第四纪大象身材的矮小化，导致其在马尔他地区的灭绝。如果族团的变化导致文化的复杂化以及改进了心智丛，谁能确定这到底是保证了族团生存，还是会导致其衰退甚至灭绝？如果我们将这一定义应用到有自身历史的单位中，就会发现这一单位一开始规模很小，接着成长，过度成长，最后迟早灭亡。不过，这一定义不能应用到对目前人种的考察中。一些族团的逐步消失为其他族团的更好（更快）成长留下了空间，并通过这种方式保证了人类的存在，而不是动物的存在。我们的进一步推理将得到同样的结论：体质和文化的适应性变化的意义是相对的。因此，“进步”“发展”等概念不能作为判断民族志现象的精准语言，将它们视为科学术语可能阻碍民族志（以及民族学）现象的分析。

对于调查者而言，一种特别危险的理论即在优势文化观的支配下，将调查对象的文化看作非科学心智下的“迷信”信仰。在一些文化中，神灵理论是解决特定问题时十分令人满意的有用假设。神灵理论有时的确会维持心智丛平衡，使族团平稳地存在下去。科学是不断变化的。因此，其目前状态在将来会成为“迷信”，犹如今天“反迷信”科学家看待神灵理论那样。“玄想的”“神秘的”术语是被引入到民族志研究者中的，几乎可以肯定的是，民族志研究者没能洞悉“原始”文化的本质要素。这一标签使民族志研究者将自己隐藏起来，让读者缺乏理解异文化的能力。因此，很普遍的现象是天真的调查者将其不能理解的事物装到“迷信”的盒子中。实际上，一些自我暗示、大众催眠以及智力和心理的疾病都被置于这一概念下。这并不是危险的标签，

① “悲观主义”的观点是：儿童首先面对的是死亡，这十分正确，因为生命是有限的。这是一个人在衰老期的“悲观态度”，这与年轻人不同，如果他们处于“正常”状态的话，从来也不考虑死亡。观察不同族团中的大众心理也会得到同样的发现，如果他们在生物学意义上十分强大，就会相信自身永远存在，这一心态也保证了族团成员保持必要的抵御能力。事实上，在知道族际压力及特定人口循环节点时，观察族团的心理行为及其变化速度，就可对族团的未来走势进行把握。

而是调查者面对不能解决的问题时选择的简便解决办法，是其观察能力的失败。无须惊讶的是，对“原始的”和“宗教的”民族之“迷信”进行谴责的、没有观察和思考能力的作家，也是这类民族志研究者的伙伴。

近年来，图腾理论的历史吸引了所有民族志研究者的注意，非常清晰地论述了[①]这一现象在欧洲人群中的形成过程。经过解决这一相对简单问题的系列尝试，理论家得出结论，放弃用这个概念创造一个普遍理论。当然，图腾主义（作为一种其他族团的狭义理论）只能在自身的文化环境中进行理解。我们可以将这个理论与万物有灵论比较，将其视为广义“物活力”理论的一种特殊形式。在这一潮流的影响下，许多调查者试图揭示各地发现的动物和植物图腾信仰。民族志研究者的热情让他们歪曲记录的事实以适应图腾理论。图腾理论的最大限度的发展，体现在涂尔干及其追随者的研究中，图腾主义被视为“人类进化”范围内的一个社会系统。事实上，正如里弗斯表明的，图腾主义现象很容易传播，因此现在许多地方都能看到图腾崇拜现象。我们应该将图腾现象看作一种文化要素，它与其他文化要素共同促成心智丛的更好平衡。

近来科学理论增长所带来的困难，可能大大增加了调查者的工作难度。借此总结，我想指出的是，目前这些困难能被更好地认识到。我们需要记住：心理学家所说思维过程会沿着先前的习惯进行，或者如生理学家所说思维是一系列特殊的条件反射，或是身体意义上的大脑组织附属物。由于这一过程（在这些“渠道”中进行，并做出一系列的反应）固定在日常思考中发生，并受到欧洲民族志研究环境的支持，年轻的调查者总是会按照这些固定的“轨道思考”，把其他族团中（异文化）获得的事实放到上述框架中。如果自身的心灵（方法）不够强大，他们就会固定化和僵化在从这些环境中学习到的理论。正如我在不同场合中所说的，这样的保守主义，是对特定民族志文化的一种传播形式（包括“文化”“文明”“科学”），所以这种情况的存在不仅在于个人的性格，也与一般意义上派生环境的延续有关。在这样的条件下，很自然的是，拥有才华的、天赋异禀的被老师

① 参见 A. Van Gennep，“Le Totemisme”。

欣赏的学生在调查中经常会失败。在很多学科中，那些天才般的老师几乎没有任何出名的学生。在这些情况下，学生可能会被老师的博学多才抑制。这种情况也适用于最好的音乐家和演员，那些在童年表现出天赋的人，在进入“好学校”跟最好的老师学习之后，往往会很平庸。而且，许多重要的科学发现都是由非相关领域的人做到的。这源于纯粹的心理秩序。应该补充的是，初入行者在观察异文化的时候，想摆脱从自身文化中长期习得的，被潜意识支配的（弗洛伊德意义上的）思维方式或者说条件反射系统是十分困难的，几乎是不可能的。因为这些处于特定年龄阶段的人已经在特殊的思维方式中受过熏陶。

第 2 节　分析异文化的方法

4. 客观的方法

在第一节中，我几乎用全部内容讨论调查者所遇到的困难，顺便也指出了调查方法的缺陷，以及我本人认为调查中值得推荐的某些注意要点，即：(1) 尽可能避免从调查者自身所属族团的观点理解异文化；(2) 有充分的一般理论准备；(3) 具有充分进行观察的时间与技术才干（包括语言）；(4) 远离未经调查的理论和未经检验的假设的影响；(5) 尽可能记录所有观察到的事实；(6) 成为一名民族志研究者。① 尽管这些要点乍看起来是理所当然的，但民族志研究学术史上的很多事实告诉我们，很多民族志研究者并未达到如上要求。不过，民族志研究者并未处于无望的境地，因为在完

---

① 这里提到“民族志研究者”（ethnographer）可能会让人不解，因此必须解释我所言的“民族志研究者”。这需要个人的综合素质。并非每位对族团文化适应感兴趣者都可成为民族志研究者，也不是每个人都能成为民族志观察者。除了适合这一工作的身体、生理—心理和智力条件外（例如很高的感知能力、自我分析和自我控制能力），民族志研究者也要热爱这项工作，拥有普遍的和特殊的观察能力。而且，他们必须掌握不同被观察的族团和族体的民族志现象的必要知识。其实，这些知识是可能学会的，还有一些能力则要求民族志研究者天生具备。尽管甚至想成为一名公交车司机，都需要通过健康检查，但外行人仍相信只要阅读一些民族志作品，每个人都能成为民族志研究者。难怪民族志研究者寥寥无几。

善调查方法的过程中，他们获得巨大的进步。这里，我所考虑的主要是尽可能摆脱调查者个人情感与偏见的方法。它们是理解族团中功能现象的技术性方法和理论模式，帮助搜集和分析事实。我们把这些方法称为“客观性”的方法。①

当然，在本节中，我不能完整论述民族志研究的方法论，我将自身局限在对“客观方法”观念的讨论上。

关于这类技术方法，我会参考现代心理学经验中关于词语使用和命名中的联想、反应和错误的研究，梦的记录和分析以及其他方法。用于研究大猩猩的心理和智力的最简单的方法也会被应用。② 民俗、日常的简单表达和谈话（尤其是它们发生的次序）可以提供非常好的资料。这里真正的困难是调查者的阐释。而且，语法和词语的选择是正确理解心智从最直接的资料。③ 语言的语义、变化以及对外来文化要素的适应研究是持续的经验资

---

① 其实，我在这里用“客观的”这一模棱两可的词语，可能会带来不必要的关于一般意义上“客观性”存在的讨论。因此，我认为有必要指出的是，由于思维过程不能抽象讨论，当下这一“哲学”是十分表面化的，这一过程实际上只局限于考察个体认知，所有的认知活动只是对环境的反应。而且，个体不仅受生理-要素影响，同样受其出身、生活以及智力成长的人群的影响。个人不能脱离具体的环境，其思维过程不能脱离其生理-心理要素。我把“主观”和“客观”相对立，是想摆脱粗糙的分类，现在这种理论反常现象在年轻的科学门类中十分明显。

② 参见耶克斯、柯勒以及柯茨对大猩猩和黑猩猩的智力和心理学的研究。

③ 这一方法已经使用很长时间了。但是，应该指出的是，在无经验的以及有理论先见的研究者中，这些材料可能完全具有误导性。其实，关于异文化群体的智力和心理学已经形成许多过于笼统的结论，这些方法在某种程度上已变得很有影响。例如，某些欧洲学者假设并相信能够精准表达观念的语言是欧洲语言，它也是学者写作所使用的主要语言。语言知识的匮乏可能是形成这一观点的原因，但目前，随着非欧语言研究取得很大的进步，这类观点（著名学者的著作中经常出现这些观点）应该被视为真正无知的标志，不是科学观点，而是欧洲民族志学的资料。当欧洲科学作品被成功地翻译为所谓乌拉尔-阿尔泰语言，大学（芬兰、匈牙利和土耳其）里成立专门研究乌拉尔-阿尔泰语言时，这一观点受到很大的撼动。当欧洲作品可用日语甚至是部分汉语翻译时，这一旧观点遭到了前所未有的撼动。所有的语言，只要加上注释，借用某些词语，都能适应欧洲科学的需要，欧洲的方言也是如此。需要记住的是，早期的语言学家相信“原始”语言缺乏形态学体系（比欧洲语言更低级）。在事实的压力下，这一观点转换成相反的立场——语言的“进步”导致形态学的消失，这是古老文化丛的新变化。可是，在新的事实的压力下，语言学家的观点再次发生变化——这种变化从简单的形态学转变成复杂的形态学，同样也可观察到相反的趋势，因此语言学家开始调查文化丛，分辨所有的可能形式。当然，这些旧观念不时以新的形式或稍微变化的方式出现在语言学家的作品中。

料来源。关于逻辑建构的研究也是如此。

我们也可通过物品观察心智活动，例如不同的工具、仪器和器械，饲养家畜和养育孩子的方法，医疗活动和萨满表演中使用的物品，如果能被恰当地阐释，它们都是理解心智丛的资料。我们也可通过个体行为与个体构成的群体社会表现形式，通过对行为的描述来理解心智活动。毫无疑问，描述和理解心智丛的主要资料是被调查个人和群体的观点，这些内容被忠实地记录下来，而非观点的阐释。①

另一个应该提到的理解心智丛的重要客观数据是神经、心理和智力的紊乱。关于受这些紊乱影响者行为以及未受影响者对受影响者态度的研究，可以为我们理解"正常的"心智丛提供重要的入口。②

现在，我不讨论田野调查环境下的工具性方法，尤其对于民族志研究者而言，这些方法是根本不可能用到的。而且，从理论上说，族团的生理因素一定会给其心智丛带来特定的影响，这是一种十分可靠的客观方法。由于这类调查需要专门的实验室，因此是不可能实现的。但是，某些此类观察是可能的，因此可用以对心智丛做分析性描述。

这里，在对本书涉及群体的心智丛的资料搜集和分析的过程中，我列举了某些客观的调查方法。但是，这些方法的使用程度和具体应用取决于调查者本人和被调查群体的生活方式。其实，以狩猎为主要生计方式的通古斯人没有固定居所。除了大型婚礼、年度交易活动以及小群体的萨满教实践外，他们很少发生大规模成员的聚集。而且，由于这些人群中人口不多，一般意义上的群体性资料有限。在对心智丛做特殊调查前，需要花费数月的时间详尽调查相应的人群。只调查一个群体是不充分的，因为调查

---

① 如果调查者头脑中充斥着欧洲的（或其他的）文化，那么他们对萨满教或其他"宗教的""巫术的"器具的描述和阐释，则会面临很大的障碍。这些物品常常被视为"拜物教""偶像"等，但事实上它们只是简单的象征和"神灵的容身之处"。例如，描述萨满服的文化要素是一项重要的研究内容，但研究者可能会忘记，同一个文化要素在不同的文化丛中可能会有完全不同的含义，或者根本没有任何含义，只是用于区别的简单标志。只有在特定的文化丛中被正确定义，使用这些物品作为分析资料才是可靠的。

② 问题是如何确定"正常"和"反常"之间的界限，这有时是困难的。因为在医院的环境中，专家有时发现他们很难给中间状态贴标签，在田野工作环境中，这有时是完全不可能的。而且，在族团甚至在地域单位中，某些紊乱不能被视为"反常"现象。

者必须利用某些比较性资料，要不然不能得出结论，甚至描述也不能完成。在其他相似的调查中，调查者也要花费很长时间。从实践的角度而言，在得出相对精确的心智丛的认知前，调查者需要长达几年时间的刻苦调查。不过，这类勤勉的工作未给分析资料和出版留下时间。许多调查者最后在某个方向上变得精专，失去了把握整体调查对象的能力。某些调查者在资料搜集上负担过重，最后没有能力分析资料和出版著作。① 但是，即便使用最好的方法，单纯搜集和分析心智丛的资料也是不够的，因为心智丛现象有时能通过内部机制得到充分理解，其变迁的原因也可能源于外部。只有在调查具体族团内部心智丛与其他民族志现象之间的关系之后，心智丛的理解才更加清晰。普遍的情况是，引起心智丛变化的原因可能源自其他方面的要素。因此，必须在族团环境中理解心智丛的功能。接下来，我必须停下来介绍族团化理论。其实，现在我可以只参考我此前出版的讨论族团化理论的作品，但是目前我看不到其中的一部分作品，在另一部分我能看到的作品中，关于族团化理论的探讨，对于理解心智丛概念而言，是不够充分的。因此，在本书中，我决定对族团化理论做一些补充性的说明。

5. 族团化理论大纲

不同学科根据自身的专长确定其研究单位，如：（1）民族志研究者研究族体；（2）生物学家研究人群；（3）历史学家和政治学家研究民族；（4）地理学家研究区域性群体；（5）社会学家研究社会群体；（6）心理学家、文化史研究者，尤其是传统民族志与社会学学派的“哲学家”关注宗教群体和一般意义上的文化群体。作为由一定数量人口构成的实体，这些群体构成上述专家的考察主题。

① 非常普遍的现象是，不熟悉田野调查的人给田野调查者提出建议，甚至是设计调查计划，有时引导调查者关注文献研究者所遇到的难题。这些影响比上一部分讨论的理论上的偏离更加危险。在具体实践中，调查者必须让自身适应所调查的文化，如果做不到这一点，即便有好的调查设计也无济于事，最后只会出版没有价值的作品，不过是重蹈已有出版物之覆辙。在评论家和调查资助者看来，有新资料和新观点的出版物会更有价值。作为欧洲文化中的一个民族志现象，这一问题与科学有关，我会在其他作品中探讨。

对大量族团的调查使我们得出如下结论，这些族团数量庞大、规模变动，有认同意识和互相理解的方式，在文化上几乎是同质的，实行内部通婚（即内婚）。文化适应和传承过程在族团内部发生，遗传要素也在族团内部传递和改变，也就是说，广义上的生物适应过程也在族团内部发生。在很多情况下，缺乏上述适应性要素的群体不能被称为“族团”：它们有时不具同质性，不保持内婚，无认同意识。因此，民族志研究者关注的是区域群体、文化群体、社会群体，甚至是抽象出来的文化群体。很显然，上文所定义的族团不是稳定的单位，有时不能被认识到。这些例子如吉普赛人、犹太人、满族人、爱尔兰人以及其他族团。民族志研究者在制作民族志学地图时，要意识到这些困难。

生物学家所研究的人群如果不分化成族团或区域单位，则更为松散。在试图证明存在鲜明差异的种族失败后，生物学家正在寻找新的研究单位。有时，他们的研究单位刚好是族团，有时则是国家，很少的情况是社会、文化乃至宗教群体。总体上说，生物学家正在寻找具体的群体，其中的成员拥有相似的体质特征，遗传过程在其中发生。

历史学家与政治科学家的研究单位是民族，这些单位存在的时间可能很短，不超过几年。据我了解，到目前为止，无人能给“民族”下一个精确的定义。在发现民族是难以捕捉的实体之后，历史学家开始转向族团研究。不过，也有一些民族存在很长一段时间，其构成和生物学替代在其间发生。因此，对于研究具体人群的调查目的而言，民族仅仅是一种抽象形式。

有时，区域人群很容易划分，但大量的案例表明这些群体一直在流动，同时伴随着新文化要素的接受和旧文化要素的消失。一个区域就像一辆穿过一个地域广袤国家的火车，火车上的人群总是在变化。人们可以根据每公里的不同票价选择不同等级的车厢、不同速度和方向的火车，火车穿越不同区域的旅程也影响了不同时刻做出选择的人群的特征。这些状况会误导调查者，因为变化的过程始终在进行，所以调查者只能调查特定条件下的具体人群。通过上述评论，我不是想说不可能出现稳定的区域人群，只想强调地理学家通常关注的是人群存在的条件，这样的区域单位不能作为调查单位。实际上，有些区域性人群很多代都居于特定地点上，对这些群体，可以从社会学的角度进行考察，也可将其作为具体的单位研究其适应性特征。

一般而言，基于经济活动和劳动分工所形成的社会群体是实体，但泾渭分明的社会群体只是理论上的存在。社会群体实际上一直在不断变化，通常会出现很大一部分很难分类的人口。因此，对于以研究社会群体为目标的社会学家而言，不能把握一个恒定存在的单位。这导致人们有时会选择一定要素来界定社会群体，有时我们会被一些基于诸如种姓、“特权”而形成的同质性、实行内婚的群体所误导。这些群体只是在社会分化刺激下形成的新的族团。

宗教群体也是实体，但有些情况下它们还不如社会群体稳定。只要由同一个稳定的人群构成，心理学家和文化史专家会研究他们的心智方面，但当宗教群体被抽象后，调查就会转换成在一系列假设下进行，这一假设即通过共同的心智条件来定义某一人群。族团内部的政治群体结合方式与宗教群体的结合方式没有什么不同，但它们都有可能容纳的是一组变化的人群。当然有可能碰巧有一组实行内婚的宗教群体，自然也就变成了文化意义上的同质性群体。

最后，我想提到的是文化群体，或者说是具有相似的派生性适应特征的群体。同一个人群可能同时是区域的、宗教的以及社会的群体，但当用文化相似性理解这一群体时，哲学家就会提出十分精巧的、吸引人的假设，但这些假设可能只是想象性的。当哲学家想接近这些群体时，这些群体可以是特定文化丛的持有者，或者是族团、国家、区域性人群，甚至是社会群体。当然有时共同的文化丛恰巧与人群的分化相重合。

通过分析上述不同形式的单位，我们可以发现两点事实。第一，调查者是从静态观点理解这些人群单位的，他们相信这些群体就像个人存在那样，是自足的，并假设这些群体是延续性的。第二，调查者有意或无意地从特定的角度界定不同群体，认为自己应该是相应方面的专家。但是，研究者的考察越深入，就越会发现所界定的群体是松散的，接着会探索其专业所不能覆盖的群体特征。①

---

① 当考虑人群单位的不同方面时，我不会细致探讨静态观点以及人为窄化的视角是如何发生的，但我想指出的是，这是19世纪的科学趋势，是在没有充分科学事实基础上进行的简化的、分类的以及普遍化的处理，这些学科划分在很大程度上依赖哲学假设，没有获得承认。这种趋势在未对各种现象进行普遍调查的情况下还可能发生。

显然，如果我们想把调查单位作为一个科学的研究工具，就需要对其特征进行重新界定。

就我们所能观察到的最终表征看，上文所讨论人群单位的形成源自相似的过程：几乎相似的文化丛构成，说同一种语言，相信有共同的起源，拥有群体意识，实行内部通婚。这对应了我们对族团的定义，但并非所有的这类群体都是“族团”。实际上，这种凝固化现象可能在任何群体中发生，这类群体暗含的意义包括环境、经济活动、心智丛以及我下文会讨论的族际环境。但这种凝固化状态不能总被发现，例如在那些基于宗教和经济差异而产生的人群中，这种现象就很少发生。我将这一可能导致族团形成的**过程**称为“**族团化**”（ETHNOS）。这一过程可通过不同方面辨识，即：

（1）民族志方面，通过文化适应（派生环境）的相似性表现出来，由民族志研究者发现；

（2）心智方面，可通过诸如语言的相似性发现，由语言学家和民族志研究者发现；

（3）延续性方面，反映在自身存在的信念以及由历史学家发现的传统上；

（4）心理学方面，对自身所属单位的认同；

（5）生物学方面，对遗传要素及体质特征进一步变化的限制，由生物学家发现。

我不需要再列举这一过程的其他标志，但我想指出的是，由于我们从动态的观点讨论人群单位，这一过程只有通过适时的观察才能得到理解，比如：在两个不同的时间点族团的状况是否相同。如果这一时间段内，族团的各个方面都得到维系，我们可以肯定，这些族团至少存在与族团结晶化过程相关联的特征，而且与其他族团相区别。如果研究发现族团明显的强化特征，我们则可能推测被观察族团正在发生进一步的结晶化过程，因此，我们可以把这一过程概括为受影响人群的向心运动，它会导致族团逐步巩固。不过，这一过程也可以通过对族团社会的、心理的、经济的、生态的、生物的和其他要素的分析得以确立。如果族团在不同方面显示出分化的相似性，我们可以推测族团正在发生深度的向心运动，可能把完全分化的群体整合成新的族团。分析族团向心活动的困难在于，造成向心活动的主要因素可能不是上述因素，也可能只是某一“强有力的”单一因素，例如特殊的生态学要素、特殊的生物学要素，或者是由族际压力的影响所带来的相似性。

通过大量案例观察这些过程及其不同方面时，很快会发现一个普遍的事实，即适应要素的相似性。环境要素与生物适应并不总是彼此相关的，甚至其中的一个要素的相似性就可能导致强烈的向心运动，不过，这最终不会带来族团的分化。而且，这些要素可能会给基于向心运动形成的群体带来相反的影响。其实，我们可以假设一个因语言相似性而产生非常强烈的内部向心运动的群体，并通过历史的和分析的方法予以确认。这个群体内部，在进一步适应的过程中，随着地方性适应方式的出现，会分化出因基本环境差异而出现的小群体。对于此前的群体而言，新形成的群体是分裂的因素。因此，这些文化适应形式（“进步”）会导致一种相反的离心运动。

如果我们考察任何一种变化形式，无论是个人、家庭、民族、职业、经济，还是出于普遍适应需求而产生的其他适应性变化形式，都可能作为向心运动的要素出现在群体内部，因此相对于更大规模的人群单位而言，这些要素可能是离心力。由于环境一直变化，对于所有活着的有机体和群体而言，适应性变化是一种持续的状态。季节变化、太阳运行周期较长时段内的波动和渐进变化，都需要群体的持续再适应。活着的有机体的形态学和功能（包括文化的）适应为离心运动创造了特殊条件。

如果向心运动很强，抵消了离心运动，那么人群单位会在变化的环境中失去适应能力，尤其在失去族际平衡的情况下，从而失去活力；另一方面，如果离心力太强，新形成的单位之间就不再有凝聚力，更大的单位则失去活力。[①]

如果我们现在回到关于族团的定义上，则可以将它理解为一种动态平衡效果，其内部存在向心和离心运动。这一单位只有在一个条件下才可以安全存在，即这些运动的张力相等。我们可以表达为：

---

① 关于向心运动与离心运动的更详细讨论，参见《民族学与语言学诸方面》，第 5 部分（第 19~26 页）和第 15 部分（第 56~60 页）。

$$\sum_{1}^{n} a = \sum_{1}^{m} b$$

但如果 $\sum_{1}^{n} a > \sum_{1}^{m} b$，族团适应的弹性则会消失（例如，体质的和文化的）；如果 $\sum_{1}^{n} a < \sum_{1}^{m} b$，族团会完全失去抵御能力（例如，缺乏抵御族际压力的能力，甚至出现生物的“退化”）。

这些运动的起源因素不同。生态因素和族际环境是持续变化的因素，它们不是族团内部的因素。但是，大多数族团内部的向心和离心运动源自族团内部的要素。这也是向心运动和离心运动的分类只有相对理论意义的原因。①

现在，我们进入下一个步骤，从另一个角度分析所谓的族团化过程，即族团内部的平衡。我把这个概念理解为人群人口数量、所占领地面积、生物适应以及作为生物适应特殊形式之一的文化适应之间的常数关系，因此，我们提出 $\frac{q}{ST} = \omega$，我称之为族团平衡的常数。上述现象间的简单关系，是我基于数千个族团人口问题分析提出的（1912 年，最初发表于 1922 年）。数位调查者已经表达了相同的观念，但没有任何人以上述方式阐述此观点，而且并未迈出下一步，即指出在这一常数关系基础上的结论。这里可以提及的如计算不同类型经济组织中人口密度的施穆勒和其他人；利珀特和萨姆纳关于土地利用率的观点；1924 年，珀尔在其调查的基础上，提出了和我观点相似的假设（他把我提出的公式中的“S”视为文化适应，我不同意这一观点）；在平衡问题上，洛特卡提出了非常相近的观点；还有一些学者在族团问题上开始逐渐接受我的观点，这里我不逐一列举。

在使用这个公式的过程中，我考虑的是，功能性适应迟早可以通过特

① 一组要素刚好组合在一起，使某一人群形成一个族团。但是，在一些情况下，可能一个要素就可促进族团的形成，而有时几个要素也不能带来这样的结果。从这一观点看，可能会存在一组重要性不同的要素，在创造向心运动的过程中发挥的作用不同。但是，在分析这些要素时，人们容易犯错误，将一些次要原因当成根本原因。由于这方面的分析方法我们还没有确定下来，因此将来再对其进行分类则更为保险。不过应该指出的是，这里缺乏对自我识别要素的考虑。

定的数量关系表达。目前，我们只能假设等式中的要素具有的能量的性质，即能量的消耗和能量的生产。因此，从理论上说，我们可以分别探讨这一等式的不同方面。而且，很明显的是，千万不能以十分简单的方式理解变量 T 和 q。其实，在撒哈拉、法国、蒙古高原以及长江流域，每平方公里的土地实际上的变量不是相等的。在不谈及能量生产的前提下，不同年龄群分布的百万人口的变量也是不相等的。因此，应该为 T 和 q 赋予特定的标准予以纠正。

在维系平衡的条件下，其中一个要素的改变，会导致另外两个或者至少一个要素的变化：

$$\frac{\Delta q}{\Delta S \Delta T} = \omega$$

因此，我们可以发现，人口的变化可成为文化和领地变化的动力，反之亦然。因此，我们认为这些要素是推动变化的动力。当然，它们需要被视为相对性的变量可影响的平衡系统的要素。因此，可以得出：

$$\pm \mathrm{i}_{ST} = \omega \frac{\Delta q}{q} \;;\; \pm \mathrm{i}_{S_q} = \omega \frac{\Delta T}{T} \;;\; \pm \mathrm{i}_{T_q} = \omega \frac{\Delta S}{S}$$

很明显，变化的动力可能是正面的，也可能是负面的。当动力是正面的且强大时，我们可以判断族团正在经历成长的过程，即人口数量、适应能力或领地的增长；当族团表现出负面的变化动力，则表明族团正在经历衰落。零动力则表明族团的停滞，而且通常处在不断增长的族际压力下，不过这也表示族团的相对衰落。面对这些情况，我们不需要做出独特的解释，并赋予正当性，而是只陈述事实。

由于变化的动力会引起其他一个或两个要素的改变，变化动力与其带来的影响是相等的。因此，在假设文化保持不变的前提下，如果 $\pm i_{\mathrm{ST}} = \omega \frac{\Delta q}{q}$，而且 $\pm i_{\mathrm{Sq}} = \omega \frac{\Delta T}{T}$，其中 $i_{\mathrm{ST}} = i_{\mathrm{Sq}}$，则，$\omega \frac{\Delta q}{q} = \omega \frac{\Delta T}{T}$，进而 $\Delta q = q \frac{\Delta T}{T}$。

基于同样的推理，在人口保持不变的前提下，我们可以提出—— $\Delta T =$

$T\frac{\Delta S}{S}$；$\Delta S = S\frac{\Delta T}{T}$。我不想详细讨论相同的动力对不同初始变量的影响后果，综合某些其他因素，这可以帮助我们理解某些族团的历史、成长和衰落，以及族团潜在成长的限制等。但我想指出某些有意思的情况。让我们假定 $\Delta T = T\frac{\Delta S}{S}$，人口数量不变。

因为在系统中，

$$\omega = \frac{q}{ST}$$

S 的增加会导致 T 的减少，反之亦然。这一过程类似（很可能是性质上的相似）气压减少后的热量消失，反之亦然。在领地完全饱和的情况下（这只是一个理论假设），且 q 恒定不变，文化将会停滞不前，因为领地的增长为零，S 的增长也为零。

不过，如前文所述，这是一种族团的完全停滞状态，在环境要素变化的情况下，这是不可能的。文化适应可能会因生理形态的本质变化而发生，换言之，即形成新的物种。这一过程可在同一块领地上的动物继替过程中观察到。因此，在不久的将来，我们可能计算出在哪种条件下哪一时期会出现全新的人种。

根据维尔赫斯特-珀尔（Verhulst-Pearl）逻辑曲线，族团变化动力的一个特殊方面是人口增长。其实，当出现新的变化动力时，这种情况就会发生。例如，这类因素可能是开拓出一块新领地，如同倒空一个瓶子装果蝇，从美洲和西伯利亚这类抵抗力低的族体中获得领地，也可能是引入重要的适应性因素如蒸汽、农业等。新领地的完全利用，或者利用新技术的完整开发不可能都立即实现，因为再生产的生物因素在怀孕阶段和成长阶段会带来限制；至于文化变迁，其中包括非常微妙的心智丛再适应机制，心智丛的变化速度有一定限制。因此，这一过程至少会持续几代人的时间。推动族团变化的动力越大，适应过程持续的时间越长。显然，这一过程如同著名的奥斯特瓦尔德公式中所表达的自动催化过程。

$$\frac{dx}{dt} = k_1 x(a - x) - k_2 x^2$$

在整合之后为：

$$\frac{X}{A - X} = k(t - t_1)$$

或者是表示自动增长的公式

$$\frac{dx}{dt} = ax + bx^2$$

如果人口增长的过程不受干预，人口变化也会以相同的方式进行。人口增长的公式是

$$x = \frac{\frac{a}{b}}{1 + e^{-at}}$$

值得注意的是，数学家维尔赫斯特在约一个世纪以前提出了与生物学家兼实验者珀尔相同的观念，这给研究人口增长的学者留下很深的印象，同时也引起了很强的负面态度。我暂时搁置人口增长过程的数学表达问题——实事求是，应该强调的是，这个公式包括所有的人口增长情况。人口增长并非如奥斯特瓦尔德最初所表示的那样简单，他所提出的公式非常成功地解释了特定空间内苍蝇和纤毛虫的数量增长，也可以解释小型动物或非常简单的有机体的数量增长。在罗伯特森关于生物体数量增长的著作出版后，他的批评者注意到其中的局限，并从不同方面做出修正。例如，他们在罗伯森特的观点中加入了身体体积、增长过程中的数量变化等因素。不过，即便对人口增长的公式做了修正，这个公式也不能表达人口数量增长的实际过程，因为某些因素最初是被忽略的，即建筑物的限制，在人口增长的过程中，建筑材料的构成并非始终如一。因此，这个公式只能解释一部分现象。尤其是人类机体的成长受到不同方面的限制，这实际上会导致不能实现的逻辑曲线，而且从整体上说，这种成长过程不能使用公式表达。现在，无论是达文波特提出的两次循环，还是罗伯特森及其同伴指出的三次甚至是更多的循环，都不重要了，因为我们现在面对的是一个不同

的问题——一个变化的平衡系统问题。①

我已经详述了个人成长的过程，因为在原则上，它与人口增长没有差别。而且，在用简单的和普遍的逻辑曲线表示人口增长时，我们也会遇到相同的困难。这些困难是成长的族团占据的空间、建筑物变化的可能性以及异质人口的替代。然而即便成功地解决了这些困难，我们也不能概括这一过程的。我本人认为，在某些简单的案例中，我们可以找到简单的修正方式——而且这项工作很快就能实现。在这些案例中，人口增加的过程可以通过一系列中断的逻辑曲线表示，不过，在成长的族团外部有一个变化的要素，即不能把成长的族团从族际环境中分离出来抽象研究。从普遍意义上说，这一调查是否能够执行，是非常不确定的。因为如前文所述，人构成的单位不是个体的机械组合，而只是特定过程（族团化）的后果，他们并非在功能上和形态学上类似同质性纤毛虫和果蝇的人群单位。这是一个非常古老的故事，通过类比确立一致性：一种普遍的方法论错误。但是，通过这些评论，我不能拒绝这些事实以及维尔赫斯特提出的构想，因此接下来我会讨论这一现象的特殊方面。

在不假定人口增长可以通过完整的逻辑曲线或系列的不完整曲线表达的前提下，我们可以利用一些以逻辑循环表达特殊的人口增长的案例，这可以帮助我们理解某些其他的甚至是更复杂的问题。

$$\frac{i}{t} = \tau$$

在循环的开始和结束阶段，族团的变化速度是缓慢的，而在中间阶段，族团的变化速度则是快的；在族团循环过程的前半段，速度始终增加，而在后半段，速度则逐渐减少。从族团对速度适应的角度看，在循环的前半段和后半段以及初始和结束阶段，族团行为表现出巨大的差异。不同循环阶段族团适应的张力不同，这向我们提出一个理论和实践方面都重要的问题：族团变化的速度有限制吗？答案是肯定的，我们不需要探讨族团心理

① 族团化理论对增长问题的应用最先在我发表的“Process of Physical Growth among the Chinese” Vol. I 中有论述（1925，上海），尤其在“增长和族团化”部分，我提出了新的汉人材料。

学、种族适应和其他想象性的推测。其实，在文化的表现形式S方面，族团的变化速度不能超过整合某一新要素所需的速度，在此过程中，需要消耗族团的一定能量。为了说明问题，我举一个粗略的例子。只有消耗在创新上的能量被分期补偿后，生产方式的改变在实践中才是可能的。当为使用蒸汽能而修建铁路时，在花费2年时间修建铁路后，蒸汽能不会被重组为电能——这意味着所有机车、额外电站以及电能传输系统的弃用，更不用说技术人员的完全变化了。[①]

出于同样的原因，在过去的社会组织系统未被完整地利用前，由不同分工（技术方面）的社会群体构成的社会组织体系是不能更替的。其实，社会变化方面的速度限制更大，因此一个新的社会体系如果要发挥效用，必须与心智丛相平衡，后者的变化速度十分缓慢，似乎也涉及族团的生理要素。其实，族团适应形式的每一次变化，都需要特定的心智回应，族团的变化速度越快，心智回应的强度则越大——

$$\gamma \frac{i}{t} = \rho$$

因此，例如，在文化现象变迁的过程中，心智回应的张力可通过人口增长的动力表示，公式如下：

$$\gamma \frac{\omega \Delta q}{qt} = \rho_{st(\text{张力})}$$

其实，在不同的族团中，这一潜在的张力有其限度，部分受族团既有的变化速度影响（既有的惯性），部分受不同族团各自的生理状况影响，还

① 顺便提一下，这也是为什么在一个有着非常复杂系统的工业国家，在速度变化非常快的情况下，工业重建是不可能的，而工业化程度低的国家工业重建则是正常的。同样非常引人注目的是，在这种情况下，这样的国家可能会出现一系列有意思的现象，如物种再生产方面的自我限制、顽固的保守主义以及考虑到自身衰弱把相同的观念传播到其他族团中。这些内容可能被理解，也可能被无意识地实践。事实上，当我谈到这些限制时，我不是想说，它将永远不会被族团违反。这种情况是很普遍的，尤其是在族际压力变化的情况下（参见后文），但如果它们经常重复，结果则会很明显——族团变得越来越衰弱，最后不能抵抗族际压力，在军队压力和离心力的影响下衰亡或瓦解。因此，这种限制不是绝对的，只有在族际和族内平衡的情况下才会有效。

有一部分受心智丛在同一代人中不可能发生本质变化的影响。所有这些因素都为潜在的反应张力或族团平衡变化过程中的心智效能施加了特定的限制。做出上述评论之后，我现在阐释族团变化过程中的新情况。

在循环过程的前半段，随着族团变化速度逐渐增加，心智紧张程度也提高。如果紧张程度超过了族团的潜在限制，族团则可能会瓦解，这主要表现为各种形式功能的失衡，甚至是族团的完全瓦解。当族团越过弯曲部分后，则需要另一种十分特殊的适应形式，也就是说，族团自此变化速度减小，并施加各种限制，例如管理生育、婚姻等，这的确会给心智丛带来新的张力。在这些阶段，心智丛通常会表现出不稳定的迹象，可能会导致族团失去内部平衡。这里，我们触及一个可从病理学角度讨论的更为复杂的心智丛问题。不过，这种从个体病理学切入的讨论不会成功。在非常典型的个案中，我们可以了解这一复杂机制，但超越“病理学”现象的背后原因则被“遮蔽”了。其实，在这一过程中，正常和反常个体心智丛的变化范围会受影响。因此，精神病专家在诊断和分析族团的心智不稳定问题上会起很大的作用，但使用病理学的方法从整体上解释大众精神紊乱现象则是不全面的。一个巨大的张力可能会导致族团的瓦解和功能的丧失。这种瓦解在不同的族体中发生得十分频繁，可引起流行语言所称的“革命”。[①]

通过分析族团化理论，我已指出心智丛张力的瓦解所带来的族团平衡被打破的案例，但是如果有敏锐者可以考虑这一过程的全部细节，也可通过每一案例的经验研究得出相同的结论，这类似一位骑行者在选择一条新的道路前会在经验的意义上研究他的马在满载物品的情况下能否爬上山；如果不能，这位骑行者则会增加一匹马，或者是卸掉一部分物品，也可能会寻找另一条路。计算之后，工程师会事先判断哪一仰角是可能开辟道路

① 在这一关联中，我想指出的是，在族团的历史中，“革命”十分重要且关键，所以我要停下来讨论这一现象。有三种类型的革命，即族团突然的变化带来的不适应所引起的革命、因族际压力而产生的革命、由心智丛对变化的惯性反应而产生的革命。在具体实践中，最后一种类型的革命要比前两种类型更频繁。第一种类型的革命的后果是族团成长的过程不会受影响，而在第二种和第三种类型的革命中，族团需要付出巨大代价，减少成长速度，失去人口，甚至是领地被其他族团侵占。这两种类型的革命有时就像一场突然的逮捕行动。能量转换成热量时，机体可能会爆炸。

的，而不像普通的骑行者那样冒着失去马匹和物品的危险亲自实验。在现代运输方式（铁路和公路）中，工程师的工作是必不可少的，因此如果没有工程师的理论工作，道路的维系则是不可能的。这里，我们似乎可以看出所有族团都处在相同的状况之中，即其变化的速度越来越快。

现在，我讨论前文已提到的族际环境问题，它可能改变族团的成长过程，影响族团内部的平衡，甚至带来族团的完全瓦解。由于这一原因，讨论单一族团是不可能的，而且族际环境应该被给予特殊的研究。我们已经发现，以不同适应形式产生的向心运动，可能会导致族团的形成。通过研究大量的事实，我们可能发现大量规模大小不一的族团，这些族团构成我所称的族际环境。族团之间的关系被定义为特定族团和其他族团构成的特殊平衡系统。因此，族团拥有的能量越大，它所承受的压力越大。非常明显的是，族团的能量包括人口数量（q）、适应能力（S），以及有明确界限的领地。族团的能量表示为 qST=f，或者如果我们从族团平衡中用$\frac{q}{\omega}$代替 ST，则可以得出：

$$f = q\frac{q}{\omega} \text{或者} f = \frac{1}{\omega}q^2$$

只有当其他族团产生的所有压力都被考虑时，族团的实际能量才可能被估计。我们可以假设，每一个族团都被其他族团包围，每一族团都受人口、适应和领地变化动力的影响，我们可能会总结族团产生的动力的总和：

$$\sum i = \omega\frac{\Delta q}{q} + \omega\frac{\Delta S}{S} + \omega\frac{\Delta T}{T}$$

并且，如果同时存在几个族团，可以表示为：

$$\sum i = \sum_{i}^{n} i_{S_q} + \sum_{i}^{m} i_{ST} + \sum_{i}^{p} i_{T_q}$$

当然，族团需要抵御的全部压力总和要与外部施加的压力相等，要不然族团可能会被其他族团吞并，或者吸收其他族团。因此，族团的实际等值如下：

$$f \cdot \sum i = \epsilon \text{或} \epsilon = \frac{1}{\omega}q^2\sum i$$

这是从族际环境中潜在能量的角度，在族际平衡系统中对族团化理论的一种新表达。

如果我们考虑族团的向心运动和离心运动关系的内部要素，则会对族团内部结构和既有平衡系统的全部特征做完整的描述。

我们发现，族团的向心力和离心力运动越强，族团的适应性抵抗能力就越强，这可表示为：

$$\frac{1}{\omega}q^2\sum i\left(\sum a+\sum b\right)$$

但是，因为这一过程的结果是沿着进一步的向心和离心运动进行的，这取决于以下两者之间的差异，即：$\sum a$ 和 $\sum b$ 。因此，我们可以把族团的平衡表达如下：

$$\beta=\frac{1}{\omega}q^2\sum i\left(\sum a+\sum b\right)\left(\sum a-\sum b\right)$$

其中$\left(\sum a-\sum b\right)$可能是0，这样族团在变动的族际系统和族团平衡中会达到完全稳定的状态。① 在两种运动差异的前提下，族团的“僵化”过程可能始于正向运动的过度发展；如果负向运动过度发展，族团可能“解体”。族团越强大，最初的向心力和离心力也越强大，这一过程中的不平衡性就会越强烈，因为：

$$\left(\sum a+\sum b\right)\left(\sum a-\sum b\right)=\left(\sum a\right)^2-\left(\sum b\right)^2$$

在有大量人口而且处在强烈的族际压力的族团中，它们的“僵化”和“解体”的过程速度很大，速度一直在增加；当考虑到族团对族际环境的反应时，则会发生不同的情况。因此，如果族团的内部运动出现正向的过量，这种能量则是正向的，自然会发生侵略行为，而如果它们出现负面的过剩，能量和行为则是后退性的。这也让我们形成如下观念，族团解体的过程可能只在族际环境的压力下产生，而且大规模族团的解体速度可能要大于小

① 应该指出的是，如果我们理解上文的关系公式，则不会不理解在强大且具侵略性族团中间持续生存的小族团。其实，最小规模的族团的族际关系稳定性是十分固定的。

规模的族团。[①]

如果我们不把族团从其依托的自然环境中抽取出来，可以非常明显地发现，族际压力可能会成为族团变化的动力，因此族团用于自我适应的所有内部能量可能被用以维系和其他族团之间的平衡，而且不会为族团的进一步成长和稳定留下任何动力。因此，同样清楚的是，S（生物-文化适应）的变化不会影响 q 和 T。而且，根据逻辑曲线，人口增长的过程可能改变，甚至受族际压力影响而中断，因此，这一原则只有在独立的族团或主导性族团化的案例中才能获得实际应用。[②] 尽管如此，在大多数案例中，这一原则的应用是重要的，甚至可以用于考察干扰因素的特征。

族团化理论也很容易被应用到植物群和其他动物群中，其中这一现象的某些方面是明显的，而其他方面则难以理解。由于派生功能（文化的）适应的相对缺乏，植物群和动物群中的族团化过程更简单，但由于适应性变化过程的缓慢，我们很难理解此过程。我们希望把族团化理论认真且明智地运用到其他动物甚至植物群中，这使我们放弃一系列的假设和主张，它们被用来解释体质变化过程。因此，族团化理论把我们的观念贴近文化和体质适应的现实，与此同时，尽管是纯粹的理论形式，这个理论却以简单的现代功能性形式阐释了不同的过程。天真的唯名论，19 世纪的所谓自然法、目的论、进化论和其他学说不再被需要了。我希望在不久的将来，可以使用能量物质讨论这些现象，把在人口讨论中表达的物质问题留给应用科学，后者可能从前文所言“驾驶”学科成长为“规划”学科。[③] 而且，我认为最先掌握这门学

① 我现在搁置距离和地形要素所暗示的变化要素这一有趣的问题，因为这需要很长的篇幅。我只评价可用物理学原则表达的族团之间的关系。其中某些原则可以直接应用。事实上，根本不用惊讶的是，族团内部的各种现象类似液体，人群被心灵黏合剂整合到一起。

② 参见后文第 6 小节。

③ 当我提到“工程师”时，并非表示最近讨论的所谓专家管理。非常普遍的是，政治、社会和职业群体都有控制政府机器的雄心。经历特定的管理经验之后，任何一类群体都可能变得更好，也可能失败，但他们一旦变为职业的“管理者”，就会失去过去的特征。从这个观点看，这些群体最初是不是工程师、律师、银行家、自由主义者、保守主义者并不重要。实际的问题是，如果出于实际需要，一个国家改变这些群体需要付出代价。如同其他任何专家，政府需要工程师只是作为咨询对象。国家对包括工程师在内的优秀专家的需要是明显的，但这不能使一个国家确信政府必须由特殊的职业群体领导。其实，这一“运动”的原因之一是未受雇佣的工程师为自身寻找一席之地。

科的族团更有可能主导族团化过程。目前，这类族团是缺乏的。

6. 特殊问题：族团化理论实际应用的说明

前文提出的族团化理论大纲可能体现为“纯理论”。在《北通古斯人的社会组织》中，我描述了不同的北通古斯人群体，并使用族团化理论分析了这些群体。现在，我将提出一些分析复杂现象的案例，从而阐述族团化理论的应用问题。

首先，我讨论社会分化问题。我们已经指出，某一人群可能表现出强烈的向心运动，导致一个族团的形成，并与其他族团相对立。如果某一族团占据不断变化的大面积领地，但除了抵御族际压力的政府外，却未建立任何普遍性的组织，长期的地域环境适应可能导致地方群体的分化（离心运动），这些群体可能转而成长为新的族团。其实，经过这一分化，此前族团的统一性只有在族际压力下才能维系。但是，如果这一族团创造了一个复杂的经济组织，则会导致非地域性人群的专门化。在这种情况下，分化的过程则会沿着社会结构即水平的方向进行。作为一种离心运动的形式，这种分化机制与区域性的分化相同。就对于族团的益处而言，两种分化形式都源自族团适应的需要，如果这一过程十分强烈，新的族团在形成和组织化之后，则会表现出族团的所有典型特征。例如，社会分化的过程中可能会出现一种十分详尽的特殊语言（其实，在社会分化的单位中，语言的数量很多，彼此泾渭分明，相互不能理解）；这一过程也可能会出现复杂的一系列文化适应，包括特殊的文学、艺术以及所谓的“哲学”，出现“阶级意识”，最后甚至会出现商人、工人、农民、知识分子，以及非常专门的群体如牧师、海军军官等新的族团间的婚姻限制。因此，它们是事实上具有典型特征的新族团。这些族团之间的团结只有通过专门的共同语言、强有力的政府等要素才能维系，并因强大的族际压力被合理解释。在许多例子中，这类单位在十分稳定的情况下，会转换成合法的组织化单位、实行内婚的种姓等。

当向心运动弱化时，过去的族团会分化为新的族团，失去抵御能力，可能被更强大的族团征服，或者在所谓的“阶级斗争”中消亡。我所说的“在阶级斗争中消亡”是构成整体的不同族团在适应过程中的差异造成的，因此，当分化的单位彼此相互摧毁时（在这方面，族团之间的斗争和阶级斗争没有区别），此前的族团不能发挥功能，会彻底衰亡。应该注意的是，当族际压力被移除时，可经常观察到社会分化的族团的解体，因为源自压力的向心运动不再起作用。

但是，纯粹社会分化的发生十分罕见，因为受社会分化影响的大规模族团通常包括几个半解体状态的族团，占据大面积的领地，可能包括一定数量的地域分化群体。历史上的大量族团是社会分化、区域分化和族团分化的整合结果。这些情况主要体现在罗马、沙俄的解体过程中，很可能也见于对其他相同类型帝国解体的分析中。同样应该指出，对族团和阶级之间斗争的合理性说明的相似性是很大的，尽管两者有时同时发生、平行进展，但它们彼此排斥，因此可能形成两个“结晶化”的中心。而且，胜利之后，获胜的社会单位和族团有时可能会采用与过去的单位相同的意识形态和实践。意识形态和实践中增加的往往是关于现状的新措辞、新的合法性和正当性说明。当然，革命的面貌很快就消失了，新一轮的分化过程开始进行。其实，这是社会分化过程的唯一适应机制，没有其他可能性。不过，多数情况下，受这些过程影响的群体，尤其是大规模群体，几乎一定会被其他族团吞并，只有在族际压力被部分打破的情况下，它们才能继续生存。

因此，关于社会分化，我们可以总结如下，即社会群体是潜在的族团，社会群体的分化过程与族团化过程相同。其实，与“种族”、区域的、文化的等单位一样，族团从社会群体中的形成会受到强烈向心运动的阻碍，因此，只有在瓦解的单位中，才能观察到这一现象。

另一个问题是民族（nation）。这里不需要重复的是，给民族下一个明确的定义已经失败了，原因是混淆了静态的人群实体与该实体的变化过程，把两者视作一个事物。民族的问题可从历史比较和功能分析两个角度理解。如果我们始终把民族看作一个影响人群的过程，这两个角度都是可行的。

在民族形成的过程中，有三种典型的情况。

（1）在数个族团聚合和分工的基础上（基于地域或功能的原则，也可以二者兼顾），这些族团之间可能产生合作关系。甚至在未被理解的前提下，一旦这些新的适应形式被组织起来，单一的族团则不能生存。接着，形成一个临时的聚合性族团，并通过共同的利益系统联系在一起。如果这一聚合性族团遇到其他族团或相似的联合人群单位的反对，则会处在直接的族际环境压力下，这可能导致强烈的向心运动。非常可能的是，这一运动的结果或者是这些人群构成联盟，或者是形成一个更大的族团。

（2）另一种情况是一个快速成长的族团，通常在生物学意义上十分强大，会在人口稀少的领地甚至空旷的领地上扩展。这类族团可能会达到很大规模，与前文所言的聚合性族团相当。它只是一个大型的族团。

（3）一个非常倾向战争的族团，会逐渐扩展并征服相邻的族团。在被征服的族团中，会出现大量人口形成向心运动，在支持更大的族团的过程中，被征服的族团失去向心运动的能力。这一征服可能导致不同聚合性族团的形成。随着时间的推移，这些聚合性族团可能演化为一个族团。

但是，只有在特殊的族际环境新形成的族团所创造的条件下，所有这些族团才可以存在。其实，由于不能被更大的群体征服，有人居住的区域不被干涉而孤立发展的案例很普遍。这类区域可能由一个或几个族团构成的复杂人群组成，由于既存族际平衡关系的限制，它们不能被更大规模的族团替代。现代术语给它们赋予了概念：“民族”。此外，界定明确的族团可能不会被识别为“民族”，不会成为影响民族之间关系的要素。

如果忽略另一种情况，我的举例则是不完整的，即受既存族团-民族间关系的特殊环境影响而形成的新的聚合性族团或只是人群现象。某些区域可能不受“民族”的直接影响，而是由某一族团控制。这一族团一旦获得控制者的地位，则会逐渐把其影响扩展到其他族团和人群中，并成为向心运动中的因素。因此，一个具有实际功能的族团可能逐渐形成。

在所有的案例中，我们可以观察到由于特定的族际平衡而产生的大型族团。这些大型的族团被认识后，成为“民族”。一个民族可以存在几个月，甚至长达几个世纪。它可能成长为一个族团，但也可能仍由不同的族团所构成，由此保持异质性。在所有这些情况下，民族可能是族际平衡的副产品——一个由其他相似单位所认可的单位。

由于这些原因，民族不能被定义为族团，当民族学的定义被加在某一民族身上之前，必须清晰地呈现我所称的“族团化”过程。这里可以指出的是，基思先生把族团化理论应用到民族的解释中，是其“人类种族进化过程论纲”缺陷的原因之一。如果我们想使用族团化理论，必须明确区分民族和族团。

第三个问题是文化丛和文化要素与族团化之间的关系。在族团分化的过程中，文化传播带来的影响十分重要。首先，文化丛或文化要素分布的地域范围越广，它们在族团的分化过程中则越不重要。其次，必须指出的是，每一个文化丛和文化要素都具有特定的传播潜力，不同的文化丛和文化要素的传播潜力是不同的，在不同的族团环境中，它们的传播潜力也是不同的。这一点十分重要。例如，火柴之所以拥有巨大的传播能力，是因为所有的人类群体都需要它。火柴十分便宜，接受火柴不会给既有的文化丛带来大的变化。另外，还有一些其他的文化要素几乎不存在传播潜力，例如法语中的句法，它只是大型的文化丛法语的一个要素。这一要素只会在讲法语人群所在的领地上传播。我已经列举了两个例子，还有成千上万个其他例子。文化要素在不同的族际（有文化差异的）环境中传播：现代作曲家的作品很容易在欧洲的各族体中传播，但这些作品一旦离开所属的族体，在传播的过程中则会遇到很大的困难。用于过冬外套的新皮毛，只会在拥有冬季皮毛外套的族团中传播，很明显在某种程度上这一文化要素的传播受到气候条件和特定的“时尚”的限制。[①] 带来新的文化适应形式的主导性族团化（下文会讨论这一问题）对文化丛和文化要素的传播有很大的影响。随着它们的传播（这是主导性族团化的典型特征之一），适应性的文化丛和文化要素会失去分化功能。但是，文化丛和文化要素不会一直失去分化功能，在其他族团内部，它们可能经历派生性的分化，成为“化学分化”的一个有效因素。这是许多宗教系统、哲学和政治学说的命运。因此在这些案例中，我们发现了文化现象中体现出的族团化现象。在这方面，语言领域

① 在本书的结论部分，我会继续讨论这一问题。

尤其富含可靠且便于检验的资料。[①] 现在，我指出这一点，因为这些现象经常被视为功能现象的独立、超自然和形而上学的存在。族团化理论十分成功地解决了这一不可思议的现象，同时也解决了人群所发生的动态过程问题，这导致了各种分组现象如族团的、民族的、社会的和区域的现象形成，同时也为人类的体质变化（进化）创造了必要的条件。因此，后者不能从目的论的视角加以理解，而是人类受族团化机制变动平衡影响的后果。

我所使用的专门术语“主导性族团化”十分重要，它是文化丛适应和变化的机制，同时也是族际环境中的某种变化机制，我把这一机制理解为某种导致主导性族团或族体出现的过程，在不同的历史时刻它们成为其他族团或族体的榜样。动物物种和族团之间有很大的相似性。其实，在地质层划分的过程中，古生物遗存被用作划分的标准。如果某一特定的动物出现在某一地质层中，而且在特定的历史阶段可发现大量的这一动物及其变种，我们则可以假设，特定的环境有利于特定的物种和物种群的成长。在随后的历史时期中，在出现新的物种后，这类物种可能会继续延续并生存，也可能在未繁衍后代的情况下完全衰亡。因此，地质学阶段可以以物种的出现为标志，这些物种被视为典型的，而且与特定的地质学分期相适应；通过古生物学我们知道，物种的持续时间是可变的——某些物种出现的时间很短，而其他物种则会生存很长一段时间。这里，我不会指出物种出现、变化和消亡的所有特征，我只指出两个重要的要素，在灭绝之前，特定物种往往会表现出巨大的适应性，通常会产生大量的变种和新品种。

我们必须说明如下事实，即族团的生物学适应是与功能适应相呼应的，可能不会发生形态学的变化。这些功能性的适应相对简单，可能在较短的时期内完成，因为如前文所述，它们在本质上是人口密度的功能，（如通过生物学了解的）正如我们可以通过生物学了解到当动物处在“有利的”条件中时，其数量拥有巨大的增长潜力。每一种新的文化适应形式都可能敞开这一可能性。因此，与古生物相比，主导性的族团（即在特定的历史时刻适应性更好

① 在《民族学与语言学诸方面》（1931）中，我从族团化理论的角度，讨论了语言的性质和功能。

的族团）持续的时间很短，[①] 族团的分化可能以更为广泛的方式进行。

在大多数案例中，新的主导性族团出现的一个重要因素是新的文化适应形式，它可以是一种新的技术发现、一种新的社会体系形式、心智丛的本质性变化，或者是新的文化要素或文化丛。这种新的适应可使族团成长，比周围的其他族团更有影响力。当然，这也会导致族际压力的增加，由此导致进一步的适应（文化的），通常会带来既有文化丛的进一步复杂化。在这种情况下，主导性族团会成为其他族团的榜样，成为文化意义上的主导者。在族际关系失衡的情况下，主导性族团可能会成长至超过此前的边界，形成一个新的单位（民族、帝国），在特定的时刻，这一单位可能处在族际压力为零的状况下。一旦这种状况形成，在离心运动所产生的压力增加的情况下，新形成的单位可能会瓦解。在异质性族际环境中，文化适应的速度不同，主导性族团成长很快，这是它瓦解的最普遍的情况。不过，如果族际环境处于平衡状态，作为新的适应形式的发明者，主导性族团则会产生影响，这种状况甚至可能会存在很长一段时间。这分两种情况。第一种情况，这一族团可能会寄生在其他族团中，而且随着族际环境的本质性变化而衰亡，在自身高度专门化的过程中，它可能失去适应的弹性，丧失自身的发明能力，这些发明能力转而由其他不是十分专门化的族团承担。第二种情况，新的适应会带来族团人口的增长，引发一系列的变化（这种变化通常是循环性的），通常以一场战争打破过去的族际平衡或破解族团间的冲突。在新形成的族际环境中，此前的主导性族团或者变得专门化，甚至离开自身的领地，将之留给其他侵略性的族团。接着，一个新的主导性族团可能成为领导者。其实，领导权的表达形式取决于族团文化适应的特征，历史阶段和特定族际环境的典型特征，当下的生物性特征如心智弹性、生殖的潜能、新陈代谢的特点、身体力量等。我们可以假设，如果族团的生理和形态学特征发生某些本质性的变化，它也可能成为主导性的族团。在

---

① 这里我要指出的是，当讨论古生物学的物种时，我们不能理解灭绝动物的短暂功能适应问题，因为这些功能可能对动物的形态学没有影响。但是，在形态学有差异的物种间所形成的动物族团化，与人类族团间所形成的族团化相同，都是变化的机制，两者的差异是生理学适应的变量不同。

这种情况下，族际关系的变化可能表现为体质特征的消失，这些体质特征不能与新的体质特征相抗衡。不过，尽管这一观点构成所有时代空想哲学的重要内容，它在人类中间并不普遍。

值得注意的是，回顾欧洲各族体的历史，我们可以发现，每一次物质文化系统的重要改变，都伴随着主导性族团的改变，每一个主导性族团都会为过去的文化带来新的要素，尤其体现在心智丛方面。其实，把这些变化的原因归为如“物质文化”、经济体系、战争技术等单一要素只是人为的构想，因为这些变化的背后是主导性族团的变化，它们是变化的基础。同样，在主导性族团化发挥功能的过程中，我们可以观察到不同族团间的替代现象，例如东亚、印度、西亚和小亚细亚的历史状况。通过研究史前时代的文化序列和“种族”变化，可以发现，主导性族团化中的相同现象是变迁的“作用机制”。

在结束讨论这一问题之前，我想指出，在某些历史阶段，我们不能观察到明确的主导性族团化过程。当争取霸权未完成时，族际环境正处于混乱的过程中。其次，与其他族团相比，主导性族团的心智丛则表现出巨大的差异。但是，应该记住的是，在族团循环成长的不同阶段，千万不能忽视心智丛的特殊状况。主导性族团通常相信其优越性、引导其他族团的“权力”，在必要时以“进步”、公平、上帝或者其他合法性形式摧毁其他族团，其中形式的选择取决于既存的心智丛。这类单位不相信其暂时性的存在，而是相信它们的地位会永久维系。这些自我肯定、自信、自我合法化、深度的民族中心主义、自我主义形成了复杂的机制，保证某一族团作为主导性族团时克服所有困难。当这一机制被毁坏时，族团会失去其主导族团化过程的功能。历史上有大量由这一机制被摧毁所带来的族团衰落的案例。当然，这里必须认真考虑族团循环过程的不同阶段。

同样值得注意的是，其他族团的注意力总被主导性族团吸引，而且主导性族团本身也被自身的活动吸引。[①] 由于这一原因，在历史记录中，我们观察到同时存在的族团之间巨大的信息不均衡。这也是一个困扰历史学家

① 在某些情况下，这可能转变为完全的无知。但是，如果这类主导性族团开始关注其他族团，则可被视为即将到来的衰落的标志，即心智丛功能的失衡。

的十分有趣的现象，他们甚至不能发现主导性族团崩溃的原因，这只是族际环境的复杂表现之一，超越这一环境条件，主导性族团的溃败则是不能被理解的。[①]

主导性族团和其后继者之间的斗争构成了历史传奇故事，历史学家更关注这些事实，而非真正的人类历史。[②]

从文化丛传播的角度看，主导性族团化过程是十分重要的。其实，当某一族团开始扮演主导性族团的角色，它所创造的文化丛开始传播，可能是整体的传播，也可能是单一文化要素的传播。如在讨论文化丛和族团化部分所指出的，文化丛和文化要素的传播自然会遇到一定的阻碍，因此，它们在领地上不会同等程度地传播，而且会受派生性再适应的影响，可能失去过去的功能，这为主导性族团的进一步影响提供基础。某些文化循环的存在，所谓的“语族”、某些哲学观念和宗教系统的传播以及其他相似的现象通常与主导性族团影响力的传播相关。我说“影响的传播”而不是“族团的传播”，是因为这一影响的过程可能不涉及主导性族团人群的流动。值得注意的是，在主导性族团交替变化的地区，经常会发现文化循环和“语族”的痕迹。例如，目前所谓的“印欧语族”的语言层累，对应了连续传播其语言的主导性族团的变化。印欧语族之前有另一个语族（古印欧语系），目前与印欧语言群叠合在一起。最为有趣的案例是突厥语族、蒙古语族和通古斯语族，由于主导性族团变化频繁，持续时间不长，而且与这些语族相邻的是覆盖大面积领地的汉语书面语言，所以它们没有足够的时间传播其文化丛。在非洲，我们观察到十分有启发性的案例，例如“班图语族”和“阿拉伯语族”；在北美，则有“阿尔冈琴语族”、“阿萨巴斯卡语族”、“乌托·阿兹特克语族”；在南美，有“阿拉瓦克语族”、“加勒比语

① 关于主导性族团的崩溃，我们会遇到十分普遍的，尤其被生物学家青睐的想象性解释，即更强力量的惩罚、衰退、“创造能量的耗尽”与其他假设，而真实的原因是分化环境中平衡系统的变化，有时甚至受地球之外的因素的影响。

② 这种状况有两人原因，其一是情感因素，对变化的不解；其二是功利主义的刺激，即学习如何成为一个占主导地位的族团，并从这个位置中获得临时好处。在这些“候补者”中，成为一个永远持续存在的主导性族团的信念，要比处于衰落状态的主导性族团的信念更强烈。在多大程度上可以成功规划成为主导性族团之路，已经超出了目前探讨问题的范围。

族”、“塔普亚语族”和“图皮语族”，所有这些语言过去可能都是主导性族团的语言。关于其中某些族团，我们有十分明确的历史证据。除了这些语族，一些民族志学者、语言学家和民族学家困惑的问题是大量根本不能分类的语言，例如南美的“大约 70 个小语族”与北美的“接近 70 个小语族”、中非数量不确定的“小语族”、亚洲的“古亚细亚语族”以及中国和中南半岛所说语言的马赛克式图景，为了满足“语族”观念的需要，只能把后者归入“汉藏语族”。但是在不借助关于“语言进化”和它们的“亲缘关系”等任何假设的情况下，主导性族团化过程为理解这种状况提供了十分完善的思路。同样的方法可用于分析文化循环中不同文化丛彼此的关系，这一过程在很大程度上受到族团环境和人口密度的影响，更不用说“过去的文化丛的影响了”。在分析既存文化丛的过程中，要考虑到主导性族团化的事实，这需要我们暂时悬置“传播论”“平行论”“文化圈”“进化论”“种族-语言-文明问题”和许多其他问题。

在过去关于人类体质变化和人群分类的作品中，我详细讨论了族团化理论在体质人类学中的应用问题，尽管人类体质变化以及人群分类最初似乎与心智丛无关，为了避免把文化适应与体质分化分开理解，我认为有必要做出某些评论。如前文所述，把文化适应尤其是心智丛的适应与体质适应尤其是生理因素（在功能和性质上）对立起来，是对人类生物学现象误解的一个持续的根源。其实，它们只是同一现象的不同方面。[①] 就突变和个体发育的形成而言，动物的体质分化也是一个最先在个体中发生的过程；当繁殖方式有新变化或一群动物个体受相似变化的影响，小型的动物群体也可能发生体质分化——这一过程可能被认识到，也可能未被认识到；最

① 调查者中可观察到一个十分让人好奇的行为：当讨论“动物”的社会和一般意义上的文化适应时——例如家庭和群体组织、传统等——把它们视为动物生物学的特殊方面做分析，但当讨论人类文化丛时，则需要把它们与人类“生物学”对立起来。这种观点深深地植根于欧洲的民族志文化之中——“身体”和“灵魂”、“躯体”和“精神”等；从功能上说，这也受调查者专业的影响，在他们的基础教育中，人为地把知识分为人文科学和自然科学。当然，不同社会群体的知识量是不等的，不同的职业教育接受的是不同的知识分支，因此自然形成不同的职业兴趣。因此，这种对立是族团化过程在人群（族团和它们的集合体）中产生的后果，进而导致社会分化。

后是大规模动物群中发生的体质变化。这一过程可能影响到大量的动物，但也可能影响到数量非常少的动物。一种体质变化导致的受影响个体数量的增长取决于诸多因素，尤其是对变动的基础环境、派生（文化的）环境和第三级（族际的）环境的适应程度，以及交配过程的特征（甚至单一的特征）的稳定性（优势）。其实，体质新变化的形成是非常普遍且频繁的现象，尤其在人群迁徙和文化适应发生变化的过程中。[①] 当新形成的变化未被意识到时，人口的繁衍和新变化的过程是同步的。当变化被意识到时，则会发生选择性的交配。关于某些人群的体质人类学分析已经表明，由于杂合特征的隔离，可能会产生十分“复杂的”后代，而且有一定的稳定性。

需要及时指出的是，目前我们只能局限于理解某些表型特征的知识，例如头部、身体、四肢和头发的形态与颜色，现在观察不到体质的化学性的功能要素和物理性的构造要素，[②] 这可能是最重要的特征，更不用说染色体和血型了，我们只能猜想它们在人类群体之间的差异。体质人类学尤其是人类群体的分类，目前主要根据动物学尤其是哺乳动物学的思路进行。这只是一种模仿，而体质人类学的材料和目的与动物学并不完全相同。[③] 由于这一原因，新的物种、亚种以及种族的观念根本不需要用于分析人类群体，长达一个多世纪的此类讨论已经步入歧途[④]——先后几代体质人类学家

① 实验（主要基于植物和昆虫）发现，这种变异十分普遍。通过对事实的观察，我们在无意识领域内，也可以发现相同的现象。大量的体质人类学家和一般意义上的生物学家观察到非常强烈的因素如食物、空气、阳光、潮湿的变化（在迁徙过程以及族团和社会分化中）带来的影响（很可能是遗传的和个体发育的），也包括假设意义上的新要素——所谓“驯养”。自然地，前文提及的偏离和影响必须是特殊的现象群，与派生环境和第三级环境不同。动物的“驯养”以及“人的驯养”，只是表示在人口增加和文化变迁压力下的复杂的物种间的关系（例如人和微生物，人和某些昆虫以及非驯养动物）。如前文所述，这只是曾经存在的族团化过程的一个特殊方面，如果我们不接受人类中心主义和民族中心主义的态度分析这一问题，同时不假设“躯体”和“灵魂”等对立观念，这一过程则是十分容易理解的。

② 后一部分内容在我关于“发育”的著作中讨论了。

③ 实际上，这种区别不在于“人”是人，而“动物”是动物，真正区别是，从历史的观点看，关于动物的区别和分类是建立在事实观察的基础上的，但不同人群之间的差异非常小（与其他动物之间的差异相比），而且不局限于“体质特征”。

④ 这一运动的背离当然并非完全没有成果。至少在某些方面，人类某些群体已经被彻底地调查过，使用新模式将人类群体分类已经可能。但这种间接的问题分析模式在很大程度上延迟了目标的达成。当然，在欧洲文化中，未经检验的假设和类比行为通常推迟了问题的认知过程。

一直在寻找“物种”和“种族”。这一过程的第二个后果是体质人类学家对静态差异的关注，同时与其他动物进行类比，尽管从生物学的意义上说，人类群体（以及个体）的差异在功能方面要比静态方面更具本质性，但功能方面有时却被有意识地放弃了。[①] 考虑到一般意义上的生物学和人类生物学的进展，交配和遗传问题已经成为首要研究议题，旧式人类学面临着危机，因此改变这一学科名称的明确趋势已经出现在某些体质人类学家中。当然，这只是一种暂时性的回应。

物种和种族的存在绝非从事实中推断而来，仅仅是一种假设。但是，很久以前，多宾诺指出，“种族”只是一个理论抽象，它并不是明确存在的实体，在真正的人类单位中，变化的过程始终进行。无疑，体质特征的相似性是一个事实，因此我承认，当体质人类学家在讨论某一人群时，如果不推测人群之间的相互关系和起源情况，则必须区分其类型。其实，通过一组固定特征或者仅通过“体质”特征来确定所有人群类型是不可能的，尽管有时即便其他特征类似，其中的一个特征的差异也足以将之与其他类型区别开来。在实践中，体质类型的划分需要排除混融性特征，当在不同的族体中遇到同样类型的人群时，尤其是分析单一的和复合的体质特征变化时，则需要还原人群的历史。当然，由于自发的变化（主要是突变），我们可经常发现新的体质类型，但并非所有的新类型都会变得越来越强，许多类型在一代人之内就消失了，而且并非所有类型都能被注意到。[②] 这并非表明体质人类学意义上一致的人群不会形成。尽管从历史上说，它们可能包括不同的体质类型（以及十分不同的族体），交配的过程可能最终导致一个真正同质性且很少变化的群体，例如实行内婚制的小规模地域群体、社会单位和族团（“家庭”和“氏族”）。不过，如果没有不同族团、社会和区域人群的存在，同时这些人群中有一种强烈的新的适应性分化以及形成新的突变，

---

① 关于人类群体的生理学调查已经成为体质人类学的一个崭新分支。其实，生理学现象很早以前就已经引起人们的注意，但相关信息是偶然性的，只包括一小部分事实。某些体质人类学家把生理学人类学排除在体质人类学的视野之外。同样，人的发育过程在很长一段时间内也是被忽视的，只有近些年，它才被作为一种理解人群功能性差异的方式被关注。

② 对人口样本做数据处理可能有时会掩饰新形成的或者是相对少见的体质类型。这同样也体现在对地理区域以及社会群体的武断选择。有时，只有直接的观察才可能发现新体质类型。

不同体质类型的混融根本不可能发生。此外，我们从理论上必须承认的是，在不同体质类型构成的人群中，其中的几种类型可能会逐渐固定，因此在这一过程的最后可能会形成同质性的单型人群。

先验地将某些适应性特征从体质特征的要素中排除完全是武断的。当考虑生理学特征（以及潜在的心理学特征）时，这一点十分明显。[①] 而且，在讨论生物（体质的）选择的问题时，完全忽略文化适应，与忽视诸如基础环境要素一样武断。当然，当调查者想定义原因和效果——文化适应是不是生理—心理特征的基础，抑或相反的情况，情况会更复杂。当然，如果没有假设和简单的推测的前提，这个问题现在是不能回答的，而且如果从民族学的观点考察人群，这一问题似乎是不重要的。很明显，个人不能脱离其出生和成长的族团环境，因为从适应的角度看，个人的功能性力量并不只是源自独立的个体，而是个人力量和族团力量（它可能是一个未完成的族团化过程）的总和，也就是说，后者是个人从环境中“获得”的。[②] 因此，现在我们可以用一种更为普遍的形式判断：个人的特征是受向心运动约束的人群的产物，不管向心运动的性质如何；由于文化适应是族际平衡系统中人群单位的一个功能，当考察个人特点时，千万不能忽略人群的特征。在这一构想中，遗传、个体发育和延迟发育都应从静态角度和功能角度加以考察。

因此从本质上说，一个新的体质类型的形成、数量增长、灭绝和融合与族团（尤其是社会群体）的经历是相同的，而且这一过程只是族团化的一个方面。一旦关于体质分化的观念精确化，用于人类生物学研究的体质类型的分析方式则会愈发详细，其重要性则会完全遮蔽过去的目标——对“种族”和各种“起源”的系统分类。当然，关于体质类型的分析性描述为

① 甚至从这一观点看，对人类群体分类的历史是很有启发性的。其实，人类单位（类型、种类和种族等）数量的增加是正常的，这不仅源于对此前未知人群的详细观察，同样也因人类学家所选择的特征数量的增加——越多的特征被强调，就会有越多的单位出现。如果不受 19 世纪进化论所持有限种族数量的假设，而且没有“概括”的冲动，“种族”的数量则会更庞大。另一个纯粹的心理学因素，即担心问题复杂化，也是限制“种族”数量增加的原因。

② 这种状况的一个有趣的方面是族团对外来者的反应。个人的态度不仅受被评价者的个人情况影响，而且也受评价者自身的心智丛影响，后者的心智丛和所属族团的文化丛紧密相关。这里包含一个问题的原因，这个问题是对于研究反应态度的民族学家而言，外来者（这里我必须指出，这里的“外来者”可能来自受强烈离心运动影响的族团）的“评价”很重要。

我们研究人群的连续性提供了某些资料（当被认真应用时），但完全还原体质类型和人口的历史是不可能的，甚至关注“民族”的历史学家，“文化和文明”的文化史学家，“文化丛”的民族志学者，“社会阶层”的社会学家都存在方法论的谬误。作为实体的表征，这一过程的现实图景在持续性上，不如个体有机体更为实体化，我们只有在严格限定的范围和特殊的目的下，才能接受这一连续性。

如前文所述，心智丛只是一组功能适应的要素，我们单独讨论它只是出于技术的原因。在族团平衡关系中，它用S表示。因此很明显，关于族团变化的动力、速度、强度以及反应的张力原则，应该用到对心智丛的理解中。其实，族团的体质状况尤其是族团的生理状况对心智丛的功能有最大的影响。甚至生理要素的微小改变或功能缺陷都会对心智丛产生影响。而且，心智丛的形成及其进一步的变化（尤其是观念的积累）在很大程度上取决于族团的量化能量，以及最适合智力工作的个体（即新观念贡献者）的选择机制。因此，心智丛与族团的生物学状况和人群的量化能量紧密相关。心智丛是文化要素构成的丛结，受一般意义上的文化丛要素的影响，也就是说，它要对变动的族团平衡和族际环境做持续的再适应。在族团的平衡系统中，心智丛的作用十分重要，因为族团的凝聚力——构成族团的成员之间的关联——是以心智丛为中介实现的，而且族团对技术文化和社会组织再适应的反应态度的表达必须首先以心智丛为中介。最后，族际环境也通过心智丛影响族团。心智丛受到影响、失衡和解组是族际压力的直接后果。作为有意识或无意识使用的方式，在严重的情况下，族团之间的冲突会导致不同心智丛持有者之间的冲突。

尤其重要的是，在这一文化丛中，有一个非常有影响力的自动的自我管理机制，使族团在没有自觉认知的前提下进行再适应。这一机制的瓦解意味着这一族团失去了维系平衡的能力，甚至在未受到生理功能失衡影响的情况下也可能发生，对这一过程不能从病理学的角度加以理解，而对心智丛的详细分析可以帮助我们清晰地理解功能失衡的内部原因。在这方面，如果不详细分析族团变化的速度和强度以及民族志文化丛的内部平衡的话，心智丛变化的加速和延迟机制是不能被理解的。

在人群形成族团的过程中，心智丛的重要性会体现在族团平衡及其抽象形式的其他方面。但是，如果我们想理解心智丛的功能和内容，则不宜使用这种分析心智丛的方式。其实，如前所述，心智丛不仅受遗传的生理—心理要素影响，而且受社会组织、技术文化和基础环境的影响，彼此不能分开。基础环境和派生环境的变化会带来心智丛的变化或者失衡。

前文已述，在以人口增长逻辑曲线表达的族团变化条件下，心智丛的适应形式或特征并非始终不变，例如希望、进取、相对平静、绝望、顺从等，心智丛的变化受人口运动的影响——它们事实上是人口运动的功能——若不考虑人群的动态方面，是不能理解这些变化的。如前文所说，心智丛的突然瓦解，不能只从心理学的角度理解，对于心智丛的变化速度，也需要从族团的外部状态理解。

通过上述关于心智丛与族团化理论、一般意义上文化丛之间关系的讨论，可以看出，只有在考虑族团内部与族际环境构成的关系总体的情况下，心智丛的详细描述和分析才是可能的，因此，族团化理论必须被视为讨论心智丛的理论基础。

7. 族团变化过程图示

为了对上文讨论的族团化过程形成确切的观念，这里我将呈现六个系列的图示。即：(1) 族团的形成和族际压力；(2) 族团的整合和解组；(3) 在族际环境压力下的族团迁徙；(4) 社会选择性分化；(5) 族团的寄生和迁徙；以及 (6)“语族”的成长和文化丛的传播。很明显的是，这些图示只是对现象的理论上的概括。但是，这里呈现的所有案例是基于现在和过去历史上的族团事实提出的。

在第一个系列中——族团和族际压力，我表示的是人口增长所伴随的族际压力增长。这一系列不需要特殊的解释。

在第二个系列中，我表示的是在强大（中心的）族团的影响下，几个族团逐渐合并成一个更大的族团的过程，这一族团起初在文化上影响其相邻族团，接着占领它们的领地并把它们整合为一个更大的族团。随着族际压力的增加，新形成的大型族团可能会受解体过程的影响。新的向心运动中心的形成，会使大型族团的向心运动逐渐变弱，随着族际压力的逐步增加，大型的族团瓦解了。大型族团中原来的人群分散到新形成的族团和相邻族团中。

第一系列　族团的形成和族际压力

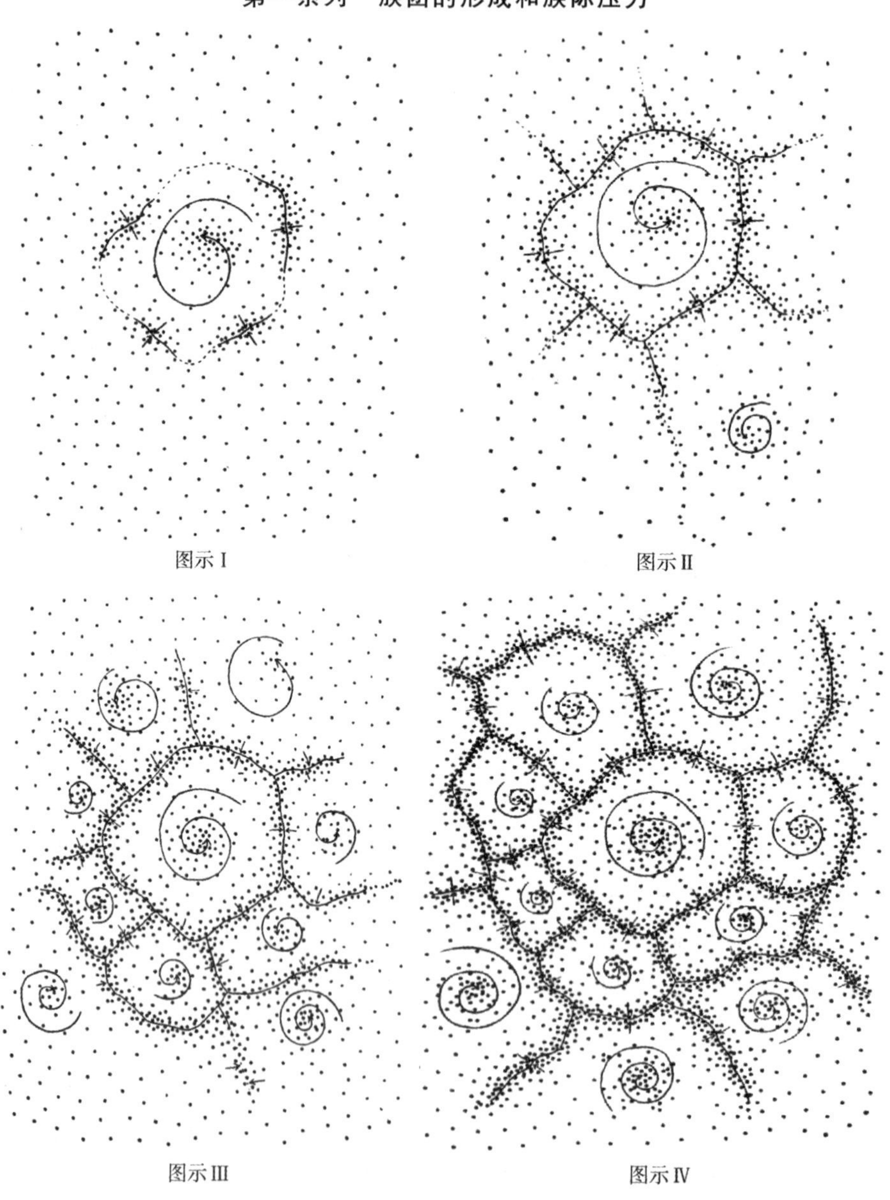

图示Ⅰ　图示Ⅱ

图示Ⅲ　图示Ⅳ

第二系列 族团的整合和解组

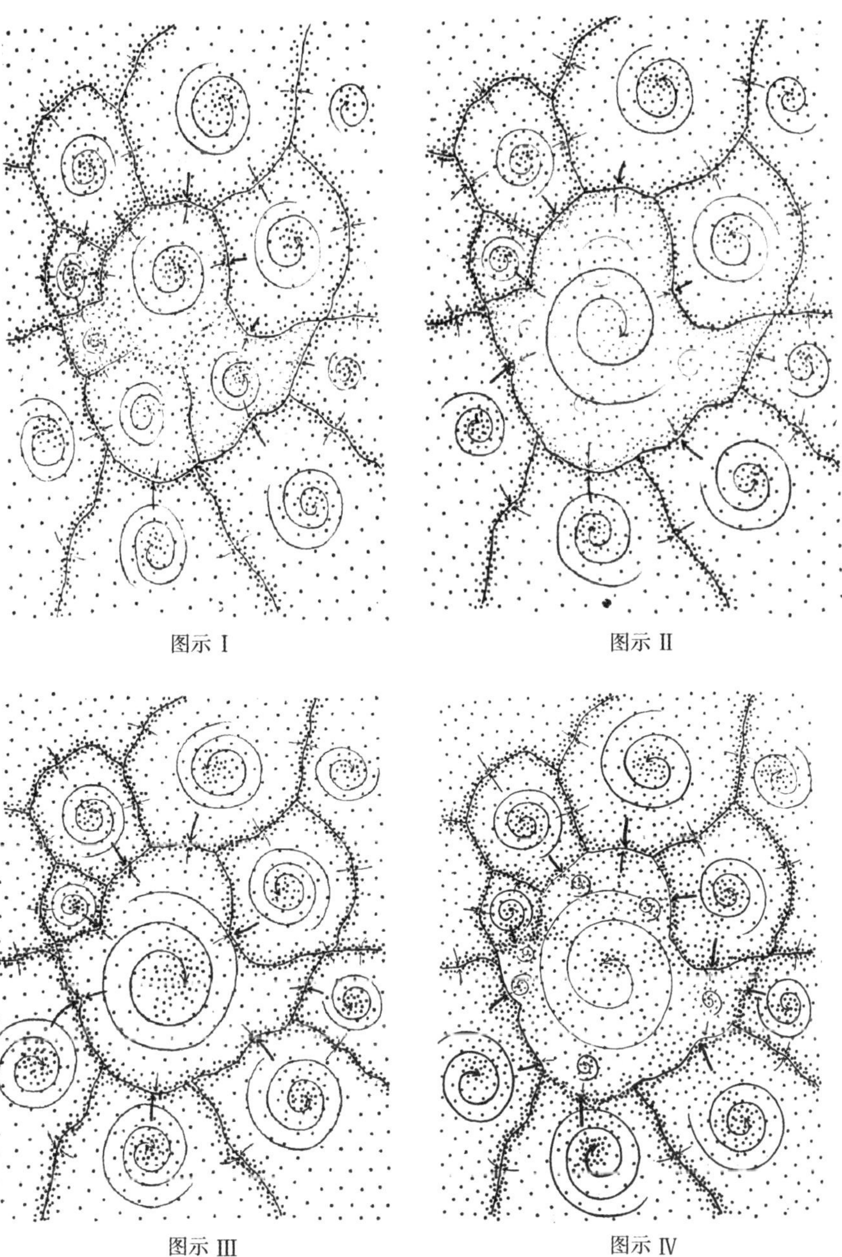

图示 I

图示 II

图示 III

图示 IV

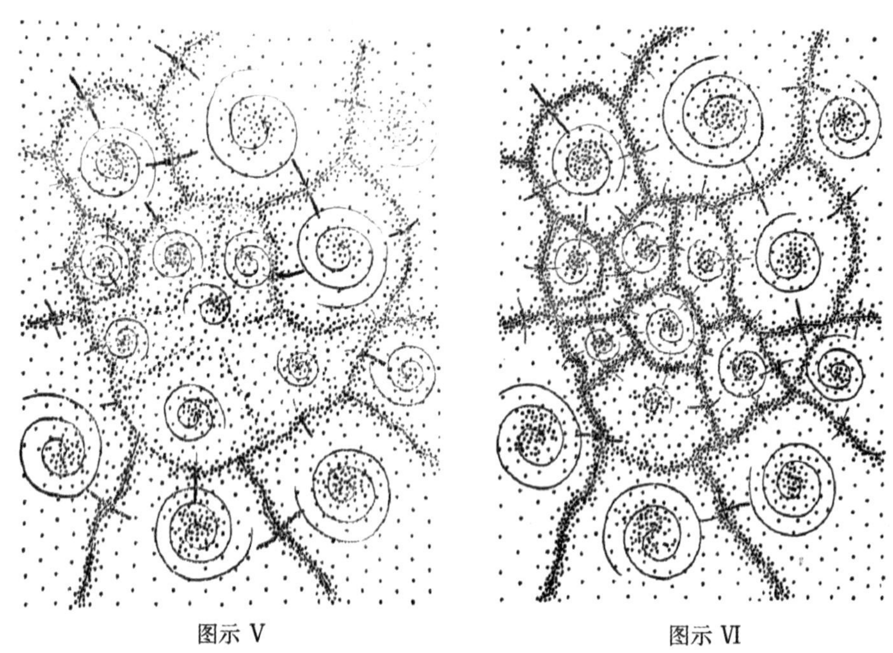

图示 V　　　　图示 VI

在第三个系列中，我表示一个强大且快速成长的族团打破边界的过程，这里用红色表示，它逐渐为自身开辟了侵入相邻族团的通道。后者没有能力抵抗压力，逐渐被吸收到新的大型族团之中。但是某些群体（图示下面的部分）不能被吸收，因此维持了族团特性。随着中心族团人口的增加，它给其右侧族团带来强大的压力，最后打开了一条通道。人口迁徙和增长十分迅速，很快达到其领地能够承受的最大限度。这一运动的后果是此前的领地被部分地放弃，此前给相邻族团形成的压力减小了。此前族团的剩余者开始成长，经过一系列的融合，形成更大的族团。在接受更大规模族团的文化刺激之后，其他的族团开始成长，进入大型的族团之中，相互融合。这足以使迁徙的族团分裂成两个群体——一个群体处在过去的领地之上，另一个群体处在新获得的领地之上，后者中还遗留某些旧的、遭到创伤的族团。这一过程的延续的另一个方面体现在第四个系列中。

第三系列 一个族团的迁徙

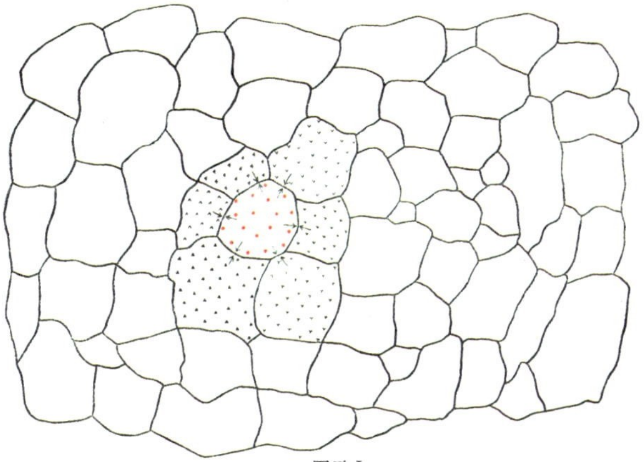

图示Ⅰ

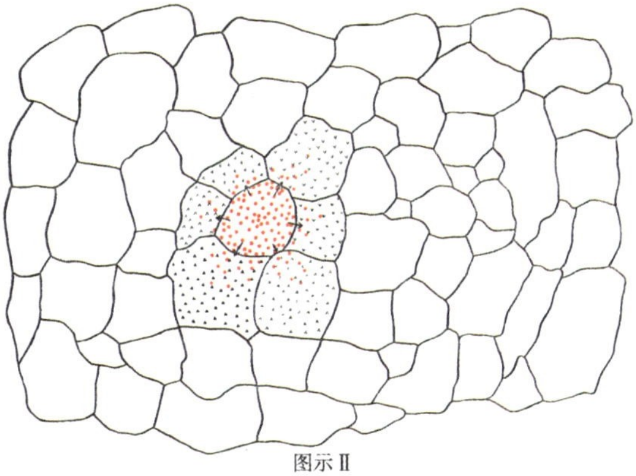

图示Ⅱ

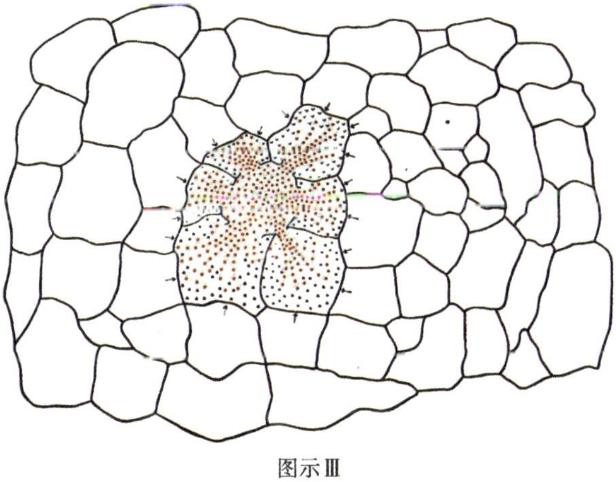

图示Ⅲ

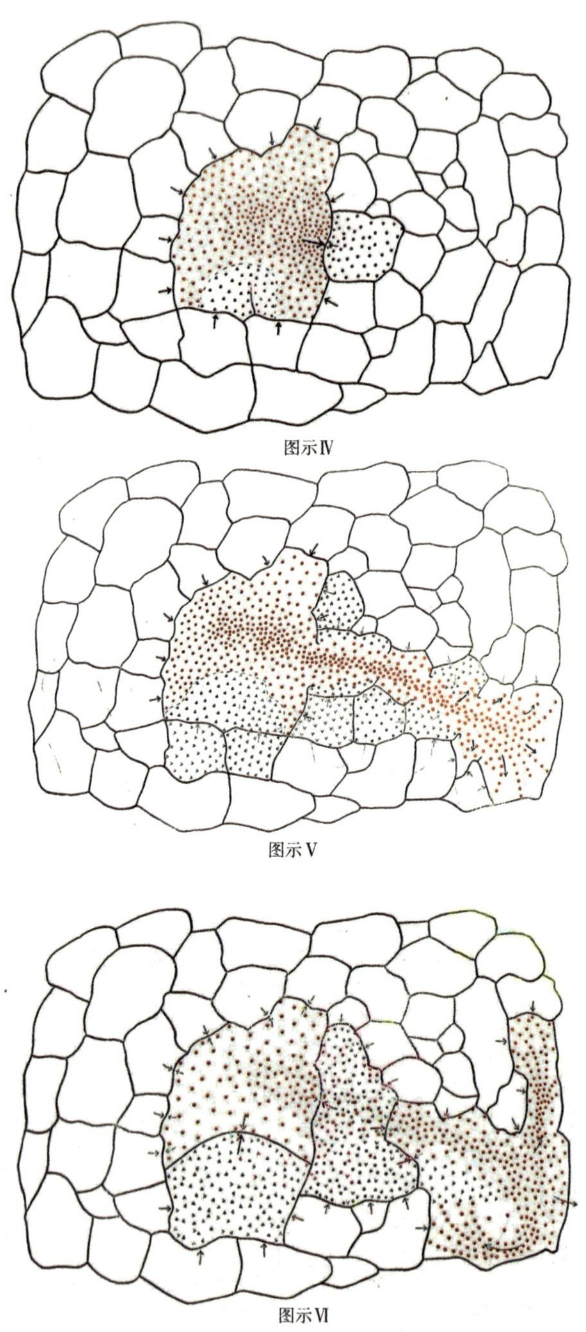

图示Ⅳ

图示Ⅴ

图示Ⅵ

第四个系列中，我表现的是作为文化适应形式的社会分化。在图示Ⅰ之后[①]的图示中，四种功能上不同的社会分化类型用不同的符号象征。随着人口的增加，族团中会出现劳动分工，这是文化适应的变化后果。由于新的群体分化的基础是人群的功能特征，新的社会群体是体质上和精神上被选择的群体。不过，不同社会群体中出生率和死亡率的差别对社会意义上未分化的人群带来影响——某些类型的社会群体的人口数量会越来越少，不能进行自身的人口再生产，而是从未分化的人口中获得供应，而其他类型的社会群体的人数则逐渐增加，不仅为自身群体提供人口，而且也增加了未分化的人口数量，这在图示中用箭头表示。随着人口的进一步增长，会出现更复杂的社会分化（劳动分工）的需要——新的社会群体产生。某些社会群体可以实现自身的再生产，甚至为其他社会群体（主要是功能上相关的社会群体）提供剩余人口，而其他群体则从一般的人口中吸纳成员。由于分化（文化的）程度的加深，某些群体不再与其他群体相互通婚（表现为向心运动），把自身从一般大众中独立出来，进一步的后果是这一群体的人口数量逐步减少最后消失，或者是人口迅速增加并寄生在其他群体中。图示Ⅵ表示的是一种特殊情况——受外来族团影响的特殊群体，开始与外来族团通婚，最后融入到外来族团之中。一旦承担不同分工的社会群体A和B的功能类型逐步消失，其他不太能发挥相应社会功能的功能类型开始取代合适的功能类型，会导致整体族团的功能弱化。通过这种方式，在族团未产生内部干扰，基础环境和第三级环境未改变，以及新的“突变”未产生的情况下，平均人口可能会发生变化。不过，这一过程往往伴随着族团整体的派生性再适应，会影响到族际平衡。

第四系列 社会选择性分化

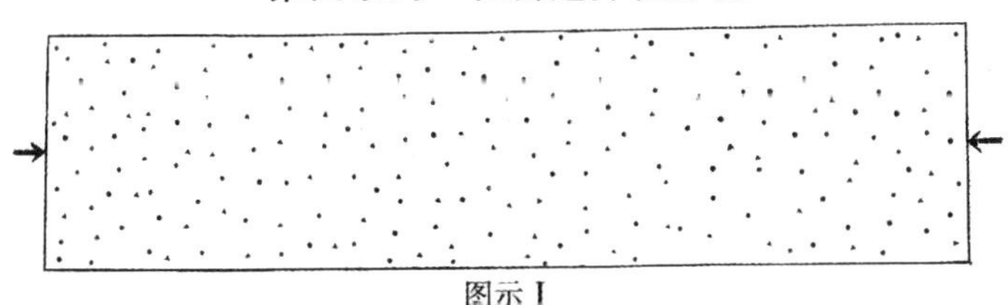

图示Ⅰ

---

① 原文的意思是“在图示Ⅰ之中”，根据上下文的含义，正确的表达应为“在图示Ⅰ之后”。——译者注

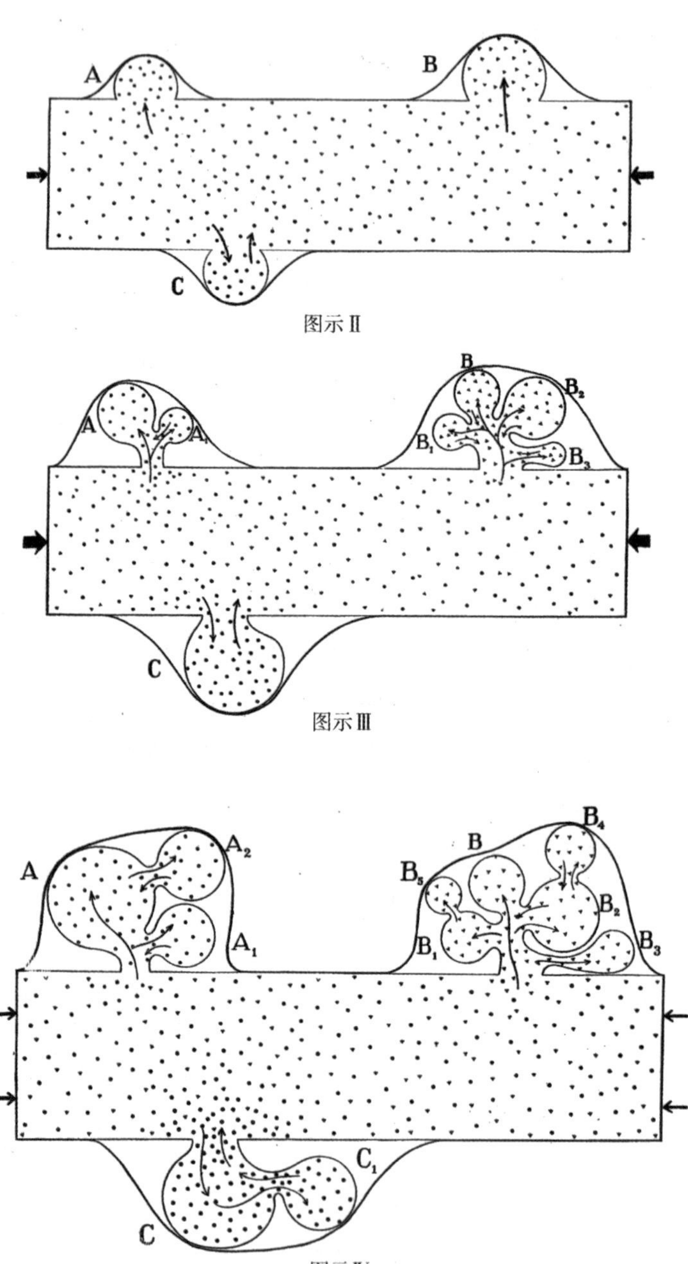

图示Ⅱ

图示Ⅲ

图示Ⅳ

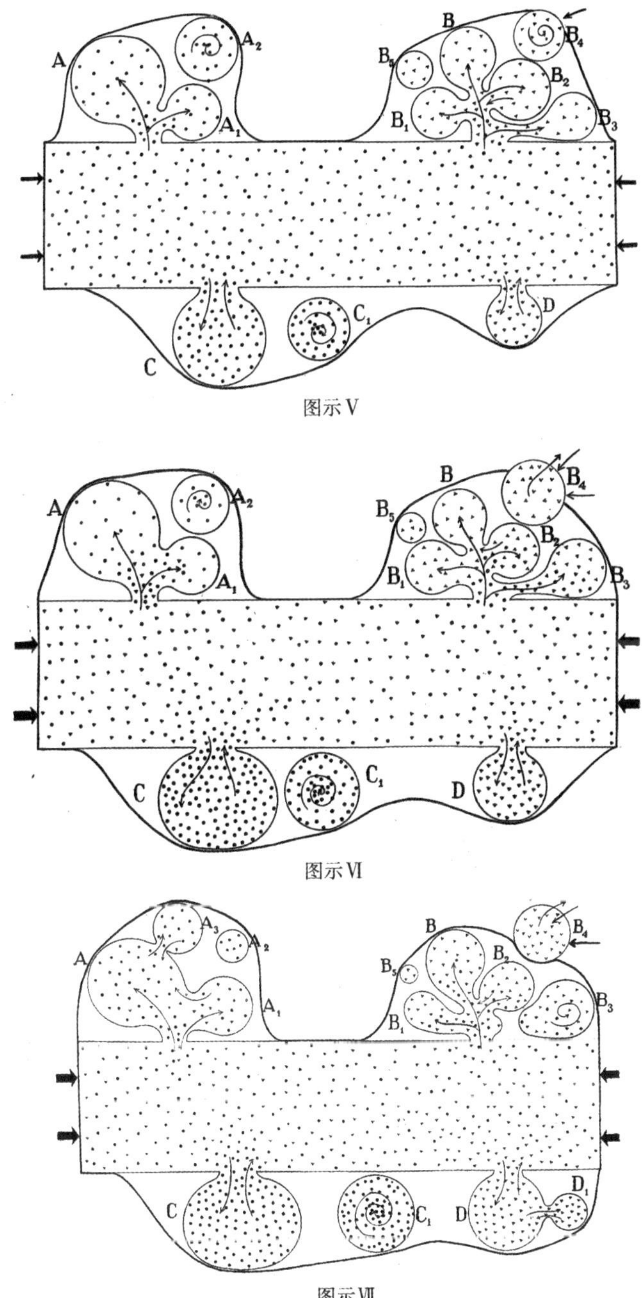
A
A_1
A_2
B
B_1
B_2
B_3
B_4
B_5
C
C_1
D
A
A_1
A_2
B
B_1
B_2
B_3
B_4
B_5
C
C_1
D
A
A_1
A_2
A_3
B
B_1
B_2
B_3
B_4
B_5
C
C_1
D
D_1

图示Ⅴ

图示Ⅵ

图示Ⅶ

在第五个系列中，我指出一个族际关系的特殊案例——一个寄生的族团（它可能也是社会意义分化的族团）[①]，这里用红色表示，首先出现在右上方的族团中。在有利的环境下，它的数量可能增加得很快。不过，它会引起其周围有寄生目标族团的强烈负面反应，从而被排挤出去。相邻的族团不会接受寄生的族团定居并吸纳它。左上方的族团的成功寄生并未带来强烈的负面反应，尽管寄生的族团表现出强烈的民族中心主义行为。由于非抵抗性，寄生的族团开始成长，最后会影响到被寄生的族团，后者失去人口增长的能力。被寄生族团人口的减少，以及随之增加的族际压力，甚至会导致族团领地被相邻族团部分占领。接着，寄生的族团离开所寄居族团的领地，打开了通往相邻族团的通道，但相邻族团却没有能力抵抗寄生族团的侵入。这可能源于心智丛的失衡、特殊的族际压力与其他“原因”。即便左上方的族团失去人口和领地，其他的族团也会有很强的凝聚力，它们仍会给因族际系统（新的平衡）变化而受影响的族团带来压力。

经过适当的调整，同样的图示也可应用到发生社会分化的单一族团中，这个族团已经到达离心运动取代向心运动的阶段，这种情况下，社会群体中可能会形成典型的族团。实际上，这是民族志要素过度成长的情况，使其在文化（适应的）平衡系统[②]中失去功能重要性，最终导致寄生性社会群体的形成。社会功能的加倍，无论对寄生对象还是对寄生的社会群体而言都是有害的。

---

① 正如我指出的（参见《族团化：族体和民族志现象变化的一般规则》，1923，第 100~105 页，以及在《族团与环境：族团化理论概要》，1924，第 24 页中提到的），居住在同一块领地上的族团之间可能有三种关系，即合作、共生与寄生。在上述的案例中，这种后果是常见的，寄生是依靠另一个族团而生存，因此这样的族团不能成长并超越寄生所需的族团规模以及寄生所要求的主客体间的关系形式。

② 例如一个过度增长的社会群体，诸如为法律事务工作的（律师），为政府工作的（“政治家”），为交换和信用方面做工作的（银行家），为了美学需要的（艺术家）。社会群体的过度增长可能影响文化分化的某一分支，例如广告、“研究工作”、政治、报纸等等。需要指出的是，这样的一种增长与政府几乎没有什么直接关系。但是，在功能正常的族团中社会群体的过度增长通常能被检查出来。在相反的案例中，族际环境系统或者是族团内部系统的崩溃很有可能发生。很自然，首先遭殃的是被寄生单位，因为它有可能未被认识到。

第五系列　族团的寄生和迁徙

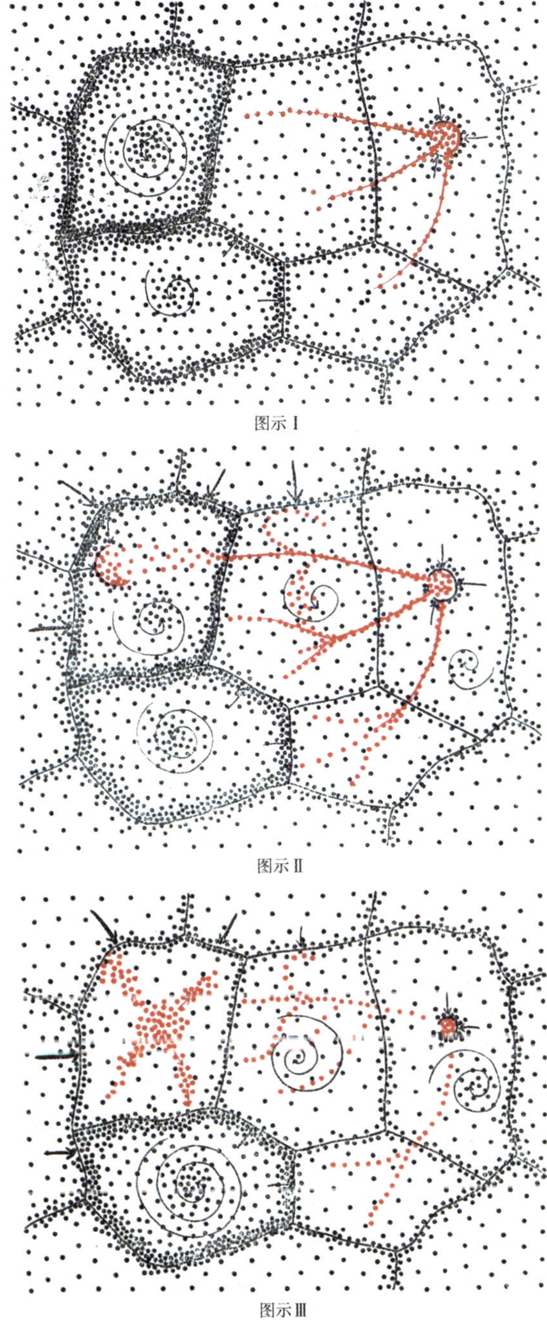

图示Ⅰ

图示Ⅱ

图示Ⅲ

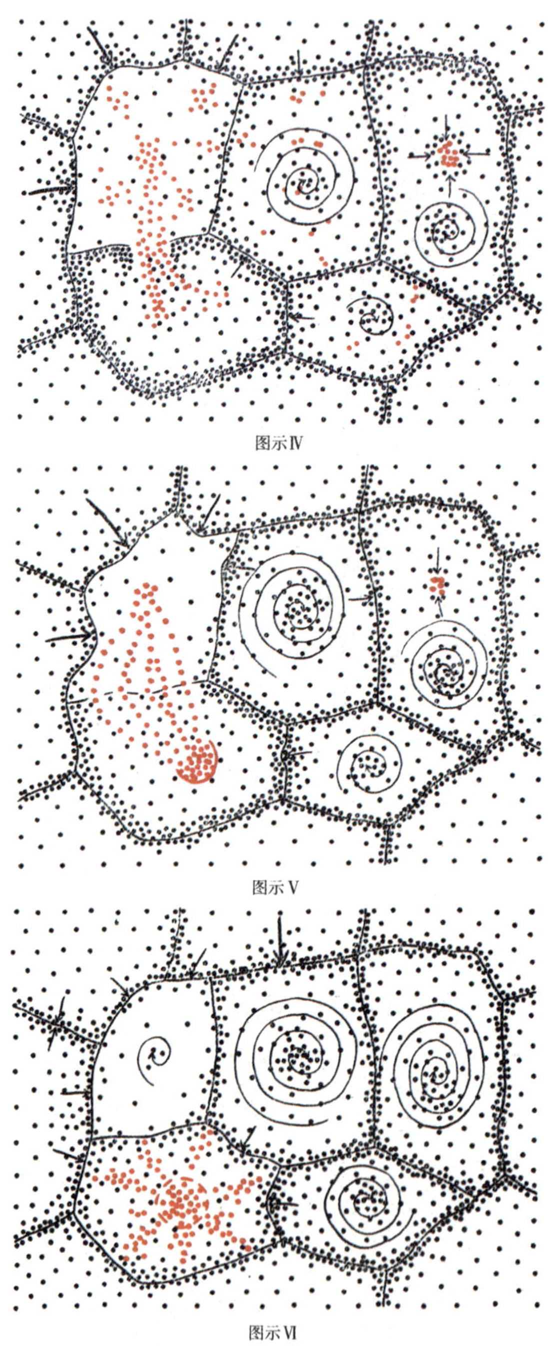

图示Ⅳ

图示Ⅴ

图示Ⅵ

第六个系列主要讨论主导性族团（或族团中的一个群体）影响的传播及其后果。族团的初始情况呈现在第三个系列的图示Ⅵ中。这一过程总是体现为个人或群体在相邻族团上的渗透，相邻族团成员会模仿侵入者。逐渐地，入侵者的语言被接受且调适，这里以颜色的变化表示（红色而不是黑色）。通过这种方式，这些群体及其方言形成一个“语族”。[①] 主导性族团创造了自身的文化（用红色遮蔽，图示Ⅰ），这种文化会传播到相邻群体中，有时会超越“语族”的边界。不过，某些群体（族团）不能在语言方面被吸收，而且它们不能接受新的文化丛（原因可能是基础环境、更好的地方性适应、对族际压力的强烈反对），这里用黑色表示，没有用红色遮蔽。主导性族团最初成长和迁徙（第三个系列）起点的群体，一直会把其影响施加给自身的后代，以及主导性族团化过程的承担者。这一群体逐渐受到另一个“循环”的强烈影响，这一循环是从左上方接近这个群体的，这里用黑色遮蔽。在最后一个图示Ⅳ中，我展示了这些过程的最终结果，即文化丛和语言的重叠，这些群体在体质类型起源上十分不同，某些情况下相当纯粹（体质人类学意义上的），而其他情况下则是十分不同的体质类型的混合。

第六系列　文化的影响

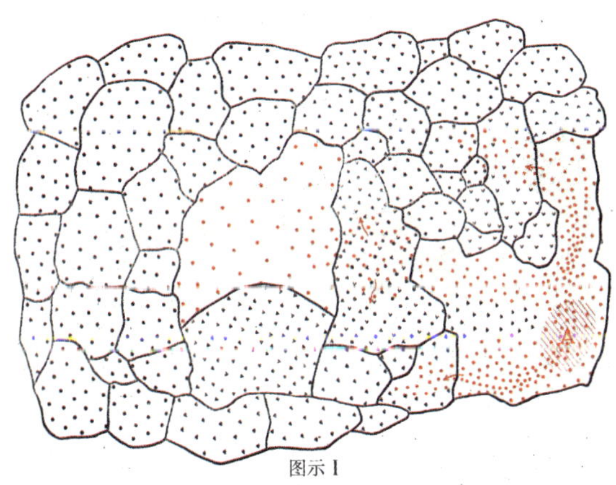

图示Ⅰ

① 当然，这不是“语族”形成的唯一方式。

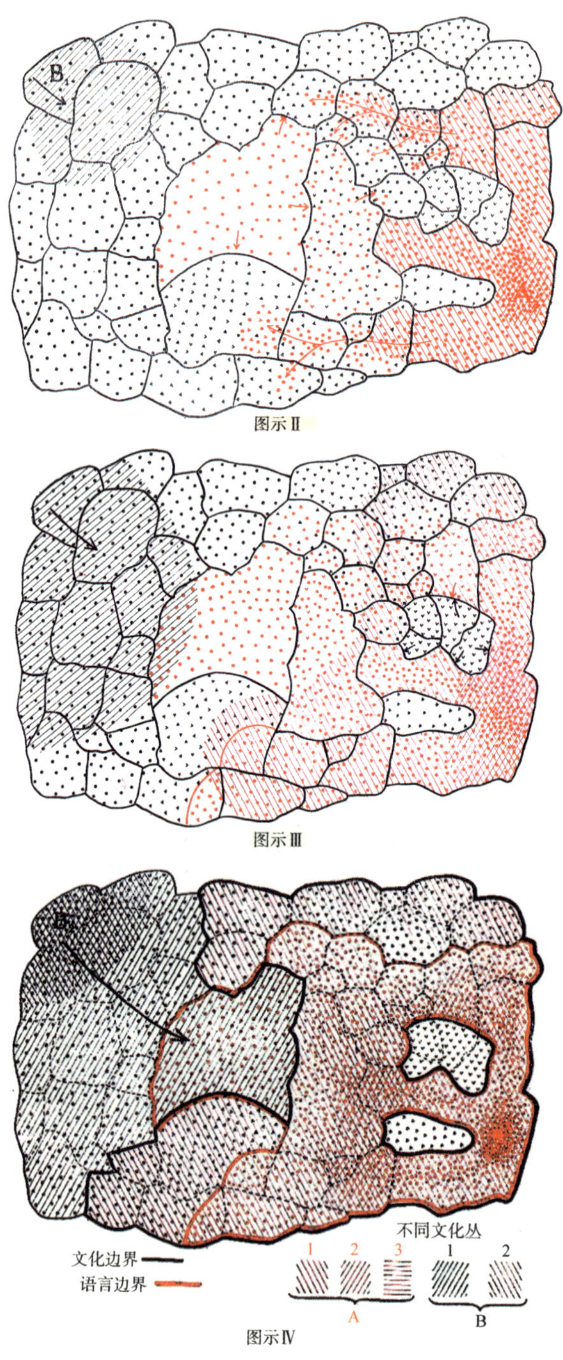

图示Ⅱ

图示Ⅲ

图示Ⅳ

上面指出的族团现象的方案自然只是抽象表达。我们普遍观察到的是这些过程的结合，例如，伴随人口区分增长的族团整合和分化，族际压力下族团的向心和离心运动，有时会因内部的社会分化，寄生性族团式群体的影响，而发生文化丛传播。因此，非常明显的是，这些现象必须被当作一个平衡的实体做整体调查。如果我们不考虑人群的生物学（狭义上）状况、基础环境、族际环境、族团内部向心和离心运动构成的平衡，则不能从功能上理解不同的文化运动、政治冲突、战争、族团内部瓦解等。我们应该指出的是，这些族团有时不能完成“结晶化”过程，甚至不能达到这种状态，因为完全的“结晶化”通常意味着整个系统的崩溃。这些是族团化的全部过程。

第 3 节　资料的搜集与分析

8. 调查的行为准则

就一般特征而言，通古斯人和满族人的心智丛与其他任何地方的观察结果没有区别。它们之间的差异是形式和系统上的区别。但是，就事实的搜集和分析而言，全面地理解通古斯人和满族人的心智丛，似乎更加困难，因为与欧洲文化不同，通古斯人和满族人的心智丛受到汉人和蒙古人的很大影响。到目前为止，关于通古斯人和满族人心智丛的描述所见不多。这方面的事实十分缺乏。虽然满族人已经被了解很多世纪了，但目前只有哈勒兹、朗哥赖关于满族“宗教”文本的翻译，以及旅行者如马克的记录，他曾经考察过阿穆尔河流域的满族人。满族文学的很大部分都译自汉人文学，因此这些文学作品不属于原初的满族文化。关于满族的“宗教”系统，还有一些其他出版物，但由于这些文献描述的都是居住在北京的满族人，他们在很长一段时间内受汉文化的影响，这些材料不能被视为体现满族文化面貌的可靠资料。关于其他通古斯群体的心智丛方面，我们拥有更丰富的资料。这些数据是旅行者和特殊的调查者在 18 世纪和 19 世纪期间所做的重要贡献。这里我需要指出几个名字：布莱洛夫斯基对乌德赫的观察；马尔加里托夫和洛帕廷对奥罗奇人的描述；希姆科维奇和洛帕廷对果尔德人的描述；雷奇科夫对叶尼塞地区通古斯人的描述；什连克对阿穆尔河流域不同通古斯群体的描述；以及约克尔森对雅库茨克区域不同通古斯群体的描述。此外，还有大量的事实分散在格奥尔吉、帕拉斯、格姆林，尤其是卡斯特伦、米登多夫和马克等旅行家和调查者的作品中。除了希姆科维奇、洛帕廷以及施特忍堡（他不熟悉通古斯语言）的部分作品，这些事实都是零散的、不系统的。在这些作品中，果尔德人的神灵体系得到讨论，但理论假设阻碍了作者从果尔德人的文化背景出发呈现这些神灵体系。

总体上说，这些调查的最大困难之一是调查者不懂得土著语言。[①] 当我开始调查时，这里提及的作品并未全部出版，例如洛帕廷、雷奇科夫和约克尔森的作品很晚才出版。由于此前出版物的特点，以及相关田野作业的完成情况，同时源于事实的缺乏，我不会使用这些资料作为基础资料，只参考明显可靠的记录。通过参考这些出版物，我主要想阐明调查者的反应。[②]

就对通古斯人文化的熟悉程度而言，在调查初期，我的处境和其他调查者并无二致。不过，经过亲密接触通古斯人，尤其是掌握了通古斯语之后，我能够理解并讲通古斯语，处境完全发生了变化，我可以直接理解通古斯人文化。不过，我还不得不克服其他困难，以进入通古斯人的文化之中，从通古斯人的观点看待事实。在熟悉通古斯人的基本观念之前，这并不容易；观察者在搜集事实的过程中不能带有任何结论，不能根据“低级”或“原始”的标准理解通古斯人的心智丛。因此，观察者需要不加评价地

① 就我所知，雷奇科夫熟悉他所调查的群体的通古斯方言。但是，由于理论背景不够坚实，他不能展开广泛的、科学的调查。洛帕廷掌握一部分果尔德人语言的知识，但是这些对于彻底研究果尔德人的心智丛是不充分的。卡斯特伦的语言知识很容易扩展，但他在通古斯人中却未停留很长时间。

② 最近出版的一些作品间接关涉到通古斯人的心智丛。我阅读到其中的一些作品，而另一些作品则只是通过书评了解到。尽管这些事实是最近搜集的，从理论观点上看是最前沿的，但调查活动本身却是实用性的，其目的是把通古斯人从“迷信”状态转换到接受“科学社会主义”等其他非通古斯文化，这与数十年前东正教传教士让通古斯人成为东正教徒是相同的。这些调查的另一个目的是为人类社会的进化理论提供新的支持，在社会主义理论家看来，人类社会最终将达到理论家所预期的状态。由于最近出版作品的非科学状况，它们在出版过程中受政府部门的严格监管，我只能谨慎使用这些作品。

记录事实、观点和观念，对有可能被误解的案例需要多次核实，而且用通古斯语记录——所有的通古斯人观点必须置于通古斯人文化体系和观念中予以理解。

这里，我觉得我应该暂时停下来说明我对调查资料的态度，以及我是如何开始通古斯人研究的，这些方法从性质上看是历史性的，带有一部分自传特征。

我最初的科学兴趣是被称为“历史哲学”的一般问题，即后来我提出的族体和民族志现象变化的一般规则。从最初狭义的社会学、经济学和历史学开始，我逐渐转移到人口问题、史前史和民族志学，最后又关注了人类学（“体质的”），是我为生物科学研究所做的特殊准备。扩展了研究视野后，我开始关注两个问题，即：（1）马格林时期的艺术与文化和西伯利亚古亚细亚群体之间的相似性问题；（2）箭的材料和形式与这一武器的技术目的之间的关联问题。带着这些问题，我进入圣彼得堡的帝国科学院人类学与民族学博物馆工作，在我工作 4~5 个月后，主任拉德洛夫（W. W. Radloff）建议我开展一些田野工作，根据我的个人选择研究某些语言，即萨莫耶德语、德拉威语或通古斯语。尽管我未认真考虑过去做一名田野工作者，尤其是调查一个新的语言分支，但我信任拉德洛夫，接受了他的建议，我在田野工作方面竭尽全力，尤其是考察一门所知甚少的语言。同时，为了获得新的事实，尤其是形成关于非欧洲群体的观念，我直接接触一些活态资料。在这三个群体的选择上，我并未犹豫，在我看来，最有趣的群体是通古斯人，根据我当时的知识，与其他两个群体相比，通古斯人较少受所谓的“文明人类”的影响，许多调查者已经研究过萨莫耶德人和德拉威人。①

最初与民族志现实的接触，在很大程度上支持了我更早时期方法的批判态度，这些批判指向的是调查方法和对所见所闻进行观察与记录的方法。我很快从实践的角度肯定，我所熟悉的理论在接触到现实之后变成碎片；“原始民族”的图景是人为构造的，调查通古斯人的唯一方式是不加选择地搜集事实，尽量理解被调查民族，使自身适应通古斯人的环境，从而变得

① 这里，我不再重复在《北通古斯人的社会组织》前言中写过的内容，即我当时的调查顺序，涉及的人员和机构。这次“田野工作”始于 1912 年，持续到 1918 年，中间有数次间断。

友善，也就是说，从通古斯人自己的观点看待事物，避免基于保护性行为和不可估量的优越感看待事物。从重塑自我的态度和行为的角度而言，这些实践的后果是巨大的——我很快发现通古斯人在地方性适应上更为高级。而且，缺乏通古斯人的语言知识，并不能说明我在文化上的“优越性”，让我占据优势。我不得不学习语言，这只能在通古斯人的帮助下完成。关于我居住在通古斯人中的原因，最好的解释是向通古斯人展示研究他们生活、环境和语言的重要性，进而让俄国人知道千万不能打扰通古斯人，通古斯人必须被俄国人理解。[①] 在这个意义上，我是成功的——我从未缺乏各种信息以及通古斯人教我的良好意愿。对于他们而言，很显然的是，我没有坏的意图，而且不把他们视为“野蛮人”，因此我能理解他们。其实，这种自我反思的态度意味着我和我的妻子行为的变化——我们应该观察到他们的习俗，避免对任何个人或群体的冒犯，例如在社会性的会议上记笔记，“调查”他们，尤其是用“问题”折磨他们。[②] 这些关系建立以后，我们旅行的消息会传播到很远的地方，而且这些通古斯群体都在等待我们的到来。由于这一原因，我们不需要在每次调查中都重复建立良好关系。这种情况在满洲地区也会发生，但在建立田野关系方面，我们的处境更加困难。其实，我们在最初遇到满洲通古斯人时，不得不寻找新的理由向他们解释我拜访的原因。尽管我是中国领土上的外来者，我成功地向他们解释我来的原因，

① 其实，这是地方高级管理者的态度，他们想了解这些群体的精确知识，目的是维系这些群体，让他们成为人口较少地区的有效经济因素。这一理解非俄国人群的人文主义模式并不是新现象，但地方的高级官员却不能找到恰当的调查者，而大量的“科学调查者”对两件事情感兴趣，其一是对管理的批评，其二是在假设的指引下搜集事实。我听过高级管理者的抱怨，当我完成自己的作品之后，完整的意义对我而言是清晰的。这些管理者中的一部分告诉我，他们正在寻求关于如何对待这些人群的实际建议，除了一些无意义的非实践性阐述，调查者不能提出任何具体建议。这里，应该注意的是，许多管理者在很大程度上鼓励地方性的研究团体。这些管理者如东西伯利亚（伊尔库茨克）的几位总督，始于远东地区（哈巴罗夫斯克）的总督穆拉维耶夫-阿穆尔斯基（Muraviev-Amurskiĭ），以贡达迪（N. L. Gondatti）结束，后者以其民族志学和人类学作品而为人所知。我所认识的大量的总督以及副总督，例如后贝加尔地区、阿穆尔地区和滨海边疆区的官员都对这些问题很感兴趣。

② 某些旅行者带着极大的自豪感讲述如何花费几个小时的时间，向调查对象提问从“问卷”和书籍中了解的问题。参见如施特忍堡的《原始宗教中神的选择》。当然，施特忍堡的“学派”有很多追随者。

我的解释方式如同向“文明”民族解释，我获得了理解。由于这一原因，这项工作十分顺利。而且，通古斯人还认真地向我汇报关于我们的所有流言蜚语，这些流言蜚语源自蒙古人和汉人中的小权威人物，甚至还包括当地俄国定居者中的小权威人物。[①] 通过这种方式，我们可以避免许多困难，同时搜集大量族际关系方面的事实。其实，在通古斯人的坦白中，涉及他们对其他族体的关系和态度，当然也包括俄国人。

这里不需要补充的是，由于通古斯人的性格特征（参见《北通古斯人的社会组织》），我们不仅可以与他们建立良好的社会关系，而且在某些情况下，甚至可以建立十分友好的关系，这种关系十分亲密，允许个人之间交换秘密，不会对友谊带来坏处。

其实，这种工作处境也从另一个角度给我的工作带来不便，即我不能阻止报道者提供信息，必须随时记录下大量事实。由于这些事实来自友善者，我不能拒绝接受。不过，对于田野工作者而言，这种困难是值得庆幸的。

由于满族人的经历，我在满族人中的调查环境则不同。满族人在理解我的态度方面，面临着很大的困难。因此，为了建立便利的田野关系，需要数量更多的调查对象，而且由于满族文化中的不信任和谨慎，很难把田野关系扩展到所有遇到的满族人中。[②] 即便在这种不利的环境下，只要经过特定的再适应，还是可以搜集到所需资料的。

通过对调查历史的叙述，一方面解释了大量被记录（相对短期内的田

---

① 其实，最有意思的故事是在通古斯人中发生的，他们不得不解释我正在做的事情；有时他们想知道为什么这些小官员不能理解我所做的事情。当我们居住在阿穆尔河沿岸的一个毕拉尔千人村庄中时，地方权威告诉通古斯人，我们的目的是把通古斯人聚集在一起，在我的命令下成立一个通古斯人军团，因为俄国（1916 年）需要很多军队攻打德国人。通古斯人态度的另一个案例更不寻常：1917 年，当革命爆发时，在去往后贝加尔地区阿穆尔段的火车上，我们被捕了，被视为“旧政权的帮凶”。与我们同行的通古斯人拒绝离开我们及把我们交给新的权威，关于这一行为，他们的最终解释是：“其实，这些新权威比新的中国政府（张作霖政府）的小官员更愚蠢。”其实，我不维护新权威，我同意通古斯人的看法。

② 与在欧洲文化群体中做调查相比，在满族人中做调查的情况算是好的。在这里，应该指出的是，研究欧洲文化类型的方法一定是不同的。在我看来，研究方法不是固定的，有不同的研究方法。我不得不承认，在某些情况下，调查的唯一方法就是观察负面反应的方式。因为上述方法不是万能的。民族志调查者必须使自身适应所调查单位人群的性格。

野工作）的事实，另一方面表现了我如何与被调查人群建立亲密的接触，我形成了一种分析被调查人群的不同方法。

9. 材料

当然，通古斯人的智力与心理学显著地体现在其广义的民俗中。这里，需要区分“广义的民俗”和“狭义的民俗”，我须亲自解释。一旦我有机会表达某一族体的民俗的观点，[①] 我会把它作为一种功能现象，即在象征系统（以及启动词）中被反映和认识的心智丛现象。具体形式包括：（1）对环境的解释（包括神话）；（2）被记录的历史事实（编年史、史诗、传闻轶事等）；（3）关于经验的解释（谚语、格言等）；（4）故事以及其他形式（谜语等），满足智力工作需要的故事以及其他形式（谜语等）；（5）满足创造性需要的创造性文化丛（如诗歌、童话故事等）。民俗的主题是——

A. 关于如下方面事实和机制的百科知识：

（1）基础环境：动物（包括人）、植物、未知世界、整体世界等（之后有解剖学、植物学、天文学、气象学等）。

（2）派生环境：社会的组织与功能、技术、作为整体的心智丛（及其组成要素）。

（3）第三级环境：族际环境、群体和特定单位之间的关系。

（4）心智丛现象。

B. 表现出的功能体系：

（1）过去的族体经历（叙述和解释）；

（2）情感丛的表现：

a. 智力的练习；

b. 所有形式的韵律；

c. 所谓的本能现象。

---

① 我给詹姆森《中国民俗三讲》所作的注释，北平，1932，第146～149页，“民俗的功能”与“民俗的科学”。

当然，知识系统和表现出的功能体系之间是彼此重合的。

这一民俗定义忽略了其中的主观条件，即族团如何创造民俗，如何使用民俗，以及调查者对特定族团之民俗的态度。其实，如果我们考虑这一要素，则不可能比较不同群体的民俗，现实的情况是调查者会非常武断地选择用于比较的事实。从欧洲的观点看，非欧洲群体关于某些动物观察所获的知识，在很长一段时间内似乎是“原始思维”想象的产物，它们被分类为“民俗”。但是，随着欧洲人关于动物的心理学和智力方面知识的拓展，大量此类“故事”得到新的审视——它们是事实的记录，是非常通则化的概括，不能被纳入“民俗”范畴。因此，欧洲人对于“原始民族”思维的认识以及极端的怀疑主义从性质上而言是文化意义上的，他们“民俗化”了自身。

这里有另一个例子。居维叶在上帝创造物种的理论基础上提出地理灾难说，在他所处的时代，这一学说在阐述积累的事实方面，是十分有逻辑且简单的。但是，在当代人眼中，这一理论是 19 世纪初欧洲人的一种解释性民俗形式（并非总能被认识到）；而中世纪的宇宙起源论，无论是由最有学问的学者创造，还是由无知的农民提出，都已经被认定为中世纪民俗。可以看出，19 世纪中叶欧洲大学中公开承认并实践的带有目的论背景的进化论，在当时人眼中是一种“科学的理论”，而在后人眼中，它可能成为特定时期的一种真正的民俗形式。而且我们可以事先判断，后代人可能对我们时代最先进的科学也持同样的态度。但是，中世纪的学者不会承认其理论是民俗，正如居维叶不会如此，19 世纪的生物学家也不愿意承认其工作是民俗，但年轻的后代会持这一态度。这一态度的基础是强烈相信作为现实和方法的“科学”与结晶化为“民俗”的“民众想象”之间是截然不同的。

第三种情况，有天赋的欧洲人笔下的“原始心智”“前逻辑”等理论的搭建被视为科学分析，但这些理论被更熟悉“原始民族”的后来人视为欧洲人对异文化的反应，是证明欧洲进取精神合法性的阐释性民俗，目的是把文明之光带给无知黑暗中的人们。

虽然我尚未触及让人更惊讶的例子，以上案例已足够说明我的观念。

某些案例是“经济学的”——合法说明现实；还有一些案例是“哲学的”——一种个人和族团特殊的民族志学和民俗学（我所理解的）反应态度，这一反应态度源自调查者基于自身文化立场对新事实提出的假设和猜想。不过，“经济学家”和“哲学家”不会承认他们是民俗的创造者和持有者——他们相信他们正做的事情超越了族团文化的简单民族志功能：大多数人的姿态不亚于上帝、永恒、绝对精神、科学真理等。

但是，一旦我们考察特定族团关于民俗和非民俗的定义，情况就会改变——在中世纪学者看来，他们关于世界的观念是科学事实，至少是科学假设。《圣经》的历史被视为事实，而格言和童话则被视为异教徒的“迷信”，遭到拒绝。

不同的族团根据反映真实和解释现实的不同程度，把民俗分类到前文指出的五种形式中。当一则故事因满足情感需求被讲述时，并不总被视为“真实”，正如许多象征只被视为象征，但有时它却会作为“真实”而被讨论。除非我们接受人为建构的分类，一首带着特定民俗表现形式的爱情歌曲绝不会被视为“真实”，这种态度在所谓的“文明民族”中也是如此。因此，就民俗的反应态度而言，应该考察民俗创造者的态度；因此，一则童话故事、一首爱情歌曲不能被视为对“自然哲学”和对世界观念的反映。

关于民俗所嵌入的外部形式，它是一首有节奏且押韵的诗、有节奏的散文、类似历史的故事或者是类似故事的历史并不重要，民俗区别于个人创造的一个重要特征是其族团特征，即它被族团接受，并由此拥有相对稳定的传承形式。其实，把用书面语言保留作者名字作为辨识民俗特征的做法让人难以琢磨，不过作者名字的消失，也不能被视为民俗的典型特征。因此，当某一作者的创造成为被记录下来的民俗片段后，它并未失去其民俗特征。这时，调查者的判断必须依据其对文化丛的熟稔，辨别哪些是未获得族团认可的个人创造，哪些是整合到民俗文化中的个人创造。

因此，在本部分开头处，我界定了“狭义的民俗”，这类民俗不被其持有者（族团）视为真实，而且维系着固定的形式。不过，从欧洲的观点看，欧洲人眼中与“真正的知识”和“科学”相对应的部分都应被划入民俗范畴。

在搜集资料的过程中，由于我们不能在“真实”和“想象的故事”间做明确划分——文化持有者的观点有时是不确定的——现在，我将在搜集和记录的资料的基础上，呈现通古斯人的态度。

满族人会明确区分两种情况，即真实的故事乌嫩伊巴伊它［wuneŋi baǐta（满语口语），对应 unengi baita（满语书面语）］——“真实的案例（事件）”；和朱姑（jūγu，满语口语）——“童话”故事，一种想象性的故事。其实，历史书籍像著名的小说《伊兰固伦毕特合》——《三国演义》（译自著名的汉语小说）以及辽金的历史被视为乌嫩伊巴伊它，但词语“苏都立”（sudurï）——“历史”却很少被使用。但是，满族人认为译自汉语的书籍如《聊斋志异》是让人怀疑的，持半信半疑的态度。非常有意思的是，尼山萨满故事，一则描述发生在明朝背景下的故事（参见后文），只有满族人视为乌嫩伊巴伊它，这些人保持着对萨满的信仰。德布达里（Teptalin），我从一位老年妇女口中记录的长篇史诗，尽管叙述的是满族人和北通古斯人之间战争的历史，却被视为朱姑。毕拉尔千人承认德布达里不是朱姑，却是真实的历史记录。其实，在满族人中，所有译自汉语的关于地理和自然的叙述，尽管具有偶然的“幻想性特征”，却被相信为乌嫩伊巴伊它。其实，满族不同氏族的神灵体系被视为现实的真实反映。在处理这些资料时，我们必须弄清楚满族人对待这些资料的态度。

其实，除了上文提及的史诗，满族人中还通过口头传承保留着大量的“真实事件”和“故事”。面对大量这类民俗，我们有时很难判断满族人的态度，而且满族人在听完一则故事后，会提出问题：“额勒乌嫩伊巴伊它？朱姑?”（“èr wuneŋi baǐta？ǰūγu?”），即“这是一则真实的故事还是幻想故事?”讲述者有时会回答提问者，有时则不会，因此听众经常需要形成自己的判断。

通过分析大量非书面记录故事，可以发现其中的大部分故事都是反映汉文化的。但是也有一些故事，例如詹姆森引用的一位男性和他的三位妻子的故事①，这个故事的主题是一位被迫害的母亲和她的孩子。在离满

① 参见詹姆森《中国民俗三讲》，第 124 页。

族人很遥远的地区，也可以发现这则故事。故事的环境——例如，在俄国民俗中，三个妻子（三姐妹!）对丈夫的诺言广为人知——不是“满族的”文化背景，整个故事只是整合了源自不同族体变异的文化元素的结果。这里，我们发现包括不同来源要素的文化丛，被满族人黏合在一起，这一文化丛得以维系的原因，可能是深层的心理原因，或者是故事的消遣作用、智力的练习、遇到新状况等。满族人中还有一些基于自身生存环境而形成的本土故事，这些故事被以最初模式或者满族人了解到的模式讲述。

“狭义的民俗”也可通过心理学的方法得到分析，也就是说，考察它在多大程度上反映了特殊的满族心智丛，以及普遍的“人类”心理状况。

北通古斯人对待民俗的态度和满族人相同：他们会区分想象性的故事——毕拉尔千人称乌拉吉尔（uläγir-uliγir），这个词应该与 ulgar-uliγir（蒙古语）[1] 有关系，以及历史故事——诺普季（n'opti），即“较早时期的事情”。后贝加尔地区的通古斯人也会做同样的区分。歌曲、谚语和真实的故事［通郭勒阔恩（toŋγolkon，毕）、尼姆那卡翁（nimnakawn，涅）］[2] 被归入特殊的组别之中。

在接下来的部分，我们会观察到通古斯人是如何解释世界结构的，这里我列举一则毕拉尔千人向儿童讲述的乌拉吉尔。下面的内容是对几则故事组合到一起后的总结翻译，由一位毕拉尔千人向我提供。

> 很久以前，人们居住在地球上。布日坎、玛鲁和萨满都去了天上，人群中没有这些人和神灵。现在我们可以在星座上看见他们。猎户座称莽伊。在那里，三颗大星星构成他的腰带，三颗小星星是他的阴茎和睾丸。莽伊想抓住七个女孩（nadan unil）——昴宿星，但在追赶的路上，有一个野猪的下颌骨挡住了他。莽伊附近，有一支箭和几把弓。金星，夜晚的星星是一名女性，晨星则是一名男性，称乔勒朋

---

① 但是，通古斯人给出了他们自己的词源解释，即大量的通古斯方言中可以见到的 ulöki——“说谎”的变异形式。

② P. P. 施密特指出了涅吉达尔方言中的 tölungu、tölum，并与 tölungu（奥尔查）、tölumu či（奥罗奇）比较，但这些词语并未表明故事的“种类”。

(čolpon)，被视为额占（eǰan，“可汗”“头领”“主人”）。如果晨星不能被看见，表示可汗已经死亡了。这两颗星星被假设为所有星星的“可汗”。北极星——陶果尔甘（togolgan）——“柱子、标杆”，是由布嘎竖立的。布嘎吹起来一个膀胱，因此地球沉了下来，他使用一根柱子支撑漂浮的膀胱。星星是树的根部。在奥乌兰星座（owlan）[①] 和猎户座（蟒尼）中间，分布着大大小小的麋鹿（驼鹿）。小的麋鹿（驼鹿）被杀死（人杀死），停留在地球上，而大型的麋鹿（驼鹿）则停留在天上。如果大型的麋鹿（驼鹿）被杀死，则会来到地球上。在天上的湖中，有一只天鹅。过去，天鹅不能被击中。但天鹅被杀死了，来到地球之上。在棚屋上方盘旋看到人时，它会哀号。天鹅也会在天空中哀号。它被别亚奥色克塔（bèjä osekta，“人星”）射中，后者乘着一只独木舟。如果有人生病了，则会向别亚奥色克塔祈祷。如果病人看到这颗星星，则会恢复，如果看不到这颗星星，则会死去。人们通过观察天空中见到的箭和弓以及桦树皮船，学会制作弓、箭和桦树皮船。银河是蟒尼的道路。银河在水的中央，水中可以发现整个世界和地球。在另一个版本中，银河有几条支流。太阳缓慢地从马背上升起；中午之后则迅速地在狗背上奔跑。根据某一版本的解释，太阳是男性，月亮是女性；星星的陨落意味着：苏西提克坦（sus'i tiktan，“灵魂陨落了”）。如果陨落的是一颗大星星，那么这意味着去世的是一位大人物。彗星是金星（两颗星星）可汗挥出的剑。莽伊和三兄弟过去居住在月亮上。

成年人不会相信它是一个“真实的故事”或关于天空的真正解释，但是他们却使用与上述乌拉吉尔相同的名称表示星星。其实，这些故事不能被用于理解通古斯人关于大体之间关系的观念。

当不同类型的故事被讲述时，通古斯人会有不同的“情绪”。如果是严肃的情绪，通古斯人则不允许讲乌拉吉尔，但他们却会听讲述者讲通郭勒阔恩或诺普季。而且在满族人中，据说白天讲朱姑（对应乌拉吉尔）甚至

① 同样还有 dulowon（源自达斡尔语）。

听它们的人绝不会变得富有。出于同样的原因，讲乌拉吉尔在通古斯人中也是被禁止的。关于这一原因，不需要复杂的解释：真正的原因是讲述这类故事只是一种无所事事的消遣。但人们在白天却可以听具有实际重要性的通郭勒阔恩，他们不会认为听历史故事（诺普季）是十分无用的。通古斯人和某种程度上的满族人会通过听荤故事和俏皮话进行消遣。普通的童话是不能满足观众的。

当考察听众群体的构成时，我们可以发现被普遍归入民俗的不同民俗产品种类的差异。其实，某些故事（主要是童话故事）吸引的只是儿童；还有一类故事吸引的是妇女；第三类故事（“自然历史”、历史、狩猎等）吸引的是中年人；第四类故事（尤其是狩猎的经历）吸引的是年轻人；第五类故事（萨满教的经验）吸引儿童以外的所有人，但理解的角度不同。因此很明显，作为心智丛的证据，不同民俗的价值是有区别的。

考虑到通古斯人和满族人对自身民俗的态度，使用未分类的民俗资料来理解通古斯人的普遍观念是错误的。因此，我首先不得不做的是辨识工作，即通古斯人关于自身各种环境现象的心智丛的观念表达。在这部著作中，我将利用通古斯人和满族人的一部分民俗（我的定义），不使用乌拉吉尔和朱姑，即想象性的故事。

后者对于详细分析被调查群体的心理学和文学创作形式具有重要的价值，但目前我不使用这些材料，因为它们对于描述心智丛的重要程度不高；作为一种民族志现象，它们只是证实了通古斯人和满族人与其他族体和文化丛之间直接或间接的关联。只有在这些材料已出版且已进行翻译和注释的情况下才能使用它们。尽管这些材料已经达到我本人可利用的状态，但它们还未达到出版所要求的形式，这些材料可以用来完善这里讨论的心智丛，我主要从“无意识”的心理学视角补充，经过细微分析这些民俗，发现其中的“无意识”心理。在离开这个问题之前，我想指出一些我搜集并用于目前著作的民俗学资料的基本情况。

满洲地区和后贝加尔地区的通古斯人一共向我讲述了 114 则不同种类（童话故事、历史、狩猎经验等）的故事，包括 85000 个英文词语。除此之外，还有 20 则故事，包括 6400 个词语——搜集自一位毕拉尔千人，我教他用自己的方言转写这些故事，他的记录十分完美，这些材料能够被使用；25 个通古斯人和满族人的“萨满教文本”（祈祷词）等，大约为 1200 个有节奏的诗行；一定数量的通古斯歌曲；22 则满族故事，大约 25000 个词语；满族史诗“德布达里”，大约 20000 诗行。还包括一定数量的萨满教满文文本，尤其是《尼山萨满》，这个文本包括 9000 个词语。还有一个满族书面故事（满族人为我记录的）和满族文学资料——它们对本项研究的价值真的不大。对于这些资料，第一部分的最后一节中，会有更为详细讨论。

10. 直接的民族志观察

尽管上述资料丰富，但仍未包括实际搜集的全部资料，后者是直接民族志观察所获的资料。它们包括所有不能被正式纳入民俗范畴的事实，是源自通古斯人和满族人的个人交流，或者是采取了某种民俗形式却并非总被传承的故事。例如，在民俗记录中，只能找到一小部分通古斯人关于环境观念的事实。其实，神灵、假设和萨满教知识，往往没有固定且便于传承的形式。从记录的观点看，这类观察到的内容很多，我尽力地记录下所有的事实。不过，由于（1）与其他阐述的混淆；（2）报道者的不可靠；（3）经常发生不能做即时记录的情况；（4）我十分个人化的“印象”，仍有大量事实不能被记录下来。

在不同主题的谈话文本中，“狼比狐狸更聪明”的简短阐述非常容易遗漏，但如果在相似的情况下，这一简短阐述多次被重复，则会被记住。某些通古斯人的概括采用他们所熟知的短小的真理形式，不需要证据的支持，与此同时，这些简短阐述与欧洲文化丛的“正确决策力”十分吻合。其实，这组阐述内容非常多，是通古斯人知识和思维的主体内容，观察者通常不会注意到这些内容，因为他们具有相同的观念，这些内容看起来很自然，就像空气，如果没有其他气体的混合替代，空气是不能被感知到的。当观察者寻找奇异的要素时，“空气”自然不会被注意到。其实，从规律上说，把所有的事实记录下来是不可能的，我们需要记住，在特殊的场合，我们可以不断发现相同的行为方式和观点。[①]

在观察的过程中，我们经常会发现，一段阐述由于其个人性特征、作为反常现象的个人观点以及错误的信息等原因不值得记录。其实，在通古斯人群体中，不同的个体关于自身所属文化丛的知识量是不同的，不同的个体掌握特定的专门化知识，就是说能力程度不同。而且，在某些情况下，我们会遇到有意识或无意识的说谎者，他们提供的信息具有特殊的价值。当对某一文化丛的本质要素调查完成后，记录说谎者是可能的，说谎者提供的信息具有启发性。在这类资料中，也包括一些来自“不正常者”的信息，例如受神经症和狂躁症影响者。只有在掌握了“正常的”文化丛的情况下，即在被调查人群中工作一段时间后，[②] 这些信息才有意义，而在调查之初，这些案例是必须小心回避的。

在田野调查中，不可能做即时性记录的现象极为普遍。其实，例如旅行中的大量观察是不能立即记录的，观察夜间的表演时，由于无光，不能立即记录。[③] 如果材料搜集来自谈话，即时性的记录是不可能的，这十分普遍。其实，如果调查者在谈话中掏出笔记本书写，这一行为所带来的后果，与欧洲的社会集会上某位客人掏出笔记本记录谈话内容是相同的。其实，由于这一欧洲人中相当粗鲁的行为，他会被问询笔记本记录的内容，遭到训斥，以后不再会受邀请。而在通古斯人中，其笨拙的行为会被观察到，

① 对于田野工作者中尤其是刚从事田野工作的人而言，寻找“差异”会导致笔记内容的缺乏。随着时间的流逝，关于心智丛的“重要事实”未得到记录，只是因为这些要素与调查者自身的文化要素相同，所以他们错过了所调查的心智丛中最本质的要素。当需要描述调查材料时，观察者完全忘记所观察的内容，而且指出所调查心智丛的“原始性”“乏味”“简单”。这种情况在成熟的调查者中很少见。上述情况下，心智丛的本质部分未被记录，甚至未被认识到，一直处于隐蔽状态，最后导致整个心智丛的面貌是人为建构的、不真实的。更为糟糕的情况是，观察者以理论为过滤器，选择性地呈现事实。调查者中还有一种倾向，即对差异视若无睹。这种情况在缺少一般知识并受相似性观念影响的调查者中很普遍。

② 参见后文第四部分，我指出了调查这些状况的困难。但是，大量的调查者以此为调查起点，例如使用“反常”案例。其实，这类事实可以构造出最特别的图景。

③ 一个特殊的例子是萨满教实践。当萨满被要求唱“歌曲”时，为了使调查者满意，他们可能会这样做，但记录的可信度则是不确定的。正如后文将论述的，萨满本人有时候甚至不能意识到他们所做的行为以及所唱的内容。通过这种方式记录下来的是表演的一小部分，也就是形式化和风格化的咒语和祈祷词，但从萨满教的观点看，这些内容并不重要。

调查对象因此改变谈话的主题，日后当调查者在场时，通古斯人再不会做自我表达。[①] 其实，如果调查者不仅仅是一名“客人”，而是官员，其处境也不会得到改善，因为通古斯人会犹豫是否完全地坦诚，而且在某些情况下，他们会尽力取悦调查者，向他们提供预期的事实。[②]

我已经提过一组我仅在个别情况下做的记录，即我的个人印象，过去，它们是旅行者记录的主要内容。不过，我不否认这类印象的价值。其实，这种情况下，这些记录甚至并未体现被调查群体的真实情况，但可以此分析作者的异文化反应，理解作者自身的文化观念。这些资料非常有意思，不过从调查者自身的观点看，它们没有价值，因为调查者不能直接使用这些资料。尽管如此，我的笔记中还是包括一些此类评价，主要目的是比较我在不同阶段所形成的印象。其实，某些“印象”的经常变化，标志着我对通古斯文化本质的深入理解，这在很大程度上可以帮助我对记录本身的批评性分析。

在成千上万的被记录的事实的基础上，必须加入过去未被记录却被观察到的事实，某些事实甚至可以被放置到通则化的概括中。

档案中包括的事实诸如收藏品、设计、装饰、照片和录音以及物质形式的样本（民族志学的搜集），构成理解心智丛的一组特殊资料。其实，对所谓物质文化的详细技术分析，可以帮助我们理解人工制品蕴含的心态；“神位”（包括神图）为理解通古斯人的神灵观念提供了重要线索；关于文化丛（例如萨满器物）的详细比较研究可能为分析某些文化要素和文化丛的传播提供重要的事实。但是，因为目前这些收藏品超过了我所能接触的范围——所有这些藏品都保存在俄罗斯科学院民族学与人类学研究所——我只能使用其中一部分资源，一部分内容记录在笔记中，一部分我只能依赖自己的记忆。与源于笔记和民俗的用于写作的资料相比，呈现这些资料似乎更加困难。我可以利用的事实数量，似乎足够让我详细地描述心智丛。

① 事实上，公开地记笔记是可能的，但是这一切应该被认真地安排好，并且给出正式的理由。这一切都取决于调查者的应变能力。

② 从这一观点看，调查满族人这类群体更加困难。满族人保持着汉人一样的礼貌观念，为了获得调查者的理解，他们可能会提供给调查者一些符合调查者文化的想象性事实。

我不认为基于收藏品的事实资料对于本书的写作是多余的，但它们的缺乏也不会影响我对文化丛的分析；如果这些收藏品能呈现，则会影响本书的内容形式。很可能的是，这部著作将来可以增加某些解释性的注释。

11. 材料的呈现

由于前文指出的原因，我舍弃了其中部分资料，并对其余资料做了分析、核对和分类，用于写作目前的著作。需要指出的是，某些提出的问题得到了更好的调查，其事实的数量超过了解释工作的实际所需，而另一些问题的事实则比较模糊。在解释的过程中，我同时遇到了这两种情况。产生这种情况的原因有三种，即：（1）有些问题是基于欧洲文化的背景提出的，并非通古斯文化中的实际问题；（2）通古斯人不能提出自身文化中所存在问题的解决办法，通古斯人认为，这些问题没有解决方法；（3）具体的调查状态不允许我们持续向通古斯人提出问题，施加压力，这可能会带来意想不到的结果，通古斯人可能不再愿意担当自愿报道人。

根据通古斯人的文化结构，我形成了自己的论述，这有时可能是不同寻常解释的形成原因。不过，我不想让自己对通古斯文化的叙述适应欧洲文化，或者以多数出版物中的传统形式叙述通古斯文化。在整理资料的过程中，我对通古斯文化的分析结果，构成这部著作的形式。其实，我所选择的解释的技术路径与其他作者不同，因此为了解释的方便，我描述了心智丛与我早期著作中所定义的基本环境、派生环境和第三级环境之间的关系，而“习俗”、某些观念和实践则在特定部分描述。我把我的著作分为四个部分，分别讨论（1）实证知识；（2）假设；（3）源于假设的实践方法；（4）萨满教。但是，第一部分中也包括语言、民俗、装饰艺术和教育，它们是心智丛的重要表现形式，但在本书中，我未把这些内容单独列为一个部分，它们不受第三部分讨论的假设的限制。此外，我还专门用一节讨论了通古斯人的基本观念（第4节），如果没有这部分，阅读第一部分内容则不会有清晰的认知。我最初的计划是把萨满教放到本书的第三部分，它是源于假设的一种实践方法，构成萨满教的真正特征，但萨满教的相关内容太多，而且需要专门的小节讨论“被调查群体的心理学状况”与“萨满教的历史”。出于这一考虑，我放弃了最初的计划，使用特殊标题专门讨论萨满教部分，表明萨满教是在性质上不同于第三部分讨论内容的一种特殊实践方法。

为了避免可能的误解，这里我向读者澄清本书中使用的专门术语。在前文的调查困难与族团化理论中（第 1 节和第 2 节），由于我在其他著作［即《北通古斯人的社会组织》（1929 年）与《乌拉尔—阿尔泰假设的民族学与语言学诸方面》（1931 年）］中已经讨论了某些词语如“进化”“发展”“进步”“启动词”等，这里，我不再重复这一讨论。不过，在本书中，我也使用了一些新词语，并给予恰当的解释，同时我也遗弃了一些旧词语，我必须给出其中的原因。首先，我必须说明倾向使用“心智丛”的合理性，这个词语的使用，很可能遭到反对。很明显的是，我们应该讨论这一文化丛。我称它为“心智”（psychomental），是因为用“智力”（mental）表示的现象只能被视为抽象的，但这些现象事实上也与族团和个人的心理有关。这一文化丛是功能性的，它是特定（和变动的）生理要素对族团整体环境的适应结果。它可以作为遗传性的潜能被传递，同时也是可以从族团环境中习得并模仿的行为模式。我把它不仅称为“心理的”（psychic），而且也称为“智力的”（mental），作为容易被观察到的表现形式，这组被称为智力的现象很容易被记录和分析，确实会影响到族团和个人的心理功能，因此“心理的”和“智力的”现象不能截然分开。正是基于这些考虑，我提出了“心智丛”这一概念。

在已有的民族志作品中，我们可以看到不同术语，如“精神文化”“宗教文化”“宗教”，甚至是“迷信”和作为某种“宗教”的“萨满教”等。这些术语中，没有任何一个适合概括“心智丛”现象。其实，“精神的”这个术语中包括特殊的“精神”内容，而大部分心智丛现象从性质上看根本不是精神现象，把这一现象特殊化，并放到与“物质”现象对立的框架内，是与所有的现代科学思维有显著的矛盾的。像“宗教”“宗教的”这类词语，假定这类文化现象与“基督教”“佛教”相对立，不过，把通古斯人中观察到的管理心理生活的要素放到宗教文化丛中，意味着它对应了不包括医疗技艺的“基督教”。其实，这些词语应该用于表示特殊现象，应避免不同文化丛之间惹人烦的混淆，从而沦为一种伪科学的概括。

其实，民族志文献中仍出现的“迷信”“偏见”等词语在科学出版物中将不再有位置，这些出版物假设自身蕴含着真理，现在严肃的科学家不会接受它们。其实，19个世纪宣称的大量此类真理由于错误的假设而表现出误解，其中某些假设反映了超自然秩序，也就是说，它们并未被认识为迷信。“萨满教”一词的使用是欠妥的，正如我在过去的作品[①]已经提到的，萨满教并不包括全部心智丛现象。其实，萨满教是与特定的文化丛相适应的，但在另一个文化丛中却很难生存，它是既定文化丛的一个要素。此外，萨满教可能与不同的文化丛相连，而且通古斯人文化中也可能根本不包括萨满教。因此，用萨满教定义通古斯人的心智丛在原则上是错误的。[②] 其实，萨满教并非一种宗教，甚至从根本上说，它不是一种固定的、稳定的系统，完全缺少伦理要素。[③]

在本书中，读者不会发现有时适用于表示萨满的“巫医”等术语，因为我已经指出，萨满教不只是一种“医疗技艺”。同样，我也放弃使用“巫术”“神秘的”这类术语，实际上，这些术语已经假定了言说者对文化丛以及文化要素的态度，从本质上看，这些态度表明这些事物是与“合理的”和“科学的”事物相对立的。但从实际上看，调查者并未完全理解这些文化丛及文化要素，或者说未把它们视为和大型宗教与现代科学有别的文化丛。

---

① 参见1919年我用俄文发表的文章，同样也可参考“What is Shamanism?”（1924）、“Šramana-Shaman”（1924）（与米罗诺夫合作），以及《北通古斯人的社会组织》，补充注释8，第364页。

② 这个词语已经被广泛地用在官方的记录中，表示“异教徒”“野蛮人”，是与基督教、佛教和伊斯兰教相对立的宗教。参见例如帕特卡诺夫关于通古斯人的作品。在这些案例中，萨满教被视为一种宗教。

③ 其实，如果我们把所有的神灵和伦理要素放入“萨满教”范畴中，则可发现其中的“伦理”要素。但是这是对萨满教的一种武断论述。通古斯人的伦理文化可以不包括神灵。这同样也体现在建构一种“宗教”之中，例如约克尔森的《尤卡吉尔人》（前引文，第135页）等作品就持这一立场，这些观点的基础是认为某些伦理要求和神灵有关，信仰基督教的人群中也是如此。

由于这里不能深入讨论深层心理学原因，使用新术语或为旧术语赋予新的“含义”，几乎总是遭到某种敌视。其实，在某些情况下，新术语的使用并不总是必需的，可能源于科学之外的原因。不过，当使用新观念或描述新现象时（即未被描述或未被分离的现象），使用新术语则是十分必要的。我发现有必要使用“族团化（ethnos）”、“启动词”（starter）和“奥伦现象”（olonism）等新术语，而且坚持我个人对“萨满教”的解释，要不然理解本书则是困难的，甚至是不可能的。我并非执意要为旧术语赋予新含义，我之所以这样做，是因为的确需要这些术语。出于同样的原因，我也避免使用旧术语。我这样做的目的，并不是要体现本书的“原创性”，而是使它更加清晰，明确与欧洲文化相区分。其实，正如本书所呈现的，在不借助模棱两可术语的前提下，是可能描述一种异文化的。因此，我认为，这不是在卖弄学问，也不是为了彰显本书的原创性。

通过使用某些新术语，以及重新赋予某些常用术语新的含义，并不能完全满足我描述和分析异文化的全部需求，而且我肯定这部著作会因此受到误解。当然，带来误解的更重要原因是语言，前文我已指出了向欧洲人翻译通古斯语言文本和解释通古斯人观念的困难（参见前文第 4 页——第 5 页）。

在准备出版的最后阶段，这部作品已达到上文描述的要求，但它并未实现我关于这项调查的所有目标。其主要原因是，我可以自由处理的资料仍不充分，尤其缺乏心理学方面的调查资料，所以缺少更详尽的讨论。一切都不能弥补缺少实验室带来的缺憾。

尽管有这些不足，在这部著作的结尾，我提出了自己的观点和结论。其实，在某些情况下，我仅局限于阐释事实，并未给出结论。之所以这样做，不是因为我不能提出某些解释，而是这些解释可能是不确定的，进而带来错误的结论，而且，这对我描述心智丛的主要目的是无用的。出于同样的原因，我也不会对使用其他作者的事实做结论。从前文可看出，在某些情况下，调查者提出的某些事实，是与整体文化之间没有联系的孤立事实。

尽管在对其他甚至是十分遥远的族体的心智丛的描述中，可以发现大量与通古斯人的惊人相似之处，在比较研究者的著作中必然会涉及这些观点，但在这部著作中，我不会指出这些相似性，除非相似的原因是文化采借。它们主要是过去和目前与通古斯人发生直接接触和间接接触的族体。其实，像汉人、蒙古人、北方的相邻族体以及雅库特人和各种古亚细亚群体可能会提供大量的事实，但是，有效地使用这些事实需要利用一定数量的引文，而且对于相似性的阐释和分析也需要专门的考察和比较研究；在我看来，对相似性的随手引用是不合理的。首先，专家很容易获得大量事实，但在引用这些事实时，还需要更多的篇幅说明未被出版和阐释的事实，而且还要重构本书的理论基础；其次，将这些事实从它们所属的文化背景中抽离出来，可能很容易使它们呈现出一种变形的状态，功能方面有时甚至是事实方面被剪裁。而且，我认为在没有对文化整体进行了解的情况下，运用这些事实是危险的。即便有很好的被调查群体，在没有与这个群体建立一个很熟悉的关系的情况下，这点也不一定能够做到。这一困难对于所有了解陌生群体的民族志学者而言都如此，他们知道，任何一个文化丛的本质特征都在于其功能方面，这一点很难通过“描述”展示——同时应该看、听和“感受”。对民族志材料的错误运用可能会导致错误的结论，这种可能性很大，因为在事实的选择背后，总有事先形成的观念和假设的影响。

在本书中，除了被调查的北通古斯人群，我也讨论了在满族人中观察到的心智丛现象。因此，目前的这部作品被命名为“通古斯人的心智丛”。实际上，北通古斯人中的许多心智丛要素受满族人萨满教和心智丛的影响。因此，这里必须讨论满族人的心智丛。由于我讨论的心智丛与满族人的社会组织和北通古斯人的社会组织关系密切，所以我需要参考自己关于社会组织的作品。为了澄清通古斯人社会组织的功能，我在此前的作品中已对北通古斯人的智力和行为做过简短的讨论。因此在这部作品中，我不会重复关于通古斯人群体分类和一般特点的论述。如果我可以成功地从功能角度说明通古斯人的文化，考证其文化要素的族体来源，即分析某些事实的变化序列或指出它们变化的历史，最后，如果我能在观察到事实的基础上成功得出民族学意义上的结论，哪怕是尝试性的、暂时的，我也会认为我完成了自己的任务。

第一部分

实证知识

第 4 节　某些基本观念

12. 初步评价

为了让读者更好地理解通古斯人的心智丛，我必须事先介绍通古斯人的某些普遍的和基本的观念。这里，我不可能做出详尽的阐述，但后面的小节中涉及相关问题时，我会尽可能予以详细介绍。

这里呈现的通古斯人基本观念是系统化的，它们并非由通古斯人提出。在通古斯人中，这些事实和结论是碎片化的，这里呈现的图示化表述，是基于几个不同通古斯群体以及构成这些群体的个人的调查构建的。在建构通古斯人观念的过程中，会遇到如下困难，即区分这些通古斯人的观念中本质性和非本质性的部分、普遍性和个人性的部分以及全部接受和部分接受的部分。这些是调查者的工作，我必须呈现我的概括过程。

必须强调的是，并非所有通古斯人都对基本观念问题感兴趣，它们是智力优越者的专利。

普通的通古斯人不以哲学表述的方式接受教育，而是一个接着一个地接受环境方面的知识，它们可以反映出特定的哲学观念。其实，某些通古斯人不能提出普遍的概念，因此他们会接受信任对象的“通俗化”表达。这在高度分化的群体中也是如此：如果某人仅研究农民和工人，则不能理解欧洲各族体心智丛的本质要素。

而且，这些概念在不同的通古斯群体中有某些细节上的差异。由于这一原因，目前我不会描述不同群体中观察到的细节，而仅呈现所有通古斯群体都承认的普遍化系统。其实，我有时不能在被调查的所有群体中直接检验“物活力”观念。因此，在库玛尔千人中，我只能通过间接地分析个案检验这一观念。由于我发现这一观念在具体案例中是有效的，而且未发现其他更普遍的事实，因此我认为，我把提炼的概念用于概括库玛尔千人的心智丛是可靠的。

在进一步讨论通古斯人的心智丛时，我将遵循相同的方法。当提及通古斯人的事实时，则意味着它们被所有的通古斯群体认知，而且是通古斯人观念系统的基础。如果只提及某些特殊群体，则表示我不能做普遍概括，这可能源于缺乏事实或存在差异，后文我会指出这一点。

本书的目标不是描述和分析个人的心智丛，而是呈现一幅浓缩且集中的图景。不过，我的目的不是讨论个体通古斯人的心态，而是描述心智丛的机制，后者可以帮助我们理解族团中持有特定观念的群体和个人的行为。

目前，普遍的情况是，民族志调查者只是粗略地描述资料，几乎不做讨论。在专门的个案中，我也是如此，即呈现所有的案例、观念和态度，把自己的努力局限在呈现这些事实。但是，当材料过多且无益于得出普遍化结论，或者调查者在不能肯定本人或读者能得出结论的情况下，则不会发表这些资料。不久前，体质人类学领域也有此类情况，当时体质人类学家不熟悉方法论，经常发表个别的体质测量资料，批评者认为这些著作只是统计意义上的测算。随着方法论训练的提高，出版个别体质测量资料的需要消失了，此类成果已经很多，出版全部相关资料是不可能的。某些“人文学科”现在仍如此，其方法论训练仍处在初级阶段；调查者是不被信任的，因此不得不出版一些一手资料。有时，这种研究方式被解释为真正的科学方法；其实这表明科学还未出现，只是呈现搜集者每一环节都要检验的数据。

由于上述原因，出版我占有的全部资料是无用的、不可能的，这里我并未呈现全部事实，只是描述和分析结论。在后面的小节中，有必要时，我会描述事实。

13. 物活力

与其他族团相同，通古斯人面对的问题是物质及其变化，以及人们的反应态度。通古斯人和满族人的基本观念认为物质包括两个要素：物质要素和非物质要素；为了方便，我称它们为物质和物活力（animus）。

任何可被触摸、感受、看见、听到和闻到的物质实体都是物质。因此，一块石头、木头、皮张等都是"物质"。这些物质可以按照如下方式区分。就我所知，通古斯人中没有表示物质的普遍词语，而是用特殊的词语表示："石头""木头""铁""皮张"。对不同形式物质的进一步分类则是基于实际功能，例如ǰolo—"石头"——可用来表示不包括纯粹或合成金属、呈固态且不会变为粉末或熔化的一切矿物质。但是，石头变成粉末后会被认知为"变成粉末的石头"。岩石是由石头构成的。如果石头有某种特殊的用途，可以用一般的词语（davik）或专门的词语（amun'in，源自 amun——排空）表示，例如用于绘画的石头称 davǐk、davuk 或 davǐksa（不同方言）——"赭石"；用作药物的石头称ǰolo amun'in（涅）——"净化的"石头。如果某些石头具有河床沉淀物的特征——"鹅卵石"，则用特殊的词语表示，例如 iŋga、cŋa、iŋa（不同方言），但它也可称ǰolo（biran'i ǰolo——河床鹅卵石）。因此，ǰolo 表示"石头—物质"和"石头"。

在关于"木头"（莫）的观念中，我们可以观察到相同的情况。如"石头"一样，木头也被详细地分类。不过，金属则不然，通古斯人从其他不同的族体中了解到，并使用不同的词语表示"铁""黄铜""铜""银""金"等，这些词语在不同通古斯族团中有差异，多数词语可追溯其语言学来源。就我所知，通古斯人没有表示"金属"（普遍化语言）的词语，但这并不能说明通古斯人没有此类观念。当通古斯人想表示"金属"，他们会使用否定性表达表示"金属"，从而与其他物质相区分，说明"金属"不是"石头"，不是"木头"，不是"肉"等，而且，尽管没有共相的词语表示金属，但如果某位通古斯人不能理解所有金属的共同属性，他们则会惊讶。我们认为，通古斯人不需要表示金属的共相性词语，却拥有此类观念。

现在我们清楚，通古斯人可能没有表示“物质”的词语，却有此类观念。

现在我们可以假设如下，有一根被装饰的木棍，约 110 厘米长，带有手柄，是妇女骑乘驯鹿时用以保持平衡的特殊工具，称提亚翁（tijavun）。目前，这种工具可由一根天然带有手柄的木棍取代。只要它保持笔直、不破损，就可以作为提亚翁使用。不过，如果这根木棍被折成两半，则不再是提亚翁，只是两根木头（莫），是“坏了的提亚翁”。这个提亚翁失去了某种提亚翁专属的东西，变为简单的物质——木头物质。失去的“东西”是提亚翁损坏时释放出的非物质性要素即物活力。

通古斯人（至少某些通古斯人群体中）会将砸碎的物品放到装有尸体的棺材中，这一行为体现了“物活力”观念。他们认为，物质不会追随死者的灵魂，但物质中的非物质要素却会追随死者的灵魂，死者会以这一方式获得一切所需之物。把木质的和其他易腐烂的物质放置到分解后，其物活力就会释放。后文会述及，在未经评判的前提下，通古斯人是不会接受这一观念的。某些情况下，通古斯人会怀疑物活力是否存在，例如某些自然形成的物质如鹅卵石，当被破坏的时候，可能被某些通古斯人视为“石头”，而另一些通古斯人则视为“一块坏的鹅卵石”。关于损坏的提亚翁也存在同样的争论，把它修理好后仍可再次作为提亚翁使用。通古斯人提出这一问题，但并未做进一步的讨论。因此，物活力观念在不同的群体以及构成群体的个人间是有差异的。其实，观点的差异是受观念本身以及通古斯人思维的灵活性限制的，这也体现了通古斯人的宽容特点。

与通古斯人不需要表示“物质”的词语的原因相同，他们也不需要表示“物活力”的词语。其实，具体的过程如下：出于特定目的制作的木棍用特定的名称（声音启动）表示，这个名称会带来一连串特定的条件反射过程；当木棍损坏时，则不能再使用同一名称定义，表明这个名称背后实则是一个潜在的条件反射系统。

我们可以把“物活力”和“理念”相类比。不过，这种辨识是不完整的，因为通古斯人认为“物活力”的存在是连续的，不是中断的，它有特定的“实在性”。通古斯人的观念很可能类似欧洲人的“物质”和“精神”的二分。不过，也存在某些本质性的差异。因此，这里我不打算辨析这个观念，更不会认为通古斯人的观念是欧洲文化扩散的结果。我们不需要此类假设，因为这一观念似乎十分古老，比目前承载欧洲文化的各族团的形成时间还早。

很可能的情况是，如果对亚洲和其他大洲的族体进行更为认真的调查，会发现各族体基本观念间的巨大相似性。这一基本观念是通古斯人借心智丛想象环境的结果，“物活力”事实上被构想为构成环境的要素。基本观念的进一步复杂化和“解释”形成了不同群体中观察到的多元哲学观念。不同群体的心智丛是不同的，但如果我们逐一予以分析，会发现它们的基本观念是相同的。

广义上说，通古斯人的哲学观念可被称为“万物有灵论”，但这个概念已经失去价值，因为“万物有灵论”体现了包括欧洲人群在内的几乎所有族体的特征。

同样值得注意的是，调查者有时会把通古斯人的物活力误解为神灵观念。后文会指出，物活力和神灵是不同的观念。造成误解的原因是，通古斯语中没有表示物活力的词语，他们用俄语词语 dux、duša（“神灵”、“灵魂”等）向外来者介绍物活力观念。不过，我多次对通古斯人和外来者的反应态度进行实验。如果实验正确地进行，结果都是相同的。当我错误定义“神灵—灵魂”和物活力时，通古斯人会嘲笑我的天真，努力向我解释两个观念之间的差异。当调查者不会说调查对象的语言时，通古斯人不会理睬调查者的错误解释，因为他们不能通过外来文化（例如俄国文化）解释这一观念。即便调查者可以讲调查对象的语言，但如果他们使用自身的先入之见分析通古斯人的观念，也会得出相似的观点。在他们看来，理解通古斯人的物活论观念是不可能的，这类似让欧洲农民理解图腾信仰、逻各斯和道等观念。因此，无须惊讶的是，民族志资料中充斥的大量异乎寻常的荒诞之处，被用于解释持有非欧洲文化丛的族团。

因此，在此简短的部分，我指出通古斯人拥有抽象观念，但有时却没有对应的词语。词语的缺乏不能理解为观念不存在。我们也发现，通古斯人承认物质和物活力的存在，后者独立于物质。物活力和理念、神灵都不相同。

14. 生命

通古斯人解释植物时，则采取了不同于解释矿物的态度，也就是说，植物会生长、改变枝叶、死亡等，通古斯人发现植物和动物之间的相似性，把植物从矿物范畴内区别出来。通古斯人关于植物的观念是不一致的，但大多数人认为植物拥有动物中出现的“生命”，这是矿物所缺乏的。

通古斯人称生命为 èrga（埃尔嘎，毕、库、曼），ergan（拉），erge（图），öigön（涅・施），ōrgö（果・施），èrgen（埃尔根，满语书面语和口语）。[①] 该词也表示“呼吸”“将要呼吸”，可能被错误地翻译为“灵魂”。在满族人中，埃尔根被理解为“呼吸”和“活着的力量”，因此，埃尔根位于体内胸骨部分。它也被视为活着的人所呼出的气。

我们很难判断埃尔根的最初含义，说清楚它是否与动词“呼吸”有关，抑或有语义的变化。就这个词所表示的“生命”含义来看，它是一个独立的词语。但是，在满语中，额尔格（èrge）也表示“呼吸”，很可能是该词的派生含义，并传播至整个通古斯群体中。在毕拉尔千人中，èreγaĭ 的含义是“活着的”，表示与“死亡”和“不能呼吸者”的相反含义。在我看来，呼吸似乎是 èrga 的标志，相应的词语是 ori（兴、涅）、or'i（毕、曼）、äri（乌鲁・卡）、ör'i（毕）、eji（涅吉・施）——“呼吸”，因此可引申为“活着的”[②]。在突厥语和蒙古语方言中，我未找到相似的词语。从广义上说，这个词语可以表示植物、动物，包括人。此外，还有一个词干 in（和 in'）（涅、兴、毕），表示“活着的”，与“死亡”和“神灵”的含义相反，

① 只有在分析完后贝加尔地区的资料之后，我才会熟悉“生命”观念，因此我不能在涅尔琴斯克通古斯人和巴尔古津通古斯人中验证这一词语。

② 在叶尼塞地区通古斯人方言中，我发现 ariksa 表示“生命”，其他搜集的材料中则用 rikša 表示“生命”[参见 äriksan（乌鲁・卡）]。这两个词语与一系列源自词干 Vr 的词语有关，表示“恢复生命”，例如 ar（毕）、oru（叶尼塞地区）。

只表示人（毕）。这个词干很有趣，因为在满洲的驯鹿通古斯人中，inǰi（满驯，及叶尼塞地区通古斯人）表示“活着”“居住”，其中ǰi是词缀。在拉蒙辛斯基罗德通古斯人中，我发现了inǰi（拉）的另一个含义——“动脉”“脉搏”[①]。在安哥拉地区的通古斯人中，词干in表示“生命”，与“死亡”对应，表示广义上的“存在”。就我所知，其他语言中没有类似的词语。在原通古斯语中，很有可能只由一个词干表示“生命”。

因此，我们可以知道，通古斯语中的词干 èrga 和 in 含义几乎相同，但 èrga 的含义更接近“呼吸—生命”观念。

当某人问通古斯人如何定义生命时，他们会指出脉搏是除呼吸外最重要的生命特征。这是活跃的埃尔嘎-苏达拉（èrga-sudala）（毕）——生命、血管（脉搏）[参见“苏达拉”（sudala，满语）、“苏达勒”（sudal，蒙古语）——“血管”“脉搏”]，majin（毕）（词根是不清楚的）。

定义动物生命的一个标准是移动。不过，这一判断有时会遭到拒斥，因为植物不移动，却有生命。出于同样的原因，心脏活动不被视为生命的典型特征，在通古斯人看来，昆虫和蠕虫没有脉搏，但它们却有埃尔嘎。甚至呼吸也不是“生命”的典型特征，例如鱼没有肺。在毕拉尔千人方言中，èrga 和 in 是相互依存的，in 不能用来表示植物、不能移动和呼吸的动物。我不了解 in 和 inǰi 在其他方言中的含义。

通过上述事实，埃尔嘎一词可以表示广义上的“生命”，作为一种可感知的活动，表示可生长和繁殖的动物和植物。因此，除了“物活力”，通古斯人还有埃尔嘎观念，它不能被理解为“灵魂”[②]。

15. 灵魂

通过观察动物的活动，通古斯人相信动物体内存在植物所缺乏的要素。关于这一要素的性质，通古斯人没有形成普遍接受的观点。这一要素可被理

---

① Iŋir（雅·佩），“筋腱”；有时“筋腱”和“血管（脉搏）”也可用同一个俄语词语 žila 表示。这个词参考了拉蒙辛斯基罗德的通古斯语小词典，其中可能有错误。

② 我认为珊瑚不能被视为活着的，海参可能被视为植物，因为它们中的一部分是不能移动的。

解为包括中枢神经（大脑）在内的神经系统所体现的功能。但是，为了更好地理解通古斯人所遇到的困难，我会描述通古斯人区分人和非生命现象差别的方式，这样可以帮助我们更好地理解动物在通古斯人文化系统中的位置。

在满族人看来，人由物质要素和看不见的要素构成，但后者使人生存，像人一样行动。这些要素被称为发扬阿［fajanga（满语书面语）］、佛扬古［fojeŋo（满语口语）］，可译为“灵魂”。但是，这不是恰当的翻译，因为佛扬古由三个要素构成，即：(1) 乌嫩伊佛扬古（乌嫩吉发扬阿）——“真魂”，满族人把它理解为佛扬古最重要的组成部分；(2) 车尔吉佛扬古（参见查尔吉发扬阿，满语书面语），“处在前面的灵魂”，即第一个灵魂附近的灵魂（参见查尔吉）；(3) 奥罗尔吉佛扬古——“外部的灵魂”。在满族人看来，这三个灵魂并非彼此独立的个体，而是灵魂的三个方面，类似一根由指甲、骨头和肉构成的手指。翁奥西妈妈把第二个灵魂分配给所有儿童。人死后，第二个灵魂回到翁奥西妈妈处，由翁奥西妈妈给予其他儿童。人死后第三个灵魂去往下界神灵伊勒姆恩罕处，接着转世到其他人和动物中，因此第三个灵魂由伊勒姆恩罕赐予。在某些满族人看来，第二个灵魂可被理解为物种持续的力量，是人和所有动物延续的生物性力量，但植物中却没有这种力量。第二个灵魂似乎也体现了更高秩序的生理功能。人死后，第二个灵魂会在人的体内存留一段时间。第一个灵魂或者说“真正的灵魂”可以理解为“意识”或“自我认知”。不过，“思想”和“真正的灵魂”不同，因为“思想”（高尼思）是全部灵魂要素活动的结果，同时与肝脏有一定的联系。①

满族人会争论动物中是否存在第一个“灵魂”：某些满族人持否定意见，而另一些满族人则持肯定意见。通过进一步描述不同灵魂要素的特征，我们会更清楚灵魂的构成。在下文描述的持续运动中，三个灵魂要素必须始终处在一个平衡系统中。

因此，这一“灵魂”理论可以表示如下：第一个灵魂，即主要灵魂是个体意识；第二个灵魂是欧洲人所熟悉的繁殖力量；第三个灵魂是欧洲人熟悉的游动的“灵魂”；这三个要素构成佛扬古，人的灵魂的特征。其实，

---

① 满族人说，头部是用来“吃”和“看”的，不能用于思考。

这一灵魂观念最初并非通古斯人的观念，而是通俗化佛教观念的变化形式通过汉人和中亚各族体传播到满族人中的。

这一复合性灵魂观念也被巴尔古津通古斯人和涅尔琴斯克通古斯人所接受。由于我未搜集到任何确切的阐述，所以我不能确定灵魂所包含的要素。这些通古斯人称灵魂为阿纳坎（an'akan），后文会讨论这个词的词源。灵魂可能部分离开身体，后者称乌勒达（ulda）——“肉”，与阿纳坎形成对照。神灵奥米烟（om'ijan）派送灵魂并照顾灵魂，但这位神灵似乎由达哈千（daγačan）控制（表示所有“主宰者”的类型化词语）。所有的动物也有灵魂。

除了满洲的驯鹿通古斯人，满洲通古斯人所接受的体系与满族人相似，称苏西苏色［Sus'i sus'e（毕、库）］，由三个要素构成，它们没有特殊的名称。这个词语的词源学是不清晰的。在毕拉尔千人中（参见前文），灵魂由乌米斯玛-乌米-奥米（um'isma～um'i～om'i）分配，称奥米。他们说，神灵把奥米赐予子宫中的儿童。如果神灵不赐予奥米，儿童不会成长。因此，如果没有奥米，儿童不会成长，没有埃尔嘎，儿童不能存活。在这一观念中，灵魂苏西独立于奥米和埃尔嘎。毕拉尔千人甚至认为，神灵并非把奥米赐予儿童，而是赐予父母，未获得奥米的夫妇不能生育孩子。在此观念中，奥米仅是一种“繁殖”和成长力量。这一观点与满族人的灵魂系统观念相冲突，却与毕拉尔千人的第三个苏西和家人在一起的观念相适应。满洲的通古斯人常称儿童为奥米昂拉伦（ŋalaren），而表示“儿童害怕”时则称苏西昂拉伦。在特定的时刻，儿童被认为不具有奥米，而是拥有苏西。此前，灵魂并未在儿童的体内建立，而是安置在一个称作阿南（an'an）的特殊容器中。①

毕拉尔千人观念和满族人观念的差异是，毕拉尔千人认为人死后，第一个苏西没有去处，负责照顾儿童，另一个苏西进入动物的体内，第三个苏西去往死者的世界。乌米斯玛（对应满族人的翁奥西妈妈）赐予的苏西

① An'an 的含义是“灵魂”，从词源上等同于果尔德人中的 fana 和满族人的 fajanga，这个是双唇音化的词。我们知道这个词的另一个变化形式 kaŋan，在满洲的通古斯人中表示保护儿童的特殊神灵的神位，这个似乎是 an'an 的送气发音，an'an→kaŋan。但是，这是不准确的，因为音素 x 经常被转写为 k（这很普遍），n 经常被转写为 ŋ（也很普遍，但我们找不到连接的环节）。在通古斯语中，an'an ‖ kaŋan 表示“神灵-灵魂的神位”和“影子”。

会在坟墓附近逗留一段时间（对应车尔吉佛扬阿）。在通古斯人看来，这一理论借自满族人，尤其是满族人的书籍。所有的动物都有苏西。不过，人也拥有 dō（毕）、doŋ（兴）、don（涅），可定义为“复杂的智力和心理活动”，这导致人的“道德”和“智力”能力。千万不能把这个词理解为“思想”和“希望”，因为通古斯人会用特殊的词语表示这些观念，这些词语借自蒙古语—— ǰalǔva（毕）、ǰalva（涅）［参见ǰalwär(i)‖ ǰabari，蒙古·鲁］；而且他们还有另一个词语ǰon（毕、库）。随着身体的损坏，dō 自然也完全消失了。从词源的角度看，dō（毕）应该与“内部”“内部器官”有关系［参见 dō（满语）、dosi 或 doso（布·卡）以及 dotor（蒙·鲁）］。在毕拉尔千人看来，某些动物拥有心智丛意义上的 dō。

在曼科瓦游牧通古斯人中，灵魂的概念连同词语 sunusun（曼）和 sunäsun（乌鲁·卡）一同借自布里亚特人［参见 hunǎγun（布，史禄国搜集）、sünesün（喀尔喀蒙古）、hünehen（不同的布里亚特方言）（波）］。目前，曼科瓦通古斯人正受俄国人的强烈影响，因此这个词语并不包括其原初含义。满洲的驯鹿通古斯人有强烈的“灵魂”观念，这是欧洲文化的一种变化形式。满洲的驯鹿通古斯人由于不承认动物中的“灵魂”观念，因此在重新梳理“生命”等概念时面临困境。

在通古斯人中，似乎有另一种“灵魂”观念，与 om'i（乌鲁·卡）、om'i（涅、巴）［参见 amin（布·卡），这个词与表示呼吸的词干相关］一词相关，儿童体内有这一灵魂，而且与神灵乌米西（um'is'i）的活动有关。叶尼塞地区的通古斯人也使用源自同一词干的词语 omugda。在满洲的驯鹿通古斯人中，奥米一词的含义与苏西相同。目前，我们不能还原通古斯人古老的“灵魂”观念。

在拉蒙辛斯基罗德通古斯人方言中，我发现两个由奥列宁翻译的词语：“物质灵魂” han'inn'i（拉）（其实，这是 an'an 的送气音），对应雅库特语 kut；“非物质灵魂” muγonn'i（拉），对应雅库特语的 sür 观念。① 这个两个通

① 参见佩卡尔斯基字典中的 kut 和 sür。kut 表示“复杂的生理过程”，而根据另一位语言学权威（约诺夫）的解释（参见《法国科学院人类学与民族志学博物馆馆刊》，第 5 卷，第 188 页），人死后，üör 继续存在。其实，kut 不是“灵魂”，雅库特人自然会完整地把 kut-sür 定义为“人类生命活动”。

古斯词语似乎并未摆脱词缀，后者与其他语言中表示相同观念的词语有关系。如果记录和翻译是正确的，这一通古斯群体中的“灵魂”观念则是不同的。专家所指出的 kut 和 sür 观念与上述描述的“灵魂”观念在本质上是不同的。

与毕拉尔千人和满族人相邻的果尔德人，其“灵魂”观念与毕拉尔千人和满族人非常相似。洛帕廷提供了某些有趣事实。他说，果尔德人区分“三种灵魂”，它们是奥米亚（omija）、埃尔多尼（ergeni）和发那（fan'a）。在其他族团中，我们观察到这三个要素。奥米亚是由神灵翁奥西妈妈（满语）、奥米西（om'is'i，毕、库）赐予的。洛帕廷描述了相同的事实，他描述了如何给儿童带来“灵魂”。埃尔多尼是前文讨论的埃尔嘎，不能被称为“灵魂”——在果尔德人中，它表示与其他群体相同的“生命”①。我不再进一步分析这位作者出版的资料，因为其著作是歪曲事实的，不能参考。

总之，我们可判断，所有的通古斯人都有“生命”观念，使移动的动物和人与植物分开，某些通古斯人认为后者只是“活着的”。人和动物有灵魂，其复杂程度在不同的通古斯人中有差异。在某些通古斯人看来，所有移动的动物都表现“灵魂”特征，但植物却不具备这些特征。某些通古斯人认

① 如果我们不混淆灵魂和埃尔多尼（“生命”），我们就可以更好地理解洛帕廷关于埃尔多尼的论述。如前所述，如同其他事物和活着的存在一样，人的身体也有“物活力”。其实，当果尔德人向外人解释时，则必须使用一个词语表示身体“物活力”的整合观念，他们可能用埃尔多尼表示。讨论身体和“物活力”的关系，可以帮助我们更好地理解果尔德人所说的埃尔多尼的分离和移动。与 19 世纪的学者相同，洛帕廷的最初观点认为果尔德人是“万物有灵论者”，根据这一理论，果尔德人必须在枚举的现象中辨认“灵魂”，出于这一原因，洛帕廷不能清晰地呈现果尔德人的观念，同时误解了“物活力”的性质［他坚持认为，一切事物都有“灵魂”——动物、山川、河流、太阳、风和植物等（参见前引文，第 198 页），而事实上这些事物在无“灵魂”的前提下可成为神位］。由于这一原因，在描述果尔德人的过程中，在“神话学”标题下的“万物有灵”（一个事先预设的解释果尔德人文化的框架）部分，他评价道：“果尔德人的宗教是十分原始的。”不过，阅读完洛帕廷的调查报告后，可以发现果尔德人的文化并非如此简单，根本不是“原始的”，其中包含很多糅合了佛教观念的汉人要素，同时混合了萨满教文化丛，这种文化有时只是简单地被理解为古老的通古斯文化。洛帕廷的描述是对欧洲学者（19 世纪学者的民族志学）关于果尔德人宗教为原始宗教假设的一种适应。我详述这个案例，是因为许多学者如希姆科维奇、什连克和其他人都持相同立场。这种观点在洛帕廷的著作中反映得更为详细，是因为其著作于 1922 年出版。

为人类拥有一个特殊的灵魂——第一个苏西和佛扬古（满族人），他们不能肯定动物中是否存在这一灵魂。“思想”和“意志”与“灵魂”不同，后者也是动物的特征（参见后文，巴尔古津人通古斯人中的驯鹿“灵魂”）。

通古斯人观念中的“灵魂”“物活力”与“生命”等是理解人类心智和生物活动，及其与人类身体之间关系的尝试。这一问题通过提出存在物质要素和特定非物质要素的假设得以解决，两者都是客观的存在。当通古斯人利用事实支持时，这个假设成为一个完善的结论。在观察新事实的过程中，这一理论可能发生特定的变化，例如呈现为“灵魂”的分化，或融各种要素如“生命”、有时甚至借用外来词表示的“思想”等观念为一个复合体。随着新的假设及被通古斯人视为事实（“可靠的结论”）的多个理论的逐步整合，这一理论逐步成为一个弹性化的理论、一个融通的体系。这种新的体系可以传播到其他群体中。在每一个具体个案中，这一理论可被完全或部分接受，从而适应具体的民族志文化丛。在这方面，通古斯人一点也不保守，当他们获得新的事实或仅仅是理论时，如果这些内容可以适应既有的文化丛，则会接受并用于解释新感知到的事实。在这方面，使用文本保存下来的本族体（和汉人）理论的满族人会更保守，因为这些理论是固定的书面形式，它们对熟悉满语的通古斯人文化也有一定的固化作用。①

出于同样原因，通古斯人可能非常容易接受传教士和外来者的新理论，如果这些理论可对观察到的事实提供新解释，他们会迅速接受。后文进一步讨论通古斯人智力问题时，我会再次述及通古斯人的这一特征，他们与其他处在有利条件下可以观察自然现象变化的族体没有区别。

如果我们记住同样的基本原则，即物质及其功能的对立也是欧洲文化的典型特征，就会更好地理解通古斯人的理论。其实，物质和精神、身体和灵魂以及同一观念的其他变化形式仍然在科学系统中占统治地位。笛卡尔认为人类“灵魂”位于松果体中。认真讨论灵魂的时间已离我们不远了。现代社会学家仍从社会成员的心理情结来理解社会的心理学特征。现代法

① 应该指出的是，甚至在满族人中，书面记录的理论也不具有“神圣经典”的功能，但这是欧洲文化的典型特征：坚持把书面文献视为更可信的基础，《圣经》的地位可能被《物种起源》和《资本论》取代，其中的观念不允许进一步讨论，拒绝基于新事实的批判性回应。

学家在运用如“国家”“规范”等抽象概念时，往往会忽略个体或族体（也包括复合性族体）成员的体质状况。人类文化史学者仍把文化视为一种超有机体现象，它有自己的生命，经历出生、幼年和成年等阶段。历史学家在讨论人群及其以“民族”“政府”等形式表现的抽象过程的时候，并不区分两者。而且，现在作家也在尽力使自己和读者相信，他们提出的理论和假设具有不朽性，后代人很可能崇拜并信仰这种不朽。[①] 如果我们分析其中的文化现象，会发现古老的物质及其功能的对立观念，也存在于通古斯人中。因此，通古斯人和欧洲人观念的差异只体现在假设所包括的事实数量以及它们的文化适应状况方面。可以看出，如果我们试图从某些民族志文化丛的观点理解通古斯人，则不会理解通古斯文化的本质，后者将呈现出一种歪曲的印象，这只是观察者本人的反应态度。

在洛帕廷的案例中，我们可以观察到欧洲文化所创造的实际上并不存在的“灵魂”观念。其实，这个案例并不罕见。如果我们把“灵魂”（事实上，不熟悉现代科学术语的被调查群体会如此翻译）名称下包括智力、心灵和生理表现的有机体和有机体群的功能活动现象放到一起，把它还原为族团接受的观念时，所呈现的“灵魂”情况则远非如此。由于这一原因，在表现“灵魂”时，我排除了“物活力”“生命”“思想”和“意志”，保留了描述灵魂的词语如满族人的佛扬古、满洲通古斯人的苏西，它们都被理解为构成一个活着的正常人的必要组成部分，还包括一些如苏努孙（sunusun）、奥米西等简单观念。其实，在灵魂的标题下，我可以搜集到前文提及的其他观念，甚至可以把“脉搏”“呼吸”等包括进来。我相信，某些如吉里亚克人等非常复杂的“灵魂”观念，实则反映的是民族志研究者的文化、他的创造，而非吉里亚克人的认识。其实，不久之前，发现灵魂的多元性是十分流行的。

16. 神灵

通过前述部分，我们可以发现，通古斯人认识到，思想是非物质性元

① 在欧洲，追随弗雷泽、安德鲁·兰、列维·布留尔的群体很多。

素，即观察者基于特定物质实体产生的观念，在通古斯人看来，与“物活力”的特征相同，这类非物质元素也是客观存在的，因此可以发生“外化活动”。这种外化活动只是基于第一个观点的逻辑推论。而且，在分析作为实体的动物尤其是人的功能表现时，通古斯人形成了其他非物质元素如“生命”“繁殖力”以及作为功能组合的“灵魂”等。这些非物质元素可以外化运动。不过，通古斯人在这个问题上的观点并不相似，某些人并不接受“生命”可以外化，因此它只被视为不能离开物质身体的功能。在这种情况下，他们的观念与某些欧洲人把生命视为“某种物质状况”相近。其实，这些只是小的细节，其本质是动物（和人）不同功能体现的非物质元素发生外化活动后，可能会返回其原本的体内，也可能一直保持外化状态，或者在其他物质实体内存在一段时间。为了方便，我会把安置这一类型非物质要素的实体称作神位或容器。[①] 当非物质要素处于外化状态时，如果之前的“容器”被毁坏，例如死亡、燃烧或功能损坏后的身体腐烂等，它们会选择其他新的容器。在这种情况下，非物质要素可能会成为通古斯语中没有普遍称谓的现象，我们可称之为神灵。

如果我们不持一连串的理论假设，则不能还原通古斯人理论的发展史。大量的理论家已讨论过神灵“起源”问题，但由于这些理论在我们看来是不可信的，因此这里不做讨论。其实，应该指出的是，神灵观念的出现应该十分古老，因为假设意义上的现代人类的祖先尼安德特人的墓葬遗址中可以发现灵魂观念的体现。不过，人类学家认为，尼安德特人与现代智人不是同一种类，因此，灵魂观念已经超出了现代智人的范围。现在我们可以做进一步讨论。欧洲的尼安德特人拥有所谓的旧石器时代中期文化。但是，在某种程度上彼此相关的使用与尼安德特人所用相同类型工具的北京猿人和直立猿人，都不能被视为直接与智人相联系。这表明，其他人科也了解高度分化的旧石器时代中期文化类型。基于什么理由，我们可以假设，

---

① 在此前出版的《通古斯人萨满教基础的研究》（1919）中，我使用过这个词语，在这部俄语著作中，我使用了 vm'estilišce——“容器”。

其他人科动物也了解旧石器时代中期的其他文化要素？如果这样，灵魂观念的起源及其外化活动的观念应该源自动物，这类动物可能已经灭绝了。因此，科学家不能还原这一观念最初出现的语境及其最初形式。这些假设不能帮助调查者；它们可以缓解调查者的压力，尽管不会成为真实，却可以使调查者自身的文化合理化，获得合法性。因此，我不会冒险提出任何假设，也不会支持过去提出的假设。①

通过分析神灵的特征，可以发现，神灵大体上与人的特征相似。而且，随着原初概念的逐步复杂化，这些特征会逐步增加。神灵因此具备了人类的性格、欲望、思想和意志等。我们可以通过分析不同的神灵达到对神灵的一般认识。根据通古斯人的观念，神灵是非物质性的，如果不采取特殊的形式，神灵是不能被看到的，它们可能会影响身体，可以发出各种声音，拥有人的所有特征，包括体温、饥饿、感恩和兴奋等。因此，神灵像人，只不过不能通过看、触摸、闻和品尝被感受到。由于神灵具有上述特征，因此通古斯人以对待人的方式和神灵沟通。而且，在进一步观察神灵活动的过程中，通古斯人开始认识到，神灵只是在一定的范围内和人相似，这是通古斯人理论思想创造的结果。由于神灵是非物质性的，因此它们只能吸收物质现象的非物质部分。由于这一原因，神灵只能消费祭品中的非物质部分。应该注意的是，通古斯人把味道、蒸汽、烟等视为非物质性的，它们是很容易被神灵吸收的“东西”。如果想理解通古斯人的文化系统，辨识通古斯人区分“物质”和“非物质”的标准十分重要。

创构神灵理论之后，许多源于人与环境关系的困惑很容易被解释为神灵活动的结果。许多不能通过自然主义加以解释的自然现象也可得到解释。在这些案例中，神灵被作为一个科学假设以解释自然现象、通古斯人的心

① 某些学者目前倾向接受至少包括“万物有灵”和“前万物有灵”两个阶段的观念（泽列宁及其前辈）。在通古斯人文化中，我们可以同时观察到上述两种形式的理论和假设，而且相关文化要素暗含了新的文化丛。因此至少目前，它们是同步发生的。除非同时提出几种假设，否则不能呈现不同假设的顺序。为了理解神灵理论的经验知识和功能价值，我们必须在特定的文化语境中理解它们，而绝不能只是抽象分析。其实，玛纳理论及其类似理论要比区分“万物有灵”和“前万物有灵”更具想象性。

理学和智力。在这方面，通古斯人和其他族体并无二致。其实，如果通古斯人了解到某些有关神灵的新知识，会毫不犹豫地添加到神灵的特征中，或者为神灵的新活动赋予新要素。如果他们了解到某些特征被错误地赋予神灵，则会及时纠正，或者由于更早的神灵提出者的错误而拒绝相应的神灵。如果他们了解到某些此前未知的新神灵，则会接受这些新神灵，在不与既有文化冲突的前提下，会接受一个看似可信的假设。

因此，神灵的数量总是在变，它们会增加、减少或改变特征。神灵体系的弹性特征允许通古斯人放弃神灵，神灵体系不会僵化为固定系统，成为拥有传统和神圣典籍等要素的宗教。

这里，我不会详述神灵的细节，因为上述内容已足以帮助我们理解通古斯人基于神灵假设形成的理论。

第 5 节　基础环境

17. 地球和天体

这里的基础环境，我理解为某一族团到达未被其他族团占据的一片新领地后所面临的环境。这种环境不在人类单位的控制范围内。因此，宇宙以及太阳系、地球、地貌、地质、土壤、特定气候下的植物群和动物群以及所有的物理和化学现象，都构成了基础环境。由特定个体形成的族团通过观察基础环境逐步积累事实和推论，同样也从其他人类群体中学习关于基础环境的事实和推论，所有这些知识通过传统延续，形成自然科学体系。这里，我不会推测通古斯人观察的事实和结论是否与现代科学的发现相一致，这些知识是否具有普遍性，以及这些推论从现代科学的观点看是否正确。两者之间的差异在于事实的数量以及推论的正确性，但就科学的本质而言，即关于自然（基础环境）的认识，所有的族团都是一致的。因此，本节可以冠以讨论自然科学的标题。

所有的通古斯群体都把地球视为稳定且平坦的实体。在地球上方，是坚实有稠度的天空。通古斯人不讨论天空的物质性，但他们相信天空可以反射太阳光。太阳、月亮和星星按照自身的轨迹在天空中移动。它们的运行轨道和所处的位置称科克罗恩［koklon（涅）］。① 太阳和月亮日夜沿着轨道运动，升起和降落。北极星始终处在固定的位置上，根本不动。表示北极星的词语是不同的。它称为 toγolga（毕）、bugadulin（满驯）、ogdeu ošikta（安·季）、gātá（库）。在所有通古斯人群体中，表示星星的方言都源自同一个词干 osi，其变化的范围为 i～e；$s \sim \check{s} \begin{cases} \to h \to x \to \gamma \\ \to \check{z} \end{cases}$，而且第一个元音会发生唇音化和送气音化。这一词干通常会加上词缀（kla、xa 等），因此这个词变化程度最大的形式是 mužiγa（穆兹哈，满语口语）和 oγekat（拉）②。因此，词干 osi 似乎十分古老，其他语言中未发现相似词语。诚然，我们可以想象这个词语可能源自其他语言，但这是不确定的。通古斯人各群体表示北极星的词语是不同的。尽管毕拉尔千人和库玛尔千人共享一套方言，③ 但两个群体表示北极星的词语却不同，分别是 gatá（库）和 toγolga（毕）。在满洲的驯鹿通古斯人中，北极星称 bugadulin，这是一个合成词，必须被译为“宇宙的中央”，而 toγolga（毕）的含义是支撑宇宙的“柱子”。因此，这个观念的基础是围绕柱子的旋转世界，这里的“柱子”不能被理解为物理实体，而是欧洲语言中的“轴心”。这一观念似乎并非源自通古斯人。在安哥拉地区的通古斯人中，我们可以见到另一个不同的词语 ogdeu ošikta，如果 ogdeu 是通古斯词语，则表示“大星星”，或者这是一个外来词。在库玛尔千人中，表示北极星的词语是 gātá，我现在不会指出这个词的词源。④

这些事实表明，通古斯人接受了不同理论，而且在适应新观念的过程中改变了表示北极星的词语。对于我们而言，其中的本质是通古斯人知道

---

① 参见季托夫提供的安哥拉地区通古斯人的语言资料，季托夫把“osikta bijeren umu koklo”译为“处在同一地点的北极星”。其实，umu 和 koklo 不能写成一个词语。这里需要指出的是，koklo 同时表示地点和轨迹。我不想冒险猜想 koklo 的词源。

② 参见《民族学与语言学诸方面》，第 105 页。

③ 毕拉尔千人有两套方言（参见《北通古斯人的社会组织》）。

④ 满族人的天文学观念系统受汉人影响，在受汉人影响之前，满族人的天文学观念已受其他群体（西亚群体）的影响（参见索绪尔和其他学者）。因此，这里我不会比较满族人的天文学观念。

天空按照特定的规则运转，有些星星会变换其位置，有些星星则处在固定的位置（科克罗恩）[①]；最后，通古斯人从相邻族团或以相邻族团为中介接受不同的观念。

通古斯人所了解的不同名称的星座几乎都与解释性神话有关。通古斯人的神话学十分丰富，包括不同族体来源的要素，这体现在不同的星座名称和神话中。例如，通古斯人称双子星座为 nadan unit 或 unat——“七仙女”。大熊星座和小熊星座、猎户座和其他星座分别与不同的神话相联系。此外，通古斯人中还有其他星星和星座，例如野猪的下颌（金牛座）、狗（狮子座）、英雄、渡河船等。应该注意的是，金星最近受到通古斯人的特别关注，可以假设，这与最近某些蒙古文化要素在通古斯人中的传播有关。蒙古语称金星为 čolmon、雅库特语称 čolbon，通古斯人中的词语有 čolpon（毕、兴）、čalbon（库、满、涅、巴）、čolbon（满驯）、čalbon（安·季）。但是，这颗星星也可称“夜星”或“晨星”。

天空中的银河自然会引起通古斯人的关注。通古斯人中至少有两套神话：满族人称“松花江”，北通古斯人称“鸟路”。满洲的通古斯人有时会接受满族人的名称。在我看来，满族人不会把银河理解为一条河或者鸟的路，而是一组不能解释的特殊星群。如果被问及银河的性质，他们会回答：“当然，这些是星星。”如果你继续追问，他们则会告诉你，这是名称！——人们会如此回答。

所有星星和星座的名字都是如此，非通古斯人的名称除外，例如 čolbon（“金星”）。

彗星被毕拉尔千人称为 čirda——它们的出现在某种程度上和金星（čolbon）有关。

现在，描述通古斯人的神话学是无意义的，因为通古斯人不相信神话反映了他们的宇宙结构观念。在通古斯人看来，这些神话只是文学创作，是纯粹的、简单的神话，他们只从艺术的角度理解这些神话。我会在关于

---

① 满语这个词称奥伦——“位置”“王位”“床”等。

通古斯人民俗的著作中专门探讨通古斯人的神话学。①

太阳是一个巨大的实体，有其自身的轨道（科克罗恩）。它升起后逐渐上升到天空的顶部，然后逐渐下降，直至落下，第二天会按照这一轨道重复运转。在不同的通古斯人方言中，太阳至少有三个名称。因此太阳被称为 dilačá（毕、库）、dilača（涅、巴）（安·季）、dèlača（涅）。还有另一组词语表示太阳：s'ivun（兴）、s'ihun（满驯），以及某些缩写形式如 s'iun（涅·施）（果·格）、siu（奥·施）、sun（涅·施）、šun（满语书面语、满语口语）；还有第三组词语 n'ultin（拉、图）、n'últan（拉）。因此，通古斯人中至少有三组表示太阳的词语。在我看来，dilača 类别的词语很可能是“派生性的”②。这些词语的词干不能与其他语言的词干相比较。

月亮的运动方式和太阳相同，但它在特定的时间内根本不会出现。通

---

① 区分民俗（狭义的）和族团接受的科学理论并不容易，甚至一位有经验的民族志研究者面对此类问题时也是如此。显然，拥有与通古斯人相同数量文化事实的族团很多。由于这一事实，通过口头传统传承的科学知识必须由民族志研究者调查完成。因此，摆在民族志学者面前的问题是区分艺术创造知识和实证知识。这要求民族志学者不仅有很好的语言与分支学科知识，而且具备划分科学知识和艺术创造的分析思维，其前提是很好地把握调查对象的心智丛。不过，当民族志研究者初次考察某一族体时，不具备相关知识，或者说只能利用一组事先预设的理论模式观察事实，因此只能部分地呈现事实。在欧洲文化观念中，“低级”文化首先应该具备令读者震惊（心理学意义上的“新事物”）的最为“奇怪”和“陌生”的特征，这些观念是不同寻常的、独特的，尤其反映“原始思维”，缺乏普遍意义。如果民族志学者不能满足“市场”和“大众”的需求，一般会遭到质疑，而那些可提供满足期待的马赛克图景的民族志学者则会被视为“真正的”博学的学者。民族志学也是欧洲的文化要素之一。在民族志实践中，真实的情况是，民族志研究者在调查群体中时间很短，不能区分调查对象所接受的民俗要素（狭义的民俗）（艺术！）和实证知识，因此混淆搜集到的一切资料。当民族志学者回到自身的工作环境中后，往往会呈现满足读者的异质性文化构造。其实，欧洲的民族志文化比某些“原始”群体更丰富，因此欧洲人的“民俗”和“科学”包括更多的要素（和事实）。一个人往往终其一生都不能熟悉欧洲文化，“原始人”的知识量也未必少到仅通过一次短暂的旅行就可以完全记录下来。我们假设，某位不属于欧洲文化的民族志学者在欧洲人中居住 2 年（我适当地增加了时间），不能分析和了解整个欧洲文化，只能记录下瓦格纳·唐怀瑟的“天体演化说”、康德的“星云学”或者是底毕斯伯爵夫人（Madame de Taibe's）的预言。阅读完民族志作品后，如果民族志研究者所属群体对欧洲文化持负面态度，认为欧洲文化是“落后的”，其作品则会被视为有价值的，得到有能力评论家的认可。这种情况与短期调查“原始”群体的民族志研究者相同。

② 这些词语可能与 dil——“头部”相关。

古斯人不能理解月亮的“隐蔽”阶段，因此假设月亮会周期性地“出生”。我不能判断这是一个隐喻观念还是有实际指向的观念，但可以肯定的是，这种“出生”与人和其他动物不同。在所有的通古斯方言中，表示月亮的词语都源自词干 bega，是在其缩写形式 b'a（例如满族人）的基础上变异。这个词语不可能和其他语言有关系。

通古斯把日食和月食理解为自然现象，但根据习俗，他们会通过噪声和喊叫吓走吞下太阳和月亮的天狗。不过，当通古斯人谈论此习俗时，他们的态度并不认真，更倾向于把它视为一个笑话，因为他们说，在日食和月食期间，是可以看到太阳和月亮的。“天狗”观念源自汉人，某些通古斯群体也了解这个观念（毕）。在巴尔古津通古斯人中，狗的功能由神灵扎拉扎尔古奇扮演，这似乎源自非通古斯文化。

18. 年及其划分

通古斯人根据太阳的位置及其运动[①]的顺序划分季节，因此一年中有四个或者更多的季节。通古斯人称年为 aŋgan'i（兴、满驯、巴）、aŋγani（毕、库、满驯）、aŋani（毕）（曼・卡）、aŋγini（拉）等，anyn（鄂霍茨克地区词语・克拉普鲁特）、anan（拉穆特人・克拉普鲁特）、an'a（满语书面语）、an'e（女真・格）。与满族人有接触的通古斯人也使用与满族人相同的词语。在所有通古斯群体中，新年的日期是不固定的，这取决于不同群体使用的日历。接受满—汉文化系统的通古斯群体会根据这一系统确立新年的时间，而受俄国人影响通古斯群体的新年时间要更早些。很难说清楚通古斯人最初的季节系统以及新年的日期。

通古斯人根据月亮了解和计算月份。日历有不同的安排。满洲的通古斯人中毕拉尔千人、库玛尔千人和兴安通古斯人接受满语表示月的词语，

① 毕拉尔千人会说太阳是 buga，它创造了季节。但是，这不能说明宇宙实体是 buga（参见后文）。太阳只是 buga 的表现形式之一。夏季是母亲，冬季是父亲，春季和秋季分别是女儿和儿子。春天用花朵把自己打扮得像个女孩。母亲喂养他们。其实，这些只是诗性的比喻，很可能并不源自通古斯人。

并做了程度不大的改变。这是一个翻译成满语的汉人月份系统，即第一个月、第二个月等。“月”在满语中称 b'a，而不是 bega。

满洲驯鹿通古斯人的月份系统显然借自雅库特人。从 1 月末开始，它一共包括 12 个月。

1. Toksun'u——可理解为“寒冷的天气结束”，参见 Toxsun'u（雅·佩）（词源：Toγus—“九”，第九个月）。

2. Olon'o——其含义不能确定——参见 olun'u（雅·佩）（词源：“十”，第十个月——对应 2 月到 3 月）。

3. Kuluntutar——可理解为“远离结冰”，参见 kulun tutar（雅·佩）（词源：kulun——结冰；tutar——远离，参见第 1210 页）。[①]

4. Omija——可理解为“草出现了”，我不想冒险把这个词语与雅库特词语相比较，它听起来似乎不是通古斯词语，不能被理解为通古斯语词语。

另一个词语是 Buγustar，可以把这个词语理解为“（河流）破冰”，参见 mus（bus）ustar（雅·佩）（词源：“破冰”——4 月到 5 月）。

5. Boγ'ija——可理解为“松树皮可分离”（过去可作为食材），参见 bäs（雅·佩）——“松树”。在雅库特语（佩）中，这个词称 yamyja、balykyia（5 月到 6 月）。

接下来四个月的含义我不能确定。

9. [②]Boγ'in'i，参见 bäsin'i（雅·佩）（词源：“五”）。

10. Alin'i，参见 alyn'y（雅·佩）（词源：“六”）。

11. Satin'i，参见 sättini（雅·佩）（词源：“七”，第七个月）。

12. Aksĭnn'i，参见 axsyn'y（雅·佩）（词源：“八”）。

通过比较满洲驯鹿通古斯人和雅库特人关于月份的词语，可以发现，满洲通古斯人表示月份的词语只是借自雅库特人。这一通古斯群体过去一直受雅库特人影响（参见《北通古斯人的社会组织》）。不过，考察这些表示月份的词语很有意思。首先，通古斯人并不从词源的角度理解月份的名

① 此页码应该是佩卡尔斯基《俄语-雅库特语词典》的页码。——译者注

② 原书编号即如此，推测序号同时提示了对应的月份。——译者注

称（参见佩卡尔斯基的分析），而是关注不同月份的特点。在某些情况下，如 kuluntutar 在通古斯语和雅库特语中的含义是一致的。通古斯人根本不理解 Olon'o 的含义。Omija 和 Boγ'ija 似乎不是雅库特语（?），却有十分确切的含义。我不了解雅库特人目前是如何理解这些月份名称的，不能确定通古斯人的阐释是否与雅库特人一致，但是，某些通古斯人表示月份的名称不见于雅库特语，表明在通古斯人（满驯）的观念中，月份的名称包括特定的含义，其中包括月份作为季节的特征。后贝加尔地区和满洲（毕拉尔千人）的某些通古斯人告诉我，通古斯人过去拥有表示月份的不同名称，它们体现了相应的季节特点。很可能的是，满洲驯鹿通古斯人的神灵名称也是其古老的神灵名称对雅库特人神灵名称的适应结果。满洲的驯鹿通古斯人按照“第一”“第二”等顺序数月份，似乎是对俄国教会年周期的适应，后者从 1 月开始（阳历的 14 日）。我不能确定满洲的驯鹿通古斯人使用年周期的具体时间。

奥列宁所记录的图蒙汉斯基罗德的驯鹿通古斯人的月份体系十分不同。在数月份时，他们有时会触碰头部和臂关节。具体如下。

1. Xejä——头的顶部（参见 ojo 等，在满语和蒙古语中，这个词也表示山顶、头顶等），似乎落到 1 月（月末?）。

2. 未被记录。很可能是 m'ir'i——肩部。

3. Iečän——胳膊肘（参见 ĭčan 等，“胳膊肘”）；触碰右胳膊肘。

4. B'ilän——手腕；触碰右手腕。

5. Neun'in'i，表示夏季的第一个月，这里似乎仅表示“春天”（参见后文）。

6. Kulin① elann'i——夏季的第二个月。

7. Hunni elann'i——夏季的第三个月［词源是不清楚的。根据记录，Elan（图）、elann'i（拉）表示“月”］。

8. Mont'ahli——夏季的第四个月。

9. 标志出来，但并未记录。

---

① Kulin，“蛇”。

10. Eur'i m'ir'i——左肩。

11. Eur'i iečän——左胳膊肘。

12. Eur'i b'ilän——左手腕。

13. Eur'i unm'i——左手的手指根部。

波波夫叙述了这个系统（参见前引文，第 33 页）[①]，它翻译了拉穆特通古斯人系统。具体如下。

1 月——Xeja

2 月——M'ir

3 月——Eča

4 月——Bilen

5 月——Onma

6 月——N'éng'in'i

7 月——D'úgun'i

8 月——čoka（这个词的词源不清楚）

9 月——Tótti onma（tótti 似乎表示“升起”，源自词根 tot——升起、爬、从手指根部到肩部）。

10 月——Tótti b'ilen

11 月——Tótti ečan

12 月——Tótti m'ir

这个系统是图蒙汉斯基罗德通古斯人月份系统的一种变异形式。其实，对把 Xeja 确定为 1 月必须予以认真考虑，因为这些通古斯人不可能按照俄国的习俗计算月份，因为 1900 年以前，1 月的第一天落在公历的 1 月 13 日。拉穆特人的系统似乎是对基督教需要的适应。而且，图蒙汉斯基罗德通古斯人的月份体系包括 13 个月，而拉穆特人的系统仅包括 12 个月。值得注意的是，这两个系统夏季月份的名称是不同的。

在由一位传教士编写的叶尼塞地区通古斯人方言的小词典中，我发现表示“1 月”和“2 月”的词语 gidena 似乎是季节的名称；“4 月”nogen'i，

① 应是指佩卡尔斯基《俄语-雅库特语词典》的页码。——译者注

这似乎是季节的名称（参见后文）；“6 月”manman'i、“7 月”xum'in'i，后者类似图蒙汉斯基罗德通古斯人方言中表示夏季第三个月的词语。这个方言中很可能仍保留很多古老的通古斯名称。但是，必须指出的是，这些名称中也有一部分是在传教士压力下引入的新（月份）名称。

值得注意的是，后贝加尔地区的通古斯群体或者使用俄国人表示月份的名称系统（词语的发音经过通古斯化），或者使用布里亚特人的系统。

因此，通过事实可见，目前通古斯人使用不同的表示月份的名称系统：（1）汉人系统（经过满语和通古斯语的适应）；（2）雅库特人系统（很可能与古老的通古斯人名称系统融合，基于与维吾尔人相同的计算月份方法）；（3）机械的计算月份方法，其名称来源和含义不清楚；（4）俄国人的系统；（5）布里亚特（蒙古人）的系统。在所有的通古斯文化现象中，都可观察到后四种文化影响。所有系统都不是源自通古斯人，即便是系统（3）也不是通古斯人的发明，因为它似乎是某种外来系统的翻译。其实，如同许多其他族体一样，通古斯人通过数骨头和关节计算月份（参见欧洲人把每月分为 30 天或 31 天）。但是，在满洲驯鹿通古斯人、图蒙辛斯基罗德通古斯人和拉穆特通古斯人表示夏季月份的名称中，可以发现古老通古斯人系统的某些痕迹，它们体现了西伯利亚的地区特征，例如 Om'ija——“草发芽了”（5 月）、Boγija——“松树的树皮分离了”（6 月）、Kulin elann'i——“蛇（?）月”（6 月）。如果这些线索可以作为证据，我们可以推断，在上述影响出现之前，通古斯人拥有基于地方季节特征命名月份的系统。这是北通古斯人自己的月份系统，现在我们已经不能还原了。通过满族人的中介，汉人的月份系统在北通古斯人中传播很广，被一些偏远的通古斯群体翻译并接受（例如拉蒙辛斯基罗德通古斯人和拉穆特人）。维吾尔人—雅库特人的月份系统也影响了通古斯人。布里亚特—蒙古人和俄国—拉丁的月份系统最近也给通古斯人带来影响。

在通古斯文化中，季节并不包括特定的月份。

春天。春天似乎没有固定的阶段和起始时间。在某些通古斯人方言（满驯）中，有两个词语表示春天。词干 nVl+词缀 ki：nulki（兴）、nèlki（曼）、nälki（乌鲁、曼・卡）、neiki（图、涅・施）、nilki（满驯）、nöltiki

（涅·施）表示冰雪开始融化的季节。词干 noŋ（ja）：noŋja（满驯）、nöuŋi（拉）、n'ongn'on、nöngn'ön（涅·施）、n'öngn'ö（果·施）、n'eŋn'er'i（满语书面语），表示草发芽时期。词干和词语 ov'ilasani（涅）［ovilassa = ov'ilašani = ov'elakšani（安、涅·季）］表示早春，这时雪开始融化，可以见到土地。其实，这些词语表示春天的不同阶段，但它们本身并不表示“春天”。在记录中，这些名称有时表示不同的月份。例如，传教士季托夫（E. I. Titov）用 nilki 表示“3 月”，nongnön'i 表示“6 月到 7 月”，后者似乎是不正确的，因为这一阶段称“夏季”（参见后文）。这些词干的词源很难查明。某些相似性是可能的，但根本不是确凿的结论。当然，季节的开始在很大程度上取决于当地的气候条件，它们不可能明确对应一年中的具体月份。[①] 所用的通古斯方言都使用 ǰuga 加词缀 ni（n'i）和 r'i（满语）表示夏季。这个词语的变异形式很多，例如 ǰuɣani（涅、毕）、ǰuven'i（满语口语）［参见 ǰuvemb'e——“过夏”（满语口语）］、ǰua（果·施）、dugan'i（涅·施）。[②] 这个季节所包括的天数取决于地方的气候状况。通古斯人只使用一个词干 bolo 加上词缀 ni 和 ri（满语）表示秋季。理解这些变异的价值不大。[③] 通古斯人表示冬季只有一个词干 tuga，其变化形式与表示夏季的词ǰuga 相似，这个词最简略的形式见于果尔德语 tu。

在毕拉尔千人中，季节的特征如下。

春季，nölk'ini，始于冰雪融化时期。春季包括两个阶段。第一阶段是 nölk'ini ineŋi ǐren［春天出现了（春天开始）］；kaǐs'i（雪消失的时候）；dèɣi èmèrèn（鸟来了）；olo kačin činaka turaren（所有的小鸟开始讲话）。第二阶段：orokto čotorgaran、abdanna oltargaran（草变绿了，树叶开始发芽）；birakama ollo soloron（小河鱼逆流而上）。

夏季，ǰuɣani，始于昆虫出现，其中第一阶段称 manmákta jūren（蚊子

---

① 由传教士编纂的叶尼塞地区通古斯人词典中，“春天”（作为形容词）被认为是 bolen'i。我相信这是记录者的错误。

② 在拉蒙辛斯基罗德通古斯人方言中，“夏季”被记录为 ireldu，我对这一记录持怀疑态度。

③ 在拉蒙辛斯基罗德通古斯人方言中，“秋季”被记录为 mont'ahli，同样也表示夏季第四个月的名称。我对这一记录持怀疑态度。

出现了，虻出现）；第二阶段称 orokto isömi ogdi ōdan，monin napčin isöm ogdi ōča（草长大了，树叶变大），ɑ̀lla kačin kulikan jūren（各种“蠕虫和蛇”出现了），čokomokta jūren（蚊子出现了）。

秋季，boloni，始于 bolor ineŋi ǐren（秋季开始了）；s'iliksä g'iligdi ōdan（露水出现，变冷）；abdanna sillɑ̄ren（树叶变了颜色）；bojeŋga būŋčeran（马鹿开始哭叫）；orokto olgoron（草变干枯了）。第二阶段称ǰukä jūren、tur tuksēren［结冰了，土地（土壤）变冷了］。第三个阶段称 emana tukillan（降雪了）。

冬季，tuɣan'i，始于 11 月中旬，这个阶段称 g'iligdi odinǰi emanava doɣilifkanen［极度寒冷，大雪纷飞（像一只鸟）］；第二个阶段称 turtan ǐren（最寒冷时期到来了）［这一阶段可以区分为 ilan turtan odin（三次最寒冷的风）］；第三阶段是 buɣa n'amallan（世界变得温暖），dilača okugdi ōdan（太阳变热了），ineŋi gonom ōdan（白天变长了）。

通过这一系统可以看出，这些阶段通过一些细节来划分，对应满—汉系统中的阴历月份。不需要强调的是，这个分类满足了两个要求，其一体现不同季节和时期的正确特征，其二体现通古斯人的美学感受。

通过上述事实，可以看出，在通古斯人中，季节的划分被很好地保留，而且相当一致。不过，不同通古斯群体间在季节划分上也有一些微小的差异，从中我们可以观察到不同群体间植物生长和经济活动的差异。[①] 我们可以假设，通古斯人过去使用不同的系统表示季节，但这些系统在多大程度上与日历一致，则很难判断。同时，在计算年和月的意义上，我们没有通古斯人过去的资料。

如前所述，通古斯语言中有表示“年”的词语（词干 anga，满语中缩写为 an'a），但在计算年龄时，不同的通古斯群体有各自的词语，分别借自满族人、雅库特人和蒙古-布里亚特人；在计算动物年龄的过程中，通古斯人使用十分明确的词语表示不同年龄阶段的驯鹿（甚至野生的鹿科动物），饲养马和牛的通古斯人也是如此计算它们的年龄。其实，这种特殊性并非偶然。在所

① 例如，下面的季节划分方式：turtan（毕）——最寒冷的阶段（根据汉文化，这段时间包括 93 天）；siɣilaɣa（满驯）——捕松鼠的季节；čukalaɣa（满驯）——草长的季节。我不需要再增加案例了。

有的通古斯人中，很普遍的情况是，人们不知道其确切年龄。人与人之间的区别主要体现在社会地位和生理状况——儿童、年轻人、成年人、老年人、非常老的人，这些足以使通古斯人确立相互关系。通古斯人并不像欧洲人那样需要通过年来计算年龄。当然，这并不表示通古斯人不了解精确的记录方法，不能计算年、月、日。在需要时，通古斯人会十分认真地计算时间，不会出错。例如，他们有时会为数月之后的会面做准备，为了帮助记忆，他们经常会在一个器械上做标记，这个器械通常为一个木板，上面有年、月、日的标记。这类器械有时十分复杂，但无论如何，通古斯人都能很容易阅读。通古斯人会认真观察每月的初一、冬至日和夏至日。

19. 测量

因为我们已提到精确性的主题，为了不再重复论述，这里我补充某些事实。通古斯人有时会被描述为不懂得计算者。这是一个很大的误解，他们可以很容易计算牲畜、天数、月数和猎物数量。其实，通古斯人需要演算的数量不会超过几百。[①] 通古斯人不和商人清点欠款，不是因为无知，而是因为他们深知在与商人的关系中自身处于劣势地位。而且，在通古斯人看来，在钱上斤斤计较是其面子不允许的。在所有的通古斯群体中，我都观察到这一现象。在受外来文化强烈影响的通古斯人中，古老的通古斯文化正在消失，通古斯人会和其他族体如汉人、俄国人一样制作账目。

在前面部分，我们已经讨论了时间的测量，并且发现通古斯人中的确有测量时间的单位，也就是说，太阳和月亮的运动是一天的最小单位。不过，除了单位“天”［词干是 inan，后面会加上词缀，这个词语有时会缩写为 ın'ı（果·施）］，一天包括白天（inan）和夜晚（dolbon），通古斯人会把 天分为两个部分：从午夜（dolbondulin）到正午（inandulin）与从正午到午夜。通古斯人还会区分太阳升起、太阳落下以及某些特殊时刻：早晨、早晨到中午

① 其实，通古斯人中没有表示“千”的词语。这一词语可能借自满族人、蒙古人和俄国人，而在某些方言中，“千”由“十百”代替，例如 ǰangrin'ama（拉）。在某些方言中，n'ama——“百”由满语词语“唐古”代替，后者也表示“数”和“大数”。

的时间段 ogdi dulga（毕）、太阳落下前三个小时 nγalaγin（满驯）、太阳落下前的一个半小时 s'iksäŋki（毕）[①]，太阳落下后的时段 boror（满驯），日落时刻 luŋur（涅），等等。这样划分一天中时间的方法，使通古斯人相对精确地把握了不同时间的关系，进而方便会面。每位通古斯人都知道通过测量影子的方向和长度来判断时间。其实，通古斯人不以小时来表达时间，因为他们不需要，但他们理解这一时间原则。[②] 需要补充的是，通古斯人可以很好地判断时间，甚至在阴天和夜晚也是如此。[③] 同样，他们十分了解穿越一段特定的距离所花费的时间（以时间段的方式表达）。我们认为，通古斯人中的确存在最小的时间单位观念。这些单位是眨眼、脉搏跳动和呼吸。不过，通古斯人很少使用这些时间单位。

我们已经介绍了通古斯人测量时间的方法，这可帮助我们直接讨论通古斯人的距离测量问题。通古斯人通过时间单位（旅行的距离）表达距离单位，[④] 不会使用绝对的测量数据表达距离。

通古斯人有如下测量单位。

（1）“英寻”，可理解为双臂展开后两个指尖间的距离。通过体质测量结果可知，这一距离会因身材以及胳膊和肩峰的相对长度而变化。从实践的角度说，在通古斯人的预测中，这一距离约为 165 厘米。这一单位可称 dar（毕、兴）［参见 darambi（满语）——“伸开胳膊”］、da（涅·施）（满语书面语）［参见 dari（果）——测量］、alda（曼）（乌鲁·卡）［参见 alda，蒙古语书面和口语］。

---

① 通古斯语词干 s'iksä（及其变化形式）“夜晚”，可见于许多通古斯群体的方言中。这里应该增加 x'ieγečin（图）、x'eγečin（拉）、aγiltana（满驯），它们具有同样的含义。

② 与此相关，通古斯人可以通过测量树影来判断树的高度，这表明通古斯人有比例观念。我不需要列举更多的案例表明通古斯人了解这一原则，当我们考察通古斯人心智丛的其他细节后，这一点是很清楚的。

③ 我在所有的通古斯群体中做过许多次实验，询问他们一天的时间段以及如何评价我的手表。实验的结果是，通古斯人普遍是“优秀的时间感知者”，这在欧洲人中很罕见。

④ 这是一个可用来表明通古斯人拥有相对论的理由。但是，作为一名民族志研究者，我拒绝尝试这样做，读者也不允许。参见《北通古斯人的迁徙》，其中讨论了博格拉兹的案例。博格拉兹并未把自己的解释局限于楚克奇人，出版了另一部著作《爱因斯坦和宗教》（俄语，莫斯科—列宁格勒，1923），在无知者看来，这是一部学术性很强的民族志著作。

(2)“半英寻”，称 delim（毕），这个词借自蒙古人（参见 delim、aldadelim，蒙·鲁）。

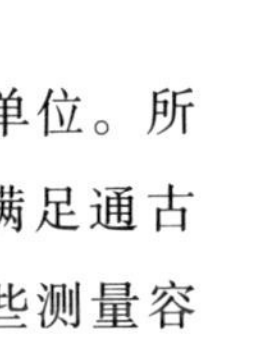

(3) 拇指和小手指之间的距离——toŋor（毕）。

(4) 伸开的拇指和食指关节间的距离，sum（毕）。

(5) 四根手指合并在一起的距离，angά（毕）。

(6) 手指的宽度——unaka（毕），可以是一根、两根或三根手指。

(7) 胳膊肘——胳膊肘部和手指根部的距离——ičά（毕）。

(8) 英寸，食指的长度。

(9) 步距，g'irās'ikta（毕）。

更小的距离可以把 unaka 分为 8 分和 16 分，也可划分为其他单位。所有的测算都以常人为单位。这些测量距离并非十分精确，却足够满足通古斯人的需求。[①] 通古斯人也拥有测量容量的单位，却很少使用。这些测量容量的单位如驯鹿袋（用于驮载）、一把、一捧等。

通古斯人基于人体形成的测量单位，也见于世界各地的其他族体。

值得注意的是，通古斯人会区分几何元素，例如直角三角形的面、直角三角形的边、对角线、三角形、平方、圆、椭圆、圆柱等，他们用特定的词语[②]表示这些元素。在绘画过程中，通古斯人也使用圆规画圆。其实，熟悉俄国人和汉人标准测量方法的通古斯人，会毫不犹豫地予以应用。在这种情况下，他们可能会使用借用的词语，或者对旧的词语做调整。

其实，当必要时，通古斯人可给出精确的“英寻”和“步距”，例如，他们可以精确地测量箭的有效距离；同样，在使用现代火枪的过程中，也需要非常精确地测算出距离，在架起步枪的过程中，甚至一个微小的错误

① 满族人用十分详尽的测量和称重标准，这些标准源自对汉人的模仿。

② 其实，许多此类特殊含义的词语只是通古斯语词干的变化结果，例如三角形称 ilan kirči（毕）：表示有三个“峰”或“顶”；这些词语可能是借用的，例如圆柱体 bumbo 借自蒙古语；它们可能是描述性的，例如椭圆体 tuŋorin 源自 tuŋo（弯曲）。但是，这些词语现在具有几何学含义。

都可能浪费通古斯人一天的工作。因此，对更大的距离如两个地点间的距离，通古斯人也会使用相同的测量单位表示。不过，在通古斯人的实际生活中，他们不需要使用“千米”“英里”。在外来文化的影响下，他们接受了这一测量单位。例如，后贝加尔地区的通古斯人使用俄语词汇——versta（约 1065 米）①，而满洲的通古斯人则使用 bo（毕、库），在通古斯人看来，bo 是 buγa 的缩写形式，表示领地、地点和距离。满族人使用汉人的测量单位里。②

20. 世界及其方位

通过观察星星、行星、太阳和月亮，通古斯人形成世界结构的观念。由于外来文化的侵入，这些观念在不同的通古斯人群体中会有不同程度的变化。我相信，现在很难说清楚通古斯人自身的世界结构观念。

我们已经看到，通古斯人把地球视为一个巨大的平坦实体。如果我们忽略通古斯人在俄国人和汉人学校接受教育的事实，则会认为通古斯人不了解地球是圆形的。

在包括曼科瓦通古斯人在内的后贝加尔地区通古斯人中，最为普遍的宇宙［称图鲁（turú）］结构观念认为宇宙包括三个部分：上界——乌吉敦达（uγidunda）；中界敦达（dunda），包括固态土地约尔科（jorko）③ 和海洋 lamu，固态土地约尔科位于海洋的中间；最后是下界奥尔吉敦达（orgidunda）。这些名称很有趣。表示“宇宙”的名词 turu，以及在某些通古斯方言中的 tiru 也用来表示“土壤”“地球”，这些方言还有 tur（库、毕、兴）、tor（鄂霍茨克地区）、tui（涅·施，其中 r→i）。很可能的情况是，turu 表示宇宙是派生性的，其最初的含义是“地球—土壤”。敦达一词的含义似乎并非

---

① 参见雅库特语 biäristä（佩）。

② 在布里亚特语中我们观察到词语 modo、modon，表示“木杆”，是俄国人用于表示 versta 的标志。

③ 我不想冒险指出这个词语的词源。

源自通古斯人，而是布里亚特人的世界观念。[1] 其实，这个词在通古斯人中的地理分布十分有限。附缀的 uγi 和 orgi 含义十分确定，分别表示“上”和“下”。因此，这三个世界反映了喇嘛教的体系。如果通古斯人面临其他问题的压力，则会指出上界和下界的进一步详细划分。这一观念在基督教中找到新支持。

满洲通古斯人的世界体系观念大体上与后贝加尔地区的通古斯人相同。满洲通古斯人表示三个世界的名称反映了方位（例如，uγillan（毕、库）——“上界”）和人类生活的观念［例如 buni（毕、兴、库）——“死者的世界”］。这一体系似乎是满族人的创构。在后贝加尔地区通古斯人中，也有“死者”和“生者”世界的系统。

这些系统的基础似乎是一个更古老的系统，其中宇宙称 buγa（布哈）。这个词语也表示“地点”，甚至是“英里”；buγa 也用于表示最高的神灵［同样表示“天气”和“天空”（涅・施），后文会讨论］。现在，我们观察到的是原初的观念，还是几种不同观念融合的结果，是不能确定的。在通古斯方言中，buγa 一词是变化的，在某些方言中，这个词已经缩减（或保留）部分含义，例如在满语中，这个词缩减为 ba［参见 boa（果）、bua（毕）］，只表示“地方”和“地点”。现在，我相信已经很难还原这一古老的文化丛。

通过分析通古斯人的方位词语[2]，可以恢复通古斯人原初的方位系统，通古斯人的方位词语与世界的结构无关而是以太阳为参照，基于河流方向和山川位置确立的方位系统。因此，如果我们不将通古斯人的方位系统和我们方位系统中的太阳相联系，它们将显得只是纯粹且朴素的系统。其实，通古斯人会辨认“南方”和“北方”，具体名称如下：山的南部斜坡 ant(a)，从植被和日照（对于通古斯人而言，这很重要）的角度看，这与山的北坡 boso 形成鲜明对比。这两个词语没有其他含义。

通古斯人中的旅行者和调查者记录许多“西部”和“东部”的词语。分析这些词语使我们可以得出结论，这些方位词表示河道，通常是迁徙的

① Dunda 表示“地球”主要见于西北通古斯群体的方言（如巴、涅、安），在叶尼塞地区的通古斯人中，这个词在很罕见的情况下表示“地球—土地”（传教士）。

② 参见我的研究“*The Northern Tungus Terms of Orientation*”。

方向，是十分有名的地理位置，诸如贝加尔湖、海，以及大河如勒拿河、阿穆尔河。这种方位系统可以满足作为小规模地方群体的通古斯人的需要。在实践中，通古斯人会使用可以表明地点、太阳位置以及夜晚北极星位置的词语。其实，有些词语可以既表示“东方”又表示“西方”，即 soloki 和 ajaki，这些词语在不同的群体中含义可能截然相反；表示河流上游和下游的词语亦如此，如 bargila 可以表示河流相反的方向；表示风向的词语也是如此。不过，soloki、ajaki、bargila 等词也可被特定地方的通古斯人用来表示“北”和“南”。通古斯人的情况并不特殊，相同的系统也体现在罗罗人中，他们根据河流表示方位。[①] 从理论上说，亚洲与其他地区的其他族体中也可发现相同的系统。发现这些方位词的困难主要源于调查者的态度，他们需要把这些观念“翻译”成自身的语言。

古老的通古斯人方位系统已经被其他系统遮蔽。因此，我们必须区分两个体系，即与东方有关的方位，也就是说，说话者面对东方时，会发现其左侧是北方，右侧是南方。这个系统在满族人的祖先女真人中存在。这一系统是女真人自己的发明，还是借自其南部和西部的族体，并不重要。根据科特维奇[②]的看法，早期的蒙古人、亚洲中部和东部的回鹘人和契丹人也有与东方有关的方位系统。[③] 在多数情况下，辨别方位模式只能依靠词语的分析，因为我们没有直接的理论证据。在北通古斯人的方位体系中，东方经常用“前方”“在前方”“向前”等表示。这些方位系统的词语可能融合了地方性的方位词语系统。在通古斯人中，这一系统的基础是太阳围绕子午线的“升”“降”运动。同样的观念，即根据太阳运动形成的方位系统似乎也存在于布里亚特人的方位系统中，这是一个根据通古斯人科克罗恩所形成的新方位观念（参见前文）。第二个体系包括了原初的方位观念，上文讨论的主要观点是“南方”。这个系统在满族人和蒙古人的祖先中传播，

① 参见勒让德（F. Legender）在《通报》发表的内容（T'oung Pao Series Ⅱ, Vol. X, p. 605）。

② 参见 W. L. Kotwicz, “Sur la Mode d'Orientation en Asie Gentrale,” R. O. Vol. Ⅴ, pp. 68–91.

③ 千万不能混淆两个不同的事物，即居住方位和方位点。居住可以根据特定的地方状况例如地形、风等确立方位，而方位点则主要在迁徙、定位相邻族团和某些区域中起重要作用。因此，尽管科特维奇提出保留意见，但关于满族人的方位，我仍坚持自己的观点。

最后进入通古斯人中，后者借用了满族人和蒙古人的相关词语。通古斯人中很可能还有其他方位观念，但目前我不能找到确切的痕迹。[①]

与东方有关的方位尤其有趣，因为它与前文提及的三界观有联系，同时也与某些通古斯群体接受的佛教（喇嘛教）传播有关。需要指出的是，与东方有关的方位观念流行于印度以及受印度强烈影响的区域。千万不能推论认为整个佛教文化（尤其是喇嘛教的形式）已经影响到这些通古斯人群体，更为安全的观点是，作为对族团有用的元素，与东有关的方位观念开始传入特定区域的小族团中。换言之，千万不能认为三界观和方位观念完全渗透到通古斯人中；这一体系很可能是一个要素接着一个要素传入的，这是文化丛传播的一般特点。

21. 自然现象

通古斯人认为山川和河流是理所当然的存在。他们不会提问山脉是如何形成的，这可能通过一个无害“解释性神话”加以解释，但他们却会观察河流的形成，以及水流活动不断侵蚀山川支脉的过程。河中的沉积物如卵石、沙子、黏土和其他有机物，都被视为自然过程的结果。通古斯人把山地地形的变化理解为山川的损坏，这一观点与欧洲科学相同。[②] 对于火山群活动现象（例如墨尔根地区的 12 个火山群）、温泉等，通古斯人没有令人满意的解释。洞穴引起通古斯人的注意，但据我所知，通古斯人对这个现象并未提供令人满意的解释。但在这些问题上，通古斯人并不反对自然主义的观点。例如，某些曾前往戈壁沙漠的通古斯人称其为 olgon lamu，从字面意义上看，表示“干涸的海”，因此戈壁沙漠被通古斯人视为海底。他们以同样的方式解释山上的贝壳。不过，满洲通古斯人可能不了解现代的地理学理论，譬如从俄国人中获取的理论资源。但是，通古斯人十分了解

① 关于这些词语的细节，参见 *The Northern Tungus Terms of Orientation*。

② 从许多此类案例中，我选择一例介绍。一位通古斯人向我解释贝斯特拉亚河（满洲的西北部）上游系统如何发生改变，如果河道下游逐渐被流水冲刷，贝斯特拉亚河的上游就会变得比诺尼河支流高。这样，它则不会注入阿尔贡河，而是注入诺尼河。

毁坏植被的毁灭性后果（尤其是长在岩石上的大树）。

如前文所述（参见前文第 4 节），有必要时，通古斯人会辨别不同种类的“石头”，例如比较石灰岩和沙岩的剥蚀、石灰岩和沙石的形成。这些石头也可根据颜色和结构特征划分，分为小粒状、大粒状等。当石头被用于特殊的实用目的，例如用于涂色、打磨、磨刀、治疗（“黑色和白色石头”）等目的时，会被赋予特殊的名称。某些河流的名称与特殊的当地地质特征有关，例如 daviksa 表示发现赭石的河流；ingali 表示卵石丰富的河流等。对通古斯人而言，基本的地质知识是十分重要的——水、木头以及基于特定地质状况所形成的植被。同样，古生物学的遗存也在通古斯人的关注范围之内，例如保存很好的菊石和某些双壳贝。通古斯人对地质的解释不断变化，通常把相关现象和河流活动相联系。

综上可知，通古斯人知道，小溪谷和泉水聚集为小河，然后小河逐渐汇聚成大河，他们十分了解水位变化的自然原因，不需要借助任何神灵假设去理解大河的活动。那些依托神灵而来的解释只局限在大河沿岸地区等有限居民中，例如满族人。

通古斯人把降雨现象解释为云中水的凝结——由雾（有时，雾、云以及厚的含雨的云由同一个词 tuksu 表示）形成云，进而演变为厚云。因此，如果风把云聚在一起（例如，云不能越过高山），则会降雨。通古斯人十分清楚雷电现象，把它视为自然事实，但在某些情况下会冒险提出基于神灵活动的各种假设。关于这些假设，不同族体各不相同，数量很多，提出了不同的解释方式。

冰雹被通古斯人解释为雨水在大气上层的冰冻。上过山峰的通古斯人十分了解因海拔而发生的温度变化。通古斯人也以同样的方式理解降雪现象。通古斯人不把风理解为空气的运动，因为他们不清楚空气和大气层的存在。不过，通古斯人把风理解为空气吹动的物理现象，具体是谁吹动了风，通古斯人没有明确答案。通古斯人把不同区域的季节归因于太阳，太阳离地球的远近，决定了白天的长度。

上述通古斯人关于地形和自然现象的态度，是占据大面积区域且以迁徙狩猎为生群体的典型特征，他们拥有十分完善的地方性的地形知识。无此类经验的群体则不然。阿穆尔河沿岸的满族人，甚至某些定居且以农业或捕鱼为生的通古斯人（和达斡尔人），则有不同的观念，其中利用神灵假设解释自然现象占有一定的成分。不过，这些群体比狩猎群体更熟悉大河的流动、季节变化以及其他涉及经济活动的重要事实。无论神灵理论是否解释了原因，这些事实的数量很多，人们不是使自己适应特定理论，而是适应事实。某些知识的细节很深入，例如，满族人在冰融化的几个月前就可预知其融化的具体时间，[①] 前后不会差4~5天。当然，只有某一人群在一个地点居住很长一段时间后，才可积累并分类事实，对可能发生的情况以及由此关联的天气变化做出判断。

其实，这些群体不能提出精确的解释框架，不能找到事实的“原因”，不过其实践性的推论已经足够促进经济活动，至少可以减少季节性和偶然性变化带来的有害影响。我们很难还原通古斯人推理过程及给出结论的全部细节。其实，这些事实并非在统计学意义上被记录，而通常是通过传统传承的，很明显的是（1）事实是不能被记住的，数代人积累的结论通过传统传承，而且（2）结论是通过不断地修正而得出的。只有在不排斥新结论，而且保持一定程度的科学客观性的前提下，这才是可能的。因此，在建立系统结论的过程和方法上，通古斯人与未掌握现代统计学方法的真正科学家没有差异。[②]

关于季节变化的知识，北通古斯人不如满族人，但他们积累了大量关于季节变化的事实。其实，猎人对季节变化的依赖程度不如农民和渔民，由于这一原因，他们很少关注季节变化。对于天气的变化，通古斯人则十分有经验。他们会基于天气的可能变化制订狩猎计划。在某些情况下，这

① 我利用所有机会记录下冰融化时期、霜冻时期等预言，在我搜集的这些预言中，我发现了预言和事实间的微小偏差。

② 其实，这一特征不仅体现在通古斯人中，其他族体也是如此。不同结论的正确性可能有差异，这在很大程度上受搜集事实的数量与知识的实际应用影响。居住在海岸的汉人渔民了解台风的特征、季节性变化以及来临时的征兆等。欧洲有经验的海员一直思考渔民迁回庇护所的现象。不过，后者不了解这些卑下的渔民是如何预判台风来临的，在他们看来，渔民的活动如同台风来临之前的鸟类运动一般神秘。而且，在受过教育居住在城市的欧洲人中，特定的节日中还保持着这一观念，例如认为在圣诞节等节日中，天气总是相同的。这是一种类似欧洲农民和气象学家预测天气的遗留物。在掌握天气规律方面，气象学家与农民和通古斯人的道理是相同的。

是完全必要的，因为某些狩猎行动只能在特定的天气环境下进行，例如，能够看到动物足迹的天气、能够找到吃草和带盐土壤的动物的天气。如果通古斯人不了解天气，可能冒着浪费精力狩猎无获的危险。狩猎活动有时需要几天之内都维持同一类型的天气，通古斯人必须具有预见性。而且，大雪或暴雨都会给迁徙的通古斯家庭带来威胁，如果预判错误，会给猎人的生命及其家庭带来危险。因此，这里需要强调，通古斯人必须有正确观察和判断天气的能力，并把这些知识传递给后代。这一知识并非科学知识，却是一个十分详尽的知识体系，肤浅的观察者几乎不能恰当理解和评价这些知识。①

22. 植物

通古斯人对其居住地域的植被有极高的依赖，因此他们把注意力转向其生存环境的构成要素植物。

通古斯人把植物从动物和无机物中分离出来。某些通古斯人认为，植物具有矿物所缺乏的某种特质。植物的显著特征是它们必须生长。但是，这一观点在不同群体和不同个人中远未被普遍接受。

通古斯人接受如下观念，即认为所有的植物都拥有第 4 节提到的“物活力”，例如，一棵树拥有物活力，但它被砍倒后，会变成简单的木头，可用于制造生活用具，因此在此过程中，树失去了物活力。除了物活力，植物也具有称为“生命”的元素，后者体现在植物的生长、开花和果实等方面。因此，树木被切成木板后，会失去“物活力”和“生命”。下一部分会讨论“生命”的性质，因此，现在我仅限于探讨通古斯人关于植物和动物

① 在保存书写记录的族体，尤其是欧洲人中，有一种十分不同寻常的民族志现象，他们认为科学始于书写记录，不以论文和专著形式出现的书写记录则不是科学。因此，农场工作者把其工作分为不同阶段所依赖的气候变化方面的知识这一情况不会被视为科学，而搜集出版带有幻想性解释的“气象现象”资料则会被视为“科学”，直到现在仍如此。而且，哪怕最为精确的民族志观察和结论，如果不遵循欧洲科学家的文化习惯，也不会被视为科学的，而缺乏准确事实、充满错误推论的非科学著作，如果其表现形式是“科学的”，则会被视为严谨的科学著作。民族志学者在分析这些著作时，必须摆脱自身的民族中心主义立场，这实际上是不容易的。

间“生命”是否相同的观点差异。通常情况下，通古斯人放弃推测这一问题。如果某人通过此问题给通古斯人施加压力，他们则会对持续追问给出某些答复，不过他们并不敢保证所说内容的正确性。

在通古斯人的方言中，没有表示植物的一般性词语。他们按照如下的方式分类植物：树——mo（所有方言），这个词语也用来表示无特殊用途的“木头”“木棍”；灌木——sekta（满驯、毕、库、涅、巴、兴），这个词语也用来表示特殊种类的灌木，例如柳树灌木以及通古斯人不了解的细树枝；草——čuka（涅·巴）（涅吉·施）、čoka（毕、库）（涅吉·施）、cöka（曼）、cūka（乌鲁·卡），所有种类的草都可用这个词表示，但当通古斯人被问及表示特殊种类草的词语时，他们会选择特殊的词语；除了使用 mōgo（毕）、moko（兴）、mègè（满语书面语）[参见 mōgou(n)、mügu（蒙·鲁）]表示一般意义上的灌木丛外，通古斯人使用不同的词语表示不同种类的灌木丛；通古斯人使用不同的词语表示亲水性动物，并与草做出区别。

通古斯人给人的印象是，他们对花朵漠不关心，花朵几乎没有名字，通古斯人不使用花朵装饰棚屋。但是，必须指出的是，他们会对具有实用价值的花朵命名，例如，用于制作紫色涂料的鸢尾花。与此相关，值得注意的是，通古斯人了解几种植物的涂料属性，例如赤杨树、某些植物的叶子等。他们可以很好地描述某些花朵，而且可以绘制出这些花朵。通古斯人不折断花朵的原因是，他们认为花朵是“蚂蚁和昆虫的家”。不过，关于蚂蚁和昆虫，通古斯人并无特别的观念，他们只是简单地相信损坏花朵是无用的，它们可能因为开放而被赞美，通古斯人认为泰加林中的其他人群可能需要花朵。如果我们从通古斯人利用泰加林的角度出发，可以更好地理解通古斯人的态度。

上述分类主要基于植物的大小和特征。因此，一棵小柳树也可能被分类为色科塔（sekta）。不过，通古斯人却会区分小的灌木如桦树或松树为小的莫（mo，“树”）。通古斯会赋予其领地上所有的树以名称。某些名称并无通古斯来源，或者仅局限在特定群体的方言中。因此，我们可以观察到，有些树的名称借自蒙古人，也有些名称借自满族人。很可能的情况是，某些名称根本不是通古斯语，而是由通古斯人占据新的领地后借自当地人群。

通古斯人十分了解这些树的用途，如燃料或工具。通古斯人非常珍视和关注有用途的树，例如白桦树和落叶松。如果用于生火，他们更喜欢榆树，使用榆树生火会比其他木材提供更多的热量。灌木也是如此，当它们有重要作用时，例如可以结出浆果的灌木以及用于制作颜料和香的灌木，通古斯人会给予重视。通古斯人根据叶子的形状和树冠绿色的季节性变化分类树木，例如落叶松被认为与冷杉相似，而松树即松柏科的树布满树针［čiga（毕）、dēkta（满驯）］，没有叶子［avdanda（这个词在不同的方言中会变异）］，但由于其外部的树冠绿色会发生变化，因此被视为特殊类型的树。当草类植物对通古斯人有用，他们也会重视有特殊价值的草类植物，例如各种牧草，放到鞋中用于吸湿的草，结构引人注意的草诸如大戟、红乳草等，或有自我防御器官的植物如荨麻、蓟花，以及其他植物。通古斯人关于这些植物的名称通常借自相邻族团。而且，通古斯人对叶子和根能吃的草有十分详尽的分类。[①] 蘑菇也是如此，它们会根据通古斯人和动物的需要被分类。其实，通古斯人非常了解人和动物吃后不会中毒的蘑菇。

其实，对于需要关注所有知识门类词语的调查者而言，描述通古斯人完整的植物学词语是不可能的。但作为结论，我们可以认为，通古斯人对植物有粗略的分类；有专门的词语表示实际功用重要的植物；而且，通古斯人也使用特殊的词语表示具有专门特点的植物。

同样值得注意的是，通古斯人了解“正常”和“非正常”生长的植物，例如，他们知道落叶松有时会环绕着纵轴生长，这类树的树干是制造工具的好材料。通古斯人使用特殊的词语表示这类树。他们知道，树受创伤部位会过度生长，出于某种生产目的，他们会人为地伤害树。通古斯人了解植物的解剖学，包括树皮的不同层次、根的特殊结构以及供应养料的器官。而且，在与动物比较的过程中，对于植物的生理过程，他们也形成特定的观念。通古斯人注意到植物繁殖过程中的生理功能，而且赋予自然主义的解释。（后文会进一步讨论这一问题。）通古斯人了解植物的根部具有很强的毁坏岩石的能

① 在北通古斯人中，这个词语不如满族人中（满族口语）丰富，尽管这类食物在满族人中十分重要，但在通古斯人中则十分有限，我分别记录下满族人中50多种和北通古斯人中约20种此类食物。

力，并用具体的例子阐述这一观点。而且，他们了解大多数植物在特殊环境下的生存特征。他们观察植物如何生长，在不同季节的生长速度等。通古斯人在观察这些事实时，不受自身功利主义目的刺激，而是如同观察动物一样观察植物。不过，通古斯对植物的兴趣不如对动物那样高。

通古斯人关于植物生命和分类的兴趣当然受实际需求的影响，因为生活在自然之中的通古斯人需要具备很好的植物知识。其实，为了生存，通古斯人必须了解树、草等植物的地理分布及其特征。同时，通古斯人必须了解穿越森林的危险程度，因为这一过程中腐烂或被烧掉的树可能随时倒下。他们不能过高估计危险的程度，要不然则会在无用的绕远中浪费时间。他们必须了解不同风力的危险差异。有时，通古斯会建议在有风的天气避开森林，而在无风的天气则不然。如果某人坚持探寻解释，通古斯人会提及风，不过如果提问者不理解，通古斯人不会使用提问者的语言做解释，旅行者很少熟悉“土著”语言，进而会提出越来越多的问题。这很容易让提问者得出结论，认为大风的天气下会有特殊的神灵杀人。而且，如果调查者准备搜集原始“非逻辑”和“前逻辑”资料，则会寻找含糊不清的语句，调查者会重新理解这些语句，结论认为通古斯人认为森林中有神灵，他们不想遇到这些神灵。现在我希望指出的是，调查者中的许多此类观念是对通古斯人观念和行为的误解，这主要源自调查者的缺陷，而非通古斯人思维的混乱。

23. 地形与交通

如前所述，地形状况和河流方向在通古斯人的方位知识中占重要地位，而且，所有通古斯群体的特殊生活特征决定通古斯人必须理解地形、山川和气候条件，他们在这方面的知识要优于城市居住者。而且，应该指出的是，通古斯人所居住的区域有很多山川和河流。

通古斯人中的男性和女性十分了解所在区域的山川和河流。因此几乎每个人都可绘制他们所熟悉区域的示意性地图。几部关于“原始”民族①制

① 参见阿德勒、博格拉兹、约克尔森的作品以及其他晚近出版的作品。

作的地图的出版，让我们必须放弃如下观念，即认为“原始”民族不能有序地呈现事实。

通古斯人在制作地图时，不会呈现所了解的所有细节。他们可能会选择性地呈现对旅行者有用的事实，并在地图上做出强调。通古斯人可能在地图上遗漏河流的弯曲处，这并不意味着他们不了解河流弯曲处。所有通古斯人现在都能很好地理解印刷详细的地图，这不需要语言知识，只需借助河流的方向和山川的范围。如果发现某些错误，通古斯人可以及时做出纠正。我遇到过大量此类案例。不过，我们还是要对通古斯人的地图做出某些特别的说明。首先，所有通古斯人的地方观念可能以两种方式呈现——距离可能以时间单位表达，即多少个小时（一天被分为不同部分，如前文第 19 小节所述）；如果通古斯人想把一系列已知地点纳入地图的道路系统中，则必须精确表示距离。对于第一种情况，他们会把一条不规则的线条标注在地图上（通常是商队的路线），不同点之间的距离具有表示时间的重要性。这类地图对于出行者确定方位是有用的。很普遍的是，通古斯人不需要确切知道具体的距离，他们想知道的是到达特定地点所需的时间。在这类地图上，我们会发现由于篇幅的限制（通常在一张桦树皮上绘制），线条的方位发生改变。如果通古斯人想在地图上表现点以及点与点之间的距离，情况则不同。在这种情况下，他们会使用和其他人相同的方法，也就是说，使用角度表现地点之间的方位。每位通古斯人都会从山川或山峰上观察整个区域。因此，当通古斯人想表示不同地点之间关系时，会把自身定位在中心，从中心点出发表现不同点之间的方向，以绝对的测量单位表示不同点之间的距离。然后，他会来到另一个地点，以这个地点为中心，绘制与第一个地点相联系的新的角度体系。其实，这项工作需要付出巨大的努力，从而把不同的地点联系在一起，当然，通古斯人基本不能在一张地图上呈现十分广阔的领地。值得注意的是，通古斯人没有面积很大的材料用于制作一张地图，我们必须考虑到这一点。而且，对通古斯人而言，这类地图没有实际价值，他们没有时间绘制这类地图。

就制作地图而言，通古斯人所做的工作与任何其他地形学者所做的工作相同，两者的差异是，通古斯人绘制的地图不是很精确，而且通常是出于出行的目的——不规则的线条表示旅行的路线和时间单位。这类似铁路时间表，其中距离用小时而非地图表示。为了出行的目的，通古斯人在某些地图上也会标注出出行的方法。这些事实并不能说明通古斯人没有关于其居住领地的精确地理观念。

如果要求通古斯人绘制他们本人不是很了解的区域地图，几乎可以肯定的是，他们熟悉的地点可能以一定的尺度占据地图的中心位置，了解不多的地区则在地图上很少体现细节，尺度也更小，最后，通古斯人仅有模糊概念的地区则只占很小的尺度，没有任何细节。这种情况与欧洲人所制作的地图相同，对于不了解的地区，他们也很少呈现细节，不使用宇航学的方法。

通过上述事实，我们可以得出的唯一可能结论是，通古斯人解决地形学问题和制作地图的方法，与基于几何学观念解决这一问题的其他族体没有差异。两者之间的差异是事实的数量与数学方法的精细程度。

与其他族体相比，通古斯人也在另一方面表现出不同，在通古斯人中，地理知识、定位以及潜在的制作地图的能力并非只局限在一部分人中，几乎每位通古斯人都了解当地的地理知识和确定方位的基本方法。其实，这些知识并没有什么神秘性。通古斯人的生活状况，即狩猎、迁徙与缺乏交通联系，要求通古斯人成为“地理学家”。当然，通古斯人中的男性成员必须了解本地区的方位模式，但这在妇女中也不罕见，她们经常会独自出行，有时会走上几天。其实，通古斯人一般的迁徙方式是，妇女、儿童以及载物的动物会沿着一条路走，而男性则会沿着可能遇到猎物的另一条路走。甚至是 12 岁的儿童，有时也会负责搜集和带回信息，负责与一定距离外的其他迁徙群体交流。妇女有时会独自狩猎[①]，而且有时会迁徙很长一段距离。我了解一位毕拉尔千妇女，离开丈夫的氏族后居住在结雅河地区（阿穆尔州），她会花几天的时间乘船去阿穆尔河沿岸毕拉尔千人的定居点。这一距离不会少于 250 英里。其实，在通古斯人中，总有一些人更了解当地地形状况，而另一个人的知识则显得欠缺，某些通古斯人不具备绘制地图的

① 参见《北通古斯人的社会组织》，第 262 页。

能力，但我从未遇到过完全缺乏定位能力的通古斯人。就这方面的能力而言，通古斯人远比普通的欧洲人优秀，其中包括在不熟悉这一主题和相关智识的前提下就敢谈论“原始民族”者。①

在毕拉尔千人以及其他通古斯群体中，人们相信，除非在神灵的迷惑下迷路，② 男性不会失去定位方向的能力，而俄国人和汉人迷路是“因为他们不了解这一区域，不习惯在泰加林中生活”。

如前所述，通古斯人的儿童需要自很小就认真观察其所居区域的地形。通古斯人逐渐会涉足其所属族团占据的所有区域。由于他们的职业——狩猎——需要掌握精准的地形知识，出于安全和生存的目的，通古斯人必须掌握这些知识。其实，最为重要的是，通古斯人必须知道狩猎动物的方向，③ 明白不可能猎获动物的方向。因此，通古斯人的头脑中必须掌握包括所有细节的区域地图，包括山川的特点和海拔以及河流的深度等。由于通古斯人涉足的区域十分广阔——有时包括几百甚至几千平方英里，而掌握区域知识需要良好的记忆力、经验，以及更为重要的在纵横交错的地形系统中辨别方向的能力。因此，通古斯人了解所处区域范围内的山脉系统与大致方向，当去往区域内的某一未知地点时，任何一名通古斯人都可找准自己的定位，然后沿着峡谷和山脉进一步移动。需要补充的是，通古斯人往往比旅行者更为艰难，后者拥有测探地形的工具和理论知识，而通古斯在去往未知地点的过程中甚至不带食物，与家人一起迁徙。不过，通古斯人在未知区域迷路的情况极少发生：只有在“受神灵攻击”的情况下，这种情况才会发生，他们会失去辨别方向的能力，对新的处境缺少批判性分析。

其实，在某一未知的区域辨识方向是不容易的。因此，在通古斯人来

---

① 尽管地理学是欧洲学校计划的重要内容，但经过长期的地理学训练后，人们仍缺乏地理学知识。欧洲的妇女往往缺乏辨别方向的能力，甚至有时政治家也表现出对不识字者的不了解。这些事实不能被阐释为“原始心智”的案例，而仅仅是由于缺乏广泛地理学知识的实际需要，以及城市居住者在几何学和特殊观念方面表现出一定的欠缺。

② 后文会讨论神灵的性质，但现在必须指出的是，神灵的性质并无特别神秘之处，神灵干预通古斯人的出行与地形的变化无关。在通古斯人看来，这一困扰源于通古斯人的思维，而非地形的物理状况。

③ 这里可以推断，通古斯人熟悉动物的习性；参见后文第 6 节。

到陌生区域前，一定会事先展开调查，通过传统或者他人了解相关区域的信息。换言之，对通古斯人而言，通过特定的教育获得吸收过去的地理知识和一般规则，是十分必要的。通古斯人中的老年男性掌握这些知识，并且把这些知识传递给年轻一代，距离形成一般规则只差一步，这可体现在通古斯人对河流的命名中。通过河流名称，我们可以看出通古斯人关于河流有十分详细的分类，通古斯人的河流名称通常受河流的特征、方向、植被特征以及河水特征的影响，因此，河流的名称在本质上是描述性的，在很大程度上为通古斯人辨别方向提供帮助。我举一些例子。

Amasar——这条河流的源头来自相反方向的下游，即返回（ama）。

Dobkur——双重的，主流分成两条小的支流（dobkur，双面围墙的）。

Šilkir——有压力的（峡谷间的河流）。

Uγikta——受到挤压的河流（uγi——窄的，等等）

Olgokta——定期干涸的河流（参见 olgo——“干枯”）。

Suŋkoit——某些地方很深的河流（suŋkta——深度）。

Munuči——河水味道难闻的河流（muni——变腐烂）。

Takači——布满大量倒下的树的河流（taka——树干）。

Amuǰia——河谷中有很多湖泊的河流（amuǰi——湖泊）。

Mar’ikta——河谷中长满灌木丛的河流（mar——灌木丛林）。

Tala——有含盐土壤河谷的河流（tala——含盐的土壤）。

Amnunnali——冬季在其河道上可以容易发现未结冰的水的河流（amnuli——源头）。

Kulinda——河谷中有很多蛇的河流（kulin——蛇）。

Arbukakta——在特定季节有干涸部分或干涸河床的河流（arba——干涸的河流）。

S’ivak——有驼鹿喜欢的新鲜水生植物的河流（s’ivak——水草）。

Sivartu——河谷有沼泽地的河流（sivar——沼泽地）。

还有成百上千的河流名称可用同样的方式理解，这些名称可从通古斯人实际需要的角度理解。有时，为了对所处区域形成一个相对较好的认知，了解当地河流的名称是必要的。

由于我们已经触及河流名称的问题，需要补充的，通古斯人有时根据出行中遇到的事件给河流命名，例如丢失 g'ida“矛”的地方，还有使用其他标志表示河流的，例如 g'iramk'iči——某一河流处有一口棺材等。而且，某些河流古老的、有时是外来的名称仍然得以保留，例如满洲地区某一条称为 gän 的河流，很可能是非通古斯人群命名的。在通古斯人中，名称没有含义的河流数量是很少的。同样值得注意的是，某些河流未被赋予名称的原因是它们本身并不重要，通古斯人很少涉足这些地方。出于辨别方向的目的，通古斯人可能用数字称呼这些河流，也可能用很小的词缀如 kan、čan 等表示它们，这些词缀是相邻的较长或较重要的河流的名称。贝斯特拉亚河在满洲地区有 60 条支流，其中只有一半支流有名称。不过，在某一区域长期居住的人群会使用某一名称表示特定的支流。在通古斯人居住的地区，许多河流都有多个名称，其中一个名称是通古斯人赋予的名称。例如，阿穆尔河的通古斯语名称为 Šilkir，达斡尔语名称 Karamur，满语名称为萨哈连乌拉，汉语称黑河。①

通古斯人也会为一些重要的湖泊、山脉和山峰命名。所有大的山脉群也有各自的名称。不过，通古斯人有时使用一个普遍的名称表示大型的山脉。因此，例如兴安岭被称为 d'idin，同一名称也表示雅布洛诺夫山脉和斯坦诺沃伊山脉。尽管不恰当，通古斯人会使用某些河流名称表示穿越盆地系统的流域，例如阿穆尔河、诺尼河、勒拿河等。大小不一的山脉可用不同的名称表示。例如，大型的、树木少的山峰称 jaŋ（涅）、kumá（兴）、kumaγ（毕）；覆盖着茂密森林的山川称 toksoko（涅）；单独的山川称 toloγeĭ（曼）（很可能源自蒙古语，是草原地区的典型现象）；低矮山坡的山川称 vălu（满驯）；中等大小的山川称 uru（涅、毕、库、兴、巴等）；有岩石的山川称 kadar（几乎所有方言）（参见布里亚特语 kada）。

---

① 河流名称有极高的历史民族学和历史地理学价值。不过，在使用这些名称作为证据前，必须认真核查。通古斯语的河流名称有时会失去其原初形式（例如俄语 Šilka 代替了 Šilkir），或者通古斯人对外来的名称进行调整，让河流的名称貌似通古斯语。如果不对河流名称的历史进行全面的考察，以及对河流名称做语言学分析，则会导致错误结论。比如索斯塔克维奇的案例（参见《北通古斯人的社会组织》）。

kamniγa（满驯、兴）—— 一处狭窄的河谷，河水流动，但水道很窄。

kolloko（库）——河流及其过去河床（有时是处在水下的）之间的狭长距离。

čuŋeka（毕）——河流及其过去河床弯曲处环绕的土地。

kočo（毕）——河流及其过去河床弯曲处环绕的土地，如果上面被长势好但不茂密的森林（“保温罩”）所覆盖。

suǰen（毕）——河流附近的狭窄空间，布满沙子和卵石。

tām（tiγan）（毕）——河岸高地的下方。

čuŋuka（毕）——河流附近的地方，上面长着丰美的牧草。

čilčalkuma（毕）——河谷中突起的地方，上面长着草，但没有树木。

saǰa（毕）——山口前的平坦处。

这个清单仍可增加其他词语。

还有一些可以体现特定地点植被特征的词语。有时，这些河流的名称与树的名称或灌木的名称一致，不过通古斯人有时会使用特殊的词语表示河流的复杂状况，例如：

mar（许多方言中都有这个词语）——长满低矮灌木的地方，通常是沼泽地；

sajaka——泰加林中无树之处；

kulura（涅）、kulla（满驯）——有火的地方（明年这个地方会长出优质的草供马食用）。

buarin（毕）——高山上覆盖着被烧过的雪松之处。

而且，还有一些词语表示适宜狩猎和饲养、利于或不利旅行的地方，例如：

tiγika（满驯）——适合骑马的好地方（不是沼泽地，没有石头且土壤坚实）。

samnakon（涅）——草被毁坏，灌木被砍掉的地方（参见 samna——磨损）。

ǰoliŋgra（满驯）——河中捕哲罗鱼、斑鳟鱼的好地方（参见ǰoli——哲罗鱼）。

ǰamku（库）——驼鹿经常去的地方（水草丰富的地方）［参见ǰam+词缀（满驯）——水草］。

ǰawraltan（满驯）——适合使用桦树皮船的河流（参见ǰa——桦树皮船）。

其实，如果通古斯人对其所处区域知识丰富，则会说出每一英里土地的典型特征。在通古斯人的词语中，我们可以发现，他们不仅十分了解河流或地区，而且在即便不能指出具体距离的前提下，也知道某些特殊地点的其他细节。

为达到旅行目的，通古斯人选择的方向需满足两个要求：其一是距离短——相对于目的地而言，当然是两点之间的直线距离最短，其二则是便于旅行。当通古斯人在某一地点生活很长一段时间而且总是沿着同一方向走，那么两个地点之间会逐渐形成道路。不过，通古斯人的各条道路并不相似，很少是直的。

尽管对于熟悉未开发土地的狩猎者而言，这一问题十分简单，但经某些“理论家”之手，问题变得复杂化，这里我将指出某些细节。

通古斯人使用的道路并不相同，因为某些道路仅适合步行，另一些道路适合骑马和驯鹿，还有一些道路只适合骑驯鹿。某些区域的状况根本不适合骑马。这些区域是沼泽地、无草（供马食用）的地区、布满石头的地区［例如，山坡上破碎的石头——oročo（涅、巴）、ǰoloγ（毕）（满驯）、iγaγ（满驯）——通常覆盖着地衣、灌木和倒下的树］以及非常窄的路等。如果路上布满小且坚硬的、有棱角的石头以及土壤坚硬是不适合驯鹿行走的。由于马和驯鹿的各自特性，沿着山谷需要有两条平行且不同的道路。例如，供马行走的道路可能越过山坡，道路上坚硬且有石头，而供驯鹿行走的道路则处在供马行走道路的下方，土壤稍微软一些，或者位于山顶处，因此驯鹿也能沿着野生鹿开辟出的道路走。不过，这些野生鹿的道路可能是误导性的，因为有时某些野生鹿的目的地是孤立的山峰，那里没有出口。

作为一个规则，道路不是笔直的，由于前文提及的各种因素，它们会稍微偏离直线。甚至在土壤柔软、无石头和沼泽的地方，道路也很少是直的。其中的原因是多元的，就性质而言可以说是历史性的，例如，必须避开大雨之后深度增加的湖泊；在此期间，由于避开旧的道路，新的道路逐渐形成，因为旧的道路不会立即变得平坦，土壤不坚硬，所以临时的新道路会沿用一段时间；如果新的道路拐弯不多，相较于克服返回旧道路的困难所花费的精力，浪费一点时间并不重要，有拐弯的新道路将被继续使用。

倒下的树可能带来道路的偏离。当倒下的树腐烂，没有任何阻碍之后，新的道路也可能继续被使用，我们不能从“理性主义”的角度理解道路的偏离。但是，如果新道路的距离太远，恢复使用旧的道路不用花费太多的精力，那么通古斯人可能会恢复使用旧道路。其实，使用布满石头地区和沼泽地区形成的道路也遵循同样的规律。道路中出现的拐弯和偏离直线与“原始心智”、害怕神灵以及其他幻想性的假设无关。① 单纯使用“理性主义”观点也不能解释这种情况。

通古斯人所居的整个地区及其造访之地由一张道路网覆盖，它们是真正的交通媒介。这些道路满足了出行者的需求，不仅方便了出行，而且便于寻找水源（并非所有地方的水都是优质的）、优质的燃料以及提供给马和驯鹿的牧草。而且，为了到达一个适合扎营的地点，道路往往会偏离。棚屋需要使用特殊的材料（木头）搭建，通古斯人想让其棚屋冬季和秋季可以防风，夏季通风且防蚊虫。此外，通古斯人也想要眼前的“美景”。为了满足这些要求，他们的道路可能偏离直线或分岔。有时，如果某地仅作为冬季或夏季的扎营点，或者仅供出行途中暂住一晚，我们则找不到道路偏离的原因。很可能扎营的痕迹也见不到。

不过，如果通古斯人想走近路，或者占据一个新地点，则不会犹豫改变旧的道路系统，或者改变其中的一部分。很自然地是，随着驮畜的变化，例如马代替驯鹿之后，道路也要相应发生变化。

通古斯人十分了解道路通往之处，道路方向改变的原因，行路所需的时间，什么人利用道路，携带多少动物等。通古斯人如此谙熟过去，这一

① 参见前引列维·布留尔指出的原始思维的重要性。其实，这类假设可能只会由不了解实际生活状况和地形学的“思想者”提出。这让我想起那些批评铁路修建者的无知的人，他们在不考虑花费的情况下，建议把铁路修建得“更直”。这些无知的人给出的解释是，铁路修建者不聪明，或者是不诚。这种解释与列维·布留尔和其他人的观点并无很大差别，他们在分析偏离自身逻辑的现象方面没有能力。神灵理论经常被用来做合理解释。

特征往往被误解为原始思维的特殊能力。作为交通媒介的道路系统，对通古斯人而言是十分熟悉且重要的。

通古斯人的道路系统很好地适应了地形、驮畜以及自身的需要，其他人如果与通古斯人的装备相同，也可使用同一道路系统。其实，如果某人了解通古斯人的交通系统，则会有安全感，因为在既定的状况下，这些交通方式是最优的，而且他们可以遇到营地中的通古斯人。如果不了解交通系统，情况则不同；在距离大营地几英里远、距离小营地几百码远处，他们都见不到通古斯人。如果某位通古斯人不想被观察到，几码外也不会被看到。

随着通古斯人掌握了地区知识（地区的具体特征）、与太阳和星星有关的方位知识以及一般的地形知识，他们会获得绝对的安全感。在城市居住者看来，野蛮的原始森林环境是让人害怕的。同样，在成千上万条街道和单调雷同住房的大城市中，通古斯人也会失去安全感，没有自信。在理解不同地区的通古斯人的行为时，千万不要在不熟悉其文化的情况下，凭借个人对该地区原始森林的荒野印象妄加判断。实际上，通古斯人也有自身的恐惧，但这不是因为荒野而产生的，而是因为通古斯人自身心灵的不稳定性，这一点我将在后文讨论。

当通古斯人把河流作为交通媒介时，他们会有相同的考量，实用和节省是他们所考虑的重要因素。在这之前，通古斯人要认真地考察河道。在接触到瀑布，或者是危险的拐弯处时，他们要研究这一河道并估计危险的程度。他们十分了解洪水的影响，当有河流冲下来的大的松树时，或者有急流等其他情况时，航行就会变得危险。通古斯人了解每一种情况的危险程度。实际上，就算是发洪水，某些河流也是没有什么危险的，仅有特定的一些河流是危险的。如果通古斯人对一条河不了解，他们则不会在这条河上航行。在这种情况下，出行最安全的办法就是要听从通古斯人的建议。①

① 许多旅行者的事故——在通古斯领地中进行科学探险的历史中，这样的例子发生得很频繁——是由于旅行者缺乏对河流的了解，以及低估了通古斯人的定位能力和丰富知识。许多旅行者都认为通古斯人是被“自然”吓到了，不知道实际的危险程度。实际上，某人可能成功地渡过一个危险的地方，但是通古斯人每天都得这么做，所以他们不能冒险。旅行者的这种勇气在通古斯人眼中是缺乏经验的表现。

由于这些原因，通古斯人不会利用所有可以航行的河流。如果一条河流只有一小段距离能被利用，或者是该河流的方向与通古斯人的迁徙方向不一致，那么这条河流很可能不会被用到，甚至在这条河流上的航行技术都会被遗忘。在肤浅的观察者看来，这可能是“原始”“保守”以及固守习俗的表现。

第 6 节　基础环境（续）

24. 动物的分类

当某位通古斯人遇到动物时，首先会观察动物，然后根据既定的标准分类动物，或者把新发现的动物确定为特殊的类型。我们已经发现，通古斯人很难在矿物质和植物、植物和动物之间划清界限。

植物和动物拥有“生命”——埃尔嘎，因为首先它们都会生长和死亡，对季节变化做回应。但由于动物可以移动，因此拥有可被称为“灵魂”的要素。从这个观点看，通古斯人在对有些不移动和不能表示出生物体典型特征的动物分类时会出错。通古斯人自然把植物和这类动物归为一类，它们类似某些特定的植物，但两者之间仍不同。

与植物相似，动物根据它们的外形被分为不同类型，就我所知，通古斯人中并无表示动物的普遍词语，但这并不表示通古斯人没有此观念。通古斯人的确拥有动物观念，这可在不同的场合观察到。

对于软体动物，尤其是有外壳且生活在水中的动物，通古斯人不能很好地理解它们的水中运动，这类动物被视为特殊的“生物”种类，自然有“物活力”，甚至有埃尔嘎——“生命”，不过通古斯人仍不了解它们的生理功能。它们在不同的方言中被用不同的词语表示，例如 tak'ira（毕、库）、taxura（满语书面语）、kētta（兴）——河中的双壳类动物。但是，还存在其他特殊种类的软体动物，例如 čuk'ita（毕）——“蜗牛”；kaikarı（满语书面语）——“鹦鹉螺”；käkta（通古斯语·施）、k'axta（奥、果、奥尔查·施）——“贝类动物”。这方面的满语词语很多，满族人把从汉人动物学著作和百科全书中了解到的动物赋予满语名称。不过，通古斯人对软体动物不是很感兴趣，很少食用软体动物。

关于昆虫，通古斯人没有普遍的名称，但它们却包括很多类型和种类。通古斯人使用特殊词语表示不同种类的小昆虫，尤其是对通古斯人而言有害的昆虫，如蠓、蚊等，这方面的词语如涅吉达尔人中的 unm'ikta、nànmakta、munm'ikta 等，毕拉尔千人中的 čokomukta、manmakta 等，还包括借自蒙古语的词语 bargosun、buγutuna 等。通古斯人中还有表示蜱虱类及相关类型昆虫的词语，在毕拉尔千人中有 daktá、uŋilivla——表示通过背部向前移动的昆虫，皮肤非常透亮的昆虫——tiγir'ifki；毕拉尔千人还区分白色头的牛虻 n'aigda、小的黑色牛虻 komčoki、大的黄褐色的牛虻 ōmule、白色的多毛牛虻 gèdènèkta，表示牛虻的普遍性词语是 irgaktá。同样的区分方式也体现在对人和动物害处不大的昆虫身上，例如蝗虫、不同种类的臭虫。通古斯人会观察昆虫，尤其是在体型大的昆虫命名上，通古斯人会观察它们的所有习惯和解剖学特征的全部细节。通古斯人会花许多时间观察蚂蚁的生活，并在此过程中区分蚂蚁的种类。通古斯人也会观察蚂蚁之间的战争，蚂蚁与其他昆虫的战争以及迁徙活动等。而且，通古斯人还会像行为主义学者一样，验证蚂蚁是否具有听和看的能力。通过观察，通古斯人了解到昆虫如何用腿软化食物，如何与其他昆虫战斗；他们努力观察昆虫的眼睛、性器官、直肠，而且会观察昆虫的解剖学和简单的生理学特征的一切细节。通古斯人知道昆虫是如何从卵中产生的，并且能区分雄性和雌性的昆虫。

通古斯人用一个普遍的词语 oldo（所有的通古斯方言，有一定的变异）和 n'imaxa（果尔德语的变异形式，imaxa）表示鱼，而且，通古斯人还使用一些专门的词语表示重要的鱼类，甚至是不能食用的鱼类。通古斯人了解鱼的习性，它们的分布区域、产卵时期等。通古斯人使用不同名称表示鱼类的各个解剖部分，了解鱼类内脏器官的构成，以及不同鱼类器官和其他动物器官之间的对应关系。通古斯人知道不同种类鱼的牙齿数量，鱼鳍的分布和功能。通古斯人把蝌蚪也归为鱼类。从这个角度看，通古斯人已是解剖学家，而且具有比较视野。

在通古斯人的观念中，蛇和蠕虫属同一类型，它们大小不一，从人肉眼可见的小蠕虫到最大的蛇。除了十分引人注意的蛇和蠕虫，例如 sirg'idika kulikan（满驯）（sirg'idika 源自 sirg't——沙子）——生活在河中沙子里的蠕虫，它们并无其他特别的名称。[①] 蜥蜴、乌龟和蟾蜍都有名称，不过通古斯人一般不区分它们的类型。青蛙的情况则不同，通古斯人会区分不同类型的青蛙。这类动物中还包括蟒蛇和龙，后者的名称借自相邻族团。通古斯人相信，满洲地区有龙。后文会继续讨论这个问题。应该补充的是，通古斯人认为，非常小的“蠕虫”（kulikan）使人和动物受感染，这一推论源自通古斯人在动物组织、伤口和排泄物中观察到的长大的寄生虫。通古斯人进一步推断，某些小蠕虫是不能被看到的。满洲的通古斯人把某些疾病解释为小“蠕虫”。其实，这只是一个假设，但并非所有通古斯人都了解可以归为这一原因的具体疾病。由于这一观念中找不到外来的痕迹，它仅是通古斯人逻辑发展的结果，我倾向认为，它很可能是通古斯人自身创造的假设。

鸟类被统称为 dog'i（所有的通古斯方言，有一定变异性）。这里我不讨论满族人的分类，它只是对汉人分类的一种适应。[②] 通古斯人对鸟的分类十分详尽，它们被划分为不同的类型，例如，鸭子 n'ik'i（毕、库、满驯、图、满语）（乌鲁·卡）是一个独特的类型，而且被进一步分类，例如满洲地区的通古斯人至少区分出 30 多种鸭子。其实，我的观察不可能是完整的，因为全部的鸭子不可能都被看到，这些名称都是我在现场记录的。通古斯人分类的一个特点是使用不同的名称表示同一类型的雌性和雄性动物，这一点类似欧洲人用不同的词语表示雌性和雄性的牛、马、狗等。同样，通古斯人也对鹅进行分类，由于鹅的种类相当有限，因此鹅的名称的数量很少（例如，毕拉尔千人中只有 4 种类型的鹅），表示鹅的普遍的词语是 n'uŋn'ak'i［在以下族团的词语中有一定的变异：涅、巴、毕、库、兴、满驯

① 不过，这并不表明通古斯人不知道蛇和蠕虫间的差异。他们知道，蛇更像蜥蜴，却无足。通古斯人非常解蛇的习性与蜕皮等。（为了说明人的皮肤更新现象，通古斯解释说，蛇皮更新是一次性的，而人的皮肤更新则是缓慢的）。

② 满语用嘎斯哈（gasxa）（果尔德称 gūsa）表示一般意义上的鸟，但它通常被理解为一种大型的鸟，尤其是猛禽。（dog'i，音译为道吉。不过，后文中“鸟”更多地被称作 dèγi 德吉。——译者注）。

（涅吉·施；奥·施；果·格）、满语，很可能还有吉里亚克语 n'ön'i（格）]。通古斯人对猛禽的分类也很详细，包括夜间的猛禽，甚至还包括一些不重要的小型鸟类。因此，通古斯人会根据形态学特征、习性、实际作用或特性对鸟进行分类。

通古斯人对哺乳动物的分类更详细，没有哪一种哺乳动物没有名称。不过，就我所知，通古斯人没有表示哺乳动物的普遍性词语。通古斯人似乎根据型号对哺乳动物进行分类，bojun、boiŋga 等（满、毕、库、满驯）（涅吉·施）可以表示大型动物鹿、熊、狼等；根据皮毛的特点分类，即是否适合猎取，例如 čiγa（毕）表示适合猎取的动物（千万不能把这个词语和表示“皮毛”或“皮毛-动物”的词语混淆）。通古斯人还会根据性别和年龄对动物进一步分类。值得注意的是，在不同的通古斯群体中，表示 1 岁马鹿的词语，也可用来表示 1 岁的麋鹿。不重要的动物则不会根据年龄被进一步分类，例如狼。因此，在通古斯人中，动物的分类方式变化很大。驯养的动物不称 bojun，因为它们不是“野生的”。因此驯养的动物中驯鹿称 oron①，牛称 adun、abdun、adasun 等（借自蒙古语），马称 morin（借自蒙古语），羊称 konin（参见蒙古语），狗称 n'inakin［不同族团中会发生一定的变异，例如 indaxun（满语）］，表示猫的词语通常直接借自满语、蒙古语或俄语。所有这些动物的名称通常借自蒙古人、满族人或其他人群。在像表示“牛”名称这样的词语中，我们可以清楚地发现不同影响的叠合。因此，我们可以遇到词干：ukur（蒙古）、ixan 和 ynax（雅）。后者很可能与 unen（满语）有关，因此，我们在北通古斯人的方言中可以见到上述所有词干。饲养牛或熟悉饲养牛的通古斯人，会按照性别和年龄将牛分类。这些词语最初源自饲养牛的人群。②

对通古斯人而言，区分野生动物和驯养动物的年龄是十分重要的。其实，每一年龄动物的重量、承重能力和性活动等特征都不同。在满洲的驯鹿通古斯人中，他们使用新的词语表示 4 岁且不够强壮的驯鹿，因此，与后

① 这个词语见于所有的方言，会有一定的变异。参见《北通古斯人的社会组织》，第 27 页；《民族学与语言学诸方面》，第 184 页。

② 参见《北通古斯人的社会组织》，第 38 页。

贝加尔地区的通古斯人相比，驯鹿通古斯人会专门区分出 4 岁驯鹿。显然，这一新词语是有实际作用的。

通古斯人称人为 bojo（所有的通古斯方言，会有一定的变化），但是在满语和蒙古语中，bèje 表示“身体”，而满语中“人”则使用 n'alma（nijalma，转写）表示。这个词语在果尔德人和相邻族团的通古斯方言中缩减为 n'i。这一词干也见于其他北通古斯群体的语义变化中，即 n'irai（毕、库）、n'iravi（曼）、nejevi（涅吉・施）、n'ari（通・施），因为 l～r 的变化现象十分普遍，这些词语表示“男性”，与“女性”as'i 构成对照。除了这些词语，通古斯人还根据“童年期”、“成熟期”、“成年期”和“老年期”表示不同年龄阶段的个体，童年阶段的长期性和社会关系的重要性促使通古斯人强调社会关系。因此，在通古斯人中，人的年龄分类不如动物的年龄分类重要。

大型的狩猎动物，例如麋鹿、马鹿和鹿科其他动物可能都被称为 bojun，表示“野生动物或野兽”。我们发现，这个词语甚至可以表示老虎。不过，在同时猎取麋鹿和马鹿的通古斯人中，这个词语只表示其中一种动物。通古斯人称马鹿为 kumaka（毕、库、满驯、涅、巴）（安・季）（果、奥・施）；称麋鹿为 tōki（毕、满驯、库、巴、涅）（乌鲁・卡）（安・季）（涅吉、果、奥・施）、toxo（满）、to（奥・施）、tox（吉・格）［参见 toxi（蒙）］。雄性马鹿称 buγ、buγu、boγu 等（毕、库、兴、涅、巴）（乌鲁・卡）（伊、安・季）、buxu（满语）［参见 bugu（布里亚特），bōx ‖ box（蒙・鲁）——“公牛”］，这个词似乎是一个替代性词语，很可能借自牛的饲养者群体。雌性马鹿称 onin（“母亲”）（满驯、毕、库）、on'in（兴）（参见 enen buxu——母亲布胡——满语）；同样，通古斯人还使用 ner'igači 表示有胚胎（ner'iga）的雌雄马鹿——“怀孕的马鹿”。这个词语也可用来表示雌性麋鹿［另有：ənin（满驯）、enen（满语书面语）、n'inanan（库、满驯）——带着幼崽的麋鹿］。雌雄马鹿也称 soγon（满驯）（安・季）、soŋonon（涅）［参见 xogon、sogon（布里亚特语、突厥语・波）——参见前文］。公麋鹿称 anam（满驯、毕、库、兴、涅）（安・季）、anami（满语书面语）。还有一些其他词语可以表示麋鹿，tukǔon（满驯、涅）——表示早春比较瘦的麋鹿；kandaγa（毕）［参见 kandaxan（满语书面语）、xandagai、 kandagai（布里亚特·波）]，在“宗教”文本中很少使用；h'ira（满驯）表示交配期的麋鹿（瘦弱的），halan ǰan——“鹿角叉状特殊的麋鹿”。还有两个词语表示麋鹿，dandakka（拉），其含义不清楚，以及借自俄语的soxatyĭ（曼）[在这一方言中，马鹿称olen'，俄国人不使用这个词语，更喜欢使用zv'er'（野兽、动物）]也可表示麋鹿。

通过动物的名称谱系可以看出，某些借自相邻族团的动物名称代替了原初的动物名称，这些替代性的词语包括诸如表示“母亲”和表示季节特征的词语。不过，至少有两个表示动物的词语源自通古斯人自身的传统，即表示马鹿的kumaka和表示雄性麋鹿的anam，而第三个词语tok'i则可能是被不同通古斯群体接受的地方性名称，这个词按照惯例应被视为“古亚细亚语”。

需要补充的是，通古斯人会根据年龄区分麋鹿和马鹿。因此，我们可以发现不到1岁的麋鹿称n'inan（满驯、库），超过1岁的麋鹿称monnaγa（满驯），超过2岁的麋鹿称čiran（毕）。不到1岁的马鹿称nariγačan（满驯）、neir'iγä（毕），超过1岁的马鹿称moŋγoǰin（毕、满驯），2个叉鹿角、3个叉鹿角、4个叉鹿角、5个叉鹿角的驯鹿分别称ǰurmáǰen、ilanmáǰen、diγinmáǰen、tunγanmáǰen（毕）。从本质上说，这类年龄的划分是依据这些动物不同年龄的经济价值做出的。后文会提到，通古斯人通常不会猎杀雌性、幼小和“瘦”的雄性动物，因此他们必须拥有表示这些动物的特殊词语。出于上述目的，通古斯人有时会使用特殊词语表示不同年龄和不同数量鹿角叉的马鹿（如同毕拉尔千人），这些词语包括很多外来词。关于其他类型鹿的词语也是如此。①

因此，通古斯人动物分类本质上是基于动物的形态、习性和实际效用的。其实，通古斯人和欧洲人的动物分类是不同的，不过两者之间的差异并不如假设的程度深。例如，通古斯把蝌蚪归为oldo（鱼），但是如同讲英语者可以区分鱼、贝壳-鱼、水母等一样，他们可以认识到这些对象的差异。同样，尽管蛇和蠕虫被归在同一个名称之下，但在通古斯人头脑中情况并非如此。通古斯人也根据繁殖方式分类动物。通古斯人和现代欧洲人

① 这些评论表明，在未完整分析这些词语前，从“狩猎迷信”“宗教含义”等角度理解这些词语，并把它们作为比较语言学分析的资料是不合适的。

的动物分类的区别是，通古斯人并未假定欧洲进化论所持的不同类型动物间的遗传关系，即便这一观念已经得到最为先进的生物学家的详细检验。不过，通古斯人大体上接受不同动物之间关系的观念。例如，驯鹿通古斯人承认饲养的驯鹿和野生的驯鹿之间的关系。在毕拉尔千人中，我曾记录他们的如下观念，他们认为狼、狗、貂和犬是共同起源的（umun kala——一个氏族，同一氏族）。毕拉尔千人认为，除了形态相似，另一个有趣的证据是它们的肉的味道也相似。与前文提及的类型不同，熊和獾子也被视为一组有亲缘关系的动物。通古斯人的动物学分类的一个有趣之处是，通古斯人把人视为一种与哺乳动物相近的动物，两者间的相近程度要大于野生哺乳动物和鸟类之间的相似程度。出于实验的目的，我在不同的场合向通古斯人解释了欧洲人关于动物之间“进化”和“遗传关系”的观念。通古斯人在理解这些观念上并无困难。他们非常容易掌握这一观念，为了支持这一观念，他们会提出基于自身观察的事实，重复这一假设，具体如下：过去，人像野兽；他们不居住在棚屋中；赤裸着身体且全身覆盖着毛发；吃了盐后，人身体上的毛发脱落；而且，人的身体也发生一些其他变化，例如牙齿数量减少、身体力量减小等。其实，这一观点十分契合通古斯人的智力状态，他们非常容易接受“进化论”。其实，许多所谓的“原始民族”承认人类祖先的身体进化，许多“原始民族”把人类和其他动物相联系。但是，应该指出的是，民间故事、宗教诗歌不能被视为通古斯人关于自然现象的观念，它们有自身传播和形成的历史，不能被视为族团的实证知识，族团的实证知识一般不体现在诗歌和民俗中。后文会指出，在通古斯人的文学如童话故事、诗歌等文类中，不会自诩反映了通古斯人的自然观念，通古斯人的自然观念通过口头的方式在代际传承，民族志研究者往往忽视构成通古斯人心智丛的这类文化要素，因为在民族志研究者看来，科学知识必须以欧洲人的方式呈现，而且如果想获得调查对象的“科学”观念，必须到童话故事、诗歌中寻找。无人相信通过考察米尔顿（Milton）的诗歌，可以认识 17 世纪英国人的自然观念。如果想了解通古斯人的自然观念，我们该如何做？当我们了解其心智丛的全部细节后，这一点会更清晰。

与上述观点相关，值得注意的是，通古斯人提供的其居住领地上所缺乏的动物信息往往带有神话色彩。这类动物如狮子、大象、猴子、蟒蛇、鳄鱼等。而且，通古斯人很容易把汉人书籍中出现的动物（主要通过满族人和蒙古人了解）放置到其动物分类中，例如龙、凤等。通古斯人认为这些是他们生存地区所缺乏的真实动物。

通古斯人关于本地动物的信息有时十分贫乏。他们曾告诉我，在逊河（阿穆尔河左侧的一条小溪流，距离结雅河约 120 英里），有一条长达 6~7 尺，尾巴发出响声的蛇，类似响尾蛇，它主要以大型鸟类和林鸡为食。这个地方还有巨型的乌龟。通古斯人提出带我到此地观察这些罕见的动物。通古斯人还会讲述一些关于蟒蛇塔布占（tabǰan）或扎布占（ǰabǰan）的故事，它被描述为居于水中、白腹黑背的动物。[①]

值得注意的是，最近，满洲地区通古斯人的龙观念出现了另一个来源，即俄国人，许多人肯定他们在泰加林中见过龙。通古斯人（毕拉尔千人）对此表示怀疑，而且说："很可能的情况是，他们在俄国人那边见过龙，而不是在这一边（阿穆尔河）见到。"通古斯人在积累动物学和一般的自然知识方面还有一个重要特征，即他们没有书写记录，因此如果信息源不再提供新信息，其居住区域见不到的动物经常会被遗忘。而且，这一特点也导致通古斯人失去关于灭绝动物和不再有机会见到的动物的知识。关于这一点，前文已经讨论过。

25. 解剖学、生理学和遗传学

杀死一种新动物后，通古斯人最感兴趣的是这一动物的解剖学特征。其实，在解剖动物的过程中，他们必须剥皮，有时会解剖动物而不破坏皮和骨头。在这方面，通古斯人在我们面前表现得像一位解剖学家。其实，剥动物

---

① 我听过两个故事：一个故事是，一位在松花江中采珠的满族人发现了这种动物，他把一根干木头削成片给蟒蛇，蟒蛇吞下后死去，并浮出水面。另一个故事是，一位通古斯妇女在某一个湖中发现了这个动物，给了它一篮子燃烧着的木炭，这条蟒蛇吞下木炭后浮出水面。通古斯人相信这一动物存在的可能性，却不能完全肯定。这个案例说明，当通古斯人对某件事情不能确定时，不会向外来者隐藏态度。

皮和穿动物皮是通古斯人必须学习的内容。不了解这些操作方法的通古斯人不能完成这项工作。有一个事实可以帮助我们理解通古斯人在这件事情上的态度，一位毕拉尔千男性不了解熊肋骨关节与他们所熟悉的某些鹿的肋骨关节的差异。其实，在卸鹿的胸骨时，必须向两侧掰肋骨，而卸熊的胸骨时，必须向内按压肋骨。他的确尽力解剖了熊，却未成功。最后，他尝试使用一根很重的木棍打碎了熊的胸骨。这并未解决问题，熊肉也因此碎了，不能运输和食用。人们总提到这位男性的名字，表示不能像他那样，每个人都嘲笑他。不过，通古斯人不只是屠夫，而且也是解剖学家。他们对动物的骨头和软组织的比较研究很感兴趣，而且会对不同动物甚至人之间解剖学特征的相似性和差异性得出结论。过去，至少满洲的通古斯人在接触外伤的情形下，是有机会了解人的解剖特征的，而且，在人去世后的一段时间，他们会清洗死者的骨头，因此必须了解人体的骨架结构和软组织特征。

因此，通古斯人对动物的骨头给予很大的关注，他们在某种程度上了解动物骨头的数量、位置、关节、形式和功能。因此，通古斯人可能会解释任何一块骨头，有时可能判断某块骨头属于左肢还是右肢，是哪类动物的骨头，这种动物是否常见。不管怎样，甚至是不了解的动物，他们也可能正确猜出骨头的位置和功能。其实，通古斯人对他们经常没有机会观察的骨头也不是很熟悉。例如，通古斯人并不了解人手部的骨头，但是他们却了解动物的小块骨头。当然，通古斯人也不了解人的颅骨。通古斯语词典中有骨头的解剖学词语，但这些名称是描述性的，例如腿的下半部小骨头称 n'ič'ikun（小的）ilguka（胫骨）。而且，通古斯人的解剖学词语许多借自满语和蒙古语。很难说清楚通古斯人语言中为什么有时同时保留通古斯语和蒙古语词语。很可能的是，这种现象类似日常和专业词语中拉丁语解剖学词语代替盎格鲁-撒格逊词语的过程。[①]

---

① 曼科瓦通古斯人的方言，不使用 ilguka 表示胫骨，而是使用蒙古语 Šilbe（布·卡）；北通古斯人不使用 gurgakta 表示胡须，而是使用 sakal（曼）（源自布里亚特语）、xuse（满语，源自汉语胡子）和 salu（源自蒙古语）。北通古斯人表示眉毛、睫毛甚至胳膊、手和腿等的词语也是如此。比较语言学家把这种现象误解为语言的反常现象。在《民族学与语言学诸方面》一书中，我评价了这一现象。

通古斯人的消遣活动之一是拿出一骨头，向别人询问骨头的名称和位置。[①] 而且，煮完肉之后，通古斯人会把所有的骨头放在一起。

通过比较同一种类动物不同骨头以及进一步比较不同哺乳动物、爬行动物和鸟类骨头的相似性和同源性，通古斯人形成骨头之间相似性和差异性的观念。其实，通古斯人（毕拉尔千人）使用同一个词语 čaka 表示马的腿部（根骨和胫骨）关节，尽管前肢和后肢的关节不同。对于所有的动物和人，大多数表示特定骨头的名称是相同的。通古斯人很关注蝙蝠，认为蝙蝠并非鸟类，像人一样有胳膊。其实，他们会把蝙蝠和其他“飞翔”的动物相比较。他们也会注意到狗有 15 根脚趾的事实。

通古斯人会认真考察身体的软组织，区分出身体的主要肌肉及其位置，他们能认真地把这些肌肉从其他解剖单位中分离出来。尽管未加以命名，但据我所知，通古斯人十分了解血管系统，尤其是主要的血管系统。他们区分了动脉系统埃尔嘎（生命）sudala（毕）和静脉系统 sudala（毕）。通古斯人未注意到末梢神经系统，却十分了解某些十分重要部位如腿部、脚趾、颈部以及脊椎的肌腱。通古斯人之所以能很好地研究这些肌腱，是因为他们使用肌腱做线。通古斯人也使用不同的名称表示十分熟悉的内部器官以及最重要的腺体，其中某些部分被视为美味。通古斯人了解不同动物内部器官的形态差异，例如熊肾、草食和肉食动物的胃、鸟类和哺乳动物的脑、不同动物尤其是狗和驯鹿的子宫、小肠和大肠的相对长度等。当然，通古斯也知道某些器官如心脏十分复杂，而其他器官如膀胱则相当简单。与通古斯人相比，满族人的解剖学知识十分有限。

关于生理学方面，通古斯人在某些方面不是十分清楚，而在另一些方面则十分精确。他们不了解整体神经系统的功能。但是，他们会把某些精神困扰解释为脑部损伤。在这方面，受满族人影响的通古斯人接受满族人的观念，后者阻碍了通古斯人知识的完善。在满族人的观念中，“高度紧张的工作”源自心脏，这在某种程度上满足了通古斯人的求知欲，因为智力

① 为了解通古斯人在多大程度上了解这些小骨头，以及为我的字典搜集资料，我做了这一实验。其实，我不能全面描述这些知识，因为实验不能涵括通古斯人了解的所有的植物和动物。

和心理活动过程中的心脏反应支持了满族人的理论。

通古斯人认识到肠胃系统的消化功能，却不了解尿产生的过程。不过，通古斯人认为这一过程一定和肾有某种联系。通古斯人认为血液循环与心脏有关，但不清楚具体过程。通古斯人了解却不会用任何假设解释食物和酒的生理影响。通古斯人接受睡眠现象是一个事实，但通古斯人对于这一现象的解释却不同，其中最为普遍的解释是“灵魂”不活跃，所以动物（或人）会睡眠。而且，灵魂在睡眠的过程中会离开身体。不过，意识的消失也可能源于生理原因带来的“思考”能力的消失，例如头部受伤。通过观察冬眠动物，通古斯人区分三种情况：第一种是通过冻结自身冬眠的动物，例如青蛙、昆虫；第二种是躲避寒冷而隐藏的动物，例如结群冬眠，处于半活跃状态的蛇；第三种是像熊、獾子、野犬等靠舔舐爪子生存的动物，由于吸收了身体中的脂肪，这些动物在春天会变得很瘦。毕拉尔千人认为，人也可在一定的时间内禁食，男性是 7 天，女性是 9 天。通古斯人认为，人的头发和皮肤也是不断变化的。[①]在人身体方面，这一变化是渐进的，会持续很长一段时间，而蛇皮会一次性脱落。通古斯人十分了解什么样的身体组织能恢复，什么样的身体组织不能恢复，例如皮、肌肉、骨头、头发等。[②]

通古斯人十分清楚繁殖的功能。他们十分了解雌性和雄性之间的受精活动。在某些通古斯人看来，精子中包含的性细胞是由睾丸产生的，[③]其形式是非常小的 kulikan，即极小的“蠕虫”，进入妇女的子宫后，逐渐长成胚胎。[④]

---

① 而且，对于脱发现象，毕拉尔千人有一种解释性的理论。过去，人们全身长有长长的毛发，但食用盐之后，他们的毛发开始脱落，于是不得不准备皮毛制作衣物以蔽体。盐和热的食物使人失去很好的嗅觉功能，过去人的嗅觉能力和其他动物同等优秀。因此，如前文所述，通古斯人并不反对进化观念，而且有自己的解释。

② 通古斯人十分了解驯鹿、马和牛的阉割现象，他们并未以此形成任何“巫术”观念。在通古斯人看来，人也可阉割。满族人通过汉人宫廷中的太监现象，了解到男性的阉割现象。

③ 我未弄清楚通古斯人是否理解女性卵子的受精过程。他们似乎把这一过程理解为男性要素的生长。

④ 满洲的通古斯人相信，如果某人要在一堆混有其他人的骨头中找到父亲的骨头，必须把自己的血滴在骨头上，其父亲的骨头会吸收儿子的血。不过，这一观念并未得到普遍认可。通古斯人告诉我，这一说法并非源自通古斯人文化，有待验证，它貌似源自汉人。

某些满洲的通古斯人熟悉汉人观念，说骨头源自父亲，血和肉源自母亲。不过，这个假设并未得到普遍接受，因为有时孩子和母亲之间的相似性更高，尤其是身材（骨架大小），要多于孩子和父亲之间的相似性，有时孩子和父亲之间的血肉相似性要多于和母亲之间的相似性。所有的通古斯人都承认身体和心智特征是遗传性的。关于身体特征的遗传性，通古斯人是不怀疑的，因为通过观察人和驯养的动物，这是很明显的。在为雌性动物配种时，他们会选择一只好的雄性动物，如驯鹿、马或狗。而且，通古斯人相信，心智丛也是遗传的，例如，一位毕拉尔千妇女向我讲述其丈夫的血缘谱系的许多细节，而且系统地指出了其丈夫血亲的相同特征，例如聪明、性偏好、坏脾气等。在通古斯人的谈话中，非常普遍的观点是，人的一部分特征源自父亲，而另一部分特征源自祖父，至少有一个孩子会遗传他们的道德品质。一位毕拉尔千人告诉我，“这就像与一匹花斑色的种马或母马交配，至少会生出一匹花色的小马驹”。所有毕拉尔千人都认可这一观点。无须惊讶的是，所有的通古斯人都熟悉繁殖过程。

在通古斯人看来，导致动物受孕的发情期在不同的动物中长短不一。通古斯人几乎可以很精确地掌握动物受孕时间的长短。这一阶段按阴历月份计算。在我的著作《北通古斯人的社会组织》中，我讨论了妇女的受孕时长。[①] 文中写到，观察能力敏锐的通古斯人会发现怀孕妇女的妊娠期不同，后者取决于妇女是初次分娩，还是生第二个、第三个或者是更多的孩子。最近，这一观察结论得到欧洲生物学家的证实（参见《北通古斯人的社会组织》）。因此，通古斯人会根据性交的日期或最后一次月经期估算妊娠期。其实，这是分析此问题的科学方法。而且，正如我所呈献的（《北通古斯人的社会组织》），通古斯人认为月经中断有怀孕的可能，肚子隆起也不一定表示怀孕，直到胎儿心脏开始跳动且活动时，才可确定怀孕。这个事实说明，通古斯人是十分认真的观察者，他们预见到做出错误结论的可能性。

通古斯人把观察活动扩展到动物身上，尤其是驯养的动物，他们十分了解动物的繁殖过程。而且，他们的观察还包括野生的哺乳动物。通古斯

---

① 参见《北通古斯人的社会组织》，第 273~274 页。

人会观察雌性动物或雌性动物的卵的受精过程，因此他们知道某些动物如鱼没有交配活动。如果通古斯人不了解某些其他动物的详细情况，例如软体动物，当被问及时，他们会借助类比含糊其辞地给出一些结论，例如，把某种动物和鱼相类比，但不敢肯定其观点。

因此，通古斯人关于生理功能的观点是基于观察得出的认识，结论正确与否主要取决于事实的数量及其在通古斯人日常生活中的重要程度。在这方面，如同解剖学知识所呈现的一样，通古斯人是优秀的自然主义者，在做出结论的过程中十分小心谨慎。如前文所述，在讨论地形学和植物学知识时，通古斯人不允许自身在推理方面出现方法论上的错误，因此获得这些知识有时会花费通古斯人自身及其家庭成员一生的时间。在探索动物知识方面，通古斯人也是如此，这点在下一小节的内容中会体现得更清晰。

与北通古斯人相比，满族人并非优秀的观察者，他们的某些理论与自然主义的分析方法相矛盾。在满族人看来，妇女在睡眠的过程中，可能与恩都立神群中的某位神灵性交而怀孕（参见后文）。[①] 满族人认为，在雌性乌龟观察其蛋的过程中，这些蛋被授精。[②] 一般而言，满族人在其文化中整合很多源自汉人的观念。这些观念的主要来源之一是汉人书籍《玉匣记》，已被译为满文。[③] 尽管了解这些理论，但满族人同时也知晓北通古斯人的自然主义观念。他们不会让母骡子和种马交配，因为这样母骡子在生产时需要剖腹。这也是满族人不会像汉人一样饲养骡子和驴的原因。满族人也是很好的鸡饲养者，他们会选出一些品种优良的公鸡用于繁衍。满族人在人工孵化小鸡方面十分成功。[④]

① 不过，这一理论对于解释未婚女孩的怀孕现象相当重要。我已指出（《满族的社会组织》），未婚女孩怀孕通常会给氏族带来麻烦，这种难题不能依托恩都立神灵之名而解决。寡妇或丈夫不在时的妇女怀孕现象也是如此。其实，满族人只是表面上接受神灵导致怀孕的现象，他们不会真正相信。在欧洲，有一些怀孕现象被解释为使用过男人使用的浴缸或者因风吹怀孕等，这些单性繁殖的假设只是起到合法化的作用。在满族人中，没有人真正相信这些解释。

② 满族人常说：“她看起来像一只看着蛋的乌龟。”这一表达的滥用源自汉人。

③ 还有许多其他类似的书籍；格列宾希科夫提到其中一部分。

④ 把鸡蛋放入一个装满谷子的篮子中，然后把篮子放到热炕上。只有很少的鸡蛋不能孵出小鸡。

其实，上述理论也可能传入通古斯人中，但通古斯人做了批判性分析后，往往会拒绝涉及重要问题的理论。在讨论神灵理论时，我会再次讨论这一问题。

26. 动物的心理和智力

前文表明，通古斯人是很优秀的观察者、分析者和概括者。但是，在解释某些现象时，通古斯人不会亲自观察，而是求助于某些假设。第一个假设是动物和人拥有相同性质的灵魂，第二个假设是神灵可以如同附体于人一般附体于动物。但是，对于调查者而言，判断通古斯人和欧洲生物学关于自然现象和想象现象之间的差别是有一定困难的。首先，与欧洲的生物学家相比，通古斯人有时更熟悉动物及其心智丛，因此欧洲人有时会把通古斯人理解的自然现象误解为基于想象的假设。其次，通古斯人经常使用借自神灵假设的词语表示自然现象，而且在调查者看来，这些假设可能仅是神灵假设的变化，而事实并非如此。① 我将尽力阐释通古斯人关于动物心智丛的理解，说明它们在通古斯人文化中的功能。

通古斯人喜欢不持任何功利目的地观察。如果有可能，通古斯人不会错过观察动物的机会。其实，对于某种新动物，得出结论前，通古斯人会观察动物的行为。如果可以长时间观察动物的生活，即便是已经十分熟悉的动物，通古斯人都会不惜浪费时间、忍受饥饿、克服观察的困难。如果动物注意不到通古斯人，他们会在不干扰动物的前提下进行长达数小时的观察。某位通古斯人曾告诉我，他曾偶然碰到一只带着两只幼崽的母熊。由于藏在树洞中，这位通古斯人未引起母熊的注意，接着，他爬上旁边的一棵树，从早到晚用一整天的时间观察母熊是如何带着其幼崽行动的。一部分时间里，母熊在洞穴中忙活，如果幼崽不发出反常的声音，它不会走出洞穴查看。当然，这只母熊有几次从洞穴出来给幼崽食物，还有一次是

① 其实，欧洲的科学术语也未免于源自旧观念的神秘表达，其中假设的宗教因素占据重要位置。许多有关目的论、活力论的争论皆源于术语贫乏以及由语义扩展和变化带来的模糊性。

惩罚其中的一只幼崽。在整个观察的时段里，这只母熊一直在洞穴中和外面的幼崽“谈话”，有时，这两只幼崽会听从母熊，例如回应母熊，返回洞中。由于对这次观察很感兴趣，这位通古斯人竟不知夜幕降临。

我刚提供的案例可能会让读者感到惊讶，但这个案例并不夸张，对于这位通古斯男性花一整天时间观察动物的家庭生活，通古斯人不会惊讶。相当自然的是，任何一位通古斯人在相似环境下都会如此做。

还有一个有趣的事实。一位毕拉尔千老人肯定地说，有一种鸟 muduje（水中的鸟）č’inaka（小鸟，主要是燕雀类）可以从一个冰眼潜入水中，然后从另一个冰眼钻出来。在很长一段时间内，通古斯人都在寻找机会捕捉这种鸟。成功捕捉后，通古斯人会用一根绳拴住这种鸟，观察它如何潜水、吃食物等。一群通古斯人至少会花费一天半的时间观察鸟。杀掉之后，通古斯人会从解剖学的意义上观察这鸟，他们会认真观察皮，以检验鸟的皮上是否有许多昆虫（一种虱子）。与此相关的是，通古斯人和我交流了动物生虱子的季节。例如，貂的身上全年都会生跳蚤。

其实，在与其他通古斯人分享新事实的过程中，动物的自然史被建构，成为一个知识体系。当事实不充分时，通古斯人会到动物的附近进行观察。有时，通古斯人可以在棚屋附近发现不同种类的小鸟，并且活捉它们。这些鸟不会立即被杀死，而是被用绳拴在一根木杆上。通古斯也会饲养其他动物，为了合法化这一行为，他们解释说饲养这些动物是为了供孩子娱乐，而且成年人会花时间观察这些动物。①

通古斯人会观察其活动区域遇到的所有动物。但是，通古斯人并非同等地掌握不同动物的知识。其中有四个原因，即通古斯人更关注其生活所依赖的动物；并非所有的动物都允许人接近；不同种类动物的数量是有差异的；动物的行为方式不同，危险性的动物会引起更多的关注。掌握动物的心理和智力方面的知识，是通古斯人生存的基本保障。其实，如果某位猎人不了解动物的习性、眼睛、耳朵和鼻子的敏锐程度、身体强壮程度、是否以及在何种情况下具有攻击性，则可能由于不能捕获动物或者因尢经

① 很明显，驯养野生动物的实验与这类实验有关。后文我会讨论这一问题。

验被攻击而最后死去。

鉴于偶然性遇见动物和狩猎并不可靠，人不能因此生存。首先，狩猎是一项艰难的职业，通古斯人在狩猎时，往往会制订明确的计划和狩猎目的，他们会选择特定的地点，甚至猎杀的目标是此前遇见的动物，或者是在某处一定会遇到的动物。如果职业的猎人的狩猎目的是获得食物，他必须清楚要猎杀的动物，在狩猎的路上遇到皮毛有价值的动物时，如果这种动物不是价值过高，通古斯人不会猎杀。而且，猎人不会捕杀路上偶遇的狼或者其他未打算捕杀的动物。动物知识的专门化可能源自猎人的个人经验以及他人传授。

其实，这类知识是不能建立在想象基础上的。它们必须是十分务实且正确的，因为这类知识的错误会让通古斯人付出很大代价。通古斯人不允许夸大动物对于猎人的危险性或温顺性，这些不能说谎。在叙述关于狩猎和动物的事实和观察时，[①] 通古斯人绝不说谎，也不会发挥自由想象力。在不依赖狩猎而生存的社会中，“狩猎故事”成为善意说谎者想象的产物。这表明，城市生活并未给市民带来精确的野生动物知识。如果允许比喻，我想说，对于通古斯人而言，在狩猎和动物方面撒谎，相当于铁路公司在时间上撒谎——这是绝不可能的。通古斯人中的说谎者或想象故事者会失去社会地位，成为不正常的人。

当我把通古斯人描述为优秀的观察者和自律者时，我不想说他们从不犯错，从不过高或过低评价动物的特征，绝不会对观察到的现象做错误的解释。当然，通古斯人会如此。在后文中，我们会发现，对于某些问题，如果没有假设，通古斯人不能解决，但通古斯人关于动物的知识远远超过不依靠狩猎为生者。

首先，通古斯人认为动物拥有一定的智力，动物在某些方面的智力是优于人的，但通常情况下不如人，对于某些动物，通古斯人不敢确定它们是否有智力。不过，通古斯人认为，拥有较高智力甚至是智力高于人的动

① 关于动物的童话故事是通古斯人民俗的一个特殊部分，但是，每位通古斯人都知道这只是童话故事，而非事实。

物是与人不同的，因为两者之间的智力在性质上是不同的。例如，通古斯人认为满洲地区的老虎是非常聪明的动物。其实，老虎很容易诱导猎人踏上一条假的路线，脱离猎人的视线后，老虎可能跟在猎人的后面，随时置猎人于死地。因此，在猎杀老虎这类动物时，猎人要十分小心。后文会介绍，猎人在狩猎过程中要防止老虎的攻击。豹也被通古斯人视为十分聪明的动物，有时会采取从树上跳下的攻击方法，不过通古斯人对这种动物的了解不如老虎多。如果某人问通古斯人，通古斯人和老虎哪一个更聪明，他们会说通古斯人比老虎更聪明，因为他们杀死了老虎，在某些方面，老虎是"愚蠢"的。

熊被视为聪明的动物，但程度不如老虎，因为熊的某些习性和心理特征使它很容易被捕获。但是，通古斯人认为熊在特定方面比老虎更聪明，这一点体现在上文介绍的母熊的案例中。不同品种的熊智力不同，因此，例如藏熊被认为比棕熊更聪明。

通古斯人认为鹿（驯养的除外）不如老虎和熊聪明。相反，狼和獾是愚蠢的动物。马不如驯鹿聪明；了解牛的通古斯人，认为它们是愚蠢的动物，而狗则和人一样聪明，至少某些方面如此；具有皮毛价值的动物中，貂被视为十分聪明的动物，而松鼠的聪明程度不如貂，不过，从松鼠为冬季储备食物的行为中，通古斯人看到了松鼠的聪明。通古斯人认为鸟也有一定的智力，不同鸟类的聪明程度各异，某些鸟的聪明程度差一些，例如鹰，而其他鸟类则更聪明，例如乌鸦，因为后者会协助狩猎。①

而且，通古斯人认为不同的动物有一定的个性，其中某些动物更为聪明，另一些动物较为逊色。例如，如果老虎不表现出"欺骗"猎人的能力，则会被视为"愚蠢的"。同样，如果老虎不能理解猎人不想干预它们的活动，也是"愚蠢的"（参见后文）。其他动物也是如此。应该注意的是，通古斯人承认动物可成为神灵的神位，如果神灵附到动物体

① 在毕拉尔千人看来，熊、无鹿角的麋鹿和马鹿是不聪明的。麋鹿和熊通过气味察觉人的出现。老虎有很好的视力、听力和嗅觉能力。但是，老虎的跑动能力不强。熊的跑动能力很强，从来不觉得累。乌鸦和狼的视力很好。野熊的视力不好，只能看清楚很短距离之内的事物，但熊的视觉和听觉能力很好。

内，它们会变得“愚蠢”、“不可思议”或者受神灵的引导，变得如神灵一般聪明。

如果某人想理解通古斯人对动物的态度，特别需要注意的是，对于不是很了解的动物，通古斯人会赋予想象性的特征。这里，狭义的民俗尤其是外来民俗可能是通古斯人发挥想象的启迪源泉，有时被视为可靠的信息来源。在这方面，满族人关于动物心智丛的观念十分典型。其实，以农业为主要生计方式的满族人已失去与狩猎文化的联系，动物知识在满族人中仅起到消遣和娱乐作用。满族人把各种信息整合到自身的文化中，这些信息源自汉人的书籍和小说。在满族人中，我们会发现，关于动物十分惊奇的故事被满族视为真正的知识。例如，满族人采借汉人民俗和文学中的狐故事。不以狩猎为生的通古斯群体也是如此。居住在村庄中的毕拉尔千人也是如此。后贝加尔地区以畜牧业为生的通古斯人也一样。

通过观察老虎和熊的生活，通古斯人认为，在某些方面可以用对待人的方式对待这些动物。通古斯人认为，如果人不攻击动物，动物可能不会伤害人。因此，为了让老虎理解猎人不会干预它们寻找猎物，猎人必须把步枪放在地上，然后离开步枪，向老虎讲话，表明他们不会干涉老虎的觅食，只是去往自身狩猎的地区等。老虎应该不能理解猎人的全部含义，因为老虎不能讲话，但可以通过特殊的方式理解猎人的讲话内容。

其他地区也有同老虎讲话的案例。例如，阿尔谢尼夫在其记录中描述了相似的情况。这里应该指出的是，世界上几乎所有的民族中都可以观察到人向动物讲话的现象。不过，他们的目的及其观念是不同的。如果我们把所有形式上相似的案例放置到一起，则会混淆来源和功能不同的事实。现在，我不会进一步讨论细节，不过，必须指出的是，通古斯人有时会自言自语（从心理学意义上看，这是独白），尽管他们不相信工具具有灵魂和智力，他们的确会对工具说话，特殊的神灵不会附在工具上。而且，通古斯人会对着给神灵准备的无生命的神位讲话（可能是专门制作的，也可能是一棵树或一块岩石），但是，他们是对神灵而非对神位讲话。这些是不同的“讲话”情形。但是，在对老虎说话时，他们事实上希望被动物理解。民族志研究者经常认为“原始人”认为动物会理解人的言语。但事实并非如此，至少在通古斯人看来，对老虎讲话的情形不是这样。通古斯人认为，动物不会逐字逐句理解人的讲话内容，却会通过人的行为抓取讲话的含义。其实，在遇到老虎时，如果不打算与老虎斗争，为了获得老虎的信任，通古斯人必须带着真诚向老虎讲出某些内容。自然，在相似的情境下，猎人会记得有经验者所说的内容，可以基本准确地重复曾听到的内容。在特定的情况下，猎人的讲话可能完全采取传统形式，甚至会退化为一种“巫术式”的把戏。因此，我们不能把这种情形视为老虎可以理解人讲话的证据。上文提及的其他事实，后文还会讨论，这些事实在通古斯人的文化中拥有完全不同的含义和功能。我认为，在进行理论概括前，必须认真分析所有的类似事实，例如，在这一问题上，最近有一位学者相信弗雷泽推断的“原始人相信动物可以理解人类语言”的可信性，并在弗雷泽禁忌理论的基础上发展自己的理论。[①] 我不否认在某些族体中，某些情况下会出现某些特殊的理论或巫术方法。但我不认为它们具有典型的“原始”特征，它们其实只是一种晚近的、派生性的结论，很可能是由于不能理解采借文化要素原初发明者，而做出新适应的结果。

如果老虎不“愚蠢”，它会离开猎人，猎人也不用再考虑老虎——老虎不会攻击猎人。通古斯人相信，老虎对人并不友好，但由于猎人装备精良，老虎不敢和猎人斗争。不过，如果猎人对老虎不友善，老虎会袭击猎人——这通常发生在无经验猎人的身上。由于这一原因，老虎必须在猎人面前表现出和平意图。通古斯人相信（这似乎是由观察得出的事实），老虎认为**自身在一定范围的领地上拥有权力**，人、大型的熊以及其他成年的老虎不能涉足。老虎不攻击其领地之外的人和熊，如果人和熊不表现出敌意，老虎也不会表现出敌意。在通古斯人看来，当某人带着枪或矛作为装备时，老虎、熊和许多其他动物非常清楚这一事实的含义。大型的熊应该也有领地权力观念。满洲的通古斯人认为小型熊有财产观念，它们会在离洞约 25 米半径范围内的树上做标记（在树上咬出痕迹）。如果洞口处有一棵树，小型熊也会这么做。因此，通古斯人想猎熊时，会寻找这些标

① 参见泽列宁《东北亚民族的禁忌词汇》，第 10 页。

记。新标记的咬痕是新鲜的，经过夏季雨水的冲洗后，这些标记会变成灰色。其他熊不会打扰已进入冬眠的熊。但是，如果猎人在树上做出类似咬痕的标记，两只熊之间可能会发生战争。正如我所指出的（《北通古斯人的社会组织》），这是一种寻找动物的方法。通古斯人认识到这类领地主权的划分，不会和他们的邻居（老虎和熊）进入战争状态，除非他们被迫离开自身占据的领地。在通古斯人的观念中，这是一场战争。在通古斯人看来，这类战争十分危险，因为猎人不在时，熊和老虎可能会伤害猎人的家庭成员以及驯养的动物，猎人没时间一直守护家中的一切。领地主权和不攻击策略在加拿大、非洲和滨海边疆区都有记录，因此这是一个事实。正如我在《北通古斯人的社会组织》中介绍的，人、老虎和熊之间的复杂关系只是这些动物的一种特殊地方性适应，身处其中的通古斯人不会高估也不会低估自身控制领地的能力，因此他们是现实主义者。因此，通古斯人逐渐获得与动物交往的一系列方法，这些方法是能有效解决问题的经验。而且，在对老虎讲话时，通古斯人会放下枪，但这不意味着他相信老虎有超自然能力。他希望被老虎理解，如果失败，则不得不进入战争状态。

不能理解猎人讲话的熊则不同。不过，如果通古斯人不带武器——妇女经常携带武器，她们不害怕独自出行——熊不会伤害他。而且，熊可能被某些不同寻常的事物所惊吓，失去正常的行为方式。例如，一位通古斯人（涅尔琴斯克通古斯人）遇到一只带着幼崽的熊，由于知道这只母熊是危险的，而且他的枪已经没有子弹了，他用双手拿着枪敲击树，并用尖厉的声音哭喊。对于这位猎人的态度和退缩，母熊感到惊讶，而在正常情况下，母熊是会发起攻击的。因此，通古斯人说，熊不如老虎聪明，后者不会对简单的把戏感到惊讶。如果不是击中心脏，熊不会被立即杀死。在现实实践中，直接击中熊的心脏几乎是不可能的，除非熊用后肢站立，暴露胸部。其实，熊只有在站起来并用爪子攻击人时，才会露出胸部。但是，一些熊站立起来得太迟，使猎人能开枪射杀，因此猎人需要做出某些不同寻常的行为，让熊可以在一定距离之外站起来。有时，通古斯人可能会跳舞和哭喊，从而给熊带来必要的影响。被熊袭击时，通古斯人有机会观察熊的智力。当熊攻击成功，人倒地后，熊会先闻倒地者并认真观察，确定人是否还活着。如果它相信人死了，则会用一堆灌木树干、树枝和土把人埋起来；接着，它会再次返回，确认人是否还在被埋之处，最后，它会离开。当然，在这种情况下，被攻击者必须佯装死亡。

通古斯人发现，熊和老虎能够理解接触它们的人，因此判断熊和老虎拥有智力。由于不能明确区分通古斯人的理论、观察到的事例以及结论之间的界限，所以我只限于阐述事实。满洲的通古斯人相信，这些动物，尤其是熊，一定会再次攻击它们曾攻击过的人。当我询问通古斯人熊是如何辨别这些人时，得到的是明确的回答——通过它们的嗅觉。动物也会以同样的方式辨别接触到的新事物。满洲通古斯人使用的词语是 gálegda，触摸的行为称 galenk'i［其他方言中也可发现这些词语，源自词干 gale］。词干是 gale（ŋale）——害怕、受惊吓。在表示接触过动物的人时，他们说 s'i gálegda boje b'is'in'i——也就是说，“你是 galegda”；而且狩猎的规则是：gálegda ǰakava osin gada——猎人不会拿 galegda 事物（去狩猎）（毕）。[①] 而且，通古斯人会避免触摸熊咬过的树。不能成功杀死动物或触碰过某种动物的猎人，则不能再捕获这些动物，因为他不再是无畏的，他是 gálegda 。很可能的是，这一情况的主要原因是猎人没有捕获这些危险动物的特殊能力，甚至很可能是由于过去的不幸经历，不能做这件事情。

当熊袭击猎人时，如果它成功夺取矛或枪，则会立即毁坏武器。这一事实被视为熊的特殊智力的表现。在这种情况下，当通古斯人被告知有熊攻击时，则会带好装备，带着猎狗去和动物挑衅者战斗。这一态度类似仇杀习俗，但这里我不想坚持此观点。同样，通古斯人承认熊是有智力的，它们会把食物埋在土中，而且把食物从一处带到另一处，直到全部吃光。不过，通古斯人说，熊对它们的后代不够好，因为不会给后代留食物（肉）。因此，某些通古斯人把熊称为“脏的”“脾气坏”的动物，因为熊会独自享用食物，经常携带很多食物，而且在储存食物的地方睡觉。相似

① 后文会表明，gálegda 有更广泛的用途，这个词语表示与特定神灵接触的地点和事物。但是，通过对这个词语以及对老虎和熊行为的描述，我们千万不能认为这个词包含某种与“宗教的”观念有关的事物。

的事实让通古斯人倾向于认为熊并不是十分聪明，而另一些事实又使通古斯人相信熊的心眼并不坏，在某些特定的条件下是可以被信任的，例如，熊经常会到离妇女不远的地方采集浆果。因此，熊是足够聪明的，可以理解对它们而言真正的危险。通古斯人知道，熊受惊吓时，会感到害怕，进而导致自发的排泄失禁，这让熊变得虚弱。他们了解熊冬眠时的特征。可以说，通古斯人了解这一动物生命过程的每个阶段，认为熊具有特定的生命和领地权力，拥有和人一样的灵魂，又有特定的性格特征。当然，如果通古斯人想获得一张熊皮和肉，则会毫不犹豫杀死熊，但当他们不需要时，则不会这样做，因为根据通古斯人的狩猎观念（狩猎职业者的观念），如果不需要肉和皮，则不能杀死动物。通古斯人之所以放弃杀熊，主要是基于实用的考虑，以及缺乏猎杀这类有力量且聪明的动物的经验。

熊的行为使通古斯人认为，熊是有灵魂的，它在熊死后会离开身体，人的错误行为可能会遭到熊的灵魂的伤害。因此，出于管理熊的灵魂的目的，通古斯人形成复杂的习俗。这一文化丛包含了借自不同群体的文化要素。为了给这一文化丛赋予美学要素和合法性，通古斯人中会举行吃熊的典礼，实行露出熊骨的风葬（与通古斯人葬礼上对人骨的处理方式相同），切断熊腿部带毛的皮，最后禁止妇女吃熊肉，典礼伴随歌唱和舞蹈，过去通古斯人的葬礼可能也是如此。在后贝加尔地区和满洲地区的环境中，局部禁止吃熊肉不会带来经济影响，因为熊十分罕见，不能成为日常食物的基础部分。①

在毕拉尔千人和库玛尔千人中，人们已经不再猎熊了。过去，猎人会把熊的头、爪子、骨头和皮放在特殊的平台上，求得熊的灵魂的原谅。现在，通古斯人通常会砍下熊头，把它放在平台上，或者是挂在一棵树上，但他们却不再践行其他习俗，而是带回一切能够带回的东西。有时，通古斯人只会把熊的头骨涂上黑色，固定在一根木杆上。然而，许多通古斯人甚至不保留这一习俗，只是扔掉熊的头部，而其他动物的头则会被带回家。

① 但是，在毕拉尔千人中，妇女不能吃熊的眼睛。

由于这一原因，现在很难买到完整的熊皮。不过，如果有特殊的请求，通古斯人甚至会放弃这个习俗，可能会带回整张熊皮。通古斯人的民俗中包括许多关于熊的故事。通古斯人从汉人和其他族团例如果尔德人中获得这些故事。通古斯人认为熊肉的味道很美，但他们有时会犹豫是否吃熊肉。不过，这一禁忌与通古斯人心智丛的某些方面没有直接关联，可能源自其他假设。通古斯人会使用诸如驯鹿、马鹿和其他大型动物的血制血肠，他们过去常使用熊血制作血肠；血肠被视为美味。不过，通古斯人的品味现在发生了变化，例如现在毕拉尔千人不再用熊血制作血肠，因此这一放弃行为是十分晚近的现象，毕拉尔千人认为，夏季熊血有一种难闻的味道 wa（毕），老人们过去并未注意到这一点。现在如果有人吃熊血制作的血肠，"人们会嘲笑"。其实，在某些观察者看来，这一"禁忌"似乎是某种"宗教"禁忌。

这里，我将解释仪式文化丛是如何建立并维系的。在毕拉尔千人中，如果在炎热的天气中杀死熊，他们会扒下熊皮，把熊卸成几个大块，砍断舌下的骨头，然后扔掉。其中的原因是，如果这块骨头不被砍掉，熊肉中会生出 10 厘米到 12 厘米长的蠕虫（肉是保留下来的）。如果这块骨头被砍去，蠕虫则会集中在腔体内，很容易被杀死。根据理论，不了解只有在夏季才必须如此操作的通古斯人有时在冬季也这样做。其实，这一行为必须被调查，必须确定通古斯人的解释在多大程度上有效，这一解释是一种"合理化"，还是基于事实的观察，它是一种关于骨头和软组织的特殊理论，还是毫无意义的仪式。

通古斯人使用不同的名称表示熊。在满洲的通古斯人中，有三种表示熊的称谓：藏熊称 vagana（毕）；普通的小棕熊称 muduje（毕）；可怕的大熊称 turni（毕）。第一个名称的词源是不清晰的。第二个词语 moduje 的构成为 mo（树）+du（位置格）+je（词缀，表示名词），因此，这个词的含义表示"住在树上者"，这是这类动物的典型特征。第三个词语是同样类型的词语，表示"住在地上者"或"住在地上的洞中者"。很明显，在这些情况下，我们观察到表示不同种类熊的名称，却没有表示熊的专门词语。而且，muduje 和 turni 可能不仅仅指"熊"。现在，表示"熊"的词语似乎在通古斯人中已经无用。而且，我们观察到，满洲地区的其他通古斯人群方言也处于同样的状况。在满族人中，表示熊的词是 lefu（勒夫），果尔德人使用不同的词表示熊，下面讨论的其他通古斯群体也是如此。在后贝加尔地区，表示熊的词是 man'i（涅、巴）。这个词有时会和另一个词 maŋi 混淆，后者表示神话意义上的英雄，很可能是神灵。除了这些词语，还有大量其他表示熊的词语，可分为两类。第一类名称体现出动物的某些缺点，例如 soptaran（满驯）——贪吃浆果者；kognor'jo（曼）——黑色动物；hobaǐ（满驯）——外表丑陋（可怕的）者；urgulikkan（毕）——“笨重”者。第二类名称是表示尊敬的词语，例如 sagdikikan（兴）——老者（男性）（sagdi 一词加了后缀）；ätirkän（如果表示雌性，则使用 artirkan），还有 atirkaŋa（毕、库、兴、满驯和其他词语），因为 atirku（涅、巴）表示受尊敬者，我把这个词比作“先生”和“女士”（《北通古斯人的社会组织》）。而且，熊也可被称为 ama（毕）——父亲（或祖父）；on'o——母亲（和祖母），这些词表示受尊敬者。通古斯人还有许多其他词语，例如 satimar（满驯）——“母熊”，似乎是雅库特词语（mar）在通古斯人中的变形；arakakun（满驯）——父亲，是通古斯词语（-kakun）和雅库特词语 aga（父亲）的混成词。此外，还有几个词语我不想贸然阐释，例如 derikan（图）；kaγapti（拉）；ŋukata（涅·施）；säpsäku（乌鲁·卡）；bakaja（涅·施）（很可能源自 baka——“发现”，也就是说，被猎人发现的动物）；n'on'oko（毕、库、兴），很可能是“最珍贵的宝贝”（n'on'o——宝贝）[参见马克《黑龙江旅行记》中的 n'aŋn'ako（库），这一阐释是错误的]。季托夫指出 šatimar（涅）类似 śadamar（布里亚特）——“警觉能力强”（波），[①] 如果考虑前文 satimar 的含义，这两个词则并不相似；taktikaγdi——住在雪松林中者；oboči，由于词缀či 的含义是“有”，因此不能把这个词直接和蒙古语词语 ebei 相联系，翻译成“可怕的”，这个词语可能表示特定含义“让人害怕的”[参见 abači（叶尼塞流域通古斯人方言）和 ebiko（叶尼

① Titov, “Some Data on the Cult of the Bear among the Lower Angara Tungus of Kindigir Clan”, Siberian Živaja Stari'na, Vol. I, 1923, pp. 92-95.

塞流域通古斯人方言・鲁奇科夫），这些是表示亲属的词语（参见蒙古语aba—父亲）；ebiko 译为“祖母”——母熊］；ŋaleŋa，不能译为“四肢”，因为这个词表示“让人害怕的”；säpkäku（参见卡斯特伦对 säpkäku 的记录和分析——这是一份可疑的记录和分析）。由于这个原因，季托夫翻译的其他词语如 boborowki、nataragdi、uč'ikan 在他的字典中找不到对应的词语，我在自己的字典里不能做验证，因此这里不做讨论。在大多数熟悉熊的族体中，狩猎和旅行中表示熊的词语是不同的，这些词语并不直接表示熊的名称，例如 sagdi、ama、artirkan 等，而且这些名称有时是讽刺性的和冒犯性的。因此，在通古斯人文化中，熊不被视为“神圣动物”或“祖先动物”。通古斯人把熊称“父亲”等，其实只是一种“礼貌的形式”。通古斯人并不害怕谈论熊或用熊开玩笑。

为什么通古斯人关于熊有如此多的称呼？为什么如同某些欧洲语言，最初表示熊的称呼的词语消失了？这可通过以下几种可能性的假设加以解释。我认为，这可能源自不同的原因。例如，当猎人从事严肃的工作如一次危险的狩猎时，自然不会使用某些滑稽故事中表示熊的词语。这种行为特征体现在所有族体中，不仅体现在狩猎动物中。另一种情况可能是，狩猎中使用特殊语言不是因为害怕神灵，而是由于某一通行的习俗。这一语言产生的最初原因也可由其他几种令人满意的假设解释，但这仅仅是假设，因为特殊语言的最初发明者是未知的。独特的语言可能偶尔或多次在特殊的职业中出现，然后传播到不同群体中。语言在不同群体中的传播可通过不同的原因得到解释。我们可以解释，在某些群体中，人们因为害怕神灵干预经济活动，所以使用特殊的语言表示动物、工具和武器。当人们发现命名可以给狩猎带来“运气”，其他群体自然会模仿，尤其在语言变化不会带来巨大困难，而且使用新的语言可以成为一种有趣的实验或消遣的情况下，这种模仿很容易发生。如果民族志研究者坚持寻找原因，被提问的猎人可能会回答“狩猎中没有运气”，“千万不能让神灵了解某种语言”，甚至是“动物不能了解某种语言”。通过对通古斯人的实验我相信，如果持续追问，通古斯人会给出不同的原因，尤其是在问题中即包含答案的情况下，这是获得信息的一般方式。但是，如果通古斯人的压力不大，他们会回答“这是我们的习俗”或“这是为了管理狩猎”。[①] 事实上，通古斯人一般不会为其习俗寻找解释，这个答案也不需要合法性。

据通古斯人说，过去，他们不会捕杀老虎，目前许多通古斯人仍如此。他们给出的原因是，老虎和巴亚那伊——泰加林神灵（参见后文）相同。不过，这不是一种禁忌，它可能是害怕猎杀老虎之态度的一种合法性表达。同时，老虎也被视为脾气好的动物，这体现在老虎经常给其幼崽提供食物上。[②]

老虎的聪明还体现在它们十分了解其他动物的习性以及捕获的可能性。老虎知道，单凭一己之力不能斗过一只熊，后者有时会抢走老虎的战利品；老虎知道，如果野猪不是睡眠状态，它们无能力攻击一头成年野猪；老虎也知道，如果人携带武器，则不能与其斗争，老虎只有在十分饥饿、兴奋和震惊的情况下，也就是变得“愚蠢”时，才会攻击携带武器的猎人。

杀死老虎后，通古斯人也会举行与葬熊相同的典礼。但是，这一文化丛不如葬熊的文化丛丰富。其实，这里应该考虑的是，老虎的地理分布相当有限，只有满洲的通古斯人了解这种动物，主要是毕拉尔千人（参见《北通古斯人的社会组织》）。通古斯人捕老虎的原因，是老虎皮相当珍贵，老虎的骨头可用作药材，甚至老虎的胡须都可用于清洗牙齿。但是，通古斯人对老虎骨头的药效持怀疑态度。当偶然吃到老虎肉时，由于老虎肉又硬又酸，通古斯人不喜欢。围绕老虎并未形成特殊的禁忌，流传比较广泛的关于老虎的禁忌形成的原因，一方面与关于熊的禁忌之原因相同，另一方面则来自外来文化的影响。最近，满族人中使用虎皮做地毯已成为一种禁忌，在某一特定历史时期，坐在虎皮制成的座位上成为高级官员（amban，

① 当任何一位欧洲人被问及禁止说出表示性器官的词语的原因时，他们都会给出同样的答案。很可能的情况是，如果欧洲人被进一步追问，他们会给这一禁忌提供某种道德合法性。而且，必须考虑的是，所谓的原始民族拥有特定的社会礼貌观念，这表明他们会让调查者，尤其是文明程度较高族体的调查者感到满意，特别是拥有武器和兵力的族体，甚至是军人、外来者等；他们不敢用沉默表示抵抗——如果没什么可说，则会给出随意的解释。因此，这些证据是反复盘问的结果，其中民俗也起了作用。而且，每一个证据都会体现出相对复杂的含义。

② 应该指出的是，通古斯人关于血缘亲情的推论很可能需要修正。因为熊幼崽和老虎幼崽的食物是不同的，前文已述，老虎的战利品中包括肉。

阿本班）的特权，而且满洲的通古斯人会服从其所属八旗组织中的长官，因此这一禁忌产生了。但是，通古斯人对使用虎皮装饰座位并无偏见，认为这只是“满族法律”。当然，汉人书籍关于虎的神话和故事中，这一禁忌可能更丰富，并通过新的考量赋予合法性。我认为，果尔德人及其相邻族团处在这种状态中，它们比其他通古斯群体更早受满-汉文化影响。在满洲的通古斯人中，妇女不能吃老虎肉。

目前，由于老虎的民俗学知识与本节的内容关联不大，所以留待其他著作中讨论。在通古斯人中，表示老虎的名称很多，它被称为 bojuja（涅、巴），但这些群体中这个词语的普及程度很低（参见《北通古斯人的社会组织》）；lavu（库）、lawda（毕），根据通古斯人的解释，这两个词借自汉人；m'er'ir'in（毕）——“条纹”；ŋalaγa（毕）——恐惧、兴奋；tasiγa（兴）——源自满语 tasxa；utači（毕）（例如 m'er'ir'in utači）——“拥有孩子者”（祖父、父亲）；而且，老虎也可只被称为 amba（果尔德人及其相邻族团）——“伟大的”，同样，也可以使用表示熊的某些尊称来表示老虎，例如 mafa（参见满语词语）、ama 等，因此在表示老虎的词语中，我们发现了与表示熊的名称相同的规律，因此这里我不再重复前文关于熊的词语的讨论内容。

关于老虎的家庭生活，通古斯人的信息是不完整的；在后贝加尔地区的通古斯人中，这类知识十分贫乏。

在熟悉程度不高的动物中，通古斯人认为豹很聪明。它被称为“野兽”——bojuja（兴）或者用特殊的词语如 megdu（兴）、muγan jarγa（满语口语）表示。

驯养的动物也让通古斯人感兴趣。驯鹿被视为十分聪明的动物。在后贝加尔地区的通古斯人和满洲的驯鹿通古斯人中，整个文化围绕人和驯鹿的关系建构，人们认识到驯鹿的聪明。这些通古斯人通过如下事实确认驯鹿的聪明，即驯鹿遵从人的声音，了解许多命令性的词语，包括通古斯人给予具体驯鹿的名称，驯鹿在驮载装货的袋子尤其是装有儿童的摇篮时，会认真行动，知道如何防御狼，知道它们最好的保护者是人类，无论何时遇到危险，它们会跑向人群。通古斯人认为，驯鹿拥有像人和其他动物一样可以外化的灵魂，不过，智力却不如人。最后，在通古斯人看来，驯鹿像狗样，可以察觉人的情绪变化。这种亲密关系使通古斯人像喜欢家庭成员一般喜欢驯鹿，当通古斯人孤独时，会和驯鹿谈话，在通古斯人看来，驯鹿可以理解。尽管不会直接承认，通古斯人对老虎的态度也是如此。不过，由于驯鹿可以成为神位，通古斯人有时可能是在对附在驯鹿体内的神灵讲话，神灵可以听懂人的语言。当然，通古斯人十分熟悉驯鹿不同生命阶段的特征。当驯鹿成群地独处时，作为鹿群保护者的公驯鹿的功能被通古斯人视为驯鹿智力的表征之一。马群也是如此，它们体现了更好的组织化程度，尤其受到狼群攻击时，母马会头朝内部形成一个圆圈，中间是小马驹，强壮有力的后腿朝外。种马绕着圆圈跑，母马迎接狼的攻击。通古斯人非常了解母驯鹿不同时期对待公驯鹿以及幼崽的态度。在对待后代的爱的情感方面，通古斯人认为人和驯鹿之间差异不大。当然，这一结论源自通古斯人对驯鹿生活的观察，如果通古斯人想成功饲养驯鹿，必须了解这些知识。因此，在通古斯人的观念中，驯鹿十分聪明，神灵经常附在驯鹿身上。在后文中，我将继续讨论驯鹿在仪式、典礼和萨满教中的功能。

狗被视为十分聪明的动物。所有通古斯人都持这一观点，但并非所有的狗都是如此。关于狗的智力，通古斯人基于观察做出推断，例如，在一定范围内，狗能够理解人的讲话，尤其是某些简单的句子和它们的名字；它们可以理解人的情绪的改变，驯鹿也是如此；驯鹿了解它们在营地中的权限，例如，主人离开棚屋时，它们不会触碰捕获的猎物或食物，只吃主人提供给它们的食物；遇到危险时，狗会寻求主人的保护；在通古斯人中，狗经过特训而承担专门的功能，例如，在不同类型的狩猎中，狗和人之间会合作。狗的高智商还体现在储存食物上，如果不能吃完食物，它们会储存起来（尤其是母狗）。当然，与驯鹿相同，狗有灵魂。但是，作为一种规则，通古斯人是不吃狗肉的，其原因是狗肉的味道不好，尤其是年龄大的狗，而且狗更重要的价值体现在看护、狩猎和陪伴方面（例如，在狩猎过程中，猎人必须把狗当作伙伴，并分配给它一部分猎物肉）。狗在通古斯人的仪式文化中十分重要，但在民俗中却很少出现。其实，通古斯人对狗的态度，与通古斯人对狗的智力判断无关。后文将继续讨论这一问题。当然，与其他动物相同，通古斯人会区分聪明的狗和愚笨的狗。

通古斯人认为**马**有特殊的智力。但是，通古斯人（甚至在除了马没有其他供骑乘和驮载动物的通古斯人中）关于马的知识，远远不如驯鹿。通古斯人也认为，马有灵魂、个性和不同的智力。因此通古斯人说，了解泰加林环境的聪明的马，不会把精力浪费在跳跃、无端的恐惧上。这些马会把精力用在吃浆果、水草上。这种马可以骑行2周到3周，甚至在供给马的食物不充分的季节也是如此。① 但是，马的智力不如狗。通古斯人认为**牛**（包括公牛和母牛）的智力不如马。不过，通古斯人对这些动物的了解不如驯鹿和狗。某些事实如这些动物对屠杀的反应是有趣的。当杀牛时，其他牛都被送到尽可能远的地方。②当杀驯鹿时，通古斯人也会采取预防性措施。对此，通古斯人给出的解释是，动物不喜欢其同伴被屠杀。③

关于非危险动物与非驯养动物的心智丛知识方面，对通古斯人而言，最重要的是不同类型的**鹿**和有皮毛价值的动物，为了达到狩猎目的，通古斯人必须了解这些知识。

通古斯人搜集动物的智力和心理方面的知识，并传递给后代，因此到最后，这些事实的数量逐步增多，相关结论也十分正确。通古斯人承认，大多数动物有一定的智力，但是，不同动物的智力水平不同。通古斯人不相信不同类型的鹿如驼鹿、马鹿、驯鹿和麝鹿是聪明的动物，但他们也相信，这些动物有的可能聪明，有的则愚蠢。通古斯人（毕拉尔千人）向我

---

① 驯养马习惯吃肉（参见《北通古斯人的社会组织》，第39页）被视为人类的智慧。我不想提及驯鹿通古斯人的观点，他们有时熟悉马，但由于他们不喜欢马，其观点会受到他们对这种动物的敌意态度影响。

② 1912年，在通古斯的村庄阿吉玛（Akima）（涅尔琴斯克地区）。我观察过公牛和母牛的一个“反抗”活动，因为其中一头牛在牛群面前被杀害。这个案例给我提供一个有意义的观察场合，以此探查通古斯人在这一事情上的观念与防止“反抗”的方法。需要补充的是，关于马看到其同伴被杀时的反应态度的观点需要进一步核实。当人在人数众多的人群中被杀害时，人们似乎缺少顺从的态度。这种现象可以在文明国家发生革命时，政党之间的斗争中观察到。由于动物没有讲话能力、动物心理知识的缺乏以及对屠杀现象观察的“排斥”，我们很难理解动物的心理现象。

③ 如果通古斯人的这些观察是正确的，人祭现象、人群中未遭到憎恶的食人以及公众场合的死刑处罚现象应该被理解为人类（族体）心理对特殊环境的适应，其中“宗教观念”和“社会伦理”采取了特殊形式，由此这一实践成为普遍现象。

介绍了一个十分明显的动物愚蠢案例。一位骑在马背上的通古斯人接近一头公驯鹿。这头公驯鹿并未逃跑，而是绕着马慢慢走，观察着马。当然，这只驯鹿被杀死了。在通古斯人看来，如此愚蠢的驯鹿很少见。不过，通古斯人十分了解驯鹿的警觉，及其发达的嗅觉、听觉与视觉。通古斯人说，驯鹿了解人的危险性，只要闻到、听到或看到人，它们会立刻跑掉。在满洲的通古斯人中，猎人在捕狍子时，经常会穿一件狍皮制作的外套，同时带着小鹿角。狍子的嗅觉很灵敏，如果风不把人的味道吹到狍子群中，它们会允许猎人接近。这时，猎人很容易杀死狍子。[①] 基于同样的动物心理知识，猎人会模仿公马鹿的叫声吸引它们，然后捕获马鹿。他们的模仿能力特别强。[②] 同样，通古斯人还会模仿幼鹿的哭声（处在十分幼小阶段的幼鹿的声音）吸引母狍子和麝鹿到来。

通古斯人对这些动物的命名特征，体现出他们的心智丛。我们发现，在通古斯人的分类中，并未体现出这些动物的神秘的和超自然特征。他们的词语是纯粹的、简单的动物学分类。如果这些动物变得非常有能力，甚至能力比人还强时，通古斯人认为是神灵附在了动物体内。这里值得注意的是，通古斯人经常会使用好坏，甚至是聪明和愚蠢区分动物。旅行者经常会误解通古斯人所言的聪明或愚蠢，因此会对这一现象赋予十分神秘的解释。例如，通古斯人把不想被杀死而逃掉的动物形容为愚蠢的，但在通古斯人的文化中，这并非表示这个动物是愚蠢的；它之所以“愚蠢”，源于猎人不能杀死它。因此，通古斯人有时称能够直接捕获或落入猎人陷阱的动物为“好的动物”“聪明的动物”，而“坏的”“愚蠢的”动物则不然。这种判断是从狩猎目的出发的，通古斯人中没有表示“很难捕获”“容易捕获”的词语。因此，当通古斯人说松鼠“聪明”“像猎人一样”时，并非如字面的含义那样，意味着松鼠为了取悦猎人而愿意被捕杀。这是许多语言

---

① 当然，其他猎人也知道这种方法，例如，布须曼人会模仿鸵鸟。很可能的情况是，第四纪的绘画者代表了这类猎人，但他们主要被理解为“巫师”，甚至是“萨满”。

② 哨由桦树皮制成，几个世纪以前就有这种实践（参见《北通古斯人的社会组织》），这表明这一习惯十分古老。值得注意的是，在满洲的通古斯人看来，老虎也懂这种方法，但老虎模仿得并不精准（参见希罗克戈罗娃的论述，《民俗音乐》第 38 期）。因此，通古斯人可以分辨鹿的叫声和老虎的模仿声音。通古斯人也用这一事实说明老虎的智力。

中都富含的一种隐喻表达。不过，由于这些动物的灵魂可能受人类灵魂的影响（直接的或通过其他神灵干预），因此会出现关于动物灵魂的特定评价，这可能会导致对动物心理和智力之神秘特征的错误推论。

通古斯人认为**紫貂**（鼬属貂）是非常聪明的动物，很难捕获。现在，我描述这一动物误导猎人方法的细节（毕拉尔千人的信息）。紫貂离开其夜晚的居处时，不会立即离开，而是绕几圈（从 30 米到 2000 米），然后返回新的起点，接着径直跑到新的地方。如果猎人不了解紫貂的行为，追随这一动物的足迹，则会花费很多天的时间，很可能找不到动物的实际方向。而且，猎人有时会失去理智。因此，通古斯采用一个十分简单的原则：绝不会越过单向足迹，而双重足迹则是可以越过的。

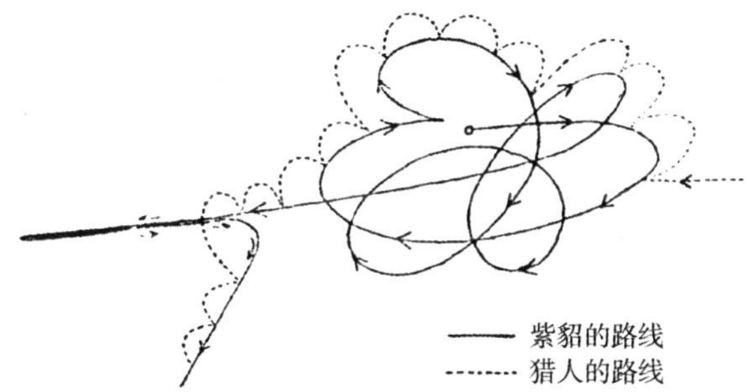

与此相关，值得注意的是，通古斯人非常了解不同动物足迹的特点和含义。例如，熊通常会在相反的方向留下平行的足迹，因此很难确定熊的真正方向。猎人要数清楚这些步数。马每晚会行走很长的距离，因此寻找马是十分困难的。鼬鼠会留下和紫貂相同类型的足迹。

通古斯人十分肯定，动物有时会自杀。有一种小鸟，会把自己的脖子挤在两根灌木枝、树枝间窒息而死；在林鼠中也可观察到同样的现象。通过分析这种情况，通古斯人相信，鸟把头伸到树枝中间是无目的的，因此这些情况被视为自杀。“老人”过去常说，动物这样做的原因是错过了日出，这一阐释无疑与民俗有关。这些情况经常可被观察到。通古斯人不了解其他动物的自杀现象。在秋季，小河中的大马哈鱼之间会发生同类相食的行为。鱼的牙齿过度生长（5 岁，生命阶段的最后一年），会被视为一种有目的的自我毁灭，要不然鱼则不会死，除非有某种蠕虫破坏了身体。

野猪被通古斯人视为强壮的动物，有一定的智力和特定的嗅觉，但它们也有一定的缺陷，例如，野猪的视力不好，在奔跑过程中不容易改变方位。在野猪与老虎的斗争中，可以观察到其智力。[①] 通古斯人观察到，雌性野猪会搜集树叶、干草、小树枝以及其他材料堆成一堆，在这些材料的下面刨出一个坑，最后絮成窝，留有入口，在这里面，雌性野猪生育幼崽，让幼崽远离蚊子和蠓虫。

此外，通古斯人也不否认**鸟类**也有一定的智慧。我曾叙述过渡鸦和猎人之间的合作关系，当渡鸦从高处看到动物时，则会朝着动物的方向飞，引导猎人前行。动物被猎杀后，渡鸦会得到动物的内脏作为报偿。在通古斯人（毕拉尔千人）看来，如果猎人外出不带步枪或不使用一根木棍代替步枪，渡鸦是不会注意他们的。[②] 而且，当猎物被杀死，在猎人剥去猎物皮的时候，渡鸦通常会绕着猎人叫并“跳舞”表达情感。其实，通古斯人并不理解这一合作机制，许多通古斯人拒绝相信渡鸦会带来“运气”。如果猎人不相信渡鸦，而且不跟随渡鸦，渡鸦则不会给猎人寻找猎物带路。[③]

某些通古斯人认为鹰是一种愚蠢的鸟类。在通古斯人看来，这主要体现在获得猎物后，鹰往往会吃得过多。鹰的愚蠢还体现在攻击狍子的事实上，在攻击时，它们会突袭奔跑在森林中的狍子的尾巴，为了让狍子停下

---

① 这里我叙述一个案例，通古斯人使用这个例子表达野猪的智力。有一头成熟且强壮的野猪被三只老虎追赶，这些老虎非常虚弱，它们很可能正处于经常发生的饥饿状态，这一估计在后来的老虎身体检查中被证实。猎人跟随在野猪和老虎的后面，观察接下来会发生什么。到了有利斗争的地方，野猪停了下来，背对着老虎，看不到老虎。其中一只老虎开始攻击野猪。当老虎靠近野猪时，野猪立刻转过身，用牙刺伤老虎的腹部；当这只老虎被杀死后，野猪又恢复到原来的位置，表现出继续赶路的姿势。第二只和第三只老虎相继受到野猪的攻击，野猪以相同的方式把它们杀死。接着，野猪改变了其行为，完全不关注被杀死的老虎尸体。最后，猎人带回了四只大型动物。

② 他们说，乌鸦也是如此。

③ 猎人和渡鸦之间的合作情况很容易理解，但通古斯人却倾向从其中看到某些不同之处。他们甚至提出假设，认为这种鸟拥有预测能力。通古斯人的推论可能源自以下例子。“有 7 名通古斯人带着 13 匹马去狩猎，其中一匹马十分虚弱（患病）。在他们离开之际，渡鸦开始鸣叫不停。生病的马的主人杀了（一只动物）。渡鸦再次鸣叫。在第二天晚上，一匹健康的马死在灌木丛中。生病的马却恢复健康。”对此，通古斯人的解释是，渡鸦预测了狩猎的成功与马的康复。但是，并非所有的通古斯人都同意这一阐释，这一基于事后推理得出的解释不会让他们感到满意。

来，鹰会用一只爪抓住树。有时，鹰的腿会折断，最后死掉。[①] 通古斯人认为布谷鸟是聪明的，因为这种鸟在迁徙的过程中，会跟在大型天鹅后面。通古斯人也了解鸟的语言，他们有时会理解不同鸟叫声所表达的“含义”。当然，模仿鸟叫者，类似某些口技表演者，是受羡慕的。但通古斯人非常清楚，这些模仿者并非总能“了解”被模仿词语和短语的含义。

我将不再引用所观察到的其他事实。这里呈现的事实足以表明，通古斯人对鸟类智力和心理特征的判断，首先是基于对鸟类行为的观察，接着他们会得出结论，如果有必要的话，他们会给其中的许多鸟命名，的确，这些名字是拟声的。这里我暂时不对这些名称做语言学分析，这种分析可以帮助我们认识通古斯人关于鸟的普遍观念。但是，对于不熟悉被讨论族体语言和心智丛的人来说，由于这一方法不会提供过多的新的事实，并且这种分析很容易招致其他研究者的模仿，这一分析是冒险的。

我未记录通古斯人关于蛇、青蛙、蟾蜍、乌龟和蜥蜴的任何事实或观点。通古斯人主要通过异文化的民俗了解这些动物，同时，通古斯人对于蚊子、虻虫和蠓虫的了解也不多。不过，通古斯人承认某些昆虫拥有一定的智力。因此，例如他们认为，蚂蚁是聪明的，由于这一原因，他们不喜欢毁掉蚂蚁的建造物，不想剥夺它们的“房子”（比如花朵，参见前文第22小节）。黄蜂也被通古斯人视为聪明的动物。

昆虫之间会斗争。例如，雄蜂会攻击虻虫。它们会刺穿这类小飞虫的腹部，吸吮包括心脏在内“像糖”一样的体液。雄蜂会从其他昆虫处偷蜂蜜。为了观察这些昆虫的行为，通古斯人会让这些昆虫相互斗争，例如，黄蜂和蜘蛛之间的斗争。通古斯人认为，蜘蛛的叮咬对人而言是有毒的，而黄蜂的咬伤则只是造成疼痛。[②] 当蜘蛛袭击其他昆虫时，会用“胳膊”抓住昆虫，然后用网罩住它们。通古斯人相信，两只蜘蛛之间的斗争是很激烈的。如果某人把一只大蜘蛛放到一只小蜘蛛织的网上，这只小蜘蛛会做出攻击，为了离开小蜘蛛的领地，大蜘蛛会落到地上。其中的原因是，一

① 通古斯人捕鹰后，会把鹰的羽毛卖给汉人。因为不需要鹰，通古斯人不杀鹰，在通古斯人中，无用途的随意猎杀是被禁止的。

② 对于喜欢蜂蜜的熊来说，蜜蜂蜇是没有效果的，对于一些人来说也是如此。

只蜘蛛不会到属于另一只蜘蛛的网上。蜘蛛在“钓鱼”的过程中，会用腿触碰网上的线，判断网上是否有战利品。如果线很重，蜘蛛则会拉起线，抓住战利品。蚂蚁会把它们的卵埋在土壤的深处，防止霜冻。不同的蚂蚁群之间会斗争，它们可以很快修复其建造物的损坏处。

随着从民俗中获得的大量事实的增加，通古斯人关于动物心理和智力的观念的描述内容会逐步增加。正如我已指出的，我不会这么做，因为在通古斯人看来，民俗并非精确知识的源泉，如果需要事实，通古斯人不会利用民俗获得信息和进行参照。通古斯人不会拒绝从其他族体（例如汉人、满族人、达斡尔人和俄国人）中搜集的信息，不过他们不会盲目地接受这些信息。我们可以从其他族体中经常听到，通古斯人关于本地动物的知识十分丰富，而且十分挑剔。其实，他们甚至会把这些怀疑态度扩展到其他领地上动物的信息上。但是，这并不表示通古斯人不会创造他们并不信以为真的民俗故事。

如果总结这部分的内容，可以发现，作为观察者，通古斯人承认动物的特定心智特征。通古斯人关于动物智力的观点类似弗雷泽的描述：

> 这表明，对于未开化者而言，人类与较低级动物之间的清晰界限是不存在。在未开化者看来，许多其他动物与他们都是平等的，甚至比他们更高级，它们不仅有蛮力，而且有智慧。①

其实，对不同的族体做概括性的总结是不精确的。更为确切的说法是，受经验与所接受的理论影响，非欧洲族体承认某些动物在身体或某些智力方面是高于人类的。尽管弗雷泽先生的观点是深刻的，但他所有的作品都

---

① 参见《金枝》，第 5 部分，第 2 节，第 310 页。这里，弗雷泽先生关于野蛮人之科学观念和迷信的观点很有趣。他说：“然而，巫术所依赖的秩序是一种扩展，即错误的类比，我们的思维中存在同样的秩序，通过对特定现象做耐心和精确的观察所得出的科学也遵循同样的逻辑。”（参见前引文，第 7 部分，第 2 节，第 305~306 页）不过，关于科学，他却得出了相对悲观的结论：“我们必须记住，科学概括或日常用语中的自然法则只是假设”……而且“上述关于巫术、宗教和科学的分析只是思想的理论”（同上，第 306 页）。我不需要强调，“明确的界限”绝不是科学提出的假设，它仅是一种民族中心主义和人类中心主义行为的延伸，是错误的类比。

在证明“原始人”受动物出众的智力和神灵的压迫，这些因素构成了“原始人”的生存环境，而弗雷泽先生本人则摆脱了这些信仰的影响。对于动物优越性的强调，成为他错误解释动物智力的原因之一，这种观点在研究动物的学者中很普遍，甚至城市中的普通市民和农民也持这一观点，相信动物的智力是不能研究的。施特忍堡追随了弗雷泽的观点和方法（即挑选事实构造马赛克式的图景），他走得更远，确信“这些动物……在身体特征和生活方式上和人十分相似，与此同时，会以不同面貌示人”①。根据作者介绍，这一结论主要源自民俗分析，“吉里亚克人不会把这些民俗视为想象的产物，而视作真实的事件”，认为吉里亚克人会把梦和幻觉中出现的现象视为事实。这一解释是站不住脚的，在这种精神错乱的压力下，通古斯人是活不下去的。在相同的主题上，施特忍堡对吉里亚克人的描述比弗雷泽更为生动。例如，在概括性的说明中，他说：“说话者想象自己所说的话可以被神灵、动物和其他他们爱慕的拥有人类智力的存在物听到并理解；因此，他们会用其他语言代替特定的语言，目的是通过谄媚来抚慰这些存在，或者是害怕这些存在因知道他们所说所做而愤怒。”② 而且“人做事看起来很安静、沉默，这是为了逃脱其害怕的存在的注意；但如果不能逃离，他们则会表现出最好的面貌，掩饰不好的一面，在公正的外表下，用谄媚的语言装饰谎言，尽管同伴可以理解这些黑暗的、模棱两可的语言，但其影响对象则不能理解”③。

其实，上述描述可能表现了一位受迫害妄想的精神分裂者的情况。这些情况是艺术想象，而非现实。这些充满创作性的表述由两个原因导致：第一，引导作者的文化优越感；第二，人为选择的形式意义上的事实（通常是被误解的、严重渲染的），也就是说，这些事实是无功能含义的。这些作者往往会从几个个别的调查对象中搜集事实，然后建构“吉里亚克人”或“原始人”的理想类型，但现实中绝不存在这类人。这些搜集事实并得出结论的过程充满想象。这些研究并未呈现完整的文化面貌，所呈现的事

① 《吉里亚克语言与民俗研究资料》，第 14 页。

② 参见《金枝》，第 2 部分，第 416~417 页。

③ 《金枝》，第 2 部分，第 417~418 页。

实满足了读者的文化优越感以及渴望阅读一个“真正的”却让人恐惧的故事的需求，侦探故事和电影已经不能满足他们。因此，这些图景为原始人精神衰落和族体消失提供了道德合法性。从民族学的角度看，这些创造只是民族中心主义的粗糙产品。无须强调，这类作品不需要过多努力就可完成——由助手帮助阅读资料，把事实写到卡片上并分类。这体现了现代知识的连续性构造。

这里，我不需要提及列维·布留尔及其大量追随者的观点。通过描述通古斯人的知识和观察方法，可以看出，如果观察者要对所观察的现象形成精确观念，他们所要做的脑力工作与其他任何自然现象观察者的工作并无二致。在这方面通古斯人的方法比列维·布留尔更准确地呈现了科学工作的过程。后者只是用筛选的事实证明其假设，并未考虑这类工作可能带来的灾难性后果。其实，这些灾难性后果并未产生很大的影响，它们并未影响到在具体实践中理解非巴黎人文化群体的读者。列维·布留尔的观点和方法论不会对年轻人起作用，可能只对他个人而言是重要的。

第 7 节　技术适应

27. 迁徙

在第 5 节中，我已经说明了通古斯人对基础环境中自然现象的探索。伴随着基础环境知识的获得，通古斯人也形成了自身的迁徙体系，同样这一体系也受狩猎活动、驯鹿饲养和驯鹿饲养的替代方式的影响。我们发现，通古斯人创造了一种道路交通系统。其实，对于习惯了铁路和涉及桥、水坝的公路者而言，通古斯人的道路系统似乎不是技术成就和文化适应。不过，当我们认真审视这些现象时，情况则不然。

通古斯人道路的形成有十分具体的目标，即通达特定的区域，例如狩猎区域、利于马和驯鹿的牧场、最好的扎营地点等。道路方向的选择，要考虑到役畜负载物品的能力，如腿型所体现的役畜解剖学特征、心智特征、抵御迁徙中遇到困难的能力。其实，通古斯人必须具有了解自然因素如会改变水位的不同河流、森林火灾、强风下可能倒下的树等危险的能力。如果通古斯人不了解这些因素，他们有时会失去生命、家庭成员，以及由于受不存在的或过高估计的危险影响而耗尽动物、家庭成员和自身的精力。因此，游猎者道路系统的创造方式与不同分站构成的铁路一样，在不同车站火车被供给燃料和水，同时更换列车服务人员（在通古斯人的环境下，他们会停下来休息），道路的建设要在最少消耗动物和人的能量的基础上进行。而且，这一系统也关联到狩猎和其他活动的最少能量的需求，例如，草料储存、牧草等。当我们熟悉实际情况后，就会发现通古斯人的道路系统是既定环境下的最优选择，这也表明，通古斯人是非常敏锐的观察者，他们可以总结出十分完美的结论以及最好的解决方法。

作为有趣的事实之一，可以指出的是，交通系统的创造者不仅有男性，还包括妇女。其实，通古斯人中的妇女经常扮演迁徙中领导者的角色。在迁徙的过程中，她们通常不得不改变原有的道路方向（至少是轻微地），因此，她们也参与了交通系统的改变。

有时，通古斯人在路上会遇到让他们迷路的神灵，他们把这些情况解释为通古斯人的虚弱和某些神灵的恶意。在通古斯人看来，夜晚喝酒后，神灵尤其危险。人们喝酒后，特别是在不熟悉地形的情况下，往往不会在夜间旅行。而且，某些地方似乎一直有神灵的造访甚至居住，在夜间旅行时通古斯人会避开这些地方。因此，当迁徙群体人口众多时，如果采取特定的预防措施，这一要素对合理的交通系统的影响不大。其中涉及很多原因。我们假设，如果某位通古斯人证实某一地方受邪恶神灵的影响，通古斯群体会接受这一信息。直到另一位通古斯人偶然造访此处，如果未发生任何事情，则确定此处没有神灵活动，过去的观念可能会改变——认为这个地方是安全的。通古斯人认为，这个地方很可能是暂时受神灵影响。如果某一地方需要尽可能地摆脱神灵，通古斯人会“净化”这片领地，远离神灵。而且，神灵有时会通过特殊的方法被驱逐，后文会讨论这一问题。不过，不依赖迁徙而生存的通古斯人则不然，通古斯人中的某些群体不在大范围的区域内狩猎，主要以养牛及在有限区域内的贸易为生，更相信居于不同地方的神灵，这些地方通古斯人不常去。很可能的是，在这种情况下，神灵居于这些地区成为通古斯人放弃狩猎，更倾向于安静的定居生活的理由（例如某些毕拉人千人群体、后贝加尔地区的游牧通古斯人和其他群体）。这里值得注意的是，以农业为生的满族人认为泰加林中有无数的通古斯（奥伦春，orončun）神灵，由于害怕这些神灵，他们放弃了狩猎活动。在居住在泰加林中的通古斯人看来，满族人的观点是错误的。

当通古斯人被问及不幸的原因时，例如一棵树倒下砸到旅行者，他们可能解释为这是某一特定神灵的活动。他们可能选择了穿过森林的道路，其中有许多半腐烂的树木，但这一选择只限于好天气，在大风的天气里，通古斯人会避免走这条路；他们非常了解，如果森林中没有半腐烂的树木，即便在大风的天气，道路也是安全的。在这种情况下，神灵观念十分接近“好运气”和“坏运气”。因此，某些意外事故的解释通常是经过认真检查和分析的。

为了防御不同的偶然事件，通古斯人必须非常清楚不同的环境下如何行事。例如遇到雨和雪，这在满洲地区和后贝加尔地区的短暂时期内非常典型（有时在 8 月和 9 月，取决于海拔），面对这一情况，通古斯人必须立即停下来，生一大堆火，以防冻僵。所有的通古斯群体都践行这一习俗。尽管有时温度相对较高——零摄氏度，可是一旦衣服潮湿，通古斯人会逐渐失去行动能力，然后很快死去。如果遇到十分寒冷且发生暴风雪的天气，通古斯人必须脱掉鞋子，尽量把头和脚蜷缩在一起，让雪盖住身体。在暴风雪结束之前，他们必须一直保持这个姿势，有时甚至可能持续几天。如果有两名通古斯人，他们必须做同样的行动，并且躺在一起。对于不熟悉通古斯人所处环境的外来观察者而言，是不可能列举出通古斯人的自我保护的不同方法的，因为这些方法对他们而言是陌生的。当然，所有这些方法是经过长期经验总结而来的，是特定环境下解决问题的最好办法。[①] 这也是文化适应的要素之一。

与迁徙相关的是，通古斯人的马具、马鞍和货袋在材料和形式上都达到了一定的成就。这些器具使用的材料与动物及其所载物品的特征是适应

① 非通古斯人旅行者也要遵守这些习惯，参见如阿尔谢尼夫的旅行报告。

的。只有在拥有长期的旅行经验后，人们才会理解这一文化丛发明者的理性和聪明程度，它在代际不断传递。[①] 在《北通古斯人的社会组织》中，我详细描述了驯鹿背上的摇篮，这里不再重复。

在选择营地方面，通古斯人是优秀的专家。正如我已指出的，他们选择营地会适应不同的要求和季节。因此，选择营地前要考虑地区特征、不同季节的风向、饮用水源以及燃料。详细调查原因之后，我们可以认识到他们选择的实用价值。有时，民族志研究者愿意在"原始人"中寻找神秘观念。过去，我们在库玛拉河上游一段距离之外的岩石遮蔽物下停留。这一选择乍看起来十分奇怪。很明显，我们之所以停留在此处，是因为通古斯人经常如此，他们说"这是一个好地方，周围没有恶神"。但是，当开始吹强风时，其中的原因明显体现出来。在10月中旬的寒冷季节，躲在这一遮蔽物下是安全的，而在开阔空间的河流附近，通古斯人则很容易死去，尤其是在大风夹杂雨雪的情况下。其实，老年妇女所说的"恶神"，反映了这一地区的知识积累和防御性措施的需求，当通古斯人与这些"神灵"沟通时，神灵并不是具体的。而且，进一步了解这位老年妇女后，我发现，在她的讲话中，她会以简短的答案解释其行为，而不向无知者（不了解当地情况）表明其选择的实际原因。当年轻的孩子向父母学习安全的迁徙方法时，他们往往会给出这类解释。

考虑到不同季节的道路、使用的动物以及旅行的状况，通古斯人会逐渐创造不同的，但部分叠合的道路系统，而且他们会在不同的季节放弃使用其中的某些道路，至于这些行为的原因，通古斯人会给出与前文老年妇女相同性质的解释。

前文我指出，通古斯人会选择提供丰富燃料的地点。其实，如果通古斯人经常造访同一地点，同时周围的森林茂盛，他们会砍伐树木，准备用于燃烧的木材，这些木材可供通古斯人使用数月甚至是长达数年的时间。这个案例说明了通古斯人的远见，它与"原始智力"的理论观念截然相反。

---

① 驯鹿通古斯人居住区的新来者经常批评安置驯鹿鞍和驮载的方法。但是，有了一定的个人经历，以及考虑改变文化丛可能付出的代价后，新来者会认为这些方法是最优选择。

桦树皮船是居住在桦树皮丰富地区通古斯人的独特发明。其实，这一地区的许多河流不适合水上运输。这些河流经常被急流阻断，使穿越这些河流变得不可能。但是，对于短途的航行来说，渡过急流恰恰用到浅底的桦树皮船。桦树皮船很轻，一只桦树皮船可以载三个男人以及一些货物，如果不使用时，两名男性即可扛走桦树皮船。通古斯人非常了解所有河流的状况、流速、特征等。尽管这种类型的独木舟可能有很长的历史，但它在这一地区延续至今，其他交通方式在这一地区都很难应用。例如，库玛尔千人会沿河使用桦树皮船，如在库玛拉河和塔嘎河，但他们的邻人毕拉尔千人则不使用桦树皮船，因为阿穆尔河太大，不适合使用桦树皮船。满洲的驯鹿通古斯人只有在狩猎、渡河以及去往阿尔贡河和阿穆尔河的过程中使用桦树皮船。在这些情况下，他们会留下驯鹿独自前往，而且，许多通古斯群体更愿意使用桦树皮船捕获以水草为食的驼鹿。猎人会独自一人乘着独木舟接近动物，没有任何声音。因此，桦树皮船的存在主要源于其实用价值，它甚至出现在饲养马的库玛尔千人中。

通古斯人在使用火的过程中十分小心。通古斯人队伍离开棚屋时，必须认真熄灭火堆。这一规范十分严格，尤其在有干草和干树叶的季节。由于火中有特殊的神灵（参见后文），对于熄灭火堆的解释可能出于神灵的活动及其邪恶性之名。但是，通古斯所做的一切只是为了防御火灾。这一防御策略是通古斯人经济系统中的重要因素。他们了解并指出，无用地烧毁森林可能会影响狩猎，许多动物只生活在森林中且从森林中取食，如松鼠、某些种类的鹿等。森林的燃烧可能导致大火蔓延，殃及通古斯人的迁徙之地，人们会遭受巨大的伤害。因此，这一防御策略的生成是基于此前的经验以及先见之明。但是，通古斯人，尤其是以饲养马为生的通古斯人（例如满洲的通古斯人），经常会在早春和晚秋烧光覆盖土地的干草，这样下一个季节土地上则会长出质量更好的草。不过，在这种情况下，通古斯人会选择一个风平浪静的日子，避免发生大火。可以注意的是，俄国人（后贝加尔地区）和汉人（满洲地区）处理火的粗心大意让通古斯人十分不满，他们认为这些人是“愚蠢”且“无知”的。

28. 狩猎

通古斯人把狩猎视为他们的主要职业，每位猎人都要学习。我们已经认识到，这一职业要求猎人非常了解动物的习性，这些知识一方面来自观察，另一方面来自传统。因此，传统知识的传承构成这一职业的主要因素之一。除了动物知识，猎人必须知道捕获某一特殊动物的专门方法。长期的狩猎经验，使通古斯人掌握非常详尽的狩猎方法。通古斯人在狩猎中使用各种各样的套子和陷阱、各种各样的武器、采借的火枪以及其他不同类型的枪。猎人必须知道捕获某种特殊的动物所采用的工具。当然，在俄国人来到西伯利亚之前，通古斯人常使用弓和箭狩猎，此后他们开始使用火石枪。在 19 世纪，俄国军队更换武器之后，通古斯很快就变换了猎枪。因此，1915 年，日俄战争之后，最现代的步枪出现在后贝加尔地区和满洲地区。满洲的通古斯人也非常了解德国类型的步枪（装 10 颗子弹的毛瑟枪）和日本的步枪，他们未提及老式的伯丹步枪、温彻斯特步枪和其他类型的枪。在通古斯人的行为中，我们未观察到保守主义倾向。不过，我们在通古斯人中也可观察到老式的火石枪、冲击帽枪和其他老式枪。出于特殊的原因，通古斯人喜欢这些枪，使用它们进行专门的狩猎活动，例如通古斯人使用装有小的圆形子弹的枪捕松鼠，这样可尽可能避免损坏松鼠皮，使用这种小型枪是节约的。通古斯人更喜欢使用火石枪捕获诸如马鹿、熊和老虎等大型动物，这些动物必须由大型号的子弹击中。在某些情况下，通古斯人不使用轻武器捕熊，其原因是现代步枪的小型号子弹很难杀死熊。他们更喜欢按照过去的办法用矛或固定在一根长木杆上的猎刀捕熊。狩猎器具的选择主要取决于费用和射击的有效性。其实，通古斯人根本不可能使用最贵的火器，因为这些火器的子弹价格很贵，而且不能如伯丹步枪的弹夹那样可重复使用。尽管拥有现代化武器，直到最近通古斯人仍使用石弓狩猎，不同类型的箭对应不同的动物，甚至最近某些箭仍使用木制的或骨制的箭头，这并非因为通古斯人中缺铁，而是考虑到箭头的特殊材质。例如，通古斯人会使用圆钝的木制箭头捕大型的鸟。过去，通古斯人普遍使用毒箭。在库玛尔千人中，直到最近他们还会从肝脏中提取有毒物质。[①] 他们也使用某些植物制作有毒的物质。这一技艺现在已被遗忘。毕拉尔千人发现一种新的制毒方法，在他们看来，这种毒药在一些狩猎中是有效的。毕拉尔千人把一条死掉的小蛇放到枪口处，等到腐烂。小蛇腐烂后，释放的毒素被吸收到枪内，当子弹碰到动物后，伤口的边缘会迅速变黑，甚至在受轻伤的情况下，动物会迅速吸收毒素。以这种方式杀死的动物肉有毒性，不能食用。

我说明这些细节，是为了表明老式武器保留下来的实际原因，从表面上看，这些现象可能体现了这些猎人的保守主义、固执和贫穷，甚至在某些情况下，可能让民族志研究者倾向于寻找其中的神秘主义和“宗教的”原因，视之为狩猎的“神圣方法”。其实，我们很可能想象出更有效的捕获和猎杀动物的方法，但其中有两点需要考虑，第一点是经济方面，“技术提高”所花费的资本是否过高，这不需要特别的解释；另一点是狩猎活动的自身局限，这是通古斯人的系统化策略。

长达数世纪的狩猎活动使通古斯人相信管理狩猎的必要性。现在，某些狩猎规矩经常被破坏。其主要规则如下：（1）如果猎人抬不动猎物，则没有哪一个动物是必须被猎杀的；（2）猎人千万不能猎杀不需要的动物；（3）在特定的时期内，千万不能杀特定性别和年龄的动物，尤其是鹿类；（4）猎人一定要跟着受伤的动物，直到把它杀死。第一项规则的实际意义很明显——维持动物的繁衍。第二项规则的效果是相同的，防止无用的狩猎，以及杀死无用的动物，例如狼（参见前文）。第三项规则由几个特殊的规则构成，例如，对于雌性动物，尤其是妊娠期的雌性动物千万不能杀害，[②] 也必须放掉很小的驯鹿、马鹿、驼鹿（由于狍子的幼崽很多，所以可以捕杀）；对于有皮毛价值的动物，如果其皮毛质量不够好，

---

① 参见马克《黑龙江旅行记》。这一点被毕拉尔千人证实。这些有毒物质在加热后不会失效，我没有能力判断它们的成分。不过，通古斯人把这种方法与使用毒箭相类比。应该指出的是，汉人编年史经常提及满洲的人群使用毒箭，尤其是肃慎。

② 千万不能猎杀妊娠期的熊。毕拉尔千人认为，杀死这类母熊可能导致猎人的一位家庭成员死去。通古斯人认为，如果猎杀妊娠期的母熊，它可能产下幼崽留给猎人，然后独自逃离，这种现象很普遍。这给通古斯人带来强烈的心理影响。

则需要放掉；对于所有皮张有价值的动物，如果处在昆虫叮咬的时期，也一定不能捕杀。通古斯人的狩猎规则可能更多，但前述内容已足够表明这些规则的经济学价值。追逐受伤的动物也可表明通古斯人意在避免对动物的无意义杀害。

其实，这些规则可以获得如下解释，即神灵“派送”动物给猎人。他们有时会说，如果无用地捕杀动物，森林神灵（这位神灵有不同的名称，参见后文第 14 节）则不会派送动物，不会赐予玛辛［mahin、maγin（巴、涅、毕）、mahin、majin（满驯、毕、库）］——狩猎的“运气”。[①]运气由森林神灵赐予。甚至一位优秀的、娴熟的猎手在狩猎的过程中也可能没有玛辛。为了获得玛辛，猎人千万不能违反狩猎规则。其实，玛辛观念浓缩了狩猎的经验，在这一经验中，猎人总会遇见和错过动物，狩猎过程中，他们可能击中动物，也可能错过动物。另外，猎人的行动可能减少动物数量，例如，无视管理动物的规则，动物就会变得越来越少，破坏禁忌和习俗的实际后果很可能是不清晰的，但可能被理解为警告动物有猎人出现。其实，就玛辛概念而言，它只是表示“机会”，可能随着猎人的活动增加或减少，但关于赐予玛辛的神灵只是一种假设。不过，当猎人考虑狩猎活动的实践方面时，神灵假设是次要的，而且通古斯人，尤其是有经验的通古斯人，可以给出十分清晰且理性的原因，甚至可以对避免无用猎杀动物与防御动物感知人的气味的习俗做出解释。

狩猎文化丛中也逐渐整合了一些其他管理规则，这里我不想描述这些规则，但会列举一些案例。在狩猎的过程中，通古斯人会遵守某些限制，如不能制造无用的噪声、笑声、无用的谈话，禁止升火，不能使用特定的词语（特殊的语言，或者更合适地说是一种特殊的词语）。通古斯人的狩猎活动还涉及某些其他禁忌，例如在巴尔古津和涅尔琴斯克通古斯人中，千万不能把麝鹿的头和睾丸以及马鹿的肝脏和心扔掉，也不能用它们喂狗。

---

① 伴随着基督教的传入，这个词语获得了新的功能。因此，在叶尼塞河流域的通古斯人中，main 被译为上帝、主宰神、耶稣（季托夫译）［季托夫认为这个词的词源是 mangi（参见后文），这显然是错误的。］很可能的是，main 是传教士使用的词语。由于这个原因，某些通古斯群体中出现借用俄国狩猎者表示“运气”的词语 fart 代替 maγin。

在毕拉尔千人中，猎人不能在奇数的日子狩猎。不过，这种规则只在使用精确日历的群体中使用。这些禁忌中的一部分可被理解为防止动物被打扰，而某些其他现象如避免使用动物凭嗅觉可辨识（galegda）的事物、[①] 操控动物的灵魂，或者使用专门的词语称呼动物，可能随着得到特定的认可后，越来越普遍。我认为，狩猎过程中禁止谈笑与通古斯人眼中狩猎的重要性有关。[②] 在狩猎过程中，猎人千万不能割断动物的食管、气管、主要动脉和颈部的静脉；必须一起取出这些器官，并认真分离。如果打破这一规则，猎人则会失去狩猎运气——maγin obdowča（毕、库）——“运气坏了”。最后，还有一些习俗是通古斯人不能解释的，他们会像遵守前文描述的规则和习俗那样遵守这些习俗，违反这些习俗可能会导致玛辛即猎获动物的机会减少。[③]

因此，通古斯人逐渐形成狩猎的规则系统。这一文化丛只有在代际传承中才能被创造。通过观察不同区域动物数量的变化，他们逐渐增加经验并得出正确的结论。许多规则的合理性不能通过实用的原因获得解释，因此它们需要更高的权威即泰加林神灵给予支持。值得注意的是，19 世纪，通古斯人的狩猎活动引入了市场观念，需要遵守比过去更多的规则。此外，随着武器的改变和酒类供应、人工制品甚至是食品的增加，通古斯人的需求有所增加。[④] 旧的管理体系和新要求的冲突导致管理狩猎神灵观念的变化，甚至玛辛的观念也发生了变化。这一文化丛的变化在很大程度上受到传教士的促进，他们在最大程度上摧毁了神灵的“旧信仰”。这一冲突引发了年轻一代通古斯人和老一代通古斯人的持续争论，老一代通古斯人坚持保留过去的自我限制规则的必要性，年轻一代人则强调通古斯人的技术变

---

① 有一次，我在毕拉尔千人中听到关于这一事实的复杂解释（一种理论）。这一观点认为，人、动物以及物体中有一种微生物（kulikan），动物可以根据这种微生物进行感受（gelegda）。这些微生物（kulikan）对铁的出现十分敏感。因此，经验不足的猎人必须避免随身携带铁器。铁可以让某些动物例如熊变得兴奋。

② 不过，某些通古斯人相信，一定距离之外的熊可以听懂通古斯人谈话（参见后文）。

③ 这里需要特别指出，猎人必须十分小心，防止弄出声音、被动物嗅到味道或发现。许多动物都拥有非常发达的感官系统。对于狩猎的新手，这些知识是作为绝对的、未加解释的规则传授的。

④ 参见《北通古斯人的社会组织》，第 26~28 页。

化和快速富裕。其实，在俄国商人和汉人商人的经济剥削下，这种富裕是不可能实现的，老一代通古斯人认识到这一点。

老一代通古斯人知道，如果改变狩猎武器，猎物的数量会增加，但在野生动物的增加与通古斯人的野生动物消费的平衡系统中，动物的再生产与枪支的使用紧密相关。从个人角度而言，这些狩猎限制是毫无益处的，但保证了通古斯人的族体延续。在老一代通古斯人的行为中，这一考虑具有决定性意义。现代狩猎武器的创新、无视规则、外来商人的侵入以及神灵假设的负面反应，让老一代通古斯人认为这意味着通古斯人整合性的瓦解以及独立地位的消失。“旧信念”［fè doro（佛多罗，满语）、n'opti 或 sagdi ón（巴、涅、库、兴、满驯、毕、曼）、sagdi doroγon（毕）、sagdi joso（兴）（乌鲁・卡），参见 jos ‖ joson（蒙・鲁），同样参见 joso（约索，满语书面语）］的瓦解相当于通古斯人的毁灭。其实，在这种情况下，我这里所描述的情况，并未精确地体现通古斯人的推理过程，但这的确是他们的观念面貌。老一代通古斯人的确接受了新情况，因为在他们看来，反对外来（俄国人和汉人）影响的渗透是不可能的，而且年轻一代通古斯人还未掌握保持平衡的问题——如前文所述，他们不了解旧的管理方式的改变以及猎物数量增加可能带来的后果。

同样值得注意的是，通古斯人行为的一个典型特征是，他们不会给动物带来不必要的残酷伤害。他们不会杀死不需要的动物，其原因前文已介绍，而且他们认为无目的地猎杀动物是“不好的”。事实上，通古斯人认为猎杀动物是有必要的，但他们会避免让动物遭受痛苦。如果动物受伤且不能移动，通古斯人会立即使用窄的猎刀通过颅骨底部刺穿大脑，从而杀死猎物。出于同样的原因，他们不会使用慢动作杀死动物。对此，通古斯人给出的解释是，动物可能会对猎人生气。不过，这可能只是他对某些不同原因导致的厌恶残暴行为的一种合理化说明（参见《北通古斯人的社会组织》，第八章）。

通过前文论述，我们发现，通古斯人的确反对改变维持系统平衡的狩猎方法和习俗。因此，在这种情况下，如果出现了反对在狩猎中接受创新的意见，这并非基于坚持既存文化丛和精神懒惰，而是出于维系族体整合和独立性的考虑。在狩猎系统中，对传统要素和实用价值可能性变化的理解不比经济关系的重要性程度差。这些要素构成通古斯人的经济理论和经济政策，是反映通古斯人心智丛的物质要素之一。其实，通古斯人这方面的知识并不多，他们要处理的事实和关系的体量不大。而且，正如我们所见，经济关系的调查方法，是基于对事实的搜集，它们是通古斯人得出结论和概括的基础。只有某些特殊的情况受神灵活动之假设的支持或解释，而这些是基于经济现象的二元论的。

通过上述在通古斯人中观察到的事实，我们可以发现，他们创造了所谓的经济要素。作为一个心智丛要素，它可以被视为物质文化的一种派生功能。因此，通古斯人的经济内容会伴随物质文化量的增加而扩展，如果通古斯人想作为一个独立的族体，其内部的社会关系会发生变化。

在保护既存文化丛的趋势下，我们可观察到通古斯人心智丛的特性，这一特点已在本书的很多地方有所体现，即通古斯人渴望学习新的狩猎和捕鱼方法。其实，在通古斯人生计方式的文化丛中，借自相邻族体的文化要素很普遍。如果新的文化要素适应既有文化丛，这一要素则是好的，在不破坏整体文化丛功能的情况下，通古斯人会立即接受这一文化要素。要不然，通古斯人则会犹豫是否接受新的文化要素。因此，通古斯人的文化丛可能包括族体和年代上不同来源的文化要素。关于其他族体使用的文化要素，例如汉人和俄国人肆意伤害动物，这一要素可能会受到通古斯人的严厉批评。他们以同样的方式考量新的武器和狩猎方法。

不熟悉受狩猎活动影响的通古斯人文化丛者，通常认为通古斯人是保守的和落后的。不过，在做这类概括之前，我们必须认真调查通古斯人保留特定狩猎形式的原因，即他们通常更偏向十分“原始的”方法，保持稳定的猎物数量水平。其实，通过现代方法捕获某些动物，例如松鼠，如果考虑市场价格的话，则得不偿失——花费过高，而使用原始方法有时则可以更好地保存皮张。只有经过十分详细的研究，才能理解通古斯人控制狩猎的策略。有些人建议通古斯人学会变通，但这些无能力的建议者在通古斯人的眼中似乎是幼稚的。如果这些建议者坚持创新，通古斯人可能会接受建议，他们的整体文化丛则会遭到破坏。

如前所述，通古斯人狩猎文化的解体过程始于19世纪。目前，在大多数通古斯人居住的地方，动物变得越来越少，因此，过去的平衡系统遭到破坏。[1] 从目前旅行者提供的报告来看，在政府政策的影响下，过去的社会组织遭到破坏，通古斯人正处于逐步的解组过程中。[2] 这一文化丛在满洲地区的消失，主要受包括新来者——汉人狩猎者在内的人口增长的影响，他们并不关心动物的维系，尽可能地毁坏动物。过去文化丛和平衡系统的消失使阿姆贡河地区的通古斯人逐渐消失（参见加帕诺维奇）。在锡霍特山地区（滨海边疆区政府管辖），许多动物已经逐渐消失（参见布莱洛夫斯基），这使通古斯人走向解体，他们通过接受一种文化的“高级”形式（汉人）赋予这一过程合法性。

很明显，通古斯人狩猎文化以及灭绝动物知识的消失给其心智丛带来很大的影响。这尤其体现在像毕拉尔千人这类中断游猎传统的群体中，例如居住在车鲁（Čelu）村（参见《北通古斯人的社会组织》）的通古斯人、曼科瓦地区的游牧通古斯人，当然还包括接受捕鱼（尤其是阿穆尔地区的通古斯人）和农耕方式的所有通古斯群体。在这些群体中，实证性的思维方法逐渐衰落，神灵丛的增加主要源自外来影响，逐渐代替他们过去熟悉的自然现象。

29. 文化丛中的某些其他要素

这里我不再描述驯养动物的饲养细节，因为这些知识在我关于通古斯人社会组织的著作中已经讨论过。这里应该注意的是，只有在非常了解驯鹿的前提下，通古斯人才能创造驯鹿饲养文化丛。其实，关于这一动物的

---

① 例如，在18世纪，满洲地区的通古斯人已没有足够的貂皮用于纳贡，因此他们从俄国领土上的通古斯人手中购置貂皮。1915年，兴安岭的山中已经没有紫貂了。1912年，西伯利亚紫貂的减少，迫使俄国政府数年之内禁止狩猎。在某些地区，例如鄂霍茨克地区除松鼠外已经没有动物了（参见瓦西列夫《1926~1928年在马加丹与鄂霍茨克地区通古斯人中田野调查的初步报告》，第29~30页）。

② 政府政策寻求年轻一代的支持，他们既没有能力，也不想维系保持旧的文化系统，这些通古斯人不能建立新型的狩猎文化系统。

实证知识，已经有相当漫长的积累，在这期间，通古斯完成了驯化驯鹿，时间不会短。通过一系列的实验和基于事实观察的结论，通古斯人形成照顾驯鹿和选择鹿种的方法。饲养驯鹿的知识很多，必须花费大量的时间学习，因此它构成通古斯人教育的重要内容。

通古斯人相信，驯鹿饲养由人类发明，并在人类的努力下臻于完善。[①] 其实，如前文所述，在满洲地区和后贝加尔地区，通古斯人不能只靠饲养驯鹿生存。这些地区的通古斯人家庭只需要一定数量的驯鹿驮载家庭成员及物品，因为他们以狩猎为生。由于这一原因，这些通古斯群体不需要非常多的驯鹿，而且他们必须杀掉过剩的驯鹿。不过，对于屠杀驯鹿，通古斯人做了限制，只有在非常需要肉时，通古斯人才会屠杀驯鹿；屠杀驯鹿必须给予某些合法性理由，例如社会功能，如婚礼或者把驯鹿的灵魂送给某些神灵（灵魂被吃掉），或者作为死者灵魂的坐骑。在大饥荒中，通古斯人会杀死驯鹿。屠杀驯鹿的过程必须依据《北通古斯人的社会组织》中描述的规则进行。通古斯人严厉禁止用枪杀死驯鹿。如果有通古斯人用枪杀死驯鹿，他们在猎杀其他动物的过程中将不再有玛辛。[②] 在后文的讨论中，我将描述通古斯人的医疗方法，其中某些方法是“巫术的”。通古斯人会使用“相似律”来增加产奶量。通古斯人会随身带着干燥的熊爪，用爪子抓驯鹿乳房。[③] 正如我已指出的，通古斯人相信驯鹿拥有灵魂，因此他们使用驯鹿的灵魂管理神灵活动。

在通古斯人中，饲养狗不需要和驯鹿一样多的知识。但是，他们会有目的地选择狗，特意训练狗，以满足特定种类的狩猎。其实，在使用狗作为役畜的通古斯人中，例如果尔德人和其他族团会花费更多的精力饲养狗。拥有灵魂的狗可用于献祭，但这里描述的族团绝不会如此。不过，通古斯人会使用狗形的神位运载死者的灵魂，死者的灵魂应该会吃狗肉（在毕拉

---

① 通古斯人会选择最好的驯鹿用于交配，有时甚至会从其相邻族团购置。而且，他们也非常了解驯鹿和野生马鹿交配的后果。

② 我了解一位巴尔古津通古斯人的例子。他误杀了一只驯鹿，此后除了松鼠，捕获不到任何动物。很明显，这是由于特定理论影响下的一种自我暗示现象。

③ 这里我不敢肯定这一行为是一种刺激乳房的方式，或者仅是“巫术”方法。我不能在熊和驯鹿之间找到任何其他联系。

尔千人中）。在满族文化中，当人们与特殊种类的神灵沟通时，狗发挥相似的功能。如果遇到非常严重的疾病，满族人会在房子的入口附近埋上活着的狗和猫。在埋上一段时间后，猫和狗可能会移动；如果它们全部移动，则可被视为非常糟糕的信号。①

通古斯人向满族人和蒙古人学养马的知识。不过，通古斯也发明了一种新方法，即训练马吃肉（参见《北通古斯人的社会组织》）。这一有趣的实验和其他实验一起表明了通古斯人的观念走向。

通古斯人驯养动物的范围并非仅局限于目前使用的动物。在前面小节中，我已指出，出于实验的目的，通古斯人喜欢养所有类型的小动物和小鸟。通古斯人尝试驯养其中的某些动物。我了解满洲地区通古斯人的一个例子，他驯养并使用狼，并让它们和狗交配。这一实验失败了，他把狼杀了。②

出于不同的原因通古斯人不饲养满洲地区常见的猪、牛和羊。有时，饲养牛需要通古斯人在很大程度上重构文化系统，会花费很多精力，得不偿失；有时通古斯人不得不做出某些变化，但这带来的实际价值是被质疑的。例如，饲养猪和羊需要面对狗带来的危险。其实，与猪和羊相比，狗是非常重要的动物（在狩猎活动中），饲养猪和羊需要把狗隔离，而且需要定居生活。因此，我们不能断然认为通古斯人厌恶饲养驯鹿、狗和马以外的其他动物。这并不是通古斯人的性格特征。这种拒斥态度是由通古斯人的经济体系和整体文化决定的。这也体现在通古斯人关于引入农业的认识上。许多例子表明，通古斯人拒绝从事农业并不在于他们的“懒惰”“保守”等原因，而是因为他们知道，在成为一名农业从业者之前，必须清楚农业生产可以带来比狩猎更多的收益。在满洲地区和西伯利亚地区，如果从事农业不会使自身沦为低等公民，而且可以从中获益，通古斯人是不会

① 在某一相似的案例中，我目睹了狗在距离其埋葬处1米多的地方被发现，而且还有一些情况下狗和猫都跑掉了。

② 通古斯人认为狼是“坏良心的”，所以他们不驯养狼。为了表达观点，他们讲述一则故事。有一位毕拉尔千人把一只狼和狗放在一起驯养。长大后，狼的狩猎能力很强。在这位猎人狩猎途中，他的狗和狼很长时间里都没有食物；在主人即将入睡时，这只狼尝试杀死主人，狗则保护了他的主人。在观察狗和狼的斗争后，主人杀了狼。

拒绝的。通古斯人认识到，如果从事农业，他们很快就会被农业技能更强、人数更多、更有经验的农业生产者即汉人和俄国人所同化。

通古斯人的服饰和居住文化要素始于棚屋，这些文化要素体现两个事实：其一，无论源自何处，通古斯人积累了在既定的条件下尽可能便利地使用手头资料的知识；其二，除了某些例外情况，通古斯人的服饰和居住都很好地适应了当地环境和狩猎生活方式。几乎在所有的通古斯群体中，我们都可观察到因文化部分改变而发生的文化要素再适应的情况。这方面的例子如饲养马代替饲养驯鹿发生的改变，即通古斯人用新的文化要素适应草枯季节迁徙可能性问题。

我已经在《北通古斯人的社会组织》中介绍，圆锥形的棚屋由木制框架搭建，这些框架包括小树、清理好的树枝，它们在泰加林中随处可见，在寒冷无雨的季节由动物皮张覆盖，在雨水多的季节用特别准备的桦树皮覆盖，在这些材料缺乏时，则用其他不同种类的材料覆盖。这些材料可以是外部传入的布①、干草②或土③。一般而言，对覆盖棚屋所需皮张的准备，需要非常丰富的经验知识和个人技能，这些知识通过代际传承。根据季节、皮张的种类和具体厚度，通古斯人会使用化学物质④予以处理，而且使用不同的机械方法使风干皮张变薄和柔软化。质量优良的麅皮和经过不同程度处理的皮张可用于制作衣服、家居用品以及游猎中的工具，用于覆盖棚屋的皮张很特殊，可由大型的鹿类皮张（太重的麋鹿皮除外）或缝在一起的小型狍皮（满洲的通古斯人）制成，同时经过认真地装饰。其实，在十分寒冷的天气中，这类棚屋并不能保暖，却可以防风，保护棚屋中央的火堆。在习惯居住在温暖房屋的族团看来，这类棚屋可能非常糟糕，但是，通古

① 后贝加尔地区的通古斯人使用俄国人制造的布，满洲的通古斯人则使用汉人制造的布。他们非常喜欢俄国人制造的防水布，但缺点是太重，尤其是在下雨之后。

② 例如，毕拉尔千人很长一段时间内一直用干草和灌木做遮蔽物。实际上，由于此地桦树少，很难获得桦树皮，他们要从居住在森林中的通古斯人处购买。

③ 满洲的驯鹿通古斯人用泥土做的棚屋（在这种情况下，灯杆用厚木板代替），并且在冬天长久地扎营。在这个时候，他们不得不诱捕动物。这类棚屋是对圆锥形棚屋的进一步适应，它们在雅库茨克政府辖下的通古斯人地区和雅库特人中很常见。

④ 某些树木或树皮晒干后分解出的成分。

斯人的观点却截然不同。第一，他们指出，棚屋必须足够轻，这样便于在迁徙过程中运输；第二，通古斯人一天中要很多次外出寻找木材、水或照顾动物，温度的突然变化会给他们带来不好的影响；第三，由于通古斯人经常需要在没有遮蔽物，甚至是没有火的前提下度过数个昼夜，他们相信，如果长期居住在温暖的遮蔽物中，外出会给其健康带来影响；第四，通古斯人的儿童必须从小就习惯一年中不同季节生存和狩猎的艰辛。由于这些原因，通古斯人并未采用可运输的铁炉子①来进一步提升冬季棚屋的温度，基于自身文化向通古斯人提出建议者并不了解通古斯人生活的实际状况。上述内容是通古斯人不居住在温暖房屋中的原因。但是，满洲地区和后贝加尔地区的部分通古斯人也居住在有炕的汉人类型房屋和俄国类型房屋中。他们说，尽管这些房屋更舒适，但人在温暖的房屋中容易生不同的疾病，导致他们需要经常搬家，甚至半定居状态的狩猎通古斯群体也是如此。通古斯人观察到，蒙古人居住的温暖的半球形帐篷中也可观察到相似现象。

在通古斯人文化适应的案例中，可以看出，无论从生物学适应（狭义），还是从当地资料的直接使用和加工上，他们的居住方式很好地适应了狩猎群体的需求。因此在这种情况下，通古斯人心智丛的普遍特征，可用于描述他们活动的这些特殊方面。

对于游动群体甚至偶尔的旅行者而言，需要面临的难题之一即制作驮载用的盒子、器皿等所需的材料。考虑到驯鹿不能过度超载，以及经济或称社会单位（家庭）使用的驯鹿数量不能超过一定的限度，②用于制造普通物品的材料必须满足几个要求：它们必须轻且不易破碎，而且容易在通古斯人居住地区就地取材，可以抵御温度的变化，便于搬运。森林中可发现的最主要的资料是木头，尤其是桦树皮。不同地点的通古斯人认真选择用于制作不同器皿、狩猎工具和武器的材料。而且，通古斯人会使用畸形的

① 某些俄国旅行者提出建议，通古斯人的棚屋中应使用炉子，当地的俄国人群习惯非常温暖的屋子，以适应寒冷气候下的生活状况以及他们的工作。

② 用于载物的驯鹿数量不能过多，这样在季节性的迁徙中，就不需要花费过多的时间转移驯鹿。随着个人所需衣物、器具的增多，驯鹿的数量和驮载的物品也会增多，照顾驯鹿者和需要驯鹿驮载的人员继而也会增多。由于这一原因，通古斯人个人拥有的物品需要有一定的限制，同时对于制造器皿的材料，也要认真选择。

树木制作不同的器具，例如，弯曲的松木用于制弓，桦树干上凸出的部分用来刻杯子。不过，通古斯人使用的主要材料是桦树皮，可用于制成棚屋的夏季遮蔽物、驮载用的袋子以及大量用于不同目的的盒子，例如器皿、工具、针线盒、妇女专用的盒子、狩猎的盒子、放置神位的盒子等。通古斯人使用非常详细的专门词语表示这些盒子和器具，每种通古斯方言中至少包括 20 个词语。桦树皮只有在非常柔软的前提下，才能被使用，即 6 月中旬的桦树皮。这些桦树皮需在专门制作的器皿中经过长时间的蒸汽处理。辅以其他手段，桦树皮经过充分处理后，会再次变得柔软。这样，桦树皮就可缩减到制作盒子和器皿所需的厚度。这类盒子和器皿可以用印花、切痕、图案和皮革装饰。缝制在一起的桦树皮可用于遮盖棚屋。驮载用的盒子由桦树皮制作，外面罩着小片驯鹿皮或麂皮，通常被认真装饰。这类盒子既防水，又非常轻；即便驮载盒子的驯鹿跌倒，盒子也不会破损。其实，从形式和材料上看，驯鹿驮载的盒子是最好的工具，那些不得不使用驯鹿驮载物品者迟早会得出相同的结论。

马的运载体系则不同。通古斯人部分保留了驯鹿驮载的盒子，也从蒙古人中借用了运载形式。此外，他们还发明了一种由麇鹿腿部皮制成的新形式的袋子。

目前，所有的通古斯群体都使用铁制水壶，以及铁制或铜制的茶壶，[①] 他们把这些器具放在专门编织的网袋或皮革袋中，由驯鹿或马驮载。不过，这是一种创新。过去，通古斯人利用石头释放的热量烹饪，现在有时也是如此。我们现在很少能见到金属制的杯子。其实，在这些情况下，我们几乎不可想象通古斯人可能拥有陶器和瓦器。因此，通古斯人保留旧式的适于游猎的家居物品，看似固执，实则是受通古斯人整体适应性文化的限制，这一点我们已在其他案例中有所观察。

通古斯人的服饰适应了他们的迁徙、狩猎，及天气变化、性别和年龄。由于使用材料的差异，以及受相邻族团如俄国人、蒙古人、满族人、汉人、雅库特人以及古亚细亚人的影响，不同通古斯群体服饰的材料和款式各不相

① 应该记住，这些金属（参见前文，第 87 页）的名称借自不同的相邻族团。

同。当通古斯人不需要便于狩猎的“职业”服饰时，如果可以满足需要，他们不会拒绝新材料和新款式的服饰，例如人工织品。由于这一原因，我们可以观察到不同款式和材料的通古斯人服饰。后贝加尔地区和满洲地区处于不同族际环境的通古斯人的服饰风格各异。但是，职业化的狩猎服饰却不如此。如前所述，这类服饰由不同类型的皮革制成，鞋子和软鞋可能由不同的动物皮张制成。[①] 狩猎穿的外套也是如此。它很好地适应了狩猎者的需求，因此，偶尔依靠狩猎为生的族体会接受通古斯人风格的狩猎外套，而且经常从通古斯妇女中购置，因为其他族体妇女的技术水平不如通古斯妇女。[②]

北通古斯人服饰的一个特点，在某种程度上让人难解。在 19 世纪以及更早时期，通古斯人使用一种类似欧洲燕尾服款式的外套，剪裁复杂且经过认真装饰。[③] 通古斯人整年时间内都穿这种外套。目前，这种外套只见于某些西部通古斯群体和萨满外套中，后文会描述。其实，在寒冷的天气里，这类外套并不能保暖。由于外套是敞开的，所以通古斯人用一种特殊的围裙把胸部和腹部保护起来。[④] 其实，这类外套便于骑行，很可能便于狩猎。不过，这种外套的存在让人难以理解。我已提出假设，这种外套是表明通古斯人曾居住在温暖地区的遗留物。我们不能从通古斯人技术文化的合理性角度理解这种情况。但是，我的确承认，这种外套很可能具有某种我未注意到的实用价值。

通古斯人的烹饪方法并不复杂。首先，他们拥有十分有限的烹饪机会，其次，他们的食物种类十分有限。不过，通古斯人味觉很强，他们可以区分不同的肉类，关于这一点，我在关于社会组织的研究中已经讨论过（参见《北通古斯人的社会组织》，第八章）。在这方面，通古斯人超过很多其

---

① 一般而言，通古斯人中有很多种类适合不同季节和性别的软鞋。参见一本有趣著作：C. Hat, “Moccasins and Their Relation to Arctic Footwear,” M. A. A. A., Vol. 3, 1916, pp. 194-250。其实，在通古斯人中，软鞋的种类很多，这部作品过于简略。

② 满洲地区和后贝加尔地区的俄国猎人，以及满洲地区的汉人职业猎人都是如此。

③ 这类外套的最好样品保留在俄国科学院人类学与民族学博物馆，格奥尔吉最先描述了这类外套。[参见科佩斯《通古斯人和苗人：对中国古代文化复杂性的贡献》]。

④ 妇女和儿童，以及很少一部分男性仍使用这类围裙。这类围裙在满族人和所有的汉人群体中很普遍，尤其是儿童之中。（这里应该是把汉族的肚兜混淆在内了——译者注）

他族体。值得注意的是，由于通古斯人的味觉十分敏感，因此他们不是很喜欢盐、胡椒、芥末等调味品。通古斯人认为，这些调味品是 gosi——舌头感觉的苦、涩味道。通古斯人非常喜欢吃动物脂肪，会区分不同动物身体各部分的脂肪，并始终如一地认为脂肪的味道 ala——“美味的”“甜的”，而且通古斯人还使用特殊的词语表示脂肪的味道——daligdi（毕），其他语言中通常缺少这类词语。因此，就可获得的食物而言，通古斯人的味觉十分敏感，对不同味觉的感知体现在他们的语言和意识中。如同其他民族志现象，通古斯人不会拒绝外来食物。通过观察他们对肉和脂肪的敏感味觉，我认为他们不会轻易对某种食物满意（参见《北通古斯人的社会组织》）。通古斯人对汉人的烹饪普遍持肯定态度，而对相邻地区俄国下层人民的食物则不喜欢。但是，所有的通古斯人都非常喜欢新鲜的黄油。[①] 这里，我不需要讨论满族人的立场，他们已经接受了汉人的烹饪方法。上述我选择的反映通古斯人心智丛的事实足够支持结论，后者类似基于通古斯人其他活动得出的结论。

30. 医术

在这部分，我不讨论通古斯人中普遍的神经和精神生活的紊乱及其管理现象。在本书的第四部分，我会连同其他问题一起，详细讨论此问题。这里，我只探讨外科治疗和药物治疗。不过，在描述具体事实之前，需要做某些特别的说明。通古斯人会区分不同的疾病状况，并采取相应的处理办法，具体如下：骨头、皮肤和身体软组织受伤与其他的“损坏”一样，需要“修补”，需要外科手术治疗；病理学过程积累的赘生物（各种脓肿），

① 驯鹿通古斯人不使用他们所饲养的驯鹿奶制作黄油，原因是驯鹿的产奶量十分有限，其中最好的部分用于喂养儿童，质量较差的则用于制作奶茶。谢罗谢夫斯基（《雅库特人：民族志调查报告》第 147 页）认为通古斯人不知道如何利用鹿奶制作黄油，感到很惊讶。但据我所知，通古斯人学会或发现了黄油的制作过程（在驯鹿驮载的桦树皮盒所装的鹿奶中，通古斯人可能观察到有时产生的黄油。而且，他们也可以向相邻族团学习制作黄油的知识）。通古斯人看到谢罗谢夫斯基制作黄油时表现出惊讶态度，可能是一种礼貌态度，也可能是他们因看到一位绅士做妇女的工作感到惊讶。

需要外科手术治疗；个人轻微的生理学和病理学意义上的紊乱；感染性疾病；妇科病；心智紊乱。[①]

通古斯人认为，这些困扰都需要干预，它们的原因不同，可能源自偶然事件（身体组织的破坏），微生物（kulikan）、神灵活动或自然分娩。对于第一组现象，不需要任何特殊的解释。如果“某物”坏了，是可以“修复”的，因此通古斯人会使用诸如腐烂木屑、灰烬等止血。而且，他们会按压伤口上方的血管。如果是骨头受伤，通古斯人则会固定住受伤部位，并进行绑扎。如果是小块骨头或颅骨受伤，则没必要进行干预。如果手筋断了，通古斯人（毕拉尔千人）会杀掉一只公鸡，取出其腿部的筋，将两端与断了的筋连接，并用一根长头发固定。这是器官移植的例子。对于动物（驯鹿和马），通古斯人走得更远，可以操作复杂的手术，例如，把伤口的皮缝合，或者从动物身体的其他部位取皮缝合伤口，缝合使用的材料是马毛或人的头发。腹部受伤后，内部器官容易露出，这在动物中很普遍，通古斯人会把露出的器官放回原处，然后缝合。[②] 如果是无法治愈的伤口或骨损伤，通古斯人则会直接砍掉手指、整只手甚至是其他肢干部分。他们使用烧热的烙铁止血。[③] 满洲地区的通古斯人会拔掉马的多余牙齿，因为他们认为长这种牙齿的马注定会死去。但是，这种操作有时不能成功完成。通古斯人用咬的方式阉割驯鹿，烙铁则用于消毒和止血。锯下鹿角之后，通古斯人用烙铁止血防止感染。通古斯人会诊断不同的脓肿，区分不同形式的“肿块”。例如，毕拉尔千人说，他们会辨别出甲状腺肿胀，这种疾病在年轻人中很普遍（这种现象在其他族团中很普遍），在某些地方的成年人中也很典型，尤其是达斡尔人中。通古斯人认为，甲状腺肿胀是由水的原因造成的，例如逊河（阿穆尔河下游瑷珲河的一条支流）上游的水质很不好。有时，通古斯人必须尽可能切除脓肿，但在某些情况下，必须等到脓

① 后面四种类型的疾病，原书并未说明具体的治疗方法，应是因为这些疾病的治疗手段需要视具体情况而定。——译者注

② 在库玛尔千人中，一位男性喝醉后用刀划开自己的肚子，其中有一部分大网膜露出来。他不能放回去。第二天早上，他认真地切断这些网膜后，缝合伤口。一些天后，伤口愈合了。

③ 在毕拉尔千人中，一位男性由于受到一只熊的猛烈攻击，头盖骨严重损伤。人们把受伤的骨头尽可能地固定在一起后，切掉损坏的皮肤边缘，剩余部分被拉长后用头发缝合。

肿中的物质积累到一定程度才能切除。通古斯人也普遍在脓肿上穿孔，把脓肿中的物质挤出来。他们也会用同样方法处理动物身上的脓肿。尽管手术是危险的，通古斯人会处理喉咙和脖子上的脓肿。当驯养的动物肠道胀气时，通古斯人会从后背刺穿动物的肠子。

通古斯人认为，由微生物带来的疾病是可通过观察伤口发现的，伤口中的蠕虫有时会长大到一定的程度，肉眼足以观察到。通古斯人的结论认为，某些非常小的 kulikan（蠕虫）由肉眼观察不到，但会逐渐长为大的蠕虫。某些通古斯人认为这些疾病由感染造成，而另一些通古斯人则认为它们是神灵活动的结果。

例如，满洲的通古斯人认为，天花是神灵带来的疾病，这种疾病有传染性。因此，他们会严格遵守避开受天花影响的家庭。受天花影响的房屋或棚屋的主人会在外面立一根木杆，上面挂一块红布。满族人中也可观察到相同的习俗。外来者不能进入这类房屋。其实，尽管宣布天花被视为一种与神灵相关的习俗，但通古斯人的行为似乎表明了解这一疾病的传染性质。因此，所有通古斯群体都愿意接受种痘预防天花。[①] 通古斯人以同样的态度理解水痘和风疹，因此，他们以相同的方式宣布这一疾病。与许多其他情况相同，通古斯人利用汉人的理论解释这些疾病的起源。在毕拉尔千人中，种痘的方法十分普遍，当得不到疫苗时，他们会注射刚接种者的分泌物。不过，毕拉尔千人认为，由于接种者的分泌物未体现出毒性，这种疫苗并不完全有效。因此，在这种情况下，通古斯人成为实验者。通古斯人认为狂犬病是一种特殊的疾病，如果患狂犬病的狗咬人，被咬者会被传染。[②] 即便被咬者没有伤口，他们也要认真地剪下被咬的衣物部分并扔掉。狂犬病可通过狗的行为加以判断，这类狗逆风站立时，它的毛会竖起。通古斯人未用神灵解释这类疾病，认为没有治疗方法。[③]

---

① 种痘由汉人中的“游医”以及后贝加尔地区的俄国医生与受过训练的护士完成。

② 某些通古斯人认为，如果患狂犬病的狗咬了一棵树或其他非动物性事物，它们则会移动。

③ 达斡尔人使用一种由昆虫（甲虫）磨制的粉末。他们认为，如果在一定的时间内使用这种粉末涂伤口，被狗咬者就不会患狂犬病。通古斯人和汉人通常会把被狗咬者放到不见光的黑屋中待上 100 天，这样被咬者则不会患狂犬病。

因此，通古斯人会根据起源分类疾病。对于疾病的起源，主要通过诊断加以判断，通古斯人会使用不同的方法予以治疗。如果是感染性疾病，他们会使用各种药物和物理干预进行治疗。如果是神灵的原因致病，通古斯人则只会献祭和祈祷。后文我们会发现，萨满的活动十分有限，主要局限于干预心智紊乱以及管理一部分带来身体疾病的神灵的活动。

因此，通古斯人治疗疾病的方法十分多元。在治疗活动中，他们非常普遍地使用温泉，① 不过，温泉的效果有时会消失，例如，一位 akipču 妇女进入温泉后温泉的治疗效果则会消失（参见《北通古斯人的社会组织》）。②他们会使用温泉水制作热茶、融化脂肪、热绷带等。就我所知，通古斯人药品种类不多，他们有时会把熊毛等混入药品中，熊毛应该没有治疗效果。③通古斯人也使用动物器官制药。不过，它们是否具有治疗效果，抑或只是一种“巫术”，我不敢明确判断。随着与俄国人和汉人之间联系的广泛，通古斯人也引进几种外来药物，其中某些药物很受通古斯人欢迎，尤其是有显著效果的药物，例如治疗局部炎症和皮肤过敏的药。某些药物和治疗方法由蒙古地区的喇嘛传入通古斯人中。通古斯人的许多治疗方法从传统上看是“巫术”方法，这些方法的目的是防御神灵或阻止各种病源，一部分方法可被归为后一类。其实，局部摩擦、按压皮肤的刺激性治疗方法，在十分古老的时代就被通古斯人通过实验了解，他们同样也通过汉人了解这类知识，这些方法不能被视为巫术，因为从这些方法对某些疾病的治疗效果看，它们是实证性的。但是，即使是最近，这些治疗方法仍被视为与欧洲医疗截然不同，有时被误解为纯粹且简单的巫术。某些汉人的医药通常用带颜色且写有字的纸包裹。观察者通常被颜色和字体吸引，其实它们根本没有任何巫术目的。而且，通过吞服写有字的纸和无害的药物袋达到自

---

① 在通古斯人了解的地域范围内的许多地方，他们发现了大量温泉，他们会到温泉处进行治疗。

② 墨尔根附近 12 座火山旁边有温泉（参见《北通古斯人的社会组织》）。

③ 在我的记录中，我很少发现熊毛。其实，我只注意到两种用于制作泻药的矿物质——“白石头”和“黑石头”，分别由女性和男性使用。这类石头也可以用于缓解咳嗽和胃痛。但是，这并不表示通古斯人不了解其他药品。

我暗示，必须被理解为医疗技艺中的实证知识。肤浅的观察者可能会理解为巫术。①

在《北通古斯人的社会组织》中，我已部分描述了几种帮助妇女分娩的特殊方法。

通古斯人中还有一些疾病是因为居住在一起相互感染而得，例如在村庄中。在毕拉尔千人和库玛尔千人中，这些疾病被置于布日坎的名称之下（参见后文第 13 节），有时这些疾病直接与士兵、蒙古人等人群的出现相关，如各种性病和梅毒。同时，还有一系列我可以定义为伤寒症、斑疹伤寒、流行感冒、肺炎、胸膜炎、疟疾（我在通古斯人中从未观察到）等名目的疾病，都可以以爱尼布日坎名称下的 72 种神灵命名。其实，这里的布日坎与萨满掌控的布日坎神灵并不完全相同。在疾病中，通古斯人会采取医疗措施，或者等待疾病自愈。通古斯人并非在神灵意义上，而是在传染性疾病的意义上使用布日坎，很像包括不同症状以及致病原因的“流行性感冒”。在许多人聚居在一起的地方，爱尼布日坎尤其“活跃”。由于这一原因，通古斯人很少去多人聚居的地方。

我们已经发现，通古斯人不会对麻疹、天花和水痘做医疗干预。如果可能，他们会把患病者放到一个单独的房间，或者隔离在棚屋的睡袋中。他们会尽力避免噪声，有时会保持患者所处环境的黑暗，尽力让患病的儿童开心，一直献祭和祈祷。没有药物可以治疗这类疾病。同样的方法也用于治疗爱尼布日坎带来的其他疾病，这表明通古斯人认为不能为患病者提供任何帮助。我们经常会看到或听到通古斯人讨论疾病的原因以及致病的布日坎类型。经过萨满教干预方式的实验后，他们得出结论，这些致病的

① 19 世纪欧洲的医疗技艺，如止血治疗、无害的药品（糖浆混合蒸馏水）、感染性手术、疾病的特殊分类等，现在看来似乎是“巫术”和经验方法共同形成的，该经验方法是在服药和健康改善的耦合中得出的（通常根本没有什么联系——事后逻辑）。但在我们的时代，医疗技术仍未摆脱上述性质，例如扁桃体手术、切除阑尾以及滥用“抗生素”（药效是不明确的），这种诊断和疾病命名的不确定，可能会导致后来人评价我们时代的医疗的态度如同我们对待 19 世纪初医疗的态度。不过，我们不能对当代的医疗做民族志式的描述，因为这样会引起无知人群中专家群体的愤怒。这类民族志研究者将被视为危险的、不受欢迎的人，他们会被孤立，限制参与社会活动。这是所谓的“文明国家”的奇怪现象，而在同一问题上，所谓的“原始民族”则更加宽容开放。

布日坎是萨满不能掌控的，或者认为是患病者的身体器官的损坏，也可能是身体的某种缺陷，例如妇科疾病。关于这些疾病，通古斯人的干预方式是让患者独自经历疾病，不会进一步干预。

这里应该指出，随着年龄增长，人的身体会逐渐“磨损”，在这方面，他们与动物、树以及人工制造的“无生命的”物品类似。在通古斯人看来，这是一个不能控制的自然过程。因此他们认为，由于年老而产生的疾病是自然现象，没有任何人或药物可以提供帮助。即便面对所爱之人的死亡，通古斯人的态度也并无不同。

其实，不同的通古斯群体以及同一群体中的不同个人，对疾病和身体缺陷的理解十分多元。这些观念分别来自不同方面，包括外来群体、自身的事实调查、正确或错误的概括等。因此，通古斯人有时会以不同的方式解释同一病理现象。

第 8 节　社会组织

31. 对社会组织的认识

在之前出版的两部著作中，我已对北通古斯人和满族人的社会组织体系做了描述。在这两项研究中，我讨论了本书所包括的社会群体的社会组织的大量变异形式，它们主要基于两种社会制度，即族外婚意义上的氏族和家庭。而且，我也说明了这些组织形式是如何适应通古斯人文化的其他要素，满足群体的再生产需求的。构成社会组织的文化要素可能具有不同的来源，它们可能是过去传承下来的，也可能是借自其他群体。

不同通古斯人群体对待其社会组织的态度既不简单也不一致。如同任何其他族体，基于不同社会地位形成的社会组织，在通古斯人及其祖先的文化丛中，[①] 比

① 这是一个在假设意义上重构的事实。通古斯人的物质文化经历了几次变化，从逻辑的角度判断，当物质文化完全缺乏时，通古斯人不会达到这一状态。这一结论只是一种想象，而非实地考察的结果。

其他任何文化丛的历史更漫长的。[①] 社会组织中的不同个体与表示特定关系分类的词语相联系。因此，通古斯人社会组织的功能自然关联到社会关系的分化，包括表示不同个体的称谓、权利和义务各个方面。但是，社会组织存在的事实并未进入到通古斯人的意识之中，因此他们不需要解释社会组织。只要整体的社会组织未受影响且未发生变化，就会一直如此。当社会组织发生显著的变化时，会立即引起关注。社会组织的变化，伴随着关系分类词语所指之相关权利和义务的缓慢变化，在其他族体的压力下，通古斯人也会自上而下地改变其社会组织。

通古斯人在使用某一特定的关系词语时，在他们的心里，词语、权利和义务是对应的，例如，古辛表示母亲的哥哥，因此这表示他与说话者（自我）之间的特定关系，或者说他与说话者之间的特定关系是古辛。由于这一原因，通常被称为古辛的男性，即使不是生理学意义上母亲的兄弟，也要履行相应的权利和义务。因此，当不受各自来源关系限制的个人被赋予特定的称谓后，就会获得对应称谓的社会地位（关系），因此，来自不同氏族的鳏夫和寡妇再婚后，他们的孩子不能结婚；来自不同氏族的保持阿吉诺库（aki-noku）关系者（似乎是最近产生的习惯）的孩子之间不能结婚；等等。其实，阿吉诺库曾表示男性或女性及其各自父母间的关系，其判断的依据是生理学上的关联。这并不表明，通古斯人最初表示关系的词语都源自血缘关系，但毫无疑问这一观点曾经很流行。后来，随着社会组织的形成，即人与人之间的关系构成固定的单位，人与人之间的关系开始被作为单独的文化要素理解，独立于实际存在的关系。这一点仍体现在通古斯语的某些派生表现中。涅尔琴斯克通古斯人和巴尔古津通古斯人用 amiran——ami（父亲）+ran（代替）表示母亲的丈夫（并非说话者本

① 我认为，这一观点不需要证明。社会组织存在的前提是其构成人员之间的地位差异。一个社会组织可能只包括性别群体和年龄群体，如果人群单位中存在这一区分，社会组织则会存在。失去社会组织的人类单位只是抽象概念。这类单位从未被观察到。其实，族团的解体经验也不能被视为人类族团的历史证据。因此，当我谈到社会组织比任何其他文化丛还要漫长时，我想表达的是既存的文化丛例如驯鹿饲养、马饲养、狩猎等产生的时间更晚近（文化要素可以在历史和族团的意义上溯源），无论社会组织形式如何，社会组织更古老。

人的父亲)①，而目前满洲的通古斯人则简单地使用 ami，甚至是 ama（阿玛，祖父，表示尊称)。② 最后一个词缀所表示的关系是基于观察所形成的社会关系含义。这距离形成正式的抽象关系的一般形式即目前满洲通古斯人中的社会关系系统只差一步。这种事物状态并不是原始的，不是通古斯人的原初态度。后文会指出，更古老的社会关系形式的解组过程导致了通古斯人态度的变化。

通古斯人不理解氏族，在他们看来，氏族只是一群由特定权利、义务和名称构成的人群，彼此之间不能通婚。通过这种方式，这群人与前辈相联系，并由此产生连续性观念和理论判断：群体的最初建立者必须是一名男性，一位古老的祖先。③ 其中的原因之一是，同一个族团中有多个氏族，非常可能的趋势是，族团只包括两个相互通婚的氏族，二者使用专门的名称加以区分。无须惊讶的是，在北通古斯人中，我们找不到表示氏族这类社会组织单位的词语。我已经分析了通古斯人中的这一情况，在社会组织从母系系统向父系系统发生变化或者受强有力的族团压力的情况下，他们不得不使用某些外来词表示氏族。其实，许多通古斯群体，例如巴尔古津通古斯人和涅尔琴斯克林区通古斯人以及叶尼塞河流域的通古斯人认为，过去没有氏族组织，后者是由俄国人建立的——他们生活得像“野兽”(bojūja)。满洲的通古斯人也持同样的观念，例如，毕拉尔千人坚持认为他们在 17 世纪（甚至 18 世纪）才被满族人组织起来。通古斯人关于其组织起源的这些观点，可以将之理解为对俄国人和满族人管理组织和氏族组织的混淆，或者是他们直到某一历史时刻才对氏族组织形成清晰的认知和命名。在这方面，满族人则提出了完全不同的看法，自从 16 世纪起，他们就

---

① 《北通古斯人的社会组织》，第 182 页。

② 这里，词缀“-ran”可理解为“代替”，这一词缀也表示其他功能，例如“等于”“作为”“甚至像”等。

③ 毫无疑问，收养其他氏族成员的氏族血脉会更新（纳入父系系统，男性脉络是持续的），关于氏族存在的单一祖先理论是不能接受的。其实，在某些情况下，氏族的起源和形成往往被追溯为某一特定的历史人物，但通古斯人走得更远，经常认为所有氏族的起源是按照这种方式进行，很可能所有的氏族都是如此（他们不是非常确定）。其实，由于母系体系向父系体系的转变是十分有可能的，因此通古斯人关于氏族起源的构想可能只是毫无依据的假设。

相继使用艾曼（aǐman）、哈拉、嘎尔干和莫昆表示族外婚单位“氏族”。如我前文已指出的，这可能源于满族人已经有书面文献、广泛的迁徙以及与其他族体之间的复杂关联。而且，汉文化丛对族外婚制度产生影响，在汉人氏族名称（姓）的影响下，满族的氏族发生分裂。因此，在满族人中，氏族作为一种社会制度，是其管理系统的基础和军事体系的构成部分。西伯利亚的通古斯人则不同，“氏族的建立”与管理单位的建立有关，因此，随着氏族制度的解体以及管理单位的存留，借自不同群体表示氏族的名称只表示管理单位。

上文表明，作为氏族形式的社会组织现象未被注意和理解。这种现象不只体现在通古斯人的心智丛中，并非只有通古斯人如此。其实，如果社会组织变化速度十分缓慢，身处其中的人是不能意识到的，因为社会组织的变化是不易察觉的，通古斯人不会对不同时期社会组织的变化进行比较，进而理解为社会组织的变化。氏族单位不会注意到这一现象，也就是说，它超越了意识范畴，这类似不识字者的意识中没有语法。当社会组织变化快时，则能够被认识和注意到。所以，关于社会制度的认识取决于其变化速度。

因此，通古斯人对既存的社会制度抱不同的态度。通古斯人不会追问某些制度的起源和原因；这些事物被视为理所当然的存在，甚至都未被很好地认识到。在外来词语的帮助下，通古斯人会对制度加以命名和理解，例如满洲的通古斯人用满族人表示“氏族”的词语表示氏族。但是，他们解释氏族制度存在的原因则不同。因此，满洲的通古斯人认为社会制度的产生是因为受强大的相邻族体（满族人、俄国人和布里亚特人）的影响，或者是认为这些制度向来如此，超出人类的控制范围。在后一种情况下，社会制度实则未被解释，理所当然如此。因此，通古斯人中很少见到更高的神灵干预氏族生活。满洲的通古斯人就持这种观点（毕拉尔千人和库玛尔千人，兴安通古斯人是否如此，我不能确定），因此，只有当氏族分裂时，他们才向神灵布哈（参见后文）祈祷。

家庭的情况也是如此。尽管所有的通古斯群体中都有家庭，但事实上却未被命名。通古斯人中被命名的不是家庭，而是棚屋—经济单位。由于这一原因，在通古斯人中，表示社会—生物—经济单位的词语似乎借自不同的相邻族体，尤其是汉人。基于居住在棚屋中的人群单位，通古斯人形成他们的家庭观念，这一概念的形成也源于对经济功能的认识，同时也源于对家庭的生物功能即物种的繁衍的认识。当观察家庭时，通古斯人认识到这两个方面。但是，作为社会单位的家庭超出了他们的注意力。因此很自然的是，通古斯人相信，在受到满族人、蒙古人和俄国人的影响之前，他们没有作为社会制度的家庭，像野兽一样。其实，我们已经发现，动物也拥有自我生产的家庭，例如熊，因此生物学意义上的家庭并非特殊的人类制度。随着外来观念和影响的传入，通古斯人认识到家庭作为社会制度的存在，使用外来词语表示，因此家庭的社会性被理解。

在通古斯人中，家庭的基础是它的经济功能，家庭中必须有一个人提供皮张和肉，还有一个人负责加工熟皮子且照顾家务。其实，这种关系也可通过非丈夫和妻子关系的人建立。但是，通古斯人承认，真正的家庭必须包括潜在能够再生产这一单位的男性和女性构成，也就是说，这个家庭应该再生产家庭单位，除了家庭，没有其他单位可以抚养儿童。如同氏族关系，家庭关系通过亲属制度被确认。家庭中有父亲、母亲、儿子和女儿，在不需要使用丈夫和妻子、祖先和后代的实际关系连接的前提下，家庭便可存在。儿童收养的前提是把家庭视为一种生物的和经济的单位。

作为社会单位的氏族和家庭，被理解为经济的和生物的关系。第一点体现为氏族干预家庭的经济生活；第二点体现在氏族干预家庭成员的婚姻关系。由于这一原因，这两类有明显区别的社会单位之间没有冲突。由于平顺的功能机制，氏族和家庭会给旅行者形成关于理想的人类关系的印象：从适应的角度看，它们是完善的。至少对于通古斯人而言，他们不能意识到氏族和家庭是截然不同的社会制度和群体。因此，氏族和家庭之间的协调并非源于理想的适应，而是心智丛中没有对两者关系的认识。

当通古斯人把这两个单位理解为完全不同的群体时，即家庭与氏族对立时，情况则不然。如果通古斯人有强大的氏族组织和家庭组织，并用清晰的名称区分，冲突则会十分频繁且强烈，导致家庭有时从氏族中分离。毕拉尔千人和库玛尔千人正处在这一状态中。这一过程通常伴随着氏族组织解体，这同时也是家庭单位获得自主性的过程。在这种情况下，借自其他族体的观念是通古斯人十分重要的模仿对象。

通古斯人并未理解外婚制的功能，而是视为一种理所当然的事实。他们未把氏族视作一种社会制度，当然也不能理解关联到氏族的外婚制，而仅理解为特定关系词语承担者（名称）之间禁止结婚。因此，当氏族名称不存在时，氏族是可能存在的；例如在满族人中，莫昆没有自身的名称，①通古斯人则不同，他们的族外婚单位只是小规模的人群单位，这些小单位保留他们最初的氏族名称。而且，甚至在更古老的单位解体以后，族外婚制度可能继续存在，通过模仿外来族体如俄国人获得合法性。

通古斯人不会质疑婚姻制度的存在，认为婚姻制度是千万不能违背的。他们认为，不能违反婚姻制度的原因各异，它们可能被解释为被实践证明的传统，或者是违反婚姻制度会遭到神灵干预。在通古斯人看来，婚姻是包括一系列习俗和行为的系统，必须按照特定的程序举办，可能在特定环境压力或外来影响下发生变化。由于这一原因，婚姻并未被作为一个整体命名，而是被用一个描述性的短语表示，即 asiva gadan，即接受妇女（妻子），但是接受者既可以是结婚的男性，也可以是“接受”妇女的男性的亲属。如果表示新郎和新娘父母建立的关系，则称 kurakanma gadan，表示他或他们接受的女婿，接受者可以是新娘的长辈亲属，也可以是新娘的父母。但是，大多数表示习俗和行为的名称用借自其他族体的词语表示。在其他族体的压力下，通古斯人可能会接受某些创新，但这完全不会改变他们对婚姻的认知。例如，满洲的驯鹿通古斯人被要求受洗，成为基督徒，并在俄国人的教堂中举行婚礼。新娘的合法结婚年龄是 17 岁，但通古斯人会根据自身的习俗提前几年举行婚礼，他们之所以在教堂举行婚礼，只是为了获得俄国当局的合法认可。因此，这一行为成为满洲驯鹿通古斯人婚姻文化丛的一个必要组成部分。②

通过分析婚姻文化丛，可以发现，通古斯人可以利用基本原因解释它所包括的全部文化要素。为家庭的年轻儿子娶一女子，可以被解释成家庭增加一名女性劳动力。对于婚姻的选择限制和偏好，可以理解为需要与提

① 莫昆缺少名称的原因是书面文献的存在，其中保留了古老的外婚单位的名称。

② 现在，满洲的通古斯人会在教堂典礼后完成婚礼（参见《北通古斯人的社会组织》，第 218 页）。

供女性的另一个氏族保持友好关系，也可理解为除了某一氏族其他氏族没有妇女，还可以理解为不能违反长辈确立的旧习俗。婚礼包括不同要素，借助这一场合，参与的氏族及其家庭成员有机会品尝不同的食物，并与其他氏族和个人维系良好关系。新娘的献祭可被视为一种防御性措施，防止家庭神灵对新家庭成员的敌意。婚礼前的过夜行为，可被理解为通古斯人不反对婚礼临近前的性爱快乐。通古斯人把所有的行为“合理化”，认为它们是值得的。当“合理化”不可能时，其中的文化要素则会被完全放弃，或者由新引入的“合理化”实践代替。其实，文化丛可能会在完全未被意识到的情况下消失。如果外来族体干预这一制度，整体文化丛会突然改变，如果通古斯人与其他族体通婚，其婚礼制度会被视为一个整体，获得重新认知和命名。一些通古斯群体目前正处于这种状况，他们改变了婚礼文化丛，例如游牧通古斯人接受了蒙古人（布里亚特人）的文化丛，满洲的通古斯人也部分接受了蒙古人的文化丛。

有关氏族的财产继承权利和司法功能、长辈和晚辈的权利以及前文讨论的所有的特殊权利形式所形成的习俗和习惯，或者被通古斯人接受为前辈的传统，被合理化并模仿；或者经由外来族团权威的强加而被接受。而且，随着新的生活条件所产生的某些规范，也会如同传统的实践及其建立方式一样，被整合到既有的习惯中。对此，通古斯人会用简单的解释获得满足：“这是习俗。”尽管这种情况的发生没有其他合理化的解释方式，但通古斯人绝不会求助于神灵权威。[①]

通古斯人不会质疑规范氏族成员之间既存关系的规则——它们通常不会被解释，与关系系统中成员的社会地位有关。此外，在通古斯人的观念中，权利和义务是不能与氏族系统赋予个人的名称分开的。通古斯社会组织中的不平等取决于年龄的差异和根据社会关系确定的出身。通常情况下，年龄和社会地位的对应源于特殊的原因[②]，只有在很少的情况下，年轻人才

① 在我的经验中，未遇到过这类对通古斯人司法的合法化方式。

② 首先，通古斯人的氏族数量不多。其次，一位父亲的妻子（寡妇再婚的案例十分少见）生孩子的时段十分有限，因此孩子们的年龄差距与其他群体相比不会很大。仅区分阿吉（aki）和诺昆（nokun）两个群体实则是简化了问题。

会获得较高的社会地位，因此通古斯人需要不断平衡社会组织中的年龄和社会地位要素。他们不会破坏表现人与人之间不平等的礼节。[①] 妇女的社会地位在很大程度上不同于男性，她们在很多方面受限制。这些限制的原因各异。妇女在其搭建且居住的棚屋中的行动限制，被解释为关于神灵的理论限制，而其他某些与经济和心理活动有关的禁忌和回避的基础是通古斯人不同性别之间的生理和心理差异。虽然妇女受这些规则的限制，但她们并不从属于她们的丈夫。通古斯人对在两性之间并没有“平等”和“不平等”概念。通古斯人的男性也受复杂禁忌和回避习俗限制，而且在长辈和晚辈关系中，他们必须服从女性，如同服从长辈一样。家庭生活由能够引导家庭事务的男性或女性承担。但是，由于女性功能（生理学和心理学）的特殊性，女性比男性更少有机会成为家庭领导。男性和女性社会地位的差异，并未通过任何“权利”观念被固定化，这些观念可能独立于具体的关系，影响到关系的建立。当然，这种状态可能只有在男性和女性接受的情况下才能存在。

对于既定习俗的违背者，通古斯人认为氏族有绝对的权力利用手段惩罚犯罪者，包括金钱惩罚。当然，只有在氏族权威被认可的前提下，才能执行这一决定，因为从个人的角度而言，任何犯罪者都可能逃离自己的氏族。正如前文表明的，如果有外来族体保护，犯罪者的逃跑行为是可能发生的。不过，这种情况往往表明通古斯人的社会组织已部分解体，并不典型。如同其他族体一样，通古斯人眼中的犯罪现象是打破既有的关系，即氏族。通古斯人眼中严重的犯罪现象，在其他族体看来可能无足轻重，而在通古斯人看来的某些小过错，其他族体可能视为重罪。如果我们抽象考察罪行，只考察通古斯人中施刑罚的神灵，则会认为神灵十分严厉，犯罪行为是十分普遍的现象。其实，我们应该考虑到，通古斯人拥有十分有限

① 观察这些实践是可能的，因为通古斯人认为，这对维系既有的社会组织是有益处的。而且这对于通古斯人而言并不困难，因为如前所述，这种情况十分罕见。在这一案例中，通古斯人的态度在某种程度上类似所谓文明群体中老政治家表达其对年轻世袭君主的服从，或者是忠诚的政治家对待可能不诚实的政治元首等情况。这种态度不只体现在“原始的”心智丛中。

的惩罚犯罪的方式，而且，通古斯群体目前正处于剧烈的变迁之中，主要是领地减少，文化适应系统处于重要的变化之中。后一个变化带来了犯罪行为的增加。为了理解通古斯人的心智丛，必须指出其中两个重要的事实。第一个事实是制约惩罚的原则，当判定罪行时，或者更准确地说犯罪之后，除非犯罪者再次落网进入氏族的司法程序，要不然不会得到惩罚。由于是惯犯，这次的惩罚程度会增加。通过这些实践，氏族的惩罚措施变得有弹性，留给犯罪者改过的机会。第二个事实是通古斯人会考虑犯罪者的智力和神经状态。在这种情况下，有些犯罪行为可能被解释为神灵带来的智力和心理失衡。关于这一内容，我在后面的小节会讨论。通古斯人的司法行为并非形式主义的，通古斯人中的专家是司法程序的重要目击者。

通过上述例子，我们可以看出，通古斯人最初并未命名并质疑这些制度。许多情况下，他们未注意到制度的变化过程，尤其是在制度变化缓慢时。在了解这些制度以及理解通古斯人态度的人看来，这是原始心智的特征之一，但在所谓的文明群体中，这方面的态度并未表现出差异。其实，"文明"群体的社会成员远未理解当代的社会"结构"，描述社会问题是摆在社会学面前的任务。许多现象未被理解甚至是认识到——新现象体现在适应过程中，因此未被注意到。讨论社会时，不同"观点"共存的情况表明缺少理解。[①] 不过，从理论上说，我们可以假定迟早可以发现摆脱民族中心主义的认识社会组织的方法。而且，只有我们摆脱从静态思维理解社会组织，这一目标才能达到。其实，新创造的社会现象很可能不会被立即认识，在一段时间内会被忽视，过去和现在都是如此。只有在社会现象变化完全停滞或社会组织简化的情况下，才可能完全认识社会现象。但是，第一种情况只是一种抽象认识，现实经验中从不存在，而随着社会组织的简化，社会学家可能会一并消失，不会有认识社会组织简化过程的专家。[②]

在氏族和家庭范围内考察社会组织的其他要素，不会帮助我们认识通

---

① 其实，坚信通过特定"观点"可以理解社会，这在很大程度上阻碍了认识实际社会组织的过程。

② 这里关于"应用社会学"，我没有清楚的概念，这个学科可能会基于社会现实需要而存在，因此像其他民族志文化一样发挥功能。它可以和社会科学没有什么关系。

古斯人心智丛的其他方面，因此，我将继续讨论人类群体间的其他关系形式。

32. 群体意识

通过前文的讨论，我们发现，通古斯人中的个体处在其所属氏族的控制之下。但是，他们会与同一族体及其他族体的其他氏族接触。目前，在大多数通古斯群体中，存在优先通婚的两个氏族。我们可以假设，通古斯群体最初可能只由两个通婚的氏族组成。因此在通古斯人的观念中，只包括阿吉—诺昆群体（包括父亲和祖父在内的氏族）与外面的世界，尤其是其母亲、妻子以及所有可能获取妻子的氏族。在这种情况下，通古斯人不需要作为社会单位的氏族观念。这两个单位建立关系后，继续实行外婚制原则，两个氏族之间优先结婚的原因不需要对氏族的认知。这种情况下，关系维系的基础是阿吉—诺昆群体和古辛—伊那（妻子的和母亲的阿吉—诺昆）群体之间的个人关系。婚姻关系当扩展到其他阿吉—诺昆（潜在的古辛—伊那）时，是不会受从未被认识到的二元组织原则影响的，这类关系的形成和维系要早于更大规模的通古斯人族团。

对于通古斯人的心智而言，非常典型的情况是，氏族成员（甚至是生活在其他氏族中的成员）会与其所属氏族维系关系，依靠氏族。由于这一原因，通古斯人中会出现两个氏族的利益问题。很明显，如果某一社会单位只包括两个氏族，尽管这类单位存在的事实并未被认知到，却会带来对整体单位的讨论。与母亲氏族的关系以及对这些关系的认知的基础是表示亲属关系的分类词语，相应地，这些词语的基础则是表示“我的母亲的氏族”的古辛—伊那和表示“我的父亲的氏族”的阿吉—诺昆构成的血缘关系。

随着观察的深入，我认识到把氏族视为一个族外婚单位，可能还有另一个源头，即婚姻关系造成的其中一个氏族的性别失衡，其中一个氏族的人口会越来越多，很大一部分年轻人不能婚配。我不知道这种情形下氏族存在的案例，但由于通古斯人指出了婚姻关系的困难，例如分裂的原因，很可能的情况是，氏族的存在是被认识到的。应该注意的是，认识到氏族作为一个社会单位的存在，在很大程度上起到管理婚姻和其他关系的作用。正如现在所有的通古斯群体所实践的内容，这可能会导致氏族分裂成新的外婚制单位。由于这一行为必须获得合法性，通古斯人找到一个好办法，即在最高神灵布哈的参与下完成氏族分裂。从通古斯人的心智角度看，这个事实很有意思，尽管氏族分裂关涉到其他氏族，但过度发育的氏族不会求助于其他氏族的干预。

随着其他氏族进入通婚范围，通古斯人的通婚范围不再取决于婚姻关系和氏族存在的事实，他们开始把氏族视为彼此对立的单位。在这类“多元氏族”单位中，不同名称的阿吉—诺昆群体促进了对单个氏族的认知过程，这些通古斯人认为首先需要管理的是氏族和外部世界的关系，其次是二元系统中的氏族通婚原则。就两个氏族之间最初形成的关系而言，个人会依靠其所属氏族，甚至婚后的妇女和婚后生活在妻子家庭中的男性也是如此，受一般通婚规则影响的两个氏族构成的族团不会认识到新的更为复杂的关系。这些关系只会被理解为婚姻关系。在多元氏族系统中，尽管氏族之间的关系更复杂，例如四个氏族之间的互相通婚，但族团的内部关系仍不会被认识到。在具体氏族认知的过程中，氏族名称在通古斯人中很重要，因为属于特定氏族的个体是通过氏族名称被定义的。我们已经指出，在创造新的族外婚单位氏族时，通古斯人是如何解决这一问题的。这种情况在氏族一部分成员的迁徙中也很普遍，因此，在目前的通古斯人族团中，具有相同的氏族名称却彼此不知晓的现象很普遍。如果在两个通古斯人的不同族团中发现相同的氏族名称，通古斯人会想到早期的氏族分裂问题。而且，他们会尝试通过比较不同的氏族名称来说明其共同起源。

其实，通古斯人也因为某些其他功能（例如外来的管理功能）认识到自身的族团，例如源自外部的管理功能，满族人把库玛尔千人和毕拉尔千人划分为两个对立的单位，或者俄国人以相同的思路创造的巴尔古津通古斯人和涅尔琴斯克通古斯人之间的对立。然而，当族团与其他相似单位或外来族团相对立时，则会被认识到。这里，相关的通古斯群体或完全不同的群体所带来的族际压力，是新观念即族团观念出现的原因。

当然，通古斯人中没有表示一般意义上族团的专门词语，因为邻近地区内的族团数量不多。在通古斯人（满洲地区）方言中，可能使用满语固伦表示族团，某些北通古斯人群体也会吸收这个词语，他们利用这个词语不仅表示族团，而且表示“动物种类”意义上的动物群，尤其表示物种、种族、政治单位、国家等。不过，只有熟悉满语的通古斯人即受过教育的通古斯群体才了解这个词语，而其他通古斯人则满足于给具体的通古斯群体命名，例如涅尔楚甘（Ner čugan，涅尔琴斯克通古斯人）、博热勒（borel，布里亚特人）、吉塔特（kitat，汉人）等。

在《北通古斯人的社会组织》中，我指出了通古斯人自称的一种有趣现象，如果毗邻而居的几个通古斯群体在文化方面表现出一定的差异，通古斯人最初的自称埃文基可能会消失。其实，这是一个普遍现象。在许多案例中，我们可以追溯埃文基消失的原因，发现这一过程的历史证据。同时，我们也发现，某些通古斯人反对其他群体自称埃文基。这些事实表明了通古斯人的族体意识。

当通古斯人发现自称埃文基的群体时，可能会产生两种反应态度，即：（1）如果文化间有巨大的差异，则会相互否认对方的正确性；（2）承认使用的正确性。后一种结论往往由同源的群体提出，因为他们使用同样的自称。通古斯人可能像民族志研究者那样，建立不同通古斯群体之间的关系；也就是说，他们会比较语言（主要是词语）及其认知范围内的文化要素。不过，在这方面，通古斯人容易犯错，因为在大多数情况下，他们倾向于认为自身的文化是纯正的，而其他群体的相异文化要素可能被认为借自其他族体或人群。在许多案例中，当把某一通古斯群体的文化丛与其他族体的独特文化要素相比较时，他们会得出完全正确的结论。当然，结论上的偏差也是可能的，而且很普遍。

我们举几个例子。库玛尔千人自称埃文基，相信其文化丛是纯粹的通古斯文化。当谈论满洲的驯鹿通古斯人时，他们承认满洲的驯鹿通古斯人可能也是埃文基，但由于曾受雅库特人影响以及最近的部分俄国化，其文化保留得不完整。库玛尔千人也以同样的印象解释他们和满洲的驯鹿通古斯人的方言差异。不过，这种解释并不完全正确。满洲的驯鹿通古斯人承认库玛尔千人也是埃文基，但他们也会指出库玛尔千人受到满族人（更准确地说是博格多——满族人统治下的满人和汉人）的强烈影响，因此库玛尔千人的服饰上出现了新的装饰，他们说满语、表现满族人的习惯和礼仪，倾向偷窃（这是错误的阐述）。这与库玛尔千人加入满洲的八旗组织，受到政府的强烈影响有关。满洲的驯鹿通古斯人不否认他们受雅库特人的影响，而且接受了某些文化要素，还以此为荣；他们强烈反对库玛尔千人关于驯鹿饲养、某些服饰类型等观点。两种观念的冲突不能友好地解决，反而会为群体区分提供了新的支持。

曼科瓦地区的游牧通古斯人承认乌鲁尔加地区的通古斯人和他们有关，但这个群体受布里亚特人的影响很大，他们不再是通古斯人，反而更像布里亚特人。在某些案例中，哪怕细微的差别，都可以成为判定差异的证据。这些差异可以是单独的词语、服饰甚至是鞋子的款式等。

通古斯人也会关注体质类型，对外部影响下的混血十分敏感，如同欧洲人群，通古斯人习惯其区域范围内的特定体质特征。与汉人或俄国人混血出生的通古斯人很容易被辨识。与雅库特人混血出生的通古斯人也是如此。通古斯人会利用这些特征给人起绰号。其实，这些问题的提出往往令人尴尬。与外来男性接触的通古斯妇女并不少见，但这通常是遭到反对的。因此，在某些案例中，我们会得到隐含着实际观点的回答。对于这一问题，其他族体也是如此。

基于同样的比较原则，通古斯人将自身与其他族体相区分。通古斯人会通过外部表现包括服饰、物质文化的一般特点、行为举止和身体特征辨识外来群体。其实，在通古斯人看来，语言是根本要素。通古斯人十分熟悉其相邻族体的特征，他们会给这些族体命名，甚至有时还能指出不同区域族体的细微差别。例如，居住在俄国边境附近的满洲通古斯人可以区分哥萨克人、非哥萨克人、工人和农民等。居住在满族人中的通古斯人，可以区分说满语的满族人和不说满语的满族人。巴尔古津通古斯人可以区分阿玛拉特河（维季姆河的支流）附近巴尔古津地区的犹太人、布里亚特人和俄国人。这些区分主要基于举止、服饰、行为和语言的微细差别。

通古斯人对遥远族体的兴趣要高于相邻族体。他们从不同的渠道搜集信息。这些信息有时是不准确的，通常是想象的产物。当然，通古斯人更了解出现在通古斯人领地上的这些群体的代表，而相关知识通常加入了想象。不过，通古斯人的知识领域涉及印度和南太平洋岛屿之外的亚洲地区；通过遇到爱斯基摩人和美国捕鲸者的通古斯群体，他们了解美国，尽管很少见到欧洲人，但通过与俄国人和汉人接触，他们了解欧洲。通古斯人十分了解的族体包括俄国人、汉人、布里亚特人、蒙古人、满族人、达斡尔人、雅库特人、朝鲜人、日本人和很少见到的藏族人。有意思的是，居住在后贝加尔地区和满洲地区的通古斯人对楚克奇人、吉里亚克人、阿伊努人、科里亚克人以及毗邻地区的其他群体所知甚少。

像其他族体一样，通古斯人认为自己的族体最优秀——他们爱自己。大多数通古斯人至少相信他们在某些职业方面（狩猎和驯鹿饲养）占优势。对于审美，他们也表现出肯定态度。

但是，通古斯人也承认其他族体在某些方面的优势，而且，某些受到强烈外部影响的通古斯人可能更喜欢外来者而非自己的族体。其实，这些是族体解组的情况，因此并不是通古斯人文化的典型特征。与不同族体接触的个人经历，以及了解各族体目前（1912~1918 年）地位的信息，使通古斯人相信自身的相对弱势地位。通古斯人并未一开始即表现出顺从。最初，当数量很少的俄国人进入其领地时，通古斯人利用所有的可能手段和他们展开战争，俄国人关于与通古斯人早期相遇的记录中一致地指出了他们的勇敢、军事能力以及战争过程中的狡猾。[①] 同样的经历也让俄国人确信雅库特人的优势，此后，他们不再与雅库特人进行战争。[②] 民俗分析表明，在接受满族人的政治统治之前，通古斯人和满族人之间也发生过战争。[③]由于这次投降，包括满族人在内的通古斯人的族体抵抗能力被大大削弱。不过，他们并未失去对通古斯人复兴的希望。在《北通古斯人的社会组织》中，我已描述一些反映通古斯人此类态度的事实，这里不再重复。在这方面，通古斯人十分现实，因此他们不允许自身陷入毫无希望的对巨大族际

① 参见如米勒的著述《关于西伯利亚地区所发生事件的历史描述》。

② 参见谢罗谢夫斯基《雅库特人：民族志调查报告》，第 223 页。

③ 我所记录的满族史诗描述了北通古斯人和满族人间的战争。

压力的抵抗中。

通过描述通古斯人关于社会组织现象与族际关系的观念，可以发现，通古斯人如同对待其他自然现象一样看待这些现象。他们会观察事实，某些事实被认识到，另一些事实则超出了他们的认知范围，不在其心智丛中。在这方面，通古斯人的心智丛与我们熟悉的其他族体没有区别。其实，社会现象可以在不被认知的前提下存在并发挥功能。分析之后，通古斯人根据自身的需要将事实分类。在这方面，通古斯人体现出前文已经指出的特征，即求知欲以及得出正确结论的能力。因此，我们现在可以判断，通古斯人坚持一定的客观原则，在判断其他族体时，不会受民族中心主义的影响；他们关于族际关系的分析用到非常复杂的程序，涉及历史的、民族志学的，尤其是语言学方面的知识，但其结论基本接近客观上的族际关系。

第 9 节　心智丛的多种表现

33. 语言

语言为我们理解心智丛提供了事实。这里，我不会讨论通古斯人语言的细节，这需要很大的篇幅，但是我会指出有助于理解通古斯人心智丛的某些特征。[①] 在过去的解释以及我关于社会组织的著作中，可以发现通古斯人语言中包括大量的特殊词语，因为通古斯人的经济和迁徙活动需要这些词语。通古斯词汇中的其他部分也是如此。我们很难判断通古斯人词汇中其他方言的数量。这类统计学角度的观察超出我目前的能力。当然，就我所掌握的材料来看，一种通古斯方言中至少包括数千个词语，至少有几千个词条。因此，从字典的容量来看，我们必须给通古斯词语留下位置，不能认为通古斯语言比其他语言低级。其实，拥有文献系统的满语词语数量也十分丰富。当然，一种语言（或方言）的词语数量（声音启动词）不能

① 关于语言的普遍特征，尤其是通古斯人的语言及其与其他语言的关系，参见我的著作《民族学与语言学诸方面》。

说明其启动词数量的大小，因为同一个声音启动词可用以组合成不同的链条，即不同启动词的组合。这里，必须考虑语言是书面的，还是只是口头的。在书面语言中，也存在启动词的增加及其派生性变化。而且，语言使用的时间越长，所涉及文化丛的内容就越丰富，启动词的内容也会变得越丰富。由于这一原因，基于简单的统计词语数量得出结论是十分危险的。

通古斯语词典中自然包括了对通古斯人而言重要的词语。其他语言中可能缺乏这些要素。例如，通古斯人拥有表示野生动物和驯养动物年龄与性别的词语、非常丰富的地形学词语、表示不同狩猎形式和方法的“动词”，某些方言中包括十分详细的人际关系系统词语。此外，如前文所述，对于某些未被注意到的现象，通古斯人没有相应的词语。与依赖现代科学、生活在现代社会的族体相比，通古斯人的语言中缺乏这方面的专门词语。

所有通古斯群体的语言中，都缺乏表示抽象观念的专门词语，[①] 与非常愿意建构抽象观念的族体相比，通古斯人的这方面词语数量十分有限。通古斯人的词语受族团的环境适应，以及有时某一分支知识体系偶然发展的影响。但是，在神灵理论以及管理神灵活动的词语方面，通古斯人的语言要比其他语言丰富得多。[②] 很可能的是，在分析表示抽象观念词语的词源过程中，我们会更清楚地发现其中的逻辑思维。我们举一个例子：aja（所有的方言中）是一个启动词[③]，表示“客体会引起主体积极回应的（事物或关系）特性”。当通古斯人想表示一般意义上的态度时，可以指向承担者或本人（独白）。这个词干可以和特殊的启动词（后缀）结合在一起进一步扩展，从而形成一系列新的且与 aja 有特殊关系的词语。

aja+后缀人称——“喜欢”

ajaba+后缀人称——“好的、繁盛的、健康的”等。

aja+(后缀工具格）ǐi——（以）“好的”（态度、方式）（后缀ǐi 可由 t

① 在出版的词典中，这类词语不多，所占的比重很低。相较于表示“具体概念”的词语，调查者很难搜集到这类词语。

② 当调查者不了解调查对象所说语言，同时还坚持一系列假设的情况下，判断调查对象的语言和心智特征的尝试注定会失败。

③ 参见《民族学与语言学诸方面》，第 39 页。

代替)。

ajaka+后缀人称——“表演某一事件”(指让儿童或狗表演某些逗人笑的把戏,参见“狗站立”)。

ajakan'ǰi——迎来送往。

ajama——“好的”(拥有“好的”品质)。

ajama+后缀人称 ——“想要、希望和嫉妒”。

ajav——“爱、喜欢的态度会影响到喜欢的对象”。

ajarin——“好的(行为),产生好的特性”。

随着后缀的增加或减少以及其他变化,aja 的程度发生改变,例如 ajakan——“非常好”;ajakakan——“好的程度进一步减少”;ajakun——“最好”。通古斯人也可以指出 aja 的比较形式,例如 ajatkukakun——“最好的”。随着后缀聚合程度的增加,会逐步形成一些新的启动词。

在基本启动词的基础上,如果黏合其他启动词,则可创造出表示新含义的词语。限制这一过程的主要在于基本启动词和其他启动词组合在逻辑上不可能。而且,启动词的使用主要是为了表达新功能。因此,我们可以发现,新的启动词的形成过程是遵循逻辑的。

新的启动词的来源是不同的。在这一特殊的文化适应中,与其他任何族团一样,通古斯人不会拒绝从现有的环境内借用启动词,[①] 他们有时会利用旧的启动词发明新的启动词,如果相邻族团的其他启动词被证明更有效,例如可以精准表达含义、简化表达过程等,通古斯人则会通过采借的新启动词代替旧的启动词。

通过分析通古斯语词典,可以发现,通古斯人会使用不同的方法增加词汇内容。在通古斯人中,借自不同族体的词语数量非常庞大。通古斯人采借词语的主要来源是相邻的族体。被借用的“词语”可能从一个通古斯群体传播到另一个通古斯群体,不需要与“词语”所属的群体直接接触。

我们很难还原通古斯人在上次迁徙之前的启动词系统,因为不同的通古斯群体的启动词在不同的阶段会发生不同程度的启动词替代现象。不过,

① 参见《民族学与语言学诸方面》,第 64 页。

恢复这一过程并无助于我们恢复特定时期的通击斯人的心智丛。从这一观点看，此问题超出了本书的范围。

为了表示通古斯人思维系统中的思考过程，我们列举一些例子：b'i s'in'jun gènèldilčaf b'iradulāvi ollovan butam'i——“我和你一起到河中去捕鱼”或“你和我到河中捕鱼”。s'injun 由 s'in（“你”）加上伴随格的后缀，后者表示“一起”、“和”；gènèldilčaf 的词源是 gènè——词根“去”；由于我们是一起去，这个含义通过后缀 ldi 表示，这个后缀表示彼此之间相互影响的行为（这里是“一起走”）；这个词也体现了事件发生的时候——ča——表示过去，发生了一个伴随性的行为，在“去”的行为发生之前，这个行为发生；后缀 f 主要对应 bi，为了表明 gènèldilča 指的是 bi（“我”）。因此，这个词语形式中并无任何含糊之处，而是对“去”的行为的一个清晰的、有逻辑的描述。biradulavi 更富表达能力；它可被拆分为 bira（词干）“河”；后缀 du 可能表示“与格”和“位置格”，例如 sindu——与你（即“给”），ǰudu——在家。la 是“指示性”后缀，因此 la 和 du 结合在一起则表示了向河的方向的明确观念；而且，后缀 vi 表示“过渡性”，因此，当到达河流后，说话者及其同伴（s'i）受到影响；因此，vi 和 s'i 在一起表示河的方向和位置。ollo 是鱼；va 是和 v'i 同样的后缀，也就是说，后缀 n 表示鱼属于河；因此，这个词语可以译为“它的（河中的）鱼（采取行动）”；butam'i 中，buta 表示“鱼叉”，其后加上后缀 m'i 表示使用鱼叉的观念，尽管其中并未体现行动的时间、主体和具体环境。

单词的次序可能会在特定的范围内变化，表意不会受影响。讲话的节奏以及逻辑节点都是固定的。以这种方式建立起来的句子，不会有其他含义，即便在“词语”序列不精确的情况下也是如此。每一个后缀在表示行动对象和行动之间的复杂关系方面都体现了严格的功能。一个句子就像一个复杂的数学公式。其实，讲话者任何时候都要明确语言结构，要不然启动词的功能不会确立，讲话也不可能完成。因此，通古斯人的语言是逐渐形成的，其中涉及即时性的决定、搭建词语之间的关系、选择表示不同观念的启动词，通古斯语言的形式部分已经达到十分专门化的程度，同时也具备相当高的弹性。

在上述关于 aja 的分析中，可以发现，某些增加的后缀起到表示主体、客体、行为和主体等功能。词干 buta 即如此，通过增加后缀，可以形成与“鱼叉”相关的任何逻辑观念。对通古斯“词语”的分析表明，他们实际上是在操作某些提示性观念。后缀 vi ‖ va（及其变化形式）用于强调不同程度的过渡性。这个后缀也可以在启动词中使用，表示启动词行动之后的过渡行动，例如 kara 表示“注意”，karavu 表示“注意的对象”；muujuren 表示“水正在沸腾”；muva muujuren 则表示“他（或她）正在烧水”。用于表示行动者、对象和主体关系的后缀，以及用于特殊行为含义的后缀可能使用相同的语音内容，即相同的特殊启动词。① 兼具两种意义的后缀的数量不少，有些后缀只能和启动词连用表示主体，还有一些后缀和启动词连用只表示行动。不过，这些事实不能让我们利用拉丁语法的分类标准来区分通古斯语中的名词、形容词和动词。这些分类完全会曲解通古斯语的结构。通古斯人使用表示观念的启动词和指引性启动词（词缀）造句，“名词”“动词”和“形容词”的形成取决于它们在句子中的功能。因此，我们不能根据一般意义上的分类来理解反映通古斯人心智丛的语言，欧洲文化框架不能涵盖通古斯文化的全部内容。② 由于这一原因，使用欧洲的语法框架理

① 关于后缀的分析，包括它们的历史、起源、可能采借的来源等，是语言学者面临的困难问题之一。其实，通古斯人会从遇到的人群中借用后缀。而且，同一个后缀在语音上的普遍变化可能说明独立词缀的存在。例如，在某些通古斯方言中，汉语的后缀 ja 在通古斯语中没有意义，只起到强调作用。ja 在通古斯口语中表示说话（北通古斯人的口语）的节奏。而且，从语音上说，ja 可能是 va（过渡性）的缩减形式，因此，在毕拉尔千语中，muja 有两种含义，即起强调作用的 mu（启动词是短的，通常不能被节奏化）和 muja-muva。在吸收 ma 的过程中，后缀 va 可能会发生变化，可能会与表示启动词-词干的后缀混淆，例如 uldä（肉）、uldävä（“肉”+过渡性），但是我们可以推断出 uldän（“他、她或它的肉”），由此，会有 uldänma（“肉”+“过渡性”），而 uldämä 表示“具有肉的属性”，uldänma 可能变化 uldanmä →uldāma。（这里我用点表示音调，其中一个点表示低音调，两个点表示高音调）。在这种情况下，后缀 mä 和 ma 从发音上看可能完全一致，因为音调会受许多要素影响，而且从理论上说，ma 和 mä 可能都读成 mä。通过这些评论，我想指出，理解后缀需要很高的能力，这取决于调查者的语言学知识，尤其是理解表示对象和行为的启动词中所遇到的关系性后缀。

② 这里我举一个受变格影响的“动词的”构造。“动词” sa——“知道”；其否定形式是 osin sara 或 osin sar'i（他、她或它不知道）。如果说话者想表达“没什么事需要知道”，其中 ejakat 表示“事情”，āčin 表示“没有”，整个表达则是 ejakat osıjan sar'ija āčin，其中 osin sar'i 加上了过渡性的后缀，因为 ejakat āčin 表示否定（过渡性）。这里的问题是 os'i 和 n 之间加了 ja；n 是人称性后缀，词干是 o，后缀 s'i 相当于 b's'in 中的 si，从逻辑上看，它相当于 r'i。这个案例是毕拉尔千人方言中的变格现象。

解通古斯人的语言，会导致分析通古斯语言最根本的错误，不能理解通古斯语言的“灵魂”。通古斯语的复杂性，会让人对通古斯语产生“奇怪”和“原始”的印象。①

句子的构造为通古斯人精确表达关系提供新的可能。除了上述案例（参见前文脚注），我描述这类句子构造的一个简单案例。句子 s'i gènèksa m'inova omoča unakan(a) oǰi，表示“当你离开后，不要说我来过”。这里值得注意的是 m'inova 是 m'in（我）+va（过渡性）。而且，使用 omoča、omočava 都可以。我也遇到一些间接转述中嵌入长句子的例子。而且，如果句子中指引性的行为需要表现给予和引导的观念，包括“动词”在内的整个句子会转换成“位置格和与格”。例如，s'i m'indu goro buγaduk bojedu omočadu ullavas bukol——“你到遥远的地方，你把肉给这些人”；在这个句子中，bukol——“给”表示“与格”后缀的使用，不仅在 m'indu，而且在整个句子中都是如此。这些句子如数学公式一样有逻辑，不可能给人带来任何误解。这可以通过倾向使用引导性启动词达到。这表明通古斯人深刻的分析能力，尽管困难，他们仍会把自身的观念置于一种清晰的形式中。

其实，通古斯儿童开始说话时，他们会从简单的造句，逐渐发展到复杂的造句。在他们的讲话中，以及某些成年人的讲话中，尤其是当妇女向儿童讲话时，我们可以遇到简单的句子构造，以及相当有限的后缀使用。在我的记录中，妇女向儿童讲述的故事的风格比成年人之间讲的故事更复杂。而且，表达的复杂性在于个人——某些人喜欢复杂的句子，他们会把不同类型的简单句子连接成序列。在使用引导性启动词的过程中，通古斯人会逐步积累引导性启动词，产生越来越多的原初启动词间的复杂关系和“互动”。此外，有一部分讲话是简单的。当然，不能使用和理解原初的和引导性启动词的可能性者，会被视为智商低下者。通古斯人对思想错误十

① 真实的情况是，基于静态的形式主义原则，把不同的语言整合到拉丁语法的图示中，给通过文献研究任何一门欧洲语言带来困难。尽管反对图示化，学界仍未发现理解语法的科学方法，即提出简单和短小的公式来表达语法的普遍模式。其实，当未来不以传统的哲学观点解决语法问题时，这个问题将来会解决。通古斯语言目前未被整合到拉丁语法框架中，千万不能这样做。必须指出的是，在遇到“混合性”语言情况下，不同的语法系统可能会重合，很可能不能发现简单和短小的语法公式。某些欧洲语言似乎就属于这一状况。

分敏感，基于原初启动词和引导性启动词所形成的语法很可能更好地传达思想，要比基于象征含义和正式分类形成的语言要好得多。

满语在很多方面与通古斯语不同。首先，满语中引导性启动词不多；其次，满语通过词序发挥引导性启动词的功能；再次，满语很少把后缀叠加在一起使用。果尔德人的方言也是如此（参见《民族学与语言学诸方面》，第 32 部分）。目前，我们不可能判断南通古斯人语言是否处于原初形态学复杂性的缩减之中，抑或北通古斯人的方言中增加了形态学要素。真实的情况是，如果我们比较两类通古斯方言，会发现某些方言中包含着晚近借用的新后缀，例如，在毕拉尔千方言中，有许多借自满语、汉语和达斡尔语的后缀。同样，布里亚特语对后贝加尔地区的通古斯方言产生影响。这些事实表明北通古斯人中的引导性启动词一直处在持续增加的过程。但是，我们很难判断原通古斯人语言的形态学要素，也就是说，北通古斯人和南通古斯人语言最初是一致的。①

34. 民俗

通过导论部分对通古斯人民俗的分类及其发展程度的介绍，可以发现，从狭义上说，通古斯人的民俗是相对丰富且变化的，但涉及本书主题的资料，只占其中的一小部分。而且，由于通古斯人的民俗资料未出版，这里分析民俗有一定的困难。因此，这里我只做一般性的评价。如前文所述，现有的民俗不能被视为可以精确反映通古斯人心智丛的资料，因为通古斯人中的大部分民俗是晚近借自相邻族团的。其实，把通古斯人自身创构的民俗要素分离出来是不可能的，因为通古斯人会吸收并适应大量外来民俗要素，因此全部这些要素被涵括到通古斯人的文化中，只是出于历史学的目的，才要把它们分离出来。

但是，除了这些要素，通古斯人中还有许多新近采借的民俗要素，它

① 这里，我暂且不讨论解释这两类通古斯群体语言差异的理论。这些理论中的大部分体现了调查这一复杂问题的假设。因此，目前的研究成果并不重要。参见《民族学与语言学诸方面》。

们尚未融入到文化丛中，在通古斯人目前的心智丛中没有作用。例如，在传教士和学校（参见后文）影响下传入的某些民俗要素就属此类。我们很容易辨识这些要素，因为在大多数情况下，它们之中还包含着俄语词，与通古斯人此前的文化的冲突是明显的。通古斯人的文化传统中增加了许多带有俄国文化要素的想象性创造，例如与欧洲文化主题相关的狐狸故事、矮人故事，这些故事在通古斯人文化中是没有基础的。其实，这些故事是反映被采借文化要素传播和适应的有趣资料。

通古斯人采借民俗要素的另一个重要来源是布里亚特人和雅库特人，通古斯人中有很多民俗要素源自这两个族体。由于我对布里亚特和雅库特文化不是很熟悉，因此在大多数案例中，我不敢妄加判断这些要素属于布里亚特人还是属于雅库特人，但毫无疑问的是，像畜牧文化、宇宙起源、方位观以及后文讨论的萨满教中，有许多布里亚特人和雅库特人的文化要素。有时，人们会问："在这些文化丛中有多少是通古斯人自身的文化要素？"得到的回答是，只要在对外来文化要素适应或者在新的文化丛中调试的过程中，才能观察到通古斯人自身的文化要素。其实，这种情况不只体现在通古斯人文化中。

在满洲的通古斯人的民俗中，可以观察到两种强烈的影响来源，即达斡尔人和巴尔虎人中可以观察到的蒙古文化丛，以及复合性的满族文化丛。如前文所述，满洲的通古斯人文化丛吸收了大量的假设和总结的事实。因此，与后贝加尔地区的通古斯人相同，我们可以合理地提出这些通古斯人中的外来文化要素问题，两者之间的差异在于文化要素的采借来源不同。区分文化采借自达斡尔人还是满族人不容易，因为毋庸置疑，达斡尔人也从满族人中借用大量文化要素。除了上述的影响，我们还要提及的是汉人在不以满族人为中介前提下对满洲的通古斯人带来的影响。在满洲的驯鹿通古斯人中，我们主要发现了雅库特人文化要素的影响，以及最近采借的俄国文化要素。但是，必须记住的是，满洲的驯鹿通古斯人接触到阿尔贡河和阿穆尔河附近的俄国人群，在文化上接受了编入哥萨克组织的游牧通古斯人文化要素，因此，在俄国文化的影响下，他们还接受了一些布里亚特—蒙古文化要素。

从本质上看，满族的民俗与通古斯人的民俗不同，原因如下：（1）漫长的书写系统历史——已延续了3个世纪；（2）汉人的强烈影响；（3）环境和技术文化的差异。

由于书写系统的存在，某些文化要素要比在口传环境下存在的时间更长。而且，一般而言，由于有作者的名字或有皇帝下令翻译或编纂，受到权威的支持，书写记录更具可信性，这在满族文献中是一种普遍的现象。后文我会讨论书写系统对心智丛现象的某些影响。满族人和通古斯人的第二个差异，即汉人的影响更重要。我们已经看到，汉人关于环境的知识，已被提炼为理论，并深深地嵌入满族人的心智丛中。最后，作为农耕者以及政治上在中国有影响力的群体，满族人需要更多关注村庄-城市-农业文化，而不是山川-森林-狩猎文化。因此，就基础环境方面而言，满族人的民俗不丰富，却包含了借自汉人的不同理论。例如，满族人的许多动物学和植物学词语都是借自或译自汉语，而且满族人中很少有不是借自汉人的地理和历史信息。[①] 源自汉人的历史信息传入满族人中后，满族人利用自身的民俗进行想象性的创造。满族故事的想象性特征在很大程度上受汉人文学的影响，满族的故事讲述者从汉人文学中采借材料，只做轻微的改动。而且，满族人中大量的谚语和俚语都是直接译自汉语。

由于满族民俗的特殊情况，满族文学的数量不多，应该被研究。其实，满族文学主要创作于18世纪，当时作为一个族体的满族人及其文学已处于衰落状态。根据最近（1928年）研究这一问题的科特维奇的统计，现存满族文学的手抄本和印刷本共705件（其中443本是印刷的）。[②] 进一步的详细调查可能使这一数据变得更高，但与其他类型文学作品相比，其数量仍

---

① 参见P.P.施密特的《满语中的汉语要素》，《亚洲专刊》，1932，第7辑，第537~628页，第8辑，第233~436页。在这部作品中，我们可以发现相同性质的大量事实。但是，应该指出的是，施密特指的汉语和满语的某些相似性不能毫无保留地被接受。

② 参见《满族文学参考书目》，《东方学年鉴》第4期，第61~75页，罗马，1928。这是一篇在牛津大学举办的第17届东方学学术会议上宣读的论文。此前穆林德夫（《关于满族文学的短文》，《皇家亚洲学会华北分会学刊》第26期，第1~45页）、劳费尔（《满族文学梗概》，《东方评论》第9期）、格列宾希科夫（1909）以及其他作者所提供的满族文学作品数量非常少，不到200部。

然很少。而且，这些作品中很大一部分主题涉及汉人经典、佛教、道教、基督教（32.6%）以及其他语言（13.6%）等。除了这些主题，如果我们考虑到其他主题如政府和管理、军事艺术，翻译过来的汉人戏剧、诗和小说，剩下的能够反映满族文化的作品就很少了。这里，应该指出的是，这些作品中的很大一部分很难传播到瑷珲地区地位低下的满族人群中，因为这里受教育的满族人很少。在这方面，格列宾希科夫在瑷珲地区和齐齐哈尔地区发现的书籍和手稿很有代表性。其实，格列宾希科夫指出，在他考察瑷珲时（1908 年）这些书籍的数量很少，我的观察也完全证实了这点（1916 年）。通过这一事实，我不想说其他地域满族人的文学未以口头或书面形式传入最遥远的区域，无疑它们可能在义和团运动中被销毁了。

除了某些个别作品，大部分满族文学作品都是由汉人文学翻译为满语的，满族人不仅吸收了汉人的文学，甚至瑷珲地区的大量满族人能够读写汉语，在这一人群中，汉语书籍要比满语书籍多很多。同样必须指出的是，清朝实行的汉语学校教育在改变满族文化模式上也起到一定的作用。其实，有很大一部分满族人与尼堪（编入八旗组织的汉人）没什么不同，后者过去受满族人的影响更大。

这里，我不再列举所有的满族民俗形式，只对在满族人中观察到的口头形式民俗做一些评价。

除了被整合到口头传统中的汉文化“实证知识”，满族的口头传统中也包含一些反映地方现象的要素，汉文化不涉及这些要素。这里，应该提及的是《尼山萨满》的记录（参见后文第 4 部分和前文第 3 节）。

满族民俗中富含十分发达的想象性创造，但其中很大一部分只是从汉文化中翻译过来，并做了一定的改动。作为理解满族人心智丛的资料，它们的价值十分有限，其原因前文已讨论。但是，满族人中还有一些故事例如德布达里，其中叙述的民俗反映了满族人的生活。还有大量的想象性故事（朱姑）反映了满族人的神灵。这类故事在满族人中很可能比在北通古斯人中多。

35. 表现心智丛的装饰艺术

通古斯人的艺术表现形式可为理解通古斯人的心智丛提供某些信息。不过，在这方面，我面临一些困难，因为用于阐释的民族志材料超出我的能力范围，同时，我的日记也没有充分的材料用来讨论这方面的通古斯文化。例如，音乐表现非常有价值，因为它们表现了群体的文化特征，而且音乐表现也体现了生理特征，因为生理要素决定了对表达自我的音乐形式的选择。而且，如同其他文化现象，通古斯人的音乐表达也会受其他文化的影响。[①] 通古斯人的音乐文化还有另一个特殊功能，即与萨满教之间的关系。第4部分，我会讨论萨满教的音乐表现，这里我不会概括通古斯人音乐的普遍特征，因为主要资料被记录在留声机的胶卷中，这已超出了我的能力。舞蹈与音乐表现紧密相连。但通古斯人的舞蹈是十分贫乏的。在此前的著作中（参见《北通古斯人的社会组织》，第8章），我已做过一些评价，在讨论萨满教的过程中，我会再次讨论这一问题。因此，这里我只评价和解释通古斯人的装饰艺术。

点缀和涂色是重要的艺术表现形式，似乎与生理反应密切相关。

在通古斯群体中，我们可以区分出三种装饰文化丛，即（1）北通古斯人文化丛，（2）游牧通古斯人文化丛，是对布里亚特人文化的一种调适，以及（3）满洲地区人群的文化丛，它与满—汉文化丛紧密相关。我将简短地描述这三种文化丛，因为这一图景完整地呈现了不同通古斯群体受外来文化影响的状况，同时也可为理解不同通古斯群体的现存文化丛提供启发。

北通古斯人的装饰主题包括如下几种要素的结合：（1）简单的直线；（2）双线；（3）短线——破折号；（4）点；（5）圆圈；（6）矩形。这些几何要素可以结合为不同的设计图形，差不多是规则的几何图形。通古斯人使用不同的方法表达装饰艺术，例如在骨头、木头以及很少情况下在金属（萨满器物）上雕刻；涂上不同的颜色；在皮子或布上雕刻；用印模冲压出

① 例如，通古斯人的音乐吸收了蒙古人和汉人的一些元素。北通古斯人的乐器种类、演唱方法和其他方面都非常有限，这为我们考察音乐方面的文化影响提供了有意义的资料。

图像，尤其是对于桦树皮和皮张（很少的情况）；使用白色驯鹿的毛缝制图案；把涂上不同颜色的皮张、桦树皮、不同种类的布料或皮毛拼接在一起，周围镶嵌大小颜色各异的珠子；其他装饰方式。在一块材料上，可以有不同形式结合起来的装饰，例如雕刻、镶嵌、拼接不同颜色的皮张等。

最常见的骨雕刻样品是吉勒巴翁（gilbaun）（满驯、涅、巴），它是驯鹿驮载物品的重要工具。由 15 厘米到 20 厘米长的骨头制成，具体形状如下，其中圆孔部分拴两根皮绳，固定在驯鹿背部的鞍上，后面的驯鹿由缰

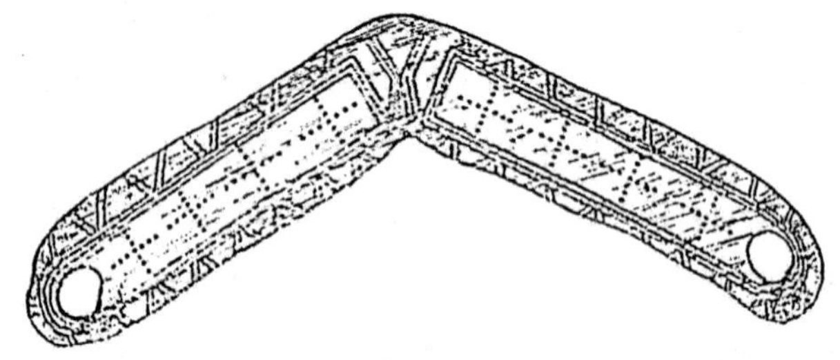

绳与第一头驯鹿联系在一起。在叶尼塞地区的通古斯人中，驯鹿的鞍具也是一块经过认真雕刻的骨头，其中木刻部分雕刻得很精美，表现了更多的装饰主题的变化。由于鞍具的形式有装饰功能，我这里也描述了具体形式。马鞍上雕刻的装饰可以通过颜色进行强化。

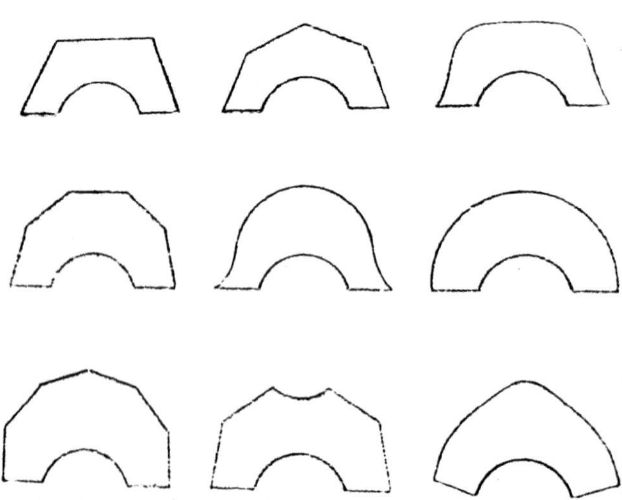

通过分析装饰样品，可以看出，样品的外形有时会导致装饰的变化。这体现在吉勒巴翁中，可以发现两个部分关联处的装饰性三角形。下面，我提供的是一件鞍具的装饰，十分有趣。从中可以看出，中间的设计受鞍具外形的影响，这种形式并不常见。5 个拉长的圆覆盖着中心，两个小的半圆连接在一起形成波浪线，这种设计是通古斯人装饰中很少见的主题。其实，这里可以发现它是半圆的组合，其中很容易发现波浪主题的波浪线，这一主题经常出现，通常情况下，比半圆稍大的图形装饰的中心会加上一个点。

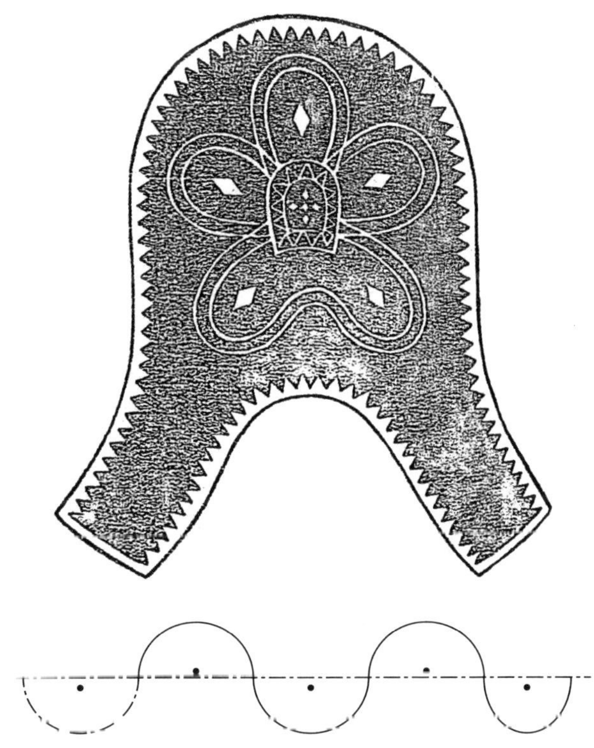

在桦树皮制作的盒子上，可以观察到各种形式、材料和颜色组合。过去，尤其是妇女的外套，装饰着不同颜色的皮条、不同颜色的珠子和白色驯鹿毛。现在，只有在博物馆中才能看到旧的服饰样品，我在其中发现了只有在特殊场合才穿着的旧式服饰和外套。这方面，我推荐大家阅读约克尔森 19 个世纪末发表的有关尤卡基尔人和尤卡基尔化通古斯人的著作。

桦树皮盒的装饰中可以见到不同颜色的组合，上面覆盖着驯鹿皮（通常带毛），这些桦树皮盒一般由驯鹿驮载或妇女携带。但是目前，这一复杂的装饰已经被带颜色的织品条替代，后贝加尔及其他地区的通古斯人目前使用俄国生产的丝织品。

通古斯人使用的所有工具、器皿和武器中，例如刀的手柄、火药筒、枪支的木制部分、长猎刀（作为矛使用）、骑行驯鹿时使用的木杖，几乎都可见到装饰。服饰的各部分，尤其是妇女的鹿皮鞋、遮盖额头的流苏，由皮张制作的各种袋子和物品也被装饰。男性的服饰和一般的袋子上可能缺少装饰，由于使用的材料的原因，这些物品不能被装饰。

从整体上说，通古斯人会对随身物品特意加以制作而吸引别人的注意，从而获得外人基于审美目的的关注。通古斯群体出行时，会给人们带来很深的印象，他们即使生活在泰加林环境中也无所畏惧——他们做一切事情都是为了乐趣。

有时，我们可能会遇见雅库特类型的装饰，但这种装饰类型主要存在于满洲的驯鹿通古斯人中。其实，雅库特来源的物品在后贝加尔地区很少见，后者有不同的装饰。布里亚特装饰，主要体现在软皮鞋以及很少一部分外套上，已经开始传播到驯鹿通古斯人中，与很少一部分俄国装饰主题混合在一起。但是，布里亚特人和俄国人的装饰非常少——它们只在游牧通古斯人以及以农业为生的通古斯人中显得十分重要。尽管布里亚特人和俄国人的装饰文化开始流行，但我们在这些群体中仍可发现少量的古老的通古斯人装饰主题。

毫无疑问，在上述北通古斯群体中，其装饰艺术正处在衰落状态。如前文所述，早期旅行者的历史记录中提到的反映通古斯人装饰艺术的物品以及他们所收藏的样品，在当前的不同通古斯群体中已经见不到了。俄国人的服饰已经渗透到通古斯人中，这在很大程度上减弱了服装上的装饰。而且，织品的引入也给装饰施加了很大的限制。俄国人的影响越大，装饰的内容就越贫乏。在研究后贝加尔地区通古斯群体的过程中，这一点体现出来，通古斯人的装饰在巴尔古津通古斯人中发展得最好，涅尔琴斯克通古斯人次之，满洲的驯鹿通古斯人则只留下一些痕迹。

从主题、表达方法以及颜色上看，布里亚特人的装饰文化和通古斯人十分不同。这一文化有两个重要特征，即“太阳和月亮”和“绵羊角”。“绵羊角”一词译自布里亚特词“xusin èběr”，用以表示装饰主题。这个主题或多或少是对羊角的复杂化，通常是成对的。“太阳”和“月亮”通常包括线条、三角形、正方形等要素。① 在布里亚特人的不同群体中，它们有一定的差异，但不是本质性的。而且，即使是这类简单的装饰文化，随着俄国文化的传入也开始缩减，因此在游牧通古斯人中，可以发现与布里亚特人相比更简单的装饰形式。同样值得注意的是，游牧通古斯人服饰的颜色组合不如驯鹿通古斯人大胆创新——黑色和蓝色组合很流行，而红色、黄色、绿色只被适度地使用。但是，在器皿、盒子和袋子中，红色十分普遍。随着祭司和僧侣服饰的引入，游牧通古斯人的服饰的颜色发生了一定的变化，从总体上看，游牧通古斯人的文化并未给人们带来华丽和快乐的印象。使用相同主题的满洲的通古斯人则不如此。

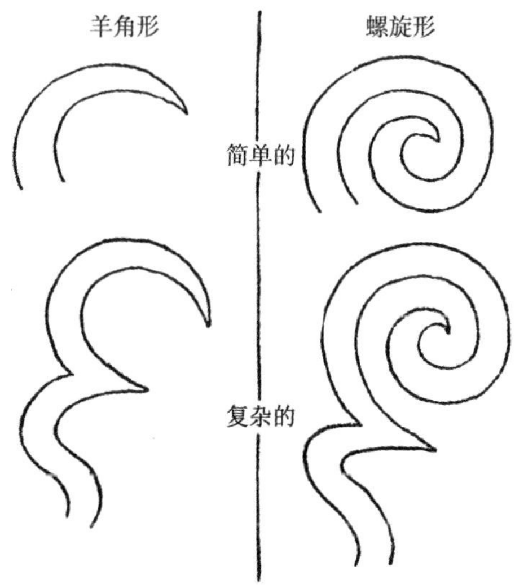

满洲的通古斯人的装饰文化与驯鹿通古斯人十分不同。尽管这些群体

① 这一装饰文化的主要特征可以通过皮特里的作品《库达布里亚特人的装饰》（俄语）了解，《波兰人类学与民族学博物馆》，第 5 章，第 215~252 页，圣彼得堡，1917~1925。

居住在与驯鹿通古斯人相似的环境下，唯一的例外是他们使用马，而不是驯鹿，他们穿不同款式的外套，这些外套借自早期的满族人，后者受蒙古人影响。伴随着新的服装款式的采借，新的装饰也被随之引入。这些装饰主题很可能源自更遥远的地区，即汉人内地。[①] 但是，至少部分满洲的通古斯人保持了早期的装饰主题。

通过对上述北通古斯人和某些其他群体的介绍，我们发现其最本质的装饰要素——（1）使用一种特殊工具（骨头或坚硬木头制成的戳）在皮张，尤其是桦树皮上压出的线条；戳的设计不同：具体形式如 和其他变化形式——这是十分个人化的发明。（2）点（通常是双线），由戳或珠印成。（3）简单和复杂的螺旋形和羊角形，我所称的“简化”形式，这些图形可通过拉长或角度变化而变得更复杂。（4）万字符及其变化形式，尤其是汉人类型的“无穷万字符”。（5）曲线。（6）其他变化形式如“蝙蝠”“蝴蝶”“花朵”等，主要是源自汉人。

除了桦树皮制成的箱子、容器上的装饰，通古斯人中的装饰也普遍体现在服饰中，装饰内容包括不同颜色或相同颜色的模式，通过线状、点强化。值得注意的是，兴安通古斯人的桦树皮器具上更多出现的是线形装饰，服饰上很少出现装饰，而库玛尔千服饰上的装饰则十分丰富。而且，从颜色组合的一般特征来看，这两个群体的装饰不如其他北通古斯人群体丰富和明艳，这两个群体的装饰中甚至采用了灰色、绿褐色和青褐色，这些颜色不能形成特征鲜明的图案。

装饰主题在很少的情况下才有特殊的名称，通常情况下，这些名称与表示物体的名称或装饰所用材料的名称有关。但是，这里可以指出其中的一些术语。装饰一般称 ilga（毕、库）［与 ilxa（伊勒哈，满语书面语）、ilγá（满语口语）有关］；一个圆圈中间有个点——ēsa či ilga（毕）——“有装饰的眼睛”，在其他群体中也称“太阳”；四个点具体分布如下 ⁖，称 lawda uǰa——老虎的足迹；环绕着的万字符（装饰在摇篮上）——deliksan

① 参见劳费尔《阿穆尔部落的装饰艺术》（杰瑟普北太平洋探险，《国家历史博物馆报告》，第 4 期，1902），主要讨论了果尔德人的装饰。

（毕、满驯）；一般意义上的万字符称 amsakan dèγi（毕）——amsakan（含义不能确定）；萨满服上的万字符——saman'i g'evan'i ilga——萨满的头饰装饰；满族人普遍使用的一种装饰 ѱ 称 čoko fatka（满语口语）——“鸡足”；s'ilpä（毕）、salpa（毕、兴）、selpe（库）［参见 selfe（色勒佛，满语书面语）——“外套上的斜线”（通常是装饰的），可参见 salātē ‖ salaγataǐ（蒙）、salal ‖ salaγala（蒙）——分支的］——外套斜线上的装饰；ꝏ——n'anǰ'an（库），这个词的词源是不清楚的；on'o（满驯）= moritin（涅）——“驯鹿驮载箱子上的装饰”。除了上述词语，还应添加上 n'iriptuu——萨满外套上的装饰；ormu（兴）——“软皮鞋上的装饰”（参见 orumus），这个词显然与服饰的组成部分有关；torgadan（涅）（参见 targa——“一种织品”）——缝在外套上的皮条；monγavdaptin（涅）［参见 moŋgoraku（满语书面语）——“镶在服饰边的丝绸条、皮绳”］——表示一般意义上由不同材料制成的衣服；sirinan（涅）——用线缝的装饰（s'ira 等，“线”），这个词只表示装饰所用材料。这里应该注意的是，表示“绵羊角”的词语是缺乏的，而且大多数主题只是传统的“启动词”——主题的名称是“晚近”起源的。但是，在满族人中，这个词称 goxon ilxa（满语书面语）或 koγoŋ olγa（满语口语），即钩状。

在民族志著作中，讨论装饰的隐藏含义及其“神秘”功能是十分普遍的。不可否认，在某些（很可能是极少的）案例中，装饰可能具有上述价值，下面我将专门论述通古斯人中遇到的某些复杂装饰。

几乎每一个复杂的装饰都能拆分为不同的要素，从中可发现一种有趣的现象，即这些要素的组合通常是简单的，其复杂性和变化性源自对要素的几何学的操作。对于一个要素或一组要素，最普遍的几何学操作是（1）沿着线条的简单重复；（2）绕着一个点旋转；（3）像镜面反射一样地旋转，交替进行。如果装饰沿着直线重复，由于被装饰物品的形状，所作装饰可能会变化方向，因此，我们在装饰纹样上可以见到圆形的线、中断的线以及各种弯曲的线等，装饰的原则是相同的。镜像反射可以重复两次，甚至三次，自然也会产生十分复杂的设计。在固定的点上，根据一定的角度例如 180 度、120 度、90 度、60 度旋转重复，会得到对应的两重、三重、四重、六重图案。我从未见过六边形的装饰图案。我还遇到过一种特殊的变换装饰的方法，即使用正面模式或反面模式，或者是在同一个装饰中结合正面或反面模式，如果这种装饰是一个与特定文化要素关联的定型化单位，则会被赋予特殊的名称，例如圆中的万字符（deliksan，参见前文）。一个更为复杂的情况是万字符无尽的重复，通过直角线产生镜像效应。这种装饰和文化要素 jambol（烟草袋）一起借自汉人。

除了这些主题及其组合的装饰，还会出现少量风格化的动物，例如借自汉人的蝙蝠、蝴蝶和“龙”。这些汉人装饰艺术模式在汉人和满族人的物品中也有，不需要到果尔德人中寻找。值得注意的是，通古斯人中最近出现了一种新的时尚，即使用不对称的装饰，包括鸟和花，它们毫无疑问源自汉人。如此装饰的物品与其他物品有很大不同。这些装饰的颜色选择受汉人颜色的影响。

我绝不认为满洲的通古斯人受果尔德人的影响。其实，对于 19 世纪及以后果尔德人的装饰，劳费尔、施特忍堡、洛帕廷的调查认为果尔德人中没有典型的要素，但果尔德人的装饰中非常普遍地出现“螺旋形”、“绵羊角”和其他曲线主题，其中有丰富的动物和植物主题，这些形象显然不是在最近满-汉文化的影响下出现的。这在吉里亚克人的装饰中十分典型。不过，正如洛帕廷所做的，[①] 我们不能假设认为果尔德人的装饰源自动物和植物的风格的“演化”。其实，蝙蝠、蝴蝶、龙、鱼等是满-汉文化中的本质性要素；另外还需要添加蜥蜴、蟾蜍、公鸡（其实，家禽不是真正的果尔德要素！）、驯鹿等，这些动物风格在汉人风格中也会遇见，这在汉人中是十分自然的。一个有趣的问题是，就我的观察而言，果尔德人中土生土长的艺术要多于从其他族团例如满族人中借用的艺术，不过，这并不说明满族人中过去没有丰富的装饰艺术。同时，另一个有趣的观点认为，吉里亚克人中保留着满-汉文化模式，例如龙、两条鱼等，这似乎表明吉

① 《阿穆尔河、乌苏里江和松花江流域的果尔德人》，第 335 页。

里亚克人并未在原初的模式上添加过多的适应要素。[①] 通过对满-汉文化的适应及其复杂化，果尔德人的装饰文化与原初的通古斯人装饰、相邻族团的装饰明显不同。

通过逐个分析文化要素和文化丛，尤其是涉及装饰品的文化要素和文化丛，我们可以清晰地发现，满洲地区通古斯人的装饰艺术借自满-汉文化丛，还有一部分直接或间接地借自达斡尔人，也有某些古老的北通古斯装饰文化保存下来，尤其是桦树皮、木头和骨头上的装饰。

当我们讨论通古斯人中观察到的小型艺术表象形式时，涉及的主要装饰艺术是图案和雕塑。其实，我只见过很少一部分这类样品。真实的情况是，通古斯人有机会在如表现不同动物（参见后文第 16 节）的木刻神位等地方展示其设计，但他们却以世代相传的传统方式进行。不过，让我印象深刻的事实是，在几分钟的时间内，通古斯人在一块木头上粗略削砍几下就能表现出所需的动物的形象，而且赋予这些动物不同的表征：运动、僵硬、生气、微笑等。我未搜集到通古斯人绘制的图画，但我经常观察到通古斯人使用木炭和其他颜料手绘最复杂的装饰图案。这体现了复杂装饰设计中的另一面，即进行装饰之前，通古斯人已经有思维图像了（想象!），然后他们（她们）制作出符合其观念的装饰图案。因此，如果整体的设计可拆分成不同的要素，并通过旋转和镜面反射重复，那么这个设计只需要一个必要的装饰单位。借此，我想说明，复杂的设计形式可能源自简单的试验原则。其实，儿童，尤其是满洲地区通古斯人中的儿童喜欢使用剪子和刀玩桦树皮（最近是纸），做出各种图案。成年人中也可观察到这种行为。而且，完成装饰后，他们会做些补充，从而“润色”设计，使它更加饱满，甚至有时添加非对称要素。这些情况表明，技术努力的结

① 其实，吉里亚克文化丛包括大量借自满族人和汉人的文化要素，因此，他们的“原始性”是值得怀疑的。首先，什连克和后来的施特忍堡相信吉里亚克人是浪漫的原始民族，这代表 19 个世纪民族志学的趋势——“发现原始民族”，另一方面，没有调查者熟悉满洲地区的不同群体和前满族时代的汉文化，其文化主要源自元朝衰落时期的汉文化。当然，居住在商业道路上的群体，例如阿穆尔河沿岸的群体，长达几个世纪都处在相邻族团的强大影响之下。

果有时并不能对应既存的审美品味。对于大多数创新性的设计模式，设计内容无疑事先存在于艺术家的头脑中。通古斯人的设计中缺少现实环境中的样本，这促使我对通古斯人做实验，要求他们借助记忆复制动物和植物。大多数情况下，这些复制品是清晰的，可以表现出目标的典型特征，理解这些图像是没有困难的。例如，在表现不同类型鹿的过程中，通古斯人会强调鹿角的形状、鹿头前额的形状、长着铲状鹿角的驼鹿的鼻骨。在表现野猪时，通古斯人会强调猪鬃和牙齿。这些图画是现实主义的，有时是简单的复制，有时是体现某些明确特征而且给人以深刻印象的图画。表现植物的图画也是如此。[①] 其实，通古斯人不会犹豫去表现其周围环境中的现实——其中没有“宗教”原因，[②] 没有禁忌。但是，通古斯人似乎并不热衷于这些艺术化的自我表达，相较于描摹环境中的事物，他们对几何图形变化规则更感兴趣，更喜欢几何图形，不过通古斯人并不缺乏对现实的感知，掌握描绘现实的必要技术。这构成了该群体的艺术与楚克奇人、科里亚克人、爱斯基摩人艺术方面的本质不同，后者的艺术努力是表达动物的运动，是对环境的现实表现。与此同时，这也构成了北通古斯人装饰文化与满洲的通古斯人、现代的汉人之间的本质不同，后者的文化要素可以很容易与北通古斯人的文化相区分。

36. 事实的积累

在前面的小节中，我们发现通古斯人不断积累事实，并整合到已有的知识系统里。当然，这些事实首先要被认识到，由于通古斯人有观察动物和植物的习惯，因此在这方面相当成功。其实，对于信息的认知，一方面在于利用已有知识分析新的未知的现象，另一方面依赖于文化行为中事实的实用价值。

---

① 上述能力特征并非体现在所有通古斯人中。如同在其他族体中一样，在表现其他文化特征时，个性十分重要：有些人是很优秀的艺术家，而另一些人则十分糟糕。而且，有些妇女，尤其是可以做出很好装饰作品的妇女，却不能绘制表示动物和植物的图画。

② 民族志研究者以相同或相似的方式解释其他族体中的大量事实，他们是错误的。

当然，在没有文字系统的民族中，例如北通古斯人，[①] 积累信息的唯一方式是以口头形式记录并传递知识。其实，只有在事实阐述精确，而且进一步精确传播的情况下，这一形式才是可靠的。这里值得注意的是，作为一个规则，通古斯人在叙述狩猎事件、其他动物和族体的信息，以及与其他人交流其他普通信息时，会十分严谨。通古斯人会犯一些无意识错误，对信息做出无意识的阐释，这取决于他们对主题的熟悉程度，以及基本判断的清晰度，他们不会相信思路不清晰的叙述者，不相信他们不会扭曲事实。在这方面，通古斯人具有特殊的直觉能力，这帮助他们决定对说话者的态度。说谎者被视为最糟糕的人。通古斯人文化的特殊要素之一是，需要拥有动物的特殊信息，这对于成功狩猎和维持社会关系是必要的。其实，通古斯人不得不通过口头传统传递知识，这在很大程度上保证了事实和结

① 尽管某些通古斯群体开始学习外语和文字书写，在具体实践中，他们并未认真尝试利用蒙古语和满语字母表记录他们自身的语言。但是，出于管理的实际需要，某些通古斯词语，尤其是氏族名称，正在被转写为满语。在通古斯人中调查期间，我曾尝试向他们介绍俄国科学院语言学家过去使用的标音法。有几次，我成功地让某些通古斯人使用这些方法记录一些故事。我希望在适当的时候，这些故事可以出版。苏联的权威专家也尝试使用“拉丁化”的形式对通古斯语进行标音。

可以推测，有一大群专家甚至违心地创造了一个包括汉人在内的亚洲地区人群的字母表，并希望未来可以用这个字母表表示所有不使用拉丁字母表的语言。由于从民族学的观点看，这个事实很有趣，我将离开主题叙述一些细节。这一改革的动力是简化共产主义的宣传方法，把相关语言传播到苏联政治影响可以到达的地区。苏联官方希望，字母表标准化以后，所有的语言会融合成一门单一的人类语言，这门语言将是共产主义的。这种语言学的伪科学判断被马尔接受。因此值得注意的是，创造通古斯语书写系统只是摧毁通古斯语言的一个步骤，这些策略将很快导致同化（与其他语言融合）。在本注释中，我们不能深入讨论这一民族学过程的有趣细节。其实，有许多彼此之间各不相同的通古斯方言，创造一个单一的书写系统会导致一门新的书面语言的创造，这 书面语言的基础很可能是语言发明者更熟悉的某一具体方言。而且，由于通古斯人的人口不多，几乎不可能产生无偏见的语言学家，语言学家的角色很可能由无知且鲁莽，从西伯利亚族体中获得生存资本的人承担。在这些人手中，他们会根据自身的品味和一般的语言观念尤其是通古斯语的观念改动语言。在语言学家看来，如果这一书面语言获得更为普遍的应用（我个人认为，通古斯人可以很快理解其他语言），它将会发生更大程度的混融，语言学家则不能判断这一语言的起源。阿勒科尔（即科沙金）1930 年发表了《埃文基语字母表方案（通古斯民族）》。这些尝试被理论考虑所合理化。同样可参见《关于北方民族书写和语言发展的全俄会议资料》，阿勒科尔和达维多夫编辑，这是一份具有民族志价值的文献，反映了无意识的民族中心主义。

论之间关系的严格性。其实，如果通古斯人倾向于歪曲事实和结论，他们的技术知识根本不能保存下来。还有一个因素帮助通古斯人维系传统，即保持日常实践的真实性。我们发现，通古斯人一生都会与其氏族成员保持关系。在信息的积累和传递的过程中，氏族的共同利益十分重要，因为每一个氏族成员都不能脱离氏族而生存。氏族会干预家庭生活，在需要时，氏族会帮助家庭成员，包括食物供应、婚姻等。由于这一原因，通古斯人不能误导氏族成员，不能出于个人利益向氏族成员隐瞒什么。其实，如果通古斯人如此做，氏族成员可能会直接或间接地进行再分配其个人收益。

通过上述评论，很明显的是，通古斯人更偏好不包括任何道德立场的事实，他们主要从生活环境，个人和社会角度的实用性来评判事实。通古斯人行为的特殊性体现在所有通古斯人的态度中，因此总体而言，通古斯人普遍不说谎，即便面对可以获得个人利益的情况也是如此，这体现在氏族、家庭甚至是超越族体的关系中。旅行者和相邻群体经常会注意到通古斯人的“性格”特点，他们非常欣赏这些特点，肯定通古斯人遵守诺言，甚至是其长辈（父亲和爷爷）许下的诺言，通古斯人也会承担并履行。这些事情广为人知，这里我就不再重复了。

随着通古斯人原有社会组织的瓦解，以及对外来文化的吸收，通古斯人的“性格”发生了变化。这些变化可在与外来群体接触的后贝加尔地区通古斯人中观察到，例如游牧通古斯人。满洲地区的某些通古斯群体如毕拉尔千人和兴安通古斯人也受外来文化的强烈影响。

与此相关，值得注意的是，新了解的事实和信息会立即传递给单位的成员——每个人都意识到需要与单位中的其他成员交流。由于这一原因，新的信息会以惊人的速度在通古斯群体中传播，这让其他族团中的旅行者十分惊讶。

满族人在这方面十分不同，至少目前如此。首先，满族人已经长达几个世纪拥有书写系统了，因此没必要十分认真地通过口头方法传递知识，因此他们的记忆和阐述的精确性不需要十分严格。其次，在很长的时间里，满族人已经与几个不同的统治他们的族体（蒙古人）和他们统治的族体（例如蒙古人、汉人、北通古斯群体和古亚细亚群体）相接触，这对满族人保持坦率和真诚无益。第三，以农业为生产活动领域的满族人，不像以迁徙的动物为生的猎人那样，需要了解许多新的信息。第四，长时期居住在组织化的大规模的政治单位中，这在很大程度上降低了他们维持和寻找真相的需求。政府自然会承担其保护大众和私人利益的义务，因此通古斯人意识中的义务被法律条例和管理规范所代替。目前，满族人已不再是一个非常“诚实”且需求真相的族体。氏族内部的个人适应，尤其是在外来者中间的适应，使满族人采纳分类详尽的个人适应系统，在这个系统中，撒谎被视为自我保护和自决的一种合法方式。这种状况和满族人的普遍衰落有关，他们正在逐渐失去对氏族成员忠诚的信任。我们很难判断满族成为统治者之前的处境。但是，我们可以假设，满族人和通古斯人不同。其实，作为农耕者，同时被强邻围绕，满族人很久之前处境就不同了。

我们自然会提出这一问题，即在没有任何书写记录的前提下，通古斯人是如何传递知识的。知识的传递方法主要是口头的，只有很少一部分知识是通过对以物质实体和活动流程表现的文化产品的模仿而习得。在描述社会组织的过程中，我指出了通古斯人教育方面的某些事实。这些事实方面的知识、不同的劳作方法以及社会技术逐步由氏族中有经验的妇女和男性传递给下一代。如果家庭中没有有经验的成员，年轻人则会被送到其他家庭，或者临时加入邻居群体或其他狩猎组织中。很明显，通古斯人理解教育的必要性和过程性，在大多数方言中，他们使用启动词 tat 表示教育，满族人使用 tači，可以表示“教育”“学习”。①

前面的小节中介绍，通古斯人传递的知识量并不小。而且，在正规学校（所谓的文明群体）学习的粗略知识，对通古斯学生而言，并非完全必不可少，对于通古斯人儿童而言，关于地理环境、动物、狩猎的知识是必不可少的，这些知识必须是正确的，而且要掌握得十分娴熟，要不然人们则不能胜任自己的职业，前代人获得的知识会逐渐被完全遗忘。当然，老师是有经验的男性，他们的观点和知识是受认可的。这类有经验者会告诉年轻人可以接受的“事实”，或可以“怀疑”的事物，以及他们不需要知道

① 在毕拉尔千语中，这个词的词干使用 tan，意思是“伸展”“拉”等。

的事物。最后一组事实包括童话故事、笑话等，它们只是用来消遣的。我们可能会听到通古斯人提问："它是事实，还是幻想故事?"如果它只是一个简单的幻想故事，则会被如此接受。其实，有些通古斯人对真实的故事（历史和经验）和事实说明感兴趣，但他们却不愿意听幻想故事讲述者的讲述。而且，有些通古斯老人十分了解这类事实，却对幻想故事漠不关心。有时，中年人可能成为事实方面的权威，或者年轻人甚至年幼的男孩可能成为幻想故事的讲述者。两种倾向集中在同一个人身上的情况并不常见。①

两种类型的"教育者"，很可能也代表两种不同的心智丛，这体现在所有的通古斯群体中。当然，我们不能把两种类型的知识混为一谈。而且，不能把狭义的民俗视为反映实证知识的系统——通古斯人会在两种知识类型之间做明确的区分。其实，某些通古斯人通过传统传承的"真实故事"可能是对事实的错误解释，某些被视为事实的理论（"假设"）也可能是错误的。但是，通古斯人会明确区分上述两组事实，狭义上的民俗是不能被批评的，因为它不是"真实"，而是包含了"幻想故事"。"真实故事"包括了可被批评的事实和假设，而且可以不断增加新的事实和解释。有时，通古斯人会提出问题，即争论故事必须被视为"真实故事"，还是"幻想故事"。许多史诗类故事都是这类命运，听众从不同的角度接受这些故事。②通古斯人之间的意见可能不一致。在本书的第二部分，当我们讨论不同的

---

① 遗憾的是，许多所谓原始民族中的旅行者正在寻找让头脑简单读者感兴趣的奇异事实。欧洲文化中的相似事实经常被完全忽略。如果被观察的"原始人"不了解其所属民族的"民俗"，则不能引起调查者的关注，因为他不能提供任何符合原始人应该具备的"让人惊讶的"事实。为证实我的阐述，我可以列举一些为经验不足旅行者准备的问题清单，通过这些问题，我们可以观察到旅行者期待提供的事实。无须惊讶，旅行者关于原始人的观念主要源自自身的民俗。这与"原始人"通过小说、戏剧以及接受欧洲人的生物学观念来理解"文明人"的心智丛是相同的。

② 其实，通古斯人和所谓的文明群体在这方面并无区别。在所谓的文明群体中，纯粹的想象有时会被视为科学建构的事实，尽管随后这一知识会被视为错误的观念被遗忘。不同门类科学的历史中富含此类例子，因此在不离开民族志学（语言学）基础的前提下，我们可以引用"文化现象的进化"；印欧语言和民族迁徙、分裂和起源等方面的细微描述；乌拉尔-阿尔泰假设以及许多其他假设；计算针尖上的魔鬼。数十年后这些假设都会是无用的。但是，提出这些假设的学者在他们所生活的时代被视为伟大的思想者和科学家。在他们的时代，有一种特殊的文学创作和民俗，他们从不把这些事物视为"真实"；而计算魔鬼的数量则被视为科学事实。

假设时，我们可以更清晰地发现通古斯人心智丛中关于积累的事实与假设和狭义民俗之间的区别。

其实，并非所有的通古斯人都可成功地掌握既存知识。某些人不能学习全部知识，他们可能成为某些特殊知识领域的专家。例如，某些专门捕松鼠或紫貂的猎人。这些人并不懂得很多狩猎知识，以及其他动物如熊、老虎等方面的知识。而且，男性通常也不了解女性工作的细节，尤其是加工熟皮子的技术。但是，某些男性和女性不会把自身的兴趣局限在特定的知识领域，他们会积累所有的既存知识，并传递给后代。同时，通古斯人对个人的智力和知识准备有自身的评价标准，对于不同的个体，他们的态度不同。

习得知识的丢失也会和获得并传递知识一样让我们感兴趣。与人口数量多且拥有书写记录的族体相比，通古斯人的知识更易流失。其实，由于传统主要基于口头形式，由于获得特定知识的刺激可能消失，某些知识则很少有可能保留下来。实际上，紫貂的行为知识，以及在不破坏皮张前提下捕获紫貂的方法的获取，需要数代人的努力。最后，通古斯人知道如何在付出最小努力的前提下捕获紫貂。当这种动物灭绝后，刺激传承“猎貂”知识的动力则不再有效。三四代人的时间内这一知识即可湮灭。诚然，作为历史记录，这类知识会传承很长一段时间，但如果没有紫貂再次出现，这类知识不会恢复。在这种情况下，我观察到兴安通古斯人不记得如何捕获紫貂，这种知识在历史上是被掌握的。毕拉尔千人也开始遗忘这种知识了。但是，捕获紫貂的知识在满洲的驯鹿通古斯人中还有所保留，因为在这个地区，紫貂还没有完全灭绝。这类例子在通古斯人中很普遍。随着基础环境的改变（动物灭绝，森林减少等），相对应的文化也会消失。同时，在很大程度上，文化丛体系可能部分地失去，或者是完全消失（例如，狩猎文化），与之相对应的心智丛要素也会失去，我已经说明了狩猎文化消失的例子。同时，关于动物的知识也会消失，例如从事农耕的通古斯人、游牧通古斯以及满族人的情况就是如此。同时，整个心智丛可能会被代替，之前特定的背景知识也会完全消失，因此同一个族团（体质意义上的）如果得以延续，他们就会面对新的需求的压力，并且可能再次建立关于特定事实的知识体系。在这种条件下，我们可以发现，一些中原地区的满族群体在他们的政治管理衰落之后，回到老家，再次恢复了他们与通古斯人的联系，从通古斯人那里他们学习了狩猎方法以及与狩猎相关联的文化。

关于教育，满族的情况完全不同。事实上，农耕知识一般以口头的方式传播，而书籍的存在使他们把这一功能部分地转移到老师的身上。在学习满语的同时，也要学习汉语，因为满族的文化已经开始向汉文化妥协。这个过程十分活跃，因为缺乏原创性的满族书籍——大部分满文书籍都是从汉文翻译过来的。口头传统，可能是一个原创性的满族传统，在满族人作为中国的统治者的情况下，却不能对年轻人产生影响，因为这些人的成功在于对汉文化的吸收。因此，原来满族的教育方法以及满族文化的传递逐步减弱。唯一例外的是氏族传统和萨满教传统的传承。满族人引进书写记录之后，为他们保存氏族传统提供了一个不同的环境，正如我们已经指出的，他们需要一个新的表示外婚单位的词语进行再适应（参见前文第 31 小节）。由于北通古斯人只存在口头传统，所以后者没有用新词语表示“氏族”的需要。另一方面，保留下来的大量的氏族记录，成为氏族社会功能的一个巨大负担，这也是对社会组织传统进行再适应的一个特殊方面。一些相似之处也存在于萨满教中，书写记录剥夺了萨满教的适应弹性，使其规范化。这个问题，后文我还会讨论。

第二部分 假　设

第 10 节　通古斯人假设的性质

37. 假设的一般特征

在第二部分，我将讨论在通古斯人中遇到的各种假设。其实，把所有的假设全部记录下来是不可能的。首先，记录所有的假设并非我的意图；其次，把所有的假设及事实都记录下来是无用的，因为大多数内容是基于基本命题形成的，因此它们仅是命题的结果；再次，假设的种类是十分广泛的，但从归纳心智丛的一般观念来看，描述这种多样性的价值不大。因此，在本部分内容中，我继续遵循第一部分的解释方法。不过，两者之间也有本质性的差异；后文我将根据需要详细论述某些假设。

与其他族体一样，通古斯人会建立自身的假设。如果通古斯人不能把某一组事实归入某一简单表达的规则中，出于规律和事实连接的心理需要，他们会基于假设提出某种解释，这种解释在通古斯人看来是最可能的情况。通古斯人对假设的信赖程度受如下要素影响：（1）新假设与既有文化丛之间的关联程度；（2）新假设可解释已知事实的程度；（3）新假设与观察到的新事实的互释程度；（4）假设来源的合理程度，即假设是否由聪明者创造，或是否来自可靠的、占优势地位的族团；（5）接受假设者的批判能力。很明显的是，通古斯人接受或拒斥某些假设，受上述因素的影响。因此，如果假设可很好地适应既有的心智丛，包括所有的事实，而且可得到新事实的支持，如果假设的来源可靠，而且不受到强烈的质疑，它们则可由简单的可能性成为确定性，并被视为事实。此外，如果新的假设与既存的文化丛之间有冲突，不能概括所有的已知事实，与新获得的事实相冲突，而且新假设的来源不确定，受到质疑，那么新假设是没有机会被接受的。因此，不同假设的被接受程度是有差异的。这方面的例子有很多，但我认为它们对于进一步讨论假设是无用的。为了阐述假设的建立过程，我将列举一些案例。

除了通古斯人对语言和文化丛传递现象的认识，这里我们不探讨通古斯人关于心灵和智力活动现象的观念。这样做的原因是为了避免事实和讨论的重复。

我们现在讨论灵魂问题。尽管灵魂的存在不能被证实，但已经被接受为事实。因此，灵魂的存在可被视为一种假设。目前，所有的通古斯群体都接受此假设，因为物质要素和非物质要素的对立是灵魂文化丛的基础。灵魂仅是非物质现象存在的一个特殊案例。因此，这一假设是与通古斯文化相适应的。对事实的观察表明，假设很容易被解释，没有假设不能涵括的事实。这一假设与经验（新获得的事实）并不冲突。同时，假设的来源是前辈，因此被视为可靠的；其他族团的权威也支持这一假设。

事实上，通古斯人可通过自身、他人以及动物观察灵魂的存在和外化。在睡眠中，灵魂可以“走”很远去看望朋友或造访某地。在“旅行”之后，做梦者可能会“疲倦”，这种造访貌似一种真实，同时做梦之后的生理效果和行为可能是十分真实的。这些推论可通过观察动物加以确认，例如，在睡眠过程中的狗可能会移动腿，像正在跑的样子，狗会叫、移动尾巴和耸鼻子等，推论认为这是狗的灵魂缺席，正在跑等。在人们叙述旅行、造访远距离外的某地和人，以及梦中发生的各种事件时，这些重要的事实得到确认。这些证据可通过更为关键性的事实得以确认。通古斯人在梦中可能会和其他人交谈，交谈者可能知道交谈内容。真实的情况是，并非所有人都能这样做，但多数人尤其是萨满可以很容易做到这点。

由于这组事实并未经过很好的调查，我只叙述我所知道的关于通古斯人的内容。在高度专注的状态下，萨满或其他人可以与其他萨满或一般人交流。在所有的通古斯群体中，为了实际目的，尤其是紧急情况，人们会有意识地进行交流。这一过程的机制目前仅是假设。为达到这一交流的实际目的，个体必须冥想另一个人，确切表达欲望，例如“请来到这里”（准备好的位置）。在“看到”或“察觉”到呼唤之人之前，要一直重复上述表达。个体所“见到”的人如同自然环境中肉体意义上的人。接着，见到被召唤者后，可能要求他确认周围的环境和位置。被召唤者也可能以一只鸟或一只动物的形象出现，但以人的声音讲话。这些动物在常态下不能有这样的表现。[①] 因此，这些动物不被理解为肉体意义上的动物。[②] 由亲密关系连接在一起的通古斯人如父母和子女、朋友之间以及互相理解的两个人之间（例如，斗法的萨满彼此敌对，但又彼此了解）要比不熟悉的两个人交流起来更容易。不过，有些人根本做不到交流。关于这类人，通古斯人会说“他们不知道如何操作”，但能够完成交流者也说不清楚如何做到这一点的。当萨满想见到某人或其他萨满，会在日常实践中使用此方法。有时，他们不能说清楚自己为什么一定要去见在另一个地方召唤他们的人——他们去是由于他们感觉到必须去。这种召唤最好在清朗的夜晚进行。阿尔谢尼夫向我讲述了发生在滨海边疆区的一个案例，他观察到，在一个特殊场合（一位年轻男性突然生病），某位萨满邀请很远地方之外的其他两位萨满到来，在短时间内，两位萨满的肉体是不能到场的，因此只能是灵魂到场。通古斯人谈论这种情况时，会视为普通的事件，当没有时间派人送信时，

① 在通古斯人的观念中，动物本身是不能讲话的；关于“讲话”，参见前文第 6 节。

② 参见《北通古斯人的社会组织》，第 274 页，探讨预测儿童性别的部分。

他们往往会使用灵魂交流的方式。①

一系列观察到的事实被通古斯人如此解释：有一种非物质性的元素灵魂，可以与其他人的灵魂交流。在灵魂存在的证据中，通古斯人把“远距视觉”归入“心灵感应”机制的范畴。② 在毕拉尔千人看来，死者的灵魂会进入某位年轻直系亲属的体内。年轻人会感受到。除了上文列举的证据，必须有大量的现实巧合帮助证明灵魂的存在。其实，远距交流有时可能只是通过由共同利益联系在一起的两个人的共同愿望实现，尤其在两个人各自独处的时间比较短暂的情况下，他们很可能会思考同一个事情，并且就这个事情同时做梦。当然，这种偶然事件被解释为灵魂活动的证据。

灵魂可以根据其承载者的意志旅行的事实，在某种程度上增强了灵魂存在观点的可信度。其实，在入睡之前，通古斯人会表达他们渴望看到远处的地点和人。如果梦里实现了，可解释为灵魂的自愿行为。萨满和在成为萨满过程中的候选人有意识地失去意识的行为提供了大量事实，确认了

① 几位观察者观察过思想的远距传递，并用不同方式进行阐述。不过，相关实验已经证实了思想传递的可能性。别赫捷列夫尤其对此问题感兴趣，因此在排除错误可能性的前提下，他带领助手对人和狗做了系列实验。实验结果表明，至少在某些条件下，思想传递是事实（参见《集体反射学》第 122 页，转引自其他著作）。1921 年，我在一条狗身上做了几次实验，尽管这条狗被放在单独的房间，但当在场者（共有 5 个人在场）将物体从一处移至另一处，或者从一个人兜转移到另一个人兜里，它都能很容易找到目标物（如手表、笔记本、墨水瓶盖和钱包等）。根据现代理论实证方法考察这一问题，这些事实现在是可理解的——甚至几年前这还是不可能的。其实，这一问题不久将被解决。这里需要指出的是，由于无知和歧视，搜集和发表相关事实被禁止。过去，敢讨论这些问题或发表事实者会遭到“科学家”的批评，后者认为这些事实是“迷信”“民俗”“唯心的方法”“缺少评价”等，而科学家仅将既有的理论和假设接受为“真理”。实际上，与通古斯人相同，科学家的这一行为是民族中心主义的，其观点是科学家所言的民俗。与其说“科学”是积累的事实，还不如说是理解事实的方法。

② 通古斯人的一些解释认为，当人们发生某些不幸时，远距离之外的人可能用特殊的心理感受到。我的报道人的祖父来其家中的第三天，一个侄子（或兄弟）上吊自杀了。这位祖父本来不想离开，但他因为感到不安，不得不离开。他对自杀事件并不惊讶。当有人死亡时，氏族中的年轻人可能会知道并能说出死亡发生的环境和过程。毕拉尔千人说，这一情况在达斡尔人和满族人中也是如此。这一说法可被视为调查的起点。我举一个例子。一位小男孩“看到”其祖父的叔叔杀死了自己的父亲，并预言谋杀者 3 天后会带着死者猎杀的马鹿角返回。这位男性按照预言的结果返回了。在男孩重复预言之前，这位男性被抓住了。他承认了自己的罪行，死者的尸体被发现，罪犯被氏族会议处以死刑。

灵魂存在的假设。催眠行为也是如此。

在进一步观察心灵功能过程中找出的新事实，被视为灵魂存在的新证据。证据的第二个来源是有灵魂观念的其他族团。因此，权威的观点可能被用来支持灵魂存在的既有观念。其他族团发现的新事实，可增加通古斯人关于灵魂的新知识，这一做法与现代调查者没什么不同，后者会寻找支持其观念的资源，这些资源不能与其观念冲突，如果没有冲突，这些假设就是可靠的。

通过这一方式，灵魂观念总能得到确认，在通古斯人的心智丛中，灵魂观念成为从根本上建立的事实。

让我们举另一个不被接受的假设案例。这里，我将列举满洲通古斯人中带来各种疾病的神灵的例子，这些神灵称阿吉尼布日坎。这一布日坎有72种表征，许多表征与传染病一致。这一文化丛源自汉人，以满族人为中介，似乎已经被满洲的通古斯人所接受。在通古斯人看来，这一假设的来源很可靠，但这并非“真正的”通古斯假设，因为通古斯人依然能模糊地记起其来源。在通古斯人中，没有72种疾病，只有其中的一部分疾病。这一假设遭到通古斯人拒绝，理由是其他族团（汉人）中很可能有这些疾病，但通古斯人中没有。当然，这是一种有关适应的案例。因此，在满洲的通古斯人中，这些假设被部分接受。因为通古斯人过去拥有复合性神灵的观念，因此这一假设不会遭到反对。但是，其中也有一些困难，神灵理论有一假设，即认为如果神灵是真正的神灵，医药是不能起作用的，但汉人却会使用各种医药治疗相关疾病，这一事实是与通古斯人的理论相冲突的。而且，成功对这72种疾病中的部分疾病进行医药治疗让通古斯人产生了怀疑。由于这一原因，并非所有通古斯人接受这一假设，主要是没有批判能力、倾向接受“高级”族团权威者认可这个假设。

在这两个极端案例之间，我们可以提出其他通古斯人可接受的假设。前文已述，神灵理论是原初假设灵魂和“物活力”的推论结果。想弄清楚通古斯人中的第一位神灵何时出现是不可能的。同时，这一问题会把我们带入毫无根据的假设中。当然，我们可以确定许多神灵的起源，但其中部分神灵仍然十分神秘，因此，不能认为这些神灵是原初的通古斯神灵。真正重要的是，神灵观念出现后会进一步复杂化，其数量因类比方法而增加。其实，神灵观念最初出现时，通古斯人还未作为一个族团存在，因为从理论上说，从管理死者灵魂观念到死后灵魂自由存在的观念不过是一小步，确立神灵文化丛的起源及其发展序列是完全不可能的。[①] 不过，在目前民族志学发展状态下，神灵起源问题甚至是不重要的，因为缺乏相关知识不妨碍了解神灵文化丛的构成要素及其功能。[②]

新神灵的存在受特定时刻给通古斯人带来困扰的现象的影响。例如，汉人移民定居墨尔根地区后，给这一满洲地区的通古斯人带来几种性病。通古斯人将这一疾病归因于军人带来的特殊神灵。其实，在解决这些疾病的现代医疗证伪新神灵观念之前，这一假设会一直存在。通古斯人一直知道精神困扰，但是治疗精神困扰的萨满教方法会带来新假设，即认为某一特殊神灵是精神困扰的原因。

如果某一新假设让通古斯人满意，他们会接受。但是，新假设被接受必须基于以下必要因素。首先，必须有假设神灵存在的谬误前提。其次，新现象或者刚被认识的现象，一定不能由其他假设或“自然”原因解释。如果不满足这两个要素，假设是不能被接受的。因此，所有神灵假设的基础，总是表现出原初的谬误。然而，在连续观察到可不通过原初假设进行解释的新事实后，新假设可能会被拒绝，不过原初假设可能会一直持续到整个文化丛逐步被替代，或者是原初假设做出妥协之时。我曾记录了毕拉尔千人中这一过程的某一阶段，推理过程如下：“如果灵魂存在，则会有神灵；如果灵魂不存在，则没有神灵；但如果承认灵魂，则一定不能承认布日坎（某种特殊神灵，参见后文）。”这一事实表明，在通古斯人中，甚至最基本的灵魂假设也会受某些通古斯人的认真审视。事实上，接受俄国人学校教育的通古斯人可以改变其族团环境，会摆脱这一假设，如果他们未受俄国人影响，则会以宗教形式或哲学判断（关于现象的二元观念）保留此假设。如果新获得的事实知识允许，通古斯人在其结论中会检验最基本

---

① 参见前文，第 97 页。

② 我现在暂且不谈民族志现象的历史方面。如果我们要解决这一问题，就必须遵循历史研究的现代方法。

的观念。通古斯人心智丛的批评、观察与分析特点，[①] 使他们在接受其他族团的假设时会做出取舍。在这里，通古斯人假设的来源很重要。如果假设源自受教育满族人熟悉的汉文书籍，假设则更容易被接受，至少可暂时被使用；但如果假设源自未受教育的汉人和俄国人，则至少不会被立即接受。在这种情况下，他们会说："俄国人（或汉人）相信如此，但我们不知道它是否正确。"不仅如此，汉人的动物学和解剖学论述（书籍形式！）也不会被盲目地接受为"真理"，因为通古斯人有时会遇到其中的错误。他们解释说，因为汉人不是猎人，因此不了解动物和解剖学。[②]

通古斯人使用的假设可以分两组，一种是基于神灵的假设；另一种是摆脱神灵观念的假设。在分析特殊神灵时，第一种假设很容易被分类和描述，而第二种假设则不能被同样的系统加以论述，因为这些假设的基础是不一致的。为了澄清上述观点，我列举一个基于某一假设的通古斯人理论案例。前文已引用过此案例，即认为人因为食用盐而掉光身体上的毛发。其推理过程如下：

（1）人类偶然发现白色的石头，这种石头是盐，然后使用盐为生肉调味（作为一种可能性，这一假设理论上可被接受）；（2）由于使用盐，人的毛发开始脱落（这是一种没有证据的观点，只是被视为事实的假设，而且如果能得到盐，通古斯人会给动物喂盐；这一推理谬误未被注意到）；（3）由于毛发开始脱落，人们需要用动物皮遮盖身体（这一观点基于目前人类行为提出，不能用于推测过去）；（4）用火取暖（同前所述）。

这一人类进化和文化变迁理论会被通古斯人讲述给儿童。成年通古斯人有时会注意到这一假设的谬误，指出尽管鹿喜欢盐，却仍长着毛发。在这种情况下，通古斯人会说："这是一个讲给儿童的故事"，并未作为既定事实被所有通古斯人接受。

---

① 我不想涉及通古斯人心智丛的先天特点问题，因为这意味着其假设的模糊性和误导性。尽管其中可能存在正确性，但由于科学的调查方法还未出现，因此将这个问题局限在功能方面更安全。同时，很可能最初与北通古斯人差别不大的满族人的情况是有启发性的，目前缺乏批评能力和坚持假设在满族人中十分典型。

② 我不了解通古斯人对俄国书籍的态度，因为在我调查期间，通古斯人还不是很熟悉俄国书籍。

另一个假设案例，我将列举微生物（kulikan）的例子，通古斯人把微生物（kulikan）视为遗传和发育过程的雄性要素，忽视了雌性要素。前文讨论通古斯人实证知识的部分，已经提到这类假设。现在，我暂时不对这些假设分类，本部分的最后一节会讨论其中某些十分有趣的假设。

38. 不同类型的神灵丛及其分类

首先，我从分类的角度讨论基于神灵观念建立的假设。对出现在通古斯人文化中的神灵不能抽象理解，必须置于具体的文化丛中讨论。其实，例如汉人中的娘娘神，绝不能在通古斯人的文化中理解其汉人形式。在汉人中，这一神灵丛（包括一系列神灵）反映汉人中有关儿童的产育文化。汉人教育中的许多因素在通古斯人中是完全没有的。因此，汉人中的娘娘神在通古斯文化中表现为其简化形式。还有一个例子，通古斯人中的下界神灵伊尔林堪的部分表现反映了回鹘人中的埃尔里克汗，后者是回鹘人在伊朗人恶神（佛教—阎王）基础上做出的改变，在伊朗人中，这一神灵具有完全不同的功能。

在神灵传入的过程中，通古斯人的态度是，外来神灵必须适应既有文化丛。不适合的文化要素将被排除，中立性的要素可能继续维系或被拒绝。在这一过程中，神灵的构成要素自然被赋予适应既有文化丛的新功能。只有在文化丛需要的前提下，即能够解释某些本质性要素，并且其原初或变化的形式可适应既有文化丛，神灵才会被接受。

通过研究通古斯人族团的形成过程，可以发现，由于地方适应和族际压力，不同通古斯族团的文化丛是有差异的。还有一个要素需要说明，不同的通古斯群体对外部族团的态度并不完全一致，对外部族团语言知识的掌握程度不同，因为我们找不到两个完全相似的通古斯文化丛。

由于上述原因，外来文化要素会带来不同的反应态度，不同的文化要素以原初或变化的形式被不同程度地接受。神灵不像服饰、狩猎等文化，受基础环境的影响，在特定的条件下，我们可以在各通古斯群体中观察到十分不同的神灵丛。尽管在几个神灵丛中，我们可以发现许多共同要素，但作为整体文化丛，它们是不同的，因此不同文化丛中的神灵总是有轻微差别。由于既有文化丛更容易吸收适合自身的文化要素，因此神灵嵌入文化丛的过程是有特定规律的。这里以两个联系十分紧密的群体满族人和满洲的通古斯人为例。在满族人中，我们可观察到富其黑神灵丛（源自佛教文化，很可能以汉人为中介），而通古斯人则不了解这一神灵丛的满族形式。满洲通古斯人的神灵丛与其相邻的游牧通古斯人十分不同，后者的神灵丛主要借自布里亚特人。而且，在满洲的驯鹿通古斯人中，古老的萨满教文化丛现在是缺失的，但其相邻族团库玛尔千人和兴安通古斯人的萨满教文化丛则保留完整的形式。通过这些评述可以看出，神灵的变化是十分广泛的——甚至最近的相邻族团也有十分不同的神灵丛。

列出一份完整且同步的神灵名单是不可能的。这些事实记录于 1917 年以前。而且，对于某些通古斯群体，我们有更早的记录。不过，如前所述，通古斯人倾向于改变自身的文化丛，尤其是神灵丛。如果他们沿着这一思路了解到新事物，不会犹豫把新事实和假设置于文化丛中。这种情况下，通古斯人在很大程度上依赖相邻族团提供的新事实和假设。过去数十年内，尤其是随着俄国人和汉人移民的到来，通古斯人的族际压力增大，这导致通古斯人文化丛的改变。其实，西伯利亚的通古斯人甚至部分满洲的通古斯人过去受东正教的强烈影响，而在满洲地区，1911 年辛亥革命之后，政府迫使一些通古斯群体放弃萨满教，这一后果即便未影响到信仰观念，也改变了具体实践，这在很大程度上影响了萨满教文化丛的维系。某些通古斯群体，尤其是后贝加尔地区以农业和畜牧业为生的群体，完全放弃了过去的神灵体系，接受了俄国文化丛。滨海边疆区的乌德赫人，从汉人狩猎者和商人处接受了汉文化丛。在我调查之后，这一过程经历了进一步发展。其实，西伯利亚的新权威宣告了一场关于各种“宗教信仰”的残忍斗争。尽管这一斗争应该在“启蒙”和“反宗教宣传”的学院式教育的方法下进行，但其实践方式却不同，通古斯人不能自由地继续实践关于神灵信仰的习俗和方法。这一过程中，政府权威选择愿意接受新政策的年轻人和老年人管理自身所属的族团。这些新的通古斯权威人物忽视学院化的教育方法，而是作为党政机关的一员，利用其权威压制同伴以获得最大的效果。结果是明显的——通古斯人失去了文化遗存，后者为第一批传教士文化冲击后所剩无几。不过，通古斯人中也出现了新要素。在国家政府管理下，西伯利亚的土著获得新的处境，各土著群体之间不被允许互相压迫。随着旧组织的解体，某些族团获得“自治”。在通古斯人居住的地区，雅库特人和布里亚特人是“自治”族团。这一后果是，通古斯人由于数量少，未获得自治地位，在经济方面某种程度上依赖雅库特人和布里亚特人，发现自身处在强烈且未受控制的压力下。这一压力的后果是明显的——通古斯人正在失去包括神灵在内的以前的文化丛。在这一方面，满洲的通古斯人没什么不同，因为他们已经处在其他族团的压力下，而且未受到中央政府的保护。

考虑到通古斯各群体的目前处境，可以预测，目前通古斯人中的神灵与我 1912-1917 年的记录已经不同了，其中去除了某些神灵，同时也纳入了一些新神灵。

神灵的分类

通古斯各群体中的神灵数量很多。在我看来，大致通过五种方式可以呈现给读者，即根据（1）字母表顺序；（2）神灵来源；（3）神灵在通古斯人观念和文化中的重要性；（4）具体的通古斯族团；（5）神灵的特征。

对读者而言，字母表顺序十分方便，但由于本书的结尾部分我编制了神灵索引，所以此处可省略字母顺序表。根据来源对神灵分类可能是十分便利的。通古斯人有时会注意到神灵的外部来源，例如毕拉尔千人和库玛尔千人称外来神灵为多那；大量的非通古斯来源神灵还保持着非通古斯名称；某些神灵表现出明显的外部来源痕迹，它们被毫不犹豫地分类为外来神灵；也有一些神灵现在已经不能表现出外部来源痕迹，但事实上可能是源自外部。对于不能确定来源的神灵而言，这一分类可能是误导性的。

如果可以建立客观的重要性标准，根据神灵在通古斯人观念和文化丛中的重要性，例如神灵在实践中出现的频率，进行分类也可能是可取的。不过，由于同一神灵在不同通古斯群体中出现的频率不同，这种分类无法操作。而且，有些不重要的小神灵经常出现在通古斯文化中，诸如阿楞吉这样的神灵十分普遍，常被提及，但在文化丛中却无关紧要。的确，在某些情况下，我们可以根据通古斯人的评价来说明神灵重要与否。

对神灵的分类和描述可以参考族团。但是，如果这样，某些族团的神灵可能很少，而其他族团的神灵则可能很多。这种情况可能源于两个原因，某些族团的文化丛被俄国文化丛取代，因此神灵数量十分有限，这类族团如满洲的驯鹿通古斯人。还有一些族团神灵数量少，是因为我的记录不全面，例如库玛尔千人的神灵丛几乎与毕拉尔千人相同，我并未对库玛尔千人的神灵丛做详尽的调查。而且，从神灵丛的角度看，可以将通古斯人分为四类群体，即后贝加尔地区的驯鹿通古斯人、后贝加尔地区的游牧通古斯人、满洲的通古斯人与满族人。但是，这种分组可能导致对事实的阐释完全参照上述分组，在某种程度上造成误解。

如果不采取人为的特点进行区分，根据神灵特点进行分类似乎是最可取的。其实，不能像某些作者根据自身所属或熟悉的族团的分类标准，把通古斯人的神灵按照好坏、善恶划分。通古斯人并不按照这两个极端分类神灵，任何神灵都可能是恶的、善的或者中立性的，这主要在于人类的态度和管理神灵的技艺。某些神灵可能是异乎寻常的善、恶或中立，但在通古斯人的观念中，没有固定的“善良的”和“邪恶的”神灵，最善良的神灵可能变得邪恶，最邪恶的神灵也可能变得中立，甚至善良。通古斯人会根据能力大小区分神灵，但这一分类会提供给我们来自不同族团的冲突的证据，这些族团关于神灵能力的观点是不一致的，在某一个族团中，例如在不太了解富其黑的满洲通古斯人中，富其黑的能力不高，但在满族人中，它们则是能力十分强大的神灵。

在这一部分，我将根据不同族团中的神灵特点描述神灵，同时指出其来源、在文化丛中的位置以及在族团间的关联。首先，我会描述与基础环境关联的神灵；其次，我会描述与灵魂有关的神灵；再次，我会描述外部传入的神灵；最后，我描述萨满掌控的神灵的细节。完成上述神灵类别的描述后，我会描述与神灵假设没有直接关联的假设。

第 11 节　最高存在与主宰神灵

39. 布哈（布嘎）

布哈（buγa）或布嘎（buga、boγa、boga）（涅、巴、满驯、兴、毕）表示最伟大的、全能的、全知的永恒存在，负责生命的存在且管理生命，引导整个世界。此外，除了上述方言，其他资料见于（涅·季）（乌鲁·卡）等方言，及其变化形式 boa（奥）（果·奥尔查·格），buge、boga（涅吉·施）也用来表示“高天-天空”。这些方言也可用来表示“地方”和“大地”，这个词语也见于（安·季）方言，另有变化形式 boa（果·格）、boγa（库，Iw?）、bogo、buha（乌德斯克地区通古斯人）、bug（拉）、boaw（叶尼塞流域方言——“地区”）；可以推测，满语包衣浑（boixon）——地球、土地、乡村等，以及普赫活（pùhhuô，女真·格）也可用于比较。[①]

我不能指出 buγa 这个词在北通古斯人方言中的最初含义，可能是上述含义之一——“高天”“世界”“地点”，也可能是“最高的存在”，随后含义扩展到“高天-天空”、“世界”、“地球”和“土地”。有一点很明显，调查者发现，在大多数案例中，包括满语在内的所有通古斯方言中，都可发现表示上述含义之一的词干。

在这些群体中，布哈可理解成“最高的存在”、“世界”、“地球”、“高天-天空”、“地方”（即讲话者理解的世界）。最高存在意义上的布哈不是拟人化的，也不是神灵之一，这一点后文会探讨。人类不能将布哈引入任何神位或人的身体。通古斯人没有关于布哈面貌的图画或观念。根据毕拉尔千人的解释，布哈管理人类和动物的生活。人和动物之间的关系由布哈

① P. P. 施密特把这个词的词干与蒙古语 bogodo（“神圣的”）和古老的波斯语 baga（“上帝”）比较（参见《涅吉达尔语言》，第 240 页）。这一比较可以扩展到加瑟人表示“上帝”的 bugaš（参见米罗诺夫《印欧语遗迹》，第 145~146 页）与俄语和斯拉夫语中表示“上帝”的 bogu。满语、日语、朝鲜语以及北通古斯语中的 ha~ba~pa——“地方”、“区域”很可能是 buγa→how→hoa=hā 的变异形式。实际上，buγa 也有上述方言表示的含义。

“建立”。从这个意义上说，布哈更像一种“自然法则”。由于这个原因，一些通古斯人说，不需要用法律管理狩猎，动物一直都是充足的。如果要求派送动物，不能打扰布哈，而是应该向白那查等祈祷（参见后文第41部分）。通古斯人的日常谈话中经常使用布哈，在欧洲语言中，尤其是在一场有组织的反宗教运动前，类似“布哈”的词语吸引了各方面的人，当然，这一现象发生的前提是，类似“布哈”的口号并未作为“落后”的词语遭到禁止。但是，在通古斯人中，这个词语并不在直接意义上被使用。一般来说，布哈在日常生活中的重要性不如后文要讨论的神灵重要，后者具有人类和动物的性质，同时也有“无生物”的性质。

目前，在某些通古斯人族团的方言中，我们观察不到与布哈相关的词语。这不是因为这些族团中缺乏“最高存在”、“世界”、“高天”与“地方”等概念，否认这些族团使用布哈表示广义上的“世界”等，而是由于外来词代替布哈，有时是外来观念的入侵替代。事实上，满洲的通古斯人就处在这一状况中，他们开始引进新词语朱拉斯吉恩都立，也可用朱拉斯吉布哈，或者简单地用朱拉斯吉。朱拉斯吉的意思为“南方”，恩都立是最近借自满族人（参见下文）的词语。但是，由于满族人中有很多恩都立，朱拉斯吉表示专门的地方——“天空中晴朗的区域”。由于这一原因，布哈最近被朱拉斯吉替代。随着新词语恩都立的引入，满洲的通古斯人也从满族人中引入一些新观念。

有意思的是，在受东正教传教士影响的通古斯人中，这个词语很可能已被放弃。[①] 目前，这些通古斯人中表示“上帝”的词语由传教士传入，原为通古斯人表示神灵或者更确切地说表示神位的萨瓦吉（savak'i，参见后文）。因此，在叶尼塞河流域的通古斯人中，我们发现表示天神的xovak'i、xovok'i、šovok'i，雅库茨克州驯鹿通古斯人用xaúki（席夫纳）、xeuk'i等，这些词语很可能是传教士传入的。因此，在传教士的记录中，我们很难找到古老的表示“上帝”的词语，可以估计古老的观念布哈可能被新的用萨瓦吉表示的“上帝”观念所遮蔽。由于这一原因，未受东正教传教士强烈

① 对此，我不敢肯定。因这些方言的词典由调查并不深入的传教士和旅行家编纂。其实，一般来说，通古斯人对词语及其含义的理解要比调查者贴切。因此，很可能的情况是，当被问及表示“上帝”或“最高神灵”的称谓时，他们会给出外来者已经使用的词语如萨瓦吉，恩都立等。

影响的通古斯人群体如后贝加尔地区通古斯人、满洲的通古斯人以及阿穆尔地区的通古斯人中，不能观察到萨瓦吉一词。巴尔古津通古斯人和涅尔琴斯克通古斯人，使用布日坎（乌鲁·卡）（涅吉·季）表示基督教的上帝，这个词语借自蒙古语（布里亚特）布尔罕（burxan），在通古斯语中，这个词语也表示外部来源的神灵（参见后文）。在巴尔古津通古斯人中，达哈千（daγačan）也可用来表示基督教的上帝。在阿穆尔地区，传教士使用恩都立表示基督教的上帝。所有上述通古斯人使用的词语并不对应布哈的含义，用来表示一个新的外来观念。调查者很容易发现通古斯人中新观念和新词语的采借，也可发现旧观念和词语的消失。一个有趣的案例是库玛尔千人中发生的布哈观念的部分消失，由朱拉斯吉新观念替代，后者与布嘎十分接近。这点可以在描述满族人阿普凯恩都立观念的过程中得到更好的理解。

通过上述事实，我们可以得出结论，“最高存在”观念与词语布嘎（及其变异形式）是十分古老的，与现在不同，通古斯人接受“最高存在”观念时并未受到强烈的外来影响。事实上，通古斯人不了解这一观念的“起源”，在他们看来，这一观念一直存在。我描述过这一观念，[①] W. 施密特[②]使用我的资料进行了进一步的分析和比较。

阿普凯恩都立（Apkai enduri）

这是满语口语，对应满语书面语中的阿布卡恩都立（abkai enduri）。这个词的含义是诸天的恩都立，它是世界上最重要的神灵。所有其他的恩都立、各类神灵、人和动物都由它控制。在某些满族人看来，阿普凯恩都立是一个复合性神灵，而非个体性神灵。但是，这一观点很可能是新的现代调整，因为在献祭典礼中满族人会区分出不同的恩都立，阿普凯恩都立被视为单独的神灵。在其他的通古斯人语言中，我们观察到的仅是借用的endur'i词语。只有南部的通古斯群体中有这个词。这个词似乎借自因陀罗神，因为后文将表明，endur'i与因陀罗神所属的文化丛密切相关。在一些通古斯群体中，可以

① 参见《通古斯人萨满教的一般理论》，1919，第14页。

② 参见《上帝观念的起源》，1931，第3卷。

发现 andura、èndira（兴）、anduri（毕）。关于“天神”的起源，可能与汉语“天”和“神”有关。在满族人看来，阿普凯恩都立共有 7 个女儿。同时，它并非与女性全然无关，不过阿普凯恩都立是一名男性。当然，这反映了汉人的阴阳文化观念。不过，满族人认为，恩都立在本质上是满族人的，蒙古人没有这类观念。而且，阿普凯恩都立会给它想惩罚者或仅仅加以报复之人带来疾病。这位神灵居住在高天上，这里是绿色的，有清澈的水，鲜美的水果，尤其长满茂盛的莽嘎莫——“橡树”。这里没有人类。因此，与通古斯人中的布嘎观念相比，阿普凯恩都立别具特色。尽管阿普凯恩都立很有力量，却是具有人类全部特征的神灵，因此被视为人。在许多情况下，满族人会向这位神灵提出要求，例如氏族分裂为两个新外婚单位时；在婚礼上，满族人会向天神宣称新结成的婚姻关系；朋友之间会向阿普凯恩都立发誓，成为“像兄弟一样”的关系。最后一个情况并非满族的习俗，而是源自汉人。同时，满族人每年会定期献祭这位神灵。遇到与其他神灵冲突、渴求事业和生活中运气等情况时，满族人也会向阿普凯恩都立献祭。这位神灵接受的祭品会在专门的小节中得到描述，它有自身的神位，即在院内主屋和大门中间的木雕屏风前立的一根高耸的木杆。木雕屏风称影壁；在汉人的房屋中，影壁具有不同的功能。

满族人关于阿普凯恩都立的观念并不十分依赖典籍，在典籍中，阿普凯恩都立可能会结合汉人的天神和一般的汉文化再次调整。在 17 世纪和 18 世纪的历史文献中，出现了阿普凯恩都立，即满语《御制清文鉴》（manǰu gisun i buleku bitxe）与《钦定满洲祭神祭天典礼》（kesi toktobuxa manǰusai večre metere kooli bitxe）中乾隆帝所撰的序言部分。在这两部历史文献中，我们找到了早期满族人天（阿布卡）信仰的线索，乾隆帝反对把阿布卡理解成富其黑和恩都立。不过在新的仪式中，占据最重要位置的是佛（在坤宁宫，一个佛龛），第二重要的是尚锡恩都立。朗哥赖以充分的理由把尚锡（šaŋsi）理解为汉语“上帝”，[①] 在汉语中，这个词也指基督教中的上帝，

① 哈勒兹（参见《晚期中华帝国的宗教与典礼》第 14~15 页）不想接受这一观点，但他不能提出其他解释反对朗哥赖和加贝伦茨，事实上，šaŋsi 并非满族的词语，满族人用 apkai enduri 表示自身的神灵，t'i（汉语）→s'i（满语）的原因很可能是在满语 t+i 中，t 颚音化了，t' 似乎只在汉语词语中使用，满语中的 s'i 比 ti 更接近汉语中的 t'i，参见满语中的 tingeri ‖ singeri。

从这个意义上说，这个词最近才使用。随着佛教文化和部分基督教文化进入满族人中后，阿普凯变得不如佛重要，一方面由于汉人影响，另一方面因被基督教的上帝替代。事实上，满族人进入中原活动之初，就经常使用接近阿普凯恩都立意义的“天”（阿布卡）。满族人入主中原后，这一观念逐渐消失，汉人的“上帝”成为恩都立之一（仪式中的尚锡恩都立），同时，占据最重要地位的佛教可被称为“大清”的“国家”宗教或者说官方政府宗教。因此，至少在18世纪，古老的满族文化在北京已经发生很大的变化。不过，新神灵尚锡恩都立并未传播到瑷珲地区的满族人中，他们仍保留古老的观念，使用词语阿普卡（apka）。

如前所述，阿普凯恩都立与北通古斯人中的布哈不同——它是一位人格化的神灵，是恩都立类别之一。这个事实表明，古老的阿普凯-布哈观念被替代或者消失了，这一时间应早于满族人获取政权，因为实际上与人格化的恩都立“存在”不同，布哈崇拜不需要祭品、规范化的祈祷词和相关仪式。同样值得注意，甚至在北京，满族的尚锡恩都立的地位也很特殊，因为萨满（一种特殊类型的萨满，参见后文）不负责献祭这一神灵，但萨满负责献祭佛，瑷珲地区满族的萨满负责献祭阿普凯恩都立。从这一角度看，文化丛的重叠很明显。

阿普凯恩都立传入满洲的通古斯人后，发生进一步改变。首先，词语阿普凯恩都立变成朱拉斯吉恩都立（库、毕）或者仅仅是朱拉斯吉，后者表示居住在天南部的神灵。而且，这个神灵可以被称为 èǰin——主人、统治者、首领等。其次，在满洲的通古斯人中，如遇氏族分裂、狩猎成功、新萨满身份获得、受传染病和其他疾病困扰等情况，需要献祭这一神灵，布哈观念在通古斯人中仍在延续。在满洲的通古斯人看来，上述困扰情况还未达到须祈求布哈的严重程度。第三，这位神灵接受特定的祭品，同时伴随特定的祈祷词。第四，某些通古斯人认为，这位神灵带来了生火和保存火的知识。它被视为房屋的守护神，反映了人神之间的严格关系。第五，这位神灵有永久的神位—— 一根木杆，上面固定着一束草，以及狍子、驯鹿（马鹿）或者野猪的颈椎骨。两个很可能是神灵奴仆的人形神位，被抛到离献祭地点很远的地方，目的是让神灵奴仆获得自由。可以发现，献祭之后，与满族的阿普凯恩都立相比，这位神灵更接近下文描述的神灵。在兴安通古斯人中，安杜立（èndira，或 andura）布日坎处于同样的状态，可以假设这一神灵属于同样来源，但奇怪的是，它也被解释为布日坎（参见下文），有不同颜色的马作为坐骑——白色、黑色、红色和栗色。这些马与雨、闪电等有关，这表明了该神灵的复杂特征。这进一步深化了它与阿普凯-布哈甚至满族的阿普凯恩都立的不同。

前文我提到，东正教传教士用恩都立把基督教的上帝译成果尔德语。果尔德人中的阿普凯恩都立、布哈和朱拉斯吉未被记录。但是，通过洛帕廷的一份记录，可以明确看出果尔德人中有此观念，[①] 很可能与满族人的观念相近。但是，记录并未提供细节，很难判断果尔德人的 endur'i 属于哪种类型。应该指出的是，果尔德人把北通古斯人的词语 boa（bova、boani——分别对应萨玛吉尔、萨玛尔氏族，参见 P. P. 施密特《萨玛吉尔语言》）理解为“天空—高天”。

通过上述事实，可以明显看出，恩都立观念是北通古斯人中此前未知的新神灵，与古老的布哈文化丛重叠，这导致布哈文化丛的部分消失。我们假设，如果满族人认同乾隆帝的阐述，这一过程则在满族人中进展得更深入。在受俄国人影响的北通古斯人中，其古老的文化丛被新文化丛取代，即基督教的上帝被完全赋予误导性的名称如“萨瓦吉”“恩都立”等。

这里可引用一些事实帮助澄清布哈观念，本部分开头呈现的事实也被通古斯人的相邻族团了解。根据什连克介绍[②]，在吉里亚克人中，词语 yzǐgy（格鲁贝）表示完全“好的”，他们不需要向这一神灵祈祷和献祭。在蒙古人中，腾格里与布哈相似，被视为最高存在天。在布里亚特人中，有几位没有形象、居住在高天上的腾格里。它们分别对应特殊的恩都立（参见扎姆查拉诺，参见《阿加布里亚特人的翁衮信仰》，第 391 页。波德戈尔本斯基描

① 这位调查者说：“恩都立的形式十分广泛，其崇拜如此简单，对果尔德人心智陌生者会感到惊讶。但最令人惊讶的是恩都立的不一致，甚至是对萨满教的敌意。恩都立从未保护萨满，后者也从不向恩都立祈祷。”（《阿穆尔河、乌苏里江和松花江流域的果尔德人》，第 211 页）

上述描述对应其他群体中的布哈和恩都立。恩都立的这些特点使洛帕廷得出恩都立汉人来源的结论，当然，我不赞成他的意见。

② 参见什连克《1854~1856 年在黑龙江地区的旅行和调查》第 3 卷，第 107~108 页。

述了“好的”布日坎，与通古斯人相似。与蒙古人腾格里相近的很可能还有雅库特人中的唐阿拉观念，含义是“高天、善神”和“上帝”[①]）。不过，谢罗谢夫斯基对阿耶陶耶恩（Ajy tojön）做了不同的定义，[②] 在他看来，这位神灵是最高权力的表现，既不是善的，也不是恶的，是一种普遍的存在。这位神灵居住在第七层天上，不干预人类事务；献上祈祷词和祭品是无用的。事实上，这一描述为我们提供了与布哈几乎相似的面貌。[③] 结合上述相似性，也可根据意义将布哈与汉人的观念相比较，可以得出，它不是一位神灵，而是“自然法则”，是无以名状的，也不能受祭品和祈祷词影响。

上述事实表明，通古斯人中的布哈观念并非个别现象，居住在通古斯人中的其他群体或者是影响通古斯人的群体中都有相似现象。目前，我们不能恢复布哈观念的起源及其传播的过程。这个观念很可能和“灵魂”观念一样古老，因此其起源的中心可能永远失去了此观念，甚至这一观念出现时，还没有动物物种意义上的“智人”。

40. 世界的构造

前一部分，我们已经触及阿普凯恩都立位置的问题，但仍未澄清天、地、天空等通古斯观念。为了方便理解出现在后文的这些观念，我必须描述通古斯人关于“世界”的观念和假设。如果我们想了解通古斯人关于世界的系统观念，而不是局限在某些细节的阐述上，是十分困难的。首先，通古斯人中有几种被不同程度接受的假设，不同的通古斯人各有侧重。而且，大量的“民俗”（出于通古斯人立场的理解）有时以诗的形式描述世界。通

① 佩卡尔斯基：《俄语-雅库特语词典》，第2551~2552页。

② 参见谢罗谢夫斯基《雅库特人：民族志调查报告》，第651~652页。

③ 参见佩卡尔斯基描述的 ürüŋ aju tojon。贾斯特勒姆斯基将这位神灵理解为人格神。但是，在雅库特人中，这种情况受到两个因素的影响：其一是基督教因素的影响，基督教很久以前就进入雅库特人文化之中（17世纪初俄国人出现在雅库特文化中），其二是调查者不会对其发现漠不关心，这些发现，可以帮助他们（大多数人是政治流放犯）去往西伯利亚。同时，大多数调查者通常使用问卷（参见前文第3节）搜集数据，按照自身的文化观念展开调查。因此，在这些调查者中，让事实适应先验理论的情况并不罕见。

古斯各群体关于世界的观点并不一致。这类诗的形式的世界阐释在多大程度上被接受在不同的通古斯个体中有差异。其实，熟悉世界构造假设的通古斯人，并不接受自然现象的"民俗"（在他们看来），认为其只是讲给儿童的幻想故事。不过，"事实"和幻想故事间的界限并不明确。关于世界的假设和"事实"，是"民俗"的产物，还是反思性"科学"认识的产物，通古斯人有时也很犹豫，只要是具有文化"优越性"的权威族体像蒙古人、汉人、满族人和俄国人接受的观点，通古斯人哪怕不能全面理解，也会选择接受，通过阅读来自这些族体的书籍，通古斯人学会了许多事实和"真理"。但是，不精通理论的通古斯人，尤其是儿童，可能很容易接受作为"真理"的"民俗"阐释。如果我们假定通古斯人在"科学理论"和"民俗"（关于世界诗学认知的产物）之间不做区分，这个任务就不难了。如导论中所述，调查者常常会为读者呈现最为惊人的图景。我相信，这一呈现通古斯人观念的形式具有误导性。不过，尽管上述两种方法都属于通古斯人，但很不容易区分这两种方法。因此，在这部分，我想警告读者，我只是想尝试呈现被成年有智力的通古斯人几乎普遍接受的观念。

在巴尔古津通古斯人和涅尔琴斯克通古斯人中，被最广泛接受的观念之一[①]是世界是一个一直存在的复合整体，不是被创造的，[②] 称为图鲁（turú）。它由三个世界构成，上界乌吉敦达（uγidúnda）；中界敦达（dúnda），由陆地约尔科（jorko）和海洋（lamu）构成，其中陆地位于海洋的中间；下界奥尔吉敦达（orgidunda = örg'idúrda）或布尼勒（bunil）。这里应该指出，在不同的方言中，turu ~ tur 的含义不同。因此，在博尔扎河流域游牧通古斯人和巴尔古津通古斯人中，这个词被理解为"世界-宇宙"；但是，在毕拉尔千人、库玛尔千人和兴安通古斯人中，tur 表示"陆地-土壤"，dúnda 似乎与蒙古语表示"中间"的词语有关，[③] 仅表示"中界"；但是同一词语的变化形式 dunna

① 前文第 114 ~ 115 页是简单描述，需要做一些补充。为了不让读者返回前面部分，这里我将再次复述某些事实。

② 但是，应该承认，被称为 nonokon（较早、以前）的时期，世界上没有陆地和海洋，它们是由神灵布日坎创造的。

③ 参见我的《民族学与语言学诸方面》，第 144 页。

（语音同化案例）（满驯）却用于表示“陆地-土壤”，“陆地”与海洋对应，表示“抬高的地方”甚至“土地上抬高的地点”；jorko（涅、吉）是“土地”、“陆地-土壤”；uγi 和 orgi = örg'i 分别表示“上面的”和“下面的”；bunil 源自 buni——“死者的”，词干 bu 的意思是“死亡”，“l”是一个复数形式，整个词语的意思是“死者”。上界是由多重天组成的系统，其中有太阳、月亮、星星和系列神灵以及布日坎或布哈；某些人的灵魂可以到达这个世界。天空系统事实上并不重要，许多通古斯人认为这是一个布里亚特观念。根据萨满教观念，有两条蛇（库林）支撑着土地（约尔科），但通古斯人会补充：“萨满是这样说的。”此界居住着动物、人和神灵。下界是黑暗的，居住着死者（他们的灵魂）和一系列神灵。下界生活的组织方式和中界相同。下界通往此界的入口位于中界的西北部。这些通古斯群体中还有另一种观念，即否认乌吉敦达的存在，仅承认敦达和布尼勒。在这一观念下，神灵居住的地点改变了：应该居住在上界的神灵被转移到地球上，并被安置到高高的山峰上。关于太阳、月亮和星星的问题未被回答。我的报道人一位萨满告诉我这是他的观点，但他也指出，关于这一问题的观点是有差异的。

“三个世界”很可能不是通古斯观念，尤其是考虑到伴随蒙古语 tur 含义发生转移时，这点更为明显。后文会描述上界的特征。

满洲的通古斯人毕拉尔千人中，可以发现几乎相同的观念。宇宙是布哈，世界分别是上界 uγillan、中界 èrgin 和下界 orgu bojen。uγillan 由 uγi+la（方向）+n 构成，因此可以被理解为世界的上面；èrgin，生者的世界；orgu bojen［与 örgi 的词干相同］，下界，对应布尼（buni）。不过，上界包括九层天，前三层天由恩都立占据，第四层天是太阳，第八层天是星星（和行星），第九层是月亮。在一些毕拉尔人看来，下界至少包括两层：布尼与更往下的额拉固伦（èla gurun）。后者并非毕拉尔千语，而是借自达斡尔人，后者从满族人中借用固伦一词。这一观念与灵魂命运理论相关，后文将会讨论。中界位于海洋上，由蛇支撑，其运动会带来地震。但是，并非所有通古斯人都承认这一假设。毕拉尔千人熟悉 galbu 理论［参见 galab ‖ galap ‖ γalba（蒙·鲁），参见 Kalpa，梵语］。在这些通古斯人看来，世界因为大火发生几次改变，每一次大火出现后，新人和新的神灵也会出现。（满族人也把这些灾难解释为洪水）。在大火之后，大地颠倒了。毕拉尔千人将这次活动称为 galbu kallāren——世界改变了。很明显，galbu 观念是采借的。

其他通古斯群体拥有大体相同的世界观念，彼此间差异很小，主要取决于相邻族团的影响程度。与其他通古斯群体相同，满族人相信宇宙由三个世界组成。但是，与佛教相伴随的更多文化从阿普卡（apka，“天”）、那（na，“地”）以及那陶罗尔吉（natolorg'i，“地球外部”）[参见图勒尔吉（满语书面语）]已渗透进满族文化。上界的复杂结构在满族人了解的典籍中有所呈现。一些满族人认为，满语抄本《尼山萨满》中描述的下界更像“故事”，而非“历史”。在这部分，我忽略了关于太阳、月亮、星星等民俗，因为所有通古斯人都不认为这是可信的假设。

41. “主宰神灵”观念与某些主要神灵

在通古斯人及其相邻族团所了解的神灵中，有大量的神灵被视为区域、地区、不同动物群、单一动物群以及人的主宰者。不同的通古斯群体普遍把这些神灵称奥占（ǒǰan，满驯、毕、库、巴）、奥尊（oǰon，涅）、额占（èǰan，毕）、奥丁（od'en①，兴）、额真（èǰen，满）②。这不是表示某类特殊神灵的词语，却体现了“主宰者”“可汗”“统治者”“丈夫”等含义。萨满也是其所掌控神灵的额真；能够控制某些事物的神灵也是额真。因此，前文讨论的朱拉斯吉也是额真，但布哈不是，因为布哈并非个人，不是人类一样的存在。由人类灵魂形成并栖息在泰加林中的神灵不是额真，但会变得有影响力，可以控制一个地区或一组相似的漂泊灵魂，成为额真。因为动物有灵魂，其组织在许多方面与人类相似，因此某些动物灵魂也可能成为额真。因此，正如任何人都有潜力成为额真一样，任何神灵都是潜在

① 根据后文第 563 页的内容，这个词应该是 od'in。——译者注

② 许多通古斯方言中都有这一词语，参见格鲁贝对以下词语的相似性比较：éǰin（果尔德）（第 11 页）；还有布里亚特语言 ežin；蒙古语（喀尔喀）eζen（波）；eǰ(e) n ‖ eǰen（蒙·鲁）。这一通古斯语词语甚至变异成 ydi，但这是不确定的。

的额真。当然，神灵可以获得主宰权，也可以失去主宰权。同时，不仅神灵可以成为“主宰者”，而且某些动物也可被视为其他动物甚至人的“主宰者”。例如，在巴尔古津通古斯人中，老虎被视为所有其他动物的主宰者。[①]在吉里亚克人文化中，“主宰者”是海洋动物。在这种情况下，人类的社会关系被移植到其他动物的范围之内。由于被称为额真的神灵的变化特征、额真资格的转移、额真能力的变化以及额真的非神灵功能、额真在神灵和非神灵世界的特殊功能，因此不能像旧时的俄国民族学家那样，把额真视为特殊的神灵群体。下面，我将论述这组神灵。

白那查或巴烟阿米　狩猎和泰加林中的主宰神灵

这两个词语含义相同。第一个词语白那查（bainača）借自达斡尔人，达斡尔语 ača 对应通古斯语 am'i，意思为“父亲”。第二个词是巴烟阿米（bajan am'i），bajiŋ（达·波）、bajin（达·伊）［参见 bajan（蒙、满）］、bajan（除某些群体外的所有通古斯人）意为“富裕”。通古斯人和达斡尔人把这两种形式的神灵名字理解为“富裕的父亲”。第一种形式词语见于兴安通古斯人、库玛尔千人、毕拉尔千人和达斡尔人，第二种形式词语只见于毕拉尔千人。不过，雅库特人也了解这一神灵，称巴亚那伊（bajanaĭ）。佩卡尔斯基认为这个词语源自突厥语 baĭ+änä（参见阿尔泰语 pajana），并且这位作者将这个词语翻译成“富裕的巴亚那伊”。根据约诺夫介绍（参见其《雅库特人中的泰加林森林主宰者》），巴亚那伊是一群动物即麋鹿、狐狸、野兔、貂、麝鹿、山羊、鼬（索龙高）和 3 只鸟的主宰者；这些动物一般是不能用弓和箭捕获的动物。在某些雅库特看来，这位神灵穿着衣服、围裙，骑着驯鹿，看起来像一位通古斯人。[②]这位调查者认为，这一神灵借自

① 通古斯人把老虎视为其他动物的额真与欧洲人把狮子称动物之王几乎相同。不过，在欧洲文化中，这可能仅仅是民俗创造，是艺术想象的产物，但在通古斯人中，这是基于事实观察的观念，这表明，在某些地区，老虎是最有力量的动物，它实际上不受其他动物支配，根据自己的意愿“管理”其他动物。如果我们将“主宰者”视为只是关于神灵的观念，通古斯人和其他群体用“主宰者”表示老虎，会导致关于老虎地位的错误观念，老虎会被赋予超自然的“神灵”品质，这并非被调查对象的观点，而是调查者的观点。事实上，这一问题一直十分混乱。因此，遇到每一种额真的情况，我们要弄清楚“主宰权”的实际性质。

② 参见《雅库特人中的泰加林森林主宰者》，第 5 页。

其他族团。[1] 它在通古斯人和达斡尔人中的含义是毋庸置疑的，与此同时，其观念、特征和功能在雅库特人和通古斯人中也是相似的。因此，这些神灵名称的词源目前仍是模糊不清的。突厥语 baĭ+änä 可能源于达斡尔人和通古斯人的民俗语，并且 baĭ+änä 也可能源于 bajan am'i—bajanaĭ。

在泰加林地区，白那查随处可见。兴安通古斯人把它想象为一位个头非常高、白皮肤、灰色胡须垂胸、眼睫毛约 7 厘米长的老者。这位神灵骑着一条狗，狗腿有 1 米多长。[2] 这位神灵有一位妻子（奥尼，母亲）和两个孩子，一个男孩和一个女孩。但是，库玛尔千人却说这对神灵夫妇没有孩子。毕拉尔千人认为，白那查或巴烟阿米是一位留着长胡须的老人，把老虎作为坐骑。

白那查负责分配动物，并把动物派送给猎人。它是动物的“主宰者”。[3] 因此，如果人们想狩猎，则必须请求白那查派送动物。这是毕拉尔千人向猎人提出问题的原因，“aja mahin? baĭnača buraje?”即“运气好吗？白那查送运气了吗?”这位神灵因此送来玛辛，即狩猎运气。白那查有自身的神位形式，通古斯人会砍掉树皮，使树干露出新鲜木质的部分成平面，方便用猎刀在上面刻出眼睛和嘴。猎人经常刻出两个神位，一位表示丈夫，另一位表示白那查的妻子。兴安通古斯人在落叶松上制作两个大的永久性神位：一个神位位于图拉河（甘河的支流）河源附近的山口，另一个神位位于努克图卡里河（也是甘河的支流）源头附近的山口。墨尔根通古斯人在激达河（比斯特拉河）河岸也建立这类神位。路过这些地点的通古斯人会留下

① 参见《雅库特人中的泰加森林主宰者》，第 21 页。

② 一位自称亲自见过白那查的通古斯人向我描述了这位神灵的形象。他说：“有一次，我捕松鼠，三天之内，我（仅仅）捕获 25 只松鼠，我无法捕获更多的松鼠，猎枪可以很好地射击且射中目标，却不能杀死松鼠。然后我准备了 4 块糕点，放在达勒扎（供放置祭品搭建的平台）上，很快我见到一位从西边河流过来的老人，手中拿着糕点。我跪下并祈祷：‘请您帮助我狩猎吧！’后来，白那查离开，往西南方向走去，在当天中午前，我捕获了 40 只松鼠，在接下来的两天里，我一共捕获了 120 只松鼠。”当然，在通古斯人看来，这一证据是可靠的。由于这一神灵的存在受一系列假设的支持，通古斯人中可经常发现关于白那查的故事，各个故事彼此相似，因此这里我不再引述。

③ 毕拉尔千人认为，这位神灵还负责照顾驯养的动物，这似乎是神灵功能的扩展，其他通古斯群体不了解此功能。

一些小祭品，包括马鬃、食物、松树枝等。猎人在狩猎前经常在山口处的树上刻出小神位，狩猎后会杀死动物，把被杀动物的血涂在神位的面部，如果捕获的猎物只有麋鹿，则不会杀死猎物。就我所知，这一实践只局限在毕拉尔千人中。按照规矩，神位必须设在人迹罕至处，距离宿营有一定的甚至相当长的距离，因为通古斯人认为神灵居住在森林中的荒凉之处。在兴安通古斯人中，白那查可能拥有自己的白马翁冈（参见后文第 14 节）。家庭的外部成员不能使用这匹马，但家庭中的妇女可以使用这匹马。白那查也可能带来疾病或仅仅是精神紧张，在这种情况下一次献祭就足够了，但有时则一定要邀请萨满，此时，白那查会被与任何其他布日坎一样对待。不过，这种情况并不频繁。①

应该指出，到泰加林中狩猎的满族人也会制作神位，表演复杂的仪式。通古斯人说，汉人猎人也遵循此惯例。

在对后贝加尔地区通古斯人调查过程中，我未发现白那查或巴烟阿米的名称，他们要求并感谢达哈千（参见后文）和布日坎赐予动物。我没有观察到任何专门的相关神位。在满洲驯鹿通古斯人中，这位神灵称玛浑（mahun ~ maγun ~ mahin），被视为动物的“主宰者”，尤其是马鹿的主宰者，它也主宰所有的河流和山川，因此，通古斯人认为必须用祈祷词献祭这位神灵。它有一位妻子奥尼布日坎和 3 个儿子乌塔布日坎。晚上，这几位神灵会造访棚屋，在那里，有为它们专门制作的神位，它们会受到尊敬。这位神灵现在也是家庭的守护神，没有制作出的相关神位。过去，后贝加尔地区的通古斯人会制作一个特殊的狩猎工具帕那高，是一块带有皮绳的木板，用来背餐具和猎物，这一工具在整个亚洲地区十分普遍。帕那高的顶部被雕刻成脸的形象，作为玛浑的神位，通古斯人狩猎后要定期“喂养”。过去，后贝加尔地区通古斯人狩猎后会经常制作德勒格勒，是一木片，25 厘米至 30 厘米长，上面有粗犷的表示眼睛和嘴的刻痕，留着长长的刨花，阿伊努和吉里亚克人也实践这一文化丛，它可能借自日本人。德勒格德的尖

① 在兴安通古斯人中，我曾见过一位十分紧张的年轻男性。这种状态被归因为白那查。制作神位后，这位年轻男性痊愈了。而且，我所认识的一位哥萨克人也把狩猎成功的原因解释为制作神位。

端插入土地中。这一类型的几个神位固定在棚屋外面。神位的嘴部涂着血，神位前面供奉着煮好的肉。家庭成员跪在神位前面。[①] 某些毕拉尔千人也把这种情况称为白那查玛辛，也可称为“制作玛辛”，即“为祈祷神灵赐予玛辛为白那查制作神位”。

其实，满洲驯鹿通古斯人的情况并不典型，如前文所述，很长一段时间内，这一群体受俄国人影响。我认为，在这一过程中，毕拉尔千人已经忘记赐予“狩猎运气”的神灵名称。玛辛（Mahin ~ maγun）等意为“狩猎运气”。巴尔古津通古斯人接受了表示主宰狩猎动物神灵的外来词语 burkan，同时仍使用莽温（玛辛）表示猎到许多动物的幸运猎枪。

正如我已指出的（参见前文第 175 页），除猎人技能外，通古斯人不能理解统计意义上的偶然现象，管理和引导狩猎机会的神灵假设十分令人满意，缓解“捕获”和“不能捕获”、“遇到”和“错过”动物给猎人带来的焦虑。通过这一评论，我不想强调何为根本因素，是管理动物生命并与人形成特定关系的神灵观念，还是认识到遇到和捕获动物的不确定性事实。我甚至不敢贸然判断玛辛（及其变体）的原初意义是偶然性（运气），还是神灵管理的“运气”。有一点是明显的，从功能的角度看，本书论及的所有群体都有负责管理狩猎的神灵（派送动物）与“运气”的观念。这一文化丛与某些词语（巴亚那伊、白那查、巴烟阿米）（玛辛）在传播的过程中，发生某些文化要素丢失和替代现象，这使我们不能判断“运气”和“神灵-管理者”的原初状态。这两个观念貌似十分古老，很可能有很长的历史。[②]

奥米西（乌米西）（奥米，乌米）　负责分配灵魂的神灵

这位神灵居住在天的南部，其功能是赐予儿童灵魂。在兴安通古斯人中，这位神灵居住在天的西南部，是一位复合性神灵，由奥米（om'i，一位男性）

① 遇到疾病的情况下，会制作相似的神位。

② 其实，可以同时提出几种相对可信的假设，但它们对于进一步得出结论无济于事，甚至在应用的过程中可能是危险的。例如，在通古斯人和蒙古人的文化中，bajin-majin-mahin-maγin 的变化是可能的。同时，“财富”和“运气”可能也源于相同的语义群体，但我不想肯定这一假设，因为这意味着放弃其他假设的可能性。

和乌米斯玛（um'isma，一位女性）构成。如果某人想生育孩子，必须请求这对神灵夫妇。它们居住在天上的棚屋中，守护着一棵树，上面是表现形式为鸟的未出生儿童的灵魂。[①] 这对神灵夫妇有一匹马（很可能有许多匹马）奥米西（om'is'i）莫林，负责把灵魂送到人间。满洲的驯鹿通古斯人认为神灵奥米也会保护儿童。库玛尔千人认为他们称为乌米（um'i～om'i）的神灵是一位女性，没有丈夫。在毕拉尔千人中，这位神灵称奥米西或乌米西（um'ism'i），对应满族人中的翁奥西妈妈，并且没有丈夫。因此，这一系统的假设是灵魂由神灵乌米斯玛—奥米西—奥米—乌米赐予。这些名称与表示"灵魂"的词语奥米—乌米有关系。在巴尔古津通古斯人中，灵魂称奥米烟（om'ĭjan），由达哈千等级的一位神灵派送。现在毕拉尔千人中采借一位与乌米西（um'ism'i）有某些关联的新神灵，即汉人的娘娘神（参见后文第 42 节）。

在满族文化中，翁奥西妈妈[②]有时也被称为胡图里妈妈，这位神灵在阿普凯恩都立的命令下把灵魂（乌嫩伊佛扬古）送给儿童或动物。在房屋中，要为每位男孩准备一个神位—— 一个小弓箭，不能扔掉这个神位，也不能损坏，要不然男孩可能会生疮或有其他困扰。不过，满族人也接受保护儿童和妇女的汉人娘娘，萨满与这位神灵毫无关系。随着娘娘观念的传入，满族文化中增加了许多汉人神灵。但是，一般来说，除了给儿童带来如麻疹、天花、水痘等疾病的神灵，其他的神灵并不重要。后文会述及这点。

巴尔古津通古斯人和涅尔琴斯克通古斯人认为，奥米烟（om'ijan，jan 是一个后缀）负责管理灵魂。因此，如果灵魂不稳定，他们会求助于这位神灵。

火神：高罗姆塔、嘎拉罕、陶浩勒金、陶浩曼、陶浩奥尼恩

通古斯各群体都知道火神。不过，他们关于这位神灵的观念并不十分

---

① 在果尔德人中，这一灵魂称奥米亚（om'ija），降落到妇女身体后会导致妇女怀孕。我认为希姆科维奇的这一记录（参见洛帕廷《阿穆尔河、乌苏里江和松花江流域的果尔德人》，第 199 页）是不正确的，因为所有的通古斯群体都不会把怀孕和获得灵魂（奥米）相联系，而是把怀孕视为一种自然现象。而且，灵魂可以离开身体（生病），儿童可在没有奥米的情况下出生，可以生存一段时间。由于这一原因，果尔德人必须请求神灵赐予灵魂。

② 扎哈罗夫指出，奥米西妈妈是一位萨满教神灵，是幸福之神，儿童和财富的保护者。不过这一阐释是错误的，萨满与奥米西妈妈没有任何关系，它不是保护者。

一致。巴尔古津通古斯人和涅尔琴斯克通古斯人认为，这位神灵应该是一位年老的妇女陶浩奥尼恩（火妈妈）、陶浩奥诺（火祖母）。这位神灵没有神位，它居于家庭（棚屋）的火中。有两位神灵与火神有关系，即陶浩勒金和陶浩曼，它们在萨满教中具有特定功能，在萨满去往下界时发挥作用。人们必须对火十分友好、小心翼翼，也就是说，要经常投喂食物，不能向火中吐痰，也不能用刀（以及一般意义上锋利的铁）触碰火。违反禁忌可能会带来很大的影响。因此，巴尔古津通古斯人中流传如下故事：

> 从前有一妇女带着孩子待在棚屋中，一火星落到孩子身上。这位母亲非常生气，用长刀刺向火。接着，她迁徙到另一个地方。搭建好棚屋后，她尝试生火，但无论怎样也生不起来。这位妇女返回曾离开的棚屋。她发现一位老年妇女，背部被砍成两部分，躺在原来的生火处。返回的妇女杀了一头驯鹿，用新鲜的驯鹿肉盖上老妇的背部。这位老妇感到了温暖，并告诉这位妇女："以后不要再这样做了：好好生活!"从那时起，通古斯人都开始善待火。

在《北通古斯人的社会组织》中，我已指出，当新娘嫁入其新家庭时，必须向火神献祭，这是婚礼中的一个重要环节。

兴安通古斯人称火神为高罗姆塔（golomta）[①]。这位神灵是位老年妇女，约 75 厘米高，非常胖，像火一样红。兴安通古斯人认为，必须善待这位神灵，每 3 年用一驯养的雄性动物献祭。在库玛尔千人中，这位神灵称高鲁姆塔（golumta）。他们中间流行上述故事的一则异文，两者的差异是：妇女正在缝制衣服；火星溅到缝制的衣物上；她用剪刀戳火；接着在新的营地生不起火；当她返回原来的营地时，见到一位被刺瞎眼的老妇正在哭泣；她给这位老妇人一些肥肉。

毕拉尔千人知道上述火神故事，但一部分人也接受红脸的神灵科辛，这是一位汉人神灵（汉语火神）。他们称这一神灵为高鲁姆塔，有时称为陶

① 在满洲的驯鹿通古斯人中，Kolomtan = xolumtan（雅·佩，"生火之处"），没有神灵之意，只表示"生火之处"（参见蒙古语 γolumta、golmta）。曼科瓦通古斯人的方言中也有这一神灵。在其他方言和群体中也可见到相似的词语和神灵。

浩勒金，表示“居住在火中者”，也称为嘎拉罕（galaγan，词干 gal ‖ γal，蒙·鲁，“火”），他们也了解与前述故事相同的故事。这位神灵在生活中十分重要，每日早晚必须用祭品认真献祭。在新年的第一天，进入棚屋或房屋者必须先向火鞠躬（或下跪），然后向老人鞠躬（或下跪）。毕拉尔千人有向火神发誓的习惯 golumta ičeran——“火神看见”，这类似于 apka ičeran——“天神看见”，这一习俗借自满族人。他们说：

从前有两个棚屋。有位妇女去打水，见到两位妇女，一个很胖，另一个很瘦。胖妇女说：“今天我要点着棚屋。”瘦妇女说：“我们的马鞍还在棚屋中。”胖妇女说：“好，那马鞍不会烧掉。”这位妇女十分惊讶，她记得邻居的马鞍的确在她的棚屋中。接着，她等待着火。就在当天，棚屋连同所有的家具都烧成灰烬，但马鞍却完好无损。

根据毕拉尔千人的解释，这两位妇女分别是两个棚屋的火神。

在满族人中，我们遇到了完全不同的文化丛，即图阿恩都立（满语书面语），当然就是汉人的火神（参见前文）。不过，在瑷珲地区的满族人中，这一神灵并不流行，而是另一位神灵更重要，即君富其吉（ǰun fuč'k'i），即“火炉中的佛”，后面会介绍这一神灵。

下界的神灵：音姆恩堪、伊勒姆恩罕、伊尔林堪等

满族人、满洲的通古斯人和后贝加尔地区的通古斯人都知道这一神灵。他与蒙古人中的埃尔里克汗（erlik xan，喀尔喀·鲁）有关，根据格伦威德尔的研究，这个词与 Yama（梵文，阎摩）和 gšin-rje（藏文）含义相同。[①] 在后贝加尔地区和满洲驯鹿通古斯人[②]中，这位神灵的名称为埃尔里克汗→伊尔林堪（irlinkan），但在满族人中，这位神灵称伊勒姆恩罕（ilmunxan），其他通古斯群体或者使用相同的名称（毕拉尔千人），或者使用其变异形式 inmukan 和 inmunkan（兴、毕、库）。满族人也使用伊勒姆恩罕称呼佛教神灵阎摩。兴安通古斯人认为，这位神灵最初居于此界，后来被送到另一个

① 参见《西藏和蒙古的佛教神话》，第 130、170 页。

② 满洲的通古斯人肯定这一名称借自雅库特人，但在我看来，这是不能肯定的。

世界（布尼），现在他的妻子还留在此界。在毕拉尔千人看来，奥米西由音姆恩堪（inmunkan）管理，某些满族人认为，这位神灵（翁奥西妈妈）现在居于下界。巴尔古津通古斯人认为，伊尔林堪是一位人格化的神灵，是居于此界和下界神灵奥占的主宰者。在满族人和达斡尔人中，流传着许多有关这位神灵的故事，可以了解更多相关细节，但了解这些故事的通古斯人却把它们视为“民俗”。显然，这位神灵的功能是管理冥府、审判死者灵魂（满族人以及受满族人影响的通古斯群体中），它并非源自通古斯人。神灵名称 inmunkan-ilmunxan 与 irlinkan 似乎有相同的来源，因为在通古斯语中 ilmun～inmun 没有词源学的联系。[①] 在通古斯语中，这一类型的词语变异并不少见。这位神灵的形象可通过汉人的图画、青铜器等物品了解，但通古斯人中没有其神位。驴在满族文化中的功能显然并非源自满族。驴的文化功能只局限在下界，而且在萨满教系统中完全缺失。不过，所有小神灵，尤其是伊巴罕（参见第 44 节）害怕驴蹄子。这里值得注意的是，在满族人中，6 种乌吉玛（“饲养的动物”）不包括驴，它们是马、牛、羊、狗、猪和家禽（用“鸡”表示）。后文会讨论其他与下界有关的神灵。

42. 满族的恩都立和各类通古斯神灵

在毕拉尔千人和库玛尔千人中，有几种拥有“主宰者”作用称恩都立的神灵。所有称恩都立的神灵无疑都是最近借自满族人的。他们把此前某些已知神灵重新命名，同时接受了新神灵。因此，我们可以观察到古斯凯恩都立——“狼神”，过去为白那查；陶浩恩都立——“火神”，过去为高鲁姆塔；娘娘恩都立，过去为朱拉斯吉恩都立，更早则是布哈。他们中间也有新神灵，如乌库尔（牛）恩都立、莫林（马）恩都立，还有图杜坎恩都立和木都尔坎恩都立，后文会进一步阐述。随着新神灵和新名称的采借，毕拉尔千人和库玛尔千人中也引入了新观念。例如，木都尔坎恩都立和陶

① 除了满语，很可能找到词干 ilmu——沉没、脱离等，这个词很可能与阎摩的起源和历史有关，这位神灵沉入下界，而且和其他神灵分离。不过，我并不坚持这一词源学分析。

浩恩都立应该是彼此冲突的对立神灵，这似乎反映了源于外部（汉人）的“哲学”观念。恩都立神灵群也被称为阿杰勒嘎，后文会讨论。不过，恩都立群体本质上是满族的神灵群，数量巨大。满族人认为，恩都立并不是他们自身的发现。如前所述，词语恩都立只是满族人对外来词语的适应，这一神灵群的主要信息可在汉文化中观察到。满族人并未接受汉人的所有神灵，做了特定的选择，例如，满族人并不接受商业神，后者在汉人的商人中十分重要。在满族文化中，这些神灵的主要特征如下，即它们通常并无恶意，尽管有时可能如此，带来疾病。不过，在这种情况下，这些神灵不需要萨满影响，只需祈祷词和祭品即可。这些神灵不能附体。[①] 这个词语也用来表示死后“灵魂成神”的生命。前文已述（参见第 37 节），这些神灵应该居于上界的绿色区域。这些神灵可以侵犯妇女和女孩，出于这一观念，满族人承认，它们可能侵犯睡眠中的妇女。我认为，满族人在性方面比较随意，这是他们为了应对反对性的公共意见的一种策略性解释。这些神灵的形象可通过汉人的画像了解，当献祭时，满族人会制作神位。在满语书籍中，有 34 种恩都立神灵。这里我按照字母表的顺序描述这些广为人知的神灵。

阿真恩都立——雷神，这位神灵依靠阿普凯恩都立［参见阿克占（满语书面语）］。这一神灵不是下界神灵。

阿古拉（Agura）恩都立——武器（agura）和器具神，在日历中，这位神灵处在第 28 位。这一天，也是夏季的一个节日。值得注意的是，除了武器，也包括一般的器具。

爱金恩都立——金子神［aisin→aǐžin（满语口语）］，应该是汉人的商业神；是日历中的第 31 位神灵；其功能是管理战争中的不幸、流行病和干旱等。显然，aisin（“金子”）一词使这位神灵在满族人中被赋予新的功能观念。

阿林恩都立——山神（阿林）。这位神灵管理山林的生活。因此，猎人

① 但根据满族人介绍，汉人中有位山东神灵，称山东儿，可通过男孩和女孩（11-12 岁）表达意见，他们用一张薄纸盖上脸，同时伸出各自的手指，手指数量相同的情况越多，当年庄稼的收成就越好。神灵附体的某位男性主持这一过程。满族人说，内地的其他省份很少了解这位神灵。

和旅行者要向这位神灵祈祷。它只在伊彻满洲（新满洲）中流行，但其他满族人也知道这位神灵。汉人称这位神灵为山神爷。在这位神灵管理下的虎和狼有自身的主宰者，分别为塔斯哈恩都立和古斯凯恩都立，必须用特殊的祭品（猪、鸡、馒头）献祭。这位神灵可能会干预狩猎和旅行，也可能用老虎和狼带来惊吓。日历中没有这位神灵，但据满族人说，他们“过去作为野蛮民族时”，这位神灵很重要。

巴恩都立——月亮神。农历八月十五晚上（满月）要献祭这位神灵，它并不是很重要。

比罕恩都立——与阿林恩都立相同，但很可能只是阿林恩都立的从属，因为这位神灵与老虎相关联。在汉人狩猎者中，将这位神灵与任何遇到的老虎相联系并非满族文化的特点。在满语书面语中，比罕表示“野蛮、荒凉”；扎哈罗夫认为，神灵比罕恩都立表示荒漠和草原的神灵。

布苏库恩都立——这一复合性神灵构成娘娘文化丛的要素之一，包括娘娘的两个从属神灵布苏库妈妈和布苏库格赫，后者十分危险，必须用祈祷词和祭品让它满意（参见第 13 节，疾病描述部分）。日历中没有这一神灵。

格勒浑恩都立妈妈——这位神灵可能与翁奥西妈妈同一类别。它的功能不清楚。男孩出生后，满族人会呼唤这个神灵的名字，把弓、箭和猪骨固定在一起后挂起。日历中没有这一神灵。

周仓——与老爷有关的汉人神灵，参见老爷。

关公——与老爷和周仓有关的汉人神灵，参见老爷。

老爷——这位神灵及其名称源自汉人。在图画上，这位神灵骑在马背上，这位神灵被视为“对马有好处”。如果遇到疾病，必须用一头猪献祭这一神灵及其从属神灵（参见前文）。在献祭的过程中，必须用丝绸条拴在马的尾巴和鬃毛上。在特定时段内，妇女不能骑乘此马，也不能用此马拉车。据满族人说，有三位汉人英雄，向天盟誓结拜后，成为兄弟。其中之一是老爷，其他两位分别是周仓和关公。[①] 他们神位的形式是神图，贴在厨房左侧主屋内的神龛中。三位神灵经常被称为恩都立和玛发。

① 这里的老爷应该指关公，另外两位分别是刘备和张飞。——译者注

龙王爷——是一位连同名字一起借自汉人的神灵。它的功能与小溪和河流有关，是最古老的神灵，其形象（汉人）类似阿普凯恩都立。但是，它也会保护水上航行者。在满语中，这位神灵也被称为比白木都里（b'ibä mudur'i）恩都立，似乎与木都里恩都立有关（b'ibä 的含义不清楚，但是可能与词干 bi——“存在”相关）。参见后文北通古斯人中的木都尔罕。

木匠窝车库——尽管这位神灵称窝车库（参见后文），但某些满族人认为这是一位帮助和保护木匠的神灵。[木匠是汉语；满语书面语为莫伊发克西（moi faksi）]。过去，满族人中没有这位神灵，但现在它却受到一定程度的欢迎，因为这位神灵会保护新的建筑物。满族人用骨制的木匠用尺表示神位。

那伊达拉哈恩都立（汉语地翁）——是看护土地和房屋地基的神灵。在满族人看来，这位神灵是独立的，但我认为它只是阿普凯恩都立的一个别称（很可能表现的形象不同）。这位神灵很可能借自汉人。

娘娘恩都立——这是借自汉人（娘娘）的复合性神灵（参见前文的布苏库恩都立，同样参见翁奥西妈妈）。满族人从汉人中了解这位神灵的形象，但并未使用。这位神灵的神位由土制成，有两张脸、四只眼睛和两个鼻子，放置在庙中。

寿星老恩都立——这位神灵及其名称借自汉人，骑着驯鹿。只有老年人祈祷和献祭这位神灵。满族人对于这位神灵显然没有明确观念。这位神灵似乎与老年人的衰弱状况有关。

塔勒门（Talmen）恩都立——雾神［塔勒曼（Talmen，满语书面语）——“雾”］，这似乎是阿普凯恩都立的功能。

塔勒金（Talkin）恩都立——闪电神［参见塔勒坎（talk'an）——“闪电”（满语书面语）］，这似乎是阿普凯恩都立的功能。

图赫（tuγè）恩都立——（沉）云神，看起来像阿普凯恩都立的功能［参见图给（tugi，满语书面语）］。

沃赫恩都立——石头神，这是一位包括玛发（老头）和妈妈（老太太）的复合性神灵。从瑷珲到齐齐哈尔途中，有两块巨石，应该可以生长。这两块石头由栅栏围绕，随着造访者增多，其旁建起了庙。求子的妇女会向这一神灵献祭和祈祷，把感谢的话写在红色的丝绸上后，系在栅栏上。征战者会祈求这位神灵保佑胜利。

乌车恩都立——门（乌车）神（汉语门神爷），这位神灵的功能是防止胡图（参见后文）进入房屋。过去，只有汉人中有此神灵，后逐渐传入满族人中。

乌兹哈恩都立——星神。这位神灵会帮助治疗皮肤病、肿胀和烫伤。大部分满族氏族不了解此神灵，但是某些满族氏族如吴扎拉、扎克图、尼玛齐、普亚姆奇、吴泽等知道这位神灵。满族人在夜间用猪献祭这位神灵，这些具体氏族十分重要，不过这些氏族不仅有佛（“旧”）满洲，而且也有伊彻（“新”）满洲。

花恩都立——院神，其功能与阿普凯恩都立相同。

满族人中也有一些其他的恩都立神灵，例如专门保护铁匠的娘娘，这是一组与下界伊勒姆恩罕有关的神灵。例如，瑷珲附近卡伦山村的一位富裕村民按照汉人的风格和方式立一座庙，供奉这些重要的神灵，具体表现为 14 位神灵。这座庙称托克索伊阿勒班（toksoĭ alban）庙，即村庄的公（政府的、公共的）庙，庙中有一张汉人风格绘制的所有恩都立的神图。在农历正月初一至初五和五月十三，村民会聚到庙中，向所有的神灵祈祷和献祭，至少一年两次。据我观察，不同公庙中的恩都立是不同的，可能多于或少于 14 位神灵。[①] 在恩都立神群中，很可能包括不称为恩都立的神灵，但其特征接近恩都立。这些神灵在日历中分类后传入满族人中，因此在满族人中，这些神灵没有任何分类，或者只被归入玛发类别中。称为恩都立的神灵有时也以不同的方式被分类，被归入阿普凯恩都立范畴，其中包括塔勒门、图赫、塔尔金、乌金、阿真等神灵。不过，与最初相比，这些神灵现在更加独立，通过这种方式，阿布卡恩都立已经分化，日历中出现的某些恩都立神灵已经消失。而且，我们还可能分离出一组由伊勒姆恩罕领导的神灵，我未在恩都立的名称下讨论这些神灵。不过后文会指出，其中某些神灵的重要性已超过伊勒姆恩罕。满族人最近从汉人中采借了一组称为娘娘的新神灵，属于恩都立类别，由于这些神灵与过去未知的疾病有关，

① 例如，我知道一座出于保护森林目的而建立的庙，这座庙称“阿勒班庙恩都立”，因此满族人相信有一位专门保护森林的恩都立。不过，它不是一位单独的个体化神灵。

因此比其他神灵更重要。在以狩猎为生或靠近猎人的满族人中，山林神灵比与城市生活相关的神灵重要。不过，我们也发现，有些神灵只被部分满族氏族接受，其他满族氏族则不接受。事实上，由于地域、职业（农民、猎人和市民）、氏族甚至个体家庭的差异，描述满族人恩都立的全部面貌是不可能的。日历中的神灵只是过去某一时期神灵的静态图景，它反映的只是日历作者的观念，其他满族地区和群体中的神灵可能截然不同。目前，除了地区差异，时间的变化也带来满族恩都立神灵的改变，从把神灵谱系编纂到日历中到现在，许多过去的神灵已经被放弃，某些神灵的功能已经发生变化，新的神灵（主要源自汉文化）被整合进来。

接下来，我将描述在北通古斯各群体中观察到的神灵。这些神灵的特点、来源和目前的功能接近满族的恩都立。这一事实十分有趣且容易理解。如果我们参照满族人中最近采借的汉人神灵，就能推测北通古斯人采借外来神灵的情况，由于北通古斯人缺少书写记录，外来神灵的知识逐渐被遗忘，导致他们的神灵貌似不多。

阿杰勒嘎/阿杰尔干（Aǰelga/aǰelgan）——毕拉尔千如此称呼两位神灵，分别是乌库尔恩都立和莫林恩都立。不过，有些阿杰勒嘎有时只是死者的灵魂，它们占据岩石或高山，成为“主宰者”。但是，音姆恩堪（inmunkan，毕）也可被称为姆恩伊（mūŋi）阿杰勒嘎。[①] aǰelga 词源不是很

① 我们猜测 mūŋi 是一个古老的词语。首先，千万不能把这个词语误解为 mun'i，即“我们的”，因为 mū 不是 mun。其次，在一系列神灵的名称中，我们都会遇到这个词语。在雅库茨克政府的通古斯人（拉蒙辛斯基罗德地区）中，有两位神灵 buxo muɣani（土地神？-buxo）和 tuŋger muɣani（湖泊神），这里 muɣa 增加了词缀 ni。在图蒙汉斯基罗德通古斯人中，有一类神灵 buɣilkan。在果尔德人中，可观察到 muxan（洛帕廷，参见《阿穆尔河、乌苏里江和松花江流域的果尔德人》，第 227、224 页）。在叶尼塞地区方言中，moxa 表示森林、茂密。在涅尔琴斯克通古斯人、巴尔古津通古斯人和满洲的驯鹿通古斯人中，maɣun 很可能与同样的观念（aǰelga）有关，词干 mūŋi 很可能是 muCV+ni 的缩写形式，ŋi 是表示所有格的后缀。另外，在毕拉尔千人、库玛尔千人和兴安通古斯人中，我们可观察到 bua～boa（是 buɣa～boɣa 的缩写形式），表示“野外的森林”、“茂密”。很可能的情况是，buɣa～muɣa 及其变化形式 mu～bu（“我们”，是通古斯语中的常见现象）最原初的意义表示泰加林、“原始森林”等。buɣa、inmunkan、baǐnača 等词语最初并非通古斯语，而 muɣan、moxo、森林意义上的 buɣa 以及森林神灵意义上的 maɣun，在我看来，没有相似性，似乎是十分古老的词干。

清楚，其词干很可能是 äǰe～èǰe——“主宰者”等［参见 eǰ'il(e)‖eǰele——统治、管理、控制（蒙·鲁）］，我们可以假设，这个词语最近才传入通古斯人中。

达瓦伊（Davaĭ）——这是曼科瓦通古斯人以及其他受布里亚特人影响的通古斯人中的神灵。该神灵的功能应该是保护家畜。其名称借自东部布里亚特人。在布里亚特人中达白（dabaĭ）被理解成翁高（oŋgo）[①]。

杜姆讷里迪拉（D'umnèr'id'ira）——在巴尔古津通古斯人中，这是一位闪电神。[②]

扎普那扎（ǰapnaǰa）——这是一位满洲驯鹿通古斯人的神灵。这位神灵居于下界，正在食用或吞噬（ǰap——吃、吞掉）一切事物。

扎拉扎尔古奇（ǰaraǰarguči）——后贝加尔地区的通古斯人认为这位神灵是海洋（lamu）的“主宰者”，海洋围绕着土地，这位神灵也是所有水域和鱼的“主宰者”。它是一位无腿的人形神，没有神位，毫无疑问，这位神灵的名称可分解为蒙古语ǰar+ǰarguči，即“命令”+“最高审判”[③]，因此可以看出，通古斯人接受了蒙古文化丛，在通古斯人文化中，“审判”似乎十分陌生。

吉阿其（ǰ'iač'i）——在曼科瓦通古斯人中，这是一位保护帐篷（家庭、房屋）的神灵。这位神灵源自布里亚特人（也称吉阿其）。我们可以很容易判断出这位神灵与满洲通古斯人中吉阿其布日坎的关系（参见后文）。

召勒（ǰol）——这是兴安通古斯人、库玛尔千人、毕拉尔千人中保护马和牛的神灵。这位神灵的名称很可能借自蒙古人，在蒙古语中，ǰol、zol（布·波德）的意思是“幸福、途径、命运”（参见雅库特语ǰol；突厥语

---

① 参见扎姆查拉诺《阿加布里亚特人的翁衮信仰》第 380 页，他认为，这位神灵源自一位有教养的（bakši）女孩，是一位佛教徒，死后成为饲养家畜的保护者。

② 参见米罗诺夫《龟兹语研究》第 76～77 页注解，这个注解中 d'umnè（词干，因为 r'id'ira 是后缀）可以与梵语（主要是吠陀梵语）dyumna——“壮观、雄伟”，也是“闪电”——相比较。在我看来，词干 d'umnè 在通古斯语中找不到可信的词源。

③ 参见科瓦勒夫斯基《蒙古语-俄语-法语词典》，第 2300～2305 页。

jol)。[1] 这位神灵的神位由一块一平方尺的皮革制成，在皮革的上部分有两个人物形象，通常由皮条制成，其中一个是男性，另一个是女性——一对神灵夫妇。这块皮革也可由各种颜色的丝绸和皮条组成。在小马和小牛出生后，要在神位上粘上小骨头，必须向神灵祈祷和献祭（“喂养”）。在居住在汉人类型房屋的毕拉尔千人中，神位可能由一块木头制成，木板大小和前文的皮革相同，上面的装饰细节也相同。拥有马和牛的家庭，在帐篷、棚屋和房屋中都有这一神位。妇女不能接近这些神位。其实，这位神灵的名称和神位类型（像布里亚特人中的翁冈）是采借的。在果尔德人中，我们遇到同样的神灵。事实上，朱里（ǰuli）（希姆科维奇，[2] ǰulin、ǰuli，洛帕廷[3]）被视为家庭和房屋的保护者。在果尔德语中，ǰo（参见前文注解）表示房屋。

嘎尔库（Garku）——这是巴尔古津通古斯人中的神灵。有一对夫妇神灵称ǰur（二）+garku+tal。这神灵由一对夫妇组成，一名男性和一名女性。在通古斯人看来，万物都源自这两位神灵。在一份萨满教文本中，我见到高天——“娘亚，n'jan'ja”和月亮——“贝嘎，b'ega”也可以产生万物。n'jan'ja一词（及其变化形式）（毕、涅、满驯）通常表示高天，只有在这一案例中，观察到娘亚的这一功能。男性神灵和女性神灵、高天-天空和月亮是很普遍的。参见汉文化男—女、阴—阳。

木都尔坎/木都耶（Mudurkan/muduje）——这是毕拉尔千人中的水神。它是一位男性神灵，表现为一条龙（木都尔）。它管理鱼、水的供应等。在需要马时，毕拉尔千人也会向这位神灵祈祷。在通古斯人看来，这位神灵不与阿普凯恩都立斗争，通古斯人说，这是源自汉人的理论，但汉人并不同意。这位神灵的神位有5~6米长，由草制成，呈龙的形状，放在一堆卵石或石头上。在夏季，尤其是干旱时，通古斯人会举行仪式。这位神灵在满族人

---

① 同样参见ǰolĭγi（达·波），表示神位（萨满表演过程中）。不过，波佩的翻译是不确定的。我们貌似更应该到通古斯方言中寻找这个词的词源。事实上，通古斯语中有表示房屋-家庭的ǰu~ǰo，但在通古斯语中，ǰol不可能由ǰu~ǰo形成，表示神灵名称。同时，这一神灵的功能及其类似翁冈的表征，表明这是一位可能源自文中提及的借自蒙古群体中的神灵。

② 参见《果尔德人萨满教研究资料》，第56页。

③ 参见《阿穆尔河、乌苏里江和松花江流域的果尔德人》，第222页。

中称木都里（mudur'i）恩都立。[1]

木克图坎（Muktukan）——这是库玛尔千人中一位不太重要的神灵。其存在的原因很可能源于对满语表示"庙"的阿布凯木克特很（abkai muktexen）的误解。尽管通古斯人中有位称穆克特坎（Mukteokan）的英雄，但他不是神灵产生的原因，英雄的名字可能是过去更有名的神灵名称。

纳勒坎、奥米纳勒坎（Nalkán、Om'i nalkán）——这是巴尔古津通古斯人和涅尔琴斯克通古斯人中的神灵。它被视为一组特殊居住在此界的神灵奥占的"主宰者"（参见后文第12节）。这位神灵只有一个头，没有胳膊和腿。涅尔琴斯克通古斯人认为这位神灵是上界乌吉敦达的主要神灵。坎（Kan）是"可汗"，其名字为纳勒（nal）[2]。（同样参见奥米西）

诺那——这是兴安通古斯人中一位非常邪恶或者更准确地说危险的居于水中的神灵。关于这位神灵的细节，所知甚少。

塔姆尼迪拉（Tamnidira）——在巴尔古津通古斯人和涅尔琴斯克通古斯人中，这是一位雾、雨、云神，对应满族人中的塔勒门恩都立。Tamin 是"雾"（dira 是后缀）（参见各种方言中的 tamnaksa、tamna、tamnaγa）的意思。

图杜坎（Tudukan，也称 Turkan、Tuduje）——这是一位土地神（tur——"土地"）。在兴安通古斯人和毕拉尔千人中，这位神灵的脸是黑色的（类似汉人的神图表现）。据兴安通古斯人说，这位神灵居于下界，骑着一匹黑马。因此，这位神灵的翁冈是一匹黑马。很明显，这位神灵是最近才产生的，因为其功能是关于农业和马匹（毕拉尔千人）的。毕拉尔千人有时像汉人一样称其为土地爷。这位神灵的神位通常为汉人形式的神图。满族人称这位神灵为"那伊达拉哈恩都立"。

---

① 毫无疑问，这位神灵及其仪式都源自汉人。参见前文"龙王爷"。在通古斯人看来，溺水者死后灵魂未到伊勒姆罕处，而是到木都尔坎那里。

② 这个名称的词源很可能是 naixan（那衣罕，满语）——"土地上的可汗"，在这些通古斯群体中，这位神灵被赋予新功能。

第 12 节　源自灵魂的神灵与整合到通古斯人中的神灵

43. 人类灵魂

在第 4 节，我已对灵魂及其复杂结构做了概括性描述。我们发现，灵魂并非人（和动物）的一个十分稳定要素。由于灵魂的复杂性，在不导致生物体完全死亡的前提下，它可能会逐渐瓦解。

通古斯人需要灵魂存在及其复杂结构的证据。这些证据很多。在分析通古斯人的证明过程前，我们要明确通古斯观念中灵魂要素的结构及其作用。满族人的第一个灵魂（乌嫩伊佛扬古）和满洲的通古斯人的第一个灵魂很容易通过其外化（exterioration）[①] 表现被观察，例如未伴随死亡的失去意识、梦中旅行、远距交流、灵魂侵入他人身体等。这些事实很多，通古斯人（包括满族人）并不怀疑灵魂存在的真实性。

通古斯人中的第二个灵魂、满族人中的第三个灵魂［奥罗尔吉（外部的）佛扬古］则不同。不过，这个灵魂要素的存在是可被证实的。这个灵魂要素的存在可被间接观察到，但通古斯人有时也可直接地、实验地观察到灵魂。例如，在毕拉尔千人中，有位男性曾拾到一面破的镜子。当照这面镜子时，他看到的不是自己的脸，而是骡子的头。出于反感，他自然扔掉镜子。不过，有能力者解释了这一案例，即这位毕拉尔千人看到的是其转世前的灵魂，可能是一头骡子的灵魂。其实，通古斯人经常会发现能够观察到自己灵魂的镜子。关于第二个灵魂的作用，通古斯人是有争议的，某些通古斯人认为，第二个灵魂是最重要的灵魂，失去这个灵魂后，失魂者不可能复活。死者去世后的第七天，第二个灵魂会离开身体，这时可以观察这个灵魂的踪迹。这一天晚上，通古斯人会把一些灰烬或沙子撒在门槛或棚屋的入口处，观察灵魂留下的足印。这些足印可能是人、马、狍子、鸡或其他动物的足印。第二个

① 我使用“exterioration”表示身体移动、灵魂移位。相同的评述参见“exteriorate”。

灵魂的存在也可受到如下情况的支持，当灵魂进入生者的身体后，被附体者会说出灵魂的性质与要求。事实上，轮回理论在很大程度上支持了灵魂理论，因为在聪明、受过教育者所写的书籍中可发现轮回理论，同时灵魂理论有时也受到神灵理论的启发。满族人相信灵魂可在睡眠的过程中离开身体，因此满族人也可通过梦中的事实形成灵魂存在的观念。应该指出，满族把睡眠解释为血液循环的延迟，而非灵魂的缺失；满族人把失去意识解释为第一个灵魂的离开，突然惊吓也可导致第一个灵魂的离开。

在毕拉尔千人看来，人死后第三个灵魂会在尸体中停留一段时间，然后再和家庭成员在一起，这一点主要通过在梦中或幻觉中见到父母得到证实。但是，满族人对这一灵魂做不同的解释，因为在满族人看来，这个灵魂回到翁奥西妈妈处，然后被赐予其他儿童。与毕拉尔千人相同，某些满族人认为这个灵魂伴随着尸体，但不会继续与其家庭成员在一起，这种情况下，第一个灵魂返回翁奥西妈妈处。因此，翁奥西妈妈的功能是生产灵魂。毕拉尔千人之所以需要这一理论，是因为他们的确保持着灵魂与家庭（氏族）相伴随的观念，而且他们也接受灵魂结构与赐予儿童灵魂神灵（满语称奥米西或翁奥西）的观念。通古斯人（毕拉尔千人）并未停止观察支持灵魂假设的事实。他们认为，灵魂离开身体后不会导致直接死亡，受影响者会在一段时间后死亡。而且，灵魂离开身体也可通过动物的某些特殊行为方式判断。例如，当狐狸和狼见到灵魂时，会吼叫，狐狸和狼的吼叫并不常见。这被视为灵魂移动的证据。

如果我们考虑毕拉尔千人讨论的双胞胎情况，可以更好地理解灵魂的性质和结构。由于灵魂是奥米西赐予儿童的，因此遇到双胞胎情况，灵魂必须被分成两个部分：每个儿童获得其中一部分。只要双胞胎是活着的，他们必须共有一个灵魂，但如果其中一个儿童去世，另一个儿童不能不受影响，因为两个人的灵魂必须一起运动。由于这个原因，两个双胞胎儿童会在同一段时间内去世。当然，双胞胎的去世也被视为灵魂存在的证据。不过应该指出，灵魂相当晚才会获得稳定性，因此如果双胞胎中的一个在出生后不久就去世，另一个双胞胎可以活下去。同样，如果双胞胎已成年，与童年阶段中期的危险不同，双胞胎中一个人的去世不会给另一个人带来危险。不过，对于不同年龄段的差异，我找不到解释。[①]

满族人认为，灵魂可能居于身体的不同部位。他们用一个包括 7 个孔的木板的圆表示灵魂理论［n'amèn nadan saŋga fojeŋo，即圆（心脏）的七窍］。[②] 乌嫩伊佛扬古可以保持稳定，而查尔吉佛扬古和奥罗尔吉佛扬古始终是移动的，第一个灵魂总是在第二个灵魂前面，因此它们在“木板”中总是分离的状态。它们一定不能阻止彼此的相对运动。如果有恐惧等情况，灵魂要素的运动速度可能会加快，受影响者可能会感觉两者之间的距离缩小。由于惊吓，奥罗尔吉灵魂可能离开身体，受影响者可能进入困倦和恍惚状态。如果灵魂要素之一离开很长时间，受影响者不仅感觉不舒服和意识模糊，而且可能会完全失去意识，如果灵魂要素缺席时间太长，还可能导致死亡。因此，如果查尔吉佛扬古和奥罗尔吉佛扬古缺席，受影响者不会立即死亡，不过在一定的时间内，死亡会发生。满族人认为，肝脏也与灵魂有某种联系，勇敢者应该有一个大肝脏。不过，如果某人的肝脏被摘除，灵魂不会受影响，因此，肝脏只是在某种程度上对灵魂有影响，但不是灵魂的安置之处。

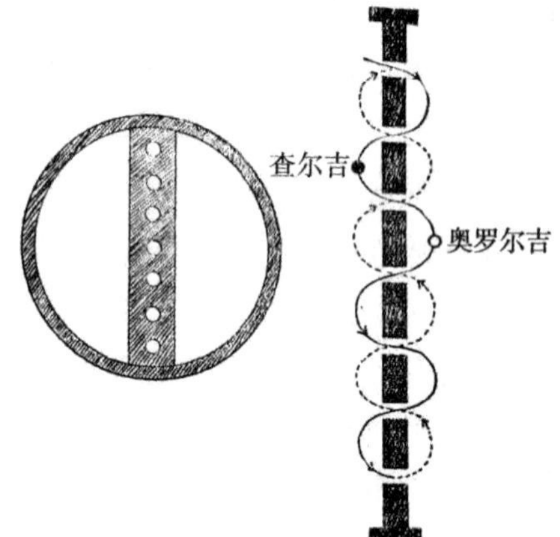

① 这很可能与通古斯人后来接受灵魂三要素观念有关。关于双胞胎灵魂这一微妙现象，目前的观点并不固定。某些通古斯人认为，双胞胎有两个灵魂，因此其中一个人死亡，并不会导致另一个人死亡。这里可以指出的是，最近关于双胞胎的调查表明，单卵性双胞胎经常会在相同的时段内去世。这一事实貌似仍在通古斯人的观照之下。但与此同时，这一趋势并未体现在双卵性双胞胎中，通古斯人也注意到这些事实，因此，他们对这一假设的普遍化持犹豫态度。

② 满族人的理论很可能借自汉人。例如，“殷商的纣王（公元前 1122 年）杀死比干，解剖其心看是否有 7 个窍”。参见谢恩增《黄帝以来的中国解剖学回顾》，《中国医学杂志》，增刊，1920，第 8 页。

满洲的通古斯人中（毕拉尔千人和库玛尔千人）认为第一个灵魂缺失会导致失去意识，但如果第二个灵魂离开身体，则没有很大的机会召回，受影响者的死亡是不可避免的。不过，这并不意味着尸体在未腐烂前不可能复苏。后文将介绍这种情况。

在巴尔古津通古斯人和涅尔琴斯克通古斯人中，我未调查到灵魂结构的细节。他们认为，灵魂有自身迁徙的历史，当灵魂因神灵活动或自然衰老离开中界后，会由达哈千（表示一般意义上主宰神灵的词语）把奥米纳勒坎赐予新出生的儿童。不过，由于巴尔古津通古斯人和涅尔琴斯克通古斯人也了解奥米、伊尔林堪、阿南等，其灵魂系统很可能和毕拉尔千人一样复杂，因此他们也了解灵魂的三要素。

毕拉尔千人关于灵魂历史的认识如下。儿童一出生就从其父母处获得埃尔嘎（生命气息），从奥米西处获得奥米（灵魂），即自我再生产和成长的能量（这一观念相当新颖，它源自非通古斯文化丛）。刚出生不久儿童的灵魂阿南（an'an——“影子、非物质性要素”，是一个古老的观念，其词干保存在满语 fajaŋa ‖ fojeŋa 中）根本不稳定，可能会离开身体。当阿南稳定后，灵魂（苏西，包括三个部分）会安住下来。但是，第一个灵魂偶尔会离开身体，如果时间不长，除了失去意识，受影响者不会受到严重伤害。第二个灵魂也可能离开身体，但只能在短时间内，如果时间长，会导致死亡。去世后，这个灵魂去往阴间，由音姆恩堪处置，第二个灵魂后来可返回此界，转生到男女儿童或动物身上，或者处于流浪状态。只要身体未腐烂，第三个灵魂就一直与身体在一起。离开身体后，第三个灵魂会与家庭成员在一起。灵魂三要素是一个新观念，因此毕拉尔千人有不同的灵魂观念：古老的观念阿南，新的观念奥米，最后是三要素的灵魂苏西。

满族人的灵魂观念与毕拉尔千人有本质上的不同。在满族人看来，埃尔根来自父亲，三个要素构成的灵魂来自翁奥西妈妈。第一个灵魂是真魂，在死亡之前不会离开身体。第二个灵魂可能暂时离开身体，导致做梦和失去意识。第三个灵魂也可暂时离开身体，人不会死亡。人死后，第三个灵魂返回下界伊勒姆恩罕处，与毕拉尔人相同，满族人也认为第三个灵魂可以转生。第一个灵魂或第二灵魂返回翁奥西妈妈处。很明显，这一观念并非源自通古斯人。

通古斯人使用灵魂三要素稳定性的混乱、灵魂与生命气息的关系以及灵魂暂时离开身体解释所有的个人困扰，确认其假设的正确性。关于管理灵魂的方法，本书的其他两个部分将会述及，但现在我们要讨论灵魂要素的可能性活动及其延续。

44. 人类的第一个灵魂与奥罗尔吉佛扬古的外化活动

这是灵魂独立存在和活动的最简单状况，人可有意识或无意识地发生这一状态。儿童出生不久，灵魂经常无意识地离开身体（参见前文第43小节），因此必须做特殊的努力让灵魂居于体内。随着儿童的成长，灵魂会变得稳定。但是，在身体（神位）主人没有明确认知的前提下，灵魂很可能离开身体。同时，由于特殊的努力，人的灵魂可能发生有意识的、有目的的外化活动，其目的包括：（1）到一定的距离之外，因为神位-身体由于物理性，不能跟灵魂一起移动；（2）想表现出不被认出的隐藏形式；（3）为了与其他生者、死者或无安身之处的灵魂交流；最后（4）为了与灵魂性质相似的神灵交流。

灵魂的外化移动经常发生在梦中（做梦者想与远处的某人交流时），尤其体现在萨满教表演的过程中。后文会指出，这一操作既不容易，也非完全无害，因为外化移动的灵魂有时不能回到身体内，会造成人的死亡。当然，他人也可使用特定的方法操纵受影响者的灵魂，使之外化移动。事实上，死亡是灵魂外化活动的方式之一，但这一情况下，灵魂的其他要素也会发生外化活动。最简单的情况是借助无意识的方法如敲击头部带来的灵魂外化活动。同时，专家如萨满懂得如何召唤出灵魂并根据自身意志将其重新安置在神位（身体）中。在描述其他实践方法时，我会再次谈论这一问题。

应该指出，第一个灵魂即奥罗尔吉佛扬古十分重要，其外在形式代表了身体的所有部分。这一灵魂被安置到另一神位后，当神位被完全或部分毁坏时，灵魂及其对应的身体部位会受伤。因此，当灵魂返回其最初的神位（身体）后，与灵魂受损相应的身体部位也会受伤害。这是古老的灵魂-影子（阿南-发那——佛扬古）观念，是伤害他人的“巫术”方法的基础，被“品性邪恶者”普遍使用。

博恩（布恩）和伊巴罕

这是一种特殊情况，此时第一个灵魂（满族人中的奥罗尔吉佛扬古）和第二个灵魂（满族人中的查尔吉佛扬古）离开身体，同时埃尔嘎（“生命”）停止活动，这意味着死亡发生。在死者尸体未完全腐烂前，如果尸体被某一神灵（或外化移动的灵魂）使用，可能会复活，甚至生理功能在某种程度上也会恢复。由于第二个灵魂的缺失，复活的尸体不具备一般生者的正常特征。

在满洲的通古斯人（除驯鹿通古斯人）、满族人和达斡尔人中，这类故事很多。我先描述某些故事以表现他们关于这一现象的观念。

在库玛尔千和毕拉尔千方言中，这类复活的尸体被称为博恩（boŋ），很少情况下称布恩（buŋ），在极罕见的情况下使用满语词语布昂吉伊巴罕（ibaγan）（参见后文），这个词语应该与杜尔伯特蒙古语 buŋ 比较（鲁德涅夫把这个词与 bok ‖ buγ——“魔鬼”相比较，他用俄语译为 čort，这是十分值得怀疑的翻译）。通古斯人中的这一词语很可能借自达斡尔人。在解释博恩的过程中，通古斯人认为也可将博恩称为“新鲜的（即新形成的）希尔库勒”。不过，希尔库勒是一个用来表示所有由死者灵魂形成的神灵的类型性名称，甚至有时会扩展到表示邪恶的神灵。这个词语并非表示某类神灵，而更多是一个“污化”神灵的词语，有时甚至用来表示“坏人”。在满语中，这类复活的尸体称伊巴罕（ibaxan ~ ibagan，满语书面语），对应伊勒巴罕（ilbaγan ~ ibaγan，满语口语）。扎哈罗夫的翻译是错误的。哈勒兹翻译了“bigan i ibagan”的含义：“伊巴干，居住在山上、江河岸边、森林和灌木丛中的野鬼。”[①] 这一

① 参见《东方的鞑靼、满洲和蒙古的民族宗教》，第 21 页。

翻译也是不正确的,[①] 因为这个短语表示的是无人居住地区的伊巴嘎 (ibaga)。与毕拉尔千人的希尔库勒相对应,满族人称其为胡图。

博恩可由两种方式形成。一种情况,灵魂已经离开身体,但死亡还未发生,此时某位神灵(通常为不能达到死者世界的灵魂)进入身体,在没有灵魂的情况下,受影响者仍以反常的方式继续存活和行动;另一种情况更为普遍,当神灵进入被埋葬的尸体后,尸体开始移动,再次拥有生理需求。因此,某些疾病之后的精神困扰可能被归类为博恩,尤其是病人作为布日坎神位的情况(参见后文)。博恩的形成通常在干旱的环境下,[②] 而且是在温度不低的春季和夏季发生。被射击后,博恩会完全死掉,据杀死博恩者说,博恩的血是黑红色的。通古斯人认为,遇到博恩的人会疯掉,因此遇到它们时,应该立即杀死。通古斯人遇到神灵时,往往也如此。某些通古斯人说,见过博恩的人说它们身材十分矮小,不超过 1 米,以食用獾子肉为生。[③] 通古斯人认为,满族人说的伊巴罕与博恩有一定的差异。[④] 博恩与一般人不同,留着长发,通常下巴较短或根本没有下巴,而且还有一些其他反常特点,例如第三只眼睛,由于这一原因,它们经常隐藏起来,避免见人。博恩现在以食用捕获到的獾子为生,同时它们又是狗和狼的猎物。大多数博恩为女性。这里我列举一些例子。

> 一位男性(毕拉尔千人)正在独自狩猎。一天的狩猎结束后,回到棚屋,他见到一位妇女正坐在棚屋中,背朝外。这位男性给了她一

① 更不用说 manggiyan(即 maŋian)的正确性:把 ibagan-i duwali 理解为"ibagan 的同伴",其实,它的意思是"ibagan 氏族的"。不过,即便是满语的词典作者,也很可能不了解 ibagan 和可能进入神位神灵的差异,因为 ibagan 表示神灵及其所附的神位构成的整体,而 maŋian 只表示一个神灵。

② 干旱被描述为自然的偶然现象:tuksanin bulörduk jūran, odinin oröduk jūran,即"来自沼泽地的雾(蒸汽、云)出现了,来自山中的风刮来了",在这种情况下没有降水,云被吹到河口,因此这一地区受干旱影响。

③ 从前,一位老年男性见到一群博恩后,开枪恐吓这些博恩。它们受到惊吓后逃离,这位老人发现了一只獾子,如同准备祭品一样腿被绑在一起。另一位男性见到过"一个矮人"并开枪射击;枪未射准,这个"矮人"尖叫并消失了。接着,这名男性迷路了。晚上,他在周围生起三堆火保护自己。天亮后,他的思维才趋于稳定,但接着生病很长一段时间。

④ 通古斯人的结论是基于对满族人关于伊巴罕和通古斯人关于博恩提供的证据的比较。

> 些肉，她把手伸向身后，接受了肉。第二天，这位男性依旧如此行事。但这次他给出的不是煮熟的肉，而是生肉，这位妇女吃了。这位男性判断，这是一个坏信号，他必须杀掉这位妇女。他再次返回棚屋，又给了她一些肉，并向她询问一些问题，这位妇女并未回答。他向这位妇女开枪；她尖叫并逃掉。第二天早上，他顺着血迹来到一副棺材处，附近是受伤的妇女，已经死去，旁边是她刚出生的孩子。这位男性带走了婴儿——博恩，并教育他。后来这个小男孩在童年阶段摔倒，失去说话能力，随后吐出一大团血。几天之后，他可以再次讲话了。成年之后，养育他的猎人为他找了一位妻子，二人结婚，并生育了孩子。

另一个例子。一位男性正在狩猎，在路上遇到一个刚竖起的棺材（在木桩上，参见后文，第 17 节）。棺材中传出婴儿的哭声，他打开棺材，看到里面有一对新出生的双胞胎。这位男性把这对双胞胎抱出来，双胞胎中的一个不久就死去了，他把另一个男孩抚养长大。1916 年我在车鲁（Čelu）村调查时，见到了长大的男孩。他完全是一个正常的男孩。通古斯人相信，他的妈妈是从棺材中逃走的博恩。这个男孩被赋予的名字传达出他的来历。

第三个例子：

> 一位男性狩猎成功。返回棚屋后，他发现了一位妇女。他询问这位妇女的家庭地址和名字。对于这位男性的所有问题，妇女都说不知道（b'i os'im sara）。后来，他们开始一起生活。这位妇女负责做饭并照顾这位男性。四五天之后，这位男性提出要与妇女睡在一起，她同意了。后来他们一起返回（显然是永久居住点或村庄）。一切都很好。这位妇女也每日劳作。他们结婚了。三四个月后，男子再次外出狩猎（并带上了妇女）。有一次，这对夫妇给彼此抓虱子，[①] 他发现妇女头发的底下（在头上）有一只眼睛。他十分害怕（因自己的发现），立即去见了氏族成员。他们认为这位妇女一定是希尔库勒（博恩）。接着，这

① 应该注意的是，清除虱子是恋爱和性的表达。参见马林诺夫斯基的著作《野蛮人的性生活》。这一问题更为广泛的背景，参见耶克斯的相关著作。

位男性暗中观察这位妇女一段时间——她和正常人没什么区别。不过这位男性仍感到害怕，他和其氏族成员扔下妇女，迁徙（“狩猎式地”）到遥远的地方。

上文我所描述的是通古斯人称为博恩的案例。不过，最后一个案例可能并非如此，因为其中的妇女可能是其他族团的逃离者，因此隐姓埋名，同时又对新加入的族团一无所知。头发底下的“眼睛”，可能是因为对未知事物（妇女的来历）的恐惧而产生的想象。博恩假设是对恐惧的合法化。

在满族人看来，伊巴罕是有胡图进入的死者尸体。[①]伊巴罕头发盖着脸，它们不正常走路，而是跳跃向前。如果死者去世的时辰不好，尸体周围有胡图出没，就可能成为伊巴罕。如果死者为非正常死亡（参见前文第 17 小节），要是有一只猫跳过尸体，死者的尸体也可能成为伊巴罕。在气候干旱时，伊巴罕会离开棺材和坟墓，[②] 它们只按照直线行动，而且用双手抓住路上遇到的一切事物。如果伊巴罕抓到人，后者会立即死亡。如果发现伊巴罕，满族人会召集村民，用斧头将其杀死，并烧成灰烬。被伊巴罕杀死的人的尸体、树干等，也要一并和伊巴罕一起烧掉。在达斡尔人居住的地区，伊巴罕和博恩经常出现，尤其是墨尔根附近的诺尼河谷地带。

出于自谦，弱化自身的重要性，萨满经常自称伊巴罕，认为他们被神灵支配，所以和伊巴罕相似，而能够支配神灵的萨满则是优秀的萨满。[③] 这可能是翻译者将满语译成汉语，或将满语和汉语译成欧洲语言过程中发生误解的原因之一。

通过考察伊巴罕和博恩的故事以及通古斯人的观念，可以发现一些明显的事实（更准确地说，是通古斯人关于这些事实的观念），在这一假设的影响下，事实被曲解，这扩展了假设的解释范围，同时在不同刺激和诗学想象的影响下，事实发生改变并增多。其背后真实的一面非常简单：这些是死亡实际并未发生的埋葬情况（尤其是妇女），被埋葬者实际上处于昏睡或

---

① 更准确地说，进入身体的是伊勒姆恩罕不接纳或不能到达伊勒姆恩罕处的灵魂。当第二个灵魂查尔吉佛扬古离开身体后，偏离的灵魂（奥罗尔吉佛扬古）进入尸体。

② 应该指出的是，满族人埋葬的墓穴不深（参见后文）。

③ 例如在《尼山萨满》中，萨满自称伊巴罕表示自谦。

仅仅是深度且长时间的无意识状态。与其他族团相比，这种情况在通古斯人中更常见，因为通古斯人中的“灵魂外化移动”很普遍。妇女比男性更容易受影响。如果埋葬发生在寒冷的季节，被埋葬者穿得不多，数小时内会冻僵，继而死亡发生。因此，在寒冷的季节自然观察不到博恩。这样，妇女“被埋”后生育（我至少听说过两个案例，其中一名儿童我亲自见过）的事实则清楚了。博恩体内有血，可以被杀死，它们会狩猎，能捕获獾子。它们狩猎獾子的原因十分简单：獾子跑得很慢，是唯一可以用木棍打死的动物——缺少其他武器。关于博恩与普通人之间体质特征的区别，通古斯人的观点不一致，某些通古斯人认为两者之间没有差异，甚至可以和博恩结婚（如案例 3 表明的）。此外，被埋葬的妇女从坟墓中站起之后，在面对狼和狗的攻击时，毫无抵抗能力。妇女本人也十分了解她是博恩，而且必须按照人们对博恩的期待行动。而且，她知道自己可能会被杀掉，没有人相信她不是博恩。当棺材中的妇女醒后，她不能待在棺材中，但无论如何，饥饿与渴望恢复正常社会地位，促使她走出坟墓。走出坟墓并不困难，因为通古斯人中棺材的木板并不牢固，满族人的棺材则只是用土盖上。在第二个案例中，找不到妇女很正常，她可能跑出去寻找食物，当然，她不能顺着猎人的足迹寻找孩子，因为她知道行动的后果。至于伊巴罕的矮小身材，以及聚集起来捕獾子的描述，其实只是幻觉，甚至是纯粹的想象，这一认识有时受酒精作用的影响（由于此原因，在通古斯人的实践中，长途旅行过程中他们一定不能喝酒）。关于伊巴罕跳跃前行的认知也有一定的现实背景，因为尸体的腿常被用一块布绑上，当绑腿布不能解开时，伊巴罕只能通过跳跃的方式移动。这些事实是观察到的，还是满族人的理论假设，我无法判断。苏醒者为了摆脱伊巴罕的命运，攻击他人并自我保护是很正常的。

其实，由于这些不能确定的生命为人们的思想带来沉重的负担，因此人们选择通过埋葬的方式处理它们。博恩和伊巴罕代表的是一种反常秩序，自然发生的现象被添加了想象的细节，案例也随之增加。

因此，通古斯人解决了两个问题：他们把昏睡状态理解成多元灵魂要素互动的结果，而且通过这些个案，他们也获得了多元灵魂要素存在的证据。如前文所述，在通古斯人看来，这些情况不能归在神灵名下，而是偏离正轨的灵魂（神灵）把身体作为神位的后果。因此，我们不能把这些案例置于神灵的类别中。

45. 神灵群体

当某位成年通古斯人去世后，有一个重要问题需要解决，即把其灵魂从此界清除。事实上，这项任务必须由懂得把灵魂送到死者世界（布尼）的方法之人完成。这些方法会在本书的第三部分描述。不过，有些灵魂是不能被送达死者世界的：（1）没有目击者的突然死亡；（2）各种原因（战争除外）导致的意外死亡；（3）亲属、萨满或其他不得不送魂者没有能力把灵魂送到下界。在这些情况下，灵魂留在此界，换言之，它是自由的，不受任何控制，可能找到暂时或永久的神位。同时，这些灵魂可能成为偏离正轨的灵魂，可以短暂地进入各种神位，总给生者带来伤害。这些灵魂称希尔库勒（毕、库）和胡图（满）。如前所述，通古斯人和满族人有时错误地用这些术语表示神灵甚至人，同时也表示博恩和伊巴罕。但是，希尔库勒和胡图的分类是不确切的，因此最好避免使用这些词语。到达下界的灵魂并未停止存在。它们形成一个特殊的神灵群体布尼勒，其生存状态和此界的人基本相同，它们也需要一些关注，至少会定期造访此界。这些神灵是亲属、氏族成员和祖先。

具体灵魂-神灵的重要性不同。某些神灵可能成为非常有能力的神灵（包括善神和恶神），有一些神灵甚至可为萨满所用。下面我将从不太重要的神灵到重要的神灵依次描述这些神灵。

阿楞吉

阿楞吉（areŋk'i）表示未到达下界的灵魂变成的神灵。库玛尔千人、毕拉尔千人以及阿穆尔政府管理下的通古斯人都了解这一词语。[①] 雅库茨克的通古斯人（拉、图）使用 ar'ink'i 表示同一类型的神灵，奥列宁认为这两个

---

① 库页岛和阿穆尔政府的通古斯人用这个词语表示未接受教堂特殊服务（俄国人的安魂曲）的灵魂。其实，这是一项新功能。

词语与雅库特语 abasy 相关。[1]

这个词语的词源学分析表明，它的词干可能是 ar——“复活”（不及物动词），指向人［arran（毕）——他复活］、植物、昆虫、冬眠动物。通过 ar，areŋk'i 可以译为“促使复活的事物”，而非“复活者”。阿楞吉没有身体。在森林和灌木丛中，有大量的阿楞吉。不过，它们有时也可能进入棚屋附近的仓库中。它们会在腐烂的、空心的树木中安身，有时甚至是活树中。当通古斯人砍倒这类树木时，可能会听见这些神灵的尖叫：onoĭ（疼痛）！这种情况可能导致一次严重的疾病，带来致命的问题，受影响者会发疯并死去。当这些神灵居于岩石中，它们可被称为卡达尔尼希尔库勒（岩石希尔库勒）或乌罗尼（高山希尔库勒）。阿穆尔河沿岸有很多这类神灵。一般来说，坟墓附近的阿楞吉数量更多。阿楞吉可以被看见，表现为蓝色或红色的光亮，有时可以移动，但当人们接近时，则会跑远。它们吹口哨，发出回声。在严寒天气里，冰和树发出的噪声被通古斯人归因为阿楞吉的活动。它们的活动也体现在土壤、腐烂的木头等发光现象中——由于神灵的出现，土壤或木头正在“燃烧”，却没有热量。在暴风雨天气中，这类神灵的活动会显著增加。它们对具有强大意志力和自控力的人伤害不大，但恐惧者可能会受其影响。回声有时会导致猎人迷路，在了解这是神灵活动的前提下，人们必须十分小心解释此现象的重要性，而且不予以注意。很明显，当阿楞吉进入尸体后，后者可能会变成博恩。博恩会扔石子、树枝等伤害人。因为这些神灵害怕火，人们可以使用火抵御它们，甚至划一根火柴都可以保护自己。库玛尔千人把这些神灵描述为悲惨的存在：它们只有皮肤和眼睛；它们没有烟草吸食而且没有肉吃；它们总是饥肠辘辘，渴望食物，依靠人们的慷慨赠予。它们是有伤害性的，尤其是在大量出现的情况下，例如在坟墓附近、称为 Ōrodon 的地方、库玛拉河岸边，它们经常偷取肉，给人们带来各种麻烦；它们吹口哨、引起火灾等。这类神灵活动最频繁的季节是秋季，冬季较少出现，由于会受到雪的严重影响，它们必须保护自身。当某人独处时，可能会遇到阿楞吉，但很

① 传教士编纂的词典中，把拉姆特人中的 ar'inka 译成“魔鬼”“撒旦”。叶尼塞政府的传教士使用相同的词干或系列相关词语表示“复活者”“复活的耶稣”等。

多人聚集在一起时，它们则不会现身。据库玛尔千人说，阿楞吉分为两个氏族，两者之间经常斗争。它们的“主宰者”是音姆恩堪。

关于这些神灵的故事，可通过毕拉尔千人记录下的两个事实体现出来。(1) 两位男性正在狩猎。他们遇到一场伴有雷、闪电和大风的暴风雨。他们不能生起火，身边也未带着猎狗。整晚他们都在狩猎棚屋（半圆形、由树皮库米制成）中避雨。阿楞吉吹口哨，用小石头、树枝袭击棚屋；腐烂的木头燃烧。其实，在不能生火和没有猎狗（神灵害怕狗）的情况下，在随时可能毁掉的棚屋中度过一个暴风雨夜晚，不是一次愉快的经历。(2)“一位醉酒者夜里走在路上。他看到两只狍子。他开枪射击。这两只狍子并未跑掉（这表明它们不是狍子，而是神灵阿楞吉）。接着，他睡着了。这个晚上，他又看到了 4 只狍子，射击了 19 次，但每次都未射中，狍子并未跑掉。不过，第二天早上，他幸运地捕获一只狍子。第二天晚上，他又见到像人头一样大的一团火（阿楞吉的一种形式）靠近他。他尖叫，划着一根火柴；这位神灵开始缩小，变成红色光亮，最后完全消失。”其实，这是一种明显的谵妄状态。

因此可以得出结论：如土壤的亮光、腐烂的木头、各种回声、沼泽地上游动的火焰（鬼火）、低温下各种物质实体产生的噪声以及各种不能被理解噪声都被理解为阿楞吉的活动，这些事实证明阿楞吉的存在。恐惧和想象，以及谵妄式的幻想增加了支持假设的事实数量。通古斯人相信，这些神灵影响带来的精神错乱，不会影响到意志坚强者。

但是，这些神灵可能在某些地点固定下来，一直困扰人们。例如，居住在岩石和高山中的卡达尔尼或乌罗尼希尔库勒。这类神灵对独处者尤其危险。首先，神灵会使人害怕，让原本恐惧者陷入神灵的控制。由于受名为 doŋgonotočo 希尔库勒（doŋgnoto——“结冰”）的神灵的影响，人们很容易在冬季猝死。这位神灵通常表现为一名男性，过去，这位男性坐在小山丘（在冰冻的沼泽中）或灌木丛前，看似一团火。接着，他脱掉衣服（像通古斯人通常所做的一样），在想象的火前伸开双手温暖自己，随后这位男性睡着了，冻硬后死去了。当然，其灵魂变成新的游荡的神灵。它可通过不同方法让人们迷路，主要是影响思维。因此，所有迷路的情况都归因为这位神灵，因为通古斯人肯定，当他们处于正常状态时，则拥有自身的定向能力。这些神灵有时会抓住某些人，并控制很长一段时间。例如，有一个此类神灵抓住一位男性，带到阿穆尔河岸边（在村庄拉德德附近）的洞穴中，这个人在洞穴中困了好几年；这位男性返回其所处的人群之后，不能说清楚他过去做了什么，如何生存。在狩猎的过程中，这些神灵有时会走在猎人的前面，撵走动物；在这种情况下，阻止神灵活动的方法是给予神灵一些“食物”（参见后文）。

由于结冰、溺水和受树伤害而发生死亡的地方称 galegada，人们必须避免这些地方。偶然到达这些地方者会受神灵影响，表现出和去世者相同的行为，例如上吊自杀、进入水深处（通古斯人不常游泳），在灌木、树或小山丘前裸体，仿佛是一团火。通古斯人说，在溺水者去世的地方，每隔两年就会有类似事件发生。

这些神灵中的一部分可能变得十分有能力和影响力。它们可能成为某座高山、某一地区的“主宰者”。这类神灵被称为阿杰勒嘎或乌罗尼阿杰勒嘎（高山阿杰勒嘎）。在大兴安岭，有一山峰称博鲁勒多克塞凯（borul doksäkä）。准确地说，阿杰勒嘎住在那里。这位神灵及其乘骑的马匹是黑色的。在狩猎的过程中，它会制造噪声，以各种方式让狩猎变得困难。在制造了一夜麻烦后（这位神灵常在盐化的土地上制造麻烦，鹿非常喜欢这些地方），通古斯人见过这位神灵，因此人们都了解这位神灵的外貌。阿杰勒嘎可能带来非常严重的疾病。管理阿杰勒嘎的唯一办法是用任何一种捕获的动物（包括驼鹿）献祭这位神灵。这位神灵可以表现为动物形式。“一位玛卡吉尔氏族的男性（毕拉尔千人）正在狩猎，遇到一只鹿，他射杀了这只鹿后，这只鹿变成一名男性。随后，这位玛卡吉尔氏族成员病得很严重。从那时起，玛卡吉尔氏族的成员制作两个木制神位，约 20 厘米长，或者是选择两个小山丘，在其旁边竖起陶罗（toro，一根木杆），搭建一个高台（供献祭）。其他人从玛卡吉尔氏族学习如何献祭这位神灵。”

在其他氏族中，献祭的过程很简单，但会使用两个小山丘作为神位。毕拉尔千人说，在过去，当身处高山或坟墓附近时，他们认真总结过避免引来阿杰勒嘎的方法。太阳落山后，他们不会制造任何噪音，也不会砍树，不会让儿童哭喊，等等。这个神灵被吸引后，会变得像一位色翁。这种情况发生在玛拉库尔氏族的一位萨满身上；这位萨满掌控了阿杰勒嘎，他现在居住在普里（逊河附近），阿杰勒嘎变成了色翁。当然，自此以后，这位神灵带来的危险在很大程度上减少了（参见前文第 11 节）。

胡图

我已指出，这个词语不表示某一特定的神灵群，但可用来表示广义的希尔库勒。而且，在更广泛的意义上，满族人认为甚至伤害人的恩都立和玛瓦也可称胡图。不过，满语中没有专门的词语对应前文所述的阿楞吉和其他神灵。苏拉很可能是可以使用的一个词语。从字面含义上看，苏拉表示“自由的”“不受控制的”，当苏拉附体后，可能带来很大伤害。但满族人很少使用这个词语，他们往往会具体说明某类苏拉或胡图。

满族人说，任何一个未到达死者世界的佛扬古都是胡图。① 当氏族神灵暂时缺席或不能照顾氏族成员（vočko karmaraku taraku），也就是“窝车库守护者不能抓住、阻止（神灵）”的情况下，这一神灵可能会出现。

胡图可能源自各种形式自杀者或中毒而死之人的灵魂；但由于这些灵魂不能渡河，例如阿穆尔河，在阿穆尔河俄国一边去世的满族人的灵魂成为胡图（这里可推测，满族人的冥府被认为在阿穆尔河中国的一侧!）。巴勒珠（balǰu）胡图②由尸体的头发形成；③ 发泽莫普车赫胡图（发西莫布车赫胡图，满语书面语）由上吊自杀者的灵魂形成；毕拉胡图（河胡图）是由溺水者的灵魂形成；莫罗斯昆普车赫胡图是由被杀害者的灵魂形成（甚至包括身体被埋葬的灵魂）；最普遍的是普车赫胡图（死亡者胡图）。随着其他神灵的加入，这类神灵的数量增加，但满族人不能确定增加的神灵的

---

① 满族人认为这一词语和汉语凯（kai）类似。不过，胡图也可被称为（一种礼貌的称呼）nai（“土地的”）torg'i（“内部”“内侧”）［参见 dorgi（满语书面语）n'alma（“人”）；但满族人也用 n'alma 阿库（“非人”）］。尽管人（n'alma）居住在土地上，但不能称 nai n'alma，而是沃伊浑（weĭγun），即“活着的”“仍存在的”。

② 至少从目前的情况来看，扎哈罗夫的翻译似乎不正确。

③ 这一胡图被视为无害处的“家”胡图（balǰu 胡图的词源是不清楚的）。晚上，它们会接近人们并拔掉人们的头发（满族人睡在炕上，头朝向屋子内部，脚朝向墙壁）。如果这样，被拔头发者，头部会变秃。这一神灵表现为光亮（类似阿楞吉），如果人们反穿鞋，则可抓到这一神灵。如果成功抓到这一光亮，人们则会找回自己的头发。

起源。它们是芒嘎莫胡图（“橡树”）、扎格达莫胡图（“松树”）、巴那胡图（“地方”）等。因此，满族人不主张把墓地附近砍伐的树木带回家中。满族人已成功地观察过这些神灵，因此把它们描述成身材矮小（不足3尺）、鼻子扁平、短下巴，穿着和达斡尔人服装款式相同的短上衣。

相较之下，这些神灵更害怕男人。当妇女独处时，这些神灵会制造各种噪声。一般认为，灯熄灭以后，它们开始活动。由于这些神灵的存在，满族人从不剪指甲——胡图可能利用指甲。这些神灵的数量在村庄中要比城市中多。胡图以及满族其他神灵的一个特点是没有影子（在光下）（伊巴罕有影子）。如果人们撞到这些神灵，会导致头疼。它们会使人们受惊吓，甚至有时会带来不严重的精神错乱。通常情况下，满族人不向这些神灵献祭，只是用喊叫声吓走它们。同样，它们也不喜欢光。不过，当这些神灵进入尸体后，会变得十分危险，因为这样它们就变成伊巴罕胡图（参见前文第44小节）。如我们在毕拉尔千人中所观察的，当这些神灵变成有力量的神灵后，情况则不同。在这种情况下，它们被赋予不同的名称，被对待的方式也完全不同。这些内容会在接下来的部分讨论。

奥占[①]

在巴尔古津通古斯人和库玛尔千人中，胡图是一组特殊的神灵。在我看来，胡图仅表示“主宰者”。一位毕拉尔千萨满讲述了这位神灵的历史。“古时候，大地被烧毁了。[②] 什么都没剩下。世界上只有布嘎，两名儿童——一个男孩和一个女孩，两只幼鹿，两只（?），[③] 两只马鹿。男孩和女孩长大后开始繁衍后代。布哈来了。因此大家生活在一起，已经有大概30人。这对男女感到羞愧——人口太多是一件羞愧的事情。[④] 他们说：‘我们

① 此处原书误作“odjan”，应作“ojan”。——译者注

② 同样观念也见于满洲的通古斯人和其他人群中。

③ 在抄写资料的过程中，我的太太漏掉一个词语，我记得应是“驼鹿”。

④ 在这里，“羞愧”的原因是不清晰的。我认为，这一表达并非完全正确，或者是翻译的错误。不过，我未找到其他合适的词语，可能的情况仅是：“他们变得焦虑了”——人口数量太多导致的焦虑。

把 15 个孩子隐藏在[1]没有驯鹿的地方。’他们把 15 个孩子放在乱石丛生的糟糕之地。他们（被遗弃的孩子）变成像布嘎一样的存在；我们看不见他们。他们帮助我们。其余的 15 个人繁衍后代，我们的祖先。直到今天。”

自那时起，奥占居于宇宙三界。在中界，它们选择居于布满石头和岩石的地方，这些地方对通古斯人无用。例如，它们居住在环绕贝加尔湖的高山顶上（在贝加尔北部地区）。乌索伊（Usoi）河谷（阿玛拉特河支流），有一个洞穴，深不见底，通古斯在洞穴的入口处经常会发现狍子的骨头，甚至有一次发现了狩猎棚屋，这些是奥占活动的证据。

通古斯人有许多支持其假设的“事实”。例如，“有位年轻的萨满，28岁，不被其他人承认。有一次，棚屋里有许多人，突然出现了一位虚弱疲惫的老人，并且说‘你们好，这里已经没有我就座之处了’。萨满让其中一个人让出座位，请这位老人就坐。萨满命令杀一只驯鹿，把鹿肉献给老人。在这位老人吃完鹿肉，将要离开（棚屋）时，萨满告诉在场者：‘恭送这位老人。’在场的其他人回答：‘这里没有其他人。’接着这位萨满亲自护送老人走出帐篷。回来后，他对现场的人说：‘你们为什么不这么做?’这位萨满很开心。”

另一位巴尔古津人在奇那（Čina）河（维季姆河左岸的支流）源头附近无树的山顶的空地上看到灰烬、茶壶和碗等。在这里，他见到了奥占，但由于精神错乱，他说不出更多的具体细节。

一位涅尔琴斯克通古斯人喝得酩酊大醉后，整晚遭受奥占的侵扰，第二天破晓时，看到一名体型不寻常的男性。当男性靠近时，这位通古斯人跌倒，并失去意识。从此之后，这位通古斯人陷入精神错乱。体型不正常的男性是奥占。

一般而言，某人遇到奥占后，会变得不正常——精神错乱。因此，人们必须避免遇到奥占。通古斯人千万不能落进洞穴中，因为他们可能被奥占毁掉。天黑之后，他们千万不能离开帐篷，因为奥占可能会偷袭。这些神灵经常袭击表演中的萨满，使用箭射击萨满，除非萨满用背部铁制品（“神位”）抵御飞过来的箭或用手抓住箭，不然萨满会遭遇危险，过去有某些神

① “隐藏”在具体的实践中表示“不管”“让其死亡”。

灵杀死萨满的情况。与这组神灵中的其他神灵相同，奥占经常使人们迷路，因此通古斯人受影响后也会迷路。

这些神灵的生活方式与通古斯人没有差异——它们有自己的棚屋、驯鹿，一般人看不到，它们也会狩猎。由于人们最初的伤害（把它们遗弃在岩石中），它们对生者并不友好。有时，它们会给狩猎带来困难，它们会让人恐惧、抓住人们并且让人们精神错乱。不过，这些神灵也会对人们的工作提供帮助，同时也是驯鹿的保护者。其实，如果某位通古斯人对驯鹿不温和，这位神灵会杀死他。尤其严格的是，千万不能用枪杀死驯鹿。

这些神灵没有特殊的神位。当通古斯人想使这些神灵友善时，他们会提供一些“食物”（祭品），一般情况下，当通古斯人吃东西和喝东西时，经常会向空中抛几块食物或撒几滴饮品（茶或酒），这几乎是自发的行为。通古斯人中最近发生的许多困扰都被解释为忽视了这些神灵。过去，通古斯人习惯用驯鹿向这些神灵献祭，但目前（1912~1913 年），这种情况很少发生。如果这些神灵频繁带来困扰，通古斯人会向其他神灵伊尔林堪和纳勒坎祈祷，他们应该是奥占的主宰者（达哈千）。通古斯人平时千万不能称这些神灵为奥占（当通古斯人谈论这些神灵时，尤其是晚间，即便不祈祷，它们也可能予以回应），因此必须称为阿米（am'i，父亲）或阿米萨勒（am'itisal，父亲们）。

46. 北通古斯人的祖先系统

到达死者世界的灵魂并未对生者漠不关心。在所有的通古斯群体中，它们都扮演重要角色。前文已述，如果灵魂不能到达下界，则会构成实际的危险。因此，人去世后，生者的第一个任务就是把灵魂送到正确的地方。如果灵魂获准可永久居于下界，则不需要过多的关注，也很少会打扰生者。

所有通古斯语言表示“祖先”的词语都源自 bŭ——死亡。因此，我们可观察到 buni（巴、毕、库、兴）、buno（满驯）（巴、涅）、bunil（涅）或仅仅 bučo（“死亡的”），这些词语表示下界死者的灵魂、下界或冥府。在通古斯人观念中，布尼（buni）的生活状况和人间相同。灵魂会需要和喜欢某些食物，它们需要衣服和其他许多生者需要的东西，甚至还包括一些它们活着时不喜欢的东西。首先，布尼是黑暗且寒冷的。同时，蜕变为非物质形式的灵魂仍挂念人间的生者。而且，至少某些通古斯人认为，这些灵魂要为其活着时所犯下的错误付出代价。

布尼位于世界的西北方向，入口位于夏季太阳能照射到的最北方位。应该注意的是，由于纬度的不同，这一方位会有变化，可能位于西北偏西，也可能是西北偏北。除此之外，我从未听说过其他方位。去往布尼的路漫长且困难。在去往布尼的路上，死者的灵魂要穿过湖泊（例如巴尔古津人认为应穿过贝加尔湖）、河流和山脉，直到到达由神灵嘎伊（巴尔古津通古斯人的观念）控制的河流处，在到达布尼前，灵魂必须穿越这条河。在去往布尼的路上，盘踞着想抓住灵魂的各种神灵。在巴尔古津人看来，海（湖）的沿岸由一只熊看护，灵魂位于木制的房屋固拉（正方形，有屋顶）内。毕拉尔千人认为，去往阴间的路由一只渡鸦看护，在灵魂开始去往布尼时，渡鸦飞到灵魂主人的家中。满洲的驯鹿通古斯人认为，死者灵魂要向西北方向走，在到达布诺（buno）前，需要穿过7尺深的地层，布诺没有太阳。在满族人的影响下，毕拉尔千人和库玛尔千人接受了布尼和人间由三条河分开的观念。第一条河是红河，由一名只有一条腿的男性负责划船摆渡死者灵魂。满语称这名男性为陶浩曼阿哥，即“跛足阿哥”。其实，在希腊信仰中，也有一位相同的神灵，红河对应希腊的冥河。第二条河是黄河，渡过这条河后，死者灵魂会遇到蒙高勒代纳克楚，也称蒙高勒代，“母亲氏族的长辈”，这位神灵负责检验死者灵魂是否可以越过黑河，后者不在音姆恩堪的管辖范围之内。这一描述与满语抄本《尼山萨满》相呼应。在去往布尼的路上，太阳变得越来越遥远，越来越低，直到最后光线完全消失。在布尼的入口处，光线犹如黄昏时的状态；最后，完全没有光线，越过一座高山后，死者的灵魂到达布尼。

毕拉尔千人认为，越过布尼后，还有额拉固伦，在这里，灵魂会死亡、消失，永远不会返回人间。非常坏的灵魂会被音姆恩堪处以这样的惩罚。如果某人活着的时候，灵魂受到良好的管理，死后其灵魂可不到音姆恩堪处，而是成为恩都立。数次转生为人的灵魂，也会成为恩都立。当然，这是一种适应因果报应高级道德观念的新理论。这类人的灵魂被称为杜罗维达萨查（durōv'i dasača），也就是“规范（管理、方法）的修正（提高）”之意。如果某些死者的道德很糟糕，其灵魂可能会被拒绝去往布尼，变成偏离正轨的希尔库勒，或者一直留在布尼赎罪，或者被杀死。这类灵魂也可能转生到如骡子、昆虫等低级的动物中。不过，通古斯人并不认为这是一种无助于获得永生的降格。巴尔古津通古斯人和涅尔琴斯克通古斯人也接受第二次死亡是很可能的现象。这些通古斯人和满洲的驯鹿通古斯人认为善行者的灵魂可能被乌吉斯吉接受，去往某些“神灵-主宰者”的居处，而不是去往布尼。这些好人称为哈亚（满驯）和玛浑（巴、涅）。与好人相同，富裕者也会被乌吉斯吉接受成为玛浑。我认为，这些观念部分受俄国文化影响。

毕拉尔千人认为，布尼的神灵可分为两类，即伊勒里布尼和阿召尔布尼，前者的名字会在献祭过程中被提及，它们可能给人们带来益处或伤害，但影响不会超过第四代人；后者不重要，不会给生者带来任何影响。

这些神灵来到人间后，是值得同情的：它们是饥饿的、体弱的，在昏暗光线下的石头路上几乎不能移动（参见第 17 节，祈祷词文本）。但是，这些神灵并非毫无害处，生者经常遭受它们的伤害。例如，一位年老的库玛尔千人受到了很大伤害——他患有非常严重的湿疹、腿部肿胀，神灵还是害死了他的两匹马等。这位老者的主要困扰是不知道具体哪位去世的亲属对他不满，需要什么——这位亲属可能是其父亲，也可能是其母亲，或是其去世的兄弟。在这种情况下，唯一的办法即举行一次大规模的献祭。有时，布尼神灵不赐予玛辛，猎人不能捕获动物。在这种情况下，布尼神灵通常的办法是让猎人暂时失明，或是驱赶走狍子，或是改变光的折射（通古斯人说，“像在水中”），让猎人不能正确判断动物的位置。这些神灵有时可给人带来真正的精神错乱，氏族萨满需要付出很大的努力才能解决。毕拉尔千人承认，威胁布尼神灵而且不给它们提供食物十分有效，它们的攻击性会减弱。它们的神位通常为人形的草偶，约 60 厘米高，有两只胳膊、两条腿和两个脚趾，把神位制成两个脚趾，很可能没有具体的明确目的，只是因为以草为材料，不允许表达更多的细节。这一神位坐在另一个由草制成的狗形神位上。

满族人的系统

满族人的祖先系统在许多方面与北通古斯各群体不同。关于下界的结构，满洲的通古斯人基本借鉴了满族人，为了避免重复，这里不再讨论，其中的细节，我会参考满文手抄本《尼山萨满》。满族人认为，下界位于西南方向，其环境与满族人的人居环境更为相似。这些知识部分源于满族人的家谱，它们以书面形式被很好地保存下来。满族人认为，下界有很多神灵，它们是把守城门的官员，保存书籍者（纳勒玛博卡拉拉恩都立——保存书籍的神灵），保护骡子、牛、马和猪的神灵，其中却没有保护羊、狗和猴子的神灵。这些神灵称恩都立，受伊勒姆恩罕的管理。满族人的神图反映了复杂的佛教和道教因素。

如果灵魂发扬阿/佛扬古被伊勒姆恩罕接受，可能转生为人或动物，或是留在下界。如果某人活着的时候按部就班地生活，死后其灵魂可能被赐予新出生的儿童，甚至可以成为恩都立或富其吉（玛瓦富其吉），也可以成为守护神或窝车库。如果某人是一位坏人，活着的时候虐待某种动物，死后其灵魂则会转生为这种动物。如果某人自杀而死，伊勒姆恩罕不会接受其灵魂，但是，该灵魂会变成胡图。这种情况还涉及一些其他问题，后文将会讨论。死者去世后的第七天，其第三个灵魂会离开身体，去往下界，但在某些情况下，灵魂不能到达下界，尤其是未到寿限（通过关于命理的书籍判断）去世者的灵魂。如前文所述，这类灵魂也会成为胡图。

满族人和通古斯人的祖先体系间的本质区别是，满族人的祖先体系可能变成神灵-守护者，可称为玛发（mafa）或玛发里［复数 mafari（满语书面语）、mavar'i（满语口语）］。不过，这个词语可表示亲属中的长辈（参见《满族的社会组织》），也可表示某些并非真正祖先的神灵，是敬重的标志。事实上，在这种情况下，它们的功能不像“祖先”，而是和其他神灵一样重要。因此，这些由祖先变成的神灵-守护者将在第 13 节讨论。

下界接收的所有氏族祖先称标浑窝车库，但是，窝车库（vočko）也可表示萨满教的神灵（参见后文）。在满族书面语中，这个词语是 večeku；萨满称其为窝亲（vēčin 或 wečin）。这些词语的汉语表达方式表明，它们并非源自汉语。[①] 通过满语，我们找不到这个词语的词源，因为考察动词 veče（mb'i）——"向窝车库献祭"、večen——"祭品"不能说明什么，这个词语可能是派生的。[②] 这些神灵可能被称为"萨格达西窝车库"，即"老祖宗"，甚至是很短的汉人家谱，即"家庭档案"——"氏族成员名字谱系"。

除了窝车库（vočko、vèčèku）、窝亲，还有一些表示这类神灵的词语，它们有时被称为贝色（beǐse）——"贝子"，这体现在阿木巴乌色氏族的神灵中（参见后文）。此外，还有其他一些表示尊敬的称呼。当附体于萨满后，窝车库自称 èndu，应该与 enduri、enduriŋa 等有关。把这个词语很难译成英文——它表示高级神灵恩都立、未转生且保持自由的灵魂、帝王的灵魂等。而且，这个词语还可表示僧侣，有智慧的聪明人等。很可能的情况是，这个词语可被译成"神圣的、不朽的、高明的"。此外，还有一个词语表示安置到神位中接受献祭的神灵，即ǰukten～ǰukte（朱克腾）。例如，在满语中，mon'i vočko（我们的神灵）与 mon'i～ǰukten 的意思相同，因此在祈祷词中满族人会说 vèčère vèčèku、ǰuktere ǰukten，其中 vèčèmbi 表示"表演仪式"，ǰuktembi 表示"向神灵献祭"。但是，扎哈罗夫和满语词典把ǰukten 译为"祭品"。我不想冒险解释ǰukten 含义变化的原因。除此之外，满族人中还有一个表示神灵的词语，即神灵附体后自称 èlen，这个词语自然要通过萨满口中说出。因此，在满语表达中，有 mon'i èlen de gemu saŋ taǐfin，即（请求）"让我们一切安好"，在日常语言中，满语表示人群的短语有 mon'i pōdè（满语

① 尽管表示 vočko、večeku 和 večin 的汉语词语在某种程度上传达出其含义，但它们并非源自汉语。对于 večko 和 večin，有以下汉语转写：我家户（或"古"），其含义为"我的""家庭""房屋、家人或门"（或"古老的"）；我亲（语音为 wejin），其含义为"我的""亲属"，是表达各种亲密关系，尤其是亲属关系的词语。

② 在哈勒兹看来，这个词的词源十分简单，他把词干 veče 与梵文和阿维斯陀语 yaj、yaz，"敬拜""献祭"相联系。但是，这里的问题是，词缀 ku 不能像哈勒兹认为的构成形容词（参见《晚期中华帝国的宗教与典礼》，第 14 页），这个词缀的功能是构成名词［参见扎哈罗夫《满语语法》，第 72 页］。其实，从这一角度看，večeku 可能表示"神位"，借助神位，神灵被献上祭品。večeku 最初不是表示"神灵"的词语。但是，在满语口语中，只有献上祭品时，才使用 večemb'i，而表示萨满的神灵窝车库的行为用其他词语。而且，祖先神不称 večeku，而是 p'oɣun vočko（标浑窝车库）。因此，večeku 的词源是不清楚的。

口语）或 mon'i p'oγundè，即“我们的家庭（氏族）”。

在满族人的观念中，窝车库（vèčèku）表示特定的族外婚群体的祖先，这是一个由莫昆达管理的社会组织。满族人说：“有多少族外婚单位和首领，就有多少神灵（丛）。”[①] 满族人借用汉人的方法把氏族成员记录在谱单上，通过谱单，可以看出氏族成员间的关系。[②] 满语称谱单为 vèčèku mafai tèmgètu，即“神灵祖先的凭证”，类似汉人的家谱（参见前文），它也被称为萨格达西窝车库，即“古老的祖先神”。每个氏族都有自己的谱单，由被推举的首领莫昆达保管。

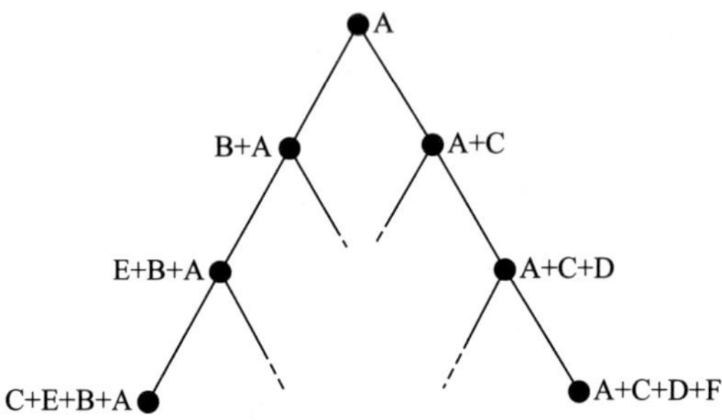

在每三年一次的氏族会议上，谱单要经历重修和完善。氏族之外的成员不能看谱单。[③] 显然，不同氏族（目前是莫昆）谱单记录的人物不同。但是，由于作为族外婚单位的氏族一直处在形成和重组的过程中，许多氏族的谱单都有共同的祖先，因为新形成的氏族制作的谱单中，会把最古老的祖先视为自己的祖先。这在上图中有所呈现。

而且，由于满族人保存家谱的习惯十分晚近，因此许多氏族的谱系并未发展得很深入。但是，随着满族的氏族名称翻译并转写为汉语，汉人的氏族名称经常被用来表示满族氏族，满族人逐渐混淆汉语表示的氏族名称

① 哈勒兹（参见《晚期中华帝国的宗教与典礼》，第 13 页）的翻译“保护家庭的神灵，主要是祖先”是不正确的。《满语词典》（第 13 章，第 9 部分）是不正确的，因为家庭中崇拜的不仅是这些神灵。鲁德涅夫描述了 weičeŋ，对应 večin，这是受汉人发音的影响，而且认为这些神灵不只包括萨满教的神灵。扎哈罗夫基于汉语和满语的翻译是错误的，即认为这些神灵包括天神、地神以及守护房屋的神灵，类似蒙古人中的翁高特（oŋgot）、偶像等。

② 关于氏族组织，参见我的著作《满族的社会组织》，这可帮助我们理解神灵问题。

③ 我曾见过一份满族的氏族谱单（参见《满族的社会组织》，第 58 页）。

所涵括的具体成员，满族人把汉人祖先人物写入自己的谱单中。因此，在许多氏族谱单的历史叙述中，发现了汉人传统。由于这一因素，可以发现满族氏族有时拥有共同祖先，但实际情况并非如此，甚至这些共同祖先并不是满族人。同时，当氏族谱单上的名字过多导致无法复制和保存时，满族人会缩短谱单。因此，在某些谱单中，我所获得的信息仅是一些按特定规范书写的无意义的名字，找不到不同名字之间的联系（亲属关系）。其实，只有离当代较近的祖先的名字才被清晰地呈现。由于这一原因，某些祖先的名字未被保存至今。通过这种方式，满族人会逐渐选择一些值得关注的祖先，其他的祖先则逐渐被遗忘。因此，氏族的谱单只能详尽表示几代氏族成员的情况，更早的祖先信息会越来越贫乏，最后没入模糊的传统中。结果很明显，无论满族人祖先的名字和联系如何，从根本上说，它们都是被象征表达的。满族人的祖先象征是神灵的“神位”，它们在不同的氏族（现在是莫昆）必须各有不同，事实也是如此。例如，在科尔约（kor'jo）哈拉中，标浑窝车库的神位包括两组称索尔棍的丝绸条，其数量分别为5根和4根，约35厘米到40厘米长，4厘米到5厘米宽。在献祭过程中，它们被挂在支架上，前面放着几片丝绸。丝绸的数量和颜色会有变化，但按照规矩，必须为单数。在某些满族氏族中，神位只是丝绸片或丝绸条。伊彻满洲氏族的神位中包括一些三匹马形式的木制神位。不过，在佛满洲图拉哈拉氏族中，有三匹马的木制神位，其中一匹马上骑着一个人。过去，他们的文化和佛满洲相同，但由于失去了阔利（记录下来的仪式和神灵名称），伊彻满洲的氏族中则不再有与神灵沟通的标浑萨满。在氏族分裂的过程中，神灵与象征神灵的神位也要分开，自氏族分裂起，新神灵则不再被氏族未分裂前的所有氏族成员“崇拜”。在蒙高氏族中，有一种与众不同的表示氏族神灵的神位，是五个木制的人形神位（有腿、胳膊、脸、眼睛和鼻子），约50厘米~60厘米高，穿着丝绸的衣服，固定在一块丝绸布上。阔里氏族的成员可以使用蒙高氏族的神灵并祈祷。其中的原因是，阔里氏族最初的成员不多，却有一位塔萨满（参见后文）。这两个氏族形成卡普奇，即双重（氏族）。这对蒙高氏族而言十分特别，因为两个氏族将成员的尸体葬在一起，共享氏族神灵的神位。但是，这个习俗最近被放弃了。由于这一实践，某些蒙高莫昆的神位不到五个。在一个新满洲（伊彻满洲）氏族中，有一个特殊神位穆珠胡尼玛哈窝车库，即“鲤鱼神”，由木头制成，以及三个比罕窝车库，还有三个人形木制神位。某些新满洲乌扎拉氏族有萨姆达拉努尔干窝车库，即“用于萨满表演的图像神”，这位神灵也称跑伊（poi）窝车库或标浑窝车库，用数量有限的汉人风格祖先图像表示。[①] 满族人会为祖先神专门保留一匹甚至几匹马，供神灵骑乘。这类马会被带入房中的神位前面，而且丝绸条被系在马鬃毛上，称索尔棍浩伊塔哈莫林，即系在马匹上的丝绸条，人们也会在马的鼻孔处熏香。氏族中的女性和服丧者不能使用这类马。这些马匹从因祈祷神灵窝车库而被治愈的马匹中选择。装着神位的箱子放在屋内阿木巴纳罕处，面对着门口的火炕，左侧角落称太浩西（参见达浩索，满语书面语）——“主要角落”。在每年一次的献祭中，这些神位才会被拿出按照前述的顺序摆放。它们平时和家谱放在一起，无人能够触碰。当然，这些限制尤其对氏族之外可能有月经的妇女严格。

不同神灵的特征可通过祭品的差异体现。例如，某些神灵不喜欢血制的祭品。因此，在乌扎（wuza 或 vuza）氏族中，向阿普凯恩都立献祭血制祭品时，必须认真地把不喜欢血祭品神灵的神位藏起。这个氏族中，丝绸条的数量很多。而且，不同氏族的神灵喜欢不同类型的血祭品，例如羊血、猪血等。[②]

此外，不同的神灵之间还有一个重要的区别，即日路（伊嫩伊召浑窝车库）和夜路（亚姆吉召浑窝车库）。后文会讨论“路”的理论（参见第 13 节）。因此这里只能指出的是，亚姆吉召浑窝车库经常会给氏族成员带来疾病，而且喜欢血祭品（在黑暗中献祭），而伊嫩伊召浑窝车库主要是氏族成员的保护者，它们不需要血祭品。亚姆吉神灵群中有许多女性神灵，而伊嫩伊神灵群中女性很少。只有佛满洲氏族中有亚姆吉神灵群。

某些满语书籍中，描述有不同氏族的仪式。许多满族家族都有这类手册，但目前其中很大一部分已经遗失。著名的典籍《钦定满洲祭神祭天典

---

① 参见《满族的社会组织》，第 63 页。萨格达哈拉的案例。

② 参见《满族的社会组织》，第 24 页。蒙高哈拉。

礼》描述了觉罗哈拉爱新支系即宫廷的神灵。当然这个氏族的典礼和神灵与其他氏族不同。不同满族的仪式和祈祷词也各异。[①]

从民族志学的观点看，描述上述满族氏族的神灵和神位细节是无意义的。因此，我只做了上述评价。

祖先神可能会导致疾病，例如附在活着的氏族成员身上。这通常发生在晚间（参见前文：亚姆吉召浑），受神灵影响者会抽搐跳跃。此后，受影响者通常会在梦中见到祖先神，它们会表达需求。妇女更容易受这些夜路祖先神的影响。一次，一位由祖父而来的祖先神附在正在吃饭的一名小男孩身上，因此这个男孩扔掉装着食物的碗，开始抽搐。人们发现，这位祖先想要一个神龛，同时在其坟墓前立纪念碑。祖先神有时会在氏族成员灵魂缺席的情况下附体。在这种情况下，氏族成员可能会变得精神失常，治疗这类氏族成员是相当困难的。而且，由于祖先神一直位于室内，它们在附体对象身体的不同部位观看和“呼吸”，这足以带来一场严重的疾病。如果向这位神灵允诺提供一个神龛作为神位（通常为汉人风格的神图），诺言则必须履行，要不然神灵可能会再次附体，因此，千万不能“欺骗”神灵。在满族人看来，这种情况十分普遍。有时，祖先可能会被错误地怀疑给氏族成员带来伤害，当（萨满）见到相应祖先时，他们会拒绝错误的指控，甚至会指出带来困扰的实际神灵。祖先神附体于萨满会在萨满教神灵部分讨论，某些萨满教神灵也是祖先。为了中立神灵的活动，满族人有时会许愿让他们的孩子日后担任标浑萨满。

不过，祖先神窝车库有时可能变成保护者。前文已述，这些神灵可能扮演抵御袭击氏族成员的保护者角色。但如果不恰当地对待祖先神，它们可能允许外来神灵进入房屋。在保护分娩期的妇女方面，窝车库十分重要。因此，在妇女分娩时，人们会向它们焚香祈祷。

在婚礼上，新婚夫妇必须向祖先神窝车库献祭。来自其他氏族的新成

① 更多的细节将在后文介绍。其实，这个氏族的标浑窝车库受皇室特殊因素的影响，同时也受汉人的强烈影响（在乾隆朝，这一符号化过程基本完成）。而且，爱新觉罗家族想与汉人和其他满族氏族都保持良性的关系。不过，宫廷的标浑窝车库并未对远离政治中心的满族人产生过多的影响。

员只有参与了全体氏族成员的窝车库献祭后，才会被氏族接受。献祭之后，所有在场者都会被视为“兄弟”，即氏族成员。不过，在具体实践上，这一过程是不能被观察到的，因为外来者很少被允许参加献祭活动，并且并非所有人都可以成为“兄弟”。①

窝车库和其他神灵之间的关系十分复杂。由于这些神灵可能会对向萨满的神灵寻求帮助者不满，因此，在求助萨满之前，满族人会告知这些神灵，并献祭一些祭品。如果不这样做，萨满的神灵和窝车库之间会发生冲突，给生病氏族成员带来更严重的影响。当氏族神灵标浑窝车库成为萨满教神灵后，这些关系会变得更复杂。在这种情况下，变成萨满教神灵的标浑窝车库会与所有神灵斗争。

妻子氏族的标浑窝车库［伊尼（她的）坦其尼窝车库（妇女称其嫁入氏族的亲属为坦亲）］和母亲氏族的标浑窝车库［莫尼（我的）浩恩奇辛窝车库（浩恩奇辛，我的母亲的氏族）］应该被考虑。例如，在第一次访问妻子娘家时，新结婚的男性必须献祭。同样，当男性访问母亲氏族时，千万不能忽略母亲氏族的神灵。

在满族文化中，我们可以发现一系列明显源自祖先灵魂的神灵。这些是被称为玛发一类的神灵（参见前文）。但是，玛发这个词语可能会带来误导。尽管它通常表示“老者”“祖先”（例如，玛发里经常可以替换窝车库），但有时这个词语也表示“受尊敬者”等。从这个意义上说，玛发有时表示根本不是“祖先”的神灵，而是不同类型的神灵，尤其是外来的神灵，为了与这些神灵保持良好的关系，满族人像对待熊和老虎一样，称其为玛发。我们很难确定称为玛发神灵的来源——满族人不知道它们的来源，我将在下一节讨论这些神灵。如果知道某一称为玛发神灵的来源，我会指出。而且，这些不能确定来源神灵的数量不多。

在前文中，我已指出某些满族氏族中萨满的存在。我的观点是，这些萨满只是名义上的萨满而已。神灵理论的复杂性、详尽的仪式和祈祷词以及管理祖先神的需要，使满族人选择负责照顾和管理这些专家的群体。其实，他

① 尽管我在典礼过程中提供帮助，但从未被邀请加入某一氏族。

们只是“氏族祭司”，由氏族选举或氏族权威认定（莫昆达或氏族会议），也有一些氏族成员出于个人责任感承担这一职责。在满族人中，这些人被称为标浑萨满，即家（“家庭”“氏族”）萨满。与一般萨满的最大区别是，标浑萨满不会发生神灵附体，也不“掌控”神灵。但是，这一区别并非绝对的，因为在某些氏族（那拉哈拉）中，标浑萨满会让祖先神附体，表现得像真正的萨满。在第三部分，我会继续讨论这一问题。

47. 满族祖先化的氏族神灵

满族的氏族神灵不仅包括祖先，而且包括非祖先来源的保护性神灵。在实践中，祖先来源的神灵更重要，因此需要氏族成员更多的关注。而且，由于祖先神数量众多，只有一部分能被活着的后代记住。但现在，它们的名字被记录在氏族谱单上，因此可能会被整体“崇拜”。因此，满族各氏族需要把应该被记住的保护性神灵记录下来，由氏族成员照顾。由于这些神灵是非祖先来源，因此放在下一节描述更合适，但这对理解满族人的思维是不利的，在满族人看来，氏族神灵既包括祖先神，也包括非祖先神，两者联系紧密，不能分开。出于这一考虑，我将举例说明某些满族氏族祖先来源和非祖先来源的氏族神灵。

下面我列举三个佛满洲氏族的标浑窝车库［满语口语或满语书面语（boǐgun večeku）］的例子，从中我们可以看出不同氏族神灵的相似程度和差异程度。所有的案例都源自保留在满族人中的手抄本。

（1）*amba wuse xala boǐgun beǐse*⑩

大①乌色氏族 氏族 贝子（神灵）

（ ）②*ineŋi večèku n'ugan*⑧*taje*③*čuxaǐ ǐaŋin*④

第一部分日路神灵：*Nugan* 祖先、军队长官；

*ǐ'ai fèn*⑤*ineŋi večèku an'ču*⑥*fuč'ik'i abkaǐǐuse*

第二部分日路神灵：金佛、上天的孩子

*ineŋi ičedè b'ja i ves'ixundè*⑦

月亮升起的新日子

jamǰi vočko čolo n'ija ačulan suru s'jaru[8] *s'imge s'ijaru agara keku*

夜路神灵谱系：*Niai-Achulan*、*Suru-Siaru*、*Simge-Siaru*，飞翔的布谷鸟

momoro somoro

Momoro somoro

wujun wečen[9]

9 位神灵

（2）*Sakda xala boǐgun večeku*

萨克达氏族的神灵

ineŋi večèku čolo šaŋg'in taje[3] *šanzu nendu nunen taije čuxaǐǰaŋin*

日路神灵谱系：白雉鸡祖先[11]、Shanzu Nendu、Nunen 祖先、军队长官

men'i sefu[17]

我们的师傅

Kèǰè pusa[18] *fuč'ik'i ǰixa*[12] *nadan beǐse*[13]

Kedje 菩萨、佛来[12]、7 位贝子

ineŋi ičedè b'ja i ves'ixundè

月亮升起的新日子

jamǰi vočèku čolo

夜路神灵谱系

xos'i[14] *dè texè xos'i*[28] *nja-je-i*[29]

安座在角落的神灵

èlèn[15] *dè texè endur'i*[16] *nja-je-i*

安座在房屋中的神灵

naren nareǐko naǐrgun x'janču ǰargo ǰungaǐ ǰure-ǰukten[19]

Naren-Nareiko、Nairgun-Hianchu、Djargo-Djungai、夫妇神灵

ineŋi ičedè b'ja i ves'ixundè

月亮升起的新日子

（3）*Guwarg'ja xala i boǐ večèku ǰuan dun soor'i*[20] *ineŋi večèku wujun soor'i*

瓜尔佳氏族神灵 14 位：日路神灵 9 位

jamǰi wujun sun'ǰa soor'i

夜路神灵 5 位

ineŋi večèku čolo：čuxa čaŋgi n'joxun beĭse[21] *čeǰin taĭze*[22]

日路神灵谱系：军队官员、青色-高天王子、金鹰太子

Iltamu sefu n'iltamu sefu tarčime sefu abkai ǰusen

Iltamu 师傅、Niltamu 师傅、Tarchime 师傅、上天的孩子

aĭs'in ančulan[23] *aĭm'i dasatan*

金鹰、阿米管理者（?）

jamǰi večeku čolo abka či vasčixa amba s'jenčo[24] *sun be šurdèrè*

夜路神灵谱系：从高天降临的绕着太阳盘旋的大 Siencho

Sureĭ s'jenčo

聪明的 *s'jenčo*

naĭ èlèn narxun[25] *s'jenčo šajen mafa*[26] *mudan mama*[27]

土地上瘦削的 siencho、白老人、弯腰老妪

①乌色氏族有两个分支（嘎尔干）——“大的”（阿木巴）和“小的”（阿济格）。

②这里明显省略了“乌朱分”，即“第一部分”，参见下面注释 5。

③taje（太爷）是 dajeje（太爷爷）（参见汉语）的缩写形式，表示一般意义上的长辈，即“祖先”。

④参见后文第 14 节，第 54 小节。

⑤fèn 是汉语词语“分”，表示“分裂”，满语发音经常为 f'in。让人好奇的是，满族人使用汉语词代替满语词。

⑥anču（n）——女真语中表示“金色的”，对应 aĭs'in（爱新，满语书面语）= aĭžin（满语口语），例如爱新富其黑。但是，anču 现在与“金色”“金色的”没有关系，只是一种佛的名称。

⑦ineŋi iče——一个月的第一天。

⑧这里不能被翻译的神灵名称，我只是简单抄写。

⑨wujun wečèn——9 位神灵（večen = wečèn；večèku = vočko）；即 4 位日路神灵和 5 位夜路神灵。

⑩beǐse（贝子）表示超乎寻常的礼貌。参见注释21。

⑪白雉鸡是满族官服上的补子。

⑫ǰixa的意思很可能不是“到来”，而表示“召唤的回应者”。

⑬nadan beǐse，即“七位贝子”是七位神灵，可能是“过去七佛”，其中六位是释迦牟尼佛的前辈，他们在蒙古和西藏地区很受欢迎。

⑭xos'i——“角落”，表示房屋中安放神位之处；这个词语对应满语书面语xošo。

⑮èlèn被满族理解为“家庭的房屋”。

⑯词语endur'i是邀请神灵时礼貌的“表达短语”。

⑰men'i sefu——“我们的师傅”，这位神灵似乎表示萨满教的建立者撮哈章京或Kèǰè菩萨和其他佛教神灵，sefu是一个汉语词语“师傅”。

⑱Kèǰè可能是一位菩萨，但是，这是不确定的。

⑲ǰukten也是一个表示被邀请的窝车库。扎哈罗夫指出ǰukten的含义表示“祭品”，这很可能是这个词语的最初含义。

⑳soor'i表示氏族神灵系统中神灵占据的位置；参见soorin（满语书面语）——“座位、宝座和位置”。

㉑n'joxun beǐse，第一个词语可以译为天空，但这里只是一个名称；beǐse——贝子是神灵的尊称，甚至用于表示某类神灵。

㉒čeǰin taǐze，第一个词语可译为“水道”，但这里只是名称；taǐze是许多汉人帝王的称呼“太子”，这里的作用和beǐse相同（参见前注释10、21）。

㉓ais'in ančulan，我认为这里ais'in和anču是重复的，两个词语的含义都是“金色的”（参见前文注释6）。但是，ančulan是“猫头鹰”“金色的、长耳朵猫头鹰”。Ančulan的词源是不清楚的。

㉔s'jenčo（斯阴乔）是一组神灵。

㉕narxun——“细的”，可能用来表示土地上人（naǐ èlèn）的渺小，突出来自高天，绕着太阳旋转的斯阴乔的“伟大”和“聪明”。

㉖šajen mafa——灰白头发的“祖先”，参见前文。

㉗mudan mama——弓背（由于年龄大）的女性祖先。

㉘xos'i是出于韵律目的的重复。

㉙nja-je-i 是唱诵过程中的一个叠句。

新满洲氏族的神灵谱系很短，通常只包括一些日路神灵。上述谱系可与哈勒兹描述的觉罗氏族神灵相比较。[①] 作者的翻译是不正确的。但是，我不能冒险做全部纠正。我们可以发现，觉罗氏族的神灵谱系中，有七位神灵的名称也见于其他氏族，例如纽欢台吉（noihon taiji)，正确的是牛浑贝子（n'joxun beǐse）]、安楚阿亚拉［（ancu ajara)，正确的表达是安楚兰（ančulan）阿亚拉，参见前文注释 23，阿亚拉是阿亚拉克库的一个部分］。而且，有些神灵是觉罗氏族独有的，例如尼扬西。

如果我们分析氏族神灵的构成，大概可以分为五类，即：(1) 借自其他群体的神灵，例如菩萨、富其吉；(2) 从不同来源整合的神灵，包括古老满族文化延续下来的如斯阴乔、布谷鸟和猫头鹰等神灵群；(3) 不是真正的氏族祖先，但活着的时候可能是满族人，死后成为神灵，例如撮哈章京（军队管理者)、师群体；(4) 真正的氏族祖先，其名字现在已被遗忘；以及 (5) 大量名字写在氏族谱单上的氏族神灵。

应该指出的是，在满族人看来，不同氏族神灵的谱系是有差异的，没有哪两个氏族拥有相似的神灵群。同时，氏族神灵名称对其他氏族成员是保密的，因此，外人是不能理解氏族神灵谱系、祈祷词和具体神灵含义的。当然，现实经验并不总是如此，例如觉罗氏族的仪式已经出版，但外人通常不能了解其中的奥秘，不能解释神灵的所有细节。[②] 但是，神灵的选择是有限的，因为每个氏族都想在其神灵谱系中拥有“优秀的”、著名的神灵。由于这一原因，我们在不同氏族的神灵谱系中发现相同的神灵。毫无疑问，满族人有时对其所属氏族记录的神灵细节所知甚少，而且口头传统中也未包括所有细节。而且很可能的是，满洲各氏族模仿了皇家觉罗氏族的神灵谱系，觉罗氏族出版的仪式提供了模式，但各氏族在模仿的过程中做出变化，因此没有相似的神灵谱系和仪式内容。我认为，由于词语的有限，尤其是形容词有时是被偶然组合在一起的，例如爱新、安楚兰、安楚富其吉、

---

① 参见《晚期中华帝国的宗教与典礼》第 17~18 页。

② 也就是说，哈勒兹不能找到想知道的解释（参见《晚期中华帝国的宗教与典礼》，第 17 页)。

爱新富其吉（注释 23）、瓜尔佳氏族的牛浑贝子和觉罗氏族的牛浑太子、乌色氏族的阿亚拉和克库氏族的安楚阿亚拉。当我们把更多的满族氏族神灵谱系相比较时，这些例子会增多。因此，觉罗氏族仪式的固定化对满族各氏族的神灵带来影响。

我认为，满族的氏族神灵体系并非古老的制度，而是晚近产生的。事实上，只有在满族人作为中国的政治统治者的初期，皇族兼收并蓄的氏族神灵体系才有可能形成。在过去的满族文化中，祖先传统并不重要，很可能如其他通古斯群体一样，它们只拥有松散的祖先观念。造成这一情状的主要原因是满族人过去缺乏保留祖先名字的方式。随着汉文化中“祖先崇拜”在满族人中的传播，满族人认为有必要崇拜某些神灵。他们从不同的途径选择神灵，按照氏族的界限进行整合。随着觉罗氏族的神灵被书写并形式化，其他氏族纷纷效仿。由于这一原因，满族人和汉人氏族神灵的差异是本质性的。

第 13 节　布日坎、富其黑与其他非祖先来源的神灵

48. 基本注释：分类、术语、疾病、来路、构成与形式

本节讨论的神灵群与上一节不同。首先，这些神灵可以附体，因此它们应该被用特殊的方法加以管理。这是第一类神灵（第 11 节）和本节所述神灵的一般行为差异。其次，这些神灵并非源自祖先。在这个方面，它们与第 12 节所述神灵形成差异。再次，尽管这些神灵并非“善”神，但在具体实践中它们可以为善。这些神灵多为外来神灵。

尽管通古斯人认识到这组神灵和其他类型神灵间的区分，但不会在不同类型之间做严格的区别。其中的主要原因是，通古斯人的观点并不一致，并非所有通古斯人都一致通晓这些理论和假设；其次，通古斯人多在实践意义上处理这些问题，也就是说，不管这些神灵的特征和来源如何，它们的活动更能引起通古斯人的兴趣；最后，神灵名称本身也是带来误解的原

因。例如，当通古斯人对这些神灵生气时，会称其为希尔库勒和胡图，当这些神灵不十分邪恶时，满洲的通古斯人会要求它们提供帮助，称这些神灵为塔布日坎——恩都立阿达立，也就是说，这些神灵像恩都立（主要是“好的”、仁慈的）。最后一个词语阿达立的意思是“相似”“像”，很容易被遗漏，那样的话，容易把布日坎直接理解为恩都立。当通古斯人讨论某些神灵在其文化体系中的位置时，我经常会观察到这类讨论。而且，通古斯人经常以“错误的方式”使用这些词语，其主要原因是语义变化。例如，尽管布日坎（burkan）最初的含义是佛教神灵，但这个术语也用来表示借自俄国人的神灵（如后贝尔地区的通古斯人）与新发现的神灵（如满洲的通古斯人）。由于这些原因，我提出的分类不涵括所有神灵。但是目前，出于解释的目的，我未找到其他系统化的方式，因此当遇到多元特征神灵时，我会指出。

在分析这些词语起源和目前含义，清楚通古斯人的疾病理论和“路的理论”后，我们可以对这类神灵获得清晰的洞见。

本书涉及的所有通古斯群体都了解布日坎，满族人则不然，在满族人看来，这类神灵与佛教有关，其中一部分称富其吉（fučk'i）。在满语书面语中，富其吉的含义是佛，但同时也表示所有的菩萨和整体的佛教。关于这个词语的起源，可能有两条线索：其一是汉人，其二是佛教最初在满族人祖先中出现时的某些其他群体。事实上，目前汉人称佛为 fo 或某些汉人方言称佛为 bul，钢和泰（《佛教文库》，第 12 卷，第 141 页）认为这个词也可能是 bur，[①] 还有一些汉人方言称 fut（福州、西宁），因此，P. P. 施密特（参见《语法》，第 50 页）认为后者类似 futxi-fučxi。[②] 当然，这里还遗留了 xi 的问题。其实，满语中可能有这个词缀，而且满族人祖先所说的语言中也可能存在这个词缀，但这只是一个假设。把最后一个 t 视为汉语方言的稳定终结辅音也是假设，因为这种情况并不存在。[③] 更何况，关于 futi 的汉语形

① bur 一词被更早地讨论，参见邦格《柏林匈牙利研究所的突厥学》，第 249 页。

② 无法确定这两则文献，《北通古斯人的社会组织》和本书参考文献都没有相关信息。——译者注

③ 高本汉是可以恢复“汉语”及其方言过去形式的坚定支持者，这一观点自然会转变成某种假设的框架，在《分析词典》中，他指出 bioət（第 48 页）是 fo 的“古代汉语”形式。我们不需要所有假设来表明满语和通古斯语词语的外部来源。

式来源是假设性的。与此同时，满族人的相邻族团——朝鲜人和蒙古人中分别有 pul① 和 bur，后者借自回鹘人中的 bur，他们用 burqur、burxan 和 purqan 表示佛，邦格把它们拆分成 bur+qan。② 龟兹语中有许多词借自印度，其中发现了 pud③，米罗诺夫参照了拉德洛夫的字母表，认为回鹘语中的 r 和 t 相混淆，在读音上可相互替代，因此，可能存在 pud（龟兹语）→but→bur 的变化。在这一问题背景下，钢和泰认为回鹘语 bur 源自汉语的假设可以被放弃，因为回鹘人与中亚的各族团直接接触，支持回鹘语 burqan 源自中亚族团，这个词语是复合性的。其实，burqan 只是龟兹语 pūdnäkte（?）的简单转换，正如米罗诺夫和其他相似案例表明的，其组成部分 n'äkte 对应梵文 deva（佛陀提婆）。

毫无疑问，通古斯人从蒙古人中借用了词语 burkan［及其方言变异形式 borxan、burxan、boroxan、burxyn（鲁），同样还有 p'urgān、burxan（田清波）等］。在通古斯语中，我们经常可以观察到 burkan（巴、涅、毕、库、兴、曼）（乌鲁·卡），很少情况下也可观察到 burkän（涅、兴）。就我所知，在与蒙古人（和布里亚特人）没有接触的通古斯群体中，没有这一词语。在毕拉尔千人东部的果尔德人、乌德赫人、奥罗奇人以及涅吉达尔人中，没有这个词语；而且，阿穆尔政府、雅库茨克政府辖下以及叶尼塞盆地的通古斯人中也没有这一词语。在与满族人和汉人接触的通古斯人中，不需要这个词语，因为有表示佛（和佛教）的 fuč'ik'i 和 fu。

如前所述，这个词语可表示不同来源的神灵（参见前文，第 11 节），

① 同样值得注意的是，福克（《汉语方言》）在福州发现了一个不确定的尾音，介于 t、l 和 h 之间。其实，这种“不确定的”发音并不存在，这似乎是未被调查者分析清楚的发音。如果这个发音不是 L（参见我的《罗罗方言的语音注释》，第 4 部分），那么它可以缩减为朝鲜语 pul 吗？或者是源自蒙古-回鹘语 bur？

② 参见邦格《柏林匈牙利研究所的突厥学》第 249~250 页。这种拆分的可能性有一系列有启发的例子。关于通古斯语拆分的可能，我本人做过讨论（参见“Šramana-Shaman”，第 119~120 页）。关于回鹘语，钢和泰和 P. P. 施密特做过分析（参见《满语和蒙古语的语音变化》，第 63 页）。这里，我忽略了关于术语 burkan 的讨论和意见，例如伯希和和劳费尔等人，他们并未澄清问题，只表现出历史兴趣。

③ 参见米罗诺夫《龟兹语研究，龟兹语中的印度借词》，《东方学家年鉴》，第 4 卷，第 89~169 页。

而且，作为一个新的、流行的且方便的词语，它甚至可以表示过去具有其他名称的神灵，例如在巴尔古津通古斯人中，布哈也可用布日坎与其他词语组合表示，显然，这是新的变化。有时，这个词语还可用来表示由死者灵魂变成的神灵。从这个角度说，仅以布日坎作为神灵分类的标准是不充分的。目前，通古斯人使用布日坎表示某些不确定的希尔库勒和胡图。布日坎的神位经常被称为萨瓦吉，后文会指出，后者产生的时间更早。

但是，这个词语的使用也有一些限制，即他不能表示祖先神，也不能表示萨满掌控的神灵，尽管萨满教的神灵往往有相似的名称。在使用恩都立表示神灵的通古斯群体中，大量称布日坎的神灵也可能被排除。

这些神灵一方面与疾病起源的观念紧密相关，另一方面涉及管理各种日常事务的实践目的。因此，现在我将描述通古斯人的疾病观念，以及神灵的组织结构、行为方式及其和人之间的关系。因此，在讨论具体的神灵之前，我将对这些神灵做一般意义上的描述。

在上一节中，我几次提到神灵导致的疾病。但如果我们认为，在通古斯人的观念中，所有的疾病都是神灵带来的，则是错误的。事实上，我们已经指出，通古斯人认为，疾病不仅源于物理上的原因，同样也可能由微生物引起。从这个角度而言，大量的疾病可从神灵活动的范围被排除。除了上述情况，人们的反常表现有时被解释为灵魂的暂时缺席（十分普遍）。一般认为，当遇到心理活动“震动”，通古斯人会解释为神灵活动的结果。部分或完全的精神错乱会被解释为神灵活动所致。神灵活动有两种方式，即附体或从外部影响身体，例如，神灵使用特殊的波通过空气影响身体，通古斯人认为，这些波是非物质性的。不过，神灵有时根本影响不到思维，仅是影响身体。其实，随着经验的积累，假设的神灵活动范围可能被缩减和扩大，这一方面取决于通古斯人对所观察事实的分析，在此过程中，他们发现某些疾病的原因并非神灵活动，另一方面取决于对其他族团的新的神灵观念（假设）的采借。因此，在不同的通古斯群体中，对于相同的疾病和神灵，我们可观察到通古斯人不同的态度。在不同历史时期、不同地区和社会阶层的欧洲各族团中也有类似情况。其实，这些差异不胜枚举，无法穷尽。因此，我们只能大致描述通古斯人关于致病神灵的普遍观念，并列举其中的典型案例。

关于本节所述的神灵的理论，有两点十分重要，即神灵按照路行动及其复合性特征。

通古斯人和满族人把神灵活动所遵循的道路称奥克托（通古斯语）和召浑（珠棍，满语书面语），这两个词语的最初含义为“路”“路径”“沿着路的旅程”等。因此，每位神灵都有自己的奥克托（召浑），根据神灵和人之间的特定方位形成“路”。这些“路”也通过神灵名称表示，例如毕拉尔千人中的布尼勒尼奥克托（下界神灵）、色翁尼奥克托（特殊的萨满教神灵群）、苏木布日坎尼（苏木神灵）召浑、普车赫萨满伊（去世萨满的）召浑、普苏库（神灵普苏库）召浑等。这些“路”会根据方向和位置分类，例如上界路、中界路和下界路，与宇宙的三界观念对应；“路”也可根据一天中的时间分类，即日［伊嫩伊（通古斯人和满族人）］路和夜［多勒博尔（毕、库）、也姆吉（满语口语）］路等。神灵的路也可根据方位划分，如东、西、南、北、东北、西北、东南、西南。事实上，我们可以根据路理解神灵，但某些神灵可能同时有几种路，这会给我们带来巨大的困难。三种路（上、中、下）对应三界宇宙观，但它们没有“好”“坏”之分，仅用来表示差异。日路和夜路也是如此。只有在白天或夜晚的特定时段，特定路的神灵才容易（甚至是有可能）运动。出于上述原因，我不会根据路的理论分类神灵。

后贝加尔地区的通古斯人也了解神灵路的理论，但我未能调查所有相关细节。与满洲的通古斯人相邻的果尔德人中也有相同的理论。[①] 在通古斯人地区之外的雅库特人中，根据谢罗谢夫斯基的描述，[②] 我们发现了同样的观念。他总结了雅库特人占卜的方法。喇嘛教和（汉传）佛教中也有路的观念，这似乎是通古斯人观念的来源。

当通古斯人为神灵准备神位时，会使用“某些神位”表示神灵的路。这些路可能由较长的东西表示，例如丝绸条、绳或皮条等。因此，神灵应

① 参见洛帕廷《阿穆尔河、乌苏里江和松花江流域的果尔德人》第 215 页。显然，这位作者低估了路的理论，因此在调查期间，他并未予以关注。通过洛帕廷对果尔德人神灵的描述情况来看，他们中间有十分发达的路的神灵系统和理论。

② 参见《雅库特人：民族志调查报告》，第 671 页。

该沿着“路”降临到为其准备的神位中。同样，如果通古斯人想要向神灵展示其方向，他们会制作一条“路”。神灵首先会降临到象征“路”的标志物之上，通过“标志物”落到木杆上，最后进入神位之中。人的身体也可作为神位。由于这个原因，通古斯人对木杆和可能的路（例如绳、丝绸条等）十分小心，避免神灵的偶然附体。

神灵可能是简单的，也可能形成复合性表现。在第 11 节论述的神灵中，包括简单神灵的案例，这里讨论的神灵群包括一些简单的神灵，只有一条路和一种表现，但大多数神灵群是复合性神灵群。通过复合性神灵群这个词语，我表示包括多种表现形式的神灵群，其表现形式可能有 2 种到 72 种不等，例如爱尼布日坎。因此，复合性神灵群的表现可能包括不同的路，对应不同的神位。神灵的复杂性必须通过神灵活动的各种可能性理解。例如在玛鲁布日坎复合性神灵中，不同的表现可能有其自身的名字，其中具体的神灵也可用具体的路表示。当通古斯人与这些复合性神灵群沟通时，他们可以向整个神灵群祈祷，也可与某一特殊的神灵沟通。后文会介绍，满族人关于萨满教的神灵观念中，不同特征的神灵表现很受欢迎。果尔德人文化中也是如此。在毕拉尔千人和库玛尔千人中，某些神灵十分复杂，包括数量众多的表现形式。多种表现形式的观念是佛教的典型特征，因此可以认为，通古斯人（和满族人）的神灵观念模仿了这一模式。

这些神灵可能是地方性起源，但大多数借自其他族团，这也是通古斯人和满族人中的布日坎或富其吉往往是佛教神灵的原因。其他借自其他族团的神灵，尽管不是佛教神灵，也可称为布日坎或富其吉，因为使用这一词语表示所有非通古斯来源的神灵是方便的。新神灵的发现包括两种方式。首先，通古斯人通过相邻族团了解新神灵，相邻族团的某些神灵是通古斯人不了解的。然后，他们会询问这些神灵的特征，然后判断他们自身族团中是否有相似的神灵。如果有完全或部分相似的神灵，通古斯人会说，他们也有这些神灵，只不过是名称不同。很可能的是，如果通古斯人受到相邻族团语言的强烈影响，神灵的名称会改变。如果通古斯人发现某些自身族团中没有的神灵，他们会通过调查判断自身族团中是否存在相似的现象。如果调查的结果表明这些现象存在，通古斯人接受相邻族团的神灵，同时采用相邻族团使用的名称表示此神灵，如果调查的结果是否定的，则需要面临两个问题：（1）如果他们发现其他族团中的新神灵在通古斯人中十分强大且有影响力，则承认新神灵是活跃的，可能会接受它；（2）承认这一神灵在通古斯人中不活跃，他们不会接受这一神灵，但会记住特定族团中有对通古斯人而言不重要的某一神灵。例如，通古斯人对新发现的疾病会予以检验。比如，在与汉人接触前，通古斯人不能区分伤寒症和流感。通过汉人，他们了解到，这些疾病是不同的。因此，通古斯人接受了不同致病神灵的观念，新神灵有很大的机会被采借。村落生活经常导致心理稳定性的变化。因此，如果这种现象被解释为某一特殊的神灵，后者则很有可能被通古斯人接受。通过这一方式，通古斯人的神灵丛始终处于变化的过程之中，在接受新神灵的同时，也逐步排除旧神灵。

通古斯人使用不同的词语表示和神灵的关系。这类神灵可能称多那（毕、库）和多尼（毕）（即“外来的”“陌生的”）布日坎，通古斯人偶尔与这些神灵沟通。在神灵的特点被调查后，通古斯人知道如何与这些神灵沟通，他们可能会制作神位，并且把神位和家居物品放在一起。通过这种方式，神灵可以一直在家庭附近徘徊，得到认真的供奉，似乎对家庭成员很有益处。当神灵得到氏族中许多成员的认可，许多家庭会为这一神灵制作神位，当氏族成员聚在一起时，这一神灵会得到献祭。在这种情况下，神灵将会成为氏族神灵或莫昆伊布日坎。①

不同氏族神灵的数量和特征不同。它们不能被视为真正的氏族“保护者”，这些神灵的有害影响可能通过聪明的、有技巧的方法被中立。当然，这些神灵的永久神位称萨瓦吉或萨瓦干，即神灵的小神位，为了简便，这些神位也可被称为布日坎，代替“某位神灵的萨瓦干”。而且，通古斯人还会为这些神灵保留不同颜色的驯鹿和马，供神灵骑乘和驮载神位。②

妇女结婚时从另一氏族带来的神灵，会导致新的神灵关系。这些神灵称纳吉勒布日坎。纳吉勒布日坎和莫昆伊布日坎之间可能会发生冲突，因

---

① 这里需要注意的是，通古斯人最近才使用氏族意义上的莫昆。参见《北通古斯人的社会组织》。

② 参见第 16 节，第 62 小节。

为对于氏族神灵而言，妇女带来的神灵称多那，由于妇女每月有经血释放，莫昆伊布日坎不会漠不关心，因此纳吉勒布日坎会更加复杂化。其实，莫昆伊布日坎的表现形式与妇女氏族的莫昆伊布日坎没有区别，但是，纳吉勒布日坎通常只包括玛鲁布日坎，这只是莫昆伊布日坎的一个构成部分。

当萨满掌控布日坎之后，其功能会进一步深化，发生部分改变。事实上，大多数神灵被掌控后，它们不仅不会给“萨满—主人”所属的氏族带来伤害，而且还会在不同的场合发挥作用。就这一功能而言，这些神灵不称布日坎，而是色翁，下一节会述及这类神灵。

现在，我们可发现，满族人和通古斯人的氏族神灵观念完全不同。在满族人中，氏族神灵是真正的或假设意义上的祖先，也就是说，满族人的氏族神灵观念与汉人相同，在通古斯人中，氏族神灵是适应氏族需要的各种神灵，并通过传统在代际传承。由于这一原因，通古斯人的氏族神灵应分布在不同的部分介绍。满族人和通古斯人氏族神灵的另一个差别是布日坎神灵群和富其吉神灵群之间的差异，富其吉不如布日坎复杂。通常情况下，富其吉的表现形式有限，而且与一般的佛教神灵联系十分紧密。而且，通古斯人中没有玛发（玛瓦，满语口语）神灵群。满族人中的玛发神灵群由不同来源的神灵构成，从这个方面看，这组神灵类似通古斯人中的多那布日坎。不过，随着满洲的通古斯人和满族人之间关系的增进，玛发神灵观念开始渗透到通古斯人的文化之中。

49. 北通古斯人中的氏族神灵

在这部分，我将描述主要在北通古斯人中观察到的氏族神灵，按照神灵的重要程度依次叙述。

玛鲁（布日坎）（萨瓦吉）

后贝加尔地区的驯鹿通古斯人、满洲的驯鹿通古斯人以及满洲的通古斯人都了解这一复合性神灵。在所有上述通古斯群体中，词语玛鲁（malu = maro）表示棚屋、帐篷或房屋中面对入口的某处位置。在兴安通古斯人、库玛尔千人与毕拉尔千人中，玛鲁和布日坎合在一起，在满洲的驯鹿通古斯人中，玛鲁和萨瓦吉千（savak'ičan）合在一起，在巴尔古津和涅尔琴斯克通古斯人中，玛鲁和萨瓦吉（savak'i）合在一起，表示一位神灵。这一布日坎是所有群体中的氏族神灵。

在毕拉尔千人看来，这位神灵是 oǰor，也就是“早期的、古老的”，最初，这位神灵与布嘎和布尼一起存在，当时还没有其他神灵。很可能的情况是，当时的神灵称萨瓦吉。这个词语现在表示保存这一神灵神位的盒子。其实，在其他通古斯人群体中，萨瓦吉也可用来表示神位和神灵本身。值得注意的是，一些毕拉尔千人认为，这位神灵借自达斡尔人，但这位神灵本身最初源自通古斯人。关于这位神灵的故事如下：“从前，有一位达斡尔人在狩猎的过程中感觉饥饿。他看到一个通古斯人（特哈——未加入八旗组织的通古斯人）棚屋附近挂着盒子，他认为这个盒子里装着一些干肉。接着，他偷了这个盒子。盒子里装的不是肉，而是玛鲁的神位。这位神灵不想离开达斡尔人，留居在达斡尔人中，成为最重要的达斡尔（氏族）神灵。通过达斡尔人，玛鲁进入满洲的通古斯人中。”但是，在某些通古斯人看来，玛鲁神中的一半丢失了，回到了特哈千。其实，布日坎一词可能源自达斡尔人，因为达斡尔人在 17 世纪以后同时与雅库茨克政府的通古斯人和满洲的通古斯人保持交易，在两个群体之间起到连接作用。

玛鲁布日坎包括几种不同的表现形式，这可以通过这位神灵的神位表现出来，因此这里会对毕拉尔千人的这一复合性神灵进行描述。

（1）两个人形神位多勒迪卡——阿希（女性）和尼拉伊（男性）。这一表现形式会导致严重的疾病，影响到关节。我认为，这些疾病应该包括风湿病、痛风等。

（2）两个称为乔勒朋（金星）的圆形神位——阿希（女性）和尼拉伊（男性）（参见前文第 99~100 页），这“一”表现会导致眼疾，可能严重影响猎人的能力。我认为，这些疾病是沙眼，以及其他各种传染病，尤其是妇女从其他氏族带来的淋病。

（3）两个人形神位康阿特坎［kaŋatkan，词源是 kaŋan（—t）+kan，参见前文第 93 页，注解］。这一表现会导致内部器官的疾病，尤其在妇女中很普遍；妇科疾病在很大程度上增加了疾病的总体数量。这个表现被视为这一复合性神灵中的“主宰者”。由于这个原因，整个玛鲁布日坎可只体现为这一种表现形式。

（4）两个人形神位，头部有九个刻痕——莽伊（在传播到通古斯人之前，是一个神话中的人物），阿希（女性）和尼拉伊（男性）。莽伊也称 jeγin dilči maŋi，即九头莽伊，类似汉人古老的文化形象。这一表现也可称为 jeŋγ'ildar maŋi（参见后文第 15 节）。这位神灵的功能并不明确，但这是一位被视为十分危险的神灵。这位神灵在达斡尔人中十分流行。

（5）两个长木片——塔坎（桥），阿希（女性）和尼拉伊（男性）。这一表现导致脊椎疾病。我认为，肺结核也包括其中。

（6）一个圆且平的木片迪拉查（太阳，是一名男性）和一个半圆形木片——贝嘎（月亮，是一名女性）。

（7）两个类似蜥蜴的神位——伊色拉（isela，蜥蜴），分别为雄性和雌性。

（8）两个类似蛇的神位——库林（kulin，蛇、蠕虫），雄性和雌性。

（9）两个类似海龟的神位，kavila（海龟），雌性和雄性。

这些表现形式（6、7、8、9）的功能是不确定的。不同的内脏疾病，尤其是严重的肚子疼会被归因于这些神灵。而且，在一些通古斯人看来，氏族萨满可以表现出这些动物的行为方式。

（10）两个半人形神位——koltoŋde（等于 kaltaŋdi）（表示 kalta，即一半）。这一表现表示带来肢体一半瘫痪的疾病。

（11）两个单腿的人形神位奇楚勒（čičul），男性和女性。

除了上述表现外，还可能增加如下表现形式：一个长的鱼形神位 k'ırıbu（k'irbu）或者是 ajiratkan——鲟鱼（以及鳇鱼）；[①] 还有一个像人脸的神位——德勒格勒［参见前文和后文，同样参见巴达和德勒格勒（满驯）］。这个神位只

---

① K'irbu 似乎是 kirfu（满语书面语）的一种通古斯语的调整形式，它不是精确意义上的鲟鱼；ajiratkan 是一个通古斯词语。

是康阿特坎的另一种形式，可以代替完整的文化丛。[①] 这两个神位可在杜南坎氏族中的玛鲁神中观察到（具体细节参见《北通古斯人的社会组织》）[②]。此外，玛鲁神中也可能发现一个特殊的神位，bojun'i algači malu，即“长着麋鹿腿的玛鲁”。

在毕拉尔千人的玛拉库尔氏族中，玛鲁文化丛发生了简化，其中的主要表现有奥米（父亲）、奥尼（母亲）、奥格迪乌特（ogdi utè，大孩子）、乌特恩（utèn，儿童）。

在不同的氏族中，神位可能不同。在玛卡吉尔氏族中，玛鲁神只包括卡勒塔卡、奇楚勒、多勒迪卡，各一个；还有太阳、月亮和两颗星星，以及四个用于与其他神灵交流的小神灵的人形神位（阿纳坎），不过，这些氏族中还有其他氏族没有的鸟形式的神位。在献祭的过程中，这个氏族还会再制作八个和九个，加起来共十七个阿纳坎，按照下图的方式分布。

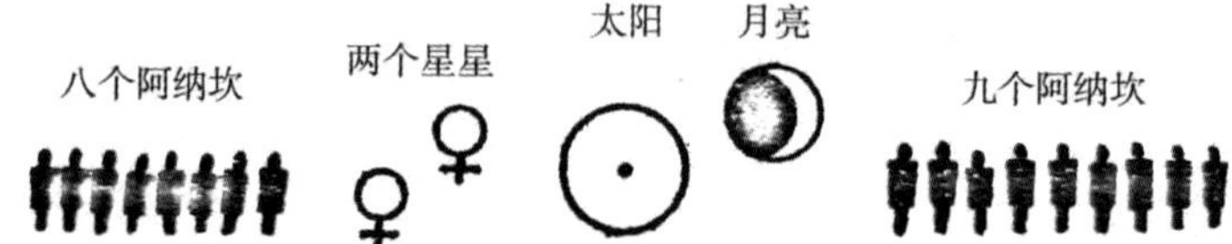

玛鲁神位也可使用一块汉人的蓝色布料制成，上面有人形的细节，也有太阳、月亮、星星和其他表现形式。但是，玛鲁神位通常使用的材料是雕刻的木头。神位的大小从 3 厘米到 20 厘米不等。为了携带方便，通古斯人更倾向制作更小的神位。所有表现形式的神位经常被捆绑在一起形成一捆。在献祭过程中，由于玛鲁神位挂在烟上方，用血和其他食物做祭品，上面经常会挂上油脂、灰尘和烟，因此颜色变深并有强烈的气味。在毕拉尔千人中，这些神位必须由黑桦木制作。为解释这一要求，毕拉尔千人中有一则叙述玛鲁神的采借过程的故事。故事的梗概如下：一个被遗弃的小男孩由玛鲁神抚养，直到能够玩耍的年纪。他经常在一棵弯曲的黑桦树干上玩耍，当桦树干上的树皮掉光后，它开始开口向小男孩讲述玛鲁布日坎

① 萨满以“面具”的形式把这个神位戴在脸上，表示神灵玛鲁已经在其体内。这个神灵起到保护作用。

② 参见希姆科维奇《果尔德人萨满教研究资料》，附录 4。

的信息。自此以后，通古斯人开始用黑桦木制作神位。

由黑桦木制成的神位可称 mōma（词源，mō—树木、木头；mōma—“木制的”）或 mōmate，用于表示玛鲁布日坎。为玛鲁布日坎预备的拴有白色和蓝色丝绸条的白马，称翁高或翁高西（即“拥有翁高者”之意）。其中的观念是，神灵使用马的灵魂骑乘。

值得注意的是，在这一文化丛中，包括用男女两性表现的多种表现形式，分别对应日路和夜路。这些表现不能被理解为动物、自然现象（太阳、月亮和星星）或祖先的灵魂（康安），它们是通古斯人基于疾病和使用旅行中的变形能力（即表现为特殊的形式）综合创造的结果，其中旅行的能力主要体现在下界和夜路。在特定的历史时刻，这一知识被综合为玛鲁文化丛的形式。不同形式神位所表达的根本不是自然现象，而是疾病以及氏族成员抵御这些神灵挑衅的可能形式。这在塔坎（“桥”）、九头莽伊（jeγ'in dilči maŋi）（很可能来源于汉人）和其他神灵中很明显。而且，太阳和月亮只是被赋予特定称呼的神灵，而非自然现象。①

在兴安通古斯人和库玛尔千通古斯人中，玛鲁文化丛与上文所述毕拉尔千人的情况基本相同。与毕拉尔千人相同，玛鲁布日坎表现形式的数量会发生变化。

在涅尔琴斯克通古斯人和巴尔古津通古斯人中，我主要见到的是巴达神位——由铁、铜或桦树皮制成的圆形面具。某一家庭中的巴达数量可能很多，我曾见过十几个巴达面具。巴达神位的大小在 2 厘米到 12 厘米不等。这些神灵与木制神位，以及由柔软材料如动物皮和布料制成的神位放在一起。他们称这些神位为莫吉勒（参见《北通古斯人的社会组织》，同样参见后文内容）。此外，在萨瓦吉中，还可见到木制的人形神位，包括用九头表示的莽伊特坎（maŋitkan），表现为老虎、太阳、蛇、熊的木制神位，还有鹰羽毛、野兔腿。我还见过一个由 9 个人形神位构成的木制三角，这一神位很可能属于另一位布日坎（参见后文，吉阿其）。这些神灵是氏族神灵，不

① 其实，通古斯人最初可能把疾病、困扰与太阳和月亮的活动相联系有关。不过，这也可能是借自蒙古人的一种现成形式，参见蒙古人中的 sara-nara（日-月）文化丛。

同氏族的神灵是对立关系。遗憾的是，关于后贝加尔通古斯人中的这组神灵信息，我知道得并不详细。

在满洲的驯鹿通古斯人中，根据老人的回忆（他们已经放弃了萨满教实践和相关神灵丛），过去他们有玛鲁神。这些神灵对应巴尔古津人中的奥占。老人回忆，在称为萨瓦吉千的神灵中，有人形形象、白天鹅形象和一只鹰（k'iran），后者是最重要的表现形式。目前，这些神位已经不存在，按照他们的表达，“所有都消失了”。过去，狩猎之后，满洲的驯鹿通古斯人向这些神灵献祭，祭品与后贝加尔地区的通古斯人相同，是一头白色驯鹿。通过这些记忆碎片，我们可以发现，后贝加尔地区通古斯人和满洲的驯鹿通古斯人神灵之间的差异。

在果尔德人中，可以在萨满教文化丛（色奥恩）中见到玛鲁布日坎的某些表现形式。果尔德人中是否存在与通古斯人相同的神灵，这一问题未被调查。希姆科维奇和洛帕廷注意到萨满教神灵，但并未关注非萨满教神灵。但是，几乎可以肯定的是，除了萨满的神灵，果尔德人也有氏族神灵。毕拉尔千人告诉我，松花江流域的果尔德人中有一大部分和通古斯人相同的神灵，例如九头莽伊、奇楚勒、阿吉拉特坎、多勒迪卡，以及其他动物表现形式如蛇、蜥蜴、海龟等。不过，从发表的材料来看，与北通古斯人观察到的情况不同，果尔德不把这些神灵称为玛鲁，但仍用这个词语表示房屋内对应入口的位置，[①] 也就是说，这一点所有的北通古斯群体都相同，甚至不使用圆锥形棚屋的通古斯人如定居的毕拉尔千人和后贝加尔地区的游牧通古斯人也是如此。洛帕廷曾指出，在婚礼中，新娘会在其未来丈夫的房屋中献祭玛鲁色奥恩。[②] 这些神灵的神位是一根称为古辛的木杆。洛帕廷未进一步描述这些神灵的细节。这一神灵丛的其中之一似乎是玛鲁。

那德亚（NADJA）布日坎或坎罕（KANHAN）

这些是妇女从其娘家氏族带来的和玛鲁布日坎相同的神灵。在毕拉尔

① malo，参见洛帕廷《阿穆尔河、乌苏里江和松花江流域的果尔德人》第 82 页；malu，参见格鲁贝《果尔德语-德语词典》，第 117 页。

② 《阿穆尔河、乌苏里江和松花江流域的果尔德人》，第 154 页。

千人中，它们称为纳吉勒（nāǰ'il），婚后的妇女，成为其他氏族的妻子后，使用这个词语称呼其娘家的亲属。纳吉勒是毕拉尔千人借自达斡尔人的词语，在达斡尔语中，纳吉勒表示“我母亲氏族的亲属”，在妇女的观念中，这个词主要表示母亲，进而引申表示母亲的神灵。[①] 在库玛尔千和毕拉尔千人中，这些神灵偶尔称康安（kanŋn～ka'an），在毕拉尔千人中，这个词语似乎是表示保护刚出生儿童的神灵。在库玛尔千人中，布日坎只表示丈夫的神灵。当然，纳吉勒布日坎或康安文化丛与莫昆伊玛鲁布日坎相似。这里，我对一位妇女所拥有的纳吉勒布日坎文化丛进行描述，这位妇女 4 岁时生了一场大病，在接受很长时间的萨满治疗后得到这些神灵。她经常把神位放在其附近。所有的神位都由木头制成。（1）一半月亮，直径 2 厘米；（2）太阳，直径 15 厘米；（3）用树根制成的一只头转过去的鸟；（4）两个星星，“晨星和晚星”——两个直径约 1 厘米的小圆球，上面各有一根绳作为把手；（5）两条蛇，表现形式为两根 8 厘米长的木棍，有一条绳缠绕在上面的刻痕上；（6）两只蜥蜴；（7）两个约 5 厘米长的桥；（8）一条带角的鲤鱼；（9）约 5 厘米长的半个人身；（10）一名约 5 厘米长的单腿男性；（11）两个约 6 厘米长的人形，有眼睛、嘴、鼻子、腿，但没有胳膊，胳膊只是用雕刻神位刻痕的突出部分表示。通过把纳吉勒布日坎与上文的玛鲁布日坎比较，很明显看出两者之间差别不大。这一神灵的神位经常放在妇女睡眠之处，千万不能把丈夫的氏族神灵和一般意义上的其他神灵相混淆。其他妇女千万不能坐在纳吉勒布日坎下面的位置。尽管男性未被禁止坐在这一位置上，但一般不建议他们坐在这里，男性可能冒犯神灵。由于这一原因，女主人必须向客人展示就坐的位置，不能给客人带来伤害。有趣的是，这些神灵可由母亲传递给女儿，通过这一方式，妇女有可能将其母亲的神灵带回其舅舅的氏族，如果这样，神灵自然是不会带来伤害的，因为

---

① nāǰil 一词很可能与 naγaču（蒙古语）有关。不过，在毕拉尔千人中，这个词语比其最初形式复杂。其实，通古斯人用两种形式表示这个词语 nāǰi～naǰa。na（na 或者其派生形式 ina）和i～ǰa 见于表示我的姐妹（尤其是二元社会组织体系中）后代和“我母亲的氏族成员”的年轻者的词语中；naǰ'i～naǰa 可能源自通古斯人的土壤中。但是，就我所知，通古斯语的相关记录中没有这个词语（参见《北通古斯人的社会组织》和《满族的社会组织》）。

这些神灵是莫昆伊玛鲁布日坎，通古斯人固定在两个氏族中实行交错从表婚，这种情况十分普遍。但现在，当妇女年老时，常会把纳吉勒布日坎毁坏，甚至在妇女年轻时，当不需要这一神灵时（即未患疾病），也可能这样做。其实，并非所有的妇女都愿意随身携带神位。一般而言，没有神位的已婚妇女初次遇到困扰如疾病、神经兴奋、心理动荡等时，会制作神位，她们可以经常通过神位召唤神灵。制作好神位（或者从其母亲处得到）后，很可能某些困扰会不可避免地发生。这尤其体现为眼疾（男性和女性的乔勒朋），可能导致完全失明。过去，某位妇女患有沙眼，丈夫用烧红的烙铁烫纳吉勒布日坎的眼睛。由于丈夫的错误，第二天这位妇女失去了双眼。有一次，我被告知，由于我查看了某位妇女的纳吉勒布日坎，这位妇女患上眼疾（结膜炎）。还有一个案例，某位妇女神位中的两个星星神位消失后，她患上了眼疾。因此，如果可能，许多男性和妇女都倾向于摆脱这些神灵。

在巴尔古津通古斯人中，妻子神灵的地位和作用与毕拉尔千人和库玛尔千人相同。正如前文所述，这些通古斯人中的神位莫吉勒对应保护儿童的神位康安（参见《北通古斯人的社会组织》，第 280 页）。因此，我们可以假设，词语纳吉勒布日坎源自达斡尔人，更为古老的词语康安仍保留在毕拉尔千人中，表示保护儿童的神灵和神位，这与巴尔古津人中的莫吉相似，是氏族神灵之一，其作用是保护儿童。

莫昆德吉阿其（DJIACHI）布日坎

这是毕拉尔千人和库玛尔千人中的一位氏族神灵（参见前文亚姆吉，第 292 页）。这个词语可拆分为ǰ'ia+či。其中ǰ'ia 的含义是“幸福、幸运”（毕）［借自蒙古语ǰ'ian、ǰ'ijan‖ǰajaγan（鲁）——“命运”（参见ǰ'ijā，达斡尔语，波）］，因此，ǰ'iači 的含义是“幸运者、幸福者”。这位神灵有时也被称耶伊奇（j'eĭči）布日坎。巴尔古津通古斯人和涅尔琴斯克通古斯人似乎也了解这位神灵。这位神灵应该十分古老，它由通古斯人连同玛鲁一起借自蒙古人。毕拉尔千人介绍，一位六七岁的男孩在河岸玩耍，从河中捞出这些神位，自此以后，人们了知道这位布日坎。

这位神灵的神位由两块汉人布料制成，一块为蓝色，另一块为白色，约一尺见方。蓝布的上半部分盖着貂皮或松鼠皮，由铅锡混合制成的人形固定在布上。白色的布块上固定两个人形神位，神位下边固定两张源自汉人的“金”纸和“银”纸，神灵通过这两张纸被“喂养”，即神灵每3年接受一次血制祭品。在献祭过程中，神位向南摆放，一条长绳（“路”）固定在神位上，连着人形神位。木都尔（龙）使神灵在降临的路上遇到困难。这位神灵有一匹马翁高，这匹马必须是浅褐色，有黑色的鬃毛，其尾巴上拴有白色的丝绸作为翁高西的标志。它在解决疾病方面起到作用，它看护或者更确切地说保障氏族（和家庭）的福祉。尽管关于命理的书籍可以预测一切，但这位神灵可以帮助提高生活条件。“过去，一位男孩用肩扛着这位神灵的神位，他又累又饿，开始大哭。接着，他听到一个声音：你的哥哥杀死了一头驼鹿——赶快！当这个男孩到达哥哥的营地时，确实看到一只杀死的马鹿。”

除上述神位外，这位神灵也有八个（或者四个、两个）人形神位，或者贴在布上，或者由单独的木制神位阿纳坎、两条木都尔（龙）、两只鸟组成。这一神位称达里勒，或称吉阿其达里勒，或称多勒博尔，这是神位中的女性部分，走夜路。男性部分达哈里（达哈勒）［daγari（l）］走“正午路”，可能由九个、五个或三个人形神位阿纳坎构成，有时也由一个由九个人形神位和九个悬挂物构成的特殊木片表示，具体形式见下图。

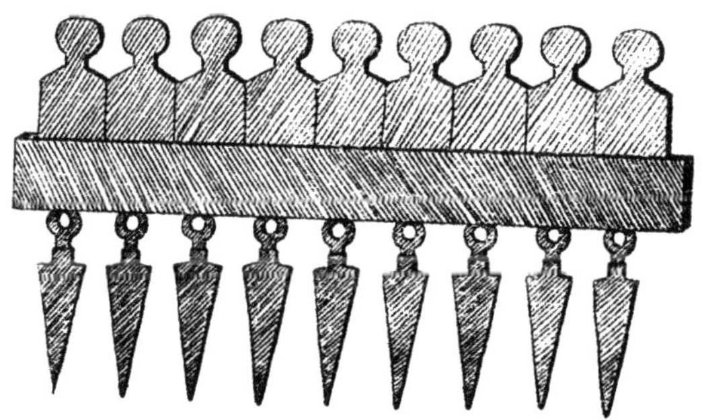

有时，毕拉人千人会在神位中加入太阳、月亮和两颗乔勒朋（金星）。毕拉尔千人说，这是玛鲁和吉阿其的结合。因此，我们有时可以见到九男+八女；五男+四女；三男+二女的神位形式，这表示神灵的两个部分和两种路都处于行动之中。

在巴尔古津通古斯人中，我见过九个人形阿纳坎和九个悬挂物构成的神位。因此我认为，巴尔古津通古斯人中也有这位神灵。不过，我不了解相关细节。在洛帕廷所描述的果尔德人中，第 14 幅图吉尔吉（g'irk'i）表示相似的神灵。[①] 洛帕廷所描述的神位（尽管是简化形式）是玛鲁+吉阿其的混合。在果尔德人中，猎人在狩猎的过程中带着这些神位，如果遇到“坏运气”，则“喂养”这些神灵。

莫昆伊凯敦（KAIDEN/KAIDUN）布日坎

这是毕拉尔千人家庭中的一位神灵。有时，它是不断传承的，通过这一方式，成为氏族神灵。kaĭdun 并非通古斯词语，没有具体含义。在我看来，这个词可与 kaidun（满语书面语）一词比较——“独行的或者带领一群人的骑手”或“经常、一直被使用”（扎哈罗夫）。这位神灵源自山区，其神位包括两块一尺见方的布料，分别是红色和黄色，上面有不同的形象，第一块布是下界、夜路的表现（多勒博尔奥尔吉奥克托），第二块布是上界、正午路的表现（伊嫩伊杜林乌胡奥克托）。在献祭的过程中，固定在神位上的绳表示“路”。第一部分男性群体包括以下表现形式：五位男性和五只鸟；两条龙和两棵树；而第二部分女性群体部分包括四位女性和四只鸟，同样也有两条龙和两棵树。在献祭的过程中，毕拉尔千人会制作相应数量的人形神位、鸟、龙和一个特殊的阿纳坎。

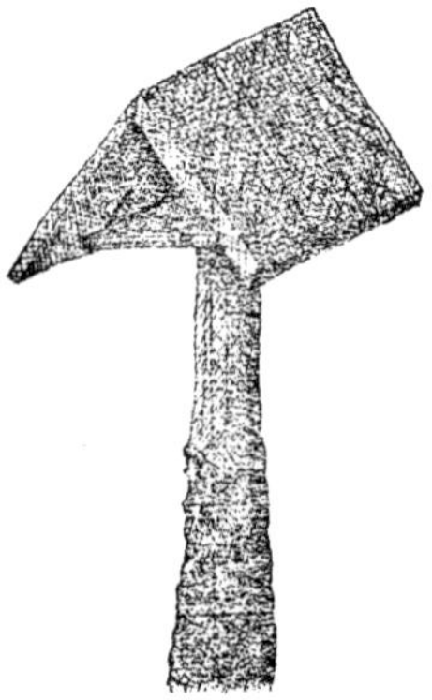

不过，这不是惯常的实践，因为这位神灵有上面描述的永久性神位。毕拉尔千人会为这位神灵选择一匹提供驮载和服务的浅栗色马，在其尾巴处拴上红色和黄色的丝绸条。毕拉尔千人认为，这位神灵始终待在一处（kaidu?），因此为它准备了一个特殊的建筑物（如图），外人不能经常造访，因为这位神灵不喜欢外

① 参见《阿穆尔河、乌苏里江和松花江流域的果尔德人》，第 228 页。

人。[①] 这位神灵的重要程度和意义类似达里勒。这一神灵并不是很普遍。

这位神灵还有第三种路，具体表现为九个人形神位，九只鸟和两条龙。我不了解第三种路的功能。萨满未掌控这位神灵。

莫昆伊卡罗勒布日坎

这是一位氏族神灵，在某些通古斯人看来，除了名称，它与凯敦没有差别。但是，一些通古斯人称这一神灵为卡罗勒，另一些通古斯人称为凯敦。卡罗勒已被萨满掌控。这一名称应该是掌控凯敦的萨满的名字。这位神灵来自山区（参见后文，卡罗勒色翁）。

50. 多那（外来的）布日坎

阿杰勒嘎布日坎

这是一位由第12节讨论神灵新形成的布日坎。这位神灵似乎是“夜路”，其表现形式有限。两个人形神位替代了用沼泽中突出的山丘表示的神位。

阿吉尼布日坎（也称阿吉布日坎）

这是毕拉尔千和库玛尔千人中的一位复合性神灵，包括72种表现形式。阿吉尼（ajin'i或aji）可能与aji（泰加林、大草原以及一般意义上人口不稠密的地方）有关。不过，这只表明了神灵的起源，不能说明其活动，后文会介绍，这位神灵的活动在人口密集的地方十分集中。[②] 似乎位于天的东南部，因此祭品（通常为一只公鸡）放在宿营的东南方向。[③]

这位神灵的神位通常由专门的画匠制成。其表现是不同的疾病，其中包括三种重要的表征。（1）奥勒巴里（or'ebar'i），这一表现形式的阿吉尼

① 凯敦布日坎神位的庇护所也可用于安置其他神位，但这被视为一种创新。

② 并非所有的通古斯人和蒙古人中的“村庄”都是如此。参见后文，这位神灵的表现之一称为alin'i；参见雅库特语ajikyt（佩）。

③ 我见过一个人为制造的宿营，建造者在一位通古斯萨满手下工作。

布日坎始终伴随着家庭成员，任何个人和家庭不能摆脱这一神灵。通古斯认为这些表征表示的要素很可能是遗传的，不是很严重，或者仅表示不具很大传染性的特定疾病。在通古斯语中，找不到这个词语的词源，它应该不是通古斯词语。[①] 神灵的这组表现形式由一神位表示：分为上界路和下界路；表现形式包括两条龙、两棵树，也包括九个阿纳坎，其中四个为上界路，五个为下界路。这幅图的上面部分布满鸟、牛虻、蝇类和其他昆虫。（2）陶里勒坦（Tōriltan）陶勒勒坦（tōreltan），是一组居于村庄（和城市）中的神灵表征，通古斯人认为，它们挨家挨户行走（或者在季节性的永久性棚屋间挨个行走），受神灵影响者会头疼、发烧等。对于毕拉尔千人而言，这个词语的词源似乎是简单的，即源自 tōril（毕）——“尘土”。[②] 不过，tōril（尘土）很可能是一个新词语，而 tōriltan 的基础部分是 tōr'i（达・波），tōr ‖ tögeri（蒙・鲁）——“徘徊、四处走动”等，tōr'i（达）‖ toguri（蒙・波）——“徘徊、四处走动”。因此，这个词的意思可能是“传播的、传染的”。（3）图里郎伊布昂伊（阿吉布日坎）是一组影响泰加林中居住者的神灵表征。这个词的词源很清楚：“外部的、泰加林中的”。这些表征也称阿吉尼苏克敦，苏格敦的含义是“蒸汽”“水汽”“非物质性要素”（参见满语苏克敦）。这组神灵表现活动的症状为肺炎、伤寒、高烧等，也就是说，这些疾病比第二组表征带来的疾病更严重。

这里我描述在不同情况下观察到的上述神灵表现形式的细节。（1）高烧、肚子痛、没有食欲、非常虚弱，但没有呕吐症状；这一疾病持续3周，病人一直喝冷水。这一疾病是“内部的”。没有萨满可提供帮助，因此有经验者会在神位前献祭品（最好是一只公鸡）。萨满的干预会导致病人立即死亡。这对应

① 在其他通古斯方言中，我未发现这个词语。很可能的情况是，这个词语可被视为一个满语复合词语，其中 ōri 是“男性性要素”，bar'i 源自 ba+mbi（变得无效、衰弱、耗尽），bar'i 的含义是“部分、现在”。其实，我不认可这一词源学观点。我也不认为这个词源自蒙古语词源 or ‖ oro（鲁）——“进入、吹（风）、承担、侵扰等”。以上两种假设都可很好地解释 or'ebar'i 的含义。我认为，这个词语最可能源自达斡尔语。其实，在达斡尔语中，ōr'ē 表示“某人自己的”，bār'i 表示“保持、抓住”等，如达斡尔语中的复合词语 jasbar'i——“埋葬”（波）。

② 其实，toril（“尘土”）一词可能源自 turi（地球、土壤），因此在毕拉尔千语中 tulilčalan 表示“它变为尘土”（毕）。但是，tōriltan 可能是一个外来词语，参见后文。

神灵的表征为图里郎伊布昂伊。（2）高烧严重，伴随着幻觉、失去意识等，肚子、头和四肢疼痛，极度虚弱，这一疾病持续6周。（3）一个小女孩高烧严重，如果这种状况不改变，应该是图里郎伊布昂伊带来的疾病。

从症状上看，这72种疾病可分为咳嗽、重感冒、脖子疼、嗓子疼、眼疾（不严重）、耳疾、头疼等。根据上述三组表征，这72种表征对应的类别是需要讨论的。上文所说的9种疾病应该由蜘蛛、牛虻、蚂蚁、蝴蝶、乌龟、青蛙、虾、虱子和蚱蜢携带。萨满还未掌控这些神灵。整个文化丛产生的时间应该相当晚近，主要原因是通古斯人定居在“聚居”的村庄后，与其他人群混合容易生病。第二组和第三组神灵表征没有永久性神位，但在献祭的过程中，通古斯人会根据“路”制作神位：每两个一对——龙、鸟和人形神位，还有四个阿纳坎表示下界路（奥尔古奥克托）[①]，用两条龙、两只鸟和五个阿纳坎表示上界路（乌胡奥克托）。在献祭的过程中，通古斯人会搭建一个特殊的平台，如图所示。这种类型的平台也用于其他献祭。不过，某些通古斯人认为，前文描述的奥勒巴里神位，也可用于表示其他两组神灵表征。

因此，通古斯人很可能不想把这些神位一直保留，这样会带来新的困扰。

白那查布日坎

这是毕拉尔千人中的一位神灵。如果白那查带来疾病，毕拉尔千人会建立一个永久的神位（用绘制一对老翁老妇的神图表示，有时还绘制儿童）——与其他神位搭配。在这种情况下，白那查可称布日坎。就我所知，这位神灵目前只有一条路和一种活跃的表现形式。萨满还未掌控这位神灵，很少见到这位神灵以布日坎形式出现。（参见前文第252页）

① 某些通古斯人否认下界夜路的存在，只使用三个阿纳坎表示神位。

达勒库尔布日坎

这是兴安通古斯人中的一位神灵。关于这位神灵，我只知道它非常有伤害性，十分危险。

格干布日坎

参见：努敏布日坎。

卡达尔布日坎

这是毕拉尔千人和库玛尔千人中的一位神灵，十分罕见。其名称卡达尔的含义是“石头、山崖”，这位神灵最初在石头和山崖处出现。这位神灵很可能是阿杰勒嘎的一种形式。它有一个与其他布日坎相同形式的神位。[①] 达斡尔人也知道这位神灵。这位神灵曾产生一位色翁，这为我们了解它的特点提供了某些线索。

娘娘布日坎

在毕拉尔千人和兴安通古斯人中（库玛尔千人中是否有这位神灵，我不敢肯定），这是一位复合性非常强的神灵。这个词语源自汉语（参见前文，第 262 页）。但是，通古斯语中有一与其发音相似的词语，这个词语通常为娘那［n'aŋn'a（毕、涅、满驯），n'aŋgna（安・季）］，满语中也有这一词语[②]——天空。因此，从通古斯语的词源看，这位神灵可能与“天空”有关。它位于天空（高天）的西南部。这位神灵包括大量的表现形式，一组为男性，另一组为女性。后者包括 72 种表现，主要涉及儿童中的疾病。

特殊的是，娘那布日坎的麻疹表现形式称尼楚坎（n'ičukan）奥尼恩——“小娘娘”。请求神灵帮助儿童的首要条件是，儿童提出的所有要求必须立即满足。这位神灵喜欢水果，由于这一原因，如果可能，必须给儿

---

① 遗憾的是，我所见到的唯一神位的大部分被牛吃掉了，这头牛成功地从盒子中拽出神位。通古斯人说，这位神灵的神位与苏木布日坎的神位相似。

② 例如，n'aŋn'a oxo 或 n'aŋn'a tučixe 表示“天气放晴”。

童吃新鲜的水果。儿童受神灵伊勒嘎（ilga）奥尼恩影响患天花时，[①] 也使用同样的方法治疗。应该注意的是，当神灵表现出活动迹象时，相关棚屋和房屋成为禁忌。换言之，通古斯人显然认识到这一神灵的传染性特征。它的表现形式中还包括水痘（有时称伊勒嘎，借自满语翁奥西文化丛中的伊勒哈妈妈）、淋巴结核以及其他表现在皮肤上的疾病。通古斯人说，多数儿童皮肤上表现出的疾病都是由这位神灵带来的。不过，应该指出的是，并非所有的疾病都如此分类，这一神灵的 72 种表现形式可能与阿吉尼布日坎类似。其中男性表现形式“生于”山区，其神位形式与苏木布日坎相同（参见后文）。这些神位是汉人绘制的神图，代表娘娘文化丛。在通古斯人的神图中，布日坎的脚下必须有一只白色狐狸。在献祭过程中，这些神灵女性表现形式的神位是木头制作的 3 名男性（很可能是女性?）。这位神灵已经被萨满掌控，成为色翁。

尼科拉乌高丹布日坎

这是巴尔古津通古斯人新了解的一位神灵，有数种表现形式。这位神灵源自俄国人。其实，它是东正教中的圣尼古拉斯（Nikolaĭ Ugodn'il），俄国人中较低的社会阶层信仰这位神灵。萨满未掌控这位神灵。

努敏布日坎或格千

这是一位军营附近活动的神灵。在通古斯人中，这位神灵很少见。它来自诺敏河流域。它似乎有几种和性病有关的表现形式。第二个名称 gècan 的含义不清楚。我未见过这位神灵的神位。萨满未掌控这位神灵。关于把河流的名称与神灵名字努敏关联，我持怀疑态度。其实，正如我在其他场合所观察到的情况，这是通古斯人接受的外来文化丛。这位神灵的名称可能源自表示尊称的埃尔里克汗（与音姆恩堪等相同），蒙古人和达斡尔人中诺姆恩罕的形象都是如此，这一神灵在通古斯人中被赋予新功能。

---

① 判断疾病不容易，因此并非所有的疾病都能与特定神灵相关联。而且，在通古斯人中，关于神灵和疾病的关联，没有完全一致的意见。除了 ilga onin，通古斯人也使用 degde 表示这一疾病，这是一个动词，表示疾病的后果，意思为“钻出表面”。

奥科尔布日坎

这是一位复合性神灵，其结构类似苏木布日坎。只有毕拉尔千人和库玛尔千人了解这位神灵。这位神灵源自山区。它的名字似乎源自达斡尔语 oŋkor——“野蛮的”“野蛮性”，显然，达斡尔人知道如何把这位神灵的名字对应通古斯神灵（参见，卡达尔布日坎）。

苏木布日坎

这是毕拉尔千人和库玛尔千人中的一位复合性神灵。这位神灵连同其名称（sumu）一起源自达斡尔人［参见 sum（达）、sum～sumu（喀尔喀蒙古）、süme（蒙）——“寺庙”（波）］。通古斯人认为这位神灵最初出现在满族人中，与亚瓦玛瓦一致。它有两组表现形式：夜路包括一名女性和七个女孩及相应的神位，神位还包括两只鸟和两个阿纳坎；正午路包括一名男性和七个男孩，以及相应的神位。

这些神灵不是由死者灵魂直接演变而来，它们可能导致疾病，随着其他不太重要神灵的增加，还会带来其他困扰。我未在兴安通古斯人和后贝尔地区的通古斯群体中停留很长时间，如果调查更为详尽，可能会发现一些其他重要的神灵。不过，就已经描述的内容看，无须增加更多的细节，因为这不会影响进一步的结论，所以我不需要列举更多的神灵。

51. 满族的神灵

在这部分，我会列举满族人中的非祖先来源神灵，它们不能被视为“主宰神灵”。毫无疑问，这组神灵中最重要的是富其吉。如前文所述，在满语中，富其吉表示佛和佛教。因此我们可以判断，这些神灵的产生源自佛教的传播。其实，这些神灵的形式与理论上的佛教有很大差异。

富其吉

在满族人看来，理论上说，这是一位保护性神灵。每位神灵都应有永久性神位。而且，富其吉被视为善神。但在现实实践中，它既不是保护性神灵，也非善神。满族人认为，相较之下，这些神灵在蒙古人中更多。它们表现形式各异，可能偶然被人们撞到，这是富其吉召浑（照字面意思——“佛路”）。不过，只有制作神位，这些神灵才可被管理。满族人经常从商店购置佛教图像作为神位，献上祭品，在神位前念诵祈祷词。[①] 神灵富其吉可能长达六七年与人们处在一起，带来各种困扰。我见过一名到阿穆尔河上游做生意的男性，碰到一个富其吉，接着他有一段时间运气很差；由于这位神灵与其他神灵有冲突，他不得不一直搬家；他的儿子长达数月内一直患严重的疾病；他的生意进展也不顺利等。后来，为使神灵不再侵害，这位男性为此神灵立了一个神龛，为其提供一个地点（“位置”）供永久居住。[②] 现在，这位神灵必须定期接受祭品和祈祷词。

过去，佛教的僧侣擅长与富其吉沟通。萨满干预这些神灵被视为不可取的，因为富其吉可能与萨满的神灵发生冲突，这样的话，氏族神灵也可能卷入冲突。

玛发或玛瓦

这是一组与富其吉有关的神灵。在满语字典和仪式手册《钦定满洲祭神祭天典礼》，参见前文，第 245 页）中，没有关于神灵的玛发（满语书面语）一词。在满语口语中，这组神灵称玛瓦。这组神灵貌似最近才产生，是为了区分出一组由活了很久的动物形成的神灵。人们认为，某些动物活很长时间后，会变得比人聪明，因此其灵魂获得不朽。这些动物是鼬科动物，满族人增加了野兔和老鼠，达斡尔人则增加了狐狸和羊。这一文化丛

---

① 参见《钦定满洲祭神祭天典礼》中的详细规定。尽管宫廷的献祭活动高度仪式化，形成可供效仿的模式，但满族民间的献祭活动和祈祷词在很大程度上简化了。

② 很可能的情况是，神灵富其吉在满族人的相邻族团中受到一定的欢迎。例如希姆科维奇已经记下了这一神灵普奇库（参见《果尔德人萨满教研究资料》，第 52 页），主要与狩猎有关。洛帕廷提到了通古斯卡河附近遇见的普奇库，其他群体（参见《阿穆尔河、乌苏里江和松花江流域的果尔德人》，第 210 页）中很少见到这一神灵。这位神灵是否为一位萨满教神灵（果尔德人中的色奥恩）是不能确定的，因为洛帕廷用色奥恩表示所有的神灵，但恩都立和布色库除外，他使用这些名称表示“魔鬼”（俄语 č'ert'i）（参见《阿穆尔河、乌苏里江和松花江流域的果尔德人》第 210 页）。

已开始渗透到北通古斯人的文化中。活一千年的动物会变成黑色而且聪明，活一万年的动物则会变成白色，而且更加聪明。一般而言，这些神灵既不是善神，也非恶神，但它们可能以疾病、不幸等形式给人们带来困扰，因此，满族人一定要一直小心这些神灵。每个满族人的房屋中都设有这些神灵的永久性神位，并定期献祭和祈祷。

如遇容易处理的情况，任何人都可与富其吉和玛发沟通，但遇到复杂状况，则需要称为阿哈玛发或玛发里的专家帮助，有时也会求助于有经验的萨满。但是，应该尽力避开萨满，因为萨满所掌控的窝车库可能带来新的困扰。随着佛教僧侣地位的下降，其功能被玛发（阿哈玛发、玛发里）代替。因此，玛发里逐渐熟悉富其吉的特征，开始管理这些神灵。但是，这些神灵有时有自己的行动方式，玛发里利用这些神灵达到个人目的。因此，新形成的玛发里召浑过去可能称富吉其召浑。

满族人可能接受某些富其吉神灵和新创造的玛发神群，而且进行适应和改造，使这些神灵成为生活中永久的保护者角色。接下来，我描述其中的一部分神灵。

君富其吉

这是火神，由一男一女（玛发和妈妈）构成，几乎每个房屋中都有此神灵。神灵的数量对应拥有独立厨房的家庭单位灶膛（君，ǰun）的数量。该神灵的神位是放在小神龛（“房屋”）中的佛教风格的神图。而且，这些神灵不仅使用灶膛为神位，而且放在屋子中央用于取暖的火盆（浩勒博科）也是其神位。在新年的前一周，满族人把旧的神图烧掉，7 天后贴上新的神图。在进入新房屋前，人们必须在君富其吉前表演献祭和祈祷。新婚者必须向君富其吉献祭。如果人们未对这位神灵给予应有的关注，它可能带来各种疾病。

塔克托玛发（玛瓦）

这是一位被掌控的复合性神灵，其作用是保护房屋塔克托，这位神灵位于左偏房，通常是满族院子的东房（参见《满族的社会组织》，第 93~94

页）。这位神灵表现为神图上的一位老人。它有自己的“路”。如阿普卡恩都立一样，满族人要为这一神灵保留一匹马。表现为疾病和高度神经紧张的各种困扰可能源自此神灵的活动，因此满族人必须小心对待它。在新年、婚礼等场合，满族人会向这位神灵献祭和祈祷。

亚帆玛发或亚瓦玛发

这是一位被掌控的复合性神灵，其作用是保护整个满族院落。亚帆→亚瓦的最初含义是菜园（源自汉语“园”），但现在这些神灵的活动会影响到院中的人群。神图放在菜园中一个类似放置君富其吉神位的建筑物中。这位神灵可以带来各种疾病，需要萨满认真关注。判断上述三位神灵中哪一位带来疾病并不容易，因此，满族人使用特殊的方法辨识神灵的“路”。

索罗吉玛发或索罗吉玛瓦

这是一位由非常老的黄鼬（艾鼬）形成的复合性神灵。它类似塔克托玛瓦。它可能带来严重的疾病。满族人中有种观念，认为貂、艾鼬、狐狸等在修炼一千年甚至一万年后，会变成黑色甚至是白色，像富其吉一样。在北通古斯人中，它们可能成为萨满的色翁。由于这些神灵并非祖先和人类来源，所以我把它们置于这一类别中。

伊勒哈妈妈

这是一位会带来天花、水痘、麻疹等儿童疾病的复合性神灵。这一神灵与前文（参见前文第 262、321 页）描述的通古斯神灵相同。伊勒哈的含义是“花”，妈妈表示“女性神灵”。这一文化丛并非源自满族，而是对汉人娘娘神的模仿。满族人把这位神灵区分为阿济格伊勒哈妈妈（小花女神）和阿木巴伊勒哈妈妈（大花女神），前者带来麻疹，后者带来水痘。这位神灵似乎还有其他表现形式，不过是满族人通过汉人书籍获知的，事实上，满族人了解和接受的神灵表现形式只有上述两种。

布斯库或布苏库（书面语）

这是一位非常危险的涉及血的神灵。为产生这类神灵，妇女会随身携带一个小型人形神位（6厘米~10厘米长，有胳膊和腿），她们用布包上神位，在月经期间，让神位吸收经血。在没有经血时，妇女则把神位用裤子包裹。如果妇女打算伤害某人，会把神位放在装有其衣物的柜子或抽屉内。如果妇女想伤害不在家中者，她可能会手持神位念一段短的咒语，然后将神位送到（亚布姆博或翁吉姆博）另一个氏族。第二天，神灵经引导会使所施害的对象生病，其症状为关节疼痛、筋腱断裂等，称布斯库伊召浑，即布斯库路。这位神灵的力量比恩都立、窝车库以及所有的胡图都大。受这一神灵影响者称布斯库勒姆博（buškulèmb'e，动词形式，也称 buškulèγa，"部分、穿孔"）。这种疾病无法治疗，萨满也害怕这位神灵。① 如果这位神灵做了某些违背妇女意愿的事情，她们会批评它，不过，妇女会把这位神灵视为额真——主人，表示礼貌。这类妇女在日常交往中非常礼貌，她们会派遣神灵伤害家畜，使家畜在没有任何明显征兆的情况下变瘸、变瞎。满族人认为，这类妇女并不常见，最多千分之一。例如，在卡伦山村，我认识一位这类妇女。

出于无礼，男性有时称活动敏捷且聪明的妇女为布斯库妈妈。当用此称呼表示老年妇女时，这不是冒犯，仅是玩笑。

随着调查的深入，情况变得更为复杂。事实上，满族人中甚至有被称为布斯库妈妈或布斯库格赫（氏族中的年长妇女，一般而言是有声望者）的妇女。这位神灵受娘娘（参见前文伊勒哈妈妈和其他神灵）的掌控。如果这位神灵的要求不被满足，受影响者腿会肿胀，继而死亡。这种情况可能持续数代人。

① 其实，扎哈罗夫的翻译和解释是不正确的。哈勒兹指出了布斯库的细节，"攻击儿童、驯养的动物的胡图，类似伊巴干和耶姆伊"。事实上，哈勒兹并未误解信息，造成他不能理解真正的原因是在北京居住很长时间的满族人不想让汉人知道他们关于布斯库和其他神灵观念的野蛮。在扎哈罗夫的翻译和注释中，也存在相同的问题。通过这些事实，我们可知，不能仅通过书面文献了解民族志学意义上的主题。这种现象在相关专家中很普遍，他们天真地以为仅通过书面文献即可了解现存的文化。

神灵布色库（Bus'eku）在毕拉尔千人和库玛尔千人中很流行，他们向我介绍了更多细节。这些通古斯妇女说，她们可以像满族妇女一样生产神灵，但不会使用衣柜和抽屉。另外，男性也可使用门牙和上颚之间的血生产神灵。布色库会逐渐“吃掉”人的骨头，喝光人的血。这一神灵不能独立存在，经常会“安置”在人们体内。它经常会来到年轻男女身边，劝说他们接受它。如果他们不抗拒，则会用草制成一个神位，在上面盖着布。他们必须根据上文所描述的情形定期向此神位提供鲜血。这位神灵会“吃掉”与神灵管理者居住在一起的人。它也会攻击其他神灵，如果成功，整个氏族就会瓦解。不过，萨满可以掌控这位神灵，某些萨满可以影响到神灵已居住很久的家庭。

在不同的人群中，这位神灵的活动是有差异的。尽管库玛尔千人了解此神灵，但它对库玛尔千人的生活没有很大影响。达斡尔人和毕拉尔千人中的萨满掌控此神灵，但满族的萨满则不能掌控它。这位神灵带来困扰的频率主要取决于地方观念的变化。我们发现，满族的布斯库是一位复合性神灵，其表现形式中包括不同的疾病，但在毕拉尔千人中，这位神灵带来的主要是骨头和血液方面的疾病。因此，这位神灵带来的疾病很可能还包括梅毒、麻风病和肺结核，事实上这些病可以影响几代人，他们经常在青春期阶段发病。而且，这种想象目前仍起作用。布斯库在满族民俗中占据很大一部分，但在通古斯人的民俗中则不然。果尔德人也了解这位神灵，称布色乌（buseu）。但是，洛帕廷和希姆科维奇显然未关注这位神灵的特征，洛帕廷认为这位神灵相当于阿木巴①，称其为“魔鬼”②。事实上，阿木巴并非一位神灵或一群神灵的名字，仅是“大的”意思，这样称呼是为了避免因称呼神灵的名字而唤起神灵的活动。从本质上看，由萨满喂养的布色乌会寻找血，而且，“它可以折磨人并喝人们的血”③，这些内容表现了布斯库和布色库相同的细节。其实，萨满教神灵和自杀者灵魂成为布色乌是不可能的。很可能的情况是，洛帕廷混淆了不同的神灵，用这一名称表

① 参见《阿穆尔河、乌苏里江和松花江流域的果尔德人》，第211~212页。

② 参见《阿穆尔河、乌苏里江和松花江流域的果尔德人》，第321页注释。

③ 参见《阿穆尔河、乌苏里江和松花江流域的果尔德人》，第212页。

示许多神灵，也可能是果尔德人在广义上使用这个词语，类似满族人中的胡图和通古斯人中的希尔库勒。

第 14 节　被掌控的神灵

52. 这些神灵的一般特点

通古斯语词语

我把被掌控的神灵归入一组特殊类别中，本节详细描述这些神灵。应该指出，这些神灵根本不是萨满的“保护者”或“善神”，它们是萨满掌控的神灵。在本书涉及的所有族团中，萨满是这些神灵的奥占、额真等，即“掌控者”。后文在讨论萨满教的性质和萨满的功能时，将说明萨满与这些神灵之间的关系。

在北通古斯人各族团方言中，用不同的词语表示萨满掌控的神灵，这些词语共同的词源是 seva（色瓦），而在满族人中，表示这些神灵的词语是 vočko（窝车库）。

在后贝加尔通古斯人、巴尔古津通古斯人、满洲的驯鹿通古斯人中，这些神灵称 seva；在兴安通古斯人、毕拉尔千人和库玛尔千人中，这些神灵称 sèvèŋ、sèvèn（色翁），后者也在满洲的驯鹿通古斯人和曼科瓦游牧通古斯人中使用。根据洛帕廷的调查，果尔德人表示这些神灵的词语是 seon，显然这是大致的转写。[①] 波尼亚托夫斯基两次描述果尔德人中的神灵 sewo。但是，在果尔德人中，马克希莫维奇记录了 sèva、s'euwa 表示“偶像”,[②] 也就是说，这明显表示某一神灵的“神位”。在奥尔查人中，我们发现了 sevo，表示“偶像、上帝”（施密特）。同样，什连克提到果尔德人中萨玛吉尔群体和奥尔查人[③]中的“偶像” seva[④]。布莱洛夫斯基说，乌德赫人把神

① 他说，与我转写的 sèvèn 相比，果尔德语更近似 seon。

② 参见格鲁贝《果尔语—德语词典》，第 91 页。

③ 参见其著作《阿穆尔河流域的土著》，第 3 卷，第 113、120 页。

④ 这个词应该转写为 seva，什连克的作品中俄语转写 zeva 是错误的。

灵分两类，即“善”神色恩（syn）与“恶”神萨克哈阿纳奇（sakxa ânači）。[①] 事实上，这是不正确的，“善”和“恶”观念在乌德赫文化中并不明显。这里，syn 无疑是 sèn，也就是 sèvèn。事实上，乌德赫人倾向缩约某些词语。[②] 其实，最后的 ŋ~n 在通古斯语中可能是派生的，是十分普遍的词缀。因此，这个词的词干形式是 sVvV。

当我们讨论“上帝”的名称、表示“神位”的词语甚至是表示保留“神位”的盒子时，会遇到这个词干。由于词语分析有助于我们的理解，因此接下来我描述这些词语。这些词语形式包括 šovok'i、xovok'i、xavaki（叶），以及用缩约形式 xaúk'i、xeuk'i（拉・施）（很可能是 xöki）表示“上帝”（这一观念很可能由东正教传教士传入）；sewek'i（巴・波）表示“由毛毯制成的偶像”；sèvèk'i（曼）、savak'i、sèwèk'i（毕、库、兴）表示“一般意义上的神位”；sevek'i、seweki、sevoki、sōk'i（毕）表示“布日坎类型的神位”；savaki、šavak'i、s'avak'i（巴、涅）表示“布日坎类型的神灵和神位”；在果尔德语、奥罗奇语和奥尔查语中，我们发现 sevoki 一词——“偶像、一位神灵”（根据施密特的材料）；heŭunn'i（奥列宁对拉蒙辛斯基罗德通古斯人方言的记录，并不确定）表示“神位”，去掉词缀后，可以明确发现 hewu = sevu。通过上面的变化可以推断，sōk'i（毕）很可能与奥罗奇语 seka、šaka（马尔加里托夫）、s'aka（列昂托维奇）和果尔德语 seka[③] 有关。[④] 洛帕廷还指出，果尔德人中的 sekka（“魔鬼”）应该借自奥罗奇人。Sekka 的形式似乎或者在于强调重音，或者是对 sèka 理解得不全面。[⑤]

现在，我们对这些资料分类。这些词语形式包括 sVvV、sVvV+ki 的变异形式以及 sV+ki 的缩约形式。很明显，以 ki 为词缀的词语形式的基础是

---

① 参见《鞑子或称乌德赫：一项民族志学调查》第 184 页。

② 俄国人经常把 è 转写成 Y，因为对于俄国人而言，Y 字母在听觉上接近 è。

③ 参见波尼亚托夫斯基描述的复合性词语 seka+ni sela+ni mama，表示恩都立的妻子，可以发现 seka 或 sela 加特定的词缀表示神灵恩都立。

④ 它们通常会发生颚化，例如 s'ama ~ sama，萨满。

⑤ 很可能的情况是，在这组词语中还包括满语 soko ~ soku（根据扎哈罗夫的解释，它们是天地间的神灵，是萨满祈祷的家庭守护神）。但是，在满语口语中，我从未见过这个词语，很明显已被废弃。

词干 sVvV。我认为，这一缩约过程如下：sewok'i→seok'i→sōk'i；其实，如果最初的形式是 seveki，其缩约的后果则是 sēki 或 seki。由于送气音和颚音起始音 s~š~h~x 的变化形式，在各通古斯群体方言中很普遍，因此，这个词最初的词干是 sVvV。在语义变化上，需要注意的是，如果我们暂时搁置如“上帝”、“盒子”以及“神位”等新含义，剩下的含义则是萨满沟通的神灵。严格意义上说，在不同的方言中，我们都可以看到 sVvV，这些群体是巴尔古津通古斯人、涅尔琴斯克通古斯人、曼科瓦通古斯人、满洲的驯鹿通古斯人、库玛尔千人、毕拉尔千人、兴安通古斯人和果尔德人。由于此观念与通古斯人中的萨满教神灵有关，这些词语的语义变化范围很小，在通古斯中找不到其词源，我倾向于认为这是一个外来词。而且，由于与这个词语类似的布日坎、萨满、恩都立以及同一文化丛中的其他词语与中亚语言和佛教（印度）有关，我倾向于认为它是源自印度的一个借词 Çiva，即湿婆，它和儿子室建陀是科学的保护者，这两位神灵后来在战争中被征服了。格伦威德尔把湿婆解释为西藏和蒙古的地方性神灵，难道通古斯人会有什么不同吗？至于这个词语何时传入通古斯人中，自然可追溯到萨满教产生之初，此时这些词语传入通古斯人中。不过，在能够如萨满、布日坎等词语一样清晰地说明这个词语前，这个词语及其观念的来源还有其他可能性。这里可以指出，北方汉人的口语词语师父①——“老师”，满族人接受了这个词语称 sèfu，这个词语传入毕拉尔千人中后发生进一步的变化，表示为 sebú（毕）‖ sèfu（满语），仅表示“萨满师傅”。② 其实，去世萨满的灵魂经常会变为神灵，因此，去世萨满的灵魂成为新萨满的“师傅”。因此，在通古斯文化土壤中，šifu→sèfu 很容易成为一个普遍化的词语，表示“萨满教的、被掌控的神灵”。这在满族文化中尤其明显，其主要神灵是老师傅萨满的灵魂。在指出 sVvV 的起源时，我认为没有哪种解释比湿婆神假设更合适。这里，我忽略了关于 sVvV 起源更不可能的某些假设。

---

① 施密特（《满族文化中的汉人要素》，第 386 页）指出 ši-fu、sy-fu，含义为“老师、师傅”。

② 这个词语最近才传入通古斯人中。应该指出，满语口语中的 sèfu 可能变为 sevu、sevo，也就是说，类似 efimbi、èvembe。因此，通古斯语词语 seve 可能源自汉语 sifu 的满语口语变化形式。

关于表示萨满教神灵的窝车库，需要指出，这个词语与前文分析（参见前文，第 288 页）的表示“祖先”的词语没有区别。我不想断言这个词语最初表示萨满教神灵，后来才逐渐表示祖先文化，或者是相反的过程。满族神灵系统的主要特征是，被掌控的神灵局限在氏族之内，满族神灵中大部分神灵是对后代有影响的祖先神，这些祖先神可能是被掌控的神灵，也可能是未被掌控的神灵。因此，窝车库不专门表示萨满掌控的神灵，只表示对生者有影响的“祖先”。

我们可观察到其他表示被掌控神灵的词语。例如，当毕拉尔千人因神灵活动生气时，只称它们为希尔库勒（参见前文第 278 页），满族人称它们为胡图阿达立——“像胡图一样”。满洲的通古斯人认为哈亚［haja（n）］和色翁相同，这个词语似乎源自雅库特语 aju。[①] 不过，这个词语仅表示萨满教中与乌吉斯吉实践有关的神灵，即上界文化丛，而表示萨满教下界实践的神灵除外，后者仍称为色瓦。巴尔古津通古斯人也是如此，他们称萨满所掌控的神灵为奥占，表示萨满教下界实践的神灵，仍称色瓦。其实，奥占是萨满掌控的一组特殊的神灵（参见前文第 283 页）。当色翁附体于萨满后，它通过萨满之口自称 äjön ~ ajön ~ ajen =（ajon），属于萨满（由萨满控制）的色翁称 shaman'i on'ir，这两个词语的来源是不清楚的。当两位毕拉尔千萨满神灵附体后，会称彼此为多维（doveĭ），称普通人为阿萨兰（asaran）。

神灵的特征

这些神灵根本不是善神。当进入不能掌控它们者的身体后，受影响者会神志不清，最后死亡。这些神灵十分邪恶，甚至被掌控后仍十分危险。例如毕拉尔千人中的杜南坎氏族，许多氏族成员因一位色翁死去；其中有一人被烧死，一人被杀死，还有一个人生病等。另一个案例：有位掌控非常危险神灵的萨满；这位萨满生病了，他梦见自己咬伤了儿童的手指；后来，这位儿童生病了。这些都是萨满的神灵所为。第三个案例：有一位新萨满，他所掌控的某位神灵不喜欢他；这位萨满狩猎未成功，接着，他用

① 参见佩卡尔斯基《俄语—雅库特语词典》，第 47 ~ 49 页。

枪占卜，发现另一个萨满的色翁正在给他制造麻烦；他制作了一个巴米（草制成的神位），用刀刺这个神位；在回家的路上，他用刀刺伤自己，伤口的位置和巴米被刺伤的位置一致；他向其他人讲述这个故事，之后不久便去世了。对于这位萨满的死亡，人们解释为萨满所掌控的神灵的危险性：它不想让这位萨满作为其主人，伪装成另一位神灵（属于其他萨满），迫使这位无经验的新萨满操控这个神灵，但由于神灵属于新萨满，所以萨满不得不伤害自己（当然，这位神灵并未受伤害）。

这些神灵彼此之间以及与其他神灵持续斗争，小争端不断，这可能给人们带来很大的影响。管理这些争端是非常困难的，因为管理者必须了解可能受色翁影响的所有神灵的“路”。这种争端可能持续几代人，因此生活在不确定条件下的人们可能随时会受到斗争的影响。由于争端，某些神灵有时可能会吃掉其他神灵的祭品，而被夺去祭品的神灵可能会生气。

不过，属于同一位萨满的神灵会彼此合作，有时要求萨满召唤更多的神灵履行职责。萨满从不会拒绝，有时他们会一次召唤五六位神灵。萨满所掌控神灵的关系可被视为一群神灵之间的合作体系。其他类型的神灵不喜欢这些神灵，因此，如果萨满召唤其所掌控的神灵，必须要求这些神灵让它们自由通行。它们是祖先神、朱拉斯吉、富其吉和各种其他神灵。

神灵活动可通过“路”或受影响者的表现进行辨识。它们通常拥有不同的“路”，因此对人施加的影响也不同。例如，吉阿其色翁的夜路与卡达尔色翁不同，两者的“正午路”也不同。如果建立错误的“路”，会导致事件的复杂化，因为接受祭品的神灵会遭到实际带来困扰和疾病的神灵的嫉妒，困扰和疾病会继续，甚至病人的病情可能更严重。有经验者可能会辨识出神灵的“路”。这里的“路”有时被理解为神灵影响病人灵魂所走的路。

这些神灵有自己的意志和特征。不过，在自身经历的影响下，它们可能会改变自身。例如，过去有位神灵不喜欢被拍照（即萨满处于神灵附体的状态下），尽管它拒绝被拍照，但人们告诉我，这位神灵可能慢慢会习惯照相机。其实，后来神灵接受了拍照。这些神灵也不喜欢特定的食物，每个人都有自己喜欢的味道，如果它们习惯一种新食物，则可能会喜欢它。

这些食品包括外来的酒精饮料、烟草和糖果等。某些特定路的神灵（表现形式）不喜欢光，另一些神灵则不喜欢黑暗。这些神灵会回应天气变化——雨、寒冷和热。它们对治疗十分敏感，当这些神灵被吸引或使用时，萨满必须表现得十分友善。例如，满族的女性神灵喜欢听形容漂亮花朵的词语，喜欢被这些词语夸赞。如果不是迫切需要这些神灵，千万不能打扰它们。①

关于这些神灵愿望和路的详细信息，主要通过两个来源获得，其一是观察神灵附体后的萨满行为，其二是观察色翁借萨满之口所说的内容。所有的萨满神灵每年会被“祭享”一次（可能更多），也就是说，当神灵接受祭品时，它们会说明过去的身份、生活经历以及希望通过萨满之口想说的内容。如果色翁不是通古斯神灵，萨满会用其他语言讲话，例如雅库特语、蒙古语、满语、汉语以及其他未知语言。在这种情况下，萨满或其助手会阐述神灵所说的内容。

吸引神灵、与神灵沟通的方法是不同的，但从本质上看，每位神灵必须有其神位，这是神灵众多且变化多样的原因，每个神位必须有某些个性特征吸引相应的神灵进入。由于这一原因，在某些情况下，为了与神灵沟通，萨满会竖立起带“路”的木杆。神灵进入神位后，会接受祭品，并接受把它们引入神位的劝说者的影响。神灵进入神位后，萨满也可能引导它停止伤害性活动，或者按照特定的意愿引导神灵活动。这些引入神位的神灵也可能被送到很远的地方，甚至是其他人群中。沟通神灵的具体方法会在第三部分描述。

神灵的来源

这些神灵的来源也是不同的。我们可以区分如下：（1）通过记忆代代传承的神灵；（2）不久前借自相邻族团的神灵；（3）萨满偶然征服的神灵；（4）祖先神；以及（5）由动物灵魂和处在此界的死者灵魂形成的神灵。

① 布尼的神灵不喜欢被打扰。因此，一位萨满曾对着留声机唱祈祷词，结束唱诵祈祷布尼神灵的祈祷词后，他说：“千万不要被打扰；我只是对着机器歌唱。”他断然拒绝打扰（把这些神灵的名称录到留声机中）神灵色翁。

第一组神灵应理所当然地作为传统被接受。不过，与其他事物相同，这组神灵容易受流行的风尚影响，因此它们是不稳定的。由于其中某些神灵未被掌控，而且萨满有时不使用它们，因此这些神灵可能逐渐被遗忘。在这种情况下，通古斯人会说，过去神灵数量很多，但目前已经没有了解如何掌控这些神灵的强大能力的萨满，它们则不再活跃。

第二组是借自其他族团的神灵，数量很多。其实，目前，所有通古斯群体的族际压力在一直增加，因此如果通古斯人了解某些新神灵，并且这些神灵给人们带来影响，那么很可能的情况是，这些神灵早晚会被某位萨满掌控，通过这种方式，神灵的伤害性可能被中立。不过，新神灵在传播的过程中会受到很大的限制。这些限制的原因是文化丛之间的差异——出现在文化丛中的新神灵需要被整合到文化丛之中。因此，如果神灵“出生”于农业文化，则与农业文化紧密相关，但尽管通古斯人在理论上知道这一神灵，如果通古斯人的文化丛不能吸收这一神灵，它则不会活跃。但是，由于通古斯人非常容易吸收新的文化丛和文化要素，因此他们更容易接受新的神灵。通古斯人经常抱怨：他们说其他族团并不像通古斯人容易受神灵影响。正如我们在讨论通过传统传承的神灵时指出的，这组神灵随着族际环境的变化而变化。

第三组是偶然被萨满掌控的不同来源的神灵。例如，萨满在旅行的过程中可能会遇到自己和其他人不认识的新神灵。如果萨满能够成功让新神灵附体，并让它为萨满做一些有用的工作，这位神灵将被接受，并成为萨满所掌控神灵中最重要的神灵。当然，这些神灵是十分个性化的，其中大部分会随着萨满的死亡而湮灭。但是，其中一部分会继续生存，传递给年轻一代的其他萨满。对于这一问题，其中的主要因素是，萨满必须提供新掌控神灵的特征和行为的全部信息。

第四组神灵由去世祖先的灵魂形成，尤其是萨满的灵魂，十分活跃。一些通古斯群体会把所有去世萨满的灵魂纳入这一体系中，例如满族，而另一些通古斯群体则会尽力管理萨满的灵魂，让其在死者的世界保持不活跃的状态。当然，这组神灵经常会加入新的成员，遗失旧的成员。

第五组神灵的数量很少，可被视为偶然性的神灵。其实，动物到了一定的年龄后（参见后文，第 347 页）会变为布日坎；成为布日坎后，可能会被掌控。一位新的动物布日坎的认定取决于萨满的个人考虑。当然，这些动物的灵魂未去往下界。人的灵魂也是如此，未被下界接受，它们并未转生，而是作为布日坎保持自由状态。

通过上述内容，我们可以看出，萨满所掌控神灵的来源不同，自然数量众多。萨满掌控的许多神灵包括三方面：（1）萨满不得不通过传统接受的神灵；（2）萨满掌控的神灵，这些神灵或者影响萨满个人，或者影响萨满所属群体；（3）萨满掌控的对萨满有用的神灵。其中，最后一组神灵需要特别注意。萨满在实践过程中，需要不同表现形式神灵的帮助。例如，萨满带着死者灵魂去往下界的过程中，在路上，萨满会遇到河流、山川和其他障碍，因此，他必须拥有这些神灵，后者的表现形式可以帮助萨满渡过河流，穿越山川等。当萨满与其他神灵斗争时，为了追上神灵，他有时需要采取鸟、昆虫和各种动物的表现形式，因此，萨满必须掌控拥有这些表现形式的神灵。很自然的是，如果某些新神灵的表现形式对萨满有用，在了解到这些神灵之后，萨满会尽力掌控它们。萨满之间各不相同，有些萨满非常有能力，拥有许多表现形式，与此同时，有些萨满能力很弱，拥有很少的表现形式，因此他们的活动能力十分有限。通过描述萨满掌控的神灵，这点会更为明确。

外来神灵和氏族神灵

萨满掌控的神灵可分为两类，即氏族神灵和多那（外部的、外来的）神灵。甚至在氏族萨满掌控了外部来源的氏族神灵后，神灵之间的界限仍明确，我们已经发现，通古斯人会区分玛鲁神灵和其他神灵。因此，当萨满掌控了这些神灵，或者更确切地说是它们的表现形式，他可能成为氏族萨满，但这位萨满也可掌控非氏族神灵。不过，当多那神灵由一代萨满传递给下一代萨满（同一代氏族的萨满）后，这些神灵自然会成为氏族神灵，但只有萨满可使用这些神灵。

如前文所述，在实践中，除了布嘎和音姆恩堪（伊尔林堪等），所有的神灵都可能被掌控，甚至这二者的某些表现形式也可为萨满所掌控，例如，萨满已掌控了蒙高勒代纳克楚。一切在于萨满的个人技艺。不过，尽管神灵被掌控，但仍保持一定的独立性，有时可能违背萨满的意愿。

萨满掌控神灵有两个目的：（1）当这些神灵带来伤害时，萨满与这些神灵沟通；（2）当萨满与其他神灵斗争、沟通或满足自身的目的时，会采取这些神灵的表现形式。由于这一原因，氏族神灵的内容也取决于氏族中前辈萨满的个人倾向。

通古斯人认为，每个氏族都有自身的神灵，从不附体于其他氏族成员。这类神灵是莫昆伊布日坎（参见前文，第 49 小节），它们在萨满之间代代相传。这是许多满族萨满的情况。由于所有的通古斯氏族都有玛鲁布日坎，所有的氏族也有玛鲁色翁，因此玛鲁色翁也是氏族的色翁。这里出现了一个问题，由于通古斯人各群体中的布日坎是相同的，那么不同氏族之间的特殊神灵的差异是如何产生的？对这一难题可以回答如下：不同氏族的玛鲁神是相同的，但神灵的起源是不同的，例如，毕拉尔千人杜南坎氏族的玛鲁源自卡尔基尔氏族，但卡尔基尔氏族（参见《北通古斯人的社会组织》，卡尔基尔氏族经历了南迁）最初居住在兴凯湖（乌苏里江南部地区）附近，因此这两个氏族玛鲁的起源不同。杰尔嘎色翁来自乌苏里江，因此它是不同的。由于欧洲文化中有许多相似案例，我不需要进一步解释。

在每一氏族中，同一色翁表现形式的数量会发生一定的变化，祈祷词和仪式也是如此。氏族色翁会一直在氏族中存在，不能被驱逐，必须以最礼貌的方式对待。这些神灵必须接受周期性的献祭。如果这些神灵没有“萨满—主人”，则会给氏族成员带来极大的伤害。

氏族色翁的数量取决于前代萨满，而且这些色翁可能增加或减少。因此，在某些通古斯氏族中，色翁的数量要比布日坎多。当然，也可能出现相反的情况。在杜南坎氏族，吸收多那神灵的过程正在进行：“有一位脾气不好的老萨满，生前曾给人们带来诸多不幸——一些人失去马匹，另一些人失去孩子。于是，另外 4 位萨满联合起来打算杀死这位萨满。这位萨满到森林中收集桦树皮。刚离开桦树皮船，他就遇到一只老虎和一只熊的攻击（这些是其他萨满所采取的表现形式），这位萨满一边用斧头防御，一边冒着危险回到桦树皮船上，并且说：‘现在安全了，我要把它们都消灭。’到家后，这位萨满穿上萨满服，连续跳神三天三夜。之后，他面临死亡，临死前，他说：‘没关系，你们都会随我而去。’萨满死后，其掌控的多那色翁挨家挨户（在氏族中）串访，每个人都受到伤害。无人能掌控这一色翁；如果哪位萨满掌控它，不久便会死去，这位神灵不想接受另一个主人，但也不想离开这个氏族，因此会一直留在氏族中。”有一种观点是把这位神灵送至库玛拉河地区，那里没有杜南坎氏族的成员。但是，这一处理方式很难，只会在三四年的时间内有用，而且即便是这种暂时性的缓解，也需要一位有经验的萨满和包括一只狍子或一头猪以及大量山鹬的丰富祭品。氏族成员的观点是，最好是找到一位能掌控此神灵的萨满。

上述案例体现了多那色翁变为氏族色翁的过程，当然最后，至少在某段时间内，它是氏族中最强大的神灵之一。不过，这也可以理解为氏族色翁缺席一段时间后会返回，但这次它却作为多那出现，需要再次被接受。

尽管如此，区分氏族神灵（莫昆伊或卡拉尼布日坎）和外来神灵（多那布日坎）是非常重要的，因为如果多那色翁不是强大神灵，人们一直希望驱逐多那色翁，这样它们就不会带来伤害，但如果神灵是氏族神灵，通古斯人则认为不能摆脱它们。

多那神灵中有很大一部分与特定的地点有关。因此，我遇到了色里姆迪（Sclimd'i，位于阿穆尔洲结雅河的一条支流）多那色翁；努敏（Num'in，诺敏河的一条支流）多那色翁；阿尔贡（阿穆尔河的一条重要支流）多那色翁；陶恩（松花江左侧的一支流）多那色翁。多那色翁也可能源自其他族团的神灵，例如，在毕拉尔千人中，还有几位源自阿穆尔地区和雅库茨克地区的驯鹿通古斯萨满甚至是雅库特萨满中的多那色翁。在满族人中，有几位源自通古斯人、汉人和蒙古人的神灵。当这些外来神灵降临时，萨满会使用神灵所属人群的语言讲话。但是，这些神灵可以理解助手萨满的语言，逐渐以萨满和助手的母语回答问题。在讨论萨满其人时，我们会介绍萨满掌控神灵的问题。

动物表现形式

在我们描述这些神灵之前，有一个重要问题需要澄清，即神灵的动物表现形式。

通过之前对事实的阐述，可以清晰地发现，通古斯人关于动物的观念如下，动物本身不是神灵，动物也不能像神灵一样行动。通古斯人认为，动物没有神灵的能力，它们不能干预人类生活和活动。在前文关于神灵的论述中，我们可以发现动物灵魂变成神灵的某些情况，但动物灵魂也可以转生为人。[①] 而且，在这种情况下，动物本身不行动，而是神灵表现出动物形式。因此，如果某位神灵“聪明”（通古斯语 babuka，只用来表示神灵的通古斯词语），则会有不同的表现形式，在这些形式中，神灵可能如老虎一般强壮，像鹿一般迅捷；可能像鸟一样飞翔，像鱼一样在水中遨游等等。但是，这一神灵并不是老虎、鹿、鸟和鱼。这位神灵拥有（占据或掌控）动物的非物质形式，而且利用这些品质实现自身的目的。而且，这位神灵根本不是这些动物，从性质上看，它是非物质性的。不过，人们可能会把这一神灵误认为物质性实体动物。由于如下事实，这一情况更加复杂。神灵可以进入动物身体，在此情况下，神灵会和动物的身体一起行动，成为被“动物化”的神灵，这种情况类似人的身体被神灵附体后成为伊巴罕或博恩，没有哪一位通古斯人会认为这些是动物和尸体正在行动。由于通古斯人必须使用某些词语表示神灵的品质，他们不得不通过神位表达这些特征，因此会使用动物的身体特征塑造神位。其实，创造新的词语是不容易的，用复杂的方式表达神灵更难，例如表现“神灵拥有如老虎一般的力量”过于复杂，因此，他们只是把神灵说成“虎神”，用老虎的风格表示“神位”。现在是时候去总结了：神位绝不是现实主义的，它们通常只是代表一

① 在通古斯人看来，动物神灵是生活在动物中的神灵，但他们不把动物神灵和特殊的动物（个体或种类）相关联。这一神灵可能从一种动物转移到另一种动物甚至人身上，通过这种方式积累经验和知识。因此，如果我们问通古斯人某一神灵是哪种动物，他们很可能回答如下：“我们不知道，但根据神灵所说，可以认为，神灵在特定的时间段内会处在动物的体内。”

种风格化的形式。这不是因为通古斯人是“原始的”，不了解如何表现这些动物的现实形象，而是通古斯人不需要这些动物的现实形象；神灵（色翁）很可能不能通过现实形象辨认出其神位。①

关于萨满教中的动物角色问题，这里已经完全澄清——动物在萨满教中不起任何作用。正如前文所述，通古斯人的确承认动物具有一定的智力，有时拥有超常的体力、视力和嗅觉能力等，但所有通古斯人都相信自身智力的优越性。他们进一步认为，除非神灵附体或获得神灵帮助，否则人是不能超越自身能力局限的。这种能力不是人的“力量”。关于动物，我从未听说动物可以掌控神灵，正如神灵可以附体于人，神灵可以附体于动物。因此，对于已有关于萨满教中动物角色的文献中出现的动物的超自然能力、一般意义上人与动物的关系，需要做修正与批判性分析。要不然，人们可能会成为“原始智力”想象的受害者。但是，上述内容只适用于我调查的群体，我不想把我的结论扩展到我未调查的群体之中。我认为，在某些案例中，可能的确存在拥有“超自然能力”动物的假设，但是就通古斯人的相邻族团果尔德人、奥罗奇人、吉里亚克人等比较而言，我的确怀疑民族志研究者赋予这些群体他们从不存在的观念 。②

为了提醒读者不要误解观察到的事实，这些评价是必要的。其实，为了简便，我使用“动物表现形式”、“鸟” 和 “龙” 等表达方式，但人们会理解，通古斯人不会“崇拜”动物或把它们视为“超自然”存在。

现在，我列举一些常见的动物表现形式：表示力量的老虎和熊；狼；踪迹复杂的野兔，拥有这一能力的萨满很难被敌对神灵追赶和发现；可用角击败对手的马鹿；在不被注意的前提下流窜某地的鼬类（索龙高）、狐狸、貂；马和牛；表示飞翔能力的鹰（白色尾巴）、天鹅和许多其他鸟类，鹰也表示攻击能力；昆虫。在去往下界或与此界神灵斗争的过程中，萨满

---

① 我在通古斯人各群体调查期间，已十分明确地弄清了这一问题，而且，我搜集到几张现实主义风格的动物图像，有时其风格化的形式也可用来表示“神位”。

② 调查者如什连克、马克、布莱洛大斯基、阿尔谢尼耶夫，尤其是施特忍堡和洛帕廷的记录，在运用欧洲人的“原始人”观念解释事实时，犯下很大的错误，他们尽力按照民族志手册中的观点理解调查到的事实。无须惊讶的是，他们描述了其调查的群体中事实上不存在万物有灵、偶像崇拜、图腾崇拜、拜物教等。

通常会使用这些表现形式。

与上述观念类似的是表现为“自然现象”的神灵，如雷、闪电、旋风、火、彩虹等。这些表现形式的背后通常是“喜欢”某种现象的神灵。此外，这些表现中的部分形式是由去世的萨满创造的，通古斯人用萨满的名字称呼这些表现形式。这里很明显，萨满的灵魂可能位于旋风、云等中。有些自然现象没有表现形式，如太阳、月亮和星星，因为萨满和神灵都不能表现出这些形式。因此，在玛鲁布日坎和玛鲁色翁中，它们只是象征（象征化的神位），不能表现出任何掌控这些天体的可能性。因此，把它们理解为某些神灵的“名字”更合适。如所有自然现象一样，它们直接受布哈（参见前文）控制。同样，如马车、住所等表现形式，也是用于相同的目的。

53. 色翁体系

这一色翁体系是基于毕拉尔千人的调查记录，如果有需要，我在描述的过程中也会参照其他族团的情况。

阿达尔　参见奥达尔。这是一位不很重要的氏族色翁（卡尔吉尔氏族和杜南坎氏族的神灵）。它只有一组表现形式，即下界—女性—夜路，具体表现为两个人形神位、两只鸟、两条鱼 adár。现在，随着氏族的分裂（很可能是 19 世纪初），这一色翁的表现形式有所缩减。它应该居于水中。

昂格那　这是一位在许多萨满中都可见到的多那色翁。当这位神灵附体时，被附体者会神志不清（奥伦，参见第 20 节）。这位神灵没有神位。它是中路，称昂格那路。它很可能是卡达尔尼色翁的第三组表现形式。

阿格迪达里勒　这是一位在几个不同氏族中都可见到的氏族色翁，被视为十分重要的神灵。阿格迪意味着“雷”，达里勒表示“夜路的色翁”。在氏族中没有此类神灵的情况下，如果某一氏族成员在森林中碰到雷击木，可能患严重的疾病，氏族需要制作一个凯敦达里勒神位，并把它当作一位氏族色翁保留下来。这位神灵的夜路“达里勒乌西多勒博尔”的表现形式为两个阿纳坎。这位神灵还有一种九男和九女（妇女）的复杂表现形式。神灵的表现形式之一是褐色猫头鹰，是萨满采取的一种表现形式。但是，这位神灵还有其他几种表现形式——老虎、豹、蟒蛇和龙。同样需要注意的是，在萨满表演这一神灵附体的过程中，使用苦艾为香。色翁应该更愿意居于云中。

在另一个氏族中，我发现这一神灵的两组表现形式。(1) 中路神灵，其表现形式为九棵树上的棚屋、两条龙、九只鸟、九个阿纳坎，棚屋的右侧有九束草和三道彩虹。完整的祭品包括一头鹿（马鹿）、两只狍子、九只野雁和野鸭。(2) 夜路，其表现形式为两棵树、两个人形神位；祭品是一头猪。

阿亚阿姆塔萨勒（AJA AMTASAL）—阿米萨勒（尽管助手萨满经常使用第二个词语，但这个词语是不正确的）——aja（“好的”）amtasal（“祖先”）[①]，这位神灵显然是由祖先形成的色翁，这位祖先去世时，很可能年龄不是很大。在其他通古斯群体中，我从未见过这位祖先。我认为，这是对满族文化的模仿（参见后文），尤其是氏族的窝车库。萨满可能会带着这位神灵去下界。我认为，这位神灵没有特殊的神位。它的路必须是下界的、午夜的、西北方向的。献祭这一神灵的动物的脖子系一条红绳。

布斯库　是一位特殊的色翁，它即非氏族色翁，又非多那色翁。在第13节，我已描述了这一神灵。某些萨满掌控了这个神灵，如我分别在毕拉尔千人和达斡尔人中各认识的一位萨满（参见后文）。由于这一色翁的特点，它被视为邪恶的，掌控此神灵是危险的。这一色翁的神位与前文所述相同。萨满使用这位色翁中立神灵的灾难性影响。

楚春　参见玛鲁色翁。

楚罗格迪　参见玛鲁色翁。

德吉　参见玛鲁色翁；其实，德吉（鸟）表现形式在其他色翁中也很普遍。

德勒格德　参见玛鲁色翁。

扎格达尔　扎格达尔（ǰägdár）是通过氏族萨满传承的特殊色翁。从词源学的角度看，ǰägdár 应该与不同方言［参见ǰekse（满语）］中的 ǰVgd 有

---

① Ama+ta+sal；ta 是一个表示复数的满语词缀，用于表示关系的词语，但北通古斯人从不使用这个词语，sal 是一个复杂的词缀，由 sa+l 组成，两者都表示复数，sa 用在满语中，l 用在北通古斯语中。Sal 主要在通古斯方言中使用，用于特别正式的谈话场合。

关——“火”“燃烧”等。当人们身体某一部位被烧伤时，萨满会使用这位神灵治疗。这位神灵有三种不同表现形式的路：

（1）中路：两只鸟（干草制成）和九个阿纳坎（木制的）。

（2）正午路：五只鸟和五个阿纳坎。

（3）夜路：四个阿纳坎，两只鸟和两条蟒蛇。

当这一色翁附体后，萨满可触碰烧红的铁，把手放到烧红的碳和烧开的水中等。神灵附体后，包括烟斗在内有火之处必须盖上，避免神灵进入其中。这位神灵在达斡尔人和满族人中十分普遍。但是，只有在通古斯人中，这位神灵才如此复杂。这位神灵和高鲁姆塔之间没有关联。这位神灵附体后，与高鲁姆塔有关的火塘处的火也要被保护起来。其实，它是通古斯人采借的神灵。

杰尔嘎［达里勒和色拉杰尔吉］ 杰尔嘎（ǰerga）［达里勒（dāril）和色拉杰尔吉（s’erāǰ’erg’i）］，根据我理解的信息，这是一位包括三种路且十分重要的神灵。

（1）杰尔嘎（或杰尔吉），中路：九个阿纳坎，五只鸟和两条龙。

（2）色拉杰尔吉，男性正午路：五个阿纳坎，九只小鸟；这种表现形式比第三种表现形式出现得更早。

（3）杰尔嘎达里勒，女性夜路，也称为多勒博尔乌西：四只鸟、两个阿纳坎、两条蟒蛇。这些术语在某种程度上是模糊的，s’erā 的含义是“彩虹”，而ǰ’erg’i 在蒙古语［ǰirxe ‖ ǰerge，同样参考达斡尔语ǰérgǐ（波）］和满语ǰergi（杰尔吉）中表示“类型、种类”。但在通古斯语中，有不同的词语表示“类型、种类”，ǰ’ergá 绝不能代替ǰ’erg’i 的含义，但在某些方言（例如曼）中，这个词代替蒙古语红颜色（用于马）jegerde 和ǰarda（毕、库）。在色翁名称中，很难说清ǰerga（曼）是否与ǰerga（毕）相同。这一色翁的功能很难准确判断。

杰伊吉 杰伊吉是一位多那色翁（在某些氏族中，它可能是一位氏族色翁），十分古老且重要。通古斯人（毕拉尔千）把这位神灵称为吉阿奇布日坎色翁。它有两种表现形式，为两条龙，居住在南方，正午路。这一复合性神灵应该居住在西南方。我未听过这一神灵的夜路。

君根凯德恩 君根凯德恩是一位多那色翁。关于君根的含义，我们不清楚。

伊巴罕 不是一位氏族色翁。当这位神灵附体后，被附体者可能成为一名萨满。很明显的是，从名称可以看出，伊巴罕色翁是借自满族的神灵。通古斯人在接受这一神灵的过程中，因为他们中间已经有了对应满族人的伊巴罕的博恩，所以其含义发生变化。

伊拉翁 参见玛鲁色翁。

伊色拉 参见玛鲁色翁。

约科 参见玛鲁色翁。

卡安 参见玛鲁色翁。

卡达尔尼（或卡达尔） 可能既是氏族神灵又是多那色翁。这个词语表明了神灵的来源——源自岩石。这位神灵是布日坎，如果被掌控，则可能成为氏族色翁。但是也有许多源自岩石的神灵称卡达尔，它们是多那。下面我列举一些案例，从中可观察到神灵的特点。

“一个男人在山上狩猎，看到了一只白色狍子（据我所知，除非是白化病，白色狍子并不存在）。他射击这只狍子后，精神错乱，开始漫无目的地奔跑，不久后成为萨满。这位神灵是萨满的。”祭品包括马鹿，神位是两座像山一样的小丘，周围有绳子捆着的草，貌似头发。这两座小山放在柱子支起的平台上。其实，这一仪式可能与献祭阿杰勒嘎布日坎的仪式相同。

同一神灵的另一个例子是：“一位 40 岁的男性开始精神错乱。一次，他在晚间狩猎的过程中，遭到一位多那布日坎的挑衅，与神灵斗争之后，他返回家中，脸脏兮兮的，帽子坏了，带着长明火的器具也坏了。”① 接着，人们制作了一个神位，这位猎人用火石枪射击神位。此后，他恢复正常了。不久后，他再次陷入精神错乱，不得不准备萨满服和鼓，准备成为萨满。很明显，这是一位卡达尔色翁，而且可能是与这名猎人斗争的多那。这位神灵似乎是偶然的卡达尔色翁，可能与一般的卡达尼色翁不同。后者有三

① 当通古斯人狩猎时，他们会携带一根木棍，在削尖的一端固定一块燃烧的伞菌，这是通古斯人文化中的一个重要元素，因为他们有时不能生火，如果没有伞菌，火很容易熄灭。

组表现形式，对应三条路。

（1）中路，五个阿纳坎和四只鸟。

（2）男性，正午路，四个阿纳坎，五只鸟和两条龙。

（3）女性，午夜路，也可称为昂格那（参见前文）或库里金（参见后文），两个阿纳坎，两条蟒蛇。

凯敦 凯敦是一位氏族色翁，即被掌控的凯德恩布日坎。很少有萨满可以掌控这位神灵。通古斯人把凯敦色翁解释为一位“自由的、独立的”神灵。这位神灵的夜路表现凯敦（凯德恩）达里勒可带来精神错乱（参见前文，阿格迪达里勒色翁）。

卡罗勒 目前，它是一位氏族色翁，但过去它是一位多那神灵。过去这位神灵不接受献祭。这一色翁很“邪恶”，如果某人因为神灵的活动去世，它会在死者头骨中“安家”，用眼睛部位的孔做窗户；它会使用死者的内脏做缰绳；从头盖骨取材做杯子。这位神灵只有一种路——男性，正午路，两个阿纳坎，两只头部转向一侧的鸟称穆尔奇勒德吉，即“拥有马的鸟”。我的报道人说，卡罗勒只是这位色翁的正午路表现形式，其午夜表现形式是凯敦（参见莫昆伊卡罗勒布日坎）（参见前文）。

科勒通德 科勒通德，参见玛鲁色翁。

库里勒德金 （参见前文卡达尔尼）它是卡达尔尼色翁的午夜路表现形式。库里勒金很可能源自 kuli（n）——“蛇”“以蛇的方式行动者”（同样参见库林色翁）。

库林——参见玛鲁色翁。

喇嘛莱青 喇嘛莱青是一位多那色翁，其表现形式与娘那色翁（参见后文）十分相似，两者联系紧密。当与神灵交往时，人们必须竖起两根木杆。这位神灵的来源与喇嘛教密切相关，其名称来自喇嘛——祭司（喇嘛教僧人），被认为是源自蒙古人的神灵。

玛鲁 它是一位氏族色翁，是每位氏族萨满必须掌控的神灵。在本书讨论的所有不同通古斯群体中，这位神灵有不同的表现形式（参见玛鲁布日坎），这些表现形式是萨满教的重要构成部分。目前，在毕拉尔千人和库玛尔千人中，这位神灵只有女性午夜路；男性的、中立的、正午路以及其他表现形式在很早以前已经各自独立发展了。与其他色翁不同的是，玛鲁是萨满携带的永久性神位。同时，在不同的场合，萨满也可能制作型号不同的新玛鲁神位。我所见过的不同氏族的玛鲁布日坎间差异不大。每一个神灵表现都被单独称为特定的色翁。下面是不同表现形式的谱系。

（1）两个卡安（参见康安），两位女性（妇女）。

（2）两个德勒格德（参见玛鲁布日坎中的德勒格德）。

（3）两个科勒通德（参见希姆科维奇，参见附录3）。

（4）两个莽伊耶辛迪勒奇（参见玛鲁布日坎）。

（5）九个约科，是新被吸收到通古斯人中的雅库特色翁。

（6）两个德吉——“鸟”，是萨满在空中飞行的表现形式。

（7）两条木都尔——“龙”（它们可能表现为希姆科维奇介绍的jarga，参见附录5）。

（8）两个楚罗格迪（čulógdi）［它们也可被称为čuču(n)（r和l表示“复数”）］，即有一条腿的色翁，它负责把灵魂送到死者的世界。参见满族人中的多浩罗阿哥。

（9）两个伊拉翁，即导致“干瘪”“瘦弱”的神灵；这似乎是一位带来消耗性疾病的神灵，为萨满治疗提供帮助。

（10）两个萨姆哈里，即“胸部损坏的神灵”，萨满用于治疗肺结核。

（11）两个塔坎，即“横梁”，例如放在一条小溪上（桥），当萨满把死者灵魂送往阴间或因其他目的去阴间时，需要渡河的情况下使用。

我们也可发现：

（12）两只伊色拉——蜥蜴（参见希姆科维奇描述果尔德人中的xafa jarga），萨满使用这一神灵渡过水域。

（13）两条库林——蛇；萨满把这些表现形式用于在不被注意前提下的爬行的场合。

（14）两条奥达尔——两条大型带角的鱼（鲤鱼），被认为十分重要，像龙木都尔一样。在结冰的情况下，这种鱼可能会打破结冰。在我看来，它可能是kaluga（一种与鲟鱼有关的鱼）。这一表现形式有时也被当作桥（塔坎）使用。

从理论上说，这位神灵也可能包括一些其他表现形式。通常情况下，新萨满（尤其是女萨满）一开始在其活动中只掌握 3~4 种动物表现形式，不能掌控所有的表现形式。在萨满表演过程中，通古斯人会在场地上固定一根小木棍，上面挂着神位。通古斯人普遍认为，玛鲁色翁最初是一名男性，因患各种疾病身体畸形，现在则展示如何治疗这些疾病（不同的表现形式），萨满掌控这位神灵后，它会帮助治疗各种疾病（如玛鲁布日坎部分所描述的），把氏族去世成员的灵魂送往阴间等。许多毕拉尔千人认为，这位色翁源自阿穆尔政府和雅库茨克政府辖下的驯鹿通古斯人。

莽伊耶辛迪勒奇　参见玛鲁色翁和玛鲁布日坎。

莫玛特　可被称为玛鲁色翁，因为其神位由“木头”制成（参见前文）。

木都尔　参见玛鲁色翁。其实，在许多其他神灵的表现形式中都可见到木都尔，但当通古斯人提及木都尔色翁时，会理解它是玛鲁神群表现形式之一。

娘那　娘那也称弄那，在一些氏族中，它是氏族色翁，而在另一些氏族则是多那色翁，这位神灵是被掌控的娘那布日坎。这一色翁的最显著影响是治疗天花，其表现形式称阿瓦查娘那。这位神灵可能源自女性或动物。它包括三组表现形式，这些路并不体现性别，具体如下。

（1）三个人形表现形式的神位。

（2）正午路，五只鸟和两个阿纳坎。

（3）午夜路，两只鸟和两个阿纳坎。

喇嘛莱青色翁和这位神灵关系紧密。

尼尔吉尔

在某些氏族中，这是一位力量很强大的神灵，也称风暴色翁。不过，尼尔吉尔是一个氏族的名称（参见《北通古斯人的社会组织》），某些通古斯人认为，这位神灵源自此氏族。这位神灵有两组表现形式，具体如下。

（1）正午路，七棵或九棵树，两条木都尔，三条彩虹，同时有七个阿纳坎和七只鸟。

（2）午夜路，两个阿纳坎和两只鸟。

奥达尔　参见玛鲁色翁。

奥丁　参见德吉色翁。

塞吉　塞吉（或奥丁）是一位萨满伊色翁。塞吉的含义是“旋风”，奥丁的含义是“大风”，这位神灵只有一种路，即来自九个不同方向的旋风，由干草或草制成的五只鸟表示神位。

萨姆哈里　参见玛鲁色翁。

色拉杰尔吉　参见杰尔嘎色翁。

索龙高　索龙高是一种动物（鼬科）表现形式，已发展为一位复杂的色翁。关于这位神灵，我不了解其细节。可以推测，它与满—汉文化丛有关。

苏努孙　这是一位氏族色翁（杜南坎氏族）。这位神灵过去是一位萨满，死后神灵不允许其灵魂去布尼。在这一文化丛中，还包括他的父亲、母亲、妻子和孩子。因此，这位神灵附体于萨满后，萨满会表现为驼背（当苏努孙的父亲附体），或者像孩子一样哭喊（当苏努孙的孩子附体）。

塔坎　参见玛鲁色翁。

乌克西　天鹅，是这位神灵的动物表现形式之一，在雅库茨克地区和阿穆尔地区很普遍，但在毕拉尔千人中，它几乎已被遗忘了。

乌西　参见杰尔嘎色翁。

通过上述色翁的介绍和基本评价，可以看出，这一神灵谱系是不完整的。因为如前文所述，新萨满可以创造新神灵，其他族团可为新神灵的创造提供丰富的资源。而且，这些神灵只在某一特定的时刻是合宜的，因为萨满在吸收新神灵的同时，也放弃并遗忘旧神灵。这一点在多那神灵转变为氏族神灵的过程中尤为明显。

54. 满族的窝车库

如前文所述，满族人用窝车库表示神灵（参见前文第 12 节）。但是，满族会区分出自身氏族的窝车库，与外来的多那构成对应。在满族人中，这些神灵称图勒尔吉窝车库，在解释图勒尔吉窝车库时，满族人称额真阿库（未被掌控），或“没有主人的神灵”。这类神灵可能是汉人神灵。例如，“过去，一名男性生病很长一段时间；他拒绝接受这些神灵；萨满带走并掌控这些神灵。它们是源自汉人的神灵”。

汉人、通古斯人、蒙古人、达斡尔人以及其他任何族团的神灵，都可被满族人称为图勒尔吉窝车库，但在一段时间过后，它们可能进入乔罗窝车库之中，因此成为满族的氏族神灵。

在这些神灵中，经过特定的实践后，某位神灵可能成为萨满最重要的神灵，这类神灵被称为塔拉哈（达拉哈窝车库），即神灵的领导者（领导其他神灵）。

满族人用科亚拉窝车库表示与萨满有关系的氏族神灵（参见《满族的社会组织》中科亚里的含义）。

在萨满的召唤下，神灵附体于萨满后，神灵称其他神灵为朱楞（ǰulen）[①]，称萨满为额真——“主人”，而萨满自称阿济格额真，即“小主人”。

满族人中被掌控的神灵体系在很多方面与满洲的通古斯人不同。第一个区别是这组神灵与氏族神灵紧密相关，不过它们只是前辈萨满留下的神灵，只是氏族神灵中的一个特殊部分。第二个区别是，尽管满族人过去曾使用蒙古人和汉人的书写系统，但目前他们拥有自身的书写系统，这样新萨满可以复制前辈萨满的神灵谱系，因此满族萨满掌控的神灵更为程式化。这类记录神灵的文本称窝车库乔罗毕特合，即“神本子”，或窝车库乔罗格布，其中格布的含义是“名字”。值得注意的是，乔罗毕特合是一种同义反复。其实，在满语中，乔罗（čolo）似乎是一个可怕的名称，它是代替实际名称、名字等内容的词语，是源自蒙古语的“借词”,[②] 而格布的意思是“名字”。这类文本包括对所有神灵的简短描述。不过，并非所有的满族氏族都有这类文本。最后，由于满族人习惯绘制神图（明显是模仿其他文化），他们用神图表现神灵，通过这一方式，即使神灵的微小细节都可得到表达。这类神图称努尔干［尼鲁干（nirugan），满语书面语］，它们由水彩

① 这个词的词源是不清楚的。扎哈罗夫描述了一个词语ǰulexen——“平等、等于”，ǰal（满驯）似乎与这个词干相同，含义为“狩猎中的同伴、伙伴”。

② 参见扎哈罗夫《满俄词典》，第 948 页；参见蒙古语 cola、colo（参见科瓦勒夫斯基《蒙古语-俄语-法语词典》第 2204 页）；这个词源自某些突厥方言（参见邦格《柏林匈牙利研究所的突厥学》，第 99 页）中的 sola～šola。

绘制而成，用一张、两张或很多张图画表现所有的大型神灵。因此，我所见的神图中的神灵大约为 30 厘米高。

其实，这类神本和神图是研究满族神灵的详细档案。但是，仅凭这些档案是不能完整地理解神灵的，因为相同形式化的象征符号可在不同的“意义”上使用。同时，获得这些神图十分困难，正如前文所述，它们对外来者是保密的，人们只有在很少见的重大萨满表演场合才能观察到这些神图（参见后文第 18 节），只有在极为罕见的情况下，外来者才能看到这些神图。

我曾见过不同氏族的乔罗，例如科勒嘎、乌扎拉、那拉、萨格达、乌扎和其他氏族。《尼山萨满》描述的完整的神灵谱系属于觉罗氏族。而且，我已经见过两个完整的努尔干。通过我对努尔干的了解，以及满族人关于其他氏族努尔干的介绍，可以判断，不同氏族的努尔干之间差异不大，这种一致性在满族文化中十分典型。在未受干扰的情况下，我在几天的时间内观察了一张努尔干，这里我将介绍一些细节。努尔干包括四张贴在布上的水彩画，由一位汉人画师绘制，体现出乡村汉人画匠的风格和特点。

整个窝车库系统分成不同的排——乌里，有时也称法伊丹——军人队形等，每排有一个主要神灵塔拉哈窝车库。这些排可用不同的名称表示，例如跑伊浑——土地；色勒——铁；陶伊顺——铜；窝赫——石头等。每位窝车库所处的固定位置称索立。

第一张神图：

在第一排的中央的佛塔（luzā）（汉语楼子）中坐着玛发萨满、妈妈萨满，即“值得尊敬的男性萨满和女性萨满”。此外，在树下站着两位吉林窝车库（吉林，参见《北通古斯人的社会组织》），也就是通古斯神灵，这两位神灵的手中通常握着枪或者弓箭。

第二排包括不同的窝车库，它们可能在楼子中，也可能不在；何勒（没有讲话能力的）玛发是这排窝车库中的主要神灵；它周围围绕着巴图里（英雄）和莽伊（拥有很大的能力），这些窝车库被描述为特殊能力的掌控者，例如，某一窝车库能从熔态的金属壶中捞出钱币；另一窝车库可光脚走在一堆燃烧的火炭上；还有一位窝车库可将烧红的铁条缠绕在腰部；第四位窝车库在不穿鞋的情况下，可以光脚踩在烧红的铁犁铧上；第五位窝车库可以光脚爬刀梯，刀刃朝上；第六位窝车库可以躺在铡刀下，由几个人共同用力铡下，不会受到任何伤害；第七位窝车库身体两侧可插入刀，不会受到伤害，等等。

第三排神灵包括一条龙、一条蛇、一条拥有某些人形特征的蟒蛇。

第四排神灵包括一棵树，上面有五只布谷鸟，树下还有两只其他鸟。

第二张神图：

第五排的楼子是一位（?）妈妈，这位妈妈的右侧是一位萨满，这位萨满是祖母辈的。

第六排是一群赫赫窝车库［第四部分的案例介绍，这些神灵需要一位新萨满（参见第28节）］，其中一位神灵从另一位女萨满处获得一位窝车库，这位神灵表达了感谢（通过特殊的姿势）。

第七排的主要神灵是莫干莫日根（擅长射击），骑在马背上，穿着汉服，这排神灵中还有八位吉林（通古斯）窝车库，它们围绕着主要神灵。

第三张神图：

第八排表现的是林浑窝车库［氏族（严格意义上的）神灵］，以撮哈章京（军队领导）（参见第12节）为首。在第九排和第十排，分布着不同的神灵，这些神灵是不能确定的。

第四张神图：

包括三排到四排神灵，表示皮罕窝车库——泰加林神灵，这些神灵只在伊彻满洲中存在，这些神灵的首领是奥恩杜里（!!）（即恩都立）；神图中可能还会有几位吉林（通古斯）窝车库，同时还有几只古兰科约（狍子），这些神图上还有一些男性和女性，附近有几只梅花鹿，每只鹿嘴中叼着一支带有4个叶的红花；有两只老虎，正在和两只大的猛禽打架；神图上还有一位和一只豹在一起的青脸神灵，亚亲塔斯哈萨满［即黑暗中（青色）的老虎萨满］；神图中有许多岩石、高山和湍急的溪流，这代表神灵居住区域的特点。①

① 同样值得注意的是，每个努尔罕包括一位称作萨克达师傅的神灵（“老师傅萨满”），我在观察到的努尔罕中未找到这位神灵的位置。

值得注意的是，神图中出现的人物身着满族人的传统服饰，还有一些人物穿着目前满洲的北通古斯人或长或短的外套。这些神图的另一个特点是，神图中很少出现汉人神灵，而且有许多吉林窝车库（通古斯神灵），没有达斡尔人的神灵。萨满身着普通的衣服，上面带有铜镜。我见到一个案例是萨满服的中间有一面大铜镜，周围是八面小铜镜。

一般而言，伊彻满洲（新满洲）的文化与佛满洲（旧满洲）不同。在新满洲的神图中，有许多通古斯神灵，但汉人神灵的数量却不多，神图中还包括特殊的皮罕（泰加林中的）窝车库，而且通常很多。在这些神灵中，亚亲塔斯哈萨满（参见前文）被视为非常重要的窝车库。这位神灵甚至需要包括一只公鸡和一头野猪的祭品，而非一只母鸡和一头母猪。同时，“新满洲”神灵应该更邪恶和危险，例如，“一名醉汉宣称不相信神灵，不久后，他的两个近亲和所有孩子去世了”。甚至丰富的祭品羊和牛都不能帮助赢得神灵的怜悯。如果儿童把神位的面部扭转，朝向墙，其家庭成员肯定会患病，需要特殊的献祭和祈祷词。

每个氏族都有自身的神灵群，但不同氏族中可见到许多相同的神灵。也就是说，这些神灵过去很普遍，如今天在北通古斯人中观察到的那样。相同的神灵例如上文提及的玛发窝车库和妈妈窝车库可见于许多氏族，但每个氏族的此类神灵都有自身的特性。

这里，我译注了科勒嘎（或科拉）氏族的一份神灵谱系。这个氏族被视为典型的佛满洲氏族，仍维系神灵谱系和相关仪式。由于原始的神案完好无损，因此复制这份神灵谱系没有困难，我选择译注这份神谱的原因是它比较典型，而且完整。不过，这份神谱关于神灵细节的描述是不全面的。这些细节是记录在其他我未见到的文本中，还是依靠口头传承，我无法确定。后文会表明，很可能的情况是，满族人并不记录所有的神灵细节，而且记录神灵的行为无疑是一种创新。

在南部地区，有一座空旷清朗的山地。山地中央，有三块巨石，中央有一座围着城墙的小镇。小镇中央有八对树。[①]树的中央有一座经过装点的佛塔（许多层的建筑）[②]，塔中分布着[③]十二排（神灵）的神头。所有的神灵都由主导性神灵[④]阿格珠兰[⑤]萨满统治，他手持一面鼓降临[⑥]，助手萨满埃林布库[7]手持投枪。接着可以看到一棵绿树。树顶上有五种布谷鸟[8]正在声声啼叫，第一个枝杈上有黄色的布谷鸟啼叫，第二个枝杈有红色的布谷鸟啼叫，第三个枝杈上有绿色的布谷鸟啼叫，第四个枝杈上有黑色的布谷鸟啼叫，第五个枝杈上有带条纹的布谷鸟啼叫。接下来是神灵：

阿格亚那[9]阿哥[10]*，骑着栗色的马，马的左右两侧固定着箭袋[11]，这位神灵拿着一支戟降临。

查格亚那[12]英雄[13]，骑着红棕色的马，马的左右两侧固定着箭袋，这位神灵拿着两支箭降临。

阿尔苏兰[14]阿哥，骑着花色的马，拿着一支戟。

阿尔苏兰，强壮的英雄，骑着白马，手中拿着一对棍子。

埃尔德蒙阿何勒[15]，勇敢的英雄[16]，这位神灵搜集各类信息；调查各类事情。

阿吉兰阿哥[17]，手持三股马叉降临。

沙林珠（Šar'inǰu）[18]妹妹[19]和色林珠（Šer'in'ǰu）[20]妹妹，手中拿着方巾。

①弄清这种树的类型是不可能的。扎哈罗夫指出，满语汉杜的含义是“稻米”，这是正确的。不过，在这个文本中，满族人把汉杜理解为“树”。通过神图，我不能判断树的种类。

②在满语中，楼子表示“多层建筑”。它在神图中表现为一座佛塔（参见前文）。

③samdame bixe，从文本来看，这个词并非源自“动词”samdambi——“萨满实践”，而表示“按照排分组”（参见扎哈罗夫，samdame tarimbi），我把这个词译成“分布”。

④每一行的主导性神灵共同由一个总神灵管理。

⑤我不能确定阿格珠兰具体是哪种类型的鸟，不过，这里它不是一只鸟，而是某位男性的名字。这位男性是氏族中的第一位萨满，成为整个神灵谱系中的主导性神灵。

---

* 原文使用的是“brother”，按照文后解释应该是“阿哥”，以下此类情况不再说明。——译者注

⑥作为萨满教的一种特殊表达，满族人使用“动词”dosimbi 表示神灵“成为、处在和降临”，对应生者，这个词表示“成为、活着”。

⑦我未翻译埃林布库（Erinbuku）。他是阿格珠兰的助手。这个名称是一个合成词——埃林（erin）+布库（buku）（参见布库，后文注释⑬）。

⑧这五只布谷鸟的名称是人的名字。我用满语的颜色翻译，区分出不同的布谷鸟。

⑨阿格亚那阿哥是一位不太重要神灵的名称，阿格亚那的含义是“雷、雷声”，阿哥的含义参见注释⑩。

⑩阿哥一词在神灵名称中十分普遍，不大重要。这个名称并不表示亲属关系。

⑪这里表示箭袋的词语遗漏了，但根据“左侧”和“右侧”，可以推测为箭袋。

⑫查格亚那似乎是为了与阿格亚那相对应而形成的词语（参见注释⑳）。

⑬在满语中，布库指“非常强壮的人”“摔跤手”。我译为“强壮的英雄”。这是一组不太重要的神灵群。

⑭阿尔苏兰从字面意义上看是“狮子”，这是一个人的名字。

⑮埃尔德蒙阿何勒，第一个词的含义是“聪明的、道德高尚的”，第二词的含义是“口吃、说话结巴”，这是一个萨满的名字，后来成为神灵。在神灵谱系中，我们可遇见“口吃者”“聋人”“哑巴”和其他人。这里，神灵的功能往往对应它们缺乏的部分。

⑯巴图里（baturi）的含义等同于布库（参见注⑬），它们构成一个特殊的神灵群，由于这一原因，我把它译为“勇敢的英雄”。

⑰这一神灵会帮助治疗十分严重的疾病。它的含义是不清楚的。

⑱Šar'in'ǰu 字面意义上“灰白头发者”（参见扎哈罗夫所论 sari，但作为“动词”，Sarinǰambi 必有不同的含义）。

⑲格格的作用类似阿哥（参见注释⑩）。

⑳Šer'in'ǰu 字面上看表示“骗子、流言蜚语等”。这个词对应 Šar'in'ǰu，类似阿格亚那—查格亚那；这种二元神灵很可能源自乔罗文本的体裁要求。

第二排：神图的北部地区是一块锯齿状的岩石。这块岩石的中央，有一座装饰的佛塔。佛塔中坐着①巴兰②，是一位勇敢的英雄，手持鼓降临；阿格占③贝子④拿着投枪降临；阿尔古代阿哥⑤带着一对剑；阿尔古代，一位强壮的英雄，拿着带齿的矛降临；朱禄莫尔根⑥手持一杆枪降临；多浩罗阿哥⑦手持一面鼓降临；杜尔吉勒杜图⑧拿着一杆投枪降临；阿尔古山⑨，强壮的英雄，骑着栗色的马，手持投枪降临；色色勒库⑩阿哥，骑着花斑马，拿着一对木杆降临；色色勒库⑩，强壮的英雄，骑着红棕色的马，拿着一支戟；埃林珠⑪妹妹和乌林珠⑫妹妹，拿着一对铜镜降临；京格勒⑬妹妹和英格勒⑬妹妹，手持丝绸条降临；京吉勒⑭妹妹和英吉勒⑭妹妹，手持一面鼓。

①这里表示神灵用 dos'imbi 或 texembi——“坐着”，这个词也可用来表示帝王——“坐在宝座上”，或者表示坐在特定位置上的人。

②巴兰可以译成“无畏的”。这位神灵是阿格珠兰萨满（参见前文）的第一个助手神灵，是第二排的第一个神灵。

③阿格占可译成“雷”（参见前文注释④）。

④贝子是一个满族官衔，二品（一品是贝勒）。当受雷惊吓“掉魂”后，萨满会使用这一神灵。当需要邀请何勒玛发（巴图里）干预时，会派这位神灵。

⑤如果房屋中有病人，阿尔古代阿哥从不附体于萨满；一般来说，甚在新年献祭中，这位神灵也很少附体。

⑥朱禄莫尔根——这个词可解释成“朱禄——聪明”或者“一对聪明（人）”。满族人说不清这个神灵的功能，甚至不能肯定这是一位神灵还是两位神灵。这些神灵是通古斯（吉林）神灵。

⑦多浩罗阿哥即“跛足阿哥”，这位神灵负责运载死者的灵魂过河，到达死者世界。在这一操作中，这位神灵会帮助萨满。

⑧杜尔吉勒（Durgire）杜图可被译为“说话含糊的聋子”。这位神灵在每年的献祭场合降临一次。

⑨我未找到这个名称的含义。

⑩色色勒库（Sèsèreku）可被译为“散乱的、蓬乱的”（参见 sèsèrembi——“使事物混乱”）。当萨满去往下界，必须去往危险的“蛮荒”之地时，会使用这一神灵。

⑪埃林珠在成年妇女和女孩患病时起作用。这个神灵名字与满语 erin“时间”有关。

⑫乌林珠妹妹有同样的功能。这个名字与埃林珠是一对，但这个词的含义是不清晰的。

⑬京格勒一种鹦鹉；英格勒（iŋgèl）似乎是一个对称性的词语。这些神灵的功能是不清楚的。

⑭京吉勒是一种“金色的母鸡”；与其他案例相同，英吉勒是一个对称性的词语，其含义是一种“银色的母鸡”。

> 第三排：在东方有一块空旷清朗的山地。山川的中间，有两对树，一座有围墙的小镇沃楞那穆①。小镇的中央，是一座漂亮的佛塔。佛塔中坐着——
>
> 色伊门珠②萨满，手持鼓；
>
> 大夫妈妈③；
>
> 青蛇④妹妹；
>
> 白蛇⑤妹妹，手持一对方巾；
>
> 爱新蒙文穆珠胡⑥。

①沃楞那穆字面含义是“蓝色的海浪”。

②色伊门珠萨满是这排的第一位神灵。萨满在去往阴间的过程中会使用这位神灵。在献祭的过程中，这位神灵负责监视仪式（阔利）能被正确地展演。这位神灵名称的含义是不清楚的。

③大夫妈妈是一位女性神灵，会对非常幼小的患病儿童提供帮助。这个神灵名称源自汉语“大夫”，是一种职业名称。

④青蛇是一位女性神灵，只会在新年降临。这位神灵的名字为汉语，即“灰色的蛇”。

⑤白蛇与青蛇相同，源自汉语。

⑥爱新蒙文穆珠胡——“金色和银色的鲤鱼”，复合性神灵。

第四排：南方有一片空旷清朗的山地，中间有一片松树林。这片树林的神头是遮天的阿木巴代敏[①]；盖地的

纳尔浑代敏[②]；

阿勒哈代敏[③]；

库里代敏[④]；

Keksere 嘎斯哈[⑤]；

Lebšere 嘎斯哈[⑥]；

伏勒干嘎斯哈[⑦]；

两只高约浑[⑧]；

五只吉勒胡[⑨]，都拿着鼓降临。

①阿木巴代敏——“大鹰”，是这排神灵中的主神，这位神灵以及这组神灵中的其他神灵都是萨满。

②纳尔浑——小的。

③阿勒哈——许多种颜色的，花斑色的。

④库里，黑褐色。

⑤Keksere 嘎斯哈；嘎斯哈表示所有大型猛禽，例如鸢、老鹰等。Keksere 是不是鸟类的一种分类称呼，我并不清楚，扎哈罗夫的词典中没有这个词语，也许这个词语的含义是“令人愉快的”，我不能判断。

⑥lebšere 嘎斯哈。lebšere 的含义并不明确——它可能表示名称，也可能表示“凶猛的”。

⑦伏勒干——“红色”。

⑧高约浑——“猎鹰”。

⑨吉勒胡——“苍鹰”。

第五排：西部地区。这里有高山，中央坐落着色彩斑斓[①]有围墙的城镇。在城镇的中央，有一座色彩斑斓的佛塔，其中有一排神灵，具体如下：

亚通阿萨满[②]；

亚通阿的助手，手持鼓降临；

色勒图（Seletu）[③]阿哥，骑着马，马背上左右两侧搭着箭袋，拿着铁棍降临；

色勒图[③]，骑着白色蹄子的马，马背两侧搭着箭袋，拿着铁矛降临。

色勒太（Seletai）[③]阿哥，骑着灰栗色的马，马背两侧搭着箭袋，拿着一支长戟降临。

杰尔古勒（ǰergule）[④]阿哥，骑着栗色的马，马背两侧搭着箭袋，手持一对宝剑降临。

杰尔古勒[④]，强壮的英雄，骑着白色的马，马背两侧搭着箭袋，拿着一对木棍降临。

①Bočoŋo 源自 bočo——“颜色”；它也可以翻译成“明艳的”。

②亚通阿萨满是这排神灵的头，亚通阿的含义是“锋利的”。

③Seletu、Seletai——源自 sèlè——“铁”。

④这一名称的含义对满族人而言是不清楚的。

第六排：东北地区有高山。在高山中央，有两对树。在树木的中央有一座有光泽的佛塔。在佛塔的中央坐着巴兰[①]，勇猛的英雄，拿着一支投枪降临；

阿格占贝子[②]拿着战斧降临；

色尔古代（Sergudai）[③]阿哥拿着一支狭窄的矛；

艾苏勒代（Aisuldai）[③]阿哥手持带齿的矛降临；

贝苏勒代（Beisuldai）[③]强壮的英雄，拿着鼓降临；

萨尔胡代（Sarxudai）[③]阿哥；

萨尔胡代（Sarxudai）[③]，强壮的英雄，手持（?）[④]降临。

①巴兰是这排神灵的神头。

②参见第二排，注释③和注释④。这位神灵通过制造雷以释放灵魂。

③这些是男性的名称。这些神灵的功能是不明确的。

④这里省略的应该是神灵所拿的东西，满族人重复的 apkai asu na xošoka，我不能理解这些表达的含义。Asu 可能表示“网、铠甲”，也可能表示“高天”，这些含义是不清楚的。同时 asu 的含义可能表示“编纂法律、管理”。na xošoka 可以理解为“土地的部分”，因此，整段表达的含义可能是“包括世界所有部分在内的自然法则”。尽管这种解释是可以被接受的，但在此文本中，神灵所持的事物必须是诸如鼓、矛和其他萨满器具等用品之一。所以，我们可以假设，这段内容是更为完整文本的某种残存，现在已被遗忘。有时，这一内容还会出现在关于埃尔德蒙阿何勒（参见前文，注释⑮）的文本中。我认为，正如我在新萨满选择过程中所听到的（参见后文第 28 节），完整的文本应该解释了所有神灵的全部内容。

第七排：这里布满锯齿状的石头，中央是一排表示铁[⑤]的神灵。这排中央坐着戴铁头盔，拿着齿状矛的色博浑萨满[①]，和助手萨满色尔苏里[②]，他们手中各持一面鼓；

色勒色车（Sele Sèčè）[③]，手中拿着矛；

色勒（Sele），强壮的英雄，手中拿着一对棍；

色勒莫尔根（Sele Mèrgèn）[④]，手持枪；

色勒色尔图（Sele Sertu），手持一根铁条；

色勒色林珠（Sele Ser'in'ǰu），手拿丝绸条（“头盔”上的丝绸条）降临；

色勒乌坤珠（Sele Wukun'ǰu）妹妹；

色勒埃林珠（Sele Er'in'ǰu）妹妹，每个人手中都拿着一对“铜镜”。

①色博浑萨满是一位滑稽、让人快乐的神灵。在年度献祭仪式中，当这位神灵降临时，在场的每个人都会大笑。他会对每个在场的人说“吉祥话”。

②人名。

③色勒色车似乎并不能完整表示这个神灵。我翻译了 sèčè——“犁秫”，但这里是一个男性的名字。在另一个文本中，有另一个含义“海龟”。

④莫尔根——“聪明的”（参见第二排，注释⑥）。

⑤由于这一原因，这些神灵都有一个附加词语 sele——“铁”。

第八排：南部有高山。在高山中央，有一座有围墙的杰尔京阿城镇。这个城镇中居住着英格勒吉（ingelǰi）萨满[1]，手中拿着鼓；

英格勒吉萨满助手还拿着一支矛；

杜尔吉德（Durgide）杜图[2]，手持一面鼓降临；

博林博特车[3]，拿着一支矛；

浩尔浩代[4]阿哥，当这位神灵降临时，会偷东西[4]；

多浩罗阿哥[5]，按着一面鼓坐在其中；

伊姆金妈妈[6]，手持鼓降临。

两个姑娘师傅[7]，拿着鼓。

①当有人生病时，会召唤这位神灵。它是这排神灵中的神头。英格勒吉是神灵的名称。

②参见第二排，注释⑧。

③博林博特车——“聋哑者”或“奥伦”（参见第20节）。当有人生病时，绝不会召唤这一神灵。

④扎哈罗夫认为是“敢于冒险的”意思。神灵会在萨满教表演中偷东西（盗窃癖?）。

⑤参见第二排，注释⑦。

⑥这位女性神灵会在治疗天花中提供帮助。她也保护、照顾（eršembi）儿童。

⑦姑娘师傅“女性师傅”，一位汉人神灵。

第九排：在西部是平坦的山地。在山地中央，有两排松树。在松树中央，有一座高墙环绕的城镇，城镇的中央的佛塔中央坐着乌坤珠妈妈[1]，拿着一面鼓，带着两个随从，京乔勒[2]和吉乔勒[2]，拿着方巾。

特姆图勒阿哥，骑着栗色马，拿着一把投枪；

特姆图勒，强壮的英雄，骑着一匹黑马，手中拿着一面鼓；

沙尔胡代[3]阿哥，骑着灰栗色的马，拿着两把剑；

纳尔胡山阿哥，拿着一面鼓；

纳尔胡山，强壮的英雄，拿着一支铁戟；

色尔胡山[④]阿哥，

色尔胡山[④]，强壮的英雄，两个人都拿着鼓”。

①乌坤珠（wukunǰu～wukunǰo）是“坏脾气的”（参见扎哈罗夫，“愤怒”、“生气”），这位神灵是这排神灵的神头。

②这些名字可能表示“漂亮的金鸟”。

③“灰白头发的”。

④“聪明、迅捷、机敏”。

第十排：在南部地区，有高耸的齿状石堆，石堆的顶部是桦树林。桦树林中居住着——

毕楞布库塔斯哈[①]；

塔林塔斯哈[②]；

穆罕非苏[③]；

阿勒哈非苏[④]；

勒博舍勒勒夫[⑤]；

沙烟书楞[⑥]；

沙烟塔斯哈[⑦]。

①“雌性的强壮英雄，老虎”，是此排神灵的领导者。

②“雄虎”。

③“雄豹”。

④“花斑豹”。

⑤凶猛的熊。

⑥“白猞猁”。

⑦“白老虎”。

第十一排：东部的平坦的山地。山地中央是高耸的岩石，岩石的中央是一排石头。这排分布着——

卡郎阿（Karaŋa）[①]萨满，持鼓降临；

卡郎阿的萨满助手，拿着一杆投枪；

两位吉勒尔吉（k'ilergi）②阿哥，拿着两杆枪降临；

吉林（k'ilin）②，骑着灰白色③马的强壮英雄，拿着枪降临；

吉勒尔千（k'ilerčan）②阿哥，骑着一匹黑马，拿着枪降临；

吉林②萨满助手，拿着一支矛降临。

①karaŋa，kara——“黑色的”。这位神灵是这排的领导者，这排神灵主要是源自通古斯 人的神灵。

②k'ilergi、kilerčan 是 k'ilin 的变化形式——“通古斯人”。

③“灰白”色，这种马鬃毛和尾巴的颜色比身体的其他部分更黑。

第十二排：北部是地面上的一排神灵。在这排神灵中，有那伊珠兰（Naiǰulan）①萨满，拿着一面鼓降临；

阿尔古代阿哥，拿着一支矛；

阿里勒②莽伊③，拿着一根带齿的棍；

苏扎拉④莽伊拿着一根铁棍；

方卡拉⑤莽伊，拿着两把剑；

色勒色车⑥，拿着一支矛；

木都里⑦，9 尺长；

扎布占⑧，8 尺长；

车车尔库梅合⑨；

爱新蒙文英嘎里⑩。

这位萨满是科勒嘎氏族的拉玉萨满，居住在阿济格英（小英村），距离城镇⑫17 里⑪。

① Naiǰulan=na+i+ǰulen，即土地上的神灵，它是这排神灵的领导者。

② “支持、帮助”。

③莽伊，参见后文。

④苏扎拉——“倚靠”、“压在”。

⑤方卡拉——“落下”。

⑥参见前文第七排神灵，注释③。满族人解释为“海龟”。

⑦木都里是一位在水的方面帮助萨满的神灵。

⑧扎布占，即蟒蛇。

⑨“疯蛇”。

⑩“金银色的小鸟”。

⑪1 里相当于 500 米。

⑫离瑷珲城。

这个氏族的神灵谱系在许多方面与前文描述的吴扎拉氏族没什么差异。我还见过其他几份神灵谱系，不同氏族的神灵谱系间有一定的差异。但是，所有的神灵都可分为以下几类：(1) 古老的男性萨满和女性萨满，通常被称为“萨满”的萨满教建立者，萨满助手；(2) 单独的女性神灵群体；(3) 布库、巴图里和莽伊神灵群；(4) 与动物有关的神灵群；(5) 外来神灵；(6) 其他神灵。

(1) 撮哈章京是一位由军队首领灵魂演变而成的神灵（参见后文）；所有满族氏族的标浑窝车库中都有这位神灵，新满洲氏族的萨满伊窝车库中有此神灵。关于作为氏族神灵的撮哈章京，满族人说，“他们接纳了这一神灵，并视撮哈章京为真正意义上的氏族神灵”。这位神灵也被视为萨满教的最初建立者。值得注意的是，撮哈章京也被纳入没有标浑（氏族）萨满（即新满洲群体[①]）的神灵谱系中。在通古斯人看来，这是一位给士兵和住在营房中的人带来疾病的布日坎。这位神灵的神位是一张神图，上面绘制章京（即“上校”），两位扎兰章京和一些士兵（果尔德人的情况，参见希姆科维奇《果尔德人萨满教研究资料》，附录 21 和 22）。

玛发和妈妈萨满，是十分古老的萨满，其名字已被遗忘。当妈妈窝车库附体后，萨满会一袋接着一袋吸烟。这些神灵有时相当于萨格达额真窝车库萨满，“即过去的掌控神灵的萨满”。

那伊珠兰萨满是由一位同名萨满灵魂演变而成的神灵，这一神灵负责查明病因。这个神灵名称的词源似乎如下：nai——“土地的”，ǰulan——“神

① 需要指出，korg'a 氏族是一个新满洲氏族，但由于这个氏族与佛满洲氏族 korg'i 混合，因此该氏族中没有此神灵。

灵”。它（《尼山萨满》中的那伊窝车库）还可帮助寻找死者的灵魂。

讷伊本图也是一位由萨满灵魂演变而成的神灵，但在《尼山萨满》中，这是一位赐予幸福的神灵（参见讷伊本图恩都立，12 个恩都立系列中的第十一位神灵）。阿格珠兰萨满和吉塔珠（Kitan'ǰu）妈妈有时会帮助儿童，因此这些名字可能用来称呼这些神灵的治愈者。

（2）女性神灵群体有时被归入一个特殊的群体，构成一排特殊的神灵，称赫赫（格赫、格格）窝车库。不过，它们只是女性萨满的灵魂，没有特殊的功能。

（3）在不同氏族和萨满中，布库（buku）、巴图里（batur'i）和莽伊（maŋi）有很大的差异。这些神灵是萨满或类似萨满者灵魂而成的神灵，这些不同来源者在掌控火、获得特殊的身体技能等方面十分成功。在满语和通古斯语中，buku 表示“强壮的”，与蒙古语和突厥语中的 bagatur、bātur 等相近，在满语（书面）中，这个词对应 baturu、baoturo 和 batur'i。从词源学上看，maŋi 可能与 maŋa 有关——“强壮的”“有才能的”“好的”等。这是一组在果尔德人和通古斯人中也可见到的英雄神灵。在这组神灵中，有些神灵可以很好地掌控火，亚哈（jāγa，“火”，参见 jaxa，满语书面语）巴图罗或图阿（火）窝车库，或者是亚哈非库尔窝车库［jaγa f'ikur = jaxa de fekuremubi（满语书面语）——“跳入火中”］。玛发和妈妈也可用来代替巴图罗。在汉人（尼堪）萨满中，这位神灵称火神老爷（参见前文），满族萨满也使用这位神灵，但不说汉语。满族人认为，如果这位神灵附体于萨满，萨满可以操纵火，可以赤脚走在燃烧的火炭上，跳入放到洞穴中燃烧的木头上，其本人和衣服都不会被烧到。这些神灵中还有一部分使用各种武器和工具。其中某位神灵擅长使用长矛，另一位神灵擅长使用标枪，还有擅长使用矛、长刀、马刀等的神灵。在萨满表演的过程中，所有的器具必须在场，至少是这些器具的象征形式。[①] 莽伊神灵群包括如迈图（Maitu）、阿勒吉代（Aḷǰidai）、色尔古代、卢克舍勒（Lukšere）勒夫、阿尔苏兰（“狮子”）、英嘎勒吉（Iŋgaḷǰi）。《尼山萨满》中也提到了讷伊本图（这位

① 满族人过去使用铁制的器具，目前他们通常使用木制的器具。

神灵有时是一位重要的神灵，参见前文）、图阿坎图（Tuak'antu）、巴图罗和其他神灵。这些名称可表示神灵，也可表示人。整个神灵群可称为莽伊，但是，满族人认为这组神灵不是很重要。当萨满在它们的帮助下行动时，会摘掉头饰（参见后文）。满族人不会单独向这些神灵祈祷，它们和其他神灵一起接受祈祷。一般而言，这些神灵经常类似仆从神灵。这些神灵从本质上说是为了服务仪式。汉人中这类神灵很多。

（4）这种至少与动物名称有关的神灵是很多的，尤其是在有比罕神灵群的新满洲人中。在北通古斯人中，这些神灵不是动物，而是神灵采取的表现形式。我们也可观察到前两组神灵往往与这些动物表现形式的神灵加以组合。被使用的动物表现形式有：老虎（塔斯哈）和熊（勒夫）——所有萨满都拥有这两位神灵；狮子（阿尔苏兰——只是从书籍中了解的神灵，包括词语）；狼（努胡、诺胡），并非所有萨满都掌控这一神灵[①]；狐狸、蛇、蟒蛇（扎布占）、龙（木都里）等神灵被满族人视为一种实际活着的动物；鹿和狍子有时被视为一种复合性神灵，但满族人怀疑这些神灵的存在。在动物表现形式中，驯养类动物只有狗和马[②]（莫林窝车库）。一般而言，满族人承认动物可以成为某一特殊神灵，当萨满使用动物的表现形式时，会模仿动物的声音，但不会唱歌。在其他的动物神灵中，有一位十分重要，即穆珠胡尼玛哈窝车库——“鲤鱼神”，新满洲人为这位神灵制作木制神位。萨满一旦掌控了这位神灵，可以像鱼一样在冰面下游动。鸟表现形式的数量不多——包括很多布谷鸟、猎鹰和鹰，后者比其他神灵更重要，它们接受特殊的祭品（萨满吃生的猪肝脏，喝半碗猪的鲜血）。而且，满族人还认为有位窝车库十分重要，即阿木巴代敏窝车库，即“大鹰神”，这一神灵可以附体于萨满，蟒蛇和龙也是重要的神灵，但很少附体于萨满，后者本身是复合性神灵。满族人中自然现象的神灵群数量十分少，仅有一位称阿占窝车库（这位神灵附体后，萨满会用打火石制造火花），这位神灵被视为十分重要且罕见的神灵。

---

① 这一名称表示一位特殊的神灵，它不仅是一种表现形式，而且是一位复杂的神灵——努胡窝车库。这位神灵十分强壮且有害。

② 在新满洲人中，这位神灵更重要，它主要流行于泰加林中。作为一种特例，满族人制作了没有胳膊和腿的人形神位，并放在挖空的树干中。其实，它不是一种普通的动物表现形式。

(5) 外来神灵，数量很多，包括通古斯（吉林）神灵和汉人神灵。所有的满族氏族中都有通古斯神灵，而汉人神灵在佛满洲氏族中更常见。在外来神灵的名目下，我只讨论汉人神灵，其实，第三组神灵中有很多源自汉人的神灵，但满族人并未把这些神灵作为外来神灵分离出来。很可能的情况是，第一组神灵中也包括外来神灵。

(6) 只有新满洲人把祖先神纳入神灵系统。不过，许多佛满洲氏族的萨满神灵实际上也是祖先，但它们的功能是萨满，而非祖先。

(7) 这组神灵包括诸如在下界发挥作用的蒙高勒代纳克楚（参见后文）、多浩罗阿哥（即“跛足阿哥”），负责运载死者的灵魂渡过到达下界的河。这组神灵还可包括其他与下界有关的神灵。

应该补充的是，这些神灵也被其具有不同作用的助手拱卫。这些助手可能是事实上的萨满助手（栽利），或者是拥有某种特殊地位或职责，甚至仅仅是满足主人需求的仆从。处在这一位置上的神灵称为格格（gègè，也称 gèγè、gèxè）（“妹妹”），某些莽伊、布库、巴图里和库林。满族人有时不了解这些附属神灵的名称，通常情况下，这些名称只是对某些最重要神灵的名称的重复。这组神灵中，鸟类表现形式的神灵也增多，但萨满并不使用这些神灵，它们的主要功能是环绕在主要神灵周围，例如，划分不同颜色的布谷鸟绝不是现实。总体而言，满族的神灵文化丛的建立通常受美学和习惯的制约。

不同满族人对神灵（神灵的数量很多）的熟悉程度是有差异的。其实，萨满通常只能支配部分神灵，其他许多神灵则不受萨满的打扰。这里的神灵谱系和神图是不够详细的，因此，除了我们从档案中获得的内容，对于某些神灵，满族人不能提供更多的信息。[①]

---

① 正如我已介绍的，哈勒兹和朗哥赖的著作事实上是论述氏族神灵和觉罗氏族中的某些重要神灵的书籍。从这个观点来看，它们对我们没有用处。就我所知，满族萨满掌控的神灵，只体现在鲁德涅夫的作品中（“新资料”等）。很明显的是，这些信息资源根本不可靠，鲁德涅夫的报道人并非十分了解萨满教。他是一名低级的职业间谍、说谎者、半中国化并花费很长一段时间在国外度过的人，不能作为严格意义上的萨满教信息掌握者。其实，当他在土著民族中生活时，了解到一些萨满教情况，根据有限的知识，这位报道人绘制了神图，创编神歌，并把这些资料交给鲁德涅夫，例如所有的“碎片化神歌”（参见《活态满语和萨满教的新资料》，第 18~19 页）。鲁德涅夫根据记忆，记录下一段碎片化的词语，因此，他唱道：

55. 其他通古斯群体的神灵

在后贝加尔地区仍讲通古斯语的通古斯人中，我发现了两类神灵体系，分别对应游牧通古斯人和驯鹿通古斯人。例如，曼科瓦通古斯人接受了蒙古（布里亚特）的神灵翁衮，却称它们为色翁。这方面的例子如 kètal，是一位十分邪恶和危险的神灵；kolultu 由一位跑到山中并死在那里的女孩灵魂形成；tänäg'na［源自 tänäg——“精神错乱的”、“白痴”（毕、曼）］，一位可让萨满“精神错乱”的神灵。毫无疑问，这一群体中只有部分神灵与满洲的通古斯人相同。

后贝加尔地区的驯鹿通古斯人则有另一个不同的神灵丛，但我的信息

（接上页注①）

［ko xo i ke xo—oǐ käi koŭ ko xo i］
Gèrèneǐ weǐčen mini boje baǐɣa bade
［oǐ käi koŭ］
ǰaráǐ sini bèje dónʐi
Tetxa bi bwori jambi

这里括号中包括无意义的“叠句”，无知者开始唱这些内容模仿萨满。这里，Gèrèn 后面加上 ei 是没有必要的，整体表达 gèrèn večin 表示“所有的神灵”；mini boje 是受过教育的满族人的一种表达，我未在一般的萨满教文本中见过这种表达——这应该是对高雅的满族风格的一种模仿。baiɣa bade 在萨满教文本中是无意义的，因此 baiɣa 表示“我祈祷”，而 bade 只是 ba（宾格）+de（与格）组成的词语。因为他不能再次用短小的“叠句”造句；džarái 的含义是不清晰的，sini boie dóndzi 再一次是对书面文献的模仿——“听”；tetxa 是 tere utxai 的变形，其含义可能是“此后”，这次他并未使用 boje，而是 bi，忘记其高雅的品位；这里 baori 的使用可能是错误的，因为它可能是满语口语 baobairi；只有不懂满语口语者才会使用 baori；在这一功能中，ri 不会单独使用，而是经常和 ba（宾格）连在一起使用。上面整个片段十分简单：他开始唱，由于找不到能够唱和说的内容，于是唱出——“听我祈祷，现在我要回家”。另一个片段是同样的风格。所有的内容表明这位报道人不了解自身的语言，辜负了鲁德涅夫的信任。这位报道人关于神图的阐释是无知的产物，是胡乱阐述的。

关于萨满和其他神灵关系的观念被以最为怪诞的方式阐述，其实，“上帝”和“魔鬼”——鲁德涅夫笔记中的 bog 和 čort——与萨满教毫无关系。关于神灵，报道人提供了不同的神灵名称及其特点和功能，并非神灵的典型特征。而且，这些神灵中还包括偶然提及的汉人神灵。

通过上文的评述，可以明显看出，这一材料只有有限的语言学价值，从神灵的角度看，则毫无价值。因此，我相信这些材料是误导性的，故意弄错的，必须全部拒绝。

是不完整的，因此为了避免错误地呈现这一神灵体系的观念，这里我不会呈现相关信息。在满洲的驯鹿通古斯人中，被掌控神灵体系是不同的，因为神灵体系中包括一组特殊的神灵，称哈亚（haja），这一词语可能与雅库特语中的 ajy 一致。不过，由于这一群体中已经不再有萨满教，因此我们只能通过传统了解灵情况。库玛尔千人和毕拉尔千人中有相同的神灵类型，但兴安通古斯人中被掌控的神灵体系则包括最近借自蒙古人的神灵和一组不太重要的神灵楚翁。

从前文可以看出，达斡尔人与毕拉尔千人的萨满教神灵有相同的神灵名称和类型。其实，因为达斡尔人说蒙古方言，与通古斯人的情况相比，喇嘛教在达斡尔人中的渗透程度更深。达斡尔人萨满教神灵谱系的佛教要素更丰富。不过，我不了解这个群体完整的萨满教神灵体系。①

我不得不放弃对果尔德人萨满教神灵的比较分析。果尔德人资料的搜集者希姆科维奇和洛帕廷为了适应自身的简化术语分类，按照先入之见对神灵分类，这并不能对应果尔德人自身的实际分类。由于这一原因，除了恩都立之外，萨满未掌控的神灵并未包括在洛帕廷描述的神灵群中。不过，很明显的是，这些神灵中有一部分根本不是色翁（色奥恩），也就是说，这些神灵是其他类型被掌控的神灵，例如珠里（ǰuli）②、杜斯呼和杰尔吉。通

---

① 波佩在《达斡尔萨满教简述》（参见《达斡尔方言》，第 8~14 页）中描述了达斡尔人萨满教，通过分析这些材料呈现达斡尔人的神灵观念是十分困难的。这份资料并未描述神灵谱系，同时有些事实是混乱的。材料并未指出萨满演唱的场合，是萨满本人演唱，还是神灵附体后的演唱（参见《达斡尔方言》第 26~31 页）。这貌似一种动物（一只狐狸?）的复合性表现形式——Otǒš ugīŋ，Gan'c'ĭ lam，Orč'iŋ dōg，是南方“路”的神灵。值得注意的是，这个材料还有一部分描述的是喇嘛。其实，关于材料中提及的“神灵保护者”，波佩并未提供明显的证据，因为在其相邻族团通古斯人和满族人中，萨满是神灵的主人。通过波佩记录的材料看（例如第 27 页），萨满在达斡尔人中也可能是“神灵的主人”。不过，第 28 页提到的“主人”是 borčōxǒr 神群（麻罗）的主要神灵，可能是 Otǒš ugīŋ 哭泣后接受的神灵（参见第 12 页）。因此，borčōxǒr 很可能是一位 oŋgōr（对应色翁），是由 Otǒš ugīŋ 掌控的复合神灵，又称 borčōxǒr。

② 洛帕廷坚持认为，除了色奥恩，他未发现任何其他表示神灵的词语。非常可能的是，果尔德人在面对调查者时，用色奥恩表示所有的神灵，就像通古斯人用布日坎向俄国人表达所有神灵，其实表示神灵的词语还有博罗里和萨瓦吉。在果尔德人中，可能还使用富其吉和布日坎。一般而言，许多果尔德词语可与北通古斯语、满语和达斡尔语比较分析，例如色奥恩、珠里以及其他词语。不过，如果未对神灵进行详细的描述，这类分析是冒险的，因此我放弃了此尝试。

过对果尔德人神灵的描述，可以明显发现，它们分为男路和女路（果尔德人称它们为“丈夫”和“妻子”），这些神灵中还包括一些附属性的表现形式布楚（bučču）和阿杰哈（aǰexa），以及各种动物表现形式，尤其是老虎、熊、[①] 蜥蜴、蛇、鸟、昆虫和龙等。

据毕拉尔千人介绍，果尔德人中有一半神灵和毕拉尔千人相同，而且，果尔德人中有很多满族神灵，这是十分自然的，因为松花江流域的果尔德人是新满洲（伊彻满洲）群体之一。阿穆尔河流域的果尔德人中有大量的神图努尔罕（洛帕廷）（满族人的努尔罕）。毕拉尔千人认为，果尔德人的文化中也包括大量的达斡尔要素。[②] 洛帕廷认为，整个杜斯呼[③]神灵文化丛可能是果尔德人以满族人为中介借自汉人。

第 15 节　其他多种假设

56. 假设

在本节中，我将描述和讨论各种假设，其中某些假设与神灵理论密切相关，另一些假设则与神灵理论无关。因此，对这些随意组织在一起的事实的解释是不一致的。

（1）血

在北通古斯人和南通古斯人中，有几种不同的关于血的理论，此处我把不同的理论组合在一起。这些理论的基础中，有一个共同的假设，血有不同的属性，可能给人们带来伤害，也可能会给神灵带来强烈的影响。首先，我们可以指出，血被视为一种祭品形式，由于是液体形式，所以很容易被神灵吸收，血热时会蒸发，甚至带着可见的蒸汽，与任何其他“食物”相比，神灵更容易接受血。同时，血被人们视为美味的食物，通古斯人和

① 其实，amban seon（缩写为 ambanso）不是“老虎”，而是一个重要的被掌控的神灵，老虎只是其表现形式之一；doonta 也不是“熊”，而是一组特殊的神灵。

② 可以假设，在满族人定居在阿穆尔河沿岸之前，达斡尔人曾是这一区域的政治主人。

③ 这一词语可能表示神位而非神灵名称。

满族人十分喜欢血肠，因而认为神灵也会喜欢血肠。但这一理论也涉及其他方面的因素。通古斯人通过观察，尤其对经血形成了某种正确的观念，认为经血可能是传染性的，他们确认经血中可能含有某些特性，这些特性可通过遗传机制被传递。在毕拉尔千人看来，当妇女嫁到另一氏族，某些神灵如玛鲁和大哈林吉阿奇，会沿着血路降临。由于这一原因，人们必须采取一定的措施避免其他神灵和这些神灵混淆。沿着血路而来的神灵必须被从血路送回，这一神灵不能被送到另一个氏族。因此，这里关于经血形成两种观念，其一是潜在的疾病观念；其二是遗传性疾病。在神灵布斯库案例中，我们可发现通过血传递的传染观念，男女两性皆可传播。

关于经血危险的观念已经成长为一个文化丛，其中增加大量派生性假设。所有的通古斯人认为，神灵不喜欢血，因此也不喜欢会有月经的妇女。当然，氏族神灵是例外。正如我已指出的，妇女在月经期，尤其是流经血的日子是需要远离的，不仅是流经血期间，而且整个月经期都是如此。由于月经期是妇女的私事，她们不会说出来，因此人们认为妇女可能随时都会流经血。而且，人们认为妇女通常在净化自身方面不是很注意。妇女千万不能跨过躺着的男人、男性的帽子及其衣服的所有部分等，由于通古斯人没有家具，而且经常躺在或坐在地上，这种情况很可能经常发生。由于这一原因，男性通常会把帽子拿在手中或者挂起来，不会把衣服放在妇女可能偶然路过的地方。因此，从心理学的观点看，很明显的是，这类事情是有可能发生的，相信经血可能带来不好效果的男性可能会相信这一观点。在满洲的通古斯人看来，如果某位恩都立偶然碰到经血，则可能变成人，也就是说，普通的神灵是不具“不朽性”的。经血也会毁掉其他神灵。满族人在这方面更为严格，妇女甚至不被允许出现在丈夫氏族的献祭典礼上。满族人中没有经血的老年妇女和年轻女孩也被建议远离神位。这些限制和恐惧在多大程度上影响通古斯人的生活则是另一个问题。其实，在男性和女性中，有一定数量的人违反限制，没有强烈的恐惧，这是一个对特定文化丛部分或完全地接受的问题。

为了缓解这些限制和恐惧带来的巨大负担，通古斯人会尽力寻找解决血带来影响的各种方法。我提及的“缓解”，通常是未被认知到的，但是实际上是个体和文化丛持续再适应的结果。对于男性而言，中立神灵的最简单的方法是随身带着妇女的骨头，但毕拉尔千人中很少如此。这里我提及的骨头与血有关。血和骨头在某些方面是关联的。通古斯人（至少满洲通古斯人如此）相信，父亲的骨头会吸收孩子的血，但其他人的骨头不会如此。[①] 而且，血会毁坏骨头，这种情况体现在布斯库神灵中。但是，通过前文提及的事实来看，血的影响可能会更深入，人们要避免到孕妇沐浴的温泉治疗。同样的观念也扩及分娩阶段，在这一阶段，尤其对神灵而言，妇女是危险的。不过，对于丈夫而言，这一管理可能出于其他原因，即保护孕妇以免过早性交。关于经血对男性的影响，情况是复杂的，因为男性可能偶尔会与月经期的妇女性交，但其身上并未发生特殊情况，这些情况在满族人中众所周知。不过，满族人认为，月经期性交会给女性带来危险，因为这样妇女可能会受疾病影响。由于这一原因，满族人有时会把限制性交的期限延长至月经期的 7 天以后。除了清洗，满族妇女对于月经没有其他净化方式。满族人和北通古斯人的女萨满在月经期间是不能进行萨满教表演的。而且，在月经期和产褥期内，妇女不能乘船过河或者是渡河等，因为这可能会冒犯水中的神灵。捕鱼的情况亦如此。[②]

如果总结上述事实，可以看出，基于观察到的事实（通过血传染疾病以及月经期妇女的特殊情况）、遗传理论以及关于神灵厌恶血的假设（基于观察到的事实确认并错误地阐释），通古斯人（和满族人）关于血的态度形成复杂的文化丛。

（2）四只眼睛的动物

关于某些动物另一双眼睛的假设在通古斯人中十分流行。这一推论源自对马鹿眼睛下的皮肤皱襞所对应骨头中的洞，以及马眼睛上方骨洞的观察。不了解皱襞及其强烈气味的通古斯人，不能解释马鹿的情况。由于头骨的形态和肌肉的位置，马的眼睛上方形成了只有松散的皮覆盖的骨洞，其中没有腺体。这种情况很可能使得通古斯人对马鹿骨洞做出引申性解释。

① 这种观念可能受某些汉人的影响。

② 参见《满族的社会组织》，两种特殊的捕鱼形式。

正如我们在人毛发脱落（参见前文）现象中所见，通古斯人承认动物身体变化的可能性。对于马鹿下半部分眼睛消失的原因，通古斯人的解释是马鹿因持续哭泣流泪，而失去眼睛。在这一场合，通古斯人会讲述神话（解释性神话），神灵（不能确定具体的神灵）已经取走了马额外的眼睛，当驯鹿和马失去眼睛后，人们可能会杀死驯鹿，骑马。

（3）强壮人种的灭绝

由于特殊的心理原因，这一假设主题在不同的族团中很普遍。在满洲的通古斯人中，这一灭绝的种族称布库勒金［bukulǰin。buku——“强壮”（巴、涅、曼、兴、库、毕）（满语），参见突厥语 bäk、蒙古语 böxö 等］。他们是古老时代的居住者。这些人很强壮，可以把树从土地中拔出来。随着人类的普遍弱化，布库勒金灭绝了。在毕拉尔千看来，当恩都立教会人们砍伐树木和生火之后，人们则不再需要大的力气运载树木，于是布库勒金灭绝了。在很早的历史时期，甚至有一种比布库勒金更强壮的存在，称莽伊（maŋi，库、毕、满驯），它们的活动体现在对自然的管理中，例如移走河床（阿穆尔河中央）、从山上把石头滚落到河谷中等。这些存在比布库勒金和当代人身材大很多。根据民俗解释，莽伊到了天上，因此猎户座被称为莽伊（参见前文第 5 节）。[①] 九个头的莽伊也出现在玛鲁布日坎（和色翁）文化丛中。[②] 在满族人中，莽伊表示萨满教中一组特殊类型的被掌控神灵（参见前文第 52 小节），其主要特征是操控各种武器和器具的能力，而且拥有一定的体能。这个名称的词源不是完全确定的，即源自 maŋga（毕、涅）（满语）［manga（涅、果、奥）（施），参见吉里亚克语 manga~maga］，以及 maŋa（乌鲁·卡），maŋγa（涅）——“强壮的（英雄）、摔跤手等”与 maŋγu（图）——“猛烈的、残暴的”；而且还有一系列基于 mandi（毕、兴）的变化形式：manni（满驯）、man'i、mani（毕、库）[③] ——“猛烈地、

① 这个词语也用来表示通古斯故事中的英雄。在果尔德人（marga）和吉里亚克人民俗（maga）中，也可见到这一词语。这个词语表示民俗故事中的英雄吃人者。在后贝加尔地区的通古斯人中，man'i（涅）、maŋi（？）（安·季）表示熊。由于这一原因，猎户座有时与熊相联系。其实，季托夫对“čort”（俄语中的“魔鬼”）的翻译只是一种误解。

② 在巴尔古津通古斯人中，它也称 maŋitkan，这里 t 和 kan 是词缀。

③ 参见雅库特语词干 mäŋi，尤其是词语 mäŋilǰit——“努力”（？）。

困难地、强壮地等”，最后一种词语形式很可能与雅库特人中发现的mändäg'i有关，在雅库特语中有üs mändäg'i（星星mändäg'i）——“猎户座的腰带”，对于这一点佩卡尔斯基并未解释。[①] 通过上述事实，可以看出，在很多群体中，“强壮的”“英雄”“特殊种类的神灵”和“猎户座”之间有特定的联系，因此强壮者逐渐离开了地球。

（4）考古学和古生物学遗存

与许多其他群体相同，通古斯人把其领地上发现的大型石器理解为雷击的结果。这一解释很可能并非源自通古斯人，而是借自其他族团。其实，通古斯人还记得石头制成的箭头，当他们发现这些石头时，就会辨识为箭头。通古斯人把阿穆尔谷地发现的大量城墙遗址、堡垒和穴居地点都归为达斡尔人和俄国人的文化（17世纪）。古生物遗存也吸引了通古斯人的注意。我已指出，通古斯人把发现贝壳的地点解释为过去的海底，那里现在则是高山。大型的骨骼被解释为龙（木都尔）的骨头。不过，有一次，我与通古斯人探讨在后贝加尔地区发现的第四纪犀牛头盖骨和第四纪野牛头盖骨，他们认真检查了这两个头盖骨，认为第一个是马头盖骨，第二个是牛头盖骨，这一地区目前已没有这类动物。

（5）类似蜘蛛的存在

毕拉尔千人有一种假设，认为动物中的每一个“种属”中，都有一只类似蜘蛛的大型动物，可以制大型的网。这些网由像绳子一般粗的环状物织成。人可能陷入这类网中。我不能确定网的观念的起源，考虑到这一观念目前的分布范围，我很犹豫如何定位此观念。[②] 这一观念可能过去流传很广，但现在却变为次要的、象征的。

（6）阴阳理论

我已指出，汉人基于男女原则形成的理论已经渗透到通古斯人和满族

---

① 这一相似性的确值得注意；参见满语maŋgi和雅库特语mändji——“期间”；也就是说，这些词语类似通古斯语maŋga-mandi——“猛烈的、强壮的”，以及maŋi（通古斯语）、mändäg'i（雅库特语）——“猎户座”。这些事实表明，这个词的词干是man，maŋi、maŋga和mandi等词语是加上词缀后形成的词。

② 楚克奇文化中有神灵使用网抓人类灵魂的观念。参见博格拉兹的《爱因斯坦和宗教》，1923，《美国人类学》，第4页。

人中。这一理论主要体现在生命哲学理论中，部分体现在既存的被分类的现象中。一些通古斯人把太阳视为男性，而另一些通古斯人则把太阳视为女性，因此太阳和月亮有时被视为两姐妹，有时则被视为一对夫妻。这一汉人观念偶然会在通古斯人中出现，但并不稳定。但是，用男性表现形式和女性表现形式区分南方正午路和北方午夜路可能源于吸收了此观念。我并不是说汉人的阴阳观念是基本的根源，把它视为对更为古老观念适应的一种哲学形式更稳妥。按照性别的“路”区分神灵（布日坎）似乎相当晚近，相关神灵本身也是晚近的。

（7）微生物（Kulikan）假设

这一假设已在不同的场合被提及，例如解释疾病以及人和动物的雄性细胞。目前，很明确的是，这种情况下，通古斯人（毕拉尔千人）组织起来的事实不仅是微生物的事实，而且还包括许多并非源自微生物的疾病，也包括器官失衡带来的疾病。在后一种情况下，通古斯人会把假设扩展到未知的领域，解释症状上相似的现象。同样应该指出的是，通古斯人承认微生物（例如在伤口、肠子和肉中所观察的）和胚胎生长的可能性。不过，通古斯人也承认，有些微生物绝不会长得很大，因此不能被看到。因此，通古斯人的行动和假设相一致。例如，通古斯人认为，在温暖的季节，微生物可能会在任何种类的暴露的食物中繁殖，因此，任何未被干燥或以粉末状（例如肉）保存的食物，必须在 3 天之内吃掉。如果存放至 3 天或更久，这类食物可能由于 kulikan（微生物）引起严重的疾病。

（8）不寻常的怀孕方式

我已指出，关于人和动物的怀孕现象，通古斯人和满族人拥有十分明确的观念。不过，他们中间也流传着某些不同寻常的受孕方式的观念。例如，满族人可以接触到很多汉人书籍，例如，《西游记》中可以发现有关妇女状态的故事，妇女看到水之后怀孕，自身产生妊娠反应。这种怀孕的可能性似乎不可能符合满族人的观念。相同的批判思维也使满族人不会相信神灵恩都立甚至胡图或梦中出现的狗、马和驴致孕。这类梦经常出现在女孩身上，接着，她们会哭，人们一定立即叫醒她们。对于女孩通过神灵怀孕的故事，通古斯人和满族人几乎不会真正相信——人们会立即采取措施来查明应负责任的男人。但是，有时家庭的秘密是不能泄露的，必须维护女孩的荣誉。因此，尽管无人相信这一理论，但人们会在正式场合承认这一怀孕可能在特定的状况下发生。其实，在北通古斯和满族人的民俗中，有许多妇女被动物捕获和致孕的例子，尤其是熊和老虎。不过，这些故事被视为“不真实的”，或者老虎和熊被视为人的变形形式，因此它们并不是真正的和普通的动物。从通古斯人和满族人关于怀孕以及身体和其他特征遗传的理论可看出，他们是不可能接受动物导致怀孕的理论的。通古斯人和满族人也不会相信男性可以导致其他雌性动物怀孕。[①]

(9) 动物与神灵的关系

在前文的不同部分，我们已经看到，神灵对待不同的动物表现各异。某些神灵会害怕特定种类的动物，尤其是它们的嘴、皮、骨头和牙齿。这种观念似乎十分古老，而且通古斯人在这方面的发现始终处于不断更新的状态。

满族的氏族神灵对狗的态度十分特殊——狗血可能会使神灵离开神位和氏族。不过，汉人（尼堪）则不是如此，新满洲人的态度也不是很强烈。由于房中有氏族神灵的神位，因此狗的皮，甚至是毛都不能带入房内。只有非常有影响力的人除外，对此满族人有十分特殊的典型表达（参见《满族的社会组织》，第91页）。当然，满族人是不吃狗肉的。满族人把神灵送往下界的过程中，狗应该起到特殊的作用。而且，如前文所述，狗可以作为某些神灵的神位，为了击退某些神灵，也可把狗埋在门槛下面。神灵甚至害怕狗的叫声，在北通古斯人中，狗不能起到上述作用，但可用来运载死者的灵魂去下界。在此情况下，狗经常被称为“黑狐狸”。

神灵也害怕熊爪子，因此熊爪子经常用来保护儿童和房屋。当驯鹿和牛的奶少或乳房生病时，人们会用熊爪轻抓其乳房。所有的通古斯群体和满族人都使用熊爪子。为了避开神灵，通古斯人和满族人会把看家狗的骨头、皮以及猞猁的爪子挂在摇篮上方、门口等处。在这些情况下，人们认

① 几乎所有的人群都了解人和动物之间发生性交的现象，即使通古斯人中没有这一现象，其相邻族团或其他族团中也可能有这种现象。

为，神灵会附着在这些东西上面，止步不前。

此外，也有一些神灵喜欢的动物。它们是献祭给神灵的祭品。毕拉尔千人有时会抓来一头小猪，用特殊的食物松子喂养大，然后“献祭”。与此同时，神灵会习惯这一动物并“喜欢它”。如果家庭成员未发生某种不幸，[①]则不能把动物送走。神灵喜欢狍子、马鹿和鸡。

应该提及的是，在满洲的驯鹿通古斯人中，我发现一个传统——认为通古斯人源自一名男性（像神灵一样的男性，来自天上，约 70 岁）和母狗交配。两者繁育了埃文基人。不过，通古斯人和满族人皆未把狗视为类似祖先的动物。显然，这一文化丛在通古斯人中或者即将消亡，或者不是十分发达。其中第一种假设更为可能，因为目前在把死者灵魂送往阴间的过程中，狗仍起到重要作用。[②]

（10）身体特征和性格间的关系

本书讨论的所有通古斯群体都明确指出，人和动物的性格等身体特征之间有可能是相关的，甚至是一定有关联的，这些特点可通过遗传机制在代际传承。这些观察如此普遍，因此我们可以理解，通过观察体质特征，人们可以形成对待其他人态度的实践性结论。与其他族团相比，通古斯人的态度没有什么差异。不过，通古斯人不会让自己局限在简单的印象上，而是会总结各种观察结果。例如，在兴安通古斯人中，如果某人在吃鹿（马鹿）肉时粘嘴，这个人则是坏人，具体的解释为这类人的体内不够“热”（budiγadu），因此有一颗坏“心”；前额长红丝者也被视为坏人；体弱不仅被认为源自疾病，品性坏也是原因之一。其实，行为是通古斯人判断性格的最大经验来源。例如，不直视他人或用（“无礼的”）眼直直地看

① 在车鲁村，一名男性打算养一头猪用于献祭。对通古斯人而言，这不容易，因为通古斯人的狗经常会咬死小猪。这头小猪渐渐长大，神灵德朱拉斯吉（džulask'i）恩都立已经习惯了它。这名男性打算卖掉这头猪，孩子们不同意，不久后便生病了。男人用枪占卜，发现神灵不喜欢猪被送走。于是，这头猪又被饲养了几个月。当足够肥时被杀掉，其中耳朵和猪血献给神灵，肉卖了 56 美元（约 65 公斤）。孩子们的病好了。

② 值得注意的是，很多族团中都有始祖为狗的观念，例如汉人的“土著”群体、阿依努人等。（科佩斯最近探讨了这一问题，参见《太平洋民族神话中的狗》，其中关于通古斯人的部分，第 387 页。其参考文献是刘威《中国南方土著民族的犬祖信仰》）。值得注意的是，在通古斯人民俗中，有母狗怀孕而非人类妇女怀孕的情节，这很普遍（科佩斯）。

他人者；说话时傻笑者；拒绝接受他人的烟草和食物者等，会被视为坏脾气者。通古斯人相信可用相同的方式了解他们所熟悉的动物的性格，例如狗、驯鹿（驯鹿饲养者中）和马（很少观察马，甚至在饲养马的通古斯人中也是如此）。

57. 假设体系

(1) 护身符

通古斯人和满族人中有一种信念，某些事物可给人类活动的不同领域带来运气。这些事物通常是反常的自然物、畸形物以及罕见的东西。按照这一思路，如果通古斯人发现某一新事物，会毫不犹豫纳入护身符范围。由于这一原因，通古斯人从汉人、蒙古人和俄国人中获得一种观念，承认获取珍宝、永恒食物的可能性。护身符在通古斯人生活中的作用不大，但他们从不会拒绝搜集和保存辟邪物，无人知道哪些辟邪物是真的，哪些避邪物是假的，但保存这些东西是不难的。同时，人们也希望寻找运气。发掘和使用护身符产生的偶然"运气"，会证实某些辟邪物和运气之间的关联假设。护身符假设，尤其某种特殊护身符和特殊运气情况间关联的假设，在不同族团、辈分和个人之间会有很大的差异，下面我将描述一系列护身符，其实不同群体和个人中的此类主题调查可以更深入。当然，在与其他族团接触尤其在汉人影响下的通古斯人中，护身符更为流行。

在满族人和通古斯人中，护身符称宝贝［bōbaĭ，参见达斡尔语 baobei（波）——"宝贵的""宝贵的东西"；满语 baobai（扎哈罗夫）——源自汉语"宝贝"］，而在满洲的驯鹿通古斯人以及阿穆尔州的通古斯人中，护身符称阿杰哈（aǰeγa）。护身符可与烟袋一起挂在摇篮上，上面附着神灵。许多护身符源自神位以及用于保护作用的特殊事物。因此，在护身符、神位或防御物之间划出明确的界限是不可能的。这是通古斯人关于此类物品的态度。如果满族人和通古斯人发现某一护身符，接着狩猎获得成功，那么他们就会向地方神灵或者负责狩猎成功的神灵献祭。我遇到这样的假设，即认为所有的护身符都由神灵创造，因此必须把护身符视为神灵创造的未来运气的象征，神灵必须定期接受护身符佩戴者的献祭，如果未得到献祭，则会给护身符佩戴者带来不好的影响。其实，这一观念为护身符的搜集施加了限制，不过，这不是普遍的观念。

这里我列举用作护身符的一些物件。

双螺帽以及其他双核种子应该对儿童成长有利，因此会被系于摇篮上（满族人和毕拉尔千人）。通古斯人不能肯定护身符是否会带来运气，但由于必须使用某物制造声音唤起儿童的注意力，因此护身符会被系在儿童的衣服或摇篮上。

一小块黑色石头，中间有孔，一条细绳从孔中穿过，被固定在摇篮或衣服上。这一护身符的含义和影响是不清晰的（各种人群）。在喝马奶和用马奶制作酒（arak'i）的兴安通古斯人中，这种护身符用来增加产奶量。

一小块自然状态的金属，中间有孔（满驯）。

一块人脚形状的卵石（毕）。

覆盖着头发的狍子心脏（我未见过）（阿穆尔政府的通古斯人）。

母驯鹿的角，当然，这很少见（库）。

一块透明的石头，有时镶嵌在软体动物的贝壳中（毕）。

黑色的狐裘，已很罕见（毕）。

白色的鼬科皮张，例如貂皮（索龙高）［因为貂皮可以献给汉人（满族人）的皇帝，因此拥有很大的价值］。

源自汉人的意义不清晰的小银像（雕刻的），连同猞猁的爪子一起被固定在烟袋上（满族人）。

一块红色的透明石头（从汉人中购置），内部含有“水”；如果某人用它“贴”（“擦”）眼睛，则可透视石头、铁、木头、人的身体等（毕）。

马鹿胃中坚硬的瘤，我的报道人的父亲终生随身携带。我的报道人发现了这个瘤，固定在一束木制神位上，他的母亲解释了这个瘤的重要性；他通常随身携带这个瘤，但最近这个瘤丢失了（毕）。

一根雕刻着带叶的花的骨头，被放在一条鲤鱼的内脏中；这根骨头保留了很长一段时间，后来丢失了（毕）。

毕拉尔千人通过汉人了解到，通古斯人拉德德村（Radde）附近的山洞中一定有非常重要的护身符，在冬季，山洞中一直冒出热气，这表明山洞中一定有一条守护护身符的大蟒蛇在呼吸。

还有一些护身符会产生光，在光的帮助下，人们可能很快地移动，甚至在天空中也是如此，人们利用护身符变为马和车出行，则可以发现很多狩猎的动物等。但很难发现这种护身符，只能通过故事了解这类护身符。

一般而言，任何罕见的，对通古斯人而言陌生的并且超越其理解范围的事物，都会被视为可以带来运气的护身符。护身符能带来什么，取决于通古斯人对外来民俗的了解和想象。而且，关于成功的信心的心理条件，也是巩固这一假设的重要因素。

因此，我们可以总结，有两种类型的护身符，其一是神灵送来的可带来狩猎运气的护身符，这种观念从本质上看源自通古斯人，其有效性可以通过观察狩猎成功的频率加以确认；其二是从相邻族团了解到具有某些效果的护身符，通古斯人从未验证其有效性，仅是因为他们信任拥有特定能力的族团，因而相信护身符的有效性。不过，这里需要指出，第二类护身符主要存在于通古斯人的民俗中，而非日常生活中，因为通古斯人不会完全依赖其他人的道听途说。

（2）交感影响

在所有的通古斯人中，许多案例可以理解为源自如下假设，人产生的特定的行为和状态可能再次产生，甚至在没有人为干预的情况下，也会发生。但是，这种状况并不容易发生，因为其中至少有两种顺势影响的可能状况。最简单的情况是最简单交流思想的行为，或者是要求神灵管理或对特定的现象负责。其次，对引入神位的非物质实体施加影响。第三，纯粹的顺势疗法，人们不了解其背后的机制。其实，这里我可以只论述第三种情况，但人们需要更多的案例以精确地理解下面看似相似的三个例子之间的差异。

当满族人和通古斯人为了产生风而吹口哨时，其中的观念并不是口哨可带来风，而是为了引起神灵的注意，向神灵传达如下观念：“我们希望你产生风。”而且，吹口哨和发出嘶嘶声是召唤神灵的方法。某些神灵很容易回应召唤。由于这一原因，在未充分考虑可能性的后果时，不能使用口哨。兴安通古斯人会用草制作他们想猎杀的动物偶像（不是神位!），并射击这些偶像；他们如此做的目的是想让神灵知晓其所求。其实，这一操作也可通过告诉神灵完成，不过，其过程则会更复杂。

当通古斯人制作一个神位，会把他们想伤害的人的灵魂置于神位之内射击或部分毁坏神位，其中的观念是外化的灵魂被置于神位之内，当神位被部分毁坏后，作为一个结果，灵魂主人的身体也会遭到伤害。所有的通古斯人在不同场合广泛地使用这一方法。① 但是，如果我们不能及时判断心灵感应和观念传递是否可能，通过前面讨论过的相关内容（后文将讨论更多的内容），可以推测相似行动的背后可能不仅仅是“远距”影响他人的假设。其实，这与某位通古斯人烧坏其妻子神位（纳吉勒，参见前文）后，第二天早上其妻子的眼睛失明的案例是不同的，因为这是一种典型的后此谬误。无疑，眼睛已经感染很长一段时间，病情一直在发展，眼睛失明的最后一刻恰好丈夫对其妻子的神灵进行操作。因此，我们必须在具体案例中理解通古斯人对某种行动的解释。

现在我们考察假设不同器官中存在能量的案例。库玛尔千人认为，如果某人吃了老虎的眼睛，则会变得无所畏惧。为了拥有坚实的牙齿，人们必须用老虎胡须制成的小刷子清洗牙齿间的缝隙。其实，这两个例子是不同的。在第一个案例中，无所畏惧的力量应该藏在眼睛之内，因为老虎用眼睛盯着敌人，但通古斯人吃了眼睛之后，不会对眼部生理组织带来影响，而在第二个案例中，坚硬的老虎须可能会给牙齿带来影响。还有一个例子。许多群体认为，肝脏应该是灵魂的居处。② 而且，由于肝脏与特定心理状况之间的关联是一个广为人知的事实，通古斯人和满族人不可能完全不了解，肝脏出现问题带来的疼痛，以及随之而来行为的明显改变。在此基础上，很容易形成进一步的概括。满族人说，无所畏惧者拥有阿木巴发浑（fa-yun），而且他们不惧怕神灵。为了获得无所畏惧的品质，为什么不吃肝

① 满族人告诉我，在奥佛罗托克索（卡伦山，汉语），有一名日本“医生”，经常制作可能成为他的病人之人的肖像。他会拿一张纸，并且在上面写病人的名字，然后用钉子固定在墙上，接着会在写好的名字上穿孔。许多人生病之后，不得不寻求医疗帮助，满族人对此危险行动愤慨，公开谴责“医生”。

② 满族人和通古斯人不承认这点。

脏呢？其实，满族人经常吃生的肝脏。[①] 满族人和通古斯人熟知不同食物的功能，他们会出于特定的目的有意识地选择某些食物。例如，冬季食用熊脂肪可以保暖，人们从热量和所含能量的角度，对各种肉进行分类。这些事实承自长辈老人。他们也了解胚胎组织和正在生长的鹿角的功能。因此，在这个问题的态度上，他们不会认为肝脏和不同器官具有包含某种可对身体产生影响的元素。我们现在感兴趣的不是这些假设是否正确。其实，这一观念的基础是食物可能会给不同的生理器官和心理状态带来影响。这两种主张目前在理论和实践层面已经被医学科学和生物学所认可。但是，19 世纪一位“持怀疑态度的民族志学者”在不了解动物器官疗法有效性的前提下，很可能把其归类为“巫术”；这些民族志研究者会把妇女分娩后吃胎盘的事实解释为人类相较于动物的优越感；把双胞胎经常同时死亡的“大众信仰”解释为某种“迷信”；但现在呈现在我们面前的事实是单卵双胞胎往往会同时死亡。

其实，非常可能的是，老虎的眼睛、狍子的心脏以及其他相似的案例犯了过度使用各种假设的错误，不能被视为正确的结论，而且这些效果很可能被错误地解释了，但是，明显的是，满族人和通古斯人的推理是自然主义的，与其他任何基于未充分研究事实的推理，以及未经检验的假设差别不大。从这个角度看，这一推理与 19 世纪的医学和心理学并无二致，很可能我们的后代也会如此看待我们今日的医学和心理学。

如前文所述，毕拉尔千人用蛇制作毒子弹（参见前文），其实，在这种情况下，只有通过认真的化学分析，才能确定毕拉尔千人的“魔法师”程度。

通古斯人避免与有双胞胎和三胞胎的家庭相处，因为如果如此，类似的情况也可能发生在他们身上。这是基于事实的观察，认为传染（例如梅毒）可能是双胞胎、三胞胎和其他反常现象的原因，难道这只是简单的顺势影响的案例吗？

在儿童去世的家庭，毕拉尔千人（和满族人）会使用防御性的方法。他们会给活着的儿童戴上耳环、脚环、手环和头环。这些方法借自汉人，很可能是从古老的时代保留下来的——禁忌。这一观念认为，神灵不会攻

① 为了保持好视力，满族人吃生的狍子肝。

击采取特定的措施的人。毕拉尔千人也会给儿童的手腕戴上一条窄的刺猬皮以避免神灵。满族人也会使用相似的方法，他们会在儿童的脖子上戴白色的项圈保护儿童，直到儿童长出灰色（白色）头发。其实，根据多雷的研究，这些是汉人的方法，满族人和通古斯人只是描述。当儿童患眼疾时，满族人会使用褐色的纸剪出一副眼镜给患病儿童戴上。这些利用标志和眼镜的方法背后的逻辑是与神灵沟通。这种情况与满族人用“红纸”（汉人使用涂有红色石膏的纸）盖在儿童的肚子上治疗儿童不同。从实验的角度看，汉人的红色石膏十分有效，但石膏的医疗作用并未引起满族人的注意，他们只利用了“颜色”。

为了防止雷神误杀他们，毕拉尔千人必须吹口哨或制造噪声表明其出现。同样，出于同一个目的，他们也可以把斧头磨得锋利，这样做的目的即表示神灵的存在，斧头锋利的边缘很可能伤到神灵。

一般而言，通古斯人和满族人在剪头发和指甲的过程中十分小心。剪下的头发和指甲不能扔掉，其原因是其他人可能搜集某人的头发或指甲，作为其灵魂的神位。而且，其他神灵也可能直接利用头发和指甲。

为了充分理解典型案例，这里我呈现一个可以很好表现通古斯人交感影响观念的案例。我曾对一位涅尔琴斯克通古斯人做体质测量。我记录下他的名字、氏族、年龄等信息。我给他拍了一张照片。最后，我请他为拍照记录唱些内容——他是一名优秀的歌手。这时他的阿吉（“氏族长辈成员”）竭力表示反对，并且对我说：“你已经取走了他的身体、名字和肖像，现在你想取走他的声音。那你还会给他留下什么?”在这位长辈氏族成员看来，如果我把这个人的所有个性复制品带到圣彼得堡，坏人可能对这些复制品加以操纵。其实，这个案例中并没有“个性的复合体”，由于害怕外来者出于个人的目的很容易了解其个性，个性的拥有者会尽可能维持其个性的独立性和神秘性。其实，这种情况在通古斯人中表现出与欧洲人不同的形式，通古斯人的表现是“万物有灵的”和“巫术的”。

在满族人中，当某一外来者到某家时，如正赶上这个家庭清扫灰尘，则千万不能踩在灰尘上，或者跨灰尘而过。如果这样做，外来者可能会影响到家庭成员产生的灰尘颗粒，由此给家庭成员带来伤害。如果家庭中某人生病，则很可能源于外来者破坏了禁忌，他会被指控为不幸的制造者。当然，无人愿意冒破坏友谊的风险。

还有一些例子乍看似乎是“巫术的”，但就其功能和“起源”看，事实并非如此。不过，并非一切事物都可以上述方式对待。其实，在满族人和通古斯人中，某些方法不能被清晰地理解，至少对我而言是如此，而且人们也不能做出很好的解释。例如，满族人会选择“有福之人”参与和操持婚礼。这些人家庭中必须没有去世的成员，也就是说，丈夫、妻子以及所有的孩子都活着。这里满族人认为，如果这些人是“幸福的”，新结婚者也会幸福。

在巴尔古津通古斯人中，如果某人即将死亡，人们会杀死一头驯鹿，把驯鹿仍有温度的心脏取出，放到将死者的胸部。在其他群体中，如果人们祈求有一颗活跃的心脏时，也会进行相同的实践。为了促进儿童牙齿的生长，父母必须扔掉乳牙。在满族人中，这些牙必须被扔到屋顶上。这类例子在本书涉及的各族团中并不普遍。我不能武断地把这些案例视为简单的、纯粹的顺势“巫术”。

（3）占卜未来

通古斯人和满族人，以及大多当代的族团都认为通过特殊的方法可预知未来。从心理学上看，这一文化丛很重要，通古斯人了解一定的占卜未来的知识。尽管萨满可在神灵的帮助下预知未来，普通人的预知未来能力不如萨满，但人们认为，现在的事实和未来的事实之间往往有某种关联，因此普通人可以通过了解现在的特定事实以预知未来。在这个一般性的描述中，通古斯人并不例外。通古斯人的特殊之处是预测未来所借助的充分事实。其实，某些用来预测未来的事实并非毫无根据，例如，如果乌鸦在猎人前面飞行，则是狩猎成功的标志，通古斯人不理解猎人与乌鸦之间的特殊合作形式，把这一事实归因于“神秘的”关联，犹如视手掌痒为成功的征兆等等。我们可以区分两种情况，即（1）基于各种方法的预测；（2）基于观察特殊征兆的预测。

占卜和预测未来是通古斯人和满族人钟爱的职业，几乎被萨满垄断。除了以萨满对神灵的掌控该观念为基础的最为常见的萨满教预测（后文会探讨)，普通人也会使用一些预测未来的方法，不过其中的大部分内容都是晚近借自汉人、蒙古人和俄国人的实践。通古斯人了解通过烧肩胛骨（羊、驯鹿和其他动物的肩胛骨）占卜的方法，但这一技艺并非如蒙古人发展得详尽——整个操作过程看似不熟练。通古斯人，尤其是毕拉尔千人采借一种用步枪占卜的新方法，这种方法并非源自通古斯人。在满族人中，汉人占卜者享有很高的声望，在某些情况下，满族人在这方面的支出在家庭费用中不断增长。而且，某些通晓汉人方法的满族人也会使用这些方法。

满族人中还有两种很受欢迎的占卜方法，掷五枚硬币和烧炷香——把三根香放在一起，根据香烧的速度来判断未来。

与上述占卜方法相比，观察不同的征兆则不同。前述的占卜方法并非毫无意义，但大部分案例仅是后此谬误；但也有一部分内容会对通古斯人的活动带来影响。这里我将举一些例子；完全详尽地呈现事实是不可能的。

在通过征兆占卜未来的方法中，梦是一个很重要的部分。首先，这个问题相当微妙，因为现在我们知道梦可能反映“无意识”情结，现实中人们的行为也会受到同样情结的限制。因此，两者之间的巧合绝非偶然。其次，梦可能会通过自我暗示，给做梦者的日常生活态度带来影响。第三，如前文所述，梦中的心灵感应交流千万不能被忽略，而且梦可能源于对远距之外事实的真实感知，因此它们可能是对事件的真实预测。最后，梦中出现的事件可能与真实的事件偶然联系在一起，在梦和现实之间建立随意的联系。此外，象征的形式和情境以及情感要素使问题更为复杂，因为借自其他民族志文化丛的象征在新的文化丛中可能会改变其“功能”，也就是说，在某种程度上摆脱其原初功能，甚至只保留通过传统延续下来的“无功能的象征符号”。在梦占卜文化中，包括不同来源的观察和推论，因此分析这些内容本身可能是一篇有趣的心理学文章。这里，在不做分析的前提下，我描述一些事实。根据一位毕拉尔千人报道者的介绍，梦的含义需要具体分析（也就是说，象征是一个具体事件）。在这种情况下，梦中的独木舟表示客人造访、不幸，尤其是死亡；不同的动物表示萨满，在通古斯人看来，萨满可以表现出鸟、蛇、狗等动物的形象；孕妇如果梦见蛇，则预示会生儿子，而梦见鸟则预示会生女儿。一位兴安通古斯人告诉我，猎人如果梦到本人把自己的马杀死，而且扒了马皮，这预示着猎人会在第二天捕到一头鹿角优质的马鹿。

所有的通古斯群体都认为鸟是“运气”的传递者。例如，在兴安通古斯人中，交嘴雀预示狩猎成功，从后方给家里带来消息；由于这个原因，兴安通古斯人会抓住这些鸟，由儿童在家附近饲养。如果它欢快地鸣叫，表示家庭中的某位成员杀死一只动物；如果某人生病，这种鸟会发出间断的（断音）哀号；这只鸟不时地鸣叫意味着不幸。鹧鸪也是狩猎“运气”的象征，但并不总是如此——如果两只鹧鸪突然出现在猎人前面，后者必须立即说：“一枝！两枝！”等，这里“枝”表示马鹿角上的叉，人们认为，鸟类会落在拥有特定数量鹿角叉的马鹿上（鹿角的叉越多，动物就越珍贵），但如果鹧鸪在猎人说出任何事物之前飞走，或者落在低处，猎人的狩猎则没有运气。前面我已经叙述了毕拉尔千人中乌鸦带来运气的案例（参见前文）。

同样，蛇也会在狩猎中带来“运气”。例如，兴安通古斯人认为，如果一条蛇在不伤害人的前提下爬入棚屋，则预示狩猎成功。[①] 一条蛇曾爬入婴儿的摇篮，盘在婴儿的脖子上，这被视为“好运”的征兆，因为此后这个孩子一直很健康。当然，千万不能杀死蛇。[②] 人体也是产生各种征兆的源泉。例如，毕拉尔千人认为，如果肌肉不受控制地收缩，则表示狩猎中的“好运”，兴安通古斯人认为，手发痒是狩猎“好运”的征兆——将会出现“血”和“皮”——神灵白那查会送来动物。

对于毕拉尔千人而言，预兆未来好运的特定源泉是火——火产生的不同声音。所有的反常现象会给通古斯人带来深刻印象，它们通常被阐释为警示。例如，在毕拉尔千人中，一匹母马生下一对马驹后死掉；不久后我的报道人的父亲也去世了；对于这两个接连发生的事件，邻居们很恐惧，

① 有两条蛇曾进入我的报道人的棚屋；第二天早上他捕获两头鹿角优质的马鹿。第二天，在他中午休息时，一条蛇爬到他的身边，在其裤脚下盘着；这被视为成功的标志。必须指出，在兴安岭的某些地区，蛇的数量很多。它们会钻进哥萨克人的帐篷，甚至有一次一条蛇在哥萨克人的枕头中度过一夜。在这个特殊地区，成千上万条蛇在热的洞穴里过夜，然后春天爬出洞穴。

② 我们杀死帐篷中的蛇给通古斯人带来强烈的印象，在他们看来，这会给我们带来不幸，而非他们。

认为所有的人和马都会在不久的将来死掉。其实，母马生下一对马驹是反常的，但毕拉尔千人如何由此预测未来，我并不清楚。

自然现象也具有特殊含义。例如，兴安通古斯人认为，如果风把某一赴战的队伍的旗帜吹向相反的方向，这预示着该队伍将大败。因此，该队伍立即返回更安全。

(4) 好地点和坏地点；日子和时辰

通古斯人，尤其是满族人认为有“好的”和“坏的”地点、日子和时辰。这一理论部分基于上文提及的“路”理论以及阴阳理论，根据这一理论，地点可分为危险的、无关好坏的和好的。这一理论也会从汉人关于占卜与确定“幸运”和“不幸”状况的理论中寻求支持。因此很自然，危险神灵所处的方向是不好的，而无恶神居住的地方则是好的。我们举一些例子。北方和西方以及两者之间的方位是“坏的”，而南方则不然。日路要比夜路更好。每月中的奇数日子属阴，被视为不幸的。每天中的时辰用神灵和动物命名，例如恩都立额林、莫林额林等，也有胡图额林，在后一时间去世者成为伊巴罕，但是，并非所有的满族人都接受这一观念。当某人想做某些重要的事情，尤其是婚礼和葬礼等，会选择时辰。在毕拉尔千人中，每个月的第 24 天被视为狩猎的好日子，而第 25 天是不好的日子。

一般来说，这些观念在通古斯人中不如在满族人中重要。在满族人中，日子和时辰知识是不充分的，因此在每件事情上必须求助于汉人专家。这些观念只是逐渐地传入通古斯人中。因此，与汉人接触的满族人、达斡尔人、蒙古人对这件事情了解得更多，通古斯人居住得更远，了解得很少。其实，只有在观察日历和每日时间划分的情况下，才可以区分日子和时辰。

在选择墓地的情况下，通古斯人更喜欢有吸引力的坟地。这些地点可能是“好的”。在为棚屋选择一个“好的”地址时，他们会避免有路穿过的地方，神灵可能会沿着路路过。

由于某些地点有神灵“定居”，是“坏的”地址，情况会更加复杂。因此，在此情况下，如果某一家庭连续发生不幸，搬家的情况则频繁发生。其实，我所接触的所有搬家案例，都是出于特定的考虑。例如，房子可能太大，也可能因为家中人口损失太多，或者是不适合过冬等。[①] 家庭中发生的不幸经常被解释为祖先的墓地选址不好，但满族人很少把尸骨转移到他处。在这方面，满族人和朝鲜人不同，后者在一生中不断将祖先的尸骨从一处转移至另一处。

分析“好的”和“坏的”地点和时辰需要小心谨慎，因为对地点和时辰的选择通常需要考虑务实方面，但由于原因被遗忘，满族人在许多情况下都是在毫无根据假设的基础上做出选择。

同样需要指出的是，满族人和通古斯人的典礼中也有几项内容需要避免，其中所谓“好”和“坏”的规定实则只是管理社会关系的礼节。例如，在路过值得尊敬者的房屋时，需要下马，避免踩在或坐在门槛上，因为门槛被称为“房东的脖子”。还有许多其他相同类型的习俗。

---

① 出于阐释目的，现在我举一个例子。在卡伦山镇，一位满族的小官员在 1908 年建了一座大的、装饰精美的房屋。这一建筑共花费 1500 美元。3 年后（清朝灭亡），这个家庭遭受了各种不幸：孩子经常生病，家庭男主人失去官职，几次举行葬礼花费很多钱；而且，他在旅行的过程中遭到神灵侵害。因此，家庭规模缩小，与之前相比，房屋只有三分之一的房间被家庭成员使用。房屋需要的大量燃料购买不到。因此，这位男性决定卖掉房屋。尽管他只要价 150 美元，但由于选址不好，无人想购买这座房屋。最后，有一人决定花 400 美元买下房屋，把房屋材料转移到新的房址建造房屋。卖完房屋后，这名男性搬到一个小房屋中居住。

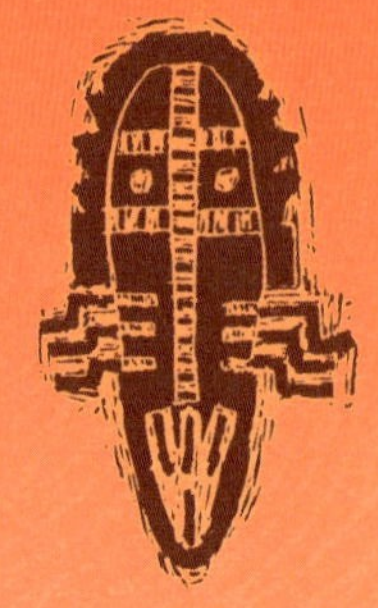

本译著系2022年度教育部人文社会科学研究青年项目『清代国家权力影响下萨满教变迁研究』（2022YJC730006）阶段性成果。

通古斯人的心智丛（中）

PSYCHOMENTAL COMPLEX OF THE TUNGUS

〔俄罗斯〕史禄国／著
Sergei M. Shirokogoroff
于洋／译

第三部分

假设知识的实践结果

第 16 节　影响神灵的方法

58. 基本评论

在这一部分，我主要讨论管理人类和神灵之间各种关系的实践方法。通过具体案例描述这些方法和实践之前，我将用一小节篇幅概述这些方法和实践。

在本节和下节中，我会描述不需萨满和其他专家帮助管理灵魂和神灵的案例。其实，在通古斯人和满族人中，根据自身掌握的知识管理神灵和灵魂的情况远多于求助于专家技艺。而且，后文会提到，出于十分重要的原因，他们往往会回避专家，尤其是萨满。

事实上，通古斯人中神灵很多，他们经常会在路上遇到神灵，神灵往往徘徊在家庭附近，每个人必须至少懂得最简单的操控神灵方法，避免神灵的伤害性活动。通古斯人需要辨别各种表示神灵活动的信号。通过描述神灵，可以发现，这些假设能解释许多事实，如果没有这些假设，事实则无法解释。不过，这些假设本身有时可以带来意识上的负担，产生不必要的恐惧，导致个人和群体适应功能的衰退。

所有未按照期待发生的状况，都可被视为神灵活动的结果。例如，猎人拥有一支使用习惯的精良步枪，在弹药筒没有问题的前提下，如果打不到猎物，则会归因于神灵的影响。神灵可使枪变得过轻或过重、瞄不准方向等。其实，这是一种自我暗示，是对碰到猎物概率的解释。有时，猎人可以遇到猎物，发现动物的足迹，并采取各种手段防止被猎物看见、闻到或听到，但仍不能捕获动物。猎人通常解释为神灵不想赐予"运气"，即向猎人的方向派送动物。通古斯人家庭生活中的"不幸"事件，有时不被理解成偶然事件，而是神灵有目的的恶意影响。① 这种态度也用于解释一般无二地影响到共同体成员中体弱者和强壮健康者的疾病。大量的心智困扰，如寄生虫影响、器官部分损坏以及适应功能失衡等超出通古斯人理解能力的情况经常被解释为神灵活动所致。此外，某些偏离正常行为的状况，尤其是失去适应环境能力，也常被视为神灵活动影响的结果。上述这些现象有时出现在"失魂"（部分或完全）案例中，因为灵魂的性质与神灵相同。

某些情况下，通古斯人有机会观察神灵世界的活动，当这些情况影响到其利益时，他们必须找到合适的应对方法。如前文所述，对于同一现象，可能有不同的解释。为了找到有效的补救措施，通古斯人必须做出正确的判断。并非所有困扰都能不借助有能力专家来帮助解决，我会在后文介绍这些内容，这里我先讨论不需要专家解决的困扰与各种防御措施。

通古斯人都知道，一些神灵会一直带来威胁，或者随时造访。除了祈祷和献祭取悦神灵，没有其他更好的办法，因为这些神灵是不可避免的。通过长时间观察，通古斯人和其他人相信这一事实。因此，通古斯人做好了一生与这些神灵打交道的准备，但会尽力减少神灵带来的持续焦虑，尽可能将最少的精力用在祈祷和献祭方面，只要能够保证自我安全感即可。通古斯人最关心的是本人、家庭成员和祖先的灵魂；其次是所属氏族的神灵、妻子氏族的神灵、森林中的神灵、天上的神灵以及无论是否愿意都必

① 必须指出，在许多情况下，通古斯人会利用传承的心智丛解释这些现象，这体现在第一部分介绍的某些案例中。

须打交道的神灵（如满族中的玛发和富其吉）。

另外，有些神灵可以很容易避开。神灵会聚在某些地点，人们接近则会受到伤害，尤其在晚间或喝醉状态下。因此，如果可以避免神灵，人们不会涉足这些地点，尤其在晚间或喝醉后，根本不会去这些地方。某些河流常盘踞神灵，这些神灵会缠住靠近者，人们会避开这些河流。某些妇女可能是氏族神灵的承载者，从需要抵御性吸引的角度，需要避开这些妇女。此外，还有数百神灵会侵害无神灵保护者或失去自我控制者。因此，许多地点和人群是需要避开的，其中避开某些地点（如天花、麻疹和性病传染病盛行的地区和河流）和人群可从卫生学或人身安全的角度理解其合理性，但有许多地方仅因理论和假设被贴上禁忌的标签。这些神灵不仅有大量居住在森林、山川和沼泽中的神灵，也包括其他氏族和族团的神灵。它们偶尔接受献祭和祈祷。

不过，还有一些通古斯人并不十分了解的神灵（它们未被认真地调查），人们怀疑这些神灵的存在，却无法避开它们。为了中立这类神灵的活动，通古斯人花费很多精力采用预防措施避免神灵生气，尽力避开这些神灵。通古斯人会献给神灵茶、肉或酒等日常生活消费品，把小块食物扔到火中，或把喝的东西撒到空中。许多情况下，通古斯人说不清楚献祭的具体神灵，会不自觉地做出献祭行为。事实上，这是一种很重要的防御手段。

通古斯人中也有大量被严格遵守的禁忌，但它们却不与任何具体神灵有关。这种情况下，通古斯人的态度很简单："这些习惯是我们祖先确立的，而非突发奇想，已经历了长时间实践，我们为什么要抛弃？这些禁忌被创造的目的，可能是防御祖辈熟悉的神灵，这些神灵现在仍存在，只是我们年轻的无知后代不了解这些神灵。"其实，打破禁忌总是可能的，但这样做有时要比模仿祖辈人付出更大的代价，甚至禁忌不需被解释就可存在。但是，不断积累的禁忌可能会阻碍生活的运转，最后让人完全无法忍受，一部分禁忌会逐渐被放弃，通常由借自相邻族团的、未被解释的新禁忌取而代之。相当一部分与神灵假设无关的禁忌文化丛，几乎被解释为防止神灵恶意活动的实践方法。因此，在这一案例中，用先在的假设解释禁忌是派生现象，许多禁忌都是如此。事实上，某些诸如管理社会关系的禁忌不需要解释，但在这一案例中，禁忌实践也可能出于担心神灵（有时其来源是未知的，描述是不清楚的）带来困扰。

最后，某些神灵可通过恐吓或损毁被驱逐。这些神灵可能源自死者的灵魂，主要是未经过埋葬仪式的灵魂，也包括“良心坏”萨满的灵魂，以及其他对人们有害处的灵魂。毁坏或伤害神灵（也包括灵魂和承载灵魂的身体）的方法，通常是毁坏召唤至神位中的神灵或灵魂。中立萨满的灵魂构成这一类型方法的重要部分。而且，这不是简单的操作，如果没有萨满的帮助，一般人十分不情愿承担这一任务。

诊断疾病和特殊的心智状况（尤其是妇女和儿童），是通古斯人一贯的活动。首先，应该指出的是，在通古斯人中，主观上不适的疾病和相关状况比其他族团更多，这些状况在很大程度上创造了通古斯人的心智要素。由于萨满和其他专家无能力解决这些特殊状况，甚至其干预会让情况变得复杂，因此每位通古斯人都必须拥有特定的诊断知识。如前文所述，通古斯人对于可用药物治疗的传染性疾病，更倾向求助外来医生；通古斯人也可辨识出一些其他传染病，但由于理论原因，他们认为这些疾病千万不能由外来者尤其是药物治疗；同时，通古斯人认为某些疾病是神灵活动造成的，这些疾病必须由通古斯人自己或者是专家尤其是萨满治疗。因此，每位通古斯人必须能够判断某种困扰是需要求助专家（他们可能是汉人、蒙古人或俄国人等外来医生，或者是有经验者、与特定神灵沟通的专家，或者是萨满），还是在直系亲属的帮助下自己解决。治疗成功在很大程度上依赖诊断。其实，在大多数情况下，通古斯人的错误诊断是由自身原因造成的，他们会因自身的错误而自责，因此觉得必须小心死者的灵魂。

通过描述通古斯人关于自身灵魂、其他人灵魂、神灵以及疾病的不同态度，我不想带给读者有关通古斯人的“原始民族”印象，通古斯人并非一直与神灵斗争，也根本不受神灵的压迫。灵魂、神灵和疾病带来的困扰是普遍现象，因此通古斯人必须使用恰当的解决办法，采取必要的预防措施。这些因素给通古斯人带来巨大的责任感，他们在自身的理论和假设知识中找到充分的解释方法和实践路径，缓解心智丛的负担，从而在功能意义上维系族团的延续，保证自身的福祉。接下来，我将介绍通古斯人使用的方法，但不会触及这些实践的功能问题，后者将在本书结论部分探讨。

59. 方法的分类

通过描述神灵和灵魂的性质，我们发现，人们可以与神灵沟通，并在必要的时候施加影响。在通古斯人看来，最重要的事情是了解神灵的特征，懂得如何与神灵沟通。

我们区分两种情况，其一，对于根据自身意愿出现的神灵，人们需要与这些神灵沟通；其二，出于与神灵沟通的目的，通古斯人召唤神灵。第一种情况下，通古斯人会采取特殊的措施（a）使神灵的出现符合自身利益，或者（b）中立神灵的有害影响。两种情况下，通古斯人采取的具体措施基本相似。如果是有目的地接近神灵，具体措施包括与神灵建立联系并影响神灵。

在与神灵建立联系方面，我们需要区分两种情况，其一是通过简单召唤或复杂的祈祷吸引神灵，从而与神灵建立十分短暂的联系；其二是通过简单召唤或复杂的祈祷吸引附近可掌控的神灵并建立长久的关系。若要与神灵保持长久的关系，需使用较长的祈祷词，反复地向神灵祈祷，将神灵置于“神位”或特定的房屋中。神位可能是暂时性的也可能是永久的。暂时性神位用于与神灵接触的特殊情况，而永久性神位在理论上是持续使用的。临时性神位和永久性神位，即（a）自然神位，例如石头、树干、森林、溪流、山川和房屋、石头、火堆，以及其他不是人们有目的制造的神位；（b）由木头、铁、铜、草、纸张以及其他材料制成的神位，这些神位可进一步“成长”为神龛或寺庙；（c）动物，作为永久神位或用于神灵乘骑的动物；（d）人，我们需要区分功能上两种不同的人，即有目的让神灵附体的萨满和非自主性神灵附体者，后一种情况十分普遍，比如发生在某些疾病场景中。

通古斯人吸引神灵是因为神灵会影响他们的利益。影响神灵的方法十分多元，这一切取决于神灵的性质、人们的能力和影响神灵的目的。在某种程度上，神灵的特点与生活中某类人相似，人们使用相同的沟通方法影响神灵。

通古斯人通过获得神灵的信任，让神灵接受其观点。在这种情况下，他们会在以祈祷形式与神灵交流的过程中表达原因，祈祷词可以是固定的、程式化的，也可以适应特殊需要而自由创作。通古斯人认为，神灵是人的保护者，对于十分强大的神灵，他们会经常汇报情况，尽可能地表现出服从和依赖，这体现在他们固定的或自由创造的祈祷词中，其内容表达了赞颂。不过，通古斯人也会使用其他方法影响神灵，即利用神灵的特点来施行操控——他们可能通过恐吓驱逐神灵，也可能欺骗神灵进入某一神位，然后毁坏这些神位。与此类似，通古斯人可能用赞扬或“谄媚”的语言吸引神灵，接着背信弃义地捕获神灵，或者放弃这些神灵，由其他神灵毁掉。不过，通古斯人最普遍使用的方法是将神灵困在一处，让它们不能逃离；也经常使用驱逐神灵的方法，还有一种方法是使神灵一直待在附近。为了满足自身的利益，通古斯人也往往会努力赢得神灵的同情。献祭是这类方法之一，但是，有时向神灵许诺献祭后，通古斯人往往不履行诺言，也就是说，神灵可能会受到欺骗。另一种获得神灵同情的办法是过分赞美神灵，这通常是不真诚的。最后，目前，非常重要且普遍的管理神灵的途径是通过萨满教的方法以及其他与掌控神灵相似的方法使神灵屈服，或者是让神灵成为人的奴仆。

以上描述的与神灵交往的方法可以由下表概括。

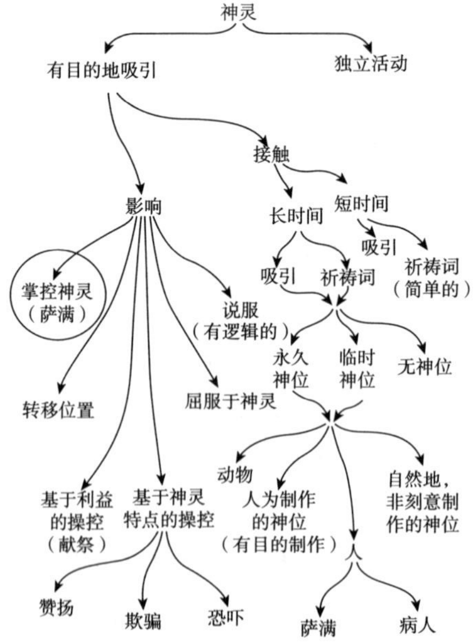

因此，在描述具体的案例之前，我们需要更详细地探讨神位、祭品和祈祷词三个问题。

60. 神位

我使用“神位”概念出于以下原因。在通古斯人的神灵观念中，神灵具有安置在特定物质性实体中的属性。只有当神灵得到“安置”后，人们才能和神灵交流。其实，我是从一位毕拉尔千人那里获得这一观念的，他向我解释了“神位”的功能，具体如下。当我问他用木头或其他材料制作神位的原因时，他用一个问题回答我：“神灵怎样才能知道其地点（鄂伦）?”继续提出另一个问题：“如果你邀请某人，难道不会向你的客人展示就座之处吗?”因此，必须准备神灵能够辨认出的特殊座位，其他神灵则不能使用这一座位。因此，神灵“座位”在通古斯观念中十分简单清晰。在早期用俄文[①]发表的文章中，我用 vmest'iliš če 表示神位，可以翻译成英文的“容器”或“储藏处”。但是，这一术语是不恰切的，因此在其他的英文著作中我使用了“神位”（placing）或“房室”（louculus）。因为通古斯人会“安置”其神灵，因此，我更倾向使用“神位”一词。我拒绝使用“偶像”“崇拜物”等经常出现在民族志作品中的概念，因为这些概念的含义十分不同。通古斯人的神位没有任何“超自然性”，也不是“神圣的”，甚至不是神灵的象征，也不是它们的形象。而且，神位通常不被视为艺术品。[②] 它们可以被毁坏，或者由其他神位替代；通古斯人甚至可以就神位开玩笑。但是，只有在神灵未居于“神位”的前提下才可如此。“神位”这个术语比其他任何术语都要合适，因为如前文所述，动物、人以及像岩石、树等自然物也可以成为神位。在通古斯人看来，这些神位和有目的制作的神位之间没有功能上的差异。尽管“神位”概念在通古斯人思维中十分清晰，但通古斯语和满语中没有专门的术语表达所有的“神位”，不过他们却拥有表示不同类型神位的术语。

---

① 参见 1919 年的文章《通古斯人萨满教基础的研究》。

② 但一些满族神位却是例外（参见前文）。

在后贝加尔地区的通古斯人中，人们将与其他财产一同携带的神位称作布日坎（参见前文第48小节）。在满洲地区和曼科瓦地区的通古斯人中，神位称萨瓦吉（savak'i，语音的和语义的变化参见第329页）[①]，在后贝加尔地区和满洲的驯鹿通古斯人中，表示萨满教实践中去往下界神灵的神位称色瓦（sēva，参见前文第328页）。由木头制作的神位可能称莫玛（mōma），即木制的、木头之意，例如mōma（涅、兴）、momate（毕、库）；金属制作的神位可能根据使用的材料命名。但是，这一习惯并不普遍。[②]通古斯人也用特殊词语表示用草制成的神位，用于召唤和驱逐死者灵魂和一般的下界神灵：巴米（bam'i，毕、库）、包米（bōm'i，曼）。[③] 还有一个更为普遍的用来表示神位的术语，即用阿尼坎（也称阿纳坎）（满驯、毕、库）[④] 表示萨满活动，尤其是萨满去往上界的实践，或者表示通往上界的道路。还有一些术语用来表示特殊的神灵，例如玛鲁、康安、召勒等，或者是普遍的表征如博要（bojo，"人"）、德吉（"鸟"）等，也可以是神位形式如巴达（涅、巴）（面具）、德勒格德（毕、库）等。

通过这些情况，我们可以清楚发现，我们不能根据通古斯人关于神灵的方言名称进行神位分类。其实，我们可以根据神位所安置的神灵进行神位分类，这一方法只是有利于神灵分类，因为同一神位有时会用来安置不同神灵，反之亦然，即同一位神灵可能在不同的神位中安身。

神位的大小取决于生活方式和神位持有者的个人喜好。一般来说，在定居的通古斯人中，神位可能相对大一些，由于临时性的神位在仪式表演后会扔掉，所以型号会大些。神位的形状与神灵种类密切相关，不过与此同时，同一形状的神位也可以安置不同的神灵。制作神位的材料也十分不同——同

---

① P. P. 施密特指出，在涅吉达尔语中，这个词语用来表示东正教的"十字架"。

② 在涅尔琴斯克通古斯人方言中，金色的神位称golema［参见gaoli（毕）、gauli（兴）、gŏll（曼）、goli（乌鲁·卡）——"铜"；参见guili（n）‖ γaoli（蒙·鲁）——朝鲜、铜（参见汉语高丽，朝鲜）参见golima（季·安）——"铜"；参见golima（季·安）——"铜"］。很明显，"金色—铜"用相同词语表示是根据颜色。其实，金色的神位很少见。我没有见过金色神位，只是民俗中有提及。

③ 在通古斯语中没有找到这个术语的词源。这个术语很可能与蒙古语表示"地球""地方""土堆""埋葬"的词干有关。事实上，在通古斯语中，这个词第一个音节的元音不是固定的，bVm总是与"死亡文化丛"相联系。

④ 这个词的词源参见前文第93页。

一种神灵的神位可以用木头、铜或者草制成，甚至可以缩减成一张图画表示。神位的形式、大小、形状、材料等方面的多样性，主要由于神位不是“偶像”，也不是“圣像”。神位制作的选择过程主要依赖个人品位或传统。事实上，我们已经发现，毕拉尔千人中表示阿杰勒嘎的神位，通常由两个干燥的小山丘表示，其原因是这位神灵最初被安置在小山丘上。不过，如果没有小山丘，毕拉尔千人则会制作两个人形神位，由于神灵过去被召唤，并进入了神位，人们就会为神灵保留此神位，当再次被召唤时，神灵会再次进入其中。最艰难的时刻是第一次召唤神灵并将其安置在神位中。如果某些神灵在通古斯人中有很长历史，其神位形式几乎在所有通古斯群体中都相似。通古斯人也知道，如果通过某一固定形式的神位召唤神灵，神灵则会降临其中。与用新形式的神位召唤神灵相比，他们更愿意遵守前辈或其他族团的做法。此外，还有一些因素会造成神位形式的变化。这里我尤其想强调的是遗忘、文化适应、物质资料适应以及个人创造所带来的神位形式的变化情况。

在目前生活条件下，通古斯人经常长达数月与其氏族成员处于分离的状态。并非每位通古斯人都熟悉神灵的全部细节，而且他们不是总能记住神位的类型（我通过亲自观察得出这一事实），但是通古斯人却总是需要召唤神灵。在此情况下，他们很可能借助不是很完善的记忆制作神位，如果能够成功召唤神灵，使神灵可以自主“安置”在神位中，新形式的神位则会得到家庭成员的认可，并传递给后代。从实践的角度看，如果新神位“更好”，就会很容易被其他群体（家庭、氏族、族团等）模仿。一些神位，如纳吉勒布日坎（妇女的玛鲁布日坎）中的康安，有时会被扔掉或者放到河流中冲走。在康安神位的毁坏和恢复之间，可能会间隔一代人以上的时间，这段时间足以使通古斯人忘记神位形式、形状和材料方面的细节。在兴安通古斯人中，主人去世后，其全部神位会被扔掉，只有在紧急需要时，这些神位才会重新制作。

神位的文化适应也是很重要的因素。事实上，如前文所述，神位的数量是一直变化的，因此神位也要相应地不断调整。例如，如果通古斯人在定居的果尔德人村庄中见到一个使用过的神位，但这一神位用驯鹿或马驮，或者通古斯人自己背起来很重，他们则不能精确地复制这一神位。因此，在复制的过程中，神位的型号会逐渐变小，某些相关细节也会完全消失。

事实上，形式上相同的同类神灵神位，在果尔德人中可以高达几尺，而在游猎的通古斯人中只有几厘米。在同一族团中，神位的型号也各不相同，例如，最大的玛鲁神位是最小玛鲁神位的十倍。毕拉尔千妇女有时不希望神位型号过大，因此她们的丈夫会把神位制作得很小。在滨海边疆区半定居的乌德赫人和奥罗奇人中可观察到最大型号的神位，满洲的通古斯人尤其是毕拉尔千人中的神位最小。不过，应该指出的是，如阿杰勒嘎这样的暂时性神位，也可能很大。而且，后贝加尔地区驯鹿通古斯人（例如巴尔古津人）中的暂时性神位型号有时也很大。我曾经观察过 40 厘米高的神位。

神位的形式和型号在很大程度上也受材料影响。在后贝加尔地区，玛鲁神位——巴达表现形式（“面具”）——由铁制成，很少的情况下也使用铜。这一神位是平的，其设计包括由锋利的戳子冲出的孔或点。这一神位与毕拉尔千人中可观察到的木质面具德勒格德十分不同。直接在树干上刻出的白那查神位自然会很大，但如果条件不具备，一片木头简单砍几下也可成为神位。在满族人和通古斯人中，秸秆或干草普遍用来制作下界神灵的神位，包括祖先和运载死者灵魂的神灵。这些神位通常拥有人或狗的形象，要比木头制成的神位更大更重。满洲的通古斯人将这类神位称为“肥胖者”。由金银之类的金属制成的神位很少见，当然它们的型号很小。

神图通常由非通古斯人中的专家绘制，由糊在一块丝绸或其他布料上的纸制成。通过与满族人、蒙古人和汉人接触，通古斯人接受了这一元素，这种神位仅是对佛教或道教的照搬。但是，例如在毕拉尔千人中，我也见过一些神图根据特殊的规范表现神灵，至少神灵的数量和性别是如此，但神灵的形象通常为汉人风格。在满族人中，有一种特殊的神图努尔罕（满语口语）（对应尼鲁干），这种神图以十分典型的汉人肖像形式表达萨满教神灵。

通古斯人采借神图作为神位带来了巨大变化；神位失去适应性和形式变化，神图已经被确立为神位的唯一标准化象征。与此同时，从蒙古人中采借的制作神位的材料——出于对蒙古人用织品、皮革和带有装饰的金属制成的动物形和人形翁冈的模仿——造成神位型号减小，使神位失去表达能力和可塑性。满族人中的神位更为简化，他们开始用丝绸条表示神位。自然，这种神位只是简单的“象征物”。

在神位材料和形式的选择上，个人品位起到很大作用。一位注意细节的好的雕刻者会精确地复制出神位最初的样子；也可能添加一些元素，例如细节和装饰要素。这可能会影响到神位的型号。[①] 其实，我经常观察到一些通古斯人倾向制作大的神位，而另一些通古斯人则喜欢小的神位。如果通古斯人制作出异乎寻常大或小的神位，他们就会说："看这些神位多么大（或小）！"可以看出，由于神位大小偏离常规要求，他们想获得认同。

如果比较不同时期的神位，我们会注意到形式和型号的差异。例如，巴尔古津通古斯人的祖母辈妇女喜欢较小的铜制巴达，而目前巴尔古津的通古斯妇女更喜欢较大型号的巴达神位，长度是过去的 4 倍甚至是 5 倍。正如我已指出的，目前毕拉尔千人的康安神位要比三四代之前小很多。如果问这些通古斯人神位型号不同的原因，他们的解释如"考虑到神位携带方便"或者是"大的神位更好""小的神位更好"。同样，神位的形式和相关装饰也会适时地变化。毫无疑问，与服饰、语言等相同，神位类型的变化受风尚的影响。这些变化可能源自外来文化影响，也可能由于地方社会的自发变化。

对待神位的态度

一般来说，通古斯人通过材料价值、拥有者的记忆、使用情况等方面评价神位。通古斯人很少使用金属制作神位，金属神位对他们而言具有特殊价值。对于从汉人和达斡尔人中传入的神图，通古斯人持相同态度。在某种程度上，通古斯人对待丝绸神位也是如此。不过，如果是通古斯人花费很长时间雕刻的木制神位，也应该具有同样的价值。值得进一步评价的还有萨满服饰、神龛（满族人）以及稀有或大型动物的皮张等。因此，通古斯人首先会像对待商品一样评估神位的价值。

第二个因素，即对前辈拥有者的记忆，也是很重要的。神位有时会在代际传承，神位拥有者会将其视为祖先的遗产。因此，我们在通古斯人中可以经常见到前辈传下来的神位，他们能够记起神位拥有者前辈的各种细节。

---

① 众所周知，偏好非常大或非常小型号的事物是与个人的心智丛紧密相关的，甚至受内分泌腺的影响。

如果神灵附在神位中，情况则不同。通古斯人会十分小心对待这些神位，害怕打扰到神灵，有时甚至不敢接近神位。应该指出的是，在这种情况下，通古斯人如此做可能是出于神灵的原因，而非神位的原因。我们以恶神为例。神灵可以暂时进入神位之中。通古斯人的态度可能是不同的。如果通古斯人想把神灵送走，可以将神灵引入神位之内，然后将神位和神灵送走。如果神灵一直要求食物，通古斯人则会将神位按照一定的次序摆放，然后通过献祭中立神灵的活动。不过，如果神位吸引恶神，而且通古斯人假设其他神灵不会进入神位，同时恶神一直带来伤害，神位则很可能被扔掉。接下来，我们描述善神和中立性神灵的情况，这些神灵偶尔是有用处的。通古斯人用不同的方法保管神位。首先，如果寄居在神位中的善神得不到周期性的食物，会离开神位，变成有害的神灵，因此，通古斯人必须定期“喂养”神灵，从而形成对神灵和神位的持续关照。如果通古斯人有时可依靠自身完成某些事情，不需要神灵的任何特殊帮助，神位则很可能被抛弃。我不需要列举其他案例，这些案例无一例外地会交织着三种态度：对神位的特殊关照，会导致恐惧或渴望神灵靠近；漠不关心的态度；以及渴望通过各种不同的原因抛弃神位，即摆脱神灵，排除神灵返回的可能性。

这种态度在很大程度上取决于各通古斯群体中流行的观念。例如，通古斯人并非不加批评地将神灵纳入自身的文化丛中，因此如果毕拉尔千人不承认“来自俄国人的神灵”是有力量的，甚至有时是危险的，则会对俄国文化影响下的圣像无动于衷。与其他通古斯群体相同，毕拉尔千人经常否认外来神灵的能力更强大，因此他们根本不会考虑外来神灵，不会为这些神灵设置神位。

在通古斯人中，处于性活跃期（月经期间）的妇女被禁止触碰神位，甚至接近神位，其中的主要原因是妇女是自身氏族神灵的承载者，妇女的氏族神灵容易与其他氏族神灵混合，并且许多神灵厌恶妇女的经血。而且，家庭的其他男性成员也不能接触妇女，尤其是拥有氏族神灵神位的妇女。[①] 在任何

① 不过，对神灵的恐惧并未妨碍男性基于性目的接近妇女，我已描述过通古斯人中的这一普遍的行为（参见《北通古斯人的社会组织》，第 209 页）。在相似的案例中，通古斯的男性知晓中立外来危险神灵的方法。不过，毫无疑问的是，在某些情况下，恐惧神灵至少可以成为限制男性性活动的机制。

时候，如果通古斯人不了解神位的制作目的，则不会触碰这些神位，因为他们害怕打扰或吸引不了解的神灵。通古斯人不主张丢弃布日坎（满洲的通古斯人）的神位，因为如果无安身之处，神灵会附体于氏族成员。由于通古斯人并非总能判断出附体于氏族成员的具体神灵，因此需要通过萨满仪式辨识，当然，这一活动十分艰难且花费巨大。而且，在萨满仪式之后，通古斯人需要制作新的神位，通过特殊的献祭活动让神灵离开氏族成员的身体，进入新制作的神位。因此，最好的办法是保存神位，不轻易丢弃神位。但是，妇女年老之后，会逐步丢弃康安神位，因为对于年老妇女而言，这类神灵的出现往往弊大于利，并且妇女绝经之后，很少遭受其氏族神灵的侵扰。我了解几个这方面的例子，妇女将康安神位放到小船中后置于河流中漂走。

通过上述分析，我们可以明显地发现，通古斯人对待神位的态度取决于制作神位使用的材料和花费的工夫、与神位有关的记忆，尤其是与神位有关的神灵活动。一个毫无价值的神位可能对通古斯人十分重要，而另一个价值不菲的神位可能因有恶神居于其中而被丢弃。因此很明显，在每一具体案例中，每位通古斯人观察者在做出通古斯人关于神位的态度之判断时，必须确切了解具体神位的功能、作为商品的价值，以及人、神与神位之间的关系。

61. 神位的类型

我现在将描述神位的类型。

（1）**木制的永久神位**

在所有的通古斯群体中，木制神位用于安置复合性神灵（布日坎）玛鲁（参见前文第13节）。所有通古斯人中玛鲁神的表现形式几乎是相似的。在玛鲁神群中，包括星星、蛇、蜥蜴、太阳和月亮，它们的形式基本相似。当神位用于动物表现形式的神灵（例如老虎和熊），或者以动物为坐骑的神灵时，神位制作者应在神位中表现出相应动物的具体特征。例如，果尔德人会使用染料为老虎形式和蜥蜴形式的神位分别涂上条纹和斑点。这些神位的型号，甚至在同一个文化丛中，也不一定表示动物的种类，因为神位的型号还可表示神灵的能力大小。这些动物形式的神位有时会加上翅膀或鸟尾等，这并非表示这些是复合性的动物，更不用说是“神话中的动物”，如独角兽、鹰翼怪兽、埃及牛等，这些特定的动物表现形式说明神灵拥有“像鸟一样”在空中移动的能力。同样，动物形式或人形的神位添加鱼皮说明神灵拥有“像鱼一样”在水中游的能力。因此，在每一具体个案中，我们必须弄清神位的表现形式是动物神灵还是灵魂（尤其是萨满的灵魂）的安身之处。神位至少表示神灵拥有“像特殊动物一样行动或移动的能力”。我们认为，准确理解神位的功能或意义，可避免套用关于神灵的“原始观念”假设。

典型的神位之一是玛鲁神群中的主要神位“面具”。这一神位被称为“巴达”（巴，涅）、德勒格德（毕、库、兴、满驯）[①]，表示“脸”。它可以用各种材料制作，但通常由木头制作。[②] 在满洲的通古斯人中，这种神位不大，我所观察的神位大小从 3 厘米到 6 厘米不等。“面具”有两种，一种代表女性，另一种代表男性，男性由下巴、上嘴唇和脸颊上的胡须象征。在后贝加尔地区的通古斯人中，这一神位通常由桦树皮制成，型号很大。在这些通古斯人群中，玛鲁神位只限于用这一神位形式表示，这也是我们在不同的通古斯群体中都见到这一神位形式的原因。不过，我见过面具形式的木制神位，装饰有头发、眼睛等。在萨满中，这一神位风格更精细，型号更大。神位可以固定在萨满的服饰上。但是，满洲地区的萨满中见不到这一神位和其他玛鲁神灵的神位。应该指出的是，千万不能如某些学者猜想的，将这一神位视为“太阳的象征”等。在通古斯人中，除了面具是脸的形状，与太阳之间毫无关系。[③] 用残缺的腿或者是从膝盖处截断的腿作为风湿病的表现形式并不是很一致，半条腿的神位形式也有另一种功能，即“跛足阿哥”的神位，这位神灵负责运载死者的灵魂渡河。这一神位的表现形式也有很大的变异性。这里，[④] 我用一幅图描述库页岛墓葬中发现的，很可能由奥罗奇人留下的神位。值得注意的是，此神位的表现形式为人和鱼

---

① 在曼科瓦通古斯人中，这个术语用于表示泰加林中的神灵，神位在树上刻出。

② 我认为过去并不使用铁、铜、锡等材料。毫无疑问，使用这些材料制作神位是一种创新。

③ 通过这个评论，我不想说我的观点是普遍的，同样适用于其他族团。我们发现，同一形式的神位可用于安置不同的神灵，甚至仅仅是“象征”。

④ 参见下页图，这里呈现的另一个神位没有含义。它只是送死者灵魂去往阴间神灵的另一种表现形式（熊+鸟）。

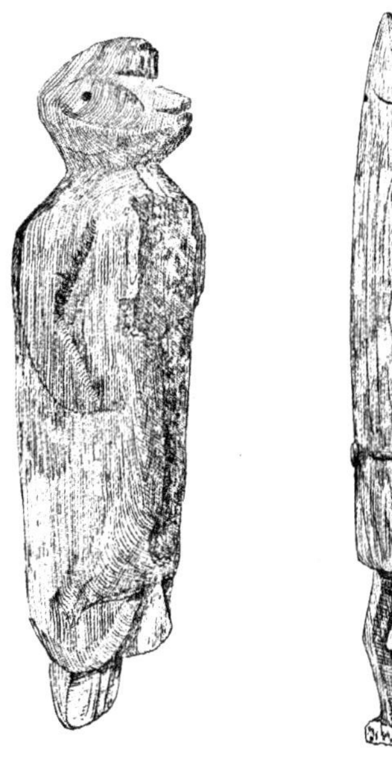

（鲟鱼）的结合。在其他通古斯群体中，“跛足阿哥”的表现形式是十分完善的人形。在这些神位中，有用9个刻痕表示九头莽伊（玛鲁神之一）的神位。由于有刻痕，我们可以准确辨识出这一神位。

如前文所述，神位的型号和细节有很大的变化。在满洲的通古斯人中，除了驯鹿通古斯人，神位必须由黑色桦树木制作，如果缺乏这种材料的话，可以用白杨木替代。但是，在后贝加尔地区，这些树并不常见，至少在一些地区的通古斯人中，这些神位可由任何可资利用的结实树木制成。至于通古斯各群体赋予这一类型各神位的名字，则有很大的变化。

通古斯人神位的典型特征之一是不用性器官的细节区分神位。不过，在兴安通古斯人中，我在表示女性神灵的神位中观察到性器官的细节。神位中没有性器官的原因，是神位应该按照通古斯人的风尚着装。事实上，在巴尔古津通古斯人和涅尔琴斯克通古斯人中，木制神位包着羊皮。羊皮被剪裁成头发、衣服以及其他细节的象征。与此同时，神位上可以装饰有颜色的珠子，甚至涂上色彩，也会装饰驯鹿脖子上的毛。在这些方言中，这些神位称为萨瓦吉［savak'i（涅）、šavak'i（巴）］。大部分“面具”（巴达）神位中出现的耳环、胡须、长鬓，是性别的表现形式。

应该指出的是，在库玛尔千人和毕拉尔千人中，以康安名称表示的玛鲁德勒格德只有妇女拥有。我的报道人告诉我，兴安通古斯人中每位男性成员也可以拥有玛鲁德勒格德的神位。主人死后，这一神位总是被毁掉。在这些通古斯人群中，有一些末端有尖的神位，献祭展演过程中，这些神位可以固定在地上。后贝加尔地区的通古斯男性也拥有玛鲁德勒格德。在满洲的通古斯人中，玛鲁德勒格德的主人去世后，神位可以传递给女儿。而在后贝加尔地区的通古斯人中，主人死后，家庭中的玛鲁德勒格德神位要被带出家庭，挂到桦树上。阿穆尔地区以及雅库茨克地区的驯鹿通古斯人中，大部分永久性神位为人形神位（博要，bojol）和表示天鹅的神位。在这些通古斯群体的玛鲁神群中，天鹅形式的神位十分典型，而其他神位则不典型。在后贝加尔地区，我曾见过一组永久性的木制神位，其形式是一个固定在木杆上的三角形物体，上面有 9 个小的人形神位。这是与狩猎活动相关的特殊神灵的神位。果尔德人[①]和毕拉尔千人也使用这类神位。在满族人中，很少能见到永久性的木制神位。男孩出生以后满族人会制作弓和箭。它们与神灵胡图里妈妈有关，但并非上述意义的神位。同样，满族人中还有木制的“神龛”，非常小，其中存放不同神灵的神图。在兴安通古斯人的萨满中，有时会看到一些表示不同狩猎动物的“神位”。尽管雕刻十分粗犷，但这些神位十分现实地表现了动物的形态特征与动作特征。这些并非真正的神位，而只是用作与被象征的动物神灵交流的符号。这里我需要再次强调，有时很难判断某些神位及其象征的功能。[②]

（2）**木制的暂时性神位**

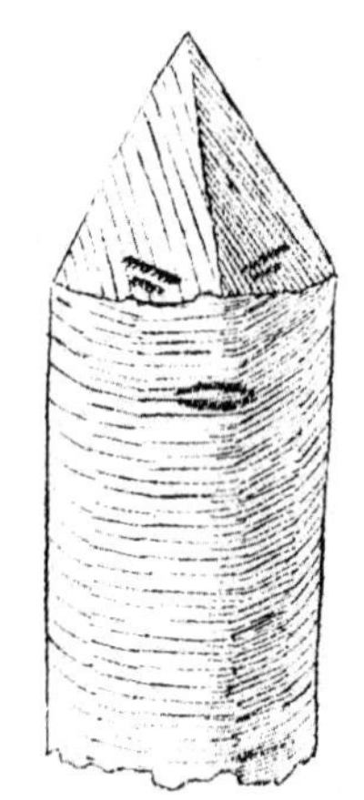

这些神位在萨满表演、献祭特定神灵以及在没有萨满帮助下驱逐侵害性神灵的过程中使用。在后贝加尔地区的通古斯人中，有称为陶浩勒金和陶浩曼的桦木制作的神位。它们通常约 30 厘米；神位没有标识出腿，锥形部分象征头部，其上有两个刻痕表示眼睛，一个刻痕表示嘴。神灵色瓦的神位要更大一些，约 50 厘米长，有腿以及表示胳膊的刻痕。通常情况下，色瓦神位由腐烂的、柔软的木头制成。萨满表演中需要的动物表现形式鱼、熊由坚硬的木头制成，尽管这些神位的形式在很大程度上是传统的，而且十分粗糙，但仍容易辨识。与其他“原始艺术”相同，通过强调某些特殊特征足以表现动物观念。后贝加尔地区的通古斯人中还

① 源自与施特忍堡的口头交流；也见于洛帕廷著作《阿穆尔河、乌苏里江和松花江流域的果尔德人》的表 21，第 61 页。

② 这些神位很容易被归类为图腾信仰、动物崇拜等事实，尽管它们与这些观念毫无联系。通过上面的例子也可发现，表示动物的木块仅是方便神灵理解的象征符号。

有托里（或称召里）神位，即“斑鳟鱼”，神位有角，型号远大于一般的“鱼类”。这是萨满掌控神灵的“表现形式”之一。同样需要指出的是，后贝加尔地区的通古斯人会制作由 4 个头部像鱼一样的木片构成的木筏，长 140 厘米到 160 厘米。萨满表演结束后，会丢弃所有神位。此外，萨满去往上界的表演中使用的装备由桦树皮制作：鸟（德吉）和人形神位（阿纳坎）会以偶数的数量贴到树上，为萨满表演做准备。这些神位很小，长 10 厘米到 15 厘米。

在满洲的通古斯人中，萨满表演所用的临时性神位由软木制作，结束后丢弃或留在仪式地点。满洲的通古斯人中有两种称为阿纳坎和巴米的神位，两类神位都是人形的。第一类（小型的）神位通常用来表示不同日路的神灵，这类神位可以有胳膊和腿，也可以没有胳膊和腿（如上页图所示），神位的大小可根据具体情况和个人选择发生变化。神位的数量可以是 2、5、7、9，与木制的鸟的数量相对应，神位的数量取决于神灵的数量。阿纳坎可能有木都尔（“龙”）相伴，其数量也与神灵的数量对应。没有胳膊和腿的阿纳坎用于献祭朱拉斯吉。这种情况下，这些神位用于安置“神灵-使者”，而非朱拉斯吉神本身。巴米可由干草、秸秆制成，也可由腐烂的木头或潮湿的木头制成，这类神位通常是阿纳坎神位的一倍或两倍大，胳膊和腿都刻得很粗犷。巴米是用于夜路神灵的神位。这类神位同样也用于安置来自下界的神灵，例如祖先，但在这种情况下，神位中还需要有一个代表狗的神位。狗形神位的出现是这一神位丛的典型特征。巴米由木头、桦树皮以及烂木头制成，用于召唤所有的神灵与灵魂，以及其他相似的治疗行为（参见前文第 55 小节）。在第一种情况下，它们是真正的神位，操作（警告、献祭、恐吓甚至是射击）之后被丢弃，而在相似的治疗行动中（例如射击或砍坏代表一定距离外某人的巴米），情况则不然。不过，我们很难弄清楚神位制作的最初目的。

很可能的情况是，临时性的神位还涉及白那查。尽管此神位只是在活着的树干上砍出的，通古斯人并不总是返回到同一个神位前献祭，但是如果他们想要做一次献祭活动，就会砍出一个新的神位。

满洲的驯鹿通古斯人制作没有胳膊和腿的 4 个人形神位，称为浩莫科

（homoko）或浩莫浩坎（homohokan，满驯），也称陶浩勒金。尽管满洲的驯鹿通古斯人中过去也有陶浩曼，但现在已经无法建立起其形式了。如同后贝加尔地区的通古斯人一样，色瓦神位过去由有胳膊和腿的腐烂木头制成。仪式之后这些神位会被丢弃。

为了避免重复，也需要提到临时性的萨满器物，它们并非神位，但通常在萨满仪式之后会被扔掉。在后贝加尔地区的通古斯人（巴尔古津通古斯人和涅尔琴斯克通古斯人）中，有一对用木头新刻的木杖，称为莫林（“马”）或鄂伦（“驯鹿”），是萨满在旅行中使用的工具（参见后文第25节）。萨满表演之后，将这对木杖和神位一起留在仪式地点。有时，萨满使用固拉（房子）——是一座位于下界的居所。它由4个约30厘米长的木板组成，一起固定成一个方形的构造。在满洲的通古斯人，以及相邻的族团吉里亚克人和果尔德人中，也可见到不同类型的“房子”——屋顶是敞开的，中间有横梁的三角形架构，其中放置阿纳坎。最后，在后贝加尔地区的通古斯人中，有一种特殊的净化器具，由4个较窄的木片固定在一起围成四方体，每一木片的内部刻成齿状。四方体的内部足够男性成员通过。这一器具用在萨满仪式中，称为西普坎和奇普卡尼恩（巴、涅）。在库玛尔千人中，萨满仪式后，某些神位要放入一张鸟皮内。

（3）**软布料和皮张制作的神位**

一些由旧布料和皮张制作的神位是专门用于儿童的。这些内容已经有过描述（参见《北通古斯人的社会组织》，第280页）。因此，我现在可以指出，这些人形神位应该是用于安置照顾儿童的神灵的，而且有一特殊的，通常是用涂黑的皮张制作的神位，用于安置儿童的灵魂。

在蒙古人（布里亚特人）的影响下，满洲的通古斯人（满洲的驯鹿通古斯人除外）和曼科瓦通古斯人中翁冈十分普遍。翁冈由一块皮张或一块布料制成——棉布、丝绸和其他材料，罩在人形神位、马形神位或其他象征如太阳、月亮、星星之上，皮张或布料也可罩在骨头之上。神位的布料颜色、形式以及包含的小型神位的数量各不相同。这些神位也可以缝在不同颜色的布料、毛发或图画上。这一类型神位中最普遍的是召勒（参见前文第263页），几乎每一通古斯人家庭都有这一神位。在满洲的通古斯人中，这一类型的神位也用于安置其他神灵，例如凯敦布日坎、吉阿其布日坎等神灵（参见第 13 节）。

满族氏族神灵的神位十分特殊，如前文所述（第 291 页），这些神位颜色各异，形状没有差异。

（4）**图像神位**

这是满洲通古斯人、满族人、果尔德人以及滨海边疆区政府管辖下的其他通古斯群体的一种文化采借和创新（除了满洲的驯鹿通古斯人），这一神位形式主要源自汉人的影响。图像的样式在汉人的肖像学中很普遍。除了汉人工匠，达斡尔人和蒙古人中的工匠也可印刷这些神图。不过，应该指出的是，通古斯人会按照自身观念解释神图中的人物——某些汉人“神灵”可能被理解为通古斯神灵。佛教的神图也是如此。因此，如果我们在通古斯人中见到这类神图，并非意味着通古斯人已接受外来文化，而且，通古斯人的神位也可能用于安置源自其他族团的神灵，如道教和佛教神灵。受俄国人影响的通古斯群体，最近已经接受俄国人的圣像，但仍未整合到自身的文化丛之中。[①] 应该指出的是，我们需要区分满族人中的神位和神图，满族人中有萨满教神灵（尼鲁干‖努尔干）的“神案”，它们不是前文所述意义上的“神位”，这些“神案”由汉人工匠绘制，因此属于汉人的风格。但是，在满族人的观念中，这些“神案”有代表神灵的趋势。

（5）**干草和秸秆制作的神位**

专门用于安置夜路神灵和来自下界的祖先灵魂（也是夜路），这些神灵到中界索取“食物”。这些神位包括一个由秸秆或干草编制的人形神位，以及一个或几个像狗一样的神位。如果没有狗形的神位，神灵会安置在人形神位中。人形神位大小不一，通常为 40 厘米到 50 厘米高。满洲的通古斯人称这类神位为巴米（库、毕），或者直接称“肥胖者”（布尔嘎博要），而满族将干草制成的神位称奥尔浩纳勒玛（满语书面语）［对应奥尔浩纳玛

① 我搜集到一些神图，在苏联共产主义权威的压力下，现在东正教的圣像被与苏联共产党的著名人物以及最后一位沙皇尼古拉二世摆放在一起。数年之后，如果西伯利亚的通古斯群体继续存在，上述图像可能成为其新神灵的绘制模式，甚至旧神灵也要适应新模式，这与满洲的通古斯群体中出现的外来神图是一样的。

（满语口语）］——草人。狗形的神位称奥尔浩阴达浑（满语书面语）［对应音达浑（满语口语）］——草狗。献祭之后，这些神位要扔向北方或西北方向。除了“草狗”，也可能出现用“驯鹿”代替草狗的情况，甚至在目前已不饲养驯鹿的通古斯人中也是如此。

（6）**特殊的临时性神位**

毕拉尔千人用小山形状的干燥石堆来作为神灵阿杰勒嘎（参见前文第262页）的神位。满洲的驯鹿通古斯人中将木屑放在未经修砍的杆上作为神位。果尔德人、阿伊努人以及居住在这些族团附近如库页岛上的滨海边疆区政府管辖下的奥罗奇人和乌德赫人中，都有这类神位。这类神位在日本随处可见。这些群体很可能以阿伊努人作为中介，接受了上述神位形式。

（7）**金属制成的神位**

我已指出，金属制成的神位是十分有限的，通古斯人不能生产金属。满族人的金属器具和武器通常由汉人生产。不过，通古斯人了解一点锻造金属的技术，他们可以锻造出铁、铜和银，同样还有少量的金。最为常见的方法是冷锻造。最近，后贝加尔地区的通古斯人用铜、锡，较少地使用铁制作“巴达”（面具）。面具的型号不同，从3厘米到20厘米不等；其中最常见的形式是椭圆形的，是对脸形粗糙的模仿。面具是平的，同时选用合适的材料象征鼻子、嘴、眼睛和头发。在一些金属神位上，可以发现翁冈类型的神位（参见前文，由软的棉布制成）。随着基督教的传入，银制的十字架也传入后贝加尔地区的通古斯人中。萨满服、萨满头饰上有很多金属神位。后文将讨论这些特殊的神位。

（8）**动物皮制成的神位**

除了满族人，其他的通古斯人群中都可见到这种神位。连着头和腿的动物皮可以用作动物表征神灵的神位，例如向神灵送祭品。被杀死的动物的灵魂也可用于献祭目的，献祭过程需要使用动物的皮子，不过，在这种情况下，动物的皮张不再充当神位，动物灵魂成为人与神沟通的使者。关于这一问题，后文我将继续讨论。因此，这里我仅列举一些通古斯人使用的动物。如下动物的皮张被用到：野兔，尤其体现在后贝加尔地区的通古斯人中；臭猫；貂；绵羊（后贝加尔地区的通古斯人）；驯鹿饲养者中的驯鹿（用于运载死者的灵魂或作为特殊种类的献祭)；马（满洲的通古斯人)；刺猬（满族人以及其他群体)；蛇；某些品种的鱼；龟和晒干的蟾蜍（满洲的通古斯人)。在满洲的通古斯人中，鸭和鹅的皮也会得到广泛使用。通古斯人也使用动物的某一身体部分，例如熊爪、驯鹿的牙齿、不同动物的骨头（尤其挂在摇篮上）作为神位；很少情况下也会使用鹿角和其他各种动物的角作为神位。这里需要指出，这些动物可能起到不同作用，也涉及“巫术”和“驱邪”功能。

（9）**动物和人本身作为神位**

所有的通古斯人都持这一神位观念，但由于这些并非出于专门目的建立的神位，因此这里不予讨论。

62. 保留的动物：翁冈和亚西勒

在所有的通古斯人中，有为神灵保留驯养的驮载动物的习惯，用驯鹿或马作为神位。保留这类动物的目的有两个，其一用来驮载神位，其二是供神灵乘骑。[①] 神灵也应该附在动物的尾巴、鬃毛上，如果是驯鹿，也可能附在驯鹿脖子的毛上。因此，这导致关于此类动物的几种需要注意的禁忌。在后贝加尔地区的驯鹿通古斯人中，有两类表示为神灵保留的驯鹿的称呼，分别是翁冈和亚西勒（jasil）。由于为神灵保留的马的功能与保留下来的驯鹿的功能一致，因此，翁冈和亚西勒得到普遍的使用。翁冈（oŋgun～onγun，巴、涅、库、毕、兴、曼）应与布里亚特人中萨满表示神灵的词语 oŋgon 有关，[②]

① 一位巴尔古津通古斯人曾告诉我，保留下来的驯鹿也用作与神灵沟通的特殊信使。不过，我不大接受这种解释。更为可能的情形是，神灵使用动物作为一种移动的神位，与神灵之间的沟通变得容易。由于受新观念的影响，这一通古斯群体已经改变了这一习惯的最初意义，甚至选择了比原有观念更为清晰的解释。其实，只有离开身体的驯鹿灵魂才可作为信使，萨满可以有意或无意地让驯鹿的灵魂离开身体，或者杀死驯鹿释放其灵魂。

② 根据科瓦勒夫斯基的介绍，蒙古语中的“génies tutélaires mânes, mets offerts aux mânes ”，与“神灵 、圣者”有关。目前，后贝加尔地区通古斯人的翁冈文化丛正在与喇嘛教竞争（参见扎姆查拉诺《阿加布里亚特人的翁冈信仰》，第 380 页)，在蒙古地区，翁冈文化丛逐渐被佛教文化丛取代（参见格伦威德尔《西藏和蒙古的佛教神话》第 84、180 页)。我认为，将翁冈定义为“萨满教”很可能是危险的，因为在蒙古文化丛中，翁冈比简单的萨满教神灵更为广泛，它们与去世的祖先有明确的关联。

这一人群中也有为神灵保留的马。因为在通古斯人中这一术语的范围十分狭窄，这个词语只是邻近说蒙古语人群中的方言，[①] 应该源自蒙古人。

满洲的驯鹿通古斯人将丝绸带系在专门挑选的驯鹿的耳洞上，丝绸带称 sekan——耳环。这类驯鹿用于驮载神位、萨满服等。这类动物可能被宰杀，由男性和小男孩、小女孩骑乘，也可用来驮载物品。通常情况下，某一通古斯家庭在遭受疾病[②]和任何其他不幸后会选择翁冈。涅尔琴斯克通古斯人中没有驯鹿，如同布里亚特人一样，用马匹代替驯鹿。在毕拉尔千人中，马匹保留给不同的神灵。马匹的颜色必须是黑色、白色、红色或黑褐色，而不使用花斑马和其他颜色的马。驮载凯敦布日坎的神灵例外，必须是浅栗色的马。每个有神位的家庭都有一匹马作为翁冈。满洲的驯鹿通古斯人家庭也会出于其他原因为神灵保留马。当某一家庭中的成员或马匹有疾病，或者为了防止灾难，也会保留马匹作为神位。马群的疾病和反复发生的事件也经常被解释为神灵需要翁冈。通古斯人家庭中同一神灵翁冈神位和翁冈马的颜色相同。家庭以外的成员和妇女不能骑翁冈马，翁冈马也不能用于阿吉普楚（ak'ipču）事物。家庭中的男主人可以骑翁冈马。不过，如果在套上马鞍之前为翁冈马放一块鞍垫，家庭之外的男性成员有时也可骑翁冈马。在兴安通古斯人中，为不同的神灵保留马匹是十分普遍的习俗。例如，白那查的神位通常是白色公马，图杜坎的神位是黑色马，因此儿童和男性使用的马有时也是神位，由于兴安通古斯人中马匹数量很少，情况尤其如此。在所有的通古斯群体中，翁冈马有一种标志，即在鬃毛或尾巴上系上丝绸条。

在后贝加尔地区的通古斯人中，为神灵保留的驯鹿称亚西勒（巴，涅），这一词语似乎与伊提克（itik）相似（满驯），表示白色的公驯鹿和母驯鹿。亚西勒以“耳环”和挂在脖子下的一种“护身符”为标志。对于这类驯鹿不能屠杀，必须留到自然死亡。这类驯鹿死后，必须将尸体放到高出

① 后贝加尔巴尔古津地区的布里亚特人与巴尔古津地区的通古斯人相邻，乌鲁尔加布里亚特人和涅尔琴斯克通古斯人、达斡尔人（参见波普编写的字典中“oŋγon delbur”——马鬃毛上的翁冈，这也是喀尔喀蒙古人的方言）以及巴尔虎人相邻。

② 家庭成员的疾病和不幸并不与翁冈的建立直接相关，其建立的原因是作为神灵的神位。尽管萨满可能与翁冈有关，但在没有萨满干预的情况下，翁冈也可建立。

地面之处，通常是一个平台，这样野兽则不会破坏驯鹿的骨头。通古斯人说，在5月到8月末这一阶段，是野鸭活动的季节，其间可能发生雷雨和闪电，除了小男孩，不允许有人骑这类驯鹿，也不能让它们驮物品。而且，在乘骑驯鹿之前，小男孩需做净化仪式，把阴茎裸露在松枝燃出的烟中熏（在乘骑翁冈之前，也要做同样的净化仪式）。一般来说，人们需要对这类驯鹿保持友善和礼貌的态度，不能给它们带来伤害、疼痛和简单的不幸。甚至在与驯鹿交流或者谈论驯鹿时，也要认真选择语言。在迁徙的过程中，亚西勒必须走在队伍的前面。通古斯人说，由于受到优待，亚西勒有时能活40年左右。

但是，在调查期间，我未完全弄清楚亚西勒的功能。首先，每一氏族必须有一头亚西勒。年老的亚西勒死后，氏族萨满从神灵（阿占）处获得信息，会选定新的亚西勒。亚西勒交给一位氏族成员照看和负责。如果这位氏族成员不能胜任，则转交另一位氏族成员照料。它与氏族之间的联系，体现在其称谓①上。同时，亚西勒被视为整个氏族与特定神灵沟通的“使者”。如果氏族成员生病，一定会在亚西勒前面燃烧松树枝献祭。

在满族人中，我们也可以见到为标浑窝车库保留的马匹。这类马匹的尾巴会拴上丝绸条。但是，在满族人中，这一文化丛表现得十分贫乏。我没有调查到任何表示这类马的词语。

上述内容体现出一些有趣之处，驯养的动物用来驮载神灵的神位，直

---

① 在通古斯语和满语方言中，我们找不到jasil一词的词源。不过，在蒙古语中，我们发现了一系列与jas‖jasuŋ有关系的词语——骨头、氏族分支、氏族等，是曼科瓦通古斯人中最近出现的外来词（参见《北通古斯人的社会组织》，第121页）。几乎可以肯定的是，在过去某一历史时期，巴尔古津通古斯人使用这一蒙古语词表示“氏族”，目前已用另一蒙古语词omo~omok（巴、涅、曼）代替。同样值得注意的是，在巴尔古津通古斯人的“宗教文本”中，我见到jaso一词，表示“种类”、“人类”和“人种”。

或者，jasil这个词很可能与jase（法律、行政管理）有关，但我对此持怀疑态度。满洲地区的所有通古斯群体，皆不知道这个词语。所有的其他群体使用oŋgon一词，并且这个词在不同的群体中功能不同。满洲的驯鹿通古斯人使用itik一词，在我看来，这个词和雅库特语ytyk有关（源自突厥语，意为“神圣的动物”等）。但是，季托夫记录了安哥拉河和伊尔库茨克州的通古斯人中的jašil一词，是jasil的变异形式，这两个族团与同一布里亚特人群体相邻。季托夫认为，白色的驯鹿是为泰加林的“主人”保留的神位。这位作者也对ogonŋ和tungor（转写似乎是错误的）做出相同的解释。在这种情况下，驯鹿保留给“lesnómu”（俄语），季托夫想表达的是“森林之神”。Tungor貌似蒙古人中的tengri。当论述各种他持怀疑态度的“迷信”时，季托夫总是提供相互冲突的信息。

接作为神位或者是与神灵沟通的特殊使者。从这一习惯的相关称谓和地理分布来看，它并非源自通古斯人，不是十分古老的习俗。但无论如何，不能将这些动物视为“神圣的”，它们不拥有任何超自然属性。

63. 献祭

如前文所述，不同形式的献祭是影响神灵的重要方法之一。献祭的观念是使用人们相信对某一神灵（或一群神灵）而言有用的、有趣的，或者有吸引力的事物使其获得满足。在通古斯方言中，没有表示“祭品”或“献祭”的具体词语，他们或者使用普遍的词语“祈祷”，或者用专门化的词语“喂养”（神灵）表示献祭行为。满语中有此类词语，例如ǰukten，但这个词也用来表示“神灵”，同样可以表示献祭（večen）。满族人通常使用动词 solimb'e（满语口语）即“邀请”或“宴请”表示献祭行为。

神灵接受祭品的方式是一个技术问题，可以帮助我们更清晰地理解通古斯人的献祭观念和实践。我们千万不要认为神灵消费的是祭品本身，它们拿走的仅是祭品中的“非物质性”成分。不过，这里应该从通古斯人的立场理解“非物质性”。物品或动物的气味、蒸煮后的蒸汽、燃烧时的烟都是非物质性的；物品或动物腐败和腐烂的过程中也会释放出“非物质性”。由于神灵是非物质性的，所以会吸收物品中的“非物质性”成分，因此神灵更愿意接受容易吸收的物品。由于这一原因，新鲜的、热的血可以产生可见的蒸汽，比冷的血更适合做祭品；热的肉比冷的肉更适合做祭品；有气味的祭品比没有气味的祭品更适合；可见的、散发气味的烟是神灵吸收的最好形式。由于这些观念，祭品可以以不同的形式献祭——可以是煮的、新鲜的、燃烧的、腐败的和腐烂的，甚至是损坏的。[①] 通古斯人首先必须了解不同种类的祭品，在这种情况下，通古斯人的推理基于：（1）从前代人获得的知识；（2）从已经熟悉某一神灵的其他族团中获得知识；（3）通古斯人自身的实验；（4）理论思考；以及（5）特殊的方法。

---

① 参见前文第一部分，第 4 节。

前两种方法不需要解释，但通古斯人的实验和理论思考需要再作评论。如果出现某一新的、未知的神灵，通古斯人会用一些可用的食物来召唤和喂养（给予祭品）。神灵接受祭品与否，可以通过人类的迫切需要是否得到满足来判断，祭品的形式对应神灵的性格和特征。如果献祭没有效果，通古斯人可能假设献祭的方式不对，会改变仪式和祈祷词，或者改变祭品的种类，例如，他们可能用绵羊血代替驯鹿血。最典型的情况是，通古斯人会从最简单的祭品开始实验，接着会进一步使用价值更高的祭品。因此，猜想工作在新神灵的祭品选择上十分重要。

理论考虑也很重要。我们可以假设，一个新的未知神灵（例如，此前未知的导致疾病的神灵，如酒精的影响）如果在某些方面与另一位已知神灵（例如，歇斯底里）相似，通古斯人会推论两者是同一个路的神灵。然后，由于同一路和方向的其他神灵接受血祭，新发现的神灵也应该接受同样的祭品。

这里我举另一个例子。正如前文所述，婴儿中观察到的特定疾病应该由某复合性神灵控制，该神灵包括几种未知的神灵。可以假设，儿童有新的、未知的困扰。这是与复合性神灵有关的未知的新神灵，因此可以用此前献祭这一复合性神灵中的已知神灵的典型祭品满足这位新神灵。在这一情况下，祭品可能是一只公鸡，或者是简单的焚香。

所有与下界有关的神灵都接受血祭，因此任何此类新神灵都会接受血祭品。后贝加尔地区的所有上界神灵都接受绵羊作为祭品，因此任何新的上界神灵都会接受包括绵羊的祭品。

最后，在其所掌控的神灵的帮助下，萨满运用特殊的方法判断新神灵需要的祭品。在一次实验之后，献祭新神灵的方法会成为常规实践。

必须记住的是，通古斯人只使用日常生活中可获得的物品作为祭品。因此，可能的情况是，随着所饲养动物的改变，之前使用的祭品可能被新的祭品取代。一些作为祭品的野生动物的灭绝可能导致其他野生动物的替代现象。像缺少的驯鹿、马、绵羊、猪等动物，可由新的动物如母鸡或公鸡代替。事实上，改变献祭动物和限制血祭必须通过一系列结果令人满意的实验检验才能实现。在这种状态下，例如调查发现，一部分涅尔琴斯克通古斯人已经放弃用驯鹿送死者的灵魂，用马代替驯鹿。当然，还有许多涅尔琴斯克通古斯人对这一替代选择持观望态度。在毕拉尔千人中，人们对这一替代已没有疑问，但现在面临的问题是禁止用马献祭，因为许多毕拉尔千人已经没有马匹了。在后贝加尔地区的驯鹿通古斯人中，一些特殊的萨满仪式需要用羊献祭。不过，有时他们不能从相邻的族团（布里亚特人）获得绵羊，因此使用非常小的幼鹿替代。为了保证祭品的有效性，他们更愿意买一只绵羊。满洲的通古斯人十分清楚如何向汉人来源的神灵献祭，例如满族人总是会向娘娘神献祭特殊的糖果、汉式的糕点等，但由于满洲的通古斯人并不总能买到这些东西，因此会用其他可获得的物品替代。满洲的通古斯人说，最好是按照要求献祭祭品，但由于得不到祭品，他们不得不用其他种类的祭品替代。与满族人相同，满洲的通古斯人会使用猪、鸡等献祭相同的神灵。当我们讨论和比较通古斯各族团和其他群体的祭品时，必须考虑上述因素。事实上，仅因为不同人群经济状况的差异，同一位神灵也可能接受不同形式的祭品。同时，由于某些动物不易获得，同一祭品也可用于献祭不同的神灵。例如，一些满族的氏族，例如蒙高哈拉必须用羊献祭祖先，泰加林地区的巴尔古津通古斯人也使用羊献祭上界神灵。这些群体都不饲养羊，他们从蒙古人那里获得献祭的动物，蒙古人比亚洲这一地区的其他群体更为普遍地使用羊作为祭品。作为满族人和蒙古人的相邻族团，满洲的通古斯人的祭品不包括羊。

祭品分为以下几种形式：（1）血祭品，需要用新鲜的血；（2）煮熟的动物祭品；（3）植物和糖果；（4）象征替代，包括书写的文字；（5）香；（6）其他物品，例如丝绸方巾、毛发、丝绸、其他织物和花朵。

所有的通古斯人和满族人都使用血祭品。这类祭品用于献祭下界神灵和祖先，萨满的神灵（色翁、色瓦、布日坎）以及最高神灵。驯鹿通古斯人中使用驯鹿献祭；后贝加地区通古斯人和一些满族氏族（例如蒙高哈拉）用羊献祭；满族人用猪献祭十分普遍，满洲的通古斯人偶尔也用猪献祭，后者是借自满族人的习俗；在满洲的通古斯人与失去驯鹿的后贝加尔地区通古斯人中，马用来运送死者的灵魂，血是献给死者的祭品；在满族人和满洲的通古斯人（毕拉尔千人和库玛尔千人）中，当氏族分裂为两个氏族

（通古斯人中）向最高的神灵献祭或举行大型的萨满仪式（后文将会描述细节）时，需要使用公牛献祭；在曼科瓦通古斯人中，举行某一特殊形式的萨满仪式中，需要用一头黑色母牛和一只黑色的公山羊献祭；在满族人、满洲的通古斯人和曼科瓦通古斯人中，需要用野生动物尤其是狍子献祭来自森林的神灵，狍子可以替代其他动物；毕拉尔千人用熊献祭一位特殊的色翁；一些旧满洲（佛满洲哈拉）[①] 氏族用獾子（莽尼）献祭；［参见莽吉古道尔干（?）（满语书写）］。在满族陶库尔［tokur，tokoro、toγoro（满语口语），tokoro（满语书面语），tān（汉语）］哈拉中，用狗献祭标浑窝车库，最近，绵羊代替了狗。[②] 满族人和通古斯人的祭品中还有以下鸟类：鸡（满族人和满洲的通古斯人）；鸭和鹅（库玛尔千人）；天鹅（毕拉尔千人认为，献祭色翁最好的祭品是天鹅—乌斯吉）。

献祭过程包括杀死活动物的仪式，后文将会描述；要把动物血收在容器中，容器可能有固定的形式；然后人们将血涂在神位的嘴上，尤其是新制作的神位更要如此，神灵附体后的萨满需要喝血，喝完血后将血撒到空中（献给天神）。

除了血，还有将动物的其他部分如肝脏、肉片和血一起献祭的，以及用整只动物或者是骨架和皮献祭的情况。如果献祭动物是为了运送灵魂，需要扒下动物的皮，悬挂在埋葬地点。一些动物的皮可用于派送神灵使者，例如巴尔古津通古斯人中的驯鹿、库玛尔千人中的鸭和鹅。作为规矩，千万不能损坏动物的骨头。

在献祭上界的、日路神灵的过程中，祭品需要煮熟。不过，由于出现在仪式场合者需要吃掉所献祭动物的肉，在此过程中，煮熟的肉也会献给夜路神灵、天神以及亡灵。在某些情况下，神灵会偏好所献祭动物的某些部位，所献祭动物的脊椎会被挂在某一立起的杆上；羊、熊与马的头骨、

① 现在，猪代替了獾子。不过，如遇上严重的危机，满族人仍会尽力捕获獾子作为祭品。由于獾子相对稀少，很难捕到獾子。

② 尽管关于这一习惯的记忆十分清晰，但这一满族氏族的成员仍羞于提及这一古老的实践，因此在一般的满族人观念中，狗不是献祭给日路神灵的“合适动物”，如果用狗献祭标浑窝车库，这意味着标浑窝车库中的所有神灵的“来路不好”。喜欢狗祭品的窝车库的名称是何勒恩布库。

驯鹿和狍子的角、羊和其他动物的下颌骨会被放到特殊的平台上。对献祭动物特殊部分的选择取决于动物自身的特点。值得注意的是，所有的通古斯人和满族人各群体都会制作血肠献祭神灵。由于向汉人学习了烹饪技艺，满族人的献祭仪式更复杂。不过，在这种情况下，精心制作的菜肴没有任何特殊含义。例如，满族人中会出现“八碗九碟”和“六碗六碟”等菜肴（参见《满族的社会组织》，第85页），满族人的婚礼中也会出现这些菜肴。在所有的满族人中，在准备煮熟的祭品过程中，严禁使用盐。一般而言，通古斯人和满族人会把自身偏好的食物献祭给神灵，除非神灵偏好特殊种类和形式的食物，但这些食物会逐渐减少，被既有民族志文化丛中的普遍的食物替代。

由于通古斯人未进入市场系统，平时很少消费植物、糖果、糕点和其他相似的食品，他们只是在很小的范围内献祭这些物品；但在满族的仪式中，这些物品占有最重要的地位。满族人用不同种类的坚果、枣以及水果献祭给富其吉、玛发和一些恩都立，但这些物品却不常献给标浑窝车库和萨满窝车库。十分清楚的是，满族人中的这些祭品和神灵一起借自汉人。[①]但是，由于贫穷，以及有时在汉人商店中买不到这些商品，满族用其他物品代替这些商品。满族人献祭用的糕点来源不同，可以从汉人那里购买，也可在家里制作。在家制作的糕点用于献祭标浑窝车库。后文将描述具体的仪式过程（参见第74小节）。从汉人处购买的糖果，满族人不通过专门仪式即可献给神灵。通古斯人可从汉人和俄国人处购买糖果，尤其用于献给最近死者的灵魂，首先是死去儿童的灵魂。在儿童的棺椁中，通古斯人放入一切儿童喜欢的东西，例如糖果、糕点和奶。同样，成年死者灵魂的祭品可能是茶叶、烟草等。将上述物品划分到祭品的类别中可能会遭到下列观念的拒斥，这种观念认为供应给死者的并非“祭品”，不过这一观点并不正确，因为这些物品也是献给灵魂的，它们与没有名字的祖先和其他神灵并无区别。

---

① 关于汉人的相关情况可以在讨论汉文化的特殊著作中发现，例如通过多雷的著作和哈勒兹描述的满族仪式了解。

在通古斯人和满族人中，酒是祭品中必不可少的组成部分。但是，酒并不总是容易获得。作为祭品的酒有：汉人的高粱（谷子的一种）酒；满族人的谷子制成的酒（nura），尤其用于献祭标浑窝车库；用奶制成的蒙古酒，与蒙古人相邻的通古斯群体使用；俄国人的伏特加，与俄国人相邻的通古斯群体使用。尽管一些通古斯群体可使用葡萄酒，但用葡萄酒作祭品并不普遍。在满族人中，一些神灵如富其吉和玛发可能要求汉人生产的酒作祭品。作为祭品的酒，可以倒入火中，撒到神位上；可以装入容器后，放入棺椁中；撒到空中，尤其是献给未被召唤却出现的神灵；神灵附体后萨满需要喝酒。对于一些表演而言，酒是绝对必要的，例如有些附体神灵尤其喜欢喝酒。在满族人和通古斯人中，将酒撒到空中十分普遍，人们几乎是自动地做这个行为，甚至自我消遣喝酒时也是如此。其他的饮品，如茶和奶，也会用作祭品。茶的使用范围十分有限，奶只在饲养驯鹿和牛的通古斯人中使用。在后贝加尔地区的游牧通古斯人中，酸奶、奶酪和黄油等奶制品也用作祭品。

在通古斯人中，各种各样的香也是献祭过程中必不可少的物品。植物燃烧的烟以及汉人的香被视为令神灵愉悦且容易被接受的祭品。香的“味道”和气体形式令人愉悦。[①] 通古斯人从周围环境中取材制香。泰加林地区的通古斯人使用石南属植物［saŋk'ira（毕、涅、兴）、saŋkra（涅）、saŋk'iri x'jan（满）］、杜松［ārča（毕）、ārči（满驯）、arca（曼）；参见 arča（达斡尔）、arca（布里亚特）、arča（蒙·鲁）］制香；他们也使用一些叫不出名字的树脂灌木制香。这些香也可起到净化的作用。过去，满族人也使用野玫瑰的嫩叶制香。[②] 满族人以及居住在满族人附近的通古斯人中，阿眼香（汉语“香”，满族人和通古斯人中也有这个词语，但发生了轻微变化）最近获得了很大的认可，尤其用于献祭从汉人中传入的神灵。在满族的那拉氏族中，献祭标浑窝车库不用阿眼香，而是使用燃烧的油（油灯）。不过，在这一情况下，燃烧的功能可能是神灵接受油产生的“火”。随着阿

① 在棚屋和房屋中燃烧香，并不意味着向火神献祭，在这种情况下，火用来帮助祭品转变成气态。

② 满族人现在已经不再使用 bola seŋk'i，但萨满文本中仍保留着记录 bula i ilxa（满语书面语）。

眼香的传入，成捆的汉香在满族人和通古斯人的仪式中发挥作用。香十分重要，整个献祭过程都要使用。

在“各类祭品”名目下，包括各种物品制成的祭品：丝绸布；绸带；从蒙古人中购置的蓝色丝绸方巾［xadak、xädik ‖ kadaγ（蒙·鲁）］，主要由游牧通古斯人、后贝加尔地区的少部分驯鹿通古斯人以及兴安通古斯人使用；将马鬃毛贴在树上作为地方性神灵的神位，这尤其流行于受蒙古人影响的通古斯群体中；例如，乌鲁尔加通古斯人和曼科瓦游牧通古斯人以及部分兴安通古斯人有在山口或山顶立敖包［obon，参见 owo ‖ oboγa（蒙·鲁）］的习俗；满洲的通古斯人将各种薄纱贴在布日坎神位上；满族人用自然和人造的花朵作为祭品；用动物如鼬、狐狸、野兔等的皮作为祭品，尤其是白化变种和黑色的动物，这些动物的骨头、角、爪子和蹄子也可以用作祭品。在祭品中，我们也可以发现出乎意料的事物，例如空瓶子、罐子、玩偶等，对神灵而言，这些东西十分有趣。这类祭品在驯鹿通古斯人中十分普遍。许多祭品仅仅是象征，通过部分表示整体。最后一组象征性的祭品包括各种形式的祭品，这些祭品由其他事物象征，例如用动物的蹄子、角和骨头象征动物（部分代表整体）。在同一组祭品中，应该还包括动物（尤其是饲养的动物）和人的画像。这些并非神位，而是祭品的象征。在汉人的影响下，通古斯人中采借一些纸制的物品，包括银色的鞋和“纸钱”等。汉人使用这些纸制品管理神灵和死者灵魂。只有在满族人和受满汉文化影响下的通古斯人中才有这些行为。满族人在模仿汉人的象征文化方面更为深入，他们会在纸上写上祭品的名称，然后将纸烧掉，就相当于献祭了这些祭品。事实上，在满族人看来，纸张及其上面的词语并非献祭给神灵的物质性祭品，只是抽象为象征符号的非物质实体。当然，只有经过长期的把实体性祭品抽象为象征符号的实践过程，满族人才会接受这一观念，而且，汉文化的影响力目前似乎要强于满族人自身的想象力。与此同时，只要通古斯人的实践证明这种祭品形式可得到神灵的认可，他们就很容易接受这一象征形式。

前文已经阐述了通古斯人对待祭品的态度，但我们还需要分析献祭行为在通古斯人的生活环境中是如何变化的。我已指出，传统或其他族团经验要求的动物和祭品的缺乏可能会带来仪式的改变。献祭物相对缺乏所带来的限制是十分重要的。在以饲养驯鹿为生计的通古斯人中，由于平均每户的驯鹿数量很少，因此不能经常使用驯鹿献祭。[①] 因此，通古斯人会将数位神灵组合在一起，共同献祭一头驯鹿。除了马和狗，满洲的通古斯人没有驯养的动物，这给他们的献祭活动带来很大限制，为了用“鲜血”献祭，他们需要从相邻的族团中购买猪和其他动物。猪的价格并不便宜，需要从遥远的满族人和达斡尔人村庄中购置。同样，后贝加尔地区的通古斯人需要从布里亚特人中购置羊用于献祭。

如果通古斯人和满族人因神灵的攻击而害怕，他们必须一直向神灵献祭，这在现实中是不可能的。由于这一原因，除了香以及与其他更为重要的神灵共享一部分祭品，一些神灵根本得不到其他任何祭品。这里可以指出，由于某一神灵不能经常获得丰厚的祭品，而其造成困扰的强烈程度会逐渐降低，人们也逐渐相信这一神灵不像最初人们相信的那样危险。因此，过高估计神灵的力量，会导致用过多的祭品献祭，进而阻碍对神灵的维系，最后神灵可能被人们完全遗忘，而力量适中的神灵反而可以存在很长一段时间。事实上，许多成为族团负担之民族志现象的命运都是如此。

我在对通古斯人的观察中发现，每一家庭的献祭次数不会多于两三年一次。在富裕的满族人以及拥有大量羊群和牛群的游牧通古斯人中，献祭可能更为频繁一些，但仍不能满足所有的神灵。在满族人中，祭品有时仅是一些坚果、枣、水果与糕点，甚至仅仅是纸象征的祭品和香，用猪和牛做祭品的情况很少——一年三四次。但是，除了这些祭品，满族人和所有的通古斯群体一直都有制作祭品的愿望，也就是说，渴望用特殊动物（猪和驯鹿）新鲜的肉献祭以及举行尤其与萨满教有关的有趣表演。这种愿望构成献祭活动主动性的基础。因此从我的经验来看，我非常了解如果通古斯人长期不能猎获新鲜的肉，就会找到比较体面的借口，屠杀一头驯鹿献祭祖先或是扰乱平静生活的神灵。在这种场合下，进行献祭的家庭会邀请所有的邻居分享吃祭肉的喜悦。下一次，另一个邻居也会如此，如此一来波及整个地域群体的成员。其实，神灵得不到太多祭肉——小片煮熟的肉，

① 参见《北通古斯人的社会组织》，第 31~32 页。

一些新鲜的动物血，有时还包括皮张、蹄子和角。因此，尽管神灵要求的祭品十分丰厚，但通古斯人在物质方面并没有多大损失。

在满族人中，我观察到几乎相同的情况。满族人饮食中的肉不如在以狩猎为生的通古斯人中常见。满族人中有规矩，如果没有正当理由（婚礼、葬礼、萨满教或只是向神灵献祭），是不允许杀死动物的。如果有充分的理由杀死动物，尤其是邀请邻居共同吃肉的情况下，没有人会持异议。在具体实践中，被邀请者会对一顿丰盛的美餐感到满意。除了以氏族为单位的常规的献祭（如春祭和秋祭），也有一些献祭情况源于突然的疾病或者仅仅是心理和神经的不稳定，需要杀猪献祭。

不过，也有一些满族人的确受到神灵迫害的情况，他们会不断杀死动物献祭——鸡、猪、牛，直到所有的动物都被杀掉。邻居和氏族成员享受祭品的同时，也通过供应动物为不幸的家庭提供帮助。我认识一个家庭，在半年之内，杀掉家里所有的动物，最后负债累累。最终，这一家庭的主人为了清偿家庭债务，到另一个家庭中做佣人，其家庭成员则被其他氏族成员的家庭接纳。氏族成员和邻居对此十分惋惜，甚至表达他们对这类极端措施合理性的怀疑。事实上，这个家庭被献祭毁掉了。但其中的原因是过度消费，还是精神错乱，我不敢贸然判断。邻居和家庭成员倾向于接受家庭受到神灵侵害的假设，认为必须不惜一切代价驱逐这些神灵。

满族人在仪式和献祭活动中还会过度消费纸扎，例如银元宝、马拉车和家具等，有时花费高达几百元。在这种情况下，满族人成了虚荣心的受害者，这是在汉文化影响下养成的一种心理。在此情形下，氏族成员和邻居不仅因作为一名富人的亲属或近邻而获得道德上的满足感，而且会从仪式热情中有所收获，如丰盛的食物、社会聚集、萨满表演以及关于神灵的不断讨论。[①]

① 这里需要指出，上述在满族人和通古斯人中观察到民族志文化丛的功能因素并非个案。享受特殊的事物、好的饮品在其他族团中也很普遍。其他族团中观察到的案例可以帮助我们更好地理解虚荣心，因此，我将列举其中的一个例子，这一案例十分复杂。在远东地区，我目睹不同政治势力的外交和领事代表彼此邀请对方参加晚宴和午宴，通过宴会必须建立起各自代表国家之间的良好关系。如果没有国际性的集会，族团的内部也需要（转下页注）

64. 通过语言与神灵交流

在这一小节，我主要介绍通过语言与神灵沟通的方法。在人神关系方面，通古斯人和满族人有几种假设，其中主要的观点是：神灵理解人的语言；神灵对人的言语的反应方式与人对语言的反应方式是一致的；某些神灵并不理解一般的语言，必须用特殊的语言和神灵交流。

当通古斯人和满族人想与神灵交流时，他们会用一般的称谓、特殊的称谓或者是尊敬的称谓召唤神灵，或以任何其他形式唤起神灵的注意。如果神灵已安置在神位中，神灵应该能看到人们与之交流，听到谈话内容，理解其中的词语。非个性化称谓神灵的词语包括长辈亲属称谓“父亲”“母亲”“祖父”“祖母”“祖先”等，传达出屈从态度；满族人称谓神灵的词语更为丰富，同样也包括夸张的形容词和名称，说出这些称呼后，他们表达向神灵要求的内容。在通古斯人中，短篇祈祷词是对愿望的自由表达，但满族人却使用程式化的表达，例如额勒合太非恩（èlxe taǐfin，平安）、胡图里（幸福）等，把这些词语放在神灵名字前面说，自动地重复这些词语。在清宫的仪式资料中，有大量固定套语。[①]我们可以假设，在模仿宫廷献祭的过程中，所有满族氏族都习得一些固定套语。

不同场合的长篇祈祷词则不同，在这种情况下，通古斯人会区分固定的套语和即兴创作，在长篇祈祷词中，即兴创作逐步被固定祈祷词替代。

后贝加尔地区通古斯人与神灵沟通时，先会提及神灵，然后向神灵

（接上页注①）保持良好关系。即便第三等和第四等的大臣在自身职位上也十分活跃，他们的美食活动并不会带来外交效果。其实，对于年轻一代来说，这些集会还有另一种功能，即练习谈话和礼仪，尽管这并不总能实现。最后，关于这些集会的专业判断认为它是一种相互间获得信息的手段，这也是一个十分天真的判断。相反，创造一种非公开表现不满的状态、在社会生活中获得训练、获得信息等也可通过其他方式实现，当“聚会”文化丛在其最初功能的基础上过度成长，则会对各自政府的健康和财富带来更多的损害。事实上，我远不认为这一活动是无用的，或者说应该废弃，因为如果一切都需要合理化解释，那么族团中则只有很少的民族志文化丛能够留下，族团也会不复存在。通过这个例子，我想表明，在表演者未意识到心理和生理功能前提下民族志文化丛是如何维系的。

① 参见前文引用的哈勒兹著作，尤其是《晚期中华帝国的宗教和典礼》。

阐述问题。向神灵阐述问题的部分，他们所说的内容是自由的即兴创作，但其中列举的神灵名字是固定的，因为所有的通古斯群体几乎有相似的神灵丛，他们必须用确定的词语记住这些神灵。如果未受到满族人和达斡尔人的强烈影响，满洲的通古斯人也会即兴创作。每位通古斯人很容易即兴创作出一段祈祷词。不过，最近满洲的通古斯人中出现称为布阿亲的新型祈祷词，借自他们的相邻族团达斡尔人和满族人。这类祈祷词包括正式的向神灵祈祷，代表个人或氏族表达要求，最后部分是形式化的结语。根据目前通古斯人所接受的观念，与神灵沟通的套语越精确化，就越能吸引神灵。因此，这一形式对祈祷词有很大的影响。毫无疑问，布阿亲中包含一定数量的达斡尔语词和短语，执行表演的通古斯人很难理解它们。这里应该注意的是，在这些通古斯人中，作为对抗萨满教的程式化祈祷词布阿亲，有时可能会成为其操演者的一种负担。达斡尔人成功地运用这一方法管理了神灵，所以通古斯人接受了相关实践。通古斯人中的萨满也处在同样的境遇之中，他们记住固定的套语和神灵名字，因此至少在与神灵沟通之初或者与以神灵名义聚在一起者沟通时，都会使用固定化的内容。不过，这种程式化的表达只是在已知事实的范围内使用，当萨满被求助不得不处理某些特殊的困扰时，则必须成为一名即兴创作者。

满族人的祈祷词更加程式化。每一氏族向氏族神灵和天神（阿布卡恩都立）献祭时，都有固定的程式；与神灵（窝车库）沟通时，尤其是一般性地向神灵献祭时，每位萨满都有自己的套语；满族人用相似的方式献祭神灵富其吉和玛发，各氏族之间没有差异。在模仿宫廷献祭的过程中，满族人分别将记录神灵名字和仪式内容的文本称“乔罗毕特赫”（神灵名称文本）和“阔利毕特赫”（仪式文本），因此形式上固定的仪式和语言不允许改变，如果神灵名字和仪式发生变化，人们认为神灵则不会回应人们的祈祷和请求。值得注意的是，在义和团运动中，瑷珲地区许多满族家族丢失了记录沟通神灵的仪式方法的文本，导致人们不再懂得与神灵沟通的方法。[①] 这些满

① 通过与满族人的交流我了解到，齐齐哈尔地区甚至北京以及其他地区的满族人都在义和团运动中失去了他们的家园。

族家族不能通过记忆立即恢复神灵名字和仪式的书写文本，现在不再有与神灵沟通的可能。因此整个献祭表演只包括鞠躬和下跪，说一些如额勒合太非恩和胡图里等词语。不过，满族人对这类不完整表演的有效性十分质疑，在不完整的操作中，他们充满恐惧：如果没有固定的仪式，神灵可能带来伤害。此外，坚持仪式必须与过去的程式一致的观点阻碍了新仪式的创造。这是一个有趣的例子，说明书面语言可能是文化丛消失的原因。在氏族祭司（标浑萨满）影响下，满族的萨满也记录了他们的乔罗和阔利，这导致萨满表演的进一步程式化。在满族人的观念中，有些专家可通过严格程式化的祈祷词和仪式与非氏族和非萨满教来源的神灵如富其吉和玛发沟通，在没有萨满干预的情况下，他们可以管理这些神灵。尽管我没有见过玛发里（参见后文第 80 小节）的“祈祷词”和“仪式”，但我听说他们中间有职业秘密，这很正常。

满族仪式的程式化因素之一源自乾隆帝的举措，当时北京的满族人受汉文化的影响很大，为了维系满族的旧俗，他做了系列改革。在序言部分，他指出，在他的氏族（觉罗）中，献祭氏族神灵的祈祷词十分严格（jōn'i forobure g'isun be jojoŋgo obumb'j），过去萨满（显然是标浑萨满）从儿童时期起就学习献祭语言，以合适方式与神灵沟通。很明显，在乾隆统治时期（1735 年登基，1799 年去世），满族人对满语已经有所遗忘，需要订正仪式，人为地恢复语言。因此，宫廷仪式的形成并非源自真正的满族土壤，其形成的基础是旧满族文化丛的解组。其实，在乾隆时期，爱新觉罗家族已经受汉文化的影响，这一事实可以从仪式文本《钦定满洲祭神祭天典礼》中体现出来，它反映的并非满族文化丛的原初图景。不过，在皇帝权威的影响下，当时汉化仍未很深的满族人受到影响，其仪式模式与相关文本效仿宫廷，但至少大萨满（阿木巴萨满）还部分地保留着满族的原初文化丛。作为一个整体，满族氏族仪式文化丛貌似并非真正的满族制度。受汉文化影响的满族文化不倾向即兴创造。

满洲地区的其他群体，例如达斡尔人在这方面受双重影响，即满-汉的礼仪文化和蒙古人的喇嘛教文化丛。后者也有强烈的礼仪化倾向，因此在蒙古的喇嘛文化丛中，程式化的内容占有很重要的位置。达斡尔人和满族人（尤其是达斡尔人）反过来影响了满洲地区的其他通古斯群体，虽然这些群体目前保持着原初的仪式类型，但与神灵沟通的方法中已经吸收了许多程式化的要素。

神灵理解的语言通常对应通古斯人的神灵观念。前文已述，许多非通古斯来源的神灵不可能理解通古斯人的语言。在这种情况下，通古斯人更愿意使用一种神灵能理解的外来语言。这些语言可能是蒙古语、满语、汉语、俄语、达斡尔语、雅库特语，选择哪种语言取决于神灵的采借来源与通古斯人的观念。如果不了解某一神灵的语言，通古斯人则只会使用一些假定神灵可以理解的词语，这些可能不是假定的神灵所属族团的词语。这些词语可能是无意义的，不熟悉民族志变化机制的观察者可能解释为“巫术”。从这个角度看，从通古斯人中采借神灵（例如吉林窝车库，参见前文第 365 页）的满族人不会使用满语和这些神灵交流，而是尝试讲出一些通古斯（埃文基）词语，事实上，这些词语只是通古斯人歌曲和祈祷词的叠句部分，例如 jaga-ja 等。反过来，不懂满语的通古斯人必须用满语与满族的神灵沟通。同样，与汉人的神灵沟通时，满族人和通古斯人则要使用汉语，与通古斯神灵和满族神灵沟通时，汉人也会使用一些独立的通古斯词语和满语词语。

尽管用外来语言与外来神灵沟通更为合适，但通古斯人和满族人往往会逐渐使用自身语言和外来神灵沟通。因此，我们可以总结，随着通古斯人越来越熟悉外来神灵，后者开始理解通古斯人的语言。虽然通古斯人不能解释这一现象，却默默地承认通古斯神灵可以理解通古斯语，因为如果某一神灵在通古斯人中流传很长时间，则会变为通古斯神灵（例如玛鲁布日坎，参见前文第 308 页），因此能够理解通古斯语。可以指出，在通古斯人看来，布嘎（参见前文，第 242 页）在所有族体中都很普遍，所有人都能理解这位神灵，使用各自的语言献祭布嘎。此外，关于某些神灵，通古斯人绝对相信需要使用特殊的语言进行沟通。这类神灵包括通古斯人最近采借的神灵，还未在通古斯人中形成广泛的影响。

但是，当通古斯人和满族人不懂得如何献祭某一神灵时，会使用肢体语言，当他们与不能理解通古斯语的外来者交流时，会使用肢体语言达到沟通目的。这种肢体语言可能会发展成包括仪式性鞠躬、下跪、手势和面部表情（例如张嘴和闭嘴，睁眼和闭眼等）的特殊文化丛，在通古斯人看来，这些方式用来与神灵交流已经足够了。它们是通古斯人与许多外来神灵的沟通形式。当祈祷词一直不变（如献祭布哈）或被遗忘时，通古斯人和满族人也会使用肢体语言。肢体语言而非口头语言（声音启动）的出现是有不同原因的。因此，缺少祈祷词和口头语言献祭神灵并不意味着神灵是外部传入的。

可以普遍观察到的是，献祭的开头部分总是有外来语言，接下来的内容则是献祭者的口头语言。在这种情况下，人们认为神灵可以更好地回应外来语言的召唤，但能理解当地人的语言。但是，有时人们仍不相信祈祷词可以得到神灵的理解，在这种情况下，通古斯人的做法就像母亲对待孩子，或者像与动物说话一样，人们认为动物不能听懂人的语言，但这却反映了说话者的一般态度。最后，与神灵交谈可能是一种实际上的自言自语，因此对于听者来说，这一谈话的内容可能表现出非连续性和选择性。

通过上述内容，可以看出，祈祷词有时是根本不能被理解的，甚至对于献祭者自身也是如此，调查者经常将这类祈祷词解释成传统的“巫术”。

可以指出的是，献祭语言（说出的）一方面包括特定数量当代语言中不再使用的僵化的短语和词语（因为担心神灵不能理解新词语），另一方面也使用一些外来语言和表达，有时甚至是程式化的，这是采借的特殊语言，投外来神灵之所好。由于这个原因，祈祷词必须看起来是一种特殊的语言，其中不仅有十分古老的词语，而且包括晚近采借的要素，这使分析祈祷词文本相当困难。此外，还需指出，通古斯人在祈祷词中使用一定数量的后缀，有时甚至是起相同作用的一对后缀，这会使后缀更有节奏感和“美感”，同时和一般语言相区分。

祈祷词的结构，可以是日常的语言形式，也可以是有节奏的韵文形式。关于祈祷词的节奏和韵律问题，我会在其他作品中讨论（关于民俗和语言的作品）。散文体的祈祷词，只需要简单地讲出来，不需要唱诵，除非有逻辑方面的要求，这类祈祷词不需要确定的结构，而有节奏的，尤其是有韵律的祈祷词，则需要十分确定的形式。一般来说，祈祷词开头，会有重复两次的叠句；然后是包含一定数量音节的诗节，这些音节可以分解成相同的或简短的叠句。在抒发情感部分，祈祷词的诗节可能变得非常短。

祈祷词的音乐内容也很重要。每一特殊的祈祷词都有特定来源，例如毕拉尔千人献祭祖先神的嘎亚每（Gajameĭ）；还有其他来源的祈祷词。当我们分析文本之后，会发现不同来源的祈祷词有不同的目的，神灵和仪式也是如此。因此，在通古斯人的祈祷词中，除了蒙古人的文化要素，还可以见到汉文化要素。但是，其中没有俄国文化要素。与祈祷的动机不明确相比，当祈祷的动机非常明确时，祈祷词的内容、节奏和韵律是更为稳定的。

当然，献祭神灵的祈祷词内容是不同的。这里应该指出的是，必须区分一般的和萨满教表演的祈祷词，在萨满教表演中，除了表演开始和结束与神灵沟通的一般祈祷词外，还包括即兴创作，是萨满在入迷状态下，以神灵的身份说唱出的内容，有时这些内容是程式化的。当然，萨满说唱的主题取决于萨满处理的问题。但是，即便在即兴创作的情况下，也可以遇见十分程式化的形式，对应某一特殊的神灵。在满族萨满的表演中，首先会唱诵神灵谱系，这些神灵可以附体于萨满，借助萨满之口讲话。由于神灵谱系大致相同，而且有时以文字形式记录下来，更容易获得理解，所以经历了程式化。将神灵谱系记录下来还有另一方面后果，即神灵谱系变得更为相似，献祭神灵的祈祷词也是如此。

神灵的祈祷词可划分为不同的类型，具体如下。

（1）因狩猎成功而感谢神灵，与送来（引导）动物的神灵谈话，这类神灵如白那查、比罕恩都立，以及其他帮助狩猎成功的神灵如奥占、玛鲁及其他神灵。简短的谈话包括说明狩猎所获以及表示感谢的套语。这些感谢的套语也用于给人和驯养的动物送来健康的神灵。这些内容也出现在满族人和受满族人与蒙古人影响的通古斯人的年度献祭典礼中，同样，当疾病尤其是水痘、天花结束后献祭神灵时，也会使用感谢的套语。表达感谢内容后通常伴随着表示恩惠的特殊祈祷词。

（2）要求赐予动物、好天气（根据需要的晴天或降雨）、丰产、驯养动物的增加、人和动物的健康、防御恶神侵扰生活、获得善神的怜悯、人和牲畜的丰产、普遍的财富，以及个人、氏族和村落的幸福。祈祷词的长度是可变的：满族人程式化的祈祷词很长，而通古斯人的祈祷词则很短，但与此同时，这也为即兴创作留下了空间。

（3）遭遇疾病、死亡威胁与神灵敌意等情况寻求帮助，这些祈祷词（阴谋）的内容是激起神灵之间的敌意。

（4）出于中立神灵的恶意活动或获得神灵的怜悯献祭各类神灵。如果不是表达感谢或请求，献祭祖先的祈祷词可归入这组类别中。这类祈祷词通常是一种防御措施。它们的形式容易变化，只有向祖先献祭时才是程式化的，因为只有在遇到困扰和临时情况的特殊场合，才会向相关神灵献祭。当然，在所有的通古斯群体中，献祭祖先的祈祷词基本是程式化的，但在满族人中才达到最大程度的稳定性。

（5）邀请神灵接受祭品，适合所有神灵，献祭几乎拥有传统的形式，因此祈祷词通常包括神灵名称、特殊的祭品与献祭目的。

65. 凭借神灵特征影响神灵

在前面部分，我们已经讨论了神位、祭品和不同形式的祈祷词。它们基于对神灵性质的认识，但这些方法不够充分，当通古斯人不得不管理神灵时，尤其是复杂情况，这点更为明显。我们也发现，神灵的特点是十分不同的，它们大致上反映特定族团及其相邻族团内部人类行为的特征。

如前文所述，神灵拥有不同程度的智力。因此，在与智商高的神灵沟通时，通古斯人经常使用逻辑上可信的方法。在这种情况下，例如，通古斯人必须说明神灵离开侵害者的原因。这些原因包括神灵可能认错人、因为误解人们的态度而报复或者是神灵不会从其敌意中获得任何好处等等。通古斯人认为某些神灵是愚蠢的，例如，阿楞吉，不需要逻辑性的内容就可能说服它们，而布哈和某些恩都立神灵则很聪明，不需要说服，它们自身就可以了解一切，与这些神灵沟通时，简单地向神灵申明即可。可以用逻辑化的方法说服的神灵数量可大可小，满洲通古斯人中的氏族神灵可以用这种方法说服，因此祭品和其他的献祭方法并不常用。

通古斯人认为，可用欺骗的方法影响愚笨的神灵。例如，在这种情况下，通古斯人会使用甜言蜜语召唤神灵，这些神灵会安置在神位中，然后通古斯人会将神位和神灵一起抛掉，驱逐神灵。通古斯人有时也允诺给神灵特定的祭品，但实际上不会兑现。其实，欺骗神灵的方法很多，这些方法都是临时发明的。通古斯人选择何种具体方法是不固定的，有些把戏是通古斯人普遍使用的。这些方法如许诺祭品，将神灵安置在特殊神位中等。在某些情况下，通古斯人做这些事情十分仪式化：他们事先知道如何欺骗神灵。

对于可怕的神灵，将其安置在神位中后，可以通过射击、喊叫、击打恐吓神灵，用报复等手段驱逐神灵。通古斯人有时用这些方式管理祖先灵魂，它们通常十分可怕。这些方法不能用于管理布哈、恩都立和许多氏族神灵。

由于神灵有时候有虚荣心，通古斯人也利用神灵的这一特点操控神灵。因此，通古斯人会夸大地赞扬神灵的能力、智慧等，但通古斯人不会相信自己所说的。接受赞扬后，神灵会变得善良和中立。

神灵一般对食物很贪婪，尤其是对于喜欢的食物，献祭食物是最普遍的影响神灵的方法。因此，通古斯人会通过献祭影响神灵，尽管有时他们只是简单地许诺，如果神灵不带来危险，献祭活动甚至会延迟多年。这种策略在满族人和满洲的通古斯人中十分普遍，直到神灵在等待献祭的过程中表现出不满，才会献祭。通古斯人和满族人对神灵的债务通常超越了他们的偿付能力。其实，通古斯人和满族人可能会经常忘记承诺，神灵被欺骗。除了食物，神灵也有其他一些偏好，例如漂亮的花、香、精美的神位以及周期性的照顾和赞美。因此，通古斯人利用这些偏好来管理神灵。

这里尤其需要指出操纵神灵的两种方式，即服从和掌控。第一种情况是对神灵的意志和活动表示完全的服从，同时认为神灵是善的，希望能够在既有的情势下，获得最大的利益。同时，如果神灵的能力远高于人，用上述的诸种方法不能管理神灵，通古斯也会选择完全屈服。人也可能受神灵的控制，但这并不表明人可以摆脱神灵——有能力者可通过不同手段摆脱神灵，在完全屈服的情况下，神灵（甚至是恶神）会保护屈服者。

控制或掌控神灵则不然。这一方式构成萨满的技艺，后文会讨论。这里可以指出，萨满通过掌控神灵使神灵成为萨满的“奴仆”，萨满成了神灵的真正主人，只要萨满足够强壮和健康，就可以根据自身的意志引导神灵。

自然，感觉自身比神灵强大的男性和女性可以掌控神灵，而感觉自身比神灵弱的人则不能掌控神灵。

人对神灵的态度也体现在与神灵讲话和一般的沟通方法上，祈祷词可能是十分礼貌的，由选择出的表达模式构成，涉及晚辈与长辈之间的沟通。由于这些原因，用对长辈的称谓来称呼神灵，例如在通古斯人中称阿玛、阿米、奥诺、奥尼，即祖父、祖母、母亲；在满族人中称贝子（亲王）、萨格达西（长辈们）以及各种表示官衔的词语。与此呼应，说好话者使用各种表示社会和个人地位低下的谦卑词语，例如"您的孩子""愚笨的孩子""又聋又哑者"等等。不过，如果神灵不是很强大，说话者会恐吓神灵，祈祷词中可能直接称呼神灵的名字，甚至使用羞辱的称呼，表达内容可能十分粗鲁。同时，通古斯人可能使用冷笑话、嘲笑、讥笑冒犯神灵。在献祭不太重要神灵的过程中，献祭者会放弃使用十分尊敬的方式。由于这一原因，当通古斯人想驱逐神灵并与神灵沟通时，开始时会十分礼貌，使用特定的表达模式，在召唤神灵和驱逐神灵的过程中，说话的方式会十分粗鲁。这里需要注意的是，在萨满的讲话中，有时还会出现一些羞辱性的内容，这些内容有时表示萨满自谦，有时则表示对神灵的侮辱，一切视神灵是否已经进入萨满身体而定。在表演过程中，萨满会让神灵一个接着一个地连续附体，但会有间歇，这一过程中萨满的说话风格会改变，甚至有经验的萨满助手有时也不能理解是萨满在自言自语，还是神灵在借萨满之口说话。因此，仅依靠分析萨满文本不足以确定相应神灵的准确特征。

第 17 节　灵魂要素及其管理

66. 灵魂要素

事实上，最初与灵魂打交道的场合，要早于灵魂承载者（儿童）的出生。我们已经发现，本书讨论的所有群体中，灵魂要素是由神灵分配的。其实，尽管我并未明确澄清后贝加尔地区通古斯人是如何理解灵魂分配的，但我们已经发现，在这些人群看来，人的死亡会带来他界（上界）一个新灵魂的诞生，这一灵魂会被赐予新出生的儿童。满洲的通古斯人认为，灵魂是由某一特殊的神灵分配的。受满族影响的通古斯各群体共享这一观念，很可能由满族人借自汉人。因此，如果满族人或通古斯人想求子，自然会祈求给儿童分配灵魂的神灵。不过，这并非为儿童取得正常灵魂的唯一方式，儿童可在无任何祈祷、献祭的情况下出生，甚至有时违背父母的意愿，例如非法出生的儿童。只有在无子、缺少孩子和流产的情况下，通古斯人和满族人才会祈祷和献祭，他们会将上述情况解释为神灵的敌意或神灵缺少对儿童的关照。这里应该指出的是，通古斯人认为怀孕和胚胎发育过程不需要分配灵魂的特殊神灵的干预，但如果缺乏生育能力时，必须向神灵祈祷，要求分配灵魂的神灵（通古斯人称乌米斯玛、乌米西等，满族人称翁奥西妈妈）送子（更准确地说是灵魂），这类表演主要由相关者直接操作，很少情况下由萨满操作。我不了解具体的祈祷词内容。关于祭品，包括香、水果、花、酒以及一些非血的祭品。有时，满族人和通古斯人在树上会挂一个摇篮模型，这不是神位，而是为神灵理解的一个象征。

儿童出生之后，会产生照顾灵魂的特殊需求，此时，其灵魂仍是不稳定的，这点前文已述（参见前文第 92 页、第 271 页），因此，必须采取各种预防措施保证灵魂在儿童体内，至少处在儿童附近的神位中（康安、阿南等）。另一个非常重要的预防措施是儿童千万不能受任何事物的惊吓，灵魂可能会离开身体。作为特殊神位，鸟形以及其他形式的小玩具被用来吸引神灵和灵魂，如果灵魂逃离，至少要将之固定在摇篮中。[①] 使用者不能解释其中的大多数物件，因为它们只是机械地由母亲传给女儿，从父亲传给儿子，其中并未经过解释和“合理化”。灵魂逐渐在儿童体内稳定下来，但由于灵魂仍有很大的可能性离开身体，通古斯人和满族人也使用其他方法让灵魂处在正确的位置，在需要的时候会唤回灵魂。

与此相关，这里可以描述一种发现儿童灵魂的重要（满族人中的）方法，其中包括特定的操作步骤。在满族人中，这种方法称佛扬古胡拉姆博，

---

① 关于摇篮的描述，具体参见《北通古斯人的社会组织》第 278 页、《满族的社会组织》第 117 页。

即“寻找灵魂”，或者“佛扬古奥伦胡拉姆博”，即“寻找灵魂的位置”。为了实现这一目的，需要使用两个瓷碗，其中一个碗装满水，另一个碗是空的，上面盖着一张纸。一位妇女，尤其是母亲，用手指将水滴在纸上，如果水滴“像一只眼睛”渗透在纸的另一面，则意味着儿童真的“落魂”（tuexexe）了，接着人们会把碗中的水倒到地上，通过水形成的斑点，可以判断出是人还是狗吓丢了儿童的灵魂，含有儿童灵魂的水滴和纸会在君富其吉附近放上四到五天。只有灵魂在儿童附近某处如房屋和院中停留，这一方法才会奏效。如果灵魂走远了，母亲会用盛粥的勺子在门槛上敲击九次。因为这是“母亲的呼唤”，所以儿童的灵魂会返家。如果某位不到12岁的儿童在房屋外某处受惊吓，母亲必须带着受惊吓儿童的衣服来到此处，将衣服放到地上，拽着衣服并一直呼唤儿童的名字，灵魂会回来。最后，最为严重的情况是灵魂去了阴间，此时母亲必须将一些香放在鼓上，唤回灵魂。但是，儿童母亲使用的这一方法并非始终有效，如果失败，则通常求助于萨满。

在其他的通古斯群体中，找回灵魂的方法更为简单。这一方法的本质是使用各种方法召唤灵魂承载者的名字，但只有萨满知道其中的关键方法。我将在专门的小节中描述这些方法。保持灵魂一直在体内有多种方法，但其主要方法与治疗因惊吓落魂儿童的方法相同，避免突然的惊吓，这样容易导致“落魂”，避免突然叫醒睡眠中的人，这可能造成灵魂离开；① 神灵可能在灵魂离开后附体，或者直接进入身体驱逐灵魂，此时通古斯人要小心翼翼地与神灵交往，恢复或者重新安置体内的灵魂。因此，首先，通古斯人要注意避开令人产生“恐惧”情绪的一切事物，尽可能地避开容易带来“恐惧”的环境；其次，通古斯人会避开可能会抓住灵魂的神灵，摆脱神灵的恶意活动。如果通古斯人熟悉环境，而且不受自身文化中神灵的过度压迫，则会遵守上述规范。当然，成年人，尤其是男性，要小心保护年轻一代和妇女避开此类事件。在具体的实践中，这表现为人际相处中的友善和谨慎。

① 满洲的驯鹿通古斯人认为，所有的通古斯人都会同意如下观点，当人睡眠时，其灵魂（奥米）也在睡眠，如果突然叫醒睡眠者，灵魂也会被吓得飞走。醒着状态下的“恐惧”也会造成同样结果，灵魂缺席被视为源于“恐惧”。

67. 死亡

接下来我开始讨论死亡（最后时刻），这时灵魂永远地离开身体，而在生命过程中操纵灵魂的方法，我将在其他小节描述。

在第7节，我已经说明，通古斯人和满族人将年老的死亡视为一种自然现象，但如果是壮年死亡，则是反常的。通古斯人对儿童死亡的态度与对待成年人不同。他们默认，儿童比成年人容易死亡，因为儿童的灵魂是不稳定的，而且亲属对儿童的死亡不会表现出特别地惋惜。成年因事故或疾病而死亡通常被视为反常现象，被认为是由神灵造成的。在这一方面，通古斯人与欧洲人并无不同，他们都经常把死亡视为由可摆脱的人为因素造成，例如传染病、社会因素等。

通古斯人通过意识消失判断死亡，认为其原因是灵魂离开了身体；心跳停止也是判断死亡的标志，有时心脏可能会出现骤停，但必须在短时间内恢复跳动；[①] 呼吸中止也是一个重要的生命信号，尽管呼吸有时会停止（依据动物的冬眠状态推测），但必须迅速恢复。在“生”和“死”之间的不确定阶段，可能会采取特定的措施恢复心脏和呼吸（即生命埃尔嘎），而且带回离开的灵魂。满洲的通古斯人观察到，当灵魂（与“生命”）离开身体后，身体会比活着时变得更重。[②]

其实，只要能挽救生命，通古斯人可以接受任何方法。他们实际掌握的方法并不多。为了维持呼吸和心脏跳动，驯鹿的心脏（巴尔古津地区通古斯人中可观察到）可能被放到胸膛上，同时为了保持温暖，要在身体上盖上衣服。而且，衣服的数量很可能是9，这一数字也有一定的意义。如果某人“因缺乏呼吸即将死亡”，通古斯人可能把驯鹿带到棚屋中，让驯鹿和死亡者嘴对嘴呼吸。

---

① 库玛尔千人和毕拉尔千人通过脉搏跳动（玛辛—苏达拉或埃尔嘎—苏达拉）或直接观察心脏跳动判断心脏的工作情况。

② 同样，通古斯人认为醉酒者身体也会变重。额尔古纳河流域的俄国人也持相同观点。其实，他们并未用称重的器具测量，因此这只是一种可以理解的感觉。

如果灵魂（意识）离开，通古斯人会召唤灵魂，如果灵魂因其他的神灵或坏人的攻击离开身体，他们则会求助于神灵取回灵魂。召唤灵魂者应是灵魂认识的人。任何了解如何求助于神灵取回灵魂知识的人都可向神灵祈祷。[①] 当儿童即将死亡时，其母亲会坐在他（她）的身边，以母亲所有的温柔唤回灵魂。她们会在儿童旁边放上一些食物（如奶），安置灵魂的神位等。

如果可以判断导致疾病的具体神灵，萨满会承担挽救生命的职责，尽自己最大的努力影响神灵。如果灵魂已经离开身体，而且在去往阴间的路上，萨满会去往阴间抓回灵魂，放到病人体内。如果灵魂离开得不是太远，萨满会起到很大的作用。萨满也会使用祈祷词和恐吓的语言影响神灵，迫使神灵离开病人的身体。在巴尔古津通古斯人中，如果某人在雷雨天气去世，萨满很容易唤回其灵魂，因为萨满的神灵（“雷”）在附近。同时，如果有很多人在场，情势也是好的，因为在场者中有些人可能是“有福之人”，死者的灵魂会返回。通古斯人认为，与成年人的灵魂相比，儿童的灵魂更容易召唤。

如果意识未消失，将死之人会知道自己即将死亡，并做好准备；如果是年长者即将死亡，其周围会围着亲属，如果有需要，他会给周围的人留下遗嘱。我观察过一位满族的 12 岁男孩，他患上很严重的疾病。“医生”的诊断结果认为，疾病的原因是男孩的母亲训斥了男孩，之后男孩喝了一些水就生病了。其实，这位母亲也十分悲伤。当时，这位男孩正在回忆他短暂的一生：他回忆了所有照顾他的家庭成员，因为他不得不死去，认为

---

① 我亲自观察过一些死亡案例。在一个案例中，巴尔古津通古斯人数次尝试通过按压身体尤其是头部召唤灵魂恢复生命后，求助我帮助他们召唤神灵。几位巴尔古津通古斯人匆忙来到附近的树下（棚屋的西北部），在其中的一棵树上挂上一个小的铜铃，用斧头在这棵树上刻出 4 个记号，然后用斧头击打另一棵树，一边哭一边呼唤：布日坎 omoko!（布日坎来吧!）尼科拉乌高丹 omoko!［圣尼古拉斯（参见前文第 321 页）来吧!］。他们要求我在其中加入我的声音。我知道，我必须发出新的、不寻常的声音。除了拉丁语，我的脑海里没有任何有韵律的内容，我开始有节奏地唱诵拉丁语词语：caro、arbor、linter、cos、merces、quies、seges、dos 等；后来又唱诵：ante、apud、ad、adversus 等等。出乎意料的是，这些人停下来听我唱诵，他们认为我很了不起，知道如何影响神灵。不需要我补充的是，这位穿着 9 件衣服即将死亡的妇女并未恢复生命。

学校的功课已经无用了。对于即将死亡，他表达歉意，因为这将给他的父母带来悲伤。人们并不否认他一定会死去——在他们看来，如果男孩的灵魂可以安全到达另一个世界，他将在另一个世界生活。

但是，即便是在毫无希望的情况下，通古斯人也不会放弃争取生存的机会。不过这并不意味着通古斯人反对去往下界。他们会尽可能地为生存而斗争，尤其在遇到与动物或其他“自然现象”相关的事件时。因此，通古斯人对于死亡的态度是，对于正常的死亡持顺从的态度，同时也认为过早的死亡有时是可以避免的。我所了解的多数自杀情况（以及满族人和通古斯人的介绍），都是在人群的集体心理压抑和反常的情况下发生的，其原因可能是神灵的影响，或是某种报复感（例如满族的儿媳和儿童希望通过死亡后的灵魂侵扰某些人）带来的短暂兴奋。老年人则会为死亡做好准备，有时萨满会预测死亡。[①] 在汉人的影响下，满族人也会准备一口棺材，妇女要为自己准备绣有莲花的特殊鞋子。同时，通古斯人在死亡时也要穿特殊的鞋。满族人中有 60 岁以后自愿死亡和自我隔离的说法，但他们并未真正施行。

68. 安葬尸体的准备以及管理第一个灵魂

确认死亡后，通古斯人和满族人的关注点转向灵魂问题，要把灵魂送往下界。他们必须立即采取特定的步骤。因此，在满族人中，人死后家人要在大门上挂一块蓝色布塔尔嘎，如果遇天花、新出生儿童或重要的萨满教活动，也要在大门上挂其他颜色的布表示禁忌。

如果成年人去世，并得到确认后，巴尔古津通古斯人会用鹿血涂尸体的胸膛和腹部，同时用一块皮张或其他材料盖上尸体的脸；毕拉尔千人会在尸体的脸上盖上一张纸，[②] 千万不能拿走。尸体放在皮张、地毯、新砍下的树干或木板上。尸体的头部朝西，脚朝东。不过，在满洲的通古斯人中，

① 参见《北通古斯人的社会组织》，第 321 页。

② 由于这一原因，生者千万不能在脸上盖纸，甚至为了防御蚊虫也不能这样。

不管居住的方向如何，头要朝向玛鲁，脚朝向门口。尸体穿着最好的衣服，上面盖着布或羊皮。衣服的材料和形式与汉人相似，只有鞋是高春（go čun）[①]。老年人很早就开始准备死后穿的衣服。满洲地区和后贝加尔地区的通古斯人只穿一般风格的衣服，根据季节而改变。尸体穿的鞋是松开的，衣服也未扣上，胳膊沿着身体放直，腿用一根绳或方巾绑上。儿童的尸体穿着相应的衣服，但头部却朝向东方（居住在棚屋中的通古斯人）；头部附近放着儿童喜欢的食物。各种食物和饮料——肉、奶、茶放在尸体头部附近。尸体的胸口处放着一根烟斗和烟袋。在场的人要不断更换食物，向空中抛少量固定食物，在地上洒一些液体食物。剩下的食物和烟草或者被扔到火中，或者由在场的人吃掉。停尸现场的人必须一直看着尸体，防止动物接近。通古斯人仍然认为，灵魂可能会返回，死亡可能仍未发生。尸体附近的人像平常一样谈话，做日常工作。

在满族人中，可以通过呼吸停止、胸部心脏无跳动和眼睛的无生气判断死亡。要等到身体失去温度。接着，亲属会为死者闭上眼睛——儿女为父母闭上眼睛，丈夫为妻子闭上眼睛（反之亦然），晚辈亲属为长辈亲属闭上眼睛，以及父母为子女闭上眼睛。母亲会说："别担心，安静地离开吧。"如果死者的眼睛是睁开的，则表明死者（即灵魂）的"不安"。接着，人们聚集在一起，开始哭泣。这一过程中不能进行随意的交谈。尸体被一件包裹着一件地穿衣服，其数量可以是 3 件、6 件或 9 件，有时也可能是 5 件或 7 件。老年人生前会准备好死后穿的衣服。这些衣服一般是灰色。款式和质量稍微不同。帽子的样式和官帽相同，颜色为黑色，但没有等级标志。男性死者的鞋必须是黑色的，鞋底是纸做的。这些东西可以从汉人商店中购置。不过，年轻的死者穿的是他们生活中喜欢穿的衣服。如果死者是男性，根据习惯，要为死者刮脸，头发梳成辫状，脸上盖上纸。

放置在木板上的尸体头部朝向阿木巴纳罕，也就是说，头部朝向西，脚朝向门口。死者头部附近放着猪头和油灯。[②] 蜡烛和煤油是禁止使用的。

① 这些鞋是干燥天气中普遍使用的较长的、装饰很漂亮的鹿皮鞋，寒冷的天气中不能使用。

② 油灯由不同的材料制成。目前，油灯一般由铁制成，为椭圆形的碗状。

香要一直燃着。金色纸和银色纸制成的银条和钱币，放在纸袋里——每个袋子里九根银条，纸袋上有铭文，例如“献给父亲的金银纸钱”，落款还有确切的日期“某年、某月和某日”。在不同场合，满族人普遍喜欢各种形式的铭文，这是他们对汉人的模仿。不过，如果死者是年轻人，氏族组织中无更年轻者，就不会烧纸钱。当然，铭文只是第一个词语发生变化，即纸钱给予对象的名讳。因为死者需要纸钱，人们在死者尸体的脚下烧大量的纸钱。纸钱必须烧掉，灵魂（神灵）只能使用其中的非物质形式。

尸体停放在棚屋和房屋中时，必须认真关注死者的灵魂。尤其危险的是，灵魂可能带来风，将地上的尘土吹向空中。同时，人们必须小心动物（狗、猫和鸡）靠近尸体。其中有两个原因，即（1）狗可用于把死者灵魂送往阴间，在萨满采取所有必要的预防措施之前，灵魂可能利用狗逃离，或待在此界伤害人，例如胡图（满族人中）、希尔库勒（满洲的通古斯人中）；（2）动物可能会突然从尸体上跳过，带走灵魂。此外，动物可能带来风，盖在尸体脸上的纸可能会滑落，尸体可能会复活。毕拉尔千人确信曾发生过此类情况，但并非所有人都相信这种可能性。驯鹿通古斯人要防止驯鹿伤害尸体和灵魂，同样也要小心马和其他驯养的动物，但狗是一定要避开的。[①] 在通古斯人中，人们可以在停尸现场大声讲话，与满族人不同，他们没有义务哭泣。我注意到，儿童会因恐惧而不想接近母亲的尸体。一般而言，通古斯人和满族人害怕尸体，[②]其实，尸体可能发生很多复杂情况，如灵魂留在此界或神灵进入尸体。从心理学的角度看，有意思的是，通古斯人经常会从死亡事实中找到自我安慰。因此，他们往往会说，这个人病得严重，也许离开这个世界对他而言更好；他们也可能说，成年人的死亡并不可怕，因为他们已经结婚了，新的家庭成员也要出生了。通过这种方

① 很可能的情况是，最初恐惧狗的原因是担心狗会吃掉尸体，后文会描述，狗对早期人类生活造成很大的干扰。参见狗损坏尸体的例子（马尔加里托夫《皇帝港的奥罗奇人》，第 29 页）。

② 参见马尔加里托夫《皇帝港的奥罗奇人》，第 29~30 页。但是，果尔德人（参见希姆科维奇《果尔德人萨满教研究资料》和洛帕廷《阿穆尔河、乌苏里江和松花江流域的果尔德人》）的态度则有些不同，在尸体放入棺材之前，死者的配偶要整晚守护着尸体（洛帕廷《阿穆尔河、乌苏里江和松花江流域的果尔德人》，第 268 页）。

式，通古斯人的注意力转移至别处，而非死亡这类事实本身。

在一段时间内，尸体是不能安葬的，在本书描述的不同通古斯群体中，尸体停放时间的长短有很大的差异。因此，在寒冷的环境下，尸体可以停放很长时间，但如果在炎热的季节，尸体腐败得快，因此一定要尽快安葬。在通古斯人中，尸体一般的停放时间为一两天。马尔加里托夫记录，奥罗奇人尽可能用最短的时间将尸体安葬，而满族人有时则将尸体放入棺材，然后停放很长一段时间。其中一方面原因是满族人模仿汉人，另一方面原因是需要召集不在场的晚辈亲属，后者必须开展特定的仪式。①

69. 尸体的处理

接下来的重要步骤是将尸体放进棺材。在通古斯人中，这一时间与埋葬的时间一致，而在满族人中，两者之间可能相隔数月。

过去，北通古斯人的埋葬方式是将尸体装到竖立在桩上的木匣中。在《北通古斯人的社会组织》中，我用一幅水彩画展示了这一构造（第 14 页）。② 米登多夫描述的雅库茨克地区通古斯人的埋葬方式、马克描述的乌苏里地区通古斯人的埋葬方式，以及谢罗谢夫斯基描述的雅库特人在相邻族团通古斯人和尤卡吉尔人影响下的埋葬方式，③ 皆与北通古斯人相同。不过，雅库特萨满的埋葬方式却是放入棺材。在所有的通古斯群体中，即便现在，去世儿童的尸体只是用桦树皮裹后挂到树上，或者放到一根中空的树干中。在满族人中，如果是不到 3 岁的儿童去世，也适用这种处理方式。尸体上盖上麦秆后放在树干上——pučeγe n'alma tèdurè čuaŋ（满语口语），即“死者的床”。有时，萨满去世后也以这一方式埋葬。

为了搭起埋葬台，通古斯人通常会寻找两棵间距约 2 米的不太大的树。

---

① 这也是果尔德人延迟埋葬死者的原因（参见洛帕廷《阿穆尔河、乌苏里江和松花江流域的果尔德人》）。

② 查普利卡在我图片的基础上进行复制（参见《西伯利亚的土著——一项社会人类学研究》，第 15 页）。

③ 参见《雅库特人：民族志调查报告》，第 619~621 页。

把两棵树在离地 2 米高处砍断。除了树，通古斯人有时还会使用专门立起的木桩，上面固定 6~7 厘米厚的横梁，用于支撑放置尸体的木板。接着，尸体的周围也使用木板和横梁固定。这一构造十分坚固，动物不能损坏。任何树或木头都可用于这一目的。

目前，这种埋葬方式在库玛尔千人和兴安通古斯人中还很普遍。他们告诉我，有时他们只是简单地把尸体放在竖立的平台上，不使用木板保护，不过我并未弄清楚他们在何种情况下会这么做，我未见过这类埋葬方式。在满洲的通古斯人中，根据老人回忆，过去他们也采用此类埋葬方式，并且其前辈也是如此（努嘎尔人）。[①] 满洲的驯鹿通古斯人也会使用一棵中空的树干代替棺材。甚至现在，即便他们已经成为正式的基督徒，有时还会将死者葬在放在地上的树洞中。19 世纪末，毕拉尔千人普遍将死者葬在竖起的棺材中。现在，毕拉尔千人中萨满去世后，仍采取这种葬法。在巴尔古津地区和涅尔琴斯克地区的通古斯人中，如果可以，即离俄国人有一定的距离，依然选择这种葬法。

儿童的葬法更为简化，如果去世的儿童很小，则放入挂在树上的摇篮中就不用管了；如果去世儿童的年龄超过摇篮阶段，其尸体则放在中空的树干中，树干放在树上或木桩上。

什连克描述过奥罗奇人的坟墓，[②] 只在细节方面与前述葬式不同，奥罗奇人事先制好棺材，然后放到立起的木桩（树干）上。马尔加里托夫的描述与什连克基本相同。[③] 可以指出的是，在什连克调查的时代，奥尔查人用抬高的棺材安葬被谋杀者，也就是说，这种葬法和上述奥罗奇人相同。同时，我们也发现关于契丹人以及满洲南部的鲜卑人中抬高棺材的记录，但并不能判断这种做法是普遍的，还是例外。[④]

在巴尔古津和涅尔琴斯克通古斯人中，棺材放在木桩上的葬式称固拉（gula），这个词可表示任何木制棱角分明的构造，例如俄国人的谷仓、阴间的

① 参见《北通古斯人的社会组织》，第 64 页。
② 参见《阿穆尔河流域的土著》第 3 卷，第 144 页（源自田野日记）。
③ 马尔加里托夫《皇帝港的奥罗奇人》，第 80 页。
④ 参见帕克《鞑靼人的一千年》，第 297 页。

居所等。[1] 涅尔琴斯克通古斯人也使用特殊的词语 bilo。满洲的驯鹿通古斯人以及满洲其他地区的人群称其为 g'iramk'ivun，这个词源自 gira（n）——“骨头”。

如果总结上面的事实，可以清晰地发现，这种埋葬方法主要与通古斯人有关，并且很明显满族人（儿童和萨满去世后仍使用这一葬式）、奥尔查人（被谋杀者使用这一葬式）和果尔德人（儿童去世后使用这一葬式）过去也实行这种埋葬方式。在雅库茨克地区，受通古斯人影响的尤卡吉尔人和雅库特人也采用这种葬法。历史上在目前通古斯人居住区域的外围（邻近地区）居住的鲜卑人的埋葬文化中包括一些通古斯文化要素。其实，在更为遥远的地区，也可发现许多相似的埋葬方式。

在其他族团的影响下，通古斯人借用了不同的新葬法，过去的埋葬方式开始简化。除了上述描述的棺材，毕拉尔千人在很少的情况下把尸体放入独木舟中，然后用河流（阿穆尔河）冲走。奥罗奇人使用独木舟放尸体，但独木舟只被当作棺材，不需放到河流中冲走。[2]

在满族人中，棺材必须由松木制作，上面的盖呈斜坡形，在这方面，满族人的棺材与达斡尔人不同——达斡尔人的棺材为长方形，盖是平的。满族人的棺材通常直接放在地上，周围用木板保护；接着上面盖上土，因此，埋葬地点看起来像一个小土堆。土堆的大小与死者的重要性有关。这种葬式目前在毕拉尔千人中也很普遍，不过，毕拉尔千人有时也将尸体直接埋入土中，不会很深。在果尔德人、奥罗奇人和雅库特人中，棺材会敞开着放在地上，有时只用栅栏保护。其实，采取竖棺葬式的通古斯人，是将棺材放在地上的。在这些群体中，由于受汉人的影响，开始普遍使用汉人形制的棺材。因此，例如现在的满族人中，棺材是事先购置的，如同汉人一样，棺材要保存很长一段时间。满洲的通古斯人，如果能够买起棺材，也会像满族人一样做，但这种情况很少发生。汉人风格的绘画装饰现在逐

① 最近，兴安通古斯人开始用这个词表示棚屋。但是，这个词语主要与抬高的方形建筑有关。［参见 guli（安・季）——挂在抬高的平台、仓库和树上。其实，布里亚特语 ulgoxu 与 guli 无关；其派生词 gulimačin 并不是季托夫翻译的意思。］

② 参见马尔加里托夫《皇帝港的奥罗奇人》，第 30 页。

渐传入通古斯人中。果尔德人和奥罗奇人中华丽的棺材，很可能也源自汉人。

受汉人影响，满族人的墓穴必须挖 9 尺到 12 尺深，不能少于 7 尺，坟墓的地点和方位以及埋葬日期（时辰）由特殊的专家确定（汉人中的占卜者），但在具体实践中，情况并非如此。我见过很浅以至容不下棺材的墓穴，因此需要使用额外的木板保护棺材，上面盖着石头和土，形成低矮的坟墓。死者的头部一般朝向西南方向。

居住在俄国领土的通古斯人，在俄国人的影响下逐渐接受土葬方式。其实，俄国当局权威和教会使通古斯人相信土葬的重要性——其一是出于卫生的考虑，其二是出于基督教传统的原因。但是，这一做法远未普及。居住在俄国人附近的通古斯人的确采取这一葬法，但远处的通古斯人仍使用过去的葬法。事实上，挖开冻土是十分困难的，在通古斯人居住的多数地方，即便是夏季也如此。而且，由于通古斯人数量不多，没有铁锹，有时根本就不能挖开冻土。其实，这些墓穴非常窄，不深——至多有 1 米。他们并不使用专门的棺材，不过墓穴中尸体的两侧由木板保护，尸体上面也盖着一到两块木板。在俄国人的影响下，通古斯人开始制作普通的棺材。

在毕拉尔千人中，最近实行的满族人或汉人的葬法只是临时举措。数年之后，他们会取出骨头加以清洗，然后运送到氏族墓地，其中一些墓地位于俄国人领土的结雅河流域的谷地。如果运送骨头困难，毕拉尔千人会将搜集好的骨头烧成骨灰运送到墓地。① 这一葬式在通古斯人中并不典型，应该理解为外来文化影响，或是过去竖棺葬式的变异。在遥远地区的人群中，例如广东世居人群中（地方化的汉人）也有转移和清洗尸骨的习俗。移走尸骨的习俗在朝鲜人中十分普遍，满族人对这种葬法不太抗拒，会把氏族成员的心智困扰归因于选错埋葬地点，这种情况会导致改变葬址。毕拉千人解释迁移尸骨的原因，认为移动尸体不方便，而骨头是能迁移的，因此必须把尸体留到腐烂，骨头必须清洗，因为如果骨头不清洗，味道会

① 契丹人中也有火化死者骨头的习俗，我已指出（《北通古斯人的社会组织》），契丹人中混有部分北通古斯人。

很难闻。氏族墓地观念可能也是最近起源的，因为大多数通古斯人群中没有公共墓地。当满洲的通古斯人被满族人组织起来后，会被灌输以下观念，即氏族成员必须有固定的埋葬地点。通过这些评述，我不想解决这一问题，即毕拉尔千人是从其他族团中借用的这一习惯，还是遵循古老的习俗，甚至是自身创造的一种新习惯。这三种假设都是可接受的。

满族人根据固定需要按照前文提及的汉人书籍选择墓址。不过，如果几位氏族成员埋在同一地点并表现出“好的迹象”，这一地点则逐渐成为墓地。熟悉这一习俗的满洲的通古斯人也这样做，但他们通常没有选择墓地的专家，因此会根据过去的习惯而行动。在持续处于迁徙状态的通古斯人中，会将死者葬在其去世处不远的地方，因为远距离运载尸体十分困难，而且通常是完全不可能的。如果可能的话，通古斯人经常选择山坡为埋葬地点，一般为北坡。这些地方总有森林覆盖，灌木密集。一个重要的因素是，埋葬地点不能选在任何道路附近，因为其他的神灵偶尔会在道路上出没，了解通往埋葬地点的道路。

所有的北通古斯群体中，埋葬死者需按特定的方向，头部朝向西北，或者是西北偏西，其原因是人死后灵魂去往西北方向。儿童去世后头部的朝向则是东南，或者东南偏南，因为儿童的灵魂要返回到分配灵魂的神灵那里。但是在满洲的驯鹿通古斯人中，我见到相反的事实，他们肯定，与成年人相同，满洲的驯鹿通古斯人也把儿童的头部朝向西北方向埋葬。不过这里的问题是，对于满洲的驯鹿通古斯人而言，多大年龄可算作儿童。在兴安通古斯人中，我见过一婴儿夭折后被放到挂在树上的摇篮中，面向西北（呈平常的半坐姿势），头部朝向东南。

70. 安葬的特殊情况

前文已述，儿童与成年人的安葬方式不同。在满族人中，3 岁以下的儿童夭折要安葬在树上。尸体用木板、草或桦树皮覆盖。满族人说，这种安葬方式有利于儿童的 3 个灵魂要素返回翁奥西妈妈处。3 岁到 10 岁的儿童夭折后通常葬在坟墓中，但不使用棺材，尸体放在儿童死后停尸的木板上。

如果是超过 10 岁的男孩去世，则放到简易的棺材中安葬。

萨满去世后，如果萨满提出要求（满族人认为是神灵的要求），满族人会将萨满像去世的儿童一般葬在树上。过去，这一安葬萨满的方式十分普遍。这一古老习惯的合理化解释如下：如果葬入土中，神灵则不能保护萨满的尸体。在草原地区，萨满自然不能安葬在树上，因此，这一地区的萨满去世后则被放在普通的棺材中，然后放在小山上，不埋葬。棺材上会留一个小孔，这样萨满的神灵可以自由地出入。根据我的报道人介绍，女萨满去世后不葬在树上。

19 世纪中叶，满族人中不到 20 岁女孩的尸体会和棺材一起被烧掉。其原因是，这类女孩死后，无人照看她们的身体和灵魂。其实，在满族人中，甚至 15 岁的男孩都会有氏族中的年轻兄弟，而根据外婚制原则，女孩则需要离开氏族，因此无人照顾她们。由于灵魂本身的特点，可能会给人们带来伤害，其他神灵可能利用去世女孩的尸体，这类女孩的尸体容易变成伊巴罕，最安全的方式是毁坏尸体。其实，佛教的葬法帮助了满族人。

火葬方式也用在身体受伤，尤其是失去胳膊或腿的情况。有时，肢解的尸体会被重新组合在一起，然后直接埋葬，但这表示人们不想恢复灵魂。因此，火葬可以帮助恢复伤残身体的灵魂。

如果死者因犯罪被斩首而死亡，头颅应放在原来的位置上缝合固定。这一行为需要雇人。如同其他类似的情况，其中主要的困难是灵魂因斩首而受损。需要指出的是，如果被斩首的是萨满，其掌控的神灵会取出灵魂并予以照看，通过这一方式，萨满的灵魂不会损坏。

如果尸体被野兽损坏或者部分损毁或残缺，满族人会像对待战争中受伤者的方式加以处理，也就是，处理剩下的部分尸体，并把这部分和衣服放在一起，由于“灵魂受损”，安葬方式是十分简单的；① 被雷击死者的身体要简单地安葬，不使用棺材，因为雷只击说谎者、争吵者、对父母恶语相向者以及欺骗者，因此满族人咒骂：ājen targ’imb’e——“雷会劈你！”咒骂应该得到

① 不过，必须指出的是，满族人对待战争中残废者或者去世者的观点是不一致的。事实上，有一种观点认为，所有战士的灵魂都会自如地到达阴间，因此活着的人不用担心这些灵魂。

报应的人。

如果是溺水而死者，而且找不到尸体，埋葬时则埋葬河边发现的死者的衣服或衣柜中的衣服。这种情况中的困扰是第二个灵魂与身体一起淹死。由于这一原因，什连克观察过果尔德人中一位淹死者的安葬过程，从这位死者的坟墓中，有一条绳子延伸到水中（参见《阿穆尔河流域的土著》第17幅图）；这条绳是一条“路”，灵魂通过这条路返回身体。淹死者的灵魂去往居住在阿穆尔河中的木都尔罕处，而非伊勒姆恩罕处。在农历七月初七[①]，果尔德人会组织惯常的表演：他们会制作独木舟，上面放纸制的灯笼和人（汉文化丛）；如果离河岸较远，这些东西要放到火中烧掉；同时，还要放彩色爆竹。这些溺水者的灵魂会向木都尔罕抱怨其命运。

流浪者（其来源和名字是不清楚的）去世后，会被直接扔掉，或者是不装入棺材埋葬。没有亲戚或非常贫穷的人死后可能也被如此处置。如果这些灵魂受到关注，只能是由它们的复杂化所引起的。

上吊自杀者会被装入棺材埋葬，但埋葬地点却会与其他氏族成员分开，埋葬的仪式并不复杂。

丈夫和妻子必须葬在一起，因为在另一个世界他们将一起生活。

在过去，根据传统，超过60岁的老人要活埋，但不装入棺材。满族人说，根据汉人书籍记载，这一习惯在经历以下事件后遭到废止：“过去有很多老鼠，人们受到很大困扰；一位60多岁的老人说，猫可以消灭老鼠。因此，人们找到猫，从而摆脱了鼠患。从此，可汗命令人们尊敬老年人，让老人一直活到老死，并装入棺材埋葬。”与此相关，满族人说，过去，他们会建造特殊的空屋子，60岁以上的老年人在里面饿死。

在毕拉尔千人中，萨满去世后，采取特殊的葬法——棺材上要为神灵留一个特殊的孔，与满族人中的情形相同，这个孔始终是开放的。10岁以上的儿童去世后不装棺材，由布裹上后埋葬。前文已述，根据传统习惯，婴儿死后装入棺材，放到立起的木桩上安葬，其原因是，如果把婴儿尸体葬人土中，其母亲将不再有孩子。因此，有老年母亲的成年人去世后，要

① 应该是七月十五。——译者注

埋葬在坟墓中。自杀者的安葬方式和一般人相同。我并未记录其他通古斯群体的不同安葬方式。

71. 最后的葬礼

在满族人中，要把尸体放在木板上，在房屋中停尸三天。在这期间，死者的亲属聚集在一起。与此同时，人们为死者准备棺材。棺材的四周和底部铺上棉质布料；里面放着防止尸体腐烂的香。尸体上面盖着几块毯子，旁边放着死者的帽子和私人物品，尤其是死者喜欢的物品要放入棺材中，然后放死者的尸体。儿子的职责是在棺材盖上钉钉子，一边钉，一边说："ama! xadaɣamb'e ǰala."（父亲，小心钉子。）因为人们认为钉子可能会损坏灵魂。满族人的棺材从房中的窗户抬出。在院中，人们事先准备临时的，很轻的，由垫子制成的灵棚，上面盖有白布，称浩包伊迈坎（棺材帐篷），其中放置棺材，尸体的脚朝着门的方向。

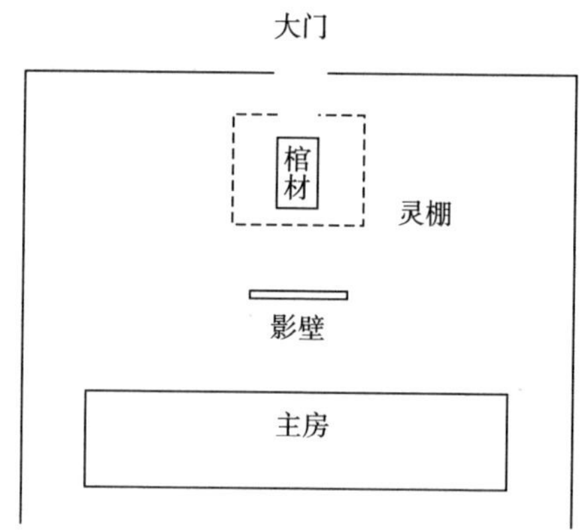

死者头部附近有一张桌子，上面摆放猪肉、米饭等祭品，共"六碗"。必须保持跪拜姿势者占据特定的位置：儿子以及其他男性的亲属按照特定秩序跪在棺材的右侧；女性亲属在棺材的左侧，最前面的是死者的妻子。根据汉文化制作的纸扎，也放在灵棚中：罗林（驴）、配有马鞍和车的马、装着纸制衣服的柜子、纸制的仆人，这些纸扎最后要烧掉。但是，满族人更喜欢铁制的物品，例如水壶、炊具等，这些物品放到坟墓中。这些物品要比一般使用的型号小，由瑷珲地区的汉人制造。

第一次典礼结束后，在场的人们要到房屋中进行仪式性的晚餐，在富裕家庭，晚餐包括“九碗八碟”，[①] 与一般的晚餐相比，这一晚餐中没有“红色蔬菜”；在贫穷的家庭中，晚餐包括“六碗六碟”，在十分贫穷的家庭中，则只有四碟菜。客人由儿子或死者的晚辈亲属接待，后者会跪拜，婚礼中也是如此。穿丧服者从不在纳罕（汉语“炕”，炉床，通常吃饭的地方）上吃饭，而是在地上吃饭。在此过程中，“纸钱”要烧三次，酒要斟满三次。

在停放棺材的灵棚附近，满族人会竖起一根杆，与寺庙附近的杆相似。杆上系着一块 3 米多长的红布，末端有 5 根布条，“像五个手指”，称幡。之后，当棺材抬出埋葬的时候，在场者会冲到红布处，将其撕成碎片，每位在场者都会得到一块布，表示“追求福气”。在满族人看来，这是汉人的习俗。过去，满族人的幡是一块有头、胳膊、腿和身体的布，出现在葬礼现场者也会争抢撕坏这块布。[②] 根据其他满族人介绍，汉人的习惯是用白色材料制作一个“人形”幡。

死者氏族的晚辈必须穿汉人形式的丧服，或者至少佩戴白色标志物做区分。氏族中的女性摘下耳环。

棺材要在特殊的建筑物中停放——夏季为七天，如果可能，冬季为三周到七周。把棺材移到坟墓中满语称佛扬古法尔浑——“推进灵魂”，这是另一个不同的更为古老的文化丛，因为现在的葬礼上已经没有清除灵魂的内容了。满族葬礼现在根据汉文化进行——提灯者，如果可能还有鼓乐手、拿着纸扎的人走在前面，接着是死者的儿子或者是一位晚辈，其他男性氏族成员跟在后面，然后是抬着棺材的亲属或雇工，棺材上盖着的布由一位重要的服丧者拿着，不太重要的亲属与坐在马车上的妇女跟在棺材的后面，

① 参见《满族的社会组织》，第 85 页。

② 我不想冒险将这一习俗与此前在迪雅克人中观察到的吃老年人的习俗相比较。在这一场合中，老年人会被举起并用手抓住一个树枝，当他们筋疲力尽掉下来时，就会被吃掉。

妇女不能走在前面。其实，这一过程的奢华与否体现了死者家庭的富裕程度。在实际中，一个富裕的家庭可能会完成汉人殡仪从业者发明的所有细节。

棺材被匆忙地下到墓穴中后，墓穴会立即填满土。[①] 所有的亲属必须高声大哭，晚辈必须背诵祈祷词。主要的服丧者焚烧纸钱和其他纸扎，并在新坟上倒九杯酒。亲属浩恩奇辛做出将丧服扔入火中的姿势，实际上是保留了丧服。之后，所有人返回家中。

死者去世后的第 49 天，亲属会再次来到死者的坟墓，献祭，烧纸钱，并且做出将丧服扔入火中的动作。不过，主要的服丧者在死者去世后的第三年应该洗丧服，其妻子不能带金戒指、金耳环或金胸针，但能带银制的首饰。

在后贝加尔地区的驯鹿通古斯人中，死者在死后的 24 小时之内不能埋葬，甚至有时可以停放长达三天。在移动尸体之前，驯鹿通古斯人要把棚屋移至他处，因此尸体处于露天状态。通古斯人将两块木板固定在一起，制成能放尸体的担架。在路上，他们会停下来几次（我观察过三次），燃起一堆火，通过燃烧白山苔（很可能也有烟草）、向火中和尸体的脸上倒奶茶献祭。死者的后面，一位氏族成员牵着驯鹿，驯鹿驮着死者的行李，包括两个旅行袋、一件冬季外套等，但并非死者所有的行李。这一过程在死者的安葬地点结束。人们用一般的方式杀掉驯鹿。棺材内侧涂上驯鹿血后，里面放上白山苔，旅行袋中装着一些面粉、衣服、长刀、水壶、装糕点和杂物的桦树皮盒，以及烟草袋、烟斗和火柴，尸体的胸前放着一些茶叶。如果死者是男性，其胸前还要放弓、箭和皮张等；如果死者是妇女，胸前则放着提亚翁，这是妇女骑乘驯鹿过程中为平衡身体而使用的工具。

驯鹿的皮被扒下后，与角和蹄子放在一起。驯鹿皮挂在水平固定在两棵树中间的一根木棒上。死者的灵魂乘骑这只驯鹿去往下界。驯鹿皮上还

① 前文已述，冬季棺材上可能只是盖上一层薄土。如果墓穴不能挖深，棺材可能暂时不下葬，待日后下葬。当棺材必须转移至他处时，情况也是如此。

铺有一张狍皮，上面放着鞍座和冬季穿的外套。驯鹿的头朝向西北。

驯鹿肉在埋葬地点煮熟后，由在场者吃掉；其中的一小部分作为食物献给死者（灵魂），放在坟头上。

如果没有驯鹿，通古斯人会用马代替。在安葬男性时，使用的不是正常的弓和箭，而是较小的模型。所有随葬的工具和武器都不能是好用的，因此弓的弦是脱落的，刀是钝的，人们给出的原因是死者灵魂使用的武器和工具必须与生者相反。不过，这一解释是可疑的，不仅随葬的武器是坏的，而且水壶和衣服也是破的。这一习惯的观念基础是释放物品中的“非物质性”，而钝刀等因素则是派生性的。

在其他通古斯群体中，放到棺材中的随葬品、祭品以及安葬的细节有差异。过去，毕拉尔千人放入棺材中的所有随葬品都是坏的。现在，他们只是简单地损坏随葬品，例如，将锋利的武器和工具磨钝。除了一般的武器，毕拉尔千人的随葬品也可能是木制的弓箭、猎刀模型等；他们放到棺材中的是火镰而非火柴，死者的尸体被通过门从房屋（如果是汉人类型的房屋）抬出后，放到停放在院中的棺材中，如果死者不是家庭成员，尸体则需从窗户抬出。这是一种防御性措施，其观点认为不能让外来者认识回家的路。只有钉上棺材后，毕拉尔千人才会获得安全感，因为尸体可能变为博恩。与复杂的满—汉文化丛相比，毕拉尔千人的葬法十分简单。在安葬的过程中，亲属会哭泣，有时会烧纸钱，献上不重要的祭品。

在库玛尔千人中，一切随葬品都要被损坏，但安葬过程中很少出现满—汉文化要素。

在饲养马的通古斯人中，安葬死者的过程中，马代替驯鹿。不过，随着马数量减少，他们用其他动物代替马的仪式作用，甚至仅使用象征符号。

72. 对灵魂的进一步操作

如果死者的灵魂缺少某些东西，可能会对此界的人生气，所以死者的棺材内要放各种物品。而且，因为这一疏忽，灵魂可能会报复。根据满洲的驯鹿通古斯人介绍，如果他们不能满足死者灵魂的要求，某些其他（氏族成员）亲属很快就会去世。其实，这里主要的焦虑是管理灵魂，由此我们可以接触到关于灵魂的理论。关于灵魂事实上何时离开尸体的问题，取决于通古斯人驱逐灵魂的操作方式。

前文已述，在特定的时间内，灵魂一直处在死者身体的附近；因此，在此阶段灵魂必须像生者一样接收各种信息。这一时段会持续很长。最后，灵魂必须被送往他界。后贝加尔地区的驯鹿通古斯人认为，安葬死者后，其灵魂立即去往下界，因此在其坟墓旁杀死驯鹿。其实，在去往下界的路上，灵魂可能会遇到很多障碍，应该由有能力者帮助，有时甚至是萨满的帮助，这些措施足以结束灵魂的此界活动。满族人的情况不同，他们认为死者灵魂会和生者在一起待上 49 天，不过，一般认为，奥罗尔吉佛扬古在死者去世后的第七天就离开此界了。

在死者去世后的第七天，满族人为死者的灵魂制作一个神位，神位由死者的衣服制成，放在炕（纳罕）上，看起来似死者。死者的灵魂会接受食物、烟草和酒，神位的头部放着一盏油灯。参与者焚烧纸钱，共同吃一顿仪式性的筵席“六碗六碟”。满族称这一仪式为“佛扬古图奇姆博”（灵魂离开）。此前，灵魂一直待在死者去世之处，其形式“像蒸汽”。这一仪式操作通常不需要萨满的帮助。[①] 在场者会哭泣，并祈求灵魂离开此处。灵魂应该在半夜之前离开，在门槛上的灰烬上留下脚印。至于灵魂在半夜之前离开的原因，满族人的解释是半夜鸡、牛和狗的叫声会吓走灵魂。

灵魂离开后，如果安葬活动完成，三周以后，满族人会组织一次包括烧纸钱的新的墓地献祭活动。死者去世后的第 35 天和第 100 天也要举行献祭。但是，这些场合操纵的是已经居于下界的灵魂。百日献祭一共三天时间。满族人提前两天要准备好所有需要的食物和糕点等。他们会购买纸钱，纸扎的人、动物和柜子等。如果某一家庭无钱支付这些东西，就会在家里制作。献祭的前一天晚上，死者的近亲（妻子或丈夫、孩子以及其他

① 有时，灵魂不能到达他界，在这种情况下，需要萨满采取特殊的措施。

人）聚集在死者去世的地方，在祭坛前烧纸钱和其他纸扎，为第二天准备的东西放在过去死者占据的位置上。在场者一起吃顿饭后，用满语（或汉语）写下准备烧掉的纸扎品的清单，同时附上敬献者的名字。如果有要求，聚集在一起者会高声哭泣，接着突然停止，开展仪式时，他们继续日常的谈笑，这与所有的满族仪式是相同的。第二天早上，所有服丧者聚集在一起，步行或乘马车或雪橇来到墓地。在场的物品或人物的位置如同下图所示。

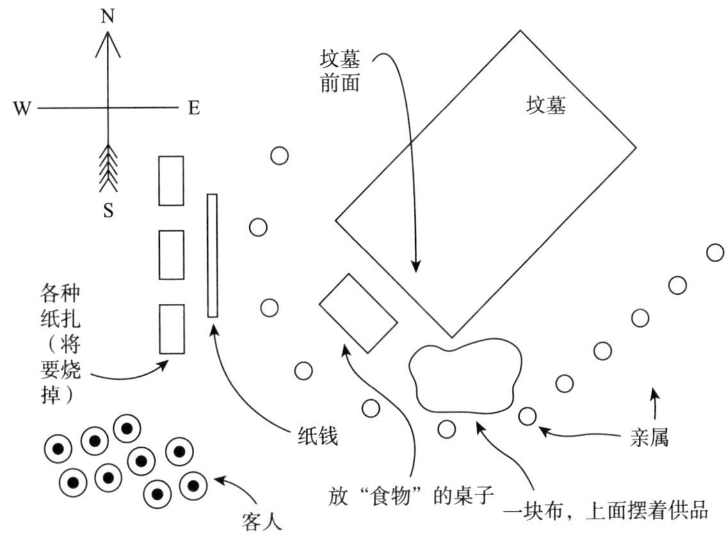

在焚烧纸制品的过程中，所有人都大声哭泣。然后，他们将食物扔到火中，同时做出将丧服扔到火中的动作，但实际上却随身携带着丧服，接着成群地匆忙返回。如果有许多人参加，而且要烧掉很多纸制品的情况下，一次祭奠可能会花掉几百元。

受“贫穷因素”影响，葬礼可能缩减为只烧一些纸钱，献祭一只公鸡和一只母鸡。

在近亲晚辈亲属的生活中，这类献祭会不断重复。有时，满族人会在坟墓旁或坟墓附近竖立墓碑，上面有常见的铭文。制作墓碑的石头一般并不昂贵，但是，当人们想在公路或公路附近竖立墓碑时，需要向政府缴纳费用。死者去世后百日献祭与第七天献祭是冲突的。事实上，一些满族人会质疑这一祭奠的必要性。他们会说，因为灵魂已被安置（他们肯定死者去世第七天后灵魂已经离开），百日祭时，没什么需要处理的。其他人并不接受此观点，认为如果坟墓中没有什么东西留下，则没有理由保留坟墓了，但是汉人却仍然维系这些习惯。出于安全的考虑，满族人也保持这一习惯。

在毕拉尔千人中，死者去世后的第七天是重要的日子——“nadan ineŋi sus'i jūran”（第七天灵魂出来）。在这一天，老人会在门槛上放些灰烬，静静地坐着等待灵魂离开的时刻。其间，他们会告诉灵魂：ajakan'ǰ'i gènèkál，orūja ǒǰ'i taana——“安静地走开，不要做坏事”，同时说所有的“好话”，这有时会持续几个小时。午夜灵魂离开时，会在灰烬上留下鸡、狍子、马和其他动物的脚印，毕拉尔千人认为灵魂进入这些动物的身体。在死者去世后的第100天，毕拉尔千人会模仿满族人举行仪式，如果有可能，纸钱、纸人被烧掉。“一切事物都写在清单上”（但实际并非如此），然后一起烧掉。过去，毕拉尔千人会杀一匹马，以供死者的灵魂使用。现在，毕拉尔千人已经不杀马了，而是用很长的缰绳把马固定在坟墓上。现在，毕拉尔千人会杀一头猪和一头牛，但杀死这些动物不是为了让其灵魂旅行，而是把它们作为祭品。如果一切安排妥当，灵魂可以快乐地到达他界，很少有灵魂返回。如果有灵魂返回的情况，萨满则有必要干预。死者去世百日的仪式称“吉拉姆那扎沃兰色那鲁克坦”（“g'iramnaǰavoran，s'ena luktán”，捡骨、扔掉丧服）。但是，这一表达与目前的习惯不一致，因为不能触碰死者的骨头，扔丧服的实践也未见到。

毕拉尔千人肯定，杀马的习俗借自达斡尔人，达斡尔人吃马肉，在满族人和汉人影响毕拉尔千人之前，达斡尔人控制着毕拉尔千人。一般来说，毕拉尔千人不喜欢马肉，因此现在只有不到三分之一的毕拉尔千人吃马肉。

在其他通古斯群体中，死者去世后第七天和百天的仪式可能提前举办。因此，例如在兴安通古斯人中，杀马并运送死者的灵魂在死者去世后的第三天进行。除了在仪式地点留下马皮和蹄子，还要烧些纸钱和纸人，献祭一只羊（有时是一头猪甚至一头牛）。十分重要的是，还要献祭死者灵魂非常喜欢的米饭和粥。在库玛尔千人中，整场仪式在晚间进行，除了马，还要杀几头从满族人中购置的猪。

其实，在后贝加尔地区通古斯人与满洲的驯鹿通古斯人中，俄国人的教堂也对身体和灵魂的清除行为产生影响。在这方面，牧师的帮助很重要，因为这可以缓解通古斯人的焦虑。在教堂的管理下，通古斯人的习俗发生了部分变化。从民族志学的观点来看，这些新的操作是新结合在一起的文化丛，其中包括通古斯人的原初文化系统和俄国文化要素，其中延续了灵魂的古老观念，以及借用的操控神灵的新方法。

需要注意的是，作为一个整体，由于文化影响的来源不同，安葬死者的文化丛在通古斯各群体中有很大的变异，有时这一文化丛会得到强调，同时其中某些因素遭到拒绝，甚至可能被遗忘。从这一角度看，果尔德人安葬死者的文化丛值得关注。

果尔德人认为，人下葬后的第七天，萨满必须将其灵魂转移到特殊的神位发那（fan'a）中。洛帕廷用尼姆干（n'imgan）表示这一行为。我们在其他方言中也会遇到这个词语，表示“萨满实践”，尤其是萨满去往下界的实践，因此，这并不是特殊的词语。在这一天，果尔德人用枕头制作发那，上面套着死者的衣服，包括狩猎的帽子。如果死者是女性，则要在枕头上挂上耳环。枕头附近放着一个专门由木头制成的神位阿亚米发那尔科（ajam'i fan'alko），神位上有一个洞，插着烟斗，要一直在烟斗中装满烟草。如果死者是男性，其妻子要在发那附近入睡。从词源上看，fan'a 一词应该与 an'an 即“影子”“灵魂”（参见前文第 93 页）相关。在果尔德人中，这一神位会保留数年，定期或不定期地接受祭品。洛帕廷把这一习惯归因于 12 世纪之前的汉文化，从这时起，刻有名字的碑，开始成为神位的重要类型。在果尔德人中，针对发那的操作得到特别的强调，当然，这也与果尔德人关于送走灵魂困难性的认知有关。显然，这一文化丛在北通古斯人和满族人中都不是很发达。果尔德人的萨满教活动很复杂，包括几种不同的行为。把死者的灵魂送到阴间会更晚进行，有时会在几年以后。这类操作会持续几天（三天），包括确认灵魂是否安置在发那中，同时将灵魂带到阴间。洛帕廷称这一文化丛为卡扎陶里（kaza taor'i），满语称嘎萨多罗（gasa doro）——“悲伤的习俗”，因此，这种习俗源自去往下界的萨满教表演的文化丛，这体现在动词 gasa 到 kaza 的演化中。① 因此，灵魂可能在此界待很长一段时间，成为生者困扰的来源之一，由于果尔德人的灵魂理论不涉及困扰的缓解问题，所以果尔德人不能立即组织举办仪式。我怀疑洛帕廷的断言，他认为这一操作摧毁了死者和生者的最后关联，确切地说，死者的灵魂甚至在下界的灵魂也需要一些关照和祭品。②

需要提及的一个果尔德人的特征是，他们使用狗而非驯鹿或马送魂。狗皮放在坟墓前，死者的灵魂骑着狗的灵魂去往阴间。但是，我们也发现，狗和灵魂的关联现象不只在果尔德人中存在。

现在我们可以归纳通古斯人中观察到的习俗：

（1）灵魂是一个复合体，其构成要素会在不同时间离开身体。

（2）身体毁坏之后，灵魂要素的结局不同。

（3）为了保证灵魂要素无害，需要特定的干预手段。

（4）在通古斯人中，灵魂要素离开的时间是不同的，因此需要在不同时段进行特定的表演。

（5）清除尸体和送走灵魂可能花费两天到数年的时间不等。

在某些通古斯群体中，至少混合了三种文化丛：（a）古老的通古斯文化丛，其中萨满的部分已经缩减，萨满只是和普通的氏族成员一样参与葬礼，死者葬在放在木桩上的敞口棺材中，灵魂使用某种驯养动物离开；③（b）运用纸札、服丧等要素操控灵魂的体系在满族人中很丰富；（c）在果

① 格鲁贝指出了 kasaté-kasaterá——“只从死亡角度展开的萨满教实践”。但是，这个词语不能与吉里亚克词语 kas's'——“萨满鼓”（相当于通古斯语的 gis 或 g'isavun 或满语的 gisun，表示用鼓槌带来萨满鼓的声音）相类比。（参见第 24 节）。

② 这两类表演之间会有一些小型献祭，洛帕廷称为j'agj'i；一些食物和酒用来献祭发那和其他神位。这个词语源自j'ag——“燃烧”。与其他通古斯群体相比，这些操作在果尔德人中更为复杂，似乎是晚近产生的，是一种派生性的现象。

③ 所谓“古老的通古斯文化丛”实则包括不同的文化要素，这可以和其他族体相比较。例如“洗骨”和竖棺习俗在鲜卑人中流行（公元 10 世纪的满洲和蒙古南部地区）；草原地区很多群体的葬礼中都使用“马”，从欧洲的塞西亚人到远东的匈奴人都是如此；“在棺材中放器皿”的文化丛更为广泛。但是目前，这些文化丛已经不能得到真实有效的还原。

尔德人中，古老的通古斯文化丛和汉文化要素相融合，萨满的作用十分重要，俄国文化丛、蒙古文化丛和其他文化丛的作用则是次要的。

正如本书第二部分所述，灵魂要素以新神灵或灵魂的形式继续活动，生者必须予以关注和关心。

73. 氏族祭司——标浑萨满

如前所述，管理死者灵魂的文化丛在满族人中最为发达。毫无疑问，满族人管理死者灵魂的文化丛借自汉人，但也包括源自满族人原初观念的特殊形式。

在满族人中，氏族体系与“祖先崇拜”紧密相连，必须给予综合理解。满族人利用萨满制度创造一种特殊类型的，与去世氏族成员沟通的氏族首领，称标浑萨满、标伊浑萨满（满语口语）、包伊棍萨满（满语书面语），后文会指出，他们并非萨满，更适合被视为发挥氏族祭司功能的氏族官员。我已指出，根据《钦定满洲祭神祭天典礼》和其他官方档案中的“萨满”描述，可知这类“萨满”并非真正意义上的萨满，而是“祭司”。在宫廷，由于摆脱了贫穷，过多的财富导致这一制度的过度发展，进而产生氏族中负责献祭的特殊群体。其实，这一文化丛在满族的整体文化丛中既不典型，也不具备历史合法性，其形成主要源于满族人想创造出不同于汉人，并从与神灵世界关联的角度能够支持统治群体的文化丛。

正如我在满族氏族组织的著作中表明的，满族氏族的人数不多，因此氏族中不需要特殊的祭司群体，出于同一原因，氏族成员也支付不起供养这一群体的费用。

死者灵魂可不通过萨满的干预去往他界，标浑萨满和此过程关系不大。只有灵魂以神灵的形式再现，或者祖先的灵魂已经在他界但需要生者的关注时，萨满才会干预。

每一氏族（莫昆）必须有标浑萨满。标浑萨满由氏族大会任命，候选人需要熟悉氏族的仪式和传统。当满族人提到萨满时，他们理解的是“真正意义上的萨满”，因此，他们会经常使用复合性的词语标浑萨满。标浑萨满可能有几位，甚至多达 10 到 12 位，不过只有其中一位承担氏族祭司的功能；这位标浑萨满称塔萨满（满语口语）［大萨满（满语书面语）］。如果年老的塔萨满拒绝为氏族服务或去世，每年秋祭（博罗里阿木尊）活动会选出新的塔萨满。

仪式传统通过塔萨满传承。一般来说，仪式的开始和结束环节，由塔萨满表演。所有的氏族祭司活动中塔萨满都会出现，要保证所有氏族仪式的正确举行。在此过程中，他的功能像春嘎玛发，后者被定义为 wuxer'i baĭta bè alif'i antxožib'e tagilara n'alma，即“负责所有事宜和招待客人者”，例如婚礼上的社会功能。担任塔萨满一职被视为极大的荣誉。某人可通过奉献成为标浑萨满，妇女和病人往往自愿承担标浑萨满角色。这里我提供一个相当典型的例子。尽管最后一只献给标浑窝车库的猪被吃掉了，年轻男孩也去世了，但其父亲仍决定成为标浑萨满，由于这一原因，他不得不花费 15 美元买猪等物品。由于没有钱（他已经很长时间没有工作了!），他从其他人处借钱。

在新满洲人中，塔萨满的功能由包额真（即家户的主人）承担。汉人（尼堪）中没有标浑萨满。此外，在一些旧满洲氏族中，标浑萨满会表现神灵附体，表现得如“真正的萨满”。例如那拉哈拉（那拉氏族）即如此，甚至标浑萨满有一般的助手萨满。妇女也可以成为标浑萨满。在神灵可能附体的标浑萨满的氏族中，标浑萨满的服饰和器物包括裙子、西沙（s'iša，一件特殊的头饰）和鼓，但是在新满洲人中，萨满可能只有一面直径约 25 厘米的鼓。关于萨满服的细节，后文将会讨论。标浑萨满从不干预疾病，插手“真正的萨满”所处理的各种事宜。标浑萨满的主要功能是负责管理向祖先的献祭和祈祷，保证仪式和祈祷词的纯正。随着文字的传播，满族人开始用文本记录仪式和祈祷词。但是，这些文本大多模仿宫廷的文本。义和团运动后，许多满族氏族丢失了这些文本，由于满语知识的逐渐减少，这些氏族并未恢复文本。在我调查期间，我见过一些祈祷词的书（手抄的），但其中并没有任何对仪式细节的描述。因此现在，这些知识只通过口头传统传承。氏族的仪式和神位表现出很大的变异性（参见 289 页及注释)。塔萨满和标浑萨满的功能可能缩减为神位前燃香后的静默跪拜，也可能发展为长达数日的复杂仪式和行为。后文将描述其中的某些仪式。当然，关于神灵和仪式的知识，标浑萨满必须对其他氏族成员保密，后者可能利用这些知识损害氏族利益，例如召唤神灵予以影响，用“祭品”贿赂神灵等。因此，标浑萨满不仅是氏族首领，而且也是氏族敌人的防御者。

标浑萨满的功能当然不只涉及氏族神灵的问题。其实，他们会决定氏族分裂的问题。因此，在两个新氏族可以通婚前，必须分开氏族神灵标浑窝车库。因此，分裂氏族的一般方法是分离神灵。如前所述，如果氏族人口数量多，则先分离氏族的神位，接着是分离神灵，最后是氏族的完全分裂，允许彼此间通婚。这是考察社会功能的有价值案例，即某种社会功能奏效前必须采取“宗教形式”。因此，可以将氏族分裂称为索尔棍发查哈哈拉（“表示神位的丝绸条分裂的氏族”），即神灵已经分离的氏族。在这种情况下，标浑萨满决定氏族是否分开，两个氏族之间的通婚是否可接受。

标浑萨满面临的另一复杂问题是管理氏族神灵标浑窝车库和其他神灵之间的关系，尤其是萨满教神灵。我们已经指出，萨满所掌控神灵的活动有时为氏族神灵所厌恶。同时，外来神灵有时会和氏族神灵混淆，此时氏族神灵的善意活动可能完全中立。同样，也可能出现外来神灵享用献给氏族神灵的祭品的情况。因此，标浑萨满尤其是塔萨满必须保证氏族神灵的利益。所有上述问题十分复杂，需要大量关于氏族神灵和外来神灵表现形式的知识。如果氏族神灵变得很有伤害性，标浑萨满则不能解决，需要求助于“真正的萨满”。但是，在氏族成员向“真正的萨满”求助时，标浑萨满将承担很大的责任。关于氏族神灵的活动，后文将述及。

74. 秋祭

作为氏族祭司，标浑萨满的功能即为氏族成员、氏族祖先和氏族神灵服务。这在满族的氏族仪礼中有很好的体现。每年的主要仪礼即献祭氏族神灵的秋祭。根据满族仪式的规定，每个氏族（莫昆）每年必须举行一次秋祭，如果氏族不能举行仪式，其他人可以提供帮助，如果不能提供帮助，献祭活动会延迟。但是，应该至少每三年举行一次。

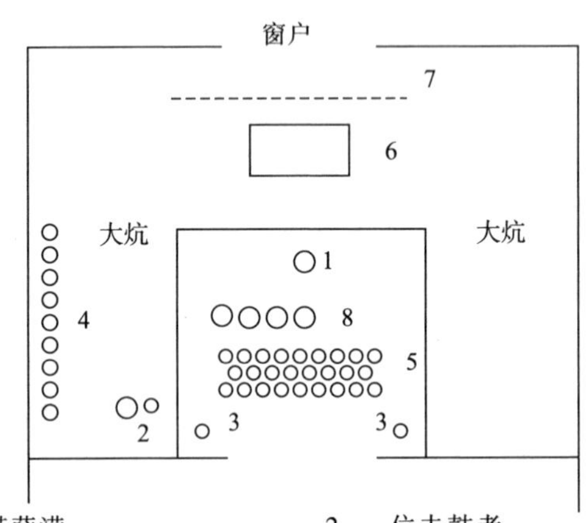

1. 塔萨满　　2. 一位击鼓者
3. 两位拿扎板（查尔吉）者　　4. 坐在炕上的儿童
5. 站在房间中央的成年人　　6. 摆放着供品的桌子
7. 神位　　8. 标浑萨满（4 位）

秋祭——婆罗里阿木尊（满语口语），博罗里阿木尊（满语书面语），可以在每年农历十月、十一月或十二月举行，大致对应公历的 11 月份、12 月份和 1 月份。秋祭仪式要在房屋中进行，因为氏族神灵的神位在房屋中。氏族组织秋祭仪式，费用可能由氏族中某一富裕者或富裕家庭承担，甚至是同一氏族（莫昆）中的数个家庭共同承担。在秋祭仪式上，氏族神灵（标浑窝车库），也就是祖先，会收到氏族成员因丰收和氏族的一般福祉的感谢。秋祭仪式之后，往往还包括向天神阿普凯恩都立的特殊献祭。在秋祭活动的前几天，氏族中的某位成员必须告知塔萨满，他可能同意秋祭活动的举行。如果塔萨满同意，则会主持秋祭。秋祭活动的前两天，活动的组织者派马车将氏族中嫁出的妇女接回。氏族成员的“母亲的氏族”可能也会受到邀请。第二天，妇女系上围裙，着手准备工作。无论如何，她们必须远离神位。她们会准备查鲁哈额芬（čaruɣa èfen），即油炸糕，由小米粉（伏西合乌发，fus'ixe wufa）制成，呈月桂叶形。[1] 制作这类糕点的筷子称 èfen čarure mosapka（短的木筷子），放在厨灶底下，如果没有需要，千万不能触碰。第二天大约下午 4 点，神位被放置在位于左侧的炕上，或者是正对着门的大纳罕（炕）上。神位前放着一张桌子，上面放着由几杯酒构成的祭品，[2] 酒杯的数量与神灵数量对应。塔萨满和标浑萨满暂时在炕上商量仪式细节，达成商定结论后，塔萨满和标浑萨满来到室内地上。"真正的萨满"如果出现在仪式现场，则千万不能坐下；他必须站着，以表明其地位低于氏族神灵。仪式中第一个环节由塔萨满或最年轻的标浑萨满表演，对后者而言，这可能是他的第一次表演经历。如果氏族中的仪式需要，上场的萨满会系上西沙，穿上特殊的衬衫，唱诵第一段祈祷词。两到三名男性击鼓、晃动扎板（查尔吉），其他标浑萨满在第一位萨满之后，重复其唱词。最后，塔萨满出现，用身体做出特殊的动作，西沙的圆锥管发出有节奏的声响。接着，他向夜路神灵（亚姆吉窝车库）唱诵祈祷词，在场者每人拿着一杯酒，这标志着表演的结束。在第三天下午，会重复同样的表演，放在桌子上的糕点用来献祭神灵。因为晚上进行的是只有夜路神灵接受的血祭，必须提前将日路神灵的神位收到匣子中。夜幕降临，氏族的年轻成员将一头猪抬入室内，放到神位前面的地上。这一过程一直伴随着鼓声，塔萨满绕着桌子转。接着，猪的心脏最先被取出，血被搜集起来留着灌制血肠。猪被认真地清洗以后，内脏被取出，人们根据特殊的方法将其卸开。从第（7）部分中，猪的睾丸和阴茎被切下后扔掉；（8）的两

---

① "Fisixe-fisiku"（满语书面语），是一种小米，满语口语也称"fiške"或"fus'xe"。以下是对查鲁哈额芬制作方法的描述：

塔萨满同时也是举行秋季仪式家庭的主人，他将约 50 公斤的小米粉倒入木制的大盆中，女主人将热水倒入盆中后，开始和面。妇女将和好的面团一个接着一个放入一个木制的托盘中。这位男性将托盘端到厨房。与此同时，妇女站在烧热的油锅旁，十分娴熟地将面团分成小块后，立即放到油锅中炸。几分钟后，男主人用笊篱把油炸糕捞出，等待变凉。把大量的油炸糕放在炕上放置祭品的位置。过一会儿，男主人把生面拍在炸了半熟的油炸糕上，其他男性也加入这一行为，将油炸糕揉成长条状、扁平状，还有一些人将油炸糕揉成月桂叶状，长约 7 厘米、宽约 3 厘米、6-7 厘米厚。这项工作共由 14 人完成。

② 仪式中使用的酒是由小米制成的 nūra，其中酒精含量低，有些酸，是满族人自家酿制的。现在，这种酒由一般的汉人高粱酒代替。女真人了解高粱酒（参见沙畹《中国旅行》第 404 页）。

部分是留给塔萨满的；猪的后背被长长地切两刀，肋骨和脊柱分开。肉连着骨头煮熟后，再次拼合，摆成活猪的样子，供桌上还放着糕点。这头猪只能被煮，因为神灵接受的是“苏格敦”（“蒸汽”），这对应神灵的“非物质性”。

整个表演过程只借助十分“原始”形式油灯的光。[①] 甚至在这种灯光下，某些夜路神灵不能降临接受祭品，因此在召唤夜路神灵时，灯被熄灭，氏族成员在黑暗环境中哭泣，以十分富于表现力和让人同情的举止召唤祖先。不过，这种表演时间很短，结束后是 x'jenč'i tebumb'e（燃上线香），氏族成员去吃猪肉。

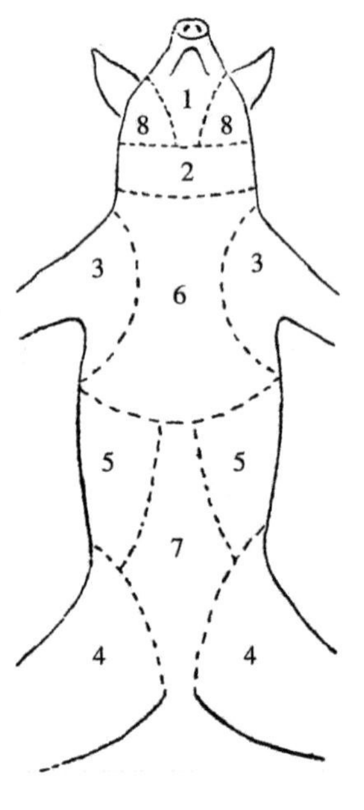

在某些其他氏族，这一表演会持续很长时间，这主要在于氏族“夜路”神灵（亚姆吉窝车库）的数量和能力。我观察的另一个案例中，仪式在无光的环境下持续长达数小时，塔萨满十分活跃，灯再次点亮时，他看起来筋疲力尽，尽管当时室内的温度约零摄氏度，但仍大汗淋漓。在场者声嘶力竭地喊叫，脸上布满泪水，同时竭力磕头（可以听到头部撞击到地上的声音）。

在多数旧（佛）满洲氏族，有十分发达的仪式，在仪式表演过程中，演礼者可达到高度紧张的情感状态，尤其是塔萨满可能达到入迷状态，这是萨满教表演者的典型特征，即神灵附体。那拉氏族的萨满在仪式表演中进入入迷状态，塔萨满使用特殊的头饰（头盔），上面有只能由阿木巴萨满（真正的萨满）使用的铜鸟。随着歌曲曲调、音乐和口头表达的变化，萨满通过摆动西沙的特殊动作带来声音的强弱变化，兴奋状态逐渐增加，

① 至少目前，这种灯由十分浅的铁杯子制成，高约 6 厘米，直径 14 厘米，配有一个十分短的手柄。灯芯由麻制成，盛有一半大豆油。过去，这类灯是石制的，我在阿穆尔河岸挖掘出一些此类灯具。东北亚和美洲地区的一些人群目前仍熟悉这类灯，它是欧洲旧石器时代的文化要素之一，也在日本的新石器时代有所体现。

萨满和音乐人[①]把观众的兴奋带到极点，这种表演可能会带来神灵出现在仪式中的幻觉。在场者感到神灵在萨满体内或神灵在附体，在这些人看来，神灵有可能附在其中某人的体内。如前文所述，这种情况在梦中也是可能的。

正如我已提到的，这一仪式并非在所有氏族中都如上文描述的丰富。在某些氏族中，这类仪式只局限在静默地跪拜，献祭一些线香。妇女不允许参加这类仪式，因为神灵是不接受妇女的经血的。氏族以外成员参加这类仪式也是鲜少例外。允许和氏族成员一起献祭氏族神灵者通常被视为同胞或族人（阿浑道阿达立）。夜晚献祭的第二天，客人和嫁到其他氏族的妇女被送回家中。这一天的早晨有另一个特殊的活动——献祭阿普凯恩都立。下一节将描述这一过程。

如前所述，不同氏族的祈祷词在内容和词语方面是不同的。如同新满洲氏族中观察到的情况，可能根本就没有祈祷词。不过，不同氏族祈祷词在内容和对表达方式的选择等方面也有一定的相似性，这可通过以下两个案例体现。

这里我将翻译未忘记相关仪式的两个氏族的祈祷词。翻译内容源自标浑萨满的手抄本。初次阅读这些手稿时，遇到一些困难，尤其是某些特殊词语和短语的含义，在手抄本书写者的帮助下，我解决了问题。但是，即便如此，由于满族文化和欧洲文化间的差异，我的翻译仍不完善。我不想脱离原始文本太远，因此我的翻译内容是不雅训的，由于我的翻译方式不妨碍对内容的理解，因此并未逐词翻译。我允许自己轻微地打磨翻译的内容。后面的注解解释了祈祷词中的特殊表达，同时体现了某些民族志意义上有价值的细节。

（1）瓜尔佳氏族的祈祷词

列举完神灵之后，接下来的内容：

---

① 这些业余音乐人的技艺包括在弱音与强音、快慢节奏的变化中变换曲调。虽然结合在一起的音乐要素是简单的，但就萨满和观众的兴奋程度而言，整个音乐是十分有效的，我并未花很长时间就学会了这些方法，可以使用这些乐器表演。后文我描述了一段音乐样本，第463页。

所有平等的[①]14位氏族神灵[③]，某年某月，因为某事备好某种祭品。白兰地和低度的米酒[②]放[㉜]在一起，两捆香放在前面[㉝]，我敬献并坚持献祭：请接收专门制作的祭品，屈尊接收制作得清洁[④]且干净的祭品。保佑子孙长命百岁[⑤]，枝繁叶茂。如果年长和年轻的氏族成员[⑥]头疼，则保佑减轻些；如果额头发烧[⑦]，等到晚上吧；如果某位神灵[⑧]有能力，带走病痛吧；如果有某种蒸汽[⑨]（神灵活动），带走病痛吧。不要接触[⑩]（它们），不要让它们靠近[⑪]。如果根基可以广泛扩散[⑫]，我将公开献祭；如果枝叶繁茂[⑬]，我将更频繁地向每个[⑭]神灵献祭。让乘骑的马更俊俏[⑮]；让耕田的牛更健康[⑯]；让牛马吃上嫩草[⑰]而肥壮；牛马因吃又厚又高的草[⑱]活得长久；保佑肥猪[⑲]，让其丰产。不要让我们被不好的事物欺骗[⑳]；不被有毒的东西[㉑]毁掉。一切大小事情都顺利。如果有任何事物可能带来冲突，把它们推向[㉒]南方[㉓]；如果有任何事物可能让神灵[㉔]生气，把它们抛向[㉕]北方[㉖]；远离死者世界带来的战争[㉗]；远离布苏库对生者的伤害；让幸福的日子[㉘]秩序井然；让氏族成员[㉙]远离灰暗的日子。从老人到儿童[㉛]，保佑所有的人四季平安[㉚]。如果能够平安，我不会忘记向神灵献祭，按时向神灵祈求幸福和健康。

(2) 萨格达氏族夜路神灵的祈祷词

列举完神灵之后（参见前文），接下来的内容：

初一，香放在[㉜]一起，白兰地和低度米酒[②]摆上一排；丰厚的祭品准备好，放到桌子上——（所有）献给神灵。当恩都立降临时，会接受祭品[㉞]；当神灵降临时，会抓住（祭品的）蒸汽。在羊年，家庭中的可怜人患上疾病[㉟]；氏族中的疾痛者处在污染的空气[㊱]中。羊年，在死亡的恐惧中，无知者[㊲]口中[㊳]许愿[㊴]。起死回生[㊵]的神灵啊，悲悯的神灵啊，带走带来死亡的恶疾[㊶]吧，远离长期的疾病。奴仆[㊷]正在忙于劳作，孩子不听话。重要的（事情）结束了，小（事）还在。重要的事情做完了，留下一些剩余[㊸]。保佑枝繁叶茂，子孙绵绵。我许愿每[㊺]逢好事，都会献祭。缓解老年人[㊹]和年轻人[㊻]的头疼脑热。通过按抚头部和颈部终止[㊼]头部发热[㊽]。让乘骑的马俊俏[⑮]；让耕牛健壮[⑯]。让牛马吃嫩草[⑰]劳作；让牛马吃又厚又高的草活得长久。让牛马的毛顺滑，不让它们尾巴的毛分叉[48]。牛马满圈[49]；牛马满院[50]。如果我们家人中出现了布苏库，不要让它靠近[11]；不要和它接触。驱逐这位神灵“一万年”，[51]阻挡这位神灵“一千年”[52]，砸碎它的头骨，切断它的脊柱。在好的日子[28]里，遵纪守法[53]；遇到不好的日子，待在家中[54]。坏事远离，遇见好事。保佑家里（家人），保护宅院（动物）。驱走鬼怪（胡图），给（我们）幸福。

①wuxer'i-texèri——“所有平等的”，是一个萨满教的表达式；参见 tex-eren（满语书面语）（扎哈罗夫）——相似性、比较。

②“低度的米酒”——nurè——比啤酒度数高，有些酸；味道像满族人饮用的浙江汉人米酒。ark'i nurè 可能只表示“低度的米酒”。ark'i 是用来表示所有酒类饮品的通用词语。我这里译成“白兰地和”，是因为一些满族氏族同时使用白酒和满族的 nurè。

③文本中出现的是 elen i endu boǐgun i ǰukten。在满语口语中，elen 表示人、房屋中的人以及氏族成员；boǐgun 是同样的意思。endu，参见 enduri，ǰukten（参见扎哈罗夫《满俄词典》）。在我看来，这个词只能译为“氏族神灵”，因为在日常交流中，它们表示“莫昆伊窝车库”，这四个词语主要用在祈祷词中，我猜想主要出于韵律的考虑。

④g'iŋun——“洁净的”——关于祭品的萨满教表达式；参见 g'iŋgun（满语书面语）——恭敬。

⑤subèŋa——血管：动脉和静脉；表示“生命”。

⑥这一表达：amba či vès'ixun，oskun či fos'ixun，满族人解释为“氏族中的长辈和晚辈群体”，但是 amba 的意思为大，oskun［对应 osokon（满语书面语）］意思是“小的”；满族人将 oskunči 解释为 eskunči（参见《满族的社会组织》，第 45 页注释部分）。

⑦Šeri——“高烧”，对应 šere（满语书面语）——“脸变得红热、白等”。

⑧Ĵerg'i——“种类”，在萨满教语言中，Ĵerg'i 用来表示带来疾病的某类神灵。

⑨“蒸汽”苏格敦，可理解为神灵的非物质性活动，参见前文。

⑩和⑪xančin（在萨满教祈祷词中，出现得更为频繁的是 xan'de）和 dan'de 是“副词”——“附近”；dan 比 xan 表示的距离更近。

⑫这一表达意味着：“如果后代像根一样扩布。”参见前文的完整表达。

⑬这一表达意味着：“如果后代变得像树叶一样繁茂。”

⑭tome——“每一个”；很可能它是 tolome 的缩写形式，前面的句子 tolome fulu g'ŋinek'i——“我将大方地献祭”，这对应 tome smbula haĭk'i。参见后文注释㊺。

⑮jaŋsè 和 jaŋseŋa——“俊俏”，表示马拥有平且光滑的毛。

⑯taĭm'in（参见 tamin，满语书面语）——“竖起的毛”，如果牛的毛是竖起来的，则被视为健康的标志。

⑰塔勒门是一种短的，柔软的草，在特定的季节长势较好。

⑱扎哈罗夫把塔勒门译为“艾草”，但满族人使用这个词语表示其他的高草。

⑲wugdun i wuǰima，根据字面意思可译为：“关在圈里的驯养动物”（六种——马、猪、鸡等）；wugdun——“半地下建筑”，也表示人类的居所。

⑳aĭtere，对应 eĭtere（满语书面语）。

㉑gan'uŋa，字面意思是“不寻常、未知的、陌生的以及不吉利等”（参见扎哈罗夫）。但是，此处该词的意思是“未知的、不寻常的事物，它们是有害的”。

㉒g'idame 也可以理解为“向前推进、转向”。

㉓“南方”是善神的居所。

㉔alǰamb'i 在此仅指神灵。

㉕valǰamb'i——“仪式性地抛小的祭品”。

㉖“北方”是恶神的居所。

㉗萨满解释，在此文本中，bulun 意思为“大量、成群”等。但是，我认为这个词不能做此理解。根据扎哈罗夫的翻译，bulun 对应通古斯语中的 bulèn-buloŋ（例如毕、库）——“神灵主导的战争”。通过比较句子 bušŭku de k'imun de tèmè，此处 k'imun 的含义是“伤害、敌意”等。

㉘Soŋčoxo——“奇数”；奇数的日子是“好日子”。

㉙boǐgun——“房屋”；即居住在房屋中的人，因此是“氏族成员”。

㉚èlxe taǐf'in——两个词语的含义都是“安宁”，èlxe是道德和远离疾病意义上的安宁；taǐf'in（源自汉语太平——“一种安宁状态”）是远离神灵侵扰意义上的安宁。

㉛在这一例子中，这一表达与注释⑥不同——fos'ixun指amba či，而vès'ixun指oskun či，这使我们可以在目前的翻译中提出新的阐释。这可通过其他注释（参见后文注释㊲、㊹和㊻）理解。

㉜动词tabumb'i——“放”；在祈祷词中，这个词表示“像祭品一样放，献祭”。

㉝使用endur'i，为了表示与氏族神灵沟通时的礼貌，这些神灵实则并非恩都立。

㉞Ojo——“祭品”，更确切地说是“祭品中的非物质成分”，物质部分由现场的人吃掉。参见扎哈罗夫对ojo、ojo gaimbi的解释。在祭品的意义上，确立ojo的词源是不可能的，但很难将ojo与“顶部”等含义相联系。

㉟jaŋs'i——“某种小病”，准确地说是“疾病的气味”“疾病的代理”；满族人说s'in'i bode n'imeku jaŋs'i b'i，即“在你的身体内有疾病jaŋs'i”；参见扎哈罗夫jasaŋ~jŋašan——“疾病”。

㊱苏克西与苏格敦相近——“蒸汽”；在满族人的观念中，疾病散布的空气中，当“饱和”为疾病时，则成为苏克西。

㊲Oskun。参见osoxon（满语书面语），参见注释⑥。这里，这个词语表示“小的、愚蠢的，像儿童一样无知”。萨满用这个词语表示自身，与神灵形成对比。

㊳aŋga banǰimbi——“讲话”，从字面意思上说，“从口开始”。

㊴据推测：“祭品”，也就是说，许愿献祭。

㊵veǐxumb'i，对应veǐǰumbi（满语书面语）。

㊶gaskan——“短暂的患病”；参见gasxan（满语书面语），扎哈罗夫翻译为“流行疾病”。

㊷阿哈西（axasi）固伦——“一种奴仆”；固伦——类型或种类、权力或国家等。

㊸daŋsi——“木炭，剩余物”等，参见 danšan（满语书面语），是一种萨满教表达。

㊹fos'ixun，对照 fusixun（满语书面语），同样可参见注释㉛。

㊺don'ime 被满族人理解为“每个”；但是，参见注释⑭，可以发现，toleme-tome 也可以译为“每个”。关于上述翻译的正确与否，我不敢肯定。

㊻esuken（参见注释⑥和㉛）被满族人理解为 esxen（满语书面语）的变异形式，但是其用法与 oskun 相同。

㊼duǎxèri：没有确切含义。这个词可能源自 duzembi，u～uǎ 是可能的。

㊽这是动物生病的一种症状。

㊾guan（参见扎哈罗夫《满俄词典》，P. P. 施密特《中国元素》认为 guanse 源自汉语“关械”——“木材和铁绑定在一起”），与开放的院子（xuǎ）相对应。在这两种空间内，饲养不同种类的动物，蒙古人也是如此，guǎn 是院子（xuǎ）的一部分，由木栅栏分开。

㊿参见注解㊾。

51“一万年”，是专门用来表示某类神灵的词语（参见前文）。

52“一千年”，专门词语，参见注释51。

53即“不要扰乱你自己”。

54即“来到家中，帮助家庭成员”。

尽管氏族各不相同，但他们的祈祷词表现出一定的相似性。其他氏族的祈祷词更短。值得注意的是，这些祈祷词与宫廷的觉罗氏族在许多方面是不同的。但是，可以推测，觉罗氏族的祈祷词在许多情况下成为其他氏族的模板。其实，我们可以观察到某些短语和观念的重复。此外，觉罗氏族的标浑萨满也可能使用一些古老形式的祈祷词，这些形式的祈祷词后来被有知识的满族人高雅化。

其实，仪式的程式化导致标浑萨满表演中情感要素的缺失，宫廷的表演尤其程式化，为了保持情感的有效性不断重复。

同样应该指出，满族的祖先神灵丛中包括非氏族来源的神灵。它们在形式上被视为氏族神灵，但满族人自身并不相信这些神灵，其来源也不清晰。满族人现在十分正式地讨论某些不知道名字的神灵。如果生者记忆中的某些祖先表现出活动的迹象，那么在实践中其重要性要大于其他形式化的祖先神灵丛。

不同氏族的献祭仪式在时间长度和特点上各不相同。为了阐明观点，下面我举一个例子。在蒙高氏族（参见《满族的社会组织》，第 24 页）中，有两类献祭：其一是在房屋中，其二是在“山上”。第一种情况下，献祭的动物是猪，两杯盛有大豆油的伏西合（fus'ïxe），每个杯子中固定一个灯芯，在献祭过程中，灯芯会吸收大豆油并燃烧。第二种情况下，献祭的动物是牛。第一次献祭结束后，氏族成员来到山川附近，竖立一个两边有斜坡的临时性帐篷。房屋中的神位被带到帐篷中，按照房屋中的方法摆放。杀牛的方法与杀猪相同。整个表演的过程不使用鼓。与某些其他氏族相同，这个氏族用山羊献祭阿普凯恩都立。需要指出的另一个仪式特点是需要使用油灯，而非香。在萨格达氏族，献祭阿普凯恩都立用一头猪。桑音（白）蒙高氏族没有标浑萨满，因此由大萨满承担相关功能；向“山川”的献祭包括一头猪和一只羊。乌里（灰）蒙高有标浑萨满，因此被视为佛满洲，前者则被视为伊彻满洲。在乌扎拉氏族，以及一些其他伊彻满洲群体中，会制作陶浩里额芬——小的扁平糕点，直径约 2 厘米，由伏西克（fus'ïke）乌发（参见前文）制成，在水中煮熟；还有太西玛额芬，也使用伏西克乌发，更大一些，上面盖着豆类。[①] 一些佛满洲氏族也使用太西玛额芬做祭品。某些佛满洲氏族用獾子献祭，但现在已经改用猪了。其原因是随着满洲地区人口的增长，獾子已经很稀少了。音乐（鼓、扎板以及保持韵律的小鼓）在不同的氏族中也发生变化，其主题也长短不一。在某些氏族中，献祭只涉及部分主题，或者是把某一主题的内容和另一个表示结尾的音乐片段粘连在一起。其实，这些韵律的变化不多，因此相似的韵律很多。这里我列举几个例子。阔里氏族献祭日路神灵的韵律如下图。

① 作为日常食物，太西玛额芬上面一般盖着红糖，但不能用作祭品——氏族神灵不喜欢糖。

富察氏族献祭音乐的韵律前两节在第一部分表演的前半部分重复，另外两节在第二部分表演中重复。

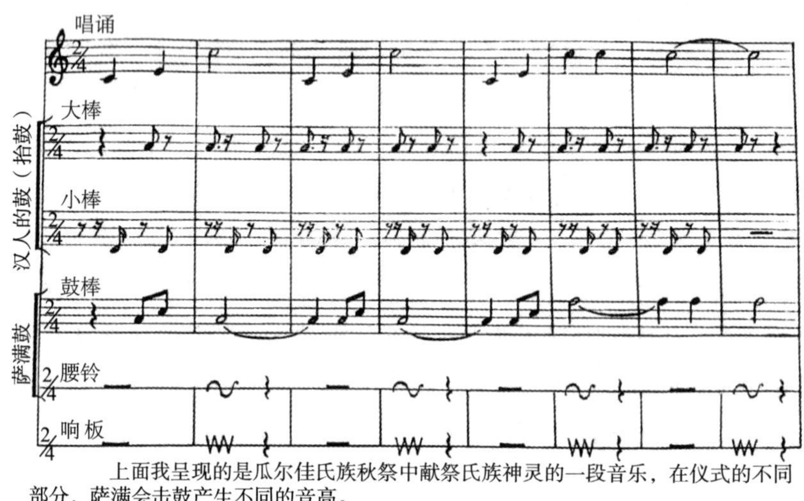

上面我呈现的是瓜尔佳氏族秋祭中献祭氏族神灵的一段音乐，在仪式的不同部分，萨满会击鼓产生不同的音高。

上述不同氏族献祭仪式足以让我们了解仪式的一般特征和构成要素。可以指出，尽管不同氏族的仪式文化丛不同，却包括相同的要素：例如，正如我们在阔里氏族和富察氏族中所见的，甚至韵律性的主题也可被分解为相对独立的部分；同样的献祭动物——猪、羊和牛会在不同的仪式中组合在一起。这些要素可能来源不同，例如，从史前时期延续到现在的五块石头支起的火塘；汉香是晚近借用的，而油灯则是由于仪式要求延续下来的；祭品的分离：房屋中和“山上”等。所有仪式的典型特征必须是固定的，代代传承（我们发现，发生心智紊乱的氏族已经部分失去了仪式），并且被有规则地表演。这么做的目的，是缓解氏族对祖先神不满情绪的恐惧，这只是满族人对心智状态特征的一种解释方法。献祭之后，我们能够感受到仪式表演者甚至氏族成员中自信和自满的情绪，个体之间出现典型的相似心理状态，其实，无论神灵是家中的祖先、外借的神灵，还是某些其他心智状态的表达，心理状态舒缓的根源在于驱除干扰因素的有效性（主观意义上的）和集体行动。

75. 通古斯人献给祖先的祭品和祈祷词

我们发现，下界神灵布尼并非死者中偶然形成的神灵，而是生者的近亲或祖先，它们时不时地出现在此界，一直与此界保持关联。它们可能带来疾病，干预狩猎（经济活动）。如果通古斯人观察到布尼活动的证据，如果可能的话，则会献祭并要求布尼离开生者，甚至是在日常活动中帮助他们。

祭品包括狩猎中捕获的动物，或专门因献祭而杀死的动物，动物的血和肉献给神灵—祖先。在驯鹿通古斯人中，献祭的动物是驯鹿，在没有驯鹿的通古斯群体中，捕获的动物可以替代驯鹿，最好是狍子；与其他族团有接触的通古斯人，会从蒙古人处购置羊（布里亚特人），或者从养猪者中购猪，例如某些满洲的通古斯人。

杀献祭动物的方法与前述部分的描述不同。动物的血用特殊的容器收集，献祭使用鲜血或血肠。在满洲的通古斯人中，血放到称为 moŋoro 的船形盘子中，后者也用来盛放生肉和动物肝脏；但是，血和肉千万不能放盐，也不能有任何调味。肉必须煮熟，绝不能烤熟。

同样，一定要给祖先设神位，如第 16 小节所述，用祭品“喂养”祖先；仪式结束后，剩下的祭品要扔向西北方。在实践中，大部分祭品被仪式现场的人吃掉。

这里我描述两段我在满洲通古斯人的记录的，即毕拉尔千人中的杜南坎氏族和玛拉库尔氏族的祈祷词。[①] 下面的翻译不是自由的翻译，也不是逐字逐句的翻译，这类祈祷词称布尼勒杜——“到死者的世界”，表示“祈祷”。

（1）杜南坎氏族的祈祷词

在山脊上爬的幽灵，在布满石子路上跑的幽灵，在幽暗的路上与古老的祖先默默谈话，在灰暗的路上期待，在九座坟墓中嗡嗡作

① 参见《北通古斯人的社会组织》，第 407 页。

响——将没有谎言。坐在棚屋中属于你的地方，听！来自死者的世界的长者，请认真听人们的讲话。用草为您制作了大大的神位。你能听懂人们的讲话不？请接受来自长满艾草[①]地方的愚笨孩子的礼物，我们跪在尘埃中，智力不高，蠢如木头，一无所知。赶紧出现吧，不要带有敌意，（通过）大大的神位接受祭品吧，喝血、喝汤，吃了肝脏。我们把肉放在盛祭品的盘子（船的形状）里，祭肉堆得像山，像柴禾垛。赐予狩猎运气（远离疾病且拥有好运）。接受所有准备好的东西，相信我们，你的愚蠢的孩子会感谢。寻找黑狗，沿着崎岖不平的石头路走，路上铺着网袋[②]，继续向前走！愚蠢者想知道：你从邻人那里期待得太多。你将会遇见（射杀）愚蠢者；你将会猛打愚蠢者。[③]

（2）玛拉库尔氏族的祈祷词

我将为来自阴间的死者献祭。你们正盘腿坐在棚屋的“另一处”[④]。在夜晚微弱的灯光下，我用草编织了肥胖的神位，放到黑狗的背上，手中牵着缰绳。夜晚微弱的灯光下，我为神灵竖起了木杆。爬上帐篷上覆盖的四个干草垛，与家人坐在一起。与你的孩子们相聚。回去吧！不要再回来了。沿着布满石头的路离开，沿着死者的路离开，不要回来。

我向老祖宗祈祷，我向古老早期的祖先献上祭品。

①这里提及的“艾草”之处，是生者居住的地方，意味着他们居住在前辈留下的地方；在满洲地区，古老的定居地点，甚至是通古斯人的营地，当荒芜时，则长满艾草。

②这里提及的“网袋”的含义不清晰。由皮条制成的网袋是迁徙中重要的物品——锅放在其中。如果未确认网袋和工具已带齐全，通古斯人是不会开始迁徙的。不过，现在通古斯人献祭表演中已不使用网袋，它只出现在葬礼中。

③最后一段提到献祭者的邻居可能是为了反对他，说祭品是不充分的。

④“另一处”是棚屋中留给一般客人就坐的地方。

就我所知，满洲通古斯人不同群体、氏族甚至个人之间的祈祷词是不同的。在后贝加尔地区通古斯人中，我并未发现这类祈祷词。人们告诉我，作为仪式性手段与神灵沟通的祈祷词是不存在的。从我观察的范围看，这一献祭是萨满在某一特殊的表演中表现出来的。通古斯人和满族人之间的祈祷词是有差异的。首先，满族的神灵是个性鲜明的，而通古斯的神灵则被当作整体对待，这源于两者祖先神观念的差异。其次，满族的祈祷词失去生动的色彩，而这一特点在通古斯人的祈祷词中却占有重要的位置，这一差异的原因是满族人关于神灵问题的形式主义态度。再次，通古斯人的祈祷词并未列举氏族成员和其他人健康的细节，而满族的祈祷词则未要求“狩猎运气”。同时，从整个仪式来看，两者之间也有巨大的差别。例如，满族的秋祭活动有时与献祭天神相联系，而通古斯人则不然；满族人和通古斯人的祖先神位也不同，满族人中的神位是丝绸的，而通古斯人的神位则是人形的，带有一条狗；通古斯人的献祭过程很短，而满族人的献祭过程则很长；通古斯人的神灵为夜路神灵，而满族人的神灵则包括日路和夜路神灵。除了通古斯人和满族人共同拥有一个祖先文化丛，两类献祭之间有很大的差异。毕拉尔千人祖先文化丛中的本质要素，满族人并不了解，他们的献祭仪式中不包括这些要素。这里，我们专门提及满族人通过把草制神位放在狗背上，把来自普车赫固伦（“死者世界”）的神灵送回死者世界的文化丛。当普车赫召浑（死者路）带来困扰时，满族人会使用这一方法予以应对。这一要素在毕拉尔千人和满族人中很普遍，但在满族人中的功能则不同。

毕拉尔千人中没有周期性的献祭，但是如果神灵出现有害活动的迹象，则会立即献祭。毕拉尔千人家庭的献祭活动每年不止一次，通常至少会有　次。例如，伤害性的迹象包括缺乏狩猎运气。这一情况下，毕拉尔千人认为，希尔库勒会走在猎手的前面，吓跑动物。希尔库勒可能是远祖，也可能是最近去世的族人。一次献祭足以中立氏族中死者的有害活动。例如，一位优秀的猎手，如果两个月之内不能捕获任何动物，而其伙伴的狩猎过程则是成功的，这位猎手会制作两个人形神位，准备一条狗；献祭之后，他的狩猎活动十分成功。

据毕拉尔千人介绍，神灵也会带来疾病，但这种情况很少发生。在这一情况下，献祭方法也会起作用。这一场合使用的祈祷词与前文描述的相同。在库玛尔千人中，我观察到神灵活动带来伤害的情况。一位老年男性长达数年受湿疹的困扰，而且，这些神灵还害死两匹马。他说不清楚具体由哪位亲人带来不幸，是父亲、母亲还是某些兄弟。接着，他献祭了一只幼小的狍子，只是杀掉。巴米约60厘米高，由腐烂木头制成，脸部扁平，其上用木炭标出眼睛、嘴、鼻子和眉毛。神位的身体、胳膊和腿上缠着干草，有两个脚趾。手中拿着木棍的巴米被放在一棵白桦树附近，旁边燃起一个火堆。巴米的嘴部和手部涂上狍子的鲜血，狍子的肠子挂在巴米的胳膊上。接着，煮熟的肉和一些烟草被放到燃烧的木炭上，其中产生的烟飘向神位，因为神灵更容易吸收烟的形式的祭品。这位男性唱诵祈祷词的过程中提到多位知道的亲属名字，接着唱嘎亚每。一切结束后，这位男性将自己的帽子戴在巴米的头上，然后熄灭火。[①] 应该指出，毕拉尔千人不允许把煮熟的肉烧出烟，而库玛尔千人则使用这种方法。其中可能包括借用的文化要素。就我所知，在满洲和后贝加尔地区的驯鹿通古斯人中，如前所述，没有定期的献祭祖先活动。他们这么做很可能是因为受负责管理死者灵魂的东正教的最近影响。过去很可能并非如此。其实，现在萨满在表演中会与这些神灵沟通（参见后文），死者灵魂（神灵）的神位由家庭成员认真看护。很可能的情况是，如同在满洲的通古斯人中一样，这些灵魂（神灵）经常得到“喂养”。同时，被称为奥占的神灵似乎与由死者灵魂形成的神灵有关（参见前文第283~285页）。

在满族人的影响下，满洲的通古斯人正在采借满族的文化丛。在《北通古斯人的社会组织》中，我提到他们的氏族组织也受到满族的影响，因此，最近满洲的通古斯人开始把氏族成员的名字记录下来，并加以保留，使用新词语莫昆表示“氏族”，举办周期性的莫昆大会，选择氏族长莫昆达。伴随着这些新制度的引入，他们也了解了动物献祭。与满族人使用的丝绸条和相似的神位不同，毕拉尔千人献祭的对象为氏族成员的名单，祭

---

① 熄灭火是因为祖先不喜欢火。其实，这样做可能是因为天气干燥的季节很容易引燃干草，进而带来森林火灾。

品包括数头猪。通过上述内容可见，通古斯人认为这些神灵（祖先）是夜路神灵，因此满洲的通古斯人根据自身的观念接受并改动了满族文化丛。随着满族人统治的清朝的灭亡，满族氏族（莫昆）组织放弃了动物献祭。

第18节 不需要萨满和其他专家帮助的神灵管理

通过前文关于神灵体系的描述，我们可以看出，一些神灵可以不用专家的帮助即可管理，另一些神灵则需要懂得特殊方法者才能管理，还有一些神灵只能由萨满管理。在本节，我主要探讨的问题是管理神灵的方法，因此接下来我将根据上述区分分析和呈献事实。其实，对于这种划分神灵的方法，是有反对意见的，但我实在找不到其他更好的方法来呈现事实。上一节我们专门讨论了灵魂管理问题，也提到了参与灵魂管理的专家，如标浑萨满和塔萨满。事实上，某些神灵可同时由普通人和专家沟通，因此在本节，我们的探讨范围也包括一些由专家甚至是萨满参与的表演。本节介绍的内容包括个人或群体（如家庭和氏族）管理神灵的情况。

76. 天神

我从与天神沟通的方法开始讨论，这一方法在满族人中更为发达和程式化。毫无疑问，通古斯人最近从满族人中接受这一文化丛，并且瑷珲地区满族的祭天仪式明显受宫廷祭天的影响，作为皇家礼仪的代表，祭天文化丛具有特殊的重要性。其实，宫廷的祭天仪式由宫廷的专家团体（萨满）执行，与瑷珲地区满族的祭天仪式有很大差异。宫廷的祭天仪式体系是在充足资金和虚荣心的刺激下人为构建的，自然体现了宫廷的独特特征，与普通民众的祭天活动不同。从满族的民族志学观点看，普通民众的行为更重要，它反映了心智丛的实际情形，而宫廷的仪式则可视为一种可借用的潜在资源。选择祭天仪式的文献记录构建出的事实来理解满族的文化丛，意味着方法论上的错误，[①] 因此我暂时搁置这种方法。

关于祭天源于何时，我们只能用假设回答——祭天在满洲地区的人群中似乎十分古老。其实，在女真人的历史描述中，[②] 可以找到几处“宗教”内容，这些“宗教”是皇帝的祖先奉行的。尽管佛教已经传入这些人群，但向天地献祭的古老实践仍包含在宗教内容中，所以人们相信祭天祭地是女真人的原初“宗教”。[③] 因此可以推断，天神信仰是古老的习俗，但这一习俗是满族人祖先自身发明的，还是借自汉人、突厥人或者蒙古人，仍有讨论的空间。有一点是明确的，向天神献祭的习俗并非晚近引入满族人中。这一判断没有反证。

阿普凯恩都立（参见后文）。

下面描述的仪式是前文描述的博罗里阿木尊的一部分，在这个仪式（即献祭氏族神灵）的第四天举行，此前是献祭氏族神灵的仪式。祭天活动的参与者不如献祭祖先的人多，许多氏族的客人此时已经离开了主家，第四天早晨，人们在房屋中组织这场仪式，献祭阿普凯恩都立。相较之下，这个仪式较短，祈祷词也相对简单，这说明祭天仪式的重要程度不高。

整个祭天仪式在院中举行，满洲地区的特殊气候条件根本不利于这一文化丛的丰富。事实上，祭天仪式有时在零下三十摄氏度的环境中进行，而且，满族人现在已经不举行春祭仪式了。

在影壁（参见《满族的社会组织》，第 94、95 页图片，同样参见前文图片）前面，有一特殊的火塘，由五块 10~15 公斤甚至更重的石头构成。[④]

---

① 虽然满族宫廷的仪式可能只在满汉文化丛中成长，但这并非满族文化的典型特征。我描述这一情况，是为了说明历史学者和民族志学者仍可能犯的错误，通过这些事实，他们想根据政治领导者、皇帝、国王、富有者的仪式来确定当时“同时代的大众信仰实践”。遗憾的是，大量关于过去文明的描述，是基于这类材料事实上的伪历史。当然，它们具有的文献价值是明显的。

② 参见“金国历史”，翻译自满文本《大金国志》，哈勒兹，鲁汶，1887 年。

③ 《中华晚期帝国的宗教与典礼》，第 136 页，参见后文关于女真国家的论述。

④ 火塘处的五块石头是十分有趣的事实。1916 年，我们在阿穆尔河沿岸的居住遗址发现，在居住遗址的正中央有五块石头，而且有明显用火的痕迹。在石头附近，经常会发现陶器碎片、灰烬和木炭。判断这些地下穴居类型居址的确切年代是困难的。不过，所有居住遗址都能与汉人编年史中提到的满洲地区早期人群的居住方式相关联。同样需要指出的是，向玛发献祭的过程中，新满洲人会搭建五块石头构成的火塘。

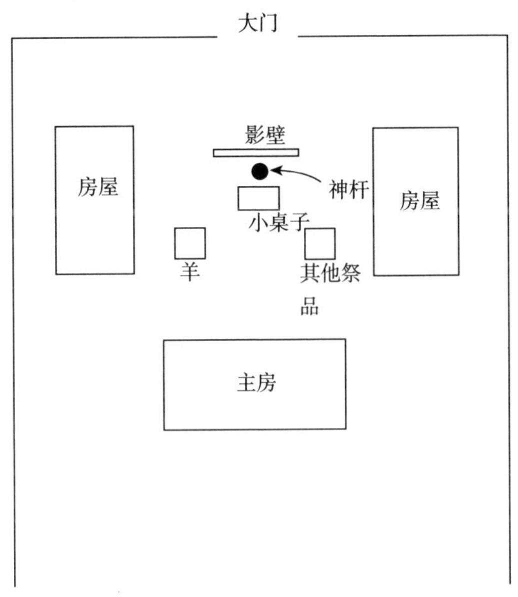

火塘上放着一口大锅，用于煮祭肉。在佛满洲中，仪式之前，必须燎猪毛，称非奇哈拉哈亚立，即“烤肉”，而在伊彻满洲中，猪毛则被在热水中烫软后刮去。杀猪和献祭的方法与上一节描述的相同（参见前文第455页）。把猪肉煮熟后，会从卸猪的每个部分割下几片肉放到神杆（通多莫）的顶部，[①] 在仪式中，当塔萨满往神杆上固定祭品时，选出的五位族人（孙扎哈拉纳勒玛）要把神杆放低。在祭天过程中，不使用鼓，也没有音乐和歌唱。塔萨满以很快的速度念诵祈祷词，并且在神杆前插好线香。吃完祭肉，人们要举行扔骨头和清洗器皿泔水的仪式——xala mokun k'iraŋi moro ofoγo muke tučimbum'c　“产生氏族的骨头和洗碗水”。其中三根骨头用锤子或斧头砸碎，所有的骨头和泔水在影壁前扔掉。[②] 狗正在等着这 时刻 它们立即吃掉骨头和泔水中的食物，影壁前的人们匆忙回到温暖的室内。

---

① 过去，满族人只使用陶伦（torun）莫（参见通古斯语 turu，toro；见后文）或通多莫（toŋdo mo）（toŋdo——“直的、立起的”）表示神杆，这在通古斯人和一些蒙古人群体中很普遍。影壁是一种创新，根据满族人的观点，立影壁是为了“更好”，这种文化借自汉人。

② 这一表演可在标浑萨满或塔萨满不在场的前提下进行。

在某些氏族中，可能用羊代替猪祭天，仪式也有些不同。献祭的动物被带进来后，放到神杆（陶伦莫）前面的地上，前腿绕着头部交叉捆绑，氏族成员拽着后腿，用刀剖开羊的胸部，手通过刀口进入羊的胸膛并按压主动脉，使其心脏停止跳动，割掉羊腿的后半部分后，按照准备猪的方式卸羊。羊的胸部（tungan bokton，或čejèn）保留作为祭品，放在影壁前面。[①] 羊的脊椎骨和涂有羊鲜血的草把被固定在陶伦莫顶部后，再次立起陶伦莫。煮献祭的动物的锅也放在由五块石头支起的火塘上。献祭的动物煮熟后，从动物身体各个部分切下的小片肉放到影壁前的小桌上，同时还有两杯酒和一大碗粥。煮熟的羊的各部分拼合在一起后，仿佛是一只活着的羊，摆放羊的桌子放在由氏族成员围坐成圈的中心，在仪式就餐中，不能使用桌子，正如满族人所说，最初他们不使用桌子，桌子是一种创新。祭天仪式中不使用鼓和音乐，也没有歌唱。塔萨满简单地念诵一段祈祷词，氏族成员跪在影壁前磕头。妇女不被允许出现在祭天仪式中。

除了猪和羊，也可使用牛献祭。其实，如果把牛作为祭品，准备过程和吃牛肉需要更多时间，但这一仪式的具体内容与用猪或羊祭天没有太大的区别。[②]

在向祖先和氏族神灵献祭，以及向阿普凯恩都立献祭的过程中及此后的数日内，外氏族的成员不被允许进入进行献祭的屋内，尤其家中有去世、分娩的人和因神灵侵扰生病者更是如此。为了避免这些“不洁”者（氏族神灵和阿普凯恩都立），满族人会在大门上挂一块带有草把的木头（禁忌的标志）——塔尔嘎。

还有一些场合也会献祭阿普凯恩都立，即向这位神灵宣称重要事件如选择一位新萨满和氏族分裂。祈祷词内容会根据献祭目的不同而发生变化。

前文已述（参见前文第 246 页），阿普凯恩都立文化丛已经进入满洲通古斯人的文化丛中，尤其体现在居住在满族人附近的通古斯人村庄中，居

---

① 在蒙古文化中，羊的胸部是仪式表演中很重要的因素，也是荣誉的一种象征。与羊联系在一起的文化要素，似乎是非满族来源。

② 过去，用牛祭天的情况更多。它减少的主要原因很可能是“贫穷要素”和氏族数量减少。我未观察过用牛祭天，但满族人的描述并未体现出这一文化丛的新要素。

住在山中的通古斯群体很少了解这一文化丛。

在满洲的通古斯人中，这一文化丛用阿普凯恩都立（或安杜里）表示，它借自满族人，这个神灵同时也称朱拉斯吉恩都立，或者是简单的朱拉斯吉，含义为“南方”。如前文所述，这位神灵包括两个要素：一名男性和一名女性，有它们自身的使者，因此这位神灵可被视为一个复合性神灵。这位神灵与满族的阿普凯恩都立相似。在通古斯人中，献祭活动在不同的重要场合举行，例如，氏族分裂为两个新的族外婚单位（氏族）；宣布新萨满的产生；很少情况下当人类利益受影响时，为了管理自然现象，例如天气、干旱等；最后，如果人们没有能力对抗其他神灵时，可以求助它击退后者。如前所述，这位神灵在某些方面代替了布哈，在通古斯人的观念中，布哈是不能通过献祭加以影响的。

在毕拉尔千人中，一根五六米长的神杆被固定在地上。献祭之后，杆子的顶部固定着动物的脊椎骨和草把。两个没有胳膊却有腿的木制神位放在神杆附近的地上；这些神位是提供给神灵使者的[①]，献祭之后，这些神位被扔向南方。献祭的动物可能是猪，或者驯鹿（马鹿）；没有其他可用的献祭动物。[②] 献祭活动不常举行，通常情况下频率很低，尤其是整个氏族全部参与祭天的情况。当某人认为神灵可以提供帮助或者是问题可通过个人解决时，献祭活动可以是个人性的；但新萨满产生时或整个氏族受不幸影响时，会举行大规模的天祭活动。最后，不同氏族的几个家庭可能联合献祭，例如居住在同一村庄的几个家庭，其中主要的困难包括必须念诵祈祷词，因此献祭者心里必须能够记住这些祈祷词，并且要花一段时间饲养献祭的动物，猪是从其他族体（满族人和汉人）中购置的，因为现在驯鹿数量很少，几乎是不可获得的。

一名男性念诵祈祷词，其他两名男性将动物脊椎骨和草把固定在神杆上。祈祷词常有变化，这在下面的例子中体现得很明显。这里我列举两段祈祷词（布阿亲）例子，其中体现了神灵的特点与献祭的目的。这些祈祷

① 这些神位称 omute，字面上的意思为“挂钩”，但其词源学是不确定的。

② 在库玛尔千人中，也可使用狍子作为祭品。兴安通古斯人中也是如此。

词念诵者可以出现在个人、家庭或氏族献祭的场合。如果说献祭中有某些明确的目的，它可以体现在祈祷词中。

(1) 毕拉尔千人中玛拉库尔氏族向朱拉斯吉献祭的祈祷词。

南方的男性天神降临到大门口就座，父亲降临到大门口就座，母亲降临拐角处（房屋）就座，请听如下内容。日子确定了，不是毫无目的：一头公猪献给您，神杆倾斜（为了献祭），仪式祭品认真准备。不安地讲话，邀请，真诚地请您不要忽略了向您祈祷的人，在您面前低头，请您倾听。

(2) 毕拉尔千人中杜南坎氏族向朱拉斯吉献祭的祈祷词[⑥]。

无知的孩子正胡言乱语，但请洗耳恭听。安杜里的使者保卫着大门，温暖着房屋[①]，来自南方的南部-父亲让我们远离不幸[②]，防御灾难[③]，安杜里—父亲您听着。今天疾病影响了家人，前来的时候，保护人们免受下界疾病的侵扰。我正在您面前祈祷，点燃了纯正的香。用泉水净化，让人们远离不幸。治愈您面前的低头者。父亲，送走祈祷的孩子的疾病[④]，母亲，让祈祷的孩子远离灾难吧。用冷泉水清洗，离开枕头（病人的头部），日渐好转，离开床自由呼吸。快点治好旧疾。让肠胃干净。让八代人[⑤]恢复。因此在午夜，我怀着虔诚的心，用美好的语言祈祷。

①它表示“保持活力”。

②动物和人的疾病，缺少狩猎运气等。

③“灾难”是由神灵带来的。

④这里指天花、水痘、麻疹等。

⑤八代人表示“所有氏族成员”。

⑥在翻译过程中，我尽量贴近文本原意。

第一段祈祷词是邀请神灵接受献祭，后面表达了对神灵的需要和要求，这与献祭氏族神灵没什么区别。第二段是特殊的祈祷词，包括对朱拉斯吉的要求和解释。

(3) 毕拉尔千人中玛卡吉尔氏族向朱拉斯吉献祭的祈祷词。

A. [献出祭品]

南方的上帝[①]正在移动和思考，我献出血祭。我竖立两棵神杆，呈上血祭品。接受血肠；喝血；喝汤吧。听献祭者的念诵，他正呈上血祭品，正在向南方的恩都立立神杆[②]。认真听来自尘世跪地者的祈祷。从我们古老的祖先开始，就向您祈祷，直到现在。让森林中的棚屋和这里的房屋（村庄中）远离神灵侵害，一直爱护我们，考虑到内外[③]一切事物。保佑我们远离不幸，不让传染病进门，直至“终点”[④]。

B. [继续：要求赐予狩猎运气]

提出要求。赐予好运。给山岭中的前行者一些好处吧。把猎物送到前面，不要有保留[⑤]：山顶上——公驯鹿，小路口——母驯鹿，北山坡——马鹿，布满石子的河岸——驯鹿幼崽。用这种方式送来动物。让其他人看不到，也不要给他们任何猎物[⑥]。无论我去到哪里，都不要隐藏动物。认真地听：我，一个孤儿，我祈祷 [??] 去往亚克索，呆在毕尔格处[⑦]。到达高处[⑧]时，请你继续听我祈祷。神灵已经走了。

①我把这一文本中的buγa翻译成上帝。但是，“南部的布哈”是新观念和旧观念的结合。

②这里并未使用通常的安杜里，而是使用满族人中的enduri，其原因是这位神灵的祈祷词是十分重要的，因此使用满族词语是“好的”。

③“内外”表示两类疾病。

④至“终点”，即“永远”。

⑤如果这位神灵不保留动物，则会送来动物；如果它们保留动物，猎人则不能杀死动物。

⑥在通古斯人的文化中，这一要求是不寻常的。其实，摆脱其他通古斯竞争者的观念，是与通古斯人的社会观念和管理狩猎观念相冲突的。我记录的这段祈祷词念诵者的行为并非一般通古斯人的，他的某些行为遭到其他通古斯人的明确反对。

⑦亚克索（jakso、jaso、joso）是神灵居住的特殊地点；毕尔格（b'irge）是布哈居所。我没找到这些词语的细节。它们很可能不是通古斯语。[①]

77. 氏族神灵

影响这些神灵的方法包括：a. 安置在专门制作的神位中；b. 用相对固定的仪式和祈祷词献祭；c. 各种让神灵满意的方法。

除驯鹿通古斯人，每位满洲的通古斯人不得不与氏族神灵沟通，只要氏族神灵得到恰当的管理，就不会表现出过度的善或恶。由于这一原因，氏族神灵必须有前文描述的永久神位。当通古斯人相信氏族神灵是善的或想要获得某种帮助时，例如帮助某一家庭消除狩猎或其他方面的困难，会拿出神位。

并非氏族中的所有家庭都要有氏族神灵的神位。如前所述，如果并不怀疑氏族神灵的恶意活动，或者防止恶灵的侵犯，某些家庭中根本没有神位。以祭品和祈祷词形式照顾神灵由氏族中的老人代表承担，但当神位传给年轻成员后，后者负责照顾和管理神灵。通过这种方式，氏族献祭者的功能传递给年轻人。

拥有氏族神灵的神位也会带来某些麻烦，因为必须保留一匹专门的马——翁高——供神灵乘骑。其实，许多通古斯人根本不希望有神位，拥有神位者会经常忙于管理神灵。

由于氏族、神灵以及神灵的路的差异，不同氏族的献祭仪式各不相同，这取决于献祭所涉及的具体情况。通常在不到一年的时间内，氏族神灵会得到祭品，并且按照传统接受祈祷词。为了此目的，制作了特殊的神位，其中玛鲁布日坎的神位要比其他神位更大一些（如第 16 节所述）。人们把永久性的神位从盒子或覆盖物中拿出来后，悬挂起来，然后开始举行仪式。但是，在所有情况下，必须用语言表达献祭的目的和资格。通常，毕拉尔

① 原文缺少第 8 个注释，这里的高处是指神灵的居所位于人之居所的上方某处。——译者注

千人和库玛尔千人会使用狩猎中捕获的野生动物，但对于献祭的动物种类，没有明确的规定。

献祭玛鲁布日坎通常需要鲜血，因此需要制作玛鲁布日坎神位，献祭时在神位上涂血。神位表现为成对的男女。吉阿其布日坎神位则不同，中间有太阳和月亮，左边有八个阿纳坎，右边有九个阿纳坎。祈祷词的内容说明献祭的原因，祈祷词的文本基本是固定的。献祭的原因可能是氏族成员或携带神位家庭成员的疾病、缺少“狩猎运气”、经济地位下降、选择并确认翁高以及其他方面等。

下面是毕拉尔千人中玛拉库尔氏族一段较短的祈祷词，在选择新翁高过程中使用。

> 我拴上一匹马信使（为某位神灵），我选择了颜色，我把缰绳拴在为某某颜色神灵竖立的杆上，我想要告诉神灵接受我呈上的马毛的颜色接受我呈上的马。我现在亲切地献上一匹纯色信使马，留着长尾巴和鬃毛，请您骑在系着丝绸条，像鸟一样飞翔的马上。闻完香之后，我用马献祭您（某位神灵）。

库玛尔千人和兴安通古斯人管理氏族神灵的方法与毕拉尔千人没有差异。相较之下，毕拉尔千人管理氏族布日坎的活动更复杂，在库玛尔千人中，祖先亡灵往往是带来伤害的群体，兴安通古斯人更关注的是白那查、图杜坎等非氏族神灵。但是，在满洲的驯鹿通古斯人中，旧的文化丛已消失，一部分被基督教文化替代，氏族神灵（玛鲁）现在已不受关注。我通过询问老人得知，满洲驯鹿通古斯人氏族神灵的仪式和祈祷词与满洲的通古斯人不同。满族驯鹿通古斯人与后贝加尔地区驯鹿通古斯人的实践也有差异，其中主要的差别是后贝加尔地区的氏族神灵由萨满照管，而非一般氏族成员照管。在后贝加尔地区，当一般氏族成员怀疑氏族神灵（尤其是祖先类型的神灵）有恶意活动时，通常会做小型的献祭，没有任何仪式和祈祷词。献祭时，主要由巴达构成的氏族神灵神位被抬起后晃动，献祭者说简单的语言表达献祭的原因，血一遍又一遍地被涂在神位上。晃动神位是十分特别的献祭方法，我在其他人群中未见到过。

在满洲的通古斯人中，至少在某些情况下，妻子氏族的神灵和丈夫氏族的神灵同样重要。前文已述，通过婚姻妇女把这些神灵带到外氏族，这些神灵对妇女和外来者可能十分有害，后者通过妇女受到影响（例如接触妇女的阿吉普楚）。多数情况下，眼疾会被归因于这些神灵，而且它们可能会与其他神灵混合，通过这一方式给人和神灵之间的关系造成很大的混乱。首先，这促使人们更加了解氏族神灵的特征和管理方法，预防了与家庭以外妇女之间的交往，在很多情况下，这些妇女可能患有传染性疾病。[①] 在应对妇女的心智失衡状况时，这位神灵有特殊的重要性，许多情况下，一段祈祷词和献祭可以缓解妇女的心智失衡。管理这些神灵是丈夫的责任。丈夫会定期或根据需要献祭这些神灵，念诵祈祷词，有时也会使用特殊手段影响神灵，例如前文所说用热铁烫神位的眼睛，因为这些神灵不是他的氏族神灵。我们发现，当满洲的通古斯人怀疑这些神灵的活动时，就会制作神位。例如，妻子和儿童的疾病、妻子的“神经质”、易怒或只是不舒服，都可被视为神灵活动的标志。制作好神位之后，这些神灵会因祭品和祈祷词而满足，妇女的精神状况会得到改善。疾病结束后，妇女轻易不会再陷入疾病，接着这些神位会存放很久，无人触碰。最后，这些神位可能被放到河流中送走。这样做的原因，一是神位的出现根本未消除焦虑，二是神位会吸引神灵，当神灵被吸引后，可能带来伤害。因此，完全放弃神灵的情形很普遍，尤其是妇女年老后，即相较于性活跃阶段，绝经以后“心灵”不稳定情况更少发生。

在满洲的通古斯人中，献祭表演所使用的神位在妇女之间传承。当然，由于在献祭的过程中这些神位上会涂血，同时未特别地防止灰尘、烟和潮气，因此神位变得很旧。当神位从妇女传给女儿，接着传给其外孙女时，这种现象尤其明显。

关于纳吉勒布日坎的祈祷词有很大的变异。这些祈祷词可能提及祭品的种类和布日坎的名字，一段祈祷词的范围可能达到如下例子的程度。

① 人们认为，经常与其他通古斯群体接触者容易患沙眼和淋病。某些归因为纳吉勒布日坎乔勒朋（“金星”）的眼疾便是此类情况。

下面是玛卡吉尔氏族一名男性向查尔吉尔氏族的神灵的祈祷词：

我向纳吉勒布日坎，外来者[①]祈祷，您来到外人中间，查尔吉尔氏族的人来到玛卡吉尔氏族中，我像祈祷天神一样向您祈祷。我会定期献上祭品（和祈祷词）向您祈祷。新婚夫妻莽伊、新婚夫妻莫玛、新婚夫妻科勒通德、新婚夫妻多勒迪（doldi）。我向你们一起祈祷。为神灵制作一个桦树皮盒，我每月都在祈祷。看好[②]你们自己各自的位置[③]。纳吉勒布日坎继续像平常一样对待下跪者（和祈祷者）。因为您来到外人中间，那就继续保佑我们吧。我认识您的孩子们和生者。我是愚笨的人，语言混杂着草和木。我愚笨得如木头（树干），要求善良的神灵维持和平、洁净，防御不幸，除去传染性疾病。我提出要求时，请您倾听。像从前一样继续。我们献上了准备好的所有事物。我继续向您提出要求。去往[④]并将在您应该安住的地方。[接着，神灵离开了]。

①文本中的 Angnaki 是指婚姻关系不受禁止的其他氏族。（参见《北通古斯人的社会组织》）。

②更准确地说："不要离开，让其他神灵占据位置"。

③棚屋中分别有丈夫和妻子占据的位置。

④亚克索（Jaksor）是神灵所处的特殊位置。参见第 476 页，注解⑦。

在后贝加尔地区和满洲驯鹿通古斯人中，我未发现操控妻子氏族神灵的复杂系统。如前所述，纳吉勒布日坎很可能并非单纯源自通古斯人，它可能由毕拉尔千人借自达斡尔人。其实，库玛尔千人用另一个词语——康安——表示同样的神灵丛，同样，后贝加尔地区驯鹿通古斯人称其为莫吉勒。就我所知，仪式和祈祷词在驯鹿通古斯人中没有在毕拉尔千人中复杂。

78. 各种神灵

在满洲的通古斯人中，森林中的各种神灵如白那查、阿杰勒嘎、卡达尔等不需要专家管理。如果这些神灵被怀疑有恶意活动，可以献祭神灵并做简短的建议性警告。有的献祭则是出于防止神灵侵害人的目的。其实，相较其他人而言，平时偏好观察神灵活动者更常发现神灵的恶意活动。召唤神灵进入特定的神位有一定的套语；根据献祭目的的差异，献祭的形式也有不同。但是，除了一些传统的祈祷词短语，这些祈祷词通常是即兴创作的，有时在献祭的过程中只是简单地说几句话。

白那查

在满洲的通古斯人中，献祭白那查很普遍，后贝加尔地区的通古斯人则普遍献祭玛辛。在狩猎之前、狩猎之中没有狩猎运气或狩猎后有所收获，会献祭这些神灵。但是，在迁徙的过程中，人们会遇见永久性的神位——树上刻着男性和女性的脸，这些神位有时（兴安通古斯人中）位于山中的过道和狩猎重要地点。献祭神灵和引起神灵注意一定由出行者进行。

祈祷词没有固定形式，通常包括要求神灵派送动物，在出行中起到保护作用。如果需要献上祭品，需要说明献祭原因。不过，由于每个人都必须献祭神灵，但并非每个人都拥有想象能力，能够即兴创造，知道其中的套语，献祭可能仅局限于简单地下跪，深深地鞠躬，静静地献出祭品，通古斯人经常以友好的态度和神灵交往。

在兴安通古斯人中，与神灵沟通的文化丛在很大程度上受蒙古人影响。路口处①可发现白那查的神位，祭品包括马鬃毛、马尾毛、树枝和丝绸条，这些祭品通常放在蒙古人文化形式的敖包上。同时，敖包由石头堆起。如果寻求白那查的帮助，需要进行献祭。献祭的动物是绵羊，这再次体现了蒙古文化的影响，因为绵羊必须从蒙古人那里购置。

在毕拉尔千人中，我未在路口处发现白那查的神位。神位是在树上制作的。为了获得狩猎运气（玛辛）的献祭，由狩猎组织中最年长者主持，祭品是一些煮熟的粥，其中一部分被倒到树附近燃烧的火堆中。值得注意的是，用米粥献祭源于外来文化的强烈影响。如前文所述，这位神灵也可

---

① 这些永久性特点的神位可在兴安岭的一些路口，可从图拉、努克图卡里和穆雷等（都是甘河的支流）河谷和西瓦雅河谷（德尔布尔河谷地）到达。在狩猎的过程中，可遇见不同场合由个人制作的神位。但是，祭品已经见不到了。

能带来疾病。在这种情况下，毕拉尔千人会制作一个特殊的神位（一块带有装饰的布），这位神灵和其他布日坎一起接受“喂养”。

在后贝加尔地区的通古斯人中，为了获得狩猎“运气”，包括狩猎动物在内的祭品会被献给森林中的各种神灵。如同满洲的驯鹿通古斯人一样，这些神灵可被称为“运气”（玛辛、玛浑等）。玛浑的数量很多。这些神灵对应后贝加尔地区通古斯人中的达哈千，是不同类型动物的“主人”。因此，当通古斯人因狩猎成功表示感谢或祈求神灵赐予动物时，会向管理特殊种类动物的神灵祈祷，祈祷词不是固定的。[1]

所有的案例表明，这位神灵可能是仁慈的，如果能够得到关注或食物，它会给猎人派送动物，在出行的过程中会保护猎人，不会带来伤害。千万不能威胁这位神灵。

在满族人中，不需要专家帮助干预的神灵数量相当多。这组神灵包括君富其吉、塔克托玛发、亚帆玛发、阿普凯恩都立（乌金恩都立）和其他神灵，管理这些神灵的需求十分普遍，祭品通常不多——包括一些水果、糕点等——祈祷词非常短。

春祭（宁嘎里阿木尊）一般在4月到5月间举行，其中一定包括献祭上述神灵。在满族人中，春祭已经逐渐失去重要性，因此，献祭过程通常没有十分正式的规范。不过，即便在如今，春祭也是十分重要的事件，如我们在秋祭中所见，春祭也包括献祭祖先和氏族神灵，以及特殊的献祭天神——阿普凯恩都立。现在，只有在氏族成员生病时，满族人才会祭奠祖先神，一般情况下，春祭只包括在田地中的短暂表演，时间在第一次犁地时。献祭乌金恩都立的表现形式和阿普凯恩都立相同。满族人在桌子上放一些汉人类型的蒸制馒头、鸡蛋以及燃着的香，口中念诵：ère an'a apka endŭri kès'ida wužinǰaka fulofulo labdu sän ban'jibu——“今年天神保佑庄稼长

① 值得注意的是，通古斯人十分怀疑布里亚特人在山口立敖包的举动。看到布里亚特人的举动后，通古斯人嘲笑他们的天真，质疑布里亚特人相信神灵会对丝绸和相似的祭品满意。如果我们考虑通古斯人和布里亚特人的敌对关系，就可以理解这种负面态度，布里亚特人曾将通古斯人从自身的领地上驱逐。

势好。”接着，他们会在地上磕几个头。[①] 与这位神灵一起，应该提及另一位神灵那伊达拉哈恩都立（参见前文 262 页），这位神灵接受的供品是馒头和香，这位神灵的献祭也属于阿普凯恩都立文化丛。

塔克托玛发和君富其吉是重要的神灵，经常接受满族人的献祭，但没有任何特殊的表演，农历新年、六月初一和八月十五满族人献祭这些神灵。最为丰厚的祭品包括十五个馒头、五种（孙扎哈亲）“水果”（图毕合折尔给扎卡），包括红糖、苹果、坚果、枣和汉人种植的小苹果。新娘在婚礼之后，也要献祭这两位神灵。当神灵以疾病的形式影响儿童时，需要用一只公鸡和一只母鸡献祭。毫无疑问，祈祷词基本上有固定的形式，但满族人通常只是简单地向神灵跪拜磕头。祈祷词包括说明神灵的名字、祭品的内容以及临时献祭的原因。任何人都可以表演献祭，但如果求助标浑萨满，则会取得更好的效果。玛发和萨满治疗疾病的复杂情况将在后文讨论。

亚帆玛发（亚瓦玛瓦）通常为家庭的困扰（如疾病、紧张不安等）负责。因此，在同样的日子，基于同样的目的，这位神灵会接受与塔克托玛发和君富其吉同样的献祭。满族人也可能欺骗神灵，在确定好的日子未履行献祭，这种情况很普遍。一般而言，必须由萨满帮助寻找困扰的原因，但还有一种不需要萨满介入寻找困扰的方法。这种方法是 šoforo g’idamb’e，应该理解为“赶走疾病”。šoforo 是“疾病”“接触性传染病”（就像动物的嘴和爪子嵌入肉中，不能简单拔出）。献祭亚帆玛发（亚瓦玛瓦）由妇女进行。她们拿着一个木制椭圆形盘子（40 厘米或 50 厘米长），称风斯克，用粥装满。说出几句祈祷词后，妇女倒上满满一碗粥，上面盖着一块丝绸。这位妇女端着碗，让碗在病人的身体上方绕动 20 分钟左右，然后拿下碗上盖着的丝绸，观察碗中的粥是否减少。如果粥减少一半，则表示神灵的出现——亚帆玛发已经吃了粥。如果答案是肯定的，妇女们会做一次包括一头猪在内的献祭，其仪式内容和前文描述的相似。满族人会使用各种方法

① 过去，在特定的日期，地区的行政长官会到田地中用犁犁开土地，表演献祭仪式，开始春耕。这与过去满族的皇帝在北京先农坛上演的春耕仪式对应。目前，这一习俗已经遭到放弃。这一习俗和整个春祭活动不再被满族人视为重要的事件。这一仪式源自古老的汉文化。孔子提到这个仪式，它在宋代获得了重要地位。

判断是否有恶神胡图的活动。这些方法包括排除法和验证法，例如，晚间用水和筷子的实验法。他们会把一个盛水的碗放到炕上的角落，然后将认真清洗的筷子放入碗中。如果筷子保持立着的状态，则可判定是胡图带来的困扰。[①] 找到困扰的原因后，满族人会采取特殊的步骤防止神灵带来困扰。这些方法包括献祭、祈祷、用刺猬皮和熊爪保护等。不过，如果胡图的活动被发现，萨满有必要帮助中立神灵的活动。献祭可能使用不同的祭品，仪式程序并不固定。

翁奥西妈妈

妇女在分娩、不孕以及儿童患天花、水痘、麻疹和其他疾病时，会向这一神灵献祭和祈祷。只有在妇女病重，不能亲自献祭的情况下，才可由丈夫举办仪式。不过，如果遇到儿童的疾病，必须召请称为阿哈玛发的专家，由他表演仪式，判断献祭是否合乎规范。萨满通常不干预这一神灵的活动。不过，女萨满有时会在儿童的困扰中发挥作用，也会与翁奥西妈妈沟通。

从这一观点看，这一文化丛与负责儿童的麻疹、天花、水痘等疾病的神灵密切相关。如前所述，这些疾病被纳入汉人来源的娘娘文化丛中，分别由几位神灵表示：阿济格伊勒哈妈妈（“小花神”）负责麻疹，伊勒哈妈妈（“花神”）负责水痘等。通过观察，满族人开始相信必须将患病的儿童隔离——外来者不能进入房屋之中；儿童必须待在安静之处，饮食清淡；必须避免噪声。满族人认为，所有这些要求满足的对象是神灵，而非儿童。汉人医生和萨满干预疾病是不受欢迎的。但是，在遇到棘手的疾病时，可以用香和祈祷词向神灵献祭。恢复健康之后，需要再次献祭和祈祷神灵。我未记录这种类型的祈祷词。就我所知，它们相当短，许多人不了解祈祷词，因此仪式是静默的。很明显，这一文化丛并非满族来源，而是汉人来源。一般来说，满族人和通古斯人，并不将上文提及的传染病视为真正的疾病。满族人认为，这些疾病对儿童并没有害，受到神灵的关注后，儿童

① 我不能核实满族人关于筷子在水中站立的描述，也不清楚满族人的观察过程及相关心理。

将生活得更好。当儿童患病后，满族人似乎很高兴。在满族人看来，这些疾病不会导致死亡。但是，如前所述，满族人会采取措施防止传染病的传播。如果儿童死亡，满族人则解释为如亚帆玛发、君富其吉、塔克托玛发甚至是其他神灵之间的冲突和相互关系。如果是真正的“疾病”，满族人会求助汉人医生，如果是满族神灵带来的困扰，则由萨满（至少是阿哈玛发和标浑萨满）解决。

某些满族氏族过去献祭比罕恩都立，例如那拉氏族在狩猎成功时会用九头猪献祭比罕恩都立。不过，这一习俗现在已经被放弃，仪式也被忘记了。很可能的情况是，某些氏族仍在表演的“在山中”的献祭最初与这一文化丛有关，这一文化丛的消失主要与贫困有关——满族人承担不起昂贵的献祭。在不否认“贫困要素”的可能性下，放弃这一习俗的原因也可能是满族人狩猎文化的解体，这一过程也可从其他方面表现出来。

上述与各种神灵沟通方法的描述，我们主要涉及了疾病的案例。但是，这些神灵塔克托玛发、君富其吉和亚帆玛发也负责保护庄稼和牲畜。由于这一原因，这一类型的大量案例需要献祭神灵，这些神灵可能是善良的，对于保证家庭的繁荣有用。大量的方法被用于沟通神灵；这些方法有时看似“巫术的”，但事实上它们是通过“身体”语言与其他神灵沟通。前文已经介绍这些方法，但是，对具体案例的描述并未体现心智丛的新方面。在仪式实践中，这些方法占有重要的地位，但是整个方法的操作过程是程式化的。

第 19 节　沟通神灵和处理其他问题的专家

79. 专家

前文中我指出除了标浑萨满，还有些其他干预神灵活动的专家，他们有时必须处理影响个人或群体生活的疾病、死亡和各种形式的不幸。在本节涉及的专家群体里，我将萨满排除在外，主要基于以下考虑，首先，萨满教本身构成一个文化丛，需要单独论述；其次，后文将指出，在回应萨满教强烈影响的过程中，一些其他与神灵沟通的方法产生；再次，其他形式的方法不如萨满教普遍，不同人群中的相关方法各有差异。我现在不需要提供证据来证明将萨满教视为一个特殊文化丛的原因，这点体现在萨满教特殊的神灵群以及沟通神灵的方法上。但这里应该指出对萨满教产生负面反应的因素，以及由此创造的与神灵沟通的新形式和新方法。

通古斯人和满族人相信，在与神灵沟通的过程中，萨满有时会成为神灵的工具，作为工具，可被恶神用来攻击人们。同时，后文会介绍，萨满之间的斗争会给人们带来巨大伤害，如果萨满人品差，就会给人们带来危险，甚至对同一氏族或群体的成员而言也是如此。由于这些因素，许多通古斯人和满族人会避开萨满的干预，普遍倾向远离萨满。这种看待萨满教的负面态度在满族人和满洲的通古斯人中尤其明显，进而产生了新的假设。这些假设有两种类型，（1）有些萨满不能掌控的神灵，过去由萨满处理的各种困扰由新的专家负责；并且（2）有其他中立神灵活动的方法，这些方法甚至可以把神灵转换为对个人和群体有善意的神灵。这两个假设一旦被接受，不难发展出新的神灵体系和方法，这在某种程度上加剧了萨满保护性活动的缩减。其实，应该指出的是，在神灵活动增加的前提下，即使萨满维持之前的活动界限，通古斯人通过观察也可能得出结论，认为萨满教在某种程度上衰退了。后文会再次涉及这个问题，但这里阐述的内容足以表明新的管理神灵方法可能被引入的原因。与此相关，应该指出的是，在族际压力下，关于神灵的文化借用也会发生。事实上，基督教、佛教以及其他文化体系的引入，在很大程度上推进了其他文化丛在通古斯人和满族人中的出现。

其实，在较早的历史时期，可能有某些人可与神灵沟通或影响神灵，至少能够预测未来、释梦以及治疗特定疾病，但从目前掌握的事实来看，通古斯人的文化土壤中并无此类专家，而且通古斯人的生存状况不能创造出这类专家，这在对通古斯人的社会组织以及各群体历史的描述中体现得很明显。满族人的祖先则不同，例如女真人受汉人的强烈影响，其社会组织中允许有大量的职业群体。满族人的邻居达斡尔人祖先也是如此，他们与大辽王朝的政治组织有关，过去和现在达斡尔人中都拥有专门化的社会组织和经济组织。其实，满族人和达斡尔人影响了通古斯人各群体，影响了北通古斯人中某些新形式专业化的出现。

完成上述评论后，我将描述北通古斯人和满族人中的各类专家。

在通古斯人的生活条件下，可能出现术士和巫医，但这些专家未形成职业化群体。目前所有的通古斯群体都承认能够预测未来、阐释奇怪的梦等特殊能力者。他们称 ĭčan（满驯），源自词干 ĭč（看到），其他方言中也有相近词语。这类人被视为有能力者，其观点是有用的。在释梦的过程中，他们会利用个人和前辈的经验。其实，他们是一般传统的维护者。如前所述，在某些情况下，这些专家的阐释可能与对未来的期待对应（参见后文）。同时，医疗技艺的传统维护者至少可以进行外科治疗和医药（矿物的和非矿物的）治疗。除了“聪明”“年老”等表示个人经验和智慧的词语，没有任何特殊的词语可以形容这类人。所有的通古斯群体中都有这类人，但并不构成特殊的部分。仅就与神灵的沟通而言，如前文所述，除了满族人，通古斯人中不需要区分出一组职业化或半职业化的祭司群体。在满族人中，祭司群体的出现可能是晚近文化借用的结果——北京宫廷的仪式化。

在满洲的通古斯人，尤其是毕拉尔千人中，有负责向神灵祈祷并向布日坎尤其是多那神灵群操演复杂献祭仪式的专家①。在这些群体的方言中，没有专门表示这类专家的词语，当通古斯人被问到这些专家是哪类人时，他们会回答：玛发阿达立，即“像玛发一样的人”。下文将描述达斡尔人中的玛发。其实，毕拉尔千人和库玛尔千人经常会观察到达斡尔人中的玛发表演者，他们献祭和祈祷方法的新颖、复杂性以及在某些案例中的有效性，给通古斯人带来深刻的印象。十分正常的是，通古斯人通过观察学习这些方法，将之应用到相似的案例中。通古斯人倾向用达斡尔人的方法与多那神灵沟通，尤其是对于源自达斡尔人的神灵。不过，通古斯人并非盲目地模仿达斡尔人，他们会用通古斯语创作祈祷词，将仪式运用到自身的文化中。与达斡尔人相比，祈祷词和仪式都发生了简化。这种简化尤其体现在玛发表演方面，通古斯人不能理解达斡尔人的全部表演。通古斯人对达斡

① 在兴安通古斯人中，我未见到这类专家，但有人告诉我库玛尔千人和墨尔根通古斯群体中有此类专家。

尔人的观察结果，得到满族人中阿哈玛发实践方法与通古斯人领地上偶尔见到的汉人专家方法的支持。在通古斯人看来，这些方法很重要。不过，这种实践使通古斯人生活中多出一个新的群体，他们可以享受特殊的社会地位，十分荣耀，与过去“智慧的老者”相同，类似达斡尔人、满族人和汉人中的专家。值得注意的是，尽管通古斯人中拥有特殊地位的专家没有酬劳，也不能在操持复杂的仪式后获利，但为了获得同村人的尊敬，以及额外的饮品和食物等，他们仍乐于为人们服务。不过，获得饮品和食物并不是最基本的动机。其他人群中专家的地位则不同，其简单的生活方式可以支持他们的职业，同时远离困扰和辛苦的工作，因持续的收入来源获得充分的保障。

80. 玛法信仰

在达斡尔人和满族人中，经常可以遇见玛发。达斡尔人用玛发表示这类专家，我认为这是借自满语的词语。在满族人中，这类专家称阿哈玛发，或简单的玛发→玛瓦，复数为玛发里。玛发的原初含义是“祖父”，阿哈的含义是“奴隶”“仆人”等。玛发—玛瓦也用来表示前文描述的特殊神灵，由玛发里负责沟通，因此称呼这类专家的术语很可能与神灵有关。这个术语被用来表示能够与神灵沟通者，他们拥有特殊的占卜技艺，可通过威胁、中立化甚至毁坏达到部分掌控神灵的目的。在影响神灵方面，他们可以使用献祭、祈祷和转移神灵等方法；而且，有时他们会让玛发神灵附体，这时人们用神灵名字称呼他们，从而与萨满形成区别。在完成工作的过程中，玛发不使用萨满器物和特殊的服饰。不过，在满族人中，玛发经常使用从标浑萨满或其他萨满处借来的鼓，此外，他们还会使用一些源自汉人（汉人医生、僧侣和杂技演员）的器具。

在满族人中，玛发应该与黄鼠狼（索龙高）有密切的关系，和野兔的关系很可能也很密切。这些动物活很长时间（“一千年”或“一万年”）后变得“像神灵一样”，可以帮助玛发。但是，神灵窝车库从不帮助玛发，玛发通常只能胜任他们精通的事务，向其他玛发学习知识。目前，满族人经常利用玛发的能力获得适当的收益。在公众的要求下，玛发可以利用超自然手段变化出酒、面包和水果，这些只是杂技演员的把戏；他们可以利用十分复杂的方法驱逐胡图；他们可以通过献祭让某些神灵满意，如满族中的伊勒哈妈妈；他们可以与普通人中各种未知的神灵沟通；在玛发神灵的帮助下，他们可以说出任何语言，从而对外来神灵施加影响；他们可以做一般人不了解的各种把戏，不过汉人中流动的杂技演员了解这些把戏。

从心理学的观点看，玛发和萨满之间有巨大的差别；无论玛发有何种类型的入迷，都不会把自身和观众带入与神灵接触的狂热状态。玛发并不相信自己的技艺——他们靠自身的技艺谋生，没有任何真诚的迹象。

在达斡尔人中，玛发应该与十分老的狐狸有关，即“一千年”或“一万年”的狐狸。这里应该记住，黄鼠狼、狐狸，很可能还有老鼠活得久之后会发生变化。某些玛发还领绵羊神，也是十分年老的绵羊，因此当玛发想预测未来时，会召唤神灵，并模仿绵羊的叫声。满族人和达斡尔人中的玛发使用相同的方法。

关于这一职业的历史，我们有一些线索。首先，应该指出的是，神灵玛发是新整合到满族文化丛的部分，并由此传入达斡尔人和某些通古斯人中。我们可以假设，前文讨论的18世纪编纂宫廷仪制时，这组神灵还未存在。富其黑神灵最初由佛教僧侣沟通，后来由玛发里负责管理富其吉。玛发文化丛中的某些因素即便不源自汉人，也受汉人的影响。但是，佛教和其他汉人僧侣（半巫师、半巫医）以及一般的职业群体最初在满族严格的氏族组织中是没有位置的。几乎毫无疑问的是，满族人晚近采借了玛发文化丛。这一文化丛逐渐变成满族人中必不可少的部分，但满族人在接受此文化丛后进行改动。与此同时，佛教的僧侣在满族人中出现得不再频繁——满族人自身学会了管理富其吉、玛发以及其他僧侣和外来者引入的神灵。我们可以假设，满族的专家最初学习与玛发神灵沟通的方法，接着掌握了与佛教神灵沟通的技艺。吸收了这一技艺后，满族人把它传播到相邻的族团中。因此我们可以说，这一文化丛的采借、接受和改变至多是过去两个世纪的事情，或者更安全地说，是两三代人的事情。分析玛发文化丛在通古斯人中的形成过程，可以帮助我们更清晰地理解这一文化丛在满族人和达斡尔人中的形成过程，关于这个问题，后文我将继续讨论。由于这一文化丛的自身特点，应该明确地把它与萨满教以及普通大众使用的文化丛相区分。其实，拥有这一技艺者可称为巫师，但玛发文化丛的某些要素是独特的，我们可以用一个特殊的词语 mafarism（玛法信仰）表示整个文化丛。其实，玛法信仰与萨满教是强烈对立的，甚至是对萨满教负面反应的产物，但与此同时，其基本原则是万物有灵论，甚至神灵（玛发）附体表演也是萨满教的典型特征。因此，在玛法信仰中，可以看到外来要素如杂技演员的方法和专家的职业特征；也有满族-达斡尔文化要素，如祈祷词、功能以及整体上的神灵附体方式（萨满教模式）。

出于阐述的目的，我将列举一些我观察到的玛法信仰案例。[①]

（1）在毕拉尔千人的村庄车鲁，有位达斡尔人是玛发，可以讲达斡尔语、蒙古语、满语、当地的通古斯语、汉语以及一点俄语，出现在玛法信仰的表演场合。这次降神会在晚间举行，地点在一个通古斯人家庭汉人类型房屋中。仪式的目的是查找一位家庭成员的病因。这位达斡尔人坐在完全漆黑的房屋中央，其身边是病人。三位男性成员用绳子拦住门。接着，狐狸玛发神灵突然附体于表演者，表演者摸着病人的脉搏，低声说话。这位神灵给了一些无关紧要的建议。表演结束后，这位玛发用不同的语言讲故事。

（2）同一地点发生的另一个案例。一位老年达斡尔盲人，其身份为玛发，甚至是神仙（汉语!），为了帮助几位病人而到来。人们聚在一个房子里。这位玛发让人们把门关上，并用绳子拦住。然后，他在桌子上放几瓶“红酒”（染色的汉人高粱酒）、一些坚果、枣，然后开始召唤玛发神灵。这位玛发制造出很大噪声，突然推开门，拿着绳子的拦门者跌倒在地，玛发开始咆哮呼喊。接着，这位神灵被邀请喝酒，附体的神灵制造噪声表示生气，拿起一瓶酒，以娴熟的动作用手掌拍着瓶底，拔掉瓶塞，可以听到酒倒入口中的声音。整个过程是在完全漆黑的环境下进行的。然后，这位盲

① 值得注意的是，玛发们不喜欢我出现在他们的表演现场。我观察到的所有案例，都是通古斯人和满族人想让我参加的情况。因此，在玛发反对的前提下，由于有满族人和通古斯人的坚持，我才有机会参与观察玛发的表演。

者达斡尔人开始与玛发神灵搏斗。另一位玛发以同样的方式附体了，他来自伦杜尔卡达尔地区（墨尔根镇附近的伦杜尔岩石）；这位玛发开始喝“红酒”，咆哮并呼喊，重复“洋泾浜俄语”：“vódka daǐ，vódka daǐ，vyp'ju xó ču!”（“给我酒，我想喝酒”）。他也重复一些蒙古语和通古斯语词语。之后，这位玛发——表演者用10厘米长的针扎病人的腹部，其中一根针是红热的。表演结束后，这位玛发用不同的语言讲故事。①

第二场表演进行得并不顺利。表演之前，一位名为达乌尔科的通古斯人想要确认玛发—神灵是否真的会出现，并承诺在表演的过程中会点根火柴。但是，当玛发—神灵附体后，玛发—表演者问道：

“谁想点燃火柴?”

无人回答，因此玛发继续说道：

“达乌尔科，过来!”

达乌尔科不得不服从；靠近之后，这位达斡尔人用棍子打了他三下；命令他下跪磕头。达乌尔科再次服从。第二天早上，达乌尔科头上有了标记，成为其前一晚不服从和好奇心的证据。不需要强调，在表演之前，达斡尔玛发知道了达乌尔科的意图。

值得注意的是，上述两个表演属同一类型：用绳子拦住关闭的门，要求黑暗环境，以及说不同的语言。同样需要注意的是，在设定的程序下，玛发与助手合作表演的把戏给通古斯人留下幼稚的印象。同时，一些通古斯人对表演的结果似乎持怀疑态度。从我访谈通古斯人获得的结果来看，玛法信仰的这一特征十分典型。

在满族人中，我观察过几次相同或相近类型的表演，其中祈祷和献祭的内容这里不必详述。不过，有些重要之处这里需要详细介绍。

花神伏德勒玛发里

即使用花树让神灵显现的专家。这是一种晚间的表演，目的是送走带

① 他讲述一则关于第一位萨满的有趣故事。应该指出的是，达斡尔人认为这个故事是真实的，而且非常丰富，因为达斡尔人都精通这些相关问题，而通古斯人则不然。我并未记录下这个故事，因此这里不能复述。

来困扰的神灵。表演包括几个部分，第一部分称：阿眼尼莫库多姆博（ajen n'imeku domb'e）——“疾病降临”或“寻找病因”。为了找到病因，如果同意表演，玛发里会准备三根香和一碗酒，玛发里手中拿着燃着的香，同时看碗中的酒，判断带来疾病的是胡图、玛发神灵还是恩都立。驱逐胡图的方法称花神伏德姆博（fudèmb'e）。花神是摘掉叶子的柳树枝。脱掉叶子的柳树枝上粘着由纸制作的纸花（白色、红色、黄色、黑色和蓝色），上面也有纸做的枝条和叶子。这类“漂亮的树”属于他（下）界，对胡图有吸引力。这棵“树”插在特殊的容器匣子（x'jaza）中，这是一种木制的，里面装有黑豆和红豆的大型①容器。“树”下面放着桦树皮制成的神龛模型，里面有一定数量的由草制成的人形神位（10 厘米至 13 厘米高）。神位的数量与玛发发现带来困扰的胡图数量一致。此外，“树”下还有草编织的马，供胡图离开时乘骑。除了“树”，地上还有一张摆放祭品的低桌。祭品包括煮熟的公鸡，“五种水果”（孙扎哈亲图毕合折尔给扎卡）（参见前文），其中有一种可以是汉人的糖果，15 个到 25 个汉人馒头，以及红色、白色和黑色的棉布片（约 25 厘米长）。玛发坐在摆有祭品供桌后面的座位上。如果能够在房屋或邻居家中找到鼓，玛发可能会拿一面鼓。他的目的是召唤胡图，强迫胡图接受祭品。当胡图降临时，会附在草制成的人形神位上。在送胡图的过程中，玛发及其跟随者千万不能回头看刚离开的房屋。胡图可能沿着这条路回到另一个世界。公鸡和棉布片是玛发工作的酬劳，表演之后，玛发带走这些物品。有时，玛发的表演会有一些自愿的助手协助，其作用和萨满的助手相同。

这与源自某位恩都立的困扰不同，恩都立是不能“驱逐”的。在这种情况下，恩都立必须接受白天献祭（表演转由玛发承担之后），恩都立被劝说离开受影响者。这里需要指出，唯一带来疾病的是阿普凯恩都立，这也是一位主要的神灵。祈祷词十分详尽，这也构成了玛发的特殊技艺和个人成就。但是，这些祈祷词的民族志内容并不十分丰富——它们只是利用传

① 根据 P. P. 施密特的观点，这个词语对应满语书面语匣色，借自汉语匣子。不过，如施密特所译，它不只是“箱子、盒子”的含义，而且也是测量谷物和豆类的单位，是满族文化丛中的重要因素。

统的、形式化的表达的创编。有经验的萨满助手也掌握阿哈玛发的一些方法。任何掌握仪式表演程序和祈祷词者都能完成这项任务。

除了与神灵沟通的方法，玛发也熟悉一些汉人的医疗技艺。其实，在这一广泛领域，玛发知识的掌握程度，我说不清楚，但我猜想他们的知识不会很深厚，因为玛发并非好学者，他们并未和汉人中好的医生有直接的接触。他们接受的主要是到瑷珲地区探险者带来的把戏、行为方式和知识碎片。同时，玛发也吸收了很多汉人杂技演员玩弄的把戏，后者经常会来到满族人的村庄，装作拥有与神灵沟通的技艺。佛教僧侣和道士会使用欺骗的方法，将其专业影响带给满洲地区的“野蛮人”，这比汉人哲学家给人形成的引经据典的印象更深刻。其中一些把戏被视为真正的本事和传统的表演，在这些情况下，它们被视为管理神灵的方法——这一观点不能完全被外来（汉人）影响破坏。满族玛发在使用明显采借的各种方法时，确实真诚地相信控制神灵活动的可能性。同样值得注意的是，在这一文化丛调整的过程中，满族人引入通过专家“掌控”玛发—神灵的特殊观念。因此，从满族人的观点来看，玛发—表演者和萨满之间的区别是掌控的神灵不同——玛发和窝车库。满族人可以理解两者之间的差异。我们发现，在达斡尔人中，用不同语言讲故事是玛发职业的典型特征。因此，供琐碎无聊者消遣成为玛发的另一职能。

由于玛发—表演者在与神灵沟通和处理特殊案例上十分成功，其潜在活动的领域大大扩展了，目前，当人们需要占卜、驱逐神灵、向管理儿童疾病的神灵祈祷以及在其他节日场合需要讲故事和歌唱消遣时，也会求助于玛发。有趣的是，在哪一历史时刻，满族人与外来群体（汉人群体）产生了广泛的接触？在什么样的社会环境和社会组织中，可能会出现玛发群体——在满族人怎样的氏族解体和人口分化的前提下，出现了玛发群体？同时，还有一点值得注意，即为玛发职业提供土壤的心理类型（包括形成心理类型的个人心智丛和民族志意义上的心智丛）。我在满族人中，以及在达斡尔人和通古斯人中的大量观察表明，玛发群体通常是十分正常的人，在常规和普通的工作中有些懒惰，可非常迅速地在新环境中自我定位，而且自信，在个人私利（利润）上贪婪，为达到目的不择手段。他们在有些场合十分粗鲁，在其他场合则是怯懦的——即城市中底层群体所称的“聪明”、“机敏” 和 “领导者”。其实，只有在满族人中发生族际间和族团内部不稳定时，才会出现新的社会群体。后文会指出，达斡尔人和通古斯人也是如此。从民族学的观点看，选择某人作为玛发，并承担不同的功能，这是十分有趣的现象。事实上，玛法信仰是十分短暂的现象。可以预测，如果同样的进程一直持续，玛法信仰会很快消失。①

81. 通古斯人中的玛法信仰

玛法信仰在北通古斯人中的发展十分有趣。它刚传入通古斯人中，就很快融入通古斯人的文化。与满族人相同，玛法信仰在通古斯人中主要源自外来影响，尤其是毕拉尔千人受达斡尔人的影响。在毕拉尔千人中，达斡尔人中的玛发名气很大，掌握独特的技艺，可以与萨满竞争。在通古斯人中，玛发经常会受邀处理和满族人中玛发所处理的相似的问题，不过，通古斯人和满族人的经济地位不同，不能像满族人一样经常求助玛发。与此同时，一些通古斯人也会模仿外来文化样式成为玛发，我见过有些毕拉尔千人已经掌握了部分技艺。所有的玛发都了解中立多那布日坎的大量祈祷词。他们也了解不同氏族的祈祷词，可以为自己的氏族和外氏族成员献祭。同时，有些玛发还知道献祭神灵的细节。玛发有时会被邀请去解决氏族外成员的疾病，不会因为这一工作获得报酬，却会有其他形式的奖赏——“因朋友之间的互助而受惠”，或者仅是承认玛发的才干——其影响力逐渐增加。某些通古斯玛发会通过不同来源（达斡尔人、汉人和俄国人）学习各种占卜方法，例如使用动物肩胛骨、步枪、燃着的线香、硬币、筷子和许多从其他地方能人中搜集的方法。其中一些玛发懂得大量召唤神灵到神位中然后驱逐的方法、操控巴米以及其他方法，这些方法由于不道德或者可能给人们带来伤害，经常遭到通古斯人的否定。不过，就我所知，有一点是例外的，没有哪位玛发单纯地使用欺骗和把戏。同时，他们熟悉

① 在所谓的文明人群体中，尤其是内部没有稳定性的群体中，这种临时拥有不同功能并且获得成功的事实，在底层人群中十分普遍。例如，我们可以发现通过垄断音乐厅、电影和有声电影等戏剧艺术和音乐领域进行大众治疗所获得的成功。

通古斯人的医疗技艺，没有人使用汉人的医药和“号脉”治疗。因此，在我调查期间，玛发专家群体并不稳定，未掌握所有的玛发技艺，还只是“业余者和初学者”。作为一种心理学现象，应该指出的是，玛发不相信萨满的能力，他们实际上批评萨满，视萨满为与玛法信仰中体现的“现代观念”相对的“落后者”。大多数玛发明显不愿意认真谈论萨满和萨满教，并且佯装在没有萨满的帮助下，不知道如何控制神灵。另一个有趣之处是，多数玛发对玛法信仰的有效性并不持完全肯定的态度，并且与职业化的玛发相比，他们赋予玛法信仰更多的潜在价值，也就是说，在这一信仰上，他们比真正的玛发更为真诚。通古斯人中的玛发经常问我玛法信仰的有效性以及满族人中玛发里的虔诚度；他们一方面经常向我倾诉玛发在所作所为中常有欺骗性，另一方面，他们也想相信玛法信仰，拒绝萨满教。

为了对玛发初学者形成清晰的认知，我将描述一位我比较熟悉，而且在不同场合见过的毕拉尔千人玛发。这位男性 40 多岁，身体强壮，已婚，是几个孩子的父亲。他一直在村庄（车鲁）里生活，拥有一块土地，雇佣汉人劳动力耕种，居住汉人形式的房屋，有几头牛、几匹马和几头猪，这些都是留作祭品而饲养的。他并不狩猎，以各种借口推迟到山中狩猎。但是，他十分喜欢偶然性的收入，例如偶尔运输货物、接回从丈夫[1]处逃跑的妇女等。从这位男性的习惯来看，他十分清醒，不沉迷饮酒、赌博和女性。在“共和体系”下，他并未失去地位（一份有薪水的职位）。[2] 他与当地的汉人商店店主关系友好，与来自达斡尔村庄的某些人有生意上的往来，但具体生意内容他闭口不谈。他说达斡尔语很流利，懂得汉语和一点俄语。从个性上看，他和其他通古斯人不同，甚至身体方面的行为举止也是如此。通古斯人觉得他让人琢磨不透，总是抱怨他的非通古斯人行为，例如，他寻找逃跑的汉人妇女的事情让所有通古斯人觉得非常糟糕。他似乎卷入到一场与他人钱财有关的恶劣案件中。关于智力，我不能说他与其他通古斯人有很大的差异，但是其观念偏好却是十分不同的。一般通古斯人喜欢讨

① 逃跑妇女的丈夫要求通古斯人寻找妻子，给其一定的报酬。根据通古斯人的道德准则，承担这一事宜是可耻的，但他却接受了这一事宜。

② 关于这一体系状况的描述，参见《北通古斯人的社会组织》，第 112~115 页。

论各种关于神灵、世界等“哲学问题”，但他的注意力则集中在提高个人财富，因此他对玛法信仰感兴趣，只要遇到恰当的场合，就会实践玛法信仰。他曾直接帮助一位利用玛发—神灵和各种把戏直接愚弄通古斯人的达斡尔玛发。他不相信萨满，但不敢和萨满发生冲突，因为害怕萨满利用有力的手段进行报复。

这位男性是玛法信仰新观念的推行者，在个人宣传上十分成功。[①] 由于缺少达斡尔玛发，他本人已经熟悉玛法信仰的方法，他经常受到其通古斯朋友邀请干预神灵活动。他并未因为这一身份获得直接的报酬。

从这位毕拉尔千男性的一般特征来看，他已经与通古斯人的文化发生冲突，因此不可避免地成为一名玛发；在通古斯人看来，他并非十分真诚，其生活的动力是取得个人成功，标志是个人财富和社会地位的增加；而且他不像共同体中其他成员那样勤劳。

毕拉尔千人中的其他玛法信仰候选人对通古斯文化没有明显的敌意，但所有人都与通古斯文化有一些冲突，尽管他们获得一定的尊重，但同村人也害怕他们。

在这些通古斯人以及库玛尔千人中，没有专门的词语表示这类专家群体。他们被描述为“懂得祈祷词”（布阿亲萨楞）者，因此这里强调的是这类专家掌握管理特定神灵的知识。

这些专家沟通的特定神灵是多那布日坎，即超越氏族范围、偶然被萨满掌控的神灵，包括生者（尤其是萨满）和死者（尤其是未葬者）的灵魂，各种其他重要程度不高的神灵。

在这些神灵中，最重要的是爱尼布日坎（参见前文），这一神灵与大量的疾病有关，这些疾病对于居住在村庄中的通古斯人而言是新现象。查明这一神灵带来困扰的表现之后，则需采取特殊的步骤中立神灵活动。第一个步骤总是一致的——制作三幅图（也可购置），对应三组表现形式和“路”，并在每幅图前点三炷汉人线香。三天以后，如果病人的情况没有好转，则按照复杂的仪式献祭一只公鸡。对于某些神灵，可以献祭一只煮熟的

① 玛法信仰受欢迎的原因之一是当时汉人新的共和政权压制萨满教，却不反对玛法信仰。

公鸡，以及收集的新鲜鸡血。放大量的线香在病人的东南方位。其他的神灵表现形式需要不同的祭品，这可通过下面的祈祷词体现。这一场合，会制作木制神位，根据路的不同，可能有三种组合方式，特殊表现形式的神灵有对应的特殊神位。表演者唱一段祈祷词，通常包括两个部分，即邀请神灵进入神位，邀请神灵接受祭品（伴随一个正式的仪式）。最后一个部分是邀请神灵离开受影响者，返回“好地方”。

（1）向神灵艾（AI）的祈祷词（布阿亲）；其表现形式奥勒巴里，包括九男和九女[①]。这些人形神位由木头制成。

A. 邀请

艾神灵，我向南方祈祷，我跪下并向您磕头。点燃洁净的香，我向下界（表现形式）[②]祈祷：请倾听。竖立神杆之后，我崇拜善良的神灵[③]与南方纯粹神灵的地点。请倾听：我，贫穷的人，我坚持祈祷，请您听我说，贫穷的人在说话。我坚持祈祷，不要不倾听我讲话；不要听闲言碎语[④]；我祈祷的时候请认真倾听。像爱孩子一样爱我们。孩子们没有钱[⑤]，没有运气：给我们增加钱和运气。听我歌唱，我，像木头一样愚蠢：从床上起来（有病的人），让病人从枕头上起来。带回蒸汽[⑥]；载在你的背上；像洗麻[⑦]一样洁净蒸汽；让你愚蠢的孩子变得更好。

B. 献上祭品

大家聚在一起举行献祭血的活动确定了。用血涂你自己；接受血肠；喝汤；尝一尝肺；尝一尝腰子；尝一尝肝脏。防御蒸汽[⑥]。长的献祭器皿（?）[⑧]，圆的献祭器皿排成排，我献上了包括内脏的祭品。我竖起了献祭的木杆，搭建了平台，我让献祭的血流出。请倾听：接受祭品吧。在高处[⑨]倾听。去往亚克索地方，去往毕尔格地方[⑩]。

（2）献给神灵艾的祈祷词，表现形式为图里郎伊（boŋi，torg'etan，tor'eltan）[⑪]。

我向神灵艾祈祷。我没有什么消息吸引关注；我胡说八道；我不因任何事情祈祷[12]。请您仍然倾听，神灵艾。为了胡说八道，我竖起一棵神杆。我正在祈求运气。神灵艾出现了。我准确地看到了您。献祭的集会已经确定。我已经请一名送信者送去信息，因此请听我说。赐予我要求的东西。请您洗耳恭听下跪者的话。请离开枕头，离开睡毯，离开床。请您听我说。一定要来接受献祭。活着的人能知道什么？自己引导自己，自己管理自己。来到毕尔格地方，飞到高处。

①关于这一复合性神灵的表现形式，参见前文。这里我使用 Ai，是因为文本如此。

②在这一文本中，省略了“表现形式”。“下界”可理解为“下界的表现形式”，也就是下界路的表现形式。

③“善良的神灵”是一种奉承。

④在通古斯人的文化中提闲言碎语相当不正常，参见前文第 16 节，第二段祈祷词，注释部分。

⑤其实，提及“钱”是一种创新。

⑥“蒸汽”是疾病的“非物质元素”。

⑦当然，“麻”的比喻是非通古斯来源。

⑧“器皿”后面有一词语无法理解。

⑨“高处”是神灵所处的地方。

⑩亚克索、毕尔格等是神灵居住的地方。

⑪这组神灵的细节请参见前文。

⑫这段内容是自我谦卑的表达。

这里，我描述一个萨满缺席情况下的专家干预案例。一位五六岁的小男孩生病了：其父亲犹豫，不能确定是否使用药。一位老年男性（这方面问题的专家，且为老年女性萨满的丈夫），提出寻找疾病的原因并治疗疾病。首先，他用步枪占卜；接着，他宣称困扰是由色翁带来的（参见前文），这些神灵没有主人（当时杜南坎氏族没有萨满！），氏族中的儿童经常生病。因此，神灵必须得到包括一头猪和一只鹅的祭品，分别献给夜路神灵和中午路的神灵。在献祭前三天，家人必须向神灵献祭。接着，这家人要为夜路神灵准备两个木制的龙、两个草制的巴米神位，为中午路的神灵准备九个阿纳坎和九个木制鸟神位。把所有神位放在西南方向 100 米处，念诵祈祷词之后，献上祭品。生病的男孩后来康复了，每个人都相信这位老年男性诊断正确。

这个案例十分有趣，因为它表明专家在萨满缺席的情况该如何发挥作用，以及萨满教的方法是如何成为竞争性文化丛的。

这些专家最为普遍和重要的实践之一是巴米。巴米是由草或桦树皮制成，可用作不同神灵或灵魂的神位。下面描述的过程可由任何相信这一过程的有效性和了解仪式者操作。这一操作过程本质上包括：准备一个巴米，将神灵或灵魂召唤到巴米神位之内，用步枪射击神位。例如（果尔德人的案例），将巴米神位放到灯笼之中后，如果神位透出的影子移动，则可确认神灵进入神位之中。[①] 当巴米开始移动，就可用步枪射向神位。还可以通过观察事实确认神灵是否进入巴米神位，即射杀巴米之后，受困扰影响者是否有所缓解，如果进入巴米的是生者的灵魂，后者可能会受伤，其伤口的部位完全对应巴米被射中的位置（相关细节参见前文）。有一种情况如下，猎人的步枪射击不到动物——枪变得太重。这种情况下，专家会安排如下操作：受影响的猎人把步枪拿在手中，必须用一只手拿起枪，与此同时，专家一个接着一个唱诵所有神灵的名字——所有的希尔库勒、所有的布日坎、所有的色翁。当唱诵到某一神灵名字后，猎人感到枪变重，而唱诵另一个神灵名字枪突然变轻的话，则会确定带来困扰的神灵。其实，这一操作过程的心理学机制是明显的。接着，专家会使用干草制作一个巴米和一条狗。猎人承诺向进入神位的神灵做一次丰富的献祭。与此同时，一些射击的火药粉末被放到巴米下面，判断神灵进入巴米之后，神位被引爆。如果困扰的制造者是萨满，他们用一块重石头压着巴米，巴米腐烂后，萨满会生病。但是，如果专家在表演这一操作的过程中向萨满的色翁献祭，萨满则不会生病。其实，操纵巴米的方法有很多——在创造新形式的过程中个人的想象和发

① 汉人“移动的影子”原则。

明十分重要。[①] 图画和照片也可用来代替巴米，这样灵魂可以更容易辨认出其神位。

不过，在某些情况下，通古斯人认识到上述所有方法都无效，因此他们不会祈求布阿亲萨楞，并且也不制作巴米。这些主要是毫无希望的疾病，在这一情况下，神灵假设是不需要的。例如，如果一名男性砍断其手筋，他知道无人能够帮助他；如果步枪坏了，猎人不会使用任何“巫术”，因为很清楚——步枪太旧了；如果某种疾病发展得太严重，专家会拒绝帮助，即便认为疾病是某种神灵导致的。[②]

现在我不再探讨管理、中立和与神灵斗争的事实，这些事实已经足够表明玛法信仰产生的普遍因素，以及在新方法传播背景下，通古斯人结合自身的传统，进行文化适应的结果。过分呈现事实是无价值的，因为这只是对前面事实的简单重复。

① 我曾向通古斯人建议处理巴米的新方法，例如使用强烈的化学物质如硫酸影响巴米，使用图画和相片的合成品，留声记录或者朗读书写记录召唤灵魂。毕拉尔千人认为这些方法很可能十分有效，值得实验。可以指出的是，我在涅尔琴斯克通古斯人中调查时，第二个建议遭到一个人的反对。在克服障碍的过程中，我不得不澄清我的目的并不是利用“声音”“肖像”和其他记录伤害他们。后来，涅尔琴斯克通古斯人和我熟悉之后，发现我并非“坏人”，才不害怕和我坦诚相见。

② 一个9岁的男孩因爱尼布日坎生病，接受正常治疗。当男孩十分衰弱时，父母就找来一位萨满，这位萨满尽管做了工作，但未成功。然后，他们又求助于一位专家，这位专家拒绝提供帮助，并向我解释说为时已晚——“现在甚至萨满也不能帮忙了”。我将上述案例归类为拒绝帮助的情况。

第四部分

萨满教

导　言

当我计划对心智丛展开研究时，原打算将这部分内容放到第三部分，其主要内容源于第二部分假设知识的各种实践方法。其实，将萨满教置于通古斯人和满族人的文化丛中是更合适的。但是，由于萨满教文化丛涉及的现象和事实领域如此广泛，相较于其他“实践方式”，我们需用更多的篇幅予以描述。而且，萨满教本身就是一个独立的体系，我们可以单独论述。对萨满教文化丛进行抽象归纳是不可能的，也是不可取的，因为萨满教只是更大的文化丛的一部分，萨满教的主要理论基础不只适用于萨满教，我们不能人为地将萨满教从更大的文化体系中剥离出来做归纳。其实，此前发表的作品中，我阐述了萨满教背后的一些基本原理。为了理解萨满教的功能，我们必须从通古斯人的一般理论和现实处境出发。我很反对将“萨满教”进行单独命名；这一标题会让人们产生错误印象，认为萨满教是与佛教、道教、伊斯兰教、喇嘛教相对应的概念，因此也常常将萨满教抽象为一组与萨满教无任何关系的现象。澄清萨满教的内容和性质后，这一观点会更加明晰。这里我只想强调，我单独列出这一标题，只是考虑到方便萨满教文化丛的呈现和讨论。

第20节　被调查群体的心理状况

82. 基本评价

每位来自异文化族团的优秀观察者，都会对所观察族团和所属族团间的行为差异印象深刻。分析异文化的行为，以及与其他人群的比较，使调查者很快得出截然相反的结论，即所有人群的行为似乎很相似。对族团特殊性细节方面的深入调查需要专门的调查技术。这些技术可叫作实验的或临床的方法，即在特定的或相当长的时间内对特定个体或群体做持续观察。实际上，这些要求对于田野调查者来说是不能达到的。许多研究者利用大量流于表面的观察来验证其假设。但遗憾的是，在田野工作中，调查者观察到的个案很难再次遇到，其猜想仅停留在不确定性状态。[①] 这是田野观察者的研究条件，也是其结论建立的基础。不过，大量观察的正确性取决于观察者自身。可以发现，一些观察者会将未知文化丛与熟悉文化丛相比较，其判断来自第一印象，然后停滞不前，而在另一些观察者中，既有的理论可能会扮演过滤器的作用，只呈现部分事实。

然而，在田野调查中，观察的范围一直处于变动的状态。其实，在调查之初，调查者主要记录印象深刻的事实，在熟悉调查群体的过程中，会逐渐发现其他值得记录的事实——主要由于这些事实在族团平衡系统中的特殊重要性，而非印象深刻。例如，在一些通古斯人中，一名男性戒酒会被立即记录下来，因为它指向了这一主题的其他特殊心理状况，而在另一些通古斯人中这一现象几乎不能引起任何关注。另一个例子，作为普遍现

① 目前，由于特殊观察方法的发展，田野观察的范围比过去更广泛。例如范洛恩与图恩瓦尔德设计的《研究不同种族心理的“心理—生理—形态学”问卷》（1930，第262~277页）对于观察者非常有用。但是，这个问卷需要扩大测量的范围，细化问题，同时需要适应田野观察的具体实际。应该指出的是，对于田野观察者而言，这一问卷只适合特殊的个案。

象，妇女对儿童的温柔不会引起任何特殊关注，但在某些群体中，这种现象可能导致发现某一特殊文化丛。如果我们不理解社会心理基本“机制”及其发挥“正常”功能的大量细节，仅通过人们的一般态度来判断个人的心理是否正常是无效的。这是我在观察中遗漏某些信息的原因，因为在不同阶段，对不同人群文化丛的熟悉程度不一样。

在观察和讨论不同族团中的精神病理学现象时，我们要注意其相对性。“反常情况”应被置于被观察族团的整体心智丛中加以理解。我们可以用一个例子进行大致说明。在芬兰人的文化环境中，意大利人的行为特征会被认为有一定的反常性，而当一名芬兰人移民到意大利时，由于缺乏相应的心理回应能力，也会被意大利人视为不正常。还有一个例子：在穿着文化不具重要性，且已传统化和固定化的族团中，男性的穿着打扮“夸张”足以引起精神病医生对其性情结的关注，但相同行为如果发生在穿着文化丛不受压制的族团中，就不会引起观察者的注意。

事实上，我们这里所关注的案例并非病理学和病原学情况，后者涉及的是精神病理学的典型情况，由精神病学专家解决，而非民族志研究者。在特定的族团内，懂得正规医疗知识的精神病学专家能区分其文化中的“正常”和“反常”现象。

比较不同文化和心智丛的族团，“正常”和“反常”的界限会因不同的生理—心理状况与心智文化状况而发生变化。因此，通过增加族团数量或对某一族团的细节深入调查来扩展调查范围时，在调查完成前要悬置先验的标准，拒绝简单的判断。如果观察者以自身文化中“正常”和“反常”的标准来观察异文化族团，会发现比自身族团更多的反常现象。事实上，观察者对其他族团的印象（假设不熟悉相关文化丛）经常是心智反常，包括心理不稳定、回应能力差以及智力缺陷。对于分析族团间的关系、相互态度以及观察者自身的心智丛特点，这些事实十分有价值。我提出这些观点，是为了表明对族团心智状况进行成功的、可靠的调查是十分困难的。观察者要记录下所有的事实，甚至在违背观察者意志的情况下（有时是无意识的），他们也要适应所调查的族团，尤其是涉及“宗教和信仰”时。[①] 如果调查者对观察过程有清晰的认知，调查的最终结果会更好。通过指出观察的特点，我想解释自己的观察在某些方面的不足，而另一些方面则资料过多，甚至没有用处。其实，我们只有分析全部资料后，才可以认识到所观察事实的相对有效性，但按照常规我们也要将所有的事实记录下来。如果调查者不具备抽象归纳能力，非常主观地且在方法论不具合理性的前提下理解某一组特定的现象，那么就会出现某种程度上的事实冗余现象。

当然，在这部作品中，我不会呈现所有记录下来的事实，但我会尽可能地对萨满教主题的讨论提供资料基础（萨满教是心智丛的自我管理机制），我将很多与精神病理学相关的事实悬置，因为这些材料与萨满教主题没有直接关联。而且，我还会呈现一些在欧洲文化丛中看来不重要，但对于通古斯文化丛却十分重要的事实。

83. 心灵和精神的困扰

我们不能准确判断通古斯人精神错乱的发生频率。这不仅源于未对通古斯人做数据考察，同时也因为通古斯人的数量较少。事实上，如在《北通古斯人的社会组织》中表明的，这里讨论的通古斯群体，很少超过 2000 人。确实，瑷珲地区的满族人数量更多，但仍未超过 2 万人。在如此有限的人口中做数据考察是不可靠的。还有一个事实需要强调，在通古斯人生活中，精神错乱者得不到特别的照顾，在失去自我照顾能力后，会迅速死去。他们的去世很可能发生得更早，在明显的精神错乱出现之前，相应的个体

① 某些民族志研究者怀疑自身完成此类工作的观察能力和准备能力，因此会避免相关调查，尽管他们了解这些事实，例如在调查过程中以特定的反应态度和适应形式对待调查对象，但仍会选择视而不见。其实，完全缺乏应变能力的调查者，就算与调查对象短暂接触也是不可能的。在具体调查中，即便调查者记录更喜欢的“物质文化和社会组织”主题，但由于仕得不舒适，也不得不离开调查对象。在民族志研究的学术史上，某些调查者因缺乏应变能力而被拒绝待在调查者中；完全缺乏应变能力的“探险者”在野蛮人中失去生命。对于“文明”民族中的调查者而言，“应变的方法”有时被证明是无用的。对于这个问题，我将在其他作品中探讨，我想总结的是，记录所有的事实不仅是可能的，而且是可取的。

就会被孤立。通古斯人的生活，时刻受到自然环境和野生动物的威胁，需要保持特别的警惕，这是每位正常通古斯人的能力。通古斯人中清除精神错乱个体的事件经常发生，但如果凭借通古斯人的阐述判断事件的原因，则是有危险的。其实，同样的事件也可能由以下不同的原因导致：（1）独立于个人的环境变化；（2）自我暗示，在通古斯人中十分普遍，不能被视为真正的精神错乱；（3）真正的精神错乱。通古斯人很可能将这三种情况都解释为神灵侵扰。不过，在一些案例中，他们会对上述情况进行分类。将第一种事件解释为人们的疏忽，未预见到可能发生的事件；将第二种事件解释为神灵的影响；将第三种事件解释为人的反常情况。接下来我们考察通古斯人和满族人关于精神错乱的观念。

我们发现不同的血液循环理论。例如，满族人将某些形式的精神错乱看成水进入肝脏（喝水后），因此受影响者表现出极度的兴奋，“遮蔽”了心脏。

精神错乱概念也可通过满族人的“知识论”理解。如前文所述，根据满族人的一般观点，满族人用心脏思考（gun'imb'i）（gun'in，用心），这是一个身体器官，同时它在功能上是情感意义的“思考”“观念”和“情感”。头部与“思维”无关。在满族人看来，精神错乱情况在聪明的人中频繁发生，而不是在脾气火暴的人中。人们将这种现象解释为心被“遮蔽”了（gun'in bur'imbi），而正常人则有一个“清晰的心”。精神错乱的突然发生往往在兴奋之前，“心智失衡”被解释为某物“遮蔽心脏”（这是十分现实的，即是物质的遮蔽），“遮蔽物”的具体性质不能确定。通过这一观念，我们可以明显发现，至少一些满族人对精神错乱持十分现实的理论解释，尽管对心脏被遮蔽的部分及其“遮蔽物”不能找出对应明确的实物。值得注意的是，人们接受对“遮蔽物”的情感认知，将心脏视为进行思考的器官是实证性的，因为思想被视为心脏的情感表现。① 在某些情况下，这种功能上的遮蔽与肝脏有关，但也可能缘于其他原因。满族人承认，这些情况

① 欧洲人从实证的角度将“思想”归因于大脑的某个特殊部分，这是由以大脑抽象化为基础的各种假设所产生的天真实证主义观念。就此而言，“实证主义”观点与满族人观念差不多，满族人完全有资格认为思维过程发生在心脏中，因为他们感觉到了。

有治疗的可能性。这一理论不包括精神错乱的全部情况。有一类精神错乱可以用三个要素构成灵魂的假设加以解释。

某一灵魂要素缺席，神灵附体后（胡图，参见前文第 282 页）可发生精神错乱。这种治疗十分困难，因为萨满要唤出神灵并驱逐，然后召回灵魂。

不过，就算灵魂（佛扬古）的所有要素都在体内，神灵也可用人的身体做“神位”，附在其中。因此个人可能被神灵“占有”。一种十分普遍的情况如下：当某人生病了，人们允诺给神灵提供特殊的神龛（庙），但一般不会履行。就像神灵经常欺骗满族人，满族人也普遍欺骗神灵，这些情况十分普遍。神灵（通常是富其吉或玛发）附体后，被附体者会发抖并喊叫，神灵借附体者之口表达特殊的愿望，人们通常会承诺为其立神龛。这种治疗并不困难，仅是立神龛。①

在通古斯人中调查的过程中，除了神灵能产生困扰的观点，我没有记录其他精神错乱理论。同样，这一理论的观念基础是灵魂的三元结构，以及用人的身体作为“神位”。

暴力性精神错乱者在毕拉尔千和库玛尔千语中称“xōdu-kōdu”（参见达斡尔语 xōdōl，愚蠢的人）或 gèrèn［与 gara（涅吉）对应，后者与 xōdu-kōdu 意思相同］；还有 gani（涅吉、巴）（参见布里亚特语 gani；达斡尔语 gān，意思为“疯子”）。但是，在毕拉尔千语中，gèrèn 用作动词时，表示“将要变疯”，尽管与上文的 gèrèn 相似，但似乎是蒙古语 ganirana 的转化形式；在曼科瓦通古斯人中，人们用 koira 表示暴力性精神错乱者，借自布里亚特语 k'eirā。这些词语用来指暴力性质的精神错乱。人们可能对这些精神错乱做解释，也可能不解释。如果不解释成神灵原因，人们会视为既定事

① 满族人曾向我讲述一个棘手的案例：山东地区有一汉人女孩到菜园（满语称 n'oŋg'in sog'i）里摘菜，突然失去意识倒地。恢复清醒后，她回到家中，表现得不像正常人，像佛一样坐着，拒绝食物。母亲让她吃饭，她说：“我是恩都立。”这个女孩的状态一直持续 6 年之久。人们在她面前摆上供品：馒头与香。她一动不动，尽管没梳洗，却干净整洁。由于长期坐着，其身体上蒙了灰尘，12 个萨满做了仪式，却改变不了什么。这些萨满感到害怕。这个女孩只有每年正月初一说一次话。萨满们想把这个女孩埋葬，但地方权威不允许。造成这种情况的是恩都立、胡图还是窝车库，无法说清。因此这个女孩并未被视为精神错乱者。

实而接受。

通古斯也将精神错乱分成白痴、没有害处的精神错乱以及暴力性精神错乱。受精神错乱影响者被称作 bälin、bèlči，借自满语 beli、belen，[①] 这个词与奥伦［oloŋ（毕）］意思相同。[②]

为了完善智力状况等级的图景，我想指出通古斯人表示智力上劣势者的词语，这些人是不正常的。一般用来表示思维能力差的词语是：tänä（毕）、tänäγ（曼）、tänäk（乌鲁尔加通古斯人方言）［参见 tenek（布）；tènèg（达）］，与诸如"神灵的智慧"意思相反；nantkun（毕）［参见 mentuxun（满语书面语）］、xulg'in［参见 xulx'i（满语书面语）］，这两个词语很少被用到；modumočo（毕），"像木头一样愚蠢"［参见 močo（满语）——智力上迟钝（天生的）］。这里我遗漏掉一些其他词语，因为我不清楚这些词语是否为"愚蠢"或"反常"之意。[③]

上面所列举的术语表示了通古斯人用不同词语分别表示"暴力性精神错乱"、"白痴和无害的精神错乱"、"特殊的奥伦"（参见第 507 页）与"智力低下"。必须指出的是，通古斯人可能将不同词语结合起来，例如 bèlči kōdu（毕、库），用来表示具有暴力性的奥伦。有趣的是，北通古斯人中使用的大量此类词语是最近才借自有影响力的相邻族团如说蒙古语和满语的族团的。这种现象与欧洲各族团中出现的大量希腊-拉丁词语相似。

根据通古斯人的分类，我将对这些状况进行分类。在通古斯人看来，暴力性精神错乱产生的原因各异。这些原因借助不同的神灵象征，表示不同形式的神灵活动。这些原因由萨满发现，萨满能够判断这种情况是否有希望治愈。事实上，萨满的诊断可能是错误的，经几次尝试性治疗可能没有实质效果。可以推断，萨满最后未能发现真正原因，或者没有治疗能力，最后，或许它们超出了萨满的能力范围。例如，由希尔库勒、本地神灵阿杰勒嘎以及其他神灵造成的暴力性精神错乱能够治疗，而由雷击、旋风（这些都是神灵）伤害的病人通常不能治疗。在旅行以及在通古斯人中居住

① 这个词的词源很有趣，因为它同时表示了这种状况的特征。

② 扎哈罗夫翻译成"愚笨、愚蠢等"，不是十分确切，因为这个词表示一种特殊状况。

③ 在大多数搜集到的术语中，作者没有注意到不同术语在心智丛方面的特殊性。

期间，我从未观察过暴力性精神错乱的现象。

bälin 和 bèlči 与 kōdu 没有关系，后者是有害的精神错乱、痴呆等。在毕拉尔千人看来，这些情况可能由神灵造成，但无法治疗。kōdu 的一些形式（暴力性精神错乱）可能会逐渐转变成 bälin。不过，相当一部分此类情形被认为是天生的。在这种情况下，通古斯人会说：此人天生就是这种状态。天生的和后天形成的不能说话情形被称为 jaba（库、毕）（参见满语口语 jaba；[①] 蒙古语的 jawǔ；汉语哑巴）、imtoǐ（涅吉）。但是，通古斯人也会使用一个普遍的词语表示天生“白痴”。如果是后天状况，人们会说：“此人是生病的人。”不能说话可能被归因为神灵活动或身体缺陷（如撞伤）。通古斯人不会把哑巴与白痴相联系。

tänä、nantkun 与 modumočo 等不表示身体有缺陷者，而是天生智力差的人。同时，正如前文表明的，这些词语也出现在神灵祈祷词中，用来表达自谦态度。

我单独分离出通古斯人称为奥伦的现象进行论述。这种情况经常发生，通古斯人非常清楚，我将其置于“奥伦现象”下描述。不过，通古斯人用这个术语仅指他们所见的“不能控制的模仿”，而其他的“歇斯底里”情况被解释为由神灵活动造成。当一个人的奥伦变得暴力化，通古斯人称受影响的人为科杜奥伦（kōdu oloŋ）。如前文所述，毕拉尔千人有时会使用 bälin-bèlči，这个词借自满语，而不是使用 oloŋ。oloŋ 的词根是确定的：参见动词 olo（毕拉尔千方言），“突然被吓到”之意；olomb'i（满语书面语），表示“由于害怕而颤抖”；[②] olo（1）（满洲驯鹿通古斯人方言），“跳到一边”，用来指受惊的马；olo（涅吉达尔方言），“陷入不幸”[③] 等。在所有这些词语的翻译中，我们可看到一个普遍的因素，即“由于突然惊吓而产生的无用行动或影响”。因此，还有基于这个词语变异而形成的动词，例如 olondokon，“将

① 在满语书面语中，还使用另一个词语，即 xelen aku（何楞阿库），与蒙古人和布里亚特人中的 xeleı、kelekeı［xele+ugeı］相似。这个词语仅指说话能力缺陷，甚至是小的缺陷。不过，在满语口语中，这个词语被亚巴替代了。

② 扎哈罗夫似乎未将 olomb'i 翻译完整，因为颤抖仅是一种外在表现。

③ 该词的词源，不清楚。事实上，这是 olo 的特殊含义，它在方言中的含义更为广泛。

要被奥伦状况影响”。通古斯人有关这种情况的观念十分清晰，其原因并非神灵。通古斯人经常告诉我人在没有神灵干预下是如何进入奥伦状态的。但如果奥伦变成暴力性质的，情况则不同了，例如受昂格纳（aŋgna）色翁的影响。

我将举两个通古斯人不会视为“不正常”的例子，但在欧洲文化环境中，情况则不然。其他例子，后文描述萨满的内容中会呈现。

（1）一位约 40 岁的男人酒醉后坐在树下被雷击了。接下来的一段时间里他生病了。从那以后，他戒酒了。在他看来，其醉酒和雷击之间有一定的关系。他再也不能打猎，靠临时性的工作谋生，例如给俄国人做向导，做小型运输生意等。他常常沉默不语，避免看说话者的眼睛，声音也异乎寻常的微弱，却非常喜欢讲故事，对萨满教感兴趣。我每天用四五个小时的时间观察他。有时，他的语言是不连贯的，故事也是如此。他是通古斯人生活中的残疾者，通古斯人会刺激他，受刺激后他会进入“奥伦现象”状态，但他并非一直处在奥伦状态。有时，他的言语和故事不连贯。在四五周内，我每天都观察他。通古斯人避免将其贴上奥伦的标签，当然也不会认为他是不清醒的，他只是“酒后被雷击的人”，有一定的特殊性。在欧洲的文化中，他是“不正常的”，很可能被送到收容所。

（2）在涅尔琴斯克林区，有一名 40 多岁的男性，大约因酒后控制不住兴奋杀了一位俄国人，被判入狱十八个月。此后，他开始害怕喝酒。他看起来是正常的，却不再狩猎。他靠饲养牛马为生。有时，他表现出沉默和心不在焉的样子，因为他对于一些外部刺激根本没有反应。他避免与俄国人和布里亚特人接触，倾向信仰佛教。

上述关于通古斯人心智反常观念的事实可总结如下。通古斯人和满族人将特定的心智失衡视为天生的，与神灵无关；这些情况是白痴、哑巴以及低能情况等。还有一些情况与“北极歇斯底里”有关，通古斯人通常解释为“坏习惯”，人甚至动物（马）都可能受“北极歇斯底里”的影响。满族人将一些精神错乱现象解释为心肝的心理困扰。满族人和通古斯人将大量的心智困扰解释为神灵活动。人们根据诊断和神灵特征对这些困扰进行治疗。最后一种情况可分为两类：其一是神灵对人施加外部影响，可能会采取暴力的或无害的形式；其二是神灵将人体作为“神位”，同样也会采取暴力的或无害的形式。

我们必须记住：当精神错乱被解释成神灵原因时，我们千万不能过于简单理解，神灵常常是某种病理状况的特殊表现，除了可被观察的病理表现，某些神灵没有确切的表现方式。人们可能一直不理解这些神灵，却可通过其他神灵对其施加影响。

84. “奥伦现象”：所谓的模仿性狂躁症

关于歇斯底里，查普利卡提出一个十分理性的假设，她认为，除了模仿性狂躁症，北极歇斯底里的其他表现在欧洲社会也很普遍。这使我们将“北极歇斯底里”与其他形式的歇斯底里相区别。[①] 但首先我不主张在普遍意义上使用歇斯底里一词，因为它涵括不止一种症状。因此，我不愿意使用这一十分宽泛的概念，在下一节中，我使用这个标题来表示不同类型不同程度的心智困扰，这些困扰影响了个体的社会行为，并且不能归类为“精神错乱”“白痴”等。不过，模仿性狂躁症应该被理解为歇斯底里“症状”的一种特殊的状况。

许多学者曾描述了西伯利亚甚至马来西亚人群中的“模仿性狂躁症”（《模仿性舞蹈病》）。[②] 通过这一现象的地理分布，我们发现满洲地区也在其中，满族人和通古斯人中的模仿性狂躁症十分普遍，达斡尔人中也是如此。

关于“模仿性狂躁症”，有两种假设解释：（1）这种现象被归因于北极环境，新的到来者自身不能适应环境，陷入心智不稳定状态；（2）这种现象与蒙古人种的“生理—心理特征”有关。第一个假设由西伯利亚地区的大量调查者提出，对于这些调查者而言，西伯利亚的北极环境是“不正常的”。这些调查者出生在不同的气候环境中，北极环境对这些人而言是“不正常的”，

---

① 卡申博士、查普利卡：《模仿性舞蹈病》，转引自《西伯利亚的土著——一项社会人类学研究》第342页。

② 18世纪至今，旅行者以及医生报道了不同的案例。为避免重复，我只参考了查普利卡的作品（参考《西伯利亚的土著——一项社会人类学研究》，第309页）。

尤其在黑暗的或换季季节。[①] 关于这一因素，我对观察者的数据持怀疑态度，尤其是考虑到任何季节都可能发生“模仿性狂躁症”。我将暂时悬置第二个假设，进一步的描述会体现出其重要意义。查普利卡指出马来群岛的模仿性狂躁症，认为将“模仿性狂躁症”归因于极端气候条件更为安全：“极端气候带来的歇斯底里”。不过，很明显的是，“蒙古人种”假设从未被证明是事实。我认为，这两个假设中都包含一些正确要素，即不正常环境与遗传性生理—心理条件造成的心智不稳定。但实际上这是同一现象的不同方面，并且我们现在不能简单地在这两个假设间取舍。我们甚至不能肯定，我们是否需要上述假设来理解心智丛的实际功能。

在这里，我不能描述观察到的所有情况，因为大多数情况仅是对已知模式的重复，还有大量的情况是已知模式的变体，这些形式的确令人好奇，但从分析的角度而言，十分无趣。

我从最普遍的现象开始描述，即对最后一个词语的重复，所谓的“模仿言语”。这在满族人和通古斯人中很普遍，包括模仿说话者的最后一个词语、短语或句子。很明显，受影响者不能领会“语义丛”的启动系统，即人们不能正确回应语义启动系统，或者其功能受到抑制。[②] 这种现象产生的原因是不同的：（1）老师或家长的权威式要求，在做答案前重复问题，可能会成为习惯；[③]（2）在“宗教”（如萨满教）表演中对重复最后一个词的要求，全部观众通过重复萨满的最后一个词将萨满带入入迷状态，这也可变成习惯；（3）对社会习俗禁止的一些“词语”的重复，这些词语一旦被说出来后（例如表示生殖器和心性行为的启动词），就成为心智丛的重要因素；（4）条件反射系统的功能失调。

我现在想区分出两种不同的状况，其一是无意识的重复（真正的“模仿

① 对不同环境的反应态度可归纳如下：黑暗的冬季、白昼的夏日、严酷的寒冷、寂静、单调的风景以及食物匮乏（查普利卡）。这些观察者习惯于阳光、黑暗的夜晚、适宜的温度（尤其在精致的建筑房屋内）、城市的喧嚣、各种街道和剧院的风景、餐馆里丰盛的食物以及富裕阶级的家庭生活（旧式俄国）。

② 为了理解“模仿语言”以及下文的“秽语症”，我将语言视为一种特殊的条件反射系统。参见我的著作《民族学与语言学诸方面》，第二章。

③ 我在向糟糕老师学习外语的学生中观察到这种情况。

语言”），其二是违反特定习俗，前提是已有他人做过此类行为，允许禁忌文化丛的表达。这使我们可以进一步考察“脏话”的发生（威廉·姆奥斯勒先生说的“秽语症”），这种反应可长可短，可以重复一个词语，也可以重复一组词语。在这种情况下，大量基于个人想象和“禁忌”的词语文化丛得以产生。由于大量禁忌词语是性方面的，秽语症可能体现性方面内容，但实际上它不局限于性的范围。其实，在复杂的情况下，我们可观察到被禁止的性要素和“宗教”要素的结合。更为复杂的情况是美学术语中混合“粗俗”语言，性和宗教的禁忌通过与美学甚至是“科学的”文化丛联系在一起表达违反禁忌。其实，这些秽语症十分复杂，其主题在语言和观念层面同时起作用，但性质和功能却不同。“秽语症”随着文化丛、禁忌语言的数量以及禁忌的心理联想的变化而改变。人们根本不能理解这些禁忌。由于这些原因，我更倾向避开“秽语症”这个术语，它仅是一种反应态度。①

通过前文对“秽语症”的分析，我们可以发现其本质要素并非性，而是通过语言、概念联想或语义系统违反社会禁忌。它可被视为一种社会性违规，对于这一现象，一些社会将其视为“秽语症”，而另一些社会则因其与众不同的反应态度，视之为“明智的观念”，两种态度截然不同。当反应态度变得平常时，新的联想就会失去其启动反常态度的效果，进而不再发挥“秽语症”的功能。一些例子可以帮助我们理解这一现象。在一些职业群体如水手中，有大量禁忌词语及相关联想。在水手中，这些表达是他们语言的“佐料”，如果没有“佐料”，相关语言将不再是水手的语言，而是其他职业普通人的语言了。这些语言的污秽特征及其关联的含义逐渐失去其敏锐性。拉德洛夫曾告诉我，当柯尔克孜族的儿童摸母亲的乳房时，会重复表达，水手听了会害羞，柯尔克孜族的母亲只是微笑以示赞同，因为她不被允许说同样的话，而处于同样年龄段的柯尔克孜族男性则不受限制。俄国人中的一些职业群体（第一次世界大战前）拥有十分详尽的表达系统，会提及或使人联想到诸如生殖器、面包或上帝等。在这些群体中，“秽语症”

① 通过这个评论我不打算怀疑这一症状对精神病理学家的应用价值，精神病理学家应该熟悉自身族团的文化丛，几乎没有例外。不过，出于民族志研究的需要，我对这个词语应持保留态度。

已完全失去“意义”，一些表达变成了简单的“佐料”，没有它们言语可能会失去功能，[①] 人们甚至用这些表达来弥补节奏感的缺乏，而在其他社会群体中，这些表达仍保持着“污秽”特征。“秽语症”经常出现在对现有文化不满作家的写作中，借助这些作品他们想摒弃“迷信”，通过表达禁忌文化丛，吸引他人的注意力。应该指出，在社会或族团失衡阶段，这种现象尤为普遍。[②] 我的观点是，“秽语症”是一种十分普遍的现象，主要缘于现存社会体系的影响，其功能是社会层面的抗议，这种抗议会影响到社会群体、性别群体甚至是同龄群体。这一现象群（语言、概念、观念、感觉等）表现各异。“秽语症”能够被理解、认知，也可被视为其他事物如创造力、光明的心灵、权力意志、强烈的个性、性欲等的标识。[③]

在分析通古斯人文化丛之前，我认为这些评论是必要的，因为通古斯人和满族人中的“秽语症”比它给我呈现的第一印象更复杂。妇女中的禁忌“语言”在男性中则可使用，没有任何“不好的”含义，这些词语就像欧洲医院中使用的拉丁词语。[④] 儿童被禁止使用这些词语，因为他们不像成年人一样需要这些词语。年轻女性也被禁止说出这些词语，这些词语关联到性，她们由于自身的“心理—社会”状况，是千万不能说出这些词语的。不过，老年妇女却能使用这些词语，甚至是涉及性暗示的词语，老年妇女在性方面不受限制，年轻一代无权干预。勇敢的老年妇女戏弄年轻妇女十分普遍，这种情况不仅仅发生在通古斯人中，当老年妇女在生理学意义上不再承担女性功能或缺乏合适性伙伴的情况下，对于一位老年妇女而言，

① 在与不同的社会群体打交道的过程中，我发现这种调剂功能是普遍的。如果我们想被充分地理解，这些污秽的表达是必不可少的。如果人们想要与这些群体打交道，或者一个人想要表达其对这个群体的归属（心理学意义上），要使用这些表达。

② 十月革命后的俄国文学中，不仅充满“秽语症”联想，而且引入污秽的表达（这些表达有时用首字母代表，像其他西方文学作品），这些表达对所有社会群体而言都是污秽的。“秽语症”的联想和表达在所有时代和民族的作家中都存在。这里我并不是想表明“色情文学”具有主要涉及性文化丛的专门功能。“无政府主义的”“社会主义的”以及其他不被认可的作家的作品有时保持着反污秽的外在形式，却倾向“秽语症”联想。

③ 可以从理论上假设，在欧洲文化丛进一步变化的过程中，会出现“秽语症”的一些新形式。它们的确出现了，但未被认识到。

④ 与此相关联，值得注意的是，通古斯人会从其他族团借用替代性词语，例如满语、蒙古语等。

谈论性可能成为对中枢神经习惯的有效补偿。在通古斯人中，由于老年妇女可以使用这些词语，许多人会寻找机会一个人接着一个人重复这些词语。她们的态度可理解如下：（1）自身性情结的一种表征，即在心灵意义上获得过去经历的欲望；（2）在表现优越社会地位的重要场合，老年妇女不受限制；（3）向年轻妇女挑衅，观察她们的反应并拿她们消遣；（4）真正意义上的“模仿言语”。老年妇女对启动一组“下流”词语的反应是复杂的，其中包含第四种情况，应解释为条件反射链条的一种回应。

其实，通过对老年妇女的观察我们可发现，或者至少可以假设，在补充访谈和“深入理解”的前提下，我们是可以归纳出上述四种情况的，有时妇女也能认识到这一点。在第一种情况下，她们将会使自身谈话转向此前的经验（并非所有通古斯人都是“虚伪的”）；在第二种情况下，她们将会指出，无人能够干预她们；第三种情况下，老年妇女会坦诚承认想戏弄年轻妇女。对于最后一种情况，她们不会承认这是自动的反应，但这些情况通常与“模仿性狂躁症”等因素有关。老年妇女“秽语症”的具体案例，可由上述诸多情况中的某种因素引起，我们不是总能做出明确的解释。

当考察在社会意义上受这些词语限制的年轻妇女时，情况则不然。毫无疑问，在大多数情况下，年轻妇女的“秽语症”仅是表达性欲，从而唤起其经验或表达某种未来可能。这只是一种可能性的态度，不能说明妇女对性问题感兴趣。事实上，在男性和女性的混合性群体中（通常必须是几位妇女聚集在一起），女性的性回应会变得十分明显，这种回应的成功在于男性的在场。在这个案例中，我们触及问题的新方面即性裸露，后文将会探讨。但现在我们可充分地指出，在场观众的回应起了很大作用。很可能的情况是，如果妇女肯定其他妇女会重复某个词语或一连串词语，那么她很可能不会表现出任何回应。但是，年轻妇女中存在很大的禁忌环境，即不允许说出这些词语，如果有长辈男性在场的话，这一禁忌足以阻止她们做任何回应。不过，通古斯妇女与保持姻亲关系的氏族成员在一起不受限制，说话很自由。同样，有她们不害怕的外来者在场时，她们也是如此。

妇女只有在十分“无礼”且“不在乎”公共意见的情况下，才会打破这些社会禁忌，表现出“独立性”（通古斯人中的确有这种情况）。妇女不能获得性满足时，如一个人独居很长时间或者对丈夫不满意，也会有类似表现。现在的问题是：通古斯妇女的诸多表现中，有多少情况是真正的“模仿言语”或“秽语症”？另一个问题是，为什么在一些族团中被视为“病理”现象的奥伦是被原谅的？经过持续的观察和几百次实验后，我得出的结论是，在极少见的情况下，通古斯人中存在真正病理学意义上的奥伦，即“模仿性狂躁症”，其他情况则是戴上“奥伦现象”面具的性情结或社会“反叛”。

显然，模仿性狂躁症的症状十分具有误导性，只有与其他系列症状结合在一起，我们才能判断为真正的模仿性狂躁症。

这里有必要指出，除了性情结，还有其他禁忌。遗憾的是，我这方面的观察不多，尽管如此，我可以指出，通古斯人中的希尔库勒和满族人中的胡图都可以带来同样的反应，包括男性和女性。当我说出这些词语的时候，总是会带来“模仿语言”的后果：s’irkul、s’irkul、s’irkul，接连不断地说，甚至有“秽语症”的效果，列举出一连串不同的神灵。通古斯人和满族人中是禁止说这些神灵名字的，因为这样神灵会真的降临，但总会有人挑战神灵。观察者可以经常获得这种观察经验，但这一现象的性质是复杂的，我不想做简单的解释。

通过上述事实，我们可以得出结论，这些现象不仅包括禁忌的性情结，还涉及其他受到禁止的文化丛，因此可以将这些现象概括为在男性和女性中的禁忌现象，除了很少的精神病理状况，它们只是人们打破社会禁忌的一种方式。因此，调查千万不能过高估计这一“症状”的病理学意义。我在后文会讨论通古斯人的真正态度。

85. 动作的模仿

动作模仿不如“语言”模仿频繁。它涉及对由人、动物或事物所引发的动作的模仿。最初被模仿的动作可能是由某个想获得模仿反应的人做出的。这一反应态度的成功因素之一是，受影响者对模仿的动作一定未做准备。

出于阐述的目的，我列举一些案例。

案例 1. 一位年轻男性（毕拉尔千人），约 22 岁。体质类型为“beta”型，[①] 健康、营养充足、结实、反射能力强（膝盖反应、眼部反应与身体平衡）；智力正常；是一名优秀、稳定的劳动者。在吃小米饭时，其余的男性同伴突然引起他的注意，开始做出用小米饭塞满嘴并因吃饭速度很快吞咽困难的样子。这位男性立即模仿将小米饭塞到口中，最后将小米饭塞满嘴直到不能呼吸，接着，他离开嘲笑他的同伴，逃离并吐出小米饭。之后，他会回到桌前继续吃饭。这种表演不经常发生，是偶然事件。这一案例中，我未观察到其他模仿。我不敢冒险断言，由于我的在场，这位男性没有羞耻感，但他没有表示抗议。引发模仿行为的通古斯人为了向我表示其才能，让我几次亲自观察到这类表演。

案例 2. 一位男性（兴安通古斯人），约 42 岁，体质类型为“gamma”型；瘦弱，看似普通，羞涩；十分安静和正常；靠狩猎为生；我未观察其反应态度和智力状况。他在公共场合表演抚摸阴茎。当一名男性表现出仿佛要射精的状态时，这位男性会掏出阴茎，几秒之内射精，在场的其他男性和妇女获得极大的满足。人们的哄笑使这位男人回到“正常状态”。我曾几次观察过这种表演。就我所了解的情况来看，这尤其体现为在场妇女的消遣。

案例 3. 一位满族的中年男性，看起来十分正常。当人们聚集在一起时，某人会突然轻轻拍打这位男性，接着，这个男人会同样拍打其旁边的人。这会让没有准备者感到震惊，以奥伦或违反社会习俗的方式表达生气或愤怒；当妇女或年长者发生奥伦现象时，会成为嘲笑对象。在这种情况下，奥伦成了观察人们反应态度的手段。这位男性的动作“十分滑稽”，与其互动者的动作更有趣。

案例 4. 一位中年男性，毕拉尔千人，其家庭成员很不正常，他也有“坏脾气”。他常常模仿他人的动作，喜欢舞弄刀（狩猎的长刀和桌子上的刀）、斧头等，这对其他人十分危险。某天，他坐在棚屋中，屋内还有其年

① 参见我的著作 *Anthropology of Eastern China*（《中国东部人口的体质类型》）与“Anthropologische und gynäkologische Beabachtungen an Chinesinnen”（《中国妇女的体质类型与生理特征》）等，其中有对男女两性体质类型的划分。

幼的儿子，一把刀在他面前掉落（显然，这把刀一直挂在狩猎带子上）。他拿起刀刺向自己的儿子。不久，这位男人也死去了。

前两个案例的主题相同，是在观众鼓励甚至挑衅下产生的“表演者”。第一个案例的关键是这位男性不同寻常的一面，他不知道如何吃饭，将小米饭塞满嘴，同时，其快速动作也给观察者带来不寻常且怪异的印象。在第二个和第三个案例中，人们的主要兴趣集中在性心理和社会方面：向在场的妇女展示阴茎，观察她们的惊讶，以及违反社会规范。在上述情况下，表演主体吸引了共同体的注意，成为关注的中心，他们是演员，如案例 2 表明的，有时甚至是令人羡慕的。与前三个案例相比，由于对共同体的危险性质，第四个案例是不同的，这显然体现在最终结果上：这位男性杀死年幼的儿子，随即自己也死去。

我已指出，在前三个案例中，表演者是“演员”。这是开启“模仿性狂躁性”的重要因素。通古斯人中的观察者告诉我，他们通常“以表现某些事物开始”，此后他们会将此举动作为习惯。许多儿童会尽力模仿，但成年父母会停止这一习惯，使其不再进一步发展。事实上，吃小米饭仅是一种无关紧要的无害消遣，为以小型群体为单位的通古斯人生活添加乐趣。同时，作为演员，这位男性是重要的，他拥有明确的个人创造。更有趣的是第二个案例，其中新的表现性裸露的文化丛，为“模仿性狂躁症”的动机提供了新证据。从性情结被禁止的角度而言，男性在场的情况下，妇女或许获得一种可能的（潜在的）性情结宣泄，按照社会惯例这种展示是受抑制的。

作为一种心理现象，我们可通过通古斯人对儿童性器官的普遍关注看待性展示现象。在这一前提下，儿童不理解自身行为的意涵，成年人要求儿童展示外生殖器，并在观看儿童（表演者）的过程中获得快乐。不过，在不同通古斯群体中这一现象的流行程度不同。在兴安通古斯人中，可观察到这种现象的最丰富形式，这一群体中的儿童，尤其是 10 岁甚至是 12 岁的女孩，经常被要求展示生殖器。他们愿意这样做，因为成年人鼓励这种行为（我不敢肯定他们的父母是否在场，是否支持他们的孩子）。儿童是否能完全意识到他们所做之事（在我个人看来，一个 10 岁或 12 岁的儿童是能够意识到的）并不重要，因为我们感兴趣的是性裸露的社会方面。不过，除了受“奥伦现象”或称“模仿性狂躁症”的影响，成年人是被禁止做出这种举动的。我不认为数秒内抚摸生殖器和个人性情结完全无关，尤其对一名 42 岁的男性更是如此。因此，从主体的角度看，其表现出强烈的性裸露欲望，是长期练习和社会普遍认可的结果。因此，为社会认可的公共场合性裸露并非病理状况。在其他类型文化丛中，性情结可能以其他形式呈现（例如“升华”①），因此这一事实本身并不能体现实践主体的病理状况。欧洲社会的一些裸露癖（直接的或象征的）可能被通古斯人视为大众精神紊乱，通古斯人的裸露癖则表现为其他形式。甚至一位外来的观察者，会按照自身族团的思维和行动将兴安通古斯人的“裸露癖”视为“不正常”现象。

关于案例 2 应该补充的是，行为主体不仅是人们期待的裸露癖者，而且也拥有案例 1 中行动者的艺术家品质。当我们分析这一状况时，艺术方面的刺激是不能忽视的。毫无疑问，作为被赋予特殊使命的演员，案例 2 中男性最初的一些行为是受鼓励的，得到了周围观众的认可。

这些案例并不被通古斯人视作反常情况，而是受到认可的社会消遣。在观察案例 1 和案例 2 类型的不同案例后，我的结论是，表演者并非对其行为毫无意识；不过，他们却没有十分明确的意识，所以不能停下来。在大

① 实际上，“升华”理论的建立及原则十分具有民族志学特色。这里我们不需要深入讨论。他们有时将性裸露伪装在鞋子、袜子的特殊装饰（人们有时不能理解）下，人们意识不到其最初形式。但是，在公共场合裸露身体的某些部位完全未被禁止。音乐大厅和剧院允许通过短裙的猛烈摆动展示前胸和后背。这种方法应该是经典舞蹈艺术的简单形式，具有合法性。更进一步说，这种公共性的性展示在一些情况下会在剧院甚至咖啡厅中出现，裸体的妇女甚至是女服务员在具有合法性或不具合法性的情况下会出现一段时间。正如现代裸体主义那样，裸露可能具有合理性，这种现象可能是社会惯例，如世界各地流行的浴袍。

事实上，对于性格火暴的禁欲者而言，这些形式的性裸露是不被允许的，但他们会采取其他的象征。不过，性裸露的多样性并未抑制较为古老的形式，例如斯堪的纳维亚农场妇女裸露臀部的习俗最近还在上演，欧洲其他地区没有此现象。我们需要区分主动的和被动的性裸露，因为被雇佣的性裸露可能会保持职业上的冷漠，其主要动力是社会适应。兴安通古斯人在公共场合的“下流”表现，在楚克奇人中也是十分重要的表演。这种现象在“文明人”中也并非完全不存在，不过它们可能以隐蔽的但仍是公共习俗的方式呈现，甚至出现的戏剧舞台上，尤其是电影中——这些是民族志信息的重要来源。

多数相似的案例中，表演者可以停止其行为，事实上他们并不必须如此，但为了获得群体中的表演者的特权，他们要有所付出。在后文对其他形式行为的探讨中，我们将更加清晰地理解这一问题。现在我们仅可以指出，在某些情况下，“奥伦现象”仅是“被表演的”。

案例4的情况则不同。首先，这名男性的行为是不受社会认可的，并且他不想杀人。谋杀行为违反其意志。但是，即便在这一案例中，也不是全部内容都超出了民族志文化丛。我发现一个有趣细节，即使用刀。在所有通古斯群体中，“模仿性狂躁症状态下谋杀”文化丛中刀都占有十分重要的位置。在通古斯人记录的大量“故事—事实”中，刀十分重要。但是，在雅库特人中，[①] 增加了另一个工具——斧头。在其他群体中，也会用到矛。这一事实十分有趣，受“模仿性狂躁症”影响者知道具体场合中应该使用的工具或武器。这种情况在其他案例中也会出现，根本不会被视为反常现象。因此，在“模仿性狂躁症”中，的确出现了意识要素，甚至在行为主体的“反常”行为会给自己及附近的人带来危险的严重情况下，其意识要素仍然会出现。

除了刀，其他事物甚至是一个木片、水或者火等手头的东西都可被行动者用来抵抗袭击者（或假设意义上的袭击者）。由于上文提及的自我防御与表演方式是无害的，这些案例中，“模仿性狂躁症”并不被视为有害的，只是娱乐的一种来源。从这个角度看，案例4中描述的模仿性狂躁症在武器的使用方面与其他案例相同，不过，在所有的案例中，除了案例4外，主体知道其行动是无害的，他们也知道案例4中主体的行为是有害的。

现在的问题是这些主体能够在多大程度上、多长时间里保持自己的意识？在做出动作的一刻，他们是否具有意识？通过其他观察者提供的大量事实和证据，我们可以推测，在动作发生的第一时间，行为主体会由于处境出乎意料的变化而失去心智平衡。例如，处在这种环境中的行为主体，会突然做出动作或发出未曾预料的声音，此刻行为主体的意识会动摇，进而发生“模仿”行为。很难判断模仿动作会持续多久，但可以推测时间不

① 根据希尔罗斯泽维斯基（Sieroszewsk）的介绍，转引自查普利卡《西伯利亚的土著——一项社会人类学研究》，第310页。

会很长，因为接下来行为主体会采取具体措施停止不受控的模仿。很明显，可通过不同方式阻止不受控的模仿：（1）行为主体会对引发其状态的原因做愤怒的对抗，因此一次挑衅甚至会导致谋杀麻烦的实际制造者或者是被误认为麻烦的制造者（如案例 4），或者这一挑衅会与“武器”文化丛相关联，行为主体用“武器”击打土地、树木和手头的器皿等；（2）通过相反的指令请求制造麻烦者停止影响，这是一种有意识行为（大量相关案例已发表；参见查普利卡《西伯利亚的土著——一项社会人类学研究》）；（3）通过逃跑避开麻烦制造者的直接影响（例如案例 1 和案例 2）。通过这些事实，可以明显发现，在做出失衡行为后，行为主体会立即恢复心智平衡（至少部分的）。不过，自我控制能力的恢复可能是完整的，例如在逃跑的情况下，也可能是部分的，例如恳求的情况，行动主体需要受相反指令的影响。最后一个案例十分复杂，因为行为主体的意志被征服了。一个显著的事实是，“恳求”情况主要发生在女性之中。因此很明显，在模仿状态中意识要素是持续存在的，只是行为主体认为自己处在不受控状态。因此，我们可以指出，行动的初始条件如武器的使用是能够被意识到的，行为主体只在很短的一段时间内（甚至是一秒）是无意识的。（这可通过经常采取的方法来证明，即一个人若想保持“模仿”的状态，必须将一系列突然的行动连接起来，使“模仿”状态成为链条。）其实，如果假设主体失去意志（在理论上如此），这个链条会有时间间隔；如果没有这一假设，这一链条必须持续更新，主体没有休息的时间。如果允许有挑衅行动，挑衅行为要发生在无意识阶段完成之后。为了避免这种行为，新的行为必须将筋疲力尽的主体模仿行为连接起来。通古斯人在经验意义上会将所知道的情况尽可能地描述出来，我敢肯定，对于通古斯人，至少对于一些聪明的人而言，对奥伦现象的实验绝对不是简单消遣，而是对人类心理表现的广泛观察。在大多数情况下，通古斯人也对这一现象进行观察并寻求解释。

考虑到上述现象的复杂性，我十分犹豫用民族志学和精神病理学的术语如“模仿性狂躁症”“舞蹈病”“模仿运动”等病理学概念表示上述现象，这些现象事实上不能如此概括。如果不考虑这一现象的社会效果与个人变化，我倾向接受通古斯人的理解方式，用奥伦表示因环境的突然改变而发生主动或被动的意识失衡。在进一步的论述中，我将使用“奥伦现象”来表示。[①]

通过具体个案分析这一现象的“起源”时，我们获得关于“奥伦现象”的新理解。我已经指出，在通古斯人看来，“奥伦现象”是一种习惯。我们可以检验这种判断在多大程度上是可信的。在案例 1 和案例 2 中，我们发现，在达到表演上的技术娴熟之前，人们假设过去有此类实践。在案例 4 中，行为主体则不要经过训练。不过，与其他两个案例相同，它们共享一个基本特征：使用刀的行为源自此前的奥伦经验。在非常简单的“奥伦现象”形式中，例如模仿言语和秽语症中，模仿的案例随处可见。因此，奥伦现象有其前身，即从先前经验和特定训练中获得的知识。但是，奥伦现象中也会有一些个人发明（这种发明是基于想象还是试错并不重要），只有少数人能完成发明，这主要在于个人的能力。这些发明者和受过良好训练的奥伦表演者是受赞许的。

首先，儿童不受“奥伦现象”的影响，成年人不允许儿童的“奥伦现象”行为。“奥伦现象”可能是逐渐产生的，始于观众认可的笑话；也可能由令人震惊的突发事件引起，如马克提供的案例介绍[②]，一位妇女受熊惊吓后，用手抓自己。但是，“奥伦现象”很快会成为主体所属群体的有害要素，我们已经发现，通古斯人不会称这种情况为奥伦，而称为科杜奥伦；受影响者如果没有死去，将会得到氏族和邻居的照顾，他们为其营造出安静的环境，避免突然出现的环境变动。不过，如果行为主体受 xōdu 状况影响，很可能由某位有经验的萨满治疗。在后文中，我将回到对这一状况的进一步描述上，这种状况在“病因学”方面与奥伦现象不同。所有的奥伦现象案例中，社会的认可和反对起到最重要的作用，即社会可以阻止或发展这一现象。如果受影响者过度伤害自身，则很有可能受周围环境的控制，

---

① 我再次强调，使用这个词语时，我是犹豫的（参见前文我对使用玛法信仰一词的说明）。但是，旧词语对讨论的现象会带来误解，“模仿”“秽语症”“舞蹈病”的特征并非在所有的奥伦现象中都可以见到。突然的惊吓（即环境变化）也可能不存在。很清楚的是，在社会的和心理意义上的病理条件确定的情况下，这种情况也可能发生。

② 马克：《雅库茨克州维路易茨克地区调查》，第 28 页。

“奥伦”状况图示

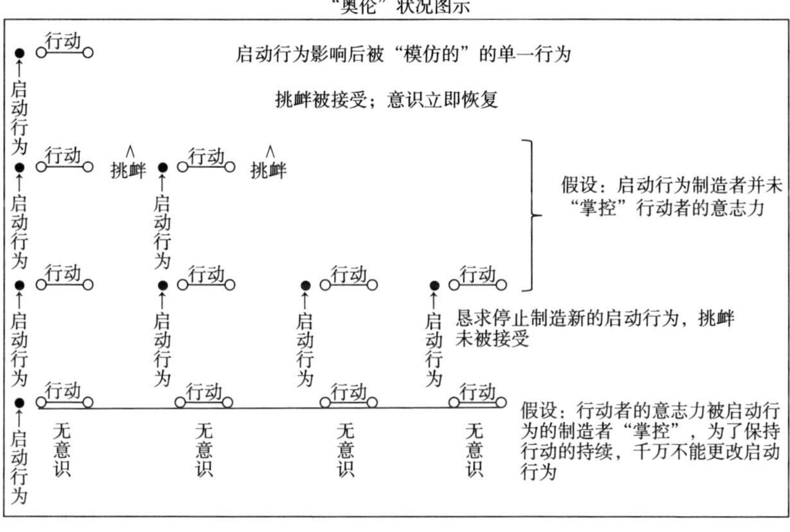

1. 假设任何行为必须被重复。
2. 抑制特定的行为。
3. 假设特定的行为应被履行。
4. 完成这些行为需要初步的训练。
5. 假设行动者的意志力可能未被启动行为的制造者“掌控”。
6. 如果启动行为的制造者掌控了行动者的意志力，则可阻止行动者进一步的“行动”。

没有机会表现任何奥伦迹象。① 因此，如果没有社会刺激，即将主体认同为“表演者”，奥伦现象不能发展为一种社会事实。

任何一位通古斯人都可能发生奥伦现象，一些外来者也会受到影响，因此关于奥伦现象有两个重要理论：奥伦现象无关个人的特殊体质，不同族团中的个人都可达到这一状态。

为了阐述上述观点，我引用卡申医生对普里克隆斯基②讲述的集体性奥伦现象的记录：“一天，我检阅贝加尔地区哥萨克人的第三部队，这一部队完全由土著居民构成，军人开始重复长官的话。这位长官十分生气，开始

① 许多关于奥伦现象的报告由旅行者在哥萨克人或其他俄国人的陪同下完成。在这些有趣的观众面前，雅库特人和通古斯人希望通过各种行动展现自己。当地的俄国人喜欢这些“表演”并煽动他们。这些旅行者关于真正奥伦现象频率的认识是错误的。在我的调查中，我观察过许多案例，真正意义上的奥伦现象数周甚至数月内都不会发生，而“模仿言语”“秽语症”则每天发生，其背后的动因是不同的，例如性压抑或社会环境等。

② 普里克隆斯基《在雅库茨克政府的三年》，1890，第 49~50 页。

口若悬河般地向士兵们讲话，不过长官说得越多，士兵们对语言的重复就越有活力。”[①] 这些士兵（很可能是布里亚特人和通古斯人）的神经和一般健康状况毋庸置疑，他们是由俄国军队权威认真挑选的。整体状况是清晰的：这位俄国长官给士兵带来不同寻常的印象，因为长官的检阅形式给人的印象比日常生活中的其他现象可能更为深刻，这种状况与一般的焦虑和紧张不同，布里亚特人和通古斯人希望通过强化反应态度以增强在公众面前的表现。他们仅重复长官的话，不回应长官。受惊吓后，他们重复长官的咒骂。如果这位长官用武器伤害自己，士兵也会模仿；如果长官带领士兵攻击一位强大敌人，士兵会紧跟其后，很可能在表演其领导者行为的过程中全部自动死亡。只有压制连续反应的根源或者有更为强烈的引起新反应的要素，这种状态才能中止。我不想进一步讨论这个问题，这将令我们关注更为有趣的由特定反射启动引起的不自觉动作问题，这种现象在非组织化的人群中很普遍，在拥有相似心智丛、固定的反射系统的族团中更是如此。[②]

一些萨满教的表演中也有集体性奥伦现象，在后文的特殊案例中我会讨论这一问题。

前文已提及，奥伦现象的另一个有趣方面是它很容易被外来者吸收。西伯利亚附近居住的俄国人中的奥伦现象体现了这一事实。关于奥伦现象的模仿，最初可能仅是消遣，逐步可能成为一种习惯。在简单案例中，如“模仿言语”和“秽语症”（其性质是多样的）可能不受压制，从而逐渐演变成习惯。环境突然改变会引发突然的运动（传统的甚至是象征性的），进而出现奥伦现象的典型形式。这一技术（就心理的和训练的要素而言）十分简单，可以广泛运用，族团成员不需要熟悉行动主体，便可以第一时间模仿其行为模式。

关于这一现象的社会特征，我们了解它在不同族团和性别群体发生的频

---

① 参见查普利卡《西伯利亚的土著——一项社会人类学研究》第 313 页的引用。

② 尽管这些现象的心理学性质并不总是很清晰，与大众群体打交道的专业人士却知道其功用。在这些情况下，它毫无疑问是会带来“信念”“睡眠影响”“领导能力”的效果。这些因素有时会便于“奥伦现象”的运作，但它们不是基本要素。人们了解这些实践方法，却不是每个人都知道如何在实践中应用它。在这一关联中我们应该指出，被归于“大众心理”的一些特征，并非大众心理独有。自动的条件反射不仅存在于人群中；在许多情况下，反应态度的诱导以及个体反应是关键要素。

率。在满族人中，奥伦现象在男性成员中更为频繁，满族妇女的奥伦现象行为则会遭到反对，这尤其体现在“秽语症”上，满族妇女的社会地位较通古斯妇女更“低下”。如果我们将“秽语症”纳入“奥伦现象”范围，它在北通古斯人中的发生频率要高于满族人。此外，还有一个有趣的事实，对人们安全构成威胁的“奥伦现象”在男性中的发生率高于女性。当然，在不同的群体和个人中，奥伦现象的表现形式十分多元，这显然与其文化背景有关。

通过对这一现象的分析，我们也可发现，奥伦现象很容易传播到相邻族团以及其他文化丛中。其实，西伯利亚、北极以及近北极地区的奥伦现象都已得到记录；不能被纳入“近北极”的满洲地区也有奥伦现象，同时北美地区也存在这一现象。不同人群中都有这一现象，如畜牧者雅库特人、狩猎者爱斯基摩人以及文明化的农耕者满族人都熟悉这种现象。但是，我认为这一现象的原因并不只是传播，[①] 尽管奥伦现象在俄国定居者中的传播机制是明确的，但历史方面的证据仍然不足，并且目前语言学[②]方面的事实并未为这一现象提供可靠的历史线索。由于简单性和潜在普遍性，这一现象可能发生在不同的民族志条件下。其实，马来西亚人中相似现象与上述群体的奥伦现象相比，几乎难以分辨。如前文所述，其他族团中也有同样现象，但表现形式不同，出现频率较低。这一现象的具体的形式可能具有误导性，但其本质却是相同的。这种现象可能源自对基础环境的适应，也可能源自对派生环境的适应。最后，在某一文化丛中，这种现象可能发挥某种社会功能，而在另一个文化丛中则发挥其他功能，但其背后的心理机制却是一致的。在观察者眼中，由于心理表现的相似，功能的差异性可能会被忽略。

在结论部分，我想再次强调，就纯粹的和简单的奥伦现象形式而言，

---

① 在研究此现象的地理分布以及出现的频率的数据时，我们面临着没有可用的比较性数据的困境。一些雅库特人中的调查者断言，几乎所有的雅库特妇女都容易进入这种状态，通古斯人的情况并非如此，因此可以说这种现象的中心发生在雅库特人中。但是，这一推论可能是错误的，因为观察者对这一现象的具体表现未达成一致意见。与欧洲的妇女相比，雅库特妇女的状况是截然相反的，如“几乎所有的妇女都是歇斯底里的”与“歇斯底里几乎很少发生”。我可以说，几乎所有的通古斯人都可能进入奥伦状态，但并非所有人都是如此。很可能雅库特妇女也是如此。因此，就我们目前掌握的这一状况的地理分布来看，不允许我们判断这一现象的中心。我们也不能判定这一现象传播和发生频率的意义。

② 由于这个原因，我放弃了与其他语言比较的平行分析。

即没有其他的“病理”因素掺杂其中的情况下，它在通古斯人的文化丛中不是非正常现象，而发挥着特殊的社会功能，即如果没有其他“病理”状况掺杂其中，就不是通古斯人文化中的反常现象；正如通古斯人认为的，奥伦现象拥有特定的社会功能（作为一种表演和有益的观赏），如果没有奥伦现象，通古斯人的生活将变得枯燥乏味；这一现象容易在个体和族团中传播、流行和变异，并扎根在群体和个人的正常心智丛中，因此必须从歇斯底里的诸事实中剥离出来。[①]

86. 歇斯底里

在通古斯人和满族人的所有群体中，我们容易在许多场合中观察到典型的歇斯底里形式，[②] 其表现形式与欧洲人的相关描述相同。在安静阶段，

① 在后文中，我会说明很多调查者将搜集到的事实归纳为歇斯底里的原因。

② 由于我已经提到了“典型歇斯底里”，我认为做某些评价是有用的。在沙可的追随者拒绝了他提出的歇斯底里概念，并对这一状况做出新的阐释（例如精神分析、生理学和“精神病”等）之后，存在的事实未被忽视。有趣的是，“典型歇斯底里”的数量在某些国家（例如法国的女性病人）已经大大减少，但在第一次世界大战期间，法国军人群体中的“典型歇斯底里”现象明显增加。在俄国，我也观察到女性歇斯底里发作的减少，但在民族政府衰落之后，大量的妇女不得不面对公民战争带来的困苦，歇斯底里发作开始完全“复苏”。民族志学者搜集的大量事实以及我本人在通古斯人中调查的结果都表明，许多十分“正常”的通古斯人会周期性地受歇斯底里发作的影响，随后“恢复”正常。毫无疑问，这些事实体现了类似文化丛的传播过程，它可能被接受或拒绝，这个事实也类似传染病的蔓延过程。其实，不同族体中的歇斯底里发作是明显相似的，而且在不同的时期，歇斯底里的特点差异体现了文化丛之间的不同。歇斯底里在传播过程中的模仿与适应状况和其他文化现象传播过程一样多。甚至在个人性的歇斯底里中，我们也可以观察到歇斯底里是如何被模仿的，尤其是女儿会模仿母亲的模式（因此如果遗传性的假设被提出，即便在没有体质遗传假设的情况下，提出遗传性歇斯底里观念也是十分自然的），自然也会被后代不断重复。在没有假设遭受身体各种缺陷（功能的和机体的，尤其是内分泌腺体和脑损害）的个体是否更容易发生歇斯底里或者是歇斯底里行为会导致功能系统的失调的前提下，我们现在可以判断，任何环境变化（例如反歇斯底里宣传、军队冲突、经济“衰退”、公民战争等）都会导致歇斯底里发生频率的改变。其实，某些个体根本不会受歇斯底里影响，而另一些个体则十分容易发生歇斯底里。此外，歇斯底里的形式容易发生变化，歇斯底里的强度由对症状的分析确定，后者本是一种民族志学现象。因此，如果症状在某种新的民族志文化丛的压力下发生变化，在新的症状被确立之前，歇斯底里的强度是不会被感知到的。如果歇斯底里的形式发生变化，它则根本不会被注意到。因此，众所周知的“典型歇斯底里”可能会消失，某一表现为新“症状”的形式会出现，不会被当时的人立刻注意到。

一位妇女（我谈论妇女，是因为相较男性，我有更多的机会观察妇女的歇斯底里）并未表现出歇斯底里的身体特征——她和群体中的其他妇女相同，其行为与其他妇女也没有根本区别。但是，人们可以通过兴奋和施加压力如性情结、宗教事务或个人荣誉等特殊要素，甚至是视觉的、听觉的以及身体的刺激诱发妇女的歇斯底里。在这种情况下，该妇女容易改变自身行为，例如变得愤怒，对每次外部环境变化都反应强烈；她会避免直视，眼神会无目的地长时间地固定在某物或某人上，或简单地发呆。随着这一状态逐渐严重，这位妇女将会失去处理日常生活的能力。这一阶段的歇斯底里发作还可能伴随着笑、哭泣、身体呈"弓形"、闭上眼睛、敏感、呼吸困难以及心脏和胸部的疼痛；她会寻找黑暗的地方。与白天相比，歇斯底里更容易在傍晚和夜间发作。歇斯底里在夏季似乎比冬季更容易发作，在宿营期间比在迁徙中更容易发作（我从未观察到过迁徙过程中的歇斯底里发作）。

歇斯底里形式的典型特征之一，即妇女在发作过程中不会伤害自身。如果她们跌倒在地，也不会伤害到头部，并且这种情况往往发生在棚屋中（或满族人的房屋）的黑暗处，这在癫痫发作中并不典型。如同奥伦现象的情况，这种歇斯底里发作可能源于突然的恐惧。妇女也可以逐渐"准备"歇斯底里发作，这显然需要通过自我兴奋的过程，妇女会将自己想象成"悲惨的"——失去氏族成员或母亲、没有丈夫的爱、神灵纠缠等。当然，在此过程中，妇女食欲不振、心情沮丧，却可以入睡；大多数情况下她们表现为性冷淡，但并不总是如此。接下来，我将描述一个案例，出于其他讨论目的，后文还会涉及这一案例。

一位满族妇女，约 36 岁，身体强壮，有肌肉，身材适中；从体质类型上看，接近 Alpha I 型，但有些特征体现出 Delta 型特征；她很高，脸形偏长，颧骨突出，眼睛大小适中，额头突出，细眉毛，嘴虽大却与嘴唇的厚度相称；鼻子尖、下巴尖，侧脸看棱角分明；肤色比一般的满族妇女黑，头发是直的。这位妇女话不多，由于特殊的社会原因，她严肃、专注、"内向"。20 岁时，她嫁给一位十一二岁的男孩，同时成了其公公的女佣。她公公十分英俊，是一名官员，也是一名萨满。婚后第二年她生了一个儿子。显然，孩子的父亲并非这位妇女的丈夫，因为他们之间的性关系后来才开始，并且很快中断了。这位父亲—情人—萨满被指控犯了“政治罪”（参见后文第18节）。16岁之后，其丈夫发现自身的处境后，抛弃了妻子。这位妇女曾几次直接或求助中间人试图恢复婚姻关系（性关系），但她的丈夫以愚蠢、没教养、不考虑对方性感受等借口拒绝了。这位妇女十分绝望，由于特殊的家庭情况，她不再拥有情人，也没有能代替丈夫的“小叔子”（参见《满族的社会组织》，第100页）。在一年左右的时间里，她经历多次歇斯底里发作，如果在房屋内发作，其身体就会呈“弓形”，在发作最严重时，她会离开家，人们可能在森林中找到她——坐（抽搐）在树上，或者是长在一起的树杈上。考察表明，这位妇女的发作与其第一位情人的灵魂附体有关。她想摆脱此困境，但经多次尝试也未成功。后文会介绍更多的细节。

典型的歇斯底里情况并不频繁。每个通古斯群体中只有一例或几例此类情况。但是，潜在的、未达到发作顶点的歇斯底里或疑似歇斯底里的情况十分频繁。在这里，我们几乎不能判断这些现象是真正的歇斯底里，还是在某些方面和症状上看起来像歇斯底里。其实，构成“歇斯底里”的复杂症状中，某些表现并非歇斯底里独有。因此，在相关表现数量不多时，有时不可能将某种现象诊断为歇斯底里。

某些复杂案例是很难判断为歇斯底里的，这里需要参考我在《北通古斯人的社会组织》中叙述的例子（第268~269页）。一位妇女在兴奋和悲伤的状态中循环往复，在无任何理由的情况下，她时而非常快乐兴奋，时而则十分孤僻、安静地流泪。

我将“典型歇斯底里”与前述满族妇女的情况相类比，发现很少能够观察到单独的“典型歇斯底里”。我们几乎不能认为这位满族妇女的表现与周期性精神病和妄想症有明确关联，这位妇女一直受各种恐惧、躁狂情绪的影响，有时受生理紊乱和特定病理因素影响。[①] 这种状态也可能与毁坏健康的缺少休息、失眠有关。我们不能将上述每一种现象都归入歇斯底里中，但将它们从“典型歇斯底里”中分离出来也不容易，尤其在田野调查中更

① 詹姆森最近强调，“迫害妄想症”往往发生在女孩青春期和妇女第一次生产之后。

是如此。不过，在一些情况下，可以辨析出“典型歇斯底里”，这有助于我们更好地理解歇斯底里的性质。

此外，大量与歇斯底里相似的症状并非真正的歇斯底里，其实，大量歇斯底里症状实则与神灵活动有关，尤其是征选萨满之前，后文将对此详述。接下来，我将描述一些不能被视为简单的、纯粹的歇斯底里情况；这些情况往往涉及神灵附体和不完全睡眠。

87. 自主性神附

在通古斯人中，清醒或睡眠过程中自主性神附是十分普遍的。事实上，上述两种自主性神附行为是基于通古斯人相信（1）神灵的存在；（2）神灵可以进入身体；（3）神灵附体后会采取特定行动。如果没有这些前提，自主性神附就不会发生。很明显，神灵理论并非精神错乱者的创造，而是通过事实观察、验证以及实验创建的。在我们看来，神灵观点可能是错误的，但在承认基本假设的前提下，神灵理论是十分有逻辑的、合理的。随着神灵理论的深化，它可以解释任何具体的个人处境，不仅可以解释心智生活现象，而且为特定心智状况确立合法性。由于这一理论得到接纳，可以用来解释个人行为，因此它能够承担新功能，自发地进入能够从中获得快乐的心智状态。

去适应外部环境变化（基础环境变化或派生性环境变化）而维系内部功能张力是不容易的，需要意志力的持续努力。当个体失去自控能力时，必须通过某种理论做合理性说明，因为不能在没有理由的情况下打乱维系社会环境的“功能秩序”。神灵理论不仅解释了这一状况，而且赋予其合法性：这种行为秩序的中断是可能的，因此神灵是存在的，神灵希望如此。这种解释和合法性是社会所接受的，作为其中重要的构成要素，自主性神附被整合到民族志文化丛中。与其他文化丛相同，自主性神附是在族团中逐步形成的。通过观察和听闻其他案例，歇斯底里状态者必须表演特定行为。例如，这些行为包括唱特定曲调（有节奏地）、说特定词语（用观众听得懂的语言）、坐在地上或床上、用头发遮住脸等。这种状态下，表演可能是十分放松的，哭泣且直接或以神灵口吻大声自我表达（在特定的限度内）。其实，神灵表达的内容往往是平常在长辈或儿童面前无法言说的，可以在不用承担个人后果的前提下提出某些最私密的欲望，例如，被神灵附体的年轻人可能借助要求祭品、祈祷等方式从而获得关注；在神灵附体后，他们可以直接或以象征形式表达对某人的性欲望，不会受到谴责。这种放松之后，个体的安静感和满足感会维持一段时间。而且，神灵附体者并不会疲劳，他们没有消耗任何体力，因此身体不会受任何伤害。

值得注意的，神灵附体现象通常发生在天黑之后，此时自我注意力集中更为容易，外部环境不会扰乱表演者。这也是神灵附体者白天表演时经常闭着眼睛或用头发遮住脸部的原因。不过，神灵附体者通常十分关注周遭的一切，他们偶然会轻轻睁开一只眼睛观察其行为的效果。当某人独处或无人观察时，例如，只有儿童、老人或没有邻居在身边时，不会发生神灵附体。在迁徙或艰难的处境中，神灵附体情况很少发生。不过，即使在上述情况下，神灵附体也有可能发生，但同时需要伴随其他有利条件，例如人群聚集、没有他人有意识或无意识带来的干扰。在这些情况下，受影响者和目击者会把这一现象视为神灵侵扰。

造成神灵附体的不利因素如严重的疾病、早孕、各种导致焦虑的其他因素，或者是一些其他干扰（如社会聚集），诸如此类的情况需要给予特殊的关注。

这些使个体和群体获得放松的形式可能变得十分复杂。例如，最普遍的形式是“逃到森林中”。受影响者可能跑很远，保持“疯癫”状态，坐在岩石中。受影响者也会普遍地爬树，挤在两棵相近的树中间或一棵树的枝杈中间，使自己和他人相信他们无法自救，但他们经常会在无帮助下带着几分羞愧成功返家。如果他们未能返家，人们也很容易找到他们（如前文所述，很容易通过脚印和其他标记找到通古斯人），在天气恶劣时，如在一场大雨或雪后，则需要几天的时间才能找到他们。这种“逃离”通常发生在对个人而言没有危险的季节，此时逃跑者可在没有火和食物的情况下生存一段时间。尽管通古斯人承认“逃跑”可能有危险，但我从未听说过危险情况的发生。其实，“带逃跑者回家”包含了警告、同意履行要求等信息。相比之下，这种情况在女性中更为普遍。“逃离者”很少会被放任自由。

“逃离”与“返家”可能还涉及几种要素相结合的更为复杂的状况，但这并未改变其本质特征。同时应该提及，典型歇斯底里中出现的身体呈“弓形”并非经常出现。

最有趣的是，“逃离者”使用的形式比较稳定，主要包括我已提及的（1）躲避阳光；（2）哭泣或唱歌；（3）坐在地上或者炕上；（4）逃走；（5）藏在岩石中；（6）爬树；（7）在树枝之间或树与树之间跳跃。受神灵影响者都重复上述形式的表演。其实，这些形式很少有个人差异，例如，如果没有树木和岩石可供隐藏，或者因身体太胖不能攀爬，受影响者会使用其他方式替代。① 这些方法源于传统，代代相传，受影响者在表演中很少发生变化，如果表演者改变表演的方法，则可能被质疑未受到神灵的影响。

现在的问题是：受神灵影响者是否充分意识到自身的行为？我认为这个问题可以回答如下：受影响者是能够意识到的，但他们的本意不想如此，并且在表演之前和表演之后其行动是“非逻辑性”的，比如，从事实到事实，缓慢地推论，一步一步地行动等，这是一种准无意识状态下的行动。在这种情况下，如果他们愿意，则会忘记一切，但这种忘记并非“真诚的”，因为如果接下来的表演“不正确”，他们会不断纠正表演。如果有必要，他们在“正常”状态下甚至会记住所有细节。

同一行为的另一面是其社会性。虽然社会不会反对受神灵影响者，却会给予受神灵影响者特殊关注，因为这类人物引人注目，拥有与众不同的特征。当某人受神灵影响时，会引起共同体成员的关注，他们会谈论受影响者，并询问信息等。这种情况下，相较于奥伦现象，周围环境更利于受影响者的行动——因为受影响者不仅是“表演者”，而且与神灵有关。神灵可以借受影响者之口讲话，这些人可能成为共同体中的重要人物；萨满是从共同体的成员中产生的。这个事实是重要的，受影响者凭借神灵的征选才获得特殊社会地位。

① 在居住在村庄的人群中，例如满族人中受神灵影响者会爬到谷仓的横梁上，在欧洲人中，受神灵影响者不得已退而求其次，藏在如储藏室、寒冷的阁楼甚至是厕所中，因为公共场合有警察看守。在草原，受神灵影响的人会在荒野中奔跑，直到天明。

不过，如果“逃离发作”过于频繁，受影响者则会创造出一种无社会价值的效果。受影响者不能工作，不能在迁徙和日常工作中发挥作用。如果受影响者是年轻的母亲或经济单位（家庭）中的重要成员（男性劳动力），情况则更为糟糕。通古斯人认为受影响者是正常人，只是受到神灵的影响，需要采用特殊手段使他们摆脱神灵侵扰获得自由。在这一问题上，萨满起到重要作用。后文会讨论具体的实践方法。

通过对事实的观察，我们可以推测，所有男性和女性都有可能受神灵影响，很可能女性多于男性。不过，其中有些特殊状况。首先，儿童绝不会受神灵影响，老人很少受影响。青春期之后不久是最易受神灵影响的年龄阶段。这一事实可用于病原学的观察。应该指出，不仅这一年龄段者容易受影响，并且年龄稍大者也容易受神灵影响。其次，日常生活中不承担重担者有更多的空闲时间，因此在这种情况下，家庭生活中承担不太重要工作者容易受神灵影响，如果家庭中的重要成员受神灵影响，家庭成员则会采取有力的措施尽快驱逐神灵。再次，通古斯人中有一理论，认为神灵会在年轻人中寻找“主人”，即萨满。因此，由于既有理论影响以及年轻人的社会地位，萨满在年轻人中产生的频率更高。有时，大量年轻人同时受神灵影响，成为一种大众现象。如果共同体中没有萨满，这种情况更容易发生（参见前文第 14 节）。不能将大众精神紊乱现象解释为“反常”秩序的个人癖性，因为对通古斯人的观察表明，受影响者并非“不正常的”。我不愿意将这些案例解释成青春期的心理特征，青春期腺体内分泌系统（尤其是性腺体）的本质性变化可能是破坏性因素，因为有些受神灵影响者并非处于青春期阶段。最后，受神灵影响者可通过社会压力（反对）或萨满治疗恢复正常。

前文描述表明，这种状况有两个基本特征：一方面是其构成要素的民族志性质；另一方面是神灵活动的理论假设。另外，我们不能认为受神灵影响者的心理状态是“反常”的，相反至少在一段时间内它是一种受认可的个人心理和社会的放松形式。不过，如果受影响者的“发作”过于频繁，可能会成为共同体中的伤残者。如果这样，由于个人缺乏心理适应能力，频繁“发作”只能被视为社会意义上的“反常”现象。大众性神灵附体还有另一种功能，即选择有能力者承担特定的社会功能（萨满），尽管这一现象表面看似“反常”，但从社会性和个体的身体意义上而言并非如此。对于习惯其他文化（如欧洲文化）的观察者而言，这一现象十分“不得体”，看似“反常”，但通过上文对这一现象特点的分析及其不会扰乱社会功能的事实来看，它是十分“正常的”。①

事实上，当神灵附体与其他因素如“奥伦现象”（不是很频繁，因为大多数人在发生奥伦现象前会受神灵影响）和典型的歇斯底里等相结合时，可能带来伤害，尽管单独来看是无害的，但作为“综合症状”，会严重地伤害受影响者。

88. 睡眠中的各种现象

在通古斯人中，可观察到睡眠过程中的各种“反常”情况。我已指出，通古斯人假设，睡眠过程中灵魂可以离开肉体。只有一个灵魂要素可以离开肉体，因为灵魂的完全缺席会将人置于十分危险的境地。同时，通古斯人假设，神灵可在睡眠的过程中进入身体。因此，这里我们可以归纳三种情况：(1) 灵魂离开身体后，到处游荡，灵魂的经历可能影响身体，甚至身体（“身体”—“心灵”—“生命”）在睡眠的状态下开始讲话；(2) 灵魂要素缺席时，神灵会进入身体，神灵借助身体讲话；(3) 灵魂要素并未缺席，神灵进入身体，神灵“掌控”了灵魂，神灵在身体睡眠状态下经由其口讲话。在上述所有情况下，受影响者会讲话、歌唱，甚至梦游，一般可以视之为“不完全的睡眠”。如果不对健康造成伤害，不能将其视为有害的。

在通古斯人中，我们可经常观察到上述情况。神灵附体者往往属于相同的性别和年龄。

受影响者可能在睡眠中唱歌、以自己或神灵的名义说话。通古斯人有时会讲外来语言，如布里亚特语、俄语、满语、汉语。某些情况下，他们

① 一些民族志学者不会十分容易接受我的观点，我已经有心理准备，但我不得不指出通常用“歇斯底里”表示的这些案例实则反映了来自异文化观察者的文化观念。

只能在睡眠中说这些语言，但醒后却失去讲这些语言的能力。对通古斯人而言，这是一个巨大的谜团，唯一的解释是神灵真的在言说。这种现象十分有趣，因此我利用所有可能的场合观察处于睡眠状态的通古斯人，尤其是表演期间睡眠的萨满，后文会指出，萨满在表演过程中的睡眠性质与上述情况相似。

首先，我们必须记住，人们相信至少某些神灵只说特定的语言（参见前文第 422 页）。其次，几乎所有的通古斯群体都了解外来语言的知识。再次，人们在睡眠过程中说话不是很清晰，听者有必要运用想象力进行完善。但是，某些平时不讲外来语言者在睡眠的过程中讲外来语言，甚至说得还不错。唯一的可能解释是，除了能被观察者看到的个人的外在进步表现，一门语言的学习，还可能经由其他路径完成。

我将允许自己在假设意义上讨论我重构观点的适用性问题。一个值得注意的事实是，学龄前和低年级的儿童可以用几个月的时间学会一门外语，随后他们能十分正确地说这门外语，“音调”精准。某些成年人学会一门外语只要几年时间，而对另一些人而言这是绝对不可能的。还有一些成年人根本学不会外语。[①] 我不讨论与学习一门外语的能力无关的所有细节和心理状况。

儿童运用简单的模仿方法学习语言，他们在学习过程中并不推理，为了能够被理解，会尽力清晰地说话。如果模仿的过程不受抑制，这一学习不会花费很长时间。[②] 在学校中，学习源自课本；无意识的模仿几乎被放弃，取而代之的是外来有逻辑的新方法，通过记忆、练习以及语法“规则”来学习，[③] 在语法中，一切都以粗糙的、十分传统的不完美图表表示。因

① 对一门新语言学习的障碍明显反映在条件反射的固定链条中。

② 这里我考虑的是一种常见的情况，成年人限制儿童迅速地、无意识地模仿与学习，例如让儿童觉得其父母的语言是优越的，从而讨厌学习一门外语，但大多数情况下，这并非父母有意识的行为。

③ 我不需要指出的是，目前模仿拉丁语法而形成的各种语法是十分不自然的、人为构造的。盲目的模仿以及民族志意义上的保守主义是很少见的，这些特征只体现在“擅长”文献学的人的特别心智丛中，他们在一开始就接受一些假设，这在批评性解释这一问题的人中是普遍的事实。

我另外补充，创建新语法的失败是另一种民族志现象。但这一事实会使我们远离“很好建立的事实”，因此我可能冒了被误解的危险。

此，语言的学习过程十分缓慢。学生被禁止“无意识地”学习语言。除此之外，学生需要时刻记得：他学习的时间更长，就会理解得更好。[①] 此外，如果有一门语言成为规范的“学校语言”，则在具体实践中无法学会其他语言。

在通古斯人中，未经历学校教育者具有惊人的语言学习能力，当然，通古斯人的语言学习还有其他限制性条件，即族际关系与害羞性格，他们不希望因外语说得不好而冒犯听者，并且他们相信自己不能学会其他族团的语言，就像外来者（高级文化丛）不能学会通古斯人的语言。不过，由于通古斯人会遇到外来者，听外来者讲话，会无意识地学习他们的语言，但非常相信他们不能学会外来语言。在这种状态下，当逻辑思考有效时，通古斯人不能说出其他族团的语言，但摆脱“逻辑的”思维方式后，他们就能够言说。这种对逻辑思维的摆脱发生在睡眠的过程中，此时既有民族志文化丛不会阻碍睡眠者对其通过无意识过程所吸收的信息（包括外来语言）加以应用。事实上，如果根本不懂某一语言，一个人是不能说出相关语言的。[②] 而且，我想强调，俄国的宗派主义者中“讲不同类型语言”“12 门徒的 12 种语言”等现象与上文所讨论的现象不同。借助通古斯人讲外来语言的个案，我们获得关于语言的真正知识。这种情况有时因如下事实会变得复杂，即这些语言不是通古斯人讲出来的，而是附体的神灵所说的。[③] 这是通古斯人解决难题的一种方式，它解决了民族志文化丛对心智丛的逻辑

① 一个有趣的例子是，满族人十分缓慢地给我们提供其满语学习字母表。满族人的字母表包括 38 个“字母”，但在不到 3 年的时间里满族老师创造出 150 个音节组合，因为满族人认为他们不能一个接着一个音节发音，满族人学习满语实际上与德国人学习德语没什么不同。

② 这一特征不仅仅体现在通古斯人中。我观察过欧洲人的例子，欧洲人对自己在梦中所说的外语比在醒着状态下所说的外语更好而感到惊讶，他们的讲话十分流利，而且正确。在醒着的状态下，他们的“舌头”会错误地运动，不能记住“词语”和语法规则 。通过这种方式，弗洛伊德主义者抱有许多其他的“偏见”，使其具有科学的外表，与此同时主张既存民族志文化丛的合法性，延迟必要的文化丛变化。如果暂时搁置弗洛伊德主义的实践重要性（法律的、医疗的以及教育的），我必须指出，弗洛伊德主义对科学的深化与进步的影响在将来会更加明显。

③ 一些西伯利亚的旅行者注意到，土著人会在睡眠或神灵附体时说外来语言。这些事实给旅行者留下了深刻的印象，他们倾向将其解释为歇斯底里。当然，许多人并不理解外来神灵讲外来语言的现象，这些语言是受影响者（以及萨满）所熟悉的。

控制与成功学习一门外语之间的冲突，而欧洲观察者则将这种情况理解为“歇斯底里”。两者之间的形式差别不是很大。

我用了很长篇幅讨论“讲外来语言”现象，因为上述分析允许我们理解许多其他相似现象，在这种状态下，主体思维不受限制，有自由的表达空间（在特定范围内），主体的表达不受族团环境、既有文化丛，尤其是社会群体中的年少者和氏族普通成员的限制。从这个观点来看，上一小节（第87小节）和本小节描述的内容间有很大的相似性。在这两种情况下，人们可以比平时更自由地言说，也就是说，主体获得了特殊的放松场合，在此过程中，主体的个性有意或无意地吸引着他人的关注。第一种情况，整个表演都是受控的（我假设大多数情况是这样的），表演者至少保持部分意识。第二种情况，主体处在不完全睡眠状态，实际上可能忘记“梦”中发生的一切，个体的受控范围局限在无意识接受的民族志环境内。

如前所述，只有当诱导神灵附体遭到反对，了解这种行为不可能，而且羞于表现神灵附体时，行为主体才会在睡眠中说话并自我表达。在与这些情况相似的案例中，当限制性的因素过于强烈，主体只能在半睡眠意识状态下寻找表达自我的方式。其实，在性关系方面，尤其是当主体受到社会地位的限制，半睡眠状态下的自我表达很可能发生，不能理解这种情况的人会把这种表现视为歇斯底里，有些研究者已经提出这一观点。① 值得关注的是，这些现象是否与象征的、“升华的”性情结梦是一致的。两者的差别是，通古斯人容易进入不完全的睡眠状态，这种现象并非“反常的”“病理”状况。在不完全睡眠状态下，主体很可能会说出（或唱出）“正常”状态下的禁忌事物、事实以及感受。由于未婚通古斯人的性生活是不受限制

---

① 这里我列举约克尔森所叙述的一个个案（参见《尤卡吉尔人与尤卡吉尔化的通古斯人》），一位雅库特妇女喜欢上某位造访的旅行者后，在梦中十分坦诚地表达其想法。这种情况十分简单：陌生人使这位健康的、强壮的妇女感到性兴奋，她在不完全睡眠的情况下可能会思考甚至把心里的想法告诉这位旅行者。这位陌生人可能会理解她的感受，妇女的丈夫抱怨认为她被神灵侵害了，观察者将这种情况视为歇斯底里。每一位观察者，无论在自身族团和其他族团中，都会经常遇见相似的情况，只是具体的形式不同而已。我们只是不能在自身熟悉的形式和不熟悉的形式间建立类比而已。我想指出的是，大多数观察者所观察到的这类案例都与“北极歇斯底里”无关。

的，所以很少有悲剧发生，性要素很少在非完全睡眠中表达出来，而“社会性压抑”（长辈和晚辈之间）、神灵以及其他相似的主题则更为常见。但是，我并非想否认通古斯人的半睡眠状态中完全不会出现性情结的表达。性情结的确会通过语言乃至十分直接的身体运动表现出来，但性情结不能被视为不完全睡眠中“升华”或“象征”形式的主要原因。

很明显的是，如果这种情况很少发生，则根本没有害处，但是如果主体因此一直在睡眠中没有得到充分的休息，如“自主性神附”“典型歇斯底里”等情况，这种状态也可能变得有害。在这种情况下，通古斯人通常会求助于传统解决方法，或者是萨满的帮助，因为对所有的相似个案，通古斯人都会归因于神灵，治疗不是很难。

89. 自我暗示以及暗示

这一现象主要特征如下：某人处在部分无意识或完全无意识状态下表演一组动作，这一组动作很容易完成。只要在有目的或无目地排除意识要素后，行动中的自动反应才是可能的。这种行动包括数量不等的动作序列。当某人肯定可以达成行动目的，就会使用排除意识要素的方法。如果行动者能够给出这种“秩序”，就会运用自我暗示等暗示的方法。在这种情况下，行动者拥有压制意识的能力。这种方法的益处很大，例如，这种行为可以使思维免于考虑细枝末节，以实现其他目的；处理令人讨厌的工作，行动者可以在完成的过程中不受伤害；完成个人的义务时，行动者也很容易压制意识要素。在日常生活中，出于实用的目的，这种行为不断重复。

排除行动中的意识要素有两种方法：（1）行动者有意识地做出决定即“我必须完成某一行动”，或者无意识地表演系列动作；（2）行动者受到他人的影响，后者基于某些既有因素（例如接受神灵）采取特殊方法行动。这些情况的典型特征是相同的：行动者排除了意识要素。当然，所有的暗示包括自我暗示都可纳入这组现象中。

将“自我暗示”作为民族志现象中的“反常因素”是十分武断的。哪些现象可归入“自我暗示”类别中，我们在什么情况下可以谈论“自我暗示”？对不同案例的分析表明，当提及自我暗示这一概念时，它针对的是不能用观察者所属文化的合理框架去观察的现象，以及对行动者本人及其周围环境造成负面影响的现象。但是，观察者却把无害的自我暗示现象排除在自身的视野范围之外。其实，后一种现象比前两种现象出现得更为频繁。

就构成的要素序列而言，大量的行动，尤其是十分复杂的行动，是在特定的心理状态下完成的，当时行动者并未认识到行动中的细节，他们只是按照固定的序列完成行动。我这里所说的并非稳定的条件反射系统，而是任何时候都能够被认知却未被意识到的系列行动。

如果在系列动作未被认识、未被打断的情况下，表演者达到了行动的目的，那么表演者的行动过程与自我暗示相似。不过，上述现象为自我暗示观念加入了新要素，即认知和个人意志的暂时排除，这些内容或者由行动着的个体无意识地排除，或者由他人排除。其实，这一要素的引入只是人为地分离出一组功能上十分相似的现象。当我们将提及的上述案例选择出来进行分析后，这一点尤其明显。这些被选择的案例对观察者而言经常是陌生的、不同寻常的，或者是对行动者有害的。做出限定和排除后，这里涉及的案例数量十分少，尤其是如果所选的案例是十分陌生的、令人震撼的，它则会看似十分反常。

当行动者本人和所属群体未对心智丛简化现象感兴趣时，会出现貌似功能失衡（基于个人和族团的立场）的现象。当假设错误，或者超出暗示和自我暗示范畴的特殊刺激出现时，上述情况很可能发生。因此面对所有的案例，我们需要回溯到其源头假设和特殊刺激。它们对“功能失调”的影响是不同的。这取决于受影响者和刺激的特征，体现在性质和数量方面。当数量大时，这种“功能失调”要比平常严重。在这一背景下，当某一群体在很大程度上受影响，我们可以从这种现象的“后果”中找到“原因”，这也清晰地展现了在环境变化阶段通古斯人族团中更容易发生这种失衡形式的原因。

现在我们需要用一些案例阐述上述现象。

通古斯人中普遍存在一种情况，猎人尽管是优秀的猎手，却用步枪打不到猎物。这种情况可能源于猎人违反狩猎禁忌和神灵干预。其中的原因如下：猎人触犯了禁忌；基于既有理论和相似事实，他知道不再能够碰到猎物；在射击的时候错过动物，使猎人肯定了不能获得猎物的事实。在具体实践中，猎人的错误一方面基于违反禁忌和神灵之间的关系所形成的理论，另一方面源于神灵干预狩猎活动的理论。这种论述是简单的、实用的：猎人必须使被冒犯的神灵满意。如果这样做，神灵会放过猎人，猎人会如同过去那样捕获到猎物。猎人由于懂得破解困境的方法，所以应用此方法。通过这一方式，猎人将神灵理论用于解释特殊情况，从而中立了神灵的有害影响。事实上，这是十分简单且普遍的情况，有很强的适应性，因为它是日常生活中十分重要和频繁的情况，在某些情况下，当猎人基于既有的理论无法找到解决其狩猎失败的有效方法时，则需要求助有经验的萨满。有些时候甚至萨满也不能帮助解决所有的不利情况。

另一个普遍的现象即已经讨论过的神灵附体。人们知道，如果发生神灵附体，行动者必须用头发遮住眼睛，坐在特定的位置上歌唱。因此，如果行动者足够健康，神灵附体后会按照既有文化规范行动。这一行动可以是有意识的，也可以是无意识的。由于这一过程需要体力上的付出，当行动者变得疲惫，不能按照期待表演时，神灵就应该离开身体了，行动者接着恢复“正常状态”。这一情况下，行动者的行动背后是已经存在的理论，此外，“神灵造访”文化丛是整个自我暗示过程的背景。恢复为正常状况的方法也属于既有文化丛的一部分。

很少有人有很强的控制生理功能的能力。在某些情况下，观察者会对一些事实产生十分深刻的印象，主要包括皮肤出血、腹部“像怀孕一样”鼓胀、对冷和热不敏感以及其他相似现象，这尤其体现在萨满表演的过程中。不过，观察者也可以观察到手淫、突然放屁、肌肉系统突然产生巨大的力量等现象，它们不仅仅体现在萨满中。实际上，上述所有案例中，“自我暗示”起到重要作用；它带来了这些效果，涉及关于神灵效用的假设。

在“自愿死亡”中，自我暗示的生理效果达到更高程度。后文对萨满表演的描述中将会呈现上述观察到的状况，这些状况的持续有可能导致死亡。有些通古斯人会在提前确定好的日期死去。不过，我本人没有观察到这种现象。通过自我暗示进行的自杀中，生理系统会停止发挥功能，其他类似的案例也以先行观念为前提。事实上，当某位通古斯人肯定他（或她）必须死，任何停止其身体生理功能的措施都可能被采用。可以推测，这一过程主要通过中枢神经系统功能的中止达到。不过，甚至包括一般自杀在内由自我暗示带来的后果都不能被视为反常现象，只有持一组假设的研究者才将上述现象视为“病理”现象。当然，这里我排除了身体器官病变引起的自杀现象，如腺体功能失调、神经系统受损等。除了行动者受某人特殊技术的影响，暗示和自我暗示没有区别。暗示效果的达成可使用不同的方法，第一步是部分或完全排除行为者的意识。这些方法包括：（1）使主体相信行动者意志能力的强大；（2）催眠技术；（3）使主体相信神灵正在对他起作用。在关于萨满教技术和表演的小节中，我会介绍许多案例。

在所有的通古斯人群中，可以观察到自我暗示会逐渐成为行动者持续的有害因素。通古斯人未能充分认识这一现象的性质，只是建构了一套只能部分治疗的抗衡要素系统，除了萨满教的方法，没有其他的治疗方法。并且，自我暗示还会影响到特定人群，这点下一节会探讨，这里我想指出的是个人在不受控的自我暗示的影响下，可能会受“自愿死亡”的影响，毫无生机。甚至在这种严重的个案中，行为主体也并非受病变影响，这种情况发生在十分“正常”的心智丛中。

90. 结论

在本节中，我从“正常”通古斯人中分离出使其伤残的心智要素，通过这些要素，通古斯人最大限度地发展出其社会（族团的）适应性活动。我们发现，通古斯人会区分不同形式的伤残，包括能治愈的和不能治愈的、急性的和慢性的，同时也区分了伤残的原因，包括身体原因、神灵侵害和“坏习惯”。

基于这一事实，病理学意义上的精神错乱在通古斯人中十分少见，我未考察这类精神错乱的细节，它在通古斯人的心智丛中无足轻重。事实上，这一现象不构成通古斯人生活中的特殊问题，因为他们的生活方式不会保护“疯狂的精神错乱者”，甚至短时间内的保护都是不可能的，他们只会以稍长的时间保护无伤害倾向的“精神错乱者”。不过通古斯人在日常生活中需要处理大量貌似“病理”的真正精神错乱，实则并非如此的现象。它们只是观察者族团所不了解的未知民族志现象。这些现象只是诸如特定民族志文化丛传播带来的“奥伦现象”、接受“放松”（至少是一段时间）的行为，或者是基于特定理论和观念的行为，这会导致不同的后果。这些情况根本不能归于“病理状况”，而是心智丛的暂时失衡，相关文化丛可以管理个人和环境的关系，以及人与环境和心智丛的内部平衡带来的个人反应态度。这些要素并非过去的事实，通古斯人创造各种方法管理心智平衡，通过这些方式，受影响者心智丛可以自动恢复平衡，或者伤残不久后恢复平衡，也可以通过族团特殊的萨满教机制恢复平衡。不过，这种自我管理机制并非总能跟上派生性环境的变化速度，因此产生大量的个体心智失衡状况。由于心智丛的平衡不能立即恢复，通古斯人貌似容易受到精神病理因素的影响。在这部著作的结论部分，我会说明，这种情况并非通古斯人所独有，“病理学家”往往不能提供正确的判断。

本节讨论的个案不能体现这些现象在通古斯人民族志学体系中的重要性，也不能充分体现当通古斯人遇到这些现象时，其人群中普遍流传的焦虑。最后，这些现象也不能解释通古斯人在变动的环境下是如何创造管理其心智丛的笨拙机制的。当我们澄清这些现象的集体性传播事实后，上述问题将得到澄清。

第21节 大众或个人的精神紊乱及其管理

91. 大众精神紊乱概说

上一节所探讨的各种状况，在严重的情况下，会经常使受影响者丧失生活能力，或者影响他们的身体健康，这会引起通古斯人的关注，需要给予干预。但是，因为只有家庭成员或者关系较近的亲属才会关注受影响者，这些情况不会成为社会性事件。不过，上述情况也可以影响同一单位（通常是氏族或村庄，甚至是一个族团）的大多数人。这种情势可被理解为大众精神紊乱，表现出两种形式：一种是突然影响人群单位的“流行的”形式，而且很快会消失；另一种是“地方性的”的形式，会经常影响人群，甚至是相同单位中的同一群人。这种状况可变得剧烈，表现出十分危险的形式，也可能持续很久，但危害性不大——是一种慢性的类型。使用“流行的”与“地方性的”、“剧烈的”与“慢性的”等术语，我不希望被误解，它们只是隐喻性的表达，其中不预设任何有关“传染”的观念，尽管其中“传染”的类比占有相当大的比重，乃至于我们有可能使用“预防”“杀菌”“抗菌治疗”等概念。但是，这仅是一个隐喻，因为这些状况的本质是由文化丛失衡带来的模仿和功能紊乱现象。

在描述通古斯人所了解的神灵过程中，我们有机会观察这些群体是如何受神灵影响的。现在我们感兴趣的问题是神灵所带来的影响。此外，我们发现，在所有的通古斯群体中，神灵的数量是巨大的，并呈逐渐增加的趋势。但与此同时，其中一部分神灵也正在逐渐被遗忘，因此，不同年代、起源以及效用的神灵相混合，嵌入在文化丛之中。神灵谱系的更新是一个十分有趣的现象，在实践意义上，某一新神灵的引入，表示或长或短时间的个人或大众的精神紊乱。其实，并非所有的神灵都会产生此效果，因为某些新神灵会离开非常平衡的通古斯人心智丛，而某些其他神灵被发明（猜想）出来是为了缓解间或源自通古斯人其他生活状况的心智紧张。

当神灵的存在，例如汉人中的某位神灵，被通古斯人了解到，会有两种后果：一种可能是成为通古斯人中活跃的神灵，另一种可能则是表现为毫无力量的神灵。神灵会通过两种方式变得有影响。我们以爱尼布日坎为例，如前文所述，这位神灵并非源自通古斯人，他们过去不了解这位神灵及其不同表现形式。归因于这位神灵的传染病，至少有一部分新疾病，是通古斯人过去不了解的，由汉人传入。这一复合性神灵的理论很好地解释了不同类型的传染病。因此目前，通古斯人能把无论是与汉人接触产生的疾病，还是此前了解的疾病都纳入这位神灵的影响范围之内。

在这种情况下，熟悉这一新的神灵不可能带来大众精神紊乱，因为整个系列的疾病都是传染性的；但在通古斯人看来，这一外来的神灵仍是活跃的。其实，在通古斯人中，当他们熟悉某位象征传染病的新神灵，则会把某些想象性的疾病归因于新神灵。但是，这不会持续很长时间。医学方面的学生和新手也了解这类想象性的疾病，但随着研究的进步，他们会怀疑自身受到各种正在研究的疾病的影响。事实上，对于没有十分平衡的和抵抗性的思维的学生而言，研究非生理功能失衡的心智紊乱会给自身带来很负面的影响。

还有一种情况，某一新神灵象征的不是传染性疾病，而是使受影响者失去生活能力的心智状况。在这种情况下，一旦通古斯人了解到该神灵存在，它可能会立即在他们中间产生影响。其实，当通古斯人知道某些神灵给女孩带来的影响可能类似山东地区（参见前文第505页注释）某位神灵的影响时，某些易受影响的通古斯女孩可能会受到影响，她们可能模仿山东女孩的行为，或者是创造一种新的符合通古斯人文化的方式。

不过，并非所有神灵都能在通古斯人中产生影响，同时被通古斯人意识到。这些神灵是象征了不能影响到通古斯人的传染病的神灵、通古斯人所不了解的心智功能失衡的神灵，以及不能采借到通古斯人中的神灵。在这种情况下，通古斯人确信某某神灵没有能力，实则是确保了免于新神灵活动的影响。

关于这一信念的心智性质，我认为可以区分两组情况，其一是有意识或无意识的反对；另一种是缺乏心智敏感性。其实，某些外来的心智状况会使受影响者丧失能力，这些新状况的引入也会摧毁通古斯人中受影响的个体。因此，这些以神灵象征的状况根本不会被引入。在通古斯人中，不易受影响的心智状况大多与性情结有关。在其他族体中，尤其是实行晚婚的群体中，其成员不能有性功能障碍，性方面的失调可能带来心智失衡，但通古斯人在这方面的境况较好（参见《北通古斯人的社会组织》）。其实，在这些事实中，通古斯人的信念即是对事实的简单论述——通古斯人不易受影响——而面对其他的心智丛情况，我认为通常是一种无意识的自我维系方法，他们接受了不能被某些神灵侵犯的观念。这只是通古斯人的一种不同寻常的心智丛的自我管理机制。

我们经常可以听到通古斯人抱怨神灵会伤害他们。因此，我曾几次听到他们说：“我们的处境很糟糕，因为我们有太多的神灵。我们的邻居，俄国人则更快乐，因为神灵不会伤害他们。”而且，我们经常也会听到通古斯人说汉人、满族人、蒙古人和其他相邻族体中的某些神灵在通古斯人中是没有力量的。这些事实很有趣，因为俄国人的神灵（从通古斯人的观点看），包括所有被“命名”的神灵（例如耶稣、圣母玛利亚以及各种圣徒），并不会产生通古斯人所接受神灵带来的伤害。自然，如果通古斯人了解这些俄国“神灵”，这些神灵也不会产生与上一节所述相似的效果。通过这一评论，我不想说俄国文化中没有关于歇斯底里和其他“类似歇斯底里”状况的合理理论解释的尝试，以及俄国人不了解带来这些状况的其他形式。但是，两者之间有本质的差异，即理论的合理说明和其他带来精神紊乱的形式与通古斯人的神灵观念不一致。而且，俄国人的社会体系与通古斯人不同，其心智丛是通古斯人不能理解的。由于这一原因，通古斯人不能理解引起俄国人心智丛不稳定的要素，对通古斯人而言，作为激发和合理化精神紊乱的俄国人“神灵”是完全无害的。[①] 不过，从理论上说，这些无害的神灵可能被通古斯人吸收并接受，发挥与通古斯人中有害神灵相同的功能。达斡尔人中某些“说俄语”的玛发似乎是这类神灵。

关于无能力神灵的其他说明，也是一个重要的事实，它体现了某些摆脱大众精神紊乱的状况，相信神灵是没有能力的，体现了特定的精神紊乱不能影响通古斯人。大众精神紊乱文化丛的形成和存在（功能）是受特定因素影响的。无疑，通古斯人大众精神紊乱的基础是特定的“人类”心智状况，它们在其他族体中也可观察到。但是，这一观点提供了一个切入点，让我们理解大众精神紊乱是如何形成的这一问题，以及为何这一文化丛中可以发现其中的某些要素，而其他要素则是缺席的。在特殊的心智紊乱案例中，我们发现，这些心智紊乱文化丛可能由采借的相邻族团文化要素逐

① 我必须指出，将俄国人和通古斯人的文化进行宽泛的比较只在总体原则的意义上是有益的。实际上，俄国人中会不时出现各种“披着宗教外衣”的“运动”，人们通常借助宗派主义的术语来理解这类精神紊乱。多种形式的大众精神紊乱会影响正常的社会秩序。尽管形式不同，“神灵”在通古斯人中发挥同样的作用。我想指出的是，甚至是精神病学家，也不能及时分辨出所谓文明中发生的个体和群体的精神紊乱现象。而且，正如一些法国的歇斯底里研究专家（沙可之后）指出的，精神病学家可能扮演着某些心智失衡刺激者和辩护者的角色。在本书的结论部分，我将简要地总结这个问题。

步组合而成，也可以由族团自身发明。其实，在这些状况中，族际环境是新要素的持续来源。因此，我们可以说：族际压力越大，文化丛就越丰富，也就是说，有很多的机会激发并合理化大众精神紊乱。此外，我们还发现了另一个形成这一文化丛的有利条件，即功能的强化，因为变动的环境需要个人和群体的再适应。这里，我不想明确指出环境的种类。它可以是基础环境、各种形式的派生性环境或第三级环境。

基础环境变化的原因是族团的迁徙和短循环的周期性。现在，我只强调短循环的周期性，因为更长循环的周期性提供了足够长的回应和再适应的时间，而短循环的情况则需要个体的即时回应和个体构成之群体的适应。① 环境条件的波动，从生活状况的周期性变化而言，需要立即的回应，尤其是对于食物供应。这里主要强调的是变化，而非为了群体生存所创造的或多或少“有利的”条件。应该注意的是，周期性影响所带来的效果受两个因素影响，即特定地区受影响的强度（某些地区受到更强烈的影响，而其他地区受影响的程度则较低）和个体心智丛的弹性。后者类似一种文化和生理适应形式，它具有或强或弱的弹性，如果弹性较高，人群单位则允许在无害的前提下改变环境；但如果弹性十分有限，人群单位则只能在习惯的条件下生存。季节的和日变化的周期性的确会影响平衡系统，但由于持续时间很短，每个人很容易适应这些周期性变化。不过，季节的周期性确实很重要，可直接或间接地体现，这明显地体现在不同旅行者的报告中，他们观察到不同季节集中发生的精神紊乱，诸如冬季。但是，就通古斯人而言，我不确定是否有季节性变化带来的影响。我未观察到通古斯人的季节性精神紊乱。但是，我怀疑其他群体中的如下现象，即迫使其钝化的因素，驱使其分散抑或聚集为一个群体的需求，在多大程度上足以被视作“病理”状况。日变化对行为也会产生很大的影响——早晨的个人精神紊乱发作对

① 我将暂时搁置个体如何应对能量的问题，主要是电能，似乎是太阳在不同的耀斑周期释放的能量，我所了解的调查并没有说明其他族体会在多大程度上受这个因素的影响。这类调查曾在俄国人中间展开，我们不能推测同样的反应态度是否在通古斯人中存在。我承认，某些族团在这方面具有很大的灵活性，不会对太阳这一特殊因素产生任何直接反应。不过，这里的问题只局限于直接的影响，而由“植物-动物-族团”平衡产生的间接影响可能会大大地影响个人，尤其是族团整体。

通古斯人而言是难以置信的，最容易发作的时间是傍晚之后。不过，上面描述的状况包括了几个方面，即晚上相对空闲、容易在黑暗中隐藏，以及白天劳动之后神经疲倦等。某些要素与环境条件的变化无关，不能像光线、温度以及在黑暗环境中更为活跃的特殊射线那样对个体产生影响。季节性尤其是日变化的持续时间很短，个体的心智弹性很容易产生。

通过上述对变动环境影响的考察，我们可以假定，精神紊乱尤其容易在环境变化阶段发生，特别是与太阳黑子活动周期（11 年至 12 年一个周期）以及居住地点变化后的气候改变有关。

派生性环境也是造成大众精神紊乱的一个因素。其实，任何重要的变化，例如食物供应方法、社会组织体系等，都需要心智丛的再适应。当然，心智丛适应过程中的不稳定性是众所周知的事实，这里不需要任何专门的评论，问题在于心智丛再适应的强烈程度。其实，如果心智丛再适应的时间很长，这一过程的进展速度会十分缓慢，不会影响到功能性的心智丛平衡，但如果这一过程要求短期完成，群体和个人则需要付出特别的努力，很容易导致心智丛的暂时失衡，促发精神紊乱的产生。通过这种方式，我们提出以时间单位表示的变化过程的相对性观念。因此，如果派生性环境以特定的速度变化，心智丛必须持续变化以实现自身适应，在新创造的适应性平衡体系中维系其功能有效性。当然，当变化的速度非常快时，心智丛不能以相应的速度适应，内部的冲突是不可避免的。这种情况下，个体和大众精神紊乱很容易发生。①

另一个相对性因素是心智变化的先天能力，即个人和大众心智丛的弹性。② 现在，我们不能进一步推进这一判断，因为事实上我们不知道族团是否有某些先天因素，即不同程度的“保守主义”，坚持既存文化丛；或者是

---

① 参见前文第 34 页。

② 在对他族团的反应态度的影响下出现了一种伪科学的解释，即通过遗传性（种族的）来解释族团的差异，此观点最近十分流行。自然，随之立即出现反对声音，通过“文化”差异、环境差异解释族团的差异。两种观点都不是“事实”。两种适应形式事实上是相同的，特定的功能现象无疑受有机体的形态以及生理特征的影响，因此在特定范围内“先天因素”可能起作用。遗憾的是，关于这一问题，目前还没有充分的调查——我们现在不能认真地用到搜集的全部“事实”。

“改革主义”，对既存的文化从不感兴趣，随时准备改变文化。有一点是明确的，即特定的范围内，心智丛弹性适应能力的变化不仅取决于先天条件，同时也取决于派生性环境的变化速度，族团已经适应了这一变化速度。因此，主要条件似乎是平稳的变化速度，速度本身与“完全的资本化和分期偿还”所产生的变化相似。在这一问题背景下，我们触及了另一个问题，即变化的推动力及推动力在利用阶段的强度和人口增长过程。这一问题适用于十分平衡且未处于衰落状态的族团；但在衰落的族团中，由于反向的运动，情况更为复杂——失去适应和适应性，对族际压力缺少必要的回应。这些问题我暂时不予讨论。

最后，在不是由变化的派生性环境所要求的再适应情况下，心智丛的变化也可能发生。这里我讨论的是族际压力和既存的心智丛要素增加或减少的情况下发生的心智丛失衡。这些现象前文已经述及，下文会继续讨论。

族际环境以其直接或间接的表现形式会给心智丛带来最大的影响。间接影响包括物质文化、技术适应和社会组织的变化，这些是在族际压力下不得不做出的改变。直接影响是模仿外来观念（理论、概念）和行为带来的压力。在本节的开篇部分，我精确地讨论了这一影响的图景，因为很明显的是，它主要受与其他要素相区别的单一要素影响。我们发现，通古斯人在相邻族团中发现的某一新神灵在特定条件很容易被引入，而且这一事实本身足够撼动个体和群体的心智平衡，由此产生大众精神紊乱。通过这种方式，族际环境的压力是族体心智失衡持久的和直接的来源，或者更确切地说，心智丛需要不断调整以适应族际环境的压力。

上述通古斯人中引起通古斯人大众精神紊乱的因素——这些归纳的因素也适用于处在相似条件下的其他族团——表明两种理论上的固定极限：（1）理论上（而且仅仅是理论上）的完全稳定的情况，包括两种形式，静态的稳定和动态的稳定；和（2）完全的不稳定形式，也包括两种形式。其实，如果基础环境稳定、派生性环境稳定（很好地适应了既定环境）、族际压力稳定，可能会带来心智丛的完全稳定，主要由生理因素功能失衡带来的个体精神紊乱处在“正常”因素的“正常”变化范围之内，则不会进一步传播。此外，平衡的环境和环境变化速度的正确调整，会导致心智丛对环境的变化予以正确的适应和回应，形成动态平衡系统。从诊断的观点看，这些案例并不难理解，而且在现实中，我们很难观察到静态平衡。

作为理论假设，心智丛的完全的不稳定状况，可能被怀疑为静态的不稳定。在这种情况下，族团的生理因素被视为精神紊乱的持续根源。这并不是普遍状况，在族团的历史上，只有发生完全的生物衰退，近乎灭绝的状态，这种情况才可能发生。如果再加上族际压力，这些族团可能在几年之内完全消失。心智丛缺乏对族团正在进行的变化和变化速度的适应。这种情况也不会频繁发生，它是一个理论假设，因为族团如果没有能力维系心智丛，很快就会消亡。

我们所观察到发生大众精神紊乱的群体，常常处于上面指出的范围的中间状态。在现实中，完全的动态稳定和完全的动态不稳定是很难观察到的，因为这两种情形只在很罕见的情况下发生，持续时间很短，族团的平衡动摇时，大众精神紊乱的持续不会超过几周或几个月。第一种情况，族团的心智平衡被恢复或族团衰亡；第二种情况，向心和离心运动重新塑造了族团，此前的心智平衡被恢复。

这里，为了避免可能的误解，我想指出，在某些族团中，大众精神紊乱会采取新的形式，它们不容易辨识，通常不被注意到。这经常发生在向积极的方向变化的族团中，大众精神紊乱经常不被注意到。相反，如果族体向消极的方向变化，大众精神紊乱的表现很容易被发现，因为它们经常重复某种过去经历的表现形式。其实，在观察其他族团的过程中，情况更为复杂，因为观察者的反应态度经常源自自身的文化丛，因此正常现象可能被视为“大众精神紊乱”，而真正的精神紊乱则可能被忽视。

经常发生的是，观察者通过限制其工作范围内不可避免的错误，把目光局限在一组选择出的事实中（例如，“行为”是一种选择方式），放弃了分析整体的心智丛的打算。这一正当化避免处理问题的行为，让调查目标（即发现群体管理心智丛的机制）的实现几乎没有可能。

毫无疑问，任何对这一问题感兴趣者都会问：新神灵在多大程度上会带来大众精神紊乱，而且族团的一般心智—生理因素在多大程度上导致新神灵的出现？这一问题可能会被按照提问者本人的心智丛来回答，但对我而言，如果我们没有对于心智—生理因素的直接表现的洞察，这一问题甚至不能被提出。对于一种心理—生理状况的特定认知（物理化学形式和象征形式）、这种状况所激发出的文化丛及其所形成的合法化体系，不允许我们抽象理解其中的单一方面。即便是在对大量案例成功分析的情况下，也不允许我们进行概括，仍会有一组事实未被分析和描述，它们隐藏着巨大的秘密。换句话说，我们目前的知识不能帮助我们充分做出这类概括，甚至不能对这一体系做出恰当的描述。

在通古斯人中观察到的此类情况应该被分析和描述，但提出的问题应留待未来回答。

如前文所述，在某些情况下，我们可以从其产生原因和精神紊乱影响的角度谈论神灵，而在其他情况下，我们可以讨论作为原因的精神紊乱，以及作为效果的神灵，不仅从时间的角度，而且从分析的角度。此外，还有大量的状况不能得到明确的分析。为了说明这一分析的困难，现在我们可以指出，当考察发生在精神紊乱之前的神灵时，外来神灵及其历史总是不确定的，因为神灵可能只是对过去存在的精神紊乱的新阐释（“认知”）。还有一种更难分析的情况，即体系的两个方面——精神紊乱、对精神紊乱的认知和解释（神灵）——是同时发生的，例如在族际压力下。

92. 精神紊乱的形式以及受影响的单位

现在，我将描述精神紊乱是如何传播并影响到人群单位的。阐述这一问题的最好案例就是氏族神灵失去其主人（萨满）的情况。

我们已指出，通古斯人相信某些神灵可以附体，他们也相信，这些神灵可以被氏族中某一成员掌控。当这些神灵没有主人时，它们会附体于氏族成员带来伤害。通过前辈人的经验，通古斯人了解到神灵自主性附体带来的影响。如果氏族中有一位管理神灵的积极主动的萨满，当神灵附体于氏族成员时，萨满可以很容易驱逐它；但如果萨满由于身体残疾、疾病等原因不再积极主动，或者是去世，其掌控的神灵是不能被驱逐的。在这种情况下，我们得出了明确的认识，即神灵在什么条件下变得有伤害性，当神灵有伤害性时，会发生什么，如何控制神灵。这样，对神灵的操纵和处理大众精神紊乱构成一个复杂的民族志文化丛，逐渐形成而且保持内部平衡。

如果神灵是自由的，可能因为萨满的死亡或萨满放弃对神灵的实际控制，它们开始附在氏族成员身上，带来各种各样的有害行动。例如，在神灵的影响下，一位优秀的猎手不能杀死动物，因为神灵可能会把猎枪抬高、放下或转到一边。他的家人和其他依靠其狩猎所获为生的人，则不再能够获得食物供应。其他氏族成员一旦了解到这一情况，可能也会狩猎失败，所有人相信神灵因为想要某物，通过阻碍狩猎活动引起氏族成员的注意。同一个复合性神灵的其他表现形式，或某一其他神灵可能附在氏族中的年轻成员身上。

某些年轻成员会失去正常的睡眠，在半睡眠的状态下坐在炕上说话或唱歌，得不到必要的休息；他们的思想会集中在困扰他们的神灵上；他们可能会心烦意乱、心不在焉；他们可能会放弃或不履行家庭事务中的职责，逐渐失去劳动能力。某些氏族成员可能“逃到岩石和森林中”，在没有食物的状态下会待上数天，甚至某些人会死去。其他偏于“奥伦现象”者，在不受控状态的瞬间可能变得危险，他们可能向引起反射的对象扔各种器皿、燃烧的木头或撒热水，他们甚至可能会使用武器、刀、斧头或步枪，因此最为无害的和消遣性的奥伦可能变成科杜。某些氏族成员在承担重要责任的时刻，例如渡河、抱着孩子、处理热水和火的过程中会“神经发作”。在一个事件接着一个事件的过程中，可能会有几个人一起死去。

这是一种真正的大众精神紊乱，使氏族完全陷入社会和经济的瘫痪状态，威胁到氏族的生存。

其实，在这些情况下，可能没有干扰因素，关于神灵“自由”的观念和对族团整体状况的理解只不过是遵循特定模式的民族志学现象。如果某位男性或女性可以“掌控神灵”，这些情况则会随时中止。“掌控神灵”可能在大众精神紊乱之初或严重之时完成。

通古斯人告诉我，有时某一氏族可能被影响很长一段时间，这期间，氏族不能找到神灵的“主人”，神灵不能被驱逐。这一情况下，氏族单位会逐渐失去控制心智生活的能力，其成员会一个接着一个死去。其实，这一死亡现象并非源自偶然事件，而是受到某类神灵的长期折磨，氏族成员会死于传染病（其他类型神灵）、营养不良等。族团中的其他氏族可能会干预这种情况，但一般不会成功。

上面描述的情况并非只发生在氏族之中。如果带来伤害的是氏族神灵，则只有氏族成员受影响，但如果神灵不是氏族神灵，整个族团或区域单位可能都会受到类似氏族精神紊乱现象的影响。

根据通古斯人描述，神灵可能是外部传入的，即源自其他族团且未被掌控的神灵。从个人的角度看，我未观察过这种情况，但从理论上说，它们是可能的。我们可以假设，通古斯人发现某一新神灵，例如阿杰勒嘎。这位神灵会伤害居住在或造访特定地点的人，不管他们属于哪一个氏族。但是，某些氏族可以掌控这一神灵，例如毕拉尔千人中某一氏族的情形（参见前文，第 317、344 页），只有当神灵有一位“主人”，它们才不会再伤害氏族成员。但是，其他氏族的人容易遭受神灵阿杰勒嘎的侵害。在多数情况下，这类新神灵的出现不会被立即了解，只有逐渐在某一氏族中被掌控后，其活动才能被消除。因此，有关族团自我保护功能的假设认为，几乎所有带来精神紊乱的神灵都能在氏族中被掌控。不过，某些神灵尤其是外来神灵，是根本不能被掌控的，因此与这些神灵斗争的方法十分复杂，例如，在氏族神灵的帮助下中立神灵的活动，尤其是在萨满的帮助下中立神灵。在这种情况下，这种“治疗”并不是自动的行为，需要在具体的实践中予以解决。根据通古斯人的理论，某些神灵是不能被驱逐和中立的。更为复杂的是，通古斯人并不了解所有的神灵。其实，某些传染性疾病，例如流行性感冒、很可能包括斑疹和伤寒等，都由神灵象征，一般的方法即掌控或驱逐神灵是不能战胜这些疾病的。此外，在某些情况下，大众精神紊乱的心理状况会被错误地理解为由相同的神灵导致，或者更确切地说，是这些神灵的未知表现形式导致的，因此萨满可能会放弃干预，精神紊乱可能会带来最为有害的影响。这尤其发生在未被认真研究的新的外来神灵中，它可能会被赋予其在原初文化中所缺乏的力量。俄国人和汉人神灵普遍属于此类情况，当这些神灵出现在通古斯人中时，他们不能直接了解这些神灵的全部特性。不过，随着时间的推移，通古斯人逐步熟悉神灵，附加的理论通常会变得详尽，潜在的大众精神紊乱被清除。

其实，神灵会更为频繁地影响到较小的地域单位，尤其是村庄，由于村民间的密切相处，新神灵很容易传播。从规律上说，神灵带来的影响与其对族团的影响没有区别，与新神灵斗争的方法也是如此。

我刚指出，在与新神灵斗争的过程中，相信大多数神灵局限在氏族范围内而且在氏族范围内被掌控的观念，起到很大的作用。其实，就支持这一态度的事实而言，它并非没有基础。在描述神灵的过程中，我们发现，氏族心智的独特性的确存在，它们可能以特殊的神灵来象征。这些独特性包括两层，即在一定程度上，它们可能是“遗传性”因素，而且构成一个功能性的文化丛——“一种社会性格”。通古斯人自身意识到遗传的事实，包括我阐述过的持续几代人的特殊性行为（《北通古斯人的社会组织》，第323页）、遗传性的性特征，以及氏族中有影响的行为，例如毕拉尔千人中杜南坎氏族受各种心智失衡的困扰。氏族特征的一部分很可能是遗传性的，例如兴安通古斯人的巴亚吉尔和卡勒塔吉尔氏族（《北通古斯人的社会组织》，第343—344页）。如果我们给氏族传统附加上遗传性特征，很清楚的是，通古斯人会形成某些神灵局限在氏族中的观念。我们现在可以找到如下事实支持这一观念，只要氏族存在，氏族成员就会更熟悉他们自身的文化，在特殊的环境中（一个氏族，即家庭群），彼此间的交流更自由，成员之间心智上的联结范围要比同一族团成员之间心智的联结范围更广。如果我们注意到通古斯人的氏族组织的基础仍为二元主义原则，受交表婚原则的限制，两个通婚氏族间的特殊氏族神灵观念往往相似。这一规律也适用于保持通婚关系族团间代代维系和传承的心智丛。对于心智丛，通古斯人很自然地接受了如下观念：某些神灵是不能影响通古斯人的。

因此很明显，在大众精神紊乱方面，氏族组织十分重要。这不仅源于通古斯人认为神灵可以影响整个氏族，同时也因为氏族是特定心智倾向的承担者，特定的精神紊乱以及文化丛的界限是氏族。从通古斯人各群体目前所处的状况看，氏族组织正处于衰落状态，更容易受外来神灵的影响。这并不排除族团中的更小群体中的大众精神紊乱更容易去除。因此，族团衰落现象不仅体现在社会组织的瓦解，同样也体现在普遍易于发生的大众精神紊乱现象。在这种状况下，我们遇到很多通古斯群体处于社会系统的再组织的状态，尤其体现在西伯利亚地区，也包括部分满洲群体。实际上，面对所有这些解组现象，通古斯人不能理解其原因和结果。此外，如果有一代人失去了对有害神灵的信仰，氏族组织的瓦解会加速这一进程，因为信仰的维系和实践在氏族组织中进行。应该注意的是，通过描述通古斯人氏族组织中的精神紊乱，可以看出，某些学者使用特殊“宗教”单位的观念是十分荒谬的。

大众精神紊乱的发生和解决局限在氏族、地域或族团等同一单位中。在通古斯人中，氏族在这方面具有重要位置。例外的情况是，当神灵和精神紊乱的范围超出氏族时，则表明氏族正处于文化和社会的解组状态。

93. 精神紊乱的象征及其治疗方法

如前文的论述，大众精神紊乱会影响到氏族和其他族团单位，这些单位可能会衰亡。此外，通古斯人容易受个人要素影响，这种要素容易诱发大众精神紊乱。但是，我们也发现，精神紊乱的根源一方面可能源自先行假设、理论与外来影响，另一方面主要受身体原因的生理因素影响。通古斯人只能通过神灵活动理解所有这些现象，由于通古斯人的解释是丰富的，精神紊乱的象征及其分类十分重要。对心智现象的分类和分析构成通古斯人当前的需求之一，如果没有分类和分析，通古斯人可能成为精神紊乱现象的牺牲品。如果我们想弄清楚心智丛的管理和抵御有害现象的机制，从科学角度而言，通古斯人的假设正确与否并不重要。在假设的帮助下，如果通古斯人能对心智紊乱进行分类，而且能抵御精神紊乱，恢复心智平衡，则表明他们在解决这个问题的实践上是有效的，因此是正确的。在这方面，通古斯人的成功之处在于不把这些现象视为“病理”情形，而是视作应该被管理的“正常”事物秩序。在欧洲文化中，我们抽象概括一系列的心理现象，但对这些心理现象的管理不在医疗技艺的干预范围内，同时，我们也区分出一系列“病理”现象，其中一部分可以被治疗，其余部分则治疗无望。欧洲文化中还有表现出系列症状的非病理情况，尽管这些大众精神紊乱的危险性不比通古斯人中的大众精神紊乱程度低，但仍未得到分析和“治疗”。后文我会再次讨论这一问题，因为把欧洲文化中的这些群体与通古斯人相比较可以帮助我们理解通古斯人中观察到的“大众精神紊乱”的“病理”特征，只有在欧洲人的眼中，通古斯人的精神紊乱才具有“病理”性质，而他们却未注意到欧洲人中表现为新的、此前未知形式的类似现象，根本未注意到心智丛的自我管理机制。使用“观念”“运动”“哲学体系”“流行的心理学理论”和其他现象代替通古斯人的神灵及其所象征的状况，并不能理解通古斯人中的大众精神紊乱；其他方法不能如萨满教那样更好地理解大众精神紊乱——不会改变这一现象的性质。欧洲人和通古斯人大众精神紊乱的形式不同、内容不同，但本质确实是相同的。很自然，欧洲人群中的大众精神紊乱更为复杂，欧洲人群的人口众多，因此大众精神紊乱的民族志表现也不会如通古斯人中那样简单。

值得注意的是，通古斯人对大众精神紊乱进行分析和分类（象征）时，并未意识到正在施行自我管理体系，他们的活动可通过并不十分抽象的事物解释。他们努力探索摆脱神灵影响的方法，或者说是摆脱神灵象征的有害心理状态影响。而且，这一行为并非直接抵御一般意义上的神灵，而是在具体的案例中，帮助受影响者。通古斯人抵御的神灵可能是一组神灵，也可能是一个个神灵；解决的办法取决于精神紊乱的特征。

通古斯人达到管理心智丛的目的并不容易，因为这一过程中会出现很多变化；接下来，我将描述对于此过程的粗略认识。

案例Ⅰ. 熟悉的侵害神灵。受影响者表现出特定的有害症状：部分失去意识、非自主性的运动、“身体呈弓形”、说特定能够被理解的词语和句子等。这种情况下，必须召唤另一位神灵，在这位神灵的帮助下驱逐侵害性神灵，或者请求侵害性神灵离开受影响者的身体。如果影响神灵的效果是正面的，这一诊断则是正确的，这一方法可用于解决其他症状上相似的案例。

逐渐地，通古斯人创造出一组特殊性质的神灵以及排除这些神灵的方法。

案例Ⅱ. 不熟悉的侵害神灵。受神灵侵害者表现出某些从未见过的症状，说出含糊不清的词语（它们可能是外来词语）等。这表明侵害性神灵

（使用外来语言）可能是一位外来神灵。如果其他族体中有这一神灵，必须借助直接的询问才能确定，这种情况可通过其他族体了解的方法解决，或者借助获取侵害性神灵信任的方法解决，还可以在某些被熟知的神灵的帮助下驱逐侵害神灵。如果这一操作获得成功，就会被应用到其他类似的案例中。如果这一操作无效，就会对已知方法做出新改动，或对未知神灵的特点提出新假设。确定神灵的特点以后，通古斯人会使用各种方法驱逐神灵。如果其中的一种方法奏效，则会被整合到既有文化丛中。如果不奏效，这种神灵式侵害情况就会被视为没有希望的，无法被成功解决，直到经过反复的试错，最终找到正确的方法。不过，后文会详述，某些心智困扰不会被通古斯人归因于神灵，而是身体原因。

毫无疑问，沿着这一逻辑，通古斯人最伟大的发明之一即掌控神灵。我们很难说清楚这一发明是如何形成的。可能的情况是，这根本不是通古斯人的发明，而是对某一其他文化丛的阐释，通古斯人接受为“掌控”。实际上，由于神灵可被掌控并服从人的意志，由一个或一群神灵造成的大众精神紊乱情况，可通过“掌控”神灵加以解决。如果这样，受神灵影响者可摆脱精神紊乱获得自由，这是大众治疗的一种方法。但是，并非所有的神灵都能被立即掌控，因为前提是理解神灵的性质和驱逐方法。某些神灵会在很长一段时间内带来侵扰。不过，通古斯人不需要掌控所有的神灵，并非所有的神灵都是有害的，并非所有的神灵都有用，至少某些象征传染病的神灵是未被掌控的，只能在需要的时候召唤它们。另外需要补充的是，一些神灵很长时间内都在神灵名单中，却始终不活跃。关于神灵的分析表明，某些神灵在各方面都有相似性，并非所有的神灵都能用到。一些源自其他族团的新神灵代替原有神灵后，由于惯性原有神灵被保留下来，这在某种程度上也源于如下假设：掌控的神灵数量越多，掌控者就越有能力。因此，通古斯人通常聚集大量神灵。

通古斯人的另一个重要发现是，一个神灵可以用来对抗其他神灵，或者一组神灵可以用于对抗其他神灵。因此，掌控的神灵可被用来作为对抗其他神灵的武器。

不需要重复的是，通古斯人相信大多数神灵具有人的性格和爱好（这是一个有实用价值的假设）。其实，这在很大程度上有助于通古斯人操纵神灵。这是一个有意思的事实，人类创造的神灵反映了自身的心智丛。在这方面，假如我们承认其关于神灵独立存在的基本假设，根据我们了解的通古斯人对神灵的分析和知识，通古斯人眼中的神灵十分接近现实存在。

目前，我们面临的问题是，通古斯人在实践中是如何抵御神灵的。通古斯人需要了解氏族、族团甚至是相邻族团广泛的神灵知识，能够分析神灵出现所引发的症状，而且，了解中立神灵活动的知识方法也是必不可少的。因此，很明显的是，通古斯人非常需要了解神灵知识和抵御神灵方法的专家，他们必须是优秀的诊断者，更不用说其权威性的个人性格了。这种专业化是成功抵御精神紊乱的条件之一。在通古斯人中，处理这些问题的专家是萨满，他们在管理心智丛方面体现特殊的社会功能。事实上，这些功能根本未被通古斯人认知到，而他们主要通过试错的方法，经过长时间的适应，创造性地发挥这一功能，当调查者熟悉和分析萨满其人后，会发现他们通常有非常强的洞察力和预见力。

但是，如后文将提及的以及在讨论玛法信仰部分已指出的，萨满会遇到反对，不得不面对其他方法的敌意和“竞争”。这些情况是在特定平衡系统中形成的“正常”社会现象。在不能理解萨满教功能机制的观察者眼中，玛法信仰、祈祷和献祭等其他与萨满功能“竞争”的方法的重要性被过度强调，这可能会遮蔽萨满教的实际功能。

萨满的一个非常独特的特征是“掌控”神灵，他们可以自如地让神灵附体，通过这一操作，使氏族成员或同村村民，以及所属单位中的大多数人摆脱神灵的影响。在整个操作过程中，附体萨满的神灵被萨满支配，而不是神灵支配萨满。萨满的这一功能可被比喻为安全阀，[①] 后文在讨论过萨满本人与萨满教实践者的心智丛后，这一判断会更为清晰；但目前，我忽略了这些细节。

尽管通古斯人理解了萨满的安全阀功能，但假设萨满和萨满教是被通古斯人完全认知的文化丛则是错误的。其实，萨满教表现的形式完全掩盖

① 在我发表的第一篇关于萨满教的文章中，引入了此概念（1919，《通古斯人萨满教基础的研究》），本文结论部分翻译为英文发表在《亚洲皇家学会华北分会学报》，第 54 期，第 246~249 页，并添加在《北通古斯人的社会组织》的附录部分，第 364~366 页。

了其功能。首先，萨满帮助受影响者是一种个人化的服务；其次，掌控神灵在萨满候选人特殊心理状况的表现中完成；再次，人群单位摆脱大众精神紊乱往往是未被注意到的；最后，对于表演者和观众而言，大多数萨满教表演的美学方面是有吸引力的。其实，这是心智丛的自我管理机制的一种形式，其他人群中也有这一现象。通常情况下，这种自我管理机制往往在未被认知的前提下存在。而且，我们可以假设，一旦这一机制被认知，其管理大众精神紊乱的功能价值则会被破坏。

这里我不想提出本节的结论，而是讨论管理个人和大众精神紊乱的政策问题。从实践方面来看，这一问题和我们无关，但它也涉及民族志方面，因此，这个问题是值得分析的。在简短地讨论个人和群体中发生的心智紊乱后，政策制定者十分真诚地想干预族体生活（诸如满族人和通古斯人），满足自身的利益，具体可能总结如下。由于精神紊乱可能通过关于神灵的既有理论解释，首先，必须完全废除创造和维系精神紊乱的理论和萨满教，这是持有不同文化丛的族体的态度，这些族体相信，通过这一举措，它们已经让自身达到更好的“文化”阶段。我们可以在俄国人、汉人和部分蒙古人中观察到这一态度，他们想把通古斯人和满族人从恐惧神灵和“野蛮的”萨满教实践中解放出来。在这方面，统治西伯利亚不同人群的苏联共产主义者，相信自身已经摆脱了“迷信”，他们利用“科学的”“唯物主义的”和“马克思主义者”的身份证明自身的合法性。后文我会继续详细讨论此问题。其实，在所有现代教育方法的帮助下，毁坏通古斯人的神灵信仰并不难。利用某一宗教如基督教代替通古斯人的信仰在实践中是可能的，同样，用即将到来的社会主义乐园信仰代替通古斯人的信仰也有可能。如果观念的改变可为通古斯人（个人）带来某些实际益处，这种替代十分容易，打击萨满与萨满教文化丛更容易。系统的“管理”和“政府”命令可在两代人之内完成。但问题是：神灵对精神紊乱影响的基本假设是否能被接受？如果神灵信仰以及作为安全阀的萨满教被摧毁，精神紊乱会消失，还是会表现为新的且未被预见到，而且不能被立即辨识的新形式？如前文所述，我们不能回答这些问题。因此，在“文明”人中，为什么“蒙昧”“野蛮”这类启蒙观念如此普遍？可能有其他原因。当然，其他族体未被专门关注过，如果小群体处在不受控的心智紊乱状态中，则会完全消亡。从被观察到的事实中，我们可以预见这一可能性，也就是说，受精神紊乱影响的小族团，在未受帮助的情况下，可能很快消亡。大规模的群体则相对容易度过心智失衡阶段，即便在心智丛自我管理机制未形成的情况下也能如此。其实，抵御精神紊乱能力的部分缺失和人口的部分失去并不意味着族团的毁灭：族团的内部分化会导致产生心智丛的自我管理机制，通过保持抵抗能力和人口维系，它有一定的机会恢复其在族际环境中的地位。但是，一个小族团，一旦失去抵抗能力、人口减少，就不能生存下来，通常的情况是，小族团中的个体在灾难后会分散，加入其他族团。在族际压力不断增长的情况下，只有大规模的族团和族团殖民地才能创造出更高级的适应，并由此得以存续。这是族团变化的一个有意思方面。由于这个原因，在小规模的人群中做实验，比在大规模人口数量多的人群中做实验更危险，因为这会威胁到小规模族团的生存。与此同时，在大规模的族团中做实验更为容易，因为小规模族团要比大规模族团受到更大的压力。

实际上，通过放弃神灵信仰和萨满教（包括其他相似的自我管理机制）来表现对大众精神紊乱的担忧，实则只是族际压力的一种合法化。因此，首要的是必须从民族志学的角度，即从族际压力影响的合理化说明的角度加以澄清，是神灵产生精神紊乱，还是精神紊乱产生神灵。

一个事实很明显：族团拥有一个神灵（信仰）系统，以及一个有组织的心智丛自我管理机制。在这一机制的帮助下，大众精神紊乱（这并非神灵和萨满教信仰者独有的现象）可以被管理，族团在特定的环境下可以很好地适应环境并存续。其实，精神紊乱、神灵信仰与安全阀机制不能被隔离开，它们是心智丛中同一功能的不同方面。在前文所描述的形式中，我们把精神紊乱视为“病理”现象，还是视为能够由萨满教管理的正常现象更为安全？这是摆在我们面前的紧要问题。因为欧洲人群中被观察到的大众精神紊乱现象根本不会被视为“病理”现象，而是通常被贴上“进步运动”的标签。需要补充的是，欧洲人对“萨满教”和“精神紊乱”的大多数观察尤其关注其外在形式，它们有时可能会被夸大，这实则只是欧洲人对异文化的民族志学意义上的反应。多数情况下，这些反应态度严重受

“高级文化”观念的影响，是对弱势族体施加压力的合理化说明，认为弱势族体迟早会被强势的族体所毁灭。由于这些局限，直到现在，民族志学也未比其他“人文学科”走得更远。

第22节　萨满教概说

94. “萨满教”：概念的起源

作为科学术语，“萨满教”（shamanism）一词源于“萨满”（shaman）。因此，我们有必要考察“萨满”一词的起源。17世纪，俄国人最先记录了通古斯人中的“shaman”一词，并传入西方文化中。随后的一个世纪里，格姆林、格奥尔吉、帕拉斯以及历史学者米勒等旅行家描述了通古斯人中称为“saman ~ šaman ~ haman”专家的表演实践。进入西方文化的“shaman”一词，毫无疑问源自西伯利亚西部的通古斯人，俄国人将他们使用的s'aman感知成šaman。在欧洲，这个词的出现比俄国稍晚，尽管雅布兰·伊戴斯曾介绍“萨满”一词，但直到18世纪末期，通过俄国旅行家的自传，欧洲人才熟悉这个词语。其实，萨满最初被理解为一种“异教徒巫师”，直到现在某些外行人还持此观点，① 这在某种程度上妨碍了人们对此现象本身的理解。

通过考察所获事实，可以发现，满语中的saman一词表示完全不同于p'oγun saman（标浑萨满）的现象（参见前文第451页），这导致人们接受并使用“shaman”指代与神灵沟通的特定类型专家。② 在这方面，将“shaman”和“Tungus”两个词语的历史做类比很有意思，其中体现三方面事实，即事实不充分前提下的“西方化”概括、“象征主义”的强烈影响、术语的偶然起源。不过，这两个词语的历史差异也值得注意。后文会介绍，

① 伯希和定义如下：“‘chamanisme’一词，来自西伯利亚社会的‘chamane’一词，是与宗教信仰有关的社会角色，萨满和巫师的性质相同。”显然，这个定义是给相当无知的人看的，可能是伯希和想让不熟悉民族志学的学者了解此现象。

② 必须指出的是，就在满族中所观察到的仪式情况来看，满族人与神灵沟通的文化丛并非“巫术”，而是对佛教的一种适应（参见朗哥赖《鞑靼—满洲人的仪式》，第14页）。

在遇到欧洲调查者之前，通古斯人吸收了“saman”一词，“Tungus”与“tung-hu”并未进入通古斯人的语言之中，两者来源不同，用于表示不同的族团。民族志研究者考察西伯利亚其他族团的过程中，发现这些族团甚至不知道“saman”一词，这导致他们提出一个普遍化的概念，表示与基督教和其他“宗教”不同的文化丛，因此，只是通过简单的一步，他们就概括出一种新的宗教“萨满教”。萨满教包含的民族志要素，也出现在世界其他地区的族团中，于是，“萨满教”一词获得了更为广泛的应用，被用来表示不能归类为基督教、佛教、道教、伊斯兰教、喇嘛教等，以及埃及、巴比伦、罗马、希腊和其他人们所知的历史上人群的古代“宗教”的文化丛。在这一前提下，超出上述“宗教”理解范围的各种医疗实践，甚至未被理解的以及有时用“巫术”表示的一些文化丛，都被置于“萨满教”名目之下，甚至著名的“巫医”现象也被归为“萨满教”的范畴。从此，“萨满教”概念失去科学价值，表示各种奇怪的“原始的”实践、难以置信的思维方式。它所呈现的图景突出了欧洲文明的优越性，体现了学者的天赋和创造力。对于学者而言，这一思想潮流是灾难性的——它只是大众的心智丛的反映。而且，积累的事实不充分，不利于假设的解释与分析的稳步进行。不同理论连续提出而后遭到拒绝，我们远未达到完整的“萨满教”知识建构，仅有事实碎片的积累和粗略描述。因此，作为欧洲学者建构的概念，“萨满教”一词已经无效了，我们必须重新回到萨满教调查的起点，即通古斯人的萨满教之中。①

萨满的词源学

在通古斯语中，“saman”一词有很多变体。事实上，我们可观察到（1）saman（涅、毕、兴、曼）（乌鲁·卡、涅吉·施、巴牧·波）（满语口

① 在目前关于萨满教的描述中，读者几乎找不到关于通古斯人“萨满教”的直接或间接参考著作。我只参考那些有某些科学思想的原创性著作，也包括那些尽管观点错误，却包括了一手的可靠事实的著作。我不引用这些著作（除了那些不在我知识范围的著作，这类著作不多）的原因不尽相同，具体如下：一些著作在概括方面不成熟；另一些著作表现出在理解这一文化丛现象上缺乏能力；也有一些著作对文献消化得不够充分；有些著作只是重大主题的资料汇编；还有些著作是新闻猜测式的；此外有些著作是剽窃作品。对以上所有著作进行评述是无用的，在科学领域，与其他类似作品一致，它们被视为浪费纸张、笔墨以及精力的无用作品。

语、满语书面语）；（2）haman（拉）；（3）xaman（图）；（4）s'aman-s"aman（巴、满驯、阿穆尔地区通古斯人）；（5）s'ama～šama～sama（果尔德人，什连克、施密特）（奥·施），也就是说，在所有的通古斯人群中都有“saman”一词的变体。在某些记录中，我们发现第二个“a”的音调（达·伊）和长度（巴牧·波）是典型的区别性特征。在我的大多数记录中，我的确发现重音落在第二个“a”上，但是，满语中的sama（满语口语）的重音落在第一个“a”上sáma，发音时，该词的第一个音节发长音ā和重音（总体上音调更高）。这个词最后一个发音“n”可以变为“ŋ”（满语口语·鲁、达），能被十分普遍地观察到，而且这个发音也可能完全消失（果尔德-奥罗奇群体）。其实，在许多通古斯人方言中，这个词的最后一个n是一个容易变化和省略的后缀。例如，在巴尔古津通古斯人方言中，有这个词的复数形式s'amas'al；一些其他方言中，可以见到在词根sama基础上产生的其他词语，也就是说，n被视为一个词缀；而其他通古斯群体中还可以见到samanal、samansa等。这些事实很有趣，因为它们体现了这个词语相当古老的成分，以及其通过类比形成的词缀的相似性。这一观点可通过samas'ik（毕、涅），hamaγik（拉）——“萨满服饰”，sama（满驯）、samdo（毕）（是满语samadambi→samda的派生词）——“萨满教表演”，以及前文所述由词根xaman演化而成的hamanda（拉）得到支持。在所有通古斯群体的语言中，这个词语表示掌控神灵的男女两性，他们可以自如地让神灵附体，运用自身力量对神灵施加影响，以满足自身的利益，尤其帮助遭受神灵侵害者；这一能力，主要体现在萨满拥有特殊的与神灵沟通的方法。这一含义体现在通古斯人的所有方言和语言中，无其他含义，但在满语中，这个词语前加上p'oγun，表示主要负责向氏族神灵祈祷和献祭专家，以及宫廷中表演神灵献祭仪式的专家。在通古斯语中，大量的词语源自sama（n），但除了这些变体形式，没有其他词语与saman有关，它是一个独立的技术性词语，[①] 因此这一词语一定是借用而来，要考虑最初借用词语的进一步语义变化这种可能性。

其他族团中，只有达斡尔人知道“saman”一词，他们使用“samán”

① 班扎洛夫、哈勒兹、奈莫斯及其追随者如劳费尔、P. P. 施密特的大量词源学解释是错误的。在“Śaramana-Shaman”部分（参见《萨满一词的词源》第116页，注解36），我指出了两个可能会带来误导的通古斯语词干，它们是在不成熟的词源学比较基础上提出的。

（伊）、“samaŋ”（波）。从历史上看，这一词语出现在女真语中，伯希和[①]在阅读12世纪的汉文文献时发现了珊蛮（šan-man），认为这个词与saman是一致的。伯希和将这段汉文文献翻译如下：“chanman，en langue jučen，cela signifie une sorcière.”[②] 因此很可能的情况是，12世纪在满洲地区的确存在这一词语，用来表示与汉人社会中“巫”相似的专家。[③] 其他族团并不了解通古斯语中的saman含义，用其他词语表示萨满［科瓦勒夫斯基指出蒙古人中的词语šaman，认为这是一个满语词（saman）］。通古斯人附近的其他族团中，表示萨满的词语有以下这些。（1）蒙古人用bügä、bögä、buge、bū̆ 这些词语表示通古斯人中的萨满现象；有学者已将这些词语与突厥语中表示“男巫”“巫术”的词语相比较。[④] （2）udagan（蒙古语）；odogoŋ，udaγaŋ（布里亚特语）；udoγaŋ（雅库特语），为“女萨满”之意。某些通古斯群体接受这些词语，例如idakon（曼·乌），odakon（涅），odoγan（满驯），idokon（巴牧·波），这些群体很明显受蒙古人（布里亚特人）和雅库特人的影响；应该注意的是，很多满洲通古斯群体都不使用这一词语（满洲的驯鹿通古斯人除外），阿穆尔州和滨海边疆区的通古斯人也是如此。[⑤]（3）突厥语各群体中出现以kam为词根表示萨满的词语，但这些词语并未出现在通古斯人方言中。后文我要探讨通古斯方言中的一些其他词语，尽管它们是专门的词语，但都不如saman重要。

劳费尔将buga、藏语的aba以及汉语中的bu（巫，“萨满”?）相联系。但目前，我将暂时悬置这一观点，因为它与我们目前讨论的问题无关。udagan系列词语在讲蒙古语的群体和雅库特人中仍然存在，北通古斯人对这一词语

---

① 参见《汉语文献中记载的内亚词汇的考证》，第468页。

② 对应的原文是《三朝北盟会编》“珊蛮者，女真语，巫妪也”。——译者注

③ 对于满族人而言，性别的限制并不重要，因此我们可以假设，满族人祖先所说的“巫”应包括男女两性。

④ 从语义变化的角度看，这一类型词语的词源学分析，由于作者根据本人熟悉的表达来翻译词语，因此有时会表现出不可逾越的困难。某些学者并未对“萨满”“男巫士”“术士”“占卜者”“预言者”“要把戏的人”“氏族祭司”“巫医”等概念做区分。能力不足的记录者或作者偶尔容易将上述所有术语“一般化”为“巫师”或“萨满”。但是，当我们在具体人群中考察被翻译的术语时，并非所有的词语都表示萨满。其实，这些术语是“文明学者”对所知甚少且与自身文化丛不同的一组现象的“概括”。

⑤ 特罗斯岑斯基指出了udagan一词的普遍性，意为“女萨满”，由此证明最初的萨满是妇女，男萨满是此后在西伯利亚群体中分化出来的（当然，这只是假设）。

的借用是很明显的，他们自己也承认这点。

通过把通古斯语“shaman”与其他语言中的词语比较后，首先可以发现，认为 saman 一词间接源于梵语 śramana 是正确的。对于这一相似性的批评认为，此观点目前只有历史的和民族志学的证据，①我们面临的唯一难题是如何重构这一词语从中亚传播到东亚的过程。②事实上，是哪一具体历史

① 这一比较观点最初出现在 18 世纪科尔泽（La Croza）和格奥尔吉的著作中（参见劳费尔《萨满一词的起源》，第 362 页），朗哥赖 1804 年明确写道：“这个词在传播的过程中逐步由游牧的鞑靼人改变。”（参见《萨满一词的起源》，第 16 页）雷慕沙、克拉普鲁斯、瓦西列夫、马克斯·缪勒、沙伊斯一直延续这种比较研究。当然，在许多情况下，这种词源分析只是一种猜测，因为 saman 和 śaramana 之间、作为文化丛的萨满教和佛教教派之间有本质不同。其实，考察两者之间的间接关联是有可能的。但是，直到最近，认为不能凭直觉提出此观念或出于各种目的不想理解此观念者，甚至否认通过传播链条和民族志现象的偶然联系将上述两个词语相联系。斯考特在 3 篇文章中强烈反对这种比较，认为这一观点已经成为历史陈迹，从词源学的角度看是错误的，认为 sam 对应突厥语 kam，把 saman 与 sambi（含义为“知道”，满语书面语）相联系［最近，P. P. 施密特在其著作《涅吉达尔人的语言学》（第 31 页）中延续了这一观点］。朗哥赖指出：“我相信萨满教是东方的原始宗教”……“满族人的 Saman 和 Sama 与巫师相似，类似突厥语中的 kam、kammea 或 Gham”等等；班扎洛夫提出一种幻想性的词源学分析；哈勒兹接受了斯考特的批评观点，尤其强调印度、中国和通古斯人之间没有关系，而且，汉语“sha-man”（沙门）与通古斯语 saman 不同。这一观点十分正确，但在另一种意义上，他提出臆测性的词源学解释，通过 samdambi 推测 saman 一词的含义为“鼓”（参见《中华晚期帝国的宗教与仪式》，第 28 页）。奈莫斯接受了斯考特的观点，同意 sam-kam 之间的关联，并且进一步提出“s-k”的发音规则。尽管劳费尔并未为斯考特的观点添加新证据，却毫不犹豫地支持奈莫斯的观点，用报道语体讨论并评价了奈莫斯的著述（参见我在《萨满一词的词源》中所撰“Śramana-Shaman”部分的内容）。在上述观点中，值得注意的是，所有反对者反对比较观点，提出了各自的词源学解释，但从通古斯语的语文学的角度看，其中没有一个观点是令人满意的。上述反对观点没起任何作用，却大大增加了这个词的词源学文献，从而形成一个“严重问题”，其中最大的阻碍即所谓学术蒙昧主义。

② 中亚地区缺乏相似的事实，以及缺乏佛教和萨满教的传播历史方面的事实，使放弃 saman-śramana 相似的观点显得是合理的。但随着中亚地区消亡语言的发现，情况在很大程度上发生改变。米列特最先指出吐火罗语 samāne 和通古斯词语 saman 的相似性（参见“Le Tokharien，” in Indogermanisches Jahrbuch，1914，VOL. 1，p. 19）。罗森伯格《波斯民族诗的酒与宴会》（《法国科学院人类学与民族志学博物馆馆刊》，第 1 卷，第 378～379 页）独立指出粟特语（śmn = śaman）和通古斯语中 saman 一词的相似性。米罗诺夫先后两次（参见其《萨满一词的词源》中的“Śaramana-Shaman”部分；以及《龟兹语研究，龟兹语中的印度借词》，《东方学年鉴》，第 6 期，第 164～165 页）比较了中亚地区的 samāne、sāman 以及 ssamana，认为这些词语源自梵文 Śramana，包括汉语中的沙门也转写自 Śramana。所有上述语言中，这个词语用来表示印度到中亚地区特定佛教宗派中的僧侣。因此，我们现在可以理解 Śramana 一词进入中亚地区的过程。在公元 10 世纪，这个词也出现在中国、西亚，甚至欧洲，其变异形式也见于古希腊人和波斯人中与佛教相关的文化丛中。

时刻，由谁将这一词语带到东亚，其他功能如何替代其原初功能的，我们没有直接的证据。但是，对相关事实的分析表明，这一困难并非如反对者描述的那么大，即术语、民族志要素甚至是文化丛的迁移是十分普遍的，而且关于萨满教和萨满的事实提供了许多此类案例。作为我的最终结论（当我们考察萨满教的所有细节以及佛教在北亚地区传播的历史后，这一观点会更为清晰），我现在可以表明，中亚和东亚通过契丹人（西辽）建立联系，随后通过其他东亚群体继续维系；满族人和达斡尔人的祖先非常熟悉佛教，这两个族体中现在也有 saman 一词；萨满教并非十分古老的文化丛，其中充满借自佛教（和喇嘛教）的文化要素，这已经在萨满教的神灵丛中有所体现；我们可以假设，saman 一词在整合到这些族团的过程中，未被蒙古人的文化丛接受；汉语中的沙门与 saman 一词无关。

前文已述，在一些非通古斯群体，甚至通古斯群体中，使用一些不同的术语表示我们所称的“萨满”现象。萨满一词的缺席并不会阻止我们将不同术语的承载者纳入萨满现象范围。因此，“萨满”一词将会作为一个科学的专门术语使用。从这一观点看，为了避免有意或无意地混淆这里描述的文化丛与已经创构的想象的文化丛，更为恰当的做法可能是彻底放弃萨满一词。换句话说，除了基于我的通古斯人研究的萨满教阐释，千万不能为萨满一词添加新的功能。

在这类讨论中，一个“象征”可能会带来整个讨论的偏离。尽管如此，我不想使用新术语，我希望能够保留“萨满”一词，运用到这里讨论的现象中。如果我们不在十分宽泛的意义上使用这一术语，同时清除其中各种有害的“毒瘤”（将萨满教与巫术、魔术、巫医联系在一起的理论），① “萨满”一词就可继续保留。

我在通古斯文化背景下定义的萨满教，与萨满有关。在非泛化的前提下，这一术语当然可以表示其他族团中的相似文化丛，不论这种相似性源

① 我可以使用一个新术语，但我认识到两个事实：首先，在未被“公众意见”认可的前提下，新术语一般会遇到反对；其次，在专业圈子内，沉迷于创构新术语而非新观念，是一种普遍现象，这有时会带来对新现象的误解。我相信，当某些旧的术语有缺陷时，应在赋予其新功能的情况下，尽可能地保留它们。

自特定族团文化丛的传播，还是平行的比较结果。当然，我们首先必须拥有明确的观念，即用特定的方法来确定我们讨论的是否为“萨满教”。因此，我接下来将论述在通古斯人中观察到的萨满教主要特征。

95. 萨满教的基本特征

A. **掌控神灵** 普通人成为萨满的最重要标志，即掌控神灵。在通古斯人中，每位萨满至少领一个神灵群。这种关系用“额真”（满语口语）、“额占”（毕）、“奥占”（毕、库、满驯）、“奥尊”（涅）、“奥丁”（od'in，兴）等词语来表示。因此，这些神灵会通过萨满之口来说明萨满为它们的“主人”。萨满所领的神灵可能是非常邪恶的，也可能是非常善良的，不过这些神灵不是萨满的“守护神灵”，萨满不由这些神灵来“拣选”。有关这方面的细节，我将在“萨满产生”的讨论中提及。在对萨满掌控神灵的理解上，其基础是通古斯人文化中的“主人”和“奴仆”观念。在通古斯人和满族人看来，当萨满要让神灵附体时，作为主人的萨满必须照管并“喂养”神灵，当神灵附体时，萨满需要操控神灵。因此，在满族人中，“掌控神灵”是区分萨满和玛发的本质性特征。尽管玛发懂得与神灵接触的方法，但与神灵之间却是斗争关系，并非神灵的“主人”。同样，神灵附体者（例如，表现出某些神经与心理困扰）与萨满之间的区别也是本质性的，在有需要时，萨满可以根据自己的意志让神灵附体，也就是说，萨满以其身体为神灵的“神位”。自主的神灵附体也是萨满教的典型特征，不过，萨满也可召唤神灵附体其他人。驱逐神灵也是如此，这超出了一般人的能力范围。我们需要重视这一差异的重要性，选择萨满时，通古斯人通常会十分小心地判断是神灵掌控了人，还是人掌控了神灵。如果某人不能在上述意义上掌控神灵，满族人和通古斯人则不会视其为萨满。

B. **神灵谱系** 与上述文化丛要素相关，这里可以指出，萨满必须掌控几个具备不同能力的神灵，不同神灵附体时，萨满会应用相应神灵的能力。实际上，萨满所掌控神灵的数量是不断变化的。承担萨满职能之初，新萨满至少会掌控一位神灵（通常是复合性神灵），在这位神灵的帮助下，才逐渐掌控其他神灵，至少是了解它们。最初，萨满掌控的神灵数量通常不多，会逐渐掌控新神灵。但是，如果萨满不能掌控足够数量的神灵，进而运用这些神灵的特殊能力驱逐其他神灵，氏族成员和外人（阿格那吉，agnak'i）不会视他为真正的萨满，很可能的结局是，在无任何“公众意见”的压力下，他就放弃了萨满教实践。因此，在所有的通古斯人群中，萨满因所掌控神灵的数量有限而不被认可的情况屡见不鲜。通古斯人和满族人会说：某某人是一位“小萨满”，他并非“真正意义上的萨满”。由于不能掌控新神灵，当他放弃萨满教实践后，就不再被视为萨满。首先，萨满所掌控神灵的数量取决于其所属人群的流行观念，例如，在满族人中，萨满文本表明（参见前文第 347~364 页），萨满掌控神灵的数量很大，而在北通古斯人中，萨满所掌控神灵的数量很小；其次，一般认为，随着萨满实践年数的增加，其掌控的神灵的数目也会增加。如前文所述，萨满掌控的神灵的数量是判断萨满能力的标尺：越有能力的萨满，掌控的神灵就越多，反之亦然。因此，我们可以得出如下结论：萨满必须掌控一定数量的神灵。

C. **认可的方法** 所有的通古斯群体成员都懂得各种与神灵沟通的方法。在通古斯人看来，有关这些方法的知识体现在两个方面：首先，萨满从所了解的神灵处获得与其沟通的知识，或者从所掌控神灵那里获得沟通的知识；其次，通过了解神灵，萨满必须知晓借助献祭召唤神灵的方法，以及在神灵不附体的情况下与神灵沟通的方法。因为神灵丛（其特征和需求）的知识要素积累源自前辈萨满，并通过传统机制传承，为新萨满有意识或无意识地吸收。萨满驱逐神灵使用的一套方法，对萨满而言是有义务掌握的，由于这些方法在前辈萨满那里被证明是有效的，所以新萨满必须了解这些方法。当然，想成为萨满，却不了解神灵习性的候选人，是不能获得认可的。因此，在不同的通古斯人群体中，萨满必须了解各类影响神灵的方法。这并不意味着某一族团的通古斯人不认可其他族团的萨满，不同族团的萨满与神灵沟通的方法有区别。尽管通古斯萨满不了解满族人的“仪式”和方法，但满族人却承认通古斯萨满的能力，同时通古斯人也不会否认满族萨满的能力，但他们却认为两个人群中的萨满不能与对方的神灵沟通。对有关这些方法的知识的需求，并不意味着这些方法不能被其他新方法强化。事实上，这些方法正在变化，新掌控的神灵有自身的习惯和要求，满族人和通古斯人的普遍态度是，随着新神灵的引入，会寻找新的沟通方法。引入这些新方法的萨满是“伟大的萨满”。在不附体的情况下，萨满与神灵沟通方法的变化源自外来影响。如果与神灵沟通的方法有效并且可操作，满族人和通古斯人不反对从相邻族团中采借新方法。因此，与神灵沟通的方法是逐渐变化的，但其中一部分内容是代代相承的，构成认可萨满能力的要素。应该指出的是，在某些情况下，这些方法可能演变为僵化的仪式系统，这并非萨满教的典型特征，而是萨满教衰落的标志之一，[①] 萨满的自由想象和新方法的发明受到限制，即使不受限制，这些新方法也可能成为不被族团认可的个人现象。因此，我们可以得出如下结论：在发挥功能的过程中，萨满教至少包括一部分获得认可的与神灵沟通、献祭和祈祷与召唤神灵附体的方法，以及其中包括的复杂操作模式。

D. **认可的器物**　在所有的通古斯群体和其他群体中，我们发现萨满在表演的过程中会使用各种器物，可以推测，如果没有这些器物，萨满教实践是不可能的，因此，如果没有这些器物，萨满不能发挥其功能。这样，器物构成萨满教文化丛必不可少的部分。但是，这一文化丛的构成的变动性很强。事实上，在通古斯人中，萨满教的器物至少要包括一个托利（toli，带有吊坠的汉人铜镜）和一面鼓。作为神灵的神位，托利十分必要，而鼓是萨满自我兴奋所需要的，如果没有鼓，萨满则不能进入入迷状态。这一文化丛是多维度的，萨满可以同时拥有几套服饰，用于诸如下界神灵帮助下的与上界神灵帮助下的萨满入迷。这些萨满服饰包括十分完整的装备——头饰、外套、裤子、围裙、鞋子，此外还有各种附属品：大量安置神灵的神位。例如，满族人的萨满服上绘有大型的图画和神鼓。实际上，当萨满拥有用于表演的所有器物时，他就能更容易地达到掌控神灵的目的，并与其他神灵战斗。在器物有限的情况下，萨满的能力就会大大削弱，例如如果缺乏特定服装，萨满不能进入下界旅行，而且这种冒险有时还需要特殊的环境。在满族人中，萨满服十分简单，但是在巴尔古津和涅尔琴斯克林区的通古斯人中，萨满服则非常复杂。对后者而言，萨满若没有一副完整的“铠甲”是不能够进入下界的，但在满族人中，萨满仅用一种特

---

① 应该指出的是，在满族人中，萨满教方法的“固定化”趋势是萨满教祭司化的一种标志。

殊的头饰就可去往下界。因此从萨满服的丰富性来看，萨满服没有固定形式，它不断吸收地方性和族团性的文化要素。有些神器是为了特殊的仪式场合而临时制作的，这些神器在不同人群中的变化主要取决于萨满教的实践特征。例如，神灵的种类以及萨满的角色，萨满所属人群单位的财富，甚至是萨满个人的财富等。有些萨满有足够的金钱和精力来制作形式丰富的萨满服，而另一些萨满却不能够这样做。同时应该指出，在不同的人群中以及在同一人群内部，萨满服的样式也是可变的。同判断萨满与神灵的交往方法一样，萨满服的构成要素及组合形式也是通过传统机制传承，在这一过程中萨满个人对这些服装做出一些改变；这种创新一方面由萨满从相邻族团的文化中借用而来，另一方面则是萨满本人的创造，通常的情况是，新创造出的文化要素与先前的文化丛之间并不冲突。旧的文化体系的成长过程与新文化要素代替旧文化要素是同步的。从萨满器物的构成和变化来看，萨满器物文化丛不是一个稳定的、僵化的体系。萨满器物无变化的情况是由萨满教衰落造成的。我们在下文会提到，在一些群体中上述情况是可以观察到的，这些群体不允许地方权威参与萨满神事活动；地方权威也往往会毁坏萨满器物。除了永久性的萨满器物，还有用于特殊仪式场合的器物，这些器物仅使用一次。实际上，在没有永久性器物的情况下，可以用临时性的设备以及服装开展萨满活动。因此，没有永久性的萨满服并不意味着萨满教的消亡，但是这可以反映萨满教的衰退。我可以做出如下结论：萨满器物（包括特殊的服装、乐器、神位装饰等）是萨满教不可缺少的要素。

E. **理论基础** 可以说，萨满教实践的前提之一，是萨满接受了萨满教的理论基础，即关于神灵的一般理论、神灵的特征以及与神灵沟通的可能性。但是，这并不意味着每位萨满都是理论家，能够对其所做的一切都做出解释。与此截然不同的是：许多萨满不能解释多数萨满教实践，而且在许多情况下，他们不能意识到萨满教实践的基础是一套严密的神灵及掌控神灵的理论，萨满教是族团中的功能要素，萨满则是其中的器官。不过，有些理论和假设是萨满必须掌握的，它们是：承认神灵的存在，承认将神灵从一神位（包括人）移至另一神位的可能性，承认在特定条件下掌控神灵的可能性。当然，每位萨满要知道如何操作。萨满必须了解其所掌控神灵的特征与沟通方法。实际上，一些萨满的确是真正的理论家，而另一些萨满则只有十分有限的理论知识。对于事实知识，不同萨满的掌握能力也是如此。可以毫不夸张地说，在萨满中，有熟悉其他族团神灵的“百科全书”式人物，也有熟悉十分有限数量的个人神灵的人。对萨满教理论以及事实方面的兴趣因人而异，但是掌握最低限度的理论和事实方面的知识对萨满而言是必不可少的。因此我可以做出如下结论：萨满教的理论基础，如萨满本人所理解的，是辨识萨满的一个重要因素。

F. 获得承认的萨满的社会地位　就我所理解的，这是萨满教的最后一个特征。后文我们将描述萨满的选择过程，现在要论述的是成为萨满的必要因素。当某一氏族或定居点（地域）没有萨满的时候，会出现对萨满教的需求。事实上，萨满位置上有很多候选人，但是并非所有的候选人都可以成为“萨满”。如前文所述，候选人必须了解与神灵沟通的特定方法，必须“掌控”一定数量的神灵，拥有最低程度的萨满教理论和事实方面的知识。即使候选人具备这些知识，这些因素对于担任萨满而言也是不充分的。在具体的实践中，要求考察候选人是否知道如何利用神灵和萨满教方法，他们一般理论的深度，他们是否能满足社区的道德要求等。这些因素体现在萨满帮助受困扰者的系列表演中，公众在此过程中对萨满候选人的道德品质进行确认。如果萨满成功地度过这一事业阶段，共同体成员会帮助他制作萨满器物，做一次常规的献祭。经过这些基本的步骤之后，萨满可以获得认可，人们可以向他求助。在所有通古斯群体中，许多人自称萨满，但由于未获得所属人群其他人的认可，不会是真正意义上的萨满，也就是说，人们不会向他们寻求帮助。在很多情况下，萨满是与氏族组织相联系的。但是，归属特定的氏族并非萨满教的绝对特征。氏族系统可能完全消失，但萨满教却可以在其他形式的社会单位中生存。例如，地域单位、村庄甚至是具有职业性质的群体。这是人群存在的主要条件，它将人群中的一员区分出来，并将他们的信心寄托在这个人身上。这样的区分通常通过给这个人一个特殊的名字来实现，这一名字同时也表示了萨满的功能。这个名字本身的重要性是次要的，真正重要的是与其相关的“意义”。另一个重要的问题是萨满是否收取报酬，有的萨满是有利益需求的，而另一些萨满则是做出个人牺牲。因此我们可以得出这样的结论：在共同体中选择任何一个成员担任特殊的社会角色，即承担萨满的功能，是萨满教的特征之一。

我对具有完备功能的萨满教的几个特征进行了论述：（1）萨满是神灵的掌控者；（2）萨满要拥有一定数量被其掌控的神灵；（3）在萨满教中，有一套复杂的与神灵交往方式以及器物，这些知识为萨满所属的人群单位所认同，并被传承下去；（4）萨满知晓一套其实践所依凭的理论；（5）萨满承担特殊的社会作用。除了前两个特征，后三个特征在许多其他文化中也可以发现，但我们不能将其视为“萨满教”。例如，在满族的标浑萨满以及玛发里的案例中，我们发现了后三个特征（与神灵交往的特殊方式及一套器物、理论基础以及特殊的社会地位）。喇嘛教的法师也具有上述后三个特征。因此，我们只将满足所有上述特征的文化丛视为萨满教。

96. 萨满教的心智方面

第二部分已经表明，萨满教存在的基本条件就是对神灵的认知。萨满教的基础是特殊的万物有灵体系，从这一观点看，不是每一个万物有灵的系统都能达到这一目的。例如，与神灵交流实践的喇嘛教就不能达到这一目的。其他类型实践系统也是如此，如普通人与神灵的交往系统。必须指出的是，对神灵的理论认知是次要的，我们更需要关注人们熟悉哪些神灵，在人们的观念中神灵代表什么，而不是依靠规范化的神灵理论和系统进行判断。通古斯之所以不能应用喇嘛教，是因为喇嘛不掌控神灵，而且将神灵分为善与恶两类，通古斯人十分怀疑神灵的仁慈，并相信最邪恶的神灵也是能被掌控的，以此种方式解决了“善-恶”文化丛问题。这一态度表达了通古斯人文化丛中十分不同的心智行为。喇嘛将佛教道德实践的复杂性引入与神灵的交流体系中，这超出了通古斯人的兴趣范围。通古斯人认为，喇嘛混淆了神灵善恶的简单平衡问题。这也体现在基于两种力量及其道德框架而形成的其他体系中。汉人道教所包含的方法也不能满足通古斯人的需求。通古斯人常说：汉人有不同的神灵，却不懂得如何与通古斯人的神灵交流。汉文化丛中盛行的某些要素，会偶然出现在通古斯人中，但不能解决通古斯人所面临的心理问题。

通古斯人将这些僧侣或装作僧侣的人视为骗子、简单的玛发，甚至是杂耍者，通古斯认为这些人是不真诚的人，经常愚弄“贫穷无知的通古斯人”。关于通古斯人对异文化的态度问题，我将在其他文章中述及。

掌控神灵的可能性是萨满教中的第二重要因素，但如果没有这一条件，萨满教则不会存在。通古斯人和满族人认识到两点：只有通古斯人和满族人能够掌控神灵；神灵的数量很多。

我们可以得出安全的假设，如果没有个人心智的不稳定，萨满或萨满候选人中出现的大量入迷现象是不可能的。其实，在萨满候选人中，入迷经常会转换成半神志不清的歇斯底里状态；萨满本人有两种截然不同的状态，即正常的稳定状态与非正常的不稳定状态。一位萨满候选人，如果不知道如何使自身进入入迷状态，那么人们不会相信他拥有萨满的能力，他因而也不能成为萨满。我们可以认为，在萨满教实践的最初阶段，选择承担萨满功能的人会有意或无意地受到心智因素的影响，这种状况，以欧洲的文化观点看，不能被视为完全“正常”的。这是构成萨满教的十分重要的心灵条件。正如我们已经看到的，大量的神灵应被在“为个体或群体对其心智不稳定进行适应”的名义下加以理解，由于个人或群体对环境或状况缺乏“正确”的回应，缺乏自我保护的行为。这些神灵也可能是对传染病、采取暴力形式的智力或神经紊乱等生理状况的回应。后文将表明，通古斯人和满族人中的心智不稳定是不断变化的，心智不稳定或多或少可能会严重，影响到较小或较大的人群。当然，我这里所说的心智不稳定并非器官性障碍造成的，不是那些不发生周期性变化的影响大脑的疾病，以及像老年性消瘦这类被通古斯人视为“正常衰老”的情况。其实心智不稳定有时会变得很强烈，大规模的群体会受到严重的威胁。其实，这些心智失衡源于自我暗示，可用相同的心理学方法治疗。这些方法是：其一，萨满在所掌控的神灵帮助下驱逐带来困扰的神灵；其二，将神灵集中在一处，然后掌控这些神灵，这一过程也伴随着萨满的产生。只要有萨满存在，这些神灵就不能任意行动，离开人们（由于没有神灵侵扰，人们不再生病）。影响人们的困扰消失后，人们的生活重归平静。这一机制只能以一种可能的方式被理解，即组成族团的个体在自身心智状况适应环境的过程中，无意识创造的自我管理形式。从这个意义上说，萨满教是心智丛自我管理的功能适应结果，萨满是一种安全阀。

通过对我本人未亲自考察的某些族体的萨满教的碎片化描述来看，满族人和通古斯人的萨满教及萨满的心智特征与功能也表现在这些群体的萨满教和萨满中。当然，由于这些族体萨满教表演的传统形式的复杂性，及其萨满教理论方面不如通古斯人和满族人发达，其中所包含的心智特征和功能可能被遮蔽，[①] 不同族体的萨满教文化丛的本质是相同的。

我不认为萨满教是族团解组或衰退时发生的不正常现象，我们拥有的事实不能支持这一假设。例如，17 世纪的满族和一些布里亚特群体根本没有衰退，他们正如本著作所描述的大多数通古斯群体，尽管处在不利的环境中，但成功地化解了族际压力，保持了原有的人口水平，并奉行萨满教。面对这些事实，我们不能断言萨满教源自族团的衰落。但我们也不能否认，心智不稳定是族团衰落的因素之一，也是萨满教所依托的条件之一。另一个问题是，萨满教在衰落的族团中如何发挥功能，产生怎样的结果，是否能被组织成一个完整的体系。因此，萨满教的存在并不直接依赖族团的成长或衰退，而取决于前文描述的族团心智状况，以及作为民族志文化丛的完整萨满教形式，或者创造这一文化丛所需的一些基础。值得注意的是，在人口较少、文化衰退的族团中，萨满教也表现出衰退的一面，从萨满候选人出现的情况来看，个人的心智丛却十分稳定，没有为萨满教的维系提供基础。

上文提及的族团内部状况是本质性的。为了完善萨满教文化丛的图景，需要补充说明，不同族团中必须有这类文化丛存在，其在本质上是适应性的结果，这些族团需要通过传统机制组织起来。这些条件对理解萨满教十分重要，我们不能对萨满教进行抽象的论述。

因此，我们可以将萨满教的心智特点阐述如下，分为四个方面：（1）以萨满存在为前提的萨满教，可能源于萨满易受入迷状态的影响；（2）萨满教只存在于那些有大部分人受到有害心智状况影响的族团；（3）萨满教是心智丛的自我管理机制；（4）萨满教在本质上是群体现象，更狭义地说，

① 考察族团中萨满教理论的发达程度，十分不易，因为这要求调查者熟悉调查对象及其语言，两者之间形成友好的关系。

是一种族团现象，与族团变动的心智状况和理论背景相关。

97. 萨满教

把前面两个部分所述萨满教一般特征和心智特点结合起来，会形成对萨满教文化丛的完整理解。在这个定义中，我将萨满教视为在满族人和通古斯人中观察到的民族志现象。这也是我不愿将萨满教概念扩展到不包含上述一般特征和心智特点的族团中的原因。事实上，如果我们将满族人和达斡尔人中的“玛法信仰”、汉人农村地区的风水信仰，以及职业的“巫师”“巫医”都混淆在一起，用萨满教来表达，将无益于澄清每一种文化现象。即便是受到一些抽象概念的支持，这也是一种伪科学的概括，与过去流行的“大众迷信”“野蛮的习俗”“万物有灵”“原始心智”没什么不同。

我也不希望这一观点为所有读者接受，我希望本书所讨论的萨满教是更为普遍现象中的特殊案例。其实，我们可以简单地将萨满教理解为应对心智困扰的医疗技艺，甚至可以治疗许多疾病带来的困扰。大量的事实可以支持这一假设，理性的结论可以认为萨满教是“医疗技艺的原始形式”。但这一观点只表达了部分事实，因为萨满教还有其他方面的功能，即管理族团的心智平衡，这不是医疗技艺功能，而是“好的政府”。作为一个文化丛，萨满教也包含了许多形塑基础环境的内容，在关于环境问题的理论背景中，萨满教解释了大量一般意义上的环境现象。因此，萨满教有“哲学”系统的特征。其实，萨满教的确如此。不过，从形式上看，这一萨满教定义是错误的，因为如前文所述，萨满教是“哲学”的复杂化及其成果，不能被视为“哲学”的一个组成部分。如果将萨满教理解为一种哲学，就不能包括萨满教的实践方面。最后，大量的研究者，很可能包括民族志研究者将萨满教视为“原始宗教”，将萨满教实践视为“宗教现象”。如果这样的话，萨满教或者被理解为包括医疗技艺、管理心智状况、“自然哲学”等要素的综合体，或者被狭义地理解为涉及神灵理论的神灵系统。但在萨满教这一“宗教现象”中，却没有一般宗教现象应具备的伦理要素。事实上，萨满教文化丛与伦理要素无关，其本质要素是通过前文所说的方法来管理心智平衡，同时是一种医疗技艺。

在其他族团中，萨满教的功能可能体现为完全不同的、绝不会被视为“宗教”的文化要素。有一种理解方式，是为了将萨满教与其他宗教对立起来。不过，这种对立是不应该的，因为萨满教经过族团的改动，可与佛教、基督教等共存。事实上，任何不反对神灵观念的宗教，都能与萨满教共存。①

通过强调“医疗技艺”“哲学”“宗教”都不能全面定义萨满教，并指出萨满教的确包括上述文化丛中的某些典型要素，我不想说萨满教是一种远古的、原始的未分化文化丛，因为这违背了萨满教涉及“医疗技艺”“哲学”和“宗教”的观点。其实，许多持“原始”民族观点的研究者所提出的观点仅是假设，并不能澄清相关观点，只是通过对“未知”现象的解释来平静内心。其实，萨满教不是文化“进化”过程中的原初文化丛，而是派生性的文化现象。通过对文化持有者的态度、文化要素、整体文化丛及其功能的全面分析，我得出这一结论。这种分析得出的结论可能是错误的，但与萨满教相关要素的历史证据充分支持了我们的分析，表明了萨满教的派生性特征。

第 23 节　萨满教历史的注释及其最初形式的假设

98. 观察到的事实

萨满教派生性起源的证据包括满族人和通古斯人的证言；萨满教中的历史痕迹；萨满教文化丛要素分布所提供的间接启示；特定的词语。分析这些资料后，我将提出推动萨满教形成的可能方式与动力。

在满族人看来，萨满教应该起源于公元 11 世纪，即 1033 年，一位名为“撮哈章京”（字面意思为“管理军人者”）的人出现，留下的神灵窝车库

① 许多通古斯人都受洗了，他们对萨满教的反对似乎反映了人们对萨满教的非持续性需求。最有趣的萨满教与基督教共生现象发生在后贝加尔地区的游牧通古斯人中，这部分通古斯人被吸收到哥萨克人的军队组织之中（哥萨克人是居住在后贝加尔东部蒙古边境的群体，主要居住在额尔古纳河岸边）。这部分通古斯人之前是东正教徒，不允许奉行萨满教，但其畜牧业的确需要萨满；这些通古斯人指出，在照顾牲畜方面，萨满比东正教的牧师更优秀。

遍及奉天、吉林和萨哈连（黑龙江）三省。满族人确信，这一资料记载在“汉文典籍”中。但是，他们却不能给我提供具体信息。毫无疑问，满族人参考汉人编年史学者熟悉的方式，把萨满教与特定历史时间、特定的个人相联系，这不能被视为萨满教出现的时期。

满族人的第一位萨满“撮哈章京”现在是一位窝车库，是所有满族人都认可的神灵。满族人说：“在金代，满族人（祖先）与汉人之间展开了一场战争，汉人皇帝抓住了撮哈章京，命令将其斩首。但是，即便被斩首，这位萨满仍未倒下，汉人皇帝称其为窝车库。”这位神灵也被吸收到毕拉尔千人的多那布日坎中，是毕拉尔千人中的一位特殊神灵。还有一部分满族人认为，萨满教实际上十分晚近才盛行，这一趋势与满族人建立的王朝相伴随，此前满族人只有标浑窝车库，萨满教在明朝才出现。

前文已述，12 世纪初（参见前文第 560 页），汉文典籍中提到“珊蛮”一词，被视为女真语词语，表示“巫师”，但并未将这个词语等同于汉语沙门，这两个词的词源实则都来自 šramana。不过，我们不能通过汉文典籍确定“巫师”的具体类型。

大多数毕拉尔千人认为，他们中间的第一位萨满是达斡尔人，生活在较近的年代。不过，也有一些毕拉尔千人认为，第一位萨满是一位果尔德人（xèjèn），达斡尔人先从果尔德人处采借了萨满教，接着毕拉尔千人也从果尔德人处采借了萨满教。还有一个观点认为，蒙古人的色翁传入之前（这些神灵可以被掌控或采借），毕拉尔千人中没有萨满，第一位萨满可能是一位达斡尔人或是一位满族人。

满洲的驯鹿通古斯人绝对肯定，他们来满洲之前就接受了萨满教（19 世纪上半叶，参见《北通古斯人的社会组织》，第 67~71 页），相关内容借自博格多汗（bogdo kan，即中国皇帝，本应该是达斡尔人、索伦人与满族人）。事实上，驯鹿通古斯人相邻族团（库玛尔千人与兴安通古斯人）的萨满教十分不同。

后贝加尔地区的驯鹿通古斯人不能告诉我任何关于萨满教“起源”的信息，但是，他们表明，其相邻族团中有萨满存在。由于关于萨满教的起源，他们缺乏明确的观点，其相关资料不足以论证萨满教的起源。在调查的过程中，我没有遇到对萨满教历史背景感兴趣者。通古斯人中不同个体的兴趣不同，一些人对历史感兴趣（确定事实），其他人对文学感兴趣（民间故事）。这一判断适用于库玛尔千人和兴安通古斯人。在兴安通古斯人中，我只记录下来一个事实，即其萨满和喇嘛的相似，到底是功能相似性，还是共同起源，我不能确定；一位曼科瓦通古斯人报道者指出布里亚特萨满和通古斯萨满的相似性。

面对如下问题：我所定义的民俗，在多大程度上可作为萨满教起源和特征的证据？我应该说，尽管这类证据是相当不可靠的，却可用作确定性结论的旁证。“第一位萨满”的故事，同时作为萨满教起源的故事，包含了丰富的想象性要素以显示萨满能力的强大，这些要素对于目前讨论的问题没有意义。但是，在果尔德人和奥罗奇人中，同一故事的几则异文，貌似诞生于当地，解释了萨满释放灵魂即把灵魂送往下界的习俗。这则故事通常也包括三个太阳烧毁地球后兄妹繁衍人类的起源神话，其中妹妹从哥哥身体中产生。① 在通古斯人和满族人文化中，运载死者灵魂是非常重要的事情；但只有果尔德以及受果尔德人影响的族团中，才由萨满扮演这一重要角色。我已经指出，埋葬与催促灵魂离开可在无萨满帮助的情况下完成，遇到灵魂不能顺利到达阴间的情况（即“反常”案例），萨满才会被求助。上述故事提供的萨满教起源证据并无历史学价值。但是，这并非表明可以把萨满起源追溯到人类远古时期的群体中，除此之外没有其他关于萨满教起源的观念。后文会指出，这些民间故事往往是通古斯人的虚构，类似欧洲人眼中的小说。②

---

① 奥罗奇人认为，萨满在第一个人去世前就有了，死者是萨满的儿子（参见希姆科维奇《果尔德人萨满教研究资料》；洛帕廷的《皇帝港的奥罗奇人》，第 29 页）。

② 事实上，这里引用的研究者的著作中缺乏萨满教起源的资料，是因为他们没有认真探索萨满教的“实际”起源，而是在民俗中寻求解释，将萨满教解释为“原始宗教”，这一观点在老派的民族志研究者中十分流行。事实上，民族志研究者之所以有关于萨满教的错误答案，部分在于信息提供者的错误观念，后者习惯了萨满教的“原始性”理解。很可能的情况是，这些答案甚至未被记录下来，每位调查者都会获得一些荒谬的答案，尤其在语言知识不足的情况下。事实上，所有书写的和未被书写的信息都形塑了“第一位萨满”的形象。关于萨满“起源”表达得越神秘，人们就越相信是真的。通过指出民族志研究者的工作状况，我想说并非所有的族团中都有关于萨满教起源的历史资料，因为我们感兴趣的历史事实，通常并不被相应族团注意，并且一些族团没有文字，所以我们得到关于萨满教历史事实的可能性不大。尤其是如果萨满教在几个世纪前起源，就会逐渐被族团遗忘，不会体现在任何特殊的事实中。当然，我们也能发现关于萨满教起源的派生解释，例如认为第一位萨满是“魔鬼”，这是来自欧洲文化丛的影响。

满族人、毕拉尔千人以及满洲驯鹿通古斯人的观点并非基于“民俗”；它们是基于历史事实的阐述，因此我们应进一步推敲这些观点。毕拉尔千人对萨满教来源的两种解释（即源于果尔德人和达斡尔人）并不矛盾，因为如我所指出的，毕拉尔千人由两个群体组成，一个群体与阿穆尔河下游的果尔德人毗邻，另一个群体毫无疑问在很久之前与达斡尔人接触过。毕拉尔千人采借蒙古人的神灵的迹象很有价值，因为这表明毕拉尔千人中的布日坎无疑源自蒙古人。

在对神灵的描述中，我们很容易发现与其他族团有联系的神灵；通古斯人认为，许多神灵都是在不同历史时刻从相邻族团中采借而来的。事实上，布日坎（burkan）是一个蒙古语词语，用来表示许多神灵，是佛“Buddha”的变形。在通古斯人中，佛是可以被掌控的，这一词语被用来表示萨满所掌控的神灵，即 sVvV，它似乎并非源自通古斯人。

某些满洲通古斯人认为，其玛鲁文化丛借自相邻族团，这些神灵的表现形式自然不是通古斯人的，例如九头莽伊。神灵文化丛如吉阿其、娘娘、喇嘛莱青，也体现出非通古斯特征。在果尔德萨满教文化丛中，我们发现有色奥恩普奇库（seon Pučiku），[①] 这一神灵对应满族人中的富其黑，即佛；[②] 九头莽伊也很重要；整个杜斯呼神借自汉人。[③] 满族神灵窝车库中包含很多非满族神灵，但满族人中的主要神灵是萨满的灵魂，在这方面，满族的神灵系统与满洲的通古斯人、果尔德人的神灵并不一致。根据纳达洛夫的介绍，奥罗奇人中也有九头莽伊，并且伊曼河与毕金河（乌苏里江河谷）地区的

---

① 参见洛帕廷《阿穆尔河、乌苏里江和松花江流域的果尔德人》，第 212 页，希姆科维奇《果尔德人萨满教研究资料》，第 53 页（?）。

② 我没有提及果尔德人的动词 pud（参见格鲁贝、马克希莫维奇的《萨满教》），源自满语 fudšembi，表示“使表现”（参见满语 fudembi），即使神灵表现特定的行动（扎哈罗夫的翻译具有不确定性），这个词语与 Buddha 无关，而是满族人发明了自己的词语 fučik'i。

③ 参见洛帕廷著作，《阿穆尔河、乌苏里江和松花江流域的果尔德人》，第 228 页。他指出，这组神灵借自满族人，在他对纸或丝绸制作的神图努尔罕做阐释时，将这些神图称作满族努尔罕。在洛帕廷的著作中，我们发现一个有意思的现象，圣母玛利亚和耶稣都被果尔德人称为色奥恩，但我们不清楚这是一个普遍称谓，还是特殊情况。

奥罗奇人直接称萨满为“喇嘛”。[1] 实际上，在通古斯人中，萨满掌控神灵与佛教联系在一起的现象是十分多元的，但我相信上述内容已充分表明，通古斯人的神灵中有很多是佛教神灵，它们直接从相邻族团或经由中介族团（如满族人和达斡尔人）被采借。[2]

对萨满器物的分析，提供给我们一些新的事实，说明萨满教和佛教间的密切关系。不过，我不能在此详细说明此问题，因为后文有专门的小节论及。接下来我将只指出其中的一些要素。在所有的通古斯群体中，喇嘛教中的铜镜是萨满活动中必不可少的要素，如果没有铜镜，萨满的仪式活动不能进行。因此，在没有萨满服的情况下，萨满可只用铜镜表演，但若没有铜镜或相关替代物，[3] 萨满仪式则无法开展。在所有的通古斯方言及满语中，人们用 tōli（毕、库、兴）、tāi（涅）、tolo（涅，巴）、toli（果，奥尔查）（满语书面语），此词与蒙古语 töl、布里亚特语 toli（波德）以及达斡尔语 tol（波）、toli（伊）相关。铜镜能“从土地中发现”，从萨满前辈处继承，也可从蒙古人中购买，蒙古人则从中原或西藏获得铜镜。通古斯人根据自身的想象力和知识来解释铜镜背面的动物。在满洲的通古斯人中，萨满的头饰前面有五个佛的形象，这些形象也可由其他装饰代替（如汉人风格的花朵）。萨满的器物中也普遍存在万字符和基督教的十字架。尽管通古斯人对一些动物（如蟒蛇）不了解，或某些动物（如蛇）对通古斯人不重要，但其象征符号却常常出现在萨满服饰上。这些象征显然不是当地发明，也不是源自蒙古人。满族萨满实践中使用佛教中常见的一些武器和工具，神图中的神灵服饰与佛教法师服饰相同。

我不会指出萨满表演和观念方面的普遍要素的证据，如世界的变化、世界的结构、去往下界的道路、通古斯人与满族人从佛教和喇嘛教法师中借用的神灵，因为这些要素可能各自独立地借自佛教。我甚至也不会讨论

---

① 纳达洛夫在著作《乌苏里兰南部及其目前的国家》中阐释这段内容时（第 191 页），声称并没有核实这一阐述。

② 外来神的出现有时被解释成萨满教在喇嘛教、基督教冲击下的解组，这是假定萨满教古老性和原始性之观念的产物。但是，对满族人和通古斯人神灵文化丛的分析表明，神灵是从周围族团采借的，并正在被吸收和融合到正发挥作用的萨满教文化丛中。

③ 如果没有铜镜，通古斯人会用替代物，但是，通古斯人认为替代物不如真正的铜镜好。

萨满的基本心理特征和行为，因为这些内容仍存在争论。

通过对“萨满”一词、神灵和其他要素的讨论，我们可以发现一致的要素，即佛教与萨满教的密切联系。不过，佛教、喇嘛教与各种形式萨满教之间的区别是本质性的，我们不能把萨满教看成前者的直接变形，或者甚至如瓦西列夫所认为的是对佛教的“模仿”。[①] 19 世纪流行的观点，倾向在文化现象间寻找直接的“亲缘关系”，文化现象的传播通常被理解为文化丛的简单移植。此外，连续的民族志文化丛被视为原始形式进化的连续统。这些方法论假设必然会对佛教—萨满教问题的解决产生影响，尽管早期学者如海信斯、帕拉迪乌斯、瓦西列夫在著述中对这个问题做过许多探索，对许多观察到的现象有极强的洞察力，推测萨满教与佛教至少有部分关联，但是大多数研究者都坚持关于萨满教原始性和进化的假设，忽略了佛教对萨满教的可能影响。诚然，一些学者的作品倾向表明萨满并非被描述的那般“野蛮”，萨满与“祭司”相似。哈勒兹写道：“这是官员们非常庄严、肃穆的献祭活动。”[②] 与其他作者一起，哈勒兹坚持一种观点，拒绝“令人厌烦的萨满教特征”，仅关注宫廷的萨满。其实宫廷萨满根本不是真正意义上的萨满，只是祭司而已，或者说是满族人在旧文化丛碎片、佛教以及汉文化基础上所创造的新宗教的管理者，其功能体现在政治目的方面，即在给汉人以深刻印象的同时，增强满族的族团凝聚力。一般来说，这一态度反映了满族人想弥合不同文化丛之间的鸿沟，使自身文化“看起来高雅”，同时保持文化特色。值得注意的是，在解决萨满教“起源”以及萨满一词词源的尝试中，调查者的失败主要源于受普遍流行的观念和理论的影响，在欲望的引导下去支持和反对某些假设。事实上，这些假设被用以强化和支持调查者自身的文化丛。在这个问题背景下，我将“科学”视为一种民族志现象。但是，目前解决萨满教问题比过去更容易。第一，我们不再需要将萨满教文化丛视为“更原始”文化丛的“进化”结果；第二，我们不会因为萨满教的哲学内容不如佛教哲学家的理论更详

① 转引自劳费尔《萨满一词的起源》，《美国人类学家》第 19 辑第 3 期，1917，第 361～371 页。

② 参见《晚期中华帝国的宗教与典礼》，第 26 页。

尽，就认为萨满教“更原始”；第三，在佛教未发生整体移植的情况下，萨满教也可能存在；第四，文化丛间的相似性，可能是由于文化要素的持续传播，及其在新族团环境中的部分或完全整合；第五，文化丛间的相似性，可能是由于它们依托环境的相似；第六，同一文化丛在不同的族团环境中可能发挥不同的作用；第七，基于文化丛与文化要素的历史序列得出结论是存在局限性的；第八，旧的文化丛可以适应新的文化要素；第九，对所有的族团环境中的文化要素而言，其采借、适应和传播的速度是不同的。尽管上述方法论已被我们所熟知，但在具体的民族志文化丛分析中却经常被忽略。因此，在进一步论述萨满教问题前，我想带领读者重温这些假设。

99. 佛教

目前，我们不需要讨论所有族体中发现的萨满教，只将对象限定在本书中出现的族体范围内。与此相关，还需要弄清另一事实：当萨满一词最初被记录在历史文献中时，满洲当地的人群是否了解佛教？

斯考特十分武断地提出，远东地区的满族人和通古斯人中没有佛教，劳费尔直接支持了斯考特的观点，[①] 认为从来没有僧侣到过通古斯人居住的地区，不过，这并非佛教传播的必要条件，而且从历史上看也是不正确的。由于这一问题对得出正确的萨满教结论十分重要，因此这里我要对佛教在远东地区的传播做简短描述，这个话题如果能结合外来文化要素对整体的通古斯文化丛的影响一起讨论会更好，后面的小节中，我会做这一尝试。

在满族人提及萨满教约 1000 年之前，佛教就传入中国了。[②] 佛教于公

---

① 在一篇关于“布日坎”问题的专门论文中，讨论“萨满”问题时，他否认“布日坎”和“佛”的关联，支持萨满教是古老宗教的“遗留物”。斯考特的观点被直接用来证明“阿尔泰文化”事实。

② 艾略特指出，公元 65 年，中国的一位王是佛教徒，当时社会中有沙门，但佛教传播到中国的时间要更早一些（《印度教与佛教：历史概要》，1921，第 3 卷，第 245 页）。

元 4 世纪出现在朝鲜,[①] 传教的僧侣当时给朝鲜人带来很大的影响。佛教僧侣到达很遥远的地区，十分熟悉中亚各族团的情况，并将佛教传播到亚洲的大部分地区，或者说至少在公元 10 世纪之前，佛教已对这些地区产生了很大影响。[②] 回鹘人，应曾与某些北通古斯人相邻，在公元 10 世纪的后半叶曾受到佛教的强烈影响。公元 762 年，回鹘的可汗攻打中原，在公告中宣称:“这一宗教（摩尼教）非常精微美妙，你们很难理解。人们抛弃了曾经的魔鬼（démons）‘Buddha’……”[③] 翻译者以复数形式 démons[④] 翻译，是因为他们假设回鹘人在信仰摩尼教之前不是佛教徒；因此他们说：“通过 Buddha 一词，我们知道这是一种神灵崇拜。’施莱格尔也拒绝承认这里‘Buddha’表示的是佛教。”

我敢断定，提到神灵崇拜并不意味着熟悉萨满教。沙畹与伯希和为什么不接受回鹘可汗的清晰阐述，并纳入到自身的解释之中？我们不得而知。至于施莱格尔拒绝承认佛教，也可能有特殊的原因。在这些作者所处的时代，假设比事实更受认可，我已经指出，这种情况表明，在细致的民族志学问题上，理论假设甚至会影响到翻译者的工作。随着关于早期中亚地区的佛教传播事实的出版，我们发现，回鹘人与中亚地区毗邻，同时对远东地区很熟悉，我们可以认为，回鹘人不可能不了解佛教。大量反映后期历史事实的回鹘文献的问世,[⑤] 证实了这一判断。而且，回鹘人与汉人保持着遵循常例的互动，比较熟悉佛教。另一个问题是佛教文化丛在多大程度上被吸收，并在适应过程中发生改变。契丹人是回鹘人的政治继承者，转而

---

① 佛教在公元 373 年传入朝鲜，值得注意的是，其传入后与最初的形式相比发生了变化，其中伦理教育内容不如在其他族团中重要。一些新的要素被采借到此结构中，七星崇拜融入其中（值得注意的是满族宫廷仪式中的七星形象）；佛教实践主要反映了政治事件，例如汉人、蒙古人与日本人对朝鲜的持续影响，以及与“宗教运动”相关联的朝鲜内部冲突。

② 佛教在蒙古地区似乎出现得更早，查尔斯·艾略特说：“《史记》介绍，公元前 121 年从匈奴人中夺取了一个‘金人’，根据作者的解释，这个‘金人可能是佛像’。”

③ E. Chavannes et P. Pelliot, “Un traité manichéen retrouvé en Chine”, *Journal Asiatique*, 1913 Jan. -Febr. , p. 193.

④ 这一词在文本中含义不清晰，参见“Un traité maniché en retrouvé en Chine”脚注 2。

⑤ 参见邦格的“Türkische Turfantexte”等系列著作，发表在 Sitzungsberichten der Preussischen Akademie der Wissenschafter, 1929-1930, Berlin.

皈信佛教，我们可以从一位在契丹人中生活了7年的汉人目击者的简短记录中发现这一事实。10世纪，他返回中国。这位汉人描述了位于西拉木伦河（西辽河）盆地的契丹人都城（现在是查干苏布尔罕），这个城市有大量的各行各业的汉人，在那里有制作布料和丝绸的工匠、公职人员、代写书信者、神秘学从业者、佛教僧人和尼姑、道士，这些都是中国的居民。[①] 这并不令人惊讶，因他们的亲族此前不仅与中亚古老的佛教徒交流，至少在某段时间内在西辽河建立都城时，与辽代的政治领导者有联系。很可能的情况是，我们在现代达斡尔语中发现 samāŋ（波）、samán（伊）以及 burxan 并非偶然，因为达斡尔人认为他们是契丹人的后裔。[②]

作为契丹人政治的继承者，女真人是满族人的直系祖先，在其政治事业之初就十分熟悉佛教。哈勒兹对金代的历史有几点阐释。[③] 金朝的建立者，居住在朝鲜，十分熟悉佛教，金朝的建立者之一阿骨打佛教知识丰富。该事实可追溯到公元1070年后的五代人，即距10世纪初几乎没有超过150年。随着金朝的建立，佛教的传播十分广泛，导致金世宗强调对佛教保持适度的热情，例如1174年他提出建立许多寺庙以敛财是无用的；1179年，金世宗表达了寻求僧侣帮助的迷惑性。其实，这是因为当时的僧侣太多，政府想对这一群体施加限制。尽管佛教僧侣数次上奏皇帝，但都未获得政府的青睐。金世宗提倡用过去的女真文化丛抵御佛教，但我们无法从前者中推测出萨满教的存在。不过，公元1125年，一位出使北国的汉人许亢宗，观察到异文化在女真人中的传播，记录在《宣和乙巳奉使金国行程录》中。[④]

---

① 参见沙畹《中国旅行》，载《亚洲人期刊》，1898年5~7月，第361~439页。

② 参见《北通古斯人的社会组织》，第84页。应该指出的是，大辽国家的构成是复杂的，包括达斡尔人、契丹人、奚人以及北通古斯群体。在汉人观察之时，契丹人还没有与其西部邻居的辽国完全融合（参见沙畹《中国旅行》，第405页——“再往东是辽王国”，并且沙畹评价：这里的辽国与契丹帝国相分离是十分奇怪的）。因此，契丹征服了其相邻族团奚人，达斡尔人征服了小规模的通古斯政权，最后形成了大辽，一些研究者将大辽与契丹族名称联系在一起。我们认为大辽也应该与奚人和达斡尔人联系在一起。

③ 参见《金史》和《晚期中华帝国的宗教与典礼》。

④ 沙畹《中国旅行》，第361~439页。

他提到了海云寺，这是一座拥有僧侣的寺庙，位于长城外的海边，[①] 该寺院的音乐与汉人寺院音乐相同，[②] “这是中原王朝仪式规范的结果，使当地人用汉语表达自身的信仰”。[③] 在金代皇帝（很可能是金太宗，是佛教反对者金世宗的祖先）召见外臣的大殿上，有很多佛像。皇帝的头饰与佛教僧侣的冠很像。[④] 因此，女真人似乎从不同来源吸收了佛教因素，包括朝鲜人、汉人以及契丹人。契丹人对女真人的影响十分明显，这体现在不同来源的文化要素信息方面，契丹人更早接触到汉人和中亚的佛教徒。

通过这些事实我们可以判断，作为民族志文化丛，一些佛教要素可能被满洲的人群吸收，这一过程不仅经由文化要素的传播，甚至包括对职业佛教徒所持文化丛的直接模仿。既然官方不喜欢职业佛教徒，但佛教文化丛已经出现在人群中，难道我们不可以假设，这一人群通过重复和尚的把戏来证明其成功？在目前新的玛法信仰文化丛建立的过程中，我们也可观察到同样的现象，这一现象体现了对压制萨满教之举的反抗，即模仿汉人而形成的神仙——半和尚、半医生、半文人、半骗子的职业者形象。这种模仿和再适应现象在全世界的所有族体中都可发现。[⑤]

作为女真人邻居的蒙古人中，佛教也发生了类似的传播过程。13 世纪，蒙古人中出现了萨满、喇嘛和基督徒之间的竞争。在此过程中，成吉思汗采取了中立的态度，采取自由放任政策，最后导致喇嘛教占据优势。直到 17 世

---

① 《中国旅行》，第 413 页。

② 这一音乐以契丹人为中介传入，当时宫廷有四位音乐演奏人员。

③ 《中国旅行》，第 431 页。

④ “（皇帝）头戴黑色的帽子，飘带挂在后面，像今天佛教徒的帽子。”

⑤ 加帕诺维奇花了很长时间在俄国、勘察加半岛与鄂霍茨克海调查，告诉我一个非常有趣的类似事实。小规模定居点的当地人在很长一段时间内由于教堂中（东正教）缺乏牧师，而得不到神事服务。有一位旅行的商人恰巧路过那里，当地人要求他承担信仰服务，他答应了。尽管这违反教会的规则，但我们可以认为，就这位商人的服务而言，他与教堂建立的规范不一致。还有一个例子，库页岛上的政治犯，是一位信仰犹太教的人，在东正教的复活节上，人们要求他做同样的事情。他没有读《圣经·新约》中的一些段落，反而表达出强烈的情感并哭泣。这些例子说明一些专门宗教的牧师被外行人代替的情况。新教派的形成也发生在类似的情况下。事实上，美国的摩门教、基督教科学派以及其他相似的宗教运动，是对缺乏有能力专家情况的文化丛再适应。非生物学家对进化论现象的生物学解释，在很多方面都与上述例子类似。

纪，萨满教在布里亚特人和达斡尔人中仍存在。[①] 蒙古人的政治失败后，喇嘛教以一种压倒性势力在蒙古地区传播，尤其是在满族人统治的时期，在没有受到任何损失的情况下，他们借助宗教事务吸收蒙古人的力量。

在明代，满族人受到已成为喇嘛教徒的蒙古人的影响。汉人在满洲地区继续发挥其文化影响。佛教已经渗透到如阿穆尔河河口这类遥远地区，15世纪这里建立了一座佛教寺庙。[②] 在满族人的影响下，佛教在满洲地区实现了进一步的传播。在满族人居住的土地上，我们随处可见佛教寺庙、神龛以及个别佛教印迹。[③] 在满族人统治下，佛和菩萨信仰被普遍称为“富其吉”，满族人对佛教文化丛的吸收程度很深，其中的佛教要素已不能被一眼分辨出来。满族的皇帝，将佛教里的一些仪规复制、重组或丰富后，与满族的文化要素相融合，使其成为自身所用的重要工具。大量的佛教典籍被译成满语，康熙皇帝是这一主题的最早著作的作者。[④] 在海信斯[⑤]时代，满族人采用三种僧侣的埋葬方式，也包括一些汉人埋葬方式。[⑥] 在满族人居住的遥远地区，例如瑷珲地区的满族人中，出现了富其吉玛发和富其吉妈妈，即献祭佛教神灵的专家，他们甚至是本地僧侣。不过，我在满族人调查期间（1915~1917），没有遇见富其吉玛发或富其吉妈妈。根据满族人介绍，在我去调查前，这种做法消失了。我们可以假设，大部分满族人都要承担官僚系统的职位，因此不会牺牲其中一部分人口进入寺院。满族人中的富

① 参见雅布兰的著作，其中提到齐齐哈尔附近达斡尔人中的喇嘛。

② 根据瓦西列夫在满洲地区的考古发掘，其中有很多与佛教有关的文化要素。如果我们有当代旅行者或历史记录的直接阐述，我不需要搜寻考古学证据。

③ 马克对阿穆尔河畔的寺庙进行了描述，值得注意的是，这位旅行者也提到了瑷珲附近的孔庙。

④ 这本著作的题目为：《圣谕十六条》，参见穆林德夫《论满语文献》以及其他满文出版物。

⑤ 在《中国的公民道德状况》中，他犯了和朗哥赖、哈勒兹同样的错误，将满族的宫廷仪式视为萨满教，并且，他认为，与“西伯利亚的游牧萨满教相比”，满族宫廷的仪式发生了变形。

⑥ 长久以来，人们十分熟悉汉文化的综合性，这常被阐释为不精通真正宗教系统的表现。阿列克谢耶夫在《中国寺庙综合风格笔记》中指出，人们为了满足日常生活的实际需要，会将儒释道三种宗教知识综合运用。此外，大量的地方性神灵也会包括在上述文化丛中，在不同地区之间有一定差异。这些是真正的民族志意义上活生生的文化丛，而哲学家往往只局限在自身的主题上，忽略了现实的文化运作。不过，这不仅仅是汉文化特征。佛教传入蒙古人中后，吸纳了当地的神灵，使自身适应蒙古人的文化丛，这与佛教在汉人地区所吸收的神灵是不同的。这种状况与欧洲族团中所见的基督教实践情况相同，许多地区的基督教吸收了本地的圣徒信仰，甚至有时还包括异教信仰。

其吉妈妈比富其吉玛发要多，并且都不是鳏夫或寡妇。随着满族人此前辉煌的消逝（义和团运动发生并带来系列后果），最后的富其吉妈妈也消失了。我们已经发现，玛法信仰的出现具有派生性质，它代替了僧侣和萨满的特殊功能。因此，佛教的寺院化运动只是昙花一现，未对满族人产生任何重要影响。[①] 金代统治者对佛教的敌意，和清代统治者对佛教的接纳，两种态度间的本质差异值得注意。而且，如前文所述，满族皇帝吸收了佛教文化并创造了新的文化丛，其中佛教得到了特别的重视。这一事实说明当满族人接受了佛教并整合到自身的文化丛中时，其文化已经发生了很大变化。这样，佛教就失去了其作为外来文化的危险特征，金代皇帝反而因为佛教中包含破坏皇权的要素，故而拒绝佛教渗透。

自然地，佛教要素在满族文化中特殊的，甚至是占优势的地位，在很大程度上缩短了佛教在远东地区非满族群体中的传播进程。具有综合性特点的寺庙的建立甚至超出了满族人居住的地区，尤其是呼伦贝尔、后贝加尔地区的蒙古人和布里亚特人群体，同样也包括居住在满洲的达斡尔人。但是，必须指出的是，蒙古人的喇嘛教则有着不同的来源，直接源自西部。

现在的问题是，这一文化丛在多大程度上渗透到非满族群体中？17～18世纪旅行者提供的证据不丰富，而且不可靠。杜赫德的描述中（《中华帝国全志》第4卷，第13页），提到了乌苏里江的“鱼皮鞑子”（显然是果尔德人），其中法国传教士介绍，此人群中没有“神灵偶像”：“汉人的神灵崇拜还未渗透到果尔德人中，僧侣似乎不适合这样贫穷的地方，会有种种不便。”但是，这并不意味着佛教观念未传播到果尔德人中。无须惊讶，很熟悉果尔德人的布塞于1869年写道：“佛教对果尔德人有很深的影响。”[②] 在此10年前，温奴卡夫[③]考察了果尔德人，观察到汉人来源的佛龛和佛像。可以推断，佛教在果尔德人中的传播不会早于19世纪前半叶。佛教在乌苏

① 清政府不希望满族人中发生此类情况，但蒙古人中却出现了此类情况，大量人口没有结婚生育，其结果符合满族人的目的，满族人致力于减少大规模、半独立人口的危险性。查尔斯·艾略特先生也注意到：“整体而言，清朝不如明代和元代中央政府那样支持佛教。”

② 参见：“Sketch of the land tenture in the Amur”，in Bibliotékadla čtenija，1869，Aug-Dec.（in Russian）。

③ 参见“Travels along the frontiers of Russian Asia”（in Russian），St. Petersburg，1868，pp. 89-90。

里江地区奥罗奇人中的传播更深入，奥罗奇人的一位萨满有一个佛龛，对于萨满而言这很不寻常，佛龛中有汉人绘制风格的佛像。① 滨海边疆区奥罗奇人的南部族团称乌德赫（也称“鞑子”），也是“佛教徒”②，布莱洛夫斯基所调查的乌德赫人相邻群体只是受到佛教的影响。应该注意的是，接受佛教的南通古斯群体，很久以前就受到迁徙此地的汉人影响，接受了佛教，成为“佛教徒”。滨海边疆区的一部分果尔德人在1916年也是佛教徒。③

满洲的毕拉尔千人过去经常能遇到喇嘛，并会去满族人或汉人地区的寺庙。但在毕拉尔千人中，我们未观察到正式皈依佛教者。兴安通古斯人被要求每年至少参加一次海拉尔（位于呼伦贝尔）附近的佛教仪典。墨尔根通古斯人有机会见到喇嘛，而且会去墨尔根附近的寺庙，其附近的索伦人，采借了达斡尔的文化丛，其中包含佛教因素。后贝加尔地区曼科瓦和乌鲁尔加游牧通古斯人，兼信萨满教和佛教，二者在其族团中已形成稳定的象征。我们未观察到两种宗教的竞争。巴尔古津地区游牧通古斯人处于相似的境况。在佛教对通古斯人的渗透中，布里亚特人起到重要作用。这使佛教在乌鲁尔加通古斯人中传播得十分容易，他们放弃了自己的语言，现在讲一种布里亚特方言。最后，驯鹿通古斯人与布里亚特人的喇嘛接触，是喇嘛的普通病人，尤其在通古斯地区更是如此。这些场合也用于宣传喇嘛教。但是，至少一些案例表明，喇嘛为萨满教的产生带来直接刺激。这点可以在蒙古地区观察到。三杰夫提供了一些有意思的事实，他在1927年调查了蒙古地区的达尔哈特人，这些人居住在贝加尔湖北部。他报告说，④喇嘛有时候建议受心智失衡困扰的人成为萨满，他们会与带来侵害的神灵沟通。而且，该报告第16页中提到，喇嘛甚至可以成为萨满。这些例子表明，目前蒙古地区盛行的喇嘛教不仅可以刺激，而且能够维系萨满教的存在。但是，达尔哈特人的萨满教会因不够“纯粹”而遭到否定；这些事实

① V. Gluzdoskiĭ, “Catalogue du mussée de la Société pour l'étu de la Région de l'Amour” (in Russian), Vladivostok (“Zapiski”, Vol. XI, 1907 p. 97).

② 同上，第86页。

③ 索拉尔斯基：《阿穆尔地区非俄国人群体目前的法律和文化地位》，第149页。

④ G. D. Sanžeev, “The Daraxats, Ethnographical Report of a Visit to Mongolia in 1927”, Leningrad, 1930.

很有价值，因为它指出了一种可能性，而且我们必须承认，过去这种情况比现在更普遍。

我们可以对这部分总结如下，在公元10世纪前后，本书所探讨的族团在不同程度上受到佛教影响。从程度上看，朝鲜人受到的影响最大，其次是蒙古人（排除布里亚特人），第三是满族人和达斡尔人，第四是布里亚特人，第五是果尔德人、奥罗奇人以及一些游牧通古斯人（包括索伦人）；剩下的通古斯群体，如奥尔查人、毕拉尔千人、库玛尔千人、墨尔根通古斯人、兴安通古斯人、巴尔古津和涅尔琴斯克林区的通古斯人，以及贝加尔湖地区的萨玛吉尔人（现已消失），偶尔会受到佛教徒的拜访，或者主动与佛教徒接触。我没有安哥拉、卡拉尔以及阿穆尔洲通古斯人的直接信息，这些群体与上述通古斯群体、达斡尔人以及满族人会到雅布罗诺夫山附近交易，而且我知道，布里亚特人到过安哥拉河上游的通古斯人地区。自从定居在目前的地点后，这些群体的关系就一直维系着，有的联系长达几个世纪。毫无疑问，通古斯人文化丛的形成受佛教和喇嘛教要素的影响，这点可通过分析萨满教的神灵和其他要素得以确认。

100. 假设：受到佛教刺激产生的萨满教

可以发现，通古斯人萨满教中的许多要素都可追溯到对佛教的借用。我们也注意到，许多个世纪前，佛教最初出现在满洲及其相邻族团的时间，要早于萨满一词作为女真语最初被记载的时期，也早于满族人认识到萨满教的时期（公元1033年）。佛教的整体文化丛或文化要素在不同的族体中传播，包括南通古斯人或北通古斯人、蒙古人以及一些古亚细亚人群体，甚至传播到雅库特人居住区的南部。我们得出的第一个结论是，萨满教和佛教关系密切。接下来的问题是这一联系的性质。

我们可从两个角度提出问题：（1）这一联系是否为萨满教创造者提供了普遍借用要素；（2）佛教是否为萨满教的存在提供强大的刺激。如果第一个问题的答案是肯定的，则会衍生另一个问题，即：佛教影响之前，萨满教是什么状态，是如何变化到现在的状态的？在佛教渗透到不同族体前，族体中的萨满教类型是什么？诚然，已有的一些事实使我们可以判断，那时，前文所定义的萨满教并不存在。事实上，女真皇帝金世宗在反对汉文化影响时指出，早期女真人中只有对天地的献祭。① 值得注意的是，本书描述的所有北通古斯人群体中，只有天神布嘎未受外来影响，被视为通古斯人文化中的基本要素。通古斯人中另一个不能与佛教直接联系的文化要素是操纵死者的灵魂。所有通古斯群体都认为这是古老的活动。毕拉尔千人说："通古斯人（埃文基）过去只有布嘎和布尼。"但是，此文化要素并非通古斯人独有，我们认为举行埋葬仪式的女真人也有灵魂文化丛。因此，通古斯人中至少存在两种文化丛，其一是天神信仰，即单独的上帝；其二是需要关注的死者灵魂。所有其他未被萨满掌控的神灵如白那查、高鲁姆塔、音姆恩堪、伊尔林堪、吉阿其以及其他神灵的名字很明显是外来的，可以很容易判断它们的借用来源。通古斯人自己也表明其"基本"神灵玛鲁是外来的。通过对这些事实的分析，我们不能提出满意的证据以区分出起源于通古斯人文化的神灵。不过，这些负面反应态度也不能表明通古斯人过去只有两类神灵文化丛，对此，通古斯人说其他文化丛已经消失（例如新神灵代替旧神灵），或者他们没留下任何关于神灵的记忆是有可能的。我们也未发现萨满教的另一重要因素（掌控神灵和自如地让神灵附体）的早期证据。金世宗没有提到这点，并且通古斯人一致认为他们最初没有掌控神灵的技艺，这些技艺在其相邻群体，诸如满族人、达斡尔人、布里亚特人、雅库特人尤其是喇嘛中流行。② 早期通古斯人中萨满的缺乏，并不能说明其早期社会中没有术士、有经验的老年巫医（甚至在没有任何传统特征的情况下，民族志研究者也会将陌生的现象总结为"萨满"或"巫医"），以及懂得向布嘎和布尼献祭知识的专家。在游猎者的生存环境中，

① 参见哈勒兹《金史》，第 186 页。我忽略作者列举的社会实践。

② 满洲的通古斯人认为，达赖喇嘛是所有布日坎和色翁的真正掌控者，可自如地驱逐这些神灵。许多通古斯人不喜欢作为神灵根源并持续传播神灵（permanent and original source of dissemination of spirits）的喇嘛。普通的喇嘛可以掌控神灵，但只有在神灵众多，且付出巨大努力的情况下才能如此。有一个例子可以证明这点。诺尼河谷的一位达斡尔人患重病，经过几乎所有萨满的帮助，也无济于事。喇嘛们坚持让病人将神灵神位投入诺尼河中。这位病人按照喇嘛的吩咐去做，9 位喇嘛做了 9 天仪式。病人康复。神灵被"永久"驱逐了。

职业祭司的存在几乎是毫无疑问的。事实上，几乎每位通古斯人都知道如何向布嘎祈祷、献祭以及操控死者的灵魂。而且，在所有的通古斯人中，萨满与布嘎没有关系，并且只有在遇到困难的时候，才会干预死者灵魂，也就是说，这些灵魂往往受到神灵的干扰，不能直接到达死者的世界。而且，萨满的缺乏并不意味着不存在其他神灵，例如非正常埋葬的死者灵魂所形成的神灵。因此，若将萨满从目前的通古斯文化丛中排除，并不意味着不会留下任何神灵文化丛、各种对抗疾病以及人类灾难的方法。很可能的情况是，萨满承担了上述功能中的一部分，正如当下玛法信仰以及各种宗教替代了萨满教的部分功能。

满族文化中标浑萨满的形成，是非常有意思的事实，给我们提供了新的启示。事实上，宫廷的仪式专家，被称为萨满，但更确切地说，其功能与满族的标浑萨满相同，不过宫廷的萨满的职责还涉及看守堂子，和一般的满族萨满相比主持更多的仪式。实际上，宫廷需要十分详尽的仪式系统，还有大量的萨满，这是因为宫廷要保持满族人的文化传统，同时彰显皇家的气派。在女真人衰落后，他们才建立新的制度，如前文所述，女真皇族不接受佛教的传播。金代最后的皇帝，金章宗（在1194年与1204年）、金宣宗（在1215年），在其他群体压力下，正式承认了汉人的日、月、风、雨以及雷电崇拜，即采借汉人皇帝早期的信仰和儒家思想，却再次把佛教搁置。[①]但是，汉人提及女真语“珊蛮”，并理解为“巫师”的时代，是在金代毁灭之前。因此，在清代皇帝编撰《钦定满洲祭神祭天典礼》前，就存在萨满，那么，这个新文化丛的含义是什么？除了乾隆指出祭天、祭佛以及祭窝车库始自满族人在盛京地区建立政权时期（17世纪初期），乾隆帝在满族老人的帮助下恢复并重构了这些仪式之外，没有其他证据。[②] 这些仪式在多大程度上发生变化，我们不得而知，但有一点很明显，北京皇家宗室的萨满文化丛与普通村落中的满族家庭不同，因为宫廷的仪式不能包含许多汉人文人习惯称为简单“巫术”的要素。宫廷的仪式必须与高级汉人精英所接受的祖先崇拜和

---

① 哈勒兹：《晚期中华帝国的宗教与典礼》，第59~60页。

② 哈勒兹：《晚期中华帝国的宗教与典礼》，第61~63页。

佛崇拜仪式相似。皇家宗室的萨满是高贵的，而且转变成祭司。当这一崇拜活动规范化和合法化之后，开始在村民中传播，他们简化了具有氏族特征的仪式，改变了神灵谱系，在满族村民看来，“每个氏族的神灵必须不同”。这类祭司被称为标浑萨满，祭司群体头目称塔萨满，明确区别于过去的普通萨满，后者现在称阿木巴萨满，即“大萨满”。为什么满族人需要专门的词语标浑？很清楚：萨满，作为一个启动词（“象征”），已经用来表示真正的萨满，除了萨满，没有其他词语表示皇帝政令提出的氏族祭司。如果说乾隆帝希望禁止在“文明汉人”眼中十分野蛮的真正的萨满教，他完全失败了，因为满族人同时吸收了两类文化丛。而且，正如我们在那拉氏家族中所观察到的，某些家族的标浑萨满仍在召唤祖先神灵附体，如同真正的萨满。

因此，我们可以总结：满族人早期是半个佛教徒，这十分自然，因为他们的领导者蒙古人在几乎长达4个世纪的时间内是佛教徒，在文化上影响满族人。官方承认的蒙古人和汉人佛教形式，与大辽王朝（契丹人）影响下的佛教形式不同；这样成为流浪者的 śramana（变形为 samana）没有机会进入满洲地区，成为女真人—满族人中的萨满，如明代史诗中的《尼山萨满》。这种转变早在女真人中“巫师”被提及的时代就发生了，很可能接近满族人所说的公元 1033 年，此时第一个窝车库传播到满洲地区的人群中。

现在应该分析满族人祖先适应新文化丛及在广泛领地上全面传播的过程中的心理状况。首先，追溯佛教的历史，我们可以发现，这一新宗教逐渐被不同的族团接受，经过几个世纪到达遥远的阿穆尔地区。基督教以同样的方式传播到西伯利亚，最后被部分或完全接受，甚至传播到旧帝俄范围之外的族团中。这些事实向我们表明，民族志文化丛可以传播，这不会花费很长时间，第一批佛教传播者可能是“传教士”或仅是“探险者”，甚至是找到新谋生方式的“聪明人”。这些人在汉人的僧侣和喇嘛中也很普遍，当满族人祖先遇到他们时，他们会是什么反应？非常可能的是，第一批传入新文化丛的是与中亚衰落的族体和契丹人有关的 samana。当出现在满洲地区的人群中时，他们传播了一种新的、特殊的神灵种类知识——菩萨、上界和下界的神灵、湿婆文化丛（帮助人类缓解疾病）；这些人可以支配神灵，可以帮助缓解痛苦。他们展现的新方法和新技巧，给外行人新印象，后者不能拒绝新的文化丛，也不能抵抗学习新的有效事物的诱惑。目前在所有民族中都可观察到这一态度，在当时，面临巨大的和变化的族际压力，这一态度很容易发生。其实，满洲地区一个接着一个强大政权的诞生，革新了满洲地区半渔猎者和半农耕者的生活。渤海国接受了汉人的高级文明，承受着来自契丹人统治下一个蒙古群体的压力，把学生送到中原。契丹人的影响力波及北部中国、蒙古和突厥。在巴林地区建立政权后，契丹人受到女真人的攻击。追随着政治前辈的步伐，女真人在短期内接受外来文化（主要是汉文化），又在蒙古人的压力下灭亡。[①] 满洲地区和阿穆尔地区的考古学呈现了这一变化的图景，包括族团的上升和衰落、族团数量的突然增加和减少、政治中心和人口的变化、族团的消亡以及城址的摧毁。这一不稳定长达几个世纪，主导性的族团化过程从一个族团转移到另一个族团。这里，我不能详述主导性族团在上升和衰落过程中的心理状况，如导论部分所述，这一点是十分清晰的，尤其是关于心智丛的组成方面。但即便没有此类民族学讨论，似乎清晰的是，经历突变的族团非常愿意向相邻族团学习可以保证其生存的知识，比其他任何族团都容易成为在不同来源文化要素基础上生长新文化丛的最好土壤。如同当下的满族人和通古斯人一样，他们易把个人和族体的不幸与新神灵相联系？作为具有强烈生物阻抗能力的族体——一切族体崩溃后衰落下来的证据——难道不会用所有手段掌控和驱逐神灵？正如我们现在观察到，且在明朝已经存在的，入迷的萨满了解到的掌控神灵的新理论，难道不会被用来解决文化冲突问题，并且成为新的萨满教文化丛的本质要素？当然，在这些状况下，一个小规模的有知识的佛教徒阶层已经构成契丹人、女真人、蒙古人和满族人的上层群体，会在每一个族体瓦解的过程中被摧毁，逐渐消失，普通大众只保留容易理解的佛教文化要素，并把这些要素整合到自身既有的文化丛中。这种情况正在我们眼前的满族人中发生，导致族际平衡动摇的特定因素不可能有什么不同。

萨满教文化丛一旦形成就开始在相邻的族体中传播。面对新发现的神灵世界，后者被迫接受新的启蒙，学习对抗主要由族际压力和族团快速变

---

① 女真人和满族人族体的衰落过程是相似的，尤其表现在语言的消失。

化引起的心智不稳定的新方法。但是，在萨满教适应的过程中，每个族体都要调适过去的文化丛和新获得的文化要素。伴随这一过程，原有的文化要素消失，新获得的文化要素发生改变。随着新的神灵世界的到来，通古斯人中出现比其他族体更为丰富的外来神灵，因此他们开始拒绝某些神灵。通古斯人经常说："俄国人是快乐的，因为他们的神灵不多，而我们需要抵御源自蒙古人、达斡尔人、满族人、汉人和俄国人中的各类神灵——希尔库勒、布日坎、色翁。"我不想尝试反驳他们，因为他们很可能不会理解所谓文明族体中的心智不稳定现象及其新的自我管理形式。但是，通古斯人对自身神灵的理解也不比"文明民族"少，尤其是正在经历巨大族际压力和快速变迁的单位。

上述心理状况在很大程度上促进了萨满教的传播，尤其是向满洲东部和北部传播。

我们在关于萨满教事实的进一步解释中，发现萨满教在通古斯人中传播的另一条脉络。这一脉络似乎与雅库特人有关，但许多事实表明通古斯人的萨满教最初来自南部的影响。这一刺激应该位于目前蒙古的北部地区；但从历史上看，它一定要早于我们所称的满洲萨满教的产生时期的"萨满教"（很可能的情况是，它更适宜被称为源自蒙古人 bo 的"博信仰"），在 13 世纪被佛教击败，而回鹘人的现象，在某些方面与萨满教相似，可能消失得更早。但是，蒙古人，尤其回鹘人比东部族体更早熟悉佛教，他们离中亚的佛教中心更近，佛教僧侣更为经常性地出现在这些人群中。很可能的是，喇嘛教要与源于佛教传播的萨满教斗争。

我本人不熟悉中亚和西西伯利亚的族体，其中"萨满教"仍在活动，对于这些族体的心智丛现象，我没有完整的分析。因此，我把解决影响北通古斯人的萨满教第二个中心的问题留给突厥学家和蒙古学家解决。①

① 罗森伯格指出了值得注意的事实，在基督教化的粟特人方言与吐鲁番地区的巴列维方言中，smn 用来指基督教的"恶魔"，而根据 F. 缪勒（参见《回鹘文文献》，1908，第 58 页）与萨勒曼（参见《摩尼教文献》，1913，第 1129 页）的观点，在蒙古人与回鹘人中，šmun、šimun、šumnu 表示"邪恶神灵"。[参见科瓦勒夫斯基的《蒙古语-俄语-法语词典》；但在蒙古语中，这一情况比较复杂，源于 Śramana 的文化丛有两个来源，即：中亚来源，saman 至少在某一特定时期含义转换为"邪恶神灵"，śramana 来自佛教文献；从中亚文化丛借 （转下页注）

既然“早期佛教刺激萨满教形成”的假设有大量的证据做基础，在我看来这一假设几乎是确定的。正如发明者想令人确信而做的，我不想将它视为固定的事实。这一假设是不是事实并不重要，但至少有两点值得强调。其一，我不知道是否有与满洲相关的族体曾吸收了中亚的僧侣，并自称为samane，我认为这是有一定可能的；其次，我不能确定中亚地区的“śamanaism”转变为“shamanism”的时间。一切线索表明契丹人是相应的族团，但我们没有证据。我将希望寄托在破译契丹人记录文献以及考古资料上。但甚至这些文献也可能不会澄清上述问题，因为这一转变过程可能根本未被注意到，未被记录下来；同时考古学的证据可能是缺乏的，因为在通古斯人消亡后，是找不到相关考古证据的，直到现在通古斯人仍不使用不会朽烂的物质材料。正如第四纪欧洲的著名萨满教发现，这些文献的解释也并不总是可靠的。如果未对心智丛知识做彻底的考察，这些证据可能具有误导性。

101. 引出下一节的结论

通过前面部分解释的事实，结合我们已观察到的，我们可以推断，本著作研究的族体的萨满教并非十分古老的文化丛。满族人认为萨满教起源于11世纪，其他群体毕拉尔千人和满洲驯鹿通古斯人认为萨满教起源得更晚，受满族人、达斡尔人和果尔德人的影响。此外，萨满教文化中许多佛教因素有时可以追溯到最初来源，也就是说，文化要素所借用的族体；同样值得注意的是，就构成要素而言，不同族体中观察到的萨满教表现出极人的差异，而且这些差异可以被理解为被模仿的最初模式的变异，不同的

（接上页注①）用的遥远距离在很大程度上阻碍了对现有词语的分析］。这位作者也提及了出现在回鹘可汗宣言中的萨满教（什么类型的萨满？）和佛教之间的联系。可以指出，在雅库特人和一些突厥群体中（两者间温和的关系体现在后贝加尔地区的驯鹿通古斯人中）萨满的活动有时与“有力的”邪恶神灵（黑萨满）联系在一起，对应与善神联系的萨满（白萨满）。上引雅库特人关于第一位萨满和魔鬼的观点表明不同的含义，即中亚地区的“śramanaism”和“魔鬼多样性”之间的联系。

族团中表现出不同程度的创新差异，但是，在所有的族团的萨满教中，表现出一致的标准特征，包括六个形式特点、四个心理心智特征（参见前文，第95小节）。因此，这些特征可以概括为：作为一个文化丛，萨满教不会迁移、被借用，甚至不会存在。具体的现象实际存在，例如，相信某一神灵被掌控的可能性、固定的头饰形式、通过头部有节奏的运动达到自我兴奋的具体方法等。因此，这些族团有时会拒绝承认其相邻族团的“萨满教”，不能接受其影响。而且，作为一个功能性的文化丛，它由采借和发明的文化要素构成。萨满教可能在根本未被认知的情况下存在，而且未被特殊的词语“象征”。作为心智丛的构成部分，有不同的功能，从生物学（或民族志学）的观点看，萨满教的功能是心智丛的自我管理。因此，萨满教属于心智丛平衡的微妙机制，在具体的族团环境下被创造，是借用的和发明的具体民族志要素的集合现象。最后，从假设上说（带有很大的确定性），我把其起源追溯到佛教的影响，作为一个新的和外来文化丛，无论从创造一种心智的不舒适来说，还是创造一种新的管理这种不舒适的新方法来说，佛教的确刺激了萨满教的产生。因此，对萨满教可以从以下三个观点分析：（1）从描述民族志的角度看，族团如何理解萨满教的构成要素，如何理解整体的萨满教文化丛，萨满教是何时被认知的；（2）从功能民族志学的角度看，目的是探究萨满教在具体族团中的作用；（3）从历史民族志的观点看，目的是还原萨满教文化丛的形成过程，追溯萨满教构成要素的历史。

在实践中，区别这三种观点是十分有用的，这样一来，在遇见新的文化丛之后，我们可以说清楚调查的深度和广度，在哪一方面应该进一步完善。自然，这也在方法意义上为具有理论特征的不成熟结论的提出施加了限制，也可以节省萨满教研究者的时间和精力去深入理解实际上不理解萨满教却写了一些著作的学者的理论建构细节。从这个角度看，民族学家和民族志研究者会获得一长串萨满教文献清单，作为文献，它们反映了欧洲人心智丛的变化，同时也反映了他们对非欧洲文化态度的变化。其实，对有关通古斯人既存萨满教的描述的评述也是让人失望的，甚至相关事实也是如此，因为它们十分零散。遗憾的是，这些出版物中最好的作品如希姆科维奇与洛帕廷的研究，已描述了果尔德人萨满教的某些方面，却没有指出完整的神灵谱系，它们对于一般情况下和表演过程中萨满心智状态的描述，更多反映的是观察者对表演的反应态度，而非客观的观察。其他的作者，如施特忍堡（参见《原始宗教中神的选择》），引用了一些事实，但这些事实却经过理论预设的选择，与那些部分描述萨满器物和萨满仪式，甚至是反映作者自身“文化丛”的作品相比，这些作品显得更无趣。除了本著作讨论的族体，这些描述也涉及后贝加尔地区、叶尼塞省、雅库茨克州的某些其他族体的碎片化萨满教资料。18 世纪的早期旅行者，以及 19 世纪的马克、米登多夫和其他作家，只对萨满教做一般化的评述和简短的描述。如前述果尔德人萨满教的著作，雷奇科夫的专门调查，并未呈现萨满教的完整图景。还不能说这种萨满教调查状态在起步阶段，它并非新现象。但与此同时，目前还没有关于萨满教形式特征的完整描述。相关调查主要集中在陌生的器物、特殊的萨满服饰以及表演的某些部分。这种失败的主要原因是萨满教的奇异性和复杂性、缺乏语言知识、未采取“客观”的调查方法，以及未摆脱既有理论的影响。其实，这种状态并不只是通古斯人中调查的特征。在所有的调查中，维塔色夫斯基认识到这一状况，提出描述萨满教的新方法，并用来观察雅库特人的萨满教。这位调查者记录了 1894 年的一场萨满仪式，采用了“行为主义”观察者的方式，并在 1917 年对这一仪式做了解释，[①] 可将这一研究视为对以概括性形式书写萨满教的一种回应。事实上，大量记录下来的细节需要新的呈现方式，这些事实被大量观察之后，就会一直被重复，越来越模式化。大量研究者的观察都需要经过自身文化丛的过滤，仅会注意到给他们以深刻印象的事实。而且，所有通古斯人中的调查者使用的翻译者都未经过充分的训练，或者调查者与萨满的交谈用萨满所知甚少的俄语进行。此外，我们还要注意调查者访问方法的欠缺。事实上，调查者提出的问题往往包含了他们所预设的答案；调查的提问行为并没有掩盖其“优越感”，使得萨满逐渐对调查者产生怀疑和敌意；为了使调查对象对调查者感兴趣，调查者在调查期间会给调查对象现

① 参见“Publications du Musée d'Anthr. et d'Ethn.” Vol. V，1917-1925，pp. 165-188。

金或礼物，这给调查带来了十分不利的情况，调查者得到的不是事实，而是一些编造的谎言。比较好的情况是，调查者本人出身调查对象中间，例如班扎洛夫、杭阿洛夫、阿加皮托夫、扎姆查拉诺，本身就是布里亚特人，除了理论能力以及布里亚特文化丛对俄国学者智力的适应外，没有什么事情能够阻碍他们。19 世纪后半叶定居在雅库特人中的政治流放犯，例如佩卡尔斯基、维塔色夫斯基、谢罗谢夫斯基以及其他学者也不同，其中许多人确实对雅库特人了解，但他们应该克服了一个困难，即“文明人”不可估量的优越性，遗憾的是，这种观念改头换面还存在于这些观察者中。

关于通古斯萨满教的解释是不同的，因为缺乏好的通古斯比较资料。我可以利用的事实不充分，在分析资料时，不能回答所有提出的问题。其实，这是由于观察的时间和族体不同，某些方面的事实观察很多，而其他方面的事实十分有限，甚至是单一的。无论何处，只要材料十分重要，无论这一事实是普遍的，还是偶然被观察到的，都会被专门列出来。正如绘画材料只有应用到特殊的作品表达中，才会更加生动，萨满教文化丛也应被置于与其相关联的全部细节中进行理解。毕竟，萨满教只是心智丛的一个方面，它在族团和个人的心智丛中占据适中的位置。为了突出萨满教的功能重要性，其他色调必须被强调；脱离既存的心智丛和文化体系，萨满教不能被研究。

第 24 节　萨满器物

102. 基本评论

在所有通古斯人和满族人各群体及其相邻族团中，萨满的表演需要一定数量的特殊物品以达到目的。这些器物可一般化概括为“萨满器物”。在通古斯人各群体和其他族团中，萨满器物的数量和形式有一定的差异。由于萨满器物易于观察，并可由博物馆收藏，不同族团中的调查者搜集了大量的萨满器物，并做了描述。在博物馆的分类中，这些实物有的得到解释，有的则没有。在本书中，我仅对观察到的萨满器物做概括性的描述，因为在没有照片和样本的情况下，我不能阐述我的描述，这超出了我的能力范围。在没有阐述的情况下，我的描述将是不完整的，在必要时，我会对照田野笔记以绘画的形式来呈现对萨满器物的复制，这不能被视为样本，而仅仅是出于阐释的目的。在一些案例中，我会参考其他调查者出版的作品，其中有质量好的照片和绘画。

在萨满器物中，可以区分出很多要素，主要有：（1）包括一些要素的萨满服，如外套、围裙、裤子、鞋等，或只有单一要素，如外套、衬衫或围裙；（2）头饰；（3）手杖；（4）铜镜；（5）鼓和鼓槌；（6）其他乐器；（7）各类神位；（8）不同的其他工具。尽管从理论层面看，萨满活动可在无器物的情况下进行，但我没有观察到这类现象。因此，作为一个事实，我们必须强调萨满器物对于萨满教的必要性。我们认为，在后文对萨满表演的描述中将会呈现，若无萨满器物，萨满教的有效性将会减小，失去其功能价值，最后使人们放弃萨满教。其实，萨满需要用萨满服与萨满器物达到自我兴奋、自我催眠，并给观众带来催眠的影响。同样值得注意的是，萨满器物数量的增多意味着萨满治疗能力的提高。如果一位萨满没有器物，那么在人们眼中则不是好萨满。萨满拥有的器物越丰富，其影响力就越大。

在考察文化要素的地理分布时，我们可发现本书讨论的各族体内文化要素的一致性，也可观察到萨满器物文化丛中不同要素组合的地理分布。无论是在抽象的文化丛内部，还是在具体族团内部的文化要素组合中，都呈现出很大的变异性，有时不可能找到与族体关联的两个文化丛间的界限。但是，在具体的萨满之间，没有两种完全相同的萨满器物，即便在具体的族团和文化类型（我们的理论建构）界限内也是如此。作为一种规范，每个萨满都有自身的神灵群，时尚的变化为萨满个人器物的选择留下创造空间。萨满器物的选择并非严格固定的、仪礼式的文化丛。在这方面，萨满器物与佛教器物之间不能比较，它们不是具有一致特点的文化丛。但是，有一个有意思的例外，满族的萨满器物有趋同化的态势；其中有特殊的原因，后文将会讨论。

萨满器物在某种程度上是现实的表征，我尝试追溯不同文化丛的界限及其形成过程，主要目的是通过呈现一些事实来分析和阐释这些文化丛的功能。

103. 服饰（描述）

在这一标题下，我将描述不同样式的服饰，不同的服饰可由一块或几块材料组成。在不同的通古斯族团中，我们遇到以下名词 samás'ik-šamášik（毕、库、兴、涅吉、巴、曼）、hamaγik（拉）以及 idägä（乌鲁），它们明显是布里亚特词语；还有 naĭm'i（图）（我对这一词语有质疑，其仅意为“母驯鹿皮”）。在满语中，用萨满伊额特库（saman'i ètku），即“萨满的衣服”表示萨满服饰。果尔德人用“衣服、布料”tetu[参见 tet'i（图）——“服饰”；词源 tet 是“穿衣服”，大多数通古斯群体方言都是这个词语]，表示萨满服饰。除了满族及受满族影响的族团，以及像乌鲁尔加游牧通古斯人、图姆汗斯基通古斯人，许多通古斯群体中都有源自 saman 的特殊词语表示萨满服饰。

在后贝加尔地区的巴尔古津与涅尔琴斯克通古斯人中，有两种类型萨满服饰。这两种服饰分别是鸭式服和鹿式服（马鹿），接下来我将分类描述两类萨满服，它们在不同类型的萨满表演中被使用。

鸭式服

包括一件外套、一件围裙、裤子、护膝和鞋（鹿皮鞋）。制作外套的材料是鹿皮，可以是马鹿皮或麋鹿皮。外套的剪裁与一般外套没有区别，与欧洲现代晨礼服相似。两者的主要差异是萨满外套的黑色部分更长，后面有一块象征鸭尾。[1] 萨满服饰的袖子部分有象征翅膀的流苏，萨满服的边缝制有羊皮流苏和羊皮条，象征羽毛。萨满外套通常也用白色驯鹿颈部皮毛装饰，白色驯鹿颈部的白毛被通古斯人普遍运用在装饰中。萨满服饰装饰主题由直线、卷纹和圆圈结合而成，与楚克奇人、爱斯基摩人、萨摩耶人以及其他北亚和美洲土著中所见的骨雕装饰十分相似。不过，我见过一件

① 不过，我观察过的一些萨满服中缺少这类“尾巴”。

萨满外套，其边缘镶嵌着上下、左右各 5~6 厘米的十字型装饰。在通古斯人看来，这些“十字”在萨满实践中会发挥很大作用，它们“拥有力量”。[①] 这些装饰部分也可能涂上一些普通的颜色，如黑色、红色、褐色、黄色以及蓝色。萨满外套也可应用装饰来象征鸭的骨架。装饰性的象征材料不用骨头，而是用铁，可能只用两根铁象征翅膀，也可能用铁复制所有的骨架，这取决于获取铁便利与否，因为铁在通古斯人中并不普遍。一般情况下，通古斯人不冶铁，而是通过与布里亚特人和雅库特人交换获得铁。

萨满服饰除了用普遍的“几何”图形，还可见白色的动物毛所制的装饰，包括风格化的动物形象如驼鹿、驯鹿、赤鹿、熊、野猪、公鸡、鸭子、麝鹿、狍子以及人等。不过，这些形象在鸭式服中并非不可或缺的要素。

此外，萨满服中还有一些稳定要素，即数量不等的由铁和铜制作的装饰，不过这在鸭式服中表现得并不明显。

萨满外套通常镶嵌两种形式的八个贝壳：锥形和球形。这些贝壳分布在萨满服的正面和背面，萨满在表演过程中，会有意使用这些贝壳，制造音乐效果。贝壳和腰铃组成的文化丛称“阿尔卡兰”（参见下文）。

鹿式服

包括同样的元素和材料。萨满外套的剪裁与一般外套相同。服饰上可以没有装饰，但必须有一副象征马鹿的完整铁制骨架。与鸭式服的骨架相比，鹿式服的特征很明显，例如，其“骨架”包括代表胸骨、肋骨以及四肢的铁制器具。与鸭式服一样，动物形象的装饰和贝壳粘在外套上，但是鹿式服上还有一些特殊的锥形管。除了动物和人的形象，萨满服上还有一些其他表现，例如船、木筏、箭、半圆（月亮）、圆（太阳）、环形（彩虹）、方形的孔（“天”，萨满进入上界的入口），鹿式服上也可见到“星星”“雷电”以及巴达的神位。在萨满表演的过程中，会去往上界或下界，在此过程中要使用这些象征。在表演中，萨满会表现出动物表现形式。

---

① 对于这种十字的起源，我不敢下结论，它可能是对东正教牧师礼服的模仿，这与通古斯人的观念并不冲突，通古斯人认为牧师运用的“装饰”也会对萨满有用。

“蛇” 鸭式服和鹿式服上都有一定数量的蛇偶，至少有一条，用约10厘米宽、1米多长的皮绳表示。这些皮绳表示“库林”（蛇），“蛇”有两个头，有分为几个部分的尾巴，有四只腿，有两个玻璃珠制成的眼睛。如果萨满服上有几条“蛇”，最大的“蛇”粘在萨满服的背部，两条小“蛇”粘在萨满服的两侧，其中最大的“蛇”被视为给萨满提供建议的最重要神灵。

莫吉勒 萨满服的背面贴着称为莫吉勒的形象，由染黑的羊皮制成。莫吉勒的数量可以是2对、4对、9对，甚至是9×4，9×8，18×4等。这种2与9的结合方式在萨满器物和表演中很常见。许多9的象征主要体现在鸭式服中，而2的象征主要体现在鹿式服中。

这两种类型萨满服的区分并不严格。我观察到，一些萨满服存在鹿式和鸭式萨满服的混淆，不同萨满服装饰物的数量也有变化，这在于萨满是否能够承担拥有两套萨满服，以及装饰的花费。人们认为，鸭式服应用于与上界神灵有关的萨满活动中，而鹿式服则用于与下界神灵有关的萨满活动中。人们甚至告诉我，鹿式服“太重，不适合去往上界”。事实上，一件有垂饰、铃等的萨满服约为40公斤，而一件萨满鸭式服不会比普通的衣服重多少。应该注意的是，萨满的鸭式服上可能有9的倍数的莫吉勒，但不会有船、木筏等需通过水路去往阴间的象征物。同样需要注意的是，萨满去往下界的仪式比去往上界困难得多，因此一些新萨满只有鸭式服。当他们开始去往下界的时候，会在萨满服上粘上更多的铁片，通过这样的方式，新的第二件萨满服鹿式服就“重构了”。当仪式结束，人们将铁片取下之后，鹿式服就转换成鸭式服。从那时起，萨满可轮流使用两种服饰，用于特殊形式的萨满表演。

通过上述对两种类型萨满服的描述，很明显看到，它们与两类萨满活动相关联，后文将论述这一特点在不同族团间的相似性。

围裙

围裙（uruptun）（巴、涅），是萨满服的最重要部分，因为萨满的某些表演，至少一些动作，不需要去往上界和下界，只穿围裙就可以完成。从形式上看，萨满的围裙与通古斯人的一般围裙并无不同，它由一整块鹿皮制成，用皮带系在脖子和腰上，70~80 厘米长，25~40 厘米宽，只能遮住胸部和腹部，[①] 在西伯利亚和满洲地区的气候环境中，所有通古斯人都在晨礼服式的外套外加穿了围裙。通古斯人用各种颜色的麂皮条、白色驯鹿的颈部毛装饰围裙。围裙上有象征整个宇宙的图案设计，图鲁。萨满围裙的中央有一条直线，其三分之二处按一定角度开两条线。线条绘制的是一棵落叶松树伊拉克塔（irakta），其顶部代表上界乌吉敦达。树下有两个人的形象，象征“两位很久前去世的著名萨满”，萨满在表演之前要向他们祈祷。去世萨满的形象也可以为 4 个或 8 个。“如果这些萨满来到世上，整个世界就会毁灭。”落叶松的中间部分代表土地约尔科（没有海洋的中界）。落叶松的底部代表下界。萨满的围裙可用流苏和 8 个铁制的鸟形物德吉勒（dèγil）装饰，貌似“鸭子”。

萨满围裙上系一面铜镜托利（参见前文第 576 页），是围裙和整套萨满服中最重要的元素。据萨满介绍，萨满的铜镜不能购置，只能从土地中发现，即认为是布日坎送来的铜镜。[②]在铜镜未磨光的一面，萨满认为中间是一条蛇（库林），实则是一条龙，铜镜背面还有其他动物图案如狼、牛、驯鹿、牛头、公鸡、羊、马等，它们代表了十二生肖的循环。当萨满看铜镜的光面时，“能够看到一切事物”，也就是说，这可帮助萨满自我催眠。

在后贝加尔地区的萨满中发现铜镜十分不易，但其他地区的萨满中很容易发现一定数量的铜镜，有时数量很多，如二十多面。铜镜的大小型号不一，我观察过直径从 20 厘米到 30 厘米不等的不同型号铜镜。

头饰

头饰（oroptun）（巴、涅）呈现出很多类型。不过，我们至少可区分出

---

① 参见《北通古斯人的社会组织》，第 142 页。整个中国范围内都穿这种围裙，尤其是儿童，同样也见于苗族人中（参见库珀《苗族人》等）。

② 这仅是一种理论，当通古斯人需要一个铜镜时，可从去世萨满的服饰中获得。他们从布里亚特人中得到铜镜。布里亚特人告诉通古斯人，铜镜可以从土地中发现，尽管这些铜镜实际上是来自汉人和西藏的佛教器物。

两种不同类型的头饰，其一是没有铁制鹿角的、与鸭式服相配套的头饰；其二是有铁制鹿角的与鹿式服相对应的头饰。萨满头饰的形状各异。我观察到由五根皮条制成的头饰，其中四根麂皮条象征“蛇”，用玻璃珠代表眼睛，拴在头饰的顶部，用第五根皮条绕着头部，因此头部有四个区域未被覆盖。这代表了通古斯萨满头饰的古老类型。目前萨满头饰添加了头盔，可以保护萨满的眼睛。萨满的头盔由三张貂皮或艾鼬皮制成，它们会用“像狗一样的牙齿保护萨满”。萨满头饰后面的四条“蛇”提醒萨满来自后方的危险。不过，尽管不典型，普通蒙古人的帽子（布里亚特）、盔帽以及其他类型的头饰也可在萨满中见到。

与鹿式服相匹配的头饰由铁片围成的圆圈制成，上面有四个铁垂饰，并装饰铁制鹿角（马鹿），有五六个叉。铁制品下面衬着麂皮制成的头盔，代表蛇的麂皮制的穗从铁制鹿角叉的顶部垂下，萨满头饰的前面有流苏遮住萨满的脸。流苏和垂饰可由丝绸或其他可获得的材料制成。

头饰在萨满的表演中具有第二位的重要性。萨满通常只有头饰和围裙。在特定情况下，萨满在表演的过程中需摘下头饰。

鹿皮鞋

是普通的款式，鞋帮较高，用一些材料装饰（torgomó），这些装饰通常被称为 jús'ik。如果萨满服饰代表驯鹿，鹿皮鞋上的圆锥形铁制装饰则象征驯鹿的骨头。

裤子和护膝

在十分完整的萨满服中存在，并非萨满服必不可少的部分。它们由一般的麂皮制成，但有垂饰和象征，由铁、骨头、涂色的麂皮和白色驯鹿毛制成。

手杖

成对地制作，称为“马”和“驯鹿”，作为萨满服的一部分，萨满用它们与上界神灵交往。木制的手杖代表“马”，上面有象征马头的手柄。手杖还装饰着铃、锥形管、各种“蛇”、方巾以及穗等。在萨满的旅行中，会用到马。这些物件在驯鹿通古斯人的萨满器物中并不常见，他们却有代表“驯鹿”（饲养的）的特殊手杖，称鄂伦。萨满每一次的表演中，都要制作新的手杖以及其他临时性的器物。

其他杂物

除了上面描述的萨满服要素，萨满表演的过程中，也有一些固定器物戴在萨满身上或放在其附近。由麂皮或其他材料制成的几条“蛇”，有时是弯曲的，被粘在萨满服的两侧。一些帮助萨满的神位。还有一条用弯曲的麂皮制成的绳索，有两只眼睛（珠子制成），像一条蛇。萨满可用这条绳索——ušitó（巴）——捕获离开人体的灵魂。萨满去往下界所用的绳索（buni ušitó）长且厚，固定在萨满服上。萨满的胸部饰有用皮革或麂皮制成的圆形片，上有珠子点缀，挂在萨满的胸部；还有一些矩形的皮革片粘在萨满服的两侧，称奥隆（olon）。我未调查清楚这两种物件的含义。

后贝加尔地区的游牧通古斯人

我在游牧通古斯人中没有见过太多萨满服，但就所观察到的情况来看，所有的萨满服饰都是“鹿式服”。驯鹿通古斯人与游牧通古斯人萨满服的差异主要如下：（1）由布或皮条制成的弯曲形状的“蛇”，有时与布里亚特人萨满服上的蛇很相似；（2）大量场合中对“马头杖”的使用，包括萨满到下界旅行。这些通古斯人说，他们的萨满服与布里亚特人区别不大，可从几段描述中窥探。

通过前文描述可发现，鹿式萨满服的许多特点，在通古斯各群体、布里亚特人、雅库特人以及南西伯利亚操突厥语的族团和蒙古人中有一定的普遍性。通古斯人的萨满服与布里亚特人和雅库特人的很相近，其中文化要素的借用十分明显。萨满服中铁制部分的使用不是通古斯人的发明，而是借自相邻族团，比如月亮、太阳、彩虹、星星等以及船、木筏、弓和箭，尤其在雅库特人中很明显；大量的蛇在讲布里亚特语和突厥语族团的萨满服中占有十分特殊的重要性；“马”很明显是布里亚特人的文化要素。通古斯人的文化要素是与其生活状况相适应的，因此借用的一些布里亚特要素会被通古斯要素取代。从整体上说，通古斯人会将萨满服与其相邻族团关联在一起，而不是伪装成发明者。而且，鹿式服有时是与布里亚特人和雅库特人文化丛中的“尚黑观念”相一致的，这一观念在通古斯人的文化丛中没有意义，翻译成通古斯语后毫无意义。在其俄语翻译 č'orunaja v'era 中，通古斯人将此观念与俄语 čort 联系在一起，意为魔鬼。其实，在通古斯人的文化丛中，没有特殊的、与“善”神相对立的“邪恶”神灵观念，“黑色”术语本身是外来的词语。在通古斯人文化丛中，黑色与阴间相关。

应该指出的是，与居住在布里亚特人附近的游牧通古斯人相比，驯鹿通古斯人中的鹿式服较少，我在游牧通古斯人中未见到鸭式服。相较于鹿式服与黑色信仰相关，鸭式服有时与白色信仰有关。后者应该与上界相关。但是，我们在通古斯人的具体萨满服中发现，“黑色信仰”和“白色信仰”是融合的，这表明此区分对通古斯人而言是外来文化要素。前文表明，新萨满不能做与下界相关的仪式，只有经验丰富后，萨满才能去往下界，并拥有两种文化丛混合特征的萨满服。

所有事实体现了后贝加尔地区游牧通古斯人萨满服文化要素的外部来源，关于鸭式服的起源，我将在后文探讨。

满洲的驯鹿通古斯人

我在对满洲驯鹿通古斯人调查的过程中，没有见到萨满服饰，我只调查了一位在阿穆尔河附近的萨满。另一位萨满，是我报道人（将近 60 岁）的弟弟（阿吉），于 1912 年去世，装束（萨满服）放置在其坟墓的平台上，此坟墓位于库玛拉河上游的谷地上。我的报道人告诉我，去世萨满的服饰本应挂在树上。就我考察的结果来看，满洲的驯鹿通古斯人有两种类型的萨满：去往下界的萨满与去往上界的萨满。第一种类型的萨满非常少。两类萨满的服饰相同。这“很像雅库特人的萨满服”，有大量的铁饰和垂饰。萨满的帽子上有叉数不等的铁制马鹿角：三到六个，鹿角的叉数越多，萨满的能力就越“强大”。

满洲的通古斯人

与后贝加尔地区通古斯人相比，兴安通古斯人的萨满服十分简单。毫无疑问，两者属于不同的文化丛。我观察的所有萨满服（我见到过四五件）同属一个类型，但因萨满个人不同也发生一定变异。萨满服包括外套，普通的蒙古布料以及很少量的皮子（麂皮），通常很厚。萨满外套前钉着数量不等的皮条，外套没有领子，两侧没有开襟，这种外套在普通的通古斯人中很常见。萨满外套的边可能会镶着漂亮的达斡尔人中的丝绸。萨满外套的前面垂直挂着两种不同布条（或麂皮条）拴着的圆铃。在每一排铃上面，固定了几面托利（铜镜），数量并不固定。我曾在一件萨满服上见过十二面铜镜、下面有数量不固定的锥形铁管。我曾经在萨满服上见过铁盔甲。萨满服的背面偶尔会出现混合满族、达斡尔人风格的布条和丝绸条。兴安通古斯人的萨满服中有一个十分重要的构成部分，即由布制成、上面有少许装饰与一些贝壳（我观察到八个）的披肩，这些贝壳无疑从商人（汉人与达斡尔人）处购置。我不理解这部分的功能，但在毕拉尔千人中，萨满服上的披肩更为精致。

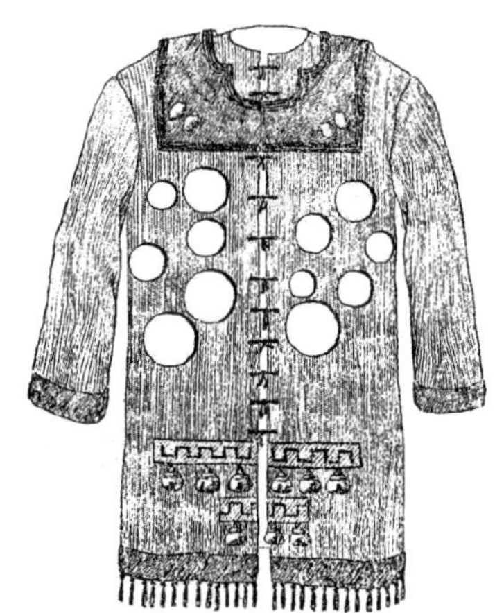

萨满头饰包括了任意材料制成的无边帽状物，上面有非常小的铁制马鹿角。我曾见到只有一个半鹿角的头饰，其顶部可能会有一些丝绸条和麂皮条，从后部垂下。

相同类型的萨满服在毕拉尔千人和库玛尔千人中盛行。在这些人群中，我见到许多萨满服，其中有些十分精致。[①]

毕拉尔千人更倾向使用驼鹿皮制作萨满服，如果使用马鹿皮，萨满服

① 遗憾的是，我购置的一件非常好的萨满服，现藏于俄国科学院民族学与人类学博物馆，我现在无法见到这件萨满服及其照片。

的后背上半部，也要用驼鹿皮制作。[①] 毕拉尔千人的长外套也如此剪裁，即衣服两侧开口，没有领子。[②] 萨满服中袖窿下边的衣身有两孔，大约 10 厘米长，称为奥尼（oon'i），神灵通过孔进入萨满的身体。在两孔近处钉着拴有丝绸条的铃，这些丝绸条是多束方巾（参见后文第 605 页）。带有丝绸条的铃代表翅膀。在萨满服的前面，有三个昂阿普吞（aŋaptun，毕），用宽皮带固定着，萨满服的两侧分别有 9×3 共 27 个铃。萨满服的右侧靠上，是阿萨兰（asaran），一个拴有丝绸的大铃，以及其他种类萨满表演成功后拴上去的方巾。萨满袖子肘部的“上方”有两个装饰性的带子伊查普吞（ičáptun），袖口处的皮带子称乌克萨普吞（uksáptun，uksa——“袖子”）。萨满服下摆的边缘处有染黑鹿皮制的垂饰。萨满服背部有四面铜镜，上面的相对较小。萨满服腰部下边是伊尔吉乌兰（irg'ivlán，irg'i——“尾巴”），由一大块黑色鹿皮制成，上有鹿皮附件，没有装饰，同时有三个圆铃和九根丝绸条。

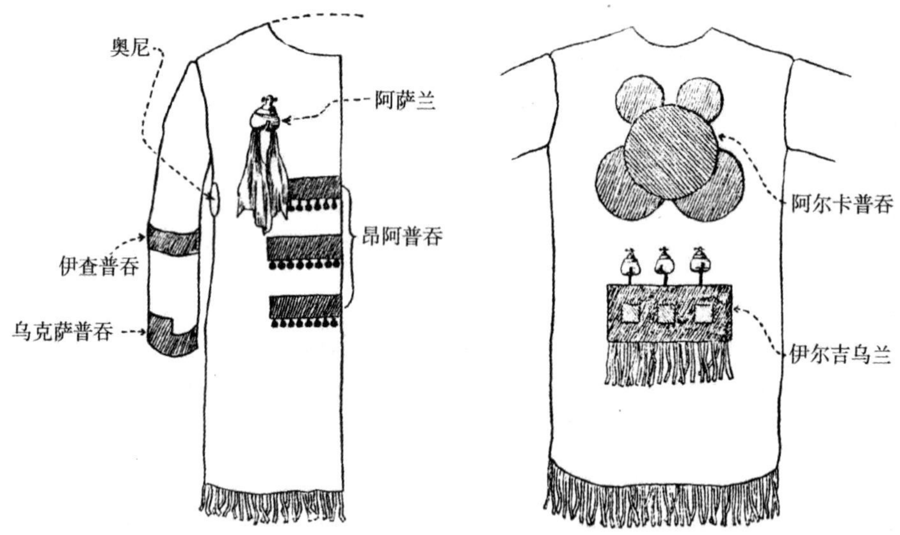

① 值得注意的是，其他群体萨满服使用的材料不同。不过，在毕拉尔千人的居住地区，不容易获取驼鹿皮。

② 我的报道人告诉我，穿带领子的衣服进行萨满表演是不可能的。

萨满服的前面有十二面铜镜，我所观察到的铜镜并非真正铜镜，只是带耳的圆盘，其他的镜子会固定在萨满服前面下部的边缘部分。

有三面铜镜是萨满表演时需佩戴的，其中最主要的是阿尔卡普呑（arkáptun），是一面最大的铜镜，直径约25厘米，上面系有方巾。在阿尔卡普呑上，我们可发现一种特殊的索勒巴尔德吉（solbar dèγi），即汉人所谓的“凤凰”。阿尔卡普呑固定在萨满的背部，在四面小铜镜外面；这面铜镜经常单独存放在萨满表演的房屋中，因为萨满的神灵会留在房屋中很久（尤其是保护儿童的神灵）。如果萨满的主要神灵是杰尔嘎色翁，则需要在阿尔卡普呑上挂九个铜铃。另一铜镜是乌科普呑（ukóptun），由三串玻璃珠制成，其末端是小的铜镜。在表演的过程中，乌科普呑挂在萨满服上。有两种类型的乌科普呑，其中一类是不同颜色珠子混合而成的供夜路神灵的杰尔嘎色翁多勒博尔，另一类乌科普呑由浅蓝色珠子构成，供日路神灵的杰尔嘎色翁伊嫩伊。萨满也会为求助者准备其他的乌科普呑，但它们有轻微差异。第三个重要的部分是萨满在表演过程中收到的方巾，每两片编在一起，中间夹着貂皮。它们挂在萨满外套的两侧。

如右图所示，萨满的领子扎卡普呑（ǰakáptun）装饰得很精致，其末端系着两块鹿皮，萨满戴上领子以后，这两片鹿皮构成一方形的块，像东正教牧师的衣服。每块鹿皮上都有两面小铜镜，五串玻璃珠和圆铃，一共加起来十个圆铃，图片并未绘制出来。有两只木制的“杜鹃鸟”（库克库），每只鸟都有一个尾巴，由三根绸缎带象征，其中的一根绸缎带末端系着一个小铃，两只鸟固定在领子上。[①] 戴上领子后，杜鹃鸟位于萨满的肩上。领子上还固定着两只由布及饰品制成的鸟偶（jajaŋku），鸟偶上有三到五根丝绸条象征“根部”（kalbaŋkan'i、tikanin）。[②] 此外，萨满的领子上还有十二个圆铃。

① 杜鹃鸟有时以巢窝（ujin）的形式象征，通常简单地粘在领子上。

② 我没有查出 jajaŋku 的含义，与这个词最近的意思可能是 jaja，即“祖先神的神位”。但是我不敢肯定这个词的意思。“根部”的意思也不是十分清晰。

萨满服的第三个构成部分是头饰格瓦［g'ēva（毕）］。它由一条约为9厘米宽的麂皮条构成，上面有小钩和眼儿，使其可固定在头部。皮条的中央有一面铜镜（有时是椭圆形的铜片或铁片）。头饰上面粘有七块竖立的铁片，每个铁片上饰有一个铃和五个丝绸条（kolboŋku），上面的图案线条混合了满、汉和通古斯人文化元素。在铜镜下方对应萨满脸的部分是初拉克塔（čurakta），其功能是面具，为黑色网眼织物；它包括七串珠（č'ikta）。戴上头饰后，面具覆盖了萨满的脸部，但萨满却可透过面具看清眼前的一切。萨满头饰中有类似功能的还有流苏。

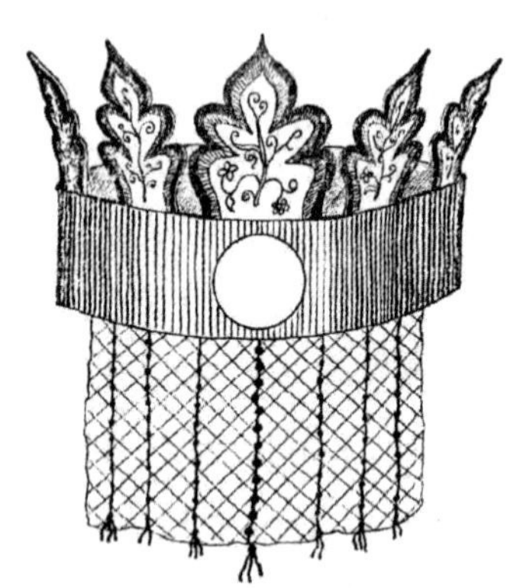

应该注意的是，萨满头饰是对蒙古与西藏喇嘛冠饰的一种模仿，也可见于某些佛教神灵的头部。[①] 事实上，当通古斯人能找到已经做好的带有佛像的头饰时，他们会选择使用，并视为强有力的萨满器物。[②]

值得注意的是，这种类型的头饰是库玛尔千人和毕拉尔千人中唯一的形式，也可见到像兴安通古斯人中那样带鹿角的头盔，其设计更精致，类似前文所描述的后贝加尔地区通古斯人中的头饰。

过去毕拉尔千人使用一种称为“提亚翁”的手杖，现在已不再使用。这种手杖是通古斯人用来骑驯鹿使用的（《北通古斯人的社会组织》）（涅吉、巴、满驯；所有的驯鹿饲养者）；老年男性普遍使用斯吉（涅吉、毕）［参见“太分”（满语书面语）——手杖，老年男性手杖］。果尔德人仍然在使用手杖。这些手杖的形式与驱赶雪橇犬的木杖相同。

以上描述的萨满服属于一位年轻的女萨满，重量为30多公斤。萨满服如此重，如果没有神灵附体，萨满都承受不了萨满服的重量。萨满服的重量不会随萨满年龄增加而减少，萨满服会不断增加重量。后文将继续探讨这一问题。

---

① 参见格伦威德尔《西藏和蒙古的佛教神话》，第90、100、107页。

② 参见洛帕廷《阿穆尔河、乌苏里江和松花江流域的果尔德人》，第282页。

这些通古斯群体不是这类萨满服的最初发明者。事实上，这一文化丛缺乏通古斯人中普遍服饰的本质部分，即围裙。通古斯人的装饰最近被采借的外来装饰取代。通古斯人的萨满外套并非通古斯来源，“领子”和头饰不是通古斯文化要素。铜镜以及蕾丝、丝绸条以及珠串被采借到通古斯人中。驯鹿通古斯人的萨满服则不同，满族人、果尔德人和其他群体中也是如此（参见后文，第609页）。我本人没看到达斡尔人的萨满服，通古斯人告诉我达斡尔人萨满服的具体形式，并且达斡尔人支持这一论断，达斡尔人的萨满服类似上文描述的毕拉尔千人的萨满服。我们应该记住，由于通古斯群体中的大量文化要素都来自达斡尔人，因此可以假设，达斡尔人提供给通古斯人的不仅有神灵，还有萨满服。

通古斯人的领地上，可以观察到萨满服的进一步复杂化，即萨满的外套上面穿一件裙子，裙子上又套着一件带有丝绸条的裙子。其实，这只是从满族萨满中采借的附属物。这种形式的萨满服可见于雅鲁河附近的雅勒千人中（参见《北通古斯人的社会组织》），其文化受达斡尔人和满族人的影响。墨尔根通古斯人、雅勒千人与兴安通古斯人，喜欢用贝壳装饰萨满服，萨满服的边儿、领子和头饰上有很多装饰。萨满服上源自佛教的“眼”与万字符很明显。虽然我没有直接见到，却听别人说，一些萨满服中的铁制垂饰与驯鹿通古斯人的相同。

满族

满族人的萨满服完全不同。在满语中萨满服饰称为萨满伊额特库或君额特库，萨满服与其他器物一起称阿胡拉（aγura，满语书面语），意为“一般意义上的工具和器皿”，包括以下部分：外套、裙子、腰铃以及头饰。

作为一个整体，上述各部分被称为窝车库伊额特库，意思是神服，而非萨满的衣服。

萨满外套是由汉人红布剪裁的普通短外套——库鲁莫（kurume），外套的上部分别用四个黑色图案覆盖肩部、后背和胸部。这一装饰在满族文化丛中十分普遍，称为“钩状装饰”。毫无疑问，这种装饰在汉人和蒙古人中十分普遍，并非古老的满族装饰。萨满的背部是一块方形的鲜红色布，约20厘米宽。

像毕拉尔千人那样，这部分覆盖有一面铜镜。萨满服的前胸部分有大量的小铜镜，但萨满服的胸前必须有两面小一点的和两面大一点的铜镜，萨满外套上有大量经过雕刻和修饰的骨头。据一些满族人介绍，萨满服上也有一些铁制或铜制象征“翅膀”的饰物。但目前在我看过的几件萨满服中，未见到这些“翅膀”。此外，我在神灵图画（前代萨满的）努尔干上，观察到很多神灵，未发现这些“翅膀”。这些“翅膀”很可能根本不是翅膀。

萨满的裙子稍微过膝；上有由汉人蓝布编织的腰带，称浩斯坎［xoškan，参见 xūsixan（胡西罕，满语书面语）］。为了移动方便，这一腰带经常被剪成两半。标浑萨满以及宫廷的萨满也会使用这种裙子。[①] 萨满裙子的“来源”问题十分有趣，为此我给出一些细节。这不是特殊的萨满服。这些裙子十分正式，中原地区的一些职业者仍在使用它，例如江苏和其他省份。这种服饰也是吉里亚克人及其萨满穿的服饰。[②] 果尔德人中的萨满也穿这种裙子，并使用不同的图案装饰，[③] 同样的情况也体现在奥罗奇人和乌德赫人中[④]，更不用说讲果尔德语的奥尔查人。什连克认为萨满裙子是吉里亚克人的古老因素，这是错误的，因为在满族人和汉人中都可见到这种裙子。这种裙子在日本妇女、马来群岛、波利尼西亚，甚至是古埃及中都可以见到。在亚洲地区，这种裙子主要见于海岸和海岛，由于这个原因，我将其与早期古亚细亚人联系在一起。什连克指出了吉里亚克人表示裙子的 kos’ka，满族人用 xūsixan 表示萨满的裙子以

---

① 参见朗哥赖《鞑靼—满洲人的仪式》，第 7 章，第 39 页；哈勒兹《晚期中华帝国的宗教与典礼》，第 8 章，第 8 页。

② 参见什连克《阿穆尔河流域的土著》。

③ 参见洛帕廷《阿穆尔河、乌苏里江和松花江流域的果尔德人》，第 259～260 页。

④ 参见马尔加里托夫《皇帝港的奥罗奇人》中的第 79 幅图。参见布莱洛夫斯基《鞑子或称乌德赫：一项民族志学调查》，第 185 页，乌德赫部分。

及妇女穿的裙子。[①] 不过应该指出的是，汉文化和吉里亚克文化丛中这种裙子并非妇女的服饰，因此在萨满教中，不能将它与特定的性别文化联系在一起。因此，这一类型的服饰十分普遍，吉里亚克人可能从满族人中采借了这一服饰，萨满的裙子非常清楚地表明其源自满族，对于北通古斯人、奥罗奇人、乌德赫人以及果尔德人而言，除了用于萨满服饰，他们不了解这一服饰。

一些满族萨满，尤其是能力强的萨满，会在裙子外面套上另一件浩斯坎，上面固定着长穗——钉在皮条上。[②]

腰铃西沙［s'iša-s'iža（满语口语），也称为 śiza］，这个词语在满语方言中的变异形式很普遍，[③] 它通常包括一条皮带，上面拴着圆锥形的铁管，大约 15 厘米，甚至更长。皮带固定在前面，腰铃管在腰后。圆锥形腰铃管的数量是可变的。这些东西加在一起很重，估计有 10 公斤以上。腰铃的功能纯粹是音乐方面的，通常有固定的曲调。萨满有节奏地摆动其背部，腰铃管发出有特点的声音。满族的宫廷萨满和标浑萨满都使用腰铃。[④] 果尔德人、奥罗奇人、乌德赫人以及吉里亚克人都使用腰铃，其腰带上除了腰铃，还会添加其他物品，如铜镜、圆铃等，但形式非常简单，如奥罗奇人。在吉里亚克人中，腰带形式很简单，腰铃管拴在皮绳上，腰铃管的数量是变化的。[⑤] 腰铃的地理（族团）分布与萨满的裙子分布相重合。腰铃和裙子似乎源自满族文化丛。

萨满头饰伊克色（iksè）十分重要，在满族人中有不同的形式。鸟头饰由铜制帽框的无边帽构成，像在北通古斯人中一样，上面固定着铜鸟；鸟的数量可能是 1 个、3 个，甚至更多。这些鸟表示孔雀，其头小、身体肥胖、翅膀小、尾巴长。萨满的头饰上有“钩形图案”。萨满头饰前面有一面

① xūsixan 在满语中与一些源自 xusl 的词语有关，意为“包裹、覆盖”；同样参见果尔德语 xoz'a，意为“萨满的裙子”。

② 在汉语口语中，两者都称为 č'ūnza。（即裙子，此为东北方言发音——译者注）

③ 我有一份有趣的满文手抄本。满族人通常会认为 šiža 和 šiša 是两种不同的事物，但他们却不能解释其中的差异。

④ 参见朗哥赖《軏軳—满洲人的仪式》，第 6 部分，第 29 幅图；哈勒兹《晚期中华帝国的宗教与典礼》，第 8 部分，第 5 幅图。

⑤ 参见什连克《阿穆尔河流域的土著》，第 LXI 部分，给出了一个样品。腰铃管数量的变化可能是由于“贫穷要素”。

铜镜，垂下的流苏挡住萨满的脸部。不过，萨满头饰上的鸟可以是其他种类。我曾在萨满头饰上见过一只硕大的象征猎鹰的鸟，以及象征鸽子的两只小鸟。固定在萨满头饰顶部的鸟，是可以旋转的。那拉氏家族的标浑萨满在表演的过程中会使用鸟头饰，[①] 当神灵布库、莽伊、所有动物特征的及其他神灵附体时，萨满会脱下神帽。当萨满去往下界时，会戴特殊的头饰，此过程中那伊珠兰萨满窝车库附体于萨满。这些头饰称那伊伊克色（即“土地头饰”）。头饰由铁制成，上面有马鹿的角，与北通古斯人相似，满语称苏卡那伊（s'uk'a nai）伊克色。人们告诉我，还有一种头饰称古兰尼（guran'i）伊克色，即“狍头饰”，在秋祭过程中，当狍神附体时，萨满要戴此头饰。除了其上面固定的狍脚，我不了解这一头饰的细节。[②]

104. 萨满服饰的分类

上述对萨满服饰的描述，使我们能够将本书讨论的各族团萨满服饰分为四种类型。

（1）鹿式服

目前布里亚特人、游牧通古斯人以及后贝加尔地区的小部分驯鹿通古斯人中的萨满服饰，是最复杂、最具象征意义的。继续向东，我们可持续观察到鹿式服的一些线索，即通过兴安通古斯人、果尔德人、有时是毕拉尔千人以及某些特殊场合满族人中萨满头饰所观察到的铁制鹿角。在这些群体中，没有其他鹿文化丛。在雅库茨克州、叶尼塞省的通古斯人中，以及属于古亚细亚人的叶尼塞奥斯提亚克人中，有鹿式萨满服。超出这一区域，只可见到鹿文化丛的一些元素。这些事实表明，后贝加尔湖是鹿文化丛的传播中心。

---

① 达斡尔人的萨满中也有鸟头饰，其顶部是一只旋转的鸟。

② 在此关联中，我必须指出，阿穆尔河沿岸的族团有时会用真实的鹿角。1916 年，我在阿穆尔河中游沿岸见到一个铁制框架萨满头饰，框架上有真实的马鹿角，现保存在布拉戈维申斯克博物馆。我们不能确定相应的具体族团，是满族人、达斡尔人还是一些北通古斯人。实际上，鹿角在佛教的“查玛”舞中十分典型，而且铁制鹿角和真鹿角一样有效。应该指出的是，狍鹿角非常小，而且轻。

鹿式服是萨满去往阴间时要穿的衣服，尤其是安顿生者或死者的灵魂时。驯鹿是去往下界的（一些神灵）最便捷的“表征”，因此鹿式服象征驯鹿（是鹿神的神位），穿上鹿式服的萨满感觉自身敏捷、警惕性强、观察能力强，通古斯人将驯鹿视为最优秀的动物。不过，萨满为了达到目的还要变形为其他形式，即便是穿鹿式服，萨满还可以变形为其他形式，这些形式与驯鹿无关，例如，玛鲁神灵所涉及的一组神灵形式，会在萨满旅行过程中帮助萨满。值得指出的是，在布里亚特人中，驯鹿观念已逐渐被萨满骑马取代，用马头杖象征，而通古斯人仍然用鹿头杖象征。这一事实涉及布里亚特人祖先的文化丛问题，由于事实复杂，我暂且不深入讨论。就我所知，布里亚特人和通古斯人的萨满服有本质的不同，只有通古斯人的萨满服包括围裙，这是通古斯人萨满教的重要构成要素。其实，其他族团萨满服中围裙的缺失是毫无疑问的。另一个明显的区别是马头杖，甚至在当下萨满服几乎被放弃的情况下，马头杖也是萨满器物中的基本要素，而驯鹿通古斯人中的萨满很少使用马头杖，他们用鹿头杖代替马头杖。最后，通古斯人萨满服上“蛇”的数量不如布里亚特人的萨满服多。①

（2）鸟式服

这类萨满服在雅库特人中表现得最为复杂，其中有完整的铁制鸟骨架。鸟式服在后贝加尔地区的驯鹿通古斯人中也很普遍。在这些群体中，如果萨满有两套萨满服（鸟式服和鹿式服），鸟式服中一定不能有铁制的部分。鸟式服分布的范围更小。但是，满族人运用特定的想象，其萨满服，更确切地说是萨满头饰，可被视为一种鸟象征；不过这种观点可能是错误的，这些鸟只是某些特殊神灵神位的表现形式，源自萨满教所需的特定形式。②

① 应该注意的是，在后贝加尔之外的地区，“蛇”在萨满服中的重要性明显降低。事实上，在蒙古地区讲蒙古语和突厥语的人群以及南西伯利亚地区的萨满服中有大量的“蛇”。在后贝加尔地区的游牧通古斯人中“蛇”不是很重要，驯鹿通古斯人中“蛇”也不重要；“蛇”在满洲通古斯人中的重要性很低，甚至在满族人中完全消失。“蛇”要素在萨满服中的核心地位似乎源自后贝加尔地区的西南部。

② 满族人关于萨满服“翅膀”的阐释不应被视为事实。满洲通古斯人萨满服中的“鸟”是神灵的“神位”。如前文所述，萨满服可能有一个“尾巴”（伊尔吉乌兰）。但是，从整体上看，满族的萨满服和满洲通古斯人的萨满服并不象征“鸟”。

我已指出，萨满去往上界的时候使用鸟式服，此时萨满需要像鸟一样轻盈的身体。不过，如果萨满碰巧没有鸟式服，可以穿鹿式服去往上界，这一事实发生在萨满的表演中，萨满并不换萨满服。考虑到鸟式服分布的地理范围，其文化传播中心处在雅库特人居住的地区。

这里值得注意的是，通古斯人两种形式萨满服的共存，并非欧洲意义上的“二元主义”，两类萨满服并非对应与特定神灵群相对应的表演。从理论上说，通古斯人中有更多形式的萨满服，例如满族人在不同场合中用三种以上类型的萨满头饰。这些头饰也可能与不同的外套及其他器物组合。

有意思的是，在后贝加尔地区的驯鹿通古斯人中，鸟式服比鹿式服更普遍，其中原因并非源自其他族团观念或多或少的影响，而是由于从技术的和心理学的观念来看，与下界神灵交往比与上界神灵交往更为困难。

雅库特人的萨满服似乎影响到满洲地区，满洲的驯鹿通古斯人也使用雅库特人式的萨满服。应该指出的是，雅库特人萨满服包含的围裙在雅库特人的日常服饰中并不普遍。这种围裙也见于叶尼塞奥斯提亚克人中，这一群体在很大程度上受通古斯人的影响。通过上述事实，我不想否认雅库特人萨满服可能受通古斯人影响，通古斯人的萨满服也可能从不同来源受雅库特人的影响。

必须补充的是，果尔德人中也可见到一种象征鸟的萨满服。洛帕廷并未说其剪裁是否与萨满去阴间穿的服饰相同（送死者灵魂场合）。但他却区分了两种不同类型的萨满服，其一是“大萨满”穿的萨满服，这类萨满服拥有一种规范化的头饰，其主要功能是与阴间有关的仪式；其二是“小萨满”的服饰，这类萨满服没有固定的头饰，与阴间的仪式无关。第二类萨满外套的肩部和背部有鹰羽毛，洛帕廷曾在一件萨满服上观察到 27 片鹰羽毛。萨满的腰铃制成羽毛的形式，外套上饰有象征“羽毛”的穗子。萨满的头饰（貌似无檐帽）有小的铁鸟（杜鹃鸟）。洛帕廷介绍，据萨满说，萨满需要“飞翔”时会使用这类服饰。因此，很明显的是，果尔德人的萨满服观念与其他案例相同，但这种类型的萨满服是不同的，不能与“上界”文化丛相联系。

（3）满洲形式的萨满服[1]

这部分萨满服涉及兴安通古斯人、毕拉尔千人以及其他的满洲北通古斯人群体。我无法核实这些群体的萨满服与达斡尔人萨满服的关系。至少目前，满洲通古斯人的萨满服没有任何动物神灵的表征，其最引人关注的特点即铜镜的重要性。萨满头饰是多样的，对佛冠的模仿是其中形式之一。满洲通古斯人的萨满服形式是源自达斡尔人，还是对其他族团的模仿，目前还无法确定。不过，单独的领子明显是对佛教僧装样式的模仿，萨满的头饰、铜镜表明其最初形式是达斡尔人模仿的佛教服装，随后又增加了其他要素。

（4）满族的萨满服

除了头饰，满族的萨满服不象征任何事物。萨满在不同目的的实践中，使用不同头饰。满族人萨满服的形式最为简化，可见于标准萨满（氏族祭司及同样为氏族祭司的宫廷萨满）中。在松花江、阿穆尔河下游及其东部地区，诺尼河与阿穆尔河中游的满族人中可见到上述萨满服的变异形式。不过，达斡尔人、北通古斯人的萨满服与满族人的不同。

值得注意的是，在地理和族团中心扩布的过程中，萨满服的形式会发生变化。在传播的过程中，萨满头饰上的铜鸟被木制的鸟取代；铜镜被腰铃取代；锥形管腰铃被其他各种类型的腰铃取代；复杂的装饰被当地的装饰取代。此外，原初形式在传播的过程中还会添加一些新的要素，如果尔德人萨满外套上增加的各种神位，当萨满举行去往阴间的仪式时，所戴头饰更为复杂。因此，我们发现，在文化传播的过程中，原初文化要素逐渐减少，地方性的文化要素愈加丰富，最终形成特色鲜明的地方性萨满服形式，如古里亚克人和果尔德人的萨满服。毫无疑问，满族的萨满服对这些群体产生影响，其中萨满器具的名称还保留着满语。古里亚克人[2]表示萨满器物的词

[1] 我用这一名称表示这一萨满服形式，是因为没有更合适的术语表示这部分人群的萨满服。如前所述，它与达斡尔人的萨满服一致；其二，这类萨满服不能使用某种符号化的词语表达，因为不存在这种符号。我不愿使用这一词语的原因，是它很容易被误解为下文讨论的满族形式的萨满服。

[2] 参见什连克《阿穆尔河流域的土著》，第8部分。

语部分是满语，或者以果尔德人为中介，源自北通古斯语。[①] 什连克推测，黑龙江下游的萨满教由果尔德人居住的地方传播开去。[②] 果尔德人的萨满服在这方面有充分的说服力。果尔德人的文化要素和术语表明，其文化丛“源自”两个方面，一部分是满族文化丛，经过部分变化，另一部分则是北通古斯人文化丛。由于果尔德人的历史形成过程目前是清楚的，[③] 萨满服饰文化丛的“混融性”也是清晰的。

上述四类萨满服饰文化丛在其他萨满器物中也可观察到。我将做恰当的阐述。对神灵文化丛的相关事实也会提供类似证据。

105. 鼓

除了萨满服，其他萨满器物中最重要的是萨满鼓。无论形式和细节如何，萨满鼓是萨满表演中使萨满保持节奏和自我兴奋状态的乐器，同时，萨满也使用鼓来影响和管理仪式中观众的心理状态。关于萨满鼓的乐器特点，我会在后文阐述，现在我只描述萨满鼓的细节。

在后贝加尔地区的驯鹿通古斯人中，萨满鼓称 nimγaŋk'i［这个词的变体是 nimγa（毕、涅吉、满驯），nimŋana（乌鲁）——“萨满实践、表演”］。在安哥拉地区的通古斯人中（季托夫的调查），萨满鼓称 n'amnánki（一些人对这个转写持质疑态度，同一作者记录涅吉达尔人用 nïmnganki 表示萨满鼓）。但是，满洲的通古斯人不知道这个词语，而是用以下词语：uŋtuvun（毕、库）、uŋtuγun（兴）、untūvun（乌鲁）、untun（拉，图），这些词语应该与 untun（满语书面语）鼓相关，但满语口语中并没有“萨满鼓”。毕拉尔千人用另一个词语 tuŋkä 表示鼓，满语中用 tŋuken（通肯）表示鼓。满语口语中也用 jimčin-jemčin，对应满语书面语 imči、imčin［参见果尔德语 umčufu（洛帕廷）］表示鼓。这些词语的分布情况十分有趣，其原因包括民族志学和语言学的，这尤其体现在我们对“鼓槌”一词的比较考察中。

① 查普利卡女士以充分的证据，指出满族人与通古斯人对吉里亚克萨满文化丛的影响。

② 参见《阿穆尔河流域的土著》，第 121 页。

③ 参见《北通古斯人的社会组织》，尤其是《北通古斯人的迁徙：果尔德人及其族团亲邻》。

后贝加尔地区的通古斯人中，可见到两种类型的鼓，分别是椭圆形和蛋形的，其中最长的鼓分别为 65 厘米和 70 厘米。鼓框由桦木或松木制作，宽 6~8 厘米，其中一面蒙有马鹿皮或驼鹿皮，皮张盖住鼓框，固定在鼓的内侧。鼓内侧近中央处有一大圆环，圆环由四个皮条固定住，皮条另一端由小圆环固定在鼓框上，呈十字形。皮条可部分地或完全由可动的铁片取代。这一构造方便萨满用左手持鼓（对于惯用右手的人而言）。除了圆环，也可使用上下、左右各约 15 厘米长的十字形物代替。

在鼓框内部，有两个铁制曲柄，穿着八个铁片，中间有孔，孔边缘有饰物。这些铁片称 sekan，“耳环”之意。鼓框上也可固定数量不等的圆锥形铁铃。我曾在鼓框上见过四对铁铃，但也可能是两对或八对，但总是成对的。其他各类神位和饰物也可固定在鼓上半部的专门区域内，如我观察过的四足动物、人面（巴达）、铃和锥形管。

鼓面，即用于击鼓的部分，有各种各样的图案，我对其中一部分做如下阐释：

Ⅰ. 作为一个整体，鼓上的双线代表敦达，即世界上的坚固部分的土地；萨满会用鼓穿过海洋。萨满围裙上的双线也表示相同含义。特定间距的两条线沿着鼓框展开，其中内侧的线条连着中间的图案，外侧的线条靠着鼓的边缘。在鼓的下部，有四组线条在上述两线条中间。在这八个线条附近，有两组人的形象。鼓线条里侧上半部分有六对人的形象。在两组人物形象中间是动物形象：驼鹿、马鹿、狍子、麝香鹿、牛以及驯鹿。

Ⅱ. 鼓面中央没有图案。在两根线条中间，鼓面上半部分是人物形象，鼓面下半部分两个线条中间是四个动物形象：马鹿、驼鹿以及一对驯鹿（公母）。

Ⅲ. 鼓面中央是双线圆，有八个双线圆分布在鼓的边缘，表示位于海洋上土地的八条腿。

在其他鼓上，我不能见到固定的图案，因为这些图案在鼓使用的过程中发生损坏。

用来绘鼓面上图案的颜料有石墨、铁粉、灌木皮中的棕色物质等，这些颜料在通古斯人中很普遍。

鼓槌称 giss（巴、涅吉）。这一词语十分有趣。我们可见到相似的词语：g'iš（安哥拉通古斯人，季托夫），g'isavun（毕），g'is'ivn（兴、库）（涅），gisivun（曼），g'es'il（果・洛帕廷），gehun（拉），jehun（图），g'izun（满语口语），我认为可以将这些词语与满语书面语 gisun（吉孙）联系在一起，意为“言语、说话”。（在满语书面语中，gisun k'exe，“鼓槌”的意思。）所有的通古斯人都认为，鼓“正在说话”。[①] 在后贝加尔地区通古斯人中，鼓槌由 3~4 厘米宽、30~40 厘米长，稍微弯曲的木片制成，其末端有一光滑的圆手柄。鼓槌手柄用鹿皮（带毛的）缠着，其反面是两个或八个圆环，起到装饰作用。

在游牧通古斯人中（乌鲁、巴、曼），萨满鼓和鼓槌与上文描述的相似。

关于满洲驯鹿通古斯人萨满鼓和鼓槌的信息，来自老人的讲述。我已指出，满洲驯鹿通古斯人的萨满服与雅库特人的相似，其萨满鼓也相似。鼓槌“顶部”由木头制成，表示鹰头，显然借自雅库特人。[②]

在兴安通古斯人中，萨满鼓是规则的圆形或略呈椭圆。兴安通古斯人的萨满鼓没有后贝加尔地区通古斯人的深，厚度只有 3~4 厘米，稍微小一些，这些萨满鼓可能没有图案和装饰。鼓的内部有大的铁制的十字形物，每一段都用两个皮条固定在鼓框上。鼓的左上部分有一个小洞，象征“鼓的耳朵”。蒙鼓所用的皮张只能是公狍皮，不能用其他动物的皮张。兴安通古斯人的鼓也有一些图案，具体细节如下。

Ⅰ. 鼓面上绘着特殊的构造图鲁；它由竖立的两个杆象征，中间有横梁连接（可能有两个横梁），会在一些重要的表演中使用；除了两个竖立的

---

① 需要指出，乌鲁尔加游牧通古斯人用 toibur 表示“鼓槌”，这个词借自布里亚特人。在说突厥语和蒙古语群体中存在其他表示鼓槌的术语。但是，达斡尔人表示鼓槌的词语 g'asūr 似乎与满语词语相关。希姆科维奇指出果尔德词语 ges's'el s'eon'i，这个词语很有趣，意思为“萨满的神灵的鼓槌”。同样应该注意的是，根据 P. P. 施密特的解释，满族书面语 gisun 借自汉语鼓子，在女真语中没有这个词语。通古斯语中也没有这个词语的词源。

② 在这一关联中，我必须指出，在满-通古斯语族的萨满教中，鹰的位置并不重要。诚然，通古斯人会用鹰的羽毛，也会用其他鸟类的皮和羽毛，但这些事实不足以支持施特忍堡的理论（《鹰崇拜》，《人类学与民族学博物馆馆刊》，1925 年第 5 期）。

杆，也可能用两棵带枝杈的树象征；在图鲁的周围，有不同的动物，具体内容在案例Ⅱ中呈现。

Ⅱ. 鼓面中央是一位手中持鼓的萨满，面朝西（鼓面的上端是北部），周围由一个圆环绕；萨满的身体由一个圆象征；鼓面的上部和下部有一个圆，靠近边缘，绘有四棵松树，松树中间从西到北方向分布以下动物：驼鹿、驯鹿、狍子、熊、老虎和龙（有腿的“闪电”，不是动物也不是人）、大鸨、天鹅、野兔、布谷鸟及海洋动物。[①] 鼓槌由轻微打磨过的木片构成。鼓槌上没有值得注意的东西。鼓的背面是铁环，而不是十字形物，用于萨满持鼓。

在毕拉尔千人中，鼓的形式与兴安通古斯人的相似。我们观察到，所有的鼓都没有图案和装饰。不过，毕拉尔千人介绍，其萨满鼓过去很可能是有一些图案的。前文描述的一些装饰（吉尔吉乌兰）通常固定在鼓框上；萨满鼓由桦木制成（主要取用弯曲的桦树；笔直的白桦树用来制作器皿），鼓面用夏季生长的马鹿皮（更薄）蒙制。鼓槌与兴安通古斯人的相似，但我曾见过由驼鹿肌腱制作的鼓槌，缠着狍皮（带毛的）。这类鼓槌十分有弹性，但需要萨满特殊的击鼓技巧。

我只观察到一面库玛尔千人的萨满鼓，其细节与毕拉尔千人没什么不同。

满族人的鼓通常是圆形的，非常浅，型号小，鼓框由普通的木头制作，上面蒙着狍皮，鼓槌与兴安通古斯人的相同，上面装饰有“耳环”和小饰品。鼓面上覆盖着绘制的花朵、蝴蝶和鸟，其主要功用是装饰性的。满族人的萨满鼓由工匠制作，工匠有时是汉人。鼓槌由普通的木棍制成，上面包裹臭鼬（索龙高）的皮。标浑萨满所用的鼓与阿木巴萨满所用的鼓相同。满族萨满一般有两面鼓，萨满表演的过程中用一面鼓，另一面鼓则在火堆上烘烤，使其声音更好听。两面鼓轮流使用。所有的通古斯萨满都有两面鼓，但并非所有人都能承担相应费用。

---

① 我在兴安通古斯人中调查期间，他们知道我会水彩画，了解我在萨满教方面的经验，请求我帮助绘制上述图案。我复制萨满鼓面上内容的同时，也按照萨满的指示绘制新的图案。由于这面鼓由“外来者”绘制，我决定在鼓上面做出标记，以提醒民族志文物的后世搜集者。我没有写上我的名字，而是写下了一句话“sic transit gloria mundi! made by N. N. 1915 Ⅵ 27”。我想，如果这面鼓被某一博物馆收藏的话，人们可能会对这句话感到不解。

就我所知，这种鼓在达斡尔人和汉人（尼堪）萨满中可见到，我见到几面相似的鼓。

值得提及的是，在满族标浑萨满的献祭仪式中，除了萨满鼓，还要使用其他工具：

（1）一个小筒形的鼓称“通肯”，两面蒙有狍皮，两根木棒敲击会发出声音。这种鼓固定在木架上，由满族人连同其术语一同采借自汉人。

（2）木制响板，几对或仅一对，是一般汉人风格的乐器，这两种乐器也见于宫廷的萨满仪式中。（在哈勒兹和朗哥赖的作品中有具体的图片）

受满族萨满服形式影响的族团中，可见到满族类型的萨满鼓。在吉里亚克人、乌德赫人、奥罗奇人和果尔德人中，萨满鼓的型号要稍大一些。但鼓非常浅，通常没有什么图案。根据洛帕廷的介绍，果尔德人的鼓是椭圆形的（我认为应是蛋状），他没有提到铁制的十字形组件，萨满用一组皮条持鼓。

满族萨满鼓类型的地理分布，与满族萨满服饰类型的分布相重合，并且进一步传播到满洲的通古斯人中。这类萨满鼓与后贝加尔地区通古斯人的萨满鼓不同，后者似乎与雅库特人使用的复杂形式萨满鼓相关。雅库特人的萨满鼓甚至有共振器，并且非常深。① 这类鼓的完整形式可在中亚群体中见到，如索约特人、阿尔泰人等。这些群体中的萨满鼓，不是用圆环或十字形金属持鼓，而是在鼓的边缘固定木制的直杆做手柄。最后应该提及的是楚克奇人的萨满鼓，有一固定的手柄，像藏族人的大圆鼓，后者两面都蒙着动物皮张。因此，楚克奇人的鼓是藏族鼓的一半。贝尔福将楚克奇人的萨满鼓与爱斯基摩人的萨满鼓联系在一起，但我不认为爱斯基摩人的萨满鼓是独立起源的。我认为更可能的情况是，带有直柄圆形的藏族人的鼓先在亚洲传播，其形式在爱斯基摩人和楚克奇人中得到保持，在中亚民族中被改变并复杂化。② 其实，我们在萨满鼓所处的边缘地区，遇到的是未经装饰的较小的鼓，没有手柄，而在中亚地区，萨满鼓变得复杂，其形状和

① 有共振器的萨满鼓有时也可在受雅库特人影响的北通古斯人中见到。

② 参见 W. 施密特《上帝观念的起源》，第 338 页。他建议将爱斯基摩人的鼓与佛教文化联系在一起。事实上，这些人群最初可能是陆地民族，早期迁徙到沿海地区。

细节发生地方性变化。而且，满族的萨满鼓并非中亚萨满鼓的变形，而是早期“鼓”的形式的延续，甚至源自目前中国的某一地区。

一个有意思的事实是，萨满鼓形式的地理分布并不与萨满服形式的分布完全对应。这一事实也体现在其他相似的事实上，这些事实表明，我们需要对这些文化丛的形成和“移动”问题做认真的考察。

不同地区萨满持鼓的方法也不同。在满族—果尔德人文化中，鼓的顶部离击鼓者的头部较近，而北通古斯人中的萨满持鼓时，萨满距离鼓有一定的距离，通常很远。持鼓位置的变化在某种程度上影响鼓声的特点。

106. 铜镜

限于篇幅，这里我不再重复所列出的铜镜事实及相关推测。在对与萨满服相关事实的描述中，我们可以发现中原地区曾广泛应用，并仍保留在佛教文化丛中的铜镜，铜镜有其自身的传播中心以及两个有意思的派生性发展中心。我们发现，在所有的族团中，铜镜都称 tVl（参见前文第 576 页）。在驯鹿通古斯人中，人们相信铜镜有出自土地的神秘来源，并非所有的萨满都能够承担购买铜镜的费用。应该指出的是，在雅库特人及其西部和北部的族团中，铜镜是缺乏的。当我们向南部和东部观察，铜镜出现的频率则会增加。在满洲的通古斯人的萨满服中，有几面铜镜有相当的重要性。但是，在对满族人模仿的过程中，满洲的通古斯人所用的铜镜不仅是被赋予特定意义的物体，而且还具有发出声响和装饰的作用。而且，由于不可能得到足够古老的铜镜，通古斯人用现代的材料仿制铜镜。在毕拉尔千人文化丛中，铜镜可以代替萨满器物中的铁器部分，因此表现出了铜镜文化的派生现象。假设满族人是铜镜的最初使用者是危险的。其实，在汉人、蒙古人以及藏族人等族团中，铜镜使用的时间更早。

本书所讨论的族团中，“铜镜”的含义有所不同。例如，后贝加尔地区通古斯人将其视为观察世界的工具，也就是说，铜镜可以帮助萨满集中精力，进入轻度的入迷状态，这一点后文将会述及。毕拉尔千人认为铜镜是萨满所掌控神灵的神位。果尔德人将铜镜看作反映人们行为的镜子，同时也将其视为防御其他神灵之箭的武器。[①] 满族的萨满铜镜也具有与果尔德人萨满铜镜相似的功能。一些西部的通古斯人将铜镜视为“太阳”[②]，这在理论上是可能的。

对铜镜的多种功能的列举表明，铜镜虽为某一物，但对其阐释则是多样的。而且，铜镜的使用也表现出一定的变化。作为文化要素之一，铜镜在文化丛中的“功能”和“地位”不同，这部分取决于获得铜镜的可能性，部分在于赋予铜镜的意义。当然，如果完全没有铜镜，则会带来如下后果：（1）放弃使用铜镜；（2）用其他材料代替铜镜的象征；（3）使用假的铜镜。上述三种情况都可观察到。但是，我必须指出的是，我们有时很难发现铜镜的替代物。例如，在雅库特人的萨满服中，铁制“圆片”有时象征“太阳”，这一观念可能有其独立“起源”。因此，在毕拉尔千人玛鲁文化丛中出现的“太阳”与铜镜没有关联；在一些情况下，铁制圆盘可能临时代表铜镜，这在通古斯人中很少见；不过，铁制圆盘不象征“太阳”。[③]

107. 神位及其他

在所有的通古斯群体中，萨满会为特殊的神灵准备神位。这些神位可

---

① 参见洛帕廷《阿穆尔河、乌苏里江和松花江流域的果尔德人》第 281 页；同样参见希姆科维奇《果尔德人萨满教研究资料》等。

② 与将所有的圆形物视为“太阳”和“月亮”一样，将铜镜视为“太阳”是有疑问的。这方面的例子如根据欧洲文化丛，将木制的或金属的像脸一样的神位巴达阐释为太阳的“象征”，其依据是“太阳崇拜”理论及其他带有先入之见的理论。太阳可能是铜镜的文化要素之一，且其文化观念十分普遍，但远非欧洲学者所认为的“太阳神话学”。参见希金斯利用格奥尔吉《1772 年俄国之行的见闻》中的资料在《通古斯人》（塔尔图，1882）中阐述了这一理论，得到其他学者的支持。格奥尔吉提供的资料很粗略，对通古斯人文化观念的呈现十分模糊。不过，由于铜镜上有十二生肖，通古斯人可能知道这代表太阳周期循环。

③ 我同时想指出，根据文化要素在萨满教文化丛中的重要程度对其进行分类是不合适的，如霍姆伯格在论述金属铜镜时，认为它们是派生物。其实，在一些通古斯人文化丛中，铜镜是核心要素，可以代表整套萨满服。因此，铜镜是萨满器物中的“基本构成”。还有一个例子，在通古斯人文化丛中，马头杖不重要，它可能在仪式现场被临时制作然后扔掉，而在布里亚特人使用的萨满服中，它是十分重要的文化要素。其实，文化丛的任何文化要素都可能变成“基本要素”，重要的文化要素也可能变得不重要，甚至最后完全消失。不过这并不允许我们用“退化”解释替代情况（旧派民族学家的观点）。构成萨满服的大量文化要素可能变得不重要，但这并不意味着萨满教的“退化”，只是它对族团整体文化丛的再适应。

分为永久性的和临时性的。这里我对永久性神位做简短的描述，并在萨满表演的小节中论述临时性神位。

永久性的神位可分为面向一般大众的神位和萨满本人所掌控神灵的神位。第一种类型的神位我们已经描述过，应该指出，萨满通常拥有其氏族神灵的神位，这些神位型号很大，制作精致。除了大量的巴达，萨满还拥有表示达哈千（萨满掌控的神灵）的特殊神位。如果没有这些神灵的帮助，萨满“可能死去”。在萨满表演过程中，神位要挂在杆子上或棚屋内某处，显然一些神位（色瓦吉）是在萨满之间传承的。我发现其中一些神位有 100 多年的历史。

在兴安通古斯人中，我仔细考察过一位女萨满装神位的箱子，发现除了一般型号较大的玛鲁（康安）神位，还有一些反映道教文化的汉人风格神图，各种佛像图等，同时也有几个布日坎神位（显然是杰尔嘎与其他神）以及一个木制的“老虎”。

几乎所有的满洲通古斯人中的萨满都有一个木制面具德勒格勒（参见巴达），其上装饰着玻璃眼珠、头发和胡须。只有当神灵玛鲁附体后，萨满才会戴上面具。萨满如果想使神灵附体，也会将德勒格勒戴在脸上，所有的玛鲁表现形式（至少有 12 种类型）都会附体萨满。[①]

---

① 早期的旅行者将面具视为“太阳”，这是错误的。在亚洲，面具在科里亚克人中最为普遍（参见约克尔森《科里亚克人》）。北美的各族体中也可观察到大量面具，例如特林希特人（参见施特忍堡《博物馆中的特林希特人萨满教相关内容》）。由于施特忍堡指出北美和西伯利亚的萨满服的某些区别，我将做一些评论。他指出，特林希特人的萨满服上没有铁制品，而西伯利亚的萨满服上则有铁制部分。但是，我们也发现，满族人、毕拉尔千人以及驯鹿通古斯人萨满服上没有任何铁制品。而且，铁只是最近才传入北美地区的。施特忍堡说：“这里，铁制部分由骨头替代，只有部分由铜替代。”（第 113 页）他指出了圆锥形铁管的出现，以及由萨满的亲属和客人击鼓的现象，这在亚洲地区并不典型。这也不正确。我们发现，满族的萨满器物中有响板；在所有的通古斯群体中，某些时刻的击鼓行为必须由其他人来做。如前文所述，西伯利亚地区也可见到“面具”。通古斯人的萨满教中可以见到水獭皮（毕拉尔千人中）。当时，大多数亚洲萨满服中没有项链，实际上，这只说明项链在亚洲的萨满服中不重要。其实，装饰风格以及萨满教和“图腾文化丛”的混合只是原初的和地方性现象。但是，最为明显的是，在不同的萨满教文化丛中我们总能发现“地方性”现象，在美洲地区发现某些萨满教的“地方性”现象自然是正常的。应该注意的是，只有在特殊的情况下，萨满教中才会使用面具。很可能的是，满族的萨满教以及其他族体过去比现在更频繁地使用面具。但是，在特林希特人文化中，面具可能有其他“来源”，即美洲文化对萨满教需求的一种适应，而且，当亚洲萨满的某些面具和特殊服饰被发现时，喇嘛教（查玛）的表演千万不能忽视。

除了神灵的神位，还需要提及“计数器”，满洲通古斯人中的所有萨满都使用“计数器”。“计数器”由一根木棍制成，有时是棱状的，可用刀在上面做记号，用来表示每位神灵的附体次数。有一天，我曾见到主要神灵（一位女性神灵）的26种表现，这个神灵附体于一位女萨满（兴安通古斯人）；在其他情况下，神灵的表现减少。如果需要记录几位神灵的附体情况，则需要几个“计数器”。这个计数器有时雕刻成人的形象，与萨满神位一起保存。

在后贝加尔地区的通古斯人中，用特别的象征表示土地（中界，敦达），由宽10~12厘米，长10~15米的麃皮条制成，可固定在棚屋内部的墙上，尾巴和头连在一起，称扎乌达尔（ǰavdar，是ǰavdan的复数）。在通古斯语中，这个词可与jabdan（涅吉）相联系，意思为“蛇”，也可与tavǰan-ǰabǰan（毕、库）[ǰabǰan（扎布占，满语书面语和口语），蟒蛇，参见前文，第140页] 相联系。[①] 人的形象、各类动物，以及驯鹿绘制或粘贴在扎乌达尔上，两个库林（“蛇”）使海洋中的土地固定住，用长的、弯曲的皮条表示，上面裹着布或皮条，用玻璃珠表示眼睛和嘴，用两个或三个分叉的麃皮条表示尾巴。“蛇”与扎乌达尔一起绕着棚屋摆放。

在兴安通古斯人中，出于同样的目的，扎乌达尔由布制成。兴安通古斯人比驯鹿通古斯人贫穷得多，扎乌达尔甚至可用一个窄皮条表示。毕拉尔千人中tabǰan（蟒蛇）构成萨满教的一部分。

满族萨满使用各种器物，例如戟、箭、三叉戟、战斧等。当萨满召唤莽伊、巴图里与其他神灵群附体时，会操练这些神灵使用的武器和工具。这组器物是对汉人戏剧演员的模仿，神灵的表现形式也模仿了汉人的神图。其中一些器物在满族文化丛中甚至不存在。北通古斯人的萨满器物中没有这些物品，而且满族人十分羡慕这些器物，尽管它们在满族文化中并不重要。其实，萨满使用这些器物是为了给仪式受众留下深刻印象，但至少在目前，大多数萨满不用这些器物。

---

① 在乌鲁尔加地区的游牧通古斯人中，似乎也有这个词语，ǰabdar指固定在萨满头饰上的飘带。

除了上文所描述标浑萨满使用的乐器，满族人和通古斯人的萨满还会使用一些特殊的器皿。对于这些器皿，前面小节的献祭部分已有描述。除了这些，通古斯人和满族人中的萨满不再有更多的器物。①

108. 对萨满器物的态度

如果不描述通古斯人对萨满服的态度，那我们对萨满服的呈现是不完整的。遗憾的是，早期的一些作者呈现的是错误状况。我引用的洛帕廷的资料反映了民族志研究者十分普遍的态度。在论及果尔德人的过程中，他指出萨满服的神圣性。洛帕廷之前的学者，如什连克、希姆科维奇、布莱洛夫斯基、马尔加里托夫等同样将萨满器物视为“宗教的”“神圣的”。作为对事实的阐释和方法，这一范式是错误的。这是移植欧洲宗教文化丛解释完全不同的另一种现象。我不否认，在某些情况下，可能存在对“神圣性”的复杂解释，与世俗的事物和人相对立，② 但是，上述情况并不适用于通古斯各族团中观察到的事实。

通古斯人对萨满服的态度如下：萨满服是神灵的神位；萨满服也会聚集其他神灵，后者可能与萨满掌控的神灵相冲突；有经血的妇女可能会吓走神灵，因为妇女有特殊的神灵，或者说其他神灵害怕经血。

在通古斯人中，服饰的制作（缝制）由妇女完成，萨满服也不例外。

---

① 在关于不同族团的著作中，都提及一些其他乐器，例如单簧口琴、俄式三弦琴等。我们承认，萨满的确会使用这些乐器，但不是在表演场合，因此它们不属于萨满教文化丛中的要素。

② 例如，阿诺欣描述了一位在其掌控的主导神灵的要求下得到新萨满服的过程。如果神灵有要求，则必须更换萨满服，此后新萨满服可以被使用。他指出，女萨满不能穿男式萨满服，反之亦然，但这与神圣性无关，其原因如妇女不能穿或碰男性的服饰，陌生人也不能冒险去碰妇女穿戴的东西。我们发现，在通古斯人中，这种特殊态度源于人们关于女性经血的特殊观念。亚洲的其他族团中也有类似观念。这种“污染”观念与“非神圣性”无关。阿诺欣指出，萨满服必须与其他物品（如衣服）区分存放，这并非神圣性的标志，而是避免萨满服与其他有神灵居于其内的事物接触。其实，这些事实中并没有神圣概念。

人们要求，萨满服由没有经血者即女孩和老年妇女制作。如果没有此类女性，任何其他妇女都能缝制这样的衣服。但是，当这项工作完成后，这类萨满服需要用植物燃烧的烟净化。在满族人中，这类工作由女孩和寡妇完成。萨满服上铁制和铜制的器物部分，由普通的汉人铁匠完成。

在满族文化丛中，萨满服被视为窝车库伊额特库，即“神灵的衣服”。因此当谈论萨满服时，我们不能用不好的词语，千万不能做冒犯神灵的事情，如吐口水等。因此，人们对待萨满服的态度要与对待其他神位诸如丝绸条神位的态度相同。

由于萨满代表氏族利益行动，制作萨满服是全体氏族的事情，每位氏族成员在此过程中都要有所贡献。当萨满服穿坏了或者烧坏了,[①] 则需要重新制作；萨满服上的一些部件也需要不断更新、修补。在以下情况下，需要将萨满服丢弃。

（1）如果一个氏族没有供养一位萨满的能力（例如，氏族规模小），就会将萨满服送到森林中，放到山顶或挂在树上。一段时间后，神灵可能会离开萨满服，之后萨满服就变成旧的、无用的事物。如果出现新萨满，有必要为其制作新萨满服，神灵将会进入新萨满服中。

（2）如果氏族成员想做一套新的萨满服，会按照第一种情况的做法将旧萨满服送走，要求神灵转移到新萨满服中。神灵转移成功，可通过萨满自身感知以及能够“穿”新萨满服表演来确认。

（3）某人为萨满呈上一套新服饰，旧的萨满服则需被送走。

满族人现在已不再更新萨满服了，其主要原因是汉人政府禁止萨满教。这一背景下，氏族成员经常拒绝出钱制作萨满服。只有在萨满教处于衰退，以及满族解组的时候，才会出现这种状况。

人们相信，当火神附体时，萨满服不会被烧到，哪怕萨满在一堆燃烧的火炭中跳跃。但若没有神灵附体的话，萨满服像其他东西一样会燃烧，尽管它可作为其他神灵的神位。一般来说，人们相信如果没有萨满服，神

---

① 在义和团运动中，满洲地区满族人的大量萨满服都被烧毁了。

灵（窝车库）则不会来，没有萨满服饰的表演不能被视为真正的萨满表演，但是萨满表演至少要有西沙和托利。

萨满死后，萨满服可存放到扎鲁姆包（ǰarumbo）即萨满提供帮助的家庭中（具体细节后文将会给出），这种情况会持续到新萨满出现。只有一些不重要神灵所用的器具如三叉戟、弓箭、斧头等要随萨满一起埋葬，如果去世萨满的儿子在萨满生前有成为萨满的征兆，萨满服就保留在萨满的家中。但是，候选人能否成为萨满是由氏族组织决定的。

萨满鼓以及其他器具并没有任何神圣性，但有一严格规范即不能使鼓发出响声，其中的原因是，如果萨满不在场，神灵听到鼓声后可能会来，进入未掌控神灵者的身体。从根本上说，在不确定能够掌控神灵的情况下，萨满是不能穿萨满服的。很明显的事实是，只要我想看，满族人是不反对我拿起萨满服观察其细节的：在满族人看来，我的态度不会冒犯神灵。有经验的并“在神灵方面很有能力”的满族人是可以碰萨满服的，这对萨满服和神灵都不会造成伤害。一些毫无畏惧者甚至可能穿上萨满服。在没有吸引神灵危险的情况下击鼓，是十分普遍的。因此，在萨满仪式的前后，我们可观察到“无畏者”触碰萨满器具，并且击鼓。[①] 在萨满表演的过程中，会有许多人触碰萨满器具，尤其是鼓和特殊工具。

在萨满服从一处转移到另一处的过程中，有一些值得注意之处，关键是拒绝与其他神灵接触，尤其注意远离敌对神灵、避免经血、避免对神灵的无用打扰。

其他通古斯族团中也持相同态度。和满族人一样，萨满服制作是氏族事务，氏族成员决定制作萨满服，并在此过程中提供帮助。在所有的通古斯族团中，制作萨满服的工作由妇女完成，这些妇女要处在没有经血的年龄。如果没有合适的妇女，也可不做硬性要求，任何妇女都可参与制作萨满服，不过，当萨满服完成后，必须经特定植物的烟来净化。萨满服中的

① 每个萨满助手在有能力帮助萨满前，必须练习击鼓；我经常练习击鼓，甚至在我没有担任萨满助手的时候，这并未给满族人带来负面印象。

金属部分很少由通古斯人中的专家制作，而是普遍由布里亚特人、雅库特人以及其他相邻族团制作，而木制部分则由通古斯人自身完成。萨满服是萨满所掌控神灵的神位，因此当其穿上萨满服后，神灵就会附体于萨满，几乎不会失败。因此，未掌控神灵者不能穿萨满服。人们害怕触碰萨满服是因为担心神灵附体。与满族人相同，通古斯人有回避妇女经血的观念，会防止妇女与萨满服接触。不过，萨满服中的一些部分，如阿尔卡普吞中的托利，可能会放在妇女的近处，当她陪伴萨满时，不会对萨满及其神灵产生威胁。因此，有些神灵是不害怕妇女的，在这种情况下，妇女可以触碰萨满的一些器具。这些神灵往往是妇女的氏族或其丈夫所属氏族的神灵，彼此之间十分熟悉。事实上，在原则上必须如此，因为满族人和通古斯人中女萨满很多。在月经期间，女萨满不能触碰神位。因此，人们对萨满服的态度十分谨慎。当用驯鹿或马驮萨满服时，萨满服的各部分要分开放，并用皮绳捆绑。

在毕拉尔千人中，萨满表演后，其萨满服要在棚屋（或房屋）中保留 6 天，其中某些部分甚至会保留更长时间。例如，如果是萨满治疗了儿童的灵魂，托利要留给家中的儿童一年之久。在这种情况下，“居于”铜镜中的神灵将会照看儿童的灵魂。

萨满死后，人们会将萨满服放到坟墓附近的特殊架子上。在定居村庄的通古斯人中，萨满服饰会放在房屋内。此时，还有一些神灵居于萨满服之内，因此，通古斯人会说，萨满服会表现出生命的迹象，它会颤动，其铁制和铜制的部分会发出响声。

萨满候选人会在梦中获知萨满服的确切位置，并去往相关地点。在毕拉尔千人中，萨满服可从去世萨满的亲属中购置，大约需一匹马。但是，萨满服不能脱离氏族范围，如果萨满服中的神灵是新萨满的敌对神灵，新萨满不能穿这件萨满服。购置萨满服后，损坏的部分要更新，因此只有金属部分可保留下来。通过这种方式，萨满服可以代代相传，但一直局限在氏族的范围之内。

不过，即便萨满服被认真地放在萨满的房屋或坟墓附近，人们也会担心，因为其中住着神灵，如果这些神灵获得自由，则会侵扰人们。因此，通古斯人常面临如下问题：将萨满服连同神灵一起送走，还是为神灵留下永久的神位，防止新萨满的产生。如果神灵不侵扰人们，人们会在不损害萨满服的前提下将其送走，即将神灵和神位送走。事实上，神灵可随时离开萨满服，[①] 再次给氏族成员带来困扰；因此，将萨满服和神灵送走是更为安全的。在泰加林中有很多萨满服，无人触碰，最后被人们完全忘记。

通古斯人对萨满鼓的态度也十分典型。通古斯人对萨满鼓并没有神圣观念。鼓只是一个工具。在兴安通古斯人中，我遇到一名男性想要做萨满仪式，使用一个瓷盆（日本制造）做鼓。萨满需要的只是一个工具。但是，由“工具”而产生的文化丛也与鼓联系在一起，就像在满族人中一样，在不需要召唤神灵时，萨满不能击鼓，尤其在黑暗的环境下，神灵可能降临。由于这个原因，通古斯人不喜欢在空闲的时候击鼓。但是，在无危险的情况下，人们习惯为了取乐而击鼓，前提是不能将鼓损坏，例如不能在醉酒的情况下击鼓。

在治疗特定疾病的时候，例如搜集被吞下的东西（如献祭动物肾中的针等），萨满也会用到鼓，此时鼓只是一个工具。

109. 结论

通过对萨满服及其他器物的描述，我们可得出以下一般性结论：萨满器物是由不同“来源”文化要素所构成的文化丛；在特定的文化丛中，这些文化要素会承担不同的功能；同一要素在不同的文化丛中的重要性不同。

当然，我们需要回答的问题是萨满服产生的原因。事实上，之前已有

---

① 由于这个原因，通古斯人获得旧萨满服并不困难，这些萨满服并不神圣，对于生者也无纪念价值。唯一重要的问题是新的主人是否有能力驾驭神灵。第二个问题是，如果神灵已经离开萨满服，可能会附体于一位氏族成员，需要为氏族成员制作新萨满服，这是一笔不小的花费。因此，在一个案例中，有位萨满和两个妇女偶然在有冰排的阿穆尔河中溺水身亡，其萨满服在家中保留了几年之久，这为我买这件萨满服提供了可能，我花了不到一面铜镜的钱。而且，买了这套萨满服之后，我得到了一些免费的东西，例如一个萨满头饰，这个头饰属于该萨满，却保留在其他家庭中。人们告诉我：“你能带走萨满服和器具，我们很开心，很可能你带到圣彼得堡的不仅是萨满服和器具，同样还有神灵。”这套萨满服目前应该存放在圣彼得堡俄罗斯科学院满洲的通古斯人的展品中。

几位研究者提出此问题，并根据自身的文化观念，用不同方式做了回答。[①]米哈伊洛夫斯基[②]花费了 40 年时间研究萨满教，对于萨满服他强调三个观点：其一，萨满服会给观众留下深刻印象；其二，萨满服上的响器会产生听觉效果；其三，萨满服的构成部分拥有与萨满教相关的象征含义。这种解释是无力的、错误的。首先，“萨满教不能被解释为刻意给人们制造印象”，如前文所述，这并非萨满教的性质。这种观点是早期旅行者和传教士的观点，认为萨满是骗子和小丑，想欺骗无知的人。[③] 十分正确的是，萨满服也是一种乐器，我们在论述萨满表演的小节会讨论这一主题。我们也会强调，作为乐器的萨满服也会影响萨满本人。同样十分正确的是萨满服有其象征含义，这在描述萨满服时已经介绍了。但问题是：这些象征的目的是什么？哪些器具不具象征含义？在未分析萨满与观众在表演中的心理状况之前，这些问题是不能回答的，因此我把它们暂时搁置。

第 25 节　萨满的表演（描述）

本节致力于描述萨满教表演的不同形式，并描述一些特殊的萨满表演情况。其实，如果不阅读后面的小节，很可能不会充分理解这些事实；但我没有其他方式解释这些事实，不得不遵循选择的方式，即呈现事实然后

---

① 探讨各类猜想是有价值的，例如，动物形式的萨满服。例如，卡贾莱宁推测，萨满必须“隐藏日常的外貌，防止在承担表演职责时，被其他神灵侵扰”（引自霍姆伯格《萨满的服饰及其意义》，第 20~21 页），而唐纳则认为，萨满帽子上装饰的是其“图腾动物”。佩卡尔斯基与瓦西列夫［《雅库特萨满的外套和鼓》，载《俄国民族志学资料》（亚历山大三世博物馆），圣彼得堡，1910 年第 1 期］对雅库特人的萨满服做了描述，阿诺欣（《阿尔泰人的萨满教资料》，《俄国人类学与民族学博物馆》，第 4 期，1924，第 1~148 页）描述了阿尔泰人的萨满教，其中也表达了“图腾动物”观点。

② 米哈伊洛夫斯基：《萨满教》（俄语），莫斯科，《人类学与民族学博物馆刊物》，1892。就这部著作的“理论”而言，它已经过时了，是不可靠的。

③ 洛帕廷持同样的态度，他坦称，果尔德人萨满的服饰带给旁观者一种“超自然的”“神圣的”印象，让人们“祈祷和敬畏”。其实，人们对萨满服没有任何祈祷和敬畏的心理。洛帕廷认为，当萨满穿上萨满服后，会给果尔德人带来强烈的印象。我们稍后会看到，通古斯人和果尔德人并不以这种态度看待萨满服，如果他们真的害怕某物，也只是怕可以附在神服上的神灵。在民族志学者的描述中，不同国家的萨满服给读者带来的印象，要比当地人深刻，后者对萨满服的态度十分不同，这源于其他动机。

予以分析。因此，本节仅是阐述事实。应该注意的是，我不会呈现出所有观察到的事实，因为事实的呈现是出于分类的需要，因此描述一些典型的案例就足够了，然而还有一些特殊案例是不能够被简单分类的。在呈现事实时，我不会描述每一个案的所有细节，描述的仅是仪式的基本框架，因为细节是根据萨满实践的情况以及萨满的个人选择决定的，它们是重复的、再组合的要素。

动词形式“to shamanize”应该源自不同方言中的 saman 一词。因此，在满洲的驯鹿通古斯人中这个词是 sama（+词缀），如 sama+da（曼）、samda（毕）、xamal（图）、xamandal（拉）及 sadamb'i（满语），所有这些词语都可翻译成“萨满实践”。不过，在一些通古斯人群的方言中，缺少这个术语，如巴尔古津通古斯人、涅尔琴斯克地区通古斯人的方言中没有这个词语。在毕拉尔千人中，samda 明显借自满语萨姆达（samda），是 sama+(n)+da 的缩写形式，da 是一个普遍的词缀，n 和 a 被省略了。值得注意的是，除了拉蒙辛斯基罗德的通古斯人方言，n 在其他的通古斯人群体中都省略了，增加了两个词缀（+da+l），让人好奇的是，在曼科瓦通古斯人的方言中，词干 samal 是 saman 的复数形式。除了这些术语，通古斯人和满族人也用其他的术语表示“进行某种萨满教的表演”。就我所知，没有一个专门的和普遍的术语。我会在适当时候分析这些词语。

110. 去往下界神灵之处的萨满仪式

在巴尔古津和涅尔琴斯克通古斯人中，人们辨识出一种特殊的萨满实践模式，萨满与下界神灵接触。萨满举行这种仪式通常发生在氏族成员遇到困扰后，仪式的规模取决于受困扰者的数量，以及遭受困扰的程度。这些困扰在性质上不同，包括心智失衡、影响狩猎能力的心智不舒适以及日常生活中的“不幸”。人们会要求萨满查明原因。在一场特殊的表演中，萨满会召唤神灵附体，在神灵的帮助下，他会查明带来困扰的神灵的性质，以及中立神灵的手段。在小型的萨满表演中，萨满查明了他所需做的事情。因此，可以确定的是，下界神灵带来了困扰，中立神灵的唯一方法即向下界神灵献祭，向它们说好话。

正如前文表明的，除了各种下界神灵，奥尔吉敦达同样也居住着祖先以及刚去世者的灵魂，后者十分重要，因为生者了解，这些死者会唤起人们尤其是儿童、寡妇和鳏夫的特殊情感。

这种萨满实践形式称奥尔吉斯吉（örgisk'i），是一个名词，尽管其字面意思是“奥尔吉（örgi）的方向”或“较低的、西方”，但主要的行为是献祭，唯一的献祭动物是一头成年的驯鹿，仪式之前要做特殊的准备，包括准备暂时性的神位和萨满器具，白天或傍晚准备好桦树木制的如下物品：

（1）四个 140~160 厘米长的厚木板，有象征性的头；四条“鱼”（奥勒多勒）支撑的木筏，仪式中，萨满乘着这个木筏穿过海洋（后贝加尔湖），带着献祭的动物去往下界。

（2）一根 60 厘米长，直径 8~10 厘米的木棍，其中一端是尖的，像一条尾巴，另一端有两个角，象征“tóli-jóli”（哲罗鱼），它可以凿穿岩石，扫清路上的石头，帮助海上的航行，哲罗鱼放在鱼（奥勒多勒）中间。

（3）两头模拟风格的熊，走在萨满的前面，两头模拟风格的野猪保证木筏漂浮，防止木筏沉下去。在路上，熊和野猪在密林中扫清道路。

（4）四条鱼游在木筏前面。

（5）四只由桦树皮制成约 60 厘米长的驼鹿，在萨满返回时为萨满带路，帮萨满划木筏。

（6）四根约 30 厘米长，10 厘米宽的木棍搭在一起形成“房子”（固拉），是在下界居住的房子（值得注意的是，下界的人居住在房子中，而不是棚屋中）。

（7）四个人形神偶称陶浩勒金，象征看守房屋四个角的神灵，神偶没有胳膊和腿，顶端三角形部分有眼睛和嘴，象征头部。

（8）四个人形神偶陶浩曼象征往下界运供品的神灵，其形式与（7）中介绍的相同。

（9）一个由软桦木制成的人形神位，有胳膊、腿、雕刻的头，以及眼睛和嘴，称为色瓦（sèva，或 sèvaja），是帮助萨满拿供品的神灵。用“皮带”象征的刀粘在色瓦上面。

（10）两个末端分开的木杆象征鹿角，称 oror（驯鹿），萨满骑着驯鹿在陆地上行走。

（11）两个特殊的“净化工具”称西普坎（s'ipkan 或 č'ipknin），每个“净化工具”由四个或八个窄的木片制成，每侧有凹痕，放在一起形成一个内部有凹痕的四方形物体；用来净化参加萨满仪式的人员，防止神灵附体。

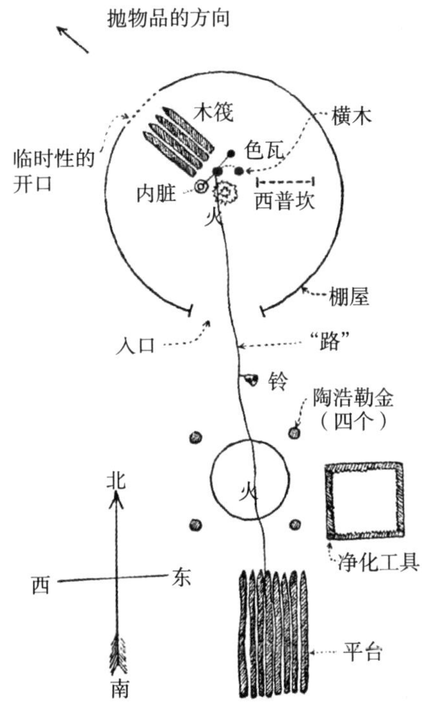

应该指出的，所有这些器具，除了哲罗鱼和色瓦，其他所有物品的数量都是两个、四个或八个，这在萨满实践中十分典型。不同象征内容的动物和事物，形成了复杂的器具丛，让萨满在艰难的旅行中使用，如果这些器具准备得充分，萨满则可能更加顺利，若没有这些器具，也并不表明萨满不能到往阴间。

第一部分。当一切准备就绪，西方的天空逐渐黑暗，太阳落山后；氏族成员进入棚屋中。不允许外来者在场。萨满和其他人一起到达了，萨满一直使用的萨满器具也被带到棚屋之中。喝些茶之后，萨满穿上萨满服，系上围裙。与此同时，有人在火上烤萨满鼓。接着，烤鼓的人将鼓递给萨满，萨满缓慢地击鼓，声音不大。不久后，萨满开始歌唱，他提到了敦达、奥尔吉敦达、陶浩（“火”）、色瓦吉、奥诺陶浩（“母亲火”）、奥诺敦达（“母亲土地”）、朱尔嘎尔库塔勒（ǰur garkutal）（参见前文第 266 页），以及祭品所献祭的氏族“祖先”（已经去世的）名讳。在这段唱诵中，萨满说明献祭的原因，所献的神灵以及祭品的种类。[①] 速度和曲调变化很大，其中一位妇女持续燃烧树枝生烟，拿到萨满的旁边，萨满可以吸这种烟。（所有的萨满仪式中都会使用这种烟。）这部分萨满表演包括用鼓槌或杯子占卜：萨满闭着眼睛，将鼓槌或杯子抛到空中，计算其翻转的次数，如果鼓槌或杯子是背面朝上落地，在场的人都会说 čok[②]，意思是“好的”，如果是正面朝上，人们则保持沉默。人们拿着鼓槌的顶端，将其递给萨满。占卜之后，一部分人在棚屋中继续喝茶，其他人则为仪式的第二部分做准备。

第二部分。把色瓦神位放在用来作为祭品的驯鹿的后背上。萨满仪式开始后，有人牵着驯鹿绕着棚屋走四圈，通过这种方式，驯鹿必须跨过横木（图鲁坎），横木放置在离棚屋约 4 米远的火堆附近。这一操作之后，驯鹿停在火堆旁，根据特定的仪式被杀掉，一根木棍经驯鹿的头骨缝被钉入其中。驯鹿血被收集到桦树皮制作的器皿中。把驯鹿皮、头骨、鹿角以及蹄子取下后，放在一起。驯鹿肉被切成小块，放在锅里煮。棚屋外面，有一由四根木棍或两根木棍支起来的平台，离地面约为 1.5 米高，祭品稍后会放置在上面。这个平台是所有献祭活动中都会使用的达勒孔。两根没有树干和树叶的小桦木杆（称图鲁坎）被带到棚屋内部火堆旁立起，其顶部伸出棚屋。从献祭驯鹿颈部取下的一簇白色的毛被固定在神杆的顶部。其中一个神杆用一皮绳与外部供台相连，皮绳象征着神灵的“路”。棚屋外面的皮绳上拴着一个小铃铛。四个陶浩勒金与“净化工具”放在棚屋外部的火

① 在萨满表演的过程中，由于环境的原因，萨满表演属于即兴创作，我们不可能记录下萨满的唱诵文本。

② čok 这一表达，不只在通古斯人中使用，例如叶尼塞地区的奥斯加克人使用 suuk，意思是“让事情如此发展”（Anučin，“An Outline of Shamanism among Enissy Ostiaks，” in Publ. of Mus. A. and E.，Vol. II.）。在雅库特人中也有 čökö = čoko（雅·佩）一词，意思是“相同、在吉时、精确地”。

堆旁。棚屋内部，带着刀的色瓦被固定在拴着绳的神杆上。

包括四条鱼在内的木筏以及哲罗鱼被拿到棚屋之中，放在棚屋的西北角，驯鹿的皮也放在这个角落，驯鹿头朝向西北方向，盛血的桦树皮器皿放在色瓦旁边，插着一根木棍的驯鹿内脏挂在图鲁坎上。扎乌达尔挂在棚屋内的墙上，萨满的神位挂在平台的附近。

整个准备过程需花费 1 小时左右的时间。接着人们再次聚集在棚屋中，萨满仪式的第二部分开始。

在这部分仪式中，萨满必须脱魂，带着祭品的非物质性部分去往下界。在这一过程中，萨满得到不同类型神灵的帮助，如熊、鱼、野猪、人形神灵等。在去往下界的路上，萨满会遇到各种困难，受到其他未被掌控神灵的攻击，有时也会受到其他萨满派来的神灵的攻击。神灵色瓦拿着祭品，驯鹿内脏和血（用来制作血肠!），帮助萨满。

仪式依照如下方式进行。萨满坐下来，击鼓并歌唱。他站起来，将鼓递给助手，同时拿起驯鹿杖。他开始歌唱，有节奏地移动，并不时跳跃，同时其助手击鼓。在每一个唱诵段落结束后，萨满和助手要重复唱段最后的词语或特殊词语，即副歌部分。萨满唱诵的速度越来越快，声音越来越大。萨满接着喝了一大杯约 40 度的伏特加（约 100 毫升），连续吸了几袋烟。萨满继续歌唱、跳跃，其兴奋程度逐渐增加。逐渐地，萨满将自身带入入迷状态。入迷发生后，萨满躺在地上的木筏上，一动也不动，他击鼓的动作慢了下来，停止歌唱。如果萨满不动的时间太长，人们就会在其身上溅血三次。如果没有效果的话，人们就会唱歌唤回萨满。接着萨满以微弱的声音（以唱诵的方式）回答其身边两三个人的问题。萨满站起来。这一行为序列会重复四次；躺在木筏上表示萨满（也指萨满的灵魂）休息片刻。

萨满仪式结束后，人们带着净化工具西普坎，将其放在图鲁坎的附近，人们可以从中穿过。色瓦被带到木筏的附近，固定在另一个图鲁坎上。氏族成员绕着火堆从西向东移动，每个人都递给萨满一块动物内脏。萨满将这些内脏小块放到色瓦的头上和肩上，当氏族成员在萨满面前路过时，萨满要躺下，人们在萨满身上踩着过去，然后穿过“净化工具”两次。这些表演结束后，萨满开始唱歌，时间很长，最后跳到驯鹿皮上，切断驯鹿的两条腿，在棚屋的西北方向的覆盖物上挖个洞，将这些东西连同色瓦一起抛到西北方向。与此同时，人们迅速割断木筏，扔向相同的方向。萨满击鼓的速度很快，但唱诵的声音却逐渐变小。最后，萨满躺在驯鹿皮上很长一段时间，一动不动，保持沉默，接着轻轻地击鼓，歌唱继续进行。然后，人们开始唤回萨满。如果萨满不回答，人们会在他的身上撒动物血，在其身旁制造火花（使用打火石和钢铁）。如果这些没有效果，在场的人员会变得非常紧张，可能萨满不会从阴间返回，因此死亡（参见后文）。

萨满意识恢复后，人们扶起他，绕着他走，用打火石和钢铁产生火花，同时摇铃击鼓。人们表达萨满成功从布尼（死者的世界）返回的快乐情绪。然后，萨满坐下，看起来筋疲力尽，轻轻地击鼓并唱歌。萨满再一次用鼓槌击鼓。这表明第二阶段击鼓。人们和萨满一起喝茶，吃煮熟的肉，这部分仪式持续两个小时，甚至更长的时间。

两三个小时之后，即天亮的时候，第三和第四部分仪式开始，基本程序和第一部分相似。萨满向神灵进行一段较短的祈祷，表达其谢意。在我描述的这个案例中，动物的内脏最后被送给氏族中年纪最大的氏族成员之一。驯鹿不由受困扰氏族成员提供，而是由拥有驯鹿数量多的成员提供。这位年老的氏族成员满意后，整个氏族的祖先灵魂都会开心。当然，这一仪式是全氏族的事情。

在通古斯人看来，这个仪式与奥尔吉斯吉仪式没有什么大的不同。人们告诉我，涅尔琴斯克林区的通古斯人的仪式框架基本相同；但是，我观察不到这一点。

人们通常没机会看到这种类型的萨满仪式，其中的主要原因是人们认为去往下界的仪式对于萨满而言是困难的、危险的。很少有萨满愿意做这类仪式，萨满每年不会做几次这类仪式。萨满做此仪式必须有所有必要的器具，最好有套鹿式服。

应该注意的是，这类萨满仪式的行动和器具的数量为二、四或八个，将奥尔吉斯吉和下文讨论的仪式相区分。

在所有的通古斯群体中，都会举行去往下界的仪式。但是，存在多种仪式，目的也不同。正如前文表明的，后贝加尔地区驯鹿通古斯人的目的是中立神灵的有害活动，萨满器具和祭品十分丰富，这在其他通古斯人群中很少见。

萨满举行仪式的目的主要如下：（1）向死者的灵魂献祭，包括个人性的、知道姓名的祖先；（2）取回被神灵捕获的灵魂；（3）把未离开此界的灵魂送往下界，这些灵魂若没有萨满的干预不能去往下界。

我们发现，在满洲的通古斯人中，献祭活动可由专家操作，不需要萨满的特殊帮助。但是，如果神灵不太为人熟悉，则必须由萨满查明神灵的具体信息，因此送祭品的过程往往也需要萨满的干预。如果人们熟悉神灵信息，供品则必须献给特定的神灵（灵魂），萨满会被要求执行这一操作。其实，只有萨满才能去往下界，取回生者的灵魂。只有在怀疑灵魂留在此界并打扰生者灵魂的前提下，才会需要萨满把灵魂送往阴间。所有想留在此界的灵魂，可能会变成新的有害神灵，尤其是恶毒的萨满灵魂，后文会讨论这一情况。

在毕拉尔千人和库玛尔千人中，萨满仪式用特殊的词语 g'eiču 表示。[①] 萨满很少举行这类仪式，因为并非所有的萨满都能克服到阴间旅行、与阴间神灵打交道的困难，也就是说，并非所有萨满都拥有特殊的色翁帮助他们完成此任务。在满洲的通古斯群体中，我从未见过此类仪式，这方面的信息都是其他通古斯人向我讲述的。这类萨满仪式只能在晚间进行。

根据萨满介绍，如果在萨满仪式（小规模的仪式）中发现灵魂被捕获，萨满需要向色翁献祭，以求得色翁在萨满去往阴间过程中的“帮助”。这个表演限于萨满召唤神灵附体，神灵在萨满入迷的过程中接受祭品（萨满吃肉喝血）。这是仪式的第一部分。仪式的第二部分为萨满到阴间的旅行。在旅行的过程中，萨满必须穿越一座山（西北方向），在这里萨满会遇到其他萨满所掌控的神灵与本人所掌控的神灵相冲突带来的困难。[②] 在去往阴间的路上，萨满要钻过一个洞，洞附近的神灵或其他萨满的灵魂可能会抓住萨

---

① 我不了解这个词语的词源。通古斯人将其翻译成“去往阴间”，在满语中对应的词语是 xan'alamb'i。

② 因此在做此类仪式的过程中，萨满在助手神灵的选择上要十分谨慎。

满的灵魂。萨满会报告去阴间旅行的过程中的“波折”。有时，萨满会运用特殊的工具自我保护：萨满用托利或鼓挡住自己，避免其他神灵箭的袭击；萨满需要与神灵战斗，最后献给神灵一些祭品。萨满到达阴间的入口之前，需要跨过三条河，其中会遇到下界神灵。最后，他进入黑暗世界，萨满助手此时必须用钢铁和火石击打制造火光，“像闪电”一样照亮萨满在阴间旅行的道路。[①] 萨满必须发现丢失的灵魂，在战争或协商之后，萨满带回灵魂，从阴间返回的路上会继续遇到各种困难。带回灵魂后，萨满会将灵魂重新置于病人的体内，至此，仪式的第二部分结束。

最后一个部分，包括感谢助手神灵的帮助，萨满通常会在第二天举行这一仪式，或者是几天之后。这个仪式的内容为萨满入迷过程中的简单献祭。

在满洲的驯鹿通古斯人中，“过去时代”（在我造访之前，最后一位萨满已经去世）萨满常常举行去往阴间的仪式，但现在已经没有有能力做这个事情的萨满了。

在曼科瓦地区的游牧通古斯人中，萨满去往下界的仪式十分特别。我没有机会见到此类仪式，我从通古斯人中获得这方面的详尽信息。这种仪式称 samalda（“萨满实践”）èrgeli（与 örgi 是同一词干），在晚间举行（我被告知：tarildula osi dolbo ōda èrgeli）。曼科瓦通古斯人用饲养的黑山羊作为祭品，仪式中需要一面桦树皮制作的面具包米，用木炭画出眼睛、鼻子、嘴和脸颊，用干草制作身体部分。如果有男人或女人生病，需要萨满举行仪式的情况下，要给包米穿上病人的衣服，把一头黑牛拴在帐篷外面。把山羊杀死之后，会将血涂在包米的嘴上，并供奉煮熟山羊的骨头和肉。

在入迷的过程中，萨满到达下界时，会躺在地上，包括妇女在内的所有在场者都要绕着火塘转三圈，然后从萨满的身上跳过（如驯鹿通古斯人那样）。萨满在地上待半个小时。有经验的人抬起萨满脚踝，观察萨满的脚踝运动和脉搏运动（我没有调查结果）。在萨满的九次“运动”后，萨满开

---

① 这里需要注意满洲的通古斯人与后贝尔地区驯鹿通古斯人所使用的打火石（参见前文第634页）的功能差异。

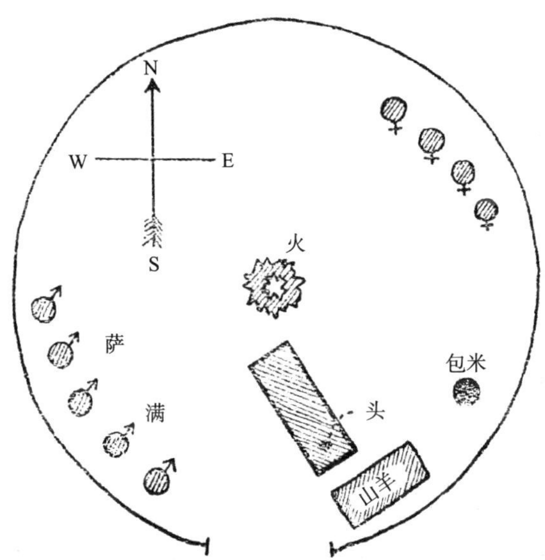

始做下界要做的事情，伴随着松枝的烟，萨满恢复了意识。三根上面各挂有七片山羊肉的木棍（阿尔吉翁），固定在包米的带子上。萨满将神灵布尼（一位下界神灵）引入包米内部，接着萨满将包米放到牛背上，前往东南方向，离帐篷有一段距离，然后扔掉。不过，这头黑牛并未被杀死，而是送给了萨满。人们没有吃山羊的肉，而是把它和包米一起扔掉了。

以下几点需要强调：(1) 阴间的神灵更喜欢使用牛作为坐骑（满族人和驯鹿通古斯人使用狗作为坐骑；事实上，满洲的一些人群及其相邻地区的人仍使用牛作为挽畜）；(2) 在使用黑牛和黑山羊的过程中，山羊的肉是不吃的；(3) 其中一个群体将祭品送往东南，另一个群体将祭品送往西北；(4) 萨满动作的数量是 3 和 7，不过，这些数量是通过色翁和色瓦吉（神灵和神位）表现出来的。

很明显，这种仪式形式与前文描述的其他类型仪式不同，并且可以判断这并不是通古斯人自身的文化发明。

在满族人中，萨满去往阴间的仪式称为哈那拉姆必（xan'alamb'i），意思是“（萨满）去往死者的世界（布车赫固伦）”。萨满到阴间旅行的经历在满族口头文学《尼山萨满》中有体现，这是我见过的唯一记录萨满仪式的档案资料。[①] 它叙述了发生在明代的一个萨满故事。一位年轻小伙，是富人员外的儿子，居住在名为罗罗（Lolo）的村庄，在去西岭山打猎的过程中去世。女萨满尼山负责到阴间将小伙的灵魂取回，按照特定的程序做仪式。在去往阴间的过程中，尼山遇到各种神灵，包括自己的丈夫和其他人，文本详细记录了尼山找到小伙灵魂，以及将灵魂重新放回其体内的过程。

当然，所有的萨满都知道《尼山萨满》。不过，后文会表明，并非萨满之间会完全模仿彼此，每个萨满都有自己的特色。《尼山萨满》并非完整描述了萨满所用的神灵，以及仪式方法。而且，《尼山萨满》只是部分地呈现了去往阴间的仪式。

在满族人中，萨满也很少举行去往阴间的仪式。不过，我观察了三次此类仪式，加上《尼山萨满》抄本与来自满族萨满和普通民众的访谈资料，我能够对满族萨满去往阴间的仪式形成相当完整的认识。这里我所描写的仪式是由一个汉人（尼堪）萨满举行的。后文将会讨论汉人萨满，不过这里我想强调，除了语言，汉人萨满和满族萨满的表演基本相同。

这里所呈现的案例来自我长达 18 个月的观察，中间有间断。这个家庭的家长此前是小官员，随着清朝的灭亡，失去了原有社会地位，家庭中一位 8 岁的小男孩生病了。按照我的推测，这个小男孩先是患了胸膜炎，然后患了肾脏疾病和水痘。数位当地的汉人医生和萨满都为这个男孩治疗过，我观察过三次非常完整的、细节丰富的表演，其中一次是去往阴间的仪式。没有人能够发现病因以及治疗的手段。人们倾向于认为神灵是疾病的主要原因。这次，在做了初步的萨满仪式后，萨满认为疾病的原因可能是一位很久之前去世的萨满，这位萨满是男孩父亲的亲属。因此，萨满需要去见这位萨满的灵魂，询问他想要什么东西。这个家庭邀请的是一位高大强壮的汉人（尼堪）萨满，这位萨满只有十位窝车库，对于萨满而言已经足够

---

① 1915 年，我在瑷珲地区发现一份《尼山萨满》手抄本，并进行翻译和分析。这份手抄本相当长。我抄写的文本包括 9000 多不到 1 万个满语词，加上我的翻译和注释内容，规模达到原初文本的 4 倍之多。由于这一原因，本书不能纳入上述内容，而且从本书的主题来看，并非其中所有的细节都有价值。

了，其中有五位窝车库是汉人神灵，尼堪窝车库，即：

（1）楚亲萨满——“蚯蚓萨满”；

（2）“二位姑娘师傅（萨满）”——“两位姑娘老师萨满”；

（3）火神老爷（不怕火的神灵）；

（4）刀枪老爷（不害怕锋利器具和枪的神灵）；

（5）刺猬将军（小的、圆的刺猬神）；

（6）狼神；

（7）主要的（满语称塔拉哈）通古斯神灵；

（8）第二位通古斯神灵；

（9）第三位通古斯神灵；

（10）未被确认的神灵。

这位萨满很受欢迎，十分忙碌，常被邀请到很遥远地方的村庄。当然，他是一名阿木巴萨满，为不同氏族的人提供帮助。通过对这位萨满的观察，我认为他是一位职业萨满，以此谋生。

由于萨满所面对的情况比较棘手，所以请来三位助手，主要助手包括一位满族人和两位汉人。

去往阴间的仪式始于太阳落山后。阿木巴纳罕（对着门口的主要的炕）上放着一张桌子，上面摆放如下祭品：两碗小米，其中各插着三根燃着的香；摆成三摞的十五个馒头，每摞五个；七杯白酒，桌子上还有两个装酒的酒瓶子；桌子的两侧各有两张钞票；桌子中间摆着一只煮熟的公鸡，杀鸡时鸡血已放出。

萨满脱掉其干净的外衣，穿上一件破旧的衣服，因为萨满躺在地上的时候，可能会粘上尘土。最初，这位萨满拒绝系腰铃，害怕引起警察的注意（中国政府禁止萨满教，迫害萨满，因此在举行萨满仪式时，需要考虑这一点）。不过，萨满后来决定系上腰铃，因为警察局离仪式地点很远，并且举行仪式的房子也离主街很远（在河岸）。

男孩的父亲，是氏族中的标浑萨满，燃了一些香之后，向氏族神灵祈祷，祈求氏族神灵原谅他求助陌生的萨满，而不是氏族萨满。在这种情况下，有必要避开萨满的神灵与氏族神灵间的冲突，否则会导致疾病的进一步复杂化。此前对男孩治疗失败的萨满，要乞求自身的神灵放弃对这位萨满的敌意。

主持这次仪式的萨满向其掌控的所有神灵祈祷：汉人的、满族的以及通古斯人的神灵。他解释了这种情况，并寻求帮助。接着萨满开始召唤自己的主要神灵（窝车库）。萨满拿起了鼓，有节奏地击鼓，并唱诵神歌，入迷即将来临；萨满击鼓的节奏和速度都在加快。萨满助手准备好一条毯子铺在地上，防止神灵附体时萨满可能会倒地。接着神灵附体了，萨满开始抽搐、跳跃，腰铃西沙依旧发出有节奏的声响；突然萨满将鼓递给助手，助手问萨满问题，通过谈话可知，萨满想到阴间旅行。

两棵伊勒哈莫（开花的树）此时已准备好。这是两棵柳树的枝杈，其末端已经被折断。柳树的枝杈由五种不同颜色的纸装饰，白色、红色、蓝色、黄色和绿色（可能是黑色?）。这种树会吸引阴间的神灵：灵魂居住在漂亮的树上。“树”必须被放在“漂亮”（艳丽的、让人欢喜的）之处（不过，这点做不到，我认为应该有两个原因：季节是不适宜的，因为4月中旬太冷了；萨满仪式可能会吸引警察的注意），或者房间的内部、门的旁边。桌子上的“树”下，有四杯汉人的白酒（xānšin），十五个馒头，共三摞，每摞五个，五盘坚果、红枣和糖果等祭品，代表“五种水果之意”，两碗插着香的米，以及一碗新鲜的鸡血，当萨满到达阴间时，必须摆上供品。

萨满让“狼神”附体（击鼓、歌唱、“入迷”）。入迷的身体反应是萨满的身体很僵直，腿舒展开来，胳膊弯曲，肘部支撑着身体。助手将萨满带到房间中，桌子前面的地毯上放着供品。萨满助手尽力舒展萨满的胳膊和腿：萨满的关节发出响声，但萨满助手并未使萨满的身体放松。在几次运动之后，萨满的肢体放松了，萨满趴在地毯上，胳膊中夹着毯子。接着，灯被吹灭了，动作在黑暗中继续展开。萨满在歌唱，西沙发出声音，“像狼一样”抓地上的土（房子的地面是土）。萨满助手尽力查明萨满所见所言。事实上，萨满的讲话十分含糊不清。人们所获得的结果是故去的萨满并未带来伤害，疾病是由一组玛发神灵带来的。这组神灵是六七年前由男孩的父亲从阿穆尔河上游带来的（事实上他过去常常和一位满族人走私白酒）。

为了使这组玛发神灵变得仁慈，有必要建立一座庙，其中要放这组神灵的神位（一张神图），提供常规性的祭品。但是，男孩的父亲表示质疑，再次询问以获得肯定。萨满再次肯定，神灵玛发想要一个特殊的庙。仪式结束后，要把“花树”与祭品一起都扔到远离房屋的地方，同时给去世者（祖先）烧些纸钱作为祭品。然后，萨满回到了正常的状态，像平常一样坐在炕上，十分疲惫，大汗淋漓。

这些程序结束，萨满去往阴间的仪式就结束了。但是，萨满会运用其他方法继续其表演以恢复灵魂，本书的另一部分会描述这个问题。

在果尔德人中，去往阴间的仪式十分重要，因为必须将死者的灵魂带到阴间，但这种仪式在其他通古斯人群体中很少存在。根据洛帕廷的介绍，将灵魂送往阴间的第一部分称尼姆干（n'imgan），这个词语在其他语言中仅表示“萨满实践”［n'imγan（满驯、毕、涅）］，而仪式的最后一部分是将死者的灵魂送往阴间，称为卡扎陶里［kaza Taor'i,[①] 我认为这个词应该是 gaza dōr'i；参见 gasambi（满语，“遗憾、哭泣等”），以及 gasa（果尔德语，格鲁贝记录）“变得悲伤”，dōro-dōri——“服饰、实践、法律”等］。果尔德人有时会将这个仪式推迟到有足够经费之时[②]，同时包括能够做这种事情的萨满出现之时，因为只有少数萨满能够举行这类仪式。[③] 作为萨满教的特殊功能之一，将死者的灵魂送往阴间十分有趣。希姆科维奇与洛帕廷都曾描述过萨满去往阴间的仪式。因此，这里我不再重复描述。部分由于观察者观察和记录态度的差异，上述描述的细节与其他人的描述有些差异。

果尔德人的相邻群体如奥罗奇人、乌德赫人中有其他形式的去往下界的萨满仪式。不过，我们找不到详细的记录。

---

① 洛帕廷《阿穆尔河、乌苏里江和松花江流域的果尔德人》，第 309 页。

② 洛帕廷《阿穆尔河、乌苏里江和松花江流域的果尔德人》，第 310 页。

③ 参见施特忍堡《原始宗教中神的选择》，第 478 页。施特忍堡认为，他碰巧遇到的萨满是“最伟大的”，因为“这位萨满是能够在葬礼上表演的人”，也就是说，他能够将果尔德人中死者的灵魂送到阴间。不过，施特忍堡在某种程度上夸大了其报道人的重要性。如前文所述，这类萨满实际上并不少见，实际上的问题是萨满去阴间仪式的普遍性，但并非所有萨满都能做此类仪式，通常情况下（满族人和通古斯人中）这类仪式对氏族成员有利，因此几乎每个氏族都有能去往阴间的萨满，只不过他们不常做此类仪式而已。

111. 去往上界的萨满仪式

这种形式的萨满仪式，只存在于那些有明确“上界”观念，同时萨满想要与上界神灵沟通的人群中。不过，有些通古斯人群，尽管与上界神灵打交道，却没有特殊的表演。我将描述其中一些仪式。

巴尔古津通古斯人　萨满去往上界的仪式称为乌吉斯吉或娘亚。乌吉斯吉是指方向向上，娘亚是前文分析的一组神灵。这类萨满仪式相当短，比去往阴间的仪式举行得更频繁。这类仪式在巴尔古津通古斯人和涅尔琴斯克通古斯人中存在。需要准备的物品如下。

（1）9×3=27 小白桦树，称乔勒博勒，“白桦树”；白桦树在本地区并不常见。其中至少有一棵白桦树比其他白桦树大些，树冠部分留着。这棵白桦树称查尔吉（čargi）。[①] 这些白桦树像布里亚特人中一样，用彩色的布块装饰。

（2）一棵保留枝杈和叶子的白桦树，图鲁坎（即小的图鲁），上面有两个横梁——梯子（uγikón）——用桦树皮和其他材料镶边。萨满使用“梯子”爬上乌吉斯吉。

（3）9×3×2=54 只鸟型物迪吉勒（diγil），应该是“鸭子”，由桦树皮制成，贴在每个乔勒博勒上。这些鸭子帮助萨满去往上界。

（4）两根长木板，上面有九个洞；安烟（an'ján）是用木头切成的人形神位，这些木板固定在乔勒博勒上。

（5）在萨满表演之后，放上一个平台，平台上摆放供品。

（6）可能会有一些西普坎，型号非常小，放在乔勒博勒上，但并不总被用到。

仪式中献祭的动物必须是一只从布里亚特人中购置的绵羊，有时则从很远处购置得来。在一次仪式中，我发现献祭的绵羊由女萨满从离通古斯人 200 里远的布里亚特人中购买，用驯鹿驮回来。不过，得不到绵羊的情况下，可

---

① čargi 这个词语很可能源自布里亚特人；参见 čarga ‖ čirγa（蒙・鲁）“用来拉车的杆子”。不过，通古斯语中有 čar（满驯）一词表示制作独木舟骨架的长木棍。这一词语的词源不是很清晰。

以用幼驯鹿代替。献祭的绵羊或驯鹿由萨满的灵魂送到达哈千处，过程中会得到安烟的帮助，鸭子会帮助萨满飞翔。

萨满的仪式的目的是将动物送往上界的神灵处，举行此类仪式的原因多种多样。我了解两个比较详细的个案，具体原因是儿童生病。人们要求达哈千归还受疾病困扰的儿童灵魂，在献祭仪式的几天、几周，甚至是数月前，萨满会举行仪式确定祭品与具体的献祭方法。

仪式的第一部分与萨满的奥尔吉斯吉仪式相似，因此这部分我省略一些细节，不过我将详细描述这部分仪式的最后一个步骤，即萨满通过占卜的方式确定神灵达哈千是否接受了献祭的动物绵羊或幼鹿。如果占卜结果是肯定的，动物将被带到事先准备好的洁净之处，旁边燃着一堆火。几个成年的有经验的男性将动物按倒在地，一个男性会表演仪式性的屠杀：他用普通的刀切开动物的胸部，取出动物的心脏，这需要很大的力气和技巧，这一过程中不允许有一滴血掉到地上，动物的血被收集到一个特殊的容器中。然后，人们将动物的皮连着蹄子、角和眼睛，挂在查尔吉上。动物的皮称 dōri。[①] 人们将动物的头部分开，与心脏放在一起用水煮，肉煮熟之后，人们把骨头从肉中剔除，与肝、肠子和其他内脏一起放在平台上，把动物脖子上的毛剪下后，与动物的下颌一起挂在图鲁坎上，动物头的上半部分被带到棚屋中，放在萨满仪式举行地点的中间位置立起的杆上。它通过一条带有铃铛的皮绳和外面的查尔吉连在一起。这是在萨满奥尔吉斯吉仪式中已经提及的“路”。在棚屋内部的皮绳上挂着一个小的（像一个小玩具）摇篮（一名儿童生病了），还有几个用鹿皮制作的人形神偶，与奥尔吉斯吉一样，扎乌达尔和永久性的神位以相同的方式悬挂。

仪式的第二部分以萨满的击鼓歌唱开始。萨满并未提及在奥尔吉斯吉仪式中出现的布尼勒、色瓦以及其他神灵，过了一会，萨满开始一边击鼓，一边跳跃舞蹈，他靠近生病的儿童，[②] 晃动鼓的同时拿起一个人形神位，在上面撒上血，交到儿童的手中。这个神位是负责拿祭品神灵的神位。接着，

① 这个词语的词源不是很确定。很可能由满语的 dōro 转化成 dōri。

② 我见过两次这类仪式，都是为了治疗儿童。

萨满将鼓交给助手，拿起一对马头杖，这是萨满装备的固定组成部分。萨满吸了四五袋烟，喝了一大杯伏特加后，达到入迷状态。棚屋西南角的遮盖物被揭开，萨满一直击鼓舞蹈，其助手也一直击鼓，萨满最后跌倒，在场的观众扶住他。此时萨满到达了乌吉斯吉上界，人们将萨满扶起，像奥尔吉斯吉仪式那样用金属和火石击打出火花。这部分仪式以同样的方式结束。

萨满和参与仪式的人员吃了一些肉后，一起喝茶。几小时后，萨满仪式的最后一部分开始了，这部分仪式与奥尔吉斯吉仪式的相应部分几乎相同。煮肉的锅挂在查尔吉上，一直放在那里。

萨满的乌吉斯吉仪式可以在白天举行，也可在夜晚进行。萨满在做仪式时，千万不能穿比较厚的萨满服。由于这一原因，萨满一般有两套萨满服，去往上界的仪式使用没有铁制器具的萨满服。

在举行仪式之前，萨满坚持将棚屋移到另一个地方；但在萨满仪式后，移动的棚屋要在仪式地点保留 3 天的时间。

值得注意的是，仪式中使用的器具是 9 的倍数；特定的动作都会重复三次；仪式中使用马头杖；献祭的动物是绵羊（在可获得的前提下）；就我所调查的情况来看，整个表演都与氏族组织联系在一起，但是它只是家庭事务；仪式中使用的查尔吉和图鲁坎在布里亚特-蒙古人以及一般意义上的中亚文化中非常普遍。

通过对上述两类萨满仪式形式的简要比较，可以发现两种文化丛之间有巨大的差异。萨满的乌吉斯吉仪式表明其中的文化要素借自布里亚特人。

112. 不同形式的萨满仪式

在后贝加尔地区的驯鹿通古斯人中，我观察过很多次小型的萨满表演仪式。仪式过程中没有献祭。萨满仪式构成其中的一个部分，可以在一天中的任何时间点举行仪式，除了特殊形式的 tuksav'i 外，经常在日落后的晚上举行。tuksav'i 是由词根 tuksa（跑）派生而来，很可能 tuksak'i（野兔）

的词根也是 tuksa。[1] 在萨满的仪式中，会用野兔皮将萨满的要求带到上界（乌吉敦达）。在萨满入迷时，野兔皮会通过棚屋顶部的孔被抛到外面。用鼓槌占卜的仪式会做三次，分别在仪式之初、仪式中间和仪式结束阶段。需要指出的是，用野兔皮传递信息在布里亚特人中十分普遍。这种萨满仪式形式需要整套萨满服，而其他的小型萨满仪式则只需要穿萨满服的一部分，例如帽子、围裙，一直使用的鼓。

在小型的萨满仪式中，萨满并不总发生入迷现象，整个过程中萨满通过歌唱和击鼓的方式“祈祷”，正如通古斯人所言，只是“震动”其萨瓦吉。实际上，这些类型的表演十分普遍。但是，萨满也可能在没有裙子和鼓的情况下行动，不过这是不恰当的“表演”。例如，萨满在半睡眠状态下的“表演”，或者是在家中无目的的表演，或者是为了查明某件事情（后文会讨论）。

在曼科瓦地区的游牧通古斯人中，有一种特殊的萨满仪式乌吉拉（向上），这个仪式也称为巴伦（baron）朱拉斯吉（东南方向）。萨满会亲自为上界的神灵献祭。绵羊（参见前文的驯鹿通古斯人的处理方式）和白马是献祭的动物。但是，白马并不杀掉（参见前文曼科瓦通古斯人中的黑牛）。

在其他的通古斯人群和满族人中，没有萨满去上界的仪式。如前文所述（第76小节），这些神灵由普通人（北通古斯人）和标浑萨满（满族人）献祭。

在所有的通古斯人中，都可见到与下界无关，而是需要操纵并掌控此界神灵的仪式。萨满仪式发生的场合是多种多样的。这些仪式可通过如下例子阐述：(1) 将某人从神灵处解救出来，这些神灵可能是萨满掌控的神灵、氏族神灵、外来（多那）神灵；(2) 使一群人（通常是氏族成员或共同的村民）从神灵处解放；(3) 驱逐恶灵，在可能的情况下掌控恶灵；(4) 向善灵

① 参见 tuksa（毕、兴、涅、曼）（乌鲁·卡）、tuks'i（毕）、tuγa（满驯）、tuč（图）、suǰu（满语书面语）。尽管 tuksá 可能源自 tuksv'i（一种萨满仪式形式）[tuksak'i（野兔），以及 tuksā（跑）等]，在萨满仪式中野兔作为信使，但我还是不敢肯定 tuksav'i 和 tuksak'i 之间的关联。事实上，tuksav'i 可能源自词根 tuk（V）（“产生、立起、抬起、送往”之意），这个词见于毕拉尔千人、涅尔琴斯克通古斯人、巴尔古津通古斯人、兴安通古斯人以及库玛尔千人中，是表示与“上界神灵”沟通的词语。

或者十分凶恶的神灵献祭；（5）在萨满所掌控神灵的帮助下占卜困扰的原因；以及其他不可预见的各种场合的仪式。将神灵活动、神灵特征以及处理神灵的办法综合在一起取决于萨满的能力、先前的理论以及通古斯人对陌生神灵和相邻族团使用方法的了解。我将描述一些萨满的表演。

案例 1. **兴安通古斯人**。一位 40 多岁的男人受到来历不是很清楚的神灵侵扰（参见第 128 小节，案例 4）。他本人先后几次尝试进行萨满实践，但人们认为他不能掌控神灵，而是神灵掌控了他。表演的女萨满是一位年轻但经验丰富的萨满。女萨满表演的目的是查明什么神灵在施加伤害。出于这一原因，女萨满让其掌控的神灵（色翁坎）附体，运用前文所描述的方法，加快击鼓和唱歌的速度，让自身进入入迷状态，神灵附体了。借助神灵的言说，萨满想要查明影响患者神灵的路。在迷幻的状态下，萨满的灵魂进入病人家的棚屋中（当时这个男人和我在一起，其家人在五六十里之外的地方），报告这家的成员正在做什么。接着，这位女萨满与家庭中的布日坎交涉，查明困扰来自家庭（氏族）的布日坎。神灵要求在下个月的 25 日必须献祭。在表演的过程中，萨满先后有几次跌倒，此时神灵进入萨满的身体。站在女萨满附近的人扶着“就像一块木头”的她，其身体和四肢僵直。在神灵附体之前，她提高了唱歌的速度和击鼓的力度，开始颤抖；当她旅行的时候，用很大的力气跳跃击鼓，萨满仪式过程中，附体的是科库内伊（kokunei）色翁，人们喊 kēku—kēku 副歌来抑制萨满的神经迸发。这次仪式从晚上 10 点 25 分开始，11 点 25 分结束。萨满有两名男助手，仪式中大量在场的妇女都重复着副歌部分。观众的反应是积极的，也就是说，在场的观众并未扰乱仪式，萨满仪式并未被笑话或各种嘲弄打断，仪式被打断的这种情况十分普遍，尤其在外来者和外来影响比较强烈的群体中。

案例 2. **兴安通古斯人**。一位 60 多岁的妇女过去曾是萨满，一年前身患残疾，不能走路。她半裸地躺在扎姆潘（蚊帐罩着它的床）下。一年前的一场偶然的大火中，这位妇女的神位以及大部分行李都被烧光了。棚屋（7 月）部分盖着冬天的遮盖物，部分盖着夏天的遮盖物，这表明她十分贫穷。她的女儿也是一名萨满，前来看望她，想查明母亲受困扰的根源，女儿穿上了目前的萨满服，召唤母亲的色翁。在入迷的过程中，另一位神灵（达勒库尔）拜访了她，但她却不能辨认出神灵。不过，这位神灵又附体在年老萨满的身上，要求一头野猪作为祭品。萨满和神灵的交流情况如下：年老女性的前面放着一根皮条，其末端放在年轻女萨满的肩上，后者在歌唱中说年老妇女可能会给一头绵羊，而不是野猪。同时，萨满坚持要求神灵必须离开年老的妇女，她通过燃烧松树枝的烟来驱逐神灵，击鼓和唱歌恐吓神灵，甚至是单纯地恐吓神灵。许多妇女帮助萨满制造出噪声。

案例 3. **兴安通古斯人**。这次萨满仪式的目的是查明我应该如何继续我的实地考察。表演者是案例Ⅰ中的萨满，萨满召唤了所有的神灵色翁，接着一个色翁附体了。这个神灵对儿童有危险，因此所有的儿童都被送到棚屋的外面。这位神灵会吃“纽扣”，因此所有在场的人都用衣服盖住自己的纽扣。因此，在这位神灵降临时，人们会绕着棚屋放一个扎乌达尔。[①] 神灵附体后，萨满的身体和四肢僵硬，呈“弓形”。在一个年轻男人扶住她之前，萨满跌倒在地（这令在场的人们哄堂大笑）。神灵想要喝一些小米粥，在场的观众也每人分了一碗，把其中一些撒向空中。人们喊 gè!（表示赞同）。这位神灵离开后，孩子们进入棚屋中。为了安全的考虑，萨满在孩子们面前通过鼓的运动送走神灵。人们将一条狗带到棚屋中，并在希罗克戈罗娃（Shirokogoroff）夫人面前晃动，她也对萨满仪式很关注，因为她也是考察队的一员。萨满的另一个色翁附体了。为了帮助萨满神灵附体，所有在场的人都通过快速的叫喊和哭泣让萨满进入入迷状态。萨满也让自己的仪式动作越来越快。神灵离开后，萨满用草捆燃烧的烟来净化仪式现场。萨满仪式的结果认为，我的实地考察旅行会成功，这次仪式献祭了三头驼鹿。

案例 4. **毕拉尔千人**。萨满举行仪式的目的，是要求色翁帮助治疗一个男孩。三天前，萨满已经举行了两场仪式，一次是在白天，另一次是在晚上——却没有得到明确的答案。家人将男孩从其居住的学校接到亲戚家中（非常贫困），[②] 亲戚充当萨满助手的角色。仪式之后，萨满将阿尔卡普吞（一面铜镜，参见前文第 604 页）留在男孩的床头。

---

① 扎乌达尔是覆盖了一部分棚屋的绳子。

② 中国政府建立了这所学校，一些儿童住在学校。

神灵附体之后，萨满助手帮助她。神灵宣称这个男孩很可能会死掉。这让萨满助手变得情绪激动（他是男孩的亲戚），他对附体的神灵表示抗议，祈求神灵帮助男孩。神灵需要一头猪作为祭品。萨满助手说，他是一名穷人，支付不起一头猪的钱。不过，在长时间的讨价还价后，男孩父亲决定在两周以后的下月初一给神灵献祭一头猪。萨满仪式后，人们将一块黄布献给神灵，把它和阿尔卡普吞挂在一起。仪式直到凌晨 1 点多钟才结束。

10 天后，在此前确定的献祭日期之前，又举行了一次萨满仪式。此时，这个男孩已经被治愈，猪也购置好了。萨满仪式分为两部分，一部分晚上进行，一部分第二天早晨进行。就我所知，这头猪是献祭给在男孩治疗过程中起到作用的萨满神灵的。

这次，萨满仪式在室外举行。萨满穿上萨满服后，准备进入入迷状态，男孩坐在仪式场地的中间，萨满绕着男孩击鼓。这次萨满仪式并不容易，因为没人帮助她。现场还有一些干扰仪式的人。男孩的汉人老师也在场，是一位有“现代思想”的男人：他不相信萨满教，试图扰乱萨满的活动。每次萨满从他身边走过时，他都会推搡萨满，或者踢（他穿着欧式的皮鞋）萨满。萨满变得十分紧张，不能集中注意力。在表演的过程中，一位用九男九女象征的神灵附体了，因此要求 18 个人绕着男孩有节奏地跳舞，萨满也在仪式场地中央。不过，只有 7 名妇女表演舞蹈，由于汉人老师的质疑行为，她们十分害羞，而通古斯人中的男性则漠不关心，由于汉人老师的在场，他们不敢加入仪式。当妇女们不能跟上节奏时，萨满变得更加紧张，用鼓槌轻打这些妇女。萨满的仪式没有产生效果。神灵变得愤怒，萨满狠狠地打逃跑的妇女。因此，最后这场仪式失败了。仪式的第二部分十分简单，即普通的献祭，使用普通的口诀和祈祷词。

案例 5. 满族人。此次萨满仪式的目的是治疗某家户中已经生病几天的 5 名成员（似乎是冬季常见的传染病）。病人家的炕上坐满了人，门口处也站了很多人。这个家庭生病的成员分别坐在或躺在正对着门口的大炕上，炕上摆着一个张桌子。祭品包括两杯高粱酒、3×5＝15 个馒头、一只煮熟的鸡（后来才摆上桌子）以及插在装着沙子的大碗中的香。

萨满仪式于晚上 8 点以后举行。萨满穿上整套萨满服。像往常一样，他应该让自己进入入迷状态。萨满助手，以及其他出现在萨满仪式上的人，重复萨满的副歌部分。神灵附体后，萨满抽搐；萨满的前额布满汗珠，接着萨满睡着了。在某种程度上，这是理论意义上的睡眠，而不是真正的睡眠。仪式现场的人显然意识到仪式的传统特征，因此根据仪式的要求行动。萨满“睡觉”的时候，其周围香烟缭绕，人们聊天消遣。

第二天，萨满又来了（萨满居住在另一个村庄）。晚上，他躺在炕上，周围燃着香，进入“睡眠”。一名男性坐在萨满的边上，看护萨满。在睡眠的过程中（很明显是集中注意力），萨满开始抽搐，身体在炕上翻滚，喊出伤害孩子神灵的名字。人们迅速地准备了一根 60 厘米长，其末端固定着四根 12 厘米长的木棍制成的灯笼，外面粘着纸，灯笼内部燃着一捆香。神灵应该进入灯笼中了。此时屋内所有的灯都吹灭了。萨满拿着香，插到了神位前，开始召唤神灵，在场人员都应和着副歌。这一仪式持续了 2 个半小时。萨满一直看着灯笼，但神灵不想进入灯笼。大家都累了。萨满中间有几次喝了茶，显然也累了。神灵不同意降临，人们决定停止萨满仪式。这场持续了两天的萨满仪式，最后失败了。

案例 6. 满族人。（这个案例是前文萨满去往下界仪式的后续部分）。萨满尝试去阴间取回灵魂。萨满在男孩的头上放着装有纸的碗，然后给男孩戴上一顶比较重的皮帽子。这个仪式很明显失败了，灵魂没有返回。在短暂的入迷后，萨满决定查明是哪位玛发带来了困扰。萨满选择的方式是让神灵通过男孩之口说话。萨满在男孩身边放了一定数量的燃着的香，男孩在身体痛苦（非常严重的水肿：腹部和脸肿胀得很厉害）以及香烟影响下，处于一种半窒息的状态；整个过程他都在喊叫。

萨满在男孩的身边击鼓，用尖利的声音让男孩变得兴奋，使神灵附体于男孩说话。但是，这个男孩并未通过移动和抽搐表示神灵的出现。神灵不想附体于男孩。萨满建议给神灵玛发献祭血（猪的）。人们冲出房屋，想抓住一头猪。[①] 这家人拥有的唯一的一头猪跑掉了。最后，献祭未能完成。

① 满族人的猪平时是半自由状态。参见《满族的社会组织》，第 131 页。

在这点上，我怀疑这家人杀掉家里最后一头猪的真诚。萨满尝试用巴图里神群中的一个神灵帮助这个男孩，即亚哈窝车库（火神）。萨满通过一般的方法让神灵附体，萨满助手递给萨满一捆燃着的香。萨满将香燃着的一端放在口中停留一秒，然后将烟立即吹向男孩赤裸身体的各个部分。然后，萨满把香浸在油中，再次点燃了香，将燃着的一端放在口中短暂停留后，再一次吹向儿童。萨满非常努力地做这件事：他呼吸得十分沉重，吐出口中的油。之后，当整捆香燃烧之后，萨满用烧酒按摩男孩的全身，包括腹部、胸部、后背、胳膊与腿。萨满助手拿着一碗白酒（xanšin，用高粱制成，60 到 65 度），萨满用燃烧的酒在男孩的身上涂抹。然后，萨满揪起男孩身体的不同部位吸吮（尤其是肝脏、胃、膀胱、阑尾以及脾脏等部位），直到吸吮出血；萨满吐出血，做出呕吐状。每次吸吮之后，都用酒漱口，但并未呕吐。[①] 火神附体之后，由于人们认为这是一位重要的、危险的神灵，萨满助手剧烈地击鼓，所有在场的人都在唱副歌，一直尖叫。在场的人十分兴奋。这场表演以萨满说话告终，在入迷状态中，他宣布神灵玛发需要“十种食物”的祭品。整场表演持续了 5 个小时 50 分钟，凌晨 2 点半结束。男孩和萨满十分疲惫，萨满助手和在场的其他人也是如此。

案例 7. 满族人。一位 30 多岁的满族人生病了，在床上躺了两个多月。由于情况复杂，萨满不能立即对病人的困扰做出确切的解释，但从此前的萨满仪式得知，困扰病人的可能是玛发里，也可能是萨满—胡图（去世萨满的灵魂），甚至是由不同神灵构成的神灵群。第一天晚上，萨满查明其疾病是由不同的路的神灵共同带来的［卡姆奇布赫（kamčibuɣe）召浑］。第二天，萨满尝试在其所掌控神灵的帮助下治疗病人。萨满用铜镜进行治疗；萨满用铜镜按摩病人的腹部和背部；萨满又用十个馒头在病人身上搓。萨满将用完的馒头抛向一扇关着的窗户，如果馒头撞破纸（满族的窗户糊着纸，而不用欧洲人中常见的玻璃）飞出窗户，则被视为好的迹象，如果馒头掉落，则为不好的迹象。萨满的治疗没有成功，因此决定举行一场大规模的仪式，送走三个来路的神灵。

---

① 人们建议用烧红的铁压男孩的腹部，但房中没有铁器。

在萨满仪式之初，人们要为三个来路的神灵制作各种各样的神位。第一部分神位用来吸引有害的神灵，第二部分神位为神灵离去指明道路，第三部分神位用来防止神灵返回。仪式之后，第一部分和第二部分神位要被扔掉，第三部分神位则要被带到特定地点，埋在 1 米深的坑里。

第三天晚上人们开始为萨满仪式做准备。人们放上两张桌子（一种短腿的小桌），每张桌子上铺着红、白、黑三块布料，每块布料覆盖桌子的三分之一，其中一张桌子用来放玛发里神位（一位男性玛发和一位女性妈妈），对应的祭品是一只煮熟的鸡，三摞馒头，每摞五个。另一张桌子上固定的是苏拉玛发里胡图神位，仪式结束后要将此神位扔掉。“花树”伊勒哈（ilgar'i 或 ilxa）佛多浑（fodoxun）（开花的柳树）被固定在桌子上（它也可以立在桌子的后面），人们认为神灵会被“谄媚的语言”和“网”（sugdun dègdrèbure asu，“蒸汽升起的网”，其中蒸汽是与神灵、疾病一样的非物质实体）吸引到花树上，“花树”的附近放着与汉人丧葬仪式中所用相同的纸钱。萨满仪式以一段祈祷词《白勒吉尊》（baire g'izun）开始。萨满戴上特殊的头饰，准备去往阴间，神灵附体后，萨满去往阴间。萨满的行动表明，其掌控的神灵向去世萨满问男人困扰的原因，原因是病人是去世萨满的扎伦，也就是说，生病男人的家庭曾是去世萨满保护的对象。萨满去世后，其所掌控神灵失去了主人，给其扎伦带来困扰。做仪式的萨满要求去世萨满离开病人，并允诺做一次献祭。献祭仪式需要的用品已经放在右侧的桌子上了。两个人形神位：萨满与萨满助手，一个动物神位（占尔占——由头发覆盖的四足动物形象），以及一只鸟偶（嘎斯哈，一般意义上的野鸟），纸钱和“网”被带到屋外，纸钱一部分被烧掉，一部分和“花树”一起被扔掉。对玛发里神位的处理更为简单：用祈祷词将玛发里引入神位后，将其带出去扔掉。萨满在做这些事情时戴普通的帽子，然后休息半个小时。当对萨满胡图以及苏拉玛发里胡图的操作结束后，萨满要用到一组特殊的小物件，这些物件用来送走所谓“那丹哈亲萨哈林”（nadan xači saxalin）胡图，即“七种黑色（路）的神灵”。由于这些神灵是下界神灵，萨满再次戴上了特殊的帽子那伊伊克色，萨满左手拿着一根绳子，拴在手指上。（当萨满倒地，即到达阴间以后，绳子需要从手指上拿下来。）接着萨满及其助手拿着这组小物件，包括一个小弓和箭，还有各种锋利的器具，称为“召浑梅特来扎卡”（ǰoγun meiterä ǰaka），带到萨满指定的地点埋上。通过这种方式，神灵的路就被阻断了，神灵（因为害怕锋利的器具）不会再返回了。煮熟的鸡、布以及其他物品归萨满所有。这些物品在仪式中被使用，不能带回房屋中，因为神灵可能会找到它们回来的路。

埋上述物品的地点大约离房屋 500 米，是三条路的交汇处（马车在路上走）。坑约为 80 厘米深，所有的锋利物品都放在其中，并用土盖上。萨满一边击鼓，一边有节奏地踩着上面覆盖的土，夯实这个坑。然后，萨满回到房屋中，人们在那里等着他。在房屋的入口处，有一堆火，防止神灵跟着萨满回来。萨满站在房门旁，继续击鼓，所有参加埋物品的人都在萨满持鼓的胳膊下通过。这种做法的含义是净化。

一切结束后，宾客、萨满和家主一起吃晚饭，晚饭包括这一场合杀的猪，但不是献祭给神灵的猪。

第 26 节　萨满表演的分类

萨满表演的目的

通过前一节对萨满仪式的描述，我们可发现，萨满仪式的目的十分多元，前述案例并不能体现全部情况。如果从仪式目的角度对萨满仪式进行分类，可以划分为六种情况，即：（1）占卜（发现）各种困扰的原因以及预测未来；（2）治疗“病人”；（3）将死者的灵魂送往阴间并管理灵魂；（4）献祭；（5）管理神灵和灵魂（包括“掌控”）；（6）其他情况（例如，新萨满产生）。一次萨满表演可同时涉及其中几个目的，也可能仅关乎上述诸多目的中的一个。

113. 占卜和发现，诊断和治疗

发现困扰的原因以及预测未来是萨满仪式中最普遍的目的。萨满表演这类仪式非常频繁，作为预备步骤，它决定了仪式的下一步走向。因此，

这类仪式是大规模仪式的“前奏”。它可能是大规模仪式的一部分，也可能在大规模仪式前的某段时间举行，某些情况下，大规模仪式前几个月就做此类仪式。在后贝加尔地区的驯鹿通古斯人中，萨满仪式包括占卜，是仪式的总结性部分，嵌入在仪式的其他环节中。最后，由于萨满本人对了解神灵活动、了解其他人尤其是预测未来感兴趣，因此萨满经常表演“占卜和发现”，甚至在独处的时候也会如此。

在不同的族团与萨满中，占卜和发现的方法及实践频率有差异。实际上，与满洲的通古斯人和满族人相比，后贝加尔地区的驯鹿通古斯人更倾向做这类仪式。一些萨满在这方面比其他萨满花费了更多的时间，我认识一些萨满只有在需要做仪式时，才做这类仪式。致力于发现新的占卜和发现方法的萨满，要比遵循传统已知方法的萨满更多做这类仪式。

就占卜和发现的方法而言，可以区分以下几类：(1) 入迷状态中；(2) 睡眠状态中；(3) 运用各种技术的，通常是机械的方法；(4) 简单地逻辑推理。第一种情况，萨满相信在神灵的帮助下，能够发现困扰的原因并预测未来，萨满必须召唤神灵附体。为了使神灵附体，萨满先要让自身达到入迷状态。关于入迷的性质，以及在入迷状态下占卜和发现的可能性，我会在后文讨论。第二种情况，睡眠状态中的占卜和发现，同样基于相信神灵会在萨满睡眠的过程中提供帮助，萨满醒来之后，就会找到问题的解决办法。第三种情况，萨满使用技术的和机械的手段情况很多，例如通过抛鼓槌、燃香以及抛杯子等方式占卜，这些占卜方式的基础是偶然性。将馒头扔出窗户纸也是基于偶然性的占卜，因为纸可能比较有韧性，也可能比较脆弱，此外，萨满的力量以及馒头的硬度也有不同。通过烧动物肩胛骨以观察裂纹占卜，给萨满的个人阐释留下了空间。在远古时期,[①] 这种方法就在亚洲被广泛应用，目前西藏和蒙古地区仍使用这一方法占卜。在第三种情况中，萨满的占卜记忆吸收了大量前人经验，一些萨满现在根本不再使用这种方式。最后一种基于推理的占卜和发现，我不需要过多解释。这种行动不需要神灵的帮助，例如，萨满凭借各种症状判断疾病，将疾病归因

① 例如，中国史前考古遗址和历史考古遗址中出土的骨头。

于某位神灵，做出判断；萨满会综合所有事实对狩猎、旅行以及天气的情况进行推断。在通古斯人的各族团中，我们可以发现在通古斯人的不同族团中，萨满或其他成员会依据自身的预测影响行动。一些萨满在没有神灵的直接帮助下，可以预测未来，例如他人的到来、天气变化、鱼类的活动等，萨满有时相信自己可以不依赖神灵而行动。在具体实践中，每位萨满都会不同程度地使用不同类型的占卜与发现的方法，这取决于萨满的个性、经验以及对不同方法有效性的信心。一位年轻的、不具备丰富经验的萨满，当然不会十分依赖简单的推理。萨满的方法选择取决于族团内部认同的不同知识方法（尤其是技术性的机械方法）。由于上述原因，这些方法可能变得十分流行，却很容易被人们遗忘。当然，使用这些方法的族团，必须将这些方法视为好的、可靠的方法。这些方法可能是通古斯人借自其他族团的——这些族团被认为比通古斯人更文明，例如汉人中大量占卜的方法、俄国人用纸牌进行占卜的方法，这些方法往往由族团中有影响力、信誉度高的萨满采借。由于这些情况，机械性的占卜方法在不同的通古斯族团和萨满个人中的重要程度很不一样。某些情况下，这些方法可能变得十分重要，它们可以用于检验萨满，或者使萨满有信心解决一些问题。在一些通古斯人族团中，占卜文化丛“十分发达”。①

值得注意的是，除了神灵帮助的情况，一些通古斯人和满族的玛发里会使用上述占卜和发现方法。在一些族团中，所有人都会利用占卜的方法，萨满的占卜方法局限在需要神灵介入的情况。这是一种功能转换现象。

其实，从严格的意义上说，作为一个文化丛，萨满实践是需要入迷技术的，不包括入迷技术的“占卜和发现”不应被视为“萨满实践”。不过，如果我们将萨满实践视为包括不同要素的文化丛，这一观点是不能被接受的，换言之，应该根据萨满实践的实际情况做判断。非萨满所举行的且不包括入迷的“占卜和发现”不能被视为“萨满实践”。通过上述事实，可以判断，萨满出于寻找困扰原因或预测未来而进行的占卜和发现活动，在萨满表演中可能

① 例如，果尔德人中，在确定将要送往阴间的灵魂时，萨满会使用小石头或其他物品进行占卜（参见洛帕廷《阿穆尔河、乌苏里江和松花江流域的果尔德人》，第 307 页，资料引自希姆科维奇的观察）。

是缺乏的，它本身可以独立存在（例如上一节案例 3 兴安通古斯人中的情况）。“占卜和发现”可以是十分复杂的操作，其中结合了不同的方法，或者仅局限于简单的“推理”，与普通人的相关实践并无二致。

诊断和治疗

萨满的诊断和治疗可借助不同的方法完成，构成萨满实践中的重要因素。这里我会描述萨满诊断和治疗的更多细节。

在满族人中，一位萨满被邀请后，会发生如下情况。萨满会记录下病人的所有症状，然后决定病人是需要职业的医生治疗，还是服药治疗，病人是否需要冷的或热的泉水等。萨满也可能会发现，病人只是处于一种纯粹的、简单的心理状态，如恐惧、生气等非常强烈的情绪状态，但其中并不涉及神灵活动。最后，有些病人的情况是神灵干预造成的。满族人把疾病分为九种类型，每种类型的致病原因不同。

（1）萨满召浑（萨满的路）。在这种情况下，人们怀疑某位邪恶的萨满派各种神灵伤害人，这可通过病人的行为加以判断，病人口中会不断重复神灵或萨满的名字，模仿神灵或人们所相信的萨满的态度，入迷或神经发作很可能发生。为了中立这种有害的活动，需要将神灵（萨满）引入特殊的神位送走，或者举行一次非常复杂的仪式。在这类场合中，神位一般由草制成，上面装饰着纸制的萨满服和各种萨满器物，是对萨满形象的精确模仿。

（2）苏拉（sula）召浑（苏拉路）= 胡图召浑。苏拉表示来源不明的神灵，能力比胡图弱。sula 是外来词，参见 sula（蒙·科），是借出、懈怠等意思；soal（达·波）、sullŭ（喀尔喀·波），是自由的意思。这类神灵只能给病人带来小毛病。萨满会用草制作两三个人形神位、一条狗形的神位，将神灵引入神位后送走。

（3）普车赫胡图召浑（死者神灵的路）。病人在幻觉和梦中遇见死去的人。萨满会根据所见神灵（胡图）的数量制作草偶。

（4）萨哈勒召浑（黑路）。通常是未被正常埋葬者的灵魂导致的疾病。这类神灵需要食物、服饰等。它们可能在人群中待很长一段时间，例如萨克达氏族有一位此类神灵（萨克达胡图），非常难以送走。辨识这类神灵通过同样的表征：入迷、发作、攻击、梦等。萨满用黑色纸制作一个狗形神位和20个左右人形神位。祭品中包括一只黑色的鸡。驱逐这类神灵通常需要复杂的仪式。

（5）玛发里召浑（玛发路）。如果神灵表现出人们熟知的玛发特性的行为，萨满会制作佛多浑（fodoɣon）莫（“开花的树”），把神灵吸引到花树上后，连同花树一起送走。

（6）苏拉玛发里召浑（自由的玛发路）（苏拉，参见第二类神灵；有一些“自由的玛发”）。萨满需要制作佛多浑莫（开花的树），上面用约65厘米长的三种颜色的布装饰，并且还要用桦木制作一个小神龛。

（7）普苏库召浑（普苏库路）。是一种血液病。萨满通常拒绝干预这类疾病。

（8）普车赫萨满召浑（去世的萨满的路）。这类神灵可通过去世萨满留下的所掌控神灵的活动辨识。治疗过程中，用草制作萨满以及萨满助手的神位。最好的治疗方式是掌控这些神灵。

（9）普车赫珠棍萨满召浑（去世的提供帮助的萨满的路）。即曾帮助人们的去世萨满现在产生影响了，情况与第八种类似。

在所有的情况中，萨满都要用母鸡献祭；只有在第四种情况中，母鸡必须是黑色的。

在上述各种情况中，我们未提到不同的萨满、富其吉以及其他神灵可能会抓住病人的灵魂。这些情况要依据神灵的性质诊断。

在不同的通古斯人群中，萨满的诊断方法基本相同。病人的行为、迹象、梦、神经发作、偶然的入迷状态（神灵自主附体或萨满召唤神灵附体于病人），都可用以判断特殊类别的神灵。萨满也可根据不同神灵对应病人的不同疾病来判断致病神灵。萨满的治疗方式在于神灵的性质，萨满据此决定用简单的医药治疗、祈祷与献祭，还是在助手神灵的帮助下表演萨满仪式。值得注意的是，一些有能力的人，在没有萨满介入的情形下，也可诊断疾病，之后要求萨满采取行动，来驱逐或对抗某位神灵。

如遇萨满不入迷就无法诊断病因，则会召唤神灵附体，在神灵的帮助下查找病因。

114. 个人的治疗

发现困扰之后，如果萨满认为没有希望治疗（例如普苏库召浑），则会拒绝干预，萨满或者会推荐病人用药物治疗、通过祈祷或献祭与神灵沟通。后一过程中，萨满本人有时不会参与，有时则担当与神灵沟通的角色。当萨满放弃干预，或者推荐的治疗方式没有萨满参与时，萨满实践则不发挥功能。我这里讨论的内容不包括上述情况，只包括有萨满表演参与的情况。

在通古斯人看来，病人的"困扰"可大致分为三种情况：（1）灵魂的功能失衡；（2）神灵在不附体情况下对人施加侵害；（3）神灵在附体情况下对人施加侵害。

简单的灵魂功能失衡现象十分普遍，如病人未受神灵影响下的突然惊恐。根据复杂的灵魂体系理论，这些情况是灵魂功能失调。满族人的三元灵魂观在这方面发展得更为复杂，认为真魂、外魂等要素间的运动并不平衡。毕拉尔千人接受了灵魂要素间的平衡理论，倾向于在灵魂要素间的暂时性和永久性失衡方面寻找病人困扰的原因。当怀疑病人的"灵魂"与"生命"（埃尔嘎）缺乏关联时，情况则更为复杂。对"灵魂"和"生命"的治疗自然需要更为特殊的方法。因此很明显，通古斯人关于灵魂和生命复杂体系的自然主义理论，是解释困扰的基础。

神灵在不附体的情况下，也可带来有害的影响。这种情形下，神灵经常恐吓人们，给人们带来伤害。通古斯人的神灵理论可以帮助萨满查明带来干预的具体神灵。神灵活动的影响是一种持续的灵魂功能失调。因此，萨满必须对这类失调持续的根源予以关注，同时，也要对灵魂正常功能的恢复予以必要的关注。当然，病人的困扰与神灵的性质有关，导致个人在社会功能上"残疾"的心智现象可用神灵理论解释。

神灵可以附在人身体中，给灵魂带来持续的或阶段性的失衡，或者神灵以不带来扰乱效果的面目出现。对这些现象的解释建立在神灵可附体于人的假设的基础上。

正如我已在前文不同部分揭示的，如果从精神病学的观点对这些现象进行分析和分类，我们每个人都有不同程度的“困扰”。其中大部分情况不能归为“心智”疾病，仅是心智不稳定；而另一些情况可被贴上不同原因造成的神经衰弱、歇斯底里、偏执狂以及各种癫狂行为的标签。在通古斯人的文化系统中，对上述症状原因的解释是不同的。正如前文表明的，通古斯人中真正的精神错乱并不常见，心智失衡和不稳定通常源于自我暗示，治疗是十分容易的。

萨满使用的主要治疗方法分为三组，即：（1）不需要萨满所掌控神灵的帮助；（2）需要萨满所掌控神灵的帮助，但神灵不附体；（3）所掌控的神灵附体于萨满。

面对具体的情况，萨满会依据诊断的结果以及此前的治疗知识，得出不同的结论。我将描述以下方法。

案例 1. 灵魂本身的失调，不是神灵干预造成的，萨满不会寻求神灵的帮助。这种情况在萨满实践中十分普遍。萨满发现了灵魂的功能失调，例如，一个灵魂要素的暂时缺失或者灵魂要素缺乏平衡，有时则是两种原因结合在一起。如果灵魂要素缺失，萨满则要找出哪一个灵魂要素缺失；如果灵魂要素缺乏平衡（三个灵魂要素在七个孔之间的运动速度不同—— 一种满族理论），萨满则要判定哪一个灵魂要素走得快。因为三个灵魂要素的功能是不同的，所以灵魂功能失调的性质是不同的。事实上，满族将“真正的”的灵魂定义为“个人意识”，它可能会被生殖灵魂（这个灵魂是否很可能与生理—心理因素有关?）以及一般意义上的生理—心理灵魂所遮蔽；“生殖灵魂”也可能被其他两个灵魂遮蔽；或者其中一个灵魂要素发生弱化。满洲通古斯人的灵魂理论系统稍有不同，会用某一灵魂要素的暂时缺席来解释同样的情况。① 正如前文指出的，关于灵魂系统，也可能有一些其他的阐释，如 dō 的概念的采借。不过，这一新要素不会改变灵魂功能失调的观念。满族人和通古斯人心智功能轻微失衡实际状况的相似程度是另一

① 遗憾的是，与满族人和满洲的通古斯人相比，我对后贝加尔地区驯鹿通古斯人灵魂体系的理解不是很全面，因此我说不清楚他们是如何想象灵魂功能失调的。但从他们对此类情况的治疗来看，这种观念是十分明显的。

个问题，但有一点满族人和通古斯人是一致的，他们认为，一个人在心智从功能方面的平衡使其成为“正常人”，即大多数人的状况。灵魂功能失衡可通过个人行为观察出来，失衡可能源自两个原因：灵魂三要素甚至是灵魂四要素或五要素功能性活动的增加或减少。需要记住的是，人们相信管理灵魂构成要素的可能性。萨满也相信这一点。如果出现灵魂秩序混乱，萨满可能判断为“真正的”灵魂（“个人意识”）移动的速度太快，萨满会采取不同方法来延缓这一运动的速度，例如要求氏族神灵带来安静，具体方法如向氏族神灵献祭，或者向神灵谈论病人的困扰，说“现在一切将会好起来”。这些行为会对“病人”带来影响。通古斯人和满族人相信儿童灵魂的不稳定性，儿童灵魂要素的缺席可通过不同方式治疗：萨满会为儿童的灵魂制作神位，这些神位有时表现为哭泣与焦躁不安（外表裹着涂黑动物皮的人形神位），被放在儿童的面前。儿童的注意力可能会转移到神位上，因此不再哭泣。由木头或金属制成的神位或护身符在晃动时会发出有节奏的响声，儿童在听到这些声音后也会变得安静。如果上述措施没有效果，萨满则认为儿童的不舒适有其他原因。

当成年人失去一个灵魂要素时，萨满会通过普通的言语、歌唱以及有节奏的击鼓唤回灵魂。前文已经描述了萨满在仪式中寻找并重新将灵魂置入体内的案例。如果受灵魂失衡影响者实际上并没有生病，这些方法会如暗示或催眠等其他形式那样有效。但是，如果萨满不提供帮助，受影响者会逐渐失去社会生活能力。

因此，在这些情况下，萨满首先会分析病人的心智状况，在此过程中萨满可能会矫正病人的心智平衡；萨满会推荐复杂程度不同的方法，在听觉和视觉上吸引儿童的注意力，使其平静。萨满也可能对病人实施催眠和强烈暗示的操作。需要强调的是，这些情况十分频繁，萨满会阻止心智不稳定情况的继续蔓延。

案例 2. 灵魂本身失调，萨满利用掌控的神灵介入治疗，但不召唤神灵附体。在萨满、病人本人与病人亲属看来，这种情况下“病人”的病情更为严重，仅靠萨满本人不能成功解决问题。萨满会通过祈祷或献祭的方式召唤一位神灵，请求神灵的帮助。萨满会把自己所掌控神灵的一个或几个神位留给病人。这种神位甚至可能是萨满服重要组成部分的铜镜，也可能是临时制作的神位，病人需要一直带在身上。病人需要定期地向这些神位献祭。当然，萨满会向病人及其父母（尤其仍处在哺乳期的母亲）保证困扰不会再出现。萨满措施的效果是明显的：这些方法起到持续的催眠和暗示效果，就哺乳期的母亲而言，她会变得更加安静，儿童更是如此。这种情况十分频繁，① 治疗的成功率比失败率更高。如果萨满诊断失误，则会使用其他手段。

案例 3. 灵魂本身失调，萨满会召唤一位或几位神灵附体进行治疗。这些情况非常罕见，在所有人看来这种情况十分严重。在这种情况下，萨满将会举行仪式，让神灵附体，运用自身的特殊能力治疗。仪式之后，萨满会留下一位掌控的神灵在病人身边。如果病人的情况有所改善，并且减轻，则会改名，并且让神灵收养。人们将这种方法解释成病人受神灵“保护”。从心理学的观点来看，在印象深刻的表演中，萨满展现某位有力量的神灵，“病人”至少在一段时间内被剥夺了意志力，更容易受暗示的影响。如果萨满表演的技艺可通过定期的献祭、祈祷甚至是新的名字更新，“病人”就会得到持续的暗示，重新回归到社会生活中。这类萨满的表演形式十分多样，取决于萨满对神灵的选择，而萨满的神灵数量是巨大的。

案例 4. 神灵未附体受影响者前提下的灵魂功能失衡，萨满在治疗过程中不求助于掌控的神灵。尽管在一些通古斯人群中，这种情况比案例 1 出现的频率低，但仍十分频繁。当病人的灵魂表现出被神灵扰乱的迹象，其本人不能接受灵魂功能失调的观念。在诊断中，萨满会依据如下线索发现神灵的类型：病人会做出仿佛看见或听见神灵的行为。显然，萨满猜想的病因应该包括所有的可能情况（萨满本人可能未意识到），如果不假设神灵的出现，病人不能理解自身的困扰。萨满会向带来困扰的神灵献祭祈祷，通过恐吓的方式将其引入神位，将神灵和神位一起扔掉。中立神灵后，如果发现灵魂要素不平衡，萨满会恢复灵魂的平衡。因此萨满的表演包括两个

① 这并非萨满的专利，还有一些特殊妇女神灵（康安神位、纳吉勒布日坎等）也具有同样的功能。

行动：其一是驱逐神灵的有害活动；其二是恢复灵魂的正常功能。表演之后，萨满会在病人处留下一些器物，让病人相信神灵离去。较为复杂的情况下，萨满需要将神灵安置在特定的地方（如对于妇女的神灵等）或送到阴间。萨满需要召唤神灵附体，做复杂的仪式。后文会介绍管理神灵与人之间关系的特殊仪式。

案例 5. 神灵未附体于受影响者前提下造成的灵魂功能失衡，萨满借助所掌控的神灵治疗。这种情况比案例 4 更为少见。两者间的本质区别是萨满必须借助其掌控的神灵抵御侵害的神灵，或者是简单地保护病人。萨满的行为包括向所掌控的神灵祈祷，要求掌控的神灵履行义务。如果萨满将掌控的神灵留在病人身边（处于包括铜镜在内的一个神位中），病人需要定期向神位献祭和祈祷，同时更换姓名。萨满的表演十分详细、冗长，但不会演化成大型的萨满仪式。在这种情况下，萨满在行动（神灵）的过程中可以对病人产生更强烈的影响，并且这种影响是持续的。

案例 6. 神灵在未附体于病人的情况下带来困扰，萨满通过神灵附体治疗。这些情况十分罕见。萨满的治疗行为将案例 3 和案例 5 结合在一起。甚至在最简单的情形中，萨满的表演也十分复杂，如萨满需要使用特殊的方法与神灵交往，则会赋予神灵新的使命。

案例 7. 神灵附体于病人带来困扰（同时伴随灵魂失调），萨满不需要所掌控的神灵帮助治疗。这种情况并不常见，萨满亦不会立即治疗成功。病人的困扰程度要比案例 4 严重。萨满治疗的目的是压制神灵的活动，如果可能的话，萨满会按照案例 4 中所描述的方式送走神灵，但前提是神灵先要离开病人的身体。

案例 8. 神灵附体于病人带来困扰，萨满通过所掌控的神灵治疗。这种情况并不常见，萨满需要像案例 5 中的情况行动，但这种情况需要更多的个人才干，因为萨满要将神灵从病人的身体中驱逐出去。

案例 9. 神灵附体给病人带来困扰，萨满需通过一位或几位神灵附体进行治疗。这种情况十分罕见，通常在案例 7 和案例 8 治疗手段不奏效的情况下出现。如此大型的萨满仪式包括将神灵从病人的身体中驱逐出去，然后萨满送走神灵，甚至是掌控神灵（如果带来侵害的神灵是新的、未知的神灵）。因此，在萨满仪式中，会出现治疗外的其他实践目的。

通过以上九种情况的描述，不难看出，如果病人的困扰不存在潜在的病理原因，萨满的治疗会十分有效。从实践的角度而言，萨满通过不同形式的暗示与催眠就可以治愈病人丧失正常生活能力的状况。而且，萨满所使用的不同治疗方法是与其诊断结果相呼应的。在最简单的情况下，萨满解释病因后，病人会通过自我暗示完成治疗；萨满的歌唱或击鼓会产生催眠的效果，此后的行动会使暗示持续下去；当病人受神灵的突然侵害，情况则比较严重，萨满先要恢复病人的正常行为，然后给予病人暗示。

毫无疑问，这些通过经验实践所确立的治疗方法，很好地满足了族团的适应需求，并通过传统机制得以维系。当然，萨满在表演治疗活动时，不会像欧洲的神经病和精神病专家那样，对自己所作所为有明确的意识。同样，病人虽然信任萨满，但对萨满治疗的真实含义并没有明确的认识。他们都遵循族团所接受的特定实践。对萨满的绝对信任完全方便了萨满的工作。萨满治疗的完整体系的基础是关于灵魂和神灵性质的复杂理论。这些理论和假设是否正确并不重要，但作为通古斯人（以及满族人）接受的一种文化形式，在具体的治疗效果上更为有效，与某些关于心智失衡的现代理论和方法相比，在恢复病人的正常生活秩序上更为有效。这些理论和假设一方面源自对事实的透彻分析，另一方面还需要在具体实践中应用、纠偏和确立。需要强调的是，萨满并非总能正确地诊断病人的困扰，并非所有的萨满在诊断和治疗方面都有同等的能力。在上述所有案例中，萨满的错误诊断和治疗方法的应用，会造成治疗的最终失败。

115. 灵魂的安置与管理

人死亡后，如果发现其灵魂发生偏离，萨满就需要举行仪式将灵魂送往阴间。如前文所述，死者的灵魂可带来各种困扰：未按照特定仪式埋葬的死者灵魂可能会继续留在此界，至少在某些情况下会附在生者身上，或者要求生者给予关注、食物等，带来侵扰。萨满需要发现并安抚这类灵魂，将其送往阴间。实际上，普通人有时也能做这类仪式，但并非所有人都知道发现灵魂以及将灵魂安置在暂时性或永久性神位中的方法，因此人们习惯让萨满做这些事情，尤其是死亡发生在遥远的地方时。将灵魂送往阴间后，如果它再次返回打扰生者并提出要求，则需要萨满的帮助。对阴间灵魂的管理，包括将灵魂引至此界，以及再次送往阴间，往往需要萨满来执行。这些仪式操作是不同的，普通人若在没有特殊神灵的帮助下去往阴间，会有死亡的风险。在现实需要的压力下，普通人可能会召唤阴间的灵魂；不过这是有风险的，因为灵魂可能不会返回阴间，继续扰乱生者生活的安宁。出于这些考虑，人们更倾向把这些事务交由萨满处理。

就死者灵魂的特征而言，萨满实践至少有四种目的：（1）寻找灵魂并在此界管理灵魂；（2）将灵魂送往阴间；（3）在阴间管理灵魂；（4）将灵魂从阴间引入此界。

正如治疗案例中所呈现的，萨满的表演可能需要所掌控神灵的帮助，也可能不需要所掌控神灵的帮助，因此形成了不同类型的萨满仪式。实际上，如果萨满本人及大众相信萨满能够看到灵魂、召唤灵魂，也可以在不利用所掌控神灵的情况下，用祈祷、献祭以及“谄媚的语言”管理灵魂。如果萨满肯定死者的灵魂可以没有困难直接去往阴间，即死者的葬礼按照习俗进行、死者的灵魂没有侵扰某位生者、死者年龄较大并且生者接受其死亡的事实，他就不会召唤其掌控的神灵。不过，当萨满不得不去往阴间，或将灵魂从阴间带回时，则必要求助于其所掌控的神灵。

需要注意的是，在不同的通古斯群体中，与灵魂交往的重要性是不同的。这取决于两个因素：其一，灵魂在阴间的活跃程度及其对此界的影响力；其二，将死者灵魂安置在阴间的困难程度。从心理学的观点来看，在造成心智失衡的原因上，灵魂解释具有替代神灵解释的功能。将心智失衡归因于灵魂的通古斯群体更少关注神灵活动，反之亦然。“祖先崇拜”“孝道”等观念传播到通古斯人文化中后，强化了灵魂影响生者的观念。因此在满族人中，灵魂带来困扰的情况比其他通古斯群体中更为频繁。在满洲的通古斯人中，人们的心智困扰往往源自未被埋葬死者的灵魂与布日坎。在后贝加尔地区通古斯人中，未被埋葬死者的灵魂带来困扰的情况则更少见。第二种理论，即将灵魂送往阴间的困难程度，在果尔德人中要比其他的满洲通古斯群体中更大。如前文所述，果尔德人的萨满将大部分精力（杰出的萨满!）用于送魂方面。满族人中萨满不负责送魂，后贝加尔地区通古斯人中的萨满只偶尔送魂。因此，正如我们在毕拉尔千人的一个例子中所见，萨满几乎没有去往阴间的仪式。

第一组情况。萨满发现死者的灵魂，在此界操控灵魂，神灵不附体萨满，也就是说，萨满的表演没有入迷现象，仅局限在用击鼓、喊叫、献祭等方式召唤灵魂。在果尔德人中，此种情况比较频繁，因为果尔德人认为灵魂会逃跑以获得自由，因此寻找灵魂十分困难，需要萨满所掌控神灵的帮助。萨满找到灵魂后，必须将其暂时置于一个特殊的神位（发那）中。然后，萨满要表演复杂的中立死者灵魂的仪式，将其送往阴间。这种做法是为了防止灵魂附在生者身上，带来心智功能上的失衡。

第二组情况。在后贝加尔地区以及满洲地区的一些通古斯人群中，萨满在神灵不附体的情况下将灵魂送往阴间。不过，人们往往不会求助于萨满，如果给灵魂提供充分的供养，它们可以自行去往阴间。满族人所采借的汉文化丛中，送魂是不需要萨满介入的。果尔德人的情况则不同，灵魂（我认为仅是那些成年人的、中年人的灵魂）是不容易送到阴间的，因此，萨满必须在所掌控神灵附体后，越过重重险阻，去往阴间。

第三组情况。管理阴间的灵魂可借助祈祷和献祭的手段，不需要萨满的帮助。不过，如果灵魂变得十分麻烦，萨满可能会借助献祭和祈祷干预，不会让神灵附体。萨满在十分了解相关灵魂的情况下会如此操作。但是，有些情况下萨满必须亲自去往阴间：做完充分准备后，萨满让神灵附体。在不同族团的萨满中间，萨满表演的动力以及具体的仪式是十分多样化的。

第四组情况。在所掌控神灵的帮助下，萨满到阴间取回灵魂。这是一项十分复杂、艰难的任务。需要区分两种情况：（1）将灵魂重新安置在身体内，即让尸体复活，前提是其他灵魂要素在身体之内，即构成尸体的“物质”“灵力”以及某些灵魂要素未分解；（2）需要将灵魂安置在此界。第一种情况十分简单，萨满到阴间寻找灵魂，并带回此界，将灵魂安置在尸体或本应死去的人体中，死者复活。不过，这一过程中可能会发生糟糕的情况，体内剩下的灵魂会变得松散，运动变得不规则（满族的理论），因此灵魂被重新安置到身体中后，病人也可能出现心智困扰。如果治疗失败（例如死亡情况发生），萨满将不再做出努力，其原因可能是尸体的腐烂，或者阴间的神灵控制死者的灵魂不放。当然，萨满的表演十分详细、困难。第二种情况更为复杂，因为这一过程中会发生不同情况，例如，把灵魂从阴间带回后，萨满将其置于特殊的固定神位中，并进一步照看，或者由萨满掌控灵魂。

萨满仪式按照专门的目的展开，也可能被纳入十分复杂的程式中。这取决于族团的传统实践、萨满的个性以及社会环境。

116. 与神灵或灵魂的斗争

包括出于特定目的的中立神灵或他人的灵魂，尤其是萨满的灵魂。这种情况不能被视为简单的“治疗”，而是将与神灵斗争作为方法的“治疗”，与生者灵魂尤其是萨满灵魂的斗争也属于上述类型。实际上，如前文所述，“灵魂”和“神灵”之间并无本质区别。它们的属性是相同的，因此可以用同样的方法与其斗争，不过，我们必须把灵魂独立划分为一组，因为对灵魂和神灵施加影响的效果是不同的。

当灵魂和神灵的活动变得对多数人有害，或者有时伤害萨满本人时，萨满会采取与神灵或灵魂的公开斗争，最根本的解决办法是永久驱逐神灵或灵魂，至少建立永恒的防御措施。因此，萨满的仪式有时具有当下的必要性，例如神灵或灵魂直接攻击人的情况。

萨满使用的方法与其他案例相似，有时需要所掌控神灵的帮助，有时则不需要。对于前一种情况而言，萨满有时会使所掌控的神灵附体，有时则不然。萨满也可能采取新的方法，即让有害的神灵附体，以达到完全的“掌控”。接下来，我描述一些具体案例。

案例 1. 当其他方式献祭、祈祷等无效时，萨满在不使用掌控的神灵的情况下，与神灵和灵魂斗争。萨满可通过受影响者的表现观察神灵的有害活动：反复出现的神经发作、狩猎无获、幻想等。萨满会决定与神灵（或几位神灵）斗争。通过谄媚的语言，甚至是献祭或者仅是允诺献祭，萨满将神灵安置在神位中。安置好神灵后，萨满将神位带到特定的方位（路）扔掉。为了防止神灵返回，萨满必须挖沟，并埋上锋利物品如狗或熊的爪子等。这些方式在满族人中十分普遍。通古斯人也常常顺着河流送走神灵，如妇女的神灵康安（毕）。这些是最普遍的方法，不过萨满也可能会用一些新方法或者改造旧方法。值得注意的是，射击神灵在理论上说可能是最有效的，但萨满避免使用这种方法（例如在毕拉尔千人中），其原因后文会详述。

普通人尤其是萨满的灵魂带来持续性影响，受影响者会请求萨满与施害灵魂争，如果受影响者是萨满，萨满本人会采取反击。对伤害的性质与施害者的判断方式，与判断侵害神灵的方式相同。由于“敌人”的态度是清楚的，所以萨满的诊断很容易。萨满将灵魂引入神位，像对待神灵一般操控。另一种治疗方法是射击，具体方式前文已描述（参见前文第三部分）。上述两种措施带来的后果，是相应个体可能死亡或者突然患病，至少感觉不适，不再做伤害性的活动。一般来说，这种表演十分冗长，一般持续几天，萨满一直唱歌击鼓，但其掌控的神灵不参与其中。

案例 2. 萨满向其所掌控神灵求助与敌对神灵或灵魂斗争。与前面的案例不同，这种操作十分复杂，但更可能获得成功，不过这一方法也有负面影响，即萨满掌控的神灵违背其意志，导致萨满与自身掌控的神灵发生冲突。此外，在斗争的过程中，与萨满斗争的神灵或灵魂可能与萨满所掌控神灵混淆，最后给萨满本人及其掌控的神灵带来伤害。仪式包括两个基本步骤，其一是萨满召唤一个神灵帮助自己，制作敌对神灵的神位；其二是萨满与敌对神灵斗争，留下所掌控神灵保护病人和萨满本人。在这种情况下，萨满掌控的神灵会被安置在特殊的神位或铜镜中。这一过程可能会出现其他状况，萨满可能会离开敌对神灵，其掌控的神灵在萨满主人的命令下与敌对神灵斗争。如果这样，争斗则在神灵间展开。

萨满与灵魂斗争的方式也是如此。这种情况下，灵魂接受的影响比案例 1 更复杂，因为萨满掌控的神灵会带来持续的困扰（参见“治疗”，以及前文提及的满族萨满召浑）。如果萨满将神灵留在斗争对象的身边，神灵会附在这些人身上。掌控的神灵可能与萨满敌对者的神灵“混淆”，神灵之间发生混乱，例如掌控的神灵可能会“吃掉”其他神灵，毁掉它们；掌控的神灵也可能吃掉献祭给其他神灵的祭品，导致其他神灵对萨满主人不满，怀疑萨满忽略了它们（没有献祭）。

案例 3. 为了与其他神灵和灵魂斗争，萨满运用其掌控的神灵。案例 2 和案例 3 包括萨满召唤神灵附体，增强自身的战斗力。有时，萨满不得不在特殊神灵的帮助下寻找仅凭个人不能看到或触及的某一神灵。实际上，某些神灵是很聪明的，它们避免接近萨满，因此萨满必须变形成其掌控的一位神灵，从而接近所要斗争的神灵。这类表演十分复杂且困难，萨满的目的是与其他神灵斗争，然后送走甚至毁掉它们，如果可能的话，会在所掌控神灵的帮助下“吃掉”那些神灵。

在神灵附体的情况下，萨满与灵魂斗争是更为容易的，因为这样更容易接近（萨满或其他人）灵魂，萨满本人的活动不会被注意。尽管对于萨满（萨满处于入迷状态）而言，这种方式容易，但萨满不喜欢使用此方法，因为这意味着萨满与其他氏族的个人或萨满的公开斗争。这意味着氏族间的斗争会摧毁敌人的心智平衡（类似第一次世界大战中欧洲人所称的“道德”）。后文会述及萨满之间的战争。

案例 4. 萨满“掌控”与其斗争的神灵。在人群中突然出现新神灵，或者旧的无害神灵突然变得有伤害性的情况下，会发生萨满“掌控”这些神灵的情况。在对神灵活动做大量观察后，萨满会做出判断，接着萨满决定有必要“掌控”神灵。在此过程中，神灵会主动附体于萨满。在萨满第一次入迷的过程中，萨满助手会探寻新神灵的性格、欲望和目的等。之后，如果有需要，萨满会再次召唤神灵附体，通过这种方式，人们摆脱了神灵侵害的困扰。如果新神灵不是十分重要，萨满会独立地进行“掌控”，也可能由萨满掌控的其他神灵（通常是萨满的第一位神灵）控制。这类做法在满洲的通古斯人中十分普遍。当然，大多数此类神灵是多那，即外来（非氏族的）的神灵。但是，萨满不愿意使用掌控神灵的手段，因为这需要萨满十分肯定可以做到这一点。如果萨满不能“掌控”神灵，使神灵附体，可能会被神灵“掌控”，变得“疯狂”，失去“心智”等。一位年轻、经验少的萨满不会尝试上述方法；可能会选择其他办法，如送走神灵或处理具体的情况（“治疗”）。这种表演十分复杂，可通过不同的方式操作（包括神灵的帮助或无神灵的帮助)。这种操作更可能需要萨满掌控的所有神灵的帮助，因为这些神灵需要同意“其主人接受一个新的奴仆”。因此在表演中，神灵会一个接着一个附体，整个表演过程十分特殊。掌控新的神灵也会发生在周期性的神灵供养仪式中。在这种情况下，萨满的表演更为复杂。当然，“掌控”去世萨满的神灵（灵魂）也是十分特殊的情况。

案例 5. 其他形式。

117. 献祭、其他与结论

作为萨满仪式的特殊目的，可以普遍地观察到向神灵献祭，因此这种行为可以归为特殊类别。事实上，向萨满掌控的神灵献祭是氏族重大事件。在一些群体中，例如满族人中，献祭活动会持续几天，十分严肃。不过，这种活动也可能缩减为十分简单的表演，如后贝加尔地区的驯鹿通古斯人。其他类型的萨满献祭仪式中，萨满会使用不同的方法，如萨满求助或不求助于神灵，神灵附体或不附体。就萨满表演的形式而言，十分多样化。

在简单的案例中，萨满会用祈祷、击鼓手段邀请神灵享祭。献祭的原因是不同的，例如患病、感谢疾病痊愈、与神灵维持良好关系等。在涉及疾病或痊愈时，献祭只是更大型萨满仪式的一部分，或者只是一种手段，因此不应将献祭视为一种特别的形式。不过，也有一些萨满仪式的唯一目的就是献祭。这些情况包括：（1）萨满对其所掌控神灵每年一次的周期性献祭；（2）萨满候选人，在承担氏族萨满职能之后，必须向所有的神灵献祭。作为一种规范，因为与萨满本人有关，这两种献祭行为十分严肃且重要，在关于萨满其人的小节中我将会描述这些内容。

在“其他”标题下，包括所有前述表演类型不能涵括的萨满仪式。接下来，我介绍其中的一些案例。有一种比较少见的表演是新萨满的正式承认。就频率性和复杂性而言，这是一种比较特殊的仪式。在一些通古斯群体中，例如满族人中，此类仪式会持续 9 天，通常不少于 3 天，只有在老萨满去世或失去能力时，新萨满才会出现，这类仪式在萨满的一生中只有一次。后文会描述这一仪式。

更为频繁的仪式表演与对畜牧、渔猎活动的管理相关联，萨满借助仪式想消除神灵的有害活动，吸引主宰动物的神灵。对这些案例的分析并不总是容易的。遇到牛、马或驯鹿生病时，萨满实际上要中立神灵的有害活动。萨满的表演与“治疗”没有什么区别。不过，也存在其他情况，即萨满向相应的神灵祈祷以请求增加驯养的动物的数量。如前文所述，这种活动在满族中通常由“标浑萨满”即“氏族祭司”完成，在通古斯人中有经验者甚至了解祈祷词的人都可做这类事情。我从未听说大萨满承担此类功能的情况。而且，萨满用自己掌控的神灵干预其他神灵活动通常被认为是不可取的。

萨满对渔猎活动的干预也不是直接的。其实，在驯养动物的案例中，作为一名了解祈祷词的普通人，可能会影响到主宰动物的神灵。不过，萨满不会在所掌控神灵的帮助下采取行动，如果某人在神灵的干扰下不能进行渔猎活动，萨满会给予干预。在这种情况下，萨满的行动对象不是动物的“神灵—主人”，而是影响猎人或渔民的神灵。最后，萨满也可能对渔猎活动感兴趣，通过占卜主宰进行预言。这种情况仅是简单的“占卜和发现”，并不涉及影响主宰动物的“神灵—主人”。我找不到萨满直接干预这些神灵活动的例子，在通古斯人的文化中，这是不可能的。当不熟悉萨满表演的本质功能和目的时，很容易错误地把上述情况解释为萨满的表演。

出于同样的原因，萨满很少染指儿童出生事宜，因为这超出了萨满的能力范围，其所掌控神灵的干预只会是有害的。① 只有在意外情况下，才会求助萨满。在婚礼仪式上，萨满不会行动，但可能扮演简单的歌手角色。② 这些例子表明，在每一行动之间，萨满必须明确其目的，尤其要确定是否使用掌控的神灵。在对“其他”类型表演的分析中，需要考虑萨满的个性特征，因为这涉及萨满的功能。例如，如果一个萨满脾气差，则不会得到许多场合的邀请，而脾气好的萨满则经常得到求助。观察者在这些情况的判断中会经常出错。

① 参见《北通古斯人的社会组织》，第275页；《满族的社会组织》，第113页。

② 参见《满族的社会组织》，第234页。

通过对不同萨满仪式的描述和分析，我们发现萨满表演的目的十分多元，随时都可能出现新的萨满仪式。不过，并非所有的萨满仪式都频繁出现，在大多情况下，几种不同的目的会在一次萨满表演中结合在一起。由于在不同情况下，萨满表演会包括不同的目的，将萨满仪式按照严格的体系分类在实践中是不可能的。满族人和通古斯人对萨满仪式的分类对我们有一些帮助，他们将萨满仪式分为三种类型：（1）去往阴间的仪式，这意味着仪式会十分冗长；（2）在不去往阴间的情况下，萨满表演很长的仪式，通常用“大型”形容；（3）所有的小型仪式，并未区分神灵是否附体。很明显，这种分类是错误的，因为这会将不同目的、不同形式的萨满表演都包括其中。基于两种基本形式的分类，即神灵附体于萨满（入迷）和神灵不附体于萨满也是不可取的，因为在一些非常重要的萨满表演中，神灵并不附体，例如在新萨满产生或者第一次掌控某个神灵的情况下；而在一些不重要的萨满仪式如“占卜和发现”中，神灵会附体。由于萨满仪式的复杂性，按照表演的目的、行为的地点（三界中的一个）以及萨满所掌控神灵的参与来划分萨满的仪式，更为安全。只有在三要素的分类框架下，才会对萨满表演形式进行精确的定位，不过，在一些情况下，萨满仪式更为复杂，因为同一个仪式可能涉及几种类型的萨满表演。

还有一种从萨满的心理效果和萨满的心理状况划分仪式的方式，但此原则不能作为分类的基础，因为这限制了对大量细节的分析。不过，对萨满教体系的功能而言，这方面十分重要，需要从普遍和特殊的意义上对萨满表演进行功能分析。

第 27 节　萨满表演的分析

118. 基本评论

通过上文对萨满仪式的分析，可以发现，像其他民族志文化丛一样，萨满仪式包含不同要素，每一要素在文化丛中都有特定的功能。因此，为了完整地理解萨满仪式，我们应做更仔细的分析。

首先，应该指出的是，所有的萨满表演都涉及神灵性质的理论以及管理神灵活动的可能性。例如，在后贝加尔地区的通古斯人中，萨满在大型的仪式中，经常与上界神灵交往，而满族萨满与上界神灵很少联系甚至是几乎没有联系，我们不仅需要参考不同神灵的概念，而且要考察不同通古斯人群中萨满的功能分布。需要指出的是，在后贝加尔地区的驯鹿通古斯人中，萨满所掌控神灵中的主要神灵萨满伊达哈千是居于上界的神，而满族没有这样的主要神灵，所有萨满教的神灵都居于此界，主要是山顶。在后贝加尔地区的通古斯人中，萨满的神灵只是上界神灵之一，这个神灵自然与上界的其他神灵关系紧密，但它们并非简单的"被掌控的神灵"，而是保护性神灵，其他神灵则是"被掌控的神灵"。满族萨满和上界神灵关联不大。事实上，满族人中负责与诸如恩都立类别的上界神灵沟通的，是标浑萨满、有经验者以及如佛教或道教的宗教人士。而且，满族人将水痘、天花、麻疹等儿童疾病视为由上界神灵控制的一类传染性疾病（汉人的娘娘神）。满族人认为许多病理情况都应求助于特殊的专家——汉人医生。自然地，所有这些疾病都从萨满干预的范围内消失。在后贝加尔地区的通古斯人中，同样的疾病被归因于应由萨满管理的神灵活动。由于关于疾病管理的假设和理论的差异，相应萨满的能力是不同的，与之相伴随，满族人和通古斯人中萨满所担当的职责有所不同。

此外，还有一个造成萨满间差异的因素，即大量进入入迷状态和表演的方法。满族萨满从汉人以及佛教法师中借用了许多要素，而后贝加尔驯鹿通古斯人的相关要素则借自布里亚特人、雅库特人及其他族团。

如前文所述，出于适应不同环境的目的，满族人和后贝加尔地区通古斯人的萨满器物是不同的。例如，满族的萨满器物中，有十分丰富的铁制品。在实践中，这些器物会对萨满的仪式过程产生影响。通过上述两个例子，可以很明显看出两种截然不同的萨满表演文化丛，包括神灵类型、治疗理论、萨满仪式技术以及不同的萨满器物。

当我们将两种文化丛加以对比，可以很容易看出两种拥有特定功能的文化丛在历史过程中经由文化要素的再适应而整合的结果，但是当不同的文化丛相似时，就更难考察文化丛的功能机制和内部平衡系统。

例如，满族的萨满教文化丛与满洲通古斯人的萨满教文化丛的比较，可以体现这一困难。与满洲的驯鹿通古斯人相比，满洲通古斯人的萨满教文化丛与满族人的更接近，不过这一区别足以显示不同萨满教文化丛的功能机制以及内部平衡系统的起源。

几乎和满族人一样，毕拉尔千人接受了萨满不能与恩都立神群沟通的理论，因此，毕拉尔千人中的萨满不能举行去往上界的仪式。不过，在毕拉尔千人中，这一职责不由标浑萨满承担，而仅由有经验的人承担。在毕拉尔千人中，上界神灵的活跃程度，不如满族人的上界神灵。毕拉尔千人对负责儿童疾病的神灵群，更确切地说是管理水痘、天花与麻疹的神灵群的态度与满族人相同，但是毕拉尔千人中还增加了称为爱尼布日坎的神灵群，它们带来大量疾病（斑疹性伤寒、副伤寒、流感等），萨满不能治疗这些疾病。因此，与后贝加尔地区的驯鹿通古斯人相比，有大量的疾病不在萨满的能力范围之内。满族人和毕拉尔千人中的一些萨满仪式方式是相同的，例如萨满让火神附体。这一文化要素可能借自汉文化。另一方面，毕拉尔千人与满族人中的萨满器物是不同的，这表明萨满表演技艺间的差异，例如，毕拉尔千人的萨满器物中没有腰铃，萨满在表演中不需要背部有节奏的运动，其声响效果主要由固定在萨满服前面的铜镜产生。因此，毕拉尔千人与满族人的萨满服饰不同，萨满的表演技艺也不同。

在不同的通古斯群体中，两种文化丛尽管存在差异，但同时又共享一些共同要素。如果我们将两组通古斯群体即满族人与后贝加尔地区的驯鹿通古人、满族人与毕拉尔千人进行比较，会发现第一组萨满表演文化丛间的神灵理论有差异，第二组则不然，因为两者的萨满表演中都无上界神灵。必须注意的是，满族人和毕拉尔千人萨满表演文化丛中上界神灵的消失可能有两种历史原因，其一是萨满逐步失去了干预上界神灵的能力；其二是上界神灵的产生比萨满出现要早，因此上界神灵不是萨满负责沟通的神灵，或者这种现象发生在这些族团接受了如基督教等宗教文化后。

萨满服饰上饰品的差异会带来表演的不同：满族萨满的表演体现在背部的集中运动；驯鹿通古斯人中萨满服的背面和前面是一些金属的铃；毕拉尔千人中的萨满表演则通过跳跃使铜镜发出有节奏的声响。尽管不同群体的萨满表演方式有差异，但十分有意思的是，不同的表演都达到了相同的美学和催眠效果。尽管对腰铃、铜镜以及铃有不同的解释，并通过不同的理论赋予合法性，我们仍可清晰地看出其功能。

与萨满器物相似，当对萨满表演文化丛一个要素接着一个要素、一个文化丛接着一个文化丛进行分析，我们可以确定萨满表演的族团类型、地理分布与萨满器物的对应性。但这种对应并非绝对的，我举几个例子。

（1）萨满去往阴间的仪式表演在果尔德人中的目的是将死者的灵魂送往阴间，而在满族人中则主要是为了查明疾病的原因，在后贝加尔地区的驯鹿通古斯人中，萨满举行此类仪式主要是为了维系与逝去氏族成员的关系，获得需要的帮助。在满族人中，标浑萨满负责管理死者的灵魂，在满族人和后贝加尔地区的通古斯人中，运载灵魂并非萨满的职责。萨满通过特殊仪式运载灵魂是果尔德人中的一种地方性现象，其相邻族团乌德赫人和奥罗奇人也有这一习俗，而满洲的通古斯人中则无此习俗。我并不想说满洲的通古斯人中从未有过这类实践，但至少现在不存在了。与其他族团相比，照料灵魂在果尔德人中很突出，这可能是汉文化包括满族文化影响的表现之一。因此我们可以假设果尔德人中萨满去往下界是派生性现象，不过，目前没有直接证据来支持这一假设。

（2）在后贝加尔地区的驯鹿通古斯人、游牧通古斯人（几乎没有差异的文化类型）以及满洲的驯鹿通古斯人（基于口述资料，也是一种差异不大的文化类型）中，有萨满表演去往上界的仪式，但此类仪式在满族人和满洲的通古斯人中不存在。如前文所述，这些族团中过去可能根本不存在这种表演。这些族团中萨满去往上界的仪式在布里亚特人、雅库特人中十分典型，其中一些要素（木制马头杖、数字九、术语等）不可能是通古斯人自己的发明，可以假设这一表演文化丛是通古斯人借自布里亚特人的或者在布里亚特文化的刺激下产生。如果这一文化丛是借用的，实则经历了很大的改动，适应了巴尔古津和涅尔琴斯克地区的通古斯人文化丛，其萨满去往上界的表演仪式是对布里亚特文化丛的直接模仿，满洲的驯鹿通古斯人或者模仿了雅库特人的仪式，或者是受到了雅库特文化丛的强烈刺激。当下存在的上述三种形式的表演可能有不同的来源，但所有的案例都与三界宇宙观相适应，承认影响神灵的可能性。

对不同表演做进一步分析是无用的，实际上，这种分析不会得到相关文化丛的族团和地理分布的新内容。正如前文表明的，对萨满表演的分析要比对萨满器物的分析困难，因为萨满仪式各自演化而又相似的可能性要比相互模仿大。独立于表演的整体理论和方法可能会创造相似的表演形式。因此，尽管我们可以记录萨满表演的所有数据，重构萨满表演的文化丛，但这却无助于我们理解萨满教的一般特征以及文化丛和文化要素的传播。我们提出的假设可能是非常主观的，作为进一步分析所使用的工具，这些假设是十分危险的知识建构。不过，通古斯人群中所有萨满表演类型所包括的某些要素仍值得进一步分析和概括：（1）表演技术；（2）仪式；（3）表演的心理要素；（4）表演的社会因素。

119. 表演技术

在不同通古斯群体的萨满中间，表演技术有很大差异。不过，不同的表演间也有许多共同的要素和方法。对萨满表演要素和方法的选择取决于萨满器物和仪式环境，例如居住状况、天气等。萨满的性别也会产生特定的影响。其实，女萨满体能更弱，身材矮小，动作与男萨满不完全相同。因此，考察萨满表演的共同要素时，除了萨满器物和“物质”条件的差异，还须考虑萨满的性别因素。

萨满表演通常在黑暗的环境下进行。但是，一些萨满表演形式，例如后贝加尔地区通古斯人中萨满去往上界的仪式（至少仪式的一部分），在白天和晚上皆可举行。所有的通古斯群体都认为，神灵在夜晚比在白天更容易附体，有些神灵白天是不能降临的。这种情况不仅体现在萨满身上，也体现在一般人身上。人们通常认为白天比较繁忙，因此萨满仪式往往在晚上举行。不过，我们必须放弃这种观点，因为通古斯人整个夏季的白天都是空闲的，狩猎和放牧活动在晚间进行。大多数情况下，满族人在白天献祭氏族神灵，萨满表演则在晚间进行。黑暗环境是萨满仪式的有利条件，神灵更容易在晚上降临。

几乎所有的萨满表演，都需要萨满入迷和观众的兴奋，萨满会使用几种技术性的方法为自己和观众带来特定的通灵状态。这些方法包括节奏的影响、音乐表演、特殊的有节奏地运动、舞蹈、击鼓以及萨满服产生的不同声音，同样也有唱诵以及表演的内容（描述萨满和神灵关系的语言，人们和神灵关系的语言）。

萨满表演以其十分单调柔和的慢速击鼓开始，在2/2与4/4拍之间，此时萨满的举措是为了引起神灵的注意，萨满并不歌唱。萨满很少会以十分激昂的方式开始其仪式。在这些情况下，神灵常常会在萨满睡着或假寐的状态下附体。这意味着萨满和观众在心理上为表演做好了准备。神灵附体后，萨满会变得情绪激昂，对于新萨满而言，必须克服害羞情绪，这样也会给观众留下好印象。事实上，人们通常相信“神灵会突然地附体”，因此表演必须突然地开始。

同一面萨满鼓的声音也是不同的。首先，鼓声的高度和清晰度取决于皮张的干燥程度。其实，萨满在击鼓之前，会在火堆上烤鼓，甚至在天气干燥的夜晚也是如此。如果鼓没被准备好，则不会击出清晰的高音，萨满不会得到有节奏击鼓的音响效果。许多萨满都有两面鼓，表演过程中轮流在火堆旁烘烤使用。如果萨满未获得观众和助手的同情，鼓得不到干燥，则失去所需的品质。萨满能使其鼓像定音鼓一样声调变高或变低，产生需要的表演效果。例如，在某些表演环节，为了使鼓发出低音，只需稍微干燥鼓，而在其他情况下鼓则需要发出高音，鼓的干燥程度也要高。其次，萨满鼓的不同声音取决于击鼓的位置，即中心或边缘。事实上，萨满鼓尤其是有共鸣器的鼓发出的不是单一声音而是合声，包括主要声音和一些补充性的声音。其中主要的鼓可能是强音的，这在本质上改变了击鼓的音乐效果。而且，鼓槌（尤其是有弹性的鼓槌）的使用对鼓声的特点有很大的影响，例如萨满很少强烈急促地击鼓；击鼓之后会有停顿，使鼓皮停止振动（阻止鼓的连续振动）（萨满必须了解他的鼓）。萨满鼓声的高低、大小变化多样，某些情况下鼓声十分低沉；另一些情况下鼓声则又高又尖，振奋人心。萨满也可敲击鼓的中心和边缘部分，尤其是结合停顿和重复的方式，产生多种类型的鼓声。而且，鼓的音种可通过其上的饰品甚至铃得以增加。有节奏地晃动鼓可产生特定音色的声音。上面描述明显表明，萨满可运用多种类型的鼓声对自身和观众产生影响。①

表演之初，萨满缓慢柔和地击鼓，目的是让自己集中注意力，也为了吸引观众的注意。此时，神灵可能随时降临。因为神灵的降临意味着萨满入迷，萨满击鼓的速度逐渐增加，鼓声也随之改变。这一过程中，击鼓节奏也发生改变。萨满在到达入迷顶点时，会强烈地击鼓，然后抛掉鼓。鼓可能会掉在地上，通常在特定时候萨满助手会接过萨满手中的鼓。

在击鼓或者神灵附体前，萨满要穿上萨满服，至少是其中的一部分如围裙和头饰或者是腰铃（满族）。穿好萨满服后，萨满可根据自己的意愿使服饰上不同的饰品发出声音。我已经指出，通古斯萨满服的不同部分饰品可发出不同的声音，例如萨满服的上面部分（背部和胸部）固定着薄金属片，会产生高音沙沙声；萨满服的中部饰有重的金属制品，会发出中度的声音；萨满服的下部饰有圆锥形铁管，可发出持续的低沉声音。萨满服的前面和背面也饰有各种铃，可产生不同的音乐效果。腰铃和铜镜（尤其在型号与厚度不同的情况下）的声音形成鲜明的对比。萨满在表演中懂得如何使用声音资源的技术。一名无经验的或无音乐感的萨满只会制造有节奏的噪声，不会得到观众的认可；而一位萨满艺术家会利用各种可能的声音，给人们产生合奏的印象。一位优秀的萨满知道如何设计其萨满服，不知道如何运用这些效果的萨满是糟糕的萨满。

只有在萨满动起来时，其服饰才会产生音乐效果。萨满可能在第一次召唤神灵时开始动起来，但萨满最大幅度的活动是在其跳跃或“舞蹈”时。萨满的整个身体要有节奏地运动，会产生不同的合声效果：高音或低音、长音或短音；萨满身体的不同部位有节奏地运动，可以使饰品发出不同的声响；萨满也通过改变整个身体或身体不同部位的动作，例如只使背部或胸前的铃发出响声，或者使躯干的上部和中部发出响声。这些动作会产生简单的或合成的响声，有 1/4、2/4、3/4 以及不同的声调。例如，萨满向前轻轻地动两下，使萨满服的前胸和后背饰品发出声响，然后迅速地向后动

① 对于一位优秀的萨满而言，击鼓并不简单。我曾花了一段时间学习如何敲出不同类型的鼓声。在萨满表演中，击鼓并非单纯的“敲打”。维塔色夫斯基对一位雅库特萨满有过精彩的评论（参见《对雅库特萨满行为的观察》，第 174~175 页）。

一下，让萨满服的所有饰品发出声响。萨满的肩部运动也可产生持续的沙沙声响。萨满的每一句歌，会以集体合唱结尾，萨满会在原地短暂地跳跃。因此，萨满的“舞蹈”部分地是应产生有节奏的声响之需。其中还有另一原因，即将声音节奏与可视化的节奏联系在一起，萨满对节奏做出反应。其实，萨满的旋转（例如绕着火堆或以自身为轴心）达到一定速度时，至少会暂时地失去意识。

在舞蹈过程中，萨满可能亲自击鼓，也可能由助手击鼓。在后一种情况下，可能由两名助手击鼓。击鼓的节奏必须与萨满的动作高度一致，萨满服饰有节奏的声响会增加鼓声的效果。因此，萨满助手必须掌握击鼓技术，理解萨满的动作。

萨满动作改变以及随之带来的音乐效果，与神灵附在萨满身上后的活动或者萨满灵魂在旅行时的活动相对应。例如，如果萨满需要增加入迷程度，运动速度会更快，音乐声音更大；当萨满处于入迷状态时，可通过保持不变的速度和节奏维系此状态；萨满倒地后，鼓声必须立即停止，至少要停止一段时间，如果是萨满深度入迷，鼓声必须降低到极弱的颤音。萨满的个性十分重要，萨满助手必须了解。

萨满表演可通过歌唱内容与语言感觉产生效果。首先，我们需要考虑的是萨满歌唱的音乐特点。值得注意的是，从欧洲的文化观点看，许多萨满都有非常好的嗓音。大多数萨满都是男中音或女低音。在我的记忆里，并未遇到男高音、女中音和女高音萨满，只有在极个别的情况下，才会有男低音萨满。通古斯人以及满族人中的萨满用两种风格演唱，即欧洲式的全音以及腭音（汉人的歌手不用假音，但很可能不包括汉人萨满）。萨满最初练习歌唱时，必须十分注意其嗓音，因为表演有时会持续几个小时。

萨满在表演的过程中并不一直歌唱。萨满表演始于击鼓，后逐渐将歌唱引入仪式部分。萨满表演经常以请神、解释举行仪式的原因等内容开始，这时萨满的歌唱声音很低，速度缓慢。当萨满灵魂接近神灵时，歌唱变得充满激情，神灵附体于萨满后，萨满会在尖叫声中入迷。神灵附体后，萨满歌唱的旋律、曲调、速度以及音色都会改变（甚至存在声音的改变），转换成萨满与助手间的对话（叙述式的）。因此，萨满的音乐效果会减弱，鼓与萨满服上物品的声音会很微弱。接着，萨满通常会坐在地上。不过，萨满的旅行以及入迷状态的增强，往往伴随着更丰富音乐效果的歌唱。

萨满的歌唱过程总是获得助手甚至是其他人的“帮助”（根据通古斯人的表述），这些人会重复萨满所引领的副歌部分。副歌或长或短，与特定的神灵相联系。不过，也有一些副歌仅用于特殊的萨满表演，例如萨满去往阴间的仪式。副歌在萨满表演中十分重要，它们在不同方面增强了萨满和观众的情感：压抑、悲伤、快乐和兴奋。这些行为强化了对萨满、观众以及待治疗病人的催眠效果，尤其歌唱被很好地执行时更是如此。如果萨满没有获得“帮助”，表演则会完全失败。

有经验萨满的歌唱，伴随其击鼓与服饰的音乐效果，以及助手的帮助，会形成非常复杂的、变化多样的有强大情感效果的音乐表演，对表演者和听众产生影响。对复杂的音乐表现进行分析是不可能的。首先，最基本的前提是对一小段音乐片断进行记录，这是不可能的。实际上，萨满晚间在棚屋或在光线暗房屋（满族人）中的表演，不能被直接记录。其次，大多数萨满音乐利用欧洲的记谱法不能记录下来。再次，萨满表演的声音十分复杂，只能进行粗略的描述。萨满表演中只有很少的音乐片段可被记忆下来，然后进行复述，其中只有很小一部分可通过欧洲音乐的记谱法呈现。通过留声机记录萨满音乐在技术上是不可能的，因为萨满和观众处在入迷状态中，使用留声机会扰乱萨满与观众的平衡情感状态。①

这些评论表明，目前对萨满表演的描述不能呈现萨满表演的音乐部分的心理效果。音乐感受力上的无缺陷者都能在美学意义上感受到萨满表演

① 萨满教的音乐方面引起我太太的特殊关注；我们尽可能记录下相关内容。俄罗斯科学院民族学与人类学研究所现保存数十部不同群体的萨满歌，不过，这些歌仅能部分地记谱。这些“歌”不是在萨满表演的过程中记录下来的，而是为了记录而专门要求萨满演唱的。对这些进行记谱和注释面临很多困难，这种情况很普遍。经验丰富的民俗音乐专家马西洛夫（S. Maslov）在12首雅库特歌曲中，只能用欧洲的音乐记谱法记录其中的4首，但并非精确（参见后文雅西尔的论文《西伯利亚土著部落的萨满仪式上的音乐》，也可参见雅西尔关于罗伯茨和赫姆斯《爱斯基摩人的歌》的评述，其中第一位作者分析了留声机碟片，第17页）。事实上，欧洲记谱法中缺乏大量的记音符号。再现萨满表演的唯一方式是尽可能地使用最近出现的记音工具，但在萨满表演的描述和分析方面，至少我们目前尚没有合适的方法。其实，音乐和绘画创作不能通过单纯的语言描述呈现，我们必须看、听以及体会。

的感染力；不能注意到此点的人，是感受不到萨满教的本质的。

下面我参考了一些萨满歌，但我必须认识到，萨满所表演的单首歌曲不能体现萨满音乐的全貌。如果可比喻，只理解一首萨满歌，就像理解一场大型管弦乐队表演的一部分。无论如何，这些萨满歌是有趣的。

我太太已发表一些萨满歌，① 雅西尔分析了其中的几首。② 通过对这些萨满歌的分析，发现其中一些萨满歌由五声音阶构成，表明萨满歌受汉人影响。不过，我们不能提出此假设，因为汉人的五声音阶只是更广泛的民族志要素"五声音阶"的变异形式之一。③ 不过，我并不想否认，北通古斯人和满族人的萨满歌源自汉人。这些萨满歌十分可能源自汉人，但其引入过程可能与"萨满教"无关，五声音阶在通古斯人中的应用，可能早于通古斯人中萨满教产生的时间。当搜集萨满教的其他事实后，我们会发现汉文化与萨满教音乐之间的关联是重要的。通古斯人使用手头可用的文化要素建构萨满教文化丛。

现在我们讨论言语所表达的萨满教内容。首先，必须指出，几乎每次萨满表演都有新内容，因为萨满表演的场合不同。由于萨满与神灵的关系不同，相应的萨满表演也不同。萨满表演的某些时刻在本质上是相似的，例如，在所有情况下召唤神灵的表演都是相似的；向神灵献祭过程中，祈祷的语言基本是相似的；如果萨满使用同样的神灵治疗病人，或疾病的原因相同，驱逐神灵的言语则相同。应该指出的是，某些萨满表演形式很少出现，如后贝加尔地区的通古斯人中的萨满去往下界的仪式几年才会有一次。由于这一原因，我们发现萨满表演中（1）十分固定的要素，例如仪式性献祭或召唤神灵过程中萨满的祈祷词；（2）萨满表演中很少使用的元素，为萨满的言语选择提供了一定的自由度；（3）还有一些要素始终处于变化之中，新产生

① 参见 Elizabeth N. Shirokogoroff, "Folk music in China," in *The China Journal of Science and Arts*, March, 1924, p. 6。发表 51 首歌曲，其中 10 首是满族人和通古斯人的萨满歌。

② 参见 Joseph Yasser, "Musical Moments in the Shamanistic Rites of the Siberian Pagan Tribes," in *Pro Musica Quarterly*, March-June, 1926, pp. 4-15。下文会表明，理解通古斯萨满教音乐中的"汉人"音阶，并不需要假设萨满教源自汉人。

③ 关于五音阶和全音阶的历史及地理分布的民族分析可见于雅西尔的著作"A Theory of Evolving Tonality", N. Y., 1932, *Amerian Liberary of Musicology*, Contemporary Series: Volume One.

的神灵需要萨满在表演中的即时性创造。在大型的萨满表演中，固定要素仅是萨满歌的不重要部分，大部分萨满歌是直接的、即时性的创造。

萨满的表演通常始于相对有特色的声音——这取决于萨满的个人修辞能力——观众通常能够理解萨满的唱词，或者说至少部分观众如此。正如我们在萨满祈祷词的例子中所见（参见前文第三部分），[①] 其表达和创作是诗性创造的产物。它们让观众和萨满做好思想准备，将他们带入想象的世界。接着，在神灵降临前，萨满会有节奏地晃动，观众将此理解为萨满召唤神灵。观众充满感情地看待萨满的表演，因为萨满表演的动因关涉他们的个人事务，例如长辈亲属、疼爱的儿童生病等。通过这种方式，想象的世界在情感上与生者相关联，借助与观众的紧密接触，萨满成为连接两个世界的中介。如果萨满召唤的神灵是观众所熟知的，他们则会了解萨满唱诵的内容，甚至十分熟悉。神灵附体于萨满，萨满的唱词直接影响观众的情感，让他们变得更为专注。神灵尤其是未知的神灵与萨满助手间的对话，总是让人十分兴奋，因为相关问题的解决方法，总是在萨满助手的帮助下经由附体于萨满的神灵之口说出。这部分萨满表演中，萨满说（唱）的大部分内容可能受到误解或不被理解，因为萨满在入迷时的语言可能是不清晰的。如果是外来神灵附体（萨满有时不能理解外来语言，仅仅重复一些模糊性的词语），观众不能理解神灵的语言，萨满助手和观众只能通过萨满的姿势尽力理解神灵的语言。这强化了观众情感状态的紧张程度。当萨满入迷时，与萨满和助手对话的阶段相比，其语言可能变得更难理解。不过，观众会对萨满说的每个词语进行正确或错误的阐释，在萨满的公共场合表演以及言语的刺激下，每位观众通过个人的系列心理状况理解萨满所说的内容。如果无人能够理解萨满，观众甚至是有经验的萨满助手也只能猜想萨满行为的意义。但是，在这种情况下，观众的心理紧张程度并未减少，因为在场观众也与神灵接触：如果神灵是危险的，想象世界从一个角度予以回应；如果神灵是善良的，想象世界则从另一个角度回应。

---

① 这里我并未区分萨满“祈祷词”和“歌曲”的具体样本（我将在另一本关于民俗的著作中探讨这个问题），因为从风格、语言和构造的角度看，它们与前文引用的例子没有区别。

通过萨满所说的话，观众可以跟随萨满干预神灵世界的进程；借助所说的语言，萨满引领观众达到渴望的状态，也就是说，在大多数情况下，观众能够达到暗示和催眠状态。这由萨满表演中言语内容的重要性决定。

就措辞而言，如果萨满并未达到其目的，就不会被视为优秀的萨满，哪怕是观众和批评者不能指出萨满的实际缺陷。事实上，观众大多情况下是不能理解萨满的，但如果观众完全理解不了萨满，那么，萨满在公众意见中则是能力不足的。如果萨满在表演中说模糊措辞的时间过长，观众会感到厌倦，这样的萨满也不是好萨满。因此，观众看到的是萨满和“掌控”神灵间的关系，当神灵处在萨满的身体之内时，观众的心理很容易受影响。萨满应该根据自己的意志行动，这一点是公认的。而且，观众应该受到神灵的影响，这实际是萨满的影响。如果观众不能理解神灵，心理的紧张会放松，观众会对萨满不满，认为后者不能充分“掌控”神灵。

尽管借助现代设备，在技术上对萨满表演做完整的记录是可能的，但其中的很大一部分仍无法理解，萨满的唱词仅仅是一些非连贯的段落，甚至单个词语，有些是外来语言，还有一些被视为神灵语言的无意义的声音组合。这种情况通常发生在新神灵附体时，萨满处于完全或部分无意识状态。还有一部分萨满表演也是重要的，即当萨满处于沉默状态时，这时观众只能猜想萨满的状态。

我本人以及其他观察者记录下来的大多数萨满歌只是萨满的祈祷词，其内容十分固定，是萨满和萨满助手记在心里的内容，这些人经常进行表演。“召唤”神灵也有固定形式。应该注意的是，经常被人们提及的满族故事《尼山萨满》可能是艺术作品，也可能是简化的记录，作者可能对萨满的表演记录进行添加和阐释，也可能有所删减。因此，我们不能将《尼山萨满》视为萨满表演的真实记录。不过，在与同一位萨满长期配合后，萨满助手可以具备萨满表演的正确观念，这一过程可能通过萨满的言语体现。萨满表演过程的固定化在理论上是可能的，也是存在的，甚至表现在萨满半意识状态下的表演部分，但这种状况在不同的萨满中差异很大，当萨满单独表演时，其个人性变化甚至更大。

前文关于萨满表演技术的描述中，我没有提到具体的族团。不过，在萨满表演技术方面，族团的差异很重要。首先，不同族团萨满的击鼓方式和萨满服不同，在满族的萨满服中，只有腰铃能发出有节奏的声响。因此，满族萨满的舞蹈不涉及身体不同部分的复杂动作，相对简单。在满族人居住的房屋空间中，萨满的活动空间十分有限，因此“舞蹈”并未采取复杂的形式，可能不包括围绕“火堆”转圈的运动。驯鹿通古斯萨满和满洲的通古斯萨满的表演技术间有本质的差异。事实上，萨满服的音乐效果是不同的。当我们描述萨满入迷中的状态时，会很清晰地发现其中的差异。萨满表演技术中有一十分重要的要素，即仪式的固定化程度，尤其是因满族书写系统而带来的固定化。在仪式化部分，我会讨论这方面内容。

120. 萨满助手

通过前文对萨满实践案例的描述以及对表演技术的分析，我们已经呈现了萨满助手的积极作用。在表演技术上，萨满表演的成功很大一部分在于萨满助手。本小节对萨满助手的功能进行描述，进而使我们更清晰地理解其作用。就我所知，有两个词语表示萨满助手，即埃罗乌（erów，毕、库）、栽利（ǰār'i，毕、库、满驯、满语口语）。第一个词语很可能与动词 er（u）（图、曼）——“拉、拖、抬”等有关；实际上，埃罗乌是“拉着”萨满、帮助他的意思。第二个词语很可能与ǰār、ǰāra（满驯）——“萨满的歌”、ǰar'imbi（栽利姆必，满语书面语）——“唱祈祷词”“萨满通过表演提供服务”（扎哈罗夫）［佛教和“萨满教的”（显然是标浑萨满）］有关。[①] 埃罗乌或栽利的职责包括帮助萨满维系入迷状态，神灵附体于萨满时查明神灵

---

① 这里给出的 erów 的词源可能是不正确的。事实上，这个词可能源自蒙古语，参见 eriku——“调查”［“要求者、刺探者、窥探者”（科瓦勒夫斯基）］，eril——“刺探、窥探”等。这说明 erów 的意思是“调查萨满所说内容意义者”。这个通古斯词语不是很重要，必须承认，有些通古斯族团中有可能没有这个词语。其实，通过后文的描述可知，通古斯人很少使用这个词语。另一个词语 jār'i，词干可能是蒙古语。在满语书面语中，没有这一词语，动词ǰar'imbi是独立的，ǰari（助手）不唱诵和祈祷。在蒙古语中，ǰar 一词表示“服务、传达”，与ǰāri 的功能相呼应。ǰar'imbi 可能是派生性的。参见雅库特语ǰarygyla——“忙于、致力于、调查（例如一种疾病）”词干ǰary 等（佩卡尔斯基《俄语—雅库特语词典》，第 795 页），在其他语言中也有类似词干 jar（V），d'ar（V）等。由于上述原因，我不坚持认为这些词语“源自”通古斯语。

所说的内容以及要求。因此，在表演开始时，萨满助手准备鼓，帮助萨满穿衣服。仪式过程中，如果有必要，萨满助手会帮萨满更换鼓，烘烤以使鼓干燥，不过，任何一位观众都能做这类事情。当萨满歌唱时，助手必须重复叠句“帮助”萨满，其他在场观众通常也会跟着萨满助手一起唱。当萨满本人不能击鼓时，萨满助手会击鼓“帮助”萨满维系入迷状态。萨满助手还会有节奏地喊叫使萨满兴奋，维持和强化萨满的入迷。神灵附体后，萨满助手会问萨满各种问题，如果有必要的话，甚至与神灵谈判、争吵。萨满倒地进入无意识状态后，通过观察萨满，萨满助手可判断萨满恢复意识的时刻。当萨满处在入迷状态时，萨满助手会拿起鼓，继续击鼓，其目的是维持萨满的入迷，控制观众的行为。对于一场成功的萨满表演而言，这些功能非常重要，它们保证了仪式的顺畅和萨满的个人安全。优秀的萨满助手，熟悉萨满的性格、表演方式、语言以及掌控的神灵等，与缺乏这些特质的萨满助手相比，他们会使萨满的表演容易且顺畅，达到更好的仪式效果。因此，缺乏经验的萨满助手，不了解其所辅助萨满的助手，可能使萨满的表演变形，弱化表演的效果。因此，萨满助手有好有坏，优秀的萨满助手很少。萨满助手的品质在于对萨满表演的熟悉程度、对萨满的了解程度以及个人的一般智力水平。在我调查的一些通古斯群体中，我没有遇见萨满助手。例如，在后贝加尔地区的驯鹿通古斯人中，我没听说过萨满助手，尽管有些人经常帮助萨满控制时间，唱副歌等。满洲的通古斯人告诉我，埃罗乌（栽利）制度最近才出现，通古斯人中最初没有萨满助手。我认可这一判断。根据满族人的介绍，满族的第一位萨满建立了萨满助手制度。事实上，在《尼山萨满》中，对塔栽利即主要助手有描述；萨满甚至同时拥有几位助手。

每年周期性的献祭表演中，当神灵一个接着一个附体于萨满时，萨满会问问题：takam'i takaraku？——“你认识吗？”如果萨满助手能立即猜出神灵，可在很大程度上缩短萨满的表演。当萨满助手不能猜出神灵时，萨满会说出一串神灵（法伊丹）名字给予暗示，萨满助手会一个接着一个列举神灵名字，直到猜对附体的神灵为止。因此，萨满在工作中喜欢有经验的助手。通常情况下，塔栽利会记住所有神灵的仪式唱词，以及整个仪式过程。后文会提到，某些萨满表演形式，可能需要几名助手，因此需要区分出与一般助手不同的“领导性助手”。

任何人都可成为萨满助手，无论男性还是妇女，无论年轻者还是年老者。不过，在满族人中，妇女不能担任萨满助手一职。萨满可能有一名固定的助手，也可能同时有几名助手，或根本没有助手。助手角色也可能由表演现场突然出现的某人担任。[①] 一般来说，萨满助手并非由固定的人充当，他们没有固定的社会地位，但与此同时，如果萨满同时有几名助手，其中某位助手可能更受萨满青睐。这类助手因此发挥特殊的社会功能，拥有相对特殊的社会地位。值得注意的是，由于萨满助手的特殊性，作为一种规则，他们不会成为萨满。其中的原因之一很可能是萨满助手必须克服入迷，认真跟随并观察萨满，在必要时帮助萨满。萨满往往会选择不容易入迷，却能理解表演本质的人。还有一种情况，除了表演的萨满，可能由另一位萨满扮演助手角色。后文会提到，“培训”年轻萨满的老萨满，也可能扮演助手的角色。事实上，新萨满在第一次表演时，老萨满通常会提供帮助。

萨满在表演时，提供帮助的不仅是萨满助手。当萨满实践遇到困难时，在场者都可能提供帮助。除了使鼓干燥，有同情心的观众都会帮助唱副歌。在对萨满表演的观察中，我发现男性成员通常担任萨满助手，而大多数妇女唱歌应和萨满。在满族人中，女性没有男性积极，在一些氏族萨满的仪式中，女性甚至不会出现。标浑萨满文化丛的助手制度是不同的。助手是氏族中的首领，不允许女性提供“帮助”。助手功能由萨满承担，主要祭司是塔萨满。

121. 心理技术

萨满表演的重要因素是“入迷”现象所涉及的心理状况。它不仅影响到萨满，同时也包括观众，以及萨满需利用“入迷”治疗的对象。通过有节奏的音

---

① 在通古斯人和满族人中调查期间，了解萨满表演技术尤其是学会语言之后，我有时会担任萨满助手。我第一次担任萨满助手，是由于毕拉尔千人中出现了特殊情况。萨满没有助手，由于汉人在场，其处境十分艰难。这些汉人对萨满抱有敌意，因此在“公共意见”的压力下，萨满平时的助手不愿履行职责。这种情况对我而言是意外，我开始帮助这位萨满。由于我并未扰乱萨满的表演，得到萨满的支持，这为我的调查提供了新的可能，尤其是对萨满的心理以及表演技术的调查。

乐和舞蹈、萨满歌的文本内容以及自我兴奋，萨满的情感逐渐高涨，达到入迷状态。这种情感用来满足三个目的，即：（1）观众对萨满产生同情式理解，萨满千万不能因缺乏观众回应，或者观众的负面回应而气馁，此时萨满正在将自身带入入迷状态；（2）为需要凭借萨满表演以治疗的人提供信心；（3）观众本身喜欢表演带来的入迷状态。关于有同情感的观众的创造问题，会在萨满其人一节详细讨论。因为在大部分案例中，萨满表演的本质是对个体的影响，观众被萨满带进入迷状态，这种状态也会影响到接受治疗者，让他做好接受萨满暗示的准备，由于这一原因，萨满表演的观众数量一定要尽可能多，形成人群。具体实践中，可以通过不同方式达到此目的，下面我将描述其中一些方式。

首先，萨满表演的目的如治疗共同体中的病人、驱逐有害的神灵等，其性质在于吸引和集中参与者的注意力。值得注意的是，在小规模的通古斯共同体中，成员间的关系通常十分友好，因此某个成员的不幸很可能会带来所有人的悲伤，并渴望寻求帮助。[①] 当共同体成员以父亲或母亲的血缘关系结合在一起时，这种感觉会更强烈。如果某一共同体受到一位或几位神灵的侵扰，经常邀请萨满操控神灵，这一共同体在情感上则会紧密关联。在通古斯人和满族人看来，这些神灵是实体，因而情感反应十分自然真实。因此，萨满表演参加者在情感上并不冷淡，而是准备好在情感上受影响。萨满表演开始后，当准备召唤某位神灵附体时，会让观众立即进入一种期待情绪高涨的状态。萨满通过有节奏的音乐和歌唱以及稍后的“舞蹈”，逐渐将每位参与者带入集体行动中。当观众和萨满助手一起重复副歌时，只有乐感有缺陷者才不能加入合唱。随着动作速度的增加，萨满已不仅是一名普通人，而是神灵的“神位”；神灵和观众一起行动，每个人都能感受得到。此时许多参与者已经接近萨满的状态，强烈相信，如果萨满在场，神灵只会附体于萨满，萨满会阻止神灵“占有”仪式参与者。这是萨满表演的一个重要方面，

① 当然，对于在大型共同体中生活的人而言，需要付出很大努力才能理解这种现象。在大规模共同体中，某位成员的疾病和死亡除了会影响某些个体的情感，不会对全部成员产生影响。大规模的共同体中可能仅存在虚伪的态度，或者人为创造的关于“邻人”不幸的夸张态度。我指出这点，是因为通古斯人的态度可能被错误地解释为“原始社会”的典型态度，其实这只是人口密集和向心运动的一种功能。

但并未减少大众易受暗示影响、产生幻觉以及由大众入迷带来的无意识行动现象。萨满通过有意识的和无意识的方式，维系观众的状态。当萨满感到观众跟随其节奏时，会变得更加积极，这种效果反过来会传递给观众。

仪式结束后，当观众回忆萨满表演的不同时刻他们的生理心理情感与视觉和听觉上的幻觉时，会感到深深的满足，相比之下，这种满足感要比欧洲文化中戏剧和音乐表演、文学和一般的艺术现象带来的满足感更强，因为在萨满表演中，观众即是演员又是参与者。这是萨满表演十分重要的因素，也是萨满教实践可以维系的正当性原因之一。后文我会继续讨论这一问题。

作为萨满表演目标的接受治疗者，当观众开始感受到入迷时，他或她会受到很大影响。从表演技术角度看，观众的角色对病人十分重要，萨满对病人施加直接的影响。除了使用让观众和病人接受同等影响的方法，萨满也使用一系列特殊的方法影响病人。这些方法如近距离地在病人身边击鼓和歌唱、持续按摩病人的不同身体部位、用烟（年期香、燃烧松柏科细枝产生的烟、汉香等）熏病人使病人入迷、直接的暗示（千万不能违反的神灵命令）、在病人半睡眠状态下不同形式的催眠，只有在病人意志不活跃的情况下，暗示和催眠才能产生效果。为了达到这一效果，病人必须服从神灵（而非萨满!），萨满会使用不同的方法，其中主要的原则是在表演中证明其个人和所掌控的神灵的能力。

民族志记录中对萨满表演的描述，往往歪曲事实，认为萨满表演是欺诈和戏弄观众。这种解释（除了诸如汉人社会中的职业萨满情况）是完全错误的，无论从萨满的动机还是萨满技术而言，都是如此。

前文已述，萨满（尤其是满族萨满）经常会使用许多把戏证明神灵的出现。例如萨满驾驭火。其实，没有经验的普通人，是不能将燃着的香放入口中的，或者如前文描述的，在身体不受伤害的前提下在火炭上行走。萨满的这些行为，偶尔也会受到一些轻伤，但这不妨碍表演的进行。这些事实被解释为萨满所掌控神灵的力量，而非萨满本人的能力。如果萨满成功操纵这些把戏，观众和萨满本人则会相信神灵的出现。几乎所有的表演中，萨满都会以某种形式占卜。占卜的目的也是使观众和病人相信神灵和萨满的能力。下面我将列举一些例子。萨满（尽管不是全部萨满）

经常能说出在场观众的所思所为。许多情况下，这一点很容易做到，这些人的思想长期受萨满影响，萨满很熟悉他们，因此很容易猜测。当观众入迷时，萨满的猜想可以简单地解释为暗示的结果。但是，也有一些比较复杂的情况。例如，一位萨满指控仪式现场的某位年轻人吃了献祭动物的腰子。无人怀疑萨满的判断（我认为，萨满本人由于忙于其他事情，未必目睹了具体事件）。不过，可以推测，萨满可以知道哪位年轻人能够做出这种行为，并由此做出判断。萨满命令这位男性还回腰子，腰子即刻被吐到了萨满鼓上。萨满对年轻人的呕吐暗示赢得观众的信任，因为其他人做不到这一点。

还有一个例子。一次萨满表演中，现场有两个人不相信萨满的能力。萨满从某处取来一枚硬币，然后接着表演。过了一会儿，萨满让另一位持怀疑态度者张开手，他惊讶地发现硬币在其手中。当然，这两位怀疑者以及所有观众都相信了萨满的能力。这一把戏的具体技术可能是：在另一位怀疑者未意识到他在做什么的时候，萨满将硬币递给他，他不能记起接收硬币的事实。我后文会指出，萨满本人是否意识到其行为是值得怀疑的。

关于不同族团萨满教的出版物中，记录了大量这类事实。在我本人观察的许多案例中，萨满本人并未意识到在戏弄观众。不过，萨满戏弄观众的情况的确存在，我会在下一节描述。

自我暗示、暗示和催眠

这些必须被视为萨满教表演技术的基本方法。其实，只有在萨满本人相信神灵附体的前提下，真正意义上的入迷才会影响观众。我并不想弱化萨满的艺术以及仪式化的效果，只是想强调这些因素不足以影响萨满的行动，萨满在影响他人方面必须拥有一定的真诚。因为作为一种规范，萨满的表演必须包括具有自我暗示特征的行动。此外，萨满的目的，比如治疗病人或驱逐侵扰群体（氏族）的某一神灵，是使病人和观众相信他能做到这一点。

达到这种目的只有一种方式，即通过展示前文所说的一些证据，对观众和病人施加积极的暗示，赢得他们的信任。完成有效暗示，可以是直接命令神灵、病人或观众，或者使观众通过表演中的提示获得暗示，抑或通过心灵感应式的行动带来暗示。暗示成功的主要因素是借助不同方式尤其是表演掌控病人和观众的意志（后文会指出，观众的暗示应该是由萨满实施的）。因此，将病人和观众带入入迷状态不是目的，而是在需要时给病人和观众施加暗示的手段。在这种状态下，观众在最大程度上容易受暗示影响。除了旅行者，尤其是谢罗谢夫斯基、约克尔森、博格拉兹记录的事实,[①] 这里我将提供一些新的事实。

在所有的通古斯群体中，人们相信大萨满拥有飞翔（身体意义上）的能力，悬在空中，在空中行走。处于入迷状态的观众，可能清晰地听到神灵的声音、神灵的脚步等；观众可以看到神灵，感受到神灵产生的特殊气味。理论上说，这些现象在实在论意义上是不可能的；这些现象不能通过实验证明，也不能通过“正常”旅行者的证据证明，他们不会认为这是事实。但是，这也是不需要的，因为即使在大众幻觉中，非信仰者的声音也往往会被信仰者高估；奉行萨满教的族团需要这种信仰。

通古斯人经常告诉我，他们不能看到、听到甚至闻到萨满和许多仪式参与者（成群地）在萨满表演中感知的事物，不过人们常常将缺乏对上述现象的感知归因于个人缺陷：“我不能看到（听到或闻到），因为我的身体不适合做这些事情（就像眼睛、耳朵以及鼻子残疾者）。”因此，通古斯人接受了这个理论，即这些现象的确存在，与直接观察到的事实相比，它们对通古斯人的思想和行为更具影响力，并且这些事实也在另一个假设（身体缺陷者感受不到这些现象）中被否定。

催眠术的使用十分普遍。通过对萨满表演的描述，我们可以发现，病人被催眠后，身体的某些功能中止，这时萨满更容易使用暗示。前文已介绍萨满使用催眠术的具体方法。其实，就我所知，萨满并未意识到他们正在使用催眠方法，因为这些方法是在经验积累中逐步形成的，隐藏在表演文化丛中。在通古斯人看来，这些方法应归因于神灵的特征。当然，这一观点也适用于所有自我暗示和暗示的性质，萨满的行为与欧洲的医生不同，后者在使用这

---

① 应该注意的是，一些记录下来的幻想事实实际上并非如此。他们的伪实证主义，使他们不能区分入迷状态下行动的“不寻常案例”和简单的幻觉。

些方法时，能很好地认识到其性质和效果。[1] 一般来说，萨满无意识使用却有效的方法，是萨满教的典型特征之一。从现代医疗的观点来看，许多案例无法理解，因为欧洲医疗本身也是一种民族志现象。对待某种文化丛，如果通过另一种文化丛来理解，并不总是能做到对前者实际功能的理解。

122. 负面态度和表演

对大量萨满表演的观察表明，观众对萨满表演的反应是不同的。一些观众会盲目地接受萨满和观众的影响，甚至会全力以赴维系萨满的表演；有些观众会漠不关心地追随仪式的进程，被动接受萨满的影响；还有一些观众对萨满表演持怀疑态度，需要“证据”。后一种类型的观众中还包括对萨满表演持激进负面态度者。

负面态度对萨满表演的影响是巨大的。案例 4（参见第 25 节，第 112 小节）已介绍，由于环境的原因，萨满的表演失败了。我们也发现，对待萨满表演，也有一些潜在的负面态度，但这些人认为忽略萨满和观众的影响是不合适的，因此他们的态度变得中立。由于外来文化的影响——基督教、佛教以及汉人、俄国人和蒙古人对萨满教的质疑态度，对通古斯人和满族人的萨满教存在强烈的质疑态度。在第 31 节，我们将讨论这个问题及其对萨满教变化的影响。但目前我们仅需要指出，对待萨满表演，的确存在质疑的态度，可能曾经还有其他形式的质疑态度，但这些因素构成了萨满教的环境。

观众所持的负面反映态度强烈程度不同。前文提及的案例中，一位老师踢了萨满，萨满因此在表演中有身体困难。外来者，尤其是俄国来访者——哥萨克人、工人和贸易者，以及汉人会扰乱萨满。萨满表演时，观众会拉扯萨满的衣服、在萨满行走的过程中设置障碍，在萨满有节奏运动的过程中，观众会通过唱歌、批评的方式扰乱萨满。在通古斯人和满族人中，很少观察到正面或负面的反应态度，其中部分源于他们是社会意义上有纪律的人，部

---

[1] 其实，在现代欧洲医学中，也有这类方法，但并未被病人和医生认识到。欧洲医生假设这类方法没有疗效，甚至在生理意义上是有害的，但从经验层面看，应用这类方法被证明是有效的。

分是因为他们不能提出任何比萨满表演更合适的，还有部分原因是他们不敢肯定神灵不存在。通古斯人和满族人的质疑态度主要指向作为个体和表演者的萨满。这种态度可能源于萨满未准确地遵循一般的表演模式，而反对者却持有强烈的保守态度。较轻的消极态度在通古斯人和满族人中可以普遍地观察到，这些人完全影响不到萨满和观众，这些负面态度者并未加入集体入迷和集体行动。这些对表演持负面态度者，即便不在蓄意破坏的前提下，也有可能影响表演的顺利进行，这些人的出现足以扰乱观众达到入迷状态。[①] 而且，如果观众中有太多人不易受入迷影响，这些人对萨满的暗示回应很慢，因此导致萨满表演的失败。只有当萨满表演一些非常引人注意的动作，仪式才能继续进行，如果表演按照常规进行，则达不到暗示的目的。[②] 事实

---

① 无经验的调查者，往往会使用钢笔、照相机、摄影设备以及其他科学调查设备，这会引起周围人的敌意。调查者在萨满表演中访谈，会在某种程度上让萨满的表演变成仪式化的连续动作。如果调查者属于政治地位上的优越群体，会尤其麻烦。“调查者-观察者”的说明性行为也会引起反感，尽管他们可能是仁慈的、善良的人。大多数调查者似乎不明白，萨满表演时，他们一定不能惹眼，要最小程度地引起观众和萨满的注意。

② 当在陌生的环境中表演时，萨满会发现自身处境十分艰难，因为他（她）不能进入入迷状态。其实，由于没有观众合作，这种萨满教的“演出”不仅是萨满实际表演的扭曲，而且从心理学的角度看，萨满不可能成功，因为萨满表演没有任何实际目的。舞台并非萨满表演的实际环境，而环境是萨满表演文化丛的本质构成部分。最后，几个要素诸如闻燃烧的香、喝酒、偶尔的粗鲁都必须省去。其实，任何熟悉萨满教文本（祈祷词）、曲调和“舞蹈”者都能模仿萨满表演，但这不是真正的萨满表演，而是庸俗的闹剧。在学术性团体中，我曾观察过这类舞台化的萨满表演，甚至在学术团体的民族学部观察过这些表演。这次学术会议的参与者是著名的民族志学者，他们在大厅靠墙而坐，会议现场装饰得像剧场，也像学术会议现场。这些人绕着墙坐，室内中央部分留给表演者。表演者是当地大学的一名土著学生。他想方设法地表演；他喝酒，其支持者对他不满意，他错过了创造出其上司、老师和支持者同情的机会。由于这次表演可能帮助他提高社会地位，因此他才表演。他假装是一名萨满，但事实上却不是萨满。我不知道这场戏剧化表演的发起者是演员本人还是民族志学者。这个人没有达到入迷状态，只是简单地跳跃，不连贯地唱神歌（我相信没有专家能够理解这位表演者），用马头杖发出声音（从博物馆中获得），坐在一旁的民族志工作者也跟着哼唱，提供没必要的帮助，认为参与观察者可以进入“萨满教的心理”之中，并能得出重要的结论。这场表演只是一场闹剧。在这场表演中，土著冒名顶替者的作用是最小的，整个学术会议本身是“一场舞台化表演的民族志观察”的表演。在我看来，我敢肯定这实际是在嘲笑严肃的、糟糕的民族志研究者的嘴脸。就我所知，不同的社会中有几次相似的表演。他们比展览中、动物园、保留地（为了吸引游客）中的“野蛮的生活”的表演更糟糕，因为所有这些情况都没有以科学观察的的名义进行。我在这里叙述这个案例，因为它体现了关于调查方法的错误观念，错误地提出对复杂的萨满表演进行观察的可能性。

上，这种失败是可观察到的，并且公共意见经常将失败归因于萨满，而非观众。如前文所述，由于这个原因，萨满有时会使用各种把戏，目的是对漠不关心的观众产生影响。

综上，我们可以认为，由于观众对萨满及其表演的不同态度，当外来文化影响强烈时，萨满有必要找到吸引漠不关心的观众的方法，例如引入一些把戏（心理意义上的，以及机械的和身体的），其中一些把戏是从相关专家和其他族团的萨满中学来的（例如满族的玛法信仰，参见前文第 487 页）。通过这种方式，萨满教可能渗透着一些仅仅是为了控制观众的元素，作为整体的表演，在外来文化的强烈影响下，可能会变成一种剧场化的表演。因此，萨满教的根本变化是，观众对积极行动中萨满的同情态度的消失。这种现象不仅源于外来文化的影响，还涉及我会在下一节讨论的其他原因。

123. 表演的心理基础

通过前面小节的例子，以及关于表演的分析，我们发现，拥有特定目的和方法的萨满表演，以其理论合法性为纯粹的心理基础。事实上，萨满出面处理以及表演，并不总是成功的，主要原因是心理上的适当瞬间并非总起作用，萨满也可能在诊断上失误，由此在回答实践性的问题上出现失误：他们是否应该提供帮助。我们已经发现，一些萨满可能会拒绝干预毫无希望的情况。只有在积累一些诊断经验和一般知识以及拥有所谓的“直觉”能力后，萨满才能得出这一结论。更复杂的情况是，萨满干预某一个事件，没能帮助相应的个人，却恢复了氏族成员的心智平衡。在“驱逐”去世亲属灵魂，掌控神灵的活动中，这一点十分清晰，因为这些活动不涉及具体的病人。因此，萨满表演会带来氏族成员和村民的心智稳定。

现在，让我们举一个不能治疗的病人的心理因素的案例，例如伴随高烧的伤寒或失去意识等。其实，这种情况下，萨满对病人实施心理影响是不能解决问题的，萨满的成功只是碰巧病人的伤寒痊愈了。前文已述，满洲的通古斯人将这种困扰视为由爱尼布日坎带来的问题，萨满不能进行干预。不过，对于病人的亲属而言，会使用一切可能的办法帮助他，他们会祈祷神灵离开病人的身体或怜悯病人。在不了解这种疾病的通古斯人中，萨满把它视为其心理影响能够带来正面作用的疾病进行干预。若萨满失败了，也不会受谴责。因此，通古斯人会处理许多因为接触其他族团而感染的疾病，例如天花，有时天花的流行会夺去氏族成员的生命；麻疹也是有害的，甚至导致死亡。不同形式的“流感”有时也会毁掉西伯利亚和满洲地区的人群。不过，萨满会逐渐拒绝干预这些情况，萨满本人可能会采取种痘、隔离等方法。当用新的理论解释后，萨满将被“遗弃”，由祭司或懂得祈祷词的有经验者或者专业的医药专家代替萨满。萨满参与新理论的创造，但并非由萨满独立完成。找到具体的实践方法，或者认识到萨满实践没有希望之前，萨满一定会表演，其主要目的是在灾难中维持“道德强度”和心理抵抗力。因此，萨满的主要心理功能并非指向病人，而是在“情感上”和社会意义上影响共同体中某位受无望治愈疾病困扰的成员。

除了上述情况，有大量的传染性疾病，其中传染性特征所关联的心理因素可能具有重要影响。我们不能判断传染性疾病在多大程度上带来心理问题，但从经验角度上说，这个问题的确引起了心智失衡，它足以让萨满采取必要的措施创造心智平衡，避免心智紊乱。唯一的问题是达到这一目的的方法选择。只要能够达到防治传染病的目的，方法并不重要，不论干预病人的医生和护士使用的是溴化钾、缄默、软底鞋，还是地毯。方法的选择取决于想象力、在经验层面发现的因素以及理论推断等。在奉行萨满教的人群中，解决传染病的方法是管理人神之间的关系，如果不能确定这种方法完全无用，以及只能尝试用萨满教解决，萨满会尽可能把这一方法用在所有情况中。因此，萨满会进行必要的表演，其后果是病人会更好地理解疾病问题，因此心智状况会变好。当然，萨满不会拒绝干预病人，即便病人处于无望的状态，例如肺结核晚期（玛鲁布日坎文化丛）。萨满的祭品和祈祷词可能缓解病人意识到即将死亡的心理状况，垂死者不会孤身一人面对死亡。在这方面，萨满与基督教的祭司功能相同，做临终关怀，给予其来世更好生活的想象，或者作为一名实证主义决定论的哲学家，让垂死者相信死亡不可避免，相信死亡对“进化”甚至是新的化学物质形成的益处。萨满、牧师和哲学家的存在都是为了生活方便，具体的方法取决于相关联的文化丛。甚至在这些情况下，萨满的帮助也是需要的，共同体的存在需要帮助其中的成员，成功的萨满表演不仅可以缓解苦难，而且可以帮助共同体，共同体中一位成员的苦痛会带来整个共同体的苦难。这种情况在无望治疗的疾病案例中更为清晰，如果是儿童患有肺结核，其本人不能求助于萨满，但共同体成员会帮助他向萨满求助。

不过，上文所述案例不是萨满处理的主要案例。萨满处理的主要情况是管理纯粹的心理状况，这种情况可能对个体或诸如氏族、村落以及族团等共同体有害。如前文所述，萨满表演本身是一种心理意义上的操作，其目的指向共同体，并通过共同体发挥作用。没有必要坚持认为，前文介绍的萨满对心智失衡的干预对多数情况都积极有效。当问题涉及具体个人时，共同体对表演的最终结果并非漠不关心：首先，个人是共同体的成员之一；其次，在邀请萨满方面，共同体起到促进作用；再次，共同体参与了萨满的表演。当萨满“掌控”一位新神灵，或者萨满使伤害到氏族成员的某一氏族神灵变得较为顺从，抑或萨满送走一位神灵——这一操作必须在共同体的帮助下进行，表演的效果扩及整个共同体，是重要的社会行动。当然，在这些情况中，萨满表演的唯一目的是管理共同体的心智丛。

如果共同体成员相信神灵因被掌控或驱逐而变得中立，萨满表演则达到积极效果；如果共同体成员间的态度有差异，萨满表演的效果则是不确定的；如果共同体成员不接受萨满的解决方法，萨满表演则没有效果。因此，共同体成员心智稳定从根本上取决于接受或拒绝萨满的解决问题的方法及行动。

在所有的案例中，由于行动主体是整个共同体，所以萨满只能被视为共同体的一个特殊器官。就萨满表演所对应的共同体的期待及其接受和有效程度而言，表演的问题在很大程度上取决于萨满的个人能力。在表演的过程中，萨满的个性会受既存民族志和族团文化的限制。因此，萨满的表演必须拥有某种形式，这种形式对应表演的共同体观念，同时表演必须容易带来暗示、催眠和入迷的效果。萨满表演的这方面内容使我们关注仪式化，即萨满表演的变化性和稳定性问题。

124. 萨满表演的仪式化

我所说的萨满教仪式，是指表演中萨满和参与者在各种仪式中的重复性行动。我不会按照仪式的原因进行分类，因为如果这样，拒绝某些元素、保留另一些元素以及混淆不同类型的仪式可能导致错误。不过，为了理解萨满教的仪式化的性质，我们必须对仪式分类。当观察大量萨满表演后，萨满教中的仪式化是十分清楚的。其实，我们可以注意到，不同场合的萨满表演中包含的大量元素是十分一致的，通过比较发现，萨满表演中有大量的共同元素，这主要源于以下因素：（1）表演的环境；（2）表演使用的器具；（3）解释萨满教的基本理论；（4）影响个人、观众和萨满本人的需求。当这些要素相同时，萨满表演的要素也会相同。为了阐述此观点，我将列举一些例子。

在居住在房屋中的人群中，看不到萨满绕着火堆行动；在驯鹿通古斯人和满洲的通古斯人中，杀死献祭动物和萨满表演不在房屋中，因为棚屋的空间太小，但在满族人中，用猪和鸡献祭时，可以在房屋中杀死献祭动物；在满族人中，当萨满表演去往下界的仪式时，要求房屋中“完全漆黑”，而对于居住在棚屋中的通古斯人而言，没有这一要求，因为通古斯人不允许熄灭棚屋中的火，然后再次点燃，在他们的居住之地，夜晚很少漆黑一片。

满族人和满洲的通古斯人使用同样类型的萨满鼓——凹型鼓，因此两者在召唤神灵过程中的击鼓方法没有区别，音乐也几乎相同。满族人使用一种借自汉人的特殊的鼓和响板，它们可以增加萨满表演的音乐效果，通古斯人中的萨满不使用这些器具。满族萨满将腰铃系在腰上，通过背部的特殊运动产生音乐效果，而通古斯人（例如后贝加尔地区的通古斯人）中的萨满则将铃系在外套上，为了产生有节奏的音乐，萨满需要前后摇摆身体。

所有相信神灵存在的通古斯人群体，都认为可将神灵“安置”到神位中，因此在所有的通古斯人群体中，都有召唤神灵进入“神位”的特殊操作。满族人有一种理论，认为下界有吸引神灵的树，因此满族人中有围绕树形成的特殊表演，而通古斯人中没有这一理论，没有形成关于“树”的表演。在满族的理论中，萨满影响不了上界的神灵，因此满族萨满没有相关类型的表演，但后贝加尔地区的通古斯人中，萨满有关于上界神灵的仪式。

案例的数量可以随意增加，证明以上四个要素是影响萨满表演的要素。在对族团、氏族和个体萨满的观察中，表演的相似性可能源于要素的相似性，表演的差异性也源自潜在要素的差异性。

当这些条件发生变化时，萨满表演的要素也要发生相应的变化。这可体现在居住在满族（汉人）类型房屋的满洲的通古斯人中。

不过，某些仪式性要素不能被理解为环境和器具的直接影响，甚至不能被理解为源自被接受的理论，后者被用于说明仪式要素的合理性，而且很容易解释某些仪式。因此，某些仪式要素是萨满教内在性质、理论背景和实践方法决定的，还有一些完整的仪式是由理论和实践的合理性说明的。我现在只讨论由萨满教性质影响的仪式化，以及既不取决于萨满教性质，也不取决于上述要素的仪式化。

首先，必须指出的是，萨满教的仪式化中并无任何“神圣”要素。如果对萨满实践的目的有用，任何仪式都会变化。因此，这大体上是萨满教实践的原则，但有一个例外，即满族人关于氏族神灵（标浑萨满）的仪式。从民族志学的观点看，它十分重要，后文我会讨论这一文化丛。一方面，我们可以看到，萨满实践的目的是十分明确、清晰的；另一方面，达到这些目的的方法根据萨满的能力以及关于特殊神灵性质的知识而发生变化。在这些条件下，如果某一特定群体有相对确定的萨满实践目的（萨满实践会发生变化，主要受新文化丛的渗透和影响），萨满在实践中没有受强烈的外来影响，萨满在选择与神灵沟通的方法方面，不会有大的变化。因此，与萨满实践目的相一致的方法固定下来，其要素构成萨满表演的文化丛。通过这种方式，这些方法具有仪式性特征，它们得到表演，受众相信它们是有效的。只要人们相信这些方法是有效的，就不会发生改变。不过，由于仪式丛包括不同的要素，这些要素可能会被忘记，萨满不会冒险去改变它们，会不断重复它们，因为萨满害怕与神灵沟通的失败。没有哪一位萨满能够解释同一个动作重复三四次的原因。至多，萨满会指出其前辈就是这样做的。在这些案例中，我们没有必要寻找数字所隐含的意义、“神秘影响”等，这些数字可能仅出于前辈萨满表演中的偶然性。[①]

事实上，由于偶然，有能力的萨满可能会忽略仪式的特定细节，如果萨满实践的结果让人满意，他就不会十分在意特殊的细节，这些细节可能在萨满的表演中完全消失。萨满实践中某些文化要素的消失可能源自文化丛或者器物与环境的变化。消失的要素可能由其他要素代替，新要素可能由萨满创造，也可能借自其他族团。但是，仪式的简化是有限度的，即萨满必须表演某些要素，要不然就没有任何迹象表明萨满和神灵的沟通。还有一些原因限制萨满仪式要素的变迁，如果萨满每次的表演内容都发生变化，观众就不能理解萨满具体与哪位神灵沟通，以及这种新方法（未被证实的）如何成功。因此，萨满表演中新要素的引入需要一定的时间。值得注意的是，有些表演萨满不会每年都重复做，在实践中，新要素的引入需要萨满一生的时间。如果通过与来自其他族团观众接触了解到新的要素，萨满的处境则会好些；不过对外来文化丛的负面态度总是会阻碍萨满创新。无论如何，如果萨满和观众之间意见不合，以观众支持为基础的萨满表演会完全失败，萨满表演会失去其心理效果。因此，明显的是，有两种独立于萨满的机制起作用，即偶然丢失的要素和环境的介入，两者都需要通过发明和借用新的要素恢复文化丛的平衡——变迁的机制，出于维系某种文化丛存在的必要性以及观众理解和接受的需要——维系的机制。[②] 其实，理解仪式的维系机制，不需要对原始心智的特征进行推测，也不需要对“人类种族”的遗传性特征进行推测。如果民族志文化丛没有普遍的变化，没有强烈的族际压力，同时萨满技艺能够得到认真的传承，仪式化可在很长一段时间内延续，没有任何本质的变化，变化的唯一内容仅是仪式要素的偶然遗漏。

---

① 在民族志作品中，探寻和猜想隐藏意义、神秘主义已变得十分普遍，有时，作者的想象形成大量调查成果。上述“神秘数字”案例清晰地说明了由于必须存在一些仪式性的重复，表演中出现了节奏以及有限的数字（2 到 10），这些内容是出于无任何神秘原因的偶然性。通过这一评论，我不想否认神秘数字存在的可能性。不过，它们的功能可能是不同的。

② 我没有提及书写记录的仪式化，这是文化维系的强有力手段，后文我会集中讨论这个问题。

现在，我将给出一种仪式化的某些例子，这种仪式化诞生于既存理论和不同来源（发明和借用）的对仪式化的合理化理解。

在所有的通古斯群体中，都广泛地使用神灵降临、离开以及移动的“杆”和“路”。方法的使用由神灵性质决定，神灵必须知道它们从何处降临（杆），通过什么样的“路”（绳子、皮条）进入神位、祭品或萨满身体中，同时它们也要知道回去的方法。不过，在后贝加尔地区的驯鹿通古斯人中，仪式要素似乎借自其他族团（我认为是布里亚特-蒙古人），并应用到不走上界路的神灵中。在满族人中，木杆只用作上界神灵的路，而满洲的通古斯人中，木杆用作萨满神灵的路。满族萨满神灵的路用一些特殊神位表示。满洲的通古斯人和满族人确信，在没有“路”的情况下，神灵也会降临；不过，通古斯人，即便在与不需要萨满干预的布日坎神灵沟通时，也需要“杆”和“路”。如果“杆”和“路”被从毕拉尔千人献祭文化丛中删除的话，毫无疑问，这一文化丛就消失了。在所有的案例中，观念为召唤神灵和操控神灵创造了最好的条件。

通古斯人认为，来自黑暗下界的神灵喜欢新鲜的肉和血。民族志研究者可能通过不同方式解释这一理论。[①] 通古斯人解释，这些神灵（灵魂）喜欢肉和血，神灵更容易接受这种形式的祭品，尤其是在太阳落山后。由于这一原因，所有对于黑暗下界灵魂的操控都在晚上进行，这些操控方式构成特殊的仪式化。应该注意的是，仪式化包括给灵魂提供交通工具，例如狗（满族）、驯鹿（驯鹿通古斯人）、马等。其实，出于与这类神灵沟通的目的，这些交通工具是需要的。一个新要素的引入（例如不使用狗和驯鹿作为挽畜的族团中，引入船）是十分可能的，但不是必要的。不过，旧要素可能会保留，因为灵魂更喜欢狗和驯鹿。如果某一族体从另一个在操控灵魂方面被视为聪明的族体中了解到新要素，这些要素则很容易被采借。在毕拉尔千人中，在献祭动物方面，仪式化要求十分严格：献祭日路神灵

① 例如，民族志研究者可能认为，未煮熟的肉和新鲜的血，是未使用火时的血的形式。但是这种假设引出一系列假设：在使用烹饪之前，就有操控神灵的方法，后来发现了烹饪的方法，维持着火等。关于“原始思维”的“保守主义”等要素都是欧洲文化观念，民族志研究者几乎不能放弃这些想法。

（或者说某些特殊神灵）可使用猪以外的任何动物，而献祭夜路神灵必须使用猪。因为猪不是通古斯人驯养的动物（他们需要从满族人或汉人那里购买），可以简单推测，夜路神灵仪式文化丛借自满族人（以及汉人?）。但是，在驯鹿通古斯人中，下界神灵（夜路神灵）对驯鹿有需求（与上界的日路神灵相反）。因此，很可能的情况是，毕拉尔千人用猪代替了驯鹿，因为毕拉尔千人的祖先甚至直到最近仍是驯鹿饲养者，在失去驯鹿之前，毕拉尔千人是熟悉萨满教和“路”（神灵）的理论的。

在通古斯人看来，萨满到达的下界一片黑暗。萨满需要光亮找到离开下界的路。由于萨满身处下界，光是不能自然产生的；因此，助手会用火镰和石头打出火星——“这些火星为萨满照亮”，形成了制造火星的仪式，例如，这种仪式在后贝加尔地区的驯鹿通古斯人和满洲的驯鹿通古斯人中都存在（我不敢确定游牧通古斯人的情况）。①

神灵的特征有时需要特定的仪式。例如满族的神灵（窝车库）：

（1）狼（努胡）、熊（勒夫）、蛇（梅合）、龙（木都里）与其他“动物”——萨满表现为喊叫、抓地（狼、熊），将头饰摘下；

（2）聋子——萨满清洗耳朵，错误地回答问题，表现得像一个聋子，直到白兰地酒溅到其身上后，才恢复正常；

（3）“英雄”群（布库和莽伊）——萨满摘下头饰，使用特殊工具，例如戟、阔剑、三叉戟等，在仪式中，人们通过动作判断具体的布库和莽伊；

（4）那伊珠兰——萨满戴上特殊头饰（有铁制鹿角），表现去往阴间的严格详细的仪式；

（5）通古斯（吉林）神灵群——萨满不讲满语，也不讲汉语，而是使用一些通古斯语词语；

① 满族人中现在没有制造火星的仪式。毫无疑问，用火镰和石头生火，是通古斯人最近借自蒙古人或汉人的方法。现在，这种生火的方法逐渐消失了，正在部分由火柴替代，一部分由携带的一块燃烧引火木替代（尤其是满洲的通古斯人）；因此火镰被包含到萨满器物文化丛中。如果火镰丢失的话，从相邻族团中获得火镰则不再容易，仪式中火星的使用就不能继续了，需要用其他方式照明，通古斯人可能使用日本或美国生产的手电筒。

（6）各种其他神灵——萨满手中拿着武器和工具时，会将鼓递给助手。

与不同神灵关联的仪式化，在满族中已发展到十分详尽的程度，熟悉神灵的萨满助手，能猜出附在萨满身上的具体神灵。在表演过程中，附体的神灵不断变化，每个附在萨满身上的神灵都会问助手（人们认为是神灵的提问）：takam'i takaraku？——“你认识（我）吗？”助手一定要说出神灵的名字。如果助手不能判断说出神灵名字（通常情况下，萨满会召唤很多神灵，助手有时不能辨识很少出现的神灵——例如“宴请”所有神灵的日子），萨满会给出暗示，说出神灵所属的排，助手会一个接着一个说出相应的神灵名，直到说对为止。

在不同的氏族中，尽管神灵名字相同，但仪式所表现出的神灵特点却有很大的差异。例如，在那拉氏族，献祭五位玛发的祭品有鹅、鸭子、小鸡、母鸡和公鸡，而其他氏族的祭品中没有禽类。

我们发现，新神灵的产生往往源自新发现，或者去世萨满灵魂数量的增加。新的神灵在仪式中必须有清晰可辨的特征。因此，仪式化内容会逐渐增加。不过，标浑萨满表演中的仪式化更为固定，满族每个氏族都有几乎固定的“让人惊讶”的仪式化。

在北通古斯人中，源于神灵特征的仪式化得到广泛施行。例如，在毕拉尔千人中，一些玛鲁神群中的神灵有各自的仪式，萨满助手和观众了解附体神灵的表现，例如：（1）一只腿的神灵——萨满表现为一个“跛子”的形象；（2）胸部生病（samγäli）——萨满表现出咳嗽捶胸；（3）当神灵苏努孙附体后，萨满会用不同的声音模仿苏努孙三代人说话；（4）我曾观察到一位多那神灵附体后，女萨满表现出肚子肿胀，就像怀孕了一样；（5）有些神灵附体于萨满后会毁坏纽扣（兴安通古斯人），拿走烟斗等，因此在表演过程中，人们会藏起烟斗和纽扣。①

在上述案例中，第四个例子尤其有趣，因为神灵是萨满个人掌控的神灵，是萨满本人创造了仪式。当然，这种仪式只能由女萨满表演。

在萨满的表演中，“舞蹈”和歌唱也与神灵特点紧密相关，并且与萨满

① 值得注意的是，在通古斯文化中，纽扣和烟斗都是新事物。

表演的其他要素相关联。这里，我将描述一些与神灵有关的副歌，这些副歌在毕拉尔千人中使用。

I. 请神（萨满演唱）与副歌（萨满或萨满助手演唱），对应特定的神灵。

（1）Adar，——adar-odin-ǰor，adar-odin-ǰor，odin-ǰor；

（2）Aŋgan，——guaŋ-go-gu-su-daĭ，guaŋ-go-gu-su-daĭ，gosudaĭ；

（3）dāril，——ogdi-xaǰȁ，ogdi-xaǰȁ；

（4）dāril（us'i dolbor），——dolbor-koǰó，dolbor-kōǰo；

（5）ǰ'erg'i，——ǰa-ǰaĭ，ǰa-ǰae；

（6）kadar，——kadaĭ-xaǰa，kadaĭ-xèǰa；

——kadar-kaŋg'er，dèvar-dauser；

——kadar-kaŋg'er，daĭsar-dauser；

（7）kadar（dolbor），——dolbor'jo-dolbor，dolbor'jo-dolbor；

（8）karol，——kau-kau-kaoi，kau-kau-kaoi；

（9）lamalaĭčen，——lamaĭ-xaǰá，lamaĭ——xāǰa；

（10）malu，——saŋk'iraveĭ-saraveĭ；

（11）n'aŋn'aŋ，——n'an'ŋaĭ-xaǰá，n'aŋn'aĭ-xāǰa；

——bajukeĭ，bajukeĭ，bajukejuja（将儿童灵魂交给萨满时唱这段神歌）；

（12）n'irgir，——k'iŋ-k'iŋg'ir-uja，k'iŋ-k'iŋg'ir-uja；

（13）s'erā ǰ'erg'i，——sērŭ-sērŭ-sērŭ，sērŭ-sērŭ-sērŭ（最后一个 sērŭ 唱得很长）；

（14）sunusun，——suĭ-du-suja，suĭ-du-suja，suĭdu，suĭdu；

——suĭlasun，suĭlasun，suĭla，suĭla；

Ⅱ. 普通的请神与副歌（不同场合请不同神灵）

（1）bajukeĭ-baijukeĭ-baijukejuja（参见娘娘神）；

（2）dafasak'i-dafasak'i；

（3）dav'i-dav'i-dav'idai；

（4）daviĭsa-kandaveĭ，daviĭsa-kandaveĭ；

（5）ǰaǰakuĭla，ǰaǰakuĭla，ǰakuĭla；

（6） gaja-gaja-(尤其在有病人的场合使用)；

（7） gawk'iraǰi-ga-ga；

（8） gijel-gijel-gaja；

（9） ir'i-uláǰa，ir'i-uláǰa；

（10）（ja-ga，ja-g'i，jaga-jaǐ）念诵三次，（ja-ga-heja，ja-ga-jaǐ）念诵两次，(在神灵讲述自身的故事、萨满表演的阶段性总结以及向神灵献祭结束时使用)；

（11） ja-g'i，ja-g'i，ja-g'i jaǐ；ja-g'i，ja-g'i，ja-g'i，jaǐ；

（12） jo-go-jo，jo-go-joi；jo-go-jo，jo-go-joi。

一种称为科库内伊的特殊副歌（kadar-丛）——káu-káu-káu，káu-ján'i-káu——可以不加选择地任意使用。当萨满因为疾病而表演时，使用的副歌是：

ja-ga，ja-ga，ja-ga-jeǐ；

ja-ja-g'i（简化形式，参见第10条）。

以下的副歌用在祈祷词（布阿亲）中：

（1） 朱拉斯吉——ja-gu-ja-ga，ja-ja-gu，ja-ja-ja-ga，jei；

（ja-gu-ja-g'i，ja-ja-gaǐ）两次

（ja-ga-ja-gaǐ，ja-ge-jeǐ）——两次

（2） 布尼勒杜——（gajámeǐ-gajaméǐ）两次

（3） 纳吉勒布日坎——（kéku-kéku-kékujá）两次

满族人也使用一些特殊的副歌。例如，通古斯（吉林）神灵附体后需要唱 jagá-jagá，或者 negá-negá，但并不使用其他的通古斯语副歌；女性神灵附体后通常使用 kéku-kéku，等等。但是，有些副歌只能对特殊的神灵使用。[1] 这些副歌的节奏不同，曲调也不同。伴随这些曲调和音乐的舞蹈也不同。例如，在满族尼玛奇氏族，萨满像通古斯萨满一样走十字步，其他满族氏族则没有这种形式。在满族中萨满（大萨满，绝非标浑萨满）会引入一些附加动作（例如将鼓抛到空中然后接住），这会对音乐节奏产生特殊的

① 参见《尼山萨满》中使用的副歌。

影响，与萨满召唤有特别能力的神灵附体有关。

当副歌固定化以后，也可能产生相应的曲调和舞蹈，此后，神歌的文本也固定化。在这些条件下，萨满表演中的仪式可能固定下来。

病人、观众与萨满本人的影响也是创造仪式丛的源泉。在描述萨满表演的过程中，我们发现，萨满的目的是影响接受治疗者，主要是成年人，方式是暗示和催眠。这些方式是萨满通过试错的方法在实验中逐渐总结出来的。萨满还会应用一些本人发明的新方法。那些关于不同神灵的，被证明有效的方法会在萨满之间代代相传。通古斯人和满族人不会犹豫使用其他族团中的有效方法。如果这些方法有效，他们会接受这些方法。所有这些方法，都是在特定的历史时刻固定下来，并作为仪式要素在不同的场合得到使用。在许多情况下，我们不能区分仪式性的行动是表演，还是无意识做出的，我们也不能确定萨满是否能了解其仪式行为的“含义”和效果。当我们分析新萨满和有经验的萨满的表演时，这一点十分清楚。但首先，我将描述这三类人群中的一些案例。

（1）首先我将描述一些治疗病人的例子

①萨满将鼓放在病人的嘴边，命令病人吐出胃中的东西或者神灵。当假设呕吐是可能的治疗方法时，这种方法几乎会在所有治疗案例中得到使用。事实上，同样的表演以简单仪式的方式发生，甚至在生病儿童太小不能回应，或者表演的直接目的不是治疗时，也会使用这种仪式，主要作用是给观众带来影响。(所有通古斯群体)[①]

②当萨满为了影响病人，加快击鼓速度以及歌唱和舞蹈成为一种仪式，但萨满并未感到自身已处在入迷状态。这种方法可能成为一场萨满表演的

① 在这些案例中，鼓得到特殊的应用，在兴安通古斯人中，当萨满表演去往上界的仪式时，会用力击鼓三次，然后举起鼓；当表演去往下界的仪式时，萨满会做向下的运动，共三次。当病人背部或胸部疼痛时，萨满会在病人的疼痛处击鼓。如果病人胳膊疼痛，萨满会吹鼓中的一个洞，人们认为离开病肢的神灵会通过此洞离开。如果萨满想伤害人，会使用鼓：萨满首先会在胸前上下移动鼓，然后转两圈，象征十字形。为了送走神灵，萨满会使用鼓做一系列快速的动作，貌似神灵正在被送走。在毕拉尔千人中，人们认为可以用鼓搜集病人器官中的坏血液。

构成部分，成为一种没有直接目的的要素，这种表演总是在特定的环境下进行。（所有的群体）

③萨满拿着铜镜悬在病人的身体上方移动，并触碰病人的胸部，这是一种暗示性动作，当病人相信侵害自己的神灵可以移至铜镜并可由萨满中立时，这种暗示是有效的。萨满和观众拥有同样的观念。但是，如果没有信仰的话，这一操作可能仅是一种形式，萨满实践这一过程的原因，仅是出于传统。（满洲的通古斯人，满族人）

④萨满从病人的不同身体部分吸吮血；病人、萨满和观众相信吸吮出血的同时，也吸吮出神灵。但是，甚至在未真诚地相信有效性的前提下，这一操作也可能在相似的环境下进行，表演中主要活跃的要素是与吸吮有关的新方法，但并未仪式化。（满族人）

⑤为了送走居于病人腹部的神灵，萨满会在病人的腹部或背部放上一把刀，并用斧头锤刀。这一做法应该不会伤到病人的腹部，因为这种操作在肉体上是不可能的，因此这一表演只是一种仪式（目前很少使用）。很可能的情况是，这种方法是萨满使用的把戏，观众和病人并不了解。在重复使用的过程中，由于这种方法并非艺术上的表演，病人和观众不再相信萨满，尽管它是与特定神灵关联的正式仪式的一部分。（满族人）

（2）观众的例子

①为了创造大众入迷，观众重复唱副歌，通过速度的加快、紧张度的加强和表达强度的高涨，观众的情绪逐渐增加。这是一种产生入迷的技术方法，通常与表演的重要时刻相联系。由于有上述要求，观众对模式即仪式进行回应；但是，如果观众不认为这一时刻真的重要，就不可能产生真正的入迷现象。这是一种普遍现象，因为表演的重要性和关键要素会转移到表演的其他部分，入迷也随之必须延迟。因此应该产生入迷的整个操作可能仅仅变成一种正式的仪式。（所有群体）

②在表演的过程中，仪式的参与者感到自身与萨满召唤的神灵接触了；因此观众会做净化仪式，这个仪式包括穿过带有钩和缺口的器具，人们认为神灵会停留在器具中。当萨满与下界的危险神灵接触时，观众经常做这

类仪式。但是，我观察过一个案例，当时萨满并未与危险神灵交往，而是正在与祖先交流，但观众仍然做了净化仪式，因为“萨满正在与下界的神灵交往”。这种净化已变成一种仪式，其最初的意义已经被遗忘。（巴尔古津通古斯人）

③在萨满表演中，有九位参与者将自身想象为神灵的九种表现形式的神位，跟着萨满有节奏地舞蹈。这形成一种十分复杂的表演，萨满与观众的心理相互交织。但是，我曾见过只有七位观众参加的案例，这些观众根本没有入迷，其中几名观众互相开玩笑。因此，这只是一种公开的仪式。（毕拉尔千人）

（3）萨满的情况

①萨满的目的是让自身进入入迷状态，这种状态可通过不同的方式达到——有节奏地击鼓并不断增加速度、唱歌、“舞蹈”甚至喝酒。做完这些准备，人们认为，萨满处于入迷状态时，拥有看见和听见神灵的能力。不过，正如观察表明的，萨满并非总能达到完全的入迷状态，但会表演入迷所需要的一切表现，包括特殊的身体抽搐等。当观众扰乱萨满时，萨满根本不能达到入迷状态。这是萨满和观众都了解的事实。尽管如此，每一次萨满实践都包括召唤神灵和神灵附体的表演。因此，这种操作至少在某些情况下已经成为一种仪式。（所有群体）

②人们认为，火神附体后，萨满对最强的热度失去感觉，如果萨满入迷，这是十分可能的。不过，正如前文所述，这并非普遍现象，但火神经常被求助帮助治疗。萨满设法使观众相信神灵附体会操控火、炽热的铁等等。所有这些操作都在不伤害萨满的情况下进行。观众绝不相信这些操作，但萨满仍进行这些操作，因为其他萨满也使用这些方法，而且已经成为一种仪式化的形式。（满族人、汉人）

③后文将会表明（参见第 29 节），神灵附体后，萨满会入迷，这是一种十分让人感到无聊的操作，因为在晚上萨满仅能产生十分有限的几次入迷。在模仿氏族“祭司”的过程中，满族萨满建立了每年一次的重温每位氏族神灵的实践（每年第二天），在此过程中，萨满应该让神灵一个接着一个附体，无人相信萨满可以做到，因为每位满族萨满可能掌控 60 多位神灵，

但是萨满会表演得像神灵附体一样。因此，神灵附体仪式已经成长为单纯的、完全的仪式表演，是一种派生性的文化丛。（满族人、汉人）

④萨满自然了解所有接近他（她）的神灵。在满族人中，神灵的数量很大，这部分源于书写系统的影响（参见后文，第 125 小节）。人们认为（一种理论!）新萨满必须了解所有的氏族神灵，因此在模仿性表演中，萨满必须能够说出所有神灵名字，并让神灵附体。年长者和过去的萨满助手不应该告诉新萨满神灵知识。在表演开始后，新萨满不能说出所有神灵的名字。不过，出于对新萨满的需要，年长者和过去的萨满助手会暗示萨满候选人，最后他能表演这一形式。因此，萨满承担使命的重要时刻转换成一个仪式。（满族人）

⑤当萨满的灵魂离开身体很长一段时间，达到无意识状态（甚至萨满的体温会降低，同时脉搏的频率降低，强度减弱）时，萨满不能站立，处在跌倒状态。不过，萨满并非在所有的这类表演中都能达到这种状态，他们会跌倒，表现出无意识，在一段时间内不能回应观众和助手，这足以表明唤回萨满的难度。因此，至少在某些情况下，萨满的无意识情况仅仅是一种仪式。（所有群体，尤其是满族人）

⑥在表演之前，萨满会躺下来，睡上几个小时。萨满这么做有两个目的，即在困难的表演之前休息一会，同时通过梦获得启示。但是，萨满通常情况下根本不会睡觉，而仅是装作睡觉。在所需的时间结束后（事实上不到一个半小时），萨满跳起来，就像萨满在睡眠的过程中神灵附体，甚至萨满在不能入睡时也会进行这种表演——如果萨满表演不难的话。因此，严肃的萨满表演的事前准备已经成为一种仪式。（满族人）

我认为，这里不需要过多说明的是，管理病人、观众以及萨满本人的最重要心理方法已经转变成一种仪式。不过，在大量案例中，相同“仪式”中的有效方法，可能逐渐沦为简单的形式。这主要取决于族团和萨满个人，在一个族团中某种方法并非仪式，而在另一个族团中则可能成为一种仪式，在第三个族团中可能变成一种即将消亡的形式。

这些方法是如何转换成一种仪式的，答案似乎如下。第一，对萨满教的普遍批评态度摧毁了维系特定方法的必要心理要素；第二，当某些方法不能如从前那样起作用时，例如在其发明者所处的环境中，可能会转变成仪式；第三，引入的新方法代替了过去的方法的作用，而过去的方法作为仪式保留下来；第四，这些方法有时被刻意转换成固定的僵化仪式。事实上，尽管我们在通古斯人的萨满教中可以观察到上述所有情况，满族仪式更有趣，由于受强烈的外来影响，它以十分惊人的方式体现了上述所有案例中的情形。随着新方法的不断引进，满族萨满教的操作方法也以书写的方式固定下来。

值得注意的是，一种达到目的的新方法有时并不包含大量新仪式，而是在萨满表演的某一个时刻添加一些短语和行为。而且，仅包括仪式的萨满实践在总体上可能是有效的；与著名的典礼和喇嘛教的仪式相似，它可能影响观众和病人。此外，萨满教产生功能效果的一个重要因素是持续地再模式化，通过不断的遗失机制①，萨满通过原创和发明可以防止萨满教变为无效的单调仪式。与这一机制相对应的另一种机制是维系机制，例如满族的萨满将萨满教变成一种无效的仪式形式。接下来，我将讨论通过书写记录和图像固化萨满教方法和理论的例子。

125. 满语书写的影响

作为一种心理管理的方法，萨满表演文化丛的形成和发展可能成为萨满行动的基础，只要这种表演文化丛未受到强大的族际压力的影响，并且未固定，就是一种拥有很大弹性的适应机制。固定化可能有两种形式，一种是通过理论合法性维系的良好的口头传统与模仿形式，另一种是像书写形式那样的机械传承。固定化这一信念由保存管理萨满和神灵之间关系的已有方法的需要所激发。事实上，如果有简单的固定化方式或者记忆的方法，它们能立刻得到使用。不过，这种固定化会随后产生不再被人们理解的后果。

① 此处提及的“遗失机制”和第696页提及的“变迁的机制”是关联的，与“维系机制”是萨满教文化丛在适应环境而发生变迁过程中体现的两个基本要素。——译者注

16 世纪末，满族人开始使用现在的书写方式。但是，在目前的书写方式之前满族人曾使用其他书写方式，例如蒙古字母表、正字法、直接使用汉字并用女真的语音读出，还可能包括一些其他系统。但这些系统只在数量有限的人群中使用——受过较高教育的社会群体。满语字母表的引入与传播发生在 17 世纪。我们可以认为，萨满表演这时开始发生仪式的固定化，即萨满表演的“僵化”。

在“氏族”术语变化的例子中，我们可以观察到固定化方法带来的影响：表示“氏族”的新术语被创造后，对应的现象继续存在；不过一旦氏族确立下来，这种现象就失去其重要性（参见《满族的社会组织》与《北通古斯人的社会组织》）。这是满族人出于管理实践的需要，第一次对变化的社会现象加以固定化。稍晚一些，18 世纪，氏族仪式固定化的观念出现，乾隆帝完成了这一过程。乾隆帝对这一固定化过程进行“合理化”，说满族人可能会忘记管理氏族神灵的方法。事实上，这一举措包含两个明显动机，即：（1）为了维系满族文化丛，防止族体意识丧失，加强与汉人之间的对立，我认为这是乾隆帝采取这一举措的主要原因；（2）害怕丢失已被证明有效的控制神灵的方法——在乾隆帝心中，这种特殊考虑可能不是真正原因，只是一种“合理化”说明，在满族人心中确立合法性解释。不过，正如我已指出的，这一举措也可能有其他原因，即创造给人印象深刻的表演，让汉人留下深刻印象。正如我指出的，这一固定化，通过满族氏族文本乔罗和阔利，记录神灵的名字和仪式。可以断定满族各氏族对宫廷萨满仪式的模仿，但由于这一判断只是依据氏族神灵、祖先神灵以及一些诸如撮哈章京这类其他神灵，我们不敢肯定当时满族氏族的神灵是否为了接近宫廷的神灵，在某种程度上经过了筛选。由于神灵和仪式在所有的氏族中并不一致，不同氏族并非以相同的认真程度记录上述内容，因而不同氏族的仪式呈现差异性。正如我们所见，一些氏族将神灵附体的文化要素保存在标浑萨满身上，这与宫廷的萨满模式是相对立的，其他一些氏族将神灵分为日路神灵和夜路神灵，大多数氏族中并不包括宫廷献祭的神灵萨可亚姆尼（Sakyamuni）。氏族的萨满称为标浑萨满，而非哈拉萨满，这并非偶然，这表明一个有趣的事实，即标浑萨满制度也就是功能上的氏族萨满，源自哈拉（表示氏族的旧词语）不再表示实际“氏族”（一个外婚制单位）的时代。因此，标浑萨满制度出现得十分晚，我认为满族人到18世纪才有标浑萨满。复杂的仪式化需要一位塔萨满，特定数量的萨满以及数量众多的助手，如果没有这些表演者，仪式不能得到表演。表演者为氏族提供专门的服务。但是氏族（现在称为莫昆）人数不够多，没有能力维系复杂的仪式和大型的典礼。因此，标浑萨满文化丛的功能甚至在满族人解体以前就衰退了。我们也发现，大量的满族氏族失去了自身书写的乔罗和阔利（仪式），许多氏族萨满的表演成为一种静默的仪式。在汉人影响下，这种固定化和“贵族化”的萨满教正在消亡，尤其在清朝的建立者觉罗氏家族衰落的影响下，这一过程正在加剧。

尽管有氏族仪式的存在，萨满教仍像早期一样延续。其实，自从引入氏族“祭司身份”后，萨满教的心理需要、社会功能，以及满族人一般的理论观念在本质上未发生改变。为了区分未经规范的萨满教，满族人称真正的萨满为阿木巴萨满（大萨满），而且这一文化丛的进一步变化正在持续，后者不仅没有消失，反而由于特殊的因素愈发丰富。这些特殊的因素之一即是新的固定化的可能性。毫无疑问，当氏族神灵和仪式固定化时，萨满了解到很多新神灵。其实，在萨满教的神灵谱系中，包括大量去世后成为神灵的萨满，也包括新的外来神灵。此外，带来心理影响的仪式和实践方法也源自族际环境的不同资源——主要有汉人、部分蒙古人以及北通古斯人。因此，目前的萨满教文化丛中是否有许多十分古老的神灵和方法（这些因素被持续排除）是值得质疑的。以新的书写方式记录的一切事物对满族人而言都是有吸引力的，包括欧洲人在内的许多族体都是如此。因此，满族人开始书写记录。不过，萨满之间的个体差异和一直发生的变化情况，不允许将一切事物加以记录。有一个例子，《尼山萨满》中的表演记录明显给同时代人和年轻一代留下深刻印象。这种事实是一种无意识的，很可能是一种持续几天的昏睡现象，尼山的干预以及病人的恢复是十分可能发生的。尼山的助手可以记住萨满实践的文本，这些助手的名字也被保留和传播下去，首先是口头传承，然后是书面记录。如果这个记录保留下来，其他的记录也会逐渐增加，后者模仿前者的模式。氏族神灵和仪式的记录受阿木巴萨满的神灵和仪式影响。

而且，还有一种神灵和仪式固定化的方式，即图像努尔干。当神灵数量不多时，满族人不需要制作许多神位，但当神灵数量达到数十个，而去世萨满掌控的神灵没有特殊的神位时，需要对神位的形式进行简化。由于佛教神灵和道教神灵都用图像表示，因此满族人开始通过图像记忆萨满教神灵，其数量不断增加。当神图不能充分表达萨满教神灵时，满族人还会制作额外的神灵单子，在身份承认仪式上，新萨满会唱诵所有神灵的名字。最初，神灵的名字保存在记忆中，接着被书写下来。目前，大量的满族氏族中都有这类关于神灵和祈祷词的单子。这些单子的功能是有助于记录仪式。

神灵、祈祷词与仪式带来了“一定影响”，如果萨满想根据心理变化、神灵理论的变化情况进行创新，或者删除某些可能成为文化丛负担的要素，都是不可能的。萨满教书写记录方面的专家，需要一种特殊的严格性：如果新萨满想有效地影响神灵，就必须严格遵守老萨满定下的规矩。在一些满族姓氏中，萨满教文化丛已经发展到超出了萨满教有效性的实践需要的极限，逐渐变成一种繁文缛节。事实上，神灵的数量已经增加到萨满不能表演所有神灵的附体。像喇嘛教的服务一样，萨满自动重复唱词。给病人、观众以及萨满本人带来心理效果的方法转换成职业化杂耍者的把戏。在一些满族姓氏中，萨满教的这一状态并不仅仅是由于固定化，也有其他原因，但仪式固定化是导致满族萨满教失去功能效用的重要因素之一。

不过，在书写过程中，并非萨满教的全部细节都能得到记录和固定：与神灵沟通时，为了带来必要的心理效果，萨满仍有一定的自由选择度。一些萨满强调与仪式化无法关联的某些方法，通过这样的方式在仪式化之外维系萨满教的效果。这种情况的效果之一就是萨满的表演有时可以持续几天，最后让人厌烦，失去有效性。这也是标浑萨满引入书写氏族神灵仪式后的结果。不过，萨满会使用新的方法管理氏族的心理平衡。我们可以假设，在阿木巴萨满的名义下，萨满教会继续生存。萨满教很可能以第三个名称生存下去，甚至在目前萨满教的仪式化之后也是如此。后文我将继续讨论这一问题。

由于书写系统的存在，萨满表演的仪式化在满族人中比在北通古斯人中更为普遍。因此，满族萨满表演给人带来的印象与北通古斯的萨满表演不同，后者更“让人感动”、更“诚挚”。

126. 各类维系萨满教的机制

作为一种心智平衡的自我管理机制，满族人和通古斯人并未认识到萨满教的复杂功能。在长期适应的过程中，萨满教文化丛在其功能未被理解的前提下形成。族团通过萨满表演感知萨满教，我们需要进一步探求的问题是，就族团的心理而言，哪些因素保证萨满教文化丛的存在。现在，我暂时搁置影响萨满教文化丛存在的负面因素，留待在本部分的结论中讨论。

现在有四种要素维系萨满教：(1) 就治疗心理失衡而言，对病人和氏族成员的实际效果；(2) 萨满教的社会方面；(3) 表演的“情感”和特殊的美学方面；(4) 了解新事物。

萨满教的治疗力量前文已讨论，我不需要讨论相关细节，满族人和通古斯人所做的大量观察十分可信，萨满的干预十分有效，包括个人困扰和大众困扰。当萨满治疗失败时，人们通常不将原因归为萨满教和萨满，而是归于特殊的神灵，萨满没有能力击败这些神灵，因此，萨满教的积极效用和表演实践功能是维系萨满教的最重要因素。

萨满教的社会维度也是维系萨满教的重要因素。其实，萨满表演是聚集社会成员和其他人的最好场合。我已经介绍，通古斯人和满族人在习惯上是合群的，他们喜欢会面并聚在一起共餐。不过，在萨满表演中，氏族成员和外来者的利益之间有重要差异。前文已介绍，氏族成员中很容易发生心智失衡，许多其他氏族成员容易受影响。如果萨满能够掌控新的神灵，氏族成员必须决定掌控神灵；如果不能掌控神灵，则需要压制神灵。代表整个氏族的萨满表演自然是一种社会行动，如果可能的话，萨满需要所有氏族成员的帮助和到场。因此，这类萨满表演是维系氏族团结的重要因素。由于这里描述的人群是社会性的，萨满表演是他们获得社会情感的有效路径，进而维系社会团结，正如前文所述，萨满表演中出现的大量神灵都是氏族神灵。能够猜出氏族成员心意的萨满会在恰当的时间举行表演，相较于需由氏族主导的萨满而言，他们更受欢迎。一位有能力的萨满，即能够抓住氏族成员心理的萨满，可能会成为氏族中有影响力的成员，作为氏族社会生活的核心，甚至受到人们的爱戴。

不过，在因萨满表演而聚集的场合，即使萨满不与氏族神灵沟通，外来者和氏族成员也会产生社会团结感。从对萨满表演的描述中，我们可以发现，在集体行动中，每一个体都是演员和参与者，在表演的过程中，个人会因集体行动而认同为群体的一员，会在日常生活中获得新的道德支持，可能将外来的表演参与者视为能够提供帮助的同一共同体成员。在实践中，通古斯人的生活中没有许多聚集的场合，由于通古斯人的人口不多，婚礼相对较少，定期的商业贸易也少，因此，萨满教实践很可能是唯一的社会性表演的场合，其发生的频率相当频繁。当有聚集机会时，例如婚礼和年度贸易，几乎每个人都会参加表演。其实，作为社会集会的理由，萨满教表演受到社会的普遍认可。

通过对萨满表演的描述，我们发现，观众的情绪会受到很大影响，真正意义上的大众入迷很容易发生。这种情感状态显然会留下特定的快乐记忆，有过此种经历者会不断重复这种经历。从情感的观点看，尽管萨满掌控并巧妙地操纵神灵，亲近神灵的感觉在很大程度上吸引参与者。其实，这种情感比简单戏剧表演或者阅读小说带来的感觉更强烈，因为在参与者的眼里，神灵是实体，有时是十分危险的实体。与神灵沟通的萨满表现得无所畏惧，也会产生情感效果。很明显的是，能够带来这种效果的萨满会被视为优秀的萨满，作为这类情感来源的萨满教获得接受、赞同和支持。

萨满表演产生的美学情感也是巨大的。通过对萨满表演技术的描述，我们发现它包括各式各样的音乐以及“舞蹈”。萨满音乐尤其得到了很大程度的发展，整合了不同来源的声音，包括萨满的歌唱，以及不同速度、节奏甚至曲调的合唱。有时候，萨满表演听起来像十分复杂的管弦乐队交响。其实，这种音乐回应了通古斯人的音乐理解，似乎只对有音乐感受力者有效。萨满表演不包括意大利文化丛中的咏叹调、咏叙调和短抒情调，不包括欧洲音乐文化丛（这里的音乐文化丛是公共意义上的）涉及的浪漫曲和其他形式。其实，当曲调和形式表现出巨大差异时，由于得不到理解，音乐是不能产生美学效果的。[①] 我们现在不能判断萨满表演中的音乐被感受到后，是如何被理解的。如果它被理解，就能得到欣赏，如果不被理解，就会以随意的托辞遭到拒绝。如何达到对音乐的理解是另一个问题，但对于大多数人而言，对音乐尤其是外来音乐的理解，是不成问题的。[②] 当听到萨满教音乐时，通古斯人已经习惯了乐器与曲调，表演所传达的一切在观众中产生巨大的精神紧张。这种情感比简单的听者的感受更强烈，因为在场者不仅有听众，而且有表演者。在较小的程度上，这种观念也可用来解释萨满和参与者（很少情况下）的“舞蹈”，由于技术困难，萨满表演中“舞蹈”十分贫乏。但是，萨满动作的节奏、步法的变化等也会产生一定的效果。

所有通古斯人都十分喜欢优秀艺术家式的萨满，甚至在不进行萨满实践的情况下，例如巴尔古津通古斯人的婚礼上，人们也常请求嗓音好的萨满唱歌。一位优秀的艺术家式萨满会更加成功地达到表演目的，审美能力较差者可能更多地仅被视为萨满。其实，在大多数案例中，通古斯人并未意识到如下事实，即审美所带来的情感使观众和病人更容易受萨满暗示的影响。不过，除了美学情感的实践效果，美学情感本身也会吸引参与者。喜欢音乐的通古斯人和满族人不会错过萨满的表演。如果通古斯人和满族人参与到表演过程中，这种表演的吸引力则更强。所有的通古斯群体中都能找到这类人，我曾观察到一些热衷参加萨满表演的男性和女性，似乎主要是出于美学的原因。因此，萨满表演是唯一的音乐和舞蹈的集体表象，例如，一些通古斯人中依然流行的围成一圈的歌舞活动，在满族人中已被放弃。这是萨满教作为文化丛得以维系的第三个要素。

---

① 如《牛津音乐史》中说穆索尔斯基“的风格给西方人的印象是野蛮丑陋”，像贝多芬这样的作曲家敢于创新，长时间受到轻视，直到最后被“理解”，从民族志学的角度看，这十分有趣。

② 在习惯通古斯音乐之前，外来者的“耳朵”不能感受到通古斯音乐的某个部分和整个文化丛的某些曲调（参见前文第 464 页），甚至没有对萨满音乐进行记录的技术可能性。我认为，只有伟大的作曲家、优秀的分析家以及技能娴熟的配乐者能够掌握这种音乐。

维系萨满教的第四个要素是观众可以了解神灵的性质和活动，以及驱逐神灵方法的重要信息。尤其是比较困难状况下的萨满表演，提供了许多关于精神秩序的新信息。因此，萨满表演满足了通古斯人渴望学习知识的自然倾向（参见《北通古斯人的社会组织》，第 13 章），这是通古斯人性格的本质特征之一。还有一些人不是由于学习和观察的兴趣而被萨满表演吸引，吸引他们的可被称为“人类对新事物的渴望”，即“爱闲聊”的一种变化说法。

因此，我们可以发现，不同心智丛的个体都可从萨满教中获得满足：对于功利主义倾向者而言，萨满表演可以缓解心智失衡；对于有强烈社会情感者而言，萨满表演可以促进氏族和敌对者的团结；对于有强烈审美感受者，可以有机会经历情感体验；最后，有强烈愿望学习知识的人，在每一场表演中都能获得新的知识。事实上，只有很少一部分人对萨满表演漠不关心，甚至持负面态度。后文会指出，这类人在通古斯人甚至满族人中不会有强烈的影响，除非有强烈的族团解组过程影响到通古斯各群体的整体文化丛。

对萨满教的进一步详细分析可能会揭示其他一些维系萨满教的机制。不过，这部分讨论已充分说明，有些特殊要素或多或少维系着萨满教实践。我将它们视为萨满教持续实践的维系机制，因此它们是萨满教的构成部分。这些要素不能被抽象概括。它们逐渐创造并形塑了萨满教的面貌。如果可以比喻，这些要素可被比喻成男女两性细胞创造新生命之前的派生性现象。派生性现象，如“爱”的感觉、求爱的外部形式、婚姻的社会制度、婚礼等，是拥有特定文化形式和体质特征的人类群体的再生产机制。如果我们在人类群体内部看问题，派生性要素不能加以抽象。如果从选择性过程看，通古斯人萨满教是心智丛自我管理功能的“行动”。这一功能容易被忽视，因为还有许多其他原因让萨满教有吸引力。这些派生性要素帮助萨满教维系自身，同时也构成萨满教的复杂功能。但是，如果没有适应性的原因，萨满教就不能维系，从长远的观点看，萨满教会被一种更为复杂的要素摧毁，也可能由于族团的衰落和同化，萨满教不再有受众。不过，在上一次俄国人和汉人的强势进入前，萨满教在本人考察的通古斯群体中显然是有生命力的。后文会指出，目前通古斯人（以及满族人）在族际压力下正经历解组，显然原因并不是缺乏内部的功能适应。

第 28 节　萨满的选择

127. 萨满的传承

我已在不同场合提到，除满族的标浑萨满，还有两类不同的萨满，分别是依靠氏族存在和不依靠氏族存在的萨满。这两种类型的萨满都称 saman-šaman，但在一些群体中这些萨满有专门的称谓。因此，在满族人中，人们将标浑萨满与氏族的、独立的萨满区分开，后者称阿木巴（“大的”）萨满。但是，在满族人中，所有的萨满都与氏族相联系，当氏族中没有萨满时，满族人也会求助于汉人或达斡尔人中的萨满。关于达斡尔萨满，我不能断定他们是否与氏族相关，在满语中，阿木巴萨满前面可以加上哈拉莫昆（氏族）以强化含义，即哈拉—莫昆萨满或哈拉—莫昆伊阿木巴萨满，即氏族的大萨满。①

在后贝加尔地区的通古斯人中，“shaman”一词适用于所有萨满，但同一氏族中不能同时有几位萨满，其中某位萨满可能被认为更有能力。这些萨满认识相邻族团的萨满，也包括其他氏族的萨满。在满洲的通古斯人中，萨满之间有明确的划分，氏族萨满称莫昆萨满（毕、库），个体性萨满称多那萨满，即外来的萨满。萨满的能力不在于是否属于氏族，而在于个人。当讨论新萨满的形成过程时，可以更明显看出这一区别。

萨满教的功能在氏族内部传承，因此必须采取特定的传承模式。但情况并不总是如此。

尽管后贝加尔地区的通古斯人中并未明确禁止一个氏族同时存在两位

---

① 这一术语给人带来混乱的印象，其实不然。事实上，我们已经发现，标浑窝车库在氏族外婚单位中起作用。这些神灵由“祭司”负责沟通，这些神灵不是氏族或家（bao = bō→bōiγun→p'oγun）之外的，而大萨满掌控的氏族神灵可能离开氏族范围，去往他界，甚至消失。但是，在萨满的一生中，神灵会一直伴随他，只要这些神灵得到认可，就是氏族神灵。因此，这些神灵称哈拉莫昆伊窝车库，标浑窝车库与哈拉莫昆伊窝车库是外婚氏族的神灵，满族人将这些神灵分为掌控的神灵和未掌控的神灵，持久的和流动的神灵。

萨满，但这种情况从未出现过。通古斯人说，如果某一氏族中有两位萨满，年老的萨满很可能会死去。[1] 萨满身份可由祖父或其兄弟传给孙子或孙女，也可由祖母传给孙子或孙女。不过，萨满身份也可能传给氏族的其他成员，但总是隔代传承。兴安通古斯人和其他群体中也有同样的行为，但在满族人中我没观察到这种情况。萨满隔代传承现象不具规范性特点。事实上，通古斯人的氏族成员数量并不多，其中必须有一人承担萨满角色；萨满活动通常会持续一代人以上的时间，因为萨满承担角色的时间很早，直到其去世或失去效用，一般情况下要经历 30 多年；到那时萨满的儿子因年老不能承担萨满角色了。此外还有一个原因，萨满的儿子要负责照料其父亲，不能同时承担两件事，即狩猎活动与周期性的萨满仪式，因此，由于萨满通常是需要年轻人的物质支持的，所以父亲和儿子不能同时当萨满。很明显，目前的实践不是萨满合法化的传承形式。

居住在大家庭中的满族人，儿子和父亲可以同样的生活方式谋生，即花时间和精力承担萨满功能。满族人中最普遍的情况是萨满角色由父亲传给儿子。如果萨满没有儿子，则会传给兄弟的儿子（侄子）。我们在满族人中发现，萨满有明显传承给男性成员的趋势。女萨满的儿子更可能当萨满，当然如果女儿因神灵生病，也有可能当萨满。女儿继承父亲萨满资格的情况十分少见。而且，在满族人中，如果萨满生前与其他氏族的神灵建立联系，或者神灵同意离开氏族，也可能由其他氏族成员承担萨满资格。

萨满的传承包括掌控去世萨满留下的神灵。因此，神灵会对谁成为主人感兴趣。在满语中，这一过程称“巴尔吉亚哈窝车库”（聚集神灵，召集神灵）。如果氏族中无人想掌控神灵，或者没有人有能力掌控神灵，这些神灵可能由氏族之外的人“搜集”。满族人将氏族外成员领神称“恩古哈拉窝车库巴尔吉亚罕英嘎”。这类人可能是具有相同神灵的两个氏族的成员，也可能是去世萨满生前经常帮助的外氏族成员。受萨满帮助的家庭称扎鲁姆包或扎伦包（ǰarumbō = ǰarun bao），家庭成员应该熟悉萨满的神灵。如果无人能够掌控神灵，或神灵带来伤害，熟悉情况的萨满也可能接受神灵。

① 有一次，我听说一位做仪式的萨满受到了其侄子（兄弟的儿子）的干扰，后者想当萨满。

如果外来者（新萨满）能带走神灵，满族人（以及一般意义上的通古斯人）会很满意，因为在人们的观念中，这些神灵是真正的负担。[①] 但是，情况并不总是如此，神灵可能归来。如遇这种情况，氏族成员会要求萨满“搜集”神灵，萨满会承担氏族萨满应尽的义务。在这种情况下，新萨满可被视为氏族成员之一。更确切地说，是外氏族萨满照顾的家庭成员，此家庭是与萨满有关系的扎鲁姆包。这些神灵可能会成为两个氏族的共同神灵。通过这一方式，萨满传承可能在不同氏族间流动，因为氏族神灵是不固定的。

在所有的通古斯群体中，获得萨满资格的女性迟早会嫁给其他氏族成员，随着脱离氏族组织，可能会放弃所掌控的神灵，不再与神灵沟通。这一观点是不正确的。其实，女性婚后仍会与娘家氏族保持联系，她们有自己的神灵，在必要的情况下，会得到娘家氏族的保护（参见《北通古斯人的社会组织》与《满族的社会组织》）。如果一名女性成为萨满，她需要应对其娘家氏族所有与神灵沟通的需求，女萨满死后，其神灵将会被娘家氏族的成员“搜集”（我们需要记住，在满族文化丛中，萨满来自氏族成员，尤其是扎鲁姆包的家庭中），承担萨满角色的人可能是女萨满父亲的孙子。不过，也有一些情况是，女萨满婚后也会作为“外来者”，掌控其丈夫氏族的神灵。

由于这个事实，如果没有反对意见的话，女性更容易成为萨满（后文将会论述），女萨满十分普遍；但是由于女萨满所掌控的神灵会与其娘家氏族（心智状况）捆绑在一起，作为一种不严谨的规律，萨满在传承中会出现隔代现象。事实上，这类萨满传承有不同的组合方式：（1）两个氏族神灵是否相同（卡普奇氏族）；（2）女性萨满的职责是否由其儿子传承；（3）氏族中是否有二元组织（参见《满族的社会组织》，第 370 页）。我不再描述所有可观察到的组合，因为它们很明显。这里我想举个例子。

还有一些萨满资格传承情况，即从母亲氏族（纳克楚或古辛）的年轻男性中寻找萨满接班人。在这种情况下，如果人们反对由女性继承萨满资

---

① 如果神灵不再活跃（不再有心智不平衡或任何个人困扰），人们则相信，氏族神灵永远地离开了，不会再产生新萨满。

格，萨满资格的传承就会按照“伴性遗传”的方式进行，满洲的通古斯人常说：“这类萨满是优秀的。”一般来说，如果“萨满—祖先”既有父亲氏族的，也有母亲氏族的，这类萨满是优秀的。为了满足人们的愿望，萨满传承会按照氏族序列进行，但这绝不是固定规范。

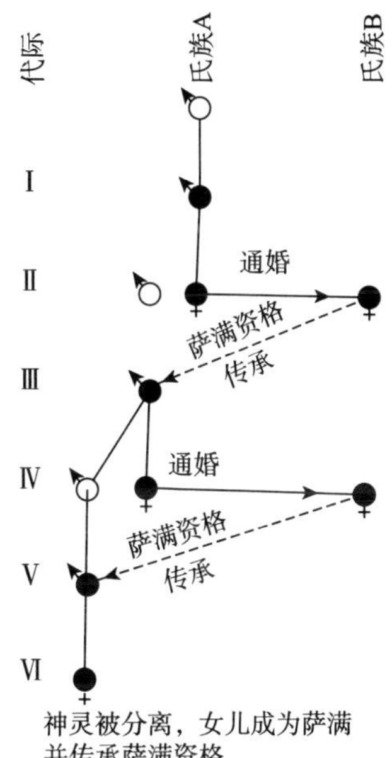

上述事实呈现了萨满传承的某种趋势，但如果考虑具体的实践（一个氏族不需要两位萨满），社会组织系统（如二元氏族）、氏族神灵的专门化以及新神灵的侵入，导致萨满资格的传承并未形成一个十分严格的、详细的规范体系。

如果萨满资格脱离氏族组织，其传承就毫无规范可言。了解萨满的人或熟悉萨满神灵的人都可能成为萨满。不过，这种情况的萨满传承仍有局限在氏族范围内的趋势。

除了形式上的萨满资格传承，还有萨满知识传承的一面，这可发生在新萨满承担萨满角色前后。第一种情况是，年老的萨满可能会选择一位继承者和自己一起工作，为其日后承担萨满功能做准备。这种“教育”可能会持续很多年。但是，还有第二种情况，年老萨满被迫去培养一位不由他（她）选择的人。因此，在年老萨满的生命中，如果候选人表现出当萨满的倾向，老萨满会“培训”候选人。这种培训，可能发展为后文将描述的特殊文化丛。如果潜在的候选人是一位聪明的、善于观察的人，则能够对理论和事实进行总结。这种情况十分普遍。

128. 成为萨满的个人条件

与萨满候选人的个人条件，即掌控神灵、健康状况和成为萨满的愿望相比，萨满资格的传承机制以及“培训”的重要性不大。后文对萨满一般心智状况、神灵体系以及表演的描述明显表明，并非每个人都能成为萨满。我观察到以下案例。

案例 1. 1915 年，瑷珲附近的满族村庄中，我观察到一典型案例（我翻译如下）。“一位妇女的祖父和父亲是萨满，这两位萨满去世后，留下他们所掌控的神灵（窝车库）。神灵附体于这位妇女，她开始颤抖（就像萨满那样）。人们说必须选择一位新萨满。但是，氏族成员不想让这位妇女当萨满。然后，人们邀请一位萨满调查这一事件，询问神灵并宣布考验，因为氏族中的其他人（男人或女人）可能成为萨满。氏族成员选择等待。与此同时，神灵再次附体于妇女，将其带到森林中，进入山中。氏族成员跟着这位妇女，她迅速爬上树，坐在树梢上。男人们不能成功让她下来，返回家中。然后，这位妇女完全消失，八天之后，这位妇女返回家中，并强调‘我一直呆在家中’，事实上她并不在家中。接着，她拒绝吃饭喝水。此时她一定要成为一名萨满。在一年的时间内，人们为她准备了萨满服、木制器具和一支矛。此外，还要准备向萨满所掌控神灵献祭的一头猪和馒头。在这一年中，年老的萨满会培训她。”

这个案例十分简单，是神灵侵扰了这位妇女。她想成为萨满，并根据萨满候选人的模式行动，她抽搐、逃跑、爬树、拒绝食物、“忘记”所有事情。这看起来十分像严重的歇斯底里。因此如果没有其他竞争的候选人，这位妇女经特殊的训练，可以成为萨满。这一过程在治疗妇女的同时，也避免了氏族神灵对其他氏族成员的困扰。

案例 2. 这一案例包括几位候选人。这里我将描述萨克达氏族（sakda，又称 sādā，满语口语）萨满的历史，我曾记录下来，并翻译如下。

大太爷曾是政治领导（固塞达，书写为固萨伊达），骑着红色马。元丰 老爷是主要神灵，向他索要这匹红马（作为神灵坐骑，或者杀死马后释放灵魂，献祭给神灵），这位政治领导从梦里得到这一启示。他拒绝献给神灵这匹马，这匹马立即死去。大太爷开始发狂，攻击人们并喊叫。诊断的萨满说大太爷必须成为（学习）萨满。大太爷拒绝承担萨满资格。他跳到屋内的棚顶，双腿挂在房梁上倒立，头朝下。随后，他同意担任萨满。这位萨满有四名助手（栽利）引导他，类似衙门中的关系（对主要官职的顺从）。在这个氏族中，外部萨满是不能插手氏族事务的，一般来说，氏族成员也不能求助于外氏族萨满。在大太爷成为萨满的过程中，神灵（窝车库）说，氏族成员不能接触不属于萨克达氏族的萨满。神灵坚持要一匹红马，花费了100两银子（因此，大太爷成为一名萨满）。这位神灵十分凶狠、严厉，不喜欢其他萨满。其他萨满在很长的一段时间里都与这位神灵斗争，由于这些萨满的陷害，新萨满最后去世了。临死之前，萨满要求香（阿眼香）必须烧三天三夜，三天之内不能把他埋葬。他的跛足弟弟没有听从他的要求，在萨满去世后的第一天就将其埋葬了。这件事做完之后的第二天，有五位氏族成员去世了，接下来的一天里又有两位男性成员去世了。第三天，破足的年轻弟弟来到其兄长的坟墓，他能够听到萨满的腰铃声和鼓声。打开坟墓以后，去世的萨满像活着一样躺在其中，脸红扑扑的。萨满的弟弟用铁锹把萨满的喉咙切断后，再次把他埋上了。从那时起，氏族中每年都有氏族成员生病，人们变疯了。一位氏族成员建议选择新萨满。氏族成员聚集起来，杀了三头牛。神灵附在一位男性氏族成员身上，他喝了一桶鲜牛血。附体的神灵是科约浑窝车库（“鸢神”），这位神灵可以吃掉整头公牛的肝脏，吃完之后，萨满必须离开其助手独立行动，如果萨满不能站住而倒下，则表示神灵拒绝了祭品。这位太爷（继承大太爷的萨满）去世之后，许多人再次生病。有一位萨满宣称，萨克达氏族必须产生一位新萨满。氏族中的许多人聚在一起，从氏族的每一代扎楞（ǰalen）人中选出一位男性成员，戴上萨满头饰。这些人跑到森林中（温度处于零下）召唤神灵，呆上很长一段时间，其中许多不能忍受者逃掉。神灵附在其中一个人的身上，并且宣称“冬天不要选择新萨满，等到春天吧”。不过，萨克达氏族成员没有按时做这件事情，现在汉人当局不允许他们做此事。

这一情况是不同的。第一位萨满，很可能在氏族分裂后变得不清醒（参见前文，也可参见《满族的社会组织》），具体表现是噩梦（神灵需要一匹好的马）和发作（攻击他人、倒立）。这一状况通过成为萨满立即得到缓解，却无法摆脱迫害其他萨满的狂热，陷入持续的入迷中。很可能的情况是，这位萨满被活埋了，然后被其弟弟杀死。这使氏族在一段时间内产生大众精神紊乱，直到年轻一代成员中产生一位新萨满，情况才有改善。这位萨满去世后，氏族再次发生大众精神紊乱，但这次人们不知道谁能够当萨满，于是在寒冷的环境中由神灵选择萨满。从那以后，冬季的精神紊乱现象停止了。

现在我呈现一些萨克达氏族裂变与神灵形成的细节，以及后文所需的细节。

萨克达氏族分为两个支系，阿木巴（大）萨克达哈拉与阿济格（小）萨克达哈拉。两者间的神灵群是不同的。阿木巴萨克达包括三个莫昆（即目前的外婚单位，实际意义上的氏族）。三个莫昆的神灵是相同的，但仪式和神词不同。大萨满可以表演献祭仪式［萨克达哈拉阿本巴萨满窝车米（večem'i）标浑窝车库］，包括七组日路神灵（伊能伊那丹索尔高恩），六组夜路神灵（亚姆吉宁棍索尔高恩），萨满只能在氏族范围内行动，其他萨满不允许帮助萨克达氏族成员。

案例 3. 这个案例是我用将近两年时间观察的细节。满族乌扎拉氏族在瑷珲地区。大祖母曾经是一位萨满，一位杰出且优秀的萨满。她将其萨满资格传承给儿子，其儿子不久后去世。然后，她的侄子成为萨满。其侄子也是满族八旗组织中的首领。但是，成为萨满不久后，政府（齐齐哈尔衙门）把这位萨满逮捕，指控他是替俄国人做事的间谍。根据我的报道人介绍，这一控告没有任何依据，是汉人（非旗人！）的污蔑。因此，萨满留下的神灵在 12 年内没有主人。萨满的儿子犯了一个错误，我和他十分熟悉，这里用 A 表示。在规定的时间内，A 没有烧掉其父母的影像，没有献祭，因此父亲的灵魂不能按时去往阴间，由于萨满是被斩首的，所以其灵魂不能成为神灵（窝车库）。除了神灵带来的困扰，萨满的灵魂也侵扰氏族其他成员。萨满的妻子是一位 60 多岁的女性，两个儿子 A 和 B 都结婚了，他们都害怕萨满的灵魂。糟糕的是，萨满大儿子 A 的妻子与萨满是通奸关系，并生了这位萨满的儿子，她结婚时，其丈夫 A 只有十一二岁，当时她已经 20 岁了。在很长一段时间里，这位年轻的男孩与其成年妻子没有性生活。这位女性歇斯底里发作的详细情况前文已经介绍（第 526 页）。其实，她不仅失去了所爱的男人，也不能与其合法丈夫确立关系。

她是社会风俗的违背者，[①] 因此心智状况十分紧张。而且，她的祖父和父亲都曾是萨满，在这里以及后文第 131 小节的描述中，我用 C 来表示这位妇女。当去世萨满灵魂附体时，她表现出让人怀疑的发作，体现了萨满候选人的征兆：跑到森林中、爬树、拒绝食物、抽搐等。在无他人在场的理想环境下（后文再加解释），我有几次观察到她发作，在最典型的歇斯底里状况中，她表现出性亢奋，这一点毋庸置疑：她躺在炕上，身体时而非常僵硬（“弓形”）时而放松；她躲避阳光（这一实验反复做过）；她对针没有感觉（我在不同时刻对萨满身体部位做实验）；有时她的骨盆和腿会持续运动，表现出巨大的性亢奋。她的现实认知能力是值得怀疑的，因为在发作时，她不认识周围的人。但是，有时在发作即将结束时，她对周围的环境有明确的意识。而且，在发作前，她经常会将自己孤立起来（选择火炕）以集中精力。

C 的丈夫与大量氏族成员，都反对她成为萨满。其中的主要原因是她的社会地位（人们都知道她与去世萨满的关系）与发作时的特点，氏族成员将这位妇女的发作理解为去世萨满的灵魂附体，而不是神灵附体。当神灵附体时，她的丈夫十分生气，A 甚至提出由其本人担任萨满。但是她（神灵）坚持认为 A 不能当萨满。人们公开反对妇女当萨满的理由是，如果她当萨满，会给人们带来麻烦，她不会待在家里，并且支持这位萨满的费用会很高（这也是 A 不让她当萨满的原因）。但是，这位妇女坚持想当萨满，神灵（不仅是去世萨满的灵魂）也要求将这个事情确定下来，她已经有一年多的时间被神灵经常附体了。其他氏族成员拒绝让她成为萨满，因为他们认为氏族中有女萨满是可耻的，相信男萨满比女萨满聪明，知道得更多。

另一个萨满候选人是 B。氏族成员最初想让他当萨满。B 生病很长一段时间后，神灵（窝车库）附在 B 身上，与此同时，神灵也附在妇女 C 身上。有几次，B 拜访一位年老的爷爷（萨满氏族的长者），他了解神灵的乔罗和阔利（名单和仪式）。在萨满被执行死刑之后，没有人见过萨满仪式，许多老人已经去世。其实，如后文表明的，这位长者懂得获得氏族萨满资格的

① 参见《满族的社会组织》，第 152 页。

所有知识。B 在所有方面看起来似乎是正常人，但在一些满族人看来，他既不勤劳，也不诚实。尽管如此，氏族成员仍希望 B 当萨满。神灵附体于 B 很可能是一种仪式化的表演。

面对上述情况，由于找不到好的解决办法，人们决定对候选人进行检验，其中一位侯选人担任萨满，另一位侯选人则被拒绝并被要求接受治疗。

在这个案例中，C 表现出性情结紊乱，这一点可以通过歇斯底里判断，而候选人 B 似乎是冒名顶替者，主要受“公众意见”的鼓励去担任萨满。在萨满选择仪式的表演中，这一点更明显。

案例 4. 兴安通古斯人。巴亚吉尔氏族曾有一些萨满，但全部去世了。目前，萨满要从最年轻的一代成员中产生，但是，几位氏族成员都倾向于成为萨满。上一位萨满死去很长一段时间了，其子当时 52 岁。他不是一般的兴安通古斯人，而是靠偷蒙古人和俄国人的马匹为生。他曾几次被俄国人抓住、殴打。在具体实践中，他放弃了狩猎。实际上他曾是地方政府（蒙古人）的三位主要官员之一，以自身的职位而自豪，想以此给外来者深刻印象。不过，这并未产生预期效果，所以他想利用其他的事情给他人带来深刻印象，包括成为一名萨满。他喜欢喝酒，他能喝光全部酒，直到完全喝醉，接着表现出愤怒的情绪。当他清醒时，非常焦躁不安。这位萨满不诚实（尽管偷窃作为一种职业并未影响到通古斯人文化丛中的“道德”要素），总是欺骗和恐吓氏族成员和其他人。在我遇到他时，他受到寄生虫（大的蠕虫）的困扰，这影响到他的消化系统、牙龈以及嘴唇。其他通古斯人对这位萨满的态度不友好，因此他离开氏族其他成员，与自己家庭的几位成员一起居住，包括两个妻子、孩子以及其他亲戚；这些人员的数量超过一个棚屋的容量，因此他们居住在两个棚屋里，这些人主要靠萨满的偷盗所获为生；“家庭”中的其他成员不工作，与兴安通古斯人中的其他人相比，他们的吃穿相当匮乏。

这名男性不能成为萨满，他年龄太大，对氏族成员的态度也不好；但是他明显有担任萨满的意愿。我有几次观察到他想尝试萨满表演。经历一天的心理压抑状态后，这种情绪在晚上产生。他没有鼓（过去有一面鼓，但喝醉时将鼓弄坏了），因此用瓷盆代替；用鞭子代替“马头杖”；用一块普通方巾盖住眼睛代替萨满头饰。他让自己的妻子及其他妇女做他的助手，助手们很勉强地配合他；这些人无节奏地重复着副歌，同时彼此间还谈论其他事情，几乎对表演者的努力毫不关心。他想查明将由哪些人，何时来捕杀猎物（此时是采集马鹿角的重要时刻，但他本人并不狩猎）；他要求神灵送动物。在表演的过程中，他倒地三次，其身体僵直，紧咬牙关。然后，人们问他几个问题，但是他的回答是不连贯的。甚至在抽烟和喝酒后，他也未真正入迷。萨满候选人的表演失败了，他感觉非常痛苦，尽量避免谈论自己的表演。他的家庭成员，包括他的儿子也有当萨满的倾向。

他的儿子 20 多岁，也是萨满资格的潜在继承者，是去世萨满的孙子。他因父亲的社会地位和生活方式而骄傲。俄国的定居者会给他提供包括钱和食物在内的一些收入（作为地方权威代表的父亲几乎和他断绝关系）。他喜欢说谎，沉溺于性享受中，总体上说十分没有礼貌。这位男性成员在氏族中的地位比其父亲还糟糕。他不是一名猎手。他的情绪会时常突然变化；经常变得抑郁、唯唯诺诺或充满幻想。当其爷爷所掌控的神灵附体后，他会抱怨自身的压力，却不能入迷。有时，他会失去理智，容易发怒，坐立不安甚至做出愚蠢的事情。例如，有一次，他因对我不满意，要求我立刻杀了他。他从未尝试过萨满表演。其父亲反对他成为萨满，而是让他去担任政府职务，后来他担任了卡万（小职员）。其父亲计划从兄弟的儿子中选择一个人担任萨满，候选人当时大概 10 岁。由于这个原因，为了模仿佛教僧侣，这个男孩剃了光头。（在萨满候选人中并不总是如此，此做法只是为了凸显这个男孩的特殊性。）当时，这个氏族中没有其他萨满候选人，外来者有可能掌控氏族的神灵。

尽管表现出很大的倾向性，这些候选人都未成为萨满，这个案例十分有意思。其原因不同：父亲存在个人缺陷、年纪大，因此这位父亲的萨满表演的努力变成了典型歇斯底里刺激，同时是一种欺骗；对儿子来说，其当萨满的努力是由父亲检验的，这位父亲不允许任何人违背自己的意愿。而且，在确认萨满方面，这两个人在氏族中都处于不利的地位。但是，在某些情况下，他们都可能成为萨满。

上述事实明显表明，特定的心智状况更有利于萨满候选人承担萨满的功能。氏族中存在普遍的心理倾向，受神灵影响的青年男女会“逃离”，并表演神灵出现所要求的一些标志，同时也有可能出现大众精神紊乱。尽管这些神灵是自由的，可以由任何一名年轻氏族成员掌控，但在萨满的选择上，还有某种特定的倾向和动机。下文我将引用一些案例。

例如，一个男人因被旋风伤害可能成为萨满资格的继承人。但是，在一些情况下，萨满候选人会因不能“掌控”神灵而被拒绝（满洲的驯鹿通古斯人）。一位15岁女孩被神灵侵扰，人们决定教会这个女孩如何辨别助手提问的问题；这件事情由老萨满做，这个女孩成为一名萨满（现在她40岁了）；如果她没成为萨满，其胳膊、腿、脖子或腿就会变得弯曲（兴安通古斯人）。一位女孩与已婚男人坠入爱河，他们的关系被女孩的母亲和男人的妻子打断，女孩受到很大的伤害；这个女孩后来被神灵附体，成为萨满（毕拉尔千人）。一个年轻的男性，在狩猎的时候，受到了惊吓，被来源不明的神灵附体；这位男性在很长一段时间内生病，神灵经常附体；后来他成为多那萨满，逐渐掌控了几个神灵（毕拉尔千人）。

大多数情况下，在神灵自由、没有萨满的情况下，满族人和通古斯人会寻找萨满资格的继承人。经常做梦的儿童与一般儿童不同，容易受强烈情绪的影响，并且行为与其他儿童也不同，人们认为此类儿童应该是萨满资格的候选人，尤其是在其直系血缘祖先中出现过萨满的情况下。人们判断这类儿童有担任萨满的可能性，氏族成员会有意地逐渐培养他们成为萨满。在16岁到20岁期间，神灵可能会第一次附体。此前，年轻人可能会拒绝吃饭、漫无目的地走；他（她）的情绪会发生变化，时而开心兴奋，时而沉默沮丧，有时会哭很长时间，有时则会失眠。两周或很长一段时间后，萨满候选人会在睡眠的过程中（通常是晚上）突然跳起来，像萨满一样歌唱。如果发生真正的入迷，那么这个年轻人将被视为未来的萨满。在所有的相似案例中，萨满候选人都会逐渐准备第一次入迷，这一过程中他们会不规则地睡眠和进食。这种情况在后贝加尔地区的驯鹿通古斯人中很普遍，但也发生在其他族团中，如案例3和案例4。

在对萨满成功和失败问题的检验上，我们应该指出，候选人的年龄、性别以及心智状况都是判断的标准。首先，大量的案例表明萨满产生于成熟的年龄。我从未听过有人在15岁之前当萨满。[①] 同时，在步入完全成熟年龄（身体和社会的）之后成为萨满的人也十分少见。这些情况通常与由各种原因产生的心智困扰有关，正如后文会讨论的，大多数人成为萨满之后，会继续表现出心智困扰。

我们很难确定成为萨满的具体年龄。其实，其中包括不同的原因。毫无疑问，在花费很长时间学习萨满教的方法后，萨满才能治疗病人，成为优秀的萨满。但是，理论也有很大的影响，例如通古斯人中存在的萨满隔代传承观念。而且，处于性成熟阶段的个体更容易发生心智失衡，这也发生在心理状态不正常的成年人中（案例3）。萨满候选人的社会角色也很重要，因为男人和女人们必须照料家庭（“主要劳动力”），有自身的责任感，没有空闲时间将精力集中在超出日常工作的事务上。萨满候选人的年龄似乎受各种因素影响，其中一些是适应性的要素，另一些则是基本要素。很可能的情况是，萨满候选人在性发育阶段容易受影响，作为家庭（经济单位）成员他们此时还不承担任何社会责任。萨满候选人的性别并未表现出统计学意义上的普遍偏好。在所有基于男性亲属制度的群体中，对萨满候选人的选择很自然地偏向男性，因为女性会离开氏族。但是，如果存在二元组织架构下的氏族，不同的氏族间存在共同的神灵丛，这种考虑是不重要的。不过，对男性萨满的偏好可能源于另一种考虑，即下文将会描述的，女萨满在怀孕、生产以及月经期间，不能做萨满表演。因此，女萨满不能保证在任何时候都帮助氏族成员。性别偏好还有一个考虑，通古斯人相信，女性的身体不如男性有耐力，因此不能完成时间长、难度高的表演。与这些情况相对应，值得注意的是，在旧（佛）满洲的满族人中，女萨满十分少。不过，的确存在女萨满，著名的尼山萨满属于古老的满族氏族。在新满洲人中，女萨满则更普遍。在满洲的通古斯人中，女萨满的数量比男萨满多，但在通古斯人看来，杰出的萨满往往是男性。在后贝加尔地区的通古斯人中，男萨满和女萨满的数量几乎相等。就我所观察到的范围而言，

① 通古斯人有时会在相当大的年龄才会性成熟。（参见《北通古斯人的社会组织》，第259页；《满族的社会组织》，第110页。）

汉人群体中基本没有女萨满。

其实，萨满中的男女数量不能说明萨满继承资格的获得拥有性别标准。我的印象是，在大众精神紊乱中，女性比男性更容易受到影响，因此应该存在更多的女萨满。

萨满候选人的健康状况也十分重要，这一问题将在下一部分萨满的“选择”问题中讨论。

129. 新萨满的辨识和选择

在对构成萨满教文化丛各种要素及其所依托的各种条件的讨论中，我们发现，在萨满教文化丛的维系与萨满的选择中，共同体起到主要作用。没有社会的认可和赞同，萨满是不能发挥作用的。其实，我们发现，萨满的主要社会功能是管理社会单位的心智丛，社会单位可以是氏族组织，也可以是由定居生活形成的有强烈地缘关联的村庄，甚至是整个族团或地域单位，后者主要发生在氏族组织并未稳定下来的情况下。培育萨满的社会单位不只有氏族，还包括其他类型的社会单位。因此，在氏族单位瓦解的情况下，培育萨满的单位可以是其他类型的社会单位。居住在村庄中的满族人和通古斯人中，可以发现这类案例，它由来自不同氏族的家庭组成。满族人中有些萨满为村庄服务，进而形成萨满与顾客间的新文化丛。个体萨满现象还包括另一个十分重要的因素，即氏族之外神灵的理论。因为多那神灵（毕拉尔千人与库玛尔千人）存在，多那萨满也存在。在毕拉尔千人和库玛尔千人中，我们实际可观察到人们被外来神灵攻击的情况，但这些神灵并非全部属于氏族神灵文化丛。在后贝加尔地区的通古斯人和兴安通古斯人中，没有多那萨满；所有的萨满都是氏族萨满；至少在形式上，满族人中也是如此。只要多那神灵未被整合到神灵谱系中，掌控神灵的萨满就是“外来的”萨满，但是，多那神灵也可为氏族萨满所掌控，而多那萨满不能掌控氏族神灵。因此很明显，新神灵的传入可导致独立于氏族之外的萨满的产生。没有社会环境的孕育，萨满不可能存在。萨满在多次成功表演之后，会形成这种环境。这类萨满可能成为不同氏族混居的氏族间共同的萨满。最后，还有一类萨满是存在于特殊社会环境中的氏族萨满。有的萨满同时属于不同的族团，例如，有几位汉人萨满为满族人服务；达斡尔人的萨满在毕拉尔千人、布里亚特人、果尔德人和满族人中从事活动，北通古斯人有时会求助于汉人萨满。萨满周围的顾客群体，形成萨满所依赖的社会环境。在没有外来族团或多那神灵的干预下，也可能形成这种状况，即氏族内部的离心运动可能导致氏族团结的瓦解，在神灵问题上出现意见分歧，可能出现只受部分成员认可的萨满。这种状况会导致氏族的分裂。因此不时地会出现不被氏族公认的萨满。无论如何，这些萨满有自己的社会环境。

不过，在一些个别案例中，不受社会认可者不会被承认为萨满，但仍会努力去表演，这可能源自实际的算计，或者是特殊心智状况的结果。在满族人和通古斯人中，我遇到一些这类人，具体分两种情况：（1）没有获得正式承认，为了获得正式萨满身份，在没有社会支持的情况下不断实践；（2）像案例 4 中不被承认为萨满的人。这些人不是萨满，他们不能进入真正的入迷状态，尤其是没有观众，不能发挥社会功能，通常没有器具；他们或者是不诚实者，或者是心智上受影响者。通过这些内容，我不想说明他们不能成为萨满，而是强调在没有社会支持和认可的前提下，他们不能发挥萨满的社会功能。这些要素也是考察萨满的重要因素。

一般来说，很少有氏族外的人被承认为萨满。他们需要或长或短的时间获得社会群体的承认。萨满—外来者如果成功，则会很快得到承认；如果不成功，这种承认可能延后。如果承认迟迟不实现，大量这类萨满都会放弃表演实践。实际上，这种承认不需要任何特殊的正式行动。但是，满族的萨满通常会每年举行一次神灵检验，在这种场合，这些萨满的支持者可能会表达他们的认可。

氏族萨满的承认通常与复杂的仪式化相关联，包括“候选人”验证、“教导”与“献祭”等。这是萨满获得社会认可的结果。其实，这是一种萨满“选择”行动，这些人或者由氏族选定，或者表现出神台，或者通过自身努力成为萨满。

举行候选人的选择和确认仪式的最重要因素是萨满候选人的意志以及

“掌控神灵”能力，这必须通过一次成功的表演来证实。第二个条件是，氏族成员是否想承认萨满候选人。氏族成员可能会需要新萨满（当自由神灵伤害氏族成员时），萨满候选人通过掌控神灵来证明自己的能力，但还有社会规范和个人性格方面的考虑，例如候选人的坏脾气、犯罪等。因此，哪怕在最后检验之前萨满候选人也可能遭到拒绝，甚至是选择之后，人们也可能不让候选人表演。总之，氏族负责决定萨满人选，并有义务为萨满准备器物。

如果我们考虑到前文对萨满教和萨满功能的阐述，在辨识和选择之后，萨满候选人才会成为氏族真正意义上的安全阀。萨满“搜集”了所有神灵，并承担维持氏族心智平衡的未来职责，这主要体现在神灵以及神灵可以被抵御方面。因此在通古斯人的文化丛中，辨识萨满具有十分重要的价值。

在民族志报告中，用不同词语表示对萨满的承认，如“神圣化”“入会”等。其实，我们发现，在满族人和通古斯人的文化丛中，萨满和萨满教并非欧洲文化意义上的“神圣”现象。萨满的承认仪式也不是入会，因为在此之前萨满已经“入会了”，我更愿意用“正式的认可”来表示选择氏族萨满的社会行动。此行动会采取不同的形式，我将在下文描述和阐释。

130. 正式承认的案例

(1) 后贝加尔地区驯鹿通古斯人氏族指派萨满候选人

一位儿童被选择出来，并得到培养，即根据要求的方向由氏族成员甚至年老的萨满培养。在一次或几次表演后，儿童会表现出成为萨满候选人所具有的能力；氏族成员会决定让有潜力的儿童成为萨满，并给他与神灵接触的机会。这是测验阶段。因此，萨满候选人必须帮助一些生病的氏族成员，包括占卜、释梦等，这些情况表明候选人可以成为萨满。对于萨满候选人而言，最重要的时刻是入迷，并说出达哈千将会送来哪类动物，要求用其皮张来制作萨满服。萨满候选人会得到老萨满的帮助。所有的氏族成员向氏族神灵祈祷，进行丰厚的献祭。这类动物会有一些标记，如某条腿上的白点、白色蹄子、白色头部、受伤的耳朵等。按照萨满候选人的指示，一位氏族成员开始寻找指定的动物，他迟早会找到动物。寻找动物可能会花费几个月的时间。如果找不到萨满候选人指定的动物，人们会要求神灵（通过附体的方式）送来另一只动物。正如前文所述，目前用马鹿皮或驼鹿皮做萨满服已经不普遍，不过，人们通常能找到所需动物。

准备好萨满服之后，氏族成员再次聚集在一起。人们进行丰厚的献祭，包括将一头成年驯鹿献祭给上一位去世的氏族萨满。然后，萨满候选人穿上新的萨满服，开始前文描述的萨满表演。因此，萨满候选人成为氏族萨满。大型的萨满仪式像平常一样进行，例如立图鲁和各种神位等。遗憾的是，我没有观察过此类仪式，不过几位萨满的描述与有经验的老人的回忆相一致。在现实中，这类表演只是一种形式，因为在表演时，候选人已经在承担萨满的功能了。不过，其中的检验环节是重要的，因为萨满候选人必须表现其治疗能力。我没有听说过这一过程的其他方式。如果选定的儿童死去或不能入迷，人们就会在年轻的氏族成员中选择新的萨满候选人，这个人可以让神灵附体，整个过程与前文描述的一致。

（2）此过程在满洲的通古斯人中不同

人们会选择出儿童加以培养，但其第一次入迷尤其重要，附体的神灵色翁会决定接下来发生的事情。人们很难预测要发生的事情，因为候选人经常是无意识的，神灵“不说话”。有时，萨满候选人会跑到山上，待七天或者更久，吃神灵“抓”的动物，直接生吃，萨满返回时通常浑身脏兮兮的，并带着血，穿着坏的衣服，头发很乱，像“野人”一样。大约十天以后，萨满候选人开始不连续地说些话。一位年老的萨满非常认真地问了很多问题。萨满候选人（神灵）“变得十分生气”，并且指定应该去表演的萨满。人们用努玛（numa）这一动词［复数 nmnattan（毕）］表示这一行动，具体包括一般的向神灵献祭、定期的检验以及新萨满的第一次表演。新萨满和老萨满称呼彼此为 doveǐ（毕），神灵附体后，他们称在场的其他人为 asaran（毕），人们称老萨满为 sebú（毕）［参见 šifu→sefu（汉语→满语）］，意思为“老师”。人们会确定某一天，一般是第一次入迷后不久，检验萨满。如果候选人“不理想”，萨满可能遭到氏族的拒绝。

棚屋前面朝南立起两棵图罗（理论上说这需要选择一间宽敞的房屋）。

图鲁由两棵树构成，带有经过修剪的枝杈，上面留有树冠。两棵图罗中间连着五、七或九根横梁，横梁的数目是奇数。第三棵图罗立在正南方，与前两棵图罗有几米远的距离，并用一条绳子或窄皮条［s'ij'im-s'id'im，“绳索”，参见 sit'im（满驯）、s'it'im（雅库茨克州通古斯人）、siji（满语书面语）］连接，图罗上饰有约 30 厘米长的丝绸条以及各种鸟的羽毛。这条绳子由汉人的红色丝绸或涂成红色的动物筋制成。这是神灵的“路”，神灵沿着它移动。绳子上有一个木制的环，在图罗之间自由移动。“老师”送来的神灵会处在环（ǰūldu）中。每棵图罗旁放三个型号很大的人形神位阿纳坎，约 30 厘米长。

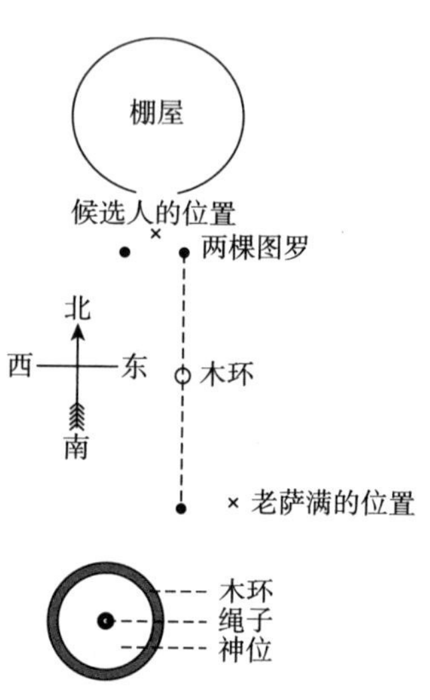

候选人坐在两棵图罗中间，同时击鼓。老萨满一个接着一个召唤神灵降临到南边的图罗上，并用木环将神灵送给萨满候选人。师傅萨满每次取回木环后，都会送走神灵。如果不这么做的话，神灵会附在萨满候选人身体内，不离开。有一人负责在特殊的木制品（棱状）上做标记，萨满称为吉尔奇张吉（kirči ǰaŋg'i）。①

神灵附体于候选人的过程中，长者会检验候选人，候选人（神灵）会讲述神灵的历史（传记），内容十分详尽，例如神灵曾经是谁，住在哪里（住在哪条“河流”），曾经跟着哪位萨满，跟随的萨满何时去世，这个神灵在乌姆那（umnā）表演上被召唤多少次，同时还说明许多其他问题，使观众相信，神灵的确在萨满候选人体内。如果萨满候选人太累，不能够回答问题，也不能逃避，因为师傅萨满不会让神灵离开。在每晚的表演之后，萨满会爬到图罗横梁的顶部待一会。萨满服要挂在图罗上。由于色翁的传记十分冗长，并且这些神灵不容易降临，加之神灵众

① 在一般语言中，它称为 sanɣur 或 saŋgnan。在萨满教文本中，神灵的表达如下：kirče ǰang'edu komnaǰak'iw，“我在计数器上蠕动”。

多，萨满的表演可能会持续几天，一般不少于三天，有时会长达五天、七天甚至九天。

如果候选人成功地通过检验，人们会杀牛、猪等动物，[①] 向氏族神灵做大规模的献祭。人们将图罗和阿纳坎送走，将所杀动物的血涂在神位的脸上。萨满鼓以及阿尔卡普吞十字形的饰物上也涂血。

这种表演需要萨满候选人做长时间的技术训练，师傅萨满在候选人做仪式的过程中传授神灵和仪式知识。萨满候选人可以制作或“发现”萨满服，或者从其他萨满那里购置。但是，萨满服上可以添加许多铜镜。

我没有听说萨满候选人因未能给年长者提供满意答案而被拒绝的情况。如果萨满候选人失败了，在不是毫无希望的情况下，仪式可在几年内重复，因此这些表演不是决定萨满候选人成为萨满的唯一判断。很可能的情况是，这只是一种正式的检验。人们告诉我，达斡尔人也采取同样的方式检验萨满，就我所知，这不是通古斯人的发明。

（3）满族萨满的认可由氏族大会决定

首先，已经经历神灵附体并掌控神灵的候选人，会被理解并获得认可，不会受到任何质疑。接下来的仪式只是“认可”萨满的一种形式，其中最主要的部分是向新（伊彻）萨满掌控的所有神灵献祭，此过程中会召唤这些神灵。这一表演时间不长，萨满不会召唤所有神灵；主要表演者是氏族中的长者，负责祈祷和献祭的主要部分。第二种情况是质疑萨满候选人的能力，因此需要组织一次对萨满候选人的检验。第三种情况是有另一个或更多的人想当萨满，因此人们需要对这些候选人进行一次较长时间的检验。但是，氏族组织可能拒绝萨满候选人，通常认为萨满候选人是被神灵附体了，用欧洲的语言表达则是生病了，是需要被治疗的人。萨满候选人被承认后，要向氏族中的老人学习，甚至如果老萨满还活着，要向老萨满学习。萨满候选人要尽可能多地学习萨满文本中未记录的仪式细节。

这类检验可能会持续几天，在大多数氏族中，这一活动长达九天，不过这种情况并非总能见到。在一些氏族（乌扎氏族）中，由于神灵的特殊

① 在满族中，这种仪式会杀十一头猪。与饮品一起，这种表演会花费 500 多美元。

性质，表演者在八天内不能吃肉，人们解释为神灵不喜欢这样，但在第九天则用不同寻常的盛宴补偿。这一事实表明不同氏族检验萨满的仪式和行动是不同的，受氏族神灵的特征影响，这在很大程度上来自前辈萨满们的影响，他们不仅发现了新的神灵，同时变成至少体现某些特征的神灵。为了检验萨满，满族人（主要是氏族成员）聚在一间大房子中，一般会选在氏族成员中比较富裕者的家中。外来者在表演的过程中会提供帮助，但其他氏族的妇女在神灵附体时必须远离。人们要选出有经验的评审团体。就我所知，评审的成员人数不固定，可能有三个或者更多，但所有人都是氏族成员，或者是有名的专家。其他氏族的一位萨满可能被邀请帮助萨满候选人，人们也会邀请传统的维护者。

萨满的检验仪式分为两个部分，即唱诵乔罗，能够回答关于神灵的所有细节，和通过相关检验。萨满候选人的唱诵必须是准确的，但可以有一些小错误，满族人说萨满候选人是年轻人，可以犯错误。通过对神灵谱系的描述，我们发现，有的神灵能够掌控“冷”和“热”，有的神灵可以潜水，而许多其他神灵则用箭、戟等。如果萨满候选人声称掌控了神灵中的一种类型，人们则会要求他（她）表演掌控“冷”“热”的技能。这里应该指出，这些神灵在汉人萨满中更为普遍，满族萨满的仪式更为简单，不包括如此多的把戏。由于神灵是按照排分布的，情况更为复杂，如果萨满声称掌控了某一排的神灵头儿，那他就要“掌控”这排神灵的所有表征。不过，即便是新萨满也要了解主要神灵，要尝试这些神灵的所有表现形式。因此，受汉人影响大的满族氏族中有很多复杂的把戏，而影响小的满族氏族中则不要求严格的检验。如果候选人不能被正式拒绝，人们又不想让候选人担任萨满，只能对其进行检验。

我已经在前文列举过一个例子，萨满候选人为了证明神技，必须几次跳到燃着的火炭中。满族人认为，如果萨满候选人受伤，则说明神灵没有附体，只是装作神灵附体。这种方法不会经常使用，因为会使萨满能力变弱。有一个有意思的案例，这个案例说明氏族组织不希望候选人担任萨满，同时也体现了萨满的治疗方法。在瑷珲地区的满族人中，一位男性声称掌控了神灵（窝车库）。氏族成员反对他当萨满，但他仍继续坚持。后来一位有经验的年老萨满决定对萨满候选人进行检验。他让人们将一堆木材（大约2吨）点燃，当木材燃成木炭时，老萨满卷起裤腿，拉着萨满候选人，走进火堆中。这一做法的假设是，如果萨满候选人真的掌控了窝车库，就不会被火烧到。如果萨满候选人拒绝跟随老萨满走进火堆，则表明他没有掌控窝车库。这位萨满候选人放弃当萨满的想法，同时因神灵附体接受治疗。

另一种检验萨满的方法是巴图里的表现，即能够潜入水中。如果检验在冬季举行，当河面有冰时，人们会在冰面上凿几个窟窿，彼此间保持特定的距离，萨满候选人要从一个冰窟窿钻进去，接着从挨着的下一个冰窟窿钻出来，再一次潜水从第三个冰窟窿钻进去；依次进行，一共有九次。如果是穆珠胡尼玛哈窝车库附体，萨满候选人也要接受同样的检验。

这两个例子表明在发明检验萨满候选人能力的方法上，人们想象力的程度以及萨满所掌控神灵的真正特征。

如果候选人活下来（过去有候选人不能活下来的情况），检验的结果是令人满意的，整个氏族都承认其为萨满。正如前文所述，这一检验可能会持续几天，萨满候选人在九天之后，可能会筋疲力尽。因此评判人员可能会缩短检验的时间。大量的成功都取决于神灵的性质。在一些氏族中，神灵降临得非常慢，因此召唤神灵会花费很长时间。当然，萨满候选人不能改变这一状况，如果他变化附体时间，则说明萨满缺乏仪式（阔利）知识。其中更为重要的是老萨满的帮助，他会以不同的方式做工作，时间或长或短。

仪式的最后一天要向新萨满的神灵献祭。

满族人告诉我，萨满资格检验的复杂性与“残暴性”主要源自汉文化的影响。乔罗（神灵谱系）与阔利（仪式）也是一种创新，其出现不会早于书写记录产生之前。如果我们排除上文所述的发明、由环境特殊性造成的细节、北通古斯人文化丛的要素，会发现满族萨满的认可表演与满洲的通古斯人相近。后者的萨满认可仪式似乎采借了达斡尔人的文化丛，达斡尔人的萨满认可仪式很可能与满族人相似。但是，值得注意的是，虽然仪式化是相同的，但是神灵却是不同的，甚至过去的仪式化中也包括一些特殊的要素。

131. 满族人萨满选择的一个案例

在这部分，我将提供一个案例，帮助我们理解萨满教目前实际的运作机制。我将呈现自己的田野日记，几乎没有改动。日记前面，我会加上个案历史、参与人的相关信息，以及我本人的参与观察过程。

这次萨满选择的主要候选人 A，在前面小节案例 3 中已描述，其他重要的参与人有：（1）我非常熟悉的一位老萨满，我观察过他的多次表演；（2）评判团成员楚亲，他不是乌扎拉氏族成员，却是萨满教的权威之一（他是一名标浑萨满），由于这一原因，人们请求他提供帮助；（3）另一位评判人员是乌扎拉氏族的一位老者，其观点很重要；（4）评判团的第三位成员，其观点不是很重要，因为他太老了；（5）当地非常有影响力的人物 E。这件事情发生在 1917 年 1 月，地点在卡伦山村（满语名为奥佛多托克索），正如前文所述，因为女萨满候选人 C 的特殊情况，形势很复杂。因为中国政府不允许这种表演，即萨满教是被禁止的，因此这种情况更麻烦。上述的参与人，A、楚亲、老萨满、E、D 和我的关系都十分友好，我对他们进行一年多时间的观察，两位萨满候选人对我也不陌生。这些人相信我的能力，包括对萨满教的仪式和神灵、候选人个人认知能力的了解等。其实，在不同的场合，我可为受神灵侵扰者，抑或需要一般的医学治疗（我常用自己的方便条件送他们去看医生）的情况，提供很好的建议。而且，由于和地方权威的“友好关系”，我很幸运获准让乌扎拉氏族顺利举办被禁止的表演，因此与人们关系亲密，甚至融入氏族生活中，最后作为第五个人，我被要求加入萨满的审判团。这使我在与所有参与者保持密切接触的同时，也在不打扰表演者的情况下拥有自由空间。值得注意的是，当时我已经学会了萨满助手的技艺，在必要的情况下，我会承担这一职责。

仪式前的一些天，人们从位于苏姆毕拉（太阳河）附近的村庄中取回表现氏族所有萨满教神灵的完整神图（努尔干），和两位萨满候选人的萨满服，其中女萨满候选人的萨满服来自我的民族志收藏，另一件萨满服来自其他地方。经过几天的讨论，参与者们达成“普遍意见”，倾向选出一位新萨满。但是，我发现有些人更期待有趣的表演与丰盛的大餐，也有一些人对这一事件开玩笑。关于神灵的性质与期待的讨论一直持续。接着人们确定了表演的日子，所有人聚集在一起。作为一个候选人的丈夫和另一个候选人的哥哥，A对即将到来的事件十分紧张，因此经常与我讨论这件事情。A对氏族神灵十分熟悉，不断与仪式参与者交流。仪式参与者的分布状况如下图，萨满和萨满候选人是移动的，四幅神图挂在他们前面的桦树枝上，神图前摆放两张桌子，上面有三摞（每摞五个）共十五个馒头、一只整鸡、一个里面有佛像的佛龛。桌子上面有燃着的四根汉香。这个佛是老萨满掌控的神灵。[①] 其中有一根汉香是献给佛的。另一张桌子上有三摞（每摞五个）共十五个馒头，一面大铜镜，铜镜前有三根燃着的汉香。

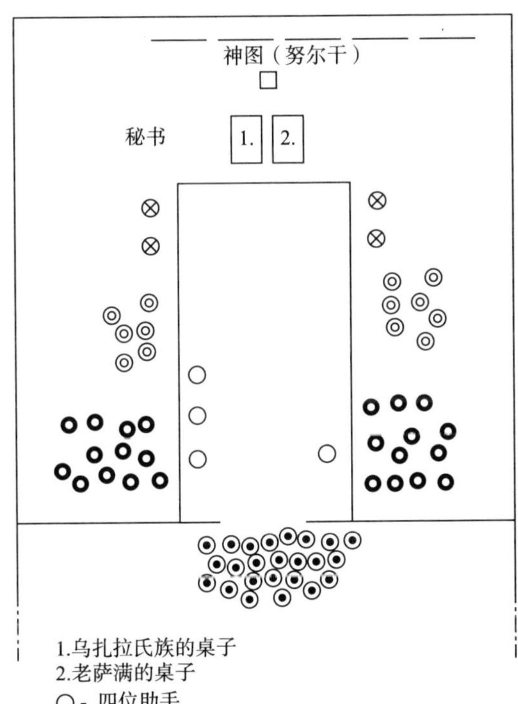

① 在满族人中，萨满掌控佛是很少见的。

晚上 8 点，评判人员与老萨满吃了一顿丰盛的晚餐，其中包括一个“火锅子”（一个浅底炊具，用上好的鸡汤煮各种蔬菜和肉类），他们吃得非常开心。大约有一百人，甚至更多人参加萨满的表演，渐渐挤满了仪式场地的空闲处。秘书人员在供桌旁负责记录，评判人员坐在供桌附近离萨满候选人近的地方，准备在需要时为萨满提供帮助，约十二位氏族中有声望的老年男性紧挨着评判人员就座，离门口近的地方站着一定年龄的氏族男性成员，有二三十人。离门口较近的空地上，有四位萨满助手。但是，在表演的关键时刻，评判人员也要充当助手。

（1）在楚亲萨满的帮助下，老萨满击鼓向神灵祈祷。最重要的神灵何勒玛瓦降临后附在老萨满身上说话，根据楚亲解释，乌扎拉氏族有必要产生一个新萨满。老萨满继续向神灵祈祷，要求其掌控的神灵不能和乌扎拉的氏族神灵相混淆。

（2）一位男性带来消息，神灵已经附在萨满候选人 C 身上。老萨满和其他人走向她。在表演前，C 已处于极度的兴奋状态。当时，她躺在毗邻的房屋中的炕上，身体不时地僵直；她的脉搏是 92，呼吸不规则，眼睛紧闭。在我们来之前，她告诉婆婆去世的萨满（C 的情人，其婆婆的合法丈夫，其丈夫的父亲）附在其身上。这位年老的妇女、C 的妹妹以及第二位萨满候选人的妻子，坐在 C 附近大哭。老萨满开始和萨满候选人说话，首先希望与神灵建立友好关系，因为老萨满所属氏族的神灵以及氏族成员一直与乌扎拉氏族保持友好的关系，并且有共同的氏族起源。然后，老萨满带着 C 来到另一间房屋，引导 C 以很快的速度重复一些言语，声音很低。整个过程中候选人 C 一直在剧烈地抽搐。接着人们把 C 抬到屋内左上角神图下的炕上。C 身体继续“僵直”，眼睛紧闭，瞳距很大。萨满坐在 C 旁边召唤神灵，并与这些神灵对话。与此同时，我注意到在场有人陷入入迷状态，与萨满助手一起有节奏地喊叫（他几乎说不出话来），他的哭喊是间断的（他也有一些身体缺陷）。突然，候选人 C 从炕上站起来，坚定宣称表演要迅速进行，所有事情要在次日完成，而不是原计划的五天。接着评判人员和老萨满开了一个会。在很长时间的讨论后，大家决定询问乔罗，如果神灵说让 C 成为萨满，则让 C 当萨满。准备工作做好后，大家也听取观众的态度。

观众的意见偏向 C。甚至我的好朋友楚亲（他的女儿是 A 的情人，A 经常睡在楚亲家里，尤其在其女儿回娘家时）也倾向于让 C 当萨满，尽管 A 本人不希望其法律意义上的妻子担任萨满。但是，我不知道楚亲是不是真诚的，他很长时间在满族人的政府中担任一个小的官职，因此他应该是非常圆滑世故的。他当时指出判断一个人是真的领神，还是伪装的一个办法，这个办法是用针刺萨满候选人，如果神灵在场，萨满候选人则不会觉得疼痛；如果萨满候选人拒绝被扎，则表明萨满候选人或是“病了”，或是试图愚弄人们。在这一场合中，楚亲从自身经验的角度叙述一个案例。有位萨满装作自己掌控了神灵，楚亲问他各种细节问题，尤其是神灵使用的工具，这个伪装者没有回答正确；楚亲让这位萨满签了一份纸面协议，需要在十年内不要任何酬劳满足楚亲的需要，甚至是帮助一只即将死去的鸡或一头猪。

权威人士 E 和评判组也认为 C 应该担任萨满。我自然也加入到权威人士的讨论中，尽管 A 垂头丧气，B 也比较沮丧。其中的原因是兄弟二人不希望其父亲成为窝车库，因为如果 C 成为萨满，（从理论上说，这种情况不可能发生：被砍头人的灵魂不能成为窝车库），新神灵将会对兄弟不利，因为他们没有履行孝道（汉文化丛!）

（3）由于评判人员决定让 C 接受检验，她开始准备表演。老萨满分别向自己掌控的神灵与乌扎拉氏族的神灵祈祷。乌扎拉氏族成员跪在神图前磕头，焚香并向神灵祈祷。萨满候选人 C 也做同样的事情。她明显很害怕即将到来的检验，尽管看不到歇斯底里的发作，但浑身一直颤抖。这位妇女整理她的头发，梳成小女孩样式的两条长辫子；[①] 她穿上长衫，系好腰铃（西沙）。穿戴好萨满服后，C 几乎不能来到房屋外放着大量燃着的汉香的长桌前，在包括老萨满在内的许多人帮助下，她被架到长桌前。两个男人搀扶着她，她站在那里开口说话，闻燃烧着的香的味道。老萨满开始召唤神灵，然后神灵妈妈萨满降临了，老萨满猛烈地绕着她跳跃舞蹈，通过特定的动作催促她进入房屋中。C 在犹豫的、不娴熟的击鼓中，进入房屋中。

① 应该指出，我们不能从理论的角度解释萨满的女孩风格发式，如果 C 梳妇女风格的发式，表演时头发会凌乱。通过这一阐述，我不是强调其他族体中的女萨满都梳女孩风格的发式。满族人和通古斯人并非如此。

老萨满有节奏地“舞蹈”，用自己的侧部和背部推着萨满候选人。这种力量很大，有时两个人撞上后，朝相反方向摔倒。老萨满抓住候选人的胳膊，把她拉到房屋的中央。一个男人抓住萨满候选人腰铃的腰带。不过就算这样，萨满候选人也没有入迷倒地（这是仪式需要的）；她有几次尝试这样做，却未跌倒，最后以半坐的姿势跌倒在地毯上，没有“像棍子一样”向后倒下，其身后有一男人扶住她。我猜想，扶着萨满候选人的男人很可能不希望她成为萨满，在其跌倒时没有给她帮助以防止受伤。因此，我推开了这个男人，站在其位置上，抓住萨满候选人的腰铃带。在这个位置上，我可以更好地跟随她，观察她在表演中的反应。

（4）老萨满要求她唱诵乔罗（神灵谱系），在这一过程中，人们相信神灵应该一个接着一个降临。萨满候选人身体所有部位开始轻轻颤抖。但是，在很长一段时间内，她一直无法进行唱诵。其实，萨满鼓是潮湿的（不够干，无人烘烤），其丈夫 A 一直胡乱评价干涉表演，其他人也嘲笑萨满候选人。我注意到有一个男人甚至推她，明显是不尊重仪式的挑衅行为。我尽力保护她，并要了一面新鼓。楚亲非常粗暴，侮辱并恐吓她。最后，在萨满候选人发作的三个小时后，她开始让神灵附体，妈妈萨满一排的神灵一个接一个附体。这些神灵都是女性窝车库；这些神灵说它们没有主人，老萨满（她的情人）在表演中没有请过这些神灵，它们感觉自身被上一代萨满的态度冒犯了。不是走在所有神灵前面，去世萨满是接着附体的，他要求人们给他立神像，在其坟前烧各种冥物和纸钱（纸钱是汉文化中的要素），因为他无罪却被控告。只有这些事情都做到了，去世萨满的灵魂才会安息。尽管人们随后根据这一有用的信息照办，但还是对 C 不能继续做乔罗的仪式而不满，人们认为她在严肃的问题上闹出笑话。楚亲认为，当治疗病人时，可以发生小的错误，但在氏族神灵问题上，萨满必须是严肃认真的，因为氏族神灵是氏族中最重要的事。A 十分绝望。他说是个人准备的这次仪式，未正式咨询氏族成员（其实在表演前氏族成员曾私下被咨询过），[①] 因此这

① 其实，A 不能扮演氏族领导者的角色，按照常规应该由长辈聚集在一起，决定应该做什么。但很明显这些长辈拒绝做决定，而是让 A 主持大局，他们只是参加氏族会议并充当顾问，当时面对的是既成事实。

样丢面子的事情不会影响到氏族成员，由 A 本人负责。评判人员再次被召集到一起，还包括老萨满和其他长辈，讨论结果很明显，有影响力的人普遍不希望 C 成为萨满。他们说，女性神灵不希望有男萨满，男性神灵不希望有女萨满，而且，主要神灵何勒玛发是男性，因此需要一位男性萨满。不过，也有支持 C 的声音，E 认为 C 是真诚善良的人，并且她掌控一个神灵。我的观点是 C 掌控一些神灵，为了证明这一点，我说明了乔罗文本的不可靠性、鼓潮湿等事实。这一讨论帮助澄清了一些不确定的观点。讨论之后，A 将我拉到一边，向我讲述了其家庭的所有细节，此前我只知道这些事实的部分内容。这样情形就很明晰了：候选人 C 被拒绝了，她的丈夫坚决反对，我也不能坚持自己的立场了。有影响力的人物 E，在被告知家庭事务时，仍然坚持其之前的观点。

在讨论之初，神灵被“召回”，萨满候选人 C 被单独留在一个房间里，这允许我对她继续观察：神经发作没有结束。休息了一个小时后，她再次梳起头发，回到房间里，表演正在这个房间中进行。C 筋疲力尽，非常悲伤沮丧，却能记起乔罗的每个词语，此时其竞争者 B 已经开始表演。对于 C 而言，此时学习太晚了，B 在接受检验时已经学完了。

（5）讨论持续了很长一段时间之后，当老萨满正在休息时，人们决定让候选人 B 进行萨满表演。我问候选人 B 这次他是否会成功，他肯定地回答：“有神灵，神灵即乔罗。”这一回答使我相信，他了解神灵体系。但是，许多人告诉我，“太爷”（氏族中比父亲辈高出一辈的成员之一）掌握氏族的传统知识，据我所知，B 曾向“太爷”求教乔罗的知识，但太爷并没有告诉他。当然，人们不仅能从“太爷”那里了解乔罗，候选人 B 也可能从其他参加过去世萨满定期献祭仪式的人中得知。通过所有的质疑性评价和仪式参与者的普遍行为表现，可以明显地看出，氏族领导者希望 B 成为萨满，并将其所说当作事实。候选人 B，很有经验的样子，十分自信地行动，他穿上裙子，系上腰铃（西沙），准备表演。老萨满向氏族神灵和乌扎拉氏族的神灵祈祷。乌扎拉氏族成员跪在神图前，摆上燃着的香，诚心向氏族神灵祈祷，与候选人 C 表演之前所做的相同。老萨满和候选人 B 都站在供桌前。老萨满召唤神灵，何勒玛瓦附体于 B。接着的情形像第 3 部分那样重复，没有任何变化。唯一的差异是候选人 B 表现得像一位有经验的萨满：他鼓击得非常好（一直有 A 和其他的勤勉的助手准备鼓，有需要时会帮萨满换鼓）。他背部运动十分有力（使西沙发出响声），同时舞蹈，“像棍子一样倒下”（其实是坐下）。他颤抖得十分激烈，并与仪式要求相吻合，而 C 在整个表演过程中都颤抖。根据 B 的介绍，他系腰铃时颤抖并不剧烈，但无论如何神灵都是附体的。接着老萨满开始念诵乔罗谱系，B 成功地先后让九位神灵附体，然后突然停止。人们发现标浑窝车库干预了表演，有必要召唤这些神灵并祈祷，允许继续表演。这个困难一排除，表演就继续。慢慢地，在没有任何困难的情况下，B 用十分简要的方式唱诵所有的神灵。仪式参与者对 B 的表演十分满意。人们告诉我，对 B 的详细问询稍后进行。神灵离开后，萨满候选人处于半清醒状态，十分劳累，四肢瘫软，被抬到炕上。仪式参与者十分满意，一切十分圆满：新萨满知道乔罗；能够让神灵附体，可以击鼓和歌唱。老萨满也很自豪。接着举行了一场仪式，感谢老萨满的神灵，当时新萨满在神图下面睡着了。这时已经是早晨 5 点了，这场表演持续了九个小时。一顿饭后（非常迟的晚餐），观众为了休息而散去。

第二天　A 来到离村庄几千米远的其父亲（萨满）的坟上，按照 C 附体时所说，根据去世萨满的要求烧了画像等。A 邀请前文提到的“太爷”参加仪式，这位老人 78 岁。他在晚上约 9 点钟时被接来，当时表演已经开始，这位“太爷”坐在老萨满的身边。

仪式于晚上 8 点开始，表演者和观众在房屋中所处的位置与前文相同。供桌上摆着同样的祭品，挂着相同的神图。表演从向神灵祈祷开始。老萨满激烈地击鼓，请何勒玛瓦神灵降临，同时候选人 B 穿上裙子，系上腰铃（西沙），在神图前舞蹈。B 渐渐地达到兴奋状态，冲到室外，来到香案前。B 闻着香烟，神灵何勒玛瓦（乌扎拉氏族的）附体。老萨满努力引导 B 来到室内，一直大声地击鼓，有节奏地用脚踩地面，腰铃声十分大。萨满候选人来到大厅，做出想回到院中的表现。老萨满用身体堵住房屋的门口，不时地用腰铃撞击 B，迫使他进入室内表演。接着，两位萨满一起舞蹈，用很大的力气撞击彼此的背部，变换位置，西沙发出很大的响声。这种舞蹈一直持续到萨满达到入迷状态，“像木棍一样倒下”，其身后有人扶着他。（但是，很明显萨满候选人没有达到这一状态，他的一条腿没有“像棍子一样”；候选人用腿支持自己，腿并没有僵硬。）这给人们带来强烈印象，观众开始让萨满候选人恢复意识，因为如果灵魂缺席时间太久，他可能会死去。

最后，萨满候选人开始坐下来颤抖。他尝试跑掉，但一个强壮的男人抓住他的腰铃带子，让他待在原地。老萨满开始询问。一开始候选人的回答断断续续，后来开始细数所有的神灵。“太爷”和评判人员认真倾听每一个词语，秘书记下了萨满说的内容。其间有一次敬酒：神灵何勒玛瓦将鼓上放的两杯汉人烧酒敬给“太爷”，“太爷”又敬给神灵两杯酒，萨满候选人没有用手拿着酒杯，直接喝掉酒。萨满候选人再次说出了一排神灵。神灵被送走。另一位神灵在屋外附体于萨满后，几个人将萨满候选人的胳膊反剪到他身后，使其趴在炕上。他“睡着了”。

评判人员召集会议。这次会议“太爷”参与了，其中的难题是，候选人并不了解刚刚唱诵的一排神灵。“太爷”十分沮丧。更沮丧的是 A，他愁眉不展、嘴角下拉，在屋里来回走动。人们问“太爷”问题出在哪里。这位老人说，萨满候选人能够听到他们的讨论。接着，萨满候选人醒了过来，一个新的神灵附体了。这位候选人正确地说出了这排神灵的名字，然后再次“睡着了”。与此同时，人们再次询问“太爷”其他神灵的情况；A 与母亲在房中重复强调了其中的一些要点。萨满候选人再次起来，这次何勒玛瓦再次附体，候选人看了一眼神图，十分迅速地说出了神灵情况，尽管他遗漏了一些被要求的传记上的细节。神灵再次变成了妈妈萨满，候选人 C 在这个神灵附体时失败了。召唤妈妈萨满十分不容易，像许多其他强大的神灵一样，它不会立即降临。这位神灵大概 45 分钟才降临，这次楚亲帮助他纠正神灵的名字，萨满候选人满怀希望地看着他。

我利用这个机会问了“公共意见”。有人说这样没有希望的表演完全是 A 的错误。A 和他的母亲不希望 C 成为萨满，A 希望其他人将神灵永远驱逐。楚亲认为 B 是懒惰的人，并且不诚信（他不还债），他是本人主动想当萨满。很明显，其他人帮助了萨满候选人 B，但这些人说，B 绝不会成为一位优秀的萨满。其他人认为 B 需要接受跑火池、上刀梯，或让乌扎拉氏族已经放弃的布库或莽伊神附体等检验。一些人对这次仪式十分不满，在结论没做之前就离开了。但是，A 说：“尽管候选人 B 不了解所有神灵，但仍然知道一些情况。”一些人认为，A 让其弟弟成为萨满，可以摆脱照顾受神灵侵扰生病妻子的麻烦，C 需要氏族中新的阿木巴萨满的治疗。人们批评 A 的态度。E 十分不同意用乔罗检验萨满的方法。E 本人和楚亲十分了解乔罗，但他们只发挥萨满助手的作用，如果用乔罗检验，他们都能轻易成为萨满；至于颤抖，经过短期训练的人都可达到，是不可信的，因此必须用其他方式检验萨满。E 说：“A 的妻子性格直率，应该是一位好萨满。”不过，另一个观点认为，表演已经举行，神灵被点名，虽然有其他人的帮助，但 B 一直在颤抖，满足了乔罗和阔利的要求。这种萨满教的形式化在蒙古人和汉人的文化丛中也有例子。这次表演在压抑的氛围中结束，完成感谢神灵的环节后，晚饭在早上 5 点才吃。

这次表演一共持续了六个夜晚。我不再对所有的情况进行复述，仅指出其中有趣的事实。候选人 B 的父亲的灵魂曾附体，表达了对 A 的强烈不满，认为 A 对他没有任何尊重（“孝道文化”），宣称他已成为氏族的神灵窝车库（尽管这种可能性最初是被否认的）。错误留给了 A。A 许诺向新萨满的神灵献祭一头大猪，当然其目的是想恢复自己与父亲灵魂（当时已是神灵）的关系。其实他已经花了很多钱（两头猪 39 美元，香和柴禾 15 美元，总花费 55 美元还多），他希望其他氏族成员，甚至其妻子氏族的成员帮助他。尽管新萨满不了解所有的神灵，只能说出一部分神灵的情况，但在最后一天的表演中他达到入迷状态，无意识地倒地，“脸色如白纸，看起来十分痛苦”，公众意见开始转向他；他有“能力”，很长时间没有出现过这么优秀的萨满了。第六天晚上，人们用一只鸡和馒头向老萨满的神灵做了献祭，仪式参与者吃掉了献给新萨满神灵的两头猪。

在我的田野笔记中，我发现了自己对这次表演的总体印象：“这是萨满教的衰落。”但这只是我的印象，很可能是由于疲惫的观察所形成的。我不想重复这一观点，但可换一种方式表述：这是满族族团解组和氏族部分解组后，萨满教对新文化丛的一种再适应，是一个有意思的案例。

第 29 节　萨满

132. 普遍的思维过程模式

通过描述萨满教的功能，分析萨满的表演，我们发现萨满扮演氏族社会“安全阀”的角色（同样也是其他类型共同体的安全阀）。萨满在其观查中运用不同的方法，将个人的影响带给共同体及其成员。每位萨满在实践中都不会盲目地运用其技艺，正如前文总结的（参见第 26 节），萨满总是会考虑所处理事件的特点，由此选择相应的解决方法。对萨满而言，首先要做的是对具体事件进行分析，随后做出判断。与人们所认可的推理和分析方法相比，萨满的诊断过程没什么不同。萨满会调查困扰的历史：是否存在其他类似的困扰，即此困扰是独特事件还是普遍现象；他会考虑身体各部分的所有症状如发烧、疼痛等，包括它们的特点以及发作的时间和频率；如果可能的话，萨满会和受困扰者交谈。然后，萨满会立刻或一段时间后给出结论。如果是简单的困扰，萨满会立即得出结论；如果是复杂的困扰，萨满则会延迟其决定；还存在一些困扰，萨满不能得出定论，而是呈现各个有同等可能性的解决办法。萨满的诊断，是用各类知识解释困扰的根源。正如前文所述，这些原因可以是：（1）用象征性的神灵或假设的物理介质（例如“蠕虫”和“微生物”）表达的传染性疾病；（2）个人身体疾病，例如外伤、年老，或以神灵象征的身体感染；（3）心智特征的个人困扰，根据相关观念，这类困扰可分为个人灵魂的某一个要素失调或者象征性的假设性的神灵的侵扰。这些因素在某种意义上被视为致病实体，并得到族团和萨满不同程度上的接受。

通过观察具体影响后果，来判断困扰原因的过程，与欧洲医生基于症状所提供的直接信息和证据进行诊断并无二致。萨满宣称结果的形式，即对诊断的表演，这种形式在本质上受“习俗”规定，它并不影响诊断及其依托的理论。萨满宣布诊断结论时，不能不考虑人们的习惯，它往往伴随着特殊的表演。如果我们注意到欧洲的医疗从业者在宣布结论时必须“表演”特定的行为，这一点就不难理解了。例如，欧洲医生不能立即给出结论，而是必须表现出对病人困扰的相关思考；尽管病人的情况可能一目了然，但医生必须认真判断，有时医生对病人的检查项目要多于能够做出判断的证据。另一种方式是医生在简单的检查之后，用宽慰的语言安慰病人，以赢得病人的信任，也表明医生知道解决疾病的方法。医生将不同的方法整合到现实的“表演”中，其重要性要高于无害的药物。在一些族团（欧洲）中，医疗设备具有心理效果，医疗设备数量的增加不是为了搜集新信息，而是为了给病人带来“印象”。当然，我这里所说的是十分真诚的医生，他们必须使诊断结果让病人在心理上接受，不真诚的医生不在我的讨论范围内。① 那些好的萨满也拥有自身的表演办法，使诊断结果为病人接受，因为萨满所处理的大部分事件属于心智丛方面。

在方法选择上，萨满受神灵理论及其诊断方法的制约，必须按相关期待进行表演。其实，在大多数事件中，萨满不需要表演召唤神灵附体的复杂文化丛，而是直接宣称病人招惹某一“神灵”或是单纯“生病”，建议病人接受医药治疗或向萨满求助。不过，有时萨满必须表演神灵附体，人们认为只有这样才能找到困扰的原因（诊断）。因此，单纯传统的、仪式性的表演被执行，萨满宣称他的诊断结果，或是在理解神灵附体于萨满后所说的话，由萨满助手与病人交流。这尤其表现在心智困扰的案例中，因为从干预病人开始，萨满就要赢得病人的信心。这种仪式化恰巧成长为一个文化丛，即第 113 小节所述占卜和发现。

萨满的判断要根据族团关于困扰性质的观念进行，并用特定的术语来表达。对于萨满干预的大多数情况，要在通古斯人接受的理论和假设范围内解释，因此这些干预需要处在神灵象征的范围之内，就像现代欧洲人用“流行感冒”“脑膜炎”以及较早的“发烧”象征疾病。当然，萨满式的诊断不会十分详细具体，（我忽略了所有的不需要求助于假设的诊断），但是，萨满不是需要处理所有困扰的“医生”，他仅处理那些暗示、臆测及劝说可以起作用

① 随着化学方法和微生物分析知识的增加，对这些“表演”提出了新的要求。不管是否真的需要这类分析，如果病人需要，医生就一定得执行。甚至当它们对医生无用时，医生也不得不这样做，因为“理论”上的医学坚持这类分析。

的情况。大多数案例中，萨满对大多数困扰用神灵理论和假设解释，但如果不能以这种方式治疗，其诊断当然是失败的。因此，做出正确的判断也取决于对困扰分类的精确程度。这向我们提出了萨满诊断的个人能力问题，稍后我将会论及这个问题，因为现在讨论的是一般意义上的萨满式诊断。

我在前文中表明，萨满的诊断方法在主要原则上与欧洲的医生没有区别。但是，诊断结果间的差异却很大。对大多数困扰，萨满都用象征解释，没有详细的分类，但先进的医学尽可能将这些困扰专门化，治疗效果较好。必须再一次强调，萨满的目的与医生不同，他对区分和分类无法干预的困扰并不感兴趣。萨满十分熟悉氏族成员的心智状况，除了罕见的临床精神病专家，与欧洲的临床医生相比，萨满更容易查明病人的心理状况（通常用灵魂丛、神灵等象征），这些医生只是粗略了解病人的心智状况。事实上，临床医生的主要功能不是管理个人或大众的心智丛，而是治疗疾病，而萨满则是管理个人和大众的精神紊乱，萨满诊断的主要目的是发现心智功能失调的具体细节。

在对萨满日常实践的观察中我发现，大多数情况下，萨满所运用的是上文介绍的简单诊断方法。如果萨满仅用这些方法，就与常人没有什么太大区别。不过，面对一些较难解决的情况时，常人运用简单逻辑方法是无法解决的。在处理比较困难的事件时，萨满会运用一些常人不会使用的认识方法。尽管不是所有的特殊方法都是萨满的专利，但这些方法构成一个特殊的文化丛，体现了萨满和萨满教文化的特色。

我用“简单的逻辑过程”，指称族团内普遍使用的思维模式。但是，同一链接系统被长期使用后，其过程可能会大大简化。事实上，一个序列的推断（基于事实或已确立的“真理”）可在不中断的情况下连成一个系统，即从事实到事实，从推断到推断。对这些系统的长期运用，可能会在很大程度上简化人们的思考过程。每一个族团都有其民族志意义上的思维序列，它会在个体中出现某种程度上的变化。当它作为一个普遍的序列被阐述时，可被视为有逻辑的，因而被接受。但是，人们的思考过程不能严格按照既存的民族志逻辑运作，因为这样速度太慢，由此思考过程得到简化。人们的思考越多，就越会发生思维的简化，意识领域连接的空间就越广泛。从表面上看，整个思维过程是一个具有较高秩序的条件反射系统，对具体思维环节的忽略不是简单的简化，而是一个具有新功能的反射系统的建立。[①]萨满一生都在关注心智丛现象的调节，自然会找到快速思维的简化系统，在外人看来这是神灵的礼物，其实外人在其他领域的知识中也用相同的方法，只不过没有被注意到罢了。

当环境中出现新要素时，情况则不同，要把这些新要素和已知的系统连接起来。如果一个民族志文化丛对新的要素或新的要素连接系统不熟悉，就有必要尝试用想象性的连接，将新要素或新的要素链接系统与旧的系统关联起来。在不断重复和检验后，思考连接过程可变成常规化的系统（对于个人、族团甚至大多数智力平庸的个体）。不过，如果不打破族体的思维场链接的常规要求，这种搭桥工作是不能完成的。这一过程在广阔的思维场内进行，从已知领域走向未知领域，如果有必要，则会把已知领域和未知领域连接起来。在这种情况下，人们有必要在结果出现并被族团接受前，摆脱民族志意义上的逻辑限制。但是，思维的过程和检验不局限在基于事实的连接上，同样也受到既存的链接系统影响（事先存在的简化思维系统），情感甚至生理因素都会生成新的想象要素，成为弥补思考系统中的缺环可加选择的要素。这一点可在经验意义上加以验证，由于新经验的存在（事实观察、推断、链接系统），只要情感和生理因素对这些经验有回应，这一过程就不能被拒斥，一直持续。简化的思维链接系统，可被未被打断的、既存民族志意义上的推论序列检验，这些序列可以是数学的、“真理”的链接系统。萨满十分广泛地运用简化思维，因为他们一直在“调节”同一种性质的事件。在简化思维的帮助下，萨满运用直觉、想象的危险不会太大。因为思维过程总是在经验上被检验，他们不断纠正系统，放弃不正确的部分，要不然萨满教就不会发挥其功能（这一功能的首要特征是经验适应系统）。而且，萨满的信誉是很高的，他们有时间从经验上证明“搭桥”的正确性，他们不需要立即展现所有思维过程的链接。

首先，由于所处理事件的性质，萨满主要依赖直觉判断，对这些事件不能依靠一般的解决问题的思路框架去处理。一个完全正确的问题解决办法，

① 这也可以按照“渠道和层次”进行类比。

因为推论的逻辑连接过程不完整，有时说服力低，并且神秘。萨满的发现，虽然在性质上是正确猜想，但也需要作为神灵掌控者的萨满权威的支持，这一点往往被视为萨满的直觉能力。萨满的直觉能力、“天赋”或“天才”，常被解释为神灵的能力。而且，通常情况下，萨满正因为能够打破族体既有的逻辑思维模式，所以才有所发现。这些逻辑思维模式的基础是有限的知识，它们经由被接受的类比的、象征的固定形式进行表达。萨满用相对自由的方式来确定和优化得出结论的方法，即引入新性质的神灵象征，丰富族团中缺乏的思维连接环节。一旦新的神灵被萨满引入，通古斯人随之也会接受，就像欧洲科学家建立的研究假设，虽然经过了验证（为了具有可信性，并宣称为“真理”），也可能像通古斯萨满的新神灵系统一样荒诞不经。就像欧洲的知识“突破”者需要通过其文化丛中看似可信的公式、实验以及“逻辑”建构系统等来展示新的观念，萨满需要将其结论（或新的假设）放到族团能够接受的“表演”框架中。将在环境和“心灵”生活中积累的知识固定为“真理”和“假设”，这通常需要打破业已建立的“真理”和“假设”形式，其中表演具有重要作用。大量的案例表明，“真理和假设”的形式，决定了其命运。在这个意义上，科学家的著作及其成功取决于族团心智方面的民族志文化丛，而且很可能在“表演”方面付出的努力比发现本身还要多。因此，在强烈坚守文化丛的族团中，表演本身就会成为目的。当科学职业化以后，表演甚至可能失去其功能。上述内容表现了寻找新真理过程中的普遍规律，但通古斯人的案例却向我们展示了“表演”在连接“新”与“旧”真理中的重要性，这些都是民族志现象，即具体族团的心智丛要素。①

就萨满“发现事物原因”所运用的直觉而言，与出于其他目的打破既有民族志文化丛，从已知事物探索未知事物并无区别。事实上，萨满只有在非常熟悉既有民族志文化丛的情况下才能运用此方法，要不然萨满“打破”民族志文化丛的方式可能转变成不连贯的猜想工作，这在实践方面是徒劳的，不利于族团自身的发展。这可与我们这个时代（在欧洲文化丛中）

① 必须记住，不同的族团中可能有相同的民族志文化丛，使人们认为“文化”“文明”“科学”和其他抽象归纳的门类独立存在，可进行单独研究。

的“思想家和哲学家”相类比。由于不能掌握当前的知识，他们运用直觉能力进行猜想工作，甚至在一些情况下，当前的知识可以使他们不去犯一些基本的错误，免于胡说八道。其实，这些“思想家和哲学家”在既有的族团文化丛中发挥特定的功能；他们成为族团中无知者（相对而言）进入环境的模仿对象。达到这一点不用花很多时间费心思去学习实例，当然也无益于知识的推进；他们给这部分人群以希望，任何有时间和欲望的人都能完成这种模仿；最后，这种思想渗透到人们的梦（一种情感上的愉悦状态）中，让人们进入到“开放”的特殊世界，其中充满神秘的直觉。在通古斯人的萨满中很少见到这类“思想家和哲学家”，因为彼此的功能不同，虽然在肤浅的观察者看来，萨满的直觉思维及猜想工作与上述“思想家和哲学家”相似，他们据此认为萨满是低级的思想家。“低级”这一词语，我借用了相对主义的观念，即认为萨满类型的直觉效果与上面提到的“思想家”相同；但考虑到通古斯人的知识量，“思想者”在其族团和民族志文化丛中可能占劣势地位。因此，当考察与通古斯人相关联的知识时，作为一种达到“真理”的方法，萨满的直觉要比“思想家”更具优势。

133. 特殊的方法

除了普遍的方法（简单的逻辑方法和直觉），萨满也用特殊的方法来增强洞察力、想象力和直觉能力。这些方法是解读思想、远距交流、自我暗示的梦及入迷，这些方法在普通人中或多或少也得到应用，但在萨满中间，这些方法是他们技艺的基本内容。

在前文，我已指出了在通古斯人和满族人中观察到的实例，这表明了解读思想的存在。我已承认，这一解读存在如下可能性，即不是建立在事实基础上的系统推论，但似乎确实是直接的交流，很可能是通过特殊的物理波。目前，这些“波”的存在仅是假设（至少暂时应该如此），但大多数案例表明，不能将两个独立个体间的“解读思想”现象理解为“直觉”和偶然。这不是所有萨满的特性，一些萨满用得多，另一些萨满则用得少，但所有萨满都做过这方面的尝试。远距交流貌似基于同样的物理因素，萨满用不同的方法获得这一能力，他们可在梦中、入迷状态下或者集中精力努力思考的“正常”状态下达到远距交流。在这些情况下，萨满说他们“派出灵魂”进行交流。必须指出的是，萨满认为远距交流在晚上效果更好，因为这一时段物理波不会被太阳光线干扰。还有一个因素很重要，萨满在黑暗环境中更容易达到入迷状态。萨满通常以动物象征来理解其远距交流的对象，如出现在梦（睡眠状态中）和幻觉状态（毕拉尔千人）中的熊、狗和蛇。不过，这些交流也可通过所听到的声音感知；或停留在无法描述的状态，正如通古斯人所说：萨满想要这样去做，我认为是这样。也存在一些在没有任何感知的场合中，萨满无意识地获得交流的情况，并会依据交流所传达的内容行动。萨满肯定，两人如果彼此友好的话，他们彼此可以远距交流；如果互为敌意的话，他们就可以战斗。对于这些情况的分析是十分困难的，因为我们无法确定远距交流是否真实，其实，平行的思想和情感是普遍发生的，而且这种情况会存在于两个不相识的人之间（其中一个是萨满，或者两人都是萨满）。例如，在紧急情况下，一个萨满想要得到另一个萨满的帮助，并召唤他。对于这些现象的性质还不是十分清楚，但我不想在理性的先入之见下，贸然去否定它们。

远距交流和解读思想在萨满中运用得很普遍，这是一种强有力的简化认知过程的手段。

梦与入迷具有特殊性质，但是它们具有同样的目的，是一种认知方式的完善。

作为一项规矩，萨满在遇到难题或想举行萨满仪式时，可以求助于梦境。萨满的入睡有不同目的。正如前文描述的，尤其是满族的萨满，以及洛帕廷所描述的果尔德人萨满，在进行仪式前要睡觉，神灵应该在萨满的睡眠中与其交流。北通古斯萨满也会睡眠，但随后会入迷。最后的情况是，就我所观察而言，萨满在仪式前进行必要的休息是为了达到特定目的。伴随着入迷状态的觉醒并不是单纯的、简单的仪式化（尽管可能包括仪式化），萨满在仪式之前如果能够睡眠，就更容易达到一种半意识状态。这种情况与萨满为了认识、解决问题而进入睡眠状态不同，我将在下文阐述这一方法的原理。

正如我们所知，睡眠不是一个固定不变的生理现象，它表现为心灵功能不同程度的中断，睡眠伴随着对感知生理功能的完全摆脱，完全停止智力工作，至少部分摆脱其中的一些要素。其实，“智力工作”会受到不同程度的梦的抑制。但是，除了按照非逻辑性建构的梦，作为可观察到的事例，还有一些梦摆脱了非逻辑特征。除了引入想象性的要素，它们是非常有逻辑的，有时受生理要素的影响。因此，梦的非逻辑性体现在结果上，而不是建构的过程中。梦的一个最重要特征是，在睡眠过程中，日常的、“民族志学的”、思考文化丛的心智丛会部分消失，为思维机制提供了新的环境，环境中整合了不包括在民族志文化丛中的要素。当思维机制摆脱了既有文化丛的影响时，可能运作得更好，尤其是在思维连接环节缺失的情况下。人们普遍运用的一个方法，就是将难题的解决留到入睡（晚上或者白天）以后，这可以解释为进行必要休息后可成功地进行智力工作，但是那些有意或无意运用这一方法的人都知道，在梦中可以继续日常的智力工作，有时在睡眠中或醒来后的短时间内突然发现解决难题的办法。人们如果遇到无法解决的问题，往往将其暂时搁置，即在意识领域放弃，这一问题随后可能在未被注意的情况下得到解决（在潜意识层次）。上述所有案例中，人们的行为目的是相同的，即在一段时间内压制民族志文化丛意义上的思考模式的运作带来的影响。当此类思考模式需要呈现和检验时，人们就要引入缺乏的思维连接环节。因此，这一方法与“潜意识思考”并无本质区别，问题只是对有利于这类思考的条件的创造。作为一种固定的、得到认可的方法，萨满用关于神灵的假设和理论解释此类方法的合理性。因此，在萨满那里这种方法不仅没有被抑制，而且得到认可。值得注意的是，萨满的“启示”可能以直接、固定的阐述来表达，也可能像远距交流那样以特殊象征来表达。萨满会非常认真地分析“梦”，他们将一些梦视为“启示”，而将其他的则仅视作“做梦”，有不同的术语来区分两种类型的“梦”。满族的萨满有时仅睡半个小时，就会得到神灵的启示。满族人用“窝车库索立姆博”，即“请神”来表达这一现象。

就为思维过程所创造的特殊条件而言，入迷仅是一种方式。入迷的机制是，萨满部分摆脱了感觉，完全或部分摆脱了既存民族志文化丛思维的影响，以致直觉和想象思考不受阻碍，或者是把这种阻碍减少到最小程度。不过，由于入迷在萨满教中发挥十分独特的作用，它不只为萨满创造独特的思维条件，我需要用专门的小节论述入迷现象。

134. 入迷

在我所观察的萨满表演中，存在不同形式和程度的入迷现象，因此不能用严格的模式来定义这个现象。在一些情况下，它近似于歇斯底里发作，而另一个极端则是传统仪式化的变化形态，在后一状态中，萨满的心智丛与平常行为没有什么不同，他（她）仅是“表演者”。

首先我会对萨满的表演情况进行描述。这一过程中，萨满没有表现出歇斯底里，也不是简单的“表演者”。

通过对萨满表演的描述，我们发现，萨满往往在睡眠一段时间后开始表演，表演中出现的神灵附体显然是睡眠状态的延续，此时构成萨满“正常”状态的要素（至少部分地）被排除。在这一状态下，萨满相信神灵在其体内，他像神灵一样行动和思考。那些能够吸收不同的文化丛，并表现相应文化丛所有细节的人对这一状态十分熟悉。伟大的戏剧家、歌剧家和音乐家的创作都是在对文化丛理解的基础上进行的。如陀思妥耶夫斯基这类有“天赋”的作家—心理学家，会沉浸在自身创造的文化丛（来源于现实的刺激）中，当他们写和描述细节时，只是记录自身的感受。一位作家—摄影师也能绘出一幅图画，但是它们不会“有生命”，大多数的情况都只是人为地创造。在精神病学中，我们了解到双重人格现象，即“人格分裂”为几种不同的人格。这一状态非常严重，受影响者在共同体中不能扮“正常”社会角色，这种非正常状况涉及如下状态，受影响者不能自如地按照文化丛行动，根据意愿转换自身社会角色。这种状态也包括不同程度的文化丛叠加：当一个天才作家描述自身所属族团的文化丛时，他没有失去自己的记录能力，就像一个旁观者。在“双重人格”状态下，一个人格观察另一个人格，甚至彼此斗争。关于“善”神和“恶”神的存在是一个很好的解释，就是受双重人格的影响。在这种情况下，神灵仅作为一种正当性标准，同时也是一种中立有害影响的方法。受到歇斯底里发作影响的人也具有同样特征：当发作的时候，人们必须有意识或无意识地根据特定模式行动，将自身带入其行为可能呈现的心智和生理状态中；众所周知，这种状态不容易达到，人的身体也很不舒适。而且，歇斯底里发作的人成为社会意义上暂时的或永久的残疾人，他们在日常生活中不能控制自己。不过，在歇斯底里状态下，意识或感觉要素并未消失，一些要素在此过程中仍发挥功能。①

在萨满入迷的过程中，也有双重人格现象和对意识要素的排除，在不同程度上打破既有民族志文化丛。不过，其中有两个方面的限制，也就是说，萨满的状态一定不能转换成歇斯底里发作，又不能压制入迷；歇斯底里发作和压制入迷不会使萨满产生自发的双重人格（神灵）表达，为直觉思考提供自由度。在这些限制内，不同强度的入迷及其效果会被混淆。为了达到这一状态，萨满必须拥有特殊的心智能力。首先，他必须拥有双重人格的能力，很可能是分裂人格的能力，他必须有特定的能力控制自己的思维机制，必须熟练掌握将自身带入这一状态的方法，以及根据表演的实践目的在足够长的时间内维持或管理入迷，通常要兼顾在场的观众。

不能够带来所需入迷效果的萨满，将不会被视为好萨满；那些将入迷转换成歇斯底里发作（不能控制自己的人）的人会被认为遭到神灵占有，因而不能成为萨满（他们需要接受治疗），那些不能够真正进入入迷状态的人是不能成为萨满的，但可成为“氏族祭司”，也就是献祭和祈祷的表演者。

萨满入迷中的生理和心理状况，呈现出与此状态相关的一些有趣现象，但是我们有必要首先呈现萨满进入入迷状态的方法细节。

---

① 其他拥有“双重人格”的群体可能表现的是十分危险的大规模精神紊乱。其实，源于生活的例子并非总能被同等地理解，因此也不具备同等的可信性。尽管如此，我将对当下不同族团中观察到的现象做平行比较。在精神病理学家发现“双重人格的病理原因”后，这一“主题”逐渐渗透到非专业人员中，首先进入到职业小说家和新闻工作者中——他们将其视为“现代的、有趣的问题”成功运用，随后又进入到通俗化的“影片和电影”中。这一运动的后果是两面的。一部分年轻人找到了反对社会行为“模式”的有力证据，但他们仍保持“正常”；而另一部分人受到“典型歇斯底里”的影响，变得“不正常”了。很可能还有第三类群体，人数众多，由将自身想象为“双重人格”的人构成，但他们只是为了赶潮流而跟风。当然，将思想集中在无用的事物以及有害的实验上，对自身和社会都是无益的。如果社会中的成年人受这一运动的影响，那后果会更加严重。从民族学角度说，我们时代的寄生虫依靠时尚为生，而不是过去的歇斯底里。从消极的角度看，这一新时尚只不过被普遍视为一种由现代生活复杂性带来的“文艺运动”“现代心理学”等，其实这是社会组织控制能力的部分失调以及对大众精神紊乱的成功宣传的结果。当然，这只是“文明人”产生的许多有害案例之一，却被认为是“正常现象”。

我们发现，入迷状态可能在睡眠的过程中发生，很明显这种情况是在部分无意识状态下，由强烈的自我暗示所带来的后果。大多数萨满在入迷之前都要表演“睡眠”，也会做一些准备性的工作将自身带入入迷状态中。起初，萨满会击鼓，接下来会持续加快或降低击鼓的速度，运用在经验中固定下来的节奏，让自身产生一种生理和心理状态，萨满在这一状态中自我暗示（神灵即将到来），可能会立刻产生双重人格效果。在神灵附体之后，萨满要一直保持这一状态。

这个状态的达成需要萨满或助手持续地击鼓，观众也会对萨满产生影响，他们通过歌唱保持并强化萨满的入迷状态。萨满服产生的复杂声音也产生同样的效果。几位萨满告诉我，如果没有观众的话，他们不能进行表演。一位萨满明确地说：“所有在场的人都帮助我去往阴间。”（巴尔古津通古斯人）我们发现，在场观众也持续地受萨满的影响，受到影响的大量个体将情绪回馈给萨满，这带来了萨满更深入的兴奋。无论我们是否理解萨满的这一状态，他与观众的关系、互相的催眠、暗示，甚至是彼此间的特殊物理波、相互影响带来的持续兴奋，使得萨满和观众融为一体，萨满得以维系其入迷状态。由于这个原因，萨满不喜欢不能参与到其行动中的“质疑者”在场。但是，如果不破坏萨满与观众间的和谐，萨满不反对氏族以外，甚至是其他族团的人参加其仪式。①

---

① 在观众能够影响萨满这一点上，我们可以将之与听众对演讲者的影响进行粗略的类比，也就是说，听众会与演讲者发生互动，将每一个新思想传达给听众的过程中，演讲者都获得了与听众进行直接联系的新刺激，演讲者进入听众的心智丛中，听众也进入到演讲者的心智丛中。但是，如果有很多迟钝的人不能理解演讲者，表现出漠不关心或质疑的态度，不能理解演讲者的心智丛，也剥夺了演讲者该有的刺激。其实，所有的“演讲者”和听众都十分了解这种“伤害演讲者面子”的方式。应该指出，在大量这类例子中，出于大量与理解演讲者无关的目的，听众会十分有意地阻碍与演讲者间关联的形成；但还有大量的质疑是害怕由于吸收了演讲者的心智丛，而使自己的心智丛黯然失色。质疑是智力上弱势者的十分典型特征，他们用固执作为自我保护的盔甲，拒绝理解他人。在萨满教的表演中，尤其是在萨满的入迷中，萨满和观众间的关联度是很高的，表达敌意（质疑）尤其危险。在萨满教表演中，外来者往往持这种态度，例如后贝加尔地区俄国金矿的工人、满洲地区的现代化汉人，他们不理解萨满表演的本质，因害怕被影响，而认为自身高人一等，对萨满教持嘲讽的态度。（事实上，我们也见到一些民族志研究者持相似的态度进行描述。）其实，这些个体是萨满表演的破坏因素，是不受欢迎的。

对于召唤神灵以及维系入迷状态而言，舞蹈的节奏也有同样的效果。萨满服所发出的复杂声音也被用于同样的目的。我观察了满族人和其他几个通古斯族团的例子，其中萨满在没有服装的情况下不能进入入迷状态。萨满有时为自己创造了一种状态，在这种状态下萨满想要表演（进入入迷状态），并保持入迷。萨满较为普遍运用的方法有两种，即吸烟与喝酒。不过在表演之前，萨满通常既不吸烟，也不喝酒；萨满在转而召唤其他神灵、需要更加兴奋或劳累时，才会吸烟和喝酒。一般情况下，人们认为这些是神灵想要吸烟或喝酒，有时萨满会在两个神灵附体的间歇中这样做。萨满有时用烟袋吸烟，有几位萨满可能一口气就吸掉一袋烟，中间没有停顿（我见过一位萨满一连吸了五六袋烟）。萨满也会吸令人感到愉悦的燃烧植物的烟，甚至是汉人中的香（在那些能够得到香的族团中，如满族人、达斡尔人、一些满洲的通古斯人）。饮酒也可以产生同样的效果，例如俄国的伏特加和汉人的白酒，一些强壮的萨满在表演过程中可以喝一瓶多伏特加。在一些情况下，萨满拒绝喝酒，他们认为喝酒没有用，反而让自身变得更弱。① 事实上，如果萨满的饮酒超过维系入迷所需的酒量，或因缓解劳累而大量饮酒，可能会进入喝醉状态，无法维持入迷。观众会嘲笑一个喝醉的萨满。

萨满在入迷的过程中（我观察过几位女萨满），会经常哭泣，因此脸上布满泪水（巴尔古津通古斯人、毕拉尔千人）。萨满脉搏跳动得很快，但当深度入迷时，即萨满的灵魂到达阴间的时候，脉搏跳动会减慢，变得很弱，有时很难感受到（我在所有的通古斯群体中都做过这样的观察）。不过，如果萨满仅是举行仪式，则对脉搏没有影响。

根据萨满所说，在入迷状态中，他们感觉身体极度轻盈。在与病人交流的过程中，他们也会有同样的感觉。满族人十分肯定，在仪式过程中，当萨满踩在接受治疗病人身上的时候，病人会感觉萨满很轻。其实关于变轻或力量增加的感觉，是很普遍的现象。如前文所述，萨满服有 30 多公斤

---

① 在毕拉尔千人中，我观察到一位女萨满喝了大量的汉人白酒，其表演最后失败了。

重。尽管这个重量分布在全身各处，但并不容易穿。在毕拉尔千人中，我看到一位老年妇女在穿上萨满服之后，站不起来，也不能走动。但是，在神灵附体之后，她能够轻松地移动，速度很快。在另一个例子中，我见到一位86岁的萨满，这个萨满半聋半盲（萨满不能独自行走，由于眼睛不好，所以在白天做仪式）；他身体很弱，在不搀扶的情况下不能行走，所以经常骑着驯鹿出行。他的萨满服很重（这位年老萨满的萨满服上逐渐积累了很多铁制饰物），大约有40公斤。这位老人都是躺在地上穿萨满服，神灵附体后，他突然改变状态，像年轻人一样跳跃和舞蹈，他的声音和与其一起表演的侄子同样高亢。

大多数情况下，我看到萨满可以不借助跑而跳跃，他们站在原地跳跃（棚屋的空间太小），通古斯人中最有能力的运动员也做不到这一点，甚至在不穿萨满服的情况下也做不到。通古斯人断言，萨满跳跃时，头有时会碰到棚屋上方的排烟孔，离地面有3米多高的距离。我没有见到过这种场面（这可能是一部分通古斯人的幻觉!），但是我见到萨满跳了大约1米高。为了做到这一点，萨满一定要有巨大的肌肉张力。萨满服的重量也是一个值得关注的有趣事情。其实，萨满服的重量一定会阻止萨满的入迷，因此萨满必须做出特殊的努力来摆脱这种抑制。如果萨满服太重，萨满不能达到入迷状态，就不能表演；萨满服越重，萨满的入迷程度就要越深。新萨满的衣服通常不会很重，有经验的老萨满的衣服才会很重。通古斯人说，年轻萨满不能穿太重的萨满服。满族萨满的表演形式晚近才形成，达斡尔人的萨满表演也是如此，他们的萨满服不是很重。

一位萨满（毕拉尔千人）曾告诉我，每次神灵附体之后，他会觉得很热，可以听到很大的噪声，他不能理解这些现象，也记不住神灵说了什么。感觉热似乎是萨满中的普遍现象，因为我亲自感受到过，萨满在表演的过程中更热（在他们快速摇摆地进行舞蹈之前）。

在其他令人好奇的现象中，前文已经讨论过的“突然怀孕”情况值得注意（参见前文第699页）。萨满助手会“检查”萨满的腹部；当神灵离开女萨满的身体，萨满的腹部恢复原来的形状，萨满同时也会做各种各样的实验，例如伤害自己、流血、烧烫等，却不会受到任何伤害。通古斯人说，萨满可以用刀切开他们的胸部，第二天只有一道红印。[①] 萨满坐下来，在较长时间的注意力集中后，血开始从他的额头流下。萨满用手拿烧红的铁、火炭等只会产生轻微的影响，第二天早上萨满的手是红的，但是没有烧伤。我没有亲自观察过这些情况，但是通古斯人肯定“优秀的萨满”经常做这些事情。神灵附体以后允许萨满做这些，这用特殊的术语“巴勒布卡”表示。

如果暂时搁置这些有疑问的事例，根据我自己的观察，萨满在入迷中体力会有明显的增加，此时的生理状况与常人不同。入迷需要巨大的体能，因此那些我观察到的真正进入入迷状态的萨满在仪式之后都不能动弹，满身汗水；他们脉搏弱且慢，呼吸少且浅。一些萨满处于半清醒状态，在特定的时刻可能是没有意识的。

通古斯人说，在萨满仪式过程中，尤其是去往下界的过程中，萨满可能突然死亡。除了满族人，我在不同场合听说过这类情况，有时还带有丰富的细节。通古斯人解释，萨满死亡的原因是其灵魂不能归来（灵魂归来的信号是意识恢复），灵魂在归来路上被其他神灵或萨满拦住。因此，人们必须运用所有的可能方式将萨满灵魂取回。由于这一原因，萨满很少表演去往下界的仪式。这一说法当然是不可靠的，如果萨满的心脏不够强健如有动脉硬化或其他类似疾病，则需要行动平缓，萨满在表演过程所付出的努力，可能导致死亡。另外，正如其他群体中发生的自愿死亡一样（例如澳大利亚的违反禁忌），萨满的情况可能属于同样类型：他相信他的灵魂被捉到了，不能返回，因此放弃心脏和呼吸的正常功能，这些现象在特定的萨满仪式过程中可发现。在后贝加尔地区的驯鹿通古斯人中，这种形式的萨满表演被视为十分危险，很少有萨满举行这类仪式，三年左右才有一次。

对萨满在入迷过程和日常生活中的心理加以分析表明，就萨满本人而

---

① 这里我想引用格姆林的记录（《1733~1743 年的西伯利亚之旅》，第 2 卷，第 493~497 页），内容涉及他与米勒对一位萨满（雅库特女萨满）的实验。他们逼迫这位萨满用刀割自己的腹部。天真的旅行者想让雅库特人相信萨满在欺骗他们。伤口很大，解剖处凸出来（萨满将凸出的肉割下，煮熟并吃掉，很好地完成了这一实验），经过树脂和桦树皮的两次包扎，这位萨满的伤口在第六天愈合了。

言，仪式表演是一种特殊的方式，将萨满的思维模式从一般思维机制中解放出来，不受既存思维模式的影响。不过，萨满必须在“神经”发作和良好的意识状态间划清界限。这时萨满助手的功能可得到很好的理解。萨满助手通过提问问题，来帮助并引导萨满的智力进程，萨满只能部分感知到助手的引导，千万不能回到完整的意识状态。当入迷结束后，那些没有经验的人不能理解萨满所说的话时，萨满助手也必须做出阐释，因为萨满通常不会记得他们在入迷中说的内容。

入迷状态很可能非常愉悦，因为萨满愿意在入迷状态中表演，他们有时会主动寻求这样的场合。其实，我们应该记住萨满是在社会意义上被需要的，萨满的表演有其社会动力，因此我们经常可以观察到萨满表演。但是，萨满在独处的时候也会十分频繁地发生入迷，尽管并非所有萨满都如此。在我看来，就像歇斯底里行为的人需要偶尔发作一样，萨满也需要定期体验入迷状态，正如拥有“创造性情绪”的诗人、优秀的音乐家以及其他类似的人更容易入迷。萨满说，在表演之前，由于很长实践没有表演，他们会觉得“心和脑都很沉”，甚至身体会不舒服和疼痛。但是，到了第二天表演，萨满会觉得自己“身体轻松并愉悦”，正如可在前文观察到的那种状态。①

同样应该指出的是，有时萨满在准备仪式（入迷）前会采取禁食的手段（在几个小时或几天之内），这种实践在满族人中很普遍，类似现象在满族人中还涉及对性交的限制。这些限制可能是神灵理论进一步应用的结果，

① 这里我呈现一个我细致观察的个案，一位萨克达氏族的满族人假装是一位萨满（关于其活动的有趣细节可参见《北通古斯人的社会组织》，第113页），并没有得到氏族的认可。一位十分健康的男性，喜欢好的食物、喝酒，身材十分健硕。出于当萨满的要求，他表现得十分安静，在几个月里一直关心周围的环境。他时不时地要进行萨满表演，此时其情绪与平时不同，他变得关注自我，情绪变得兴奋。我们让他进行萨满表演，因为他想通过神灵知道其家庭的未来状况（尽管他与家庭的联系十分松散）。我们采购了鼓，还有一些汉香，当一切准备就绪后，这个男人反对说：“这些都没有用，神灵不会来。”他咬牙切齿，将燃着的香放入口中，猛烈地喊“kéku，kéku”（应该是“火神”）。在神灵离开前，萨满第二次“发作”（颤抖等），并且躺在炕上大口喘气。休息一会儿后，他非常享受，开心地宣布查明了想要了解事情的结果。这个个案十分有趣，因为这个男人并非萨满，他表现的入迷在我看来只是根据特定模式表演的神经发作。

同时与萨满的生理和心理状态有关。在现实中我们很少能观察到萨满禁食和限制性交的情况，这些是十分个人化的方法。个别萨满将禁食和拒绝特定的食物解释成更容易达到入迷状态的方法。我应该说，这样做只能缓解胃对未消化食物的承受能力，某些食物是相对容易吸收的。但是，一些萨满却将这些规矩解释成神灵特殊的启示，这仅是一种“合理化”的手段。[①]

另外，还有一些特殊原因让萨满不愿表演仪式。事实上，萨满经常拒绝举行仪式，尤其是大型的仪式。正如前文所述，至少在一些通古斯群体中，萨满去往下界的仪式每三年才举行一次。萨满拒绝举行仪式包括如下原因：不喜欢某些人、身体太疲惫或者最近做过同样的仪式。面对上述情况，萨满给出的原因是神灵不愿工作。萨满在月经、怀孕和分娩后的一段时间里也不会举行仪式。对于这些情况，萨满的解释是：神灵不喜欢亚特卡（满语）和阿吉普楚（通古斯语）妇女。不过，满族人和通古斯人的女萨满在上述情况下举行仪式的话，神灵理论也能与这种状态相协调，其中真正的原因是，处于特殊生理状况或是产后的萨满，由于身体不够强壮，不能实现入迷。在我看来，神灵理论仅是对萨满行为的一种合理化解释，处于特殊生理状态的女萨满由于身体疲倦更容易神经发作，入迷可能转变成神经发作。

另一个有意思的萨满仪式心理状况是萨满仪式（包括真正的或假定的入迷）必须有正当性，也就是说，萨满仪式的举行一定要有特殊原因。正如前文所说，这样的原因是帮助人们，主要是氏族成员，将萨满带入入迷状态。当萨满不想举行仪式时，一定要有原因去刺激。

这里我将从不同角度呈现一个有趣案例。为了记录，[②] 我们要求一位毕拉尔千人的女萨满举行仪式。在执意要求下，萨满同意做仪式。萨满反对做仪式的原因是无人生病，也没有其他举行萨满仪式的原因。所以，这位

① 在不同的通古斯群体中萨满禁食出于不同类型的原因。除了那些胃消化能力差的萨满，禁食在萨满中并不普遍。这同样也体现在萨满对麻醉剂、酒及烟草的用量上。

② 在那段日子里，我使用了一台不是很方便的爱迪生留声机以记录。需要指出的是，我们与这位萨满的关系十分真诚、友好。她总是为我提供关于她的所有细节，以及萨满教的技艺，这允许我对她提出这样的请求。

萨满决定给神灵献祭九碗米和一瓶“红酒”（加了红色颜料和糖的酒）。穿好萨满服后，萨满准备努力地请神。神灵附体后，对没有任何原因的打扰表示抗议和嘲笑，生气的神灵甚至说“脏话”。尽管萨满能够进入入迷状态，但整个过程中她以哀伤的情绪流泪并歌唱。接着，萨满的情绪突然发生非常强烈的变化。虽然这位女萨满想要入迷，但是很难达到这一状态。

为了完整呈现这一现象，必须指出的是，当萨满变得更有经验时，他不会一直运用入迷技术，也就是说，他会非常经济地使用这一技术。但是，由于人们会认真观看整个仪式过程，萨满必须给观众和参加仪式的人带来影响，参与仪式的人有时不能判断萨满是否真正入迷。当然，没有长期实践经验的年轻萨满是做不到在不入迷的情况下，对观众施以心理影响的。这一点与艺术家的行为类似，虽然艺术家不能感知其表演“部分”，却通晓其表演所产生全部心理效果的细节。这与那些有经验的演讲者用一些俏皮话来控制听众的道理相同。①

135. 萨满和神灵

我们已经发现，萨满和神灵的关系可被定义为“主人”和“奴仆”。不过，只有在优秀的、强壮的萨满中才存在这类关系，而身体弱的萨满则容易成为神灵的牺牲品和工具。

毫无疑问，从萨满的心理观点来看，神灵包括两种主要类型。第一类神灵象征各种智力和心理状况，当普通思维不能解决各种问题时，萨满会用这些心理状况表演，以发挥社会功能；第二类神灵象征心灵功能失衡的情况，如果不想受各种心智紊乱的不良影响，萨满需要“掌控”这些神灵。

在描述萨满产生的历史过程时，我们发现萨满在其事业之初会发生精

① 一些年老的教授在讲座中还是年复一年地在课堂上讲“妙语和段子”，有时甚至出版了！以致未被剥夺幽默感的学生在“妙语和段子”表演之前就开始笑了。我们可将这一现象视为对真正艺术家的一种拙劣模仿，对听众没有任何效果。在通古斯人中，也可以见到缺乏才能、想象力以及控制观众能力的萨满。通古斯人将这些人视为能力差的表演者，当然也不是优秀的萨满。

神紊乱，不能发挥自身的功能。正如前文介绍的，如果萨满不能掌控神灵，就控制不了自己。

以这种方式理解萨满教，就萨满个人心理而言，我悬置了对萨满心理状况的早期解释，这些解释都是在类比基础上的先验推理，它们除了反映欧洲文化丛，目前已没有任何价值了。但是，有一个新理论值得注意，因为从形式上看，该理论是新近的、科学的。这里我评价施特忍堡对萨满教文化丛的性特征理论所做的探讨。这一理论是在距离比较遥远的不同族团民族志资料的基础上提出的。施特忍堡的《原始宗教中神的选择》，是在对果尔德萨满观察的基础上提出。这位萨满向施特忍堡坦诚了他在性方面的梦，施特忍堡说："在萨满教中，萨满产生的性动力是如此重要，是原始人头脑中简单又自然的事情，在遇到果尔德人之前，我从来没有想过这些。"这一观点最初源自果尔德人。

在施特忍堡看来，是助手神灵和至上神灵选择了萨满，因此提出一个问题，即做出选择的神灵和被选萨满之间的亲密关系，即动机问题——为什么特定的神灵会选择固定的人成为萨满，并使之承担保护者和助手的角色。很明显，至上神灵和助手神灵之间有明确的区分。这一区分中包含了一个答案，即神灵的"至上"特点。这一神灵"选择"萨满后，会进一步改变和确定自身，"保护者"和"帮助者"的概念就自然产生了。所有这些文化要素，如"选择""至上""保护"等观念对通古斯人而言都是十分陌生的，这一理论的关键要素是基于猜想与扭曲事例的建构。

第一个记录的个案是一位男萨满，他在成为萨满的过程中成为一位神灵的爱人，这位神灵也是他的主要守护神。施特忍堡尤其强调，这位神灵被称为阿亚米（ájami），而其他神灵称为"sŋwen"（对于这个转写我有一些疑问，参见前文第 328～329 页）[①]。不过，这个事实并不特殊。希姆科维奇和洛帕廷指出，"阿亚米"是萨满所掌控神灵群的头儿，为主导神灵，满族萨满的神灵文化丛亦如此。当然，在具体的案例中，我们还要观察萨满掌控的具体神灵群。对果尔德人的调查表明，任何一组被掌控的神灵（通

① 或许应是色翁。——译者注

常有一组萨满的特征）都有一个神灵头，称为“阿亚米”，这种特征也体现在满族萨满所掌控的神灵群上。因此，果尔德人中有不同类型的“阿亚米”神。而且，果尔德人中的“阿亚米”不仅仅表示这类神灵，果尔德人用“阿亚米发那尔科”表示死者灵魂的牌位。满族人和其他通古斯族团中也可以见到类似现象，萨满掌控的第一个神灵由于会帮助萨满掌控其他神灵，所以会在萨满掌控的神灵群中占特殊位置。在“ǿjami”一词中，“mi”是词缀，这个词缀在北通古斯人的方言中不存在，其对应词语是“aja(n)-haya”。在满族人中，这一神灵称为“达拉哈窝车库”，它不是“至上神”或“保护神”。

现在的问题是：萨满掌控的第一位神灵是否总与萨满的性别相反？为了证明这一假设，施特忍堡搜集不同来源，甚至是不同人群中的事例。他首先引用我早期发表的俄文书写的论文，其中我对通古斯人中新萨满的选择做了简要描述，相关具体细节在本书的前面小节中也有论述。事实上，如果女性萨满候选人被神灵伴侣附体的话，会不被允许承担萨满职责，这类妇女会被视为不能成为萨满的非正常人。施特忍堡忽略了这些重要状况，一味地强调歇斯底里发作的性含义。他通过调查一位俄语说得不太流利的新萨满，强调这位萨满受到性方面的困扰。① 施特忍堡断言，另一位男萨满有一位女性神灵伴侣，接着提出另一个概括：萨满的舞蹈具有明显的性特征。在陌生的语言环境中短暂停留调查是十分不容易的。② 施特忍堡运用自身的想象得出结论，他不能发现如下简单事实，萨满如果不扭动下半身，

① 大量的萨满教观念不能翻译成俄语表达，甚至包括我自己。施特忍堡不懂果尔德语，他提出的问题也不符合果尔德人的文化逻辑。

② 阿勒科尔（参见“L. J. Sternberg as Tungusologist,” in *At the Memory of L. J. Sternberg 1861-1927*, published by the Academy of Sciences, *Sketches on History of Knowledge*, Fasc. Ⅶ, 1930）分析了施特忍堡只见萨满一次，就在长达数小时的时间里不断提问题，最后他成功地弄清楚了萨满和神灵的关系。他采访另一位萨满的时间也不长，这位萨满愚弄施特忍堡，拒绝被录音，说“如果这样做阿亚米会杀了他”，这一解释是荒谬的，因为萨满已经掌控了神灵，施特忍堡善意地接受了这个解释，很可能的情况是，正如施特忍堡所说“这位萨满喝醉了”。其实，这类访谈持续了几个小时且由官员（这是施特忍堡在萨满眼中的角色）提问的方法并不可信，即使调查者未在问题中预示了答案。从一个喝醉的人口中得到的信息是不可靠的，调查对象会按照要求回答问题。其实，施特忍堡在调查完第一个对象之后，就已经产生了萨满与掌控的神灵之间性伴侣关系的假设。

其腰铃就不会发出响声。他在固定观念的影响下，认为萨满的动作具有性含义。在实践层面，所有这些证据都源自满族人和果尔德人。关于在雅库特人和布里亚特人中搜集的其他事例，在用作证据前需要非常认真地考证。[①] 其中最重要的是要对研究问题进行细致的反思。我暂时搁置施特忍堡呈现的其他证据，因为这些证据所表现的特征，是不能进行科学的归纳和概括的。[②]但是，我不否认这些情况在其他族团中可能是普遍现象，但在满族人和通古斯人中则是例外。例如，我所叙述的例子，由于被男性伴侣神灵附体了（而不是掌控），女性萨满候选人可能会成为萨满。不过，就通古斯人和满族人而言，这个事例不能概括为通则，它不符合这些人群中“神灵选择萨满”的情况。因此，这一新理论不能解释本书讨论的通古斯人群。

在前文中（第128小节），我们介绍了成为萨满的前提条件。大众精神紊乱可能影响到氏族的大部分成员，或者是有限的几位成员。萨满从中产生。事实上，如果新萨满的产生“延迟”，精神紊乱可能会影响到氏族中的大部分成员。不过，精神紊乱的发生范围，在于与群体相关神灵的性质。

---

① 施特忍堡从一位老年雅库特妇女处调查到一些信息，这位妇女嫁给了一位俄国的政治流放人员（雅库特人中的调查），与其丈夫在圣彼得堡生活了20多年。这位妇女所提供的信息都是她年轻时所知道的事情。毫无疑问，她给出的解释会受到其丈夫上层同事的影响，其中也夹杂个人不自觉的主观见解。首先，我们有必要认真考察雅库特人的文化丛，神灵是否为萨满“掌控”。其次，我们必须区分神灵的种类，不能将这些神灵混淆。abassy 神灵群，可以是男性，也可是女性，但不是萨满教的神灵，而 mänärik 仅表示“身体上不正常”（同样包括灵魂）的人。唯一的萨满教文化丛的神灵是 ämägät，这些神灵可以是不同的性别，甚至是无性别。这些神灵可以属于不同的族团。（参见佩卡尔斯基《俄语—雅库特语词典》ämägät，通古斯语）。理解这一文化现象依靠一位已经半“去族性”的妇女是不可靠的。依靠布里亚特人信息提供者的信息可能是更不可靠的，为了赢得上层保护者的同情，布里亚特人会装作萨满，他们是真正的“野心家”，非常知道其保护者想从其身上获知什么（即对理论的确认）。参见三杰夫：《达尔哈特人，《1927年在蒙古地区旅行的民族志报告》，1930，圣彼得堡；同样参见《阿尔泰-布里亚特人的宇宙观与萨满教》,《人类学》，第13期，第538~560页。这些文献指出了性别要素在成为萨满候选人中可能扮演的角色和不可能扮演的角色。有时这些候选人由“喇嘛”选择，这些人承担萨满的技艺。

② 我想指出，博格拉兹在楚克奇人中发现，萨满被称为“enenelit”，准确意思为“拥有萨满神灵的人”，这意味着萨满不经历选择。在引述约克尔森关于萨满与神灵间的“爱人”关系论述后，施特忍堡评价：“约克尔森没有指出这些神灵是否与女性爱人神灵相一致。”（参见《原始宗教中神的选择》，第489页）这句话给我们的印象是，在读者看来存在这样一位神灵。事实上它不是基于性来探讨萨满的“选择”，只是指出了萨满容易做和性主题相关的梦。

如果有些神灵未得到全部氏族成员的认可，仅被一个小群体甚至是一个家庭认可（参见前文第131小节乌扎拉氏族的案例），则可判断只有一小群人受到精神紊乱的影响。而且，有时会出现单个人受精神紊乱的影响，通常是新发现的尤其是外来的（在满洲的通古斯人中称为“多那”）神灵的影响。这类外来的单个的神灵也可能变得对其他氏族成员有影响，甚至成为氏族神灵。氏族中也会出现没有突然表现出来的精神紊乱，但是人们因害怕精神紊乱发生，也会刺激新萨满的产生；而且群体（氏族或地域社会）会出现管理心智生活的需求，这足以促使人们“教导”一位新候选人成为萨满。

很明显，萨满候选人和神灵之间建立的最初关系是多元的，并无一致性。

在发生大众精神紊乱的情况下，萨满候选人至少在一段时间内被神灵掌控，所有的萨满候选人不能掌控神灵。其背后的观念是，氏族萨满可以掌控神灵，那么神灵就不会伤害氏族内的其他人。

根据上述理论，在个人精神紊乱中，这个人被某一神灵附体，掌控神灵是治愈萨满候选人的方式。

为了阻止神灵伤害候选人和其他人掌控的神灵，同样也为了治愈受到神灵影响的人，萨满候选人要立即掌控神灵。

一个明显的事实是：在所有的情况下，候选人一旦成为萨满，就开始承担神灵“主人”的功能，在满语和通古斯方言中，人们用额真（ejin-èjèn）来表达这一功能，其含义是“主人”，这种关系用满语可表达为“额真博吉查姆勒姆博”（èjimbe k'ičalemb'e，满语书面语），即神灵替主人工作之意。①

由于受被掌控神灵带来的心灵困扰，萨满候选人在成为萨满的过程中，实则是通过掌控自身，以管理心智失衡，不再受最初成为萨满原因的困扰。萨满越能够自我控制，就会掌握越多的神灵；萨满在实践过程中获得越多

① 本尼迪克特提出的守护神理论（《北美的守护神概念》，《人类学杂志》，第29期），是不能被应用到通古斯人和满族人中的。

的技能，就会掌控越多的神灵（通灵的状态、想象的危险）。

不同通古斯人族团中，萨满开启事业之初，其掌控的神灵数量非常有限。其中，第一位附体于萨满的神灵，选择萨满候选人后，一直控制萨满掌控的其他神灵。在萨满的一生中，这位神灵几乎很少附体，很可能只附在萨满身上一次。例如，在兴安通古斯人中，一位女性萨满在15岁时被女性神灵所选择，而后成为一名萨满。[①] 在此后的20年里，这位神灵从未附体，萨满告诉我，这位神灵可能再也不会附体了。但是，它是萨满最重要的神灵，会得到周期性的献祭。[②] 在库玛尔千人中，这类神灵称为"奥格丁阿（ogdiŋa）色翁"，即最重要的萨满教神灵。不过，"奥格丁阿"也可以指"好的""强大的"神灵；掌控此神灵的萨满也被称为"奥格丁阿萨满"。毕拉尔千人的萨满情况也类似。在毕拉尔千人中，我观察到，大多数萨满最初都是被"玛鲁"神附体，正如前文所述，这组神灵是没有性别的。女性萨满最初只有"玛鲁"神的动物表现，比如蜥蜴、蛇和乌龟，这些神灵象征萨满具有隐藏自己、到远处旅行的能力（一种灵魂的形象化，即"神灵的升华"、超脱等）。随后，萨满才拥有"玛鲁"神的其他能力。例如，正如我观察的，一位新萨满只掌控三位神灵，一位玛鲁神、一位卡达尔尼神以及一位满族多那神。随着萨满年龄和实践经验的增加，萨满掌控神灵的数量会增加到30多位，除了氏族神灵，还有各种多那神灵。在后者中，包括雅库特人（约科）的神灵（神灵附体时萨满说雅库特语）、通古斯神灵（特哈），以及很少的满族、达斡尔人甚至是汉人的神灵。萨满也掌控一些十分个人化的神灵，这类神灵很容易离开萨满（氏族神灵不会如此）。

满族萨满掌控神灵的情况稍微不同。因为满族书写系统的存在，神灵名称都被书写下来，不能进行非常大的改动，萨满认为他们首先须掌控两个神灵，即玛发萨满和妈妈萨满（我不能查明这两位萨满的名字），这两位神灵应该是非常重要的神灵，毫无疑问源自萨满的灵魂。自然，每个氏族

① 我知道这一个案的所有情况，因为这位萨满曾求我助她绘制神图，她需要说出关于神灵的所有细节，这样我才能将自己的"肖像学技术"应用在萨满教中。

② 需要注意这位女萨满的女性神灵，她的服装和器具上有26种神灵标志，标志物上刻有女性生殖器和乳房。

都有“祖先”，它们会附在萨满身上，同时充当萨满的主要助手。[①] 但是，这些神灵不会成为达拉哈窝车库（主导性神灵）；主导性神灵会逐渐从既有的神灵中选出，或者由萨满个人新掌控的神灵中选出。萨满与主导性神灵合作得更频繁，并且控制其他神灵。在不同萨满中，对主导性神灵的选择会出现很大的差异，有时会是通古斯人的神灵吉林、汉人的神灵尼堪或耶尔金（jergin）、蒙古和达斡尔人的神灵，这些神灵可能偶尔成为达拉哈。萨满在其事业之初掌控神灵的数量很小，但数量会逐步增加。萨满通常可以自由使用20到60个神灵，但不会全部用到这些神灵。在理论上，满族萨满应该掌控萨满文本上的所有神灵，但不同氏族萨满所运用的神灵不一样。与神灵相关的仪式情况也不尽相同。

我们可以概括如下：萨满是掌控神灵的人。萨满掌控的第一个神灵并不总是占有特殊的位置；它可能源自氏族神灵，也可能是外来神灵；萨满与其所掌控第一位神灵（满族人的“达拉哈”，通古斯人的“奥格丁阿”）的性别之间没有任何固定规律。一般来说，萨满掌控神灵的数量根据萨满的个人能力而变化。由于萨满活动的变化及其经验的增加，萨满掌控的神灵也会增多。

尽管掌控神灵是萨满教的典型特征，但萨满和神灵间的关系，不同于被剥夺意志和权利的主仆关系。在某种程度上，萨满将人类的关系转换成自身与神灵的关系。通古斯人和满族人有必要考虑他们所掌控对象的特征，例如，晚辈亲属、奴仆（满族）、工人、附属军人和官员等，萨满用这些社会关系特征来理解神灵。萨满知道，其所掌控神灵因特征不同而欲望各异，神灵有脾气差邪恶的、不值得信赖的、贪婪的、不贪婪的各种个性。简言之，神灵的性格是人类性格的再现，但有些神灵比人的力量更大，所以掌控这类神灵困难很大。由于萨满有时会受到神灵的伤害，所以要面对各种各样的结果，并采取复杂的应对策略。问题是：萨满会采取什么样的策略？如果萨满的内心脆弱，就会非常频繁地向神灵献祭。萨满会害怕神灵，担心神灵不为自己工作，需要越来越多的献祭。因此，萨满千万不能过度献

① 应该指出，萨满和神灵之间没有性关系。

祭。萨满必须强力控制某些神灵，甚至“虐待”它们；只要萨满不表现出畏惧，他就是安全的，如果神灵发现了萨满的软弱，就可能立即攻击萨满，或离开萨满，进而导致萨满被其他神灵攻击。① 如果萨满失去控制神灵的能力，会招致死亡。我已经列举了一位年轻萨满自杀的例子。尽管这种情况不常见，但还是会时不时地发生。从心理学的角度看，萨满失去控制自己的能力，被迫害观念及其自我暗示对萨满的伤害是致命的。为了抵御神灵的危害，萨满会在神灵之间制造冲突，这样至少在一段时间内萨满不会被伤害。因此，控制神灵的方法也是人们生活现实的反映。

值得注意的是，大多情况下，如果神灵要求萨满表演仪式，萨满是不能拒绝的，此刻萨满想举行仪式。萨满所创造的神灵间的冲突，明显地反映了萨满的心灵生活，萨满的心智丛中有冲突的要素，恢复心智丛的平衡需要一组神灵和另一组神灵斗争。毕拉尔千人认为这是一个糟糕的方法，因为如果萨满与其所掌控的神灵冲突，会造成所有神灵失去控制。萨满卷入这类斗争后，由于所掌控的神灵和未掌控的神灵的攻击，出现疾病、精力耗尽以及神智不清，最后死亡。

萨满的悲剧在于，他（她）虽然可以驱逐外来神灵和个人神灵，但不能摆脱氏族神灵。但是这个任务也超出了萨满的技艺，神灵会不断地返回。一般来说，新萨满不驱逐神灵；只有在完全地掌控神灵之后，萨满才能这样去做。有经验的萨满只是一直关注氏族神灵，氏族神灵不会打扰萨满，氏族神灵甚至不需要萨满做仪式或献祭。除了萨满步入老年或经验不成熟的情况，神灵很少会离开萨满单独行动。在这些情况下，萨满不能发挥“氏族安全阀”的作用，其他人可能会受神灵的影响，这些人可能成为新萨满。这些案例是与萨满的心智状况相对应的，随着年龄的增长，构成萨满心智丛冲突的要素会消失（例如，性要素等）。这种情况下，萨满失去了氏族成员对他的信心，神灵会影响到氏族神灵的其他成员，他将不再发挥作为一名萨满应有的功能。当萨满本人受到影响时，会有一位更强大、更有

① 应该指出，这不是“守护神”的功能，如果我们用通古斯人的态度理解其他“野蛮人”的观点，将是十分荒谬的。

经验的萨满来支持他（她）。不过，一般来说萨满不喜欢这类帮助，因为给予帮助的萨满所掌控神灵会与接受帮助的萨满所掌控神灵混在一起。

通古斯人在很大程度上用“人格化”的方式来表示上述复杂关系，看起来似乎是对想象的神灵世界的一种天真的、人为的构造。但是，如果我们认真分析不同神灵及其关联假设的特征，就会发现这些神灵不过是不同心智要素与丛体的象征。我也指出，通古斯人不认为神灵是人化的存在，在通古斯人看来神灵是非物质化的存在，会因得到献祭物的非物质成分、人们的行动感到满意。为了描述通古斯人对神灵的态度，其他学者借助祭品、“看起来令人恐惧的形象”、“奇怪的萨满服饰”、“令人害怕的神灵”以及保护萨满免遭其他神灵侵害的所掌控的神灵等方面进行分析，却表现出了对这一文化丛的无知。[①]这些神灵仅是假设，其中一些假设也被欧洲文化丛所承认，这些假设来自对人们心灵生活的长期观察，在长期生活适应的基础之上提出，对萨满管理通古斯人的心智丛很有帮助。

让我考察一些具体情形。萨满必须不时地向神灵献祭；如果萨满献祭太频繁，神灵会不服从；如果萨满忽了神灵，神灵就会带来伤害并报复萨满。如果我们用“特定的心智要素”置换神灵，定期的献祭可被视为萨满持续检验自身心智丛的一种实践方法。献祭之后，萨满肯定他能够掌控这些神灵。如果萨满害怕这些神灵，表明其心智丛发生了本质性的变化，不能掌控这些神灵。萨满尽力用丰富的祭品让神灵满意，这说明萨满已不能掌控神灵，这可影响到那些对萨满没有信心的氏族成员。因此，萨满不能允许自己受心智丛要素的影响。最后，忽视神灵会使萨满受到某一心智要素的突然增长所带来的影响，会导致相关神灵掌控萨满或萨满失去群体“安全阀”的角色。在所有上述情形下，我们发现了萨满心灵生活的复杂象征形式，它是在长期观察和实验基础上的成熟的管理机制系统。其实，这些象征是在假设知识基础上产生的，但其功能并未因此而受损。现代科学并不以如此形式理解心灵生活，但萨满对心智生活的分析（神灵—象征的方式）可能比心理学家更好，心理学家往往用“本能”与“情结”分

① 这里我不一一列举大量作者的名字，他们在研究中对待通古斯人和其他野蛮人持相同的态度。

析这一现象。

我们举另一例子。为了中立神灵的有害活动，萨满会使神灵之间冲突，但这不是值得推荐的方法。在把萨满的心智丛要素替换成神灵的过程中，我们看到的是萨满心智失衡的图景，其中某些要素可能获得支配性的特征，遮蔽了其他要素。从整体上看，萨满在心智方面可能会完全紊乱。据说萨满甚至会死亡，这种状态用我们的术语说是狂躁症。在通古斯人看来，萨满千万不能用神灵做实验，因为其他萨满会向神灵提供帮助。很可能的情况是，与经常通过评估心灵和智力状况管理心智困扰的欧洲精神病理学家相比，通古斯人更为精确。实际上，歇斯底里很容易管理，如果找到了更好的方法，人们就不需要去为现在应该能够治疗的心智失衡寻找解剖学和生理学的解释。萨满的内部心理冲突将使其不能发挥“安全阀”的实际功能。从我们的观点看，通古斯人的假设知识是错误的，但作为一种解决问题的实际方法，实际效果非常好。

由于神灵的邪恶、贪婪等而采取的压制神灵的形式（“不理想的治疗方式”）仅仅是象征。从功能的角度理解这些象征，比从“偶像”图画或引用祈祷词来理解神灵更为透彻。

上述内容描述了萨满与神灵的关系。接下来，我将描述一些借助献祭来操控神灵的例子，我想强调的是，献祭形式对于理解萨满教的实际性质没有多少重要性。它们只是为民族学提供物质文化资料方面的民族志现象。

萨满对其所掌控神灵的献祭

并非所有的通古斯人群中的萨满都按统一规格向其所掌控的神灵献祭。在后贝加尔地区的驯鹿通古斯人中，萨满觉得有需要时，就会对其所掌控的神灵献祭，因为这类献祭有时几年才会举行一次。满洲的通古斯人的祭品，包括各种各样的动物（越多越好），萨满的献祭活动定期进行，至少每三年一次。在主要内容上，这一仪式与萨满出马仪式基本类似，萨满一个神灵接着一个神灵献祭，萨满掌控所有神灵。萨满请求这些神灵在其身边。在表演结束后，萨满爬上“图鲁”待一段时间。有一位萨满负责监督表演仪式的全部过程，另一个有能力的人在木制设备上做出特殊标志。萨满的一生中，可能会举行六次献祭。氏族萨满（莫昆伊）和个体性萨满的献祭仪式没有什么不同。[①]

与通古斯人相比，满族萨满的献祭仪式是十分复杂的。[②] 仪式在汉人农历的正月十六举行。萨满帮助过的所有家庭成员（前文已述，这些家庭称为扎伦包）将带来各种祭品放在屋内大炕的神位前（我曾经观察到祭品中竟有一头整猪）。塔栽利（主要的萨满助手）坐在炕上，其右侧是一张放有神位和祭品的桌子，萨满站在祭品的前面；年长者坐在尊贵的位置上，其他人则站在萨满的身后，妇女和儿童坐在炕上长辈的后面。这场仪式于晚上 8 点钟开始。萨满的穿戴按照仪式要求进行，与将要附体的神灵保持一致。为了召唤神灵，萨满来到院落中再返回室内。萨满助手必须能够辨认出附在萨满身上的神灵。如果萨满助手失败，萨满需要再次返回院中，然后回来。[③] 萨满助手通过萨满的仪式表现、“语言”来辨识神灵。在四五位神灵附体后，人们会要求更多的神灵附体。如果萨满劳累、年老或身体虚弱，他就会减少附体神灵的数量，但如果萨满身强体壮，他可以整晚都表演。在我观察的一场仪式中，除了塔栽利，还有三位萨满助手帮助击鼓。最后，塔栽利念诵所有的神灵名字（乔罗），而萨满只是用单调的“keku”应和！（这种重复在萨满教中十分普遍，象征同意。）

136. 萨满斗法

萨满心理的一个有趣方面是萨满之间展开的斗法。值得注意的是，并非所有萨满都斗法，只有在通古斯人看来“脾气不好”的萨满才斗法。稍后会探讨萨满的个人情况，但是我会指出一些萨满“斗法”的细节。这有助于我们理解萨满的心理，以及萨满与神灵的关系。

对于想要直接伤害另一位萨满或其所掌控神灵的萨满而言，“斗法”的

① 我本人没有机会观察到定期的献祭仪式，上述内容来自我的多次访谈。

② 我观察过两次这类仪式。

③ 有一次，萨满助手的经验不够丰富，萨满向他重复做了四次仪式。

本质涉及萨满的心理活动。在通古斯人的方言中，将“斗法”称为“buloŋ”（涅、巴），bulen（毕、库）——“一般意义上的战争”；以及“k'imun”（毕）（字面意思是“敌意的、邪恶的”等）［参见吉姆恩（满语书面语）］，这个词有一系列的派生词。

在后贝加尔地区的驯鹿通古斯人和满洲的通古斯人中，萨满“斗法”十分普遍，但满族人直接否认了这个现象，否认萨满“斗法”的存在。通古斯人将萨满斗法归因于不同族团萨满间的敌意，这是一个反映族团心理的有趣事实。萨满之间的“斗法”和“谋杀”经常在晚间举行（在梦中），当然也可以在清醒的状态下展开。下面是一段巴尔古津通古斯人的讲述，我翻译如下：

某天晚上，萨满在盐沼地上狩猎①，他坐在那里，在夜光中看到了一些闪闪发光的火。一看见火，他立即抽出了刀。火逐渐落低了，接着他开始静静地坐在那里待着，最后返回家里，萨满报道了其见闻：“散古尼（Sanguni）②来过！保持安静，让我睡着。”他睡后，成为一位萨满③；入睡之后，他跟随前来侵犯的萨满，到了散古尼居住棚屋的门口。散古尼正坐在棚屋门口。这位萨满坐下来向散古尼骂道：“你看到了，我差一点就抓到了你。你是一个坏人。你为什么要变形成火?”散古尼静静地坐在那里低着头，沉默不语。当这位萨满停止说话时，散古尼告诉他：“以后我绝不会这样做了。”

①在盐沼地上狩猎是一种特殊的形式，即等待鹿来到盐沼地上，为了等待动物到来，猎人需要等几个小时。

②另一位通古斯萨满的名字。

③“成为一位萨满”表示他有能够拥有神灵的能力，能到很远的地方去。

这里还有一则巴尔古津通古斯萨满和雅库特萨满间斗法的故事。

从前有一位伟大的萨满。他有一位年少的弟弟。萨满看到一个能力高强的雅库特萨满幻化成一块云朵，直接奔他们而来。这位萨满对弟弟说：“好，我们应该怎样去做?”弟弟说：“我不知道，做你想做的！”萨满说：“我走了。”这位萨满幻化成一朵云，升到雅库特萨满的上方，用雷电攻击雅库特萨满，并杀死他。接着这位萨满返回了。一段时间过后，雅库特萨满再次来攻击，幻化成一朵更大的云……斗争接着进行。

在毕拉尔千人中，萨满斗法基于竞争，同时也基于氏族之间的敌意。通古斯人非常害怕有战斗能力的萨满，相关原因我在后文将会论述，人们通过以下“信号”判断好斗的萨满：有能力的萨满从不会抬起胳膊，其胳膊总是紧挨着身体，保护好萨满服两侧的洞，其他萨满的神灵可能从这两侧的洞进入萨满的身体。萨满斗争增加的可能性如下。例如一位萨满治疗病人失败，而另一位萨满治疗病人成功，前一位萨满就会报复后一位萨满。为了接近后一位萨满，萨满会表现出不同动物或事物的形式［oboleran（毕、库），参见“乌巴拉姆必”（ubalambi，满族书面语）］攻击这位萨满。我听到一个故事，两位萨满一个变成熊，另一个变成老虎，虽然两者身体相距很远，却在人们面前斗法。这些大型的斗争可能会转换成“一驾马车”，这被视为隐藏自身的强有力方式。在萨满斗争的过程中，所有方式都被认为是正确的，只要它们有效。

在杜南坎氏族，有一个脾气不好的男性萨满。有一天这位萨满在查尔吉尔氏族另一位萨满的白兰地酒杯里放一条小鱼，一个以小鱼为表现形式的神灵（色翁）。查尔吉尔氏族萨满没有注意到这条鱼，他开始认真地小口喝酒，并吞下了这条鱼。然后他变得“像疯子一样”，不久后就死去了。这位向我报道事件的杜南坎氏族男性对自己氏族的萨满心存戒心，不会邀请萨满做仪式。

还有一位我十分熟悉的萨满，很长的一段时间内与一位库玛尔千萨满斗法。在这场斗法中，他失去了家庭成员、马匹，因此他迁徙到另一个地方（苏姆毕拉河），在那里他双目失明，最后放弃了萨满活动。

满洲的驯鹿通古斯人，于 19 世纪初来到满洲地区，这群人中的萨满之间，以及与库玛尔千人的萨满之间处于持续的斗法状态。这类萨满称为“blaŋtka”。满洲驯鹿通古斯人的最后一位萨满（其哥哥和嫂子还活着，告诉我关于这位萨满的全部信息，以及他们亲属的生活），于 1912 年去世，库玛尔千萨满将他的头“扭转到反面”（远距离的操作），这位萨满一生中的大部分时间都这样度过。

好战的萨满是十分危险的，他们（灵魂）从阴间返回的路上容易被抓住，没人喜欢他们，因为他们经常使用各种把戏将自己（灵魂）在其他萨满面前隐藏起来。有一次，一位毕拉尔千人和一位萨满一起走。一只熊接近他们，这个人想立即杀死熊。但是，这位萨满阻止他这样做，因为萨满说熊是他本人，即其灵魂在熊的体内。正如前文所述，萨满可以变形成各种状态，人们不可能辨认出萨满，人们可能会不经意地伤害萨满并且招致敌意。这种情况不仅存在于萨满之间，也存在于萨满的神灵之间。当萨满斗法时，他们会建立真正的侦探系统（各种动物），使敌对萨满不能猜出他藏在了哪一动物体内。最不具攻击性的鸟类和昆虫也可以成为萨满的藏身之处。知道如何变形的萨满能够在敌对萨满不注意的前提下，了解他们的行动。

人们甚至是氏族成员，害怕邀请好战的萨满帮忙。主要的原因是：这类萨满有很多敌人，如果在一个家庭中举行仪式，他们就会留下一条神灵的路（参见前文第 304 页），这可能导致萨满的神灵与氏族（非萨满教的）神灵相混淆。如果萨满的神灵是好战的，就会有更多的好战的神灵占领这条路，攻击氏族神灵以及萨满所见过的人。

在毕拉尔千人中，好战萨满经常利用他们的“多那色翁”（外神）。因此掌控很多外神的萨满容易成为好战的萨满。值得注意的是，这类萨满不是氏族选择产生的。萨满之间的争斗尤其对由萨满负责照顾的儿童灵魂有危险。在毕拉尔千人中，一位负责照顾儿童灵魂的萨满在战斗中失败，导致儿童重病。另一位萨满发现此事，并告诉了儿童的父亲。这位父亲决定殴打这位萨满。氏族成员讨论这件事情后决定不干预，因为萨满受到了神灵的伤害，即“这是神灵的事情”。“喇嘛莱青色翁”的起源与萨满斗法有关。萨满派一位所掌控的神灵掀翻了另一位萨满乘的小船。这位萨满溺水而亡。此后去世萨满的神灵留在人们中间，变成了色翁，从那时起被称为“喇嘛莱青色翁”。

有敌意萨满（掌控的神灵）的武器是弓和箭（非物质性的）。当人或动物被箭所伤，身上会留下一个像子弹打过的创口。受到这样的攻击后，动物可能会马上死去；人可能会在三四天内生病，然后死去。这些创口是无法治愈的。有时，所有的动物（饲养的）都以这种方式被杀死，然后是家庭成员被杀死，最后同一氏族的所有成员都被杀死。不幸的萨满，不能保护氏族成员，反而伤害自己。主要的问题是，萨满通常不会承认他们在斗法，而是人们通过观察萨满的行为及其后果，来得出萨满斗法的结论。

值得注意的是，由于某些萨满养成了“斗法”的习惯，诸如毕拉尔千人和库玛尔千人对萨满的态度十分消极，人们尽可能地避免接触萨满。但是，许多斗法案例表明，斗法产生的原因在于萨满本人，脾气好的萨满不会斗法，如果被攻击，萨满会立即说出来，人们进而采取措施来应对好战的萨满。

上述关于萨满斗法的描述实际反映了萨满的心智混乱特点。毫无疑问，这类萨满患上了迫害狂躁症，在通古斯人看来，如果这种疾病发展严重的话，萨满通常会死去，会发生人或者动物被子弹击中后的创口溃烂，在不久后死去的现象，我不想冒险予以判断。关于这一疾病的病因没有什么线索，很明显是传染性的，因为我没有观察过这种疾病，所以无法说清楚这种疾病的根源。①

另一个有趣的现象是萨满间的远距离交往，我们不能否认这种可能性的存在，萨满（脾气不好的）用这种方法给其他萨满以暗示性的影响，它是攻击其他萨满的有力武器。

在这种情况下，萨满表现出十分典型的迫害狂躁症。对于通古斯人来说，摆脱迫害性萨满的方法，就是完全放弃萨满实践活动，这是消除萨满野心的好办法。其实，当萨满不能够控制自身时，在本质上是处于入迷状态的，萨满要避免进入入迷状态，因为迫害狂躁症容易再现。一些萨满没有放弃萨满活动，不断激怒迫害性的萨满，直至死亡。

毕拉尔千萨满醉酒后，吞下一条小鱼的细节很有意思，因为这位萨满受到了醉酒的影响，查尔吉尔萨满成了酒精的牺牲品。我不能得到关于这位萨满的更多信息，但人们告诉我这位萨满喜欢喝度数高的酒。但我们需

① 这很可能是满洲地区不很普遍的炭疽病，通古斯人未注意到这种流行病的感染性特征。

要注意，并非所有的萨满都沉迷于喝酒，大部分萨满只是适量饮酒，一些萨满十分节制饮酒。

通过上面的例子我们可以发现，通古斯人常常将他们不能解释的事情归因于好战的萨满。例如，驯鹿通古斯人的精神紊乱很可能不是心智原因，而是一种未知的疾病，人们却把它归因于库玛尔千萨满。对于一些流行性疾病，他们也做相应的解释。

上面的观点可以总结如下。萨满斗法有现实的基础，两位萨满很可能见过面，很可能彼此产生暗示，随后这种暗示在两位萨满彼此远离的情况下维系；被迫害的萨满可能受到狂躁症的影响，这种狂躁症在一定程度上可通过自我控制进行治疗，如避免入迷；饮酒也非常有可能诱发这种状态；一些其他病理现象可带来萨满的好战，例如战斗之后失明，“头转过来”等。人们了解甚少的大量疾病，被不恰当地归因于好战的萨满（感染性疾病等）。尤其值得注意的是，通古斯人尽力让萨满摆脱斗法的可能性，他们要求萨满具有好的“性情”（没有精神分裂的征兆），远离和孤立容易影响他人的好战萨满。

关于萨满斗法的发生频率，我没有精确数据，我在调查过程中，只遇见过几位处于斗法状态的萨满，例如盲人萨满（毕拉尔千人）和达斡尔萨满，至于其他案例，我没有遇到过。考虑到所考察萨满的数量，萨满斗法的情况很少发生，不过这种情况的确存在，并会影响到萨满的生命。但是我要提醒读者，这并不意味着萨满中普遍存在心智紊乱，萨满斗法只是一些例外和少见的现象，这也符合我对萨满教功能的理解。

137. 萨满的性格和能力

我已经多次说明，萨满的个人性格和能力是很重要的。在萨满候选人中，拥有较高智慧和技能的人更被青睐。萨满候选人的性格也是要考虑的内容。如果候选人善良，就可能会被选为萨满，但如果品性不好，其萨满身份则会遭到拒绝。不过，有的萨满候选人在成为萨满后，才表现出“坏心眼”。通古斯人认为萨满有好有坏。萨满的行动是在神灵影响下进行的，一些神灵是坏的，这使这一情况变得更为复杂。因此，萨满个人可能是非常善良的，但能力没有强大到可以阻止神灵伤害人们。萨满的个人能力也常常被归因于神灵［有能力的神灵称“巴勒布卡”（毕）］，而非萨满本人。从这个角度说，关于萨满和神灵的关系并无明确观念，有时我们会获得如下印象，在通古斯人的观念中，萨满和神灵是相同的。我们应从如下角度理解这一点：萨满拥有个人能力是没问题的，但问题是他所掌控的神灵，因此神灵仅是萨满个性的另一个方面。另一个观念认为萨满和神灵各自存在，在这一阐述中我们应该考虑萨满的个人道德和智力能力。一个聪明的人应该能更好地掌控神灵，根据欲望来引导神灵的活动。

关于脾气不好的萨满观念在毕拉尔千人中十分流行。他们认为，所有的多那萨满都是有害的，是坏人，氏族萨满则不然。不过，氏族萨满也有可能是坏人，但他们只能伤害氏族外的人，因为氏族神灵不会伤害氏族成员。人们往往将其他群体的萨满视为危险的、脾气坏的人。我会在通古斯人对萨满的态度一节中探讨这个问题。

如何使通古斯人认为萨满被好的神灵占有，体现了萨满在面临具体处境时的个人才干。我们发现，在诊断的过程中，萨满必须是好的观察者和心理学家。一位优秀的萨满能够判断他（她）的干预是否会起作用，而能力差的萨满根据仪式惯例，尝试不同的方法。人们将萨满的诊断技艺归因于神灵。不过，对于一些人们认为优秀的萨满，我不能注意到他们智力的特殊表现。我遇到过一些能力非常高，却不是好的萨满。对通古斯人的智力进行正确判断并不容易，萨满实践中具体依赖的，不是处理一般现象时所表现出来的能力。

那些被认为具有“坏心”的萨满，通过案例以及我所认识的具体萨满的情况来看，受精神紊乱的影响，容易对他人有敌意。这类萨满被人们指控用前文所说的方式谋害人和饲养的动物。

在这里我将列举一些在毕拉尔千人中搜集的例子。

一个年轻的优秀猎人，没有收获任何猎物。他再次去打猎。他的父亲，一位年老的富有者（有一些积蓄和 20 匹马），做如下推理：一定是某些邪恶的萨满用神灵破坏了这位猎人狩猎，因为他的儿子是一名优秀的猎手。

这位老人甚至知道是哪一位萨满嫉妒这位猎人的成功，这位老人开玩笑式地对我说：“如果你能将所有的神灵带在身边，将会是很好的。”

我在毕拉尔千人中记录了一个十分典型的故事，关于一位“心眼坏的萨满”。“在杜南坎氏族，有一位非常坏的老萨满，他过去经常戏弄人们，让人们丢失马匹和儿童。有四位萨满决定除掉他。有一次，这位萨满出去寻找桦树皮，萨满下船之后，来到桦树林里。在接近桦树林时，突然有一只老虎和一只熊袭击他（老虎和熊是萨满派来的神灵），萨满用斧头与这两只动物搏斗以保护自己，然后回到船上。上船之后，他说‘我要毁灭所有的人’。”回到棚屋后，这位萨满穿上萨满服，跳神三天三夜，然后突然死去。但在死前他对周围的所有人说：“你们都一样，都要随我而去。”萨满的这种死亡是很不好的，因为他留下的之前掌控的神灵会挨家挨户地串，氏族成员会受到伤害。除了死去的萨满，任何人都不能掌控这些神灵。

当我在毕拉尔千人中调查时，人们讨论送走神灵的问题。据说，一位强大的萨满可以在三年内，至多五年内送走神灵，不过有一定的困难。大家认为，如果将神灵送到没有杜南坎氏族成员居住的地方是最好的。但哪怕是临时地送走一个神灵，除了由一位优秀的萨满提供服务，还需要丰盛的献祭，包括一头猪、一只鹿和一只鸡。在我调查杜南坎氏族一位成员的一年前，他的儿子因为这位神灵死去，原因是这位父母没有履行献祭两头鹿和三只鸡的诺言，而只献祭了一头鹿和两只鸡。这位父亲由于减少了要求的祭品数量，的确感到自己错了。

这位性情坏的萨满没有任何理由干坏事。这种力量有时强大到可以杀死动物，甚至是驯养的动物，萨满仅用手指一指即可。动物被伤害的痕迹是皮上的黑洞。

满族人中也有品性不好的萨满。前文大量案例中提及的“普车赫珠棍”的现象就是这类困扰。但是，本氏族的萨满是不能给氏族成员带来困扰的。[①]

拥有好的嗓音、跳舞好、击鼓好的萨满被视为表演能力好的萨满。通

① 萨满送走神灵的方法是制作“一棵树”，树上有一位穿着纸质衣服、拿着鼓的“萨满”等。这一操作与送走玛发十分相似。

过对萨满表演的描述，我们发现这些萨满技术的重要性。很自然，好的表演技术是令人羡慕的，当然人们可能没有意识到他们真正羡慕的对象是什么，即保持入迷与引导观众的艺术。

通过对大量案例的观察，我可以发现，萨满个人在行使其功能时的真诚和无私是对缺乏经验的好的补偿。如果萨满真诚、无私，他们对受众的影响就大，其活动就会更有效果。萨满的功能受两个因素影响。第一，一些萨满强烈感觉到对他人的依赖，因为他们会不自觉地顺应公众意见，最后失去作为“领导者”的功能。第二，一些萨满想从其发挥的功能中获得物质利益。第一种情况在一些通古斯群体中十分典型，因为这些群体中允许氏族成员的个人进步。当然，年轻的萨满更容易受到这种影响，观众可能会分散他的注意力。尽管有暂时的成功，但这类萨满会逐渐失去影响他人的能力，最后不会被视为好萨满。在北通古斯人中，我没有遇到对物质利益感兴趣的萨满。

满族人的情况则不然。满族人中的个人利益要素非常强，这会导致萨满用煽动人心的方式对待族人和外人，由此逐渐失去个人影响力。这尤其体现在非氏族性的阿木巴萨满（大萨满）中。这类萨满真正的实践动力可能是借助其功能获利，萨满会用各种把戏来吸引支持他们的顾客，最后失去了全心全意为族人服务的心。他们变成了简单的、纯粹的职业者，靠萨满活动为生，很少以对满族人的影响为荣。这类萨满在与北通古斯人接触时，会处于十分尴尬的境地，因为后者不相信他们会对人们有何益处。

在这方面，达斡尔人中的职业萨满似乎变化得更为深入，他们有时从一个地方走到另一个地方，与当地的萨满、汉人医生以及满族的玛发里竞争。在汉人中，萨满是职业性的，并且依靠与求助者的交易为生。我见到的所有汉人萨满都是如此。在满族人和通古斯人眼中，汉人的萨满与玛发里和“医生”没什么不同，否认他们特殊的萨满教能力。

在通古斯人看来，不同类型的萨满可根据“内心的质量”即“诚实”划分。因为这个因素会在很大程度上影响萨满教对氏族成员的实际影响，在正式成为萨满前，人们要考察萨满个人的真诚度。由于这个原因，萨满候选人可能会被拒绝成为萨满。一位真正优秀的萨满必须是诚实的人，在不考虑获利的前提下为氏族成员和其他人提供帮助。

138. 萨满的知识积累

为了完善萨满活动的图景，我必须补充说明，萨满是通古斯人增进知识的贡献者。

通过对萨满在表演和入迷中心灵状态的描述，我已表明，萨满必须非常深入地研究病人与观众的心理和智力。萨满是具体情形的观察者、搜集者，并用新神灵或旧神灵的新表现来分析具体情形。在萨满治疗病人的具体实践中，主要关注心智困扰问题，并发现了各种新的方法。这些知识必须与通古斯人既有的关于神灵与治疗理论的方法相适应，这使萨满非常忙，尤其在通古斯人与其他族团紧密接触时，萨满有许多事情需要探索。“优秀”萨满持续做的真正创造性工作，就是使新的文化要素与既有文化丛相适应。需要强调的是，对新方法的分析和详细阐述，应该被理解为一种适应性的创造。对于大部分现象，人们都借助简单或复杂的神灵、神灵之间的关系来象征。在以欧洲人的行为方式处世者看来，萨满所阐释的萨满教理论和方法，及其所有的努力似乎是迫害狂躁症、天真者的谎言、“迷信”与性欲表达等，许多研究者也如此描述萨满教。首先必须把萨满教翻译成“欧洲文化丛”的语言，然后再进行分析。进而会显示出，欧洲哲学家的哲学体系和萨满教一样具有妄想性，欧洲的哲学体系有时会体现出妄想文化丛的所有属性（有时的确如此），尤其是一旦这些哲学体系从其所属的文化丛中抽离出来，则只剩下一些妄想性的文化要素。

还存在另一个担忧，即萨满习得知识的代际传承。年轻一代萨满学习知识（保存知识和传统的一个机制）自然是知识积累的一个方面，就像出版科学作品以促进知识积累那样。但是，以这种方式只有一部分知识能被传承，因为萨满不会把知识传播给那些他们认为没有做好准备的人。

萨满通常会拒绝与不能理解他们的人进行交谈。他们甚至用可以翻译成“简单”“普通”的术语来表示这类人。在萨满教中，没有“神圣的”“禁忌的”事物，唯一重要的是并非每个人都能理解萨满教，因此对萨满而言，与无知者交谈是无用的。无须惊讶的是，大量调查者在萨满的缄默面前受挫，萨满将调查者视为无知的人，并持有敌意，调查者则对任何回答都感到满意。有些调查者带着调查问卷旅行，这些问卷是根据欧洲人关于“原始人”的理论和其他想象而设计的，由一些不连贯的问题构成。这些调查者会遭到萨满的拒绝。我敢肯定，没有一个欧洲学者会允许一个无知者闯进其实验室，将手指伸进精密的仪器，在实验室中询问学者的性情结。调查者只有表现出极大的礼貌，压制住来自“文明”的傲慢，才不会被萨满拒绝。

通过与萨满的相处经验，我得出以下结论，只要一个人表现出一点点理解，萨满就会解释得越来越多，如果调查者不使用“钢笔和笔记本”和其他来自异文化的设备，萨满会提供更丰富的信息。如果我们想向萨满学习，他们会更乐于接受。与萨满相比，欧洲的职业专家更热衷于表现自身的权威，他们通常拥有嫉妒心，害怕泄露赖以谋生的职业秘密，因此通常向他人隐瞒自己的观点，害怕别人盗取他们的知识。我与一些萨满不能建立友好的关系，一开始可能是由于我缺乏经验，而后来则是由于他们的口才限制了表达。尤其是女萨满的羞涩，增加了我与她们交流的难度。

由于学习和传承知识是萨满的一项功能，因此他们必须比一般通古斯人知识面广，尤其是心智功能方面的知识；其实，许多萨满都对学习新知识感兴趣，他们关注自身的特殊性问题，往往会花费几个小时与有才能的人讨论这一问题。

不过，认为所有的萨满都相似的观点是肤浅的。并非所有的萨满都对“理论工作”感兴趣，同样并非所有的萨满都对学习新知识感兴趣。通过前文对候选人成为萨满过程、萨满功能等的描述，可以明显看出，萨满可以划分为不同的类型，他们擅长不同方面的萨满教知识。有的萨满可能表演能力很强，但不是一个好的诊断者；也可能诊断能力强，但表演能力差；萨满也可能既不擅长诊断，也不擅长表演，而对上文提及的理论工作感兴趣。不同类型萨满的存在是适应性的结果（有时未被认识到的复杂状况），这种创造能力的分类在欧洲大学中也存在，我们发现欧洲大学中有不同类型的教授，有的只是知识的转述者，有的则能生产创造性的知识。这一简单的事实往往为调查者们所忽视。

作为知识积累者的萨满功能不应被视为职业性的。每个通古斯人都能积累知识，并且每个通古斯人都可能对萨满教感兴趣，进而与萨满关系密切。但是因为萨满专门对此领域下力气钻研，可遇到各种经验状况，具有了解这一文化丛的优势，因而萨满自然可能比“普通人”对该领域了解得更多，更为理论化。

第 30 节　萨满（续）

139. 萨满的社会关系

萨满的社会关系有两种性质：首先，萨满与掌控的神灵之间的关系；其次，萨满与其顾客间的关系。正如前文所述，神灵也具有两个类别——氏族神灵与外来神灵，由此形成的两类萨满：氏族萨满和“氏族以外”的萨满。但是，这两类萨满都需要承认，对萨满的认可可以通过复杂的选择典礼，也可以经过对萨满候选人的检验和讨论，抑或萨满本人对萨满教技艺的成功实践来完成。

经氏族承认和凭个人能力由不同途径被选择的萨满间有很大的差异：第一种类型的萨满在本质上是氏族功能组织的本质组成部分，而第二种类型的萨满是氏族外的萨满，其影响局限在有限的“外神”范围内，这类萨满拥有有限的外来顾客。

事实上，萨满掌控了氏族神灵后，所有的氏族成员便不再担忧被氏族神灵伤害，萨满随时准备为每一位氏族成员服务。萨满的帮助会有效，并且没什么困难，因为萨满掌控了神灵，一场小型献祭、一段祈祷词或一段与神灵的谈话，都会缓解病人的困扰。通过这样的方式，大量的心智紊乱都会自愈。而且，氏族神灵通常是能力强大的，它们了解氏族成员，得到很好的供奉。氏族神灵可帮助氏族萨满与外氏族神灵战斗，更不用说将氏族死去成员的灵魂送往阴间。氏族萨满的帮助是容易的、有用的，而外氏族的萨满则是有害的，因为外氏族萨满的神灵可能会与氏族神灵混淆，这是需要避免的。

因此，从功能的观点看，萨满扮演着“安全阀”的角色，作为氏族的特殊成员，负责管理氏族成员的心智平衡。

我们可以在新氏族形成的事实中，发现氏族与萨满之间的紧密联系。以满洲的通古斯人为例。在《北通古斯人的社会组织》中，我描述了为了实现通婚而发生的氏族分裂现象，如果两个通婚氏族间出现性别比例失调，或其中一个氏族出现了人口的增加或减少，人口较多的氏族很可能会出现分裂。甚至在向神灵布嘎宣告之后，分裂氏族间的通婚时间也要按照一定的规矩开始，两个氏族的萨满必须将神灵分开。因此，一个新氏族的形成伴随着“下一级”（诺昆）氏族的萨满从旧氏族中分离出来。根据通古斯人的理论，氏族神灵必须是不同的，不能混淆。只有这种操作完成后，氏族间才能通婚。有趣的是，氏族神灵的划分、能够掌控神灵萨满候选人的出现，可能发生在正式向布嘎宣告之前。对于这种现象，人们解释成氏族的分裂可发生于亲属称谓终结之前，通常会持续四到五代人。我观察到几种不同类型关系的结合。这一事实非常有趣，因为在这里萨满和神灵之间的关系体现了社会组织。但是，我们不能将氏族分裂视为分裂神灵的行动。作为萨满所创造关系的反映，氏族分裂比萨满教更为古老。

萨满帮助族人的义务，源自氏族赋予萨满的特殊社会地位。事实上，这种要求可能使萨满教技艺成为一种简单的程式化表演。这发生在人口非常多的氏族中，萨满必须照顾到每一个氏族成员。由于标准的萨满教实践要求入迷，因此萨满在表演中需要付出巨大的努力达到入迷状态，可是萨满又不能够十分频繁地入迷，因此萨满表演变得徒具仪式性，不能让观众满意。大量的满族萨满的表演变成仪式性的。根据施特忍堡的介绍，在果尔德人中，有位萨满能十分娴熟地将死者灵魂送到阴间，一直在忙于表演此类仪式，有的人需要等到数年之后才能得到这位萨满的帮助。由于这个原因，氏族萨满的技艺有时被多那（氏族以外的）萨满取代。此外，还有一个因素对氏族以外的萨满有利，氏族萨满的候选人不愿意当萨满，是被长辈逼迫成为萨满，而氏族外的萨满要主动承担其功能，在获得“认可”前，他们要付出很大的努力。

另一方面，通古斯人与满族人认为萨满在某种程度上是氏族的一个部分（按照我的理解，其功能是安全阀），氏族成员相信他们需要萨满，萨满可带来氏族的向心运动。如果氏族萨满实践失败，他们会找托词，例如萨满太年轻或太年老，可以是神灵太懒不愿为主人服务，也可以是出现了一些人们不了解的神灵。但是，如果萨满活动没有作用，氏族中会有有经验的老者查明原因，老者代表氏族成员的意见，萨满有时会遭到所有氏族成员的反对，成为氏族中危险的、有害处的人物。这种情况通常发生在“心眼坏”的萨满身上。氏族成员可能会决定在其他萨满的帮助下除掉这位萨满，至少将其驱逐，在具体实践上，这类似“死刑”（参见《北通古斯人的社会组织》，第 198 页）。如果某位萨满不受氏族成员欢迎，他也可能放弃萨满身份，但后文将会论述，这并不容易，几乎是不可能的。

通古斯人（所有群体，包括满族人）认为萨满需要与氏族神灵（外来神灵）斗争，抵御外氏族神灵的侵害。他们相信，如果没有神灵会更好，进而也不会需要萨满。因此，如果某种方法能够清除神灵，他们准备接受。与此相伴随，他们也不再需要萨满。这种态度对萨满不利，但远未达到对萨满的负面态度。不过，在所有的通古斯群体中，我们都能发现对萨满有敌意的人，在这些人看来，所有错误都源自萨满。如果萨满得不到氏族成员的支持，这种声音就会很强烈。这种运动在很大程度上在于与众不同的民族志文化丛的传入，下一节我会探讨这方面的细节。

萨满必须面对中立的、敌意的态度。年轻萨满受到长幼关系的社会文化制约。大量的个案表明，这种关系使萨满处境艰难，他们的观点有时不会得到长辈的同意。当萨满到达一定年龄后，这些困难将会减少，长辈群体的人数也会变少。从这方面说，萨满一生都要不断适应环境，哪怕成为长辈后，其观点也会受到氏族的制约。

通过上述评论，我们可以清楚地看到，萨满没有像巫师或牧师那样成为权威，其一生中都受到批评性意见的检验，一直是一名普通氏族成员。后文将会论述，萨满的每一步行动，都要受到氏族成员，整个氏族组织及至其他族体的影响，后者给通古斯人带来了普遍的影响。

萨满的个人成功在稳固其角色的过程中发挥重要作用。如果萨满能成功地帮助氏族成员，会被再次邀请。萨满表演之后，留下了仪式上所用神灵的“路”。因此，萨满和顾客之间有一种特殊的关联，在神灵和“路”的体系的帮助下，两者关系牢固建立。外氏族萨满与顾客之间是个人联系，而氏族萨满则通过氏族神灵的路与所有的成员发生联系。萨满直接留下的“路”在很大程度上增强了萨满和氏族成员间的个人联系。

满族人用专门术语表达这类联系：萨满所照顾的家庭（包，参见《满族的社会组织》与《北通古斯人的社会组织》）称扎伦包[①]，这类萨满则称为扎伦萨满。这种关系通常形成于萨满照顾的人的童年时代，尤其涉及不属于萨满氏族的个人。如果萨满成功地治疗一个10岁以下的儿童，会留下塔尔嘎。后者取自萨满头饰上的一条布（丝绸），通常为红色，除了红色的布条，还有黄色、蓝色、绿色、白色、黑色等。这些布条上拴着两个轰高（xoŋgo，铜铃）以及萨满头饰上的一些穗。这些都是根据不同颜色组合而成的萨满神灵的神位，如标浑窝车库。这种神位拴在儿童衣服后面（并不总是这样，如果儿童身体健康，父母会忽略不做），一直到10岁。戴塔尔嘎的儿童千万不能进入被禁忌的房屋，如扎特卡包（jatka bō）（儿童出生之后）、塔尔嘎包（伊勒哈妈妈带来的疾病：天花、水痘、麻疹），以及最近有去世者的房屋，因为萨满的神灵可能与这些神灵混淆。除塔尔嘎外，萨满照顾的儿童还会得到一面铜镜（托利），保存在色姆德［sèmde（满语口语），参见 sendexen（满族书面语），对应扎哈罗夫所释 šen（汉语“神”）、undexen（满语，“木板”）］（用来存放神位的架子）上，塔尔嘎也要在10岁以后拿下。这个架子被称为扎伦萨满伊色姆德，和标浑窝车库有同样的重要性。他们千万不能求助于其他萨满，除非萨满本人推荐。[②]萨满会逐渐在其周围聚集一些固定的顾客。每个月的正月初一和十五顾客必须献祭萨满的神灵，每年的正月初二顾客必须参加（理论上顾客必须参加，哪怕是千里之外！）萨满举行的年度大祭，需要随身带上酒、汉人糕点以及糖果（不需要肉！）作为祭品。

在秋收后10月、11月期间，萨满会到村庄中的所有的扎伦包中索要谷

① 在本书中，史禄国用“扎鲁姆包”和“扎伦包”两个词语表示满族萨满所照顾的家庭（参见前文第715页），此处为扎伦包。——译者注

② 女孩一般不会得到塔尔嘎和托利。

物（小米、麦子或其他），富裕家庭要给萨满 1 吨谷物，贫困的家庭则少些，不是扎伦包的家庭给萨满的粮食不少于 15 公斤，搜集的粮食够萨满消费一年。需要注意的是，不同的萨满不会出现在同一家户中，当有一位扎伦萨满在某一家户时，另一位萨满不会进去。一位萨满正在某家户中做仪式时，如果另一位萨满进屋，其助手（栽利）会立即告诉他。这场仪式就会增加一次简短的祈祷，尤其是向阿普凯恩都立（天神）的祈祷。

在满洲的通古斯人中，如果萨满照顾的对象为儿童，萨满和顾客间的关系会更加紧密。很多情况下，萨满取走儿童灵魂（男孩或女孩），保存到一定年龄，一般为 13~14 岁。萨满保存的是转生魂，即能转换到其他人或动物中的灵魂要素。如果萨满保存全部三个灵魂要素，那么儿童就可能死去。萨满会留给儿童一个铜铃、一面铜镜或者是萨满服上的某个东西，作为萨满所掌控神灵的神位。这些物件必须装在桦树皮盒子中，放在儿童睡眠处附近，千万不能弄丢这些物件。如果这些神位丢了，人们必须向萨满报告，萨满必须采取特殊的手段来恢复对神灵的控制，同时也要恢复神位。从功能上说，萨满的神灵实际上是儿童的守护神。达到上述所说的年龄后，萨满撤回神灵，这些物件被萨满收回去。在儿童灵魂恢复之前，如果萨满去世，情况就会变得复杂。人们认为，萨满死后所有的神灵和灵魂都变得自由。在萨满死后，如果萨满的灵魂和神灵，以及儿童的灵魂未被其他神灵捕获，儿童就不会遭受很多麻烦。通古斯人一般不会求助于年老萨满，也不会求助于处于斗法状态，随时可能死去的“坏心眼”萨满。萨满在很大程度上依靠自身能力来搜集儿童的灵魂，因此萨满与其顾客之间的关系很紧密。所有顾客都努力与萨满维系良好的关系，在遇到困难时，萨满会获得自己的同情者群体，这些同情者有时甚至会违背自身的意志。

当然，萨满所照顾的儿童顾客越多，其影响力就越大。

除了给儿童提供特殊的服务，萨满也拥有大量的成年顾客，由于萨满缓解了他们的困扰，他们自然也就成了萨满的朋友。成年顾客会长期求助于同一位萨满，因此萨满更熟悉顾客的心理，成为对顾客而言必不可少的人。当顾客需要暗示时，如果没有萨满帮助的话，他们就不能平静地生活。

如果萨满是一位受欢迎的萨满，同时又是一位氏族萨满，加之如果这位萨满不“好战”，他对氏族成员的影响会变得更大。不过，由于氏族组织十分严密，萨满不会成为氏族的“领导”或“头领”。正如前一节所言，萨满十分特殊的心智状况不允许其成为“领导”，尽管他们可能十分有影响力，甚至担当如穆克特坎和其他萨满那样的军事头领，用自身的技艺防御外来侵犯。

通过这些案例可发现，萨满的影响力可能远远超出氏族范围，这是萨满的个人成就。

无论萨满是否被人们喜欢，抑或是“善良”还是“邪恶”，他们都拥有独特的技艺和个性，占有特殊的社会地位，使人们以特定的礼节与萨满互动。人们都不直呼萨满的名字，既使是长辈也如此；通古斯人十分喜欢开玩笑和逗趣，但不能对萨满如此；萨满通常被当成“长辈”对待。在一些通古斯群体中，“萨满”一词不用来称呼萨满。在后贝加尔地区的驯鹿通古斯人中，萨满被称为“nordoǰar'ifk'i”，意思是“正在祈祷的人”（nordoǰar'i，意思为“歌唱”等），甚至是“oγōvun”（涅、毕），“歌手”之意。在满族人和满洲的通古斯人中，人们用比较荣耀的词称呼萨满，如阿卡（aka、aki），甚至是额真，为“主人”之意。在后贝加尔地区的驯鹿通古斯人中，人们用外来词语“odakón”称呼女萨满。

140. 萨满的经济地位以及困难

在对萨满教传承的讨论中，我们已经指出维系萨满存在的重要性，及其对新萨满选择的重要影响。由于萨满的心智特征，许多萨满被置于通古斯人重要生产活动狩猎的社会角色之外。在后贝加尔地区的通古斯人中，我遇到过一位不能猎获麋鹿、驼鹿等大型动物的萨满，他只能猎获狍子。在萨满本人那里，这是一种自我暗示。一些萨满不能猎老虎或熊，因为其他萨满可能变形成这两种动物（动物是萨满的寄魂对象）。大多数萨满都不敢使用火枪。萨满与神灵交往的过程中，有时被神灵攻击；萨满有时也会被其他萨满攻击，所以萨满不敢肯定其独处时是否会受到攻击。必须补充的是，萨满有时忙于帮助氏族成员和外来者，因此没时间进行正常的狩猎活动。由于这一原因，北通古斯人中的萨满与那些为其提供猎物的人居住在一起，这些人替萨满照看驯养的动物，照顾萨满。不过，这种照顾并非完全控制萨满的生活，而是在通古斯人社会关系的范围内展开。在通古斯人中，当一个人伤残后，同一氏族的其他人会予以帮助。

与男性萨满相比，女萨满的经济活动内容不同，会比男萨满表现得更为出色。唯一不同的是，女萨满在承担其责任的同时，没时间做各种手工活，如缝补装饰衣服、驯鹿鞍、各种各样的盒子等。因此女性萨满家庭用具的装饰，不如有空闲时间的女性家庭用具的装饰多彩。由于女萨满经常离开家从事萨满活动，离开期间需要有人帮助她照看孩子。如果萨满有需要哺乳的孩子，她会在出行时带着孩子，但如果萨满的孩子可以离开母亲，则由其他人照看孩子。在通古斯人的生活状况中，照顾女萨满的孩子并不困难，他们的居住点一般都有两个以上的棚屋。作为受人尊敬的女萨满，可以期待其他妇女帮她做些必不可少的工作，如加工熟皮子等。女萨满的丈夫普遍会为妻子分担部分工作。一般来说，在通古斯人中丈夫帮助妻子并不罕见：男人帮妻子们加工熟皮子，尤其是比较厚重的皮子，例如麋鹿皮、熊皮等，这些工作只有男人能做。

在后贝加尔地区的驯鹿通古斯人中，除了从祭品中获得一些食物，萨满不会因其服务获得任何报酬；萨满也会像其他客人一样，得到一些新鲜的肉类。萨满会得到方巾，有时也会得到一些仪式用具，但萨满不会得到任何物质性的支持。萨满绝不会收钱。因此，萨满不会成为一种仅靠氏族成员和外人谋得收入的职业。

在满洲的通古斯人中，萨满绝不会得到任何报酬，会得到一些献祭动物的血、一些饮品、从外族团（汉人、俄国人）中获得的白酒或通古斯人自己制作的大麦酒（一些通古斯人群自己制作），还包括萨满衣服上的方巾。他们绝不会收钱。所有通古斯人断言，萨满不会变得富有。实际上，我认识的所有萨满要比一般通古斯人贫穷。毕拉尔千人中有位女萨满十分贫穷，她和丈夫住在他人房屋中的角落。女萨满的丈夫不是好的猎人，因此他不得不和妻子待在一起，照顾妻子和孩子。他们甚至没有足够数量进山的衣服，孩子也经常半裸。巴尔古津驯鹿通古斯人中的一位萨满的驯鹿最少，我认识他时，他出行时需要徒步，仅有的两头驯鹿用来驮行李和孩子。在一次狩猎失误后，他相信自己不能像过去那样狩猎。

因此我们可以说，萨满候选人不是受物质利益刺激产生的，从这一观点看，萨满的生活有时会持续处于贫困状态。但需要指出的是，在北通古斯人中，萨满若不是一个“心眼坏”的人，就不会饿死，其氏族成员和顾客会支持他。每一位通古斯人都会得到相同的对待。

满族萨满的情况则不同。满族萨满为氏族成员服务不收取任何报酬，但氏族外的顾客必须给萨满报酬。在对祭品的描述中曾提到一只鸡、一块银元、一块足够做一套衣服的布，萨满活动结束后，将这些东西带走。这些报酬足以供养萨满的生活，因为萨满一天至少能举行一次仪式。满族人举行秋祭时，萨满会从村庄中所有的家户中收取谷物，其中扎鲁姆包提供给萨满的谷物数量最多，萨满甚至比一般的满族人还要富裕。拥有二三十个扎鲁姆包的萨满很普遍，其中一些扎鲁姆包很富裕，每个扎鲁姆包一年给他 1 吨谷物。萨满在每年正月初二收集的酒、糖果、糕点以及香也很重要，这些物品足够萨满用很长一段时间，甚至卖掉。

不过，正如我强调的，氏族萨满要忙于氏族内部的事务，他们不能靠萨满活动获得报酬。不过阿木巴萨满（大萨满）并不受氏族的限制，可能达到相对富裕的状态。

在满族人中，由于大多数萨满是氏族萨满，所以我没见过唯利是图的萨满，但汉人的萨满的确是一种获利的职业。在田野调查中，我认识了两位汉人萨满，他们生活十分富裕，甚至居住在城市（萨哈连，满语；黑河，汉语）中。在我看来，达斡尔人的萨满中也存在类似现象，我见过以萨满职业为生的达斡尔人。

艰难的经济状况使萨满的生活成为一种牺牲：萨满活动的困难、与贫困联系在一起的责任感；而且萨满的活动也受到很多限制；萨满灵魂的未来命运也是不确定的。但尽管如此，萨满不能放弃其身份。首先，萨满的功能使其一直处于神经和精神的巨大紧张之中。从个人角度来讲，精神紧张可能是件快乐的事，但萨满每次做完活动后身体会很疲劳，因此这是一项令人劳累的工作，有些萨满在工作一些年后，往往筋疲力尽。萨满的过度劳累可能由于表演过程中精力的过度消耗，萨满的表演有时可通过单纯的仪式和把戏进行，而不需要心智丛的真正紧张（通常基于真正的入迷）。如果萨满表演得过于频繁（我在后贝加尔地区看到过萨满一天表演三场小型仪式；大规模人员聚集的婚礼上每晚都要举行仪式），萨满自然会很疲惫。我们也会观察到萨满本人主动想表演仪式的情况，这源于萨满心灵的不稳定。如果萨满容易受心智不稳定的影响，不限制自身的表演，就可能成为所掌控神灵的牺牲品。如果没有更强大萨满的存在，就没有人能够帮助他（她）。

作为氏族的安全阀、工作人员，萨满不能拒绝帮助氏族成员。因此，无论萨满感觉自身是否强大、是否劳累，都要付诸行动。但是，人们往往忽视萨满的通灵状态，很可能也无法理解萨满的通灵状态，只有萨满变得心智“不正常”，人们才会注意到，他们把这种情况理解为神灵的新阴谋的证据。因此，萨满千万不能忽略其职责。只有在年老、身体不好时，萨满才能卸下责任，女萨满在怀孕和一般的阿吉普楚（被禁忌）时也可拒绝履行职责。如果无上述原因，萨满拒绝帮助氏族成员的话，就会失去其身份，尽管这种情况很少发生。但是，大多数案例表明，萨满往往因自身的心智状况而获得身份，这需要萨满“掌控神灵”，如果萨满被剥夺了权力，则意味着他失去自我控制能力，进而成为神灵的牺牲品。在放弃社会功能和失去萨满表演的权力后，萨满会尽力恢复自身的社会地位，与所属氏族成员和新萨满发生冲突，因此可能变成“心眼坏”的萨满，进而带来相应的后果。这时氏族的压力比一般的氏族要大，在一般的氏族中，萨满是与神灵联系在一起的。

作为氏族的安全阀，萨满的职责是管理氏族的心灵生活，他会一直怀有责任感。有时人们认识不到这一点，但这对萨满而言十分重要，因为这一因素是管理神灵和萨满本人的关系。不过，在很少情况下，有经验的老萨满可能总结心灵现象及其管理知识，这反过来也强化了萨满的功能和责任感。责任感很可能创造了一种条件，这意味着萨满可以在需要时随时发挥其功能。

萨满在实践活动中还会遇到另一个困难，即敌意。敌意态度可能来自氏族内外小部分或大部分人。正如前文所言，萨满如果不能获得同情，就很可能遭到普遍敌意。如果萨满在与氏族成员的关系维系方面犯错误，不能解决氏族成员的困扰，就得不到氏族成员的信任。如果有困扰发生，人们往往会归因于萨满，认为是萨满带来的伤害。当然，为了自我保护，萨满会创造出新的敌意，在某种程度上成为需要逐出共同体的“坏心眼”萨满。如果萨满不是氏族萨满，这种情况很少发生。在所有的通古斯群体中，都有对萨满教持敌对态度的人，因此，哪怕是一个不为很多人所知的新萨满，即便不能赢得人们的同情，也要使他们持中立态度。

通过对萨满与神灵关系的分析，涉及萨满与其所掌控神灵、萨满与其他萨满的神灵和其他神灵丛，我们可以发现各种需要避讳、禁忌的规范，伴随着萨满的整个生涯。如果是男萨满，他不能伤害其妻子，如果是女萨满，则不能伤害其丈夫和孩子。萨满也要避免伤害其他人，如处在分娩、渔猎等生产活动中的人。萨满所掌控的神灵，有时可能会与其他神灵相混淆，并带来持续的困扰。由于这一原因，当萨满处于正在迁徙和从事生产活动的人群中时，往往会十分小心。这表明，萨满总是特别关注其周围的环境，失去了普通通古斯人所拥有的自由。人们对萨满的态度与其小心翼翼的行动相呼应，导致萨满变得越来越孤独。

最后，还有一个因素剥夺了萨满的快乐，即对灵魂的担忧。事实上，萨满的生命没有其他人那样容易。其灵魂可能留在此界，被其他神灵捕获，然后被掌控，因此萨满的灵魂不会去往下界而是留在中界。这成为萨满生命的一种新困扰，每位萨满都受到此观念的影响。我会用专门小节探讨这个问题，这里仅指出萨满所经历的困难。

不利的经济条件、萨满实践的不确定性和困难、承担责任的压力、来自氏族内外成员的敌意以及不能放弃的身份，构成了萨满的现实处境。只有在很少的情况下，萨满才能摆脱这一境地，我将在下一节论述。萨满不能放弃其功能，因为如果这样，其掌控的神灵会获得自由，造成氏族成员心智失衡。通古斯人相信，在旧主人出现时，神灵不容易服从新主人，会伤害到氏族成员。萨满在放弃身份后，可能再次受心智失衡影响，再次被迫担任此角色。通古斯人普遍认为，萨满千万不能放弃其职责，即氏族的压力会让萨满面临更大的困扰。因此，一旦一个男人或女人成为萨满，就不得不坚持到去世。

在我看来，可以毫不夸张地说，萨满的一生充满艰辛，是一种持续自我牺牲的过程。

在认识到萨满艰难的生存处境后，我们可能会问自己：萨满为什么不放弃其功能？萨满候选人在认识到将来的困难时，为什么还要选择担任萨满？对于这一问题，我通过新萨满的形成以及通古斯人的大众需求来分析说明。萨满不是按照个人意志产生的；新萨满的产生源自通古斯人中既有的理论体系、大众精神紊乱、个人心智状况的敏感性（很可能是遗传下来的），这些都需要新萨满发挥萨满教的功能。通古斯人需要萨满，萨满可以治疗受神灵影响（心智不稳定）的人；萨满可以使病人，甚至是未患心灵秩序疾病的人得到缓解，萨满可使受影响的器官得到成功的“自卫”；萨满的出现可保证人们不受伤害。这是通古斯人在长期适应的基础上，在经验层面上所获得的结论。而且，由于其公共性活动很吸引人，所以萨满不会遭到拒绝。通古斯人观看萨满仪式时在情感上参与其中，从中获得快乐。若没有这个重要因素，萨满教是不能稳定传承的。每位萨满候选人都要认识到共同体需要萨满的事实，并应为共同体服务。我们需要分析“社会服务”文化丛背后的机制，它在某种程度上甚至是一种自我牺牲。从个人的观点看，如果允许个人有意识地选择和决定承担萨满职责，其中的正面价值比负面价值更容易让人印象深刻。萨满的产生似乎不涉及个人的选择和决定，它是与整个群体相联系的文化事件，这一点似乎未被认识到。

另一个问题是，萨满如何运用其身份来获得快乐，萨满获得哪些回报从而没有逃离。

在这方面，萨满的个体性十分重要。首先，大量萨满由于怕再次生病不能放弃其功能；其次，氏族组织会逼迫萨满承担使命；再次，他们会对成为共同体中有影响者感兴趣；复次，萨满在表演的过程中，会因经历了入迷的情感状态而感到快乐；最后，萨满会在对人类心智丛的微妙机制进行研究（有意识或无意识地）的过程中，获得智识上的乐趣。[①] 根据对萨满的态度多样性的描述，我们可以对萨满进行分类，可以更好地理解萨满的

---

① 这里我忽略了靠职业谋生的萨满。

差异性。事实上，接受承担萨满职责的不同困难因素可能结合在一起，在一些情况下，困难可能要比从萨满角色中获得的快乐更少。

我暂时搁置对接受萨满功能的前四个动机的分析，我希望论述最后一个动机，即智识上的满足。事实上，尽管并非所有萨满都对神灵好奇，但我在一些情况下遇到过这方面的案例。在前文论述作为观察者和自然主义者的通古斯人时，我们发现通古斯人在很大程度上拥有观察能力，这种行为甚至不是出于实用目的，而仅为了扩展知识。与萨满进行紧密接触的人，必须坦率向萨满呈现自身的真实情况（我们发现通古斯人的确如此），这为萨满提供了广泛的观察领域。无须惊讶，萨满会不断地思考其观察结果，解决各类心理困扰（以神灵的方式），搜集越来越多的新资料，对新事物保持持续的兴趣，像其他做智力创造工作的人那样，在其中获得智识上的满足。我们发现，萨满可以成为通古斯人“科学”的贡献者。但是，如果将萨满教定义为对理论的寻求，则是一种主观臆造，这一结果只是萨满中天才个人的适应结果，我们会发现萨满充当了“安全阀”，是氏族精神生活的管理者。这一认识只是通古斯人支持的萨满教实践的产物，其他族团中可能不能得出此结论。例如，在满族人中我没有发现这种认识，其中原因是满族的文化丛此前接受了汉文化丛的要素，这些文化要素禁止满族人选出一群智力倾向上适合的人，让他们进一步探索心灵现象，进而使萨满教衰减至前文所描述的状态。在对满族人和北通古斯人所做的区分中，我所做的解释至多称得上是一种假设；不过事实上，我在满族人中的确未遇到过像北通古斯人中的思想家那样的萨满。

141. 放弃萨满资格与萨满的死亡

我观察过关于萨满放弃身份的案例。萨满在年老、失明、身体虚弱等，即身体不适的情况下放弃萨满资格。但是，正如后贝加尔地区通古斯人萨满教传承的情况表明的，一个氏族不能同时存在两位萨满，因为这样年老的萨满可能会死去。如果年老的萨满不想死去，可以将其功能传递给年轻萨满。前文提到，一位年老的萨满与其侄子同时当萨满，由于年老的萨满很少从事活动，所以其侄子在很多年里都是氏族萨满。在这类例子中，年老的萨满貌似不再发挥作用，可以支持一个候选人，人们不必担心这位老人。这样对氏族中不能同时存在两位萨满的规范，即老萨满不允许新萨满出现的情况就更好理解了。在实际生活中，一个氏族不需要同时存在两位萨满；当氏族人口增多时，会分裂成两个氏族，每个新氏族会有自己的萨满。

我在兴安通古斯人中观察到相似的案例，一位老萨满已经不承担其责任，一位新萨满在进行萨满活动。

萨满可能放弃萨满活动，例如由于失明。我在毕拉尔千人中观察到这种情况。这位女萨满大约 40 岁，她解释说，其失明源于与其他萨满斗法。但是，这位毕拉尔千萨满肯定地告诉我，失明根本不能阻止其萨满活动。由于前文所说的原因，这一观点是站不住脚的，尽管盲人萨满可以表演仪式，却不能观察观众的的反应。在这位女萨满的案例中，变为盲人之后，其身份被氏族解除了。

与氏族萨满不同，多那（氏族外）萨满不必一生都进行萨满活动。因此，当没有通灵的因素驱使萨满实践时，多那萨满可以放弃身份，神灵不会侵扰他（她）。其中唯一的问题是，若多那神灵给其他人带来困扰，如何将神灵传承给其他萨满候选人。人们假设，多那神灵常常离开人们单独行动，并且常常遭到驱逐，因此掌控这组神灵并不总是必要的。在毕拉尔千人中，这种情况发生得十分频繁，人们解释：萨满变得懒惰，于是神灵离开了主人。此外，还有一种因素导致萨满活动的中断，即氏族压力。如果萨满不能发挥作用，即便很年轻，也会因氏族成员的回避而失去萨满位置。如果氏族成员不邀请萨满帮忙，萨满就没有存在的必要，尤其是人们不再需要萨满治疗病人、送魂等。可以肯定，在这种情况下，氏族中迟早会有新萨满的出现，并获得氏族的认可，此前的萨满需要放弃其角色，很可能不被允许恢复氏族萨满的功能。由于萨满的缺陷通常与掌控神灵、入迷技术等相联系，萨满基本不会反对其角色的变化。萨满也可能由于变得“懒惰”，在氏族的默许下放弃萨满活动。正如我强调的，这种情况很少发生。

在满族人中，我没有观察到放弃萨满教的例子，很可能的情况是独立于氏族存在的萨满很少。许多独立性的萨满都属于其他族团（汉人和达斡尔人）。如果萨满不活跃，则表明氏族成员的生活相对平静。在满族人中，萨满的部分功能由标浑萨满（其向神灵祈祷）承担，玛发里也分担了满族萨满的功能。

在氏族生活中，氏族萨满的去世是重要事件。氏族要面临两个问题，其一是对萨满灵魂的处理；其二是需要有新萨满掌控去世萨满所留下的神灵。满族人认为，死者的第三个灵魂必须到伊勒姆恩罕处接受最终的审判，但萨满的灵魂不会留在下界，所有萨满的灵魂都会成为神灵窝车库。但是，一些特殊的因素也存在。例如，前文所述萨满被权威斩首的例子中（参见前文第 720 页），人们认为在执行死刑的早晨，萨满的灵魂被神灵捕获，并被放置到一个新生儿身体中。第二个灵魂与窝车库一起守护奥罗尔吉灵魂。不过，这个灵魂不能立即成为窝车库，需要经历 15 年的时间。[①]

如果人们不关注萨满的灵魂，那么其灵魂成为窝车库后，会附体于氏族成员，使之遭受痛苦，直到新萨满出现。去世萨满留下的神灵也会如此，会造成个人甚至大众的精神紊乱。

萨满的埋葬与普通人没有什么区别，萨满的器物尤其是三叉戟要放在棺椁中，而萨满服、鼓以及其他物品要放在盒子里，与萨满的神位一起放到高处的架子上。不过，过去萨满的埋葬并非如此，人们施行着特殊的萨满埋葬方式。

因此，在满族人中，关于萨满灵魂问题的解决方式十分简单，并不需要特别担忧。北通古斯人的情况则不然。

萨满死后，其灵魂必须去往下界，要由一位能力更强大的萨满将其送往下界。如果没有这类萨满，灵魂是不能到达死者世界“布尼勒”的。居于此界的萨满灵魂不会得到休息，其他氏族成员会一直受到侵扰。

在后贝加尔地区的通古斯人中，尸体放入与普通死者同种类型立着放的棺椁中，棺椁放在立起的木桩上（参见前文第 436 页）。除了萨瓦吉，萨满的所有器物都要随萨满一起下葬，或者挂在棺椁附近的树上。棺椁附近

---

① 这是新萨满不能很快产生的理论原因之一，因为萨满的灵魂还没有成为窝车库。

还立有几根上面刻有木“鸟”的木杆，帮助运载萨满的灵魂。萨满的埋葬仪式与普通人基本相同。一般情况下，人们不能触碰棺椁附近的萨满器物。触碰萨满器物的人可能会患“精神疾病”，他们将会“失去思维能力”，变得不正常。

萨满死后的9年内，新萨满一定要把其掌控的神灵搜集好；不然的话，会有很多人遭到神灵的侵害。

在满洲的通古斯人中，由于萨满的灵魂可能会变为新的色翁，人们将会面临更大的困难。正如前文所述，对于神灵数量的增加，通古斯人感到不悦。通古斯人将神灵视为不幸的事物。随着萨满的“横死”，如前文所举的例子（如神灵喇嘛莱青，杜南坎氏族等），萨满的灵魂不能到达下界，因此成为神灵。幸运的是，通古斯人因无书写系统而获得方便。一些重要的神灵因传统得到维系，而大量的萨满神灵则很快被遗忘。只有通过这种方式，我们才能解释数量有限的萨满教神灵的起源。

将萨满的灵魂送到下界很不容易，甚至对一位能力强的萨满而言也是如此，其中主要困难是两位萨满的神灵可能相混淆。如果送魂萨满不能掌控去世萨满的神灵，就千万不能做这件事。去世萨满的神灵，总是想与送魂萨满的神灵待在一起，因此送魂萨满首先必须击退这些神灵。

通古斯人更希望永远摆脱这些神灵。为了达到此目的，他们会用十分繁琐的程序送走这些神灵，这些神灵可能被送往新的地方，或置入神位后放到江河如阿穆尔河中送走。能够被送走的神灵只是氏族萨满所掌控的多那神灵，而氏族萨满所掌控的氏族神灵不能被送走，它们一直与氏族共存。氏族神灵迟早会找到新的主人，这一阶段，神灵会侵扰不同的人，使其不正常，这种状况有时会持续很长一段时间。我在兴安通古斯人中曾观察到，一个年轻人被萨满留下的掌控神灵侵扰了两个月。这个年轻人经常神经发作，持续地喊“sèvèn èmèrèn，sèvèn èmèrèn!”（神灵就要来了。）年轻人用手腕捶头，然后“身体僵硬呈弓形”。直到某位有能力的候选人掌控了神灵，人们才免遭侵扰，这一过程会持续几年。

当然，萨满知道死后的灵魂去向，为其去世做准备，萨满的灵魂不能像其他氏族成员那样，去往暗淡无光的单调且饥饿的世界，因此在活着的时候，萨满一直处在忧虑之中。他们认为，即便这样，也比一直为后代氏族萨满服务要好。

142. 萨满的个性

通过前面部分对萨满的论述，我们看到通古斯社会中萨满角色的悲剧形象。但在萨满的认知和理解中，萨满实践也有“积极的”一面。不过，列举的事例和概括，并不能呈现萨满个人的生动画面。另外，我在“萨满的选择”一节的描述中呈现了两位萨满候选人同时出现的情况，但这两个案例并不典型。当然，对诸多萨满的个人形象进行描述，可以弥补我在这方面的遗漏，但这可能有为我的著作增加太多想象的危险。首先，我不确定自己关于萨满个性的知识足够丰富，我只列出能够表现萨满个人特征的事例，尽管这些事例不是很充分。例如，在两年的时间内，我观察过一些萨满，但仍有一些萨满的个性不在我的注意范围内。就这方面而言，我们不能对萨满的个性做全面深入的呈现，这已经超出了田野调查者的能力。

尽管我们不能全面展现萨满的个性，但我认为指出一些观察到的萨满个性还是有用的。这些资料没有很重要的科学意义，我只是叙述我的印象。

（1）**一位巴尔古津地区驯鹿通古斯人的萨满。**这位萨满身材瘦高，鼻子挺直，蓝黑色的头发，头长，腿长。尽管这位萨满看着虚弱，但身体十分强壮、健康。他与妻子和两个孩子居住在棚屋内，家具不多。他们有两头驯鹿。萨满的妻子通常十分安静、沉默。孩子们是正常的。在这个家庭中，我们观察不到任何成员的心智不正常。在遇见他们时，这家人独自住在山谷的沼泽地中；周围没有邻居。萨满大约 35 岁，承担萨满角色有 10 年，甚至更久。他是一位氏族萨满。他不喜欢工作，也不喜欢狩猎，更愿意做长达几个小时的冥想。与一般通古斯人相比，他更嗜酒。该萨满的鲜明特征是虚荣心强，有明显的自我中心倾向。他最感兴趣的事情，是讨论萨满教、神灵，以及一般的自然现象和宇宙观。不过对于不敢肯定的问题，他往往会说：“我不了解这件事情”“我不知道答案正确与否”。他不会轻易接受某种信念，希望发现事物间的逻辑关联，神灵理论在萨满推理中占主导位置。不过，对于宇宙观和自然现象的理解不受神灵理论影响。对于不狩猎的原因，该萨满解释为他此前误杀了一头驯鹿，此后失去了狩猎“运气”。很可能的情况是，该萨满借此来为其狩猎效率低寻找借口，是害怕做错事情的心理表现。这位萨满并不总做萨满活动，不被视为一位好萨满，但他在梦中经常与其他萨满交流，尤其是涅尔琴斯克林区的一位通古斯萨满。由于这位萨满倾向于讨论，并对各种普遍化问题感兴趣，我无法与他建立十分亲密的关系。与我相识后，他十分坦诚，并愿意交流。在该萨满的谈话中，“普通人”是指那些不反对萨满教，持续求助于萨满实践的人。而且，这位萨满的仪式很有“艺术表现力”，能产生真正的入迷。我很幸运，曾和他接触一段时间，少说也有五六周。

（2）**一位巴尔古津地区驯鹿通古斯人的女性氏族萨满。**她是一位体格健壮，身材高大，有肌肉的 50 多岁妇女，看起来十分健康，刻意在日常生活中缓慢行动。在很长一段时间，我观察这位萨满的日常生活，多次观看其仪式表演。我第一次见她时，她带着年幼的孩子，人们着急求她做去往下界的仪式，正如前文所述，这类仪式很少见，任务艰巨。最初她对我的态度是尽力避开我，我巧妙地离开她一段时间，当这位女萨满与长辈讨论问题的时候我支持其观点，我觉察出她赞同我对萨满教的理解及功能的认识。在我为她的仪式表演提供一些小帮助后，她允许我对其进行观察。在仪式的不同阶段，她没有反对我测量其脉搏，检查她的肌肉紧张程度，甚至为我提供帮助。这位女萨满对我的发现感兴趣，在与她交流的过程中，她同意我的观点。这位女萨满的态度表明，面对自我心智状况时，她是一个善于思考、做自我分析的人。这些讨论经常在老年男性在场的情况下举行，她表现得落落大方。我没有听过她提及“普通人”。她看起来与孩子在一起的时间并不多。这位女萨满的丈夫是名出色的猎手，他们的关系似乎很好，家庭的物质生活也不差（尽管女萨满没有过分装扮，但她穿得不错）。人们认为这位女萨满是最好的萨满之一，她从不拒绝帮助别人，在观众看来，其仪式技术、入迷是十分成功的。在这位萨满身上，我们观察不到任何不正常之处。与其他妇女相比，她更沉静，通常不与互动者眼神交流，总是向下看，或者向旁边看。与一般通古斯人不同，她不愿意说笑、闲聊，不参加夜晚的舞会（参见《北通古斯人的社会组织》），也不聚在一起喝茶；这位女萨满不与“普通女性”混在一起。但是，萨满的这些表现只是一种简单的态度，而不是冷落旁人。她不喜欢像其他妇女那样分散精力。

（3）**一位兴安通古斯人的女性氏族萨满**。已婚，不到30岁。与兴安通古斯人的其他妇女一样，这位女萨满丰满、微胖，动作迅速，其面庞要比一般通古斯妇女更有生气。她所有方面似乎都很正常。她对萨满教的兴趣未超出表演的仪式，她很喜欢这些仪式，会寻找适宜的场合开展萨满活动。这位女萨满的仪式缺乏“艺术性”，在某种程度上遵循传统；不过在一两次仪式中，我看到她真正的入迷状态。人们并不认为她是一位优秀的萨满，她只做一些不太重要的仪式，如寻找疾病的原因、占卜、预测等。我没有见过她表演任何重要的仪式，如恢复灵魂、去下界旅行等。虽然我因为帮她在鼓面上绘制图案，而成功地与她建立了友好关系，但还是不能“严肃地”（我所理解的）和她探讨萨满教，她最想探讨的是仪式传统与框架。她常与其他妇女一起工作，说闲言碎语，开玩笑。这位萨满表现出一定的性下流，例如，与其他妇女在一起时，她要求我在其神位和纸张上画出男性生殖器；尽管保持一定限度的克制，但与其他妇女谈话时，她会说一些禁忌语言。她还不是一位有经验的萨满，其性格会因年龄而发生变化。

（4）**一位毕拉尔千女萨满**。她29岁，身材苗条，有些神经质，这一点明显表现在她对孩子的行为上，其四个孩子只有一个活下来。她经常用脸和乳房贴近孩子，亲吻并用温柔的眼光看着孩子，尽管这种态度在通古斯人中很普遍，却很少见到如此充满感情的表达方式。这位女萨满的丈夫是位贫穷的猎手，甚至在狩猎旅途中无马可乘。他们非常贫穷。在这位女萨满表演时，我给她做过几次助手，并在其攻击者面前保护她，所以得到了她的青睐与信任。她不想谈论萨满教，但为了帮助我理解相关细节，她同意为我演唱神歌。在我看来，这位女萨满不喜欢谈论萨满教，主要是因为她对萨满教了解得不多，但是她能够在经验层面“感受”萨满教、理解萨满教，很可能对其所做所为没有形成明确的观念。她十分羞涩，当不想做萨满仪式时，她会断然拒绝人们的求助。女萨满不是一流的表演者，她击鼓的技术差，在舞蹈的过程中会变化步伐，歌唱的声音不清晰，很难理解她在入迷状态中的语言。这一原因很可能是她还年轻，未能磨练出娴熟的技术。不过，还有一种可能性的原因：由于害羞，这位萨满不能掌控自己。对这位女萨满而言，很难进入入迷状态，在入迷状态中，她几乎不能掌控自己。而且，有几次她在非常不利的环境下表演，一部分仪式参与者对她持消极态度。不难看出，她生活在艰难的处境中，尤其对一位通古斯妇女来说，这更为不易。她一直在“抗争”。通过一些情形和行动，我发现这位女萨满的坚持和反抗。这使我相信，她在部分地压制“歇斯底里”，不过在以后几个月里，我没有听说她神经发作。

（5）**一位满族氏族萨满**。一位约 45 岁的男人，强壮且健康，所有方面都很正常。他有一位汉人（尼堪）妻子，几个孩子中只有两个活了下来。他能够阅读满文和一些汉文，从事萨满实践 20 年左右。从表面上看，我们分辨不出他是一位萨满，其行为并不朴素，饮食和喝酒也不节制，这位萨满喜欢这样的生活。他被视为一位优秀的萨满，非常有经验，治疗也很成功。在每次治疗中，他都会首先仔细询问病人的状况，如果需要的话，他会通过睡眠做决定。有时，他可以不通过睡眠得出诊断结论。这位萨满是很好的表演者，有时允许自身进入强烈的入迷状态。他对一般问题不感兴趣，尽量避免与别人交谈，但似乎对人类的心理现象很感兴趣，能做很好的分析。我们可以通过萨满处理的病人及特殊的困扰来证实这点。当某一氏族为选择新萨满做决定时，会邀请这位萨满参加，在这样的场合中，我可以和他密切接触。他倾向将困扰解释为复杂的神灵关系。在对相似状况的分析中，这位萨满会运用所有知识（神灵的知识与经验），对一些复杂情况的细节进行理解和解释。不过，由于他以萨满教为生，需要与人们维系友好关系，因此在推理上并不总是真诚，会提出人们能够接受的建议。遇到困难时，他不反对向其他萨满求助，甚至求助于汉人医生。在一个治疗案例中，他曾提出过这类建议。在我和其朋友（一位与我关系也要好的满族人）面前，这位萨满十分坦诚，承认他不能理解的情况。在上文提及的萨满选择中，他对寻求真相很感兴趣，尽管受公共意见的左右，他还是讨论了两位候选人行为方面的一些细节。

这五位风格各异的萨满，加上前文描述的萨满以及候选人，只是萨满存在的一些类型。见到的萨满越多，就越会发现每位萨满的独特个性。只有在不考虑萨满个性的情况下，我们才能对萨满的共性做出归纳。与真实的、自然的事实相比，这种归纳会受到不同目的的影响。从个人的心智丛来看，我们看到了各种变化：(1) 从十分“正常”到典型的失去理智；(2) 对萨满教文化丛从完全的信仰到遵循传统的、有意识的接受；(3) 从占有非常有限的知识到掌握可获得的所有事实（既存文化丛中的）；(4) 从个人的、自我中心的情况到将个性融入到社会环境中；(5) 从非常贫乏的萨满教知识与技术到渊博的萨满教知识以及娴熟的萨满表演技艺。很明显，我们找不到完全相同的两位萨满，因此对萨满进行理论上的分类可能毫无用处，尤其是每个族团都有其自身“特色”，并在不同的历史时刻发生变化。为了避免通过人为建构，将活生生的现象纳入一个充满先入之见的严格体系中，造成读者的误解，我在这里指出了萨满个性问题，萨满的个性差异鲜明，我们不能将其纳入严格的体系中。

第 31 节　萨满教的现状及未来

143. 调查人群中的诸位萨满

在这一部分，我将列举在通古斯人中结识的或听说的萨满。这份名单不可能完整，因为我本人并未见到所有萨满，其中一些萨满很容易被通古斯人遗忘。当有机会谈起某位我不认识的萨满时，我会进行询问，不过未做详尽的记录。但是，我未记录的萨满数量十分有限。尽管关于诸位萨满的资料是不完整的，我列出一份名单，因为这会体现萨满的数量如何，数据本身可以说明萨满教在通古斯人文化中的重要性。

应该记住的是，通古斯人的萨满教本质上是一种与氏族组织相联系的现象。通过前文叙述，氏族外萨满的处境比氏族萨满更为艰难。不过，有时某一氏族在数年之内可能没有萨满，因此通过计算氏族的数量（参见《北通古斯人的社会组织》），不能准确估算出萨满的数量。同时，也有一些氏族之外的萨满，而且，氏族的解体并不表明萨满的消失，相反，在满洲驯鹿通古斯人中，有时萨满会增加，成为“家庭萨满”或简单的自由萨满，这种情况在满族人中很普遍。[①] 当然，这取决于心智丛的一般状况，尤其是心智紊乱的范围、萨满教文化丛是否与氏族组织一起被废弃，以及是否有新的文化丛代替萨满教。

后贝加尔地区的通古斯人

在我调查期间，并非这一群体每一氏族中都有萨满。我本人见过五位当时仍活跃的萨满，他们都与氏族活动紧密联系。在巴尔古津通古斯人中，有：（1）一位年纪很大的萨满，86 岁，不再做周期性的萨满活动，相关职责转由其侄子承担，尽管我见到这位萨满时，他年事已高，却被看作一位强壮的、优秀的萨满；（2）前文提到的女萨满是一位新手，但已可做去往上界的大型仪式；（3）前文描述的女萨满（第 142 小节，案例 2），这位萨满可以表演去往下界的仪式，据我所知，她是唯一能够做这一仪式的萨满；（4）前面部分（第 142 小节）案例 1 中描述的男萨满；（5）一位能力不是很强的中年萨满，却可以将死者的灵魂送往阴间。人们告诉我，除了上述萨满，还有两三位其他萨满。

在涅尔琴斯克通古斯人中，我认识以下几位萨满：（1）上一部分案例 1 中提到的年老女萨满，她可以表演去往下界的仪式，我本人未亲自观察过；（2）我只见过一次的一位年轻女萨满，无人告诉我她的能力；（3）一位中年女萨满，她从乌鲁尔加地区的游牧通古斯人中迁徙过来，定居在乌捷西纳（Utesina），位于阿基玛河附近的捷克瑟尔（参见《北通古斯人的社会组织》），她进行萨满表演，并且其器物与游牧通古斯人中的器物相同，我认识这位萨满。这个地区还可能有其他两三位萨满。涅尔琴斯克林区通古斯人肯定，他们中间萨满的数量没有巴尔古津通古斯人数量多。

在乌鲁尔加附近的游牧通古斯人中（他们现在讲一种与布里亚特蒙古语有联系的方言），我在那林塔拉查地区（Narin Talača，乌鲁尔加北部的游

---

① 楚克奇人中大量萨满的出现也很可能是由于氏族组织的解体。

牧通古斯人夏季定居点）见过一位男萨满。尽管我们与他一起生活两周的时间，但未见到这位萨满的表演。在德伦（Delun，涅尔琴斯克附近的夏季定居点）有另一位男萨满，不过我不了解这位萨满的详细情况。第三位萨满是前文提到的居住在涅尔琴斯克通古斯人中的女萨满。

这三个群体的人口数量加起来共两千多一点，至少有十四位萨满，其中不到一半为女性。

我没有关于安哥拉河与现在消失的萨玛基尔河通古斯人群体的信息。通古斯人告诉我，巴尔古津游牧通古斯人中有一些萨满，但数量不多。在曼科瓦通古斯人和博尔扎河通古斯人中，有一些萨满，我见过其中的一位。所有的萨满都与乌鲁尔加游牧通古斯人中的萨满属于同一类型。

满洲的通古斯人

如前文所述，驯鹿通古斯人中目前没有萨满，最后一位萨满已于1912年去世。他生前居住在库玛拉河上游。[①] 不过，这并不能说明萨满不会再出现，因为人们关于萨满教的记忆是鲜活的。[②] 萨满教衰落的原因之一是氏族组织的解体，另一个原因是俄国的强烈影响。

在兴安通古斯人中，并非所有的氏族都有萨满，我曾见过：（1）居住在约顿（ǰodun）河（甘河的一个支流）的女萨满，上一部分案例3描述过这位萨满；（2）一位年老的男萨满，不活跃，当时正居住在甘河上游；（3）一位年纪很大，身体部分残疾的女萨满，当时住在德尔布坎河，她不常做萨满活动（参见前文第646页）。人们告诉我，兴安通古斯人中很可能还有另外一两位萨满，我没有见到他们。我在通古斯人中居住期间，这一群体中出现了选择新萨满的问题（巴亚吉尔氏族）。

在库玛尔千人中，每个氏族至少有一位萨满。由于这个群体有六个氏族，所以库玛尔千人中至少有六位萨满。不过，并非所有的氏族都是截然分开的，因此库玛尔千人中的萨满数量可能更少。我曾见过：（1）居住在库

① 这位萨满去世后实行土葬，其神服和器物放在一间有平台的仓房中。在一次严重的森林火灾中，这间仓房很可能烧掉了。根据萨满的亲戚介绍，他曾是一位优秀的萨满。

② 其实，阿穆尔州有一些萨满，但俄国领土和满洲地区的驯鹿通古斯人联系并不紧密。

玛拉河中游的一位老年男萨满，很少从事萨满活动；（2）居住在瓦拉坎河（库玛拉河的一条支流）附近的一位男萨满，非常优秀，而且活跃；（3）冬季居住在沃尔顿地区的年老萨满，几乎不做萨满活动。①

在毕拉尔千人中，萨满的数量没有库玛尔千人中多：（1）前一部分案例 4 中描述的女萨满；（2）居住在珠姆毕拉河（逊河的一条支流）的一位男萨满，我没有机会见这位萨满；（3）放弃萨满实践的女萨满（参见前文，第 792 页）；（4）一位离车鲁几公里远的女萨满，她不常做萨满活动，这位萨满是在经历一次爱情纠葛后成为萨满的；（5）一位男萨满，他是一位新萨满，只掌控为数不多的几位神灵，是一名多那萨满；②（6）一位很大程度上受果尔德人萨满教影响的萨满。玛拉库尔氏族分裂之后，产生了三位氏族萨满。除了前文提及的萨满，还有一些达斡尔萨满和满族萨满长期或短期居住在毕拉尔千人中。

我了解到，墨尔根通古斯人和索伦人中，也有一些萨满。但是，我不知道这些萨满的详细情况。

通过上述事实，可以推测，满洲通古斯人中萨满的数量不会少于十七位，如果包括人口五千多的索伦人在内，萨满的数量则远远超过二十位。

满族人

在满族人中，一定要区分标浑萨满和阿木巴萨满。每个佛满洲氏族都有一位标浑萨满，因此根据莫昆的数量推算，标浑萨满的数量很多。③ 前文已述，满族人中阿木巴萨满的数量不多，我在瑷珲调查期间，所有满族村庄的阿木巴萨满仅有十位或十一位。但是，由于萨满服和器物在 1900 年被毁掉，所以大多数萨满不能履行职责，各满族氏族没有能力支付制作萨满服和器物的费用。我见过瑷珲地区的四位萨满，是当时仍活跃的萨满。除了新产生的男萨满（参见前文第 131 小节），还有一位女萨满。除了这两位

---

① 人们告诉我卡玛拉河附近有一位男性萨满，但我搜集不到关于这位萨满的详尽信息。

② 从这一萨满处，我搜集到这位萨满同样精通的大量民俗。

③ 参见《满族的社会组织》（第 20~28 页）。这部著作表明，佛满洲人中有标浑萨满，像汉人和北通古斯人一样，新满洲（伊彻满洲）人中没有标浑萨满。

满族萨满，还有两位汉人（尼堪）萨满，他们也经常在满族人中表演。有位满族萨满也常在汉人中表演。据我所知，达斡尔萨满也常在满族人中表演，但满族人很明显更喜欢汉人萨满。

通过回顾不同通古斯群体中的萨满，可以发现，萨满数量是巨大的。在我调查期间，萨满教并未处在衰退状态，而是在持续适应的过程中。后文我会再次探讨这一主题。

144. 瑷珲地区达斡尔人和汉人的萨满教

如前文所述，满洲的通古斯人的萨满教受达斡尔人影响。我未对达斡尔萨满做过调查，但通古斯人向我提供了一些关于达斡尔萨满的信息，我也有机会见到一些达斡尔萨满。达斡尔人的萨满教是重要的，通古斯人所提供的达斡尔人的萨满教信息是有趣的，即便这些信息未反映现实，但也体现了通古斯人的观念。接下来我将描述一些细节，但并不想宣称呈现的是达斡尔萨满教的真正面貌。[①]

毕拉尔千人肯定地说，达斡尔萨满的实践方式、服饰以及神灵与他们相同。[②] 但是，达斡尔人也掌控一些通古斯人不熟悉，但果尔德人熟悉的神灵。达斡尔人中最重要的神灵是玛鲁神群中的九头神灵（耶辛迪勒奇）。达斡尔萨满也掌控布色库色翁，这位神灵是通古斯人小心回避的（参见前文第 341 页）。达斡尔萨满也会制作一些动物（表现形式）的木刻神偶，萨满在表演的过程中使用这些神偶。他们如同满族人和达斡尔人一样也喜欢火神（操纵烧红发热的铁、燃着的香等）。在熟悉果尔德萨满教的毕拉尔千人看来，达斡尔萨满几乎拥有果尔德萨满使用的所有神位。

---

① 波佩（《达斡尔人方言》）已经发表了达斡尔语，一些文本讨论了萨满教。但是，我不会使用这些资料，因为这些资料搜集自我了解很少的海拉尔群体达斡尔人。瑷珲地区的达斡尔人中有很多萨满，关于布特哈地区达斡尔萨满的数量，我没有明确的信息，但通古斯人告诉我那里有萨满。

② 什连克（参见《阿穆尔河流域的土著》，第 3 卷，第 128 页）在一个达斡尔人村庄（Xolmoljin）观察过一件普通的达斡尔萨满服。根据他的描述，萨满头饰模仿了佛教法冠的样子，这种模仿在毕拉尔千人中也存在（参见前文第 606 页），而萨满的外套饰有大量的金属片（铜和铁）。显然，达斡尔人中不只有一种类型萨满服。

萨满死后，神灵离开主人（额占，达斡尔人），得不到祭品。达斡尔人选择新萨满的仪式与毕拉尔千人相似。达斡尔人中没有标浑萨满。很久以前，达斡尔人中曾发生过强烈的压制萨满教运动。因此，当时很少有活跃的萨满留下。

在达斡尔人中，治疗和保护眼睛的那拉萨拉（nāra sará，“日—月”）行为，是一种复杂的行为丛，被广泛地施行。我们发现，这一行为丛的复杂观念已经渗透到通古斯人中。这一文化在蒙古人和布里亚特人中似乎得到更好的发展。

通古斯人相信，达斡尔人的神灵是相当强大且邪恶的。在通古斯人看来，这类神灵类似满族人描述的长着长鼻子和角的胡图（佛教图像?）。这是通古斯人害怕达斡尔萨满的原因之一。毕拉尔千人认为，大量的达斡尔萨满都是“心眼坏”的人，他们会伤害毕拉尔千人及其饲养的动物。

我在车鲁村居住期间，村中有一位年老的达斡尔萨满，这位萨满与通古斯人没有任何联系。他靠种植自己的一小块土地为生。作为技术娴熟的萨满，他仅通过思想而非萨满实践，就能给人和动物带来疾病。发现这点后，通古斯人要求地方政府官员驱逐这位萨满。政府官员直接拒绝了要求，不予理睬。但是，通古斯人不同意这一举措，怨恨汉人政府不作为。

通古斯人很早就形成了对达斡尔萨满的负面态度。他们叙述如下：一位达斡尔萨满掌控一个非常邪恶的神灵（布色库）。这一神灵常常咬毕拉尔千人的神灵。这位萨满在通古斯人中居住期间，许多人都生了重病。这种疾病并不是非常危险的，只是慢性病。这位神灵混在通古斯人神灵中，伤害人们，直到一位通古斯萨满发现了这位神灵，并且驱逐了这位萨满。

为了表现通古斯人的行为方式，我展示本人日记中的一段记录：

> W 带来的消息，一位达斡尔萨满到来了。他说，这个人能够做萨满法事，带着一位助手，也是达斡尔人，我们此前在不同的场合见过这位萨满。此时在场的一位毕拉尔千人加入讨论：“到来的萨满可能是谁?”他们认识一位掌控了非常邪恶神灵的老萨满，这些神灵正在“咬人”，因此，他们不想让这位达斡尔萨满做法事。如果是另一位年轻的

达斡尔萨满，则是可以的。接着，人们派C（一名年轻男性）查明这位达斡尔萨满所处的地点。如果他住在一个毕拉尔千家庭中，则可以做萨满法事；如果他呆在汉人的商店中，则千万不能和他接触。C带着调查结果回来了：这是一位未预想到的萨满，M（毕拉尔千人）家的一名工人。毕拉尔千人认识这位达斡尔萨满，认为他是一名穷人，人们认为"他没有神灵"。尽管如此，他们还是希望看到这位达斡尔萨满的表演，决定给这位萨满提供一面鼓和一间房屋用来表演。因为毕拉尔千人拒绝让达斡尔萨满在自己的房屋中表演，最后毕拉尔千人决定花15分向一个汉人店主租用房屋。"没有毕拉尔千人愿意提供房屋，但是需要现金的汉人店主则会满足我们的任何要求"，毕拉尔千人说。萨满实践在第二天晚上进行。

毕拉尔千人担心的实际原因是，萨满没有能力，不懂得如何操控神灵，很可能不能掌控神灵，最终这些神灵可能遍布毕拉尔千人中。

通古斯人也与达斡尔萨满斗争。例如，有位通古斯人童年时期生病，某位达斡尔萨满帮助了他。但某一天长大后的通古斯人遇到了这位萨满，之后他的马生病了。通古斯人推测，这位达斡尔萨满借助给马带来疾病以伤害通古斯人，其原因是这位通古斯人未给萨满提供肉。接着，这位通古斯人打算和萨满的神灵做个了结。他制作了一个草偶，在草偶前放一些肉，用温柔的语言将萨满的神灵召唤到草偶中。神灵进入草偶后，这位通古斯人用刀（近距离地砍，如同平常的情况）砍向草偶。然后这匹马死掉了，这位萨满病了一段时间，其身体生病的部位与草偶被砍的部位相对应。

毕拉尔千相信，第一位萨满是达斡尔人，[①] 由于这一原因，他们现在甚至也不反对向达斡尔萨满学习。

因此很明显，通古斯人认为达斡尔人的萨满教是有力量的、危险的，但与此同时也是值得模仿的。

汉人的萨满教则不同。前文已指出，我在瑷珲地区调查时，当地有几位汉人（尼堪）萨满，其中有专门靠萨满职业为生者。我认识两位萨满，

---

① 这一通古斯群体中的一部分人认为萨满教实践源自果尔德人，甚至是满族人。

经常能见到他们，但由于他们做萨满法事时说汉语，我只能部分理解他们，没有记录任何文本。我关于汉人萨满的主要信息，来自满族人的介绍。

在满族人看来，汉人普遍对萨满教不感兴趣，来自山东的汉人移民对萨满教所知甚少，但本地的汉人，即此前加入八旗组织的汉人，却十分熟悉萨满教。汉人萨满穿红色外套，穿裙子，系腰铃，使用鼓和其他器物，和满族萨满一样。①

但是，作为一种规则，汉人萨满所掌控神灵的数量更少，并且萨满与氏族未联系在一起，这些汉人中没有标浑萨满，但是汉人萨满每三年一次在供祭祖先的大厅（庙）中举行仪式，大厅中有桌子，保留着去世的和活着的氏族成员名单（家谱）。外来者被禁止进入大厅内。

前文第 639 页我描述一位汉人萨满掌控的五位神灵；不过，汉人萨满也可能掌控满族人和通古斯人的神灵。汉人萨满普遍把富其吉（佛）作为萨满教神灵之一，但是满族人并不这么做。当不得不掌控满族的神灵时，汉人会面临巨大的困难。由于汉人不懂满语，不能阅读乔罗、阔利毕特赫（神灵名字和仪式文本），需要向年长者学习。通常情况下，汉人群体中通常是父亲萨满教儿子成为萨满。人们告诉我，部分上述满语萨满文本已经被翻译成汉语。

大体而言，汉人的萨满实践方法与满族人相同。但是，通过对大量萨满仪式的观察，我发现汉人萨满的做法比满族萨满更为形式化，其主要原因是汉人萨满的职业化程度更高。

汉人萨满对满族萨满，尤其是通古斯萨满的影响不大。不可否认的是，汉人社会存在一种形式上接近萨满教的文化，很可能是“玛法信仰”。我的印象是，满洲地区的汉人从满族人那里借用了萨满教。

果尔德人的萨满教对满洲地区的毕拉尔千人产生了很大的影响，布里亚特人的萨满教对后贝加尔地区的通古斯人，尤其是游牧通古斯人产生很

① 满族人告诉我，汉人萨满戴一种由布制成的特殊头饰。不过，我没得到任何详尽信息。盛京地区以及陕西省的汉人萨满也使用鼓，穿短裙子。但是他们必须秘密地表演。

大影响。我已指出，一些毕拉尔千萨满直接受果尔德人的影响。[①] 就我所知，松花江流域果尔德人的萨满教与乌苏里江、阿穆尔河流域果尔德人的萨满教不同。在熟悉松花江流域果尔德人的毕拉尔千人看来，果尔德人的萨满教与满族萨满教相似。这是十分正常的，因为果尔德人群体仍被视为满族人群体之一——伊彻满洲。[②] 不过，阿穆尔河流域果尔德人的神位，让毕拉尔千人想起达斡尔人的神位。这一点也是十分正常的。因为达斡尔人过去与果尔德人住得近，无疑统治过果尔德人。甚至现在，阿穆尔河流域有一个称为达赫苏尔（daxsur）的氏族，我询问通古斯人和达斡尔人后得知，这个词语为达呼尔（daxur），也就是达斡尔氏族。值得注意的是，毕拉尔千人对果尔德人萨满教没有敌意。[③]

当然，布里亚特人对游牧通古斯人的影响很大。游牧通古斯人模仿了畜牧文化丛、婚姻文化丛、大量的社会制度，并且在一些游牧通古斯人中开始讲布里亚特语。游牧通古斯人的语言使用，会对其心智丛带来巨大的影响。因此，根据布里亚特文化丛来理解这些游牧通古斯人文化更为合适。自然，通古斯人早期的萨满教形式保留在极少的个案中。布里亚特人的萨满教对后贝加尔地区的驯鹿通古斯人影响也是强烈的，尽管这种影响不是直接的，而雅库特人带来的影响，至少在过去是直接的。

在游牧通古斯人以及满洲地区的驯鹿通古斯人中，我没有发现任何关于布里亚特人萨满教负面态度的事例。但是，通古斯萨满和雅库特萨满之间会斗争，这表明两者之间的关系过去可能是负面的。

我所调查的不同族团的萨满教文化丛间的关系，可以用下面的图表示。

---

① 根据现在一位活着的老人回忆，在车鲁居住点附近，即离阿穆尔河下游约 100 公里处可以见到萨满。

② 参见《满族的社会组织》与《北通古斯人的社会组织》中的细节，同样参见《北通古斯人的迁徙》。

③ 我曾与一位毕拉尔千萨满详细探讨过果尔德萨满教的细节，这位萨满在很长一段时间内与果尔德人有联系。她告诉我，松花江流域果尔德人的神灵群与满族人的大体相同，但果尔德人有特殊的色翁文化丛，这一神灵群的主导性神灵为虎神。在这一文化丛中，熊神带领的神灵群属于“夜路”，豹神（jarga）带领的神灵群属于“正午路”，查尼（čani）文化丛属于“风路”。毕拉尔千人中没有这一文化丛，但在阿穆尔流域的果尔德文化系统中却可见到上述要素。这位萨满接受了果尔德人萨满教中的一些元素，并在萨满实践中使用这些要素。

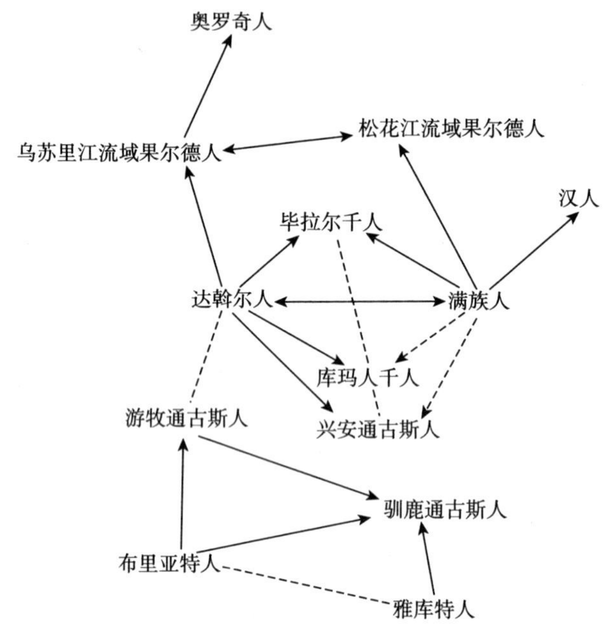

145. 萨满教所遇到的困难

萨满教面临的困难有三类：（1）通古斯群体对萨满教的反对；（2）萨满教与其他文化丛冲突压力下发生的解体；（3）其他族团的压力。值得注意的是，这些困难一直存在，我们不能将这些要素视为萨满教存在的新条件。但是，我们关于这些情形的早期知识或是完全缺乏，或是不充分的。因此，为了研究萨满教的维系机制，我们必须分析目前观察到的全部细节。

通古斯人对萨满教的反对态度

如果相信通古斯人和满族人会盲目地接受萨满教，则是错误的。在不同的场合，我已指出，在接受新的假设和理论之前，通古斯人会对其进行分析，如果相关假设和理论与既有文化丛冲突，就会遭到拒绝。对于整个萨满教的接受而言，也是如此。萨满教只有在特定的条件下才能被接受。在这方面，通古斯人的个人性格是最重要的因素。

在前文，我介绍了一个通过分析灵魂问题，从根本上破坏萨满教的案例（毕拉尔千人）（参见第234页）。这种分析问题的方式不常见，但仍会遇到。在这个案例中，每一个细节都会受到详细的审视，每一被接受的观点都要经过批评。毕拉尔千人奉行萨满教的主要原因是神灵会带来伤害。因此，更好的解决办法是永远驱逐侵害性的神灵。问题是，如何达到这一目的？大量例子表明，驱逐神灵的方法很多，其中一些方法十分有效，例如使用暗示的方法保证受影响者不受侵害。如果神灵理论被接受，通古斯人会予以注意，新神灵的出现会影响到整个人群，带来影响的一部分原因是模仿，另一部分原因是大多数个体的相似心理状态。治疗的方法即送走神灵，甚至否定其存在。萨满经常这样做。由于通古斯人普遍地认为多那神灵是有害的，因此反对掌控多那神灵的萨满，也反对通古斯人中的其他族体的萨满。从这种态度到否定氏族萨满教的必要性，只是一步之遥。由于这一原因，在毕拉尔千人中，使用祈祷词而非萨满教的现象越来越普遍。如果祈祷词有效——它们可能在所有的情况下通过暗示起作用，自然也会得到承认——它们能十分成功地与萨满教竞争。

毫无疑问，在某些情况下，“心眼坏”的萨满的确会带来伤害，甚至伤害自己。但是，萨满的这一表现，只有部分是由于其心智特征的影响；在某些情况下，这只是一种自动的暗示，它不受萨满控制，也不受他人控制。通古斯人认为，如果神灵不受萨满本人的干扰，它可以表现为可以被检验的活动。由于这个原因，一般来说，毕拉尔千人普遍对萨满教持有敌意。

正如前文表明的，尽管萨满教十分有趣，有时有吸引力，但在通古斯人眼中，其消极的一面可能会愈发明显，压倒了它给人们带来的乐趣和真正帮助，通古斯人可能会放弃萨满教，反对萨满教的传播。萨满能力的局限也可能在于他们不能分析病人的困扰，因此不能成功帮助遭受痛苦的病人，这进而导致萨满教的重要性逐渐减弱。

还有一些反对萨满教的案例，这些反对态度的发生并非来自外部的压力，也不是由于通古斯文化丛内部的冲突。但是，大量的案例分析表明，与萨满教的“内部”要素相比，文化丛间的冲突与外来影响是对萨满教持负面态度的原因。

由于驯鹿通古斯人在很大程度上受俄国人和布里亚特人的影响，驯鹿通古斯人对萨满教的负面态度可能源于这些影响以及通古斯人文化丛的明显解组。

在满族人中，也可发现对萨满教负面态度的内部原因，其主要原因是神灵的书写记录与仪式文化丛带来的萨满教逐步形式化。事实上，如前文所述，萨满教失去其有效性，不能与其他心智丛的管理方法相抗衡。[①] 我曾遇到过的满族人都断言，如果某一氏族中有萨满，氏族成员的麻烦会更多。由于这一原因，很多满族氏族已经放弃了“大萨满”，只保留标浑萨满。这一负面态度在很大程度上来自经济因素，萨满教的祭品需要大量费用。

但是，与内部原因相比，通古斯人文化丛的冲突似乎是萨满教瓦解更重要的因素。其实，已经失去氏族组织的满洲驯鹿通古斯人是这一判断的恰当案例——萨满失去了存在的环境，即失去了与他们相关联的氏族组织。如果氏族组织瓦解的速度太快，族团没有充分的时间调适萨满教，使萨满教在区域单位中发挥作用，这样，萨满教可能会和氏族组织一起消亡。另一种案例是吸收新理论，例如萨满不能操控的爱尼布日坎（例如，有 72 种表现形式的爱尼布日坎），在这种情况下，新理论与色翁理论冲突，萨满教的能力减小。在毕拉尔千人中，许多人果断地避开向萨满求助，而是偏向使用祈祷词（布阿亲）与神灵沟通。在这方面，他们利用祈祷词与布日坎沟通的实验取得成功。随着玛法信仰的传播，满族人中也发生相同的现象。在后两个案例中，随着整体文化丛的改变，发生了萨满教被替代的现象。

在满族人中，某些批评者说：“萨满教完全是荒谬的，只是一种无效果的浪费。”满族人中还有一种非常明显的运动，把萨满教视为落后的标志，这类人会说：“萨满教是一种古老的、落后的信仰。”汉文化丛的渗透在很大程度上促成了这一运动。例如，一位满族人倾向接受儒家思想，将之理解为祖先崇拜，而且他确信，儒家思想可以解决所有源自祖先的困扰。甚至还有一些人完全否认萨满教，但他们仍会参与萨满教，这些人既便不是行动者，也会是旁观者。某些满族人说，他们不反对真正的古老萨满教和

① 参见一位新萨满的反对者关于神灵谱系的批评（参见前文第 741 页）。

像尼山萨满一样的萨满，而是反对不真诚的新萨满。但是，在满族人中，可以观察到萨满教复苏现象。例如，我认识一位满族人，在清代拥有很高的社会地位，当时不信奉萨满教；失去社会地位后，他遭遇了诸多不幸，成为一名十分精通萨满教的信奉者。我认识他时，他和他的汉人（尼堪）妻子几乎献祭了所有的鸡和猪，只剩下一头猪。这种萨满教情感和实践的复兴现象是偶尔可观察到的。

在满族人中，萨满教衰落的一个重要因素是义和团运动中书写记录和萨满器物的遗失。其实，这类萨满教已经形式化了，满族人不能肯定通过记忆恢复的神灵谱系和仪式是否有效。如果不发生极糟糕的情况，萨满教不会恢复（满族人正忙于复建他们的农业和房屋，由于失去政治地位，满族人建房受到很大影响），目前许多满族萨满都未重操旧业。萨满器物也未修复。如满族文化丛表明的，这些器物不便宜，需要由专家专门制作。这需要一大笔费用。由于贫穷，萨满器物被损坏后，不能立即修复。当经济水平稍微稳定，能支付萨满器物的费用时，满族人也不会如过去那样需要萨满器物了，因为大量的氏族根本没有萨满了，而另一些有萨满的氏族还是支付不起这笔高昂的费用。出于对仪式的尊重，木制的器物代替了铁制器物，萨满服的装饰变得简单，在新的生活环境下，这让满族人感到萨满教和萨满重要性的衰退。

萨满教遇到困难的重要原因是其他族体的压力。这一压力有两种形式，其一是伴随采借新文化丛而来的各种形式的尖锐批评，其二是直接禁止萨满教。从通古斯人接受的角度看，第一种形式反映了文化丛之间的冲突情况；第二种形式则是完全或部分失去族体独立性前提下发生的情况。这两种形式通常是结合在一起的。

在后贝加尔地区的通古斯人中，我们可以区分出迫害萨满的两个阶段。早期强迫通古斯人的基督教化阶段，传教士会亲自或在政府权威的帮助下迫害萨满，有时，他们会抓住萨满，没收并毁坏萨满的器物。第二阶段，传教士放弃把通古斯人转换为基督徒，却继续实行反萨满的宣传。就我从不同来源所搜集到的资料看，第一阶段一直持续到 19 世纪初。最后，通古斯人不被干涉了，在我调查期间（1912~1913 年），通古斯人可以自由地操持萨满教——地方权威和官方代表不会干预萨满教活动。关于萨满教政策的变化始于19世纪中叶。

从第一阶段起，通古斯人保留了传教士的暴力的记忆。有一则故事，表明了萨满的真正能力：

“过去，俄国牧师抓住一位萨满。他们打算烧萨满。点燃一堆火后，他们将萨满的外套扔入火中，火立即灭了。接着，牧师们再次将萨满外套扔到火里，火再次熄灭。萨满外套如水一般。后来，牧师们对萨满置之不理，没有再伤害萨满。”但是，甚至在通古斯人通过这些方式拒绝传教士的影响后，萨满教也只是受到了传教士的容忍，受洗礼的通古斯人被要求不能接受萨满教。

满洲地区的环境不利于萨满教的维系。满族人统治时期，地方权威支持氏族组织，容忍标浑萨满，却不喜欢阿木巴萨满。满族人失去权力后，这种情况有所加剧。汉人新政权建立后，萨满教遭到正式的禁止。满族人告诉我，新政权的启蒙观点认为，萨满教会给人群带来有害影响。在现实中，地方权威新的管理制度没有效果，在很多情况下，这些管理制度成为地方警察获得收入的一个新来源，甚至在地方高级官员允许萨满教活动的情况下，他们也经常持反对意见。例如，在我的请求下，地方管理者允许举行一场选择新萨满的活动，但地方警察想从满族人中得到补偿，最后他们得到了补偿。每一场萨满表演都必须获得地方警察的特殊允诺。满族人告诉我，地方管理者的热情有时会过度蔓延，萨满甚至标浑萨满会遭到逮捕。（1）一名小地区官员（来自瑷珲地区）带领一群士兵“攻击”了那拉氏族的标浑萨满，用火烧掉所有器物（神位、家谱和萨满服），把表演者打得很严重。（2）另一位村庄（卡伦山）的小官员逼迫萨满挨家挨户表演；当萨满正在表演时，官员打他并问道：“神灵在哪里?”这位官员将这位萨满和其他萨满器物一并扔到阿穆尔河中。但是，我不能核实这些叙述内容。而且，萨满面对的往往是个人的反对。

在有官员的满洲通古斯人居住的地区，只有经过特殊请求，获得地方衙门的许可，萨满表演才会得到承认。不过，我在车鲁居住期间，离任的领导由其亲属顶替，这位亲属是一位满族人，他是一位萨满，更准确地说，是佯装萨满者。有一天，他本人在办公室进行萨满表演，当地的汉人商人对萨满教表演漠不关心；但正如我所表明的，当地的汉人教师在打击萨满教方面十分活跃，我们可以假设，他们的动机是好的。

事实上，满族萨满有时会发生意外情况，尤其是倾向于使用火、尖锐武器等各种把戏的萨满。据满族人介绍，发生如下情况后，萨满教受到禁止：一位汉人患了严重的疾病，邀请萨满解决困扰，但是他失败了，汉人的家人又请来四位萨满，但是这些人都未解决问题，被邀请的第六位萨满，决定使用极端的治疗方式，操控铡草刀。后者是一种非常重的刀，约 80 多厘米长，有一个手柄，另一端有木制凹槽，刀片放到凹槽中，铡草时草放在凹槽上的刀刃底下。这一工具十分有力，让人害怕。第六位萨满决定将病人放在草的位置，用砍身体来威胁神灵。这一操作的心理效果是明显的。但是，其他五位萨满，害怕失去影响力，更准确地说是其所掌控神灵的能力，围绕在躺在铡刀下的病人周围，在他们的影响下，第六位萨满坚决地按下铡刀，把病人铡成两半。从那时起，萨满教就受到禁止。这一事实本身是不可信的，但是，如果曾经发生过这一情况，可能是最后一铡导致了地方权威的不满。

除了直接禁止萨满教，通古斯人和满族人也对玩笑很敏感，例如俄国人和汉人对他们坚守“古老信仰”开玩笑。由于这一点，通古斯人和满族人中的萨满教信仰者通常秘密进行萨满教表演，这在很大程度上限制了萨满教实践，让通古斯人和满族人转向新的文化丛。

146. 萨满教过去和目前的状态

在通古斯人和满族人中，关于萨满教的流行观念如下，在目前的条件下，萨满教正处于衰落状态。不过，未经认真的事实分析，我们千万不能轻易接受这一结论。

通古斯人和满族人的观点是基于萨满教较早历史时期繁荣的假设以及目前心智丛的变化提出的。我们首先考察“历史”事实。

后贝加尔地区的驯鹿通古斯人相信，在过去（两千年前）萨满教比现在繁盛。例如：一位参加攻打玛穆吉尔（明显是一个北通古斯人的氏族，参见《北通古斯人的社会组织》）战争的萨满召集了所有人（也就是萨满所属族团的人，目前我们不能确定这一人群的具体所指，他们可能是巴尔古津通古斯人、涅尔琴斯克地区通古斯人或满洲的驯鹿通古斯人），藏在敌人不能发现之处。萨满挥手后，树木和石头会滚落。这位萨满很久之前已去世。需要这位萨满帮助时，人们必须向他祈祷。

这些通古斯人认为，过去萨满彼此之间是敌对者，会逐渐害死彼此，最后剩下的只有一位能力强大的老萨满。通过这种方式，假设的萨满教的衰落获得解释。这些通古斯人中有大量这类故事。关于老萨满，后贝加尔地区的游牧通古斯人也持相同的观念。

兴安通古斯人分享了同样的观点。杜鲁吉尔（Dulugir）氏族有一位能力强大的萨满穆克特坎，这位萨满一个人就可抵御雅库茨克州的驯鹿通古斯人。他经常制造雷和闪电，即便在夏季，也可制造很多雪，三天之内不融化。另一位有名的萨满是根铁木尔（Gantimur），他是达斡尔人的一位领导者。17 世纪，他把一个通古斯人群体（很可能是索伦）从满洲地区带到后贝加尔地区，这一事件导致中国政府和俄国政府间长期的外交争端。第三位能力强大的是卡勒塔吉尔氏族的萨满，名字已被人们忘记。穆克特坎和根铁木尔身材矮小，约有两个拇指和食指之间的长度，即 35 厘米到 40 厘米长，他们胳膊和腿非常长，头非常小。在根铁木尔离开满洲地区时，两位萨满穆克特坎和卡勒塔吉尔氏族的萨满去世了。

满洲的驯鹿通古斯人也记得其强大萨满的辉煌时代。这些强大的萨满利用他们的技艺杀人。除了居住在阿穆尔州的萨满，这一群体中目前没有萨满。

毕拉尔千人中有很多穆克特坎的故事。[①] 人们普遍相信这位萨满十分优秀，甚至俄国人（居住在阿穆尔河对面的俄国人）在医生不能提供帮助时，也经常求助于他。关于这方面的证据，故事如下："一天，一位来自布拉戈维申斯克（海兰泡）的俄国人，求一位满族萨满帮助他的小女儿，小女孩

① 关于穆克特坎的故事，我会在关于通古斯民俗的著作中出版。这部著作目前正在写作。

吞下一根针，医生不能取出。萨满通过活动影响女孩，用鼓敲击女孩的颈部三次后，这位女孩把针吐到鼓上。”毕拉尔千人肯定，过去，萨满的数量不多，但能力很强大，现在萨满的数量很多，不过都是“坏萨满”。

满族人能列出一长串过去著名萨满的名字，包括尼山萨满、后来被斩首的萨满教创立者撮哈章京，以及其他许多被记录在氏族窝车库谱系中的萨满名字，满族人也抱怨目前缺少“好萨满”。

所有上述群体中，有种强烈的信念，过去的萨满比现在的萨满能力强大。当然，我们没有具体方法判断哪一类萨满更有能力，是过去的萨满，还是现在的萨满。但是其实，人种退化观念，一方面是维系既存民族志文化丛机制的要素之一；另一方面，可以解释对目前群体状态的不满。因此，关于能力强大萨满的观念，可理解为源于这些心理状况的结果。还有一个因素促进这一观念的形成和维系，即由不同文化丛冲突带来的对萨满教批评的增加。目前的通古斯人不会轻易承认萨满的不可思议的行为。他们承认，萨满可以制造雷、闪电、雪，让树倒下、石头落下，但现在这些现象绝对观察不到了。

其实，目前某些族体，例如满洲的通古斯人、部分达斡尔人和满族人已经失去其文化丛。不过，这些事实不能被视为萨满教普遍衰落的证据。首先，目前满洲的通古斯人正处于族团解组的状态，其民俗逐渐消失，雅库特文化和俄国文化逐渐代替北通古斯文化。通过 1915～1917 年的观察发现，满族人正处在族体解组阶段，体现为语言、族体意识等的消失。因为我未对达斡尔人做过广泛的调查，我不了解达斡尔人的状况；但是，由于达斡尔人与满族人密切相关，可以很自然地假设，过去作为统治者的优势地位的消失在很大程度上影响了他们的文化丛。在上述情况下，萨满教的消失并非源自文化丛的内部原因，而是由于满洲的驯鹿通古斯人、满族人以及很可能是达斡尔人的族体解组，这些解组的人口逐渐被其他族体吸收，最后，体质特征也完全消失。有时，不仅萨满教正在衰退，所有其他文化要素也在衰退。

尽管受外来文化如汉文化和俄国文化的影响，但本书讨论的其他通古斯群体并未失去萨满教。我们发现，几乎所有氏族都有萨满，而且在某些群体中，例如毕拉尔千人中，萨满教正处于繁荣的状态。从事实的层面来看，大多数调查者所支持的萨满教衰落状态的观点是站不住脚的。不过，关于这一观念的形成过程，我必须做一些初步评论。

首先，通过对通古斯人心智丛方面既有调查的简述，可以看出，萨满教从未被彻底调查过。其次，我们可以通过两种路径理解这一现象的状态，第一种是从历时的角度开展一系列的调查，或者说至少两次调查，保证有充分的时间观察文化丛的非偶然性变化，这类调查从未开展过；第二种路径是从民族学的角度建构文化要素和文化丛成长与衰落的特征，直到最近一些年，这一方法也未发展为完善可靠的路径。再次，如前所述，萨满教衰落的理论建立在未充分调查的基础上，受 19 世纪欧洲民族志学尤其是进化论的影响。关于第三种理解，我们必须做出比前两种理解更多的讨论，这仅是对事实的阐述。

萨满教衰落观念包含的根本要素有三个。（1）萨满教是所谓“原始”群体中的十分古老的文化丛。如前文所述，为了证明这一主张，不同功能和“遗传”意义上的文化丛中的形式相似的事例被搜集到一起。这自然会呈现出一幅人为意义上的马赛克式图景。但是，在无批评思维的读者看来，这一建构似乎是实事求是的，可以作为进一步调查的可靠基础。（2）从理论建构的意义上说，萨满教似乎十分“原始”，是一种“万物有灵”现象，按照进化论的观点，它必须让位给更“先进”的文化丛。这种观点当然只是对未知现象的理论推测，无论从方法论，还是事实方面，如果没有批评性的思维，它都不能被接受。（3）萨满教成长于具有不同精神病理特征的“原始”群体中。这被视为理所当然，但并非所有的理论家都认可此观点。这里，我忽略了某些不太重要的原创性观点。

下一步呈现萨满教是如何被其他文化丛取代的，因为萨满教总是被认为是“正在起作用的”。在这方面，具有不同重要性和功能的事实被聚集在一起：族体衰落的过程中，萨满教作为一个要素消亡；在强烈的族际压力下，萨满教可能被新的文化丛取代，或者完全消失，留下空白；萨满教要素的减少被视为其衰落的表现。这些情形总是很丰富，因此学者不得不进行选择——只是一种机械的、无意识的工作。当这项工作完成，这一建构则会发挥作用。

我还未强调，很可能是最重要的，学者中这一态度是最普遍的，它是一种族体心理因素，也就是说，随着在文化和政治上征服世界（主导性族团化的特征），欧洲人相信其他文化丛注定会消亡，非欧洲族体必须屈服于欧洲族体。因此，与其他欧洲人接触后，非欧洲族体中的萨满教必然走向灭亡。进化论有助于使激进的主导性族体的态度合法化，主导性族体利用当下的风尚和不同的民族志文化丛，从不同的引人注目的方面型塑这一理论。这种心理因素是进化论这一充满先入之见的理论存在的原因，尽管有时这一理论甚至有批评性思维，却对其他文化丛一无所知。

为上述理论“脚手架”提供材料的族体，也给出了有关萨满教衰落的“证据”，后者被视为真实。不过，如前文所述，族体对过去的态度受特殊机制的影响，因此，如果不经过充分的反思，千万不能接受这一态度。我们首先审视本部分开篇描述的事实，清除其中的想象性要素。我们承认，通古斯人和满族人中过去有能力强大的萨满。不过目前，通古斯人和满族人中也有和过去同样属性的萨满，他们会成长为“优秀的萨满”。我们还会发现起作用的相同机制；在无书写记录，且正在失去萨满教的族体中，可能永远失去萨满教，而且关于衰落的萨满教，这些族体不会有记忆。

如果我们假设萨满教在过去适应环境的过程中未受挫折，是完全不合理的。我们发现，萨满教在过去也面临着困难。例如，在女真皇帝的统治下，女真人曾受“宗教”和“文化政府”意义上的意识形态的压迫。尽管我们没有女真皇帝迫害萨满的直接证据，却有女真皇帝迫害佛教徒的证据，以及第一个萨满被皇帝砍头后，把其神灵传给满族人祖先的有意思的故事。因此，在一段时间内，萨满是不受喜欢的。从历史记录来看，西伯利亚的通古斯人曾受俄国基督徒的压迫，后者希望他们放弃萨满教。后来，俄国人不侵扰他们，但萨满教的确经历了被迫害的艰难阶段。我们还有另一个例子，似乎奉行萨满教的蒙古人，在佛教的压力下，已经放弃萨满教。尽管如此，根据三杰夫最近的描述，达尔哈特蒙古人的萨满教十分发达，而且与喇嘛教构成一种共生关系。至少康熙皇帝已经受汉人哲学观念的影响，满族皇帝不喜欢萨满教活动，只支持标准萨满。

因此，萨满教源于不同文化丛的冲突，作为一个文化丛，它是适应的结果。通过对萨满教由以建立的假设、不同族体彼此借用的器物和表演以及族团和萨满本人心理状况的分析，可以看出，萨满教在历史的不同阶段，都受变动的平衡的影响。因此，萨满教不可能是固定的文化丛：某些要素正在衰落，其他要素保留，还有一些要素的重要性正在增加。因此在每一个时间点，尤其是正处在失去文化丛的解组的族体中，都可能得出萨满教正在衰退的理论。很可能的情况是，乾隆帝关于标浑“萨满教”仪式化缺失的观点也适用于“大”萨满教，不过“大”萨满教在一个半世纪以前就消失了，而在我调查期间，标浑“萨满教”还未衰退。

如果我们不假设萨满教是一普遍的有机整体的“宗教”，如果我们不假设萨满教的“原始性”，而且如果我们批判性地分析事实，那么我们应该推测，正如我所调查的，萨满教仍是一种“活态”现象，这清晰地体现在萨满教族团适应的复杂起源上。这些族团一直处在族际压力之下，正在失去其文化丛（包括文化要素），每时每刻都在再适应，作为文化丛的承载者，一些族团有时会消亡。萨满教问题的相对复杂性主要源于：（1）来自异文化观察者的反应；（2）文化持有者对萨满教变化的态度；（3）系列相关假设；（4）将“萨满教”视为进化有机体的抽象定义。

通过上述评论，我们现在可以考察导致萨满教解组的因素，这同样可以帮助我们对通古斯文化的解组和整合做普遍意义上的理解。

147. 在外来影响下通古斯人文化丛的特殊要素

首先，我们必须认识到，当文化持有者消失或其所属族团解组时，文化丛和文化要素也会随之消失。文化丛消失的状况经常被遗忘。如我所述，某些通古斯族团正处于解组状态，而且这些事实并不能说明文化丛的状况，也不能作为恢复文化丛尤其是萨满教历史的可靠证据。因为对萨满教变化的内部原因已经讨论过，我们必须关注的是外来文化以及族际压力对通古斯人的影响。

在萨满教的历史上，出现了三种特殊的重要文化丛。这三种文化丛分别是蒙古人、汉人和俄国人的文化丛，它们给通古斯人的萨满教带来了压力。我可以把这三个要素系统化为佛教、汉人的综合思想以及基督教，但这只是分析这一问题的人为方式，是一种抽象，因为这些信仰不仅影响通古斯人的萨满教，而且也影响了不同通古斯族团的整体民族志学和族团意义上的文化丛。其实，汉人医生、喇嘛和俄国医生使用的医疗技艺会对萨满教产生影响，这些大规模族体的实证观念和哲学知识的影响不小。

遗憾的是，除了宗教[①]，对这些族体民族志文化丛的调查是很少的，对于宗教之外的影响，我们不能形成正确的判断。但是，在目前的研究中，我们可以假设，这些族体的医疗技艺、哲学观念和实证知识等，过去和现在一直对通古斯人有影响。由于我们占有少量的事实，宗教因素是我们得出结论的主要依据。应该注意的是，这些宗教系统也与族体心智丛的其他方面有关系，因此，宗教至少会间接地带来影响。

如前文所述，佛教通过汉人和蒙古人两种路径给通古斯人带来影响。正如我分析的，萨满教本身似乎是通古斯人（和满族人）对佛教回应并“消化”的结果。但是，这并非我的调查所依据的假设，因为萨满教文化丛形成后，佛教影响会继续存在，积累为一个派生性的文化层。事实上，我们发现，最近一些满族萨满掌控了富其吉，在长期操纵色翁之后，通古斯萨满也掌控了佛（布日坎）。毫无疑问，佛教在最近的历史时期的传播取得巨大进展。例如，17 世纪末，后贝加尔地区的大多数人——布里亚特人和通古斯人——是萨满教信徒，1689 年新到后贝加尔地区的蒙古人群体由高级喇嘛领导。1712 年，新到来的 50 名西藏喇嘛，分布在不同的布里亚特人氏族中。主教尼尔（Nil）注意到，布里亚特人反对佛教，喇嘛的成功主要源于西藏人的医疗技艺。这是一个有意思的现象。从那时起，布里亚特人把他们的孩子送到著名的佛教中心。1741 年，只有 150 位喇嘛和 11 个 dacan（寺庙）被记录，而到了 1774 年，则有 617 名喇嘛和 16 座寺庙。[②] 与

① 欧洲人对佛教和其他宗教文化感兴趣，是有深层的民族志学原因的——他们在成为“肖像学家”，对心智丛的其他方面漠不关心。教育缺失是造成这一现状的不利因素之一，大部分外来宗教的学者在哲学教育上不足。

② 帕特卡诺夫：《通古斯人的地理学和统计学分布》，第 1 卷，第 222~224 页。

布里亚特人相邻的通古斯人更晚近受布里亚特人的影响。根据 1897 年的官方记录，通古斯人（本书称游牧通古斯人）（曼科瓦通古斯人除外）是喇嘛教信徒。但是，事实并非如此，甚至后来的 1912~1913 年也不是这样。这些通古斯群体中也有萨满。第 143 小节提到那林塔拉查地区的萨满既是萨满也是喇嘛。曼科瓦和博尔扎地区的通古斯人同时奉行喇嘛教和基督教，也信仰萨满教。布里亚特人的喇嘛教传播到巴尔古津通古斯人中，喇嘛在这些通古斯人中也承担医生的职责，因为俄国的医疗援助不能传到遥远地区，18 世纪布里亚特人中也是如此。[①]

第二轮佛教传播更为组织化、系统化（佛教被蒙古人接受），被视为佛教影响的第一次出现。帕特卡诺夫指出，后贝加尔地区有 9258 名佛教徒，[②]或者说占后贝加尔地区通古斯总人口的 26.9%，这过高估计了佛教在后贝加尔地区通古斯人中的地位。

佛教在满洲地区的传播也处于相似的情况，表现为萨满教的佛教影响出现在满洲地区十分晚近，满洲地区的佛教一部分受蒙古人的影响，主要受以满族人为中介的汉人影响。统治中国后，满族人成为狂热的佛教徒。通过这种方式，佛教传播到遥远的阿穆尔地区，这里很少有传播佛教和医疗技艺的喇嘛和僧侣，只建立了几座寺庙。但是，他们并未对北通古斯人产生直接的影响，后者通过满族人和达斡尔人接受了“真正的佛教”，满族人和达斡尔人调和了萨满教和佛教。其实，只有在 1689 年《尼布楚条约》签署之后，满族人恢复了对通古斯人的控制，佛教才传播到他们中间。不过，在只有通古斯人居住的满洲和蒙古地区的土地上，没有寺庙、僧侣，甚至是长期居住在这里的喇嘛。

总结佛教对萨满教影响的重要方面，可以指出的是，佛教对萨满教的替代仍在继续。满洲地区的通古斯人，通过适应和改变佛教，把它整合到萨满教文化丛中。在后贝加尔地区的通古斯人中，佛教和萨满教是并存状态，佛教是萨满教在心智丛“行动”中的补充。喇嘛教对通古斯人文化最

---

① 美国的新教徒在中国也实施了医疗救助，尽管只取得了有限的成功。

② 参见《通古斯人的地理学和统计学分布》，第 1 卷，第 232 页。

有效的影响，一方面体现在喇嘛的医疗技艺上，喇嘛治疗大部分疾病都是成功的；另一方面是带来大量新假设，涉及宇宙结构、天文现象的解释、上界和下界及其对应的善恶两种类型神灵等。对通古斯人而言，所有这些假设都十分有价值，在这些假设的帮助下，所有过去模糊不清的现象，都可得到更好的解释。除了喇嘛教，通过与蒙古人和布里亚特人直接接触，蒙古文化也对通古斯人产生强烈的影响。如前文所述，居住在草原和森林到草原过渡地带的通古斯人已经部分接受畜牧文化及相关社会组织，某些通古斯人甚至接受新的语言。通过语言媒介，通古斯人获得了新的心智丛，由于通古斯人放弃狩猎文化以及所有典型的通古斯文化要素，只能接受布里亚特（以及蒙古）文化，放弃过去的文化，成为比蒙古人“更低级”的畜牧者。通古斯人的观念、艺术、民俗等已经改变，现在其文化只是被模糊地维系着。而且，通古斯人和布里亚特人的通婚也带来体质特征和心理特征的变化。

作为扰乱萨满教的一个要素，汉文化的重要性不比蒙古人的第二波佛教传播影响小。我们发现，满族的文化丛已经吸收了汉文化要素。在满族人成为一个独立的族体前，地理上毗邻的汉人已将其文化传播到满族人中，满族人接受了汉人的文化，并稍做改动以适应自身的文化。但是，在具体实践中，由于汉人的影响是持续的，吸收新的文化要素（这些要素需要适应满族文化）越来越容易。在我对满族人做调查时，满族人正在失去其文化丛的薄层，这层文化因过去满族人在中国的文化优势地位被维系。满语将会消失，甚至在最后保留满语的瑷珲地区也是如此。随着语言和独立地位的消失，在不久的将来，满族人古老的心智丛也将消失。

满族人的实证知识，尤其关于农业的知识，长期以来都借自汉人。汉人书籍的传播，尤其是随着汉文书籍翻译成满语，首先得到受教育群体的接受，继而传播到更为边远的满族人群中。但是，满族人维系着萨满教，并把满语传递到满洲地区的汉人群体中。我们发现，通过直接采借和适应，满族人很早之前就把汉人神灵整合到神灵谱系之中。满族人采借了汉人变戏法者的把戏。当然，把满族萨满教拆分为具体的要素后，很少能发现其中的满族原初文化要素。保留的最为原初特征是：作为安全阀和自我管理机制的文化丛功能，以及适应过程中创造的要素，例如某些窝车库、第一位萨满、用满语保留的祈祷词和表演，当然，其中也渗透了汉文化要素。最后，与书写语言紧密联系的汉人的仪式化和形式主义，以及汉语言的文化浸润遏止了萨满教文化丛的再适应活力。这表明心智丛机制的普遍停顿。

尽管汉人对北通古斯人的影响程度较小，但有些通古斯群体已经完全汉化了。例如某些乌德赫人，即“鞑子”名称下的南支通古斯人（布莱洛夫斯基的调查）。这是唯一长期受汉人影响的群体。[①] 某些其他通古斯群体，例如满洲地区的所有通古斯人，通过满族人和一部分达斡尔人接受汉文化要素，也就是说，这些要素已经过调适和变化，其形式有时看起来不像汉文化要素。

近些年，汉文化的直接影响比过去更强烈，甚至超过满族人统治中国时期。其实，现在建立的学校以汉语教学，与汉人直接接触的通古斯人会自觉或不自觉地模仿汉人，只有在通古斯人维系族体意识的情况下，这一影响才可能会中止或延迟。我们发现，当看到萨满教的表现形式时，汉人会“嘲笑”通古斯人的“落后”。此外，汉人会带来关于世界的新知识和新假设，通古斯人不能拒绝这些相对简单且安抚心灵的理论。现在，通古斯人开始直接从汉人中吸收文化，萨满教几乎不能抵抗这一压力。再次强调，如同喇嘛教的案例，毁坏萨满教的主要因素不是理论，它可被萨满教吸收，而是汉人医生有时提供的非常成功的医疗帮助，这些帮助证明，在萨满治疗失败的情况下，汉人的医疗技艺可能起作用，这表明通古斯人在治疗疾病的重要事宜上不能依靠萨满。

俄国—基督教文化对通古斯人的影响，要比佛教—蒙古文化和综合的—汉文化时间更短。甚至在俄国人最初出现在通古斯人的领地之前，俄国—基督教的某些要素已经传播到通古斯人中，作为一种新形式，被后者接受。当然，这些要素的数量不多。但是，俄国人在西伯利亚的开拓使通古斯人和俄国人发生直接的接触，后者很快成为他们的政治主人。

① 根据索拉尔斯基（参见《阿穆尔地区非俄国人群体目前的法律和文化地位》）介绍，在汉文化的影响下，滨海边疆区一部分通古斯人和果尔德人已经转信汉传佛教。

俄国人的影响至少可分为两个阶段。第一个阶段，俄国的定居者和冒险者扮演开拓者的角色，通古斯人对他们的印象并非“先进文化的持有者”，只是从军事视角组织起来的单位；第二个阶段，通古斯人逐渐熟悉俄语。俄国人熟悉通古斯人，向通古斯人传播基督教的主要原则、医疗技艺、实证知识以及各种假设。尽管并非所有的通古斯人都成为基督徒，但大部分通古斯人成为基督徒，放弃了萨满教。

最初，基督教通过强制受洗传入通古斯人中；但是，很可能是出于政治考虑，某些通古斯人接受了新宗教。离开满洲地区后，17 世纪受洗的根铁木尔家庭很可能是这一情况。根铁木尔统治的游牧通古斯人逐渐接受基督教和农业文化，如前文所述，另一部分通古斯人则接受了布里亚特类型的萨满教和畜牧文化。某些通古斯人同时接受了三种文化：萨满教、喇嘛教和基督教。在雅库茨克州和叶尼塞省的北部地区，传教士的努力一直持续到 18 世纪中叶，不过到此时，通古斯人也未正式皈依基督教。随着政策的变化，基督教皈依者获得越来越多的特权，数量逐渐增加。根据官方统计数据，1897 年，滨海边疆区、阿穆尔省、雅库茨克州不再有萨满教徒，伊尔库茨克州有 6%、后贝加尔地区有 45%以及叶尼塞省有 12%的异教徒，即萨满教徒。不过，正式皈依东正教并不能代表什么，大部分以狩猎和饲养驯鹿为生的通古斯人仍奉行萨满教。①

在后贝加尔地区的驯鹿通古斯人中，我搜集了一些基督教传播的数据，现在描述相关情况。

在 18 世纪，这些通古斯人根本不讲俄语，传教士似乎不懂通古斯语。他们将受洗视为对“白可汗”（即俄国皇帝）的屈从。在通古斯人眼里，受洗没有宗教含义。不过，如前文所述，传教士最初打击萨满无疑在很大程度上扰乱了通古斯人的观念。我偶然发现了一份巴温特通古斯管理局的档

① 根据索拉尔斯基（参见《阿穆尔地区非俄国人群体目前的法律和文化地位》，第 151 页）的介绍，1711 年，第一位传教士被派往东西伯利亚，他在勘察加半岛建立了永久居住地。1742 年，一位修道院院长、两名牧师和助手以及几名莫斯科东正教研究所的学生开始了在勘察加半岛长达 7 年的考察，在 19 世纪的前四分之一时间里，共有五六位伊尔库茨克主教区的传教士管理雅库茨克州和勘察加地区。

案，当地的一位小官员记录，1840 年，当地 906 名通古斯人中，只有 100 人受洗，受洗的通古斯人和未受洗者并不能看出有什么差别。这位小官员对通古斯人做了有意思的评价：“尽管他们行为举止粗鲁，十分野蛮胆小，却信守诺言。通古斯人不懂俄语，其语言不完善，其中混杂了满语、蒙古语和鞑靼语。”但是，档案显示，1839 年，有大量的通古斯成年人和儿童接受洗礼。不过，1842 年，只有一个通古斯家庭受洗。从那以后，基督教活动越来越频繁。1852 年 11 月 22 日，我们主的变容教会巴尔古津（市）教区，米哈伊尔·希尔努赫（Mixail Černyx）写信（第 12 封）给通古斯人的氏族首领（一个管理单位），如果负债的通古斯人接受洗礼，则可获免 1050 卢布的债务。这封信写出不久，一位官员汇报，从刚出生到 73 岁不同年龄的 30 名通古斯人接受了洗礼，管理部门宣布接受洗礼可免去三年的税后，改变宗教信仰变得十分重要。此后，档案中报告了因新接受洗礼而免税的名单。接着有一份文件发给管理部门，即同一个人一定不能二次接受洗礼。1869 年，一份官方书信显示，有 256 名男性和 162 名女性接受洗礼，177 名男性和 293 名女性未接受洗礼，即 59% 的人未接受洗礼。我发现了一份 1897 年接受洗礼的通古斯人名单，此外还有一份由主教签字的文件，文件上有受洗通古斯人的名字，这些人不能二次接受受洗，而且这一文件也提到，每位受洗者都应有受洗证。但是，在我调查期间，通古斯人不能阅读俄语。在 1860 年至 1870 年，一位传教士驻扎在赤塔附近的伊尔根地区，他十分活跃，此后，通古斯人皈依基督教需要牧师的正式参与，每年在巴温特湖附近的小教堂中举行一次，受洗活动、婚礼和葬礼都在教堂中举行。

俄国淘金者进入泰加林，通古斯人和俄国人有更多的接触机会，至少从保持商贸关系的俄国人中学会俄语，因此更容易受教堂的影响。通古斯人中关于萨满教不可信的讨论十分普遍。传教士曾几次尝试在他们的学校中教育通古斯人。这些尝试都失败了。一名年轻通古斯人从较低的教会学校毕业以后，带着一些驯鹿去往玛雅河附近地区，切断与教堂之间的联系。另一位年轻人毕业后，成为金矿上的一名职员，为自身较高的地位感到自豪，与通古斯人没有任何联系。第三位居住在赤塔的年轻人，不想再返回泰加林地区。

目前（1912~1913），大部分通古斯人是基督徒。但是，他们在此领域的知识是匮乏的。我曾见过通古斯人中最权威的了解基督教的人，他是一位几乎不能阅读俄语的人，却主要对地理学和生物学感兴趣。他向我解释了基督教：上界天堂，下界地狱，其中没有罪人；“人的主人”是 ann'el（即天使），而熊的主人是特定的圣徒，萨满的主人是尼科拉乌高丹（即圣尼古拉斯）。一位俄国商人雇佣了一位涅尔琴斯克通古斯人为工人，这位工人应该精通基督教，当我问他耶稣基督时，他问我：“他居住在 Julja 吗?”（一个俄国化的通古斯人村庄，涅尔琴斯克附近。）这引起我的系列问题，但很明显他从未听说过耶稣基督。居住在乌鲁尔加地区的部分通古斯人成为游牧通古斯人，这 200 多名基督徒想让我相信，他们向神灵献祭和雅各向预言家伊利亚献祭相同。

在巴温特小教堂和其他场合，通古斯人有机会见到神圣服务，他们不能理解，却留下深刻印象。通古斯人现在使用一些东正教象征，例如萨满服上的十字架、表示萨瓦吉的一些小的圣像、作为护身符的铜制十字架；在模仿牧师的过程中，通古斯人也会制作一些模仿牧师的十字架标志，但这只是一种尊重的表达。[①]

通古斯人基督教化程度相对较低，主要由于两个原因，一是宣传形式的无效，其二是摧毁通古斯人以萨满教表现出来的心智丛是困难的。关于基督教传播的无效性，具体情况如下，第一批俄国人想要通过暴力让通古斯人信仰基督教，通古斯人抵抗基督教；俄国人想通过基督教吸引通古斯人并让他们承认其特权，并未达到什么效果；通古斯人相对来说是自由的，这些人表面上被承认为基督教徒，牧师不能和他们保持联系。

通古斯人对热情的传教士的印象是十分负面的。为了证明神灵没有力量，一些传教士毁坏了神偶、萨满器物等。正如我在前文呈现的，这些行为不能让通古斯人信服。帕特卡诺夫介绍，[②] 在较早时期，叶尼塞通古斯人中的一些传教士经常喝酒消磨时光，向通古斯人卖酒，甚至和当地的妇女

---

① 1913 年，我们从遥远的地区刚到游牧通古斯人中，一伙通古斯人就来到帐篷中，他们进入帐篷，跪在我们的面前，非常热忱地做出十字架手势，貌似将我们视为圣像，并递给我们半瓶伏特加（俄国的白兰地）。我经常观察到，通古斯人也以同样的方式对待氏族长辈。

② 《通古斯人的地理学和统计学分布》，第 219 页。

保持不正当关系。这些行为使通古斯人对传教士产生十分消极的态度，曾尝试杀死一些传教士。

但是，俄国人宣传基督教的政策并不相同。一开始，信仰基督教是强制性的，后来，甚至在 18 世纪，俄国人推行基督教的方法十分形式化，1822 年放弃了让每个人都受洗的观念，1822 年 7 月 22 日，宣布了《西伯利亚土著法典》，这部法典成为俄国人管理西伯利亚土著社会各个方面的基础。事实上，西伯利亚土著被赋予表演仪式的权力，信仰任何宗教，随后这些内容被整合到《西伯利亚土著法典》中（第 67 条）。而且，《非东正教法典》的第 1700 条和第 1701 条强调，只有通过深信才能转信基督教，而非通过强迫；民事当局有责任保护土著免遭宗教自由的限制。这一政策表明对传教士态度的变化，其活动绝不再得到政府的强力支持。正式转信基督教后，大量传教士机构完全停止活动。例如，图鲁汉斯克传教活动于 1873 年停止，[①] 由一般的教区牧师为通古斯人提供服务，这些人通常不懂通古斯语。

通古斯人正式皈依基督教后，大多情况下，被委任的牧师没有固定薪水，或者仅有很少的薪水，但可从受洗礼和婚礼等需要牧师服务的活动中获得报酬。这一做法被引入被正式承认为基督徒的通古斯人中。但是，如前文所述，大多数情况下通古斯人不理解这些行为的含义和报酬的形式，后者有时会变成一种“贡品”。直到最近，尽管对待通古斯人的政策变得温和，仍有牧师以教堂的名义收取少许“贡品”，这并不总能获得通古斯人的认可。1912 年，我观察到一位牧师来到游牧通古斯人的定居点为其过去的服务收取奶油、奶酪等奶制品，作为报酬。他驾着马车挨家挨户收取这些物品。在俄国人的社会环境中，这种行为不会降低牧师的道德和宗教影响；但在通古斯人的印象中，这是向官方缴纳“贡品”的一种新形式。不过，一些牧师和主教因他们为通古斯人所做的一切，赢得了很高声誉。根据通古斯人的介绍，19 世纪 90 年代，居住在赤塔的一位主教做了很多好事，就像一位萨满。我也听到通古斯人对于现在牧师的好评。

---

① 根据一位图鲁汉斯克地区一位特殊传教士 Ieromonax Makarii 的笔记，他证实了该地区一部通古斯语词典的著作权。

俄国人在远东地区即阿穆尔州和滨海边疆区的移民，持续了两个世纪，因此当地通古斯人的基督教化也延后了。但是，如前文所述，阿穆尔地区的大量通古斯人来自雅库茨克州，甚至包括一部分毕拉尔千人，大多数伊嘎（Iga）查尔吉氏族的人，来到满洲之前也是基督徒。此外，阿穆尔地区和乌苏里江地区及其相邻族团奥罗奇人，在几十年之内，除了一些接受佛教的小群体外，他们都在形式上皈依了基督教（参见前文第579页）。根据洛帕廷的研究，[①] 果尔德人的基督教化是在十分有利的条件下进行的，这是对俄国人在阿穆尔地区进行控制的一种积极反应。不过，正如这位调查者主张的，尽管果尔德人参加教会的服务，让孩子受洗，但果尔德人并未吸收很多基督教内容。这一情形十分有意思，因为一定数量的《圣经》书籍和祈祷词都被译成果尔德语。毫无疑问，语言无疑阻碍了基督教的真正传播。意识到这一点后，传教士和牧师做了特殊的努力。作为这一阶段的证据，我们在雅库茨克州叶尼塞通古斯人和奥罗奇人中搜集到一些词语，甚至《新约全书》的部分内容被翻译成通古斯语和果尔德语。[②] 但是这些努力是徒劳的，因此帝国溃败后，传教士的活动停止了。

除了族团意义上已瓦解的通古斯人，基督教传播并未给萨满教带来很大影响，瓦解的通古斯族团例如居住在后贝加尔地区以农业为生的俄国化通古斯人，满洲的驯鹿通古斯人和库页岛的驯鹿通古斯人（后者20世纪初从阿穆尔州迁徙到满洲地区）。

更有效的基督教传播方式很可能是俄国人为通古斯人提供的医疗帮助，尽管这种传播局限在特定地区。俄国人解决了过去由萨满干预的一些疾病，这对通古斯人萨满教的发展很不利。提供医疗帮助的俄国人，是居住在金矿附近和村庄定居点的人。通古斯人学习的学校也带来同样效果。受过学校教育的通古斯人对萨满教完全失去信心。俄国领土上通古斯群体学校教育的传播并不一致。其实，很难把通古斯儿童集中到学校中加以教育，因为他们的父母以狩猎为生正在“到处迁徙”，因此只能从父母手中接来单独的儿童。事

① 参见《阿穆尔河、乌苏里江和松花江流域的果尔德人》，第56~58页。

② 关于细节，参见《民族学与语言学诸方面》。

实上，这种教育方式在不同群体中得到施行。早在19个世纪中叶，接受农业和定居生活的后贝加尔地区通古斯人开始在学校中接受教育。这些儿童也可以进入俄国人的学校。在果尔德人中[①]，第一批学校建于1867年（很可能更早），在1903年，果尔德人群体中，已经有11所学校。在1913年到1914年，129名儿童在果尔德人学校登记（1915～1916年，只有103名男孩和女孩登记）；一些学校有寄宿者。大部分这类学校是由圣议会组织起来的教育机构，因此，这些学校由东正教控制。教学使用双语，先用土著语言教，稍后用俄语教。调查者普遍相信，果尔德人是有能力的学生，擅长算术。

除了上面提及的学校，还有一些分布在通古斯人居住地区的私人学校，如布勒雅河沿岸的学校（阿穆尔州）。通古斯儿童也可以进入金矿地区的学校，在这里，通古斯儿童和其他族体（俄国人、雅库特人和其他人）的儿童一起接受教育。

因此，通过学校教育，俄国人的影响强烈渗透到通古斯人中，萨满教开始解体。

所有这些影响的后果是萨满教的衰落，通古斯人意识到这一点，他们的态度是："萨满教是一种古老的信仰，我们必须保留它，因为如果没有萨满教，通古斯人将会消亡！"巴尔古津通古斯人不止一次对我如此说。通古斯人利用萨满教的衰落解释某些流行病，如水痘、驯鹿流行病等，正如我已说明的，这并不合理。

由于我提及了基督教对通古斯人的影响问题，因此必须介绍法国耶稣会士所做的努力，他们翻译了《圣经·新约》，这些神父与康熙皇帝关系友好时，还将《圣经·新约》和一些其他作品翻译成满文。不过，这些努力没有效果。在瑷珲地区满族人中，我见过一些此类书籍，但它们并未引起满族人的注意，未对满族人产生任何影响。

---

① 在接下来的一些年里，由于强烈的流行病，学校减少到8所，俄国人不愿意建立俄国儿童和果尔德儿童混合的学校，因此学生数量下降。由于缺少学生，某些学校关闭了。索拉尔斯基（参见《阿穆尔地区非俄国人群体目前的法律和文化地位》第133～148页）给出大量细节，以及对实践体系的批评。同样参见洛帕廷（参见《阿穆尔河、乌苏里江和松花江流域的果尔德人》第58～59页）对学校的简短描述和批评，他强调果尔德人中的学生有很强的审美能力。果尔德儿童在书法和绘画方面要优于俄国儿童。

一个真正的、很可能撼动萨满教的最强烈因素来自另一方面，我们稍后会做专门讨论。

对外来人名的使用也是衡量通古斯文化流失程度的一个标准。在后贝加尔地区的驯鹿通古斯人中，我发现一些类似基督徒的名字，像约翰、保罗、尼古拉斯等，这些名字是受洗礼上获得的。但是，乌鲁尔加游牧通古斯人采用了布里亚特语名字，而非通古斯语名字。在满洲的驯鹿通古斯人中，无人使用通古斯语名字，仅使用俄语名字。满洲的通古斯人主要使用通古斯语名字，很少一部分人使用达斡尔语名字。但在满族人中，满语名字和汉语名字同时使用，有时放弃满语名字。①

148. 萨满教的现状与未来

通过前面各部分内容的介绍，可以看出作为一个文化丛，萨满教的产生源于各种特殊因素和不同来源的影响、对这些影响的反应态度，以及对维系心智平衡的文化丛的适应。萨满教文化丛一直在变化，是一种变动的文化丛。尽管受到强烈的压力和禁止，萨满教仍延续至今。在维系族团整合状态的通古斯群体中，萨满教并未衰落，而是处在一种有弹性的适应状态，始终不断变化。

人们可能会问：萨满教还将存在多久？这个问题可能没有答案，因为它与未来相关；不过，就读者而言，提出这一问题很自然。至少在假设意

---

① 这里我列出了一些有含义的名字，也列出一些根本没有含义的名字。后贝加尔地区的驯鹿通古斯人：Katowul，Dafševul，Gačevul，Sogdavul，Ošawul，Čutavul，Čučuvul，其中“wul-vul”是表示男性名字的词缀；Kirig，Murdon，Matuk，Soŋgun'i，Siŋirkon，Dunvunča，Nokondun，Murčetkan，Irbon，Galči，Nirba，这些名字没有表示男名的词缀。Ganǰur，Dono，Čanik，Sundla，Kiromak，Saldak，Umulak，Kirolak，Saĭkak，Kurulbik，在这些名字里 lak，mak，dak，bik 等是词缀，这些词缀是女性名字词缀。
在满洲的通古斯人中，有些人名如 Katadu，Uǰigan，Tuɣuldin，Katasin，Inǰabu，Indačan，ǰandačan，Urpa，Čemuŋga，Moĭdo，表示男性。我从故事中搜集一些名字，这里并未列出。其中一些名字是古老的通古斯名字（例如 Tibǰavul），而一些其他通古斯人的名字，似乎最近才产生。此外，满洲的通古斯人中还有一些满语和蒙古语名字。关于满族人的习俗，参见《满族的社会组织》。

义上，我已感觉自己可以充分回答这一问题。

我已经指出，萨满教瓦解的主要原因是外来文化强烈渗透，尤其是清除大量过去有能力的萨满后。从这一观点看，通古斯人和满族人的处境与过去不同，其周围族体的人口数量比他们多，萨满教不能与这些族体的文化丛相匹敌。事实上，这是通古斯人历史的一个新时代。在西伯利亚，反对萨满教的俄国人有很强的影响力，通过在通古斯人中引入医疗技艺、学校教育，以及基于特定伦理的新的宗教文化，可能将通古斯人古老的萨满教理论基础摧毁。19 世纪，随着通古斯人与俄国人的接触日渐密切，俄国人逐渐将通古斯人纳入自身的经济体系中。在《北通古斯人的社会组织》中，我指出通古斯人对俄国人经济系统的依赖程度，以及通古斯人新的族际关系状态。满洲地区的情况没什么差异。随着数百万汉人的移入，满洲地区不再是通古斯人的领地，甚至在遥远的地区也是如此——汉人分散到每一处，逐渐将通古斯人纳入新的经济关系中。与西伯利亚的通古斯人相比，满洲的通古斯人开始求助于汉人医生，吸收汉人的理论。除了屈服于强大的压力，通古斯人没有其他方法。

这种情况的一个重要因素是，通古斯人周围的所有领地居住的人口密度都比通古斯人自身领地上的人口密度高，他们没有逃离这些新的、强有力群体压力的空间。近些年，新的族团因素出现了，日本可能将对这些人群产生更强的文化压力。

但是，目前通古斯人所面临的主要问题不是此类压力，而是通古斯人和满族人在失去过去在特定族际环境中的抵抗能力后，变得不能顶住此类压力。由于新的适应形式，人口众多的新族团无疑迟早会吸收通古斯人，通古斯人成为离散的族体。但是，这种打击可能较早之前就发生了，即居住在西伯利亚的各族团的普遍解组，以及满洲地区族际关系平衡的重组。

在《北通古斯人的社会组织》中，我曾介绍，由于俄国人和通古斯人之间经济关系的瓦解，与其他族体相比，通古斯人发现自身处境比较艰难，因此，这种经济关系瓦解后不久某些通古斯群体也随之消失。通古斯人的处境很好理解，如果没有食物供应、常规武器和火药供应、布匹供应，大量通古斯人无法生存，因为在食物供应方面，动物不足以维系通古斯人的人口数量。而且，基于密切合作（与俄国人）的原则，[1] 通古斯人的社会组织和知识已经适应了族团生存的新环境。当俄国人陷入一种失序状态时，由于通古斯人的社会组织没有弹性，通古斯人不能对新状况进行再适应——通古斯人开始灭绝。这是后贝加尔地区两个通古斯群体的命运，这两个群体是后贝加尔湖的萨玛吉尔氏族和巴尔古津地区的驯鹿通古斯人。在季托夫所编的《通古斯语—俄语词典》序言中，这一点表现得十分明显。曼科瓦和博尔扎地区大量游牧通古斯人已经迁徙到蒙古地区，其周围的很多族团很快就吸收了这些通古斯人，通古斯人在族团意义上消失了。瓦西列夫描述了阿加丹和阿占-鄂霍茨克地区通古斯人体质特征消失的状况。例如他说，1897 年，第三埃占路（Ežan rod，管理单位）的 512 名成员（这些人中大部分居住在阿穆尔州和其他地区）中，只剩 12 个通古斯人家庭（50 ~60 名成员）。[2] 一些通古斯群体参加了站在白俄（反对苏维埃）一方的内战，大部分通古斯人失去生命，这一点对于理解通古斯人的人口数量是重要的。他们也移民到其他地区，如同后贝加尔地区的情况，在移民地，只有在其他通古斯族团灭绝的情况下，他们才能生存下来，来自北方的通古斯族团占据这一地区。因此很明显，这一阶段很多通古斯人从根本上消失了。不过，通古斯人的衰败引起了苏联政府的注意，政府认识到通古斯人衰败带来的经济后果，即如果没有通古斯人，世界市场的皮毛生产是不可能的。但是这一普通的事实很可能并不是政府关注的全部内容，政府更关注"星际革命"[3] 问题。不过，通古斯人以及西伯利亚非俄国人土著的衰落大大影响了革命者的情绪。因此，两种运动合成一股力量，这种力量十分同情通古斯人，政府决定在经济上支持通古斯人，并以新的体系重新组织通古斯人，根据发明者的观念，其一是要避免通古斯族团的灭绝，同时不允许通古斯各族团受反共产主义方面的影响。

---

① 在这里，我并未讨论谁从其中受益的问题，这种关系经常会转换成一种残忍的"寄生群体"关系，这些人成为通古斯人小群体中的"商人"。

② 参见帕特卡诺夫《通古斯人的地理学和统计学分布》第 123 页。

③ "星际革命"指外太空探索。——译者注

在坚定的共产主义信仰下，终有一天，人类不再划分为不同的族体和种族，所有人都是平等的，享受新经济和社会系统带来的好处，共产主义理论家通过所有群体的团结和文化同一化来达到这一理想条件，同时，他们也会支持小族团对抗人数众多且文化先进的群体。在具体的实践中，共产主义者的第一目的是创造一个统一的管理组织，同时宣传马克思主义。其二是赋予小族团自治权。对这一情况的民族学分析表明，这种看似矛盾的状况，反映了帝俄崩溃后的新族际关系。帝俄过去是一个强大的聚合体，一种强烈的向心运动带来了领地和族团的团结（在更大经济和政治团体的意义上）。就对领地和人群的控制而言，其职能由一个拥有不同心智丛的新社会群体（起初是一个政治上的秘密团体，后来是政治意义上的共产党）承担，这一政治团体在无意识的前提下，扮演了向心运动和离心运动的管理者的角色，它创造了一种新的地方性平衡，并用新的口号“共产主义建设工作”和“多民族联合的政府自治”（即多个族团）来表达这一平衡。作为一个新的民族现象，其中不能观察到新东西，除了大量不确定的举措，及这一团体的尝试性特征、贫乏的理论合法性、缺乏管理经验——特权群体和被压迫群体的形成，导致这些被纳入帝国人群的普遍弱化，以及进一步的解组。通古斯人群体的处境尤为艰难。

像布里亚特和雅库特人口数量足够多的族团，有能力抵抗中央政府的压力，维持独立，却加深了通古斯各群体的不利状况，由于这个原因，通古斯人不得不被这些强大的族团吸收。而且，通古斯人离开他们的领地之后，布里亚特人和雅库特人竭尽力量占领这些领地，当面临反对时，他们会以平等、理性的原则说明其正当性，通古斯人不能阻止布里亚特人和雅库特人进入自身的领地。① 这种影响很快就发生了，强大

① 例如瓦西列夫关于雅库特人的报告中提到一些有趣的事实，我的报道人也提供了他所熟悉的后贝加尔地区的事实。与唐纳交流，我了解到，他曾有机会与芬兰的一位叶尼塞地区的奥斯加克人一起工作，他向我提供了有趣的事实。这一群体人数不多，相邻族团尤拉克人（Yurak）和通古斯人的力量十分强大。这些群体试图占领奥斯加克人的领地，由于叶尼塞地区奥斯加克人有精良的武器，所以保住了领地（Kai Donner，“Ethnological Notes about the Yenisey Ostyak”，Mémoirs de la Société Finno-Ougrienne LXVI，1933，Helsingfors，p. 14 以后）。当然，如果通古斯人的数量足够多，他们也将扮演布里亚特人和雅库特人的角色。

的族团迅速成长，最后占据了通古斯人的领地。随着经济困难的增加，通古斯人越来越不能承受剥削。尽管狩猎导致皮毛动物灭绝的情况已扭转，但长时间的“内战”，缺乏军需品供应，导致通古斯人不能达到之前的皮毛生产水平。因此从经济意义上说，通古斯人不再对维系族体的独立感兴趣。通古斯人的文化解体会逐步加重。这里，苏俄及其相关部门的压力十分重要。从理论的观点看，摩尔根和马克思的态度过于简单：氏族组织、野蛮人的经济生产方式以及意识形态在面临新社会时，注定消亡，因此一定要尽力加快这一进程。在实践中，首先必须破坏氏族组织；必须使用现代经济生产方式；一定要消除“迷信”。由于这一工作的破坏性，执行起来并不困难，因为通古斯人没有抵抗并保护自身的能力。经济重组对通古斯人而言没有任何意义，作为一个族体，他们将会消失。在这一活动的过程中，通古斯人将会接受苏联新的管理系统，其中有很多官员，通古斯人在名义上拥有对自身领地的权利。在新管理系统实施的过程中，老一代通古斯人一定会持反对态度，那些未受狩猎训练不了解狩猎技术的年轻人代表政府镇压老一代通古斯人的反抗。在前文中，我已经指出，过去，年轻一代人总是反对老一代人，但需要强调的是，正是由于氏族组织的存在，通古斯人的文化才能维系，尤其是关于狩猎技术的口头传统。

在政府的帮助下，整个通古斯人的组织分成两个部分，在这种状态下，氏族组织瘫痪，猎人的经验逐渐消亡。领导者不会对通古斯人文化的消亡感到惋惜，因为他们在理论上已经做好准备，“落后”族团必须让位于“先进”族团，领导者认为自身是先进族团（这是特殊的个案，即在尚未完全形成的族团内部的民族中心主义表现）。这一过程的实现，主要通过教育年轻的通古斯人。政府选出一些年轻的通古斯人，送到现在的代理部门，为日后读中学或大学做准备，这些人也被送到实施政治教育的特殊学校，接着他们可能会接受更高的教育。这一举措的第一个目的是让学生接受共产主义的教育，学完之后，这些人必须在自己的民族中宣传马克思主义，与“迷信”斗争，让他们的民族成为“自由人类，从资本主义压迫中解放”。就这些通古斯群体代表人物的心理而言，最重要的一点是，就俄国人过去几个世纪通过文化适应所积累的财富的原因，他们相信，这是共产主义的进步（他们更看重共产主义）；其次，在学习了马克思主义的要素后，他们形成了一种受教育程度低者思维粗俗的观点，相信自身已经强大到可以讨论任何问题（在所谓的民主国家中，这是文化意义上的低阶级者的典型特征）；再次，这些通古斯人失去族团意识，不想回到自己的民族中去。其实，在这个方面，马克思主义的引入，与其他外来文化（如基督教）进入通古斯人中没有什么差别。但两者之间有量的差别，即传教士和基督教的权威不允许花费太多精力在学校中对通古斯人展开教育，接触到基督教的通古斯人不多；没有管理经验的苏俄管理者不满足于小范围的实验，对通古斯人展开再教育的意愿十分强烈，他们想最大限度地吸引通古斯人。[①] 这一后果是明显的：不想返回到自身族团的通古斯人成为苏俄政府的底层官员，通过这种方式，通古斯人失去了自我；返回到自身民族中的通古斯人继续未完成的瓦解通古斯人的工作，完成共产主义者（主要是说俄语的共产主义者）对通古斯人的吸收。与旧政府时期传教士所引导的进程相似，共产主义者们认识到，鉴于通古斯人在人口稀少的泰加林地区的重要经济地位，不能让其完全灭绝。但是，共产主义者改变这一政策是不可能的，这意味着完全否定共产主义的理论背景，放弃对通古斯人的控制。此外，这一举措为时已晚，因为其他的族团，像布里亚特人和雅库特人，比以往更为强大，他们将会压倒通古斯人。

这是通古斯人的目前处境，毫无疑问，通古斯族团在经济溃败的情况下会生存下去，但在文化解组的情况下不能生存。由于氏族组织能被毁坏，被一般的苏联管理部门代替，通古斯人将会融入到西伯利亚混合人口中，由于通古斯人的数量少，继承下来的通古斯文化将被同化，作为一个群体，通古斯人将会永久地消失，随着通古斯群体的体质特征消失和文化解体，

① 关于行动者的心理，有一有趣现象，感伤式-民族志学者想从通古斯人的族团解组的敌人中挽救通古斯人，但这实际上加速了这一过程。有趣的地方是“行善者”的心智反应以及其中掺杂的观念。

萨满教也会消失。[①]

满洲地区通古斯人的情况也发生了变化，曾经作为特权群体的他们已被剥夺以前在满族八旗组织中的权利。汉人人群在通古斯人领地上的流动正持续进行，例如，呼伦（Xulun）地区，曾经居住着毕拉尔千人，现在是汉人居住的重要地区。泰加林地区的大量汉人消灭了当地的动物，因此，例如以狩猎为生的小兴安岭通古斯人 16 年前就已经发现难以谋生了，现在变得完全不可能谋生了。由于满洲地区不可避免的经济发展，现在满洲地区布满铁路、沿河水上运输、公路系统和商业组织网，汉人向遥远地区的移民不能停止。通古斯人会被迫下山，居住在混合人口的村庄中。由于毛皮动物数量减少，很快会灭绝，将没有任何动力让通古斯人保持优秀猎人的角色，他们不会从政府获得帮助。居住在村庄中时，与氏族组织相比，通古斯可能是失序的，氏族组织是萨满教的骨架，就可治疗的疾病而言，萨满的功能将会被汉人医生取代。汉人学校的引入，将会加速萨满教衰落的过程，在新的状况下，汉人学校不可或缺。因此，通古斯人将会忘记自己的语言，这种情况已经发生在满族人中。

当然，在这些新的条件下，西伯利亚、满洲和蒙古地区的萨满教没有生存的机会。在我看来，我所搜集和呈现的资料是萨满教最后的踪迹。甚至在我调查期间，已经可以看出萨满教接近尾声的迹象。很可能，在某些

① 在特殊的出版物中，可以发现关于通古斯人解组和体质特征消失的许多事例。但是，分析这些事例并不容易，因为这些事例有时只能部分反映实际状况。一方面，由于这些事例不宜泄露，所以其中大部分未发表；另一方面，通古斯人解组的组织者只对其中的某些情形感兴趣，认为自己是专业人员。而且，为了理解这些事例，一个人必须熟悉帝俄政府崩溃前的状况。我这里所引用的内容十分典型，合理解释了通古斯人的解组，同时也说明了萨满教。这些事例也蕴含了对其他土著居民家庭、氏族和族团的态度。“指出，打击北方（苏维埃控制的北方地区）的萨满教和其他宗教崇拜是阶级斗争的一部分，是建构社会主义的一种努力，一种文化革命。第八次全体会议委员会”（也就是说，这一地区主要居住的是非俄国人；政府组织委员会是为了在这些群体中引入社会体系），“已经决定，作为政治启蒙工作的不可分割部分，在北方进行深入系统的反宗教倡议，向劳动群众展示萨满、宗派主义宣传者和宗教崇拜的反革命活动”。［参见 Materials of the First All-Russian Conference on Development of Languages and Writing among the peoples of the North”, edited by J. P. Alkor（Koskin）and I. D. Davydov, MoscowLeningrad, 1932, pp. 35-36, 第 74 页有重复］其实，这些激昂的倡议，像许多俄国共产主义者的方案和计划一样，将会只停留在纸面上。

边远地区仍然保留了萨满教，因为自从我初次调查这些地区，已经过去15~20年了，现在，萨满教已经发生了改变。但是，我们也要有所保留。有一次一位通古斯人告诉我（参见《北通古斯人的社会组织》），现在起作用的族团，很可能将来会消亡，正如大量过去的族团已经消亡，而且通古斯人会生存下来并再次成长。在所有的族团灾难之后，作为心智丛自我管理机制的萨满教会剩下什么，我们很难判断。但有一件事情很明显：如果通古斯人可以真正地生存下来，萨满教将不会是我所观察到的样子，在新的族团中，将会有一个新的文化丛需要我们从头至尾，一个要素一个要素地调查。

由于我这里分析的民族志事实几乎是偶然的——我选择通古斯人作为民族学观察的个案或多或少是偶然的，同时由于有成千上万的相似文化丛消失了，而且不会重现。在对萨满教的调查中，我主要研究的是，在族团和族际环境变化中，在变化的民族志文化丛的影响下，心智丛的功能情况。如果能结合其他民族志资料，这项研究可能更成功。因此，如果萨满教的终结的确发生了，我不会强调科学的损失。我想，从民族学的观点看，过去可能存在比萨满教更复杂、更有意思的现象。很可能的情况是，如果民族学家在其他族团和文化丛中发现了相似的机制，他们可能会发现更丰富的用于推论的材料。

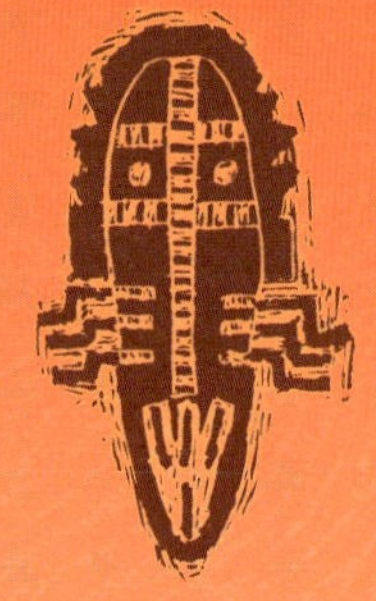

本译著系 2022 年度教育部人文社会科学研究青年项目『清代国家权力影响下萨满教变迁研究』（2022YJC730006）阶段性成果。

通古斯人的心智丛（下）

PSYCHOMENTAL COMPLEX OF THE TUNGUS

〔俄罗斯〕史禄国 / 著
Sergei M. Shirokogoroff
于 洋 / 译

社会科学文献出版社
SOCIAL SCIENCES ACADEMIC PRESS (CHINA)

结　论

第 32 节　文化丛的分类与功能

149. 通古斯人的智力

在《北通古斯人的社会组织》第一部分的第 8 节中，我对通古斯人的智力和心理特征做了普遍意义上的概括。我需要把这些特征作为入口来描述通古斯人的某些社会习俗；但这部著作已经呈现了通古斯人的主要习俗，由于已经有所描述，这里没有必要重复通古斯人的智力和心理的普遍特征，我只是参考这部著作前面的部分。但是，这里要强调其中的某些观点。

回顾第一部分的内容，我们会发现，与欧洲人相比，通古斯人是非常优秀的观察者，他们得出结论的方法不缺乏任何逻辑要素。而且，如果某些推论可能有重要意义的话，通古斯人会变得更加认真（有需要时，会不断检验和修正推论），在不重要的或看似不重要的主题上，他们也要比欧洲人更认真。[①] 通古斯人能够迅速得出正确和完美的结论，推论需要多久，自然取决于观察机会出现的频率、结论的重要性，很可能也取决于通古斯人

① 参见《民族学与语言学诸方面》，第 176 页。我举了一个例子说明欧洲人的方法不如通古斯人科学。

智力过程以及反应态度的自然状态。如果结论能够成功运用，那么它完全有可能（至少在一段时间内）成为固定的知识，不管这个结论从我们的观点看是否正确。如果某个结论与新观察到的事例相冲突，这个结论对人们又十分重要的话，通古斯人就会立即修正结论。通古斯人常常对其结论保持批判性的态度，当对某件事物不确定时，他们不害怕说“我不知道”。自然地，那些拥有重要性的信息会得到大量搜集，也就是与食物来源和生活维系直接相关的实践性信息，如动物、植物以及地貌地形等，通古斯人要对这些现象有正确的认识。实际上，通古斯人关于这些信息的观念要比“科学的”结论更可靠。事实上，通古斯人的大多数这类结论，就其所建立的过程而言，都是经相同的智力过程达到的：观察→假设概括→假设实验→确定结论。

应该指出，一些通古斯人甚至拥有依照“氏族”去为动物分类的观念（参见前文第 135 页），这假设了动物的共同起源，这是分析性概括的进一步发展，这种观念不是出于满足即时需求的实用目的的科学观念。仅这个事实就足以说明科学是“求知”的产物，是一个不受限制的思考过程。

我已经列举了好几个这类例子，其中我希望引起人们对微生物假设的兴趣，因为它被视为一个假设，并且可以非常清楚地发现这一假设的创造过程。通古斯人通过对事实的分析解释了感染问题，较深的伤口中可能会出现的昆虫或蠕虫的幼虫，可以通过肉眼观察到，这引导他们认为，因为蠕虫和昆虫源自细菌，也可能存在其他“细菌”，它们不能长大，却可以导致发炎、肿胀、产生分泌物以及生理上的发烧。在一般的意义上说，分析与解释这一问题的方式是正确的，下一步是发现与不同类型疾病相关的特殊微生物。通古斯人所了解到的微生物是不同的，他们指出微生物不同于昆虫、蠕虫甚至是包括“细菌”在内的半流体，最重要的是，这是一个非常具有原创性的假设：有很多不能长大也不能被看到的很小的微生物。而且，通古斯人将这一整套解释视为假设。在这一点上，我看到通古斯人的解释，与现代人对特殊问题如癌症的解释没有任何差异，现代的一些调查者也假设癌症是由微生物引起的，后者由于我们的技术不够完善不能加以观察。

这个例子同样说明了通古斯人的智力特征：一种通过事实搜集，借助分析、作为临时性假设的推论解决新问题的现实主义模式。不过，人们可能怀疑这是受功利主义的刺激，即为了治疗特定疾病。

在本书第二部分所说的通古斯人大量假设知识中，我们发现形成稳定理论的所有阶段，如果不一致的情形被揭露出来，那些被接受为真理与带着怀疑态度接受的假设，很容易被立即拒绝。实际上，有一些假设没有得到普遍的认可，甚至有些假设仅是由个人提出的，而另一些假设则是得到普遍认可的。一些假设只是在已知情形及分析基础上的推理，一些假设是为了找到对所面临问题的切实的解决办法，还有一些假设的正确性没有被确定，这些假设的形成甚至没有经过观察。我们可以看出，在这方面，欧洲文化和通古斯文化看不出什么差异。不过，就智力活动的数量和范围而言，两者之间有本质的不同。其实，例如，目前由欧洲各族团与其所处环境之间新关系所形成的大量事例从总体上看缺乏通古斯人的思考主题，通古斯人技术文化中的一些主题在欧洲文化中也没有出现；另一方面，与狩猎文化相关联的基础环境问题在通古斯人中更为发达，作为一种管理心智平衡的方法，通古斯人与萨满教相关的文化也比欧洲人丰富。但是，通古斯人的知识总量比欧洲人少很多。

我已指出，知识分布在通古斯人中要比在其他族团中广，如居住在城市的人群，局限在特定地域、掌握特定范围知识的农民。其实，通古斯人比市民和农民接触的环境更为广泛。居住在城市的人群，主要由工厂中的工人构成，其智力兴趣自然限制在工厂和工人居住的单元房中所见到的一切，这一切在工人的整个生命乃至其后代中一直持续，没有任何本质的改变。农民的情况稍微好些，他们与大自然打交道，自然要了解基础环境。不过，由于农民局限在特定的地域上，这在很大程度上削弱了他们的兴趣和知识。以狩猎为生的通古斯人，不得不在广阔的地域内，与基础环境的各要素相接触，有时涉及数百万平方公里的地域范围。他们也必须与其他族体（相邻的通古斯群体和非通古斯群体）接触。通古斯人比市民和农民承受更大的风险。从个人的适应角度而言，这提供了很好的选择机制。就人口数量而言，人口数量较多的群体拥有复杂的技术和社会适应的文化形式，这在很大程度上促进了以劳动分工功能为基础的群体分化。[①] 甚至族团的“思想装置”会受到劳动分工以及更深层次的生物选择的影响。其实，我们可以把族团视为一个整体，它是被捡选的“思想装置”（thinking apparatus）的群体，仿佛这类群体就是一个“族团”，但这却不能体现出全部大众的智力状态。由于这些原因，在技术文化贫乏、面临动物流行病过后的阶段性困难甚至饥饿的情况下，通古斯人的思维会更加宽广，更愿意接受新的知识；与“文明国家的农民”尤其是城市中的底层工人阶级相比，他们更赞成推理和逻辑，很少受固执意见的影响，而前者更容易受到族团中特殊权威群体施加的影响。

我已经注意到（参见《北通古斯人的社会组织》，第310页）通古斯人智力的“遗传”因素问题。很明显，通古斯人已认识到，至少有一部分智力是遗传的。其实，从理论上概括心智丛的不同方面是不可能的，它们包括有利的环境，以及通过遗传、交配和整合新遗传要素的机制自然传递的体质因素，这些因素只是现有心智丛的不同方面。

① 这一情况似乎是无法避免的，它是劳动分工与有限土地空间上人口聚集的结果，由两个因素引起：其一，人口要素的增长，如果阻止人口增长，族团则会冒着被相邻族团吸收的危险（这种情况下，族团可能会毁灭，在族际平衡中不再起作用）；其二，劳动者个人产出的增加，由人口和族际压力增长引起。许多思想家认识到了这一点，却找不到缓解的办法，因为这超出了单个族团的能力。一些敏感者的焦虑可以通过某些貌似实际的方法抚平，例如某些慈善家努力提高人口的智识水平；通过进一步的工业化提高生产力，留下更多的时间以供大众提升知识水平。不过，慈善工作与空闲时间的“人为”教育不会促进大众对知识的渴求，后者主要为了生存而挣扎。另一个不利的因素是出生率下降以及随之而来的自然选择能力的下降，两个要素影响了人口质量，给弱者提供更多的机会，使他们进入专门的领域，人口中部分残暴者进入较高的社会阶层，人口再生产能力表现出进一步的下降，因此，这一机制表现得就像持续的输入。想干预这一进程的族团很可能花费巨大的精力，没有任何效果，最后为未浪费精力的族团提供机会。此外，还有一个“妄想”，即所有的强大的族团达成一致意见，采取特定的方针。但是，这只不过是变动族际环境下主导性族团化过程的表现方式，它是与普遍观察到的变化过程明显冲突的。我认为，这一过程不可避免地会导致目前人种的毁灭，很可能创造出新的生物学意义上的人种（改变事物的进程是不可能的）。对于全人类而言，特定地域上的人口密度和适应形式是不能被控制的。如同定栖动物一样，这一过程最明显的后果是生物学功能的降低。

150. 不同的文化丛

在对通古斯人的心智丛进行描述时，我们发现诸通古斯群体有着不同的文化丛。当我们把文化丛放到通古斯文化土壤中加以比较，就会发现这些文化丛之间的差异是很大的。如果将满族的文化丛与后贝加尔地区的驯鹿通古斯人的文化丛相比较，其中的差别则是巨大的。在对不同文化丛分析的过程中，我偶尔会考察不同文化要素的起源差异，其中一些文化要素可能要追溯到汉人、西藏以及蒙古的文化丛之中。在很少的情况下，我会考察某一文化要素的历史和地域来源。例如，在满族文化丛中，有很多在通古斯人中没有的文化要素，尤其是技术文化方面。这种差异，不仅是满族人定居农耕生活带来的后果，而且也涉及汉文化的影响，同时也包括萨满教和玛法信仰的职业化趋向。在驯鹿通古斯人中，我们观察到驯鹿饲养、以狩猎文化为基础的经济系统、借自布里亚特人和雅库特人的丰富观念，满族文化丛缺乏这些要素，这些要素构成不同心智丛形成的原因。处于这两种群体间，受"游牧文化"以及蒙古文化影响的群体（布里亚特人和达斡尔人）的文化有明显不同。

尽管不同通古斯群体各有独特的文化要素，但这些群体间也有一些共同要素。大部分文化要素很可能在不同历史时刻从相邻族团中借用而来，一些文化要素也可能源自满族人，又逐步传播到通古斯人各族团中（例如社会组织文化要素），还有一些文化要素可能在"前通古斯"时代就存在了。虽然不是很确定，但我们认为通古斯各群体中有一些共同的反应要素，它们与基于共同的体质类型遗传下来的生理因素有关，可能在不同的通古斯群体中得到延续。

通古斯各群体中不同文化要素与共同文化要素的结合，创造了各族团具有地方性和技术特征的特定文化丛。因此，这些通古斯群体的心智丛是不同的。

通古斯人关于自然的知识面很广，但不同群体的知识内容和解释方式却各异。例如，我们发现，满族的文化丛中融合了大量现代汉文化要素，但同时因为较少面对与自然相关的问题，所以这方面的知识很贫乏。不过，就基本观念构成而言，这些通古斯群体间没有任何本质上的不同。就我所知，北通古斯人自然方面的知识十分全面。这一情形主要是因为北通古斯人居住在自然之中，出于实用与寻找真正的知识的目的，他们必须了解自然，对自然感兴趣。在关于世界的知识方面，很容易找到其借用来源，通古斯人的知识并非原创。但是，北通古斯人中存在一些文化丛，我们不能确定这些文化丛在其他群体中是从未存在过，还是被遗忘了。关于自然知识的文化丛可能会丢失是毫无疑问的。这方面的例子很多，尤其是关于动物的知识。对动物的解剖、心理与智力特征、地理分布以及普遍习性的知识在通古斯人中保留的程度不同。这些知识与狩猎文化紧密相连，是狩猎文化的重要构成，这些知识必须在代际认真传承才能得到维系。通古斯人迁徙到新的地区后，可能很容易忘记新区域中不存在的动物的相关知识。如果动物灭绝，或其他文化（如饲养牛、农业）代替狩猎文化，与动物相关的知识也会消失。我们现在就可以发现这类例子。例如，毕拉尔千人定居在目前的区域后，不再能看到麋鹿，这导致他们关于麋鹿的知识失去生动性。两三个世纪前从满洲迁徙到后贝加尔地区的驯鹿通古斯人的几个氏族中，对老虎的记忆已经很模糊，而老虎在满洲地区是很普遍的。这一模糊性的知识可能很快就完全消失了。满族人过去十分熟悉狩猎知识并经常实践。因此我们可以认为，满族人关于动物和狩猎的知识与书籍中的解释不同，因为这类书籍主要是从汉语翻译过来的。满族人在完成统一中国的宏伟大业后，被迫放弃狩猎文化，很自然也忘记了满洲地区的动物知识。满族人政治失败后，他们回到满洲的北部地区，至少部分地恢复了狩猎生计。但是，这次他们要向北通古斯人学习狩猎知识，满族人再次学习到关于本地动物的知识。这一例子十分有趣，因为满族人在忘记旧文化丛中的要素后，在另一个族团的帮助下恢复了这一知识，北通古斯人是古老知识的保存者。

通古斯人目前的自然知识是非常容易变化的，我们可以推断通古斯人过去关于自然的知识要比现在更丰富。最近通古斯人主要从相邻族团中获得的学校知识和假设中，这类知识大大减少。

因所处地域的环境，通古斯人的文化丛显示出特殊性。这些地域间有特殊的交通方式，为观察提供了特殊的材料。通古斯人之间交通的发展程度，由以下几个因素决定：食物的主要来源、使役的动物、人口密度（影响人群的移动程度）。不同的交通方式在很大程度上影响了通古斯各群体的心智丛。定居群体如满族用马车出行，不超出区域范围内纵横交错的道路系统。很自然，满族人的兴趣集中在地域现象上，对与其耕地毗连的山川知识不是很熟悉，而他们的邻人北通古斯人，骑马或者依靠驯鹿出行，可以自由地去想去的地方，获得了多种环境和人群的知识（也包括其他族团、动物以及很少有人到过的山川），因此自然文化在通古斯人中并不神秘。第三种交通方式是在适宜的河流中乘船，事实上，通过河流出行的满族人更为自由，但他们在很大程度上受河流走向的限制，没有骑马和驯鹿的通古斯人自由。第四种交通类型是后贝加尔地区的游牧通古斯人，他们居住在草原地带，骑马出行。这些人是相对自由的，但草原文化虽然为交通提供了便利的条件，却为心智丛提供较少的资料。自然知识和交通方式相关，自然知识的缺乏也可能导致移动能力的消失。例如，失去驯鹿而使用马的通古斯人，在出行上不如使用驯鹿的人方便，正如我在《北通古斯人的社会组织》中指出的，只有在特定季节里才能骑马。应该指出，不再狩猎的定居毕拉尔千人，与那些在山林中保持狩猎文化的通古斯人不同。这种差异不仅体现在对外来文化的吸收，两者之间的态度也存在差异，定居的毕拉尔千人有明确的“非现实主义”倾向，明显失去了最初的精神活力和自然主义。满族人也似乎丢失了特定的文化丛，这在女性中表现得尤为明显，这些女性完全失去独自出行的能力，满族妇女经常用身体负载物品，而过去她们是骑马的。北通古斯妇女在没有男性陪同的情况下独自出行不会感到不安，有时甚至能够去往一个未知的地方，满族妇女没有辨别方向和适应旅行的能力，其心智丛自然逐渐窄化。最初失去驯鹿，而后依靠游牧方式生活，或者采借俄国人简单的定居农耕生活方式的后贝加尔地区通古斯人，与那些靠饲养驯鹿生活的邻人是十分不同的。这些通古斯人原来的心智丛也渐渐枯竭。因为通古斯人与交通方式相关的心智丛也会随着交通方式的消失而不复存在。获得更好的出行能力后，过去的文化丛几乎不可能恢复。这一评价也适合于自然知识，可能完全失去，不留任何踪迹。①

作为一个整体，技术文化在很大程度上影响了通古斯人的文化特征。因为前文已介绍了自然知识和交通方式，这里不需要再次强调。通古斯人被带到新的地区后，失去狩猎的可能性，成为渔民、家畜饲养者或者农民，他们被迫改变技术文化，将主要兴趣转移到新的活动领域。如果不能再适应，则会衰亡。我们可能会观察到有趣的现象，即关于过去技术文化的记忆如何逐渐模糊，过去的心智丛如何被新的心智丛取代。由于技术适应从一种形式转换到另一种形式是当地人群通过模仿实现的，新形式的“理论内容”也会被逐步接受。但是，一些旧的文化要素可能被暂时保留，有时同一文化丛中可能会存在相互矛盾的要素。这种情况体现在满洲的通古斯人中，例如定居的毕拉尔千群体已部分吸收了满族人和达斡尔人的文化丛，忘记了大量的通古斯文化要素，在文化丛中增加了外来文化要素。因此，关于同一主题，通古斯人有时会同时有两个假设、两种理论以及两类观点。这种现象在装饰艺术中表现得十分明显。

通过分析北通古斯人和满族人的社会组织，我们发现，除了外来群体强制实行的管理系统，不同的通古斯群体的社会组织有一定的差异。就亲属关系术语所反映的氏族组织系统而言，我们发现了不同类型的亲属关系，即后贝加尔的驯鹿通古斯人类型、融合三种亲属称谓系统的满洲通古斯人类型、借鉴了布里亚特亲属称谓系统的游牧通古斯人类型，以及一部分保留了旧文化要素、另一部分借鉴了汉人的亲属称谓的满族类型。同样，婚礼和家庭的居住模式都体现出文化融合的特征。所有这些文化丛中都包含一定数量的外来文化要素。不过，正如我曾说过的，社会组织并不总能被认识到，因此在心智丛中的位置并不重要。但这并不表明社会组织对心智丛的多样性没有影响。事实上，如下两种文化丛，即满族的社会组织将妇

① 有一种十分普遍的现象，人们经常在民俗中寻找“遗留物”。我认为这种方法是十分危险的，因为构成民俗的文化要素很可能是借用的，用这类文化要素来建构过去的文化丛是一种歪曲，所建构出的文化丛可能从未存在过。更为危险的是对语言学资料的运用，实际上，语言借用、语义变化、语音的相似和差异以及术语的流失，都可能导致对一个人为图景的建构，这一图景实际上从未存在过。

女限制在家庭中，并允许与年轻人有一定的性关系自由；北通古斯人中的妇女可以自由安排她们的性生活，一定对心智丛的功能产生很大的影响。

重构通古斯人过去的文化丛所面临的困难要比重构其他文化丛要大。不过，一些社会组织形式在某种程度上是可以恢复的，例如一些二元对立的氏族组织，很可能是母系氏族组织和从母居婚姻。神灵理论的形成及其证据可能一直不变，但是涉及具体神灵的知识则体现出巨大的差异，甚至体现在同一族团的不同氏族中。将不同族团中的假设知识进行比较时，其中的差异更大。有大量的神灵是能够找到起源的，例如神灵群布日坎、富其吉、恩都立，很可能也包括色翁以及其他神灵，也有单个的神灵如伊勒姆恩罕—伊尔林堪、召勒、娘娘以及其他神灵，还有一些神灵在很多群体中都能见到，这些神灵的名字和功能都不相同，例如，布嘎和布尼。对神灵的名字、历史以及在文化丛中的功能的认识可为重构古老的通古斯文化丛提供可能。但是，正如其他案例所表现的那样，我们应该记住一些古老的文化要素可能会完全消失，在当下的文化丛中不留任何痕迹。因此，很明显我们能够根据被认识的神灵来定义心智丛，每一个神灵都与特定的观念、假设知识或至少是采借的观念相联系。实际上，神灵所表达的假设知识很能体现心智丛的特征，一组简单的神灵就能体现出通古斯人族团的文化特征。不过，正如我描述过的，不同氏族的神灵是不同的，甚至不同家庭的神灵都是不同的，没有绝对相同的文化丛。

在不同的族团和氏族中，管理神灵和灵魂的具体方式在一定范围内有差异，但某些基本方法在所有的通古斯群体中是相同的，特定的方法可在历史的意义上追溯到其最初发明者。例如，植根于满族土壤的玛法信仰，是通过模仿汉人来反对萨满教的结果。另一个例子是我所举的通过火、水等方法对萨满进行考验的机制，这些现象只存在于满族人以及受满族人影响的通古斯群体中。但是，这些方法的正式来源不能确定，它可能来自“火验”与“水验”神灵的古老观念。另外，还有一些献祭方法是十分普遍的，唯一不同的是献祭的实物与非物质要素。不过，我们可以根据族团对献祭要素进行分类，例如不同族团采用按住动物胸部主动脉宰杀，或穿透小脑割断喉咙宰杀，以及在盘子、桌子、平台和树上摆供品的方法献祭。

祈祷的方法在不同族团中也有很大的不同。不同族团之间的葬礼基本一致，其中出现的变异不难理解。北通古斯人的土葬方式借自俄国人，坟地埋葬则借自汉人。另外，还有一些文化要素，例如在饲养马和驯鹿的通古斯人与满族人中，都有狗驮死者灵魂的要素。“跛足阿哥”将死者灵魂放到船上，穿过河流送往位于西方（西北偏西或西北）的下界，可能是通古斯人采借的文化要素，而狗驮死者灵魂则可被视为非常古老的文化要素，现已被整合到不同的文化丛之中。

管理神灵和灵魂的实践方法，体现为不同族团文化丛中的特殊因素，即对民族志物品调查者和搜集者十分有吸引力的器物，尤其是神位。需要指出，除了生活条件会影响到神位的大小和材质，不同文化丛中神位的区别是很明显的，例如满族人用丝绸条表示氏族神灵，这一点上没有其他通古斯群体与满族人相似，同样，满族人通过模仿汉人的肖像学创造了萨满教神图。这种神图—神位也渗透到满洲的通古斯人中，但未进入满洲的驯鹿通古斯人的文化中，尽管驯鹿通古斯人在布里亚特人和喇嘛中也可以见到这种神图。萨满教的器物在不同通古斯族团的分布中呈现多样性。例如，萨满鼓的形状在不同通古斯族团中有差别，萨满的头饰和衣服也有差异，完整的装束包括鹿皮鞋、围裙以及裤子只在后贝加尔地区的一些通古斯萨满中存在；腰铃和裙子只在满族人、果尔德人以及相邻族团的萨满中可见；一些“工具”，如箭、三叉戟等，只在满族人中可见。这些器物有的很容易找到其最初来源，如满族萨满的服饰，而其他器物则至今是谜，例如通古斯人中的萨满鹿角头饰。

作为一个整体，萨满教在不同的通古斯群体中形态各异，因此就文化要素构成而言，没有完全相同的两个文化丛。不过，萨满教的特征在这些群体中有相似性，即萨满掌控神灵、萨满发挥管理大众或个体的心灵困扰的功能。在一些族团中，我们能够追溯萨满教的起源，但在一些其他族团中，我们只能得出关于萨满教文化丛借用的假设，其中的文化要素可在相邻族团中见到，如在满族人、布里亚特人以及雅库特人中。很明显，构成不同群体文化丛中萨满教的文化要素是十分晚近才出现的。从导致困扰的因素来看，不同的通古斯群体是不同的，因此不同群体的萨满教也不同。

例如，满族人和其他群体中“奥伦现象”的程度是不同的；大众精神紊乱在通古斯人中比满族人中更普遍。当氏族组织不稳定时，大众心智紊乱不仅影响到氏族组织，而且也可能影响到地域社会。在后一种情况下，如果不假设神灵局限在氏族范围内，精神紊乱的传播不会十分强烈。

151. 文化丛的形成和功能

通过前文对文化适应过程不同表现，及其在族团心智丛上的反映的讨论，可以看出文化丛之间的差别是明显的。尽管不同的文化丛中可能包括共同来源的文化要素，但没有完全相似的两个文化丛。当然，这涉及文化丛的形成问题。尽管观察者可能会对本书探讨的所有文化丛形成偶然性的印象，但这一印象是不正确的。首先，文化丛是文化持有者将自身所处环境中的文化要素加以整合而创造的，因此每一个文化丛的形成都受限于特定的历史时刻以及文化持有者选择文化要素依托的环境；其次，将新文化要素整合到既有的文化丛中会受很大限制；再次，如果没有“现成的”文化要素，就需要发明新的文化要素，但因通古斯群体规模小，发明受到了限制。

通过所观察到的事实，我们发现，第一个因素是明显的。居住在特定族际环境中的通古斯人，即便摆脱了相邻族团的控制，也倾向于借用其文化要素。例如，后贝加尔地区的驯鹿通古斯人，过去与雅库特人相邻，现在与布里亚特人相邻；毕拉尔千人则与果尔德人、达斡尔人有密切接触，两者文化状况十分不同。过去或现在控制通古斯人的族团所施加的文化影响更大，例如达斡尔人、满族人、汉人以及俄国人。当文化影响被政治压力所加强时，外部环境就会成为文化要素借用的重要来源，通古斯人会在这些环境中选择适合其文化丛的文化要素。如果不考虑族团的历史和当下状况，是不能理解通古斯人文化丛的。

首先，文化要素的借用受既有文化丛的基本环境影响。很明显的是，那些与农耕文化要素相联系的文化要素，是不适合某些区域的通古斯人的。应该指出的是，与农耕文化间接相关的如帮助农耕成功的农历、神灵等要素可能遭到通古斯人的拒绝。其他类型依赖基础环境的文化丛也是如此，如交通方式、方位观、反映地貌的词语以及技术文化等。很明显，在不能为马提供食物、不适合使用马车的环境中，人们的心智丛会拒绝使用马车作为交通工具。

文化丛的要素（结构）也可能是遭到通古斯人拒绝的原因。尽管一些技术发明十分有用，但因不具适用性而被拒绝。例如，现代步枪比火枪和活塞枪更“高级”，但由于子弹太大、弹药筒太贵，不能用来捕获体格小的松鼠，因此形式最旧、小口径的枪被保留下来，尤其为人们所珍视。通古斯人有时会制造这类枪，其粗糙的外表会给民族志研究者留下“原始”的印象。虽然射速快的自动步枪要比一般的柏丹式步枪更“高级”，但通古斯人更喜欢柏丹式步枪，因为前者由于口径小，不能一枪打死驼鹿、老虎以及熊等体型大的动物，会让这些动物逃掉。对大量以“劳动分工”“阶级组织”为前提的文化要素，通古斯人都没有采借，因为通古斯人数量不多，不足以分化出特定人群。族团中人口数量少，在很大程度上限制了对新文化要素的借用。事实上，经常被忽视的是，特定数量的人口对某些文化丛的需求有限，人们却往往将较小族团吸收文化丛的“失败”视为天生缺乏智力和精神能力。由于北通古斯人的人口数量有限，人们不能接受对人群进行社会地位、经济地位意义上的划分，接受这样的观念会改变并扭曲原有的社会模式。当然，通古斯人有可能了解或学习到一种异文化丛，但这些受教育的通古斯人不会将所学到的文化要素应用到自身的文化丛中。这类知识仅是“通古斯人关于其他族体的知识”，不会在实践中得到应用，如果通古斯人熟悉大量此类知识，这些知识则会成为纯粹的负担。对采借者而言无用处，就是他们拒绝外来文化要素的原因。无用的文化要素也可能被借用，但数量有限。尽管这一道理很简单，但有时却被人们错误地运用。事实上，族团不需要经理性思考，就会拒绝外来文化要素，其中的机制实则是试验。如果外来文化要素没有任何实际效果，族团不会刻意保留这一文化要素，那么这些文化要素就会被放弃。如果族团想以巨大代价保留这种文化要素，不具适应性的文化要素就会进入族团中，族团会逐渐失去适应能力，很可能在相邻族团的压力下最后衰亡。当然，较少数量的这类文化要素可能会在族团中存在很长一段时间，有时族团付出的代价会很高，但它们的数量不会太多。在所有的通古斯人群中，我们都观察到了新文化因素的引入、试验和被拒。许多通古斯人都对手表感兴趣，但手表只在城市生活中有用，对通古斯人而言则是负担，因此未得到通古斯人的“认可”。可以用来搭在帐篷上的防水布或半防水布却很受通古斯人的喜欢，很快被整合到通古斯人的文化丛中。通古斯人的知识积累也体现同样的道理。虽然高等数学是一种十分有用的方法，但它在通古斯人中却是无用的，其他类似的知识还包括电学理论、古希腊哲学史等。如果通古斯人将精力用在这些知识方面，就没有时间练习与生存环境相关的狩猎、射击以及迁徙方面的知识。排除（拒绝）这类知识的过程十分简单，对通古斯人而言，拥有无用知识的某个通古斯人，（1）被认为不值得模仿；（2）会与通古斯人所处的环境相冲突；（3）可能会离开通古斯人群，到其所习得文化要素的族团中生活。这种情况在通古斯人中经常发生，我在前文中已提到一些案例（第 31 节）。这种情况有时会体现为对特定社会群体的拒绝，在特定情况下会表现为“社会运动”甚至是“革命”的方式。①

当语言变化与心智断裂相关联时，拒绝的过程也可能表现为族体冲突的方式（主要在“民族”中）。由于通古斯人的行为机制，我们在通古斯人中很少能见到借自族际环境的无用文化要素。如果我们应用实用性原则考察，则会得出正确的判断。首先，我们可以通过考虑付出和收益来衡量实用性。有些文化要素没有什么实用性，不需要花费特别的精力来维系，其存在也不会遭到反对。例如，在通古斯人的婚礼中，我们可观察到一些非通古斯文化的习俗，无明显的实用性，但这些习俗却被维持下来，因为必须有某些习俗来标志婚姻事实，即婚姻附带的义务。有时，通古斯人不理解这种实用性，只有通过文化要素（或文化丛）的功能分析，我们才能得出实用性的观念。通古斯人中也有一些文化要素是无用的，但没有被拒绝，因为拒绝这些文化要素是困难的，并且前提是它们必须被认知。这类情况

① 某一群体受影响时，其内部会发生强烈的向心运动，这也增强了该群体在更大单位内的离心运动。这类分化的单位可能会成为更大单位内的异质性部分。这种情况似乎是在受族际压力影响的一部分人群中发生的。

是通古斯人从相邻族团中借用的大量神灵，之所以没有拒绝这些神灵，是因为通古斯人害怕与这些神灵发生冲突。我们发现了这一拒绝的机制，即最初忘记神灵的功能，接着丢弃与神灵相关的仪式，最后完全遗忘神灵的名字。我们也观察到这类文化丛成为负担的情况，如满族人将神灵以书写的形式固定下来。这类知识的过度增长会导致心智丛失去功能和平衡，① 由此带来各种后果。

心智丛在吸收新文化要素时，可能会出现一定的障碍。我认为如果缺乏一些基本观念，通古斯人会拒绝新文化要素。我们假设，在掌控神灵的观念未被接受之前，整个萨满教体系及其文化要素是被拒绝的。不过，当萨满教中的要素与既有文化丛没有冲突时，就会作为一种新功能被接受。② 在讨论再适应问题前，我将详述在通古斯人中发现的一些具体案例。例如在通古斯人中，“主宰神灵”观念意味着对区域、山川以及动物等的掌控，此观念在其他族体中不普遍，也不重要。对于北通古斯人而言，采借某一新的主宰神灵是不容易的，因为与不居住在山林中的族体相比，通古斯人十分清楚所处区域的自然现象；而且通古斯人中有一种检验这些观念传播的机制，即担心神灵会影响到生活。由于这个原因，通古斯人会无意识地拒绝破坏经济活动的神灵观念。如果这类神灵被接受，它们会在通古斯人的土壤中失去“力量”。如果引入的神灵太多，通古斯人要被迫改变生活方式，或者不能维系生存方式，在心智丛方面表现为伴随大众精神紊乱的失衡现象。

此外，由于通古斯人中缺乏基于生理学原则的理论假设，他们不能接受作为功能的灵魂观念，而是通过大量的事例，认为灵魂是从身体中分离出来，作为独立现象的“非物质要素”。实际上，理想主义哲学家所描绘的理想世界观念，可能很容易被通古斯人接受，但在接受的过程中这一观

① 这种情况也可以发生在欧洲群体中，很可能古代西亚地区的族团以及埃及人中都有类似情况。

② 由于这个原因，俄国人反对掌控神灵的观念，所以不能接受萨满教。不过也有一些例外，一些受精神病理学影响的个体接受了这一观念。这一观念在汉人中也有表现，它导致了职业巫师的产生。

念会得到进一步的“唯物”解释，因此在被接受的过程中被重塑。

我们提到，北通古斯人中有最高力量存在的观念，这种存在不具有人格形象。这一观念似乎十分古老。因此，通古斯人非常容易接受基督徒中的上帝观念。不过，对通古斯人而言，不能接受“三位一体”以及“耶稣形象”，还有耶稣为人类圣母玛丽亚所生的观点。通古斯人接受了这些文化丛，却将耶稣理解为一个“萨满”，其死后灵魂成为神灵。这一困难的原因在于通古斯文化丛中缺少一些重要的文化要素：布嘎对人类事物的兴趣程度，罪孽者灵魂得救的观念，在神迹观念影响下布嘎以人的形式降生在世间。① 对这些文化要素中的一部分，通古斯人可经修改后接受，但从整体上说，采借基督教意味着通古斯人失去了管理心智生活的机制，进而失去心智丛的弹性平衡，因为通古斯人中缺乏精神病专家和管理心智现象的政府部门。最终的结果自然是通古斯人被其他族团吸收。

因此，吸收新的文化要素在很大程度上是受限制的。这与基础环境、文化适应状况、人口密度，特别是心智丛都密切相关。如果通古斯人各族团的上述要素适应性很好，在维系族团平衡方面稳定的话，就会更加抵制新传入的文化要素。

我们可以得出如下认识：每一个文化要素（文化丛）在特定的环境（基础的和族团的）中都有潜在的传播能力。文化要素（文化丛）的传播能力会在完全拒绝到立即接受的范围内摆动。通过前文的例子可见，心智丛方面的文化要素被接受时，会发生改动以适应通古斯人的文化。文化要素（文化丛）的适应形式也不同，适应过程中可能发生形式上的改变，也可能形式没有变化，却发生了功能上的改变。当然，这一适应过程也可能伴随上述两种形式的结合。这里举一些例子。现代军队步枪是用于战争的武器，但被用在狩猎活动中，改变了其原有功能。步枪在使用的过程中，可以通过减少其中的木制部分、拆卸其中的铁制部分（形式上的变化），变得更轻。通古斯人对心智丛文化适应的过程中，也会发生不同程

① 在持自然主义观念的通古斯人中，最后一个观念没有成功，但满族人却很容易接受了这个观念，至少恩都立类别的神灵与这一观念接近。

度的变化。例如，通古斯人完全采借了俄国的测量标准，他们没有改变这一文化要素的形式和功能。这一特征也体现在有关动物的生物学知识、抵御疾病的方法中，如接种疫苗。汉文化的娘娘神在通古斯人中保持其文化功能，但这类神灵的数量则减少了。汉人用在戏剧表演中的魔术被满族人借用到萨满表演中，并被赋予了新的功能，尤其体现在对萨满身份的检验中，这一文化丛在通古斯人中被简化，在萨满教中发挥相同功能。蒙古文化丛的翁衮，表示萨满教中的神灵，这与满族的窝车库以及北通古斯人中的色翁相同，这个词在北通古斯人中用来指驮神位的驯养动物，很少用来表示没有被掌控的氏族神灵以及与萨满教无关的神灵乘骑的动物。因此，这个文化要素在形式和功能上都发生了变化，与神灵之间只保持着模糊的联系。甚至在通古斯族团间发生的文化要素（文化丛）借用中，如果采借的文化要素（文化丛）没有形式上的变化，只有功能上的改变，就需要我们从各自群体的立场出发对整体文化丛做认真调查，只有这样才能发现这一点，因为当某一文化要素（文化丛）传播到新的族团环境中，就会完全失去此前的功能。其实，上文阐述的每一种文化要素被采借的状况，都可在本书中见到，但是其中难解的根源是声音启动词（“词汇”）的语音和语义的变化，语言学家在讨论这些民族志资料时，把语言视为一种功能现象。

通过对上述大量事实的讨论与解释，不难看出，文化要素可能以单个或几个方式被采借，很少见到大规模的文化丛被采借。其原因主要是这类文化丛很少能融入新的环境；这类文化丛的融入需要整个文化丛的彻底重建。如果发生这种情况，就会导致族团失衡，进而失去独立性，被其他族团吸收。在具体实践中，其他族团的文化要素都是一个接着一个被采借的，有时只被族团中一小部分人群接受，族团的文化渐渐地改变，最后完全改变。不同群体的文化要素融合成完整的文化丛需要持续很长时间，却仍不完整。这方面的例子在所有的通古斯群体中都存在。大约在公元 10 世纪之前，佛教的完整形式在满族人的祖先中传播，却没有赢得所有满族人的接受。另一个比较完整的文化丛基督教，大约 3 个世纪前在通古斯人中传播，但到目前为止没有一个通古斯人可以说完全接受了基督教。但是，正如前文表明的，有大量的佛教、很可能也有基督教要素已被吸收进通古斯人的文化丛中，有时这些要素未被识别。而且，很可能的情况是，佛教是萨满教文化丛产生的心理刺激，萨满教文化丛中整合进很多佛教要素。在满洲的通古斯人的氏族社会组织的文化丛中，吸收了满族氏族组织的文化，但只是其中的一部分，如一些词语族长等。值得注意的是，与库玛尔千人氏族以及兴安通古斯人氏族相比，毕拉尔千人中有更多的满族氏族文化要素。在这些族团中，有些文化要素是双重的，除了满—汉文化要素，也有一些早期的通古斯文化要素。这表明了北通古斯人对外来文化有一个逐步吸收的过程。但毕拉尔千人的氏族组织和满族的氏族组织还是有本质差别的。

我必须接着探讨通古斯文化丛中的新文化要素发明问题。在对事实加以解释的过程中，我们能够遇到通古斯人发明的文化要素。实际上，每一次被用作进一步分析之工具的归纳都是一次创新，新形成的命名就是一次创新。这些发明如此普遍，有时由不同的人同时完成，甚至它们的出现都被忽视了。那些未对既有文化丛产生重要影响的文化丛尤其如此。我们发现，每个通古斯族团中都有自己的神灵（“发明”“假设”），它们在其他群体中则没有。我们也遇到一些由个人提出的假设，这些假设有时被更大规模的群体接受。出于解释心理现象的目的，一个新文化丛的形成往往会采借相邻族团的大量文化要素（族际环境），其中缺乏的要素就要靠发明。例如，人们认为萨满掌控的神灵可以对困扰到某人的神灵产生影响。儿童会练习从既有语言环境中习得的新词汇。萨满会使用新的“词语”表示他们所治疗的个体的相似心理状况中的新现象（参见前文，诸如 ičenki——“双眼的”），萨满自然会提出相应的新方法，由此萨满和病人会处于相似的境地、表达相似的态度。如果没有明确的历史记录或地理分布的证据，我们无法说清楚这些方法是发明的还是借用的。[①] 过分估计文化要素或文化丛传播或独立发明的重要性，都是民族志研究中存在的问题，因为研究者

① 甚至用来表示新发明的词语也可能具有误导性，因为外来词语可能产生得较晚，即发生在认知到新现象之后。这会给人带来一种采借文化要素的印象。

往往会选择事例来证明文化形成中的某一方面，理论家往往对一些文化要素或文化丛感兴趣，而忽略了大量的其他事例。[①] 传播和发明在不同通古斯群体中都是十分普遍的现象。

但是，这里需要对通古斯人中的文化发明做补充性的说明。这里我没有选择让欧洲人觉得引人注目的发明，因为这些例子不能解释通古斯文化丛变化和形成的机制。此外，选择这样的例子绝不容易，由于文化丛之间的差异，欧洲人只对那些能够应用在欧洲文化丛中的发明感兴趣，因此相关发明的数量是有限的。另外需要考虑的是，通古斯人口数量不多，所以发明的潜在能力不会很高。事实上，发明是在需要时出现，或在个人身上偶然产生的，因此，人口的数量越多，发明的潜在能力就越大。当族团在向积极方向发展，在变化速度大时会受到族际环境的影响，此时也会有发明产生。因此，当我们理解通古斯人的发明时，必须考虑到其人口数量、文化丛（非常平衡的、适应了人口规模和基础环境条件的），甚至是在强大族际环境压力下产生的管理心智生活的精确体系。

如果我们现在回忆前面讨论的对采借文化要素的限制，以及文化要素

① 有一些特殊的心理条件能够解释这个问题之所以引起关注的原因，有时还会引起激烈的争论。如果我们在很多族团中观察到这一现象，就会注意到，那些伟大的发明都与族际环境中特定历史时刻起着重要作用的族团有关。我们已经指出，人口增长、文化适应快的族团很容易成为主导性族团。对这类族团而言，文化适应的变化以及由此产生的连续发明是成功的基本条件，对于所有的族团来说，必须很好地适应基本的族团环境。因此，心智的能量自然会导向发明。其实，如果没有发明，就没有对新的人口增长的环境进行适应的可能。在成千上万的族团中，有一些族团将精力放在创造发明上，而另一些族团则对这些创新具有采借的兴趣，或者由于各种原因受到吸引，会模仿前者。由于对成为主导性族团的刺激是巨大的，创新所能带来的好处是明显的，调查者的更多兴趣集中在这一点上，同时也注意到这些创新的功能，而不是去关注族团的生命史以及新的族团的形成过程。应该指出的是，对于理论家来说，发明有时候是有吸引力的，这些人被他们的概念“进步”、由“进步”所指定的方针和实际行动所带来的结果所困惑。当然，这些理论家处理的是主导性族团化过程（这种情况经常发生在历史学家的身上，尤其是那些关注主导性族团化的理论家），这些人往往会高估发明的要素；至于那些研究“落后”“原始”的族团的学者，他们往往会关注传播、借用的要素。在考察主导性族团的过程中，往往被强调的是遗传下来的才智，因此这个观念大大地阻碍了对族团化过程的理解。其实，这一观念在主导性质的和具有潜在主导性质的族团中是很自然的，因为这表现了他们对于其他族团的优越态度，这样的态度会传播到非主导性质的族团中，这些族团接受了他们被领导的位置，从而为前者所影响。这反过来又便于主导族团的稳固，因此这是一个族际平衡机制。

的适应，我们会明显发现，通古斯人会对从诸如汉人和蒙古人中采借的文化要素做过滤和改变，最后导致不能完全识别出这些文化要素的本来面目，尤其是当采借的文化要素被叠加到之前的文化丛中，就会逐步形成新的文化丛。不同族团中所形成的文化丛貌似有着“共同的起源”，或至少是之前文化模式的复制，但事实上这些文化丛仅是个体对环境条件的复杂性的适应结果，包括：基础环境为特定文化形式的形成施加了限制，派生环境或者说文化环境一直在变动，第三级环境包括新的文化要素、个人继承下来的体质形态特征和生理特征。人们会对进一步观察到的现象，即文化丛与组成群体的个人间之联系，进行分类。首先，个人之间最亲密的群体即家庭；其次，由个人组成的氏族单位；再次，有着明显标志性差异的族团。一些文化要素与这些单位之间没有联系，而另一些要素不仅与这些单位相联系，而且构成这些单位的适应形式。例如，关于基础环境的特定知识可能在家庭内部传承；[①] 萨满教本质上在氏族或地域内发挥功能，但其理论知识却在更大的族团范围内传承；[②] 反应态度文化丛、实证知识及其理论背景在本质上属于族团内部的功能。族团本身只是我称为族团化过程的一个表现，因此，当把文化丛从与其功能相关的具体单位中分离出来时（我们必须从功能的角度来认识这些单位），这些文化丛就成为毫无意义的抽象形式。这些抽象形式可以作为一个粗略分类的方法，主要目的是记忆观察到的事实。

因此，这里讨论的文化丛，与从它们和自身由以创造并有所依赖的具体族团的关联的角度去考察的有所不同。像萨满教这样大规模的文化丛包含了与个体、家庭、氏族（或地域单位）有功能联系的文化要素，这些要素也可进入到不同的文化丛之中。例如，通古斯人所携带的刀可以用来：（1）切割食物（饮食文化丛）；（2）狩猎，在没有其他武器的情况下（狩猎文化丛）；（3）自卫和袭击别人（战争文化丛）。对于心智丛方面的文化要素来说，道理也是一样的，它们在同一个族团的不同文化丛中的功能是

① 在不同氏族、地域以及族团单位中发现的相似性文化丛，不能表明这些文化丛就与相应单位的功能相联系。

② 不同氏族或族团中萨满教的相似性，不能说明它在更大的单位之内发挥作用。

不同的。不过，有一些文化要素仅存在于某一文化丛中。

因此，从文化丛形成历史及其在具体的族团中的功能来看，这些文化丛不能被看作自足的实体，它们仅仅是便于对事实进行解释和记忆的科学分类方法，如果抽象地去看待这些文化丛，我们就不能对其存在形成清晰的理解。①

第 33 节　不同文化丛间的平衡

152. 认知能力与文化丛

在解释与心智丛相关的事实的过程中，我们发现通古斯文化中的一些特定现象未被通古斯人注意到，也就是说，这些文化现象未被认知。对家庭这类明显的社会-经济-生物单位，通古斯人也仅认知其中的一部分。在通古斯人眼中，家户主要与“棚屋”相联系，具有生物学功能。同样的规律也体现在通古斯人对“氏族”和族团现象的理解中，它们都是未被充分认知的重要实体。通古斯人对心智丛及其自我管理也所知甚少。例如，他们未认识到萨满教对精神生活的重要管理作用。不过，对于萨满教，通古斯人认识到了其中的一些文化要素，并将这些要素命名，同时也发现了萨满教中蕴含的美学要素。

对于通古斯人不能对自身文化现象进行充分认知这一点，我们无须惊讶，其他族团中也存在相似的现象，这已成为民族志学研究的分支主题。

---

① 事实上，调查者对文化丛的操作实际上是为了方便对事实的记录与解释。关于文化丛的抽象理解在其他科学中也十分普遍。例如，形式上不同的生理功能如繁殖、血液循环、新陈代谢、高度神经活动等被视为独立“丛体”，但目前人们越来越倾向于认为这些“丛体”依赖动物有机体的整体功能。例如，人们一般把体质分为不同类型，通过普遍行为看个人性格，认为性格是最复杂的表现，体质是性格的基础。对性格做心理学的解释是不可能的，除非赋予心理学新的含义。繁殖“丛体”，与一系列的器官如内分泌腺体、神经系统甚至是族团环境有关，需要视为一个整体。同样，对思维过程的理解也不能局限在大脑，而应置于整个有机体范围内理解。这些限制对调查者提出了新的要求，我们不能放弃整体性的分析。

这种“非认知”现象常被理解为源于“原始”族团的智力低下。对智力问题的严肃讨论应置于不同的背景中进行，我们不能再对心智差异做简单解释，应从另一个角度解释“非认知”问题。这一问题并非初看起来那么简单，甚至在拥有现代科学方法的族团中，也存在对自身某些文化丛及其功能缺乏认知的现象。早期的一些对科学方法有绝对信念的族团如希腊人、罗马人以及18世纪、19世纪的欧洲人中也有“非认知”现象，不能达到自我认知的高度。不过，这并不意味着其他族团（或族体）永远不能达到自我认知状态，他们会逐步完善科学方法，最终任何事物都不会逃离科学家的分析眼光。其实，这种确定性态度保证了心智丛持续适应文化变迁（沿着积极的方向发展）。我不想否认科学方法的存在或低估科学的效用。作为有机的构成部分，它保证了任何族团（或族体）的心智丛功能。不过，事实终归是事实。关于文化适应的认知绝不是全面的。如果可以获得充分的材料，描述和分析过去相对简单的社会和经济组织要更为成功；而当代的社会和经济系统往往不能被描述和分析，其复杂的变异形式不能被认识清楚。这不仅源于方法的缺陷，其中还涉及更深层的原因。其实，我们只能使用一种方法，即比较法。这一方法可应用到对同一族团不同历史阶段的研究，也可以用于对不同的族团做共时性研究。目前没有任何方法可帮助我们立即辨识出新的文化形式甚至是要素，更不用说预测未来的文化形式和要素。①因此，描述当代的文化形式是有困难的，只有作为历史的或民族志意义上的文化形式，它们才会引起注意，对新文化形式的认知总是晚于文化形式的出现。文化形式的认知问题与其变化速度紧密相关。当变化速度快时，用于比较的材料就多；当变化速度慢时，用于比较的材料则少，甚至完全缺乏。这尤其体现在两个变化阶段经由几代人才完成并且未留下任何文字记录的情况下。在欧洲文化循环过程中，不同族团（或族体）对这些问题兴趣的增长，主要受被观察现象变化速度的影响，而不在于文化

① 关于未来社会和经济活动形式的各种理论，不过是有意识或无意识欲望的一种合理化。这类现象是文化变迁过程中的一种反应，而不是对当代文化形式的认知。

持有者的聪明程度和文化丛的相关属性。[①] 此外，还有一个因素会影响到对文化形式的认知。这一因素是族际环境带来的压力变化。我们认为，在主导性族团化过程中，这两种心智丛因素非常典型，因此，在特定的文化适应中，主导性族团化过程很可能会导致科学的成长，这一过程是不依赖构成主导性族团的人群所遗传下来的思考能力的。[②] 通过这一点，我不想否认某些“遗传的”有利因素和不利因素对一般意义上智力工作的影响。在具有复杂文化适应能力的族团中，出现了一种新的状况，即选择出适合思考的一组要素。这组要素对整个族团的思考能力有积极影响。这组要素和选择机制的衰退，会导致族团思维能力的普遍下降，从而在族际环境中的竞争力也下降。在族团（和民族）的历史上，这类案例很多，一些观察者认为不同族团思维能力的差异是自然选择的结果，而另一些观察者则认为不同族团的智力是相等的。与上述两种观点密切相关的是第三种观点：族团，尤其是处在成长状态的族团，其智力工作的能力由构成族团的个体传递给下一代：个体的数量越多，就越有可能产生有思想的个体。其实，特殊的智力才能与有组织的选择都是重要因素，但若在族团内部无变化、无族际压力的情况下，智力将不能发挥作用，局限在特殊的适应领域，其他族团甚至不能注意到它，这对环境认知没有任何益处。[③]

因此，族团对所处环境的认知过程，必须被视为有关族团的人口数量、在族际环境及文化适应过程中发生的变化的一个函数。族团的文化适应包括体质上的适应（遗传因素）以及组织化的适应（被认知的和未被认知的选择机制）。

除了这些因素，还有一个更深层的原因限制对环境的认知，尤其体现

① 科学方法论的专门发展常被归功于历史学家，其实这不过是文化丛的一个组成部分。通过知识积累和概括所解释的科学进步相当于同义反复。

② 相信智力的优越性，也是主导性族团化过程的典型特征，有其生物学（或民族学）的功能，因为如果不相信这一点，主导性族团就会失去领导其他族团的能力。

③ 在一些族团的具体案例中，我们可以对智力的具体运用做一推断，智力会表现在心理学意义上的自我认知能力，同时支持宗教在道德方面的规范，以及对想象世界的归纳。在这些情况下，作为族团功能的一个部分，心智丛会完全失去其功能，族团的智力能量的输出是徒劳的。

在族团的心智丛。一个族团的心智丛是不能够被抽象归纳的，当新的文化要素引进后，心智丛已经不是原来的样子，文化适应会带来心智丛或多或少的改变；对于环境或心智丛新知识的获得，会影响整个文化丛，导致心智丛的进一步重建。心智丛的新形式必须被重新认知。这里所言的认知，是指整个族团至少是族团中的主导性群体所达到的程度。事实上，可能会存在一些对自身文化有完整认知的人，但这些人对其所属族团的其他人没有任何影响，因此确切地说，他们不是真正意义上的族团成员。

很明显，这一局限是族团不能逾越的。

前文所描述的是族团向积极方向变化的情况。这些情况与处于衰退过程，尤其是处于迅速衰退过程的族团不同。事实上，对于这类族团而言，其衰退的每一步，都会使自身的文化丛简化，这类文化丛是很容被认知和理解的。不过，只有衰落过程在短期内被注意到时，对文化丛的认知和理解才是可能的，具体不会超过一代人的时间。如果族团的衰退过程十分缓慢，就不会为认知提供任何可供比较的资料，这种情况下，特定群体中至少会保留某些思维要素。第一种情况，如果思维群体（the thinking selecfed group）受影响，这一认知过程会更早受阻碍，以致整个族团会呈现出心智衰退的图景（在高度分化的族团中这一现象十分频繁），其实这不是整体人群的心智衰退。第二种情况，如果思维群体没有解体，认知的过程没有受到阻碍，尽管族团存在实际上的衰退，却给人以充满生机的印象。[①] 第三种情况很少见，因为族团向消极方向变化时，经常会发生解组现象，在此状态下它不能发挥此前的功能，心智丛的功能也随之削减。应该指出的是，这里指的是族团的心智丛，而不是那些在各方面都维持良好认知能力且在人群脱颖而出的个体。[②]

① 这种情况是主导性族团衰退的第一阶段，依然处于相对稳定的状态。

② 受社会分化过程影响的族团，会伴随着新的潜在的族团之形成（一种强烈的离心运动），分化的族团会得到大量关于环境认知的资料。对于所有的分化族团而言，这些比较性民族志资料是可利用的。在最终解体之前，这些分化的族团中仕仕会产生“思想者”，这并非偶然。就对环境的认知而言，受社会分化影响的族团与受族际压力增长影响的族团之间的情况相同。事实上，关于族团特点的说明也适用于分化的社会群体（尤其是处于解组过程之中），因为社会群体的性质与族团并无二致。

我注意到，在某一时刻，如果一个族团能清楚理解自身的社会组织、经济体系与“运作”的心智丛（顺便提及，这是教育工作者和科学家的目标）①，这通常意味着它已经处于衰退状态。② 事实上，这一现象也可通过生物学秩序、人口变动以及族际压力变迁等因素来辨识。

有一类特殊的族团衰落情况容易被忽略，即在影响到“人群”中的大量群体的重要战争或“革命”过程中，伴随着族际压力的普遍减小，一部分特定的人群会消失。族际压力的减少未受到过多的注意，因此这一过程影响到所有受族际压力影响的族团。战争过后，思想的清晰只是部分与经验的增加有关，主要取决于族团的暂时衰落和短期内族际关系的相对简化。③

正如我已经指出的，用于认识自身文化的比较性资料可以通过族际环境获得。但族团自身做不到这一点，只有经科学家将相关知识进一步传播给大众。不过，其中也存在很大的局限因素，即对文化丛认知的时间（至少一代人）以及把知识传播给大众的时间（至少两代人），这一过程中，文化丛经历了进一步的变化。在族团化过程中，主导性族团的自我认知几乎是不可能的，因此它必须创造出一种历史中没有出现的新的文化形式。对这一文化丛的认知可能是假设性的知识，只是基于此前形式的一种推断，它甚至是科学家也不能充分认知的文化丛。有时在所属族团文化发生非常本质性的变化前，科学家没有时间将认知传播给大众，主导性族团对文化

① 事实上，这样的野心具有专业化特征，不然职业将不会存在。正如我已经说明的，教育工作者的功能比人们所认为的更为温和，即将过去的知识传给下一代，现在处境的知识已超过了职业教育工作者的知识范围，族团（或群体）中的大量人群正在经历迅速的变迁。

② 在族团内部，当处于这一状态的时候，我们会注意到“清晰思考”“愤世嫉俗”，以及其他被视为具有“主义”属性的东西，这些现象也是同一过程的一些表现，在具体实践中，这一过程可以在研究分化的族团单位（尤其是民族）时感受到，这些族团正在消融成一些变化的社会群体，这些社会群体处于族团的分化过程中。在那些小规模的、简单组织的族团中，这些过程十分缓慢。

③ 我们谈论某个人自身的时代是十分危险的，目前欧洲人群大众（民族或族团）的心智状态无疑受两个因素影响，经验以及文化倒退（文化丛简化的意义上）的发展，更为明晰的是，人们意识到不能够控制这一过程。

丛认知的不可能性，源于心智丛本身的性质。①

在一次又一次对族团（或族体）的自我认知问题进行考察后，我们可能会得出结论，这类认知和理解基本是不可能的。一旦认识到这种状态，文化丛的再适应就会发生，族际间的平衡将消失，拥有这类知识的族团会成为永久性的主导性族团。这会导致其他族团被歼灭，或者是主导性族团在整个族际环境的斗争中消失。在第一种情况下，如果没有新的分化发生，就会立即出现对进一步适应的阻止（因为没有族际环境），以及整体的衰落；如果进一步的分化发生，就会失去此前获得的团结和利益，心智丛会立即受伤害。科学具有无限能力的观念，似乎是欧洲文化中主导性族团的一种心理机制。如果没有这一观念，欧洲文化貌似不能发挥功能。事实上，同样的观念在非主导性族团中只是对族际环境的反应。②

当我们以文化丛的认知问题考察文化丛时，可能很容易理解通古斯人心智丛的情况。其一，在目前的情况下，通古斯各群体不是主导性族团，

① 对既有文化丛缺乏认知通常参照科学的“贫乏”发展来解释，的确，例如目前的文化丛调查都局限于其简单方面，例如社会组织、政治组织（只是社会组织的一个方面）以及经济系统，这远不能对整体的组织及其功能做全面的描述。因此一些关于政治科学的著作中，经常给出的都是对简单感知到的现实之命名，例如“体制”等，但实际起作用的机制未被分析和呈现。最好的理解社会现象（心理方面）的方法甚至没有描述这一方面的机制，尽管后者只是这一任务的一小部分。理解经济系统的最好方法——数学的和统计的——的目的是希望通过对过去资料的了解，更有利于当下和未来的发展。但即便利用这种方法也不能对当前的文化丛进行呈现。科学的创造可以让我们对这些文化丛的当下和未来情况有清晰的理解，这可能仅是一个梦，因为这些科学实际上的角色是像应用科学一样发挥作用，或者合理解释过去，如果族团向积极的方向发展，则对当下的状况不能够认知和理解。如果我们记得除了这些文化丛一直在变化，一些族团的体质特征也会发生重要的变化，这些变化会影响到其他文化丛，这方面不能被立即发现，只能在将来呈现。一个有趣的例子是俄国，在其文化发生了整体的简化情况下，人们正在尝试一个预先计划的详细系统。当这一文化被创造出来，貌似根据特定的计划运作，发明者就会失去对这一过程的控制。现在需要对创造者本身的社会分化和心智丛等问题进行专业的调查，因此，尽管现存的文化丛是相对简单的，他们发现自身处在比其他实验者更为艰难的位置上，因为他们尽最大程度地消除了控制族团的思想因素；他们需要一个严格的、简化的模式以理解现实，阻碍用科学的方法探索这些问题。在其他族体（民族）中，也存在这样的趋势，但这些族体在具体实践中并没有受到这一体系的很大影响，因此这一体系仅是功能性的，但是在俄国这一体系是瘫痪的。

② 这一观念也由专业人员持有，他们依靠科学为生，为了使自身在社会中更重要。但这种情况与科学无关，它不属于潜在于科学家内心的动机。

但其中一些群体过去可能是主导性族团；其二，一些通古斯人正在经历衰落或完全的解组的状态；其三，对文化丛认知的缺乏并不是通古斯人的独特特征，而是一种普遍现象；其四，由于通古斯人文化丛的数量不是庞大的，它比那些数量庞大的文化丛更容易被理解；其五，心智丛的一些方面，例如心智生活，被通古斯人很好地研究，并使用有弹性的假设主题即神灵象征加以表达。

153. 文化丛的自我管理

我们发现的很多例子表明，通古斯人各群体和满族人之间的心智丛不完全相同。所描述的所有心智丛一直处于变化的状态之中。心智丛的变化源于多种外部因素，也有族团内部的原因（主要与人口的变动相关）。心智丛的上述变化是正常的，而僵化的、纯粹的心智丛对其顺畅地发挥功能则是障碍，由于这个原因，心智丛本身经常发生变化，因为只有这样才不会失去适应能力。

心智丛的再适应和调节，会在一系列的变化中表现出来。在实际经验中，具体体现在观点的差异、对特殊问题认识的不确定性等，这些表现并不说明心智丛或族团缺乏平衡，而是一种可称为“变动的平衡”的情况。为了辨别“变动的平衡”与“失衡”，对于族团和心智丛状态形成正确的认识十分重要。对文化丛，尤其是心智丛的机制进行分析，能够呈现出变动的平衡之特征，并与失衡相区分。

实际上，有两种运动——一种是文化丛及其包含要素的复杂化，另一种是文化丛及其包含要素的简单化，两种运动都是对文化丛适应的一种表达。这种适应可能会对文化持有者（族团）有益，也可能有害，抑或毫无影响。

正如其他类别文化丛所体现的那样，心智丛的变化最主要发生在代际传承过程中。从再适应的角度看，在心智丛传承的过程中，一些文化要素可能丢失，保留下来的文化要素可能得到新的阐释。甚至传承心智丛组织（如家庭系统、不同类型的学校教育组织、社会群体等）的微小功能失调，都可能带来心智丛要素的部分缺失，甚至完全缺失。在拥有书写记录的族团（或群体）中，这种不测之事的可能性大大减少，但对只拥有口传与模仿传统的族团而言，情况则不然。[①] 心智丛要素的变化也可能由于下一代拒绝接受（或者前一代人拒绝传承）某些要素，其原因是这些文化要素的旧形式和功能不切实际，需要经历形式和功能上的改变。心智丛的传承可能发挥变迁的作用，它属于心智丛通过再适应机制进行自我管理的一部分。

我们已经发现心智丛因教育系统崩溃而失去其中要素的情况，例如满族人不用满语教师。后贝加尔地区的驯鹿通古斯人拒绝了旧的文化丛，年轻一代为了满足俄国市场的食物需求，毫无节制地狩猎。类似的情况体现在通古斯人对基督教的普遍接受上。满洲的通古斯人没有将其射箭技术传给下一代，因为后者已使用火器狩猎；老一代人猎人把放弃对射箭技术的学习解释为此技术的过时。在满洲的驯鹿通古斯人中，与氏族组织解体相伴随的是，全部的氏族神灵被人们遗忘，因为氏族组织已不复存在。

但是，心智丛最有意思的适应机制，是变化过程的滞后。这一机制涉及十分复杂的形式，我将讨论一些相关情况。

最为普遍的形式是：（1）对新的文化要素和文化丛缺乏理解；（2）族团的负面态度。当新假设甚至事实被提出时，如果需要通古斯人做巨大努力去理解，他们往往会将假设和事实暂时搁置，并在实践中予以忽略。新假设和事实与既有观念非常有可能冲突，历史上存在大量此类情形，尤其是科学发现。通古人文化丛中也存在一些这方面的情况，这可在拥有不同寻常智力的个人中间观察到。当然，这些情况未被记录下来。直至今日我们也不能肯定亚里士多德的著作在多大程度上为其同时代人所理解，如其胚胎学思想近年才为欧洲人理解。当然，在这个例子中，亚里士多德所出生、成长的族团没有一直延续下去，并出现了明显的文化衰退，欧洲文化在很长一段时间里都落后于欧洲的科学成就。一个十分著名的例子是，孟德尔发现的遗传学定律很长一段时间里不为人知，主要由于这一知识在孟德尔生活的时代过于“早熟”。达尔文主义，这一革新性的教诲几乎不能被

① 不过，这些书写记录甚至可能会消逝，例如满族的情况，因此心智丛的消失过程可能会因书写记录的存在而加快。

孟德尔时代的人消化。马尔萨斯的人口理论，由于不能被认知，而被争论了一个多世纪，直到最近才得到完善。比利时数学家维尔赫斯特 19 个世纪 40 年代著作中提到的人口数学理论，根本未被注意，最近才被珀尔重新重视。有一案例十分有趣，18 世纪中期伟大的俄国科学家罗莫诺索夫很少为外国人所知，人们最近在俄罗斯科学院（圣彼得堡）所藏其个人手稿中，发现他关于物理化学原理的阐述，人们只有根据近期的一些发现才能理解其理论。[①] 几乎在人类智力活动的所有分支中，都能发现新观念的创造者。必须承认，大量类似情形直到目前还未被理解，因为目前文化适应所取得的成绩与过去的伟大发现之间的鸿沟还未弥合。我这里列举的只是被记录（出版）下来的事例，还有一些伟大发现从未出版过。其中有两个原因：其一是作者的著作因不能被理解而遭到资金支持上的拒绝；其二是一些作者意识到其观念提出得过早，同时代人不能理解作者的观点，对自身著作在“人类未来”中的应用能力没有信心，因此没有出版。这一态度也体现在不做定论的伟大科学家的作品中。上述这些例子足以证明，一些人提出的观念和事实得不到同时代人理解是十分普遍的现象，同时代人只会接受那些与自身认知水平一致的观念和事实，如果这些观念和事实间的差距太大，就只能为人们所忽略。在有书写传统的族团中，这些书写传统有时会被记录下来，大部分不能发表；而对于无文字传统的族团而言，相关发现会随着其发明者一起逝去。正如前文所述，心智丛与社会和技术适应、文化丛变化之间紧密相关，后者也给心智丛带来了严重的约束。

心智丛通过消极反应对自身进行管理主要采取两种形式，即有意识和无意识的拒绝。第一种形式相对简单，族团会出于不同原因拒绝接受新观念。例如，新文化要素可能与既存文化丛之间存在矛盾。在非常普遍和简单的案例中，当不同文化丛，例如对宗教有害的观念、两种冲突的宗教、互相排斥的文化要素突然结合在一起时，拒绝态度会自动产生。当新文化丛未被理解时，拒绝甚至会采取一种模糊的形式——只是为了合理化不可能接受的态度，而真实的原因则未被提及。例如，文化要素或文化丛若是

① 据我所知，他的作品很快就要出版了。

由不值得信赖的人或“不友好”的族团提出，人们可能会拒绝。排除这些原因可能更有利于接受新的文化要素，但很可能会出现一些原因，为此无论如何都要拒绝新文化要素。

拒绝机制的一个重要因素，是心智丛构成要素的书写记录的存在。其实，如果人们认为书写记录是“正确的”，并方便获得的话，那么简单查阅相关资料就可拒绝那些与书写记录不一致的文化要素。因此，有书写传统的族团，会运用有力手段传播新文化要素，通过增加书写记录的神圣性，中立新文化要素的破坏性影响。由于人们对天才优越性的认可，其影响会持续很长一段时间，从而导致对新文化要素的借用延后。此外，书写记录的增加会湮灭其控制性特征，因为人们没有精力完成大量的阅读，这些书写记录在新一代人中会庸俗化，在新一代人手中这些旧文化必须适应当时文化的新需求。[①]

我们已经讨论了书写记录对通古斯人文化土壤的影响，例如满族萨满教的文本化，导致其在进一步适应过程中发生明显的功能衰退。作为无意识拒绝机制，心智丛的延迟变化更为复杂。为了阐述这一现象，我将呈现一些具体形式。在有许多分化群体的族团中，最普遍的情况是分化出一类特殊群体，其功能是承担特定门类的工作。当然，有一些特殊的职业群体，不会吸收与其观念不同的外来者的加入。这方面典型的例子如垄断某些机构和学术期刊的“学派”以及控制宗教信仰和救赎制度的“宗派”等。下文会提到这种特殊化的机制：确立什么是正确的、拥有稳定收入的功利算计、控制他人的野心、维持与持不同观点之群体间的团结从而维系整体族团内部的向心运动。对一种新的观念、文化要素或文化丛的拒绝可能通过剥夺其作者思想的传播而实现。更可怕的是无意识拒绝机制的力量，当涉及其他社会群体时，例如工商业群体投入资本来促进科学发现或开发新的医药、文学作品以及影片等，任何减少其利益的事物都会被拒绝，不会进一步考虑。

在这些方面，族团会无意识地延迟引进新文化要素以促进心智丛的变

① 这方面的例子有很多，马尔萨斯的理论在庸俗者手中被转换成大量的避孕手段；达尔文理论在庸俗者的手中成了“生存斗争”；马克思的阶级斗争理论成为抢掠的合法依据；相对论成了“一切都是相对的”。这些理论形式，只是适应了既定的文化需求，它们被添加了新的要素，对理论提出者的著作没有任何讨论。大量这类事实可以在相关评论性的著作中找到。

迁。在特殊化机制的极端发展中，这类群体可能合法化为一个固定群体，并由此带来如下结果：较大规模的族团内出现离心运动，特殊化群体与大众之间的关系会出现明显分裂。

北通古斯人中只存在上述情况的趋势，但在满族人中却出现了僧侣和玛发群体（参见前文“玛法信仰”部分），这些群体还谈不上是学者群体，未达到十分独立的状态。满族人中也出现一些萨满，将自身与“普通”大众对立起来，在一些情况下使萨满传承局限在特定的家庭中。不过，正如前文所述，这一趋势受到了与氏族功能关联的所有体系的遏制。

对新文化要素的普遍态度，通常可以被概括为“保守主义”、“自由主义”或“激进主义”，用于表示基本的心智状况。这些是在政党制的国家中，于特定政治环境下表现出来的非常复杂的现象。当政治学成为一门专业后，对新文化要素的态度表现得更为复杂。实际上，首先，某些心理状况与个体的生理特征甚至是体质特征有关。不同的生理—体质特征者可能对创新（新文化要素）产生不同态度，这些心理状况涉及不同个人和机构。这些态度中可能有负面态度，对任何新文化要素都持反对意见；也可能是漠不关心的态度；抑或渴望变化和新文化要素的引进。这些基本态度在心智平衡系统运作的过程中可能会增强。当个体心智不稳定时，不同类型的反应态度可能转变成超出正常现象范围的行动，而那些内缩性的反应态度（漠不关心的态度）同样是不正常的。众所周知，当心智不稳定或漠不关心态度出现时，其中一定包含了大量与之相关的生理—心理要素。因此，这些态度类型出现的频率，在某种程度上与体质特征有关。①

第二个条件是对文化丛变化的现实可能性等知识的掌握程度。人们很少能够依据渊博的知识进行预测，而是运用充分的想象力考虑新文化要素对整体文化丛的影响；但在很多情况下，人们仅是根据“直觉”来猜想，不同个体的实证知识、预测能力以及直觉能力是十分不同的。

第三个条件是目前族团变化的速度，以及特定时刻的循环增长（参见

---

① 当发生人类学类型、体质类型的替代或者仅仅是移民时，都会显现出这方面问题的重要性。在战争中，一些群体的衰减也会产生同样的效果。

导言，第 30 页）——如果存在的话。这是十分重要的条件，它有助于扩展视野，并对已经历过的变化再次发生的可能性做心理准备。

第四个条件是心智丛和一般意义上文化适应的变化的起点，以及个体对这些变化的反应态度。

第五个条件是族际压力。对族际压力的增强或加速，族团内部会发生回应。

第六个条件是基础环境的变化，尤其是太阳产生的能量，很可能还有地球以外其他能量。

上述所有条件，是总结个人应对变化而产生的行为理论。很明显的是，这一机制可能会导致心智丛变化的加速或延迟，变化的结果依赖整个族团的平均心智能力，族团中个体的数量也会影响到平均心智能力。在族团的生命中，变化机制的弹性是心智丛正常发挥功能的重要条件。如果这一机制没有弹性，族团就会分化成不同的团体（尤其是政治部门），甚至进一步分化成不同的族团，不过这一过程经常会被阻止，因为它可能会导致更大单位[①]的

① 上面指出的在特定条件下，由不同反应态度所带来的群体分化，千万不能直接转换成政党团体。首先，大量的案例表明，其中没有原创性的发明（适应），只是对其他族团的简单模仿，因此，它们不能反映相似态度个体的实际组合情况。其次，所有的政党，就其领导者所体现的情况而言，实际上没有反映出人群组合的情况。事实上，对于领导者的要求是，他必须是一名优秀的演讲者，通常文笔也好；他必须具有作为一名“领导者”的特殊能力，其中真诚通过模仿艺术进行表达。因此，这一文化丛与一定程度的傲慢、玩世不恭以及不道德相联系。再次，在具体的欧洲各文化中，大多数政治家成为以此为生的职业人士，就像律师和记者那样，其观点意在方便获取生存资源。这些不利的状况将政治领导者的范围局限在一小部分人身上。如果有额外要求的话，例如英俊漂亮，如果从常态和心理能力来看，这一选择就更不利于将最好的要素组合在一起。因此，我们可以假设，那些经过长时间适应的族团，采用建构巨大的管理体系来管理自身，不能通过政治领导者表现出来，因为政治领导者不能代表族团和国家中最优秀的人。事实上，这种观点可在政治选举中观点的突然变化中看到，并不与不同心理态度人群的百分比相对应，因为大量的人口在使自身适应过度膨胀的政治设置时，通常使自身适应政治机器的特定测量手段。这些群体中真正发生了什么人们很少知道，因为通常的政策只是阻止普遍的不满意的发生，而不是进行统治。由于这个原因，经常会发生一些未预料的情况，带来“误解”以及由运营带来族团能量的大量消失。由于上述所有的原因，上述解释框架只涉及构成族团的不同人群。但是，在保持必要警惕的前提下，通过对政党这样一个复杂的民族志现象的分析，可以看出人口的实际状况与政治体系之间的冲突。在一个国家中对议会系统的拒绝不仅因为战后的文化衰退，还有更深层次的原因。这一研究十分困难，因为对所谓文明群体的民族志尚未有十分认真的调查，大量的利益卷入其中。

溃散。

在通古斯人和满族人中，我们不能观察到一定数量持有相似反应态度的个体构成的群体心智丛的再适应机制，主要源于以下两个原因：其一，如前文所述，大部分群体在被调查时，正处于主要源于族际压力的暂时的或最后的解组状态；其二，由于关于这些群体早期心智丛的记录是稀少的，分析其变化是困难的。不过，通过直接观察不同群体中大量个体及其所处情境，可以发现，不同个体因变化的环境而产生的各种反应态度，其中大量个体的态度正处在变化的节点上。

这一分析的结果是，把通古斯人普遍概括为“保守的”或“激进的”都失去了科学意义。甚至在未受心智紊乱影响的情况下，在较短的时期内，通古斯人会因心智丛的变化而改变其行为。

在“心智丛的自我管理”的标题下，我讨论了上述状况，说明心智丛的变化需要保持特定的速度，以回应文化适应的其他部分的变化。当然，通古斯人并未认识到这一机制，同样其他族团也不能认识到，因此，我们千万不能把心智丛的“正常波动”误解为心智丛的真正失衡。

154. 心智丛的失衡

我用心智丛“失衡”这个术语，来表示这一丛体的如下状况：一方面，心智丛不能满足族团对环境的必要认知需求，心智丛与族团之间形成的关系不可能保证族团的生存；另一方面，心智丛自身在运作过程中缺乏平衡。第一种情况可通过历史的观点进行理解，即通过比较族团在不同时间点上的情况。事实上，这种失衡只有在环境条件发生变化，或认知能力突然倒退时才会发生，在这种情况下，心智丛内部是十分稳定的。

我们可以假设，在迁徙之后，如果过去心智丛不能适应新环境的话，大量的族团会立即消亡、解组、被吸收或同化。当族团被置于新的环境中，也会发生同样的现象，但其消亡方式却是不同的，即过去的心智丛不具有适应性的情况下，新的心智丛会产生，但整体文化丛却不能对环境做出有效的抵抗。这种情况在本书探究的通古斯群体中十分普遍，同样的情况也发生在新文化要素或文化丛传播的条件下。当族际压力缓慢增加时，族团有时间实现自身的再适应。它通过吸收新的文化要素和文化丛，让旧的文化丛发生必要的改变和适应。但若心智丛的自我管理机制失效，新文化要素的引入对族团就十分危险。

在族团思考要素部分毁坏的情况下，其认知能力可能会突然改变。思维要素部分消失的原因，可能源自与相邻族团的战争，也可能由于族团的内部斗争（如“革命”）。另外，拥有不同能力的体质类型的替代也可能发生（这是一个十分缓慢的过程，因此有足够的时间再适应）。大量的外来文化要素涌入并被整合到族团之中。但若对外来文化要素的整合没有影响到不同人群的思维机制，思维机制发生变化的可能性很小，但如果思维机制发生改变，那么此前的族团可能会解体。游牧通古斯人属于这种情况。

由于自我管理机制的缺陷，心智丛的失衡时常发生。如果自我管理的功能失调，会产生两种现象，即心智丛的效率会低于或高于族团的实际需求。第一种情况带来的结果是族团文化适应滞后，从而降低其在族际环境中的价值；如果心智丛自我管理机制的能力下降，不能满足文化丛适应的需求，就会导致文化丛的整体衰落。[①] 在第二种情况下，会发生不同的状况，例如从人群中分化出来的特殊群体的解体；文化适应方向的改变，如将自身的关注点局限在对于整个族团而言不太重要的问题上；理论想象和现实之间的冲突，带来人们对思想者的普遍不满；还有其他各类形式。第二种情况带来的具体效果与第一种情况相同，即族团适应能力的缺失，进而在族际间的价值相应减少，尽管第二种情况下，族团表面上会给人以“光辉”的印象。不过，这些情况会在心智丛的一定范围内波动，一段时间过后心智丛自我管理的临时性功能失调会消失，其内部平衡恢复。因此，这类功能失调可能会在族团心理没有发生任何重要变化的情况下出现，或者族际压力没有改变，这只是心智丛持续再适应和调整过程中的一

① 这种情况十分普遍，例如：当心智丛的自我管理失去效率时，就缺乏将引入的文化丛组织起来的能力，例如一场强烈的“职业化”运动，其他群体的干预等；当这些相似的反应态度僵化，这一过程则会循环往复。

个缺陷。

我们发现，心智丛与通过体质和行为来定义的遗传因素，即从功能角度所理解的生理特征有关。不过，只要不超出生理特征得以形成的环境范围，生理特征就会正常发挥功能。

遗憾的是，我们目前还不能对影响生理特征变化的普遍因素做出概括。但是，特定的事实表明，在如下状况下生理特征的功能会发生偏离。持续的营养不足（比较普遍发生的现象之一）会带来生理行为的重要变化，例如表现在阻碍发育、有用能量的生产低、生物性活动普遍减少，这些对儿童的性别有决定性的影响。另外，未超过特定范围的营养过剩会导致生物性活动的增长，而超过特定范围则会导致生物性活动的降低。太阳能的供应也如此，其具体形式不仅包括热量，也有光（一种复杂的现象）、粒子形成的放射性光线、空气以及水等。尽管生理特征在地球环境中的弹性是巨大的，生物对特定地域长时间适应基础上产生的是最适宜的生理特征。很明显的是，在人类族团适应环境的过程中，文化丛只是各种环境可能性的进一步延伸，文化丛的容量与人口密度紧密相关。生理特征也在一定范围内变化，其稳定性不及基础环境。事实上，在达到某种特定适应形式的过程中，族团生理特征会偏离其最佳形式，逐步与文化丛相适应。当然，我们在理解族团的文化丛时，也要考虑到生理特征。这一点体现在族团（或群体）的文化丛失去功能时，如第一次世界大战期间和结束后欧洲人群中发生的事情。①

人群中任何生理机制的变化都会对心理现象产生影响，更不用说在食物中发现的特殊化合物可能在很大程度上影响到生理和心理行为。最普遍的化合物，例如盐和脂肪，都会对人的行为产生直接影响。由于个体行为与这些状况相关，因此组成族团的人群不能对个人行为的改变漠不关心。

我们更熟悉一些处于饥饿状态的人群，他们有时会表现出十分反常的社会态度，即：（1）对什么都漠不关心，集中精力寻找食物；（2）反抗真

---

① 尽管由于气候变化引起的周期性饥荒可能对族团的影响很大，后者可能在一定程度上适应了周期性的过剩或饥饿，有时会导致出生率、死亡率的不规则，因此，这些影响不如突发的心智平衡的变化的影响大。

实的或想象的引起饥荒的原因。这两种行为对于族团的良性运行而言都是不正常的，会引起心智丛功能的暂时失调。不仅这些普遍的与重要的食物供应机制会带来心智丛的失衡，甚至缺乏一些不太重要的化合物，乃至饮食习惯的改变都会产生影响。在对一些禁令的实验中，尤其是禁止喝酒，几年后会产生犯罪率的升高或下降，以及兴趣的改变等。实际上，食物领域的革命也有社会影响，后者也会影响到心智丛。①

最后应该指出，心智丛也会受到因模仿而产生的大众精神紊乱的影响。我们已经观察到，一些观念和行为丛可能通过个体的模仿出现，我现在不想讨论在什么情况下这些观念和模仿行为可能发生。很可能的情况是，如果族团过去未经历过心智不稳定的状态，当族团十分稳定时，② 这些观念和有害的模仿行为不可能发生；由于族团环境的波动在通古斯人中十分普遍，通古斯人中几乎包括所有的神经官能类型，具有扰乱性的模仿行为可能会发生。当特定人群受到影响后，就会在不同的范围内发生大众精神紊乱。③

前文已经指出了这些条件，即：（1）心智丛对族团中出现的新状况不能掌握而造成功能失调；（2）思维机制的退化；（3）心智丛自我管理系统的缺失；（4）生理—心理紊乱；以及（5）精神紊乱，可能会在没有外在因素影响下在族团内部产生。不过，在族团的整个生命中，族际环境所带来的扰乱，会比内部影响带来的扰乱更为普遍。

族际环境造成的扰乱影响可以是直接的，也可以是间接的。第一种情况包括各种形式的压力，尤其是军事压力，这些压力必须被清楚地意识到，有时还需要反抗。实际上，面对这样的危险，需要神经和智力上的巨大努

---

① 例如，俄国的通古斯人中禁止售卖酒（第一次世界大战初期），一些重要的仪式如婚礼和萨满教仪式中不允许饮酒，这带来了一种心理不安。这项禁令对俄国人的影响更强烈，包括生理和社会心理方面。禁酒令对美国人产生的影响貌似更大。

② 事实上，巴甫洛夫没有成功总结出狗的平衡性神经官能，但是他成功地总结了狗的其他神经官能类型。需要指出的是，从条件反射的立场上看，强烈的、平衡的神经官能类型是那些此前被称为“平静的”和“乐观的”类型，虽然具体的行为不同；而十分不平衡的种类是“易怒的”和“忧郁的”神经官能类型，会产生较弱的反应。参见《生理学和高级神经活动》，“遥感中心”，1932 年，第 1151 页以后。

③ 别赫捷列夫搜集了大量相似的事实，参见《集体条件反射学》。

力，对失去正常功能的心智丛施加影响。[1]

一个更为扰乱性的条件发生了，当反对意见表达出来，族团进入战争状态。事实上，共同体的成员都会经历直接或间接的危险，并反映在心智丛上。通古斯人的战争已于很长一段时间前结束，即在俄国人和满族人稳定控制通古斯人所占领地之前，具体是在12世纪，此时战争的发生很普遍。

异族占据部分领地而带来的压力，对心智丛的稳定性产生影响。事实上，外来族团对领地的部分占有，逼迫一两个人群的文化丛进行再适应。如果需要文化丛做出再适应，并且是突然地变化，心智丛的失衡很有可能发生，族团需要做出巨大努力以应对这些变化。如果人口减少，也会带来此前文化丛的逐步消失，但如果人口的逐步变化没有带来文化丛的本质变化，那么心智丛的失衡就不可能发生。[2] 在考虑变化速度的情况下，人口的减少是危险的。但是，一个“失败”的族团也会表现出因失败而产生的心智失衡，对未来失去了希望。与一般的族团相比，这对于主导性族团（或即将成为）十分危险。这些表现现在在通古斯人中也可以看到，例如不能应对汉人压力的满族人。

外来压力也表现在特定文化要素引进的过程中，会直接或间接地对心智丛的稳定性造成影响。心智丛不稳定的最普遍的原因即是变化的速度太快。事实上，一项新的技术发明需要社会组织再适应——新的专业群体随之产生对这一变化的新态度，其本质是新现象的“合理化”与传统的弱化。由此带来的结果是，任何其他文化要素都需要被纳入一个新的“再合理化”过程，为了维系这些要素，这一合理化的过程并不总让人满意。这方面的情况如几个通古斯群体都采用了火器，并与强大的族团间建立了新的关系。

---

① 有一天，我观察了打算与另一个族团进行武力冲突的通古斯族团之心智状态，这不是偶然的心智失衡，而是长期的、持续的心智失衡，这种失衡通过违反特定的习俗——婚姻，而被合理化（参见《北通古斯人的社会组织》，第221页）。

② 这是一个特殊的情况，族团不仅失去了领地和人口，同时其变化速度发生改变。在这种情况下，因为运动的惰性，能量没有得到应用和释放，心智丛的失衡是必然的。这种情况通常发生在战争之后，族团内部的不同单位之间容易发生持续的内战，这是一种内部斗争，这是一种“失败”的心理状态，有时是“革命”，心智丛需要发生很大的变化和再适应。错误的是，这经常被解释成战争的损失。

更为明显的情况是，新观念被引进和被接受后，会引起心智丛的革命性变化。

心智丛功能的连续失效（至少是暂时的）会普遍发生。这尤其体现在与原有文化丛相冲突的情况。例如，一种新的宗教系统、社会规范、艺术时尚的渗透会带来对此前心智丛的质疑，在质疑的新情况下原有的心智丛会停止发挥其适应性功能。人类历史上存在大量此类例子，最有趣的是最近学校教育系统被引进后，在各族团中产生的接二连三的不同程度影响。这种情况也体现在佛教与基督教在通古斯人中的传播。佛教的传播带来了心智紊乱的增加，具体表现为通古斯各群体大众与个人中存在的心智紊乱现象。不过，通古斯人中的这一现象没有什么特别的。神学教育在中世纪的欧洲传播时，也发生了心智紊乱（尤其是大众心智紊乱），由一个族团影响到另一个族团，十分普遍。可能存在一些体质的、生理的特征使心智紊乱更容易传播，但这一假设是表面化的。例如，在第一次世界大战中，因恐惧敌方间谍而产生的心智紊乱十分普遍，其原因在于战争中心智的不稳定，而不在于任何特殊的生理特征。精神病理学的某些方面也可在最近流行的性裸露、性展示以及美国舞蹈（黑人文化的一种形式）中观察到，这些现象几乎影响了第一次世界大战后的几乎所有国家。毋庸置疑，中世纪的大众幻觉、迫害的狂热（间谍）、性裸露以及其他现象都带来了心智丛的紊乱。在这些例子中，简单的模仿是明显的，而模仿与任何其他文化现象中的管理机制是相同的。

除了前文提到的“神灵”（尤其是与佛教有关的），我并未直接观察此类大众精神紊乱在不同通古斯群体中的传播，如同对“神灵”的接受和理解过程，通古斯人以同样的方式接受和理解大众精神紊乱。很难说清楚这种“奥伦现象”何时在通古斯人中传播，但现在仍可以观察到。当它采取非常独特的方式，并影响到人群中的大多数群体，就会带来心智丛的真正失衡。歇斯底里现象也是如此。但是，在这种情况下，个体的敏感性应该被首先考虑，如果敏感个体的数量多，族团所受的影响就大，如果敏感个体数量少，影响则有限。但这只是一个需要持保留意见接受的假设，因为大众心理现象的持续时间可长可短，甚至心智平衡的个体被置于大众精神紊乱的群体中也会受到影响。显然，在简单的模仿机制背后有更深层的原因。①

第 34 节 心智丛的自我管理

155. 自我管理

我已阐明，通古斯人各族团目前的心智丛，是它们对过去生存环境适应的产物。如果要理解通古斯人的心智丛，我们不仅要考虑这些族团的实证知识，也要考虑它们得以形成的文化适应、变化速度、反应能力、个体的遗传和发育特征，而且，我们还要兼顾构成文化采借来源和压力要素的族际环境。这些要素共同构成对心智丛的理解。但是，对于完整地理解心智丛而言，这仍是不充分的，我们必须在维系平衡的意义上，考察心智丛的自我管理机制。这一机制，对于族团在族际环境乃至物种之间的竞争压力下维持生存是必要的。② 但在理解这一过程方面，我们会遇到很大困难，尤其是考察无文字记录的族团。其实，正如我已陈述的，不能维系心智平衡的族团将会衰亡。因而，我们只能在特定的时刻观察到族团的心智失衡状态，因为关于影响族团乃至导致其解体的原因，未留下任何可靠资料。这种情况下，重构的族团文化丛及族际环境状况是不确定的，因此不能被视为既定的事实。

在大量的案例中，我们可以观察到通古斯人对已成负担的假设知识的再适应过程。神灵的重要性可能会逐步减小，因此这一假设不会给族团带来伤害；在另一种情况下，当相应假设的条件（通常是一种神灵）不再反复出现的时候，神灵可能会被遗忘；第三种情况是规范化，即惯例化表演

---

① 一个有趣的现象是在所谓“革命”过程中心智丛所发生的突然变化，相较过去出于维系族团安全所采取的意见和决定，族团意见和决定发生了变化，族团失去了适应意义上的行动能力。大众的领导者，如果能理解或者说猜到心智紊乱，就不会面临较大的技术困难。这一任务可以由那些没有完全准备好负领导责任却天真地把自己想象成“领导者”的个体来承担，而族团真正的领导则被拒绝。

② 这种压力甚至现在也存在，但其形式却不同了。作为一个数量巨大的第四纪物种，当人口增加时，物种间的平衡发生了改变，大量的其他物种尤其是哺乳类动物灭亡。

的仪式程式化并被书写后，假设知识的有效性会逐渐降低，直至完全失效；在以假设形式存在的心智状况未完全消失的情况下，即使假设被遗忘了，也可能再次出现，有时是通过向其他族团采借来达成。这类调查必须遵循这些假设及其实践的机制进行。

萨满教文化丛无疑表现了最完整的形式和功能，因此在被研究事实的基础上，我将提出结论。

我曾提出假设，即北通古斯人和满族人中的萨满教是佛教传播刺激的结果。但是，这并不意味着所有通古斯族团中都是如此，有一些通古斯族团是直接吸收其他族团中已经创造的现成的萨满教文化丛。

萨满教与不同族团群体或个体（有时是特定的地域）中出现的心智困扰紧密相连。萨满教作为一种文化丛存在，其产生的原因是满足治疗心智困扰的目的。只有在存在受到各种心智困扰个体的情况下，才需要表演者。这也是萨满教经常被认定为精神病理现象的原因，我不同意这一观点。在我看来，萨满教是源自心智丛自我管理过程的文化派生物。

这一文化派生物是逐步形成的，很可能是在通古斯人祖先遭遇佛教传播后产生的，作为一种新文化，佛教毫无疑问会对通古斯人的心智丛产生影响。我们发现，满族人的祖先女真人就引入了佛教，但这一过程并非没遭到反对。反对意见的目的是维系原初文化，保护族团（女真人）不受外来族体侵扰。我们没有办法把这一整合过程的细节描述出来，但是这并不妨碍理解当时女真社会的性质和特征，因为我们在其他族团中也可以发现大量类似情况。这是一种对新文化丛艰难吸收和适应的例子，导致了新文化丛萨满教的产生。我们也发现，萨满教的主要功能是管理族团的精神生活，由此我们认为这一管理需求是伴随着佛教的传播产生的。至于是不是佛教撼动了心智丛，还是其他原因，我们现在还不能回答。事实上，在女真人打败了契丹人后，人口数量急剧增长和领地迅速扩大，出现了新的族团，例如北通古斯人，很可能也有一些古亚细亚人都被整合到女真族团中来，女真人可能受到特定心智不稳定性的影响，这种现象可能独立于佛教存在；很明显的是，佛教提供了特定模式，其中的要素可以在满族萨满教中发现。

遗憾的是，我们对达斡尔人萨满教的历史信息所知甚少，达斡尔人萨满教不是古老的文化丛，其中有佛教的要素，也就是说，我们发现达斡尔人萨满教与满族萨满教相似。达斡尔人萨满教与满族人的萨满教应该有联系。如果我们记得，达斡尔人是契丹人的后裔，他们几乎与满族人在同一时期接受了佛教，契丹人居住在女真人祖先生活区域的西南部，他们从中原和中亚地区同时接受了佛教。契丹人接触佛教稍微早一点，可以说，达斡尔人的萨满教应该与满族人的萨满教几乎是平行的。我用平行主义，是指达斡尔人和满族人的萨满教文化丛有特定的不同之处，同时也有一些相同之处。达斡尔人的萨满教对我们而言是重要的，因为它们影响了北通古斯人，北通古斯人中的一支索伦人，在很长的一段时间里是达斡尔人（契丹）[①] 的附属群体，另一部分库玛尔千人、毕拉尔千人、后贝加尔地区的游牧通古斯人以及部分驯鹿通古斯人，[②] 都处在达斡尔人的巨大文化和政治影响之下，大部分或者说很可能是全部这些群体都从达斡尔人中采借了萨满教。这些群体的处境不同，如果说达斡尔人和索伦人共享同样的政治功能，索伦人自然会在与“契丹—达斡尔人”面对的相同情况下接受萨满教，此时索伦人处在族际压力和环境的巨大变化之中，他们的心智丛至少处于一种临时的失衡状态。很可能的情况是，最近跟随根铁木尔从满洲迁徙的通古斯群体也处于同样的境况之中。其他的通古斯群体则不同，他们来到南部的时候，遇见了半定居和定居的达斡尔人。他们很快失去了驯鹿，适应了新的生存环境，随着文化丛的改变，心智丛自然就不会十分稳定，所有人可能受到严重的心智失衡影响，这些情况对于萨满教文化丛的移植是有利的。在北通古斯人眼中，萨满教目前仍有重要意义，因为它借自文化上更为优越的达斡尔人。

从理论上说，居住在族团中间带的北通古斯人，还有一个文化借用的来源，即北部的雅库特人和西南部的蒙古人（达斡尔人居住在东南部）。就我对蒙古人历史以及雅库特人萨满教的了解，这些来源是不确定的。正如我在对通古斯人萨满教的分析中揭示的，蒙古人萨满教中的一些要素在通古斯人中也可见到。这尤其体现在布里亚特人的萨满教中。不过，大量的

① 参见《北通古斯人的社会组织》第 62 页。

② 他们由根铁木尔从满洲的达斡尔人领地带来。参见《北通古斯人的社会组织》第 62 页。

要素都是派生的，这些要素在通古斯人接触蒙古人之前，就已经被整合到萨满教文化丛中了。布里亚特人与蒙古人的文化丛并不一致，因此在涉及佛教问题上，布里亚特人可能与通古斯人处于相同的境地。雅库特人萨满教至少刺激了一些通古斯人萨满教的产生，这些通古斯群体很大程度上受到了雅库特人的压迫，如果雅库特人中有萨满教，这些群体就很可能毫不犹豫接受萨满教。这些群体由于两个原因心智失衡，其一是他们被迫在雅库特人的压力下不断迁徙；其二是受文化上“优越”的雅库特人影响。当我们考虑最后族团冲突的结果时，这一点十分明显。但是，应该记住的是，在俄国人出现之前，雅库特人和达斡尔人在黑龙江流域的盆地上就交流频繁，雅库特人的萨满教不仅继承了此前后贝加尔地区的族团的传统，而且也受到了东南部族团的影响。在这一情况下，雅库特人和北通古斯人的萨满教都受到了“契丹—达斡尔—女真”群体的影响。

值得注意的是，雅库特人很容易受到各种歇斯底里、“奥伦现象”以及其他明显的心智失衡的影响。他们可能被通古斯人所模仿，但现在这些通古斯人不再像雅库特人那样表现强烈。

最后，居住在满族人祖先生活区东北部的通古斯人以及古亚细亚人可能从满族人那里学习了萨满教。这些群体如果尔德人、奥罗奇人、乌德赫人以及吉里亚克人皆受到了满族人祖先的强烈影响，满族人的政治组织不仅让他们与通古斯人接触，同时也与蒙古人和汉人接触。在这些条件下，此类群体中的很大一部分貌似已经消失。实际来说，我们知道，当这些族团处在衰落状态，或者处在吸收新的外来文化丛的过程中，我们不可能假设它们的心智丛存在任何稳定性，这为萨满教进一步形成提供了有利条件。

对所有的通古斯群体而言，萨满教体系解决了实际问题。即在文化丛迅速变化或整体的文化丛突然变迁时，通古斯群体通过吸收佛教或萨满教，来管理这些变化带来的心智失衡。

通过对文化丛情况的描述和分析，我们可以发现，目前萨满教的主要功能是对个人或群体的心智困扰进行管理。实际上，如果我们考察萨满教在通古斯群体中实践的原因，大量事实使我们会得出如下观点：（1）神灵理论在很大程度上保证了扰乱心智的新假设产生的可能性；（2）公共性的萨满表演在很大程度上再现（模仿）了表达心智不稳定的特定行为以及带来困扰的原因；（3）萨满教式的治疗方法对某些困扰的检查为实践一种歇斯底里或类似歇斯底里的现象留下的空间。不过，这样一种理解萨满教的方式，即通过萨满教本身理解萨满教，对于从功能角度理解萨满教没有什么益处。毫无疑问，如果没有神灵理论，萨满教的表现形式是不可能的。但是，我们不得不承认，作为一个前提条件，神灵理论在某种程度上是独立于萨满教的，表演公共仪式的动力不仅在于萨满教的特征，同时也源自它是一种具有吸引力的文化丛。而且，除了萨满教，在其他族团中也能够发现治疗心智困扰的其他方法。萨满教实践的频繁程度可能会降低，但心智稳定性并没有明显恢复，这种情况存在于那些放弃萨满教的族团中，如后贝加尔地区的俄国化通古斯人、部分满洲的通古斯人，以及拒绝了萨满教转而实践玛法信仰的满族人。毫无疑问，萨满教背后存在更为深层的造成族团心智失衡的因素。

亨廷顿提出一个假设，认为西伯利亚各族团的心智不稳定来自环境。这一观点是值得借鉴的，心智困扰在西伯利亚地区的不同族团中普遍存在。这一观点认为，这些族团全部从南部迁徙而来，因为如果族团成员是土著居民，就会对理论上会影响心智稳定的漫长黑暗季节十分适应。因此，雅库特人、俄国人以及通古斯人在迁徙过程中出现心智不稳定。但是，西伯利亚地区也有一些族团不是新到来的。“北极歇斯底里”的心智困扰的分布比极端气候地区更为广泛，满洲南部、朝鲜北部以及乌苏里江流域南部都有这一现象，只有亚热带的民族会将这些地区的气候视为“严酷的”。

查普利卡持相似的观点，西伯利亚的不利环境条件，以及热带地区的不利环境条件——例如对于马来人，应该是“北极歇斯底里”的原因。事实上，环境的变化可能会影响到迁徙族团的心智丛，但不能被视为心智失衡状况的唯一原因，因为这些族团在没有离开居住区域的情况下，有时也发生心智失衡。正如前文指出的，在族团缺乏适应的情况下，可能会发生心智失衡状况，这可能源自族团环境的内部原因，可能源于族际环境的变化，还可能是因为基础环境的变化（尤其是气候环境的变化，涉及实际气候的变化、迁徙带来的气候变化）。因此，我们不需要对萨满教产生做“不利环境”的假设。

我们可能会问，在萨满教被引入通古斯人中并成为管理心智生活的文化丛之前，通古斯各族团之中存在哪些假设知识。我们对萨满教未被引入前通古斯人的心智状况所知甚少。通过构成萨满教的基本要素重构旧文化丛是危险的，因为萨满教可能取代了一些其他文化丛。但是可以肯定，在佛教传播之前（从年代学意义上），通古斯人的心智状况是不同的。很可能的情况是，族际间的压力更小；新观念的输入少；文化变迁的过程相当慢。同时，心智丛的适应能力，以及族团对变迁速度的适应能力都比较低。族团的迁徙过程导致其所处环境的持续变化。在这种条件下，族团中的心智失衡也可能像佛教传播时那样发生。

通过对前萨满教时代的通古斯人的考察，我们发现了一些事实，这些事实表明，通古斯人的文化丛、族际环境以及基础环境（迁徙原因导致的），都发生了变化。文化丛的变化，与母系氏族社会向父系氏族社会的转变同时进行。在通古斯人的文化丛中，我们发现了与此过程相伴随的外来亲属关系词语融入到通古斯人中。通过蒙古以及满洲的辖域，与阿穆尔河和勒拿河谷地毗邻的森林地区历史事实，我们可以推断族际环境的变化。与其他族团接触的通古斯族团不能对族际环境漠不关心：先是古亚细亚族团，然后是突厥族团以及蒙古族团，接着是汉人族团、雅库特族团以及俄国族团，不断给通古斯人带来压力。在这一过程中，大量的通古斯族团消失了，还有一些通古斯族团吸收了新的文化要素，借用了新的文化丛。南部的通古斯群体，即满族人的祖先，在文化和人口的交互影响中最先形成。很自然，每一次族团的瓦解、消失、被吸收以及重新改造的过程中，心智丛的不稳定都会发生。在此情况下，新的假设可能被创造，用来解释个体或大众的心智不稳定情况，在管理心智丛不稳定的过程中，也有新的方法被创造或引进。大部分假设和方法已被遗忘，还有一部分随着族团的解体而消失，我们几乎不可能确立假设和方法的最初发明者。

我再次强调，萨满教是心智丛处于不稳定状态时，进行自我管理的产物。它受族际环境影响，是族团适应环境的一种“内部应用”。在已知的事实下，我们考察了萨满教文化丛的形成、发展以及消亡过程。从这一观点来看，玛法信仰与萨满教有着同样的重要性，因为它也是在旧文化丛不能维持适应功能时，对心智丛进行自我管理的产物。实际上，作为包含特定要素的文化丛，萨满教在其他族团中可能发挥不同的作用。由于这一原因，我十分反对将萨满教视为“原始宗教”的学院派观点，因为我们不知道萨满教在“最初的通古斯人”中的形式。

在这些案例中，我们讨论了通古斯人对外来要素的适应，以及形成心智丛意义上文化丛的过程。对于这些，通古斯人并没有明确的认知。不过，在任何时候，在那些正在经历文化变迁，并处在巨大的族际压力下的族团中，都能观察到类似现象。在这一过程中，虽然一个功能性的、整体的心智丛没有被认知到，但其中包含的要素，经常被理解为一场“文学运动”、一场“宗教运动”、一场“艺术运动”、一场“政治运动”、“时尚”“观念”以及“公共意见”等。在心智丛的正常功能遭到扰乱时，会伴随着族团非理性的增长、精神疾病的增加，尤其是大众精神疾病，这些最后会成为暴力“运动”的托词，进而导致暴乱、罕见的“公民战争”以及“革命”。在族际压力造成的离心和向心运动带来的不平衡条件下，心智丛失衡往往会发生。心智丛失衡会引起不同类型犯罪的增长，一开始是反叛、打破社会秩序，最后是谋杀和盗匪活动。随着精神上受影响者数量的增加和犯罪活动的增加，会进一步带来族团的心智丛失衡。这种状况经常被理解为个人的生物性原因，[①] 或者是个人的坏脾气，认为他们必须接受惩罚、隔离或者是社会环境的再教育。上述所有这些“原因”带来的心智丛失衡表现，都被通古斯人用神灵假设知识来解释。

156. 管理现象

心智丛平衡一个最有趣的情况就是族团相信能够对心智丛进行管理。[②]

---

① 遗传学理论为这一解释提供了合法性，但这却只是问题的一个方面，而忽略了其他方面的原因。

② 另一个问题是管理在多大程度上能被认知；大量的案例表明，这一过程根本没有被认知，但再适应过程（特殊的变化机制）除外。事实上，存在两种不同的情况，其一是认识到需要变化，另一种是被认识到需要变化。这里我们只论述第一种情况，即那些相信能够对心智丛进行管理的群体。

我已经指出管理平衡的观念主要出现在主导性族团中。事实上，这一问题与“主导性族团化”过程紧密相连。因此，我们将再次讨论这个问题。

尽管从历史的角度看，主导性族团化过程十分简单，但它在很大程度上受到变动的族际平衡运动的限制。由于这个原因，在这种情况下，一些族团联合体会出现，与另一些相似的联合体或单一族团相对立。这就是大量的“民族”（nation），以及通过共同文化丛（如“宗教”）连接起来的人群单位形成之原因。还有一种情况，是族团的过度发展导致内部的分化，并以几个新族团的创生而结束，会有一个族团起到主导性族团的作用。“民族”、相似类型的群体以及过度发展的族团，可能会有较长或较短的存在时间。自然，只有较长时间的存在，才可导致主导性族团的出现，使主导性族团化过程更为稳固。

在族团形成的过程中，所有潜在的族团还没有形成，因此在主导性族团形成的过程中，会有一批潜在的主导性族团出现，但它们还没有达到功能上的固定化。在对主导性族团的定义中，我认为适应性的压力会导致族团成为主导性族团。[①] 事实上，每一次创获都需要心智丛的再适应，当整个文化丛变化得太快，就会出现心智丛平衡恢复的必要，以及对心智丛持续地再适应。那些不占有主导性地位的族团也要对文化丛进行同样的操作，尤其在族际压力变化很强大的时候，它们会从主导性族团中采借新的文化要素，因此它们不会把心智丛的再适应过程视为自身积极主动的行为，而主导性族团会将这一过程视为由自身主导的。[②] 事实上，如果这一过程被认

---

① 应该注意的是，在基础环境、族际环境变化的情况下，文化丛会发生变化。文化丛的复杂化和简单化变化都可能产生“正面”或“负面”的结果。不过，这都需要整体文化丛的再适应，包括心智丛。因此，在特定的历史时刻，族团旧文化丛可能失去并逐渐简化，过去的文化适应形式消失，发现了新的文化适应形式的族团仍可成为主导性族团。历史事实表明，这一情况通常发生在较大的族团联合体以及帝国类型的“民族国家”解散之际。在衰落和解体阶段，幸存者的鄙视与行动者的普遍反对的情感态度（需要补充的是，这种现象在生物学意义上的强大族团中是很正常的），经常会阻碍“主导性族团”对此过程的充分理解。事实上，主导性族团经常被人们无意识地用客观的内容与“进步”相联系，这只是使主导性族团化过程合法化的一种表现。

② 在特定历史时刻，主导性族团发生变化，族际压力和平衡会立即改变，这时主导性族团和非主导性族团的差异会变化。

知到，而主导性族团没有如此信念，就不会足够“敏感”来引导文化适应过程，应对人口增减以及族际压力变迁。如果认识到这一点，对这一变化的推动就会变成一个自觉的管理过程；如果这一点没有被认识到，这一过程就会无意识地进行，不然的话，族团就会衰亡。如果是非主导性族团认识到这一点，它们会接受自身受到的族际压力的影响。但是，即便没有认知到这一过程，一切也会照常进行。对于这一变化过程的认识，并不是绝对必要条件，大多数迄今为止所描述的变化过程，都是一步一步地、一个要素一个要素地变化，反应态度自然也就跟着变化。很明显的是，如果没有变化，就不会有认知要素，但当变化增加时，变化速度就会加快。在主导性族团中，当变化的速度很快时，对这一过程的认知就十分重要。对于主导性族团而言，为了能够生存下去，就必须发明新的文化要素，并认识这些文化要素。

目前，对主导性族团及其对影响族团的心智丛的认知和管理，做出详尽的讨论是不可能的。因此，我决定在此结束讨论。如果不对族团和民族志现象的变化规则做充分讨论的话，就不会对心智丛进行全面的理解。我希望在接下来出版的著作中转向这些问题：是否存在一种由功能性集团创造的实际上“管理”心智丛的机制，而且这一机制通过与新科学相一致的形式来确立其“正当性”。

附　录

词汇表

1. 基本注释

本词语表只包括北通古斯语和南通古斯语的基本资料。遗憾的是，这个词语表未包括本著作中使用的用于比较的所有非通古斯语资料。另外，神灵名称在特殊的索引中呈现，未纳入本词语表中。萨满活动中的副歌以及通古斯语的专有名词也完全被忽略了。

从这本著作的内容可以看出，我不想将通古斯词语和术语“标准化”。其实，我已经指出同一个“词语”在不同方言甚至不同个体中发生的发音变化和语音的独特性。出于这一目的，我使用了自己的原始记录。我的目的，一方面想表明不存在标准的发音和语音系统，另一方面是为了表明忠实记录不会妨碍读者对本书的阅读。不过，我也需要添加一些附加性的评论，尤其是满语资料。

正如我已指出的（参见我的文章《满文文献的阅读和翻译》，载于《东方学研究年鉴》，第5辑，第122~130页，1934年），至少有四种翻译满语资料的方式，即：（1）满语书面语的翻译，对于这些词语我本人并未听过其发音；（2）满语书面语，对目前阅读的满语的转写（近似的），如瑷珲地区未受汉人影响的满族人使用的满语；（3）过去满语“纯正者”所发的语音（近似的）转写（例如P. P. 施密特使用的满语）；（4）主要是瑷珲地区所讲满语口语的语音（近似的）转写（满语口语）。但是，从标准化的角度看，在满语口语中，我们遇到了很大的困难，即个别语音的特殊性，它们根本不是固定的。例如，在同一个词中，我们可以普遍地见到 b ~ ḃ ~ p，因此，出现 bigan = ḃigan = p'iγan。同样的变化序列还有 g ~ ḡ ~ k 等。而且，变化类型还包括 x ~ x̄、g ~ γ、l ~ ḷ 等，这让满语口语的标准化不可能。在满语和大多数北通古斯方言中，我们可以发现“浊音”化、鼻化、腭化、送气音化现象，因此在相同的方言中，个人的语音系统会接受颚音化和非颚音化的辅音、窄化或变宽的元音。不同性别的发音系统也表现出某些特点，例如女性表现出十分明显的颚音化趋势。这里，转写的某些简化似乎是必不可少的。在所有的转写过程中，也有必要省略音乐内容，这已经超出了目前记录方法的能力范围。目前的转写只能是接近发音，而且在某种程度上是人为的“标准化”。出于这些考虑，我忽略了对某些元音的区分，其实，这些元音使这些区分集中于 ɑ 型、e 型、è 型等。其实，由于在口语中没有个人使用的固定发音——如同任何其他自然现象，这些发音以特定的中心展开变化，形成一个系统，随着时间的变化，它们也会发生改变——很明显的是，符号的简化可能带来错误的印象，即稳定且固定的语音是存在的。由于创造书面语言的实际需要，语言中存在固定的语音系统是必要的假设。但是，一旦书面语言被创造，语音学理论化的派生性过程就开始了，也就是说，书面语言被视为新的构造的起点，而过去的固定化事实则被遗忘。从这个角度看，非常有趣且值得注意的是，经过派生性理论化的书面语言，很可能一直持续下去，不会间断，而且它也可能成为民族志文化丛的负担，造成文化的僵化。在满族的萨满教中，我们已经观察到这一现象。尽管历史学家很快就认识到这一状况，某一门语言中语音固定化的观念却一直持续，但其历史过程却是不清楚的，这有时把语言学家和语文学家带入错误的轨道。就目前可以掌握的活态资料而言，我认为这种固定化观念是不必要的。因此，我十分不愿意接受方言和个人的语音体系的简化，遗憾的是，通过目前的记音方法是不能表达这一体系的。很可能的情况是，这也是完全不可能的。但是，必须注意的是，对文化丛做民族志学意义上的讨论时，这种简化不是完全无益处的。

在满语口语中遇到转写的汉语词，是以满语形式呈现的。同样在神灵谱系（索引）中，我描述了某些汉人神灵。它们的转写主要基于瑷珲地区的满语发音，但有时这些词语的转写是用常见的外文转写形式呈现的汉语发音。我也被迫省略了特殊的“音调”符号，其原因是满族人和通古斯人中观察不到严格的音调。这本书中的汉字，是我通过满族人了解到的。因此，其中一定会有某些错误。不过，在未转写成汉语的前提下，我不想冒险去做纠正，尽管错误很明显，但这种尝试会扭曲满族人熟悉汉字的民族志事实。

2. 略语

A. 作者搜集的北通古斯方言

阿（Amur）——居住在阿穆尔州东部，饲养驯鹿的通古斯人方言，库页岛上的通古斯群体也说这种方言。

巴（Barg.）——居住在巴尔古津林区的后贝加尔饲养驯鹿的通古斯人方言。

毕（Bir.）—— 居住在阿穆尔河（黑龙江）、松花江流域和诺尼河（即嫩江）左岸各支流之间地区的满洲通古斯人（毕拉尔千人）方言。

博（Borz.）——居住在后贝加尔东南部、博尔扎河流域游牧通古斯人所说的方言。

兴（Khin.）——居住在兴安岭，主要是在呼伦贝尔的满洲（蒙古）通古斯人的方言。

库（Kum.）——居住在呼玛河、盘古河、阿尔巴吉河流域和诺尼河上游的满洲通古斯人（库玛尔千人）方言。

曼（Mank.）——居住在后贝加尔东南部，曼科瓦地区游牧通古斯人的方言。

涅（Nerč.）——居住在涅尔琴斯克林区（部分已定居）饲养驯鹿的通古斯人方言。

满驯（R. T. M.）——居住在激流河与阿尔巴吉河流域以及呼玛河上游的满洲饲养驯鹿的通古斯人方言。

所有方言（All Dial.）——所有上述方言。

B. 北通古斯方言，根据其他调查者搜集的，尚未发表的通古斯方言资料。

叶（Enis.）——传教士所搜集的叶尼塞河通古斯人方言。由托勒玛切夫带来，经科特维奇交给本书作者使用。

拉（Lam.）——包括在拉蒙辛斯基罗德的雅库茨克州饲养驯鹿的通古

斯人方言（参见帕特卡诺夫的文章），由奥列宁搜集并交本书作者使用。

图（Tum.）——包括在图蒙汉斯基罗德的上述集团方言；见“拉”。

C. 从其他出版物中见到的北通古斯方言

安·季（Ang. Tit.）——北后贝加尔、安加拉地区通古斯人方言，据季托夫材料。

叶·雷（Enis. Ryčk）——叶尼塞省通古斯人方言，据雷奇科夫材料。

伊·季（Irk. Tit.）——伊尔库茨克州通古斯人方言，据季托夫材料。

卡·季（Kal. Tit.）——居住在卡拉尔河与卡拉坎河流域的饲养驯鹿的通古斯人方言，据季托夫材料。

曼·卡（Mank. Castr.）——见上述“曼”，据卡斯特伦材料。

涅吉·施（Neg. Sch.）——居住在阿姆贡河流域的涅吉达尔人方言，据施密特材料。

巴牧·波（Nomad Barg. Pop.）——巴尔古津地区游牧通古斯人方言，据波佩材料。

奥（列）（玛）（施）[Oroči（Leon.）（Mary.）（Sch.）]——居住在滨海边疆区的奥罗奇人方言，据列昂托维奇、马尔加里托夫、P. P. 施密特材料。

索伦·伊（Solon. Iwan.）——满洲索伦人方言，据伊万诺夫斯基材料。

乌（Udehe）——居住在滨海边疆区的乌德赫人方言，据布莱洛夫斯基和施密特材料。

乌鲁·卡（Ur. Castr）——乌鲁尔加地区通古斯人方言，现已消失，据卡斯特伦材料。

还有一些表示其他方言的略语，据席夫纳和格鲁贝的资料。

D. 南方通古斯人语言和方言

满语口语（Man. Sp.）——瑷珲地区满族人所说的满语，据本书作者资料。

满族书面语翻译（tr. Man. Writ.）——据满文文献，扎哈罗夫、P. P. 施密特材料和其他出版资料。

满语书面语（Man. Writ.）——对满文文献的阅读，瑷珲地区的记录，据作者本人的资料。

女真（Nuichen）——女真语，据格鲁贝和 P. P. 施密特的材料，有时保留了格鲁贝的转写。

果（洛）（格）（施）［Goldi（Lop.）（Grube）（Sch.）］——果尔德语，据洛帕廷、格鲁贝和 P. P. 施密特材料。

奥尔查（格）（施）［Olča（Grube）（Sch.）］——奥尔查语，据格鲁贝和施密特材料。

E. **非通古斯语**

蒙古（科）（鲁）（波德）［Mongol（Kow.）（Rud.）（Podg.）］——蒙古语，据科瓦勒夫斯基、鲁德涅夫和波德戈尔本斯基材料，还有少量其他作者资料（未作略语）。

布（波德）（鲁）［Buriat（Podg.）（Rud.）］——布里亚特语，参见蒙古语。

达（伊）［Dahur（lvan.）（Poppe）］——达斡尔语，据伊万诺夫斯基和波佩的材料，还有少量达斡尔语据本书作者材料。

雅（佩）［Yakut（Pek.）］——雅库特语，据佩卡尔斯基（少量据谢罗谢夫斯基）材料。

吉（Gilak）——吉里亚克语，据格鲁贝材料。

汉（Chinese）——汉语，据各种材料，包括本书作者通过满族人、通古斯人和汉人获取的记录。

3. 转写的近似音字母

a——（a:）如“father”中的 a

ä——（æ）如“man”中的 a

b——（b）如“boot”中的 b

ḃ——很像清音 b（用于满语和汉语）

c——（ts）如德语“zwar”中的 z

č——（ts）如“chair”中的 ch

d——（d）如“door”中的 d

ḋ——很像清音 d（用于满语）

ǰ——（dʒ）如“joke”中的 j，塞擦音：dž

e——（e）如“get”中的 e

è——发声区在很后的 e

f——（f）如“foot”中的 f

g——（g）如“good”中的 g

ġ——很像清音 g（用于满语和汉语）

h——（h）送气的 h 音，比“hope”中的 h 更轻

γ——浊音 x（见以下）

i——（i）如“bit”中的 i

j——（j）如“yellow”中的 y

k——（k）如“kind”中的 k

ł——（l）如“ful”中的 l

l——如“land”中的 1（用于满语唇音、齿音和喉音之后，舌不接触上腭和齿槽，也就是说与ḷ发音相近，见下文）

ḷ——l 发音的集中化

m——（m）如“moon”中的 m

n——（n）如“noon”中的 n

ŋ——（ŋ）如“ring”中的 ng

o——（ou）如“rope”中的 o

ö——（ə）如德语“könig”中的 ö

p——（p）如“pipe”中的 p

r——（r）如南部法语中的 r

s——（s）如“sale”中的 s

š——（ʃ）如“shop”中的 sh

t——（t）如“top”中的 t

u——如“moon”中的 oo

ü——如德语“müssen”中的 ü

v——（v）如“vote”中的 v

w——（w）如“wood”中的 w

x——（ch）如德语“Bach”中的 ch，西班牙语中的 x

y——（ei）如波兰语和俄语“myło”中的 y

z——（z）如“zone”中的 z

ž——如法语中“jamais”中的 j

ζ——塞擦音 dz

注音符号：

ˉ（ā）——表示长元音

ˇ（ǎ）——表示短元音

ˊ（á）——表示音乐的、呼气的重音

’（n’）——表示 n 的腭音化及“湿音化”

4. 通古斯语词语表[①]

abači（叶·雷）阿巴奇——熊

abdanda（变化形式的方言）阿布丹达；参见 abdanna

abdanna（毕、库）阿布丹那——树叶

abdu(n)（满驯）（乌鲁·卡）阿布杜（顿）；参见 adun

abka（满语书面语）阿布卡；参见 apka（满语口语）——天

āčin（毕、兴、满驯）阿亲——“不是”“不”

adali（毕、库、兴、曼）（满语书面语和满语口语）阿达立——像、相似、相等、相同

adasun（毕）阿达孙；参见 adun

adun（毕）（满语书面语和满语口语）阿顿——牛、畜群；参见 abdu(n)、adasun

age（满语书面语和口语）阿哥——兄弟、男性神灵（次要的）

agǰulan（满语书面语和满语口语）阿格珠兰——一种鸟

---

① 括号后所附中文词，系模拟的汉语转写，部分为本译本中用到的译名。——译者注

aγakakun（满驯）阿哈卡坤——父亲、公熊

aγiltana（满驯）阿黑勒塔那——太阳落山前的一个半小时

ailn'i（毕）艾勒尼——村庄的

aĭman（满语）艾曼——氏族（过去使用的）、管理单位（后来使用的）

aĭs'in（满语书面语）爱新、**aĭžin**（满语口语）爱金——金色；参见 anču（女真）

aĭtere（满语口语）阿伊特勒；参见 eitere（满语书面语）

aja（所有北通古斯方言）阿亚——好的、善良的、英俊的

aja（+后缀）（毕、涅）（涅吉·施）阿亚——喜欢

ajaki（毕、满驯、涅）阿亚吉——下游；顺水

ajam'i fan'alko（果·洛）阿亚米 发那尔科——安置灵魂的特殊神位

ājen-x'jen（满语口语）阿眼香——汉香

aǰega（阿）阿杰嘎——一种珍贵的事物，护身符

aǰige（满语书面语和满语口语）阿济格——小的、少的、不重要的

aǰiratkan（毕）阿吉拉特坎——鲟鱼

aǰor buni（毕）阿召尔 布尼——下界的灵魂，其名字已被遗忘；参见 oǰor 和 buni

aki-nokun（所有北通古斯方言）阿吉诺昆——“长辈　晚辈”、氏族

akipču（毕）阿吉普楚——被禁忌的、被禁止的（女性），参见《北通古斯人的社会组织》

akǰan（满语书面语翻译）阿克占——雷

aksīnn'i（满驯）阿克辛尼——表示 satin'i（满驯）后面的月份

ala＝(ata)（涅、巴、满驯、毕）阿拉——美味的、甜的

ałban（满语口语）阿勒班——公共的、非私人性的

ałda（曼）（乌鲁·卡）阿勒达——“英寻”

alimb'e（满语口语）阿里姆博——参加

alin（满语口语和满语书面语）阿林——山川

ałin'i（满驯）阿里尼——表示 boγ'ini（满驯）后面的月份

ałǰamb'e（满语口语）阿勒扎姆博——生气（指神灵）；参见 alǰambi（满语书面语）——分离、离开一个位置等

àlla（毕）阿勒拉；参见 olo

aḷxa（满语口语和满语书面语）阿勒哈——花斑马

ama（毕）阿玛——父亲、祖父、长辈；熊

ama（+后缀）（毕）阿玛——返回、回来

amasar 阿玛萨尔——河流的名称

amaskan dèγ'i（毕）阿玛思坎 德吉——万字符；参见 dèγ'i

amba（满语口语和满语书面语）阿木巴——大的、重要的

am'i（所有北通古斯方言）阿米——父亲

amiran（涅、兴）（乌鲁·卡）阿米兰——父亲

amnuli（满驯）阿姆努里——河的源头

amnunnali 阿穆努恩那里——河流的名称

amsun（满语书面语）阿木孙、**amzun**（满语口语）阿木尊——献祭

amtasal（毕）阿姆塔萨勒——祖先

amuǰi（兴、毕）阿穆吉——湖

amuǰija 阿穆吉亚——河流的名字

amun（库、毕、兴、涅、巴、曼）阿穆恩——栅栏

amun（+后缀）（库、兴、涅）阿穆恩——“撤离”

amzun（满语口语）阿木尊；参见 amsun（满语书面语）

an'a（满语口语和满语书面语）阿那；参见 aŋgan'i

anač'i（乌·布）阿那奇——“恶神”

an'akan（巴、涅）阿纳坎——灵魂

an'akan（毕）阿纳坎——神位（人形）；参见 an'an

anam（满驯、毕、库、兴、涅）（安·季）阿那姆，anami（满语书面语）阿那米——驼鹿

anami（满语书面语）阿那米；参见 anam

anan（拉穆特，卡拉帕）阿南；参见 aŋgan'i

an'an（毕）阿南——安置儿童灵魂的特殊神位；最初的含义是“灵魂”；参见 an'akan

ančun（女真）安楚（春）——金色；参见 ais'in（满语书面语）

ančulan（满语书面语）安楚兰——猫头鹰

angá（毕）昂阿——四根手指并在一起，作为测量单位

an'e（女真·格）阿讷；参见 aŋgan'i

an'ikan（=**an'akan**）（满驯、毕、库）阿尼坎（=阿纳坎）——一种人形神位；参见 an'an、an'akan

ant(a)（词干）安特（塔）——“南方”

anyn（鄂霍茨克，卡拉帕）阿努恩；参见 aŋgan'i

aŋani（毕）（曼·卡）昂阿尼；参见 aŋgan'i

aŋaptun（毕）昂阿普吞——固定在萨满服上拴有圆铃的皮绳

aŋga（满语书面语和满语口语）昂阿——口；**aŋga ban'jimb'i**（满语口语和书面语）班吉姆必——开口说话

aŋgan'i（兴、满驯、巴）昂嘎尼，**aŋγani**（毕、库、满驯）昂哈尼，**aŋani**（毕）（曼·卡）昂阿尼，**aŋγini**（拉）昂吉尼，**anyn**（鄂霍茨克，卡拉帕）阿努恩，**anan**（拉穆特，卡拉帕）阿南，**an'e**（女真·格）阿讷，**an'a**（满语书面语和满语口语）阿纳——年

aŋγani（毕、库、满驯）昂哈尼；参见 aŋgan'i

aŋγini（拉）昂吉尼；参见 aŋgan'i

apkaĭ(endur'i)（满语口语）阿普凯（恩都立）；参见 abka

ar（词干）阿尔——接受

ar（毕）（萨玛吉尔·季）阿尔——复活；参见 ori

arba（毕、库、兴、涅）阿尔巴——干涸的河流、变浅

arbukakta 阿尔布卡克塔——河流名称

ārča（毕）阿尔查、arca（曼）阿尔察、arči（满驯）阿尔奇——杜松

arca（曼）阿尔察；参见 ārca

arči（满驯）阿尔奇；参见 ārča

äri（乌鲁·卡）艾里；参见 ori

arkalan（涅、巴）阿尔卡兰——萨满服饰的构成部分

arkaptun（毕）阿尔卡普吞——萨满服背部挂着的大铜镜

ark'i（满语口语和满语书面语）阿尔吉——酒

ark'ivun（曼）阿尔吉翁——木棍（用于烤肉）

ariksa（叶）阿里克萨——生命；参见 ori

äriksan（乌鲁·卡）艾里克萨恩——呼吸；参见 ori

arsulan（满语书面语）阿尔苏兰——狮子

asaran（毕）阿萨兰——“普通人”，与萨满相对

asaran（毕）阿萨兰——拴有丝绸方巾（以及其他种类）的大铃铛，挂在萨满服上

asi（所有北通古斯方言）阿希——妻子、女性

asu（满语口语和满语书面语）阿苏——网、铠甲；法典、规范

atirkan（毕、库、兴、满驯和其他方言）阿提尔坎——夫人、母熊

ätirkän（毕、库、兴、满驯和其他方言）艾提尔坎——先生、公熊

atirkaŋa（毕、库、满驯、兴和其他方言）阿提尔康阿——熊；参见 atirkan、atikän

atirku（涅、巴）阿提尔库——熊；参见 atirkan

axa（满语口语和满语书面语）阿哈——奴隶

axa mafa（满语口语）阿哈 玛发——与某类神灵沟通的专家

axas'i gurun（满语口语）阿哈西 固伦——“奴隶的种类”、奴隶；参见 axa

axundo（满语口语）阿浑道 = **axun do**——“长辈—晚辈”，氏族；参见 aki nokun

b'a（满语口语和满语书面语）巴——月亮，月份（满语口语和书面语）（毕、库）；参见 b'ja（满语书面语）

ba（满语和满语书面语）巴——地方、地点；参见 bua、boa

ba（mbi）（满语书面语）巴——变得效率低的、虚弱的、筋疲力尽的

bāda（巴、涅）巴达——脸、脸的形式的神位

baĭta（满语口语和满语书面语）白塔——事情、事务

bajan（所有北通古斯方言）（满语口语和书面语）巴烟——富裕

baka（毕、库、兴、巴、涅）（乌鲁·卡）巴卡——发现；参见 baxa（涅吉·施）、bāka（曼）、bax（mbi）（满语书面语）

bakaja（涅吉·施）巴卡亚——熊，“被猎人发现者”

balan（满语书面语和满语口语）巴兰——无畏的

balbuka（毕）巴勒布卡；参见神灵索引

bälin（毕）拜林；参见 bèlči

balǰu（满语口语）巴勒珠——秃头的、没有头发的

būm'i（毕、库）巴米、**bōm'i**（曼）包米——安置夜路神灵的特殊神位

ḃana（满语口语）巴那——地点的

ḃan'ǰi（mb'i）（满语书面语和满语口语）班吉（姆必）——产生；**aŋga ḃan'ǰimbi** 昂阿 班吉姆必——说话

ḃan'ǰibu（mbi）（满语口语）班吉布（姆必）——使制作、使生产

ḃao eǰen（满语书面语和满语口语）包 额真——房子（家庭）主人

bargila（乌鲁·卡）（各种方言）巴尔吉拉——河的对岸

bargōsun（曼）巴尔高孙——蚊、蠓虫

baronǰulaski（曼）巴伦 朱拉斯吉——“正南方”，一种萨满教实践形式

batur'i（满语口语和满语书面语）巴图里——英雄；参见 baturo、baturu

baturo（满语书面语）巴图罗；参见 batur'i

baturu（满语书面语）巴图鲁；参见 batur'i

bega（所有通古斯方言）别嘎——月亮；参见 b'a

beǐse（满语书面语和满语口语）贝子——贵族；一位特殊的神灵（满语口语）

bèjä（毕）别亚；参见 bojo

bèjä osekta（毕）别亚 奥色克塔——星座

bèje（满语口语和满语书面语）别耶；参见 bojo

bèlči = bälin（毕）博勒奇 = 拜林——受非暴力性精神错乱影响者，白痴；参见 beli

bèlči kōdu（毕）博勒奇 科杜——受暴力性奥伦现象影响者

beli（满语口语）博里 = **belen**（满语口语和满语书面语）博楞——受奥伦现象影响者；参见 bèlči

b'i（所有方言）毕——我、我（宾格）

b'i（+后缀）（所有方言）毕——成为

bibä（满语口语）比拜；参见神灵索引

b'iγán ḃ'igan（满语口语）比罕、比干——野蛮；参见 bigan（满语书面语翻译）

b'ilän（图）毕兰——手腕、一年中的第 4 个月

bilen（拉）毕楞——四月；参见 b'ilän

b'ira（所有北通古斯方言）毕拉——河流；参见 ḃira（满语书面语）

b'iran'i 毕拉尼——河流的

b'iran'i ǰolo（毕）毕拉尼 召罗——河卵石

b'irge（毕）毕尔格——布嘎永久所处之地

ḃ'itxe（满语书面语和满语口语）毕特赫——书籍；参见 bitxe（满语书面语翻译）

b'ja（满语书面语）布亚；参见 b'a

bo（毕、库）博——测量长度（大约 500 米），相当于汉语的一里

boa（果·格）博阿；参见 ba

boa（奥）（果·格）博阿——世界；参见 buγa

boani（萨玛尔·施）博阿尼——天空、天；参见 boa

boaw（叶·捷卡诺夫斯基）博阿乌；参见 buγa

bōbaǐ（毕）宝贝——护身符

boborowki（通古斯语，季托夫转写）博博罗乌吉——熊

bočoŋo（满语书面语和满语口语）博琼奥——鲜艳的、五颜六色的

boga（涅吉·施）博嘎；参见 buge（涅吉·施）

boga 博嘎；参见 buγa

bogdo（满驯）博格多——中国的皇帝（在满族人的统治下）

boγa（库）博哈；参见 buγa

bogo（乌德斯克地区通古斯人）博高；参见 buγa

boγa（博·伊）博哈；参见 buγa

boγ'ija（满驯）博吉亚——“可分离的松树皮”，用在 omija 奥米亚（buγustar）（布胡斯塔尔）后，表示月份的名称

boγ'in'i（满驯）博吉尼——用在 boγ'ija 博吉亚 后，表示月份的名称；参见 buγu

boγu 博胡；参见 buγu

boǐgon（满语书面语）包伊棍——房屋的、氏族的；参见 poǐxun、p'oγun

ḃoǐgun（满语书面语和满语口语）包衣衮——房屋，也表示“氏族成员”

boiŋga（曼、毕、库、满驯）兵嘎——大型野生哺乳动物、野兽；参见 bojun

boixon（满语书面语翻译）包衣浑——地球、土地、国家等；参见 buγa、pūnhuô

（女真・格）

boĭxun（满语口语）包伊浑　参见 boĭgun

bojeŋga（毕）博扬嘎——野兽、驼鹿；参见 boiŋga

bojo（及其在所有通古斯方言中的变异形式）博要，bèje（满语）博耶——人

bojuja（涅、巴、兴）博约亚——野生动物，老虎（涅、巴），豹（兴）；没有组织的野人

bojun（曼、毕、库、满驯）（涅吉・施）博云；参见 boiŋga

bolen'i（叶・传教士）博勒尼——春天（？施）；参见 bolo

bolo（词干）（所有通古斯方言）博罗——秋天

boloni（毕）博罗尼；参见 bolo

bolor'i（满语书面语）博罗里＝**polor'i**（满语口语）婆罗里　参见 bolo

bolor（i）（毕）博罗里——秋天的

bōm'i（曼）包米；参见 bām'i

borel（也作 **boren**）（兴、涅）博勒勒（博勒恩）——布里亚特人

boror（满驯）博罗尔——太阳落山后的时刻

boško（毕、库、兴）博索科——军队头衔中较低的级别；参见 bošoku（满语书面语）

boso［词干］博索——山的北坡，北方

bova（萨玛吉尔，施）博瓦——天空—高天

bu（+后缀）（所有通古斯方言）——给予

bŭ（+后缀）（所有通古斯方言）布——将要死亡

bua（毕）布阿；参见 ba

buačin（毕）布阿亲——祈祷词

buaŋi（毕）布昂吉——泰加林的

buarin（毕）布阿林——高山上覆盖雪松的地方

bučexe（满语书面语）布车赫——死亡的；参见 pučeɣe（满语口语）

bučo 布乔；参见 bŭ

budiɣa（毕）布迪哈——内部器官，“内部”

bug（拉）布格；参见 buɣa

buge（涅吉・施）布格＝**buga**——世界；参见 boa、buɣa

buγ（库、毕、兴、满驯）布赫 = **buγu** 布胡——公驼鹿

buγa（所有北通古斯方言）布哈——地点、世界、上帝、高天；宇宙—**buga** 布嘎、**buγa** 布哈、**boga** 博嘎；参见 boa、buge、bogo、buha、bug、boaw

buγa（安·伊、季）布哈——地球、地点

buγadulin（满驯）布哈杜林——北极星，宇宙的中心

buγu（毕、库、兴、涅、巴）（乌鲁·卡）（伊尔库茨克州通古斯人、安哥拉通古斯人·季）布胡——马鹿；参见 boγu、buγ、buxu（满语书面语）

buγustar（满驯）布胡斯塔尔——“冰破之时”，在 kuluntutar（库伦图塔尔）后使用，表示月份

buγutuna（曼）布胡图那——蚊子、蠓虫

buha（乌德斯克地区通古斯人）布哈；参见 buγa

buku（满语书面语和满语口语）（巴、涅、曼、毕、库、兴）布库——强壮的

bukulǰin（毕、库）布库勒金——强壮的种族，现在已灭绝的民族

buleku（满语书面语翻译）布勒库——镜子；gisun buleku 吉孙布勒库——一部词典

bulen（毕）布楞；参见 buloŋ

buloŋ（巴、涅）布龙、bulen（毕）布楞、bulän（乌鲁·卡）布兰、bulun（满语口语）布伦——战争，尤其是萨满和神灵之间的战争

bulör（毕）布罗尔——沼泽

bulun（满语口语）布伦——堆积、人群；萨满和神灵之间的战争；参见 buloŋ

bumbo（毕）布姆博——圆柱体

buni（bŭ—词干）（巴、毕、库、兴）布尼，**buno**（满驯、巴、涅）布诺，**bunil**（涅）布尼勒——死者；死者的世界；下界

bunil（涅、巴）布尼勒；参见 buni

bunildu *（满语）（毕、库）布尼勒杜——“到死者的世界”*①

buno（满驯、巴、涅）布诺；参见 buni

buŋče（+词缀）（毕）绷车——哭喊（表示动物）

burgu（毕、库、兴、曼）（乌鲁·卡）布尔古——肥胖

---

①　斜体各条系译者增补。

bur'imb'i（满语口语）布里姆必——笼罩、覆盖灰尘等

burkan（巴、涅）（乌鲁・卡）（涅・季）布日坎——上帝（基督教）

burkan（巴、涅）布日坎——一种神位

buškułèmb'e（满语口语）布斯库勒姆博——送走布斯库（参见神灵索引）

buta［词干］（毕）布塔——“鱼叉”

butam'i（毕）布塔米——鱼叉

buxu（满语书面语）布胡；参见 buγu

čaka（毕）查卡——跟骨和胫骨的连结处

čałbon（库、曼、涅、巴）查勒博恩、**čolpon**（毕、兴）乔勒朋、**cołbon**（满驯）乔勒博恩、**čalbon**（安・季）查勒博恩——金星、夜星和晨星

čalbon（安・季）；参见 čałbon

čargi（巴）查尔吉——萨满教实践中使用的白桦树

čargi（满语书面语）查尔吉；参见 čergi

čark'i（满语口语）查尔吉——萨满教实践中使用的响板

čaru(m'be)（满语口语）查鲁（姆博）——油炸

***čečerku meixe**（满语）车车尔库 梅合——“疯蛇”*

čaruγa èfen（满语口语）查鲁哈 额芬——油炸糕（仪式所用）

čeǰèn（满语口语）车真——胸的一部分（献祭动物的），作为祭品献给神灵；参见 tuŋan bokto

čeǰin（满语书面语）车金——咽喉

čergi（满语口语）车尔吉、**čargi**（满语书面语）查尔吉——前面的

čergi fojeŋo（满语口语）车尔吉 佛扬古——走在（第二个灵魂）前面的灵魂

čiga（毕）奇嘎——松柏的树针

čiγa（毕）奇哈——具有皮毛价值的动物

č'ikta（毕）奇克塔、**č'ikti**（涅、毕）奇克提——小珠子

čilčakuma（毕）奇勒查库玛——峡谷或草原上覆盖着森林的高地

činaka（毕）奇那卡——一种小鸟（大多数表示燕雀）

č'ipkanin（涅吉、巴）奇普卡尼恩——一种用于净化的特殊木制器具；参见 s'ipkan

čirda（毕）奇尔达——战争的箭、彗星

čok!（巴、涅）——“好的”，用于表示赞同的感叹（萨满教）

čōka（曼）乔卡；参见 čūka

čoka（拉）乔卡——八月

čoko（满语书面语和满语口语）乔科——鸡

čoko fatka（满语口语）乔科 发特卡——鸡爪子，一种装饰图案的名称

čokomokta = čokomukta（毕）乔科莫克塔 = 乔科穆克塔——蚊子、蠓虫

čolbo（涅、巴）乔勒博——白桦树；萨满表演中使用的树

čołbon（满驯）乔勒奔；参见 čatbon

čoło（满语口语和满语书面语）乔罗——神灵谱系、神灵名称

čolpon（毕、兴）乔勒朋；参见 całbon

čotorga（毕）乔托尔嘎——变成绿色

čuaŋ（满语口语）床——床

čuka（涅、巴）（涅吉・施）楚卡；参见 čoka、čōka、čūka——草

čūka（乌鲁・卡）楚卡；参见 čuka

čūkalaγa（满驯）求卡拉哈——草集中成长的季节

čūk'ita（毕）楚吉塔——蜗牛

čuŋeka（毕）琼埃卡——被小河拐弯处环绕的土地

čuŋuka（毕）春乌卡——河流附近的地点，上面覆盖着牧草

čurakta（毕）初拉克塔——萨满的面具

čuxa（满语口语）初哈、**čooxa**（满语书面语翻译）乔哈——军队、军人

da（满语书面语翻译）达、**ḋa**（满语书面语）达、**ḋa ~ ta**（满语口语）达-塔——主要的、首领、大的

da（涅吉・施）（满语书面语）达；参见 dar

daγačan（巴、涅）达哈千——主宰神灵；参见神灵索引

daimin（满语书面语翻译）代敏——鹰

ḋajeje（满语口语）太爷爷——曾祖父

daktá（毕）达克塔——虱虫（一般意义上的）

daligdi（毕）达里格迪——脂肪的味道

dalkon（兴、涅）达勒孔——竖立起来的用于献祭的平台；一般意义的平台

dandakka（拉）丹达克卡——驼鹿

ḋan'ḋe（满语口语）丹德——附近，比 xan'de 更近；参见 xanči

daŋšan（满语口语）当山；参见 ḋaŋs'i

ḋaŋs'i（满语口语）（萨满的表达）当西——木炭、剩余部分

dapkur（毕、兴、曼）（乌鲁·卡）达普库尔［词源，蒙古语］——双重的、两面墙的

dar（毕、兴）达尔、**da**（涅吉·施）（满语书面语）达——英寻；参见 dari、darambi

darambi（满语书面语翻译）达拉姆必——伸开胳膊

dari（果）达里——测量

dāril（毕）达里勒——“夜路”神灵

dasa（+后缀）（毕）达萨——提高、纠正；通过萨满实践治疗（毕、兴）

davak（满驯）达瓦克；参见 daviksa

davǐksa（涅、兴、库）达维克萨——有颜色的矿物质（蓝、红等）、赭石；参见 davak、davuk（满驯）

daviksa 达维克萨——河流的名称

davuk（满驯）达乌克；参见 davǐksa

dèγi（毕、涅）（拉）德吉——鸟

dekta（满驯）德克塔——松柏的树针

dèlača（曼）德拉查；参见 dilačά

delača（叶，捷卡诺夫斯基）德拉查；参见 dilačά

deliksan（毕、满驯）德里克萨恩——装饰的名称即“万字符”

delim（毕）德里木——半英寻

dèrègde（毕、库、兴、曼、满驯）德勒格德——一种特殊的神位（脸的形式）

derikan（图）德里坎——熊

d'idin（毕、兴）迪丁（又作 didin）——高山山脉、流域

diγinmaǰen（毕）迪金玛真——有四个分叉鹿角的马鹿

dilačά（毕、库）、**diłača**（涅、巴）（安·季）、**delača**（涅）（捷卡诺夫斯基）、**dèlača**（曼）迪拉查-德拉查——太阳

diłača（涅、巴）迪拉查；参见 dilačá

dil（所有北通古斯方言）迪勒——头部

dō（毕）（满语书面语和满语口语）多——智力和心理活动丛、“内部”、“内部器官”

dobkur 多博库尔——一条河流的名称

dobkur(→**dapkur**) 多布库尔→达普库尔；参见 dapkur

dog'i（所有北通古斯方言）道吉——鸟；参见 dèγi

doγi（+后缀）（毕）多吉——像鸟一样飞翔

dolbo(n)（所有通古斯方言）多勒博（奔）——夜晚

dolbondulin（毕、库、兴、巴、涅、满驯）多勒奔杜林——午夜

dorbor（毕）多尔博尔——夜晚的（夜路神灵）

don（涅）道恩；参见 dō

doŋ（兴）当；参见 dō

dōna（毕、库）= **don'i**（毕）多那-多尼——外来的、氏族以外的（表示神灵）

doŋgnoto（+后缀）（毕）冬哥诺托——结冰

don'i（毕）多尼；参见 dōna

ḋorg'i（满语书面语）多尔吉；参见 torg'i

ḋoro ~ **ḋor'i**（满语书面语和满语口语）多罗-多里——习俗、习惯、法律、规范

doroγon（毕）多罗浩恩——规范、法律、“信仰”；参见 ḋoro

dosimbi（满语书面语翻译）多希姆必——成为、停留、进入（表示神灵）；成为、活着（表示人）

doveĭ（毕）多维——萨满（在一起萨满实践时，不同萨满彼此间的称呼）

doxolo（满语书面语）多浩罗——跛足

d'úgun'i（拉）杜古尼——7 月

ḋun（满语口语）顿——四

dúnda（巴、涅）（安·季）敦达——土地、世界、中界；参见 dunna

dunna（满驯）敦那——地球、土地、抬高的地方；参见 dúnda

durō（毕）杜罗——方式、举止；规范；其正确形式很可能是 ḋoro

durōv'i dasača（毕）杜罗维 达萨查——圣徒、正义者（妇女）、“神圣的”

duša（某些通古斯人使用）（俄语）杜沙——灵魂

dux（某些通古斯人使用）（俄语）杜赫——神灵

ebiko（叶·雷）埃毕科——母熊、祖母

eča（拉）埃查——3月；参见 iečan

èfen（满语口语）额芬——糕点

efimbi（满语书面语翻译）、**èvemb'e**（满语口语）额非姆必-额沃姆博——玩耍、取笑

eitere（满语书面语翻译）埃伊特勒——欺骗；参见 aĭtere（满语口语）阿伊特勒

ejakat（毕）埃亚卡特——任何事物

eji（涅吉·施）埃吉；参见 ori

eǰan（毕）埃占 = èǰan（毕）额占；参见 oǰan

èǰèn（满语口语）额真；参见 oǰan

éǰin（果·施）额金；参见 oǰan

èla gurun（毕）额拉 固伦——超越布尼的世界

elan（图）埃兰、**ełann'i**（拉）埃兰尼——月份

ełann'i（拉）埃兰尼；参见 elan

èlèn（=elen）（满语书面语和满语口语）额楞（埃楞）——房屋中的人、氏族成员、家庭、房屋

ètxe（=èlxe）（满语书面语和满语口语）额勒合——平安、安全（道德意义上）

èḷxe taĭf'in（满语书面语和满语口语）额勒合 太非恩——“太平”

emana（毕）埃玛那——雪

èmè（+后缀）（毕、兴）额莫——来、到达；参见 omo

eŋa 埃恩阿；参见 iŋa

endu（满语口语）（满语书面语?）恩杜——“神圣的”

endur'i（满语口语）恩都立；参见神灵索引；同时用于表示对不同神灵的尊称；圣徒、聪慧的；上帝（基督教）（果）

enduri（满语书面语）恩都立——一类神灵；参见神灵索引

enduriŋa（满语口语和满语书面语）恩都林阿——“圣徒、神圣的、类似上帝的”

enen buxu（满语书面语）埃嫩布胡——母马鹿；参见 ènin、onin

ènin（满驯）额尼恩；参见 enen buxu

èr（满语口语）额尔、**ere**（满语书面语和满语口语）额勒——这个

er(u)（+后缀）（图、曼）埃尔（鲁）——拉、拽、抬

ère（满语口语）额勒；参见 èr

èrga（毕、库、曼）埃尔嘎——生命

èrga sudala（毕）埃尔嘎 苏达拉——生命、血管（脉搏）

ergan（拉）埃尔甘；参见 èrga

erge（图）埃尔格；参见 èrga

èrge（mb'e）（满语口语）额尔格（姆博）——呼吸

èrgen（满语书面语和满语口语）埃尔根；参见 èrga

ergeni（果·洛）埃尔格尼——生命（施）；参见 èrga

èrgin（毕）额尔金——中界、生者；参见 orgu bojen

èr'in（满语口语和满语书面语）额林——时间、小时、阶段

eršembi（满语书面语翻译）埃尔舍姆必——照顾

erów（毕、库）埃罗乌——萨满助手

ēsači ilga（毕）额萨其 伊勒嘎——"有装饰的眼睛"

ètku（满语口语和满语书面语）额特库——服装、衣服

eur'i（图）埃乌里——剩余的（用于区分月份名称的元素）

èvemb'e（满语口语）额沃姆博；参见 efimbi

evenki（见于大多数通古斯方言）埃文基——北通古斯人

fača(mbi)（满语书面语）（满语口语）发查（姆必）——分裂、分开

faγun（满语口语）、**faxun**（满语书面语）发浑——肝脏

faĭdan（满语书面语）法伊丹——军人的排、军人的队形

fajaŋga（满语书面语）发扬阿、**fejeŋo**（满语口语）佛扬古——灵魂

fan（满语口语）幡——葬礼上使用的一块长红布

fan'a（果·洛）发那——用于安置灵魂的特殊神位；参见 an'a

faŋkara（满语书面语和满语口语）方卡拉——跌落者

farγun（满语口语）法尔浑——继续前进

fart（某些通古斯人使用）（俄语方言）发尔特——运气

fasimbi（满语书面语）发西姆必、**fažemb'e**（满语口语）发泽姆博——窒息

(?)、上吊

fakta（满语书面语和满语口语）发科塔——脚（例如鸡）

fè（满语书面语和满语口语）佛——古老的、古代的

fè doro（满语）佛 多罗——古老的信仰、法律

fèn（满语书面语）分、f'in（满语口语）非恩——一个部分

f'ičx'alaγa（满语口语）非奇哈拉哈——燃烧的、烧光的

f'ikurem'e（满语口语）、**fekurembi**（满语书面语）非库勒莫、佛库勒姆必——跳进

f'in（满语口语）非恩；参见 fèn

fisiku～fisixe（满语口语）非西库-非西合；参见 fus'ĭxe

fojeŋo（满语口语）佛扬古；参见 fajaŋga

fos'ixun（满语口语）佛西浑、**fusixun**（满语书面语翻译）伏西浑——次要的

fuč'k'i mafa（也使用 mama）（满语口语）富其吉 玛发（妈妈）——佛教僧侣（mafa）和僧尼（mama）

fudere(fudèmb'e)（满语口语）伏德勒（伏德姆博）——“生产”

fulg'an（满语口语）伏勒干——红色（颜色）

fulo-fulo（满语口语）伏罗-伏罗——满的、大量的

funske（满语口语）风斯克——盘子（椭圆形）

fus'ĭxe（满语口语）伏西合、**fisixe** 非西合、**fisiku**（满语书面语）非西库——黄米粥

gā（+后缀）（所有通古斯语）嘎——娶、占据、“与……结婚”

gajameĭ（毕、库）嘎亚每——向下界神灵的祈祷词的名称；副歌

galbu（毕）嘎勒布——世界变化（理论）

gale（毕）［词干］嘎勒；参见 ŋale

gálegda（毕、库、兴）嘎勒格达——老虎或熊接触过的物品、人或地点

gálenk'i（毕）嘎楞吉——gálegda 出现后的行为

gän 甘——河流的名称（外来起源）

gani（巴、涅）嘎尼——疯狂的

gan'uŋa（满语书面语和满语口语）嘎努恩阿——非凡的、未知的、陌生的、不

吉利的（扎哈罗夫）；“未知的非凡事物，有害的”

gaoli（毕）= **gauli**、**gōli**、**goli** 高丽-嘎乌里、高里、高丽——高丽铜、青铜

gara（涅）嘎拉；参见 gèrèn

gargan（满语书面语和口语）嘎尔干——“分支”、“氏族分支”、外婚单位

garku（巴）嘎尔库——配偶、夫妇

gāsa（果）嘎萨；参见 gasxa

gasa（果・格）嘎萨——悲伤

ġasa doro（满语）嘎萨 多罗——悲伤的习俗（“清理灵魂”中的一个要素）

gasa（mbi）（满语书面语）嘎萨（姆必）——悲伤、哭泣

gaskan（满语书面语和满语口语）嘎斯坎——短暂的疾病；流行性疾病（扎哈罗夫）

gasxa（满语书面语和满语口语）嘎斯哈、gāsa（果）嘎萨——鸟

gāta（库）嘎塔——北极星

gauli（兴）嘎乌里；参见 gaoli

gaza ḋor'i（满语口语）嘎扎 多里；参见 gasa doro

gè（兴）格——一种表示同意的感叹

gebu（满语书面语和满语口语）格布——名称

gèdènèkta（毕）格德涅克塔——牛虻（白色的、大个儿）

gègè（满语口语）格格 = **xexe**（满语书面语和满语口语）赫赫，同样还包括 **xèxè**、**gèγe**、**gèxè**——姐妹

gehun（拉）格浑；参见 gɪss

g'eĭču（+后缀）（毕）格伊楚——萨满实践，去下界

gemu（满语口语）格穆——所有、全部

gènè（+后缀）（所有通古斯方言）格讷——去、进行

gèrèn（毕、库）格楞——有暴力倾向的不清醒者；参见 gara

gèrèn（+后缀）（毕）格楞——变得疯狂

g'es'il（果・洛）格希勒；参见 giss

g'cva（毕）格瓦——萨满的头饰（模仿喇嘛的头饰）

gèxè（满语口语，几乎不见于书面语）格赫；参见 gege；一组萨满教女性神灵

g'ida（满驯）吉达——河流的名称，矛

g'idam'be（满语口语）吉达姆博——推、按、转向；对应的正确词语 gidambi（满语书面语翻译）

g'ilbaun（满驯、涅、巴）吉勒巴翁——驯鹿的鞍具

g'ildena（叶，传教士）吉勒德纳——1 月和 2 月

g'iligdi（毕）吉里格迪——寒冷

ġ'iŋgne(mb'e)（满语口语）（满语书面语）京格讷（姆博）——献祭

g'iŋgun（满语书面语）京棍——注意

g'iŋgun（满语口语）（出现在萨满教文本中）京棍——"纯碎的"

g'ira(n)［词干］（巴、涅、兴、毕、满驯）（乌鲁·卡）吉拉（吉兰）——骨头

g'iramk'i（毕、满驯）吉拉姆吉——棺材、葬礼

g'iramk'iči 吉拉姆吉奇——河流的名称

g'iramk'ivun（毕、库、满驯）吉拉姆吉翁；参见 g'iramk'i

g'iramna（毕）吉拉姆那——骨头，葬礼、坟墓；参见 g'ira（n）

g'irūs'ikta（毕）吉拉希克塔——步伐、长度单位

g'irg'iwlan（毕）吉尔吉乌兰——圆锥管，例如装饰在萨满鼓上

g'iš（安·季）吉斯；参见 giss

g'isavun（毕）吉萨翁；参见 giss

g'is'ivun（库、兴）（涅吉·施）吉西翁；参见 giss

gisivun（曼）吉西翁；参见 giss

giss（涅、巴）吉斯 = **g'iš**（安·季）吉斯、**g'isavun**（毕）吉萨翁、**g'is'ivun**（库、兴）（涅吉·施）吉西翁、**gisivun**（曼）吉西翁、**g'es'il**（果·洛）格西勒、**gehun**（拉）格浑、**ǰehun**（图）杰浑、**g'izun**（满语口语）吉尊、**gisun k'exe**（满语书面语）吉孙 克赫——鼓槌（用于萨满实践的器物）

gisun（满语书面语翻译）吉孙，**g'izun**（满语口语）吉尊——词语；参见 giss

gisun k'eze（满语书面语）吉孙 科泽；参见 giss

g'izun（满语口语）吉尊；参见 giss、gisun

ġ'jo（满语口语）格约——狍子

ġ'joxun（满语书面语）高约浑——猎鹰

gočun（毕）高春——鹿皮鞋、长且轻，干燥的天气使用

golema（涅）高勒玛——金色

gōli（曼）高里；参见 gaoli

goli（乌鲁·卡）高里；参见 gaoli

golima（安·季）高里玛——铜的；参见 golema

gonin（满语口语）高尼恩——思想

gonom（毕）高诺姆——长的

gosi（涅、巴）高西、goti（兴）（乌鲁、曼·卡）高提——味苦的

goti（兴）（乌鲁、曼，卡）高提；参见 gosi

goxon ilxa（满语书面语）高浩恩 伊勒哈、**koγon ilγa**（满语口语）科浩恩 伊勒哈——钩（类似角）装饰

guan（满语书面语和满语口语）官——供驯养动物的特殊院子

guła（巴、涅）固拉、guḷa（巴）——房屋（正方形）、仓库、下界的住所、棺材

ġun'imb'i（满语书面语）古尼姆必 = **gonimb'e**（满语口语）高尼姆博——思考

ġun'in（满语口语）古尼恩——心（思考的器官）

guran（满语书面语和满语口语）古兰——公狍子

ḡuran k'jo（满语口语）古兰科约——公狍子

guran'i iksè（满语口语）古兰尼 伊克色——一种特殊的萨满头饰

gurgakta（毕、库、兴、巴、涅和其他）（会发生语言的变异）古尔嘎克塔——胡须、腮须、鬓须

gurgu（满语口语和满语书面语）古鲁古——四足的野兽

gusaida（满语口语）= **gusa i da**（满语书面）固萨 伊 达——一地区的首领

gusin（涅、巴、曼、毕、库）（有不同的变异形式）古辛——母亲的兄弟和一般意义上的长辈

gusin-ina 古辛-伊那——母亲的氏族

haja（满驯）哈亚——圣徒、此界生者的灵魂、一种特殊的神灵

hałanǰan（满驯）哈兰占——驼鹿，有着特殊形式鹿角的驼鹿

hamaγik（拉）哈玛西克；参见 samas'ik

haman（拉）（基伦斯克、捷卡诺夫斯基、维洛伊、马克）哈满；参见 saman

hamanda（拉）哈满达；参见 samda

han'inn'i（拉）哈尼恩尼——灵魂

heŭnni（拉）赫翁尼——神位

hewu（拉・施）赫乌；参见 heŭnni

h'ira（满驯）吉拉——处于交配期的驼鹿

hobaĭ（满驯）浩白——熊（羞辱的名称）、"有着丑陋（非常可怕的）外表的人"

homoko(+kan)（满驯）浩莫科（坎）——特殊的人形神位

hunni elann'i（图）浑尼 埃拉尼——夏季的第三个月

ĭ（+后缀）（所有北通古斯方言）伊——去、进行

ĭča（毕）伊查——胳膊肘部、长度单位（从脚后根到肘部的长度）

ĭčan（毕、库）（涅吉・施）（大多数方言）伊千——胳膊肘部

ĭčan（满驯）伊千——面具

ĭčaputun（毕）伊查普吞——萨满外套袖子部分的带状装饰（在肘部）

ĭče［词干］（其变化形式见于所有通古斯方言）伊彻——看

idägä（乌鲁・卡）伊代干——萨满的服饰

idakon（曼）（乌鲁・卡）伊达科恩——女萨满；参见 odakon、idokon、odoγan

idokon（巴牧・波）伊达科恩；参见 idakon

iečan（图）伊俄千——胳膊肘；参见 ičan

iγaγ（满驯）伊哈赫——山的石头坡

iksè（满语口语）伊克色——萨满的头饰（王冠）

ilan（所有通古斯方言）伊兰——三

ilan kirči（毕）伊兰 吉尔奇——"三角形"

ilanmɑ́ǰen（毕）伊兰玛真——三个叉的马鹿

ileli buni（毕）伊勒里 布尼——灵魂（下界），其承载者的名字仍能被记得

ilga（毕、库）、**iłγa**（满语口语）、**ilxa**（满语书面语）伊勒嘎、伊勒哈——花；一种装饰；天花、水痘和其他表现为脸部和身体上斑疹的儿童疾病

ilguka（毕）伊勒古卡——胫骨

iłγa，也作 **iḷγa**（满语口语）伊勒哈；参见 ilga

ilxa（满语书面语翻译）伊勒哈、**iłxa**（满语书面语）伊勒哈；参见 ilga

ilxa mo（满语）伊勒哈 莫——“开花的树”，萨满实践中使用

imaxa（果）伊玛哈——鱼；参见 n'imaxa

imči～imčin（满语书面语）伊姆奇-伊姆亲；参见 jimčin

imtoĭ（涅）伊姆托伊——不能说话者

in～in'（词干）音；参见 inǰi

in（安·季）音——生存、存在

ina（+后缀）（所有通古斯语言的变化形式）伊那——“我的姐妹的后代”“我的母亲氏族的后代”

inan（所有通古斯方言的变异形式）伊南——白天；参见 ineŋi、in'i

inandulin（毕、库、曼、满驯和其他方言）伊南杜林——正午

iŋb'e（满语口语）影壁——房子前面的屏障（院中），作为神位使用

indaγun（满语口语）阴达浑、**indaxun**（满语书面语）阴达浑——狗；参见 ninakin

indaxun（满语书面语）阴达浑；参见 indaγun

ineŋi（满语口语）（毕）伊嫩伊—白天；参见 inan

inŋa 音恩阿；参见 iŋa

ingali 音嘎里——一条河流的名称

in'i（果）伊尼——白天；参见 inan

in'i（满语口语）伊尼——她的、他的、它的

inǰi（满驯）（叶，传教士）音吉——生存

inǰi（拉）音吉——动脉、脉搏

irakta（涅、巴）（所有通古斯方言的变化形式）伊拉克塔——落叶松

ilerdu（叶，传教士）伊勒尔杜——夏大

irgakta（毕、库、兴、满驯、曼、涅）（乌鲁·卡）伊尔嘎克塔——牛虻

irg'i（所有通古斯方言的变化形式）伊尔吉——尾巴

irg'ivlán（毕）伊尔吉乌兰——萨满服的特殊部分，在后背处

iscla（毕、库）伊色拉——蜥蜴

isö（+后缀）（毕）伊塞——获得、到达

itik（满驯）伊提克——为神灵保留的驯鹿

ixan（满语书面语和满语口语）伊罕——牛

jaba（毕、库）（满语书面语）哑巴——不能讲话者

jabumb'e（满语口语）亚布姆博——送

jačin（满语口语）亚亲——黑色

jafan（满语书面语）亚帆 = **java**（满语口语）——菜园

jaga-ja（满语口语）亚嘎-亚——通古斯神灵降临时使用的叠句

jaγa（满语口语）= **jaxa**（满语书面语）亚哈——火

jajaŋku（毕）亚扬库——固定在萨满服饰领子处像鸟一样的象征物

jakso（毕）亚克索 = **jaso**、**joso**（毕）亚索、约索——神灵一直的居处

jali（满语书面语和满语口语）亚立——肉、果肉

jambol（毕）亚姆博勒——烟口袋上的装饰（汉人→满族人）

jamǰ'i（满语书面语，很少出现在口语中）亚姆吉；参见 jemǰi

jaŋ（涅）杨——无树的山峰

jaŋsan ~ jaŋšan（满语书面语）杨散-杨山——疾病；参见 jaŋs'i

jaŋsè（满语书面语和口语）杨色 = **jaŋseŋa** 杨僧阿——表示马的“骏逸”，通常有平滑光泽的毛

jaŋs'i（满语口语和满语书面语）杨西——小病、“疾病的味道”、“致病的元素”；参见 jaŋsan ~ jaŋšan

jasił（涅、巴）亚西勒——为神灵保留的驯鹿

jaso（毕）亚索；参见 jakso

jatka（满语口语）亚特卡——“被禁忌的”

java（满语口语）亚瓦；参见 jafan

jaxa（满语口语）亚哈；参见 jaγa

jeγin（所有通古斯方言的变化形式）耶辛——九

jemǰ'i（满语口语）耶姆吉——傍晚，夜晚；参见 jamǰ'i

jimčin 伊姆亲、**jemčin**（满语口语）耶姆亲；**imči** 伊姆奇、**imčin**（满语书面语）伊姆亲；**unčufu**（果・洛）乌恩初夫——鼓（萨满的）

joko（毕、满驯）约科——雅库特人

jorko（涅、巴）约尔科——地球、土地

joso（兴）（乌鲁·卡）（满语书面语）约索——规则、法则、信仰

joso（毕）约索；参见 jakso

jū（所有通古斯方言的变异形式）于——出现

jús'ik（巴、涅）于西克——鹿皮鞋上的装饰

ǰa（满驯）扎——桦树皮船；同样为ǰaw

ǰabǰan（毕、库）（满语书面语和满语口语）扎布占、ǰabdan（涅吉·施）扎布丹、ǰavdan（涅、巴）扎乌丹、tavǰ'an（毕、库）塔乌占——蟒蛇

ǰag［词干］扎格；参见ǰVgd［词干］

ǰagda（mo）（满语口语）扎格达（莫）——松树

ǰ'agǰ'i（果·洛）扎格吉——将死者的灵魂安置在下界以后，燃烧祭品的表演

ǰai（满语书面语翻译）扎伊——第二

ǰaka（满语书面语和满语口语）扎卡——事物、片段

ǰakúptun（毕）扎卡普吞——萨满使用的衣领

ǰal（满驯）扎勒——狩猎的同伴，伙伴

ǰalen（满语口语）扎楞——等级（代际）

ǰalăva（毕）扎拉瓦——思想（+词缀）—思考；参见ǰalva

ǰalva（涅）扎勒瓦；参见ǰalăva

ǰam（+后缀）（满驯）扎姆——铁蛇纹石

ǰamku（库）扎姆库——驼鹿造访的地点

ǰampan（兴）扎姆潘——蚊帐

ǰangrin'ama（拉）张里那玛——“十个百”，一千

ǰaŋin～ǰaŋg'in（满语书面语和满语口语）章京—章金——长官（军队）

ǰapu（满语口语）家谱——“祖先”、氏族成员谱系

ǰɑr'ı（毕、库、满驯）（满语口语）栽利——助手萨满

ǰar'imb'i（满语书面语）栽利姆必——唱祈祷词

ǰatuŋa（满语口语）扎通阿——锋利的、尖的

ǰavdar（巴、涅）扎乌达尔——象征地球（在萨满教中使用）的皮条（鹿皮）；参见ǰabǰan

ǰavo（毕）（在所有通古斯方言中有变化形式）扎沃——收、娶

ǰawraltan（满驯）扎乌拉勒坦——利于使用桦树皮船的河流

ǰehun（图）折浑；参见 giss

ǰekse（满语书面语）折克色——燃烧过的草原和森林地区

ǰ'ergá（曼）杰尔嘎——红色的马

ǰ'erg'i（满语口语）（毕）折尔给——种类、类别、“某某神灵”

ǰ'ia（毕）吉阿——快乐、幸运

ǰ'iŋgel（满语书面语）京格尔——一种鹦鹉

ǰ'iŋǰil（满语书面语）金鸡儿——“金色的母鸡”

ǰo（果）召——房子

ǰoγun（满语口语）召浑——道路、方式、路径

ǰoli（涅、巴、满驯、库、兴）召里——哲罗鱼

ǰoliŋgra（满驯）召灵格拉——河中容易捕获哲罗鱼的地方

ǰolo（所有通古斯方言）召罗——石头、石头物质

ǰolo amunin（涅、巴）召罗 阿穆尼恩——“净化的石头”

ǰoloγ（毕、满驯）召罗赫——山的石头坡

ǰon（在不同的方言中变异，涅、毕、兴、曼）（乌鲁·卡）召恩——思考

ǰuan（满语书面语）珠安——十

ǰudu（毕）珠杜——在家

ǰuga［词干］珠嘎——夏天；参见 ǰuγani（涅、毕）、ǰuven'i（满语口语）、ǰua（果）、dugan'i（涅吉·施）

ǰugun（满语书面语）珠棍；参见 joγun

ǰūγu（满语口语）朱胡——童话故事、想象性故事

ǰukä（毕）朱卡——冰

ǰukte(n)（满语口语）朱克特（腾）——安置到神位中的神灵窝车库

ǰuktembi（满语书面语翻译）朱克特姆必——献祭

ǰūldu（毕）珠勒杜——在把神灵安置在木环中，准备沿着特定的“路”派送神灵时，神灵所处的地点

ǰulexen（满语书面语翻译）珠勒很——平均、相等

ǰun（满语书面语和满语口语）君——灶口

ǰur（在所有通古斯方言中有变化形式）珠尔——二；参见ɟure、ɟua

ǰure（满语书面语和满语口语）珠勒——一对；一双

ǰurmáǰen（毕）珠尔玛真——有两个叉鹿角的马鹿

ǰuve(mb'e)（满语口语）珠沃（姆博）——度过夏天

ǰVgd（所有通古斯方言的变化形式）珠+（）+格德——燃烧、点火等

kačin（毕）卡亲、**xačin**（满语书面语）哈亲——种类

kadar（所有通古斯方言的变化形式）卡达尔——岩石

kaidun（满语书面语翻译）凯敦——一个群体前面的骑行者；“通常的”；“一直使用的”

kaikari（满语书面语翻译）凯卡里——菊石

kaǐs'i（毕）凯西——降雪停止后的早春

käkta（通古斯语·施）凯克塔、**k'axta**（奥、奥尔查、果·施）卡赫塔——贝壳鱼

kala（毕、库、兴、满驯）卡拉、**xala**（满语书面语和口语）哈拉——氏族、种类、群体

kalbaŋkan'i tikanin（毕）卡勒邦卡尼 提卡尼恩——固定在 jajaŋku 亚扬库上的丝绸条（萨满教）

kallā（+后缀）（毕）卡勒拉——改变（世界）

kalta（曼）卡勒塔、**kaltaka**（毕、涅）（涅吉·施）（乌鲁·卡）卡勒塔卡——一半

kamniγa（满驯、兴）卡姆尼哈——狭窄的山谷（峡谷），通道十分窄

kan（涅、巴、毕、库、满驯）、kān（乌鲁·卡）坎——可汗

kaŋan（毕）康安——用于安置妇女的神灵的特殊神位；同样参见神灵索引

kandaγa（毕）坎达哈、**kandaxan**（满语书面语翻译）坎达罕——驼鹿

kandaxan（满语书面语翻译）坎达罕；参见 kandaγa

kapči（满语口语）卡普奇——“连接的”、双胞胎等

kara（毕）卡拉——注意

karaŋa（满语书面语和满语口语）卡郎阿——黑色

karavu（毕）卡拉乌——留心

karma（满语口语）卡尔玛——留意

kasatē(ra)（果·格）卡萨特（拉）——萨满实践活动（？施）

kavila（毕）卡维拉——乌龟

kaza taor'i（果·洛）卡扎 陶里；参见 gaza ḋor'i

keγapti（拉）卡哈普提——熊

kekesere（满语书面语）克克色勒——快乐的

kes'ida（满语口语）可西达——喜爱

ketta（兴）克塔——双壳类动物、软体动物

k'ilerčan（满语口语→书面语）吉勒尔千；参见 k'irerg'i

k'irerg'i（满语口语→书面语）吉勒尔吉——北通古斯人中，k'ilin 的一种变异形式

kiḷxu（满语口语）吉勒胡——苍鹭

k'imun（满语书面语和满语口语）吉姆恩——捣乱、敌意

kir（ɪ）（毕）吉尔（里）——山峰

kirčiǰaŋg'i（毕）吉尔奇张吉——一份完整的神灵记录

k'iran（满驯）吉兰——鹰

k'iraŋ（满语口语）吉郎、**giran**（满语书面语）吉兰——骨头

k'irbu（毕）吉尔布、**kirfu**（满语书面语）吉尔夫——一种鱼，类似鲟鱼

kirfu（满语书面语）吉尔夫；参见 k'irbu

kitat 吉塔特——汉人；参见《北通古斯人的社会组织》

kočo（毕）科乔——河流中弯曲且覆盖着稀疏森林之处；“温暖的”

kognor'jo（曼）科格诺尔约——熊、“黑色的”

koγon ilγa（满语口语）科浩恩 伊勒哈；参见 goxon ilxa

koira（曼）阔伊拉——不清醒

koklo（安·季）科克罗；参见 koklon

koklon（涅）科克罗恩——天体运转的道路

kolboŋku（毕）科勒博恩库——萨满头饰上的丝绸条；参见 kalbaŋkan'i tikanin

kōli（满语口语）科利 = **kooli**（满语书面语翻译）阔利——仪式文本

kolomtan（满驯）科罗姆坦——“火下所发现的事物”

koltoko（库）科勒托科——河流和过去河床之间的狭窄区域，会定期处在水下

komčoki（毕）科姆乔吉——牛虻（黑色的）

komna（+后缀）（毕）科姆那——蠕动

konin（曼）科尼恩——羊

kukku（毕）库克库——布谷鸟；萨满服上的木片（领子）

kulikan（毕、库、兴、涅）（涅吉·施）（乌鲁·卡）库里坎——蛇、蠕虫；（毕）——微生物；参见 kulin

kulin（见于所有通古斯方言的变异形式）库林——蛇

kulin elann'i（图）库林 埃拉尼——夏季的第二个月

kulinda 库林达——许多河流的名称

kulla（满驯）库勒拉——有火的地方（草原或森林）

kuluntutar（满驯）库伦图塔尔——“远离结冰”；olon'o 之后的月份

kulura（涅）库鲁拉；参见 kulla

kuma（兴）库玛、**kumaγ**（毕）库玛赫——无树的山峰

kumaγ（毕）库玛赫；参见 kuma

kumaka（毕、库、满驯、涅、巴）（安·季）（涅吉·施）（果、奥·施）库玛卡——马鹿（一般意义上的）

kūm'i（毕、库）库米——半球形的狩猎小屋

kurakan（曼、毕、库、兴）库拉坎［词源，参见《北通古斯人的社会组织》］年轻女性的丈夫（氏族的）

kuri（满语口语）库里——深棕色

kurume（满语书面语和满语口语）库鲁莫——短外套，萨满的外套

labdu（满语书面语和满语口语）拉布都——许多

lama（+后缀）（毕）喇嘛——进行一次喇嘛教的服务；“喇嘛教实践”

lamu（兴、涅、巴）（所有通古斯方言的变异形式）拉穆　海洋；在极少的情况下表示大型的湖泊（例如贝加尔湖）

lavu（库）拉乌——老虎；参见 lawda

lawda ujá（毕）拉乌达 乌扎　老虎的足印；　种装饰

łebešere（满语书面语和满语口语）勒博舍勒——强烈的

łefu（满语书面语）（满语口语?）勒夫——熊

linpaŋ（满语口语）灵棚——垫子制成的遮蔽物

łorin（满语书面语和满语口语）罗林——驴

luk（ŭ）（毕）鲁克（库）——抛弃、离开

luŋur（涅）龙乌尔——太阳落山的时刻

łusè（满语书面语）楼色；参见 luzā

łuzā（满语口语）楼子——佛塔

mafa～mava（满语口语）玛发-玛瓦——年长的男性，祖先；同样指僧侣与和神灵沟通的专家（非萨满）；参见神灵索引

mafa（毕）［词源，源自满族人］玛发——老虎

mafar'i～mavar'i（满语口语）玛发里-玛瓦里——祖先；专家；参见 mafa

maγin（巴、涅、毕）玛音——狩猎的运气；参见 mahin、majin、main

maγun（涅、巴）玛浑——圣徒、被上界接受的灵魂；参见 mahun（满驯）

mahin（巴、涅、毕、库、兴）玛辛；参见 maγin（满驯）；参见 mahun

mahun（满驯）玛浑＝**maγun** 玛浑＝**mahin** 玛辛——泰加林的神灵

maĭkan（满语口语）迈坎——帐篷

main（叶，传教士）玛音——上帝、“主宰者”（？施密特）（季托夫转写）——上帝，耶稣（？施密特）

majin（毕、库、满驯）玛音；参见 maγin

mało（果·洛）麻罗＝**mału**（果·格）玛鲁——房屋中特殊的地方；参见 malu

malu（满驯、涅、巴、毕、库、兴）玛鲁——棚屋（房屋）中正对入口处的地方

mama（满语口语）妈妈；参见 mafa，但表示的是女性

maŋa（乌鲁·卡）莽阿；参见 maŋga

mandi（毕、兴）曼迪——艰难的、困难的、强烈的；参见 manni、mani、man'i

manga（涅吉、果、奥）（施）芒阿；参见 maŋga

maŋga（毕、涅）（满语口语）莽嘎——强壮者、摔跤手、英雄；参见 manga、maŋa、maŋγu

maŋga（mo）（满语口语）芒嘎（莫）——橡树（树）

maŋγa（涅）莽哈；参见 maŋga

manǰu（满语书面语和满语口语）满珠——满族

man'i（涅、巴）玛尼、maŋi（安·季）莽伊——熊

maŋi（毕）莽伊——猎户座（星座）

maŋi（毕）莽伊——灭绝的强壮种族

man'i～mani（毕、库）玛尼–玛尼；参见 mandi

manmáкta（毕）曼玛克塔——蚊子；参见 monmaktá（涅）

manman'i（叶，传教士）曼玛尼——六月

manni（满驯）曼尼；参见 mandi

maŋn'i（满语口语）莽尼——獾子；参见 maŋgigu、dorgan（满语书面语）

m'ao（满语口语）庙——寺庙、神龛

mar（大多数北通古斯方言）玛尔——灌木丛、布满……（通常为沼泽）的地方

mar'ikta 玛里克塔——许多河流的名称

maro（兴）麻罗＝**malu** 玛鲁

megdu（兴）莫格杜——豹

mègè（满语书面语）莫格；参见 mōgo

meĭterä（满语口语）——梅特来"切割的"（部分是按压）

men'i（满语书面语）莫尼——我们的

mentexun（满语书面语和满语口语）门特浑——愚蠢者

m'er'ir'in（毕）莫里林——"剥去的"、老虎

m'in（词干）（所有通古斯方言）米恩——我（宾格）、我的（形容词性物主代词）、我（主格）

m'ir（拉）米尔；参见 m'ir'i（图）——二月

m'ir'i（图）米里——肩膀；二月

mo（所有通古斯方言）莫——"树木"、"树"

močo（满语书面语和满语口语）莫乔——智力上愚蠢和迟钝者（天生的）

moduje（毕）莫杜耶——在树上者；熊（小型的）

modumočo 莫杜莫乔——"像木头一样愚蠢"；参见 modu+močo

mōgo（毕）莫高、**moko**（兴）莫科、**mègè**（满语书面语）莫格——蘑菇

moi faksi（满语书面语）（毕）莫伊发科西——氏族中选出的头领

moko（兴）莫科；参见 mōgo（毕）莫高

mokun（满语口语）（毕）莫昆——外婚制单位、氏族

mokunda（满语口语）（毕）莫昆达——选举出的氏族头领

mōma（涅、兴、毕）莫玛——木制的、“拥有木头的品质”；神位（木制的）

mōmate（毕、库）莫玛特——木制的神位

moŋgoraku（满语书面语）蒙高拉库——丝绸条；衣服边缘的穗

moŋγavdaptin（涅）蒙哈乌塔普廷——衣服上的一种装饰（穗的形式）

moγoǰin（满驯、毕）蒙浩金——一岁以上的马鹿

mon'i（满语口语）莫尼——我的（形容词性物主代词）、我的（名词性物主代词）（同样表示我们的）

monmaktá（涅）蒙玛克塔；参见 manmákta

monnaγa（满驯）蒙那哈——一岁以上的驼鹿

mont'ahli（图）蒙它赫里——夏季的第四个月，（拉）——夏季

morin（所有通古斯方言的变异形式）莫林——马

morin（涅、巴）莫林——萨满使用的木杖（像“马”一样）

moritin（涅）莫里提恩——驯鹿驮的盒子上的一种装饰；参见 on'o（满驯）

moro（满语书面语和满语口语）莫罗——杯子

moroskun（满语口语）莫罗斯坤——由死者灵魂形成的神灵。附注：词源，moro（mbi）（满语书面语）莫罗（姆必）——使眼睛保持睁开的状态

mosapka（mo+sapka）（满语口语）莫萨普卡——筷子（汉语）

moxa（叶）莫哈——森林

mudan（满语书面语）穆丹——停止、凸起部分

muduje（毕）木都耶——在水中者（类似 moduje）

muduje činaka（毕）木都耶 奇那卡——一种可以在水下行动的鸟

mudur（毕、兴）木都尔——龙

muγa（拉）穆哈——豹

muγan jarγa（满语口语）穆罕亚尔哈——豹

muγonn'i（拉）木浩恩尼——灵魂（对应雅库特语 sür）

muǰan（满语口语）木占——木匠

muǰuxu（满语书面语）穆珠胡——鲤鱼

muke（满语书面语和满语口语）木克——水

muktxen（满语书面语和满语口语）木克特很——寺庙

mun（词干）（所有通古斯方言）姆恩——我们的、我们等；参见 min

muni（涅、兴）= **munu** 穆尼-穆努——变得腐烂，变得有味道

munm'ikta（涅）姆恩米克塔——一种蚊子

munuči 穆努奇——河流的名称

murčil dèγi（毕）穆尔奇勒 德吉——一种特殊的神位："像马一样的鸟"

muxan（果）穆罕——豹

muxan f'isu（满语书面语）穆罕 非苏——公豹

mužiγa（满语口语）穆兹哈——印刷错误，应该是 **wužiγa**；参见后文

na（满语书面语和满语口语）那——土地

nadan（在所有通古斯方言中有变化形式）纳丹——七

nadan unil（毕）纳丹［=**unat**（库）乌纳特］——"七仙女"，昴宿星

naγan（满语口语）纳罕——炕；**amba naγan**，对着门口的大炕

naǐ（满语口语→书面语）那伊——土地的

naǐ ikse（满语口语）那伊 伊克色——特殊神灵那伊珠兰（naǐǰulan）附体时萨满使用的头饰

n'aigda（毕）奈格达——一种牛虻（白色的头部）

naixan（满语）那伊罕——土地可汗

naǰil（毕）纳吉勒——妻子的亲属

nakču（满语口语）纳克楚——母亲氏族的年长者

nälki（乌鲁、曼·卡）奈勒吉；参见 nVl

n'ałma（满语书面语和满语口语）纳勒玛；参见 n'aḷma

n'aḷma（满语口语）纳勒玛——人；参见 n'ama、n'ałma、n'ijalma（满）、n'i（果）

n'ama（+后缀）（毕）纳玛——变得温暖

n'ama（满语口语）纳玛；参见 n'aḷma

n'amen（满语口语）那门——心脏；圆

namu（满语书面语和满语口语）那穆——海、海洋；参见 lamu

n'anǰ'an（库）南占——外套斜线上的装饰

n'anmakta（涅）南玛克塔；参见 monmakta

n'aŋn'a ~ n'aŋgna（毕、涅、满驯）（安·季）（满语书面语）娘那-娘格那——天空、高天

n'aŋn'ako（库，马克）那恩那科；参见 n'on'oko

nantkun（毕）南特坤——愚蠢的

napčin（毕）那普亲——树叶

n'ari（通古斯·施）那里；参见 n'irai

nar'igačan（满驯）那里嘎千——不到一岁的马鹿；参见 neir'iγä（毕）

narxun（满语口语→书面语）纳尔浑——细的、"不重要的"；（书面语）——小的

nataragdi（季托夫转写）纳塔拉格迪——熊

natolorg'i（满语口语）那陶罗尔吉——"地球表面"

nejavi（涅吉·施）涅亚维；参见 n'irai

neir'iγä（毕）涅里盖——一岁的马鹿；参见 nar'igačan、ner'iga

nèlki（曼）涅勒吉；参见 nVl

nelki（图）讷勒吉；参见 nVl

n'eŋn'er'i（满语书面语）能涅里；参见 noŋ（ja）

n'éng'i'in'i（拉穆特）嫩吉尼；参见 neun'in'i

nerčugan（涅、巴）涅尔楚甘——涅尔琴斯克通古斯人

ner'iga（毕）涅里嘎——胚胎、非常年轻的（动物）

ner'igači（毕）涅里嘎奇——怀孕

neun'in'i（图）涅乌尼尼——夏天的第一个月

n'i（果）尼；参见 n'alma

n'ič'ikun（毕、库、兴）尼奇坤——小的

nijalma（满语书面语翻译）尼亚勒玛；参见 na'ḷma

n'ikan（满语书面语和满语口语）尼堪——编入满族八旗组织中的汉人

n'ik'i（毕、库、满驯中有变异形式）（图）（乌鲁·卡）（满族）尼吉——鸭子

nilki（季托夫转写）尼勒吉——三月（？施）

niłki（满驯）尼勒吉；参见 nVl

n'imaxa（满语书面语和满语口语）尼玛哈——鱼；参见 imaxa（果）

n'imeku（满语书面语和满语口语）尼莫库——疾病

n'imagan（果·洛）尼玛干——（萨满）把灵魂送到下界

nimγa（涅、巴、毕、满驯）尼姆哈、nimŋana（乌鲁·卡）尼姆昂那——萨满实践

nimγaŋk'i（涅、巴）尼姆航吉——（萨满的）鼓

nimnakawn（涅）尼姆那卡翁——"真实的故事"

n'inakin（在所有通古斯方言中有变化形式）尼那金——狗；参见 indaxun

n'inan（满驯、毕、库、巴、涅）尼南——不到一岁的驼鹿、有时表示马鹿的幼崽

n'inanan（库、满驯）尼那南——带着幼崽的母马鹿

n'iŋg'ar'i（满语口语）宁嘎里——春天

n'iŋgun（满语书面语和满语口语）宁棍——九

n'irai（毕、库）尼拉伊、**n'iravi**（曼）尼拉维、**nejavi**（涅吉·施）讷亚维、**n'ari**（通古斯语·施）那里——男性；参见 n'alma

n'iγavi（曼）尼哈维；参见 nirai

n'irugan（满语书面语）尼鲁干；参见 n'urgan

n'joxun（满语书面语）牛浑——蓝天

n'ogen'i（叶，传教士）诺格尼——四月

nölk'ini（毕）诺勒吉尼；参见 nVl

nöltki（涅吉·施）诺勒特吉；参见 nVl

noŋ(ja)［词干］诺恩（亚）——春天（草出现时）；**noŋja**（满驯）诺恩亚、**nöuŋi**（拉）闹恩伊、**n'ongun'on**（拉）诺恩诺恩、**nöngnön**（涅吉·施）闹恩闹恩、**n'öngn'ö**（果·施）闹恩闹、**n'eŋn'er'i**（满语书面语）能涅里

n'oŋg'in sog'i（满语口语）农金 索吉——所谓的"汉人卷心菜"

n'öngn'ö（果·施）弄格诺；参见 noŋ（ja）

n'ongn'on（涅吉·施）闹格闹；参见 noŋ（ja）

nöngnön（涅吉·施）弄格弄；参见 noŋ（ja）

nongnön'i（安・季）诺闹尼——“六月—七月”（？施）

noŋja（满驯）弄亚；参见 noŋ（ja）

n'on'o～nonó（毕、库、兴）诺诺-闹诺——小孩

n'on'oko（毕、库、兴）诺诺科——熊，“大宝贝”

nonokon（毕）诺诺科恩——早期、过去

n'opti（毕）诺普提——“早期”

n'opti（巴、涅、毕、库、兴、满驯、曼）诺普提——过去、早期

nordoǰar'i（巴、涅）诺尔多扎里——唱祈祷词者；“正在祈祷者”

nöuŋi（拉）能伊；参见 noŋ（ja）

nulki（兴）努勒吉；参见 nVl

n'últan（拉穆特）努勒坦；参见 n'ultin

n'ultin（拉、图）努勒廷、n'últan（拉穆特）努勒坦——太阳

n'uŋn'ak'i（在所有通古斯方言中有变化形式）努恩那吉——鹅

nura（满语口语）努拉 nure～nurè（满语书面语）努勒——低度的小米酒

n'urgan（满语口语）努尔干 = n'urɣan 努尔罕；n'urxan（果・洛）努尔罕、n'irugan（满语书面语）尼鲁干——图画，尤其是表现神灵的图画

n'uxu（满语书面语和满语口语）～n'oxu 努胡-诺胡——狼

nVl（+后缀）诺勒吉——春天；**nolk'i**（毕）努勒吉、**nulki**（兴）讷勒吉、**nèlki**（曼）奈勒吉、**nälki**（乌鲁、曼・卡）奈勒吉、**nelki**（图）（涅吉・施）尼勒吉、**nilki**（满驯）尼勒吉、**nöltki**（涅吉・施）诺勒特吉

ŋala（毕）昂拉——害怕，惊吓的

ŋalaɣa（毕）昂拉哈——老虎；“让人害怕的兴奋者”

ŋala 昂阿拉；参见 gale

ŋaleɣa（季托夫转写）昂勒哈——熊

ŋukata（涅吉・施）昂乌卡塔——熊

o（在所有通古斯方言中有变化形式）奥——“否定”

ō（在所有通古斯方言中有变化形式）奥——去做

obdowča（毕、库）奥博道乌查——“坏了的”

oboči（季托夫转写）奥博奇——熊，恐惧者

obon（曼）敖包恩——立在山顶或路口的小山（一堆石头）

odakon（涅）奥达科恩；参见 idakon

od'en（兴）奥德恩；参见 oǰan

odin（毕、兴、曼、涅）（在所有北通古斯方言中有变化形式）奥丁——风

odoγan（满驯）奥道罕；参见 idakon

ogdeu ošikta（安·季）奥格都 奥西克塔——北极星

ogdi（在所有北通古斯方言中有变化形式）奥格迪——伟大的、美好的

ogdi dulga（毕）奥格迪 杜勒嘎——白天时间，从早上到中午

oγekat（拉）奥赫卡特——星星；参见 os'ikta、wužiγa

oγovun（涅、巴）奥浩翁——歌手，"萨满"

öigön（涅吉·施）额伊根；参见 èrga

ojo（满语口语→书面语）奥约——祭品的非物质要素

oǰan（满驯、毕、库、涅）奥占、od'en 奥敦、oǰon 奥尊、èǰan 额占、èǰin 额金、ydi 乌迪——主宰者、掌控神灵、统治者、丈夫等

oǰon（涅）奥尊；参见 oǰan

oǰor（毕）～aǰor 奥召尔 阿召尔——早期的、古老的

okto（在所有通古斯语方言中有变化形式）奥克托——道路、方式、路径

okugdi（毕）奥库格迪——热

oldo（又作 **ollo**）（在所有通古斯方言中有变化形式）奥勒多（奥勒罗）——鱼

olen'（曼）奥楞——马鹿

olgo（词干）（在所有通古斯方言中有变化形式）奥勒高——"干燥"的观念

olgo（+后缀）（毕和其他方言）奥勒高——干燥、变得干燥

olgokta 奥勒高克塔——河流的名称

ollo（毕）奥勒罗；参见 oldo

olo（毕）奥罗——每一个、所有；参见 alla

olo（1）（+后缀）（曼）奥罗（勒）——跳到一边（参考受惊的马）

olo(mbi)（满语书面语翻译）奥罗（姆必）——因害怕而颤抖

olon（巴）奥隆——固定在萨满服上的长方形装饰物（通常是皮制的）

oloŋ（毕）奥伦——受"奥伦现象"影响者

olondokon（+后缀）（毕）奥伦多科恩——受“奥伦现象”影响者

olorgi（满语口语）奥罗尔吉——外部的

olorgi fojeŋo（满语口语）奥罗尔吉 佛扬古——外部的（第三个）灵魂

olon'o（满驯）奥罗诺——toksun'u 后面月份的名称

oltarga（+后缀）（毕）奥勒塔尔嘎——出现

om'i（毕、兴、库）奥米——灵魂（儿童的）

om'i（乌鲁·卡）奥米——灵魂

omija（满驯）奥米亚——“草出现的季节”、kuluntutar 后面的月份名称

omija（果·施、洛）——“灵魂”

omo（在所有通古斯方言中有变化形式）奥莫——到来

omo(=omok)（巴、涅、曼）奥莫（奥莫克）——氏族

omugda（叶，传教士）奥姆格达——灵魂

ōmule（毕）奥姆勒——一种牛虻（大的、黄褐色的）

omute（毕）奥穆特——钩；为使者、神灵提供的特殊神位

ón（所有通古斯方言）奥恩——“规则”、“法律”

onin（满驯、毕、库）奥尼恩、**on'in**（兴）奥尼恩——母马鹿；参见 enen buxu（满语书面语）

on'in（兴）奥尼恩；参见 onin

oni(n)（在所有通古斯方言中有变化形式）奥尼（恩）——母亲

onma（拉穆特）奥恩玛——五月；参见 unm'i

on'o（满驯）奥诺——驯鹿驮载盒子上的装饰；参见 moritin（涅）

on'o（毕）奥诺——母熊，母亲、祖母

onóĭ！（几个方言中）奥诺伊——感叹词：表达疼痛

oŋgo（毕、库）翁高、**oŋgun**（兴、曼、涅、毕、库）翁衮，同样参见 oŋγun——为神灵保留的马和驯鹿

oŋgun 翁衮；参见 **oŋgo**

oŋγun 翁浑；参见 **oŋgo**

oon'i（毕）奥尼——萨满服胳膊下面的孔（供神灵通行）

or［Vr，词干］奥尔；参见 ori

orgi（作为一个构成部分）（毕、巴、涅和其他）奥尔吉——较低

orgidunda～örgiidunda（巴、涅）奥尔吉敦达-额尔吉敦达——下界

örgisk'i（巴、涅）奥尔吉斯吉——去下界，萨满教实践的一种形式

orgo（满语口语→书面）奥尔高；参见 orγo 和 orxo

ōrgö（果·施）鄂尔格；参见 èrga

orgu bojen 奥尔古 博阴＝**èrgin** 额尔金（毕）——底层的人

orγo（满语口语）奥尔浩——草（干燥的）

ör'i（毕）奥里；参见 ori

or'i（毕、曼）额立；参见 ori

ori（兴、涅）奥里、**or'i** 奥里、**ör'i** 额立、**or** 奥尔、**äri**（乌鲁·卡）阿里、**eji**（涅吉·施）额吉——呼吸

or'i（满语书面语）奥立——男性要素

ormu（兴）奥尔穆——鹿皮鞋上的装饰；参见 orumus

oročo（涅、巴）奥罗乔——有石头的山坡

orokto（在所有通古斯方言中有变化形式）奥罗克托——草

oron（满语口语）（几种北通古斯方言）奥伦——王位、座位、星星的位置

oron（涅、巴、满驯）（乌鲁·卡）奥伦［词源，参见《北通古斯人的社会组织》］——驯鹿

***oroptun* 奥罗普吞——头饰**

oron（涅、巴）——鄂伦萨满使用的木杖（驯鹿的形式）

oru（叶）奥鲁；参见 ar（毕）

orū（所有方言）奥鲁——坏的、坏的事物

orumus（涅）奥鲁姆斯——护膝

orun（满语口语）奥伦——位置；参见 oron

orxo（满语书面语）奥尔浩；参见 orγo

osekta（毕）奥色克塔；参见 ōs'ikta

ōs'ikta（曼）（在所有通古斯方言中有变化形式）额西克塔——星星；参见 oγekat、wužiγa

ošikta（安·季）奥西克塔；参见 ōs'ikta

oskun（满语口语）奥斯坤、**osukun**（满语书面语）奥苏坤——小的

oskunči（满语口语→书面语）奥斯坤奇 = **eskunȷ'i** 埃斯坤吉

oriłasani（涅）奥里拉萨尼、**ovilassa** 欧维拉斯萨、**oviłašani** 欧维拉斯尼、**ovełakšani**（安、涅·季）欧维拉沙尼——春天

owlan（毕）奥乌兰——星座，对应 **dolowon**

panūgo（满驯）帕那高——带有皮绳的木板，猎人用在背部背东西

p'iγan（满语口语）皮罕——泰加林；参见 bigan

pōdè（满语口语）跑德——家庭、氏族、房屋

p'oγun（满语口语）标浑——家庭、氏族、房屋；参见 boĭgun

polori（满语口语）婆罗里——秋季；参见 bolori

pučèγe（满语口语）普车赫——死者；参见 bučexe

pučeγe gurun（满语口语）普车赫 固伦——死者的世界，下界

pučeγe ǰoγun（满语口语）普车赫 召浑——死者（神灵）的"道路"

pud（果·格）普德——进行萨满教实践（？施密特）

pùhhuô（女真·格）普赫活；参见 boixon

rikša(**uriksa**)（叶，传教士）里克沙（乌里克萨）；参见 ariksa；参见 ori

sa（+后缀）（所有通古斯方言的变异形式）萨——知道

sagdas'i（满语口语）萨格达西——老者、祖先、祖先神

sagdas'i vočko（满语口语）萨格达西 窝车库——氏族神灵谱系

sagdikikan（兴）萨格迪吉坎——老者（男性）、熊

sägi（毕）塞吉——旋转

saγale（满语口语），**saxalin**、**saxalan**（满语书面语和满语口语）萨哈勒，萨哈林，萨哈连——黑色

sajaka（毕）萨亚卡——泰加林中无树的地方

šajan（满语口语→书面语）沙烟——白色、灰色（头发）；= **šajen**（满语口语）沙阴；参见 šan'jan（满语书面语）

šajen（满语口语）沙阴；参见 šajan

saǰa（毕）萨扎——进山入口的平坦处

sakal（曼）萨卡勒——胡须

sakha（乌·布）萨克哈——“邪恶的”神灵

salpa（毕、兴）萨勒帕、**s'ilpa**（毕）希勒帕、**selpe**（库）色勒泊、**selfe**（满语书面语）色勒佛——外套上装饰的斜线

salu（满语书面语）萨鲁——胡须

sama（+后缀）（满驯）萨玛、**samada**（曼）萨玛达、**samda**（毕）萨姆达、**xamal**（图）哈玛勒、**samda(mbi)**（满语书面语）萨姆达（姆必）、**xamandal**（拉）哈满达勒——萨满实践

s'ama 萨玛～**šama** 沙玛～**sama** 萨玛（果，什连克、施密特）（奥·施）；参见 saman

samalda（曼）萨玛勒达；参见 sama

s'aman（巴、阿、满驯）萨满；参见 saman

saman（在所有通古斯方言中有变化形式）萨满、**haman** 哈满、**xaman** 哈满、**s'aman** 萨满、**šama** 沙玛、**s'ama** 萨玛、**sama** 萨玛——萨满

saman'i ètku（满语口语）萨满伊 额特库——萨满服饰

saman'i g'evan'i ilga（毕）萨满伊 格瓦尼 伊勒嘎——萨满头饰上的万字符

samás'ik（毕、库、兴、涅、曼、巴）萨玛西克～**s'amás'ik** 萨玛西克、**šamašik** 沙玛西克、**hamaγik**（拉）哈玛吉克——萨满服饰

šamašik 沙玛西克；参见 samás'ik

samda(mbi)（满语书面语和满语口语）萨姆达（姆必）；参见 sama

samdame tarimbi（满语书面语）萨姆达臭 塔里姆必——散布阻断物

samdo（毕）萨姆多；参见 sama

samna（涅）萨姆那——穿坏

samnakon（涅）萨姆那科恩——由损坏的草和砍断的灌木制成的神位

sän（满语口语）塞恩、**saŋ**（满语口语）桑——好的、优秀的

saŋ（满语口语）桑；参见 sän

saŋga（满语口语）桑嘎——一个孔、洞

saŋgnan（毕）桑格南；参见 saŋγur

saŋγur（毕）桑胡尔——记录、计数

šaŋin（满语口语）桑音——白色；参见 šajan

saŋk'ira（毕、兴、涅）桑吉拉、**saŋkra**（涅）桑克拉、**saŋk'ir'i**（x'jan）（满语）桑吉里（香）——植物制成的香

saŋkra（涅）桑克拉；参见 saŋk'ira

sapil（毕）萨皮勒——马的颜色：很浅的棕色，但鬃毛和尾巴黑色

säpsäku（季托夫转写）（乌鲁·卡）塞普塞库——熊

satimar（满驯）萨提玛尔、**šatimar**（涅·季）沙提玛尔——公熊

satin'i（满驯）萨梯尼——alin'i 后面的月份

savak'i（毕、库、兴、涅）萨瓦吉、sèvek'i 色沃吉、savaki 萨瓦吉、šavak'i 沙瓦吉、sevoki 色沃吉、sewek'i 色乌吉——神位

šavak'i（巴）沙瓦吉；参见 savak'i

sävak'i（毕、库、兴）塞瓦吉；参见 savak'i

s'avak'i（巴、涅）萨瓦吉；参见 savak'i

savak'ičan 萨瓦吉千，缩写形式是 savak'i

saxalan uła（满语书面语）萨哈连 乌拉——阿穆尔河

sebèŋa（满语书面语和满语口语）色崩阿——血管、动脉和静脉、生命

sebu（毕）色布；参见 sèfu

sèčè（满语书面语和满语口语）色车——犁袜；乌龟

sèfu（满语书面语和满语口语）色夫、**sebu**（毕）色布——老师、师傅萨满

sekan（毕、兴、库、涅、巴）色坎——耳环

sekta（所有方言）色克塔——灌木

sèlè（满语书面语和满语口语）色勒——铁

selfe（满语书面语）色勒佛；参见 salpa

sèmde（满语口语）色姆德＝**sendexen**（满语书面语）色恩德很——房屋中存放神位的地方

sèn（乌·施）神；参见 syn

s'ena（毕）色那——丧服

s'en'šan（毕）神仙——与某些神灵沟通的专家

s'erā（毕）色拉——彩虹

šeri(mb'e)（满语口语）色里（姆博）＝**šere**（满语书面语）色勒——变成火红

的、白色的脸，发高烧

sèsère(mbi)（满语书面语）色色勒（姆必）——陷入混乱

s'euwa（果·格）色乌瓦；参见 seven

seva（果尔德人萨玛吉尔氏族，什连克）色瓦——偶像（？施密特）；参见神灵索引

sevaki *（满语）色瓦吉—— 神位*

sèvèk'i（曼）色沃吉；参见 savak'i

sèvèn 色翁、**sèvèŋ** 色翁、**sewo** 色沃、**seva** 色瓦、**s'euwa** 色乌瓦、**sevo** 色沃、**sèn** 神、**syn** 塞恩；参见神灵索引

sevenkan 色翁坎等，缩写形式是 seven 等

sevo（奥·施）色沃——偶像、上帝

sevoki（果、奥、奥尔查·施）色沃吉；参见 savak'i

sèwèk'i（巴牧·波）色沃吉——"地毯制成的神偶"

s'i（所有通古斯人）希——你

šifu（满语书面语）师傅——汉语词语的转写；参见 sèfu

siγilaγa（满驯）希黑拉哈——适合猎松鼠的季节

s'ihun（满驯）西浑；参见 s'ivun

s'iǰ'im 西吉姆 ~ **s'id'im**（毕）西迪姆、**sit'im**（满驯）西提姆、**siǰ'i**（满语书面语）西吉——绳索、线

s'iksü（在所有通古斯方言中有变化形式）希克塞　夜晚

s'iksän'i（毕）希克赛尼——太阳落下之前的一个半小时

šilbe（曼）西勒博——胫骨

s'iliksä（毕）西里克塞——露水

šilkir 希勒吉尔——河流的名称（Šilka 希勒卡、阿穆尔河）；"受压力影响"

sillā（+后缀）（毕）西勒拉——改变颜色（植物的绿荫）

s'ilpä（毕）西勒派；参见 salpa

s'ipkan（巴、涅）希普坎；参见 čipkanin

s'ira（涅）希拉——线

sirg'i（满驯）西尔吉——沙子

sirg'idika（满驯）希尔吉迪卡——沙虫

s'irinan（涅）希里南——由线做的装饰

s'iša 西沙～**s'iža** 西扎～**siža** 西扎（满语口语→书面语）——带有圆锥筒的萨满腰带

siu（奥·施）西乌；参见 s'ivun

s'ivak（涅）希瓦克——水草

s'ivak 希瓦克——河流的名称

sivar（毕）希瓦尔——沼泽地，“泥”

sivartu 希瓦尔图——河流的名称

s'ivun（兴）西翁、**s'ihun**（满驯）西浑、**s'iun**（涅吉）（果·施）西温、**s'iu**（奥·施）西乌、**sun**（涅吉·施）孙、**Šun**（满语书面语和满语口语）顺——太阳

šoforo（满语口语）索佛罗——一种疾病（传染病）

soγon（满驯）（安·季）索浑、**soŋonon**（涅）松奥诺恩——母马鹿

solbar dèγi（毕）索勒巴尔 德吉——萨满服上的“汉文化的凤凰”

solimb'e（满语口语）索立姆博、**solimbi**（满语书面语）索立姆必——请神、在睡眠的过程中请神（萨满）、献祭（邀请）

solo（+后缀）（毕、涅、满驯）索罗——沿着水路去上游

solo（+ 后缀）（所有方言）索罗——逆流而上

solox'i（满语书面语）索罗吉；参见 solx'i（满语口语）

so̩lx'i（满语口语）索勒吉 ——北极臭鼬

soŋcozo（满语口语）松乔卓——双数的日子，好日子

soor'i（满语文本）索立，对应 **soorin**（满语书面语）——位置（例如神灵的神位）

soptoran（满驯）索普托兰—— “用浆果填饱自己者”；熊

sorgon（满语口语）索尔高恩——丝绸条（神灵使用）；参见 sorgun

sorgun（满语书面语）索尔棍；参见 sorgon

šovok'i（叶，传教士）索沃吉；参见 savak'i，xovok'i

soxatyǐ（曼）索哈特伊 ——驼鹿

sudala（毕）（满语书面语）苏达拉；参见 erga

sudala（毕）苏达拉——静脉系统

sudur'i（满语书面语和口语）苏都立——历史

sugdun（满语口语）（毕）苏格敦，**sukdun**（满语书面语翻译）苏克敦——蒸汽；疾病

suĭxa（满语书面语和满语口语）苏伊哈——一种对动物有益的草，苦艾（?）

suɟara（满语书面语和满语口语）苏扎拉——倾斜的，按压的

suɟen（毕）苏真——靠近河流的狭窄空间，且覆盖着沙子和鹅卵石

s'uk'a naĭ ikse（满语口语）苏卡那伊 伊克色——一种特殊的萨满头饰

sukdun（满语书面语翻译）苏克敦；参见 sugdun

suks'i（满语口语→书面语）苏克西——弥漫着疾病的空气

sula（满族口语）苏拉——来历不明的神灵，自由的

sulen（满语书面语与满语口语）书楞——猞猁

sum（毕）苏木——测量单位：伸出的拇指与第一个手指关节之间的距离

sun（涅吉·施）孙；参见 s'ivun

sun（满语书面语和满语口语）孙；参见 s'ivun

sun'ja（满语书面语和满语口语）孙扎——五

suŋkoit 孙科伊特——一条河的名字

suŋkta（涅）孙科塔——深的河流

sünesun（乌鲁·卡）苏讷孙，sunusun（曼）苏努孙——灵魂

šurdèrè（满语萨满文本）苏尔德勒——“围绕——旋转”

surei（满语萨满文本）苏勒伊——聪明的

sus'i～sus'e（库，毕）苏西-苏色——灵魂

syn（乌·布）塞恩＝**sèn**（施）神——“善神”

sVvV（所有北通古斯方言）色翁——表示 seven 的词十，等

ta（满语口语）塔；参见 da

taɟar'i（满语口语）塔栽利——萨满主要助手

ta saman（满语口语）塔萨满——主要的氏族（标浑）萨满

taa(～tā)（+后缀）（毕）——做；生产；拉

tabɟan（毕）塔布占；参见ɟabɟan

tabu(mbi)（满语书面语和满语口语）塔布（姆必）——摆放祭品

tači(mb'i)（满语书面语和满语口语）塔奇（姆必）——教，学

tagila（+后缀）（满语口语）塔吉拉——来，到达（例如，客人）

taĭ（满语口语）太；参见 ḍa

taĭf'in（满语口语→书面语）太非恩——太平

taĭm'in（满语口语）太敏，**tamĭn**（满语书面语）——“竖起的毛发”，在牛身上被认为是健康的标志

taĭšima èfen（满语口语）太西玛 额芬——一种特殊的糕点，上面覆盖着豆子，用于献祭

taĭze（满语书面语和满语口语）太子——类似神灵名称中的贝子

tāka(n)（涅，毕，满驯，兴）塔卡（坎），也作 **taka**——表示树干、横木、桥

taka（+后缀）（满语口语）塔卡——辨认

takači 塔卡奇——河流的名称

tak'ira（毕、库）塔吉拉——带壳的河中软体动物；参见 taxura

taktikaγdi（通古斯语转写，季托夫）塔克提卡赫迪——熊，“住在雪松森林里的熊”

takto（满语口语）塔克托——满族房屋左侧的耳房

tāł（涅）塔勒；参见 tōli

tała（毕、库、涅、巴）塔拉——含盐的土地

tała 塔拉——许多河流的名字

tałmen（满语口语）塔勒门——一种矮小的嫩草，在特定季节适合动物食用

taḷman（满语口语）塔勒曼=**talman**（满语书面语翻译）塔勒曼——雾

tām（毕）塔姆；参见 tiγan

tamnV（在所有通古斯方言中有变化形式）［词干］塔姆恩（+）——雾

tan（毕）坦——伸展、拉、教

tänä（毕）太奈、**tänäγ**（曼）太奈赫、**tänäk**（乌鲁·卡）太奈克 、**tanag**（毕、曼）塔那格——优柔寡断的、白痴、疯癫

tänäg（毕、曼）太奈格；参见 tänä

tänäγ（曼）太奈赫；参见 tänä

tänäk（乌鲁·卡）太奈克；参见 tänä

tan'čin'i（满语口语）坦奇尼、**dančin**（满语书面语）丹亲——妻子氏族的

tangu（满语书面语和满语口语）唐古——一百

tar（V）（在所有通古斯方言中有变化形式）塔尔——那

tara（满语口语）塔拉——停止、逮捕

targa（满语书面语和满语口语）（毕）塔尔嘎——织物、布料、禁忌、一块挂起来的布用以表明被禁忌的地点和房屋

targidula（曼）塔尔吉杜拉——到那时为止

tarin tasxa（满语口语→书面语）塔林 塔斯哈——公老虎

tarkin（满语口语）= **talk'an** 塔尔金-塔勒坎——闪电

tasiγa（兴）塔西哈、**tasxa**（满语书面语）塔斯哈——老虎

tasxa（满语书面语）塔斯哈；参见 tasiγa

tavǰan（毕、库）塔乌占；参见ǰabǰan

taxura（满语书面语）塔胡拉；参见 tak'ira

tebu（mb'i）（满语书面语和满语口语）特布（姆必）——竖立

tèdu（mb'e）（满语口语）特杜（姆博）——躺下

tèγa（毕）特哈 = **tèγačen** 特哈千——未编入八旗组织的通古斯人

teǐfun（满语书面语）太分——老人用的手杖；参见 tijavun

tèmgètu（满语口语）特姆格图——资格

tet（词干）（在所有通古斯方言中有变化形式）特特——穿

tetu（果・洛）特图——萨满的服饰；参见 tet

texè（满语书面语）特合——坐着

texe(mbi)（满语书面语和满语口语）特合（姆必）——座位，占据王位

texeren（满语书面语）特合楞——相似性，比较

tiγan（毕）提罕——高河堤的下方

tiγ'ika（满驯）提吉卡——适合骑马的地方

tiγ'ir'ifiki（毕）提吉里弗吉——蜱虫（一种深入皮肤的虫子）

tijavun（毕、涅）提亚翁——女性骑驯鹿时使用的木杖（涅）、男性滑雪时使用的木杖（毕）、萨满使用的木杖（毕）；参见 teifun

tik（+后缀）（所有通古斯方言）提克——降落、就座

tikanin（毕）提卡尼恩——根部

to（奥·施）陶；参见 tōki

toγo（在所有通古斯方言中有变化形式）陶浩——火

toγolga(n)（毕）陶浩勒嘎（干）——柱，杆，轴（天体）

toγoljin（毕）陶浩勒金——生在火中者

tōki（在所有通古斯方言中有变化形式）托吉——麋鹿

tokso（满语书面语和满语口语）托克索——村庄

toksoko（涅）陶克索科——被茂密森林覆盖的山

toksun'u（满驯）陶克苏努——“寒冷的天气过去了”；从一月底开始的月份的名称

tōli~ǰoli（巴）托里-召里——哲罗鱼；萨满教中的特殊神位

toli（果、奥）（满语书面语和满语口语）陶里；参见后文 tōli

tōli（毕、库、兴）托利、**tāl** 塔勒、**tolo** 陶罗、**toli** 陶里、**tōló** 托罗——铜镜

tōló（巴）托洛；参见 tōli

tolo（涅、巴）陶罗；参见 tōli

toloγei（曼）陶罗黑——单独的山

tölungu（涅吉·施）托伦古、**tölum**（涅吉·施）托鲁姆、**tölungu**（奥尔查）托伦古、**tolingu**（果）托林吉、**tölumči**（奥罗奇·施）托鲁姆奇——一则故事

tome（源自 **tolome**）（满语口语→书面语）陶莫

toŋdo（满语口语）通多——直的

toŋdo mo（满语口语）通多 莫——为神灵立起的杆

toŋγolkon（毕）通浩勒科恩——“真实的故事”

toŋor（毕）通奥尔——测量单位，伸出的拇指和小指之间的距离

tor（鄂霍茨克）陶尔；参见 tur

torgadan（涅）陶尔嘎丹——一种装饰：缝在外套上穗

torg'i（满语口语）陶尔吉=**ḋorg'i**（满语书面语）多尔吉——“内部”“内核部分”

torgomó（涅、巴）陶尔高莫——“用某些布料装饰的”

tōril（毕）托里勒——一组传染病

tōril（毕）托里勒——灰尘

torun mo（满语口语）陶伦 莫；参见 turu

totti（拉）陶梯——“升起”，通常作为表示月份名称的一个组成部分

toxo（满语书面语）陶浩；参见 tōki

toxoli èfen（满语口语）陶浩里 额芬——一种用于献祭的特殊小糕点

tua（满语书面语和满语口语）图阿；参见 toγo

tub'ixe（满语口语）图毕合——水果（普遍意义上的）

tučimbu（满语口语）图奇姆布——产生、出现

tuga（在所有通古斯方言中有变化形式）图嘎——冬天

tuγan'i（毕）图哈尼；参见 tuga

tuγe（满语口语）图赫=**tugi**（满语书面语）图给——乌云密布

tui（涅吉·施）图伊；参见 tur

tuk（V）（巴、涅、毕、库、兴）图克——举起，竖起，建立

tuki（毕）图吉——下降；参见 tik

tuksa（毕）图克萨——雾、云；又作 **tuksu**（所有的通古斯方言）

tuksa（毕、兴、涅、曼）（乌鲁·卡）图克萨、**tuks'i**（毕）图克西、**tuγa**（满驯）图哈、**tuč**（图）图奇、**suǰu**（满语书面语）苏珠——跑

tuksav'i（巴、涅）图克萨维——野兔

tuksav'i（巴、涅）图克萨维——萨满教实践的一种特殊形式

tuksē（+后缀）（毕）图克色——冻结，变得寒冷

tukučon（满驯、涅）图库琼——春天“瘦”的麋鹿

tulilaŋi（毕）图里郎伊——外面的

tungan bokton（满语口语）通干；参见 čejèn

tunga（在所有通古斯方言中有变化形式）通嘎——五

tunγanmaǰen（毕）图恩汉玛真——有五个叉鹿角的马鹿

tuŋkä（毕）通开、**tuŋken**（满语书面语和口语）通肯——一般意义上鼓（毕），很少的情况下表示萨满鼓

tuŋken（满语书面语和满语口语）通肯；参见 tuŋkä

tuŋo（毕）通奥——弯曲

tuŋorin（毕）通奥林——椭圆体

tur（库、毕、兴）图尔——土壤；**tor**（鄂霍茨克）托尔；**tui**（涅吉·施）图

伊；参见 turu、turi

tura（毕）图拉——谈话、讲话（尤其是鸟）

turi（毕）图里；参见 tur

turil（毕）图里勒——吹去灰尘

turn'i（毕）图尔尼——大型熊；“居于土地上者”

turtan（毕）图尔坦——冬天最寒冷的季节

turú（涅、巴）（巴牧·波）图鲁，也作 **tur**，很少情况下出现 **tiru**——宇宙

turu（涅、巴）图鲁——萨满实践过程中竖立的木杆；参见 toru、toro

turukan（巴）图鲁坎——小的图鲁

učikan（季托夫转写）乌奇坎——熊

uγałaγin（满驯）乌哈拉金——太阳落山前的三个小时

uγi（满驯）乌吉——狭窄

uγi（在所有通古斯方言中有变化形式）乌吉——“上层的”

uγidunda（巴、涅）乌吉敦达——上界

uγikon 乌吉科恩——梯子（萨满教实践中的工具）

uγikta 乌吉克塔——河流的名称

uγila（曼）乌吉拉——萨满教实践的形式

uγillan（毕、库）乌吉勒兰——“向上”、上界

uγisk'i（涅、巴）乌吉斯吉——萨满教实践的一种形式

uju（在所有通古斯方言中有变化形式）乌朱——煮沸

uǯά（在所有通古斯方言中有变化形式）乌扎——足迹

ukóptun（毕）乌科普吞——萨满服饰的一种特殊的构成部分

uksa（在所有通古斯方言中有变化形式）乌克萨——袖子

uksάptun（毕）乌克萨普吞——萨满服袖口的装饰

uksi（在所有北通古斯方言的变异形式）乌克西——天鹅

ukur（在所有北通古斯方言的变异形式）乌库尔——牛

uläγir～uliγir（毕）［词源］乌来吉尔-乌里吉尔——一则幻想性故事

ulda（在所有通古斯方言中有变化形式）乌勒达——肉

ulöki（在所有通古斯方言中有变化形式）乌洛吉——躺着

umčufu（果・洛）乌姆初夫；参见 jimčin

umna（毕）乌姆那——新萨满检验神灵，同样表示萨满定期复查神灵

umun（在所有通古斯方言中有变化形式）乌姆恩——一个

una（毕）乌那——讲话

unaka（毕）乌那卡——手指，测量单位

unat（在所有北通古斯方言中有变化形式）乌纳特——女孩；女儿

unen（满语书面语和满语口语）乌嫩——牛

unengi（满语书面语）乌嫩吉；参见 wuneŋi

unil（毕）乌尼勒——女孩

unm'i（图）温敏——手指

unm'ikta（涅、巴）乌米克塔—— 蚊子、蠓虫

untuγun（兴）温图浑；参见 uŋtuvun

untun（满语书面语）（拉、图）温吞——鼓；参见 uŋtuvun

untūvun（乌鲁・卡）温图温；参见 uŋtuvun

uŋilivla（毕）翁伊里乌拉——蜱，用背向前移动的动物

uŋtuvun（毕）翁图温，**untūvun** 温图温、**untun** 温吞、**uŋtuγun** 翁图浑——萨满的鼓

urgulikkan（毕）乌尔吉里克坎——熊；“沉重”

urö（在所有北通古斯方言中有变化形式）乌罗——山川

urokono（兴）乌罗科诺——能够吞掉人的大型海洋动物

uru（涅、毕、库、兴、巴）乌鲁；参见 orö

uruptun（涅、巴）乌鲁普吞——围裙，一套萨满服的构成部分

ušitó（巴）乌西托——套索

utači（毕）乌塔奇——老虎、“拥有孩子者”、“父亲、祖父”

vagana（毕）瓦嘎那——藏熊（小的、黑色的）

valjamb'i（满语书面语和满语口语）瓦勒亚姆必——仪式上抛小祭品

vălu（满驯、毕）瓦鲁——坡缓的低矮山

veče（mbi）（满语书面语）窝车（姆必）——向窝车库（神灵），表演仪式，萨满实践

vèčèku mafai tèmgètu（满语书面语和满语口语）窝车库 玛发伊 特姆格图——祖先谱系，氏族谱系

večen（满语书面语翻译）窝陈——献祭

večun（满语口语）围裙——妇女烹饪时使用的围裙

vèγe（满语口语）窝赫——石头

vèĭxumbi（满语口语）沃伊胡姆必 = **veĭǰumb'i**（满语书面语）沃伊珠姆必——复活，指植物、冬眠后的动物

vèrèn（满语书面语）沃楞——波动

ves'ixunde（满语书面语）沃西浑——“上升”

Vočko solibe（满语）窝车库 索立博——请神

wa（毕）瓦——难闻的气味

weiγun（满语口语）沃伊浑——活着的；仍存在的

wuče（满语口语）乌车——门

wugdun（满语口语）乌格敦——地窨子、猪圈

wujun（满语书面语和满语口语）乌云——九

wuǰima（满语书面语和满语口语）乌吉玛——饲养的动物

wuǰu（满语书面语）乌朱——第一

wukun'ǰu（满语书面语）乌坤珠——脾脏（膀胱、胆，根据扎哈罗夫）

wuŋg'imb'e（满语口语）翁吉姆博——送

wuneŋi（满语口语）乌嫩伊 = **unengi**（满语书面语翻译）乌嫩吉——真实的

wuneŋi fojeŋo（满语口语）乌嫩伊 佛扬古——真正的灵魂、第一个灵魂

wuri（满语口语）乌里——一排

wuri（满语口语）乌里——灰色

wuxer'i（满语书面语和满语口语）乌合力——全部的

wuxer'i texer'i（满语书面语和满语口语）吴合力 特合立——所有平等

wužiγa（满语口语）乌兹哈——星星；参见 usixa（满语书面语翻译）

wužin（满语口语）乌金 = **usin**（满语书面语翻译）乌辛——用于种植的田地

xačin（满语口语）哈亲——种类；参见Jerg'i xačin

xala（满语书面语和满语口语）哈拉——氏族（过去使用）

xaman（图）哈满；参见 saman

xan'alambi（满语书面语和满语口语）哈那拉姆必——（萨满）去下界

xanči（满语口语）= xan'ḋe 汉奇-汉德——附近

xandu（满语书面语）汉杜——稻米，也表示一种树

xānšin（满语口语）罕辛——汉人的高粱酒

xaúki（拉穆特，席夫纳）哈乌吉；参见 xovok'i

xejä（图）赫烟——头顶，从一月末开始月份的名称

xeja（拉穆特）赫亚——一月；参见 xejä

x'eγečin（拉）何赫亲、**x'ieγečin**（图）黑赫亲——傍晚

xèǰèn（毕）何真——果尔德人

xele（满语书面语和满语口语）何勒——哑巴

xelen aku（满语书面语）何楞 阿库 = xele

x'ieγečin（图）黑赫亲；参见 x'eγečin

x'jan（满语书面语）香 = **x'jen**（满语口语）香——香

x'jaza（满语口语）匣子 = **xijase**（满语书面语翻译）匣色——一种特殊的容器，也表示容量的单位

x'jen（满语口语）香；参见 x'jan

xjenči（满语口语）香奇——线香；参见 x'jen

xobo（满语书面语和满语口语）浩包——棺材

xoboǐ maǐkan（满语口语）浩包伊 迈坎——棺材的遮蓬

xodu ~ kodu（毕、库）浩杜-科杜——暴力性的精神错乱者

xogōza（满语口语）火锅子——一种特殊的汉人食品

xoǐtaxa（满语口语）浩伊塔哈——固定的

xołboko（满语口语）浩勒博科——火盆

xon'čix'in（满语口语）浩恩奇辛，又作 **xon'čx'in**——我的母亲的氏族的成员

xoŋgo（满语口语）轰高——铜铃

xorxodai（满语书面语）浩尔浩代——秃头、没有头发

xos'i（满语口语）浩西 = **xošo**（满语书面语）浩索——角落

xoškan（满语口语）浩斯坎、**xūsixan**（满语书面语）胡西罕、**xoz'a**（果）浩

扎——萨满使用的裙子

xošo（满语书面语）浩索；参见 xos'i

xošoka（满语口语）浩索卡——地球的一部分

xovak'i（叶，传教士）浩瓦吉；参见 xovok'i

xovok'i（叶，传教士）浩沃吉——上帝（基督教）；参见 xovak'i、xaúki、šovok'i

xoz'a（果）浩扎；参见 xoškan

xuašèn（满语口语）花神——花，花朵

xula（mb'e）（满语口语）胡拉（姆博）——倒下

xulg'in（毕）胡勒金 = **xulxi**（满语书面语翻译）胡勒吉——一位愚蠢的人

xulxi（满语书面语翻译）胡勒吉；参见 xulg'in

xumin'i（叶，传教士）胡米尼——“七月”

xuse（满语口语）胡子——胡须

xusi（词干）（满语）胡西——包裹、覆盖

xutur'i（满语书面语和满语口语）胡图里——幸福、幸运

ydi 埃迪（乌迪斯克通古斯人，米登多夫）；参见 oȷan

ʐuŋga mafa（满语口语）春嘎 玛发——典礼的主持者

参考文献

注释：这里列出的文献未包括我参考的全部作品。而且，在使用我过去所做的注释时，我不能找到某些出版物的细节信息。由于这一原因，我忽略了这些文献信息。对通古斯学文献感兴趣的读者可以参考《北通古斯人的社会组织》的前言部分（第 12 页），同时也可参考我的其他著作的参考文献。①

缩写：

A. A. —American Anthropologist 美国人类学家

A. U. L. —Acta Universitatis Latviensis 拉脱维亚大学学报

J. A. —Journal Asiatique 亚洲人期刊

J. R. G. S. —Imperial Russian Geographical Society 帝俄地理学会

J. N. C. Br. R. A. S. —Journal of the North China Branch of the Royal Asiatic Society 皇家亚州学会华北分会期刊

M. A. A. A. —Memories of the American Anthropological Association 美国人类学协会档案

M. A. M. N. M. —Memories of the American Museum of Natural History 美国自然历史博物馆档案

P. M. A. E. R. A. S. —Publications du Musée d'Anthropologie et 'Ethnographie, de l'Académie Russe des Sciences 法国科学院民族志学与人类学博物馆馆刊

R. O. —Rocznik Orjentalistyczny 东方学年鉴

1. Agapitov, N. N. and M. N. Xangalov, "*Materials for the Study of Shamanism in Siberia*" (*in Russian*), EastSib. Sec. I. R. G. S., 1883, Irkutsk

2. Alexeiev, B. M. "*Notes from the Domain of Chinese Temple Syncretism*" 中国寺庙综合风格笔记（*in Russian*）; in "Oriental Memoirs" (Vostočyje Zapiski), Vol. I, pp. 283 - 296; 1927, Leningrad (St. Petersburg)

3. Alkor, J. P. (Koškin) "*Projet d'alphabet pour la langue des evenkis* (*toungouses*)" 埃文

① 鉴于书稿注释中常有简省，为便于中文读者明确所指代的文献，此处在相关原始文献后面写明其中文译名，书稿注释中的简省则直接使用中文译名全称。此外，如作者所言，文中所列文献信息可能存在不准确之处，提醒读者注意。——译者注

基语字母表方案（*in Russian*），1930，Leningrad（St. Petersburg）

4. Alkor，J. P.（Koškin）“*L. J. Sternberg as Tungusologist*”（*in Russian*）；in “At the Memory of L. J. Sternberg 1861–1927” published by the Academy of Sciences “Sketches on History of Knowledge”，Fasc. Ⅶ，1930，Leningrad（St. Petersburg）
5. Alkor，J. P.（Koškin）and J. D. Davydov，edited by… “*Materials of the All-Russian Conference for development of the languages and writing of the peoples of North*”（*in Russian*）；Moskow-Leningrad（St. Petersburg）
6. Anoxin，A. V. “*Materials concerning Shamanism among the Altaians*” 阿尔泰人的萨满教资料（*in Russian*）；in P. M. A. E. R. A. S. Vol. Ⅳ；1924，St. Petersburg
7. Anučin，V. I. “*An Outline of Shamanism among the Enissy Ostiaks*”（*in Russian*）；in P. M. A. E. R. A. S. Vol. Ⅱ；1914，St. Petersburg
8. Arseniev，V. K. “*Dersu Uzela. Travelling in the Ussuriland*”（*in Russian*；*there is a German translation of the same work*）；1921，Vladivostok
9. Bang Kaup，W. “*Türkologische Brief aus dem Berliner Ungarischen Institut*” 柏林匈牙利研究所的突厥学；in Ungarische Jahrbücher，Vol. Ⅴ；1925，Berlin
10. Bang Kaup，W. “Türkische Turfantexte” in Sitzungsberichten der Preussischen Akademie der Wissenschaft；1929–30，Berlin
11. Banzarov，D. “*The Black Faith*，*or Shamanism among the Mongols*”（in Russian）；in Mem. of the Kazan University；1846，Kazan；the second edition，1891，St. Petersburg
12. Benedict，R. F. “*The Concept of the Guardian Spirit in North America*” 北美的守护神概念；in M. A. A. A.，No. 29；1921，Lancaster
13. Bexterev，V. M. “*Collective Reflexology*” 集体条件反射学（*in Russian*）[*there are a German and an English translations*]；1921，Petrograd
14. Boas，Fr. “*The Mind of Primitive Man*”；1916，N. Y.
15. Boas，Fr. “*Anthropology*” *an article in* “*Encyclopedia of Social Sciences*”，Vol. Ⅰ；1930，N. Y.
16. Bogoras，W. “*The Chuckchee*”；in M. A. M. N. H. Vol. Ⅶ；1909，Leiden–N. Y.
17. Bogoras，“*Einstein and Religion. An application of theory of relativity to the investigation of religious phenomena*” 爱因斯坦与宗教（*in Russian*）；1923，Moscow–Petrograd（St. Petersburg）
18. Bogoras，“Ideas of Space and Time in the Conception of Primitive Religion”；in A. A. Vol. 27，pp. 205–267；1925

19. Bogoras, "L. J. Sternberg " (in Russian); in Etnografia, Vol. Ⅳ; 1927, Moskow

20. Brailovskiĭ, S. "*Tazy, or Udihe. Essay of an ethnographical Investigation*" 鞑子或称乌德赫：一项民族志学调查 (*in Russian*); in Živaja Starina, Fasc. 2; 1901, St. Petersburg

21. Busse, Th. Th. "*Sketch of the Land Tenure in the Amur*" (*in Russian*); in Biblioteka dla čtenija, Aug. — Dec., 1869, St. Petersburg

22. Castrén, M. A. "*Grundzüge einer tungusischen Sprachlehre, nebst kurzem Wörterverzeichniss*" (*published by A. Schiefner*); 1856, St. Petersburg

23. Chavannes, E. "*Voyageurs Chinois chez les khitans et les joutchen*" 中国旅行; in J. A., 1897 and 1898, Paris

24. Chavannes, E. et P. Pelliot "*Un traité manichéen retrouvé en Chine*" *traduit et annoté par*; *in J. A.*, Mars-Avril, 1913, Paris

25. Czaplicka, M. A. "*The Aboriginal Siberia. A study in social anthropology*" 西伯利亚的土著——一项社会人类学研究; 1914, Oxford

26. Davenport, C. B. "*Human Growth Curve*"; in Journal of General Physiology, Vol. X, 1927

27. Deniker, J. "*Les races et les peuples de la terre*", Second ed.; 1926, Paris

28. Donner, Kai "*Ethnological Notes about the Yenisey Ostyak*", in Mémoires de la Société Finno-Ougrienne, Vol. LXVI; 1933, Helsingfors

29. Doré, H. "*Recherches sur les superstitions en Chine*"; 1911-19, Shanghai. (English translation, 1914-1926)

30. Eliot, Sir Charles "*Hinduism and Buddhism. A historical Sketch*" 印度教与佛教：历史概要, 3 Vols; 1921, London

31. Frazer, Sir. J. G. "*The Golden Bough; a Study in Magic and Religion*", 12 Vols; 1907-1915, London

32. Gabelentz, C. von der "Mandschu — deutsches Wörterbuch"; 1864, Leipizig

33. Gapanovich, I. I. "*The Tungus, Negidal Tribes of the Amgun Basin: their Future*" (*in Russian, a summary in English*); in Memoirs of the Manchuria Research Society, Section History and Ethnography, Series A, Fasc. 20; 1927, Harbin

34. Gennep, A. van "*L'etat actuel du problème totémique*"; 1920, Paris

35. Georgi, J. G. "*Beschreibung aller Nationen des russisches Reiches*" 4 Vols; 1776-1780, St. Petersburg

36. Georgi, J. G. "Bemerkungen einer Reise im russischen Reich im Jahre 1772" 1772年俄国之行的见闻; 1775, St. Petersburg

37. Gluzdovskiĭ, V. "*Catalogue du Musée de la Société pour l'Étude de la Région de l'Amour*" (*in Russian*); in Memoirs of the same society, Vol. X; 1907, Vladivostok

38. Gmelin, J. G. "*Reise durch Sibirien von dem Jahre* 1733 *bis* 1743" 1733–1743 年的西伯利亚之旅; 1751–1752, Göttingen

39. Gräbner, *F.* "*Methode der Ethnologie*"; 1911, Heidelberg

40. Granet, M. "*Fêtes et chansons anciennes de la Chine*"; 1919, Paris

41. Granet, M. "*Dances et légendes de la Chine ancienne*"; 1926, Paris

42. Granet, M. "*La civilisation chinoise; la vie publique et la vie privée*"; 1929, Paris

43. Grebenščikov, A. V. "*A Short Sketch of Manchu Literature*" (*in Russian*); in Bulletin of the Oriental Institute, Vol. XXXII; 1909, Vladivostok

44. Grube, W. "*Die Sprache und Schrift der Jučen*"; 1896, Leipzig

45. Grube, W. "Giljakisches Wörterverzeichniss … mit grammatischen Bemerkungen"; 1892, St. Petersburg

46. Grube, W. "*Goldisch-deutsches Wörterverzeichniss*" 果尔语-德语词典; 1900, St. Petersburg

47. Grünwedel, A. "*Mythologie du Buddhisme au Tibet et en Mongolie basée sur la collection lamaïque du prince Oukhtomsky*" 西藏和蒙古的佛教神话; 1900, Leipzig

48. Halde, J. B. du "*Description géographique, chronologique, etc. de l'Empire de la Chine et de la Tartarie Chinoise, etc.*" 中华帝国全志 Vol. Ⅳ; 1730, Paris [English translation, 1785, London]

49. Hankins, F. H. "*The Racial Basis of Civilization*"; 1926, N. Y.

50. Harlez, Ch. de "*Histoire de l'Empire de Kin ou Empire d'Or*" 金史; traduite du mandchou par; 1887, Louvain

51. Harlez, Ch. de, "*La religion et les cérémonies impériales de la Chine moderne*" 晚期中华帝国的宗教与典礼; in Mémoires de l'Académie Royale, Vol. LII; 1893–1894, Bruxelles

52. Harlez, Ch. de, "*La religion nationale des Tartares orientaux、mandchous et mongoles, ect.*" 东方的鞑靼、满洲和蒙古的民族宗教; 1887, Bruxelles

53. Hatt, C. "*Moccasins and their Relation to Arctic Footwear*"; in M. A. A. A., Vol. 3; 1916

54. Hikisch, C. "*Die Tungusen*"; 1882, Dorpat

55. Holmberg, Uno "*The Shaman Costume and its significance*" 萨满服饰及其意义; in Annales Universitatis Fennecae Aboensis, Series B, Vol. Ⅰ, No. 2; 1922, Turku (Finland)

56. Hsieh, E. T. "*A Review of China Anatomy from the Period of Huangti*"; in China

Med. Jour. , Anatom. Suppl; 1920, Shanghai

57. Hyacinth, (Bičurin) "China in her civil and moral conditions" 中国的公民道德状况，4 Vols. (in Russian); Second ed. 1912, Peking

58. Ionov, V. M. "*Spirit Master of the Forest among the Yakuts*" 雅库特人中的泰加林森林主宰者 (*in Russian*); in P. M. A. E. R. A. S. , Vol. Ⅳ; 1916, Petrograd (St. Petersburg)

59. Ivanovskii, A. O. "*Mandjurica . I. Specimens of the Solon and Dahur Languages*" (*in Russian*); 1894, St Petersburg

60. Jameson, R. D. "*Three Lectures on Chinese Folklore*" 中国民俗三讲; 1932, Peiping

61. Jastremskiĭ, S. V. "*Specimens of the Yakut Folk Literature*" (*in Russian*); 1929, Leningrad (St. Petersburg)

62. Jochelson, W. "*The Koryak*"; in M. A. M. N. H. , Vol. Ⅵ; 1905-1908, N. Y.

63. Jochelson, W. "*The Yukaghir and Yukaghirized Tungus*" 尤卡吉尔人与尤卡吉尔化的通古斯人; in M. A. M. N. H, Vol. Ⅸ; 1910-1924, N. Y.

64. Karlgren, B. "*Analytic Dictionary of Chinese and Sino-Japanese*"; 1923, Paris

65. Klaproth, J. "*Asia Polyglotta, Sprachatlas*"; 1823, Paris

66. Köhler, W. "*The Mentality of Apes*"; 1925, N. Y.

67. Kohtz, N. "*Investigation of the intelligence of Chimpanzee*" (*in Russian*); Moskow-Petrograd (St. Petersburg)

68. Koppers, W. "*Der Hund in der Mythologie der zirkumpazifischen Völker*"; in Wiener Beiträge zur Kulturgeschichte und Linguistik, Jahrg. I; 1930, Vienna

69. Koppers, W. "*Tungusen und Miao. Ein Beitrag zur Frage der Komplexität der altchinesischen Kultur*" 通古斯人和苗人：对中国古代文化复杂性的贡献; in Mitt. der Anthrop. Ges. in Wien, Vol. LX; 1929, Vienna

70. Kotwicz, W. L. "*Sur la mode d'orientation en Asie Centrale*"; in R. O. , Vol. V; 1927, Lwow

71. Kotwicz, W. L. "Sur le besoin d'une bibliographie complète de la litérature mandchoue" 满族文学参考书目; in R. O. , Vol. Ⅴ; 1928, Lwow

72. Kowalewski, O. "*Dictionnaire Mongol-russe-français*" 蒙俄法词典; 1844, Kazan

73. Kroeber, A. L. "*Anthropology*"; 1923, London

74. Kroeber, A. L. "*Historical Reconstruction of Culture Growth and Organic Evolution*"; in A. A. , Vol. 33; 1931

75. Langlès, L. "*Rituel des tatars-mantchoux, etc.*" 鞑靼—满洲人的仪式; 1804, Paris

76. Laufer, B. "*Burkhan*"; *in Journ. of the Amer. Orient. Soc.*, Vol. XXXVI; 1917, N. Y.

77. Laufer, B. "*The Decorative Art of the Amur Tribes*" 阿穆尔部落的装饰艺术; in M. A. M. N. H., Vol. Ⅳ; 1902, N. Y.

78. Laufer, B. "*Origin of the Word Shaman*" 萨满一词的起源; in A. A., Vol. 19; 1917

79. Laufer, B. "*Skizze der manjurischen Literatur*" 满族文学梗概; *in Keleti Szemle* (*Revue Orientale*), Vol. Ⅷ; 1907, Budapest

80. Leroy, O. "*La raison primitive. Essai de refutation de la théorie du prélogisme*"; 1928, Paris

81. Lévy-Bruhl, L. "*Les fonctions mentales dans les sociétés inférieures*"; 1918, Paris

82. Lévy-Bruhl, *L.* "*La mentalité primitive*", 1922, Paris

83. Lippert, J. "*Kulturgeschichte der Menschheit in ihrem organischen Aufbau*"; 1886-1887, Stuttgart

84. Liu. C. H. "*The Dog Ancestor Story of the Aboriginal Tribes of South China*"; in Journal of the Royal Anthropological Institute, Vol. LXII; 1932, London

85. Loon, F. H. G. van and R. Thurnwald "*Un questionnaire psycho-physio-morphologique*" 研究不同种族心理的"心理—生理—形态学"问卷; in Revue Anthropologique; 1930, Paris

86. Lowie, R. H. "*Primitive Religion*"; 1924, N. Y.

87. Lowie, R. H. "*Primitive Society*"; 1920, N. Y.

88. Lopatin, I. A. "*The Goldi of the Amur, Ussuri, and Sungari Rivers. Essay of an Ethnographical Survey*" 阿穆尔河、乌苏里江和松花江流域的果尔德人(*in Russian*); in Memoirs of the Society for the Investigation of the Amur Region, Vol. XVII; 1922, Vladivostok

89. Lotka, A. "*Elements of Physical Biology*"; 1925, Baltimore

90. Maack, R. "*A Journey to the Amur in* 1855" 黑龙江旅行记(*in Russian*); 1859, St. Petersburg

91. Maack, R. "The Viluisk District of the Yakutsk Gov." 雅库茨克州维路易茨克地区调查; 1883-1887, St. Petersburg

92. Malinowski, B. "*The Sexual Life of Savages in North Western Melanesia*"; 1929, London

93. Margaritov, V. P. "*On the Oroči of Port Imperial*" 皇帝港的奥罗奇人; 1888, St. Petersburg

94. Meillet, A. "*Le tokharien*"; *in Indogermanisches Jahrbuch*, Vol. Ⅰ; 1914

95. Middendorff, A. Th. "*Sibirische Reise*" in 4 Vols; 1848-1875, St. Petersburg

96. Mironov, N. D. "*Aryan Vestiges in the Near East of the Second Millenium B. C.*"; in Acta Orientalia, Vol. XI; 1933, Leiden

97. Mironov, N. D. "*Kuchean Studies. I. Indian loan-words in Kuchean*" 龟兹语研究,龟兹语

中的印度借词；in R. O. , Vol. Ⅵ；1929，Lwow

98. Mironov，N. D and S. M. Shirokogoroff，“*Śraman-Shaman. Etymology of the word《Shamans》*”萨满一词的词源；in J. N. C. Br. R. A. S. , Vol. LV；1924，Shanghai

99. Mixailovskiĭ，V. M. “*The Shamanism*” 萨满教（*in Russian*）；in Mem. of the Soc. Of Friends of Nat. Sc. , Anthr. And Ethn. , 1892，Moskow

100. Möllendorff，P. G. “*Essay on Manchu Literature*”；in J. N. C. Br. R. A. S. , Vol. XXIV；1889，Shanghai

101. Morgan，L. H. “*Ancient Society*”；1877，N. Y.

102. Müller，F. W. K. “*Uigurica*”；1908，Berlin

103. Müller，G. F. “*A Description of Siberia with a Complete History of Events there, etc*” 关于西伯利亚地区所发生事件的历史描述（*in Russian*）；1750，St. Petersburg

104. Müller，G. F. “*Sammlung Russischer Geschichte*”；1732-1764，St. Petersburg

105. Nadarov，I. “*South Ussuriland and its Present State*” 乌苏里兰南部及其目前的国家（*in Russian*）；in Bull. I. R. G. S. , Vol. XXV；1889，St. Petersburg

106. Pallas，P. S. “*Reise durch verschiedene Provinzen des russischen Reiches*” in 3 Vols；1771-1776，St. Petersburg [a French translation here is used，-nouvelle édition，l'an II de la République，Paris]

107. Parker，E. “*A Thousand Years of the Tartars*” 鞑靼人的一千年；1895，Shanghai（re-published 1925，London）

108. Patkanov，S. K. “*Essay on the Geographical and Statistical Distribution of the Tungus*” 通古斯人的地理学和统计学分布（*in Russian*）；in Mem. I. R. G. S. , Vol. XXXI；1906，St. Petersburg

109. Pavlov，I. P. “*Physiology of Higher Nervous Activity*” 生理学和高级神经活动（*in Russian*）；in Priroda（Nature），Nos. 11-12；1932，Leningrad（St. Petersburg）

110. Pavlov，I. P. “*Twenty-Five Years' Experience, etc. Conditioned Reflexes*”（*in Russian*）；1925，Leningrad（St. Petersburg）-Moskow（translated into English）

111. Pearl，R. “*Studies in Human Biology*”；1924，Baltimore

112. Pearl，R. “*The Biology of Population Growth*”，1925，N. Y.

113. Pekarskiĭ，E. “*Dictionary of the Yakut Language*” [with collaboration of D. D. Popov and V. M. Ionov]（*in Russian*）；1917-1930，St. Petersburg

114. Pekarskiĭ，E. “*The Russian-Yakut Dictionary*” 俄语—雅库特语词典；1916，St. Petersburg

115. Pekarskiĭ, E. and V. N. Vasiliev "*Coat and Drum of the Yakut Shaman*" 雅库特萨满的外套和鼓（*in Russian*）; in Materials Concerning Ethnography of Russia（Russian Museum of Emperor Alexander III）, Vol. Ⅰ; 1910, St. Petersburg

116. Pelliot, P. "*Sur quelques mots d'Asie Centrale attestés dans les textes chinois*" 汉语文献中记载的内亚词汇的考证; in J. A., Mars-Avril; 1913, Paris

117. Pelliot, P. "*Les mots à h initiale, aujourd'hul amuie dans le mongol des XIlle et XIVe siècles*"; in J. A.; 1925, Paris

118. Petri, B. E. "*Ornament among the Kuda Buriats*" 库达布里亚特人的装饰（*in Russian*）; in P. M. A. B. R. A. S, Vol. Ⅴ; 1917–1925, St. Petersburg

119. Podgorbunskiĭ, I. A. "*Russian-Mongol-Buriat Dictionary*"; 1909, Irkutsk

120. Poniatowski, S. "*Materials to the Vocabulary of the Amur River Gold*"; in Bibliotheca Universitatis Librae Polonae, Fasc. 10; 1923, Warszawa

121. Poppe, N. N. "*Dahur Dialect*"（*in Russian*）达斡尔方言; 1930, Leningrad（St. Petersburg）

122. Poppe, N. N. "*Material for the Study of the Tungus Language: The Dialect of the Barguzin Tungus*"（*in Russian*）; 1927, Lenigrad（St. Petersburg）

123. Prikionskiĭ V. L. "Three years in the Yakutsk Gov." 在雅库茨克政府的三年（in Russian）; 1890, St. Petersburg

124. Radin, P. "*The Method and Theory of Ethnology. An Essay in Criticism*"; 1938, London-N. Y.

125. Remusat, Abel. "*Recherches sur les langues tartares*"; 1820, Paris

126. Richards, A. I. "*Hunger and Work in a Savage Tribe. A Functional Study of Nutrition among the Southern Bantu*"; 1932, London

127. Roberts, H. H. and D. Hemmes, "*Songs of the Copper Eskimos*"; in the Report of the Canadian Arctic Expedition 1913–18, Vol. XIV; 1925, Ottava

128. Robertson, T. B. "*The Chemical Basis of Growth and Senescence*"; 1923, Philadelphia and London

129. Rosenberg, F. "*On Wine and Feast in a Persian Epic Poem*"（*in Russian*）; in P. M. A. E. R. A. S., Vol. Ⅴ; 1917–1925, St. Petersburg

130. Rudnev, A. D. "*Materials for the Dialects of Eastern Mongolia*"（*in Russian*）; 1911, St. Petersburg

131. Rudnev, A. D. "*New Data as to the Living Manchu Language and Shamanism*"（*in Rus-*

sian); in Mem. of the Oriental Section of the Imp. Rus. Archaeol. Soc., Vol. XXI; 1912, St. Petersburg

132. Ryčkov, K. M. "*The Enissy Tungus*" (*in Russian*); in Zemlevedenie, Vols. Ⅲ-Ⅳ; 1917-1922, Moskow

133. Salemann, K. H. "*Manichaica*", Fasc. V; 1913, St. Petersburg

134. Sanžeev, G. D. "*Darxaty. Ethnographical Report on a Journey in Mongolia in* 1927" 达尔哈特人，1927 年在蒙古地区旅行的民族志报告（*in Russian*）; 1930, Leningrad (St. Petersburg)

135. Sanžeev, G. D. (Sandschejew) "*Weltantschaung und Shamanismus der Alaren-Burjaten*" 阿尔泰-布里亚特人的宇宙观与萨满教; in Anthropos, Vol. XXIII; 1928, Vienna

136. Saussure, L. de "*Les origines de l'astronomie chinoise*"; 1930, Paris

137. Schiefner, A. *a series of publications* [*in* "*Mélanges Asiatiques*" published by the Imp. Russ. Acad. of Sciences, Vol. Ⅲ (1859); Vol. Ⅶ (1874), Vol. Ⅷ (1876)] of Tungus materials gathered by A. Czekanowski, Bar. G. Maydell and others

138. Schmidt, P. P. "*Chinesische Elemente im Mandschu*" 满语中的汉语要素; in Asia Major, Vol. Ⅶ, Vol. Ⅷ; 1932, Leipzig

139. Schmidt, P. P. "*Der Lautwandel im Mandschu und Mongolischen*" 满语和蒙古语的语音变化; in Journal of the Peking Oriental Society, Vol. IV; 1898, Peking

140. Schmidt, P. P. "*Essay of the Grammar of the Mandarin Language*" (*in Russian*); 1915, Vladivostok

141. Schmidt, P. P. "*The Language of the Negidals*" 涅吉达尔人的语言学; in A. U. L., Vol. V; 1923, Riga

142. Schmidt, P. P. "*The Language of the Olchas*"; in A. U. L., Vol. Ⅷ; 1923, Riga

143. Schmidt, P. P. "*The Language of the Oroches*"; in A. U. L., Vol. XVII; 1928, Riga

144. Schmidt, P. P. "*The Language of the Samagirs*" 萨玛吉尔语言; in A. U. L., Vol. XIX; 1928, Riga

145. Schmidt, W. "*Der Ursprung der Gottesidee. Eine historisch-kritische und positive Studie*" 上帝观念的起源 Vol. Ⅲ; 1931, Münster

146. Schott, W. "*Wohin gehört das Wort Schamane*"; in Altajische Studien; 1831, Berlin

147. Schrenck, L. von "*Reisen und Forschungen im Amur-Lande in den Jahren* 1854-1856"; 1858-1900, St. Petersburg

148. Schrenck, L. von "*On the Natives of the Amur Region*" 阿穆尔河流域的土著（*in Rus-*

sian)；1883–1903，St. Petersburg

149. Shirokogoroff，Elisabeth N. "*Folk Music in China*"；in the China Journal of Science and Arts，Vol. Ⅱ；1924，Shanghai

150. Shirokogoroff，S. M. "*Anthropology of Eastern China and Kwangtung Province*"；Extra Vol. Ⅳ，J. N. C. Br. R. A. S；1925，Shanghai

151. Shirokogoroff，S. M. "*Essay of an Investigation on General Theory of Shamanism among the Tungus*"（*in Russian*）；in Mem. of the Hist. —Phil. Faculty，Vol. I；1919，Vladivostok [a German translation，1935]

152. Shirokogoroff，S. M. "*Ethnical Unit and Milieu. A Summary of the Ethnos*" 族团与环境：族团化理论概要；1924，Shanghai

153. Shirokogoroff，S. M. "*Ethnological and Linguistical Aspects of the Ural-Altaic Hypothesis*" 民族学与语言学诸方面；1931，Peiping

154. Shirokogoroff，S. M. "*Ethnos. General Principles of Variations of Ethnographical and Ethnical Phenomena*" 族团化：族体和民族志现象变化的一般规则（*in Russian*）；1923，Shanghai

155. Shirokogoroff，S. M. "*Function of Folklore and Science of Folklore*"；a note in R. D. Jameson's "Three Lectures"；vide R. D. Jameson

156. Shirokogoroff，S. M. "*Northern Tungus Migrations. The Goldi and their Ethnical Affinities*" 北通古斯人的迁徙；in J. N. C. Br. R. A. S.，Vol. LVII；1926，Shanghai

157. Shirokogoroff，S. M. "*The Northern Tungus Terms of Orientation*"；in R. O.，Vol. Ⅳ；1928，Lwow

158. Shirokogoroff，S. M. "*Notes on the Bilabialization and Aspiration in the Tungus Languages*"；in R. O.，Vol. Ⅶ；1930，Lwow

159. Shirokogoroff，S. M. "*Phonetic Notes on a Lolo Dialect and Consonant L*"；in Bull. of the Inst. of Hist. and Phil.，Vol. Ⅱ；1930，Pei-ping

160. Shirokogoroff，S. M. "*Process of Physical Growth among the Chinese*"，Vol. Ⅰ；1925，Shanghai

161. Shirokogoroff，S. M. "*Reading and Transliteration of Manchu Lit.*"；in R. O.，Vol. Ⅹ；1934，Lwow

162. Shirokogoroff，S. M. "*Social Organization of the Manchus. A Study of the Manchu Clan Organization*" 满族的社会组织；Extra Vol. Ⅲ，J. N. C. Br. R. A. S.；1924，Shanghai

163. Shirokogoroff，S. M. "*Social Organization of the Northern Tungus with Introductory Chapters*

concerning Geographical Distribution and History of these Groups"; 1929, Shanghai

164. Shirokogoroff, S. M. "*What is Shamanism?*"; in the China Journal of Science and Arts, Vol. Ⅱ; 1924, Shanghai

165. Shirokogoroff, S. M. and G. Frommolt, "*Anthropologische und gynäkologische Beobachtungen an Chinesinnen der Provinz Kwantung*"; in Zeitschrift für Gebursthülfe und Gynäkologie, Vol. 99; 1931, Stuttgart

166. Sieroszewski, W. L. "*The Yakuts. An Essay of an Ethnographical Investigation*" 雅库特人：民族志调查报告（*in Russian*）; 1896, St. Petersburg

167. Simkevič, P. P. "*Materials for the Study of Shamanism among the Goldi*" 果尔德人萨满教研究资料（*in Russian*）; in Mem. of the Amur Section I. R. G. S., Vol. I; 1896, Habarovsk

168. Simkevič, P. P. "*Some Moments in the Goldi Life and Superstitions connected with Them*"（*in Russian*）; in Etnograf'ič'eskoje Obozr'en'ije; 1897, Moskow

169. Smedt, A de and A. Mostaert, "*Le dialect Monguor parlé par les Mongols du Kansou occidental. Dictionnaire monguor-français*"; in Publications de l'Université Catholique de Pékin; 1988, Peiping

170. Solarskiĭ, V. V. "*The Present Legal and Cultural Position of the non-Russian Groups of the Amur Region*" 阿穆尔地区非俄国人群体目前的法律和文化地位（*in Russian*）; in the Material for the Study of the Amur Region, Fasc. 26; 1916, Habarovsk

171. Šostakovič V. B. "*Historico-Ethnographical Value of the Siberian Rivers' Names*"（*in Russian*）; in the Mesc. of the East-Siber. Sec. I. R. G. S., Fasc. 2; 1925, Irkutsk

172. Sternberg, L. J. "*The Cult of Eagle*" 鹰崇拜（*in Russian*）; in P. M. A. E. R. A. S., Vol. Ⅴ; 1917-1925, Leningrad（St. Petersburg）

173. Sternberg, L. J. "*Divine Election in Primitive Religion*" 原始宗教中神的选择; in the publ. of XXIe Congrès International des Américanistes, Session de Göteborg; 1924, Göteborg

174. Sternberg, L. J. "*Matcrials for the Study of the Gilak Language and Folklore*" 吉里亚克语言与民俗研究资料（*in Russian*）; Vol. I; 1908, St. Petersburg

175. Sternberg, S. A. "*Matériaux du Musée concernant le chamanisme des Tlinghits*" 博物馆中的特林希特人萨满教相关内容（*in Russian*）; in P. M. A. E. B. A. S., Vol. VI; 1927, Leningrad（St. Petersburg）

176. Sumner, W. G. and A. G. Keller, "*The Science of Society*"; in 4 Vols; 1927, New Haven

177. Titov, E. I. "*Some Data on the Cult of Bear among the Lower Angara Tungus of Kindigir*

Clan"（*in Russian*）；in Siberian živaja Star'ina，Vol. Ⅰ；1923，Irkutsk①

178. Titov，E. I. "*Tungus-Russian Dictionary*"；1926，Irkutsk

179. Trošcanskiǐ，V. F. "*The Evolution of《Black Faith》among the Yakuts*"（*in Russian*）；1902，Kazan

180. Vasiliev，P. V. "*Note on the Inscriptions*"（*in Russian*）；in Bull. of the Imp. Acad. of Sciences，Vol. Ⅳ，No. 1；1892，St. Petersburg

181. Vasiliev，V. N. "*Preliminary Report on the Work among the Aldan-Maja and Ajan-Oxotsk Tungus in* 1926-1928" 1926～1928 年在马加丹与鄂霍茨克地区通古斯人中田野调查的初步报告（*in Russian*）；publ. Acad. of Sciences；1930，Leningrad（St. Petersburg）

182. V'en'ukov，M. "*Travels along the Frontiers of Russian Asia*"（*in Russian*）；1868，St. Petersburg

183. Vitaševskiǐ，N. A. "*From the Observations on the Yakut Shaman's Actions*（*Behaviour*）" 对雅库特萨满行为的观察（*in Russian*）；in P. M. A. E. R. A. S.，Vol. Ⅴ；1917-1925，Leningrad（St. Petersburg）

184. Yasser，J. "*Musical Moments in the Shamanistic Rites of the Siberian Pagan Tribes*" 西伯利亚土著部落的萨满仪式上的音乐；in Pro-Musica Quarterly，March-June；1926，N. Y.

185. Yasser，J. "*Theory of Evolving Tonality*"；1932，N. Y.

186. Yerkes，R. M. "*Genetic Aspects of Grooming*，*a socially important primate behaviour pattern*"；in Journal of Social Psychology；1933

187. Yerkes，R. M. and Yerkes，A. W. "*The Great Apes. A Study of Anthropoid Life*"；1929，New Haven

188. Ysebrantes，Ides E. "*Three Years' Travels from Moskow Overland to China*，*etc.*"；1706，London

189. Žamcarano，C. Ž. "*The Ongons of the Aga Buriats*" 阿加布里亚特人的翁衮信仰（*in Russian*）；in Mem. of the Imp. Russ. Geogr. Soc.，Vol. XXXIV；1909，St. Petersburg

190. Zaxarov，I. "*Grammar of the Manchu Language*"（*in Russian*）；1879，St. Petersburg

191. Zaxarov，I. "*The Manchu—Russian Dictionary*"；1875，St. Petersburg

192. Zelenin，D. K. "*Les mots tabous chez les peuples de l'Europe Orientale et de l'Asie du Nord*"（*in Russian*）东北亚民族的禁忌词汇；in P. M. A. E. R. A. S.，Vol. Ⅷ；1929，Leningrad（St. Petersburg）

① 原书信息与正文中的注释信息不一致，据正文有所更正。——译者注

作者和调查者索引

这一索引包括了这部著作所使用的不同词典的作者名字，但是在参考这些词典时，并未提及相关词语在字典中出现的具体页码，使用这些词典只是出于比较研究的目的。当作者名字的后面标出［Ling. Par.］时，则表示语言的相似性。

阿德勒（Adler，B. Th.）
阿加皮托夫（Agapitov，N. N.）
阿列克谢耶夫（Alexeiev，B. M.）
（Aleks'ejev）
艾柯（Alkor，J. P.）参见 Koškin
阿诺欣（Anoxin，A. V.）
阿努钦（Anučin，V. I.）
阿尔谢尼耶夫（Arseniev，V. K.）
贝尔福（Balfour，H.）
邦格（Bang-Kaup，W.）
班扎洛夫（Banzarov，D.）
本尼迪克特（Benedict，R. F.）
别赫捷列夫（Bexterev，V. M.）
毕邱林（Bičurin）参见海信斯（Hyacinth）
博厄斯（Boss，Fr.）
博格拉兹（Bogoras，W.）
布莱洛夫斯基（Brailovskiĭ，S.）
布留尔（Bruhl，L.）
布塞（Busse，Th.）
卡斯特伦（Castrén，M. A.）［Ling. Par.］
沙可（Charcot，J. M.）
沙畹（Chavannes，E.）
居维叶（Cuvier，J. P.）
查普利卡（Czaplicka，M.）
捷卡诺夫斯基（Czekanowski，A.）
［Ling. Par.］
达文波特（Davenport，C. B.）
达维多夫（Davydov，J. D.）
丹尼克尔（Deniker，J.）
唐纳（Donner，Kai）
笛卡尔（Descartes，R.）
多雷（Doré，H.）
陀思妥耶夫斯基（Dostoyevsky，TH.）
涂尔干（Durkheim，E.）
艾略特（Eliot，Sir Charles）
福克（Forke，A.）
弗雷泽（Frazer，Sir J. G.）
弗洛伊德（Freud，S.）
加贝伦茨（Gabelentz，C. von der）
加帕诺维奇（Capanovich，I. I.）
吉纳普（Gennep，A. van）
格奥尔吉（Georgi，J. G.）
格鲁兹多夫斯基（Gluzdovskiĭ，V.）
格姆林（Gmelin，J. G.）
贡达迪（Gondatti，N. L.）
格雷布纳（Gräbner，E.）
葛兰言（Granet，M.）
格列宾希科夫（Grebenščikov，A. V.）
格鲁贝（Grube，W.）［Ling. Par.］
格伦威德尔（Grünwedel，A.）

杜赫德（Halde, J. B. du）
汉金斯（Hankins, F. h.）
哈勒兹（Harlez, Ch. de）
哈特（Hatt, C.）
赫姆斯（Hemmes, D.）
希基施（Hikisch, C.）
霍姆伯格（Holmberg, U.）
谢恩增（Hsieh, E. T.）
海信斯（Hyacinth）
亨廷顿（Huntington, E.）
雅布兰（Ides, E. Ysbrants）伊戴斯
约诺夫（Ionov, V. M.）
伊万诺夫斯基（Ivanovskiĭ, A. O.）
[Iwanovsky] [Ling. Par.]
詹姆森（Jameson, R. D.）
贾斯特勒姆斯基（Jastremskiĭ, S. V.）
约克尔森（Jochelson, W.）
卡贾莱宁（Karjalainen, K. F.）
高本汉（Karlgren, B.）
卡申（Kashin）
基思（Keith, A.）
克拉普鲁斯（Klaproth, J.）[Ling. Par.]
柯勒（Köhler, W.）
柯茨（Kohts, N.）
科佩斯（Koppers, W.）
艾柯（Koškin, Alkor）
科特维奇（Kotwicz, W. L.）
科瓦勒夫斯基（Kowalewsky, O.）
[Ling. Par.]
克鲁伯（Kroeber, A.）
格罗扎（La Groze）
朗格（Lang, A.）
朗哥赖（Langlès, L.）
劳费尔（Laufer, B.）
列昂托维奇（Leontovič, S.）[Ling. Par.]
勒让德（Legendre, A. F.）
勒罗伊（Leroy, O.）
列维-布留尔（Lévy-Bruhl, L.）
利珀特（Lippert, J.）
范洛恩（Loon, F. H. G. van）
罗莫诺索夫（Lomonosov, M.）
洛帕廷（Lopatin, I. A.）[Ling. Par.]
洛特卡（Lotka, A.）
罗维（Lowie, R. H.）
马克（Maack, R.）
马林诺夫斯基（Malinowski, B.）
马尔加里托夫（Margaritov, V. P.）
马尔（Marr, N.）
马斯洛夫（Maslov, S.）
马克希莫维奇（Maksimovič）
米列特（Meillet, A.）
孟德尔（Mendel, G.）
米登多夫（Middendorff, A. Th. von）
米勒（Miller, G. F.）（Müller）
米罗诺夫（Mironov, N. D.）
米哈伊洛夫斯基（Mixailovskiĭ, V. M.）
穆林德夫（Möllendorff P. G.）
摩尔根（Morgan, L.）
田清波（Mostaert, A.）
穆索尔斯基（Moussorgsky, M.）
缪勒（Müller, F. W. K.）
缪勒（Müller, Max），马克斯
穆拉维耶夫（Muraviev-Amurskiĭ）
纳达洛夫（Nadarov, I.）

奈莫斯（Nemeth，J.）
奥列宁（Olenin，P. V.）
奥斯勒（Osler，Sir William）
奥斯特瓦尔德（Ostwald，W.）
帕拉迪乌斯（Palladius，Archimandrite）
帕拉斯（Pallas，P. S.）
帕克（Parker，E.）
帕特卡诺夫（Patkanov，S. K.）
巴甫洛夫（Pavlov，I.）
珀尔（Pearl，R.）
佩卡尔斯基（Pekarskiĭ，E. K.）（Piekarski）
伯希和（Pelliot，P.）
皮特里（Petri，B. E.）
波德戈尔本斯基（Podgorbunskiĭ，I. A.）［Ling. Par.］
波尼亚托夫斯基（Poniatowski，S.）
波波夫（Popov，Rev.）
波佩（Poppe，N. N.）
普里克隆斯基（Priklonskiĭ V. L.）
拉德洛夫（Radlov，W. W.）
雷慕沙（Remusat，Abel）
理查兹（Richards，A. I.）
里弗斯（Rivers，W. H.）
罗伯茨（Roberts，H. H.）
罗伯特森（Robertson，T. B.）
罗森伯格（Rosenberg，F.）
鲁德涅夫（Rudnev，A. D.）［Ling. Par.］
雷奇科夫（Ryčkov，K. M.）
萨勒曼（Salcmann）
三杰夫（Sanžeev，G. D.）
索绪尔（Saussure，L. de）
沙伊斯（Sayce，A. H.）
席夫纳（Schiefner，A.）［Ling. Par.］
施莱格尔（Schlegel，A. W.）
施密特（Schmidt，P. P.）
施密特（Schmidt，W.）
施穆勒（Schmoller，G.）
斯考特（Schott，W.）
什连克（Schrenck，L. von）
谢罗谢夫斯基（S’eroševskiĭ）
希罗克戈罗娃（Shirokogoroff，E. N.）
谢罗谢夫斯基（Sieroszewski，V. L.）
索拉尔斯基（Solarskiĭ，V. V.）
索斯塔克维奇（šostakovič，V. B.）
钢和泰（Staël Holstein，A. von）
施特忍堡（Sternberg，L.）
萨姆纳（Sumner）
希姆科维奇（šimkevič，P. P.）
季托夫（Titov，E. I,）［Ling. Par.］
图恩瓦尔德（Thurnwald，R.）
多宾诺（Topinard，P.）
特罗斯岑斯基（Troščanskiĭ，V. F.）
泰勒（Tylor，E. B.）
瓦西列夫（Vasiliev，V. N.）
温奴卡夫（V’en’ukov，M.）
维尔赫斯特（Verhulst，P. F.）
维尔康特（Vicrkandt，A.）
维塔色夫斯基（Vitaševskiĭ，N. A.）
杭阿洛夫（Xangalov，M. N.）
雅西尔（Yasser，J.）
耶克斯（Yerkes，R. M.）
扎姆查拉诺（Žamcarano，C. Ž.）
扎哈罗夫（Zaxarov，I.）［Ling. Par.］
泽列宁（Zelenin，D. K.）

神灵索引

这一神灵索引中，不包括本书第 352 页～362 页所列出的神灵，在特殊的情况下，此索引才会纳入其中个别神灵。如果读者想了解这些神灵，需要回到正文中查找。

abasy 阿巴希（雅库特人）

abkai enduri 阿布卡伊 恩都立；参见 apkaǐ endur'i

abkaǐ ǰuse 阿布凯 朱色

adar sèvèn 阿达尔 色翁；参见 odár

ajara keku 阿亚拉 克库；印刷错误，应该是 agara keke 阿嘎拉 克库

agdi dāril sèvèn 阿格迪 达里勒 色翁

agǰan beise vočko 阿格占 贝子 窝车库

agǰana vočko 阿格亚那 窝车库

agǰulan saman vočko 阿格珠兰 萨满 窝车库

agura endur'i 阿古拉 恩都立

Ahriman 阿赫里曼

aǐm'i dasatan 爱米 达萨坦

ain'i burkan 爱尼 布日坎

aǐs'in ančulan 爱新 安楚兰

aǐs'in fuč'ik'i 爱新 富其吉

aǐs'in meŋun muǰuxu 爱新蒙文 穆珠湖

aǐžin endur'i 爱金 恩都立

aja amtasal sèvèn 阿亚姆 阿塔萨勒 色翁 = am'isal 阿米萨勒

ajami（Goldi）阿亚米（果尔德人）

ajara keku 阿亚拉 克库

ajen 阿烟

aǰi burkan 阿吉；参见 ain'i 艾尼

aǰǐn'i burkan 阿吉尼 布日坎；参见 ain'i

ajon 阿约恩

äjön 艾约恩

ajy（Yakut）阿耶（雅库特人）

ajy tojön（Yakut）阿耶 陶约恩（雅库特人）

aǰelga 阿杰勒嘎

aǰelga burkan 阿杰勒嘎 布日坎

aǰelgan 阿杰勒干；参见 aǰelga

aǰèn endur'i 阿真 恩都立

aǰige iłxa mama 阿济格 伊勒哈 妈妈

aǰiratkan 阿吉拉特坎

alin'i endur'i 阿林 恩都立；参见 šansènje 山神爷

alǰidai maŋi vočko 阿勒吉代 莽伊 窝车库

ämägät（Yakut）艾玛嘎特（雅库特人）

amba damin vočko 阿木巴 代敏 窝车库

amba iłxa mama 阿木巴 伊勒哈 妈妈

amba s'jenčo 阿木巴 斯阴乔

ambanso（Goldi）阿木班索（果尔德人）

anači 阿纳奇

an'akan 阿纳坎

ancu ajara 安粗 阿亚拉 = anču ajara 安楚阿亚拉

anču fuč'ik'i 安楚 富其吉

andur 阿杜尔；参见 enduri

andura 安杜拉；参见 enduri

andur'i 安杜里；参见 enduri

áŋgna sèvèn（dōna）昂格纳 色翁（多那）
apka 阿普卡；参见 apkaĭ endur'i
apkaĭ endur'i 阿普凯 恩都立
ar wei kun'aŋ šifu 二位姑娘师傅（汉人）
areŋk'i 阿楞吉
argudai age vočko 阿尔古代 阿哥 窝车库
argun dōna sèvèn 阿尔棍 多那 色翁
ar'inka 阿林卡；参见 areŋk'i
ar'ink'i 阿林吉；参见 areŋk'i
arsulan maŋi vočko 阿尔苏兰 莽伊 窝车库
avača n'aŋn'a sèvèn 阿瓦查 娘那 色翁；参见 n'aŋn'a
b'a endur'i 巴 恩都立
baĭ bajanaĭ（Yakut）白巴亚那伊（雅库特人）
baĭänä（Turk）白艾耐（突厥人）
baĭnača 白那查
baĭnača burkan 白那查 布日坎
baĭtu maŋi vočko 拜图 莽伊 窝车库
bajan am'i 巴烟 阿米；参见 baĭnača
balǰu xutu 巴勒珠 胡图
balbuka 巴勒布卡
balen vočko 巴楞 窝车库
ḃana xutu 巴那 胡图
baturi vočko 巴图里 窝车库
baturo saman vočko 巴图罗 萨满 窝车库
b'ega 别嘎
beĭse 贝子
bèlin bèlče vočko 博林 博勒车 窝车库
b'ibä mudur'i endur'i 比拜 木都里 恩都立
bigan i enduri 比干 伊 恩都立
bigan i ibagan 比干 伊 伊巴干；参见 ibaγan
ḃ'iγán endur'i 比罕 恩都立
ḃ'iγán vočko 比罕 窝车库（p'iγan）（皮罕）
ḃira xutu 毕拉 胡图
ḃiren buku tasxa vočko 毕楞 布库 塔斯哈 窝车库
ḃoĭgun večeku 包衣棍 窝车库；参见 p'oγun vočko 标浑 窝车库
bojun'i algači mału 博约尼 阿勒嘎奇 玛鲁
boŋ 博恩 = buŋ 布恩
borčōxŏr（Dahur）博尔乔浩尔（达斡尔人）
borul doksaka 博鲁尔 多克萨卡
buaŋi ibaγan 布昂伊 伊巴罕
Buddha 佛；参见 fuč'k'i 富其吉
buga 布嘎 = buγa 布哈
buγilkan 布吉勒坎
buku vočko 布库 窝车库
buŋ 布恩 = boŋ 博恩
buni(l) 布尼（勒）
burkan 布日坎
burxan（俄国人使用）布日罕
bus'eku 布色库
bus'eku sèvèn 布色库 色翁
buseu（Goldi）布色乌（果尔德人）
bušku 布斯库；参见 ḃušuku 布苏库
ḃušuku 布苏库
ḃušuku endur'i 布苏库 恩都立
ḃušuku gèxè（gèγè）布苏库 格赫
ḃušuku mama 布苏库 妈妈
buxo muγani 布浩 穆哈尼
Calendar Manchu Spirits 农历中的满族神灵
çiva 湿婆
čeǰin taĭze 车金 太子

čičul 奇楚勒
čolo vočko 乔罗 窝车库
čolpon 乔勒朋
čučin saman（Nikan）楚亲 萨满（尼堪）
čučun sèvèn（malu）楚春 色翁（玛鲁）
čulógdi sèvèn 楚罗格迪 色翁；参见 čučun sèvèn
civeǐǰaŋǰ'un 刺猬将军（汉人）
čuvun 楚翁
čuxaǐ（čuxa）ǰaŋin（ǰaŋg'in）撮哈（楚哈）章京（章金）
dabaǐ（Buriat）达白（布里亚特人）
daγačan 达哈千
daγari(l)达哈里（勒）
daγar'inǰiači 达哈林 吉阿其
daifu mama vočko 代夫 妈妈 窝车库
dalkur burkan 达勒库尔 布日坎
dāril 达里勒
dāril us'i dolbor 达里勒 乌西 多勒博尔
davaǐ 达瓦伊
dèγi sèvèn 德吉 色翁
dèrègdè 德勒格德
dèrègdè sèvèn（malu）德勒格德 色翁（玛鲁）
dilača 迪拉查
dolbor（ǰ'iači）多勒博尔（吉阿其）
doldi（ka）多勒迪（卡）
dōna 多那
dōna burkan 多那 布日坎
dōna sèvèn 多那 色翁
doŋgnotočo s'irkul 冬高诺托乔 希尔库勒
doonta（Goldi）多恩塔（果尔德人）
doxoło(ḋ,t)age vočko 多浩罗 阿哥 窝车库
d'umnèr'id'ira 杜姆讷里迪拉
dusxu（Goldi）杜斯胡（果尔德人）
durgire 杜尔吉勒
durgire dutu vočko 杜尔吉勒 杜图 窝车库
èlen 额楞
èndira 恩迪拉；参见 endur'i 恩都立
endu 埃恩杜
endur'i 恩都立
erdemuŋa xèlè vočko 埃尔德蒙嘎 阿勒 窝车库
erinbuku vočko 埃林布库 窝车库
er'in'ǰu gèxè vočko 额林珠 格赫 窝车库
erlik xan（Mongol）额尔里克罕（蒙古语）
fasime bučere xutu 发希莫 布车勒 胡图；参见下词
fažěme pučèγe xutu 发泽莫 普车赫 胡图
fuč'ik'i 富其吉；参见 fuč'k'i，fučixi
fučixi 富其黑
fuč'k'i 富其吉
fułg'an maŋi（vočko）伏勒干 莽伊（窝车库）
gaǐ 嘎伊
gałaγan 嘎拉罕
gan'č'iłam（Dahur）干奇拉姆（达斡尔人）
Gautama Buddha 嘎乌塔玛 佛
gèčan burkan 格千 布日坎
gèłxun endur'i mama 格勒浑 恩都立 妈妈
g'irk'i 吉尔吉
golomta（golumta）高罗姆塔（高鲁姆塔）高鲁姆塔
gšin-rje（Tibetan）格辛-尔耶（西藏的）
guska（guskä）endur'i 古斯卡（古斯凯）

恩都立

haja（n）哈亚（烟）

ibagan 伊巴干；参见 ibaγan

ibaγan 伊巴罕

ibaγan sèvèn 伊巴罕 色翁

ibaxan 伊巴罕；参见 ibaγan

ilävun sèvèn（malu）伊拉翁 色翁（玛鲁）

iłbaγan 伊勒巴罕 = ibaγan 伊巴罕

ileli buni 伊勒里 布尼

iłga on'in 伊勒嘎 奥尼恩

iłmunxan（ilmunxān）伊勒姆罕；参见 inmunkan，irlinkan

iłtamu sefu 伊勒塔姆 色夫

iłxa mama 伊勒哈 妈妈

imzyn mama večko 伊姆金 妈妈 窝车库

iŋgalǰi maŋi večko 英嘎勒吉 莽伊 窝车库

iŋgelǰi saman večko 英格勒吉 萨满 窝车库

in'i tan'čin'i večko 伊尼 坦其尼 窝车库

inmunkan 音姆恩堪

irlinkan 伊尔林堪

isela（malu）伊色拉（玛鲁）

isela sèvèn 伊色拉 色翁

jačin tasxa saman（večko）亚亲 塔斯哈 萨满（窝车库）

jafan mafa 亚帆 玛发；参见 java mava

jaγa fikur večko 亚哈 非库尔 窝车库

jamǰi（jemǰi）večko 亚姆吉（耶姆吉）窝车库

java mava 亚瓦 玛瓦

jeγin dilči maŋi 耶辛 迪勒奇 莽伊

jeŋr'ildar 英里勒达尔

joko sèvèn（malu）约科色翁（玛鲁）

juaŋ feŋ laoje 元丰老爷

ǰabǰan večko 扎布占 窝车窝

ǰagda mo xutu 扎格达 莫 胡图

ǰagdár sèvèn 扎格达尔 色翁

ǰapnaǰa 扎普那扎

ǰapu 家谱

ǰaraǰarguči 扎拉扎尔古奇

ǰagdo ǰungaĭ 扎格道 君嘎伊

ǰatuŋa saman večko 扎通阿 萨满 窝车库

ǰeĭči burkan 杰伊奇 布日坎；参见ǰiači

ǰeĭǰ'i dōna sèvèn 杰伊吉 多那 色翁

ǰergá（ǰerg'i）sèvèn 杰尔嘎（杰尔吉）色翁

ǰergá dāril sèvèn 杰尔嘎 达里勒 色翁

ǰ'iači 吉阿其

ǰ'iači burkan 吉阿其 布日坎

j'iači dāril（= dolbor）sèvèn 吉阿其 达里勒 多勒博尔 色翁

ǰ'iači sèvèn 吉阿其 色翁；参见ǰ'iači，ǰ'iači burkan

ǰol 召勒

ǰoli 召里 = toli 陶里

ǰousaŋ 周仓

ǰukte(n)朱克特（腾）

ǰuask'i 朱拉斯吉；参见ǰulask'i buγa，ǰulask'i endur'i

ǰulask'i buγa 朱拉斯吉 布哈

ǰulask'i endur'i 朱拉斯吉 恩都立

ǰulen 朱楞

ǰulin(ǰuli) 朱林（朱里）

ǰun fučk'i 君富其吉

ǰuŋgèn käĭdèn dōna sèvèn 君根 凯德恩 多那 色翁

ǰur garkutal 珠尔 嘎尔库塔勒
ǰure ǰukten 朱勒 朱克腾
ǰuru mèrgèn većko 朱禄 莫尔根 窝车库
kɑ̄'an sèvèn（malu）卡安 色翁（玛鲁）
kadar burkan 卡达尔 布日坎
kadarn'i（kadar）sèvèn 卡达尔尼（卡达尔）色翁
kadarn'i s'irkul 卡达尔尼 希尔库勒
kaĭden=kaĭdun burkan 凯德恩/凯敦 布日坎
käĭden= kaĭden 凯德恩/凯德恩
kaĭdun dāril sèvèn 凯敦 达里勒 色翁
kalan'i sèvèn 卡拉尼 色翁；参见 mokun'i sèvèn
kaltaka 卡勒塔卡
kaltaŋdi 卡勒唐迪；参见 koltoŋde
kaŋan 康安
kaŋan burkan 康安 布日坎
kaŋatkan 康阿特坎；参见 kaŋan
karaŋa saman voćko 卡郎阿 萨满 窝车库
karol sèvèŋ 卡罗勒 色翁
kârtikeya 卡尔提克亚
kavila 卡维拉
kèǰe pusa 克杰 菩萨
kètat sèvèn 克塔特 色翁
k'ilin voćko 吉林 窝车库
k'iribu 吉里布= k'irbu 吉尔布
kitan' ǰu mama voćko 吉坦珠 妈妈 窝车库
k'joγun voćko 科约浑 窝车库
kojala voćko 科亚拉 窝车库
kokuneĭ sèvèn 科库内伊 色翁
koltoŋde（kaltaŋdi）科勒通德（卡勒唐迪）
kolultu sèvèn 科鲁勒图 色翁
kuliljin sèvèn 库里金 色翁
kulin 库林
kulin sèvèn 库林 色翁
kun'jaŋšifu voćko 姑娘师傅 窝车库
kwaŋguŋ 关公
lamalaĭćen dōna sèvèn 喇嘛莱青 多那 色翁
łaoje 老爷
łefu voćko 勒夫 窝车库
łukšere lefu maŋi voćko 鲁克舍勒 勒夫 莽伊 窝车库
luŋ-waŋ-je 龙王爷；参见 b'ibä mudur'i endur'i
mafa（mava）玛发（玛瓦）
mafa saman voćko 玛发 萨满 窝车库
mafar'i 玛发里；参见 mafa
maγin（maγun）玛音（玛浑）
maitu maŋi voćko 迈图 莽伊 窝车库
malu（mału）玛鲁
malu burkan 玛鲁 布日坎
mału seon（Goldi）玛鲁 色奥恩（果尔德人）
malu sèvèn 玛鲁 色翁
mama saman voćko 妈妈 萨满 窝车库
maŋga mo xutu 芒嘎 莫 胡图
maŋi 莽伊
maŋi jeγ'in dilći sèvèn 莽伊 耶辛 迪勒奇 色翁
maŋi voćko 莽伊 窝车库
maŋitkan 莽伊特坎；参见 maŋi
maŋjan 莽烟
mava 玛瓦；参见 mafa
mava fuć'k'i 玛瓦 富其吉
mavar'i 玛瓦里；参见 mafar'i
meĭxe voćko 梅合 窝车库
men'i sefu 莫尼 色夫

mènsènje（Chinese）门神爷（汉人）

m'očan mèrgèn vočko 莫千 莫尔根 窝车库

mok'i(l)莫吉（勒）

mokun ǰ'iači burkan 莫昆 吉阿其 布日坎

mokun'i burkan 莫昆伊 布日坎

mokun'i karol burkan 莫昆伊 卡罗勒 布日坎

mokun'i malu burkan 莫昆伊 玛鲁 布日坎

mokun'i sèvèn 莫昆伊 色翁

moma（used instead of kaŋan）莫玛（用于代替康安）

momate sèvèn 莫玛特 色翁

momoro-somoro 莫莫罗 索莫罗

moŋgoldaĭ nakču 蒙高勒代 纳克楚

mon'i xonč'ix'in vočko 莫尼 浩恩奇辛 窝车库

morin endur'i 莫林 恩都立

morin vočko 莫林 窝车库

moroskun pučèγe xutu 莫罗斯坤 普车赫胡图

muduje 木都耶；参见 mudurkan

mudur（ǰ'iači）木都尔（吉阿其的表现形式）

mudur sèvèn 木都尔 色翁

mudur'i endur'i 木都里 恩都立

mudur'i vočko 木都里 窝车库

mudurkan 木都尔坎

mudurkan endur'i 木都尔坎 恩都立

mudurxan 木都尔罕

muǰan vočko 木占 窝车库

muǰuγa n'imaγa vočko 穆珠哈 尼玛哈 窝车库

muktukan 木克图坎

mūŋi aǰelga 姆恩伊 阿杰勒嘎

murin endur'i 穆林 恩都立

muxan（Goldi）穆罕（果尔德人）

na i dałaxa endur'i 那 伊 达拉哈 恩都立；参见 ty weŋ

nadan xači saxalin xutu 那丹 哈奇 萨哈林胡图

nadan beĭse 那丹 贝子

nai torg'i n'alma 那伊 陶尔吉 纳勒玛

nai vočko 那伊 窝车库

naiǰulan saman vočko 那伊朱兰 萨满 窝车库

naĭrgun x'janču 纳尔棍 先初

nāǰ'il burkan 纳吉勒 布日坎

nāǰ'il burkan čolpon 纳吉勒 布日坎 乔勒朋

nalkán 纳勒坎

n'ałmadè k'arara endur'i 纳勒玛德 卡拉拉恩都立

n'aŋn'a（n'aŋn'aŋ）sèvèn 娘那（娘娘）色翁

naŋn'aŋ 娘娘

n'aŋn'aŋ burkan 娘娘 布日坎

n'aŋn'aŋ endur'i 娘娘 恩都立

naren-nareĭko 那楞-那勒伊科

neibuntu endur'i 讷伊本图 恩都立

neibuntu vočko 讷伊本图 窝车库

n'ičukan on'in 尼楚坎 奥尼恩

n'ikola ugodaŋ 尼科拉 乌高丹

n'iltamu sefu 尼勒塔穆 色夫

n'irgir sèvèn 尼尔吉尔 色翁

n'jai ačulan 尼雅伊 安楚兰

n'jan'ja 娘亚

n'jaŋn'jaŋ 娘娘

n'jaŋn'jaŋ（Chinese）娘娘（汉人）

n'jaŋs'i 尼扬西
n'joxun beĭse 牛浑 贝色
n'joxun taize 牛浑 太子
noihon taiji 扭欢 台吉
nomun xan（Mongol）诺姆恩汗（蒙古语）
n'ón'a 诺那
n'uġan taje 努干 太爷
numin burkan 努敏 布日坎
num'in dōna sèvèn 努敏 多那 色翁
nunen taje 努嫩 太爷
n'uxu vočko 努胡 窝车库
odár sèvèn（malu）奥达尔 色翁（玛鲁）
odin sèvèn 奥丁 色翁
ogdi utèn malu 奥格迪 乌特恩 玛鲁
oǰán 奥占
om'i 奥米
om'i malu 奥米 玛鲁
om'i nalkan 奥米 那勒坎
om'ijan 奥米烟
om'isi 奥米西；参见 om'i，om'i nalkan，om'ijan，omos'i，oŋos'i，um'i，um'isma
omos'i mama 奥莫西 妈妈
onduri 奥恩杜里
oŋgon（Buriat）翁衮（布里亚特人）
oŋgos'i mama 翁高西 妈妈；参见 oŋos'i mama；参见 om'isi
oŋgot（Mongol）翁高特（蒙古语）
oŋgun（Mongol）翁衮（蒙古语）
on'i 奥尼
on'i malu 奥尼 玛鲁
oŋkor burkan 奥恩科尔 布日坎
oŋos'i mama（= xutur'i mama）翁奥西 妈妈（胡图里妈妈）；参见 oŋgos'i mama
orčiŋ dōg（Dahur）奥尔青 多格（达斡尔人）
or'ebar'i 奥勒巴里
otǒš *ŭgīŋ*（Dahur）奥托斯 乌京（达斡尔人）
p'iɣan vočko 皮罕 窝车库；参见 k'iɣan vočko
p'oɣun vočko 标浑 窝车库；参见 poi vočko
poi vočko 跑伊 窝车库；参见 p'oɣun vočko
pučèɣe saman 普车赫 萨满
pučèɣe xutu 普车赫 胡图
pučiku（Goldi）普奇库（果尔德人）
pusa 菩萨
pušuku 普苏库；参见 bušuku
sagda（= sakda）èǰèn vočko saman 萨格达（萨克达）额真 窝车库 萨满
sagdas'i 萨格达西
sagdas'i vočko 萨格达西 窝车库
säg'i sèvèn 塞吉 色翁
šajen mafa 沙阴 玛发
šajen mama 沙阴 妈妈
s'aka 萨卡
šaka 沙卡
sakda sèfu saman vočko 萨克达 色夫 萨满 窝车库
sakha 萨克哈
saman vočko 萨满 窝车库
saman xutu 萨满 胡图
saman'i on'ir 萨满伊 奥尼尔
samdara n'urgan vočko 萨姆达拉 努尔干 窝车库
samɣäli sèvèn（malu）萨姆害里 色翁（玛鲁）
šaŋ di（Chinese）上帝（汉人）
šandungèr 山敦格尔

šaŋg'in taje 山金太爷

šanšènje（Chinese）山神爷（汉人）

šaŋsi 尚锡

šanzu nendu 山珠 嫩都

savak'i 萨瓦吉

šavak'i = savak'i 沙瓦吉/萨瓦吉

sébèxun saman vočko 色博浑 萨满 窝车库

sefu 色夫

seimenǰu saman vočko 色伊门珠 萨满 窝车库

seka 色卡

sekani selani mama 色卡尼 色拉尼 妈妈

sekka 色克卡

selimd'i dōna sèvèn 色里姆迪 多那 色翁

seon（Goldi）色奥恩（果尔德人）

seon pučiku（Goldi）色奥恩 普奇库（果尔德人）

s'erā ǰ'erg'i sèvèn 色拉 杰尔吉 色翁；参见 ǰerga

sergudai maŋi vočko 色尔古代 莽伊 窝车库

s'euwa 色乌瓦

seva 色瓦

sevek'i 色沃吉；参见 savak'i

seven（sèvèn）~seveŋ 色翁

sevo 色沃；参见 seva

sevokı 色沃吉；参见 savak'i

sèwa 色瓦；参见 seva

seweki 色沃吉；参见 savak'i

ɛewo 色沃；参见 seva

s'imge s'ǰaru 希姆格 斯亚鲁

s'irkul 希尔库勒

sōk'i 索吉；参见 savak'i

soko ~ soku 索科/索库

soloŋgo sèvèn 索龙高 色翁

sołox'i mafa 索罗吉 玛发

soḷx'i mava 索勒吉 玛发

šou-sen-lao endur'i 寿星老 恩都立

šovok'i 索沃吉；参见 savak'i

suła 苏拉

sułu mafar'i xutu 苏禄 玛发里 胡图

sumu 苏木

sumu burkan 苏木 布日坎

sunusun sèvèn 苏努孙 色翁

sureĭ s'jenčo 苏勒伊 斯阴乔

suru s'jaru 苏禄 斯亚鲁

sŋn 色恩；参见 seven

tākan 塔坎

tākan sèvèn（malu）塔坎 色翁（玛鲁）

takto mava（mafa）塔克托 玛瓦（玛发）

tałaγa（dalaxa）vočko 塔拉哈（达拉哈）窝车库

taḷmen endur'i 塔勒门 恩都立

tamnidira 塔姆尼迪拉

tänäg'ja sèvèn 太奈格亚 色翁

taŋara（Yakut）唐阿拉（雅库特人）

tašin łaoǰe 塔辛 老爷

tarčimc ɜcfu 塔尔奇莫 色夫

tarkin endur'i 塔尔辛 恩都立

tasxa endur'i 塔斯哈 恩都立

Tathāgatas 塔特哈嘎塔斯

teŋgri（Buriat，Mongol）腾格里（布里亚特人，蒙古语）

t'ien šèŋ 天神

toγo endur'i 陶浩 恩都立

toγo on'in 陶浩 奥尼恩

toγo on'o 陶浩 奥诺

toγolǰin 陶浩勒金

toγoman 陶浩曼

toli 陶里

tōriltan 陶里勒坦（= tōreltan 陶勒勒坦）

town dōna sèvèn 陶乌恩 多那 色翁

toxolo age 陶浩罗 阿哥；参见 ḋoxoło age

tua endur'i 图阿 恩都立

tua vočko 图阿 窝车库

tuak'antu vočko 图阿坎图 窝车库

tuduje 图杜耶

tudukan 图杜坎；参见 tuduje，turkan

tudukan endur'i 图杜坎 恩都立；参见 tudukan

tuγè endur'i 图赫 恩都立

tulerg'i vocčko 图勒尔吉 窝车库

tulilaŋi buaŋi 图里郎伊 布昂伊

tuŋger muγani 通格尔 穆哈尼

turkan 图尔坎；参见 tudukan

ty weŋ 土翁（Chinese）（汉人）

ukis'i sèvèn 乌吉西 色翁

ukur endur'i 乌库尔 恩都里

um'i 乌米；参见 om'is'i

um'isma 乌米斯玛；参见 om'isi

urön'i aǰelga 乌罗尼 阿杰尔嘎

uröni s'irkul 乌罗尼 希尔库勒

ürüŋ ajy tojön（Yakut）乌伦 阿耶 托约恩（雅库特人）

us'i ǰerga sèvèn 乌西 杰尔嘎 色翁

uta burkan 乌塔 布日坎

utèn malu 乌特恩 玛鲁

vèčeku 窝车库；参见 vočko

vēčin（wečin）窝亲；参见 vočko

vèγè enduri 沃赫 恩都立

vočko 窝车库

wečèn 窝陈 = wečin（又作 weĭčeŋ）窝亲（窝成）；参见 večin 及 vočko

wuče endur'i 乌车 恩都立

wukun'ǰu mama 乌坤朱 妈妈

wužiγa endur'i 乌兹哈 恩都立

wužin endur'i 乌金 恩都立

xaúk'i 哈乌吉；参见 savak'i

xavaki 哈瓦吉；参见 savak'i

xełe mava vočko 何勒 玛瓦 窝车库

xèrèn buku vočko 赫楞 布库 窝车库

xeuk'i 赫乌吉

xexe vočko 赫赫 窝车库（gègè 格格，gèγè 格赫，xèxè 赫赫）

xorxodai age vočko 浩尔浩代 阿哥 窝车库

xošan laoje 火神老爷（汉人）（尼堪）

xošen laoje 火神老爷

xōšen（Chinese）火神（汉人）

xovok'i 浩沃吉；参见 savak'i

xua endur'i 花 恩都立

xutu 胡图

Yama 阎摩

yzĭgy（Gilak）矮兹该（吉里亚克人）

族团和族体索引

阿伊努人 Ainos（Ainus）
阿拉尔布里亚特人 Alaren（Alar Buriats）
阿尔泰各族体（Altaic groups）
美洲土著（American natives）
安哥拉通古斯人（Angara Tungus）
亚洲各族体（Asiatic various groups）
亚述—巴比伦人（Assyrio-Babylonians）
澳大利亚人（Australians）
巴尔虎人（Barguts）
巴尔古津游牧通古斯人（Barguzin Nomad Tungus）
巴尔古津通古斯人（巴）（Barguzin Tungus）（Barg.）
毕拉尔千人（毕）（Biraŕčen）（Bir.）
博尔扎通古斯人（Borz'a Tungus）
布里亚特人（Buriats）
布须曼人（Bushmen）
汉人（Chinese）
楚克奇人（Chukchis）
达斡尔人（Dahurs）
达尔哈特人（Darxats）
迪雅克人（Dayaks）
达罗毗荼人（Dravidians）
埃及人（Egyptians）
叶尼塞奥斯蒂亚克人［Enissy（Enisei）Ostiaks］
叶尼塞通古斯人（Enissy Tungus）（Enis.）
爱斯基摩人（Eskimos）
欧洲人（Europeans）
吉里亚克人（Gilaks）
希腊人（Greeks）
果尔德人（Goldi）
印第安人（Indians）
雅鲁千人（Jalčen）
日本人（Japanese）
犹太人（Jews）
卡拉尔通古斯人（Kalar Tungus）
卡勒塔吉尔人（kaltagir）
加瑟人（Kassites）
兴安通古斯人（Khingan Tungus）（Khin.）
契丹人 Kidans（Kithans）
基伦斯克通古斯人（Kirensk Tungus）
柯尔克孜人（Kirgiz）
朝鲜人（Koreans）
科里亚克人（Koriaks）
科威特人（Kuchcans）
库玛尔千人（Kumarčen）（Kum.）
拉蒙辛斯基罗德的通古斯人（Lamunxyn）（Lam.）
拉穆特人（Lamuts）
马来人（Malays）
满族人（Manchus）
曼科瓦通古斯人 Mankova Tungus（Mank.）
墨尔根通古斯人（Mergen Tungus）
苗族（Miaotse）
蒙古人（Mongols）

涅吉达尔人（Negidals）
涅尔琴斯克地区通古斯人（Nerčinsk Tungus）（Ner. Nerč）
游牧通古斯人（Nomad Tungus）
后贝加尔地区游牧通古斯人（Nomad Tungus of Transbaikalia）
北通古斯人（Northern Tungus）
女真人（Nuichen）
努嘎尔人（ŋuγal）
奥尔查人（Olča）
奥罗奇人（Oroči）
奥罗克人（Oroki）
奥斯加克人（Ostiak）
鄂霍茨克通古斯人（Oxotsk Tungus）
古亚细亚人（Palaeasiatics）
波斯人（Persians）
波利尼西亚人（Polynesians）
原通古斯人（Pro-Tungus）
阿穆尔地区驯鹿通古斯人（Reindeer Tungus of Amur）
满洲地区的通古斯人（Reindeer Tungus of Manchuria）（RTM）
后贝加尔地区的驯鹿通古斯人（Reindeer Tungus of Transbaikalia）
雅库茨克州政府管辖的通古斯人（Reindeer Tungus of Yakutsk Governm.）
俄国人（Russians）
萨莫耶德人（Samoyeds）
萨玛吉尔人（šamagir）
定居的通古斯人（Settled Tungus）
鲜卑人（Sien-pi）
粟特人（Sogdians）
索伦人（Solons）
南通古斯人（Southern Tungus）
索约特人（Soyots）
肃慎人（Sushen）
鞑子（Tazy）
藏族人（Tibetans）
特林吉特人（Tlinghit）
大月氏（Tokharians）
图蒙汉斯基罗德的通古斯人 Tumynxyn Tungus（Tum.）
阿姆贡地区通古斯人（Tungus of Amgun Region）（参见涅吉达尔人）
满洲的通古斯人（Tungus of Manchuria）
滨海边疆区政府的通古斯人（Tungus of Maritime Governm.）
后贝加尔地区的通古斯人（Tungus of Transbaikalia）
突厥人（Turks）
乌德赫人（Udehe）
乌德斯克地区通古斯人（Udsk Tungus）
回鹘人（Uigurs）
乌鲁尔加地区通古斯人（Urulga Tungus）（Ur.）
雅库特人（Yakuts）
尤卡吉尔化的通古斯人（Yukagirized Tungus）
尤卡吉尔人（Yukagirs）

一般词语对照表[①]

（简略的）

注释：这里不包括前言和结论部分内容，参见前言部分的结语（第 12 页）。

Abbreviated 简略的

思维过程

Ability 能力

萨满的和神灵

Abnormal 反常的

生理状况和萨满资格

Abnormality 反常性动物的心理

被观察的

相对性

神灵自主附体

总结、概括

通古斯人的观点

Abstaining from 戒除

捕鹰

Abstract notions

抽象观念

Accidents classification 分类事件

结冰

“翁衮”

萨满

旅行

Accumulation of knowledege

知识积累

Acquisition 习得

知识，通过轮回

Action 行为

萨满表演中的共同行为

Adaptation 适应

过去的萨满教

技术的（参见第七节）

Address to spirits 向神灵祈祷

内容

萨满实践（之后）

Adjustment of complex of shaman's work

萨满工作内容的调适

Advisors of the Tungus

通古斯人的指导者

Aestheticism of shamanism

萨满教的美学

Age of shaman-candidate,

萨满候选人的年龄

Agunai, one of ancestors of the Kin Dynasty

阿骨打，金朝的祖先之

“Aisin gurun i suduri bitxe”

金史

Alces 驼鹿，参见 Elk

① 此对照表系由原书“一般索引”表翻译而来，但删去了原书页码。——译者注

Alcoholism 醉酒

萨满的斗法

Alien complex 外来文化

通古斯人的态度

肯定灵魂假设

Alien influence 外来影响

民俗

反对萨满教

装饰

社会组织

知识的来源

Alphabet 字母表

满族人的字母表的研究

Alternation phonetic 语音变化

“Amba saman”大萨满

参见萨满

Amulets 护身符

假设体系

马乳

Amur 阿穆尔河的名称

“An'akan” 阿纳坎

神位

Anatomical terminology 解剖学词语

Anatomy 解剖学

需要

通古斯人中的

Ancestors（spirits）祖先（神灵）

火神

谱系

满族人的

不幸

祈祷词

献祭

去往下界的萨满实践

疾病

神灵

崇拜

也可参见“bunil”、“p'oγun vočko”

祈祷词、献祭

Animal manifestations in spirits 神灵的动物表现形式

Animals 动物

心理反常

要求（神灵）派送的

驮载神灵的

特征（通古斯）

分类

驯养的，参见驯养的动物

四只眼睛的

狩猎

个性

智力

生活

下界

……的“主宰者”

心态

心理学

“神位”

稀少的

不同动物起源间的关系

保留的

萨满教中的角色

萨满和；参见萨满、表现形式、神灵

灵魂

仪式
Carrier of placing for spirit 承载神灵的神位
Carrying forward of the soul 运载灵魂
Carp (fish) and spirits 鲤鱼和神灵
Castanets in performance 萨满表演中的响板
Castration 阉割
Cat 猫
死亡
伊巴干
“巫术的”
Cattle breeding complex 饲养牛文化
智力
Causes of troubles found by shaman 萨满发现困扰的原因
Celestial bodies 宇宙实体；同样参见萨满教、太阳、月亮、金星星座
Cemetery 墓地
Centrifugal and centripetal movements 向心和离心运动
Ceremonialism and tiger 典礼和老虎；同样参见熊
Cervines mentality 鹿的智力
Cervus Alces 驼鹿，参见 Elk
Cervus Elaphus 马鹿
护身符
四只眼睛的
心和肝
智力
祭品
萨满教
神灵
Chang Tsong emperor 乾隆帝
Chance 运气
坏的和事故
好的和神灵
Change character 变化特征
文化
外来压力
神位形式
祭品形式
社会形式
体质的
神灵特征
神灵丛
食物味道
音乐速度
世界的理论
同样参见族团、文化丛
Character 性格特征
候选人
不稳定性
体质特征
被辨识的
神灵
萨满的
通古斯人，旅行者
被比较的通古斯人
Cheating of spirits 神灵欺骗
Chengiz Khan 成吉思汗
Chest (sheep)胸部（羊），作为祭品
Chicken 鸡
死亡
孵化
祭品

喜爱
制作
同样参见神灵
Collection 搜集
民族志学的
Comets 彗星
与金星的关联
"Common" 共同的
就萨满而言
Communication 交流、交通
距离
方式（心灵感应）
消息
神灵
神灵（语言）
神灵（象征）
Communistic pressure 共产主义压力
Comparative Linguistics 比较语言学
Comparison 比较
满族人和通古斯人的祈祷词
心理现象
Compensation for life activity 补偿生命活动
Competition between the shamans 萨满之间的竞争
Complex 文化丛
汉人和通古斯人
分析的困难
欧洲人；同样参见民族志研究者、民族志学
狩猎
灵魂的驱逐
蒙古—布里亚特
俄国人
猎貂
日—月
性的
萨满教作为文化丛
社会的、移语症
神灵
太阳
被通古斯人接受的
阴—阳
同样参见萨满教，文化丛
Conditon 条件
内在的和萨满教
Conditioned reflexes 条件反射，参见反射
Confidence in shaman and spirits 对萨满和神灵的信心
Conflict 冲突
代际之间
神灵之间，由萨满制造
神灵、人
Consciousness 意识
入迷中排除
群体
神灵附体
奥伦现象发作
灵魂和意识
暗示
Conservatism 保守主义
Consolation after a death 死亡后的安慰
Constant of ethnical equilibrium 持续的族团平衡
Constellations 星座

Contact with spirits 与神灵交流
Cooperation 合作
合作性动物
与乌鸦合作（狩猎中）
神灵（之间合作）
Coprolalia 秽语症
Corpse operations with 处理尸体
Cosmogony 天体演化学
Costume（shaman's）服饰（萨满的）
态度
候选人和服饰
毕拉尔千人
达斡尔人
鸭式的
入迷的
功能
兴安通古斯人
满族人
满洲的形式
乐器
游牧通古斯人
维持
鹿式的
满洲的驯鹿通古斯人
萨满教实践，之后
神灵
同样参见萨满
Counting 计算
Cow 牛
鼓
祭品
神灵
Cowry 贝壳
萨满服上的
Cradle 摇篮
Creation 创造
装饰
宇宙
Cremation 火葬
Criminality 犯罪
Criticism Tungus 通古斯人的批评
Cross on shaman's costume 萨满服上的十字形装饰
Cuckoo 布谷鸟
聪明
领子（萨满服上的）
鼓
迁徙
Cultural complex 文化丛
扭曲
族团化和
……的形成
语言和……
失去
迁徙
通古斯人
……和族际压力
Cultural unit 文化单位
Curative function of shamanism 萨满教疗愈功能
Cutting of the "road" 切断道路（萨满教实践）
"Čuxa ǰangin" 满族的第一位萨满
Cycles (solar, etc.) and psychoses 循环

（与太阳有关的等等）和精神紊乱
Cyclic growth 周期性的增长
Dalai Lama 达赖喇嘛
Dancing 舞蹈
音乐方式
仪式
Danger from fighting shamans 源自好战萨满的危险
Dao 道（汉人观念）
Darkness 黑暗
萨满教实践的有利环境
Days 日子
坏日子和好日子
Death 死亡
反常的和神灵
被禁止的蜡烛
萨满的顾客
入迷
辨认
自然现象
接受
萨满的
疾病
灵魂
灵魂最后的
神灵
神灵的帮助
饥饿
自愿的
Decline 衰退
皮毛动物
萨满教
Decorative Art 装饰艺术
Delirium 精神错乱
治疗和神灵
Design 设计
现实主义的和风格化的
Desire 愿望
入迷
知识（狩猎的）
萨满实践
Development as a term avoided 一个需要回避的词语，发展
Diagnosis 诊断
疾病
错误
被表演的
神灵
Dialects Tungus 通古斯方言
Dictionaries Tungus published 出版的通古斯语词典
Differentiation social and selection 社会分化和选择
Diffusion of olonism 奥伦现象的传播
Dinner sacrifice 晚餐献祭
葬礼之后的献祭
Direction of the process of ethnos 族团化过程的方向
Discovery 发现
方法
同样参见占卜
Diseases 疾病
动物神灵
儿童的态度

儿童
分类的
传染性疾病；同样参见传染性的诊断
眼病
概括性的
遗传的
没有希望的（被治疗）
“伊勒哈妈妈”
感染的
玛发（神灵）
玛鲁文化丛
祈祷词
萨满
皮肤病
神灵
Disequilibrium of soul （Manchu theory） 灵魂失衡（满族理论）
Disfunction 功能失衡
心理的
灵魂的
Disintegration economic system 经济系统的解组
狩猎文化
萨满教
通古斯人
Dismissal of spirits 遣散神灵
Dissatisfaction 通古斯人对其他群体不满
Distribution 分布
萨满器物
灵魂
Disturbance functional and psychoses 精神紊乱和功能失衡
Divination 占卜
Doctors 医生
（医疗的）外来的
专业人员（汉人）
萨满
Dog 狗
祖先的食物
祭品的承载者
灵魂的承载者
……的性格
尸体，损坏
狩猎禁忌
狂犬病
狗肉、被禁忌的
神位
怀孕
神灵骑着的
仪式
祭品
萨满教实践
灵魂（人）
神灵
通古斯起源
Domesticated animals 驯养的动物
Domestication of animals 动物的驯养
“dona”（alien）多那“外来的”
参见神灵索引
Doorway protection of 门口保护
Doubling personality 双重人格
入迷
时尚
Dragon 龙

汉文化丛

鼓上的图案

存在的证据

神位

神灵

雷

Dream 梦

占卜

反对梦中思考

性

灵魂

神灵

象征

萨满之间的战争

Dress 服装

死亡，死亡之前，准备

Drinking（wine）among the shamans 萨满中间的喝酒

Drum 鼓

对待……的态度

分类

土地

持鼓的方法

乐器

类型

Drum（Chinese）鼓（汉人）

氏族献祭

氏族“萨满”

Drum-Stick 鼓槌

Drought a natural phenomenon 作为一种自然现象的干旱

Drowning and burial 溺水和埋葬

Dualism non-existent in shamanism 萨满教不存在的二元主义

Duck 鸭子

参见鸭式服

祭品

萨满教实践

Dust 沙尘

Eagle 鹰

鼓槌

狩猎（放弃）

神灵

……的愚蠢

Earth 地球

观念

象征（在萨满教中）

Echolalia 模仿言语

Eclipse，sun and moon 日蚀和月蚀

Economic position of the shaman 萨满的经济地位

Economics 经济学

神灵

理论

Education systems of 教育系统

Educators 教育者

（老师）类型

Effigia 肖像

“巫术的”

Egocentrism among the shamans 萨满中间的自我中心主义

Eight legs of the Earth 大地的八条腿

Election of a shaman 萨满的选择

氏族

描述
一般意义上的
Element new introduced in rites 仪式中的新要素
Elk (Cervus Alces, Alces Alces), 鹿（马鹿、驼鹿）
服饰（萨满的）
鼓上的图案
智力
萨满教
神灵
Embryological tissue 胚胎学组织
Emotion in shamanizing 萨满教实践中的情感
"enduringge tačix'an be neǐleme badarambuxa bitxe"《圣谕十六条》
Envoy 使者、代表
像野兔一样
Equality of sexes 性别平等
Epic stories 史诗性故事
通古斯人的态度
Ethics 伦理
神灵
Ethnical decline 族团衰落
大众精神紊乱
Ethnical unit 族团
定义，参见族团化
解组
形成
整合
迁徙
寄生状态
通古斯人的观念
Ethnocentrism European 民族中心主义
欧洲人
科学家
苏联的
通古斯
Ethnographer 民族志研究者
Ethnography 民族志学
Ethnos 族团化
人类学
应用
定义
扩展到植物和动物
阐述
主导性的
理论大纲
方案
Evolution 进化
假设
词语
理论
通古斯人的观念
Excitement 兴奋
性、萨满资格
Exhaustion 筋疲力尽
入迷（萨满的）之后
数年工作之后
Exhibitionism 裸露癖
Exogamy 外婚制
未被认知到的
神灵
Expelling 驱逐

参见萨满
行为，一般的
拒绝萨满实践的托词
数量
羞怯
萨满资格的传承
Fen-šui 风水（汉文化）
Fertilization 受精
观察
Fighting 战争
神灵和灵魂
Fighting shamans 好战的萨满
恐惧
频率
抵御措施
被认识的
Finding of souls 寻找灵魂
Fire 火
祖先
燃烧的地球
占卜
森林
enduri（恩都立）带来的
防范的
禁止
仪式
萨满教
神灵
Fire-arms 火器
萨满
Fire-place with five stones 五块石头支起的火塘
Fish 鱼
萨满教
Fishing 捕鱼
萨满教
Fit（hysterical）described 描述的（歇斯底里的）发作，参见歇斯底里
"Five fingers" 五根手指，葬礼
Fixation of spirits 神灵固定
Flint and steel 打火石和铁
萨满教
Flowers 花
"Flowery tree""花树"
在玛法信仰中
同样参见"开花的树"
Folklore 民俗
动物
通古斯人的态度
熊
毕拉尔千人
定义
证据
一般意义上
吉里亚克人
满族人
材料
误导性的
自然主义的观念
知识的来源
故事
知识的传承
宇宙
Food 食物

外来的和通古斯人
特征
Foreign language 外语
神灵
研究
Foreign spirits 外来的神灵
Foreigners and shamanism 外来者和萨满教
Formalism at death 死亡的形式主义
Formalization of shamanism 萨满教的形式主义
Formation of complex 文化丛的形成
装饰
萨满教
神灵
Foresight 先见之明
Forest 森林
维持
神灵
Fox 狐狸
护身符（狐狸皮）
神灵
Freedom 自由
限制的
萨满
Freudianism 弗洛伊德主义
Frightfulness of spirits 神灵的可怕
Frogs 青蛙
Fuel 燃料
路
Function 功能
不同的解释
萨满教的社会功能
Functional 功能的
方面
方法
Funeral 葬礼
汉人
祭品
同样参见埋葬、坟墓
Future 未来
预测
"galegda" 嘎勒格达
地点、事物和人
神灵
理论
Gantimur 根铁木尔
Generalizations 一般化
Geography 地理学
Geometry 几何学
地理学
观念
Gesture-language and spirits 肢体语言和神灵
Girls 女孩
埋葬
Giving up of shamanship 放弃萨满资格
Glands 腺体
性和神灵
Goat 山羊
祭品
"Good government" 好的政府
萨满教
"Good hearted" shamans 好心的萨满
"Good nature" 好的品性
对萨满的要求

God（Christian）上帝（基督教）
Gonococcus 淋病
感染和神灵
Goose 鹅
鼓上的图案
祭品
Grammar 语法
Grave 坟墓
Great Leao 大辽
形成
Greediness of spirits 神灵的贪婪
Griffon 兀鹫
Guardian spirit 保护性神灵
Gynaecological cases and spirits 妇科的案例和神灵
Habit and olonism 习惯和奥伦现象
Hail 赞扬
解释
Hair and Spirits 头发和神灵
Hallucination 幻觉
"Happy men""快乐的人"
Hare 野兔
同样参见萨满教实践中的"tuksavi"
Harmless insanity 无害的精神错乱
Harness 马具
驮载
Harpoon 鱼叉
萨满的外套
Hat 帽子
为死者准备的
Head-dress 头饰
萨满的
Heart 心脏
思考的器官
驯鹿
……的工作
Heath-cock 雄松鸡
在萨满教中
Heating of dwelling 住宅的加热
Heaven 高天、天
献祭
同样参见上界的象征
Hedge-hog 刺猬
儿童
神灵
Heredity 继承
观念（通古斯）
精神紊乱
Heterethnical 异族体的
对精神紊乱的反应
Historico-ethnographical method 历史民族志学方法
Hiding of shamans in war 斗法中的萨满隐匿
Hindrance 阻碍
萨满的经济活动
Honesty 诚实
评价萨满的素质
Hook-ornament 钩状装饰
Horse 马
驮载神灵者
特征
信使
四只眼睛的

葬礼
基础
组织
神位
怀孕
仪式
由于萨满的原因失去马匹
神灵
马头杖
坟墓
Hostility 敌意
（对待）候选人
萨满
Hot feeling of，（in extasy）热感（在入迷中）
House 房子
下界
神位
地下
Hsin K'ang-tsong 许亢宗，汉人使臣
Hsiuen Tsong，emperor of Kin 金熙宗，金朝皇帝
Human sacrifice 人祭
Hunter 猎人
熊、老虎
与动物的关系
Hunting 狩猎
弓和箭
布尼
教育
驼鹿（在独木舟）
新的观念
模仿动物
“运气”
交流方式
方法
预测未来
萨满教实践
神灵
成功（偶然的）
暗示
传统
武器
天气（预见）
Husband and wife buried together 丈夫和妻子埋在一起
Hydrophobia 狂犬病
Hypnotism 催眠术
Hypothesis 假设、假说
承认
建立
通古斯人的特征
四只眼睛动物
有帮助的和误导性的
物质和非物质要素
微生物
自然现象
果尔德人的装饰
精神紊乱
神灵
灵魂
通古斯人
各种各样的
Hysteria 歇斯底里

北极
案例
描述
频率
欧洲的文化丛
约束、调整
社会反应
镇压
“Ibagan” 伊巴干
Iconography 肖像学
源自汉人
Ideas（new）观念（新的）
狩猎
Idiocy（classified by the Tungus）白痴（通古斯人的分类）
Idol 偶像
“ilan gurun bitxe” 三国演义
Imitation 模仿
精神紊乱
运动
Imitative mania 模仿性狂躁症
Immaterial substance 非物质性要素
祭品
灵魂
“Improvement” of hunting 狩猎的提高
Improvization 即兴创作
向神灵祈祷
Impulse of variations 变化的动力
“Ina” —the juniors of my mother's clan 母亲氏族的青少年
Inaccuracy in information about animals 动物信息的错误
“Inbe” 影壁（恩都立的神位）
Incense 香
Incidental spirit 偶然的神灵
Incompetence of shamans 萨满的不胜任
Incorporation into Buddhism（of elements）整合到佛教（因素）中
Indication of the animal 动物的迹象
In decency sexual shamans 萨满在性方面的下流
Indifference in shamanizing 萨满教表演中的漠不关心
Individuality in animals 动物中的个性
Infanticide in folklore 民俗中杀婴习俗
Inference 干预
方法
Infirmity 疾病
萨满资格
Influence Chinese ideas 汉人观念的影响
达斡尔人
满族人—汉人
俄国人—基督教徒
萨满
神灵
同样参见文化丛
Information from shamanizing 从萨满教实践中获得的信息
Inhibition 抑制
睡眠
神灵
Insanity 精神错乱
一般意义的
神灵

治疗
暴力的
Insects 昆虫
通古斯人的态度
智力
观察
神灵
Instability 不稳定的
心理的
精神紊乱
灵魂
同样参见灵魂
Intellectual satisfaction（shamans）智力的满足（萨满）
Intelligence 智力
动物
神灵
通古斯人
Interest material of shamans 关于萨满的有趣资料
Interethnical（milieu）族际（环境）
文化丛的变化
压力
精神紊乱
Interference of buni 干预布尼
Interpretation of shaman's words 萨满词语的解释
Intestines in shamanizing 萨满教实践中的内脏
Introduction 引入
萨满教实践中的音乐
神灵
Intuition and shamans 直觉和萨满
Invention in olonism 奥伦现象中的干预
Investigator 调查者
同样参见民族志研究者
Iron 铁
熊
萨满的服饰
Jin and Jang（Yin-Yang）阴和阳
Jury in shaman's election 萨满选择中的陪审团
Justice system of 司法系统
放弃狩猎
需要萨满教实践
Kang Hsi，emperor 康熙皇帝
Keeper of tradition 传统的维护者
Kerosene lamp at death 死亡时的煤油等
Killing methods of（animals）杀动物的方法
Kleptomania spirit of 盗窃癖的神灵
Knee-protector（shaman's）护膝（萨满的）
Knowledge 知识
积累
外来（作为一种来源）
解剖的
实证的
心理的
传递；同样参见教育
Kulturkreise method 文化圈方法
Ladder in shamanizing 萨满教实践中的梯子
Lajua shaman 拉珠阿萨满
Lamp（oil）灯（油）
死亡
献祭

同样参见煤油灯
Lama 喇嘛
医疗帮助
等于萨满
Lamaism 喇嘛教
蒙古人
借用的器具
仪式化的
“路”
萨满教
“Lame Brother”坡脚的兄弟，参见 Xoron
Language 语言
动物
秽语症和职业的
民族志学
族团化（主导性的）
外来的、通古斯人的
狩猎的
禁令
睡眠
对动物说话
神灵
研究
书写的，参见书面的语言
Lantern 灯笼
操纵（萨满教实践）
Lasso 套索
萨满教中的
Latinization its effects 拉丁化的效果
Laziness and shamanship 懒惰的萨满资格
Leading ethnos 主导性族团化，参见 ethnos、语言和神灵
Lethargy 无精打采
解释
Life 生命
动物
保卫
父亲
通古斯人的观念
植物
为……斗争
Lightning 闪电
萨满
神灵
Limitations 局限性
文化丛
仪式的简化
变化
Links of thinking process 思考过程的连接
Lion and spirits 狮子和神灵
List 谱系
活着的
神灵
Literature（Manchu）文献（满语）
佛教
特征
普遍的
……的神灵；参见神灵
Liver 肝脏
精神错乱
心理情结
灵魂
参见水和肝脏
Lizard 蜥蜴

Location（神灵的）
送到候选人之处
神灵谱系
Localization（= placing）位置（容器）
神灵
Loculus 容器，含义与“placing”相同
Logic ethnographical phenomenon 逻辑化的民族志学现象
语言
Logical simple 逻辑化简单的
过程
Logos 逻各斯
Loss 失去
知识（案例）
思维（在猎貂过程中）
装饰
Lousing as a social phenomenon 作为一种社会现象的寄生
Lower World 下界
动物
“包米”
佛教
生活状况
萨满教实践的服饰
描述
设计（围裙）
鼓
位置
满族人的观念
掌控者
向……献祭
到……萨满实践
失去灵魂要素
通往……的道路
同样参见祖先、灵魂、萨满实践等
Luck 运气
事件
白那查（bainača）
萨满的预见
狩猎
神灵
Lynx 猞猁
护身符
摇篮
Mafa 玛发
相信检验神灵的可能性
职业
专家
通古斯人
Mafarism 玛发信仰
案例
一般意义的
“Magics” 巫术
Male-shaman 男性萨满
更偏好
Managing 操控
灵魂
被掌控的神灵
模仿性狂躁症
迫害
精神紊乱
Manicheism among the Uigurs 回鹘人中的摩尼教
Manifestation（of spirits）表现形式（神灵）

动物
阿尼（ain'i）
一般意义上
……的掌控
变化
《满洲祭神祭天典礼》
Maps Tungus 通古斯人地图
Marriage 婚姻
Martyrdom of the shamans 萨满的殉难
Mask in shamanism 萨满教中的面具
Mass psychology 大众心理学
奥伦现象
Mass psychoses 大众精神紊乱
分类
未掌控的神灵
形式
一般意义上的
萨克达氏族
神灵
象征
……的治疗
Master 掌控者
动物
典礼
神灵（萨满的）
Master-Spirit 掌控—神灵
………的观念
Mastering of spirits 掌控神灵
Materia medica 药品
Material presentation of ……的物质表现
"Matter" conception 物质观念
Maturity（sexual）and shamanship 成熟（性方面）和萨满资格
Meander in ornament 装饰中的曲折图形
Measure 测量
长度
防御神灵的措施
时间
Meat 肉
它的分类
Mechanism 机制
心理学的
仪式
自我管理，以及萨满教
萨满教
Medical Art 医疗技艺
一般意义的
玛法信仰
萨满教
Medical Assistance 医疗帮助
"Medicine man" 巫医
Medicines 药品（同样参见 materia medica）
Meditation（shaman's mood）冥想（萨满的情绪）
Mentality 智力
动物
语言
"原始的"
神灵
类型
Metempsychosis 轮回
Methods 方法
寻找灵魂
伤害（利用 bušku）

影响（神灵）
玛法信仰
操纵神灵
客观的（在民族志学中）
观察（在通古斯人中）
“原始的”
被辨识的（在萨满教中）
仪式
治疗
Micro-organism 微生物
一种可被识别的特殊物质
假设
感染
Middle World description of 描述的中界
Migration as cultural adaptation 作为文化适应的迁徙
Milieu 环境
定义
精神紊乱
萨满
Milk as sacrifice 作为祭品的奶
Missionaries 传教士；同样参见基督教
Moccasins 鹿皮鞋
为死者准备
描述
萨满的
Modesty among the shamans 萨满的谦逊
Mokil 莫吉勒
Monks 僧侣（佛教的）
同样参见祭司
Month names for 表示月份的名称
Moon 月亮
Mormonism 摩门教
Mother and child's soul 母亲和孩子的灵魂
Motives compelling to accept shaman's functions 被迫接受萨满功能的动机
Mound（burial）土堆（埋葬）
Mourning 哀悼
Movement 移动
在俄国人和通古斯人中间
萨满教实践（舞蹈）
Mukteokan 穆克特坎
通古斯人的英雄
Music 音乐的
案例
入迷
蒙古人和汉人
仪式的
献祭
萨满教
Musk-deer 麝香鹿
鼓上
禁止的
萨满教
Mustela solongo 鼬鼠
神灵
黑貂和神灵，参见紫貂
Mustelidae and spirits 鼬科和神灵
Mutilation 毁损
萨满之间的
Mysticism 神秘主义
“理论”
Nails 指甲
神灵

Name 名称
表示对动物的尊敬
表示对神灵的尊敬
个人的
神灵的
Nation 民族
……的性质
被研究的
Natural phenomena 自然现象
被解释的神灵活动
社会和族团之间的关系
Negative reaction 负面反应
表演
萨满教
萨满教实践
萨满（外来的）
Nišan Saman 尼山萨满
下界的描述
仪式化
萨满
被提及的神灵
Nomadism 游牧（参见 migrations）
N. -W. direction to Lower World 去往下界的西北方向（萨满教实践）
Number 数字
神秘的
仪式的
……的神灵（新萨满的）
"n'urgan" "努尔干"（图像—神位）
Objection of becoming shaman 成为萨满的目的
Obon 敖包
Observation 观察
受精
昆虫
爱
实际的刺激
Obstinacy among the shamans 萨满的固执
Old age 老年
作为疾病和死亡的原因
活埋者（传统）
Olon 奥伦
萨满服的一个构成要素
奥伦现象
词源学
一般意义上
图示法
大众的……
社会的反应
神灵
词语
萨满之间的斗法
Ongon 翁滚
事件
祈祷接受
萨满教
Ooni 奥尼
萨满外套上的孔
public 公众意见
选择（萨满）
Opposition 反对
心理因素
萨满教
Oppression of the Tungus by neighbours 通古

斯人被相邻族团压迫
Organization 组织
社会组织
Organs 器官
性的
神位
净化
Orientation 方位
尸体
下界
新区域
萨满教
Origin 起源
神灵
通古斯人
Original 起源的
罪（错误的）
Orion（constellation）猎户座（星座）
Ornament 装饰
分析
布里亚特
分类
……的要素
满族人—汉人
北通古斯人
Orography 地形学
Outsiders and clan sacrifice 外来者和氏族祭司
同样参见外来的、外来者
Overgrowth of complex 文化丛的过度成长
案例
晚餐（欧中人中）
占卜
献祭
Ox as sacrifice 作为祭品的牛
Palaeontological remains explained 被解释的古生物学遗存
Paper money 纸钱
银条
象征（葬礼）
Paraphernalia 器具
萨满教的一个特征
比较的
欧洲文化丛
神灵
同样参见神位
Paralysis hypothesis 瘫痪的假设
Pars prototo 部分代表整体
在献祭中
Particularism among the shamans 萨满之中的排他主义
Pathology 病理学
心理的；
同样参见心埋病理学、精神紊乱
Pattern 模式
歇斯底里
奥伦现象
神灵的自主附体
Peacock 孔雀
萨满的头饰
Penalty system of 处罚体系
Performance（shamanistic）表演（萨满教的）
分类
描述

下界（为了到达）
正面影响
心理学基础
神灵的评论
上界
Period 时期
“好的和坏的”
试验（萨满）
Persecution of shamans 萨满的迫害
Personality 个性、人格
使失去自制力
萨满的
Philosophy and shamanism 哲学和萨满教
Photophobia 避光（在发作中）
Phoenix（Chinese）on brass mirror 铜镜上的
Physical type 体质类型
它的认知
Physiology 生理学
动物
软体动物
植物
自我暗示
同样参见特殊的词条
Pictures-placing 图像神位
同样参见努尔干
Pig 猪
仪式
祭品
Pigeons 鸽子
萨满头饰上的
Pipes and tobacco in ritualism 仪式中的烟斗和烟草
Places 地点、位置
“好的和坏的”
Placing（spirits'）神位（神灵的）
人形的
对待神位的态度
巴达（bada）
木工的生活
汉人
氏族的表演
来自…的危险
一般意义上的
下界的
努尔干（n'urgan）
器具，在萨满教中
驯鹿
……的路
灵魂
特殊的神灵
星星
术语
词语
Platform for sacrifice 用于献祭的平台
Pleasure from extasy 源自入迷的
Poison prepared and used 准备好的和使用的毒药
Pole-cat skin 臭貂皮
鼓槌
作为神位的皮张
神灵
Policy 政策
基督教化

管理心智丛

苏联化

Populatio 人群、人口

人类学

被研究的

Pornography 淫秽作品

Position of the shaman (social) 萨满的地位(社会的)

Positive reaction on shamanizing 对萨满教实践的正面态度

Positivism 实证主义

环境的变化

欧洲文化丛

Post 杆子

神灵

Post hoc-propter hoc 后此谬误

案例

Poverty 贫穷

要素

符号

Power of ethnical unit 族团的能量

P'ogun saman "标棍萨满"

功能

在某些氏族缺乏

仪式化

同样参见氏族、萨满

Prayer 祈祷

客人(萨满的)

内容

一般意义上的

献祭

样品

Prediction 预测

未来

鸟

Pregnancy 怀孕

正确的知识

错误的(在入迷中)

满族人的理论

神灵

不同寻常的道路

Preparation (shaman's) for action (萨满的)行动准备

Pressure 压力

族际的

共产主义合理解释的

普遍意义的

增加

Priesthood among the Manchus 满族人中的祭司

同样参见标浑萨满、氏族、萨满

Primitivism (idea of) 原始主义(观念)

Principle 原则

一个单位的部门组成

比例

时间与影子

Problem of origin of spirits 神灵的起源问题

Professionalization of shamanism 萨满教的职业化

"Professionals" in European complex 欧洲文化中的专业人员

Progress 进步

理论

同样参见发展

Prohibition 禁止
- 动物
- 秽语症
- 火
- 形成
- 一般意义上的
- 狩猎、变化
- 实践
- 原因
- 萨满
- 神灵
- 妇女的

Proofs 证据
- 灵魂的存在

Prosperity of shamans 萨满的富裕
- 同样参见经济的

Protection of forest 森林保护

Protector-spirit 保护性神灵
- 同样参见保护者

Psychiatrist 精神病专家

Psychic 心灵的
- 平衡的
- 献祭的
- 神灵

Psychological theory and ethnography 心理学理论和民族志学

Psychology 心理学
- 入迷
- 避免（心理学）
- 知识

Psychomental complex 心智丛
- 定义
- 族团化
- 通古斯人
- 术语

Psychomental type of a beginner mafa 新手玛发的心智类型

Psychopathology 精神病理学
- 结论

Psychosis 精神紊乱
- 分析（通古斯人）
- 扰乱的心智（由于胡图）
- 欧洲文化丛
- 萨满

Purification apparatus 净化装置
- 参见装置
- 服饰（萨满的）
- 翁滚（ongun）
- 仪式
- 萨满教实践
- 神灵

Quaternary shaman 第四纪萨满

Questionaires and shamans 问卷调查和萨满

Raft 筏
- 服饰（萨满的）
- 萨满教实践

Rain 雨
- 解释

Rain-bow 彩虹
- 服饰（萨满的）
- 神灵

Rat 老鼠
- 神灵

Rationalism 理性主义

住所
加热
Rationalization 合理化
组织、社会的
实践
Raven 乌鸦
智力
灵魂
Reaction 反应
对待死亡
在选择中的公众意见
紧张以及（变化）
Readaptation of shamanism as a complex 作为文化丛萨满教的再适应
Readiness to teach（among the shamans）准备教授（在萨满之间）
Reasoning 推理
占卜
案例
Recital of spirits 背诵神灵
Recognition of a shaman 一位萨满的辨识
Recovery of the injuries made during shamanizing 萨满实践中损伤的恢复
Reflexes conditioned and echolalia 条件反射和模仿言语
Refraction of rays in the water 水中的光折射
Refrains in rites 仪式中的副歌
Refusal 拒绝
萨满表演
治疗
Regulation 管理
狩猎
心智丛（未被认知的）
心智丛和象征
Reindeer 驯鹿
驯鹿饲养（态度）
特征、智力
汉人神灵
在鼓上
在葬礼中
土地和使用
再生、化身
在仪式中
作为祭品
在萨满教实践中
……的灵魂
转变为神灵
鹿头杖
Rejection of a candidate 拒绝某位候选人
Relations 关系
氏族成员之间
萨满和神灵之间
神灵之间
Religion and shamanism 宗教和萨满教
“Religion” among the ancestors of Manchus 满族人祖先的宗教
Religious unit 宗教单位
被研究的
Remuneration 报酬
玛发里
萨满
Renewing of shaman’s costume 萨满服的更新
Resignation 顺从

policy of 政策
Restoration (of complex) 恢复（文化丛）
词典
狩猎（满族人）
老年通古斯人
Reverting (case) to shamanism 恢复萨满教
"Review of spirits" "神灵的检验"
Revolution 变革
分类
文化丛的消失
Rhumatism and spirits 风湿病和神灵
Rifle 步枪
operation with 操纵
Right Tungus conception of 通古斯人的权利观念
Rigidity 僵硬（身体）
参见 body
Ring armour in shaman's costume 萨满服上的盔甲
Rites 仪式
祈祷
氏族中的
萨满创造的
固定的
萨满教实践中的
屠杀
各种各样的神灵
不同的（祈祷词）
书写的
Ritualism 仪式化
氏族祭司
选择
非"神圣的"
萨满教实践中的
思考过程
River 河流
侵蚀活动
下界
交通方式
Roads types of (communication) 道路的类型（交通）
"Road" 路
佛教
切断
死亡
仪式化
理论
萨满的
萨满教实践
神灵
Roe-deer 狍子
护身符
母狍子的角
在鼓上
在头饰（萨满的）上
祭品
萨满教
神灵
Routine 路线
文化和知识
Sable 紫貂
狩猎文化
思维
智力

神灵
Sacredness（supposed）神圣性（假设的）
器具
Sacrifice 献祭
阿尼布尔坎（ain'i burkan）
所有的神灵
被吸收的“蒸汽”
秋天的
獾子
内容
死亡之后
描述
被其他神灵吃掉
在萨满选择的过程中
一般意义上的
向天神
策略
“标棍窝车库”
心理学
减少的（坏的影响）
“神灵检验”
萨满（新的）
萨满教实践，作为一种形式
春天
理论基础
变化
其他杂物
Saddle 马鞍
类型
“Safety valve”“安全阀”——萨满
Salmo taimen 斑鳟哲罗鱼
神位
Saman 萨满
术语
“Samanaism” 萨满教
“Sara-nara” complex “日—月” 文化丛
Scepticism 怀疑
一般意义上的
阻碍
萨满教
Schools among Tungus 通古斯人中的学校
Science 科学
Scrofula 淋巴结核
S. -E. direction to Lower World 通往下界的东南方向
Seasons 季节
Selection in breeding 繁殖中的选择
Self-analysis and shamans 自我分析和萨满
Self-cognition and soul 自我认知和灵魂
Self-excitement of shaman and audience 萨满和观众的自我兴奋
Self-expression through the spirits 通过神灵的自我表达
Self-humiliation and spirits 自我谦卑和神灵
Self-introduction of spirits 神灵的自主附体
由于反常
描述
歇斯底里
由于神灵自主附体而发生的精神错乱
自我暗示
Self-regulation of psychoses 精神紊乱的自我管理
Self-sacrifice 自我献祭（萨满的）
Self-suggestion 自我暗示

事件
一般意义的
萨满教实践
治疗
Sex and shaman 性和萨满
Sexual act and pregnancy 性行为和怀孕
Sexual complex 性情结
秽语症
对性感兴趣
萨满和性情结
Senile marasmus and spirits 老年衰弱和神灵
Sending of souls to Lower World 把灵魂送到下界
同样参见灵魂
Sense acuteness in shamans 萨满感觉的精确性
Servants of enduri 恩都立的仆人
Settlement of the soul 灵魂的安置
同样参见灵魂
Shaman 萨满
灵魂活动存在的证据
文化丛的适应
遗留的安巴萨满
动物
弓和箭
……的葬礼
繁忙的生活
成为萨满的原因
孩子分娩
汉人
氏族
……的能力
宇宙的构造
死亡
萨满的梦和战争
……的选择；同样参见选择
词源学
外化活动（灵魂）
火器
第一位萨满
伟大的萨满
氏族中萨满的历史
狩猎和萨满
“伊巴干”和萨满
懒惰和萨满资格
大众精神紊乱和神灵
……的观察
氏族之外的，喜爱的
共同体的器官；同样参见安全阀
萨满的出现
神灵的自主附体
自我暗示（治疗）
性情结
社会关系（两种类型）
萨满的灵魂成为神灵
不同的神灵
强大的萨满（相信）
萨满实践的心灵感应
萨满的把戏
Shamanism 萨满教
适应（过去）
万物有灵
汉人
作为有影响力的文化丛

达斡尔人
被通古斯人维护
萨满教的定义
外来起源
一般意义上的
果尔德人
萨满教的关系（在族体之中）
目前的状态和未来
目前的状态和过去
佛教的刺激
作为一个术语
潜在的理论
Shamanizing 萨满教实践
祖先
被描述的个案
形式的分类
死人的灵魂
在不同人群中的差异
好战的神灵
下界
萨满教的心理学
献祭
技术
把萨满的请求带到下界的仪式实践
上界
Shamanship 萨满资格
非正常性
萨满的懒惰
传承
两代萨满
Sharp（things）in shamanizing 萨满教实践中的锋利（事物）
Sheep 羊
祭品
神灵
Shifting of spirits 神灵的转移（从氏族到氏族）
Shrines（temples）神龛（寺庙）
Shyness among shamans 萨满的羞怯
Si-Tsong，emperor of Kin 熙宗，金朝的皇帝
Sickness 疾病
由于白那查（bainača）
翁衮（ongun）
“标棍 窝车库”（p'ogun vočko）
由于心理状况
同样参见疾病
Similia Similibus 顺势疗法
Sincerity among shamans 萨满之中的真诚
Singing in shamanizing 萨满教实践中的歌唱
Skin 皮肤
蛇和人的皮肤变化
祭品
萨满教实践
皮肤的作用
Skirt 裙子
衣服
萨满的服饰
Slaughtering ritual 屠杀仪式
Sleep 睡眠
在睡眠中的状况
入迷
不完全的
思考方法

仪式
萨满教实践之前
Smoking 吸烟
入迷
送走神灵
萨满教实践
追求麻木状态
Snake 蛇
分类
梦中出现的
支撑地球
作为神位
毒药
萨满教
神灵
Snobbism among shamans 萨满之间的势利
Snow 雪
解释
Social unit 社会单位
被研究的
Solution of a complex problem by Tungus 通古斯人对复杂问题的解决方法
Son and father's coffin 儿子和父亲的棺材
"Sorcerer" 巫师
错误地使用
Soul 灵魂
动物（和神灵）
出生之后
出生之前
"坏了的"，埋葬
照顾
儿童
汉人理论
死亡之后
灵魂功能失衡
灵魂要素失去平衡
寻找灵魂
第一个灵魂
一般意义上的
精神错乱
不稳定
灵魂的位置
操控灵魂，第 17 节
母亲的声音
灵魂的组织
家神
灵魂存在的证据
灵魂的自主附体
萨满的灵魂
萨满教实践
神灵
灵魂的稳定
灵魂运载到下界
双胞胎
担心（萨满）
Specialists（dealing with spirits）专家（与神灵沟通）
Specializaion and social organization 专门化和社会组织
Spear in hunting 狩猎中的矛
Spider-like beings 像蜘蛛一样的存在
假设
Spies in shamans' war 萨满斗法中的侦探
Springs（mineral）used 被使用的泉水（矿

物的）
Spirit 神灵
能力（萨满的）
事故
生气的
动物
神灵的出现
采借
神灵的特征
抓住（灵魂和人）
氏族
与神灵接触
达斡尔人
疾病
神灵理论的弹性
心智丛的要素
果尔德人
增加
正当理由、合理解释
失去神灵的影响
“运气”
在萨满教实践中带来伤害
被掌控的
自然现象
神灵的起源
路径
把自身“安置在”
怀孕
禁止
净化
神灵之间关系的管理
神灵的更新
俄国的神灵，以及通古斯人的反应
萨满
疾病
灵魂
神灵理论
治疗
神灵的类型
不安（心理的）；同样参见精神紊乱
上界
神灵之间的战争
神灵附体妇女；同样参见神灵索引
Sramanism 萨拉玛纳信仰
Stabilization of psychology and performance 心理学和表演的稳定性
Staffs in paraphernalia 萨满器具中木杖
Stars and shamanism 星星和萨满教
“Starter”启动词
Steam-like form of the soul 灵魂类似蒸汽的形式
Stole（collar）in shaman's costume 萨满服上的披肩（领子）
Stories（only translations）故事（仅是翻译）
Straw-cutter and accident（with a shaman）铡刀和事故（萨满）
Strength increases in extasy 入迷强度的增加
Stupefaction of patients 病人的昏迷
Stylization of animals（ornament）动物的风格（装饰）
Sublimation theory of 升华理论
Submission to the spirits 向神灵屈服
Success（shaman's）成功（萨满的）
Suffixes 后缀

Suggestion 暗示
Suicide 自杀
动物
葬礼
神灵
灵魂
Sun 太阳
作为天体
文化丛（欧洲的）
服饰（萨满的）
被错误理解的
神位
神灵
Sunusun 苏努孙
一位萨满的名字
Surgery（Tungus）手术治疗（通古斯人）
Survival 遗留物、幸存
习惯
萨满
Susceptibility（to psychoses）易受影响（精神紊乱）
Swan 天鹅
在鼓上
祭品
神灵
Swearing（examples）发誓、咒骂（案例）
Swastika（as ornament）万字符（作为装饰）
Sword in rites 仪式中的剑
Symbols of diseases 疾病的象征
Symbolization 象征
文化丛（欧洲的）
模仿（在精神紊乱中）
在心灵感应中
治疗
Syntax（Tungus）句法（通古斯人）
Table 桌子
一种创新
Taboo 禁忌
死亡
一般意义上的
献祭之后
萨满
Tai Tsong，emperor of Kin 太宗，金朝的皇帝
Taimen and shamanizing 哲罗鱼和萨满教实践
Talent and spirits 天赋和神灵
Tally in shamanizing 萨满教实践中的记录
Taoism in Manchu literature 满族文学中的道教
Taste and food 味道和食物
Tatooing 禁忌
Tea 茶
作为祭品
Teaching and shamans 教育和萨满
Technical adaptation 技术适应
Telepathy 心灵感应
Television 电视机
Temperature（shaman's）in extasy 入迷中的体温（萨满的）
Temples 寺庙；同样参见神龛
Tempo of variations 变化的速度
Tenderness and children 温柔和儿童
“Teptalin”“德布达理”

Transplantation of individuals and abnormality 个体的器官移植和反常
Travelling of the soul 灵魂的旅行
Treatment 治疗
坏的神灵
分类
疾病
操纵火
效用（心理困扰）
大众精神紊乱
……的方法
神灵
Tree in Lower World 在下界的树；参见“盛开的树”、“花树”
Trials 试验
候选人
“Tribute” in a new form 新形式的“供品”
Tricks 把戏
僧侣
玛法信仰
萨满教实践
Trousers shaman's costume 萨满服饰上的裤子
Truth and lie（Tungus attitude）真理和谎言（通古斯人的态度）
萨满的思考
Truthfulness 真实
在满族人中
在通古斯人中
Tuberculosis 结核病
Tungus 通古斯人
通古斯人的观点
Turtle 海龟
Twins 双胞胎
Types 类型
“实践的”和“哲学的”
在萨满之中
Typhoons 台风
Unconsciousness in rites 仪式上的无意识
Unhappiness caused by a mafa 由某位玛发带来的不快乐
Universe 宇宙；参见世界
Upper World 上界
到上界进行萨满实践的服饰
围裙和鼓上的上界设计
灵魂
神灵
Urokono 一种海洋动物，绘制在鼓上
Vaccination 种痘
Vanity of spirits 神灵的虚荣心
Variability of shaman's types 萨满类型的变化
Vegetation 植物、植被
破坏性的
一般意义上的
地理分布
Venus 金星
天体
眼疾
神灵
Vocabulary 词语
一般意义上的
技术文化
Vočko 窝车库

译后记

2011 年，我考入中国社会科学院民族学与人类学研究所孟慧英教授门下，攻读宗教人类学方向的博士学位。入学之后的 9 月，孟老师把从韩国访学带回来的两大册《通古斯人的心智丛》的复印本交给我，有意让我在国外萨满教研究的理论和发展状况上做一点介绍研究工作。其时，我已从国内的间接、片段的介绍中，对史禄国的通古斯研究略有所闻。为了让我早些入门，加深对萨满教的理解，孟老师还多次亲自带我到满族、蒙古族、达斡尔族生活地区考察萨满活动，引荐我跟随季永海老师、宋和平老师学习满语。2014 年 6 月，我以《论史禄国萨满教研究的特点与贡献》为题完成博士学位论文答辩，当时我的中心工作是写学位论文，翻译只是副产品。毕业之后，工作之中，老师一直关心译事的进展，希望这部萨满教研究的经典著作能够翻译出版，由于我的拖拉，直到 2020 年疫情之后，我才“重续前缘”，对这部著作进行了全面的重译，最终于 2023 年 7 月交稿。本书的翻译和出版，自始至终得到业师孟慧英教授的多方面指导、关心和帮助，在此深表感谢。这本译著，是弟子交给老师的一份作业！

感谢我的父母、亲人的理解和默默支持，他们是这项工作的无名参与者。

此书出版之际，我还要特别感谢本书的编辑胡百涛博士，为此书，他专门阅读了一批与之相关的著作，提出一系列颇有建设性的学术看法。正是在他的提议和修正下，我反复斟酌了译稿中某些概念的译法。

2024 年 11 月 26 日于吉林四平

图书在版编目(CIP)数据

通古斯人的心智丛：全三册 /（俄罗斯）史禄国著；于洋译. -- 北京：社会科学文献出版社，2025. 3.
（萨满文化研究丛书）. -- ISBN 978-7-5228-4251-6

Ⅰ. K282. 3；B933

中国国家版本馆 CIP 数据核字第 2024KG5962 号

萨满文化研究丛书

通古斯人的心智丛（全三册）

著　　者 / [俄罗斯] 史禄国
译　　者 / 于　洋

出 版 人 / 冀祥德
责任编辑 / 胡百涛
责任印制 / 岳　阳

出　　版 / 社会科学文献出版社 · 人文分社（010）59367215
地址：北京市北三环中路甲 29 号院华龙大厦　邮编：100029
网址：www. ssap. com. cn
发　　行 / 社会科学文献出版社（010）59367028
印　　装 / 天津千鹤文化传播有限公司

规　　格 / 开　本：787mm × 1092mm　1/16
印　张：66　字　数：1014 千字
版　　次 / 2025 年 3 月第 1 版　2025 年 3 月第 1 次印刷
书　　号 / ISBN 978-7-5228-4251-6
定　　价 / 298. 00 元（全三册）

读者服务电话：4008918866